河南统计年鉴 2018

HENAN STATISTICAL YEARBOOK

河南 2018 统计年鉴

HENAN STATISTICAL YEARBOOK

河 南 省 统 计 局
国家统计局河南调查总队 编

Compiled by Henan Statistics Bureau
Henan General Team of Investigation under the NBS

总第35期 NO.35

中国统计出版社
China Statistics Press

2018 河南统计年鉴

图书在版编目（CIP）数据

河南统计年鉴. 2018：汉英对照 / 河南省统计局，国家统计局河南调查总队编. -- 北京 ：中国统计出版社，2018.9
ISBN 978-7-5037-8537-5

Ⅰ. ①河… Ⅱ. ①河… ②国… Ⅲ. ①统计资料－河南－2018－年鉴－汉、英 Ⅳ. ①C832.61-54

中国版本图书馆CIP数据核字(2018)第155066号

河南统计年鉴-2018

作　　者/ 河南省统计局　国家统计局河南调查总队
责任编辑/ 钟　钰　熊　威
装帧设计/ 梁裕宇
出版发行/ 中国统计出版社
地　　址/ 北京市丰台区西三环南路甲6号
邮政编码/ 100073
电　　话/ 邮购（010）63376909　书店（010）68783171
网　　址/ http://www.zgtjcbs.com
印　　刷/ 河南豫统印刷有限公司
经　　销/ 新华书店
开　　本/ 890mm×1240mm　1/16
字　　数/ 1600千字
印　　张/ 64
版　　别/ 2018年12月第1版
版　　次/ 2018年12月第1次印刷
定　　价/ 398.00元　Price:398.00(RMB)

本书附同版本CD-ROM一张，光盘内容以书面文字为准。
如有印装差错，由本社发行部调换。

《河南统计年鉴－2018》
编委会和编辑部工作人员名单

2018 河南统计年鉴

Editorial Board and Staff

编辑说明

一、《河南统计年鉴—2018》是一部全面反映河南省经济和社会发展情况的资料性年刊。本书收录了全省和各市(县)2017年以及重要历史年份的经济和社会各方面大量的统计数据，并收录了全国及各省市区2017年的主要统计数据。

二、全书内容分为27个部分，即，1、综合；2、国民经济核算；3、人口；4、从业人员和职工工资；5、固定资产投资；6、对外贸易和旅游；7、能源；8、财政；9、物价；10、人民生活；11、城市概况；12、农业；13、工业；14、建筑业；15、房地产业；16、批发和零售业、住宿和餐饮业；17、金融业；18、其他服务业；19、运输和邮电；20、资源和环境；21、科技；22、教育；23、卫生和社会工作；24、文化和体育；25、公共管理、社会保障和社会组织；26、各县（市、区）主要统计指标；27、全国及各省市区主要统计指标。各篇前有简要说明，篇末附有《主要统计指标解释》。

三、本年鉴的资料来源，大部分来自年度统计报表，一部分来自抽样调查。

四、资料中所使用的度量衡单位均采用国际统一标准计量单位。

五、本年鉴部分数据合计数或相对数由于单位取舍不同而产生的计算误差均未作机械调整。

六、本年鉴各表中，有关对全表的注解均在该表上方，对表中部分指标的注解则在该表下方。凡带续表的资料，对部分指标的注解一律在最后一张续表的下方。

七、本年鉴表中的符号使用说明：“空格”表示该项统计指标数据不详或无该项数据；“#”表示其中的主要项。

Editor's Notes

I. Henan Statistical Yearbook 2018, is an annual statistical publication, which reflects comprehensively the economy and society development of Henan. It covers data for 2017 and key statistical data in some historically important years at the provincial level and city(couty) level of Henan. It also covers data for 2017 and key statistical data at the national level and the local level of other provinces.

II. The yearbook contains the following 27 parts, 1. General Survey; 2.National Accounts; 3.Population; 4.Employment and Wages; 5.Investment in Fixed Assets, 6. Foreign Trade and Tourism; 7. Energy; 8.Government Finance; 9.Prices; 10.People's Living Conditions; 11.General Survey of Cities; 12.Agriculture; 13.Industry; 14.Construction; 15. Real Estate; 16. Wholesale and Retail Sale Trades, Hotels and Catering Services; 17. Financial Intermediation; 18.Other Services; 19. Transport, Postal and Telecommunication Services; 20. Resources and Environment; 21.Science and Technology; 22.Education; 23.Public Health and Social Work; 24.Culture and Sports; 25. Public Management, Social Security and Social Organizations;26.Main Indicators of County (City, municipal districts); 27.Main Indicators of the Whole Nation and 31 Provinces (Municipality, Autonomous Regions). There is Brief Introduction at the beginning of each chapter, and Explanatory Notes on Main Statistical Indicators are at the end of each chapter.

Ⅲ. The major data sources of this Yearbook are obtained from annual statistical reports, and some are from sample surveys.

Ⅳ. The units of measurement used in this Yearbook are internationally standard measurement units.

Ⅴ. Statistical discrepancies on totals and relative figures due to rounding are not adjusted in this Yearbook.

Ⅵ. The notes concerning the whole table are placed at the upper part of the table, while the notes concerning individual indicators are placed at the lower part of the table. If the table occupied more than one page, the notes of the individual indicators are placed at the end of the last page.

Ⅶ. Notations used in this yearbook: "(Blank)" indicates that the data are unknown or are not available; "#"Indicates a major breakdown of the total.

目录索引

目　录

CONTENTS

一、综合

General Survey

二、国民经济核算

National Accounts

三、人口

Population

四、从业人员与职工工资

Employment and Wages

六、对外经济贸易和旅游

Foreign Trade and Tourism

九、物价

Prices

十、人民生活
People's Living Conditions

十一、城市概况

General Survey of Cities

十二、农业
Agriculture

十三、工业
Industry

十七、金融业

Financial Intermediation

十八、其他服务业
Other Services

十九、运输和邮电
Transport, Postal and Telecommunication Services

二十、资源和环境

Resources and Environment

二十一、科学技术

Science and Technology

二十二、教育
Education

二十三、卫生和社会工作
Public Health and Social Work

二十五、公共管理、社会保障和社会组织

Public Management, Social Security and Social Organizations

二十六、各县（市、区）主要统计指标

Main Indicators of County（City, municipal districts）

二十七、全国及各省、市、区主要统计指标

Main Indicators of the whole Nation and 31 Provinces (Municipality, Autonomous, Regions)

综合

General Survey

1

◉ 资料整理：赵霞 朱涛 乔旭明 司景贤 刘秋香 常伟杰

简要说明

一、主要内容

本篇包括行政区划资料，国民经济综合资料，基本单位资料，产业集聚区、航空港区和商务两区资料。

二、资料来源

行政区划资料，是截止上年末经国务院批准的行政区划变更情况，由河南省民政厅提供。

国民经济综合资料是通过对各篇章主要统计指标及其速度、结构和效益等加工计算的，由河南省统计局综合处编辑整理。

基本单位资料主要包括所有法人单位和产业活动单位数，是根据名录库中各部门的单位审批登记资料和经常性统计调查中查到的新增、变动和消亡单位情况，本部分由河南省统计局普查中心编辑整理。

产业集聚区、航空港区和商务两区资料由河南省统计局监测评价考核处编辑整理。

Brief Introduction

I. Main Contents

This chapter consists of following parts: summary data on the national economy and social development, Institutional unit, Main economic indicators of industry gathering area, zhengzhou Airport and two business areas.

II. Sources of Data

Data on divisions of administrative areas in Henan are prepared and provided by the Henan Province Bureau of Civil Affairs on the basis of the changes in the divisions of administrative areas as approved by the State Council at the end of the previous year.

The summary data on the national economy and social development reflect the overall situation by presenting further processed statistics including growth, structure, ratio, and efficiency data derived from other chapters. Data in this part are prepared by Comprehensive Department of Henan provincial Bureau of statistics.

Data on institutional unit include legal and establishment units, which are calculated on directory library and increase, change and reduce unit in regular surreys. Data in this part are prepared by Census Center of Henan provincial Bureau of statistics.

Data on industry gathering area, zhengzhou Airport and two business areas is prepared by Assessment of monitoring and evaluation of Henan provincial Bureau of Statistics.

1-1 全省行政区划(2017年底)

Administrative Divisions of Henan Province (End of 2017)

单位：个 (unit)

市 City	市 City	省辖市 Cities Under the Jurisdication of Province	县级市 Cities at County Level	县 Counties	市辖区 Districts Under the Jurisdication of City	镇 Townships	乡 Townships	街道办事处 Urban Subdistrict Offices	居民委员会 Neighbourhood Committees	村民委员会 Village Committees
全省 Total	**38**	**17**	**21**	**85**	**52**	**1151**	**640**	**650**	**5466**	**46198**
郑州市 Zhengzhou	6	1	5	1	6	73	13	89	778	2292
开封市 Kaifeng	1	1		4	5	31	48	37	222	2304
洛阳市 Luoyang	2	1	1	8	6	106	24	58	478	2713
平顶山市 Pingdingshan	3	1	2	4	4	53	33	57	230	2565
安阳市 Anyang	2	1	1	4	4	63	26	46	341	3174
鹤壁市 Hebi	1	1		2	3	14	5	23	197	780
新乡市 Xinxiang	3	1	2	6	4	75	43	36	233	3531
焦作市 Jiaozuo	3	1	2	4	4	34	18	56	181	1827
濮阳市 Puyang	1	1		5	1	40	35	13	105	2969
许昌市 Xuchang	3	1	2	2	2	60	16	27	749	1704
漯河市 Luohe	1	1		2	3	37	9	6	78	1262
三门峡市 Sanmenxia	3	1	2	2	2	29	33	12	135	1345
南阳市 Nanyang	2	1	1	10	2	154	50	39	348	4540
商丘市 Shangqiu	2	1	1	6	2	95	72	29	232	4610
信阳市 Xinyang	1	1		8	2	83	86	40	419	2896
周口市 Zhoukou	2	1	1	8	1	98	70	35	313	4693
驻马店市 Zhumadian	1	1		9	1	95	59	42	355	2540
济源市 Jiyuan	1		1			11		5	72	453

1-2 各市、县(市、区)名称(2017年底)
Names of Administrative Areas (End of 2017)

市 Cities	县(市、区)数(个) Counties (unit)	市辖县 Counties Under the Jurisdiction of Cities	市辖区 Districts Under the Jurisdiction of Cities	县级市 Cities at County Level
郑州市 Zhengzhou	12	中牟 Zhongmou	中原区、二七区、管城回族区、金水区、上街区、惠济区 Zhongyuan,Erqi,Guancheng Huizu,Jinshui,Shangjie,Huiji	巩义市 Gongyi 荥阳市 Xingyang 新郑市 Xinzheng 登封市 Dengfeng 新密市 Xinmi
开封市 Kaifeng	9	杞县、通许、尉氏、兰考 Qixian,Tongxu,Weishi,Lankao	龙亭区、顺河回族区、鼓楼区、禹王台区、祥符区 Longting,Shunhe Huizu,Gulou,Yuwangtai,Xiangfu	
洛阳市 Luoyang	15	孟津、新安、栾川、嵩县、汝阳、宜阳、洛宁、伊川 Mengjin,Xin'an,Luanchuan,Songxian,Ruyang,Yiyang,Luoning,Yichuan	老城区、西工区、瀍河回族区、涧西区、吉利区、洛龙区 Laocheng,Xigong,Chanhe Huizu,Jianxi,Jili,Luolong	偃师市 Yanshi
平顶山市 Pingdingshan	10	宝丰、叶县、鲁山、郏县 Baofeng,Yexian,Lushan,Jiaxian	新华区、卫东区、湛河区、石龙区 Xinhua,Weidong,Zhanhe,Shilong	汝州市 Ruzhou 舞钢市 Wugang
安阳市 Anyang	9	安阳、汤阴、滑县、内黄 Anyang,Tangyin,Huaxian,Neihuang	文峰区、北关区、殷都区、龙安区 Wenfeng,Beiguan,Yindu,Longan	林州市 Linzhou
鹤壁市 Hebi	5	浚县、淇县 Xunxian,Qixian	鹤山区、山城区、淇滨区 Heshan,Shancheng,Qibin	
新乡市 Xinxiang	12	新乡、获嘉、原阳、延津、封丘、长垣 Xinxiang,Huojia,Yuanyang,Yanjin,Fengqiu,Changyuan	红旗区、卫滨区、凤泉区、牧野区 Hongqi,WeiBin,Fengquan,Muye	卫辉市Weihui 辉县市Huixian
焦作市 Jiaozuo	10	修武、博爱、武陟、温县 Xiuwu,Boai,Wuzhi,Wenxian	解放区、中站区、马村区、山阳区 Jiefang,Zhongzhan,Macun,Shanyang	沁阳市Qinyang 孟州市Mengzhou
濮阳市 Puyang	6	清丰、南乐、范县、台前、濮阳 Qingfeng,Nanle,Fanxian,Taiqian,Puyang	华龙区 Hualong	
许昌市 Xuchang	6	鄢陵、襄城 Yanling,Xiangcheng	魏都区、建安区 Weidu,Jianan	禹州市Yuzhou 长葛市Changge
漯河市 Luohe	5	舞阳、临颍、 Wuyang,Linying	源汇区、郾城区、召陵区 Yuanhui, Yancheng, Zhaoling	
三门峡市 Sanmenxia	6	渑池、卢氏 Mianchi,Lushi	湖滨区、陕州区 Hubin, Shanzhou	义马市Yima 灵宝市Lingbao
南阳市 Nanyang	13	南召、方城、西峡、镇平、内乡、淅川、社旗、唐河、新野、桐柏 Nanzhao,Fangcheng,Xixia,Zhenping,Neixiang Xichuan,Sheqi,Tanghe,Xinye,Tongbai	卧龙区、宛城区 Wolong,Wancheng	邓州市 Dengzhou
商丘市 Shangqiu	9	虞城、民权、宁陵、睢县、夏邑、柘城 Yucheng,Minquan,Ningling,Suixian,Xiayi,Zhecheng	梁园区、睢阳区 LiangYuan,Suiyang	永城市 Yongcheng
信阳市 Xinyang	10	息县、淮滨、潢川、光山、固始、商城、罗山、新县 Xixian,Huaibin,Huangchuan,Guangshan,Gushi,Shangcheng,Luoshan,Xinxian	浉河区、平桥区 Shihe,Pingqiao	
周口市 Zhoukou	10	扶沟、西华、商水、太康、鹿邑、郸城、淮阳、沈丘 Fugou,Xihua,Shangshui,Taikang,Luyi,Dancheng,Huaiyang,Shenqiu	川汇区 Chuanhui	项城市 XiangCheng
驻马店市 Zhumadian	10	确山、泌阳、遂平、西平、上蔡、汝南、平舆、新蔡、正阳 Queshan,Biyang,Suiping,Xiping,Shangcai Runan,Pingyu,Xincai,Zhengyang	驿城区 Yicheng	
济源市 Jiyuan	1			济源市 Jiyuan

1-3 河南省主要统计指标居全国位次

The Rank of Main Indicators of Henan in Nation

指 标	Indicator	2000	2005	2010	2015	2016	2017
生产总值	Gross Domestic Product	5	5	5	5	5	5
生产总值增速	Growth of Gross Domestic Product	14	5	21	13	9	11
固定资产投资	Investment in Fixed Assets	11	6	4	3	3	3
#房地产开发	Real Estate	18	15	10	5	5	4
居民消费价格指数	General Consumer Price Index	26	9	13	20	10	23
一般公共预算收入	General Public Budget Revenue of the Local Government	9	8	9	8	8	8
一般公共预算支出	General Public Budget Expenditure of the Local Government	7	7	5	5	5	5
规模以上工业增加值增速	Growth Rate of Industrial Enterprises above Designated Size	17	4	14	7	7	11
社会消费品零售总额	Total Retail Sales of Consumer Goods	5	5	5	5	5	5
进出口总额	Total Exports and Imports	18	16	16	11	10	10
出口	Exports	14	13	17	11	10	8
居民可支配收入	Disposable Income				24	24	24
城镇	Disposable Income of Urban Households				24	25	24
农村	Disposable Income of Rural Households				17	18	17
在岗职工平均工资	Average Wage of Staff and Workers	30	30	26	31	31	31

注：2010年以前固定资产投资为城镇口径，居民可支配收入为城乡一体化调查结果(1-3~7同)。

a) Data on investment in fixed assets before 2010 only include urban investment.Data on disposable income are from the investigation of the integration of urban and rural areas. (The same as table 3~7).

1-4 河南省主要统计指标占全国比重

The Poroportion of Main Indicators of Henan in Nation

单位：% (%)

指 标	Indicator	1952	1978	1990	2000	2010	2015	2016	2017
生产总值	Gross Domestic Product	5.3	4.4	5.0	5.0	5.6	5.4	5.4	5.4
第一产业	Primary Industry	6.6	6.4	6.5	7.9	8.1	6.9	6.7	6.3
第二产业	Secondary Industry	5.8	4.0	4.3	5.0	6.7	6.4	6.5	6.3
第三产业	Tertiary Industry	2.8	3.2	4.5	4.0	3.9	4.3	4.4	4.5
人均生产总值	Per Capita GDP		60.3	65.6	68.6	79.6	78.4	78.9	78.2
固定资产投资	Investment in Fixed Assets		3.1(1980年)	3.8	3.6	5.8	6.3	6.7	6.9
#房地产开发	Real Estate			1.4	1.6	4.4	5.0	6.0	6.5
一般公共预算收入	General Public Budget Revenue of the Local Government	2.5	3.5	4.3	3.8	3.4	3.6	3.6	3.7
一般公共预算支出	General Public Budget Expenditure of the Local Government	1.0	4.7	4.3	4.3	4.6	4.5	4.6	4.7
粮食产量	Output of Grain	6.3	6.9	7.4	8.9	9.9	9.8	9.6	9.9
社会消费品零售总额	Total Retail Sales of Consumer Goods	3.9	4.6	3.8	4.8	5.1	5.2	5.3	5.4
进出口总额	Total Exports and Imports	0.1(1957年)	0.6	0.9	0.5	0.6	1.9	1.9	1.9
#出口	Exports	0.3(1957年)	1.0	1.4	0.6	0.7	1.9	2.0	2.1
居民可支配收入	Disposable Income						78.0	77.4	77.7
城镇	Disposable Income of Urban Households						82.0	81.0	81.2
农村	Disposable Income of Rural Households						95.0	94.6	94.7

1-5 国民经济和社会发展总量和速度指标

指 标	Item	1978	2000	2005	2010
人口与就业	**Population and Employment**				
人口(万人)	**Population (10 000 persons)**				
年底总人口	Population (year-end)	7067	9488	9768	10437
#城镇人口	Urban	963	2201	2994	4052
常住人口	Residents popolation			9380	9405
就业(万人)	**Employment (10 000 persons)**				
年底从业人员	Employment(year-end)	2807	5572	5662	6042
#在岗职工	Staff and Workers	420	718	681	723
城镇登记失业人数	Registered Unemployed Persons in Urban Areas	15.74	21.40	33.02	38.20
宏观经济	**Macroeconomy**				
国民核算	**National Accounts**				
生产总值(亿元)	Gross Domestic Product (100 million yuan)	162.92	5052.99	10621.56	23157.64
第一产业	Primary Industry	64.86	1161.58	1844.04	3127.14
第二产业	Secondary Industry	69.45	2294.15	5510.12	12930.83
第三产业	Tertiary Industry	28.61	1597.26	3267.40	7099.67
人均生产总值(元)	Per Capita GDP (yuan)	232	5450	11383	24516
固定资产投资(亿元)	**Investment in Fixed Assets (100 million yuan)**				
全社会固定资产投资	Investment in Fixed Assets in the Whole Country	24.80	1475.72	4378.69	14124.69
#固定资产投资	Investment in Fixed Assets	24.80	1176.76	3928.49	13338.05
#工业投资	Industry	13.57	446.77	1938.66	6800.63
#房地产开发投资	Real Estate Development	3.43(1990年)	77.87	388.52	2114.08
#基础设施投资	Infrastructure	24.20(1989年)	509.22	1331.78	2007.31
#民间投资	Civilian	18.06(1985年)	443.84	1984.74	10323.20
对外贸易	**Foreign Trade**				
进出口总额(亿元)	Total Exports and Imports (100 million yuan)	1.99	188.36	626.54	1204.40
进口额	Imports	0.27	64.71	213.42	491.27
出口额	Exports	1.72	123.65	413.12	713.13
利用外资(万美元)	**Utilization of Foreign Capital (USD 10 000)**				
实际利用外商直接投资	Actually Utilized Foreign Direct Investments	565(1985年)	53999	122960	624670
能源(万吨标准煤)	**Energy (10 000 tons of SCE)**				
能源生产总量	Total Energy Production	4434	6591	14522	17438
能源消费总量	Total Energy Consumption	3353	7919	14625	18594
财政(亿元)	**Public Finance (100 million yuan)**				
一般公共预算收入	General Public Budget Revenue of the Local Government	33.73	246.47	537.65	1381.32
一般公共预算支出	General Public Budget Expenditure of the Local Government	27.67	445.53	1116.04	3416.14
物价总指数(以上年为100)	**Price Indices (preceding year=100)**				
居民消费价格总指数	General Consumer Price Index	100.1	99.2	102.1	103.5
商品零售价格总指数	Producer Price Indices for Industrial Products	100.1	98.5	101.7	103.7
农业生产资料价格总指数	Purchasing Price Indices for Industrial Producers	97.9	99.6	107.9	103.1
人民生活	**People's Living Conditions**				
居民可支配收入(元)	Disposable Income(yuan)				9520
城镇	Urban Households	315	4766	8668	15930
农村	Rural Households	105	1986	2871	5524
居民消费支出(元)	Living Expenditure(yuan)				
城镇	Urban Households	274	3831	6038	10838
农村	Rural Households	82	1316	1892	3682
在岗职工平均工资(元)	Average Wage of Staff and Workers (yuan)	590	6930	14282	30303

Principal Aggregate Indicators and Growth Rates of National Economic and Social Development

2015	2016	2017	2017年为以下各年% 2017as % of the Following years					年均增长速度(%) Average Annual Growth Rate		
			1978	2000	2005	2010	2016	1979-2017	2001-2017	2013-2017
10722	10788	10853	153.6	114.4	111.1	104.0	100.6	1.1	0.8	0.6
5023	5232	5444	565.3	247.3	181.8	134.4	104.1	4.5	5.5	4.0
9480	9532	9559			101.9	101.6	100.3			0.3
6636	6726	6767	241.1	121.4	119.5	112.0	100.6	2.3	1.1	1.5
1077	1096	1036	246.7	144.3	152.1	143.3	94.5	2.3	2.2	4.0
42.46	43.58	40.67	258.4	190.0	123.2	106.5	93.3	2.5	3.8	1.2
37084.20	40249.23	44552.83	27346.4	881.7	419.5	192.4	110.7	10.9	10.9	8.5
4015.56	4063.65	4139.29	6381.9	356.3	224.5	132.4	101.9	5.6	4.8	4.2
18156.04	19275.82	21105.52	30389.5	920.0	383.0	163.2	109.5	12.8	12.7	8.3
14912.60	16909.76	19308.02	67487.0	1208.8	590.9	272.0	114.2	12.7	11.0	10.0
39209	42341	46674	20092.1	856.5	410.0	190.4	110.2	10.0	10.7	8.1
35660.34	40415.09	44496.93	179423.1	3015.3	1016.2	315.0	110.1	21.7	23.9	17.3
34951.28	39753.93	43890.36		3729.8	1117.2	329.1	110.4		25.7	18.0
17023.35	18536.63	19190.97		4295.5	989.9	282.2	103.5		28.1	14.1
4818.93	6179.13	7090.25		9104.7	1824.9	335.4	114.7		32.9	18.9
5246.64	6770.19	8831.39		1734.3	663.1	440.0	130.4		17.3	24.6
29659.05	31414.73	34276.03		7722.6	1727.0	332.0	109.1		32.5	18.3
4600	4714.70	5232.79	263005.2	2778.1	835.2	434.5	111.0	22.4	21.6	9.9
1916	1879.35	2060.98	761029.5	3185.1	965.7	419.5	109.7	25.8	22.6	8.2
2684	2835.34	3171.81	184536.3	2565.1	767.8	444.8	111.9	21.3	21.0	11.1
1608637	1699312	1722428		3189.7	1400.8	275.7	101.4		22.6	7.3
11231	9705	10091	227.6	153.1	69.5	57.9	104.0	2.1	2.5	-4.4
23161	23117	22944	684.3	289.7	156.9	123.4	99.3	5.1	6.5	-0.6
3016.05	3153.48	3407.22	10101.4	1382.4	633.7	246.7	108.0	12.6	16.7	10.8
6799.35	7453.74	8215.52	29691.1	1844.0	736.1	240.5	110.2	15.7	18.7	10.4
101.3	101.9	101.4								
99.8	100.3	101.3								
100.3	100.8	99.7								
17125	18443	20170				211.9	109.4			9.6
25576	27233	29558	9383.4	620.1	341.0	185.5	108.5	12.4	11.3	7.7
10853	11697	12719	12147.1	640.5	443.1	230.3	108.7	13.1	11.5	8.5
11835	12712	13730					108.0			
17154	18088	19422	7088.4	507.0	321.7	179.2	107.4	11.5	10.0	7.2
7887	8587	9212	11274.8	700.1	487.0	250.2	107.3	12.9	12.1	12.9
45920	50028	55997	1854.5	584.4	312.0	172.5	111.9	7.8	10.9	8.1

1-5 续表 1

指 标	Item	1978	2000	2005	2010
城市概况	**General Conditions of Cities**				
供水总量(万立方米)	Water Supply (10 000 cu.m)		191706	183436	179122
排水管道长度(公里)	Length of Sewer Pipelines (km)		6070	10201	14733
城市煤气、天然气家庭用量(万立方米)	Consumption of Coal Gas and Natural Gas for Residential Use(10 000 cu.m)		30100	31384	63663
公共汽(电)车总数(标台)	Total Number of Public Buses and Trolley Buses (unit)		12514	12514	18912
道路长度(公里)	Length of Roads (km)		4920	7090	9413
公园绿地面积(公顷)	Areas of Green Land (hectare)		6286	12644	18361
产 业	**Industry**				
农林牧渔业	**Farming, Forestry, Animal Husbandry and Fishery**				
主要农产品产量	Output of Major Farm Products				
粮食(万吨)	Grain (10 000 tons)	2097.40	4101.50	4582.00	5581.82
棉花(万吨)	Cotton (10 000 tons)	22.42	70.38	67.70	33.89
油料(万吨)	Oil-bearing Crops (10 000 tons)	24.16	392.55	449.60	515.66
烟叶(万吨)	Tobacco (10 000 tons)	29.95	27.60	28.84	28.75
园林水果(万吨)	Fruits (10 000 tons)	47.11	364.73	555.69	797.50
年底大牲畜存栏头数(万头)	Large Animals (year-end) (10 000 heads)	515.03	1445.73	1508.80	719.19
年底生猪存栏头数(万头)	Hogs (year-end) (10 000 heads)	1724.90	3787.69	4439.00	4540.55
年底羊存栏只数(万只)	Sheep and goats (year-end) (10 000 heads)	989.70	2961.40	3988.00	1895.40
肉类(万吨)	Meat (10 000 tons)	45.64	517.00	689.00	608.96
工业	**Industry**				
规模以上工业增加值增速(%)	Growth Rate of Value-added of Industrial Above Designated Size (%)		11.6	23.3	19.0
主要工业产品产量	Output of Major Industrial Products				
原煤(万吨)	Coal (10 000 tons)	5845	7578	18761	21349
原油(万吨)	Crude Oil (10 000 tons)	167.44	562.18	507.16	497.90
发电量(亿千瓦小时)	Electricity (100 million kwh)	130.68	694.93	1414.68	2283.84
生铁(万吨)	Pig Iron (10 000 tons)	109.72	508.88	973.00	2073.92
粗钢(万吨)	Crude Steel (10 000 tons)	54.22	404.84	1226.62	2327.35
成品钢材(万吨)	Steel(10 000 tons)	30.94	405.62	1337.40	3196.42
农用化肥(折纯量)(万吨)	Chemical Fertilizer(10 000 tons)	51.92	258.56	396.64	439.25
水泥(万吨)	Cement (10 000 tons)	352.85	3723.00	6210.70	11479.73
平板玻璃(万重量箱)	Plain Glsaa(10 000 weght cases)	184.20	2425.41	3894.92	2414.41
主营业务收入(亿元)	Revenue form Principal Business (100 million yuan)	130(1979年)	3297.78	10114.21	36163.12
利润总额(亿元)	Total Profits (100 million yuan)	9.73	139.97	643.39	3302.22
建筑业	**Construction**				
建筑业总产值（亿元）	Gross Output Value of Construction (100 million yuan)		357.34	1066.15	4400.61
施工房屋面积(万平方米)	Floor Space of Buildings Under Construction (10 000 sq.m)		5308.29	10813.15	28677.13
竣工房屋面积(万平方米)	Floor Space of Buildings Completed (10 000 sq.m)		2629.33	4787.12	13156.03
交通运输、仓储、邮政业	**Transport, Storage and Post**				
客运量(万人)	Passengers (10 000 persons)	11177	83912	98099	167804
#铁路	Railways	4319	4727	5842	8399
公路	Highways	6781	79017	91920	158630
货运量(万吨)	Freight (10 000 tons)	18206	60678	78827	202470
#铁路	Railways	6722	10172	14806	14224
公路	Highways	11321	50133	62684	183291
邮电业务总量(亿元)	Business Volume of Post and Telecommunications Service (100 million yuan)	0.71	130.06	556.50	486.11
批发和零售业、住宿和餐饮业	**Wholesale and Retail Trades、Hotels and Catering Services**				
社会消费品零售总额(亿元)	Total Retail Sales of Consumer Goods (100 million yuan)	71.79	1869.80	3380.88	8004.15

continued

2015	2016	2017	2017年为以下各年% 2017as % of the Following years					年均增长速度(%) Average Annual Growth Rate		
			1978	2000	2005	2010	2016	1979-2017	2001-2017	2013-2017
196709	203936	208604		108.8	113.7	116.5	102.3		0.5	2.0
20467	21376	23624		389.2	231.6	160.3	110.5		8.3	6.4
110929	113516	137045		455.3	436.7	215.3	120.7		9.3	12.4
27355	29615	34082		272.4	272.4	180.2	115.1		6.1	9.3
12318	13042	13876		282.0	195.7	147.4	106.4		6.3	5.1
25201	25429	30002		477.3	237.3	163.4	118.0		9.6	7.2
6470.22	6498.01	6524.25	311.1	159.1	142.4	116.9	100.4	3.0	2.8	2.0
6.77	4.88	4.40	19.6	6.3	6.5	13.0	90.3	-4.1	-15.0	-23.6
538.99	549.82	586.95	2429.4	149.5	130.5	113.8	106.8	8.5	2.4	2.0
28.85	28.26	26.70	89.1	96.7	92.6	92.9	94.5	-0.3	-0.2	-2.7
919.68	927.12	931.98	1978.3	255.5	167.7	116.9	100.5	8.0	5.7	1.3
411.70	353.67	376.09	73.0	26.0	24.9	52.3	106.3	-0.8	-7.6	-6.9
4361.95	4268.82	4390.00	254.5	115.9	98.9	96.7	102.8	2.4	0.9	-0.8
1926.00	1535.45	1682.02	170.0	56.8	42.2	88.7	109.5	1.4	-3.3	-1.6
647.22	625.94	655.84	1437.0	126.9	95.2	107.7	104.8	7.1	1.4	0.7
8.6	8.0	8.0		1238.4	497.7	215.9	108.0		16.0	9.5
13548	11905	11688	200.0	154.2	62.3	54.7	98.2	1.8	2.6	-8.3
412.05	315.74	282.92	169.0	50.3	55.8	56.8	89.6	1.4	-4.0	-9.9
2615.00	2622.50	2703.48	2068.8	389.0	191.1	118.4	103.1	8.1	8.3	0.6
2903.60	2862.93	2702.57	2463.2	531.1	277.8	130.3	94.4	8.6	10.3	5.0
2897.41	2849.45	2954.03	5448.2	729.7	240.8	126.9	103.7	10.8	12.4	5.9
4766.83	4667.91	3909.45	12635.6	963.8	292.3	122.3	83.8	13.2	14.3	2.3
561.52	532.41	463.46	892.6	179.2	116.8	105.5	87.0	5.8	3.5	1.3
16565.00	15604.21	14938.70	4233.7	401.3	240.5	130.1	95.7	10.1	8.5	0.2
1178.40	1120.48	2050.47	1113.2	84.5	52.6	84.9	183.0	6.4	-1.0	11.0
73365.96	79657.15	79886.37		2422.4	789.8	220.9	100.3		20.6	8.9
4900.60	5240.61	5346.02		3819.3	830.9	161.9	102.0		23.9	5.9
8047.65	8807.99	10086.58		2822.7	946.1	229.2	114.5		21.7	10.9
53132.48	55784.03	55694.68		1049.2	515.1	194.2	99.8		14.8	7.8
18026.91	41675.82	20236.96		769.7	422.7	153.8	48.6		12.8	4.3
126812	122342	116574	2111.1	280.4	239.8	131.3	95.3	8.1	6.3	1.1
13068	14525	16178	374.6	342.2	276.9	192.6	111.4	3.4	7.5	10.9
112535	106415	98753	3118.8	267.6	230.1	124.3	92.8	9.2	6.0	-0.1
192715	205385	229458	1931.9	578.7	445.5	205.3	111.7	7.9	10.9	8.8
9802	9562	9406	139.9	92.5	63.5	66.1	98.4	0.9	-0.5	-5.9
172431	184255	207066	2955.2	667.3	533.7	219.2	112.4	9.1	11.8	9.8
1317.28	986.08	1816.04	667538.1	4468.3	1044.3	385.4	184.2	25.3	25.0	22.4
15740.43	17618.35	19666.8	27394.9	1051.8	581.7	245.7	111.6	15.5	14.8	12.5

1-5 续表 2

指 标	Item	1978	2000	2005	2010
金融业(亿元)	**Finance (100 million yuan)**				
金融机构人民币年底存款余额	Deposits of Financial Institutions	45.71	4753.41	10003.96	23148.83
金融机构人民币年底贷款余额	Loans of Financial Institutions	99.99	4356.94	7434.53	15871.32
租赁和商务服务业	**Leasing and Business Services**				
接待旅游者人数(万人次)	Number of Tourists (10 000 person-times)		32.50	60.05	146.84
旅游外汇收入(万美元)	Foreign Exchange Earnings from Tourism (USD 10 000)		12390	21604	49877
科学研究、技术服务和地质勘查业	**Scientific Research, Technical Services and Geologic Prospecting**				
研究与试验发展(R&D)	R&D				
经费内部支出(亿元)	Internal Expenditures on R&D (100 million yuan)		24.80	55.61	211.38
技术市场成交额(亿元)	Volume of Transaction in Technical Markets (100 million yuan)		21.16	26.37	27.69
三种专利授权量(项)	Three Types of Patent Application Granted (item)		2766	3748	16539
水利、环境和公共设施管理业	**Management of Water Conservancy, Environment and Public Facilities**				
水资源总量(亿立方米)	Total Amount of Water Resources (100 million cu.m)		669.95	558.56	534.89
环境污染治理投资总额(亿元)	Total Investment in Treatment of Environment Pollution (100 million yuan)		8.06	82.34	132.25
教育	**Education**				
专任教师数(万人)	Number of Full-time Teachers (10 000 persons)				
高等学校	Institutions of Higher Education	0.54	2.02	4.63	7.75
普通中学	Regular Secondary School	29.34	30.86	37.30	38.10
小学	Primary Schools	42.88	45.93	47.55	49.04
在校学生数(万人)	Students Enrollment (10 000 persons)				
高等学校	Institutions of Higher Education	2.73	26.24	85.19	145.67
普通中学	Regular Secondary School	521.62	638.14	758.22	661.56
小学	Primary Schools	1140.26	1130.63	986.84	1070.53
卫生、社会保障和社会福利业	**Health, Social Security and Social Welfare**				
卫生机构床位数(万张)	Number of Beds in Health Institutions (10 000 units)	10.20	19.86	21.40	32.76
#医院、卫生院	Hospitals	9.73	18.34	20.23	30.44
卫生技术人员数(万人)	Number of Medical Technical Personnel (10 000 persons)	11.44	26.84	28.92	37.28
#医生	Doctors	4.38	11.11	11.11	15.48
文化、体育和娱乐业	**Culture**				
图书出版总印数(万册)	Number of Books Published (10 000 copies)		35077	27260	20150
期刊出版总印数(万册)	Number of Magazines Issued (10 000 copies)		10721	9323	8524
报纸出版总印数(万份)	Number of Newspapers Issued (10 000 copies)		129104	197896	214158

注：1.本表价值量指标除邮电业务总量2001年以来为2000年不变价，1990-2000年按1990年不变价格计算，以前年度按1980年不变价格计算，其他价值量指标均按当年价格计算。(下同)。生产总值、工业增加值、邮电业务总量、在岗职工平均工资发展(增长)速度均按可比价格计算。
2.2005年以后生产总值相关数据已按新的行业划分办法和第三次经济普查数据调整(下同)。
3.1994年始财政收入为分税制后新口径数据(下同),发展(增长)速度按可比口径计算。
4.在岗职工、工资1997年及以前年度为职工口径(下同)。
5.进出口总额1992年及以后年度为海关数，其他为有关部门数(下同)。
6.2008-2012年客货运输量为公路水路运输量专项调查数据，2013年、2015年客货运输量按交通部新统计方法测算(下同)。
7.从2013年起，国家统计局开展了城乡一体化住户收支与生活状况调查，本表及以下相关表格数据来源于此调查，与2013年前的分城镇和农村住户调查的调查范围、方法和口径有所不同。

continued

2015	2016	2017	2017年为以下各年% 2017as % of the Following years					年均增长速度(%) Average Annual Growth Rate		
			1978	2000	2005	2010	2016	1979-2017	2001-2017	2013-2017
47629.91	53977.62	59068.66	129232.7	1242.7	590.5	255.2	109.4	20.2	16.0	13.1
31432.62	36501.17	41743.31	41745.7	958.1	561.5	263.0	114.4	16.7	14.2	15.5
268.29	293.95	307.32		945.5	511.7	209.3	104.5		14.1	10.0
84948	89542	98182		792.4	454.5	196.8	109.6		12.9	9.9
435.04	494.19	582.05		2346.8	1046.7	275.4	117.8		20.4	13.4
45.56	59.24	76.93		363.5	291.7	277.8	129.9		7.9	13.9
47766	49145	55407		2003.1	1478.3	335.0	112.7		19.3	15.6
287.17	337.35	423.06		63.1	75.7	79.1	125.4		-2.7	9.8
360.16	455.08	879.74		10921.2	1068.4	665.2	193.3		31.8	37.6
9.80	10.27	10.84	2007.4	536.6	234.1	139.9	105.6	8.0	10.4	4.7
42.87	43.63	46.21	157.5	149.7	123.9	121.3	105.9	1.2	2.4	3.5
47.21	47.42	48.86	113.9	106.4	102.8	99.6	103.0	0.3	0.4	-0.3
176.69	187.48	200.47	7343.2	764.0	235.3	137.6	106.9	11.6	12.7	5.2
599.12	615.43	634.65	121.7	99.5	83.7	95.9	103.1	0.5	0.0	-0.4
937.05	965.59	982.06	86.1	86.9	99.5	91.7	101.7	-0.4	-0.8	-1.9
48.96	52.16	55.90	548.0	281.5	261.2	170.6	107.2	4.5	6.3	7.3
45.65	48.74	52.21	536.6	284.7	258.1	171.5	107.1	4.4	6.3	7.4
51.96	54.67	58.05	507.4	216.3	200.7	155.7	106.2	4.3	4.6	6.2
19.86	20.68	22.03	503.0	198.3	198.3	142.3	106.5	4.2	4.1	5.6
23224	24608	27498		78.4	100.9	136.5	111.7		-1.4	3.7
8602	8166	8517		79.4	91.4	99.9	104.3		-1.3	-2.3
204783	192659	178615		138.4	90.3	83.4	92.7		1.9	-3.7

a) Figures in value terms in this table are Calculated at current prices, except that on the business transaction of post and telecommunications service since 2001 were calculated at 2000 constant prices. Data on 1990~2000 were calculated at 1990 constant prices.Figures on postal and telecommunication services before 1990 were calculated at 1980 constant prices, and those since 1991 were calculated at constant prices. The indices and growth rates of the follow indicators are calculated at GDP, value added of industry, Business volume of post and telecommunications, per capita income of urban and rural residents,comparable prices: wages of Fully Employed Staff and workers (the same as following tables)

b) Since 2005,the data of GDP were adjusted by New industry classification method and the third economic census (the same as following tables).

c) Total financial revenue since tax reform began to be implemented in 1994 (the same as following tables). The indices in this table are calculated at comparable prices.

d) Before 1997, data of Number and Wage of fully employed staff and workers refer to total employed persons (the same as following tables).

e) Since 1992, the data of imports and exports in foreign trade begin to be obtained from custom statistics (the same as following tables).

f) Data on passenger and freight Volume in 2008~2012 were calculated on basis of Highway and waterway traffic special investigation, Data on passenger and freight Volume since 2013 and 2015 were calculated on new statistical methods of Ministry of Communications, and data in the brakfets are original data.

g) Since 2013, the national bureau of statistics (NBS) caries out the integration of urban and rural residents income and expenditure survey and living conditions survey. Data in this table come from the data collected through a sample survey on the rural households conducted, and different from data before 2013.

1-6　国民经济和社会发展结构指标

Structural Indicators on National Economic and Social Development

单位：%　　(%)

指　标	Item	2000	2005	2010	2015	2016	2017
人口	**Population**						
城乡结构	Urban and Rural Structure						
市镇	Urban	23.2	30.7	38.8	46.9	48.5	50.2
乡村	Rural	76.8	69.3	61.2	53.2	51.5	49.8
性别结构	Sexual Structure						
男	Male	51.6	51.6	51.8	51.8	51.7	51.7
女	Female	48.4	48.4	48.2	48.2	48.3	48.3
就业	**Employment**						
从业人员产业结构	Industrial Structure						
第一产业	Primary Industry	64.0	55.4	44.9	39.0	38.4	36.9
第二产业	Secondary Industry	17.5	22.1	29.0	30.8	30.6	31.1
第三产业	Tertiary Industry	18.5	22.5	26.1	30.2	31.0	32.0
国民核算	**National Accounts**						
生产总值产业结构	Industrial Structure						
第一产业	Primary Industry	23.0	17.4	13.5	10.8	10.1	9.3
第二产业	Secondary Industry	45.4	51.9	55.8	49.0	47.9	47.4
第三产业	Tertiary Industry	31.6	30.8	30.7	40.2	42.0	43.3
固定资产投资	**Investment**						
固定资产投资产业结构	Structure of Investment in Fixed Assets						
第一产业	Primary Industry			4.4	4.2	4.9	5.4
第二产业	Secondary Industry			51.1	48.6	46.6	43.7
第三产业	Tertiary Industry			44.5	47.1	48.5	50.9
#重点行业占工业投资比重	Structure of Industry Investment						
#五大主导产业	Five-Leading Industry				48.7	47.7	43.4
#传统产业	Traditional Pillar Industry				35.1	35.4	36.9
#高耗能工业	High Energy Consumable Industry				25.8	26.3	26.5
能源	**Energy Sources**						
能源消费总量结构	Structure of Energy Sources Composition						
原煤	Coal	87.6	87.2	82.8	76.5	75.1	73.3
原油	Base oil	9.6	8.7	9.3	13.1	13.5	14.1
天然气	Gas	1.7	2.2	3.4	4.5	5.2	5.9
一次电力及其他能源	Primary Electricity	1.1	1.9	4.5	5.9	6.2	6.8
财政	**Government Finance**						
一般公共预算收入结构	Structure of General Public Budget Revenue						
#各项税收	Taxes	79.1	68.0	73.6	69.7	68.4	68.4
一般公共预算支出结构	Structure of General Public Budget Expenditure						
#农林水事务	Supporting Agricultural Production and Agricultural Operating Expenses	7.7	7.4	11.7	11.6	10.8	11.2
教科文卫	Culture Education Science and Health Care	24.3	24.2	28.7	32.0	31.1	31.2
#科学技术	Science	1.5	1.2	1.3	1.2	1.3	1.7

1-6 续表 continued

单位：% (%)

指 标	Item	2000	2005	2010	2015	2016	2017
生活	**People's Living Conditions**						
城镇居民消费结构	Consumption Structure of Urban Residents						
食品烟酒	Food, Alcohol and tobacco				28.1	28.0	26.7
衣着	Clothing				10.5	9.7	9.2
居住	Residence				19.8	20.8	21.8
生活用品及服务	Articles for Daily Use and Others				8.1	7.9	8.1
交通通信	Traffic Communication				10.9	11.0	11.7
教育文化娱乐	Education, Culture and Entertainment				11.6	11.5	11.5
医疗保健	Health Care				8.0	8.4	8.3
其他用品和服务	Others				3.1	2.7	2.8
农村居民消费结构	Consumption Structure of Rural Residents						
食品烟酒	Food, Alcohol and tobacco				29.2	28.5	27.1
衣着	Clothing				8.3	7.9	7.7
居住	Residence				20.8	20.6	21.8
生活用品及服务	Articles for Daily Use and Others				7.1	6.8	7.0
交通通信	Traffic Communication				12.3	14.1	13.5
教育文化娱乐	Education, Culture and Entertainment				10.8	11.0	11.2
医疗保健	Health Care				9.7	9.3	9.9
其他用品和服务	Others				1.7	1.7	1.8
工业	**Industry**						
增加值重点行业比重	Structure of Value-added of the Industry						
#五大主导产业	Five-Leading Industry				44.0	44.4	44.6
#传统产业	Traditional Pillar Industry				45.3	44.5	44.2
#高技术产业	High-technology Industry				8.8	8.7	8.2
运输业	**Transportation**						
货运量运输方式结构	Structure of Freight Traffic						
#铁 路	Railways	16.8	18.8	7.0	5.1	4.7	4.1
公 路	Highways	82.6	79.5	90.5	89.5	89.7	90.2
水 运	Waterways	0.6	1.7	2.4	5.4	5.6	5.6
客运量运输方式结构	Structure of Passenger Traffic						
#铁 路	Railways	5.6	6.0	5.0	10.3	11.9	13.9
公 路	Highways	94.2	93.7	94.5	88.7	87.0	84.7
水 运	Waterways	0.1	0.1	0.2	0.2	0.2	0.3
批发零售贸易、住宿和餐饮业	**Wholesale and Retail Trades, Hotels and Catering Services**						
社会消费品零售总额结构	Structure of Retail Sales of Consumer Goods						
批发零售和贸易业	Wholesale and Retail Trade	84.9	84.0	84.9	86.1	86.0	85.9
住宿和餐饮业	Hotels and Catering Services	11.7	13.9	13.8	13.9	14.0	14.1
环境	**Environment**						
工业企业污染防治投资结构	Uses of Funds in Pollution Treatment						
#治理废水	Waste Water Treatment		49.2	35.4	13.4	4.7	7.0
治理废气	Waste Gas Treatment		34.2	60.4	70.9	84.7	59.5
治理固体废物	Solid Wastes Treatment		11.7	0.7	2.4	0.2	0.8
治理噪声	Noise Abatement		0.2	0.4	0.0	0.0	0.8

1-7 国民经济和社会发展比例和效益指标
Indicators on Proportions and Efficiency in National Economic and Social Development

本表价值量指标均按当年价格计算。
The data in value terms in the table are calculated at current prices.

指 标	Item	2000	2010	2015	2016	2017
人口	**Population**					
出生率(‰)	Birth Rate (‰)	13.07	11.52	12.70	13.26	12.95
死亡率(‰)	Death Rate (‰)	5.93	6.57	7.05	7.11	6.97
自然增长率(‰)	Natural Growth Rate (‰)	7.14	4.95	5.65	6.15	5.98
就业	**Employment**					
城镇户均就业人口(人)	Number of Dependents per Urban Employee (person)	1.94	1.95	1.76	1.66	1.66
城镇登记失业率(%)	Registered Unemployment Rate in Urban Areas (%)	2.60	3.38	3.00	3.00	3.00
国民核算	**National Accounting**					
经济增长贡献率(%)	Contribution Rate to GDP (%)					
第一产业	Primary Industry	10.2	4.7	5.8	5.6	5.8
第二产业	Secondary Industry	62.6	68.3	54.8	43.6	44.6
第三产业	Tertiary Industry	27.2	27.0	39.4	50.8	49.6
全社会劳动生产率(元/人.年)	Overall Labor Productivity (yuan/person.year)	9377	38625	56376	60242	66037
第一产业	Primary Industry	3382	11659	15330	15721	16305
第二产业	Secondary Industry	24282	77797	89926	94066	101458
第三产业	Tertiary Industry	15827	42971	76880	82602	90741
对外经济贸易和国际旅游	**Foreign Trade and International Tourism**					
进出口总额相当于生产总值比例(%)	Proportion of Total Imports & Exports to GDP (%)	3.7	5.2	12.4	11.7	11.7
境外每一来豫游客支出(美元)	Expenditure per International Tourist in Henan (USD)	381	340	317	305	319
能源	**Energy**					
能源生产弹性系数	Elasticity Ratio of Energy Production		0.21			0.51
能源消费弹性系数	Elasticity Ratio of Energy Consumption	0.77	0.69	0.14		
单位GDP能耗降低率(%)	Reduction Rate of Energy Consumption per 10 000 yuan GDP (%)		-3.53	-6.57	-7.64	-7.90
单位GDP电耗降低率(%)	Reduction Rate of Electricity Consumption per 10 000 yuan GDP (%)		0.80	-8.98	-3.95	-1.72
单位工业增加值能耗降低率(%)	Reduction Rate of Energy Consumption per 10 000 yuan Add-value Industry (%)		-10.75	-11.54	-10.98	-9.10
财政	**Finance**					
一般公共预算收入占GDP比重(%)	Proportion of General Public Budget Revenue to GDP (%)	4.9	5.9	8.1	7.8	7.6
家庭	**Family**					
少儿抚养系数(%)	Dependency Ratio of Children (%)		29.7	30.7	31.0	31.3
老年抚养系数(%)	Dependency Ratio of the Aged (%)		11.8	13.9	14.4	14.9
生活	**Family**					
城乡居民收入比例(农民人均可支配收入为1)	Proportion of Per Capita Annual Disposable Income of Urban Residents to Rural Residents (Rural Residents=1)	2.40	2.90	2.36	2.33	2.32

1—7 续表 continued

指 标	Item	2000	2010	2015	2016	2017
农业	**Agriculture**					
每公顷播种面积农产量(千克)	Output of Farm Crops per Hectare of Sown Area (kg)					
粮食	Grain	4542	5581	5906	5791	5977
棉花	Cotton	903	957	1053	974	1100
油料	Oil-bearing Crops	2630	3457	3747	4222	4200
工业	**Industry**					
成本费用利润率(%)	Ratio of Profits to Industrial Cost (%)	4.5	10.2	7.2	7.0	7.2
资产负债率(%)	Assets Liability Ratio (%)	66.4	55.2	47.0	47.7	48.1
总资产贡献率(%)	Ratio of Total Assets to Industrial Output Value (%)	8.6	22.4	13.9	13.1	13.0
产品销售率(%)	Proportion of Products Sold (%)	98.0	98.7	98.2	97.9	98.6
劳动生产率(元/人)	Overall Labor Productivity (yuan/person)	33643	206596	229637	232740	252132
建筑业	**Construction**					
劳动生产率(元/人)	Overall Labor Productivity (yuan/person)		183639	287604	322917	354856
技术装备率(元/人)	Value of Machinery per Laborer (yuan/person)	5302	10173	13294	12652	12494
金融	**Financial**					
金融机构存款相当于生产总值比例 (%)	Bank Deposits as Percentage of GDP (%)	94.1	99.7	127.8	134.1	132.6
金融机构存贷比(存款=100)	Bank Loans as Percentage of Deposits (Deposits=100)	91.7	68.6	66.0	67.6	70.7
科技	**Science and Technology**					
研究与试验发展经费内部支出与国内生产总值之比(%)	Proportion of R&D Expenditure to GDP (%)	0.5	0.91	1.17	1.23	1.31
教育	**Education**					
小学学龄儿童净入学率(%)	Rate of School-age Children Enrollment (%)	99.8	99.9	100.0	100.0	100.0
初中毕业生升学率(%)	Rate of Graduates of Junior Secondary Schools Entering Senior Secondary Schools (%)	41.4	79.5	90.0	87.7	88.8
高中阶段毛入学率(%)	The Gross enrollment rate of Senior Secondary School (%)			90.3	90.4	90.6
九年义务教育巩固率	Percentage of Student Enrollment Consolidated of Nine-year Compulsory Education			94.0	94.1	94.3
高中阶段毛入学率	The Gross enrollment rate of higher stage			90.3	90.4	90.6
高中升学率	Promotion Rate from Senior Secondary Schools to Higher Education			81.2	84.4	88.6
高等教育毛入学率	The Gross enrollment rate of higher education			36.5	38.8	41.8
每万人拥有大学生(含研究生)(人)	Number of University Students per 10 000 Persons (Include Postgraduates) (person)	28	149	228	234	258
卫生	**Health Care**					
每万人拥有卫生机构院床位(张)	Number of Hospital Beds per 10 000 Persons (unit)	20.9	34.8	51.6	54.7	58.5
每万人拥有执业医师(人)	Number of Doctors per 10 000 Persons (person)	11.7	16.5	21.0	21.7	23.0

1-8 按三次产业分的基本单位数及构成
Institutional Units and Composition By Industry

年 份 Year	单位数 (个) Number of Enteprised (unit)	第一产业 Primary Industry		第二产业 Secondary Industry		第三产业 Tertiary Industry	
		绝对数 Value	构成(%) Composition (%)	绝对数 Value	构成(%) Composition (%)	绝对数 Value	构成(%) Composition (%)
法人单位 Institutional Units							
2000	225806	5035	2.2	90865	40.3	129906	57.5
2001	267883	4782	1.8	88965	33.2	174136	65.0
2002	266230	4604	1.7	87495	32.9	174131	65.4
2003	272024	10803	4.0	89839	33.0	171382	63.0
2004	277950	8660	3.1	91370	32.9	177920	64.0
2005	286207	8334	2.9	97446	34.1	180427	63.0
2006	305722	8600	2.8	106732	34.9	190390	62.3
2007	322828	9570	3.0	114560	35.5	198698	61.5
2008	362427	11406	3.1	123219	34.0	227802	62.9
2009	379992	13022	3.4	128949	33.9	238021	62.6
2010	400767	14317	3.6	136646	34.1	249804	62.3
2011	412772	15179	3.7	139539	33.8	258054	62.5
2012	426534	15923	3.7	142556	33.4	268055	62.9
2013	511887	10713	2.1	121078	23.7	380096	74.2
2014	623773	34473	5.5	139985	22.4	449315	72.1
2015	763212	45042	5.9	158963	20.8	559207	73.3
2016	816779	46778	5.7	149863	18.4	620138	75.9
2017	964946	76844	8.0	174156	18.0	713946	74.0
产业活动单位 Establishments Units							
2000	336330	5755	1.7	97001	28.8	233574	69.5
2001	374810	5386	1.5	94602	25.2	274822	73.3
2002	371791	5159	1.4	92909	25.0	273723	73.6
2003	374699	13518	3.6	94607	25.3	266574	71.1
2004	383093	10811	2.8	96284	25.1	275998	72.1
2005	387463	9924	2.6	101636	26.2	275903	71.2
2006	403819	10054	2.5	110784	27.4	282981	70.1
2007	421567	10957	2.6	118568	28.1	292042	69.3
2008	453789	12071	2.7	126048	27.8	315670	69.6
2009	471512	13655	2.9	131829	28.0	326028	69.1
2010	492300	14941	3.1	139509	28.3	337850	68.6
2011	503248	15806	3.1	142386	28.3	345056	68.6
2012	517217	16540	3.2	145425	28.1	355252	68.7
2013	587177	10922	1.9	123681	21.1	452574	77.0
2014	724050	34770	4.8	144347	19.9	544933	75.3
2015	861422	45342	5.3	163283	18.9	652797	75.8
2016	912907	47073	5.2	153299	16.8	712535	78.0
2017	1074783	77231	7.2	180181	16.8	817371	76.0

1-9 分行业法人单位数

Number of Institutional Unit by City

单位：个 (unit)

年份 Year	合 计 Total	农 林 牧渔业 Agriculture, Forestry, Animal Husbandry and Fishery	采矿业 Mining	制造业 Manufacturing	电力、燃气及水的生产和供应业 Production and Supply of Electricity,Gas and Water	建筑业 Construction	交通运输仓储及邮政业 Transport, Storage and Post	信息传输、软件和信息技术服务业 Information Transmission, Software and Information Technology	批发和零售业 Wholesale and Retail Trade	住宿和餐饮业 Hotels and Catering Services
2003	272024	10803	5893	77783	794	5369	2471	1486	26052	4666
2004	277950	8660	6853	77694	938	5885	2462	1699	27384	4402
2005	286207	8334	7482	82822	946	6196	2430	1704	28669	4546
2006	305722	8600	7800	90965	1025	6942	2652	2156	33862	5181
2007	322828	9570	7893	97862	1090	7715	2882	2497	37450	5882
2008	362427	11406	7454	105315	1367	9083	4885	4631	47472	8809
2009	379992	13022	7774	109908	1450	9817	5300	4892	52698	9092
2010	400767	14317	7955	115652	1556	11483	5787	5267	58780	8240
2011	412772	15179	7951	117629	1605	12354	6112	5564	63176	8411
2012	426534	15923	7882	119770	1629	13275	6319	6451	67778	8688
2013	511887	10713	5741	100313	2181	12843	9409	4809	99916	11136
2014	623773	45427	6353	116185	2402	15511	11185	6306	118451	12223
2015	763212	57525	6487	127692	2892	22490	14401	11964	172393	14547
2016	816779	58830	4761	110992	2778	32006	16364	18203	206121	12911
2017	964946	90759	4746	124077	3753	42317	18979	25564	257404	15029

1-9 续表 continued

单位：个 (unit)

年份 Year	金融业 Finance	房地产业 Real estate	租赁和商务服务业 Leasing and Business Services	科学研究和技术服务业 Scientific Research and Technical Service	水利、环境和公共设施管理业 Management of Water Conservancy, Environment and Public Facilities	居民服务、修理和其他服务业 Resident Services, Repair and Other Services	教育 Education	卫生和社会工作 Health and Social Work	文化、体育和娱乐业 Culture, Sports and Entertainment	公共管理、社会保障和社会组织 Public Management, Social Security and Social Organization
2003	3248	2455	4952	4366	2193	1370	14180	25428	3445	75070
2004	1907	3467	5759	4038	1913	1813	16623	29686	2542	74225
2005	1679	3610	6468	4189	1942	1920	16705	29715	2599	74251
2006	1755	4210	7820	4341	1915	2298	16917	29660	2685	74938
2007	1796	5111	8620	4527	1979	2556	17127	30031	2814	75426
2008	1076	6765	9821	5266	2206	3700	22536	26057	3492	81086
2009	1368	7464	11318	5577	2323	4173	22751	26114	3607	81344
2010	1695	9328	13304	6221	2418	4448	22900	26174	3751	81491
2011	1983	10550	15093	6574	2510	4568	22940	25221	3876	81476
2012	2034	11420	16400	7053	2604	4814	23074	25239	4608	81573
2013	1369	14387	22923	24110	4033	6898	40079	34020	13048	93959
2014	3226	17160	29737	27150	4614	8029	42309	37933	15757	103815
2015	4159	22377	45465	36962	6094	11089	44940	38881	17609	105245
2016	4891	27501	57916	39894	7072	13368	45623	36862	15552	105134
2017	4921	31673	71012	47284	7865	15432	46326	36494	18163	103148

1-10 各市按三次产业和机构类型分法人单位数(2017年)

Number of Institutional Unit by orgniztion type and City (2017)

单位：个 (unit)

市(县)	City(County)	合计 Total	第一产业 Primary Industry	第二产业 Secondary Industry	第三产业 Tertiary Industry	企业法人 Business Entity	事业法人 Institution Entity	机关法人 Government Entity	社会团体 Social Organization	其他 Others
全　　省	**Total**	**964946**	**76844**	**174156**	**713946**	**695955**	**64467**	**14337**	**7390**	**182797**
省辖市	**City**									
郑州市	Zhengzhou	192003	3126	26038	162839	174142	4435	1093	977	11356
开封市	Kaifeng	30919	2402	6114	22403	20263	2638	765	292	6961
洛阳市	Luoyang	75917	6172	15616	54129	54735	6301	1214	741	12926
平顶山市	Pingdingshan	31421	2120	4558	24743	22002	1928	814	322	6355
安阳市	Anyang	30958	1408	6908	22642	21993	2267	740	278	5680
鹤壁市	Hebi	19679	1675	4130	13874	14758	1084	398	258	3181
新乡市	Xinxiang	55477	5124	12548	37805	36379	3504	950	460	14184
焦作市	Jiaozuo	31565	2546	8016	21003	21290	2813	794	280	6388
濮阳市	Puyang	39304	3217	7956	28131	27575	3230	685	376	7438
许昌市	Xuchang	65108	3385	15471	46252	51345	2383	439	350	10591
漯河市	Luohe	14866	703	3149	11014	9742	1572	447	148	2957
三门峡市	Sanmenxia	28248	3060	4008	21180	19256	2450	555	443	5544
南阳市	Nanyang	95051	11405	12812	70834	63965	7769	1143	639	21535
商丘市	Shangqiu	55317	4804	10528	39985	38624	4895	876	365	10557
信阳市	Xinyang	37390	5318	5713	26359	22508	3845	879	350	9808
周口市	Zhoukou	39854	3899	7736	28219	24768	2902	741	172	11271
驻马店市	Zhumadian	51154	10436	7992	32726	31919	4097	763	404	13971
济源市	Jiyuan	9580	498	1620	7462	7047	382	100	57	1994
省直管县	**County Directly Administrated by Province**									
巩义市	Gongyi	8268	285	3390	4593	6285	473	90	51	1369
兰考县	Lankao	5941	187	1886	3868	4187	429	81	26	1218
汝州市	Ruzhou	5391	431	900	4060	2746	668	118	33	1826
滑县	Huaxian	5618	397	1218	4003	2767	498	70	31	2252
长垣县	Changyuan	8182	324	2438	5420	5638	553	95	85	1811
邓州市	Dengzhou	6909	1237	736	4936	2706	1149	79	28	2947
永城市	Yongcheng	6526	564	709	5253	2933	421	92	94	2986
固始县	Gushi	5320	732	781	3807	2540	542	98	48	2092
鹿邑县	Luyi	4336	964	486	2886	1125	753	131	54	2273
新蔡县	Xincai	4644	425	699	3520	2717	486	87	28	1326

1-11 各市分行业法人单位数(2017年)

单位：个

市(县)	City(County)	合计 Total	农林牧渔业 Agriculture Forestry, Animal Husbandry and Fishery	采矿业 Mining	制造业 Manufacturing	电力、燃气及水的生产和供应业 Production and Supply of Electricity,Gas and Water	建筑业 Construction	交通运输仓储及邮政业 Transport, Storage and Post	信息传输、软件和信息技术服务业 Information Transmission, Software and Information Technology Services
全省	**Total**	**964946**	**90759**	**4746**	**124077**	**3753**	**42317**	**18979**	**25564**
省辖市	**City**								
郑州市	Zhengzhou	192003	3720	381	12953	222	12593	3165	11540
开封市	Kaifeng	30919	2569		4444	92	1592	572	533
洛阳市	Luoyang	75917	6905	951	11182	418	3155	1268	2245
平顶山市	Pingdingshan	31421	2474	352	2925	178	1150	635	505
安阳市	Anyang	30958	1782	263	4605	227	1844	744	479
鹤壁市	Hebi	19679	1904	63	2823	120	1148	426	423
新乡市	Xinxiang	55477	6562	58	10121	223	2193	1071	1264
焦作市	Jiaozuo	31565	3033	214	6752	148	920	997	507
濮阳市	Puyang	39304	3727	65	5826	199	1964	1036	859
许昌市	Xuchang	65108	4546	285	12751	158	2316	1027	1151
漯河市	Luohe	14866	1003	2	2479	56	619	400	181
三门峡市	Sanmenxia	28248	3408	665	2085	233	1059	804	451
南阳市	Nanyang	95051	13381	542	9485	406	2433	1702	1962
商丘市	Shangqiu	55317	5841	4	7990	192	2358	1376	1121
信阳市	Xinyang	37390	6847	266	3573	215	1675	638	624
周口市	Zhoukou	39854	4411	5	6254	189	1306	879	392
驻马店市	Zhumadian	51154	11312	276	5583	195	1965	969	626
济源市	Jiyuan	9580	611	85	1114	64	365	234	362
省直管县	**County Directly Administrated by Province**								
巩义市	Gongyi	8268	320	58	3156	52	136	173	69
兰考县	Lankao	5941	234	2	1687	19	180	121	27
汝州市	Ruzhou	5391	536	170	614	30	88	91	19
滑县	Huaxian	5618	834	1	1033	18	169	78	27
长垣县	Changyuan	8182	359		1869	17	564	98	79
邓州市	Dengzhou	6909	1448	1	580	34	123	71	15
永城市	Yongcheng	6526	707	10	560	12	129	152	19
固始县	Gushi	5320	802	24	622	21	116	110	50
鹿邑县	Luyi	4336	1009		445	8	33	58	11
新蔡县	Xincai	4644	474	3	566	7	124	84	23

Number of Institutional Unit by Sector and City (2017)

(unit)

批发和零售业 Wholesale and Retail Trade	住宿和餐饮业 Hotels and Catering Services	金融业 Finance	房地产业 Real Estate	租赁和商务服务业 Leasing and Business Services	科学研究和技术服务业 Scientific Research, and Technical Service	水利、环境和公共设施管理业 Management of Water Conservancy, Environment and Public Facilities	居民服务、修理和其他服务业 Resident Services, Repair and Other Services	教育 Education	卫生和社会工作 Health and Social Work	文化、体育和娱乐业 Culture, Sports and Entertainment	公共管理、社会保障和社会组织 Public Management, Social Security and Social Organization
257404	**15029**	**4921**	**31673**	**71012**	**47284**	**7865**	**15432**	**46326**	**36494**	**18163**	**103148**
71850	2801	1001	8857	30081	10398	975	3230	4290	3587	2882	7477
6495	727	147	1135	2288	1931	167	411	1717	1139	1029	3931
17865	1313	405	2349	4958	3250	898	1191	3985	3956	1691	7932
9456	676	146	1247	1570	1101	324	548	1458	1573	699	4404
7947	479	207	809	1837	970	298	659	1606	1217	482	4503
4700	295	83	784	1579	735	220	310	764	800	317	2185
12251	573	273	1655	2729	3143	397	909	3028	2255	736	6036
6859	359	151	806	1220	1082	259	411	1616	1284	558	4389
9485	434	245	1168	2251	1723	287	834	2399	1033	641	5128
19621	992	317	1528	2885	3316	799	997	2490	3312	1617	5000
3193	295	129	612	896	423	142	209	914	415	141	2757
8462	495	101	813	1711	847	354	527	914	1094	597	3628
27401	1662	308	1968	6281	4735	704	1443	5322	4003	2089	9224
12952	783	322	2054	3026	2226	303	937	4120	1755	1042	6915
6531	663	363	1599	2081	1445	404	569	1315	1477	699	6406
7689	726	204	867	1114	4286	184	509	2450	1285	654	6450
11459	869	180	1779	2174	3092	342	788	2246	1130	845	5324
2720	95	65	261	604	393	399	191	336	588	186	907
1799	83	20	138	193	111	66	102	283	341	428	740
1070	90	23	143	275	353	20	101	413	117	252	814
938	40	15	101	129	275	67	60	799	476	74	869
903	47	22	100	109	78	21	55	470	107	43	1503
1934	100	22	170	266	205	56	94	725	548	120	956
864	94	20	149	197	98	43	86	975	813	112	1186
905	77	41	228	221	317	31	63	468	883	79	1624
762	97	57	153	177	83	57	51	258	725	38	1117
247	43	30	65	71	57	31	43	644	516	50	975
1046	121	24	135	89	611	17	104	321	65	62	768

1-12 各市按登记注册类型分企业法人单位数(2017年)

单位：个

市(县) City(County)	企业单位数 Number of Enterprises	内资企业 Domestic Funded Enterprises	#国有企业 State-owned Enterprises	#集体企业 Collective-owned Enterprises	#股份合作企业 Cooperative Enterprises
全　　省 Total	**695955**	**693822**	**6343**	**6380**	**1588**
省辖市 City					
郑州市 Zhengzhou	174142	173466	789	614	233
开封市 Kaifeng	20263	20168	242	319	63
洛阳市 Luoyang	54735	54540	565	536	101
平顶山市 Pingdingshan	22002	21939	306	252	63
安阳市 Anyang	21993	21940	243	273	53
鹤壁市 Hebi	14758	14725	92	166	46
新乡市 Xinxiang	36379	36226	384	487	111
焦作市 Jiaozuo	21290	21219	261	215	92
濮阳市 Puyang	27575	27503	288	195	190
许昌市 Xuchang	51345	51256	170	290	19
漯河市 Luohe	9742	9694	138	122	28
三门峡市 Sanmenxia	19256	19206	264	366	37
南阳市 Nanyang	63965	63819	596	593	148
商丘市 Shangqiu	38624	38538	343	303	70
信阳市 Xinyang	22508	22469	476	647	86
周口市 Zhoukou	24768	24691	400	278	57
驻马店市 Zhumadian	31919	31843	368	278	65
济源市 Jiyuan	7047	7023	47	57	9
省直管县 County Directly Administrated by Province					
巩义市 Gongyi	6285	6266	48	91	14
兰考县 Lankao	4187	4174	29	18	1
汝州市 Ruzhou	2746	2738	35	36	16
滑县 Huaxian	2767	2759	28	54	14
长垣县 Changyuan	5638	5626	23	30	11
邓州市 Dengzhou	2706	2698	83	50	7
永城市 Yongcheng	2933	2923	34	28	10
固始县 Gushi	2540	2538	42	53	2
鹿邑县 Luyi	1125	1123	22	20	6
新蔡县 Xincai	2717	2712	27	9	36

Number of Business Entities by City and Status of Registration (2017)

(unit)

#联　营 Joint Ownership	#有限责任公　司 Limited Liability Corporations	#股份有限公　司 Share-holding Corporations Ltd.	#私　营 Private	#其他内资 Others	港、澳、台商投资企业 Enterprises with Funds from Hong Kong, Macao and Taiwan	外商投资企　业 Enterprises with Foreign Investment
918	**152549**	**8566**	**476046**	**41432**	**949**	**1184**
102	57805	1507	106823	5593	324	352
68	3655	364	14092	1365	45	50
74	9384	585	40820	2475	80	115
32	6090	401	13422	1373	26	37
24	5942	301	12999	2105	23	30
14	3995	126	9461	825	14	19
89	6293	489	25868	2505	56	97
40	4437	356	13542	2276	31	40
33	6350	537	18201	1709	29	43
48	7225	356	39741	3407	32	57
27	2362	193	5962	862	20	28
17	2181	196	15427	718	26	24
78	6933	563	50984	3924	66	80
57	5489	410	29346	2520	38	48
37	3663	558	15431	1571	19	20
46	3051	504	17560	2795	38	39
53	6332	374	22181	2192	41	35
8	2307	86	4370	139	10	14
13	2141	85	3238	636	4	15
6	824	63	2869	364	4	9
4	714	22	1666	245	4	4
6	643	39	1671	304	4	4
4	2049	98	2905	506	2	10
20	498	28	1768	244	4	4
5	332	30	2115	369	5	5
8	712	30	1608	83	2	2
5	546	28	387	109	2	
	596	237	1589	218	2	3

1-13 “三上”法人单位数(2017年底)

Number of Institutional Unit of industry, construction, wholesale and retail trades, hotels and catering enterprises above designated size (End of 2017)

单位：个 (unit)

市(县) City(County)	合计 Total	工业 Industry	建筑业 Construction	批发和零售业 Wholesale and retail trade	住宿和餐饮业 Hotels and Catering Services	房地产业 Real estate	重点服务业 Key Services
全省 Total	**61654**	**22405**	**7793**	**11635**	**2665**	**7205**	**9951**
省辖市 City							
郑州市 Zhengzhou	10113	2350	2349	1837	402	1358	1817
开封市 Kaifeng	2657	986	287	560	149	271	404
洛阳市 Luoyang	4834	1995	620	857	236	553	573
平顶山市 Pingdingshan	2460	683	332	473	160	452	360
安阳市 Anyang	1858	722	341	265	63	279	188
鹤壁市 Hebi	1105	498	161	148	43	147	108
新乡市 Xinxiang	2704	1101	408	451	76	418	250
焦作市 Jiaozuo	2858	1301	275	582	75	258	367
濮阳市 Puyang	2412	924	320	431	61	202	474
许昌市 Xuchang	3650	1574	159	626	153	431	707
漯河市 Luohe	1332	588	115	258	76	152	143
三门峡市 Sanmenxia	1487	525	191	301	57	188	225
南阳市 Nanyang	5124	1830	486	1291	311	476	730
商丘市 Shangqiu	3160	1145	218	752	99	427	519
信阳市 Xinyang	3011	1084	271	455	165	458	578
周口市 Zhoukou	2815	1186	255	431	126	239	578
驻马店市 Zhumadian	3422	1393	340	577	147	361	604
济源市 Jiyuan	689	256	104	107	12	73	137
省直管县 County Directly Administrated by Province							
巩义市 Gongyi	895	554	37	98	19	44	143
兰考县 Lankao	648	240	31	158	25	44	150
汝州市 Ruzhou	734	201	23	241	10	39	220
滑县 Huaxian	453	224	60	81	9	34	45
长垣县 Changyuan	674	173	216	104	37	62	82
邓州市 Dengzhou	464	166	48	121	21	48	60
永城市 Yongcheng	497	213	55	70	23	59	77
固始县 Gushi	624	210	41	165	52	41	115
鹿邑县 Luyi	491	148	21	82	23	33	184
新蔡县 Xincai	483	135	29	113	35	58	113

1-14 航空港主要经济指标

Main Economic Indicators of Zhengzhou Airport

指　　标	Item	2016		2017	
		绝对数 Absolute value	增长速度(%) Growth Rate (%)	绝对数 Absolute value	增长速度(%) Growth Rate (%)
生产总值(亿元)	Gross Domestic Product (100 million yuan)	628.64	13.1	700.09	14.0
第一产业	Primary Industry	12.20	-7.5	10.52	-7.6
第二产业	Secondary Industry	475.29	12.7	494.50	13.8
#工业	Industry	471.35	12.7	488.91	13.7
第三产业	Tertiary Industry	141.15	17.0	195.08	16.8
规模以上工业增加值(亿元)	value-added of Industrial Above Designated Size (100 million yuan)		13.7		15.2
固定资产投资(亿元)	Investment in Fixed Assets	618.96	18.6	682.03	10.2
#民间投资	Civilian	115.30	-47.3	222.18	92.7
#工业	Industry	230.37	96.8	213.32	-7.4
#房地产业	Real Estate	168.41	53.3	262.05	55.6
社会消费品零售总额(亿元)	Total Retail Sales of Consumer Goods (100 million yuan)	94.64	14.0	113.16	13.6
#限上企业(单位)消费品零售额	above Designated Size	5.90	-1.3	10.33	4.0
进出口总值(亿美元)	Total Value of Imports and Exports (USD 100 million)	461.94	-4.4	500.60	8.0
出口总值	Total Exports				
进口总值	Total Imports				
外商实际投资额(亿美元)	Actually Amount of Foreign Investment(USD 100 million)	5.34	5.7	5.40	1.2
引进省外境内资金(亿元)	Domestic Capital from other Provinces(100 million yuan)	39.80	7.6	42.70	7.3
一般公共预算收入(亿元)	General Public Budget Revenue of the Local Government (100 million yuan)	32.96	18.3	36.27	16.0
#税收收入	Tax Revenue	23.19	18.4	25.76	19.9
一般公共预算支出(亿元)	Genenral Public Budget Expenditure of the Local Government (100 million yuan)	64.47	-27.2	74.13	15.0
民航旅客吞吐量(万人次)	Passenger Throughput of Civil Aviation (10 000 person-time)	2076.32	20.0	2429.91	17.0
民航货邮吞吐量(万吨)	Freight Throughput of Civil Aviation (10 000 tons)	45.67	13.2	50.27	10.1
航空运输飞行架次(万架次)	Air Transport Flight Vehicles (10 000 vehicles)	17.75	15.3	19.50	9.9

1-15 产业集聚区主要指标(2017年)

Main indicators of Industry Gathering Area (2017)

单位：亿元 (100 million yuan)

名　称	规模以上工业从业人员期末人数(人) Number of Employed Persons (persons)	规模以上工业主营业务收入 Revenue from Principal Business	固定资产投资完成额 Investment in Fixed Assets
产业集聚区合计	**4715278**	**54744.95**	**21689.73**
郑州高新技术产业集聚区	41727	450.91	268.44
郑州经济技术产业集聚区	76373	1094.56	447.53
郑州航空港产业集聚区	315414	2991.67	682.03
郑州市白沙产业集聚区	5240	35.98	293.74
郑州市中牟汽车产业集聚区	25686	279.89	124.00
郑州上街装备产业集聚区	5551	146.84	43.60
郑州马寨产业集聚区	15046	182.05	60.11
巩义市产业集聚区	26712	659.48	121.64
巩义市豫联产业集聚区	26123	396.76	121.47
新郑新港产业集聚区	25181	355.84	99.12
新密市产业集聚区	23348	331.80	103.81
登封市产业集聚区	22626	254.94	99.48
荥阳市产业集聚区	26887	385.38	100.88
开封汴西产业集聚区	22438	251.30	256.01
开封黄龙产业集聚区	86238	434.29	163.28
开封汴东产业集聚区	8656	64.44	29.61
尉氏县产业集聚区	53462	426.46	240.20
杞县产业集聚区	39498	193.78	164.21
开封市精细化工产业集聚区	11004	113.01	34.58
通许县产业集聚区	24179	192.53	121.20
兰考县产业集聚区	35663	320.79	164.45
洛阳高新技术产业集聚区	23800	316.25	138.29
洛阳工业产业集聚区	10848	195.37	63.50
洛阳经济技术产业集聚区	162	5.63	20.43
洛阳市伊滨产业集聚区	11174	112.80	77.64
洛阳市洛龙产业集聚区	19064	141.74	99.36
洛阳市洛新产业集聚区	24425	432.08	158.45
洛阳市石化产业集聚区	6319	416.68	32.50
洛阳市先进制造业集聚区	28337	399.08	113.20
洛宁县产业集聚区	39488	303.95	118.63
宜阳县产业集聚区	32195	301.11	172.22
新安县产业集聚区	32073	702.42	181.43
栾川县产业集聚区	7793	250.48	114.60
孟津县华阳产业集聚区	21499	252.06	167.10
汝阳县产业集聚区	16508	55.64	72.09
嵩县产业集聚区	8090	109.43	79.32
伊川县产业集聚区	18070	382.28	174.88
偃师市产业集聚区	31995	454.03	140.79
洛阳空港产业集聚区	9499	239.07	82.29
平顶山高新技术产业集聚区	18353	347.40	42.82
平顶山平新产业集聚区	3197	14.14	58.74
平顶山化工产业集聚区	8017	107.51	61.57

1-15 续表 1　continued

单位：亿元　　(100 million yuan)

名　称	规模以上工业从业人员期末人数(人) Number of Employed Persons (persons)	规模以上工业主营业务收入 Revenue from Principal Business	固定资产投资完成额 Investment in Fixed Assets
平顶山市石龙产业集聚区	5148	58.47	11.25
郏县产业集聚区	28487	240.48	93.21
汝州市产业集聚区	27606	339.86	118.68
叶县产业集聚区	12495	205.28	97.82
宝丰县产业集聚区	19509	248.76	91.42
舞钢市产业集聚区	19984	213.65	77.24
鲁山县产业集聚区	15673	127.55	72.98
安阳高新技术产业集聚区	14955	115.44	137.98
安阳市产业集聚区	3675	139.53	65.06
安阳市纺织产业集聚区	1394	21.54	46.90
安阳县产业集聚区	13769	256.74	51.12
滑县产业集聚区	11536	168.07	90.90
林州市产业集聚区	38594	701.17	353.38
汤阴县产业集聚区	16289	427.68	57.80
内黄县产业集聚区	21610	253.40	77.99
鹤壁市鹤淇产业集聚区	38001	348.74	111.34
鹤壁市宝山循环经济产业集聚区	41047	351.11	112.06
鹤壁市金山产业集聚区	14989	239.92	163.77
浚县产业集聚区	40103	372.71	109.25
新乡高新技术产业集聚区	32041	397.38	54.24
新乡工业产业集聚区	28688	443.21	199.76
新乡经济技术集聚区	21325	222.89	83.39
新乡电源产业集聚区	5679	67.02	76.86
新乡市新东产业集聚区	5145	37.09	58.85
长垣县产业集聚区	32247	520.09	167.01
原阳县产业集聚区	13188	150.45	114.66
获嘉县产业集聚区	16031	179.19	87.83
封丘县产业集聚区	4130	71.72	54.48
卫辉市产业集聚区	4650	63.80	57.89
延津县产业集聚区	13355	108.01	58.91
辉县市产业集聚区	33972	427.12	86.36
焦作经济技术产业集聚区	33524	421.02	180.82
焦作市工业产业集聚区	28474	386.42	87.86
武陟县产业集聚区	81233	794.46	321.05
温县产业集聚区	49655	647.80	243.41
孟州市产业集聚区	82505	931.69	351.77
沁阳市沁北产业集聚区	37202	703.46	337.73
修武县产业集聚区	24680	355.73	132.07
博爱县产业集聚区	29301	520.65	119.18
濮阳经济技术产业集聚区	11806	250.44	64.27
濮阳市产业集聚区	3696	88.69	61.74
濮阳市濮东产业集聚区	21467	197.50	122.31

1-15 续表 2 continued

单位：亿元 (100 million yuan)

名 称	规模以上工业从业人员期末人数(人) Number of Employed Persons (persons)	规模以上工业主营业务收入 Revenue from Principal Business	固定资产投资完成额 Investment in Fixed Assets
南乐县产业集聚区	19118	274.63	160.51
清丰县产业集聚区	25230	369.09	209.47
台前县产业集聚区	8164	112.98	57.73
濮阳县产业集聚区	19952	281.85	182.50
范县产业集聚区	14860	478.29	124.52
濮阳市化工产业集聚区	8549	180.47	51.42
许昌经济技术产业集聚区	17780	173.65	53.95
许昌魏都产业集聚区	18727	220.87	143.09
许昌尚集产业集聚区	37077	382.12	181.67
中原电气谷核心区	3744	132.18	95.72
长葛市产业集聚区	95385	1291.40	296.19
鄢陵县产业集聚区	25569	394.50	148.90
襄城县产业集聚区	14520	149.94	191.28
禹州市产业集聚区	82901	1040.91	270.08
长葛市大周再生金属循环产业集聚区	26287	717.52	71.22
襄城县循环经济产业集聚区	14434	271.35	38.73
漯河经济技术产业集聚区	48092	933.48	168.96
漯河市沙澧产业集聚区	31976	239.55	109.78
漯河市东城产业集聚区	43071	346.39	125.22
漯河淞江产业集聚区	23341	295.04	153.65
舞阳县产业集聚区	37745	424.06	170.33
临颍县产业集聚区	40569	559.98	223.02
临颍县杜曲现代家居产业集聚区	15442	188.81	3.94
三门峡经济技术产业集聚区	1718	74.85	26.94
三门峡产业集聚区	13028	421.09	205.93
义马市煤化工产业集聚区	47606	354.71	111.53
卢氏县产业集聚区	3292	58.19	29.92
渑池县产业集聚区	16243	305.03	199.88
灵宝市产业集聚区	31268	483.61	189.15
陕县产业集聚区	4390	42.94	86.93
南阳高新技术产业集聚区	14417	74.49	122.98
南阳市新能源产业集聚区	23596	123.22	132.54
南阳光电产业集聚区	10078	74.11	100.18
邓州市产业集聚区	28064	318.00	158.31
新野县产业集聚区	30778	242.74	155.30
淅川县产业集聚区	22447	194.05	88.51
内乡县产业集聚区	25025	210.86	160.07
唐河县产业集聚区	35073	223.13	123.92
桐柏县产业集聚区	7076	53.27	120.69
镇平县产业集聚区	23647	160.98	146.92
西峡县产业集聚区	25030	238.61	164.40
社旗县产业集聚区	17243	172.36	85.38
南召县产业集聚区	5272	70.93	60.62
方城县产业集聚区	12720	177.41	85.95
南阳化工产业集聚区	12189	53.99	16.88
桐柏县安棚化工产业集聚区	2474	27.13	12.96
商丘经济技术产业集聚区	20426	127.02	127.57
豫东综合物流集聚区	1637	12.23	45.12
商丘市梁园产业集聚区	21679	251.76	104.46

1-15 续表 3 continued

单位：亿元 (100 million yuan)

名 称	规模以上工业从业人员期末人数(人) Number of Employed Persons (persons)	规模以上工业主营业务收入 Revenue from Principal Business	固定资产投资完成额 Investment in Fixed Assets
商丘市睢阳产业集聚区	39417	273.13	138.77
永城市产业集聚区	58125	573.92	226.22
民权县产业集聚区	33251	355.30	177.75
夏邑县产业集聚区	55599	362.46	171.04
虞城县产业集聚区	47347	475.37	179.48
柘城县产业集聚区	40524	278.38	115.71
宁陵县产业集聚区	15693	264.01	71.74
睢县产业集聚区	57796	287.61	180.89
信阳市产业集聚区	7013	97.72	108.54
潢川经济技术产业集聚区	4421	29.11	24.07
信阳市平桥产业集聚区	29122	182.18	59.34
信阳市上天梯产业集聚区	22866	113.37	10.49
信阳金牛物流产业集聚区	8994	117.19	52.38
信阳明港产业集聚区	21748	267.16	37.29
固始县史河湾产业集聚区	9798	63.65	80.50
固始县产业集聚区	12548	95.42	97.86
光山县官渡河产业集聚区	21117	110.58	42.48
新县产业集聚区	22260	179.20	71.29
罗山县产业集聚区	25035	174.48	95.40
淮滨县产业集聚区	31905	131.54	111.13
商城县产业集聚区	17110	168.92	85.07
潢川县产业集聚区	18126	153.07	77.95
息县产业集聚区	22823	167.99	69.26
周口经济技术产业集聚区	27446	399.45	64.63
周口市川汇产业集聚区	9115	121.50	59.34
项城市产业集聚区	36789	414.79	123.29
淮阳县产业集聚区	40026	375.97	45.92
扶沟县产业集聚区	21887	297.86	87.13
鹿邑县产业集聚区	26815	387.79	139.09
郸城县产业集聚区	39095	425.54	77.37
西华县产业集聚区	23177	226.39	49.88
沈丘县产业集聚区	40236	508.73	149.46
太康县产业集聚区	55007	486.65	136.72
商水县产业集聚区	29379	280.10	74.03
驻马店经济技术产业集聚区	1233	14.68	28.40
驻马店装备产业集聚区	19246	189.65	120.56
驻马店市产业集聚区	18820	360.23	80.78
遂平县产业集聚区	23639	301.37	124.64
新蔡县产业集聚区	14215	164.37	89.39
正阳县产业集聚区	18362	148.46	70.44
汝南县产业集聚区	23303	224.77	58.53
西平县产业集聚区	18085	167.25	80.46
泌阳县产业集聚区	37690	328.03	117.60
平舆县产业集聚区	30828	379.01	85.44
确山县产业集聚区	14246	146.18	75.73
上蔡县产业集聚区	38678	338.04	116.45
济源市玉川产业集聚区	15464	465.38	92.07
济源市虎岭产业集聚区	54094	747.43	190.97

1-16 商务中心区主要指标(2017年)
Main Indicators of Central Business District (2017)

名 称	规划面积 (万平方米) Planning Area (10 000 sq.m)	固定资产投资完成额 (万元) Investment in Fixed Assets (10 000 yuan)	企业个数 (个) Number of Enterprises (unit)	服务业法人企业从业人员 (人) Number of Employed Persons of Services (persons)
全省商务中心区合计	**13565**	**10598700**	**4017**	**198324**
郑东新区中央商务区	710	406000	821	26776
巩义市商务中心区	186	275600	89	3775
开封市商务中心区	296		3	73
兰考县商务中心区	172	34600	16	856
洛阳市商务中心区	520			12
栾川县商务中心区	172	136700	215	4224
嵩县商务中心区	113	114200	141	2062
汝阳县商务中心区	126	12000	125	3962
洛宁县商务中心区	145	25900	6	210
平顶山市商务中心区	347	164100	7	630
郏县商务中心区	80	168700	69	2002
舞钢市商务中心区	140	100300	103	3563
汝州市商务中心区	154	328700	173	7183
安阳市商务中心区	292	315600	96	2764
滑县商务中心区	207	46800	116	4236
林州市商务中心区	199	151900	76	5984
鹤壁市商务中心区	440	320700	152	6430
新乡市商务中心区	253	47800	13	1592
封丘县商务中心区	134		18	373
长垣县商务中心区	197	95400	19	525
焦作市商务中心区	497	61000	16	794
濮阳市商务中心区	357	337000	2	28
南乐县商务中心区	90	110500	41	4258
范县商务中心区	64		30	1082
台前县商务中心区	53		11	439
许昌市商务中心区	270	157600	132	3711
漯河市商务中心区	249	203300	57	4571
三门峡市商务中心区	398	675000	95	2224
南阳市商务中心区	296	262800	33	923
南召县商务中心区	157	27600	1	60

1-16 续表 continued

名 称	规划面积 (万平方米) Planning Area (10 000 sq.m)	固定资产投资完成额 (万元) Investment in Fixed Assets (10 000 yuan)	企业个数 (个) Number of Enterprises (unit)	服务业法人企业从业人员 (人) Number of Employed Persons of Services (persons)
西峡县商务中心区	91	101700	25	1144
淅川县商务中心区	152	311400	11	692
新野县商务中心区	136	254100	34	1319
桐柏县商务中心区	123	169600	22	395
邓州市商务中心区	205	100400	6	168
商丘市商务中心区	533	731700	107	7365
睢县商务中心区	299	238200	118	9957
夏邑县商务中心区	202	619800	246	16960
永城市商务中心区	200	584800	222	13707
信阳市商务中心区	295	81200	102	5989
光山县商务中心区	171	229700	20	4342
新县商务中心区	167	58600	16	504
商城县商务中心区	149	70300	29	1422
固始县商务中心区	157	84100	29	3826
潢川县商务中心区	160	56700	1	115
淮滨县商务中心区	170	11100	2	215
息县商务中心区	161	319300	4	270
周口市商务中心区	477	93200	7	240
扶沟县商务中心区	175	195000	14	1414
沈丘县商务中心区	238	200600	35	6745
郸城县商务中心区	175	415900	23	7009
太康县商务中心区	200	201700	10	1374
鹿邑县商务中心区	193	250200	64	5423
驻马店市商务中心区	238	164600	4	137
上蔡县商务中心区	135	120300	57	2912
平舆县商务中心区	223	224200	85	5310
正阳县商务中心区	105	16600	2	76
泌阳县商务中心区	215	104200	16	2648
新蔡县商务中心区	179		20	890
济源市商务中心区	327	9700	10	434

1-17 特色商业区主要指标(2017年)
Main Indicators of Feature Commercial Area (2017)

名 称	规划面积 (万平方米) Planning Area (10 000 sq.m)	固定资产投资完成额 (万元) Investment in Fixed Assets (10 000 yuan)	企业个数 (个) Number of Enterprises (unit)	服务业法人企业从业人员 (人) Number of Employed Persons of Services (persons)
全省特色商业区合计	**20087**	**17340700**	**13437**	**516009**
郑州市中原区特色商业区	200	99700	164	15844
郑州市二七区特色商业区	217	241600	798	15450
郑州市管城回族区特色商业区	224	261500	740	30865
郑州市金水区特色商业区	98	329200	896	10160
郑州市上街区通航特色商业区	316	447800	90	2008
郑州市惠济区特色商业区	168	430400	26	3939
中牟县特色商业区	217	223000	61	1738
荥阳市特色商业区	116	89900	38	1321
新密市特色商业区	151	21000	116	2268
新郑市特色商业区	254	104700	203	7088
登封市特色商业区	220	280300	177	4142
开封市龙亭区特色商业区	326	104300	108	4802
开封市顺河回族区特色商业区	260	11000	28	750
开封市鼓楼区特色商业区	216	44600	225	6460
开封市禹王台区特色商业区	112	52500	1	118
开封市龙亭区金明特色商业区	110			
杞县特色商业区	196	397200	139	4945
通许县特色商业区	180	93400	32	1637
尉氏县特色商业区	138	217700	91	3782
开封市祥符区特色商业区	186	24700	24	1094
洛阳市老城区特色商业区	124	231200	43	954
洛阳市西工区特色商业区	200	205900	689	16115
洛阳市瀍河回族区特色商业区	138			25
洛阳市涧西区特色商业区	197	109300	139	2499
洛阳市吉利区特色商业区	80	17700	21	317
洛阳市洛龙区特色商业区	210	202200	127	2948
孟津县特色商业区	200	115800		17
新安县特色商业区	120	200	77	1023
宜阳县特色商业区	198	4600	182	3268
伊川县特色商业区	182	27000	13	1210
偃师市特色商业区	142	52400	232	5281
平顶山市新华区特色商业区	186	69800	37	8491
平顶山市卫东区特色商业区	86	66800	44	3507
平顶山市石龙区特色商业区	16	12900	3	70
平顶山市湛河区特色商业区	95	12900		116
宝丰县特色商业区	193	173600	42	9499
叶县特色商业区	161		28	1216
鲁山县特色商业区	156	61800	2	64

1-17 续表 1 continued

名 称	规划面积 (万平方米) Planning Area (10 000 sq.m)	固定资产投资完成额 (万元) Investment in Fixed Assets (10 000 yuan)	企业个数 (个) Number of Enterprises (unit)	服务业法人企业从业人员 (人) Number of Employed Persons of Services (persons)
安阳市文峰区特色商业区	240	50800	75	1248
安阳市北关区特色商业区	177	49500	71	3913
安阳市殷都区特色商业区	90	132100	94	2167
安阳市龙安区特色商业区	105	4200	3	246
安阳县特色商业区	88	75800	16	1026
汤阴县特色商业区	182	154600	52	1857
内黄县特色商业区	174	52300	12	405
鹤壁市鹤山区特色商业区	65	99700	3	190
鹤壁市山城区特色商业区	102	169200	90	2341
鹤壁市淇滨区特色商业区	101	77300	7	174
浚县特色商业区	160	145600	33	1142
淇县特色商业区	118	89100	15	419
新乡市红旗区特色商业区	160	6700	178	4185
新乡市卫滨区特色商业区	150	101900	110	3270
新乡市凤泉区特色商业区	96	4900	7	134
新乡市牧野区特色商业区	142	60100	50	4120
新乡县特色商业区	153	14500	23	496
获嘉县特色商业区	94	3900	9	809
原阳县特色商业区	148	29100	6	293
延津县特色商业区	208	43800	29	2264
卫辉市特色商业区	194	18800	7	373
辉县市特色商业区	130	72300	23	555
焦作市解放区特色商业区	241	108900	177	13757
焦作市中站区特色商业区	226	28600	107	5073
焦作市马村区特色商业区	275	116100	54	2348
焦作市山阳区特色商业区	196	210200	175	10084
修武县特色商业区	198	100700	16	3645
博爱县特色商业区	146	36500	150	4157
武陟县特色商业区	140	58800	74	3853
温县特色商业区	170	29600	53	5106
沁阳市特色商业区	185	35900	47	1407
孟州市特色商业区	174			180
濮阳市华龙区特色商业区	181	436400	374	13840
清丰县特色商业区	57	26400	12	471
濮阳县特色商业区	198	51700	4	434
许昌市魏都区特色商业区	210	127200	1002	24029
许昌市建安区特色商业区	180	116500	58	2571
鄢陵县特色商业区	293	177700	140	6584
襄城县特色商业区	261	286300	181	4203
禹州市特色商业区	131	616400	416	12576
长葛市特色商业区	289	303400	220	6309

1-17 续表 2 continued

名 称	规划面积 (万平方米) Planning Area (10 000 sq.m)	固定资产投资完成额 (万元) Investment in Fixed Assets (10 000 yuan)	企业个数 (个) Number of Enterprises (unit)	服务业法人企业从业人员 (人) Number of Employed Persons of Services (persons)
漯河市源汇区特色商业区	262	293000	134	4046
漯河市郾城区特色商业区	183	10100	118	2500
漯河市召陵区特色商业区	194	57200	28	3577
舞阳县特色商业区	208	106600	53	3631
临颍县特色商业区	211	42400	27	3835
三门峡市湖滨区特色商业区	245	133900	402	9585
渑池县特色商业区	127	77000	105	3387
陕县特色商业区	165	227400	128	3648
卢氏县特色商业区	67	25800	36	867
义马市特色商业区	189	169900	56	2028
灵宝市特色商业区	123	110400	105	2081
南阳市宛城区特色商业区	183	141500	149	7711
南阳市卧龙区特色商业区	293	268100	247	6267
方城县特色商业区	165	349200	168	4168
镇平县特色商业区	220	622500	51	3854
内乡县特色商业区	179	409600	201	5449
社旗县特色商业区	215	190200	109	2772
唐河县特色商业区	174	300200	260	7827
商丘市梁园区特色商业区	202	415000	71	9982
商丘市睢阳区特色商业区	123	352000	42	8664
民权县特色商业区	111	357500	172	17071
宁陵县特色商业区	173	299200	63	4465
柘城县特色商业区	349	580600	350	21184
虞城县特色商业区	199	453200	153	18160
信阳市浉河区特色商业区	129	274300	106	6551
信阳市平桥区特色商业区	160	25600	2	87
罗山县特色商业区	207	276400	87	4856
周口市川汇区特色商业区	160	57100	16	682
西华县特色商业区	104	85700	9	1112
商水县特色商业区	170	131600	3	492
淮阳县特色商业区	236	215500	24	4685
项城市特色商业区	201	190100	35	4630
驻马店市驿城区特色商业区	207	162700	6	451
西平县特色商业区	134	48500	5	477
确山县特色商业区	164	174100	51	4241
汝南县特色商业区	100	302200	9	251
遂平县特色商业区	138	242300	47	3450

主要统计指标解释

行政区划 指国家对行政区域的划分。根据有关法规规定，我国的行政区域划分如下：(1)全国分为省、自治区、直辖市；(2)省、自治区分为自治州、县、自治县、市；(3)自治州分为县、自治县、市；(4) 自治区、自治州、自治县都是民族自治的地方；县、自治县分为乡、民族乡、镇；(5)直辖市和较大的市分为区、县；(6)国家在必要时设立的特别行政区。

可比价格 指计算各种总量指标所采用的扣除了价格变动因素的价格，可进行不同时期总量指标的对比。按可比价格计算总量指标有两种方法：一种是直接用产品产量乘某一年的不变价格计算；另一种是用价格指数进行缩减。

不变价格 指以同类产品某年的平均价格作为固定价格，用于计算各年的产品价值。按不变价格计算的产品价值消除了价格变动因素，不同时期对比可以反映生产的发展速度。新中国成立后，随着工农业产品价格水平的变化，国家统计局先后五次制定了全国统一的工业产品不变价格和农业产品不变价格。从 1952 年到 1957 年使用 1952 年工（农）业产品不变价格，从 1957 年到 1970 年使用 1957 年不变价格，从 1971 年到 1980 年使用 1970 年不变价格，从 1981 年到 1990 年使用 1980 年不变价格，从 1991 年开始使用 1990 年不变价格。

平均增长速度 平均增长速度表明社会经济现象在一个较长的时期内逐期平均增长变化的程度，它不能根据各个环比增长速度直接求得，但与平均发展速度之间存在着一定的数量关系：平均增长速度＝平均发展速度－1。

平均发展速度是一种根据环比发展速度计算的序时平均数，由于各时期对比的基础不同，所以计算平均发展速度不能采用一般的序时平均数的计算方法，计算方法分为水平法和累计法。水平法，又称几何平均法，即将环比发展速度按连乘法用几何平均数公式计算。累计法，也称方程法，根据一段时期内各年发展水平总和与基期水平的关系，列出方程式计算平均发展速度。水平法着重考虑最后一年所达到的发展水平；累计法着重考虑整个时期累计发展水平的总量。

本《年鉴》内所列的平均增长速度，除固定资产投资用“累计法”计算外，其余均用“水平法”计算。从某年到某年平均增长速度的年份，均不包括基期年在内。如建国四十三年以来的平均增长速度是以 1949 年为基期计算的，则写为 1950-1992 年平均增长速度，其余类推。

国民经济行业分类 自 2012 年定期报表开始使用新的《国民经济行业分类》(GB/T4754-2011)。该分类是由国家统计局组织修订，国家质量监督检验检疫总局和中国国家标准化管理委员会于 2011 年 4 月 29 日发布。这次修订是在 2002 年分类标准的基础上，参照联合国《全部经济活动的国际标准产业分类》（ISIC/Rev.4）进行的。修订后的《国民经济行业分类》（GB/T4754-2012）共有门类 20 个，大类 96 个，中类 432 个，小类 1094 个。

企业（单位）登记注册类型 是以在工商行政管理机关登记注册的各类企业为划分对象，以工商行政管理部门对企业登记注册的类型为依据，将企业登记注册类型分为内资企业、港澳台商投资企业和外商投资企业三大类。内资企业包括国有企业、集体企业、股份合作企业、联营企业、有限责任公司、股份有限公司、私营公司和其他企业；港澳台商投资企业和外商投资企业分别包括合资经营企业、合作经营企业、独资经营企业和股份有限公司。对不在工商行政管理部门进行登记注册的行政机关、事业单位和社会团体，主要按其经费来源和管理方式进行划分。

国有企业 指企业全部资产归国家所有，并按《中华人民共和国企业法人登记管理条例》规定登记注册的非公司制的经济组织。不包括有限责任公司中的国有独资公司。

集体企业 指企业资产归集体所有，并按《中华人民共和国企业法人登记管理条例》规定登记注册的经济组织。

股份合作企业 指以合作制为基础，由企业职工共同出资入股，吸收一定比例的社会资产投资组建，实行自主经营，自负盈亏，共同劳动，民主管理，按劳分配与按股分红相结合的一种集体经济组织。

联营企业 指两个及两个以上相同或不同所有制性质的企业法人或事业单位法人，按自愿、平等、互利的原则，共同投资组成的经济组织。联营企业包括国有联营企业、集体联营企业、国有与集体联营企业和其他联营企业。

有限责任公司 指根据《中华人民共和国公司登记管理条例》规定登记注册，由两个以上、五十个以下的股东共同出资，每个股东以其所认缴的出资额对公司承担有限责任，公司以其全部资产对其债务承担责任的经济组织。有限责任公司包括国有独资公司以及其他有限责任公司。

股份有限公司 指根据《中华人民共和国公司登记管理条例》规定登记注册，其全部注册资本由等额股份构成并通过发行股票筹集资本，股东以其认购的股份对公司承担有限责任，公司以其全部资产对其债务承担责任的经济组织。

私营企业 指由自然人投资设立或由自然人控股，以雇佣劳动为基础的营利性经济组织。包括按照《公司法》、《合伙企业法》、《私营企业暂行条例》规定登记注册的私营有限责任公司、私营股份有限公司、私营合伙企业和私营独资企业。

其他内资企业 指上述企业之外的其他内资经济组织。

与港澳台商合资经营企业 指港澳台地区投资者与内地企业依照《中华人民共和国中外合资经营企业法》及有关法律的规定，按合同规定的比例投资设立、分享利润和分担风险的企业。

与港澳台商合作经营企业 指港澳台地区投资者与内地企业依照《中华人民共和国中外合作经营企业法》及有关法律的规定，依照合作合同的约定进行投资或提供条件设立、分配利润和分担风险的企业。

港澳台商独资经营企业 指依照《中华人民共和国外资企业法》及有关法律的规定，在内地由港澳台地区投资者全额投资设立的企业。

港澳台商投资股份有限公司 指根据国家有关规定，经外经贸部依法批准设立，其中港、澳、台商的股本占公司注册资本的比例达25%以上的股份有限公司。凡其中港、澳、台商的股本占公司注册资本的比例小于25%的，属于内资企业中的股份有限公司。

中外合资经营企业 指外国企业或外国人与中国内地企业依照《中华人民共和国中外合资经营企业法》及有关法律的规定，按合同规定的比例投资设立、分享利润和分担风险的企业。

中外合作经营企业 指外国企业或外国人与中国内地企业依照《中华人民共和国中外合作经营企业法》及有关法律的规定，依照合作合同的约定进行投资或提供条件设立、分配利润和分担风险的企业。

外资企业 指依照《中华人民共和国外资企业法》及有关法律的规定，在中国内地由外国投资者全额投资设立的企业。

外商投资股份有限公司 指根据国家有关规定，经外经贸部依法批准设立，其中外资的股本占公司注册资本的比例达25%以上的股份有限公司。凡其中外资股本占公司注册资本的比例小于25%的，属于内资企业中的股份有限公司。

行政机关、事业单位和社会团体 参照企业登记注册类型，主要按其经费来源和管理方式划分。具体规定如下：

⑴行政机关：包括国家机关和政党机关，原则上均列为“国有”。但有特殊规定的，如供销社等，则列为“集体”。

⑵事业单位：包括经国家机构编制部门和有关业务主管部门批准成立的各类事业单位，不包括实行企业化管理的事业单位。事业单位的划分办法如下：

①由国家财政预算拨款或列人财政预算外资金管理以及经费主要来源于国有主管部门或国有上级单位的事业单位，列为“国有”。

②经费主要来源于集体单位的事业单位，列为“集体”。

③公民个人（或个人合伙）开办的事业单位，列为“私营”。

④上述以外的其他事业单位，如果其经费来源不明确，按管理方式进行归类。

⑶社会团体：包括经民政部门批准成立以及未纳入社会团体管理条例范围的工会、妇联等各类社会团体。社会团体的划分办法如下：

①未纳人民政部社会团体管理条例范围的工会、妇联、共青团、青联、工商联、科协、侨联等社会团体，国家拨款设立的基金会或基金管理组织以及经费主要来源于国有业务主管部门或国有上级单位的社会团体，列为“国有”。

②经费主要来源于集体单位的社会团体，列为“集体”。

③公民个人（或个人合伙）开办的社会团体，划为“私营”。

④上述以外的其他社会团体，如果其经费来源不明确，改按管理方式进行归类。

法人单位 指具备：

⑴依法成立、有自己的名称、组织机构和场所、能够独立承担民事责任；

⑵独立拥有和使用（或授权使用）资产、承担负债、有权与其它单位签订合同；

⑶会计上独立核算、能够编制资产负债表。法人单位包括企业法人、事业单位法人、机关法人、会团体法人和其他法人。

产业活动单位　是法人单位的附属单位。产业活动单位应具备下列条件：

⑴在一个场所从事一种或主要从事一种社会经济活动；

⑵相对独立组织生产经营和业务活动；

⑶能够掌握收入和支出等业务核算资料。

Explanatory Notes on Main Statistical Indicators

Divisions of Administrative Areas refers to the division of administrative areas by the State. The relative laws stipulate that 1) the whole country is divided into provinces, autonomous regions and municipalities directly under the Central Government; 2) provinces and autonomous regions are further divided into autonomous prefectures, counties, autonomous counties and cities; 3) autonomous prefectures are further divided into counties, autonomous counties and cities; 4) counties and autonomous counties are further divided into townships, ethnic townships and towns; 5) municipalities directly under the Central Government and large cities are divided into districts and counties, 6) the State shall, when necessary, establish special administrative regions.

Comparable Prices refer to prices that are used to remove the factors of price change in calculating economic aggregates, so as to facilitate comparison of aggregates over time. Two methods are used for calculating economic aggregates at comparable prices:

One is Multiplying the output of products by their constant prices of certain year, and other is Deflation of data at current prices by relevant price index.

Constant Price refers to the average price of a given product in certain year, which is used for comparison of over output value time. As the output value at constant prices removes the factor of price changes, it reflects the trend of production development over time. Since 1949,with the changes in general price level, the State Statistical Bureau has issued nationally unified constant prices five times: the 1952 constant prices for 1949-1957;the 1957 constant prices for 1957-1971; the 1970 constant prices for 1971-1981; the 1980 constant prices for 1981-1990;and the 1990 constant prices have been used since 1991.

Average Annual Growth Rate shows the average growth rate of social and economic development during a longer period. It can not be directly calculated by chain based growth rate. The relation is:

Average Annual Growth Rate = Average Speed of Development – 1

Average speed of development is the time series average of speed which calculated by chain based. Because the reference bases during the different periods are not same, average speed of development can not be calculated by the general method. Level approach and accumulative approach for calculating average speed of development rate are applied. The “level approach”, or the method of calculating the geometric average, is derived by the formula of geometric average of the chain-based speeds of development, or comparing the level of the last year of the interval with that of the beginning year; the other is called the “accumulative approach” or the “algebraic average”, “equation” method, which is derived by the summation of the actual figure of each year in the interval divided by the figure in the base year. The level approach focuses on the level of the last year, while the accumulative approach emphasizes the aggregate development in the duration.

The average annual growth rates listed in the Yearbook are calculated by the level approach except for the growth rate of investment in fixed assets. The base year is not listed in the duration for which average annual growth rates are computed. For instance, the average annual growth rate of the 43 years since 1949 is shown as the average annual growth rate of 1950-1992 without showing the base year 1949.

Industrial Classification of the National Economy The new Industrial Classification of the National Economy (GB/T 4754-2011) is introduced starting from the compilation of 2012 annual statistics. The revision, based on the 2002 classification, was organized by the National Bureau of Statistics taking into consideration of the International Standards of the Industrial Classification of All Economic Activities (ISIC/Rev.4) of the United Nations. The new Classification was promulgated by the National Administration of Quality Supervision, Inspection and Quarantine and the Standardization Administration of the People's Republic of China on April 29, 2011. The revised version of the Industrial Classification of the National Economy (GB/T 4754-2012) is composed of 20 sections, 96 divisions, 432 groups and 1094 classes.

Registration Status of Enterprises Enterprises are classified into 3 categories, namely domestic-funded enterprises, enterprises with investment from Hong Kong, Macau and Taiwan, and enterprises with foreign investment, in the light of the registration status of an enterprise in industrial and commercial administration agencies. Domestic-funded enterprises include state-owned enterprises, collective-owned enterprises, cooperative enterprises, joint ownership enterprises, limited liability corporations, share-holding corporations Ltd., private enterprises and other enterprises. Included in the enterprises with investment from Hong Kong, Macau and Taiwan and enterprises with foreign investment are joint-venture enterprises, cooperative enterprises, sole investment enterprises and share-holding corporations Ltd. For government agencies, institutions and social organizations which are not requested to be registered in industrial and commercial administration agencies, they are classified mainly by their sources of funds and way of management.

State-owned Enterprises refer to non-corporation economic units where the entire assets are owned by the state and which have registered in accordance with the Regulation of the People's Republic of China on the Management of Registration of Corporate Enterprises. Excluded from this category are sole state-funded corporations in the limited liability corporations.

Collective-owned Enterprises refer to economic units where the assets are owned collectively and which have registered in accordance with the Regulation of the People's Republic of China on the Management of Registration of Corporate Enterprises.

Cooperative Enterprises refer to a form of collective economic units (enterprises) where capitals come mainly from employees as their shares, with certain proportion of capital from the outside, where production is organized on the basis of independent operation, independent accounting for profits and losses, joint work, democratic management, and a distribution system that integrates remuneration according to work with dividend according to capital share.

Joint Ownership Enterprises refer to economic units established by two or more corporate enterprises or corporate institutions of the same or different ownership, through joint investment on the basis of equality, voluntary participation and mutual benefits. They include state joint ownership enterprises, collective joint ownership enterprises, joint state-collective enterprises, and other joint ownership enterprises.

Limited Liability Corporations refer to economic units established with investment from 2-50 investors and registered in accordance with the Regulation of the People's Republic of China on the Management of Registration of Corporations, each investor bearing limited liability to the corporation depending on its share of investment, and the corporation bearing liability to its debt to the maximum of its total assets. Limited liability corporations include exclusive state-funded limited liability corporations and other limited liability corporations.

Share-holding Corporations Ltd. refer to economic units registered in accordance with the Regulation of the People's Republic of China on the Management of Registration of Corporations, with total registered capitals divided into equal shares and raised through issuing stocks. Each investor bears limited liability to the corporation depending on the holding of shares, and the corporation bears liability to its debt to the maximum of its total assets.

Private Enterprises refer to profit-making economic units invested and established by natural persons, or controlled by natural persons using employed labor. Included in this category are private limited liability corporations, private share-holding corporations Ltd, private partnership enterprises and private-funded enterprises registered in accordance with the Corporation Law, Partnership Enterprises Law and Interim Regulations on Private Enterprises.

Other Domestic-funded Enterprises refer to domestic-funded economic units other than those mentioned above.

Joint-venture Enterprises with Funds from Hong Kong, Macau and Taiwan refer to enterprises jointly established by investors from Hong Kong, Macau and Taiwan with enterprises in the mainland of China in accordance with the Law of the People's Republic of China on Sino-foreign Joint Venture Enterprises and other relevant laws, where the share of investment, profits and risks is stipulated in the contract.

Cooperative Enterprises with Funds from Hong Kong Macao and Taiwan, established by investors from Hong Kong, Macao and Taiwan with enterprises in the mainland of China in accordance with the Law of the People's Republic of China on Sino-foreign Cooperative Enterprises and other relevant laws, where the investment or provision of facilities, and the share of profits and risks is stipulated in the cooperative contract.

Enterprises with Sole (exclusive) Investment from Hong Kong, Macao and Taiwan refer to enterprises established in the mainland of China with exclusive investment from investors from Hong Kong, Macao and Taiwan in accordance with the Law of the People's Republic of China on Foreign-Funded Enterprises and other relevant laws.

Share-holding Corporations Ltd. with Investment from Hong Kong, Macao and Taiwan refer to share-holding corporations Ltd. established with the approval from the Ministry of Foreign Trade and Economic Relations in line with relevant state regulations, where the share of investment from Hong Kong, Macau or Taiwan businessmen exceeds 25% of the total registered capital of the corporation. In case the share of investment from Hong Kong, Macao or Taiwan is less than 25% of the total registered capital, the enterprise is to be classified as domestic-funded share-holding corporation Ltd.

Joint-venture Enterprises with Foreign Investment refer to enterprises jointly established by foreign enterprises or foreigners with enterprises in the mainland of China in accordance with the Law of the People's Republic of China on Sino-foreign Joint Venture Enterprises and other relevant laws, where the share of investment, profits and risks is stipulated in the contract.

Cooperation Enterprises with Foreign Investment refer to enterprises jointly established by foreign enterprises or foreigners with enterprises in the mainland of China in accordance with the Law of the People's Republic of China on Sino-foreign Cooperative Enterprises and other relevant laws, where the investment or provision of facilities, and the share of profits and risks is stipulated in the cooperative contract.

Enterprises with Sole (exclusive) Foreign Investment refer to enterprises established in the mainland of China with exclusive investment from foreign investors in accordance with the Law of the People's Republic of China on Foreign-Funded Enterprises and other relevant laws.

Share-holding Corporations Ltd. with Foreign Investment refer to share-holding corporations Ltd. Established with the approval from the Ministry of Foreign Trade and Economic Relations in line with relevant state regulations, where the share of investment from foreign investors exceeds 25% of the total registered capital of the corporation. In case the share of foreign investment is less than 25% of the total registered capital, the enterprise is to be classified as domestic-funded share-holding corporation Ltd.

Government Agencies, Institutions and Social Organizations are classified into following categories by source of funds and way of management taking reference of the registration status of enterprises:

(1) Government agencies: include state and party agencies, classified in principle as “state-owned”. There are exceptions, such as supply and marketing cooperatives, which are classified, as “collective”.

(2) Institutions: include institutions of various types established with the approval by organization and staffing departments of the government, but exclude institutions where enterprise management system is introduced. Institutions are further classified as follows:

(a) Institutions whose main budget is listed in the government budget appropriations or extra-budget funds, or allocated from the budget of their competent government agencies. Such institutions are classified as “state-owned”.

(b) Institutions whose budget mainly comes from collective units. Such institutions are classified as “collective”.

(c) Institutions other than those mentioned above whose source of budget is not clear. Such institutions are classified by way of management.

(3) Social organizations: include social organizations established with the approval from the Ministry of Civil Affairs, and organizations that are not covered by social organization management regulations such as trade unions, women’s federations etc. Social organizations are further classified as follows:

(a) Social organizations that are not covered by social organization management regulations of the Ministry of Civil Affairs such as trade unions, women's federations, communist youth leagues, youth associations, industrial and commerce associations, scientists associations, overseas Chinese associations, etc., foundations and fund management organizations established with funds from the state, and social organizations whose funds mainly come from the budget of their competent government agencies. Such institutions are classified as "state-owned".

(b) Social organizations whose budget mainly comes from collective units. Such institutions are classified as "collective".

(c) Social organizations established by individual or a group of citizens, which are classified as "private".

(d) Social organizations other than those mentioned above whose source of budget is not clear. Such organizations are classified by way of management.

Artificial person Refer to unit that have following conditions:

(1) legally Established, have own name, organization ,location and can undertake a civil case responsibility independently by law.

(2) independently Own and use(or authorizable usage) a property, undertake liabilities and can make a bargain with other units.

(3) can independently account and workout balance sheet. artificial person unit includes business artificial person, artificial person, organization artificial person, meeting group artificial person and other.

Establishments unit Refer to the subsidiary unit of artificial person unit. it should have following conditions:

(1) Be engaged in only one kind of social economic activities in exclusive condition.

(2) Opposite independently organize management and business activity.

(3) predominate data of businesses, such as income and expenditure...etc.

国民经济核算
National Accounts

2

● 资料整理：胡昶昶　雷茜茜

简要说明

一、主要内容

本篇包括生产总值资料和资金流量表。

二、资料来源

生产总值资料是根据不同产业部门、不同支出构成的特点和资料来源情况而采用不同方法计算的。本年鉴公布的地区生产总值以及与之有关的指标数据，如果遇到普查，在能够获得更详细的基础资料的情况下，地区生产总值历史数据还会发生变动。根据第三次经济普查资料，重新修订了2004年以来的地区生产总值数据。2017年国家统计局在实施研发支出核算方法改革，讲研发支出计入地区GDP核算中，研发支出核算改革后，对以前年度GDP历史数据进行了系统修订。根据第三次农业普查资料，对以前年度GDP历史数据进行了系统修订。本年鉴中的数据是修订以后的数据。本年鉴所列分省辖市、省直管县数据来自各省辖市、省直管县统计局的国民经济核算资料。由于采取分级核算，各省辖市数据相加不等于全省数据。由河南省统计局国民经济核算处编辑整理。

资产负债表采用国际上通用的矩阵结构。主栏为资产和负债项目，包括三个部分：非金融资产项目、金融资产与负债项目和资产负债差额项目。宾栏为机构部门和经济总体，并下设使用项和来源项，其中使用项目记录资产，来源项目记录负债和资产负债差额。由河南省统计局国民经济核算处编制。

资金流量表表式与国际上通用的表式相似，是机构部门与交易项目的矩阵表式。主栏为交易项目，主要反映分配方式和融资工具；宾栏按机构部门分类。机构部门分类是根据机构单位具有的基本特征所进行的部门分类。资金流量表把参与资金活动的主体分为非金融企业、金融机构、政府、住户、国内省外和国外六个部门。每一部门下设资金来源与资金运用两栏。现行的资金流量表分为两大部分，一部分为实物交易，另一部分为金融交易，本年鉴登录的为实物交易部分。由河南省统计局国民经济核算处编制。

Brief Introduction

I. Main Contents

Statistics on national accounts include mainly four parts: gross domestic product, balance sheet, Flow of Funds Table and Input-output table.

II. Sources of Data

Data on GDP are computed by the Department of National Accounts of the Henan provincial Bureau of Statistics based on different approaches in the light of the different features of various sectors, various expenditure structures and different data sources. Data on GDP and related indicators of the most recent year published in the Yearbook are not final, Where a census has been conducted, historical data of GDP of the previous years may also undergo change. GDP since 2004 is adjusted on the basis of the Third Economic Census. In 2007, the National Bureau of Statistics carried out the reform of the research and development expenditure accounting method, and the research and development expenditure is included in the regional GDP calculation. After the reform, the historical data on GDP has been revised. According to the third agricultural census data, the historical data of GDP in previous years were systematically revised. Data in this yearbook has been revised.Regional data in this Yearbook are prepared from the national accounts data provided by the statistical bureaus of the 18 cities and province administrating county. The sum of the regional data is not equal to the provincial total due to the decentralized accounting approach. Municipal data of Statistics on national accounts are computed by the Department of National Accounts of the Henan provincial Bureau of Statistics.

Similar to internationally accepted format, the Balance Sheet of Henan constitutes a matrix. Items of transactions are expressed as assets and liabilities, including three parts: non-financial assets, financial assets and liabilities, the difference between assets and liabilities. Institutional sectors are column headings and macroeconomic, grouped by utilization and source, utilization record the item of project assets , and source record the item of liabilities and difference between assets and liabilities. Balance Sheet of Henan province is compiled by the Department of National Accounts of the Henan provincial Bureau of Statistics.

Similar to internationally accepted format, the Flow of Funds table of China constitutes a matrix of institutional sectors by transaction items. Items of transactions are expressed as row headings representing forms of distribution and methods of financing. Institutional sectors are shown as column headings, grouped by the characteristics of the transactions. There are 6 groups of institutional sectors in the flow of funds table, namely, non-financial corporations, financial institutions, general governments, households, other provinces and the rest of the world. Under each sector there are 2 headings: sources of funds and uses of funds. The current flow of funds table is composed of two parts: the first part, comprising the physical (real) transactions, and the second part, refers to comprising financial transactions, and data in this yearbook is the physical (real) transactions, which compiled by the Department of National Accounts of the Henan provincial Bureau of Statistics.

2-1 生产总值

Gross Domestic Product

本表按当年价格计算。

Data in this table are calculated at current prices.

单位：亿元 (100 million yuan)

年 份 Year	生产总值 Gross Domestic Product	第一产业 Primary Industry	第二产业 Secondary Industry	第三产业 Tertiary Industry	人均生产总值(元) Per Capita GDP (yuan)
1978	162.92	64.86	69.45	28.61	232
1979	190.09	77.30	80.52	32.27	267
1980	229.16	93.23	94.44	41.49	317
1981	249.69	106.04	95.79	47.86	340
1982	263.30	108.18	102.76	52.36	353
1983	327.95	143.49	116.36	68.10	433
1984	370.04	155.28	136.29	78.47	482
1985	451.74	173.43	170.07	108.24	580
1986	502.91	179.02	202.15	121.74	635
1987	609.60	220.22	230.25	159.13	756
1988	749.09	240.72	299.83	208.54	910
1989	850.71	289.95	317.13	243.63	1012
1990	934.65	325.77	331.85	277.03	1091
1991	1045.73	334.61	388.09	323.03	1201
1992	1279.75	353.92	545.21	380.62	1452
1993	1660.18	410.45	764.20	485.53	1865
1994	2216.83	546.68	1058.89	611.26	2467
1995	2988.37	762.99	1394.98	830.40	3297
1996	3634.69	937.64	1677.62	1019.43	3978
1997	4041.09	1008.55	1861.28	1171.26	4389
1998	4308.24	1071.39	1937.83	1299.02	4643
1999	4517.94	1123.14	1981.07	1413.73	4832
2000	5052.99	1161.58	2294.15	1597.26	5450
2001	5533.01	1234.34	2510.45	1788.22	5959
2002	6035.48	1288.36	2768.75	1978.37	6487
2003	6867.70	1198.70	3310.14	2358.86	7376
2004	8579.42	1649.29	4200.39	2729.74	9228
2005	10621.56	1844.04	5510.12	3267.40	11383
2006	12412.86	1869.82	6693.46	3849.58	13225
2007	15064.73	2156.69	8203.37	4704.67	16067
2008	18068.47	2575.82	10132.48	5360.17	19233
2009	19547.60	2665.66	10816.54	6065.40	20668
2010	23157.64	3127.14	12930.83	7099.67	24516
2011	27007.46	3349.25	14978.99	8679.22	28742
2012	29681.79	3577.15	16063.24	10041.40	31586
2013	32278.04	3827.20	16942.15	11508.69	34304
2014	35026.99	3988.22	18041.82	12996.95	37166
2015	37084.20	4015.56	18156.04	14912.60	39209
2016	40249.23	4063.65	19275.82	16909.76	42341
2017	44552.83	4139.29	21105.52	19308.02	46674

注：三次产业结构已执行《国民经济行业分类》(GB/T4754-2011)行业分类标准；2000年以来人均GDP按常住人口计算。(以下相关表格同)

a) The industrial structure has been executed the industry classification standard of the "national economy industry classification "(GB/T4754-2011). The data on Per capita GDP since 2000 are calculated at resident population. (the same as the following related tables)

2-2 生产总值指数(上年=100)

Indices of Gross Domestic Product (Preceding year=100)

本表按可比价格计算。
The indices in this table are calculated at comparable prices.

(上年=100) (preceding year=100)

年 份 Year	生产总值 Gross Domestic Product				人 均 生产总值 Per Capita GDP
		第一产业 Primary Industry	第二产业 Secondary Industry	第三产业 Tertiary Industry	
1978	111.3	110.6	112.1	111.3	109.5
1979	108.7	101.7	112.6	119.7	106.9
1980	115.4	109.2	117.2	126.9	113.7
1981	107.8	111.7	101.3	113.7	106.3
1982	104.3	100.5	106.1	109.0	102.7
1983	123.8	130.2	113.5	131.3	121.9
1984	110.1	105.5	115.0	110.7	108.5
1985	113.5	100.8	117.0	131.9	111.9
1986	104.6	92.1	114.0	108.6	103.0
1987	115.0	116.9	108.6	123.5	112.9
1988	109.8	97.4	120.1	109.4	107.6
1989	107.0	109.2	103.5	110.3	104.8
1990	104.5	105.4	102.3	106.8	102.5
1991	106.9	97.4	113.3	110.4	105.2
1992	113.7	101.5	125.4	111.1	112.3
1993	115.8	110.4	122.1	111.6	114.6
1994	113.8	101.3	121.6	113.1	112.8
1995	114.8	111.9	117.2	113.1	113.8
1996	113.9	111.3	116.0	112.4	113.0
1997	110.4	107.6	110.9	111.8	109.6
1998	108.8	107.0	109.2	109.4	107.9
1999	108.1	107.2	107.8	109.3	107.3
2000	109.5	104.5	111.8	109.2	108.5
2001	109.0	105.5	109.9	110.3	108.9
2002	109.5	104.5	111.6	109.9	109.2
2003	110.7	97.5	117.0	110.1	110.6
2004	113.7	112.8	116.2	110.4	113.9
2005	114.3	107.6	117.6	112.7	113.9
2006	114.5	107.4	117.9	112.8	113.8
2007	114.6	103.7	118.1	114.1	114.7
2008	112.0	105.5	114.6	110.6	111.8
2009	111.0	104.1	112.6	111.2	110.2
2010	112.4	104.5	114.8	111.3	112.6
2011	112.0	103.6	113.3	113.3	112.6
2012	110.2	104.4	111.4	110.2	110.2
2013	109.2	104.2	109.6	109.9	109.0
2014	108.9	104.0	109.5	109.6	108.7
2015	108.3	104.4	107.7	110.9	107.9
2016	108.2	104.3	107.3	110.3	107.6
2017	107.8	104.3	107.2	109.4	107.4

2-3 生产总值指数(1978=100)

Indices of Gross Domestic Product (1978=100)

本表按可比价格计算。
The indices in this table are calculated at comparable prices.

年 份 Year	生产总值 Gross Domestic Product	第一产业 Primary Industry	第二产业 Secondary Industry	第三产业 Tertiary Industry	人 均 生产总值 Per Capita GDP
1978	100.0	100.0	100.0	100.0	100.0
1979	108.7	101.7	112.6	119.7	106.9
1980	125.4	111.1	132.0	151.9	121.5
1981	135.2	124.0	133.7	172.7	129.2
1982	141.0	124.7	141.8	188.3	132.7
1983	174.6	162.3	161.0	247.2	161.8
1984	192.2	171.2	185.1	273.6	175.5
1985	218.2	172.6	216.6	360.9	196.4
1986	228.2	159.0	246.9	391.9	202.3
1987	262.5	185.8	268.2	484.1	228.4
1988	288.2	181.0	322.1	529.6	245.7
1989	308.4	197.7	333.3	584.1	257.5
1990	322.2	208.3	341.0	623.8	264.0
1991	344.5	202.9	386.4	688.7	277.7
1992	391.7	206.0	484.5	765.1	311.8
1993	453.5	227.4	591.6	853.9	357.4
1994	516.1	230.3	719.4	965.8	403.1
1995	592.5	257.8	843.1	1092.3	458.7
1996	674.9	286.9	978.0	1227.7	518.4
1997	745.1	308.7	1084.6	1372.6	568.1
1998	810.6	330.3	1184.4	1501.6	613.0
1999	876.3	354.1	1276.7	1641.3	657.8
2000	959.5	370.0	1427.4	1792.3	713.7
2001	1045.9	390.4	1568.7	1976.9	777.2
2002	1145.3	407.9	1750.7	2172.6	848.7
2003	1267.8	397.7	2048.3	2392.0	938.7
2004	1441.5	448.6	2380.1	2640.8	1069.1
2005	1647.6	482.8	2799.4	2975.8	1217.8
2006	1886.5	518.6	3299.9	3355.9	1385.8
2007	2162.0	538.1	3898.8	3828.3	1589.5
2008	2421.4	567.9	4467.2	4233.8	1777.1
2009	2687.8	591.4	5028.7	4707.3	1958.3
2010	3021.1	618.2	5773.4	5241.2	2205.1
2011	3383.6	640.5	6540.2	5940.6	2482.9
2012	3728.7	668.9	7285.9	6544.6	2736.2
2013	4068.1	697.0	7985.1	7190.5	2982.4
2014	4422.9	724.9	8743.7	7880.8	3241.9
2015	4790.0	756.8	9417.0	8739.8	3498.0
2016	5182.8	789.3	10104.4	9640.0	3763.9
2017	5587.1	823.2	10832.0	10546.2	4042.4

2-4 生产总值分产业构成

Industrial Composition of Gross Domestic Product

本表按当年价格计算。
Data in this table are calculated at current prices.

单位：% (%)

年 份 Year	生产总值 Gross Domestic Product	第一产业 Primary Industry	第二产业 Secondary Industry	第三产业 Tertiary Industry
1978	100.0	39.8	42.6	17.6
1979	100.0	40.7	42.3	17.0
1980	100.0	40.7	41.2	18.1
1981	100.0	42.5	38.3	19.2
1982	100.0	41.1	39.0	19.9
1983	100.0	43.7	35.5	20.8
1984	100.0	42.0	36.8	21.2
1985	100.0	38.4	37.6	24.0
1986	100.0	35.6	40.2	24.2
1987	100.0	36.1	37.8	26.1
1988	100.0	32.1	40.0	27.9
1989	100.0	34.1	37.3	28.6
1990	100.0	34.9	35.5	29.6
1991	100.0	32.0	37.1	30.9
1992	100.0	27.7	42.6	29.7
1993	100.0	24.7	46.0	29.2
1994	100.0	24.7	47.8	27.6
1995	100.0	25.5	46.7	27.8
1996	100.0	25.8	46.2	28.0
1997	100.0	25.0	46.1	29.0
1998	100.0	24.9	45.0	30.2
1999	100.0	24.9	43.8	31.3
2000	100.0	23.0	45.4	31.6
2001	100.0	22.3	45.4	32.3
2002	100.0	21.3	45.9	32.8
2003	100.0	17.5	48.2	34.3
2004	100.0	19.2	49.0	31.8
2005	100.0	17.4	51.9	30.8
2006	100.0	15.1	53.9	31.0
2007	100.0	14.3	54.5	31.2
2008	100.0	14.3	56.1	29.7
2009	100.0	13.6	55.3	31.0
2010	100.0	13.5	55.8	30.7
2011	100.0	12.4	55.5	32.1
2012	100.0	12.1	54.1	33.8
2013	100.0	11.9	52.5	35.7
2014	100.0	11.4	51.5	37.1
2015	100.0	10.8	49.0	40.2
2016	100.0	10.1	47.9	42.0
2017	100.0	9.3	47.4	43.3

2–5 三次产业贡献率

Share of the Contributions of Three Strata of Industry to the Increase of the GDP

本表按可比价格计算。
Data in this table are calculated at constant prices.

单位：% (%)

年 份 Year	生产总值 Gross Domestic Product	第一产业 Primary Industry	第二产业 Secondary Industry	第三产业 Tertiary Industry
1981	100.0	61.5	6.9	31.6
1982	100.0	4.9	55.3	39.8
1983	100.0	51.7	22.4	26.0
1984	100.0	23.5	54.1	22.4
1985	100.0	2.6	47.6	49.9
1986	100.0	-62.4	117.2	45.2
1987	100.0	36.0	24.2	39.8
1988	100.0	-8.8	82.4	26.4
1989	100.0	37.8	22.0	40.2
1990	100.0	35.5	21.8	42.7
1991	100.0	-13.0	69.8	43.2
1992	100.0	3.4	72.2	24.3
1993	100.0	18.4	60.1	21.6
1994	100.0	2.5	70.7	26.9
1995	100.0	19.0	56.1	24.9
1996	100.0	18.7	56.7	24.6
1997	100.0	16.4	52.7	30.8
1998	100.0	17.5	52.8	29.7
1999	100.0	19.1	48.8	32.0
2000	100.0	10.2	62.6	27.2
2001	100.0	14.0	49.7	36.3
2002	100.0	10.6	55.8	33.6
2003	100.0	-5.0	74.6	30.4
2004	100.0	17.5	58.4	24.1
2005	100.0	9.7	62.2	28.1
2006	100.0	8.9	64.2	26.9
2007	100.0	4.2	66.9	28.9
2008	100.0	6.8	66.9	26.3
2009	100.0	5.3	64.8	29.9
2010	100.0	4.7	68.3	27.0
2011	100.0	4.1	63.9	32.0
2012	100.0	5.4	65.3	29.3
2013	100.0	5.4	58.4	36.2
2014	100.0	5.1	62.8	32.1
2015	100.0	5.8	54.8	39.4
2016	100.0	5.6	43.6	50.8
2017	100.0	5.8	44.6	49.6

注：产业贡献率指各产业增加值增量与GDP增量之比。
a)Share of the contributions of three strata of industry refers to the proportion of the increment of value-addede of each industry to the increment of GDP.

2-6 三次产业对生产总值增长的拉动
Contribution of the Three Strata of Industry to GDP Growth

本表按可比价格计算。
Data in this table are calculated at current prices.
单位：百分点 (percent)

年 份 Year	生产总值 Gross Domestic Product	第一产业 Primary Industry	第二产业 Secondary Industry	第三产业 Tertiary Industry
1981	7.8	4.8	0.5	2.5
1982	4.3	0.2	2.4	1.7
1983	23.8	12.3	5.3	6.2
1984	10.1	2.4	5.5	2.3
1985	13.5	0.3	6.4	6.7
1986	4.6	-2.9	5.4	2.1
1987	15.0	5.4	3.6	6.0
1988	9.8	-0.9	8.1	2.6
1989	7.0	2.6	1.5	2.8
1990	4.5	1.6	1.0	1.9
1991	6.9	-0.9	4.8	3.0
1992	13.7	0.5	9.9	3.3
1993	15.8	2.9	9.5	3.4
1994	13.8	0.3	9.7	3.7
1995	14.8	2.8	8.3	3.7
1996	13.9	2.6	7.9	3.4
1997	10.4	1.7	5.5	3.2
1998	8.8	1.5	4.7	2.6
1999	8.1	1.6	4.0	2.6
2000	9.5	1.0	5.9	2.6
2001	9.0	1.3	4.5	3.3
2002	9.5	1.0	5.3	3.2
2003	10.7	-0.5	8.0	3.2
2004	13.7	2.4	8.0	3.3
2005	14.3	1.4	8.9	4.0
2006	14.5	1.3	9.3	3.9
2007	14.6	0.6	9.8	4.2
2008	12.0	0.8	8.0	3.2
2009	11.0	0.6	7.1	3.3
2010	12.4	0.6	8.5	3.3
2011	12.0	0.5	7.7	3.8
2012	10.2	0.6	6.7	3.0
2013	9.2	0.5	5.4	3.3
2014	8.9	0.5	5.6	2.9
2015	8.3	0.5	4.6	3.3
2016	8.2	0.4	3.6	4.2
2017	7.8	0.4	3.5	3.9

注：产业拉动指GDP增长速度与各产业贡献率之乘积。
a) Contribution of the three strata of industry to GDP growth refers to the growth rate of GDP multiplied by the contribution share of every industry.

2-7 全员劳动生产率
Overall Labor Productivity

单位：元/人.年 (yuan/person.year)

年 份 Year	全员劳动生产率 Over all Labor Productivity	第一产业 Primary Industry	第二产业 Secondary Industry	第三产业 Tertiary Industry
1979	669	334	2748	1385
1980	790	393	3180	1788
1981	837	437	3120	1892
1982	851	433	3288	1870
1983	1019	560	3548	2092
1984	1115	600	3802	2115
1985	1316	674	3784	2646
1986	1413	696	3706	2761
1987	1652	852	3889	3102
1988	1946	918	4703	3538
1989	2165	1080	4812	4150
1990	2328	1174	4990	4831
1991	2519	1163	5707	5438
1992	2994	1205	7717	6046
1993	3803	1400	9977	7274
1994	5011	1893	12666	8726
1995	6673	2687	15560	11184
1996	7947	3327	17503	12791
1997	8545	3520	18622	13556
1998	8774	3659	19643	13049
1999	8854	3593	21136	13604
2000	9377	3382	24282	15827
2001	9980	3506	25432	17256
2002	10935	3748	27208	18597
2003	12422	3562	31205	21383
2004	15427	5152	37747	23139
2005	18884	5926	46295	25812
2006	21813	6194	51984	28827
2007	26218	7391	58728	33718
2008	31131	9122	67676	36661
2009	33177	9716	68545	39008
2010	38625	11659	77797	42971
2011	44130	12713	86350	49308
2012	47544	13795	89274	53824
2013	50932	14746	85696	65224
2014	54276	15296	89525	70988
2015	56376	15330	89926	76880
2016	60242	15721	94066	82602
2017	66037	16305	101458	90741

2-8 分行业增加值及指数

Value-added and Indices by Sector

本表增加值按当年价格计算，指数按可比价格计算。
The value-added in this table are calculated at current prices. The indices in this table are calculated at comparable prices.

单位：亿元 (100 million yuan)

行业	Sector	2016		2017	
		增加值 Value-added	指数(上年=100) Index (preceding year=100)	增加值 Value-added	指数(上年=100) Index (preceding year=100)
生产总值	**Gross Domestic Product**	**40249.23**	**108.2**	**44552.83**	**107.8**
农、林、牧、渔业	Agriculture, Forestry, Animal Husbandry and Fishery	4217.40	104.4	4310.55	104.5
工业	Industry	17042.72	107.2	18452.06	107.2
建筑业	Construction	2292.04	107.5	2694.11	106.0
批发和零售业	Wholesale and Retail Trade	2987.25	114.0	3263.06	107.8
交通运输、仓储和邮政业	Transport, Storage and Post	1938.06	104.8	2162.85	108.3
住宿和餐饮业	Hotels and Catering Services	1110.87	105.5	1314.65	108.8
信息传输、软件和信息技术服务业	Information Transmission, Software and Information Technology Services	768.09	122.3	945.93	123.9
金融业	Finance	2256.61	112.7	2509.19	106.5
房地产业	Real Estate	1890.01	104.7	2222.21	104.8
租赁和商务服务业	Leasing and Business Services	670.70	115.1	801.04	116.2
科学研究和技术服务业	Scientific Research and Technical Service	404.50	105.7	493.77	116.1
水利、环境和公共设施管理业	Management of Water Conservancy, Environment and Public Establishment	192.31	106.2	209.07	103.4
居民服务、修理和其他服务业	Resident Services, Repair and Other Services	805.17	117.2	956.11	115.5
教育	Education	1537.74	109.0	1701.84	107.8
卫生和社会工作	Sanitation and Social Security	664.12	103.1	780.67	110.6
文化、体育和娱乐业	Culture, Sports and Entertainment	311.95	114.9	367.34	114.6
公共管理、社会保障和社会组织	Public Management, Social Welfare and Social Organization	1159.69	113.4	1368.38	112.2

2-9 各市生产总值(2017年)

Gross Domestic Product by City (2017)

本表按当年价格计算。
Data in this table are calculated at current prices.

市(县) City(County)	生产总值 (亿元) Gross Domestic Product (100 million yuan)	第一产业 Primary Industry	第二产业 Secondary Industry	第三产业 Tertiary Industry	人均生产总值 (元) Per Capita GDP (yuan)
省辖市 City					
郑州市 Zhengzhou	9193.77	151.59	4082.72	4959.46	93792
开封市 Kaifeng	1887.55	279.12	759.95	848.48	41503
洛阳市 Luoyang	4290.19	220.11	1997.96	2072.12	62982
平顶山市 Pingdingshan	1994.66	166.32	972.46	855.88	39961
安阳市 Anyang	2249.85	193.61	1083.92	972.32	43846
鹤壁市 Hebi	827.65	58.44	537.15	232.06	51168
新乡市 Xinxiang	2357.76	217.17	1146.77	993.82	40962
焦作市 Jiaozuo	2280.10	131.34	1332.52	816.24	64173
濮阳市 Puyang	1585.47	151.83	845.05	588.59	43638
许昌市 Xuchang	2632.92	149.06	1555.58	928.28	59911
漯河市 Luohe	1165.04	109.70	713.75	341.60	44086
三门峡市 Sanmenxia	1447.42	118.96	818.45	510.01	63977
南阳市 Nanyang	3345.30	512.95	1441.41	1390.94	33255
商丘市 Shangqiu	2195.55	372.46	931.39	891.70	30117
信阳市 Xinyang	2194.51	437.91	856.47	900.13	34025
周口市 Zhoukou	2459.70	446.63	1125.38	887.69	27978
驻马店市 Zhumadian	2175.04	402.99	871.45	900.60	31102
济源市 Jiyuan	600.12	19.09	395.44	185.59	81984
省直管县 County Directly Administrated by Province					
巩义市 Gongyi	755.79	11.94	443.70	300.15	91027
兰考县 Lankao	282.62	39.14	119.89	123.59	44194
汝州市 Ruzhou	430.63	35.97	177.43	217.23	45780
滑县 Huaxian	247.30	58.08	95.47	93.75	22814
长垣县 Changyuan	337.98	34.05	169.96	133.97	44325
邓州市 Dengzhou	410.54	99.42	147.48	163.64	28818
永城市 Yongcheng	509.11	59.45	247.16	202.51	41314
固始县 Gushi	320.82	74.11	100.23	146.48	29446
鹿邑县 Luyi	305.34	49.17	138.97	117.19	34640
新蔡县 Xincai	189.83	45.52	65.21	79.10	22505

注：人均生产总值按常住人口计算。
a) Per Capita GDP are calculated at resident population.

2-10 各市生产总值指数(2017年)

Indices of Gross Domestic Product by City (2017)

本表按可比价格计算。
The indices in this table are calculated at comparable prices.

(上年=100) (preceding year=100)

市(县)	City(County)	生产总值 Gross Domestic Product	第一产业 Primary Industry	第二产业 Secondary Industry	第三产业 Tertiary Industry	人均生产总值 Per Capita GDP
省辖市	**City**					
郑州市	Zhengzhou	108.2	102.6	107.4	109.2	106.5
开封市	Kaifeng	107.8	104.5	107.4	109.5	107.7
洛阳市	Luoyang	108.7	104.3	107.3	110.9	108.1
平顶山市	Pingdingshan	108.0	104.5	107.6	109.3	107.6
安阳市	Anyang	107.2	104.3	105.8	109.7	107.1
鹤壁市	Hebi	108.2	104.3	108.5	108.6	107.7
新乡市	Xinxiang	108.1	104.5	107.7	109.6	107.7
焦作市	Jiaozuo	107.4	104.6	106.6	109.2	107.0
濮阳市	Puyang	108.0	104.6	107.5	110.2	107.6
许昌市	Xuchang	108.7	104.1	108.3	110.3	107.8
漯河市	Luohe	108.2	104.3	106.3	114.0	107.6
三门峡市	Sanmenxia	108.2	104.6	108.0	109.5	107.6
南阳市	Nanyang	106.8	104.6	105.5	109.2	106.7
商丘市	Shangqiu	108.7	104.4	108.5	111.1	108.5
信阳市	Xinyang	106.7	104.2	104.5	110.6	106.2
周口市	Zhoukou	107.7	104.4	107.2	110.5	108.0
驻马店市	Zhumadian	108.4	104.2	108.2	110.8	108.0
济源市	Jiyuan	108.0	104.6	107.9	108.5	107.8
省直管县	**County Directly Administrated by Province**					
巩义市	Gongyi	108.5	104.0	107.5	110.5	108.0
兰考县	Lankao	109.5	104.5	109.2	111.8	108.7
汝州市	Ruzhou	109.2	104.3	107.9	111.4	108.0
滑县	Huaxian	109.2	104.5	109.7	112.8	110.9
长垣县	Changyuan	109.7	104.4	109.1	112.0	108.4
邓州市	Dengzhou	109.0	104.5	109.1	112.2	109.4
永城市	Yongcheng	109.3	104.3	108.4	112.3	108.9
固始县	Gushi	108.3	104.5	106.6	112.0	107.7
鹿邑县	Luyi	109.0	104.1	109.3	111.2	110.1
新蔡县	Xincai	109.9	104.3	109.9	114.0	109.4

2-11 各市分行业增加值(2017年)
Value-added by Sector and City (2017)

本表按当年价格计算。
Data in this table are calculated at current prices.
单位：亿元 (100 million yuan)

市(县) City(County)	合计 Total	农林牧渔业 Agriculture Forestry, Animal Husbandry and Fishery	工业 Industry	建筑业 Construction	批发和零售业 Wholesale and Retail Trade	交通运输仓储及邮政业 Transport, Storage and Post	住宿和餐饮业 Hotels and Catering Services	信息传输、软件和信息技术服务业 Information Transmission, Software and Information Technology Services	金融业 Finance
2010年	23157.63	3192.82	11649.05	1281.78	1293.50	945.23	570.51	269.40	736.18
2011年	27007.46	3421.09	13494.80	1484.20	1586.09	1054.50	743.83	334.82	924.34
2012年	29681.79	3654.20	14402.13	1661.11	1877.82	1280.07	828.88	358.79	1088.85
2013年	32278.04	3913.47	15130.75	1887.91	2072.59	1474.34	911.67	377.91	1280.92
2014年	35026.99	4089.88	16028.63	2083.88	2278.45	1676.60	998.35	454.28	1509.20
2015年	37084.20	4154.41	16062.97	2152.25	2609.46	1809.53	1030.80	626.74	1991.11
2016年	40249.23	4217.40	17042.72	2292.04	2987.25	1938.06	1110.87	768.09	2256.61
2017年	44552.83	4310.55	18452.06	2694.11	3263.06	2162.85	1314.65	945.93	2509.19
省辖市 City									
郑州市 Zhengzhou	9193.77	154.89	3520.67	566.20	743.24	521.16	352.92	200.37	1043.18
开封市 Kaifeng	1887.55	289.64	679.66	80.29	118.66	66.61	52.16	39.07	38.26
洛阳市 Luoyang	4290.19	239.88	1724.99	275.97	334.41	193.20	100.44	124.43	265.33
平顶山市 Pingdingshan	1994.66	173.10	870.67	102.12	162.76	68.84	72.20	24.09	113.04
安阳市 Anyang	2249.85	202.24	926.48	157.81	165.68	90.73	40.48	71.81	100.10
鹤壁市 Hebi	827.65	61.40	483.49	53.66	35.60	39.15	19.31	13.22	19.10
新乡市 Xinxiang	2357.76	222.13	969.14	180.66	156.39	88.91	72.25	30.05	148.73
焦作市 Jiaozuo	2280.10	137.18	1259.31	73.20	171.77	112.27	70.48	22.70	71.09
濮阳市 Puyang	1585.47	164.44	798.40	80.59	85.98	41.84	50.94	30.20	43.19
许昌市 Xuchang	2632.92	155.04	1437.94	120.94	156.45	106.37	78.72	44.81	70.44
漯河市 Luohe	1165.04	111.89	662.57	51.18	66.08	52.12	32.42	14.72	15.04
三门峡市 Sanmenxia	1447.42	119.77	728.34	90.88	86.09	103.75	27.11	17.73	48.08
南阳市 Nanyang	3345.30	523.17	1220.11	226.49	203.88	164.95	122.44	85.34	127.34
商丘市 Shangqiu	2195.55	381.32	775.66	155.74	124.17	84.91	73.47	49.65	71.74
信阳市 Xinyang	2194.51	459.36	686.15	173.93	100.97	63.67	69.99	68.01	83.19
周口市 Zhoukou	2459.70	473.56	980.90	146.98	134.86	71.44	68.09	47.07	77.79
驻马店市 Zhumadian	2175.04	422.20	741.99	129.46	148.38	72.63	59.53	41.52	77.70
济源市 Jiyuan	600.12	19.35	367.43	28.01	32.71	30.67	15.34	7.66	16.93
省直管县 County Directly Administrated by Province									
巩义市 Gongyi	755.79	13.22	415.23	28.93	38.53	44.80	36.54	10.98	24.75
兰考县 Lankao	282.62	40.51	111.52	8.37	16.40	11.09	5.79	4.30	7.78
汝州市 Ruzhou	430.63	38.06	156.90	20.53	36.66	24.78	14.37	6.60	21.62
滑县 Huaxian	247.30	62.65	81.66	14.01	14.02	7.33	6.30	5.18	10.48
长垣县 Changyuan	337.98	35.02	138.69	31.61	22.85	17.62	21.93	1.87	6.31
邓州市 Dengzhou	410.54	103.88	125.61	21.91	18.10	15.98	17.24	12.78	13.18
永城市 Yongcheng	509.11	60.96	215.64	31.52	16.82	18.85	13.23	12.20	18.52
固始县 Gushi	320.82	74.84	82.19	20.97	17.97	5.35	10.67	13.11	10.86
鹿邑县 Luyi	305.34	53.37	122.93	16.05	19.65	11.42	12.42	6.95	2.16
新蔡县 Xincai	189.83	46.94	52.54	12.67	13.53	6.14	3.65	6.42	2.17

2-11 续表 continued

本表按当年价格计算。
Data in this table are calculated at current prices.
单位：亿元

市(县) City(County)	房地产业 Real Estate	租赁和商务服务业 Leasing and Business Services	科学研究和技术服务业 Scientific Research, and Technical Service	水利、环境和公共设施管理业 Management of Water Conservancy, Environment and Public Facilities	居民服务、修理和其他服务业 Resident Services, Repair and Other Services	教育 Education	卫生和社会工作 Health and Social Work	文化、体育和娱乐业 Culture, Sports and Entertainment	公共管理、社会保障和社会组织 Public Management, Social Security and Social Organization
2010年	877.24	191.63	182.32	67.45	209.98	633.91	286.29	90.96	679.38
2011年	1156.06	256.64	202.21	72.32	300.21	842.50	319.72	113.76	700.38
2012年	1241.60	301.67	255.26	97.21	382.01	946.56	397.50	154.06	754.07
2013年	1489.03	436.58	293.87	111.99	385.17	1087.96	458.47	138.91	826.50
2014年	1541.76	457.86	332.85	144.39	553.18	1223.17	545.86	216.70	891.95
2015年	1657.04	568.41	365.71	172.75	670.31	1346.30	626.21	264.78	975.42
2016年	1890.01	670.70	404.50	192.31	805.17	1537.74	664.12	311.95	1159.69
2017年	2222.21	801.04	493.77	209.07	956.11	1701.84	780.67	367.34	1368.38
省辖市 City									
郑州市 Zhengzhou	610.90	285.47	213.97	32.75	162.28	263.35	189.62	104.18	228.63
开封市 Kaifeng	59.16	66.32	38.21	22.91	80.00	65.62	59.92	23.22	107.84
洛阳市 Luoyang	245.33	129.63	152.35	21.26	75.99	142.05	81.77	61.62	121.55
平顶山市 Pingdingshan	85.00	28.35	15.21	14.06	56.10	58.09	41.43	26.62	82.99
安阳市 Anyang	111.57	92.24	25.06	10.31	46.06	73.03	59.46	7.70	69.09
鹤壁市 Hebi	23.46	4.03	1.45	2.64	9.98	24.28	7.17	2.46	27.27
新乡市 Xinxiang	143.24	75.31	16.34	5.34	62.82	48.71	46.74	18.07	72.94
焦作市 Jiaozuo	95.04	26.55	10.82	10.57	76.47	42.33	24.50	22.28	53.51
濮阳市 Puyang	60.94	22.81	19.34	7.48	32.57	49.97	28.67	13.13	54.99
许昌市 Xuchang	72.31	88.97	19.27	6.25	98.40	73.26	32.12	20.02	51.63
漯河市 Luohe	35.31	10.02	9.18	8.42	22.53	17.70	17.52	6.23	32.11
三门峡市 Sanmenxia	24.64	37.05	4.47	7.13	31.35	39.78	17.92	5.39	57.96
南阳市 Nanyang	151.32	59.37	18.35	11.23	91.19	134.74	79.28	16.33	109.77
商丘市 Shangqiu	109.29	51.42	12.92	7.38	64.90	73.54	41.94	24.31	93.19
信阳市 Xinyang	116.75	39.96	27.35	15.70	64.16	89.40	38.79	16.10	81.05
周口市 Zhoukou	121.33	45.16	29.63	4.47	45.40	84.32	38.99	15.96	73.74
驻马店市 Zhumadian	90.42	40.61	19.60	19.45	46.82	76.41	59.03	25.80	103.49
济源市 Jiyuan	15.41	7.93	4.23	3.90	9.46	11.68	6.25	3.70	19.47
省直管县 County Directly Administrated by Province									
巩义市 Gongyi	24.79	16.37	1.49	1.38	30.17	19.50	21.97	7.08	20.06
兰考县 Lankao	14.22	6.86	3.10	2.70	8.18	13.80	7.28	3.76	16.98
汝州市 Ruzhou	17.88	16.29	4.49	2.67	16.90	18.36	12.13	2.16	20.24
滑县 Huaxian	10.75	6.06	0.62	0.19	4.01	8.70	5.31	0.68	9.35
长垣县 Changyuan	14.88	4.87	1.88	1.99	9.42	6.96	11.47	2.78	7.83
邓州市 Dengzhou	18.89	11.94	0.74	0.95	12.81	15.07	11.50	1.42	8.52
永城市 Yongcheng	34.15	18.38	3.26	1.20	28.16	11.46	5.92	2.98	15.88
固始县 Gushi	21.33	5.01	0.81	1.23	14.46	11.42	12.08	1.06	17.47
鹿邑县 Luyi	17.59	4.72	0.16	0.45	4.78	9.97	8.21	2.32	12.22
新蔡县 Xincai	13.19	2.01	0.23	0.08	3.74	7.67	4.52	1.93	12.40

2-12 各市分行业增加值指数(2017年)

Indices of Value-added by Sector and City (2017)

本表按可比价格计算。

The indices in this table are calculated at comparable prices.

(上年=100) (preceding year=100)

市(县)	City(County)	合计 Total	农林牧渔业 Agriculture Forestry, Animal Husbandry and Fishery	工业 Industry	建筑业 Construction	批发和零售业 Wholesale and Retail Trade	交通运输仓储及邮政业 Transport, Storage and Post	住宿和餐饮业 Hotels and Catering Services	信息传输、软件和信息技术服务业 Information Transmission, software and Information Technology Services	金融业 Finance
2010年		112.4	104.5	115.3	109.4	117.9	105.3	110.9	105.7	133.7
2011年		112.0	103.7	114.2	105.2	116.1	107.7	116.6	121.2	116.8
2012年		110.2	104.5	111.5	110.4	115.7	106.1	106.4	106.4	114.7
2013年		109.2	104.3	109.2	113.9	108.3	107.6	95.8	104.9	124.5
2014年		108.9	104.2	109.3	110.3	108.8	107.1	106.0	113.2	115.6
2015年		108.3	104.5	107.7	107.0	108.9	103.0	100.9	126.3	127.5
2016年		108.2	104.4	107.2	107.5	114.0	104.8	105.5	122.3	112.7
2017年		107.8	104.5	107.2	106.0	107.8	108.3	108.8	123.9	106.5
省辖市	**City**									
郑州市	Zhengzhou	108.2	102.7	107.2	109.3	106.3	110.4	106.6	112.4	110.3
开封市	Kaifeng	107.8	104.7	107.5	106.7	106.4	106.0	106.8	122.3	113.7
洛阳市	Luoyang	108.7	104.6	108.0	103.2	106.6	108.7	107.6	121.7	112.3
平顶山市	Pingdingshan	108.0	104.6	107.4	110.1	108.1	109.8	105.8	105.3	106.0
安阳市	Anyang	107.2	104.5	105.8	105.4	104.7	111.3	105.1	115.5	107.8
鹤壁市	Hebi	108.2	104.6	108.0	113.1	106.4	106.1	106.9	118.2	104.9
新乡市	Xinxiang	108.1	104.6	107.6	108.3	106.6	109.4	111.6	115.9	108.1
焦作市	Jiaozuo	107.4	104.7	108.4	81.2	109.6	99.4	115.7	120.5	107.8
濮阳市	Puyang	108.0	104.6	108.0	104.2	106.3	107.1	107.0	110.3	111.5
许昌市	Xuchang	108.7	104.4	108.5	106.5	106.9	104.0	106.8	107.4	106.5
漯河市	Luohe	108.2	104.6	106.1	108.8	118.2	110.6	114.4	122.4	110.6
三门峡市	Sanmenxia	108.2	104.7	107.6	111.6	103.9	103.3	106.0	121.6	109.9
南阳市	Nanyang	106.8	104.7	105.7	104.9	106.0	110.0	107.3	120.7	106.0
商丘市	Shangqiu	108.7	104.5	107.7	112.7	110.6	110.7	106.8	111.1	108.5
信阳市	Xinyang	106.7	104.3	104.3	105.4	106.3	105.9	106.7	115.9	107.7
周口市	Zhoukou	107.7	104.6	107.3	106.7	106.3	113.7	106.9	124.6	106.2
驻马店市	Zhumadian	108.4	104.5	108.0	109.9	106.9	108.1	107.3	124.2	108.0
济源市	Jiyuan	108.0	104.6	108.1	106.3	106.5	112.6	106.8	108.8	103.8
省直管县	**County Directly Administrated by Province**									
巩义市	Gongyi	108.5	104.3	107.5	108.3	110.0	109.3	108.8	117.8	110.2
兰考县	Lankao	109.5	104.7	108.7	117.1	107.3	106.5	107.5	132.5	126.6
汝州市	Ruzhou	109.2	104.6	107.0	117.0	112.0	105.2	101.3	114.7	105.3
滑县	Huaxian	109.2	104.7	108.6	116.9	106.6	106.7	107.3	128.2	112.3
长垣县	Changyuan	109.7	104.6	108.7	111.8	108.6	109.8	110.4	126.4	111.0
邓州市	Dengzhou	109.0	104.7	108.0	116.6	95.8	112.2	110.7	146.7	121.4
永城市	Yongcheng	109.3	104.5	108.3	109.3	106.3	110.1	107.0	120.1	107.4
固始县	Gushi	108.3	104.5	107.7	102.0	105.9	104.2	106.7	125.3	110.0
鹿邑县	Luyi	109.0	104.5	108.6	115.8	106.8	108.6	107.1	142.3	112.5
新蔡县	Xincai	109.9	104.6	108.5	116.9	111.0	113.1	112.3	120.3	112.0

2-12 续表 continued

本表按可比价格计算。
The indices in this table are calculated at comparable prices.
(上年=100) (preceding year=100)

市(县) City(County)	房地产业 Real estate	租赁和商务服务业 Leasing and Business Services	科学研究和技术服务业 Scientific Research, and Technical Service	水利、环境和公共设施管理业 Management of Water Conservancy, Environment and Public Facilities	居民服务、修理和其他服务业 Resident services, Repair and Other Services	教育 Education	卫生和社会工作 Health and Social Work	文化、体育和娱乐业 Culture, Sports and Entertainment	公共管理、社会保障和社会组织 Public Management, Social Security and Social Organization
2010年	110.9	117.7	120.4	100.2	105.2	111.5	106.3	106.4	98.2
2011年	109.9	130.3	105.7	99.6	131.8	124.2	108.5	111.7	96.6
2012年	101.9	113.1	119.2	123.0	115.9	107.7	118.8	121.2	105.7
2013年	111.3	116.9	112.1	109.1	120.2	104.5	120.1	115.8	109.4
2014年	100.8	126.0	111.2	126.6	114.2	108.8	117.8	111.1	105.9
2015年	107.1	116.2	108.5	118.1	113.5	106.6	111.9	114.4	108.0
2016年	104.7	115.1	105.7	106.2	117.2	109.0	103.1	114.9	113.4
2017年	104.8	116.2	116.1	103.4	115.5	107.8	110.6	114.6	112.2
省辖市 City									
郑州市 Zhengzhou	106.6	110.9	105.9	116.0	114.2	109.6	117.2	116.0	102.9
开封市 Kaifeng	109.9	120.4	102.6	108.4	118.3	102.9	108.1	118.5	104.8
洛阳市 Luoyang	106.6	115.2	113.0	107.9	119.6	114.1	109.1	114.7	110.0
平顶山市 Pingdingshan	108.7	111.6	103.5	110.6	121.0	109.6	113.0	114.8	110.8
安阳市 Anyang	106.9	116.6	117.0	106.1	116.8	110.5	107.3	118.2	110.6
鹤壁市 Hebi	100.0	125.5	107.1	112.6	127.5	106.3	110.1	123.1	116.3
新乡市 Xinxiang	105.9	103.0	114.4	109.2	109.9	122.3	114.4	120.0	114.4
焦作市 Jiaozuo	102.1	123.0	102.9	132.1	125.2	105.0	101.1	122.0	105.0
濮阳市 Puyang	109.5	115.6	103.4	112.9	123.7	110.1	110.6	124.1	110.5
许昌市 Xuchang	104.0	124.5	106.2	103.0	135.1	107.9	102.0	120.8	105.1
漯河市 Luohe	109.3	126.3	111.5	110.4	117.2	120.1	102.5	132.3	110.6
三门峡市 Sanmenxia	108.4	141.4	105.5	109.2	119.3	109.7	107.2	129.6	107.3
南阳市 Nanyang	108.8	119.4	104.6	107.4	118.6	108.5	102.9	116.9	105.7
商丘市 Shangqiu	108.5	126.5	107.4	110.0	123.4	105.3	110.5	131.0	106.6
信阳市 Xinyang	107.0	118.9	115.8	113.7	119.6	113.6	115.5	113.6	108.3
周口市 Zhoukou	110.9	120.7	107.7	111.3	118.4	107.4	108.6	121.3	108.9
驻马店市 Zhumadian	114.7	123.2	114.0	114.0	124.9	115.7	107.9	125.5	101.8
济源市 Jiyuan	100.6	120.6	101.4	110.5	124.0	108.4	108.2	116.8	106.8
省直管县 County Directly Administrated by Province									
巩义市 Gongyi	93.4	117.8	114.0	120.1	111.8	118.9	114.3	113.7	117.9
兰考县 Lankao	119.6	117.4	111.9	112.4	115.3	105.1	105.0	132.9	107.5
汝州市 Ruzhou	121.2	112.0	105.6	109.8	119.5	115.2	111.1	122.0	118.4
滑县 Huaxian	109.6	138.4	112.7	112.7	126.3	117.0	110.7	117.6	112.0
长垣县 Changyuan	97.8	116.2	110.8	107.4	113.9	112.7	145.1	125.2	109.5
邓州市 Dengzhou	102.7	118.4	109.3	109.4	120.2	108.9	108.3	128.2	113.0
永城市 Yongcheng	108.0	115.7	124.9	125.5	116.9	115.2	112.3	119.6	117.5
固始县 Gushi	107.1	131.5	106.3	105.6	123.4	113.5	114.9	124.2	107.4
鹿邑县 Luyi	106.9	115.6	116.5	117.1	132.2	106.7	115.4	143.4	106.1
新蔡县 Xincai	111.7	122.5	112.6	112.6	137.4	115.4	115.3	120.0	112.6

2-13 非公有制经济增加值(2017年)
Value-added of Non-Public-Owned (2017)

行业	Sector	增加值(亿元) Value-added of Non-Public-Owned (100 million yuan)	指数(%) Index of Value-added of Non-Public-Owned (%)	占全行业增加值比重(%) as Percentage of Value-added of Whole Industry (%)
总计	**Total**	**29064.44**	**108.0**	**65.2**
#第一产业	Value-added of the Primary Industry	1553.09	100.9	37.5
第二产业	Value-added of the Secondary Industry	16894.94	107.5	80.0
第三产业	Value-added of the Tertiary Industry	10616.40	110.0	55.0
#农林牧渔业	Agriculture, Forestry, Animal Husbandry and Fishery	1613.76	100.8	37.4
工业	Industry	14678.38	107.7	79.5
建筑业	Construction	2229.20	106.0	82.7
批发和零售业	Wholesale and Retail Trade	2395.09	108.0	73.4
交通运输、仓储和邮电业	Transport, Storage and Post	1345.10	108.7	62.2
住宿和餐饮业	Hotels and Catering Services	1292.31	109.5	98.3
金融业	Finance	533.42	102.8	21.3
房地产业	Real estate	2124.98	106.2	95.6
其他服务业	Others	2852.20	117.4	37.4

2-14 各市非公有制经济增加值(2017年)
Value-added of Non-Public-Owned by City (2017)

本表按当年价格计算。
Data in this table are calculated at current prices.

市	City	增加值(亿元) Value-added of Non-Public-Owned (100 million yuan)	占GDP比重(%) Value-added of Non-Public-Owned as Percentage of GDP (%)
2010年		14031.15	60.6
2011年		16458.20	60.9
2012年		18270.76	61.6
2013年		19960.92	61.8
2014年		22043.05	62.9
2015年		23645.33	63.8
2016年		26121.75	64.9
2017年		29064.44	65.2
郑州市	Zhengzhou	5413.62	58.9
开封市	Kaifeng	1203.16	63.7
洛阳市	Luoyang	2642.75	61.6
平顶山市	Pingdingshan	1132.76	56.8
安阳市	Anyang	1393.61	61.9
鹤壁市	Hebi	539.93	65.2
新乡市	Xinxiang	1586.42	67.3
焦作市	Jiaozuo	1421.29	69.7
濮阳市	Puyang	1062.40	67.0
许昌市	Xuchang	1925.19	73.1
漯河市	Luohe	809.35	69.5
三门峡市	Sanmenxia	780.88	54.0
南阳市	Nanyang	2086.75	62.4
商丘市	Shangqiu	1421.29	64.7
信阳市	Xinyang	1331.84	60.7
周口市	Zhoukou	1577.71	64.1
驻马店市	Zhumadian	1380.75	63.5
济源市	Jiyuan	420.08	70.0

2-15 支出法生产总值

Gross Domestic Product by Expenditure Approach

本表按当年价格计算。
Data in this table are calculated at current prices.

单位：亿元 (100 million yuan)

年 份 Year	支出法生产总值 Gross Domestic Product by Expenditure Approach	最终消费支出 Final Consumption	居民消费支出 Household Consumption	城镇居民 Urban Households	农村居民 Rural Households	政府消费支出 Government Consumption	资本形成总额 Gross Capital Formation	固定资本形成总额 Fixed Capital Formation	存货变动 Changes in Inventories	货物和服务净流出 Net Export of Good and Services
1978	162.92	107.07	94.34	23.89	70.45	12.73	52.49	40.66	11.83	3.36
1979	190.09	127.10	113.01	26.91	86.10	14.09	60.46	46.37	14.09	2.53
1980	229.16	151.48	135.23	30.87	104.36	16.25	69.20	57.70	11.50	8.48
1981	249.69	164.83	147.09	34.47	112.62	17.74	76.12	55.20	20.92	8.74
1982	263.30	183.01	159.95	36.62	123.33	23.06	71.15	66.10	5.05	9.14
1983	327.95	194.43	165.43	39.80	125.63	29.00	115.21	88.14	27.07	18.31
1984	370.04	222.17	187.89	48.57	139.32	34.28	130.82	101.87	28.95	17.05
1985	451.74	275.95	231.11	64.95	166.16	44.84	173.43	138.19	35.24	2.36
1986	502.91	307.91	256.87	74.19	182.68	51.04	184.00	158.84	25.16	11.00
1987	609.60	344.68	285.09	84.04	201.05	59.59	223.78	174.20	49.58	41.14
1988	749.09	410.63	348.87	113.53	235.34	61.76	307.85	222.33	85.52	30.61
1989	850.71	466.33	395.47	130.65	264.82	70.86	345.19	209.62	135.57	39.19
1990	934.65	527.43	447.97	138.64	309.33	79.46	364.81	225.73	139.08	42.41
1991	1045.73	572.63	479.04	153.74	325.30	93.59	421.32	279.06	142.26	51.78
1992	1279.75	641.79	531.59	173.70	357.89	110.20	571.96	346.67	225.29	66.00
1993	1660.18	878.69	672.23	220.37	451.86	206.46	682.64	485.98	196.66	98.85
1994	2216.83	1196.17	927.84	334.29	593.55	268.33	879.39	670.84	208.55	141.27
1995	2988.37	1590.89	1251.49	437.39	814.10	339.40	1235.62	877.41	358.21	161.86
1996	3634.69	1936.99	1537.04	535.52	1001.52	399.95	1485.58	1079.31	406.27	212.12
1997	4041.09	2146.53	1694.84	622.23	1072.61	451.69	1677.86	1254.89	422.97	216.70
1998	4308.24	2217.62	1717.39	665.78	1051.61	500.23	1845.87	1413.55	432.32	244.75
1999	4517.94	2347.13	1781.18	751.37	1029.81	565.95	1924.38	1469.87	454.51	246.43
2000	5052.99	2745.80	2090.01	900.75	1189.26	655.79	2104.00	1641.43	462.57	203.19
2001	5533.01	3086.15	2266.65	992.74	1273.91	819.50	2257.24	1790.76	466.48	189.62
2002	6035.48	3386.68	2446.93	1105.70	1341.23	939.75	2474.19	2018.58	455.61	174.61
2003	6867.70	3891.70	2870.19	1625.12	1245.07	1021.51	2786.46	2431.76	354.70	189.54
2004	8579.42	4567.78	3370.21	1928.42	1441.79	1197.57	3771.87	3243.47	528.40	239.77
2005	10621.56	5352.68	3817.86	2263.64	1554.22	1534.82	5054.94	4541.88	513.06	213.94
2006	12412.86	6100.82	4251.50	2609.65	1641.85	1849.32	6374.34	6053.02	321.32	-62.30
2007	15064.73	6829.42	4820.00	3051.32	1768.68	2009.42	8420.49	8097.47	323.02	-185.18
2008	18068.47	7757.05	5521.46	3567.66	1953.80	2235.59	10765.75	10353.89	411.86	-454.33
2009	19547.60	8739.50	6248.92	4142.02	2106.90	2490.58	13374.37	13066.40	307.97	-2566.27
2010	23157.64	10206.04	7402.60	5029.87	2372.73	2803.44	16046.47	15773.16	273.31	-3094.87
2011	27007.46	11777.06	8617.90	5825.10	2792.80	3159.16	19249.04	18901.61	347.43	-4018.64
2012	29681.79	13329.27	9754.41	6672.59	3081.82	3574.86	22151.65	21759.40	392.25	-5799.13
2013	32278.04	15317.69	11122.15	7676.11	3446.04	4195.54	24921.87	24467.94	453.93	-7961.52
2014	35026.99	16844.70	12325.62	8434.60	3891.02	4519.08	27338.61	26749.96	588.65	-9156.32
2015	37084.20	18715.27	13720.97	9498.89	4222.08	4994.30	28342.49	27811.88	530.61	-9973.56
2016	40249.23	20777.02	15250.82	10629.85	4620.97	5526.20	29337.51	29372.55	-35.04	-9865.31
2017	44552.83	23129.62	17029.73	12051.63	4978.10	6099.89	31047.72	30415.27	632.45	-9624.51

2–16 最终消费支出指数

Indices of Final Consumption Expenditure

本表按可比价格计算。
The indices in this table are calculated at comparable prices.

年 份 Year	以1978年为100 (1978=100)					以上年为100 (preceding year=100)				
	最终消费支出 Final Consumption	居民消费支出 Household Consumption	城镇居民 Urban Households Consumption	农村居民 Rural Households Consumption	政府消费支出 Government Consumption	最终消费支出 Final Consumption	居民消费支出 Household Consumption	城镇居民 Urban Households Consumption	农村居民 Rural Households Consumption	政府消费支出 Government Consumption
1978	100.0	100.0	100.0	100.0	100.0	118.3	118.7	119.9	118.3	115.7
1979	118.6	119.6	112.6	122.1	110.7	118.6	119.6	112.6	122.1	110.7
1980	134.8	136.6	121.0	142.1	121.1	113.7	114.2	107.5	116.4	109.4
1918	145.0	146.8	131.7	152.2	130.1	107.5	107.5	108.8	107.1	107.4
1982	158.9	157.5	137.5	164.7	166.7	109.6	107.3	104.4	108.2	128.2
1983	166.3	160.7	145.2	166.3	206.1	104.7	102.0	105.6	101.0	123.6
1984	189.0	181.4	173.8	184.5	241.5	113.6	112.9	119.7	110.9	117.2
1985	224.5	213.7	218.5	212.5	299.8	118.8	117.8	125.7	115.2	124.1
1986	239.1	226.8	234.2	224.6	324.9	106.5	106.1	107.2	105.7	108.4
1987	252.5	237.6	245.7	235.4	356.8	105.6	104.8	104.9	104.8	109.8
1988	263.3	248.1	271.7	240.6	370.0	104.3	104.4	110.6	102.2	103.7
1989	268.9	253.3	278.0	245.4	377.4	102.1	102.1	102.3	102.0	102.0
1990	281.5	263.4	296.6	252.5	407.6	104.7	104.0	106.7	102.9	108.0
1991	298.4	276.6	313.2	264.1	458.1	106.0	105.0	105.6	104.6	112.4
1992	322.3	295.4	345.4	276.3	527.3	108.0	106.8	110.3	104.6	115.1
1993	395.1	353.3	418.3	327.7	730.8	122.6	119.6	121.1	118.6	138.6
1994	445.3	383.0	458.1	352.9	966.2	112.7	108.4	109.5	107.7	132.2
1995	495.1	425.1	503.9	394.2	1082.1	111.2	111.0	110.0	111.7	112.0
1996	560.5	485.5	545.7	465.9	1183.8	113.2	114.2	108.3	118.2	109.4
1997	609.3	521.9	611.7	487.8	1340.1	108.7	107.5	112.1	104.7	113.2
1998	644.0	543.3	649.0	501.5	1492.8	105.7	104.1	106.1	102.8	111.4
1999	696.1	576.5	725.0	513.0	1716.8	108.1	106.1	111.7	102.3	115.0
2000	798.5	660.0	832.3	585.9	1977.7	114.7	114.5	114.8	114.2	115.2
2001	891.9	711.5	903.0	628.7	2454.3	111.7	107.8	108.5	107.3	124.1
2002	986.4	777.0	1031.3	656.9	2810.2	110.6	109.2	114.2	104.5	114.5
2003	1116.7	892.0	1303.5	674.7	3065.9	113.2	114.8	126.4	102.7	109.1
2004	1219.6	974.9	1454.7	717.9	3341.9	109.2	109.3	111.6	106.4	109.0
2005	1335.1	1054.4	1630.2	738.7	3781.6	109.5	108.2	112.1	102.9	113.2
2006	1522.7	1191.0	1881.2	808.2	4415.9	114.1	113.0	115.4	109.4	116.8
2007	1642.0	1297.6	2105.9	843.3	4643.4	107.8	109.0	111.9	104.3	105.2
2008	1734.7	1381.0	2323.9	842.9	4814.9	105.6	106.4	110.3	99.9	103.7
2009	1967.2	1571.8	2722.4	908.2	5409.9	113.4	113.8	117.1	107.7	112.4
2010	2221.7	1790.6	3183.8	980.4	5971.0	112.9	113.9	116.9	107.9	110.4
2011	2465.6	1994.5	3545.1	1092.7	6562.9	111.0	111.4	111.3	111.5	109.9
2012	2748.1	2201.9	3958.0	1177.5	7500.6	111.5	110.4	111.6	107.8	114.3
2013	3057.7	2423.4	4406.3	1263.3	8579.3	111.3	110.1	111.3	107.3	114.4
2014	3300.0	2635.9	4746.7	1404.0	9079.6	107.9	108.8	107.7	111.1	105.8
2015	3644.5	2923.4	5320.3	1520.6	9918.8	110.4	110.9	112.1	108.3	109.2
2016	3983.5	3201.1	5868.3	1639.3	10781.7	109.3	109.5	110.3	107.8	108.7
2017	4346.0	3505.2	6507.9	1739.3	11676.6	109.1	109.5	110.9	106.1	108.3

2-17 资本形成总额指数
Indices of Gross Capital Formation

本表按可比价格计算。
The indices in this table are calculated at comparable prices.

年 份 Year	以1978年为100 (1978=100)			以上年为100 (preceding year=100)		
	资本形成总额 Gross Capital Formation	固定资本形成总额 Fixed Capital Formation	存货变动 Changes in Inventories	资本形成总额 Gross Capital Formation	固定资本形成总额 Fixed Capital Formation	存货变动 Changes in Inventories
1978	100.0	100.0	100.0	103.9	111.6	81.4
1979	108.3	104.1	125.3	108.3	104.1	125.3
1980	123.4	128.6	102.6	113.9	123.5	81.9
1981	134.6	122.5	183.3	109.1	95.3	178.6
1982	125.7	146.2	43.8	93.4	119.3	23.9
1983	200.6	191.6	236.4	159.6	131.1	539.7
1984	210.0	200.4	248.2	104.7	104.6	105.0
1985	249.3	241.3	280.7	118.7	120.4	113.1
1986	253.8	268.1	196.0	101.8	111.1	69.8
1987	271.1	257.1	325.7	106.8	95.9	166.2
1988	387.4	350.2	533.8	142.9	136.2	163.9
1989	402.1	317.6	738.3	103.8	90.7	138.3
1990	406.9	318.3	760.4	101.2	100.2	103.0
1991	452.1	359.0	822.8	111.1	112.8	108.2
1992	550.2	424.3	1053.9	121.7	118.2	128.1
1993	585.9	489.3	964.4	106.5	115.3	91.5
1994	660.9	585.7	947.0	112.8	119.7	98.2
1995	806.3	694.6	1238.7	122.0	118.6	130.8
1996	936.1	820.3	1381.1	116.1	118.1	111.5
1997	1051.3	944.2	1455.7	112.3	115.1	105.4
1998	1180.6	1078.3	1562.0	112.3	114.2	107.3
1999	1266.8	1145.1	1727.5	107.3	106.2	110.6
2000	1364.3	1253.9	1770.7	107.7	109.5	102.5
2001	1459.8	1360.5	1799.1	107.0	108.5	101.6
2002	1613.1	1537.3	1804.5	110.5	113.0	100.3
2003	1782.5	1815.6	1378.6	110.5	118.1	76.4
2004	2141.7	2162.4	1767.4	120.2	119.1	128.2
2005	2626.8	2815.4	1298.4	122.6	130.2	73.5
2006	3167.9	3583.1	799.5	120.5	127.2	61.6
2007	3904.5	4478.7	730.2	123.3	125.0	91.3
2008	4691.5	5392.1	834.1	120.2	120.5	114.2
2009	6031.8	7024.7	695.8	128.5	130.2	83.4
2010	6930.3	8126.2	574.6	114.9	115.7	82.6
2011	7912.8	9271.7	683.4	114.1	114.1	118.9
2012	9064.3	10606.9	840.1	114.6	114.4	122.9
2013	10257.6	11994.9	985.3	113.2	113.1	117.3
2014	11256.9	13118.6	1265.1	109.7	109.4	128.4
2015	11960.0	13979.2	1175.1	106.2	106.6	92.9
2016	12414.5	14804.0	1089.3	103.1	105.9	92.7
2017	12873.9	15011.2		103.7	101.4	

2-18 支出法生产总值构成

Components of Gross Domestic Product by Expenditure Approach

本表按当年价格计算。
Data in this table are calculated at current prices.

年 份 Year	比重 （支出法生产总值=100） Proportion (Gross Domestic Product by Expenditure Approach=100)			比重 （最终消费支出=100） Proportion (Final Consumption Expenditure=100)	
	最终消费支出 Final Consumption	资本形成总额 Gross Capital Formation	货物和服务净流出 Net Export of Good and Services	居民消费支出 Household Consumption	政府消费支出 Government Consumption
1978	65.7	32.2	2.1	88.1	11.9
1979	66.9	31.8	1.3	88.9	11.1
1980	66.1	30.2	3.7	89.3	10.7
1981	66.0	30.5	3.5	89.2	10.8
1982	69.5	27.0	3.5	87.4	12.6
1983	59.3	35.1	5.6	85.1	14.9
1984	60.0	35.4	4.6	84.6	15.4
1985	61.1	38.4	0.5	83.8	16.2
1986	61.2	36.6	2.2	83.4	16.6
1987	56.5	36.7	6.7	82.7	17.3
1988	54.8	41.1	4.1	85.0	15.0
1989	54.8	40.6	4.6	84.8	15.2
1990	56.4	39.0	4.5	84.9	15.1
1991	54.8	40.3	5.0	83.7	16.3
1992	50.1	44.7	5.2	82.8	17.2
1993	52.9	41.1	6.0	76.5	23.5
1994	54.0	39.7	6.4	77.6	22.4
1995	53.2	41.3	5.4	78.7	21.3
1996	53.3	40.9	5.8	79.4	20.6
1997	53.1	41.5	5.4	79.0	21.0
1998	51.5	42.8	5.7	77.4	22.6
1999	52.0	42.6	5.5	75.9	24.1
2000	54.3	41.6	4.0	76.1	23.9
2001	55.8	40.8	3.4	73.4	26.6
2002	56.1	41.0	2.9	72.3	27.7
2003	56.7	40.6	2.8	73.8	26.2
2004	53.2	44.0	2.8	73.8	26.2
2005	50.4	47.6	2.0	71.3	28.7
2006	49.1	51.4	-0.5	69.7	30.3
2007	45.3	55.9	-1.2	70.6	29.4
2008	42.9	59.6	-2.5	71.2	28.8
2009	44.6	68.5	-13.1	71.5	28.5
2010	43.9	69.4	-13.3	72.5	27.5
2011	43.5	71.4	-14.8	73.2	26.8
2012	44.7	74.7	-19.5	73.2	26.8
2013	47.2	77.3	-24.6	72.6	27.4
2014	47.9	78.2	-26.0	73.2	26.8
2015	50.2	76.6	-26.8	73.3	26.7
2016	51.3	73.0	-24.4	73.4	26.6
2017	51.9	69.7	-21.6	73.6	26.4

2-19 生产总值支出法构成项目

Expenditure Approach Components of Gross Domestic Product

本表按当年价格计算。
Data in this table are calculated at current prices.
单位：亿元 (100 million yuan)

项　目	Item	2016	2017
支出法生产总值	**Gross Domestic Product by Expenditure Approach**	**40249.23**	**44552.83**
最终消费支出	**Final Consumption**	**20777.02**	**23129.62**
居民消费支出	Household Consumption	15250.82	17029.73
城镇居民	Urban Households	10629.85	12051.63
食品类支出	Food	2463.62	2621.37
衣着类支出	Clothing	945.00	993.79
居住类支出	Residence	1236.09	1448.73
家庭设备、用品及服务类支出	Household Facilities, Articles and Service	648.21	742.75
医疗保健类支出	Medical Treatment and Medical Service	1004.56	1205.73
交通和通信类支出	Transport, Post and Communication Services	1051.55	1262.13
文化教育娱乐及服务类支出	Culture,education, Entertainment and Services	1440.83	1593.05
银行中介服务支出	Finance Agency Service	1171.28	1388.54
保险服务消费支出	Insurance	329.19	408.02
其他商品和服务类支出	Miscellaneous and Services	339.52	387.52
农村居民	Rural Households	4620.97	4978.10
食品类支出	Food	1217.23	1206.28
衣着类支出	Clothing	336.93	344.98
居住类支出	Residence	754.80	972.11
家庭设备、用品及服务类支出	Household Facilities,Articles and Service	292.51	314.43
医疗保健类支出	Medical Treatment and Medical Service	603.28	604.02
交通和通信类支出	Transport, Post and Communication Services	369.20	390.46
文化教育娱乐及服务类支出	Culture,education,Entertainment and Services	521.20	585.28
银行中介服务支出	Finance Agency Service	340.40	358.45
保险服务消费支出	Insurance	95.67	105.33
其他商品和服务类支出	Miscellaneous and Services	89.75	96.76
政府消费支出	Government Consumption	5526.20	6099.89
资本形成总额	**Gross Capital Formation**	**29337.51**	**31047.72**
固定资本形成总额	Fixed Capital Formation	29372.55	30415.27
存货变动	Changes in Inventories	-35.04	632.45
货物和服务净流出	**Net Export of Goods and Services**	**-9865.31**	**-9624.51**

2-20 各市支出法生产总值(2017年)

Gross Domestic Product by Expenditure Approach by City (2017)

本表按当年价格计算。
Data in this table are calculated at current prices.

单位：亿元 (100 million yuan)

市(县)	City(County)	支出法生产总值 Gross Domestic Product by Expenditure Approach	最终消费支出 Final Consumption	居民消费支出 Household Consumption	城镇居民 Urban Households	农村居民 Rural Households	政府消费支出 Government Consumption	资本形成总额 Gross Capital Formation	货物和服务净流出 Net Export of Good and Services
郑州市	Zhengzhou	9193.77	4318.59	3063.85	2243.91	819.94	1254.74	4591.48	283.69
开封市	Kaifeng	1887.55	1232.86	884.86	639.29	245.57	348.00	1184.94	-530.25
洛阳市	Luoyang	4290.19	2230.39	1457.02	1028.76	428.25	773.37	2804.31	-744.51
平顶山市	Pingdingshan	1994.66	1091.11	771.55	537.73	233.81	319.56	1307.87	-404.32
安阳市	Anyang	2249.85	1027.85	759.16	425.45	333.72	268.68	1585.54	-363.53
鹤壁市	Hebi	827.65	345.55	255.78	180.16	75.63	89.77	500.22	-18.12
新乡市	Xinxiang	2357.76	1188.49	918.72	645.96	272.76	269.77	1911.31	-742.05
焦作市	Jiaozuo	2280.10	1003.62	797.73	526.33	271.40	205.90	1204.37	72.11
濮阳市	Puyang	1585.47	697.73	527.95	313.33	214.62	169.78	1458.51	-570.77
许昌市	Xuchang	2632.92	1017.51	748.19	506.81	241.38	269.31	1666.43	-51.02
漯河市	Luohe	1165.04	667.21	434.19	217.46	216.73	233.01	524.11	-26.27
三门峡市	Sanmenxia	1447.42	469.79	361.44	257.02	104.42	108.35	1106.46	-128.83
南阳市	Nanyang	3345.30	2057.89	1582.42	1009.09	573.34	475.46	2985.68	-1698.27
商丘市	Shangqiu	2195.55	1168.00	935.75	577.68	358.07	232.25	1238.77	-211.22
信阳市	Xinyang	2194.51	1433.41	941.63	546.17	395.46	491.78	1964.56	-1203.45
周口市	Zhoukou	2459.70	1398.37	987.48	627.49	360.00	410.88	1926.04	-864.71
驻马店市	Zhumadian	2175.04	1483.59	1128.81	644.54	484.28	354.78	1531.89	-840.44
济源市	Jiyuan	600.12	205.27	162.66	110.10	52.56	42.61	403.14	-8.29

2-21 各市支出法生产总值指数(2017年)
Indices of Gross Domestic Product by Expenditure Approach by City (2017)

本表按可比价格计算。
The indices in this table are calculated at comparable prices.

(上年=100) (preceding year=100)

市(县)	City(County)	支出法生产总值 Gross Domestic Product by Expenditure Approach	最终消费支出 Final Consumption	居民消费支出 Household Consumption	城镇居民 Urban Households	农村居民 Rural Households	政府消费支出 Government Consumption	资本形成总额 Gross Capital Formation
郑州市	Zhengzhou	108.2	108.6	106.7	106.9	106.4	113.5	106.9
开封市	Kaifeng	107.8	109.1	108.2	108.6	107.1	111.6	100.1
洛阳市	Luoyang	108.7	112.4	113.5	112.1	117.1	110.4	103.7
平顶山市	Pingdingshan	108.0	109.1	108.3	108.7	107.2	111.0	107.7
安阳市	Anyang	107.2	106.1	106.9	107.3	106.5	103.6	105.3
鹤壁市	Hebi	108.2	108.7	109.6	105.1	121.4	106.7	108.0
新乡市	Xinxiang	108.1	107.2	107.3	109.8	101.6	107.0	103.5
焦作市	Jiaozuo	107.4	104.1	104.7	105.6	103.0	102.0	71.0
濮阳市	Puyang	108.0	110.7	110.1	111.0	108.8	112.6	101.0
许昌市	Xuchang	108.7	105.3	104.7	105.7	102.6	107.1	104.9
漯河市	Luohe	108.2	108.3	108.3	108.4	108.3	108.3	108.0
三门峡市	Sanmenxia	108.2	111.3	112.8	114.7	108.2	106.7	101.0
南阳市	Nanyang	106.8	107.0	108.2	110.3	104.9	103.2	102.2
商丘市	Shangqiu	108.7	111.5	113.6	115.3	111.0	104.2	108.1
信阳市	Xinyang	106.7	109.1	107.6	106.1	109.7	112.1	108.5
周口市	Zhoukou	107.7	106.7	105.6	106.0	104.9	109.7	102.1
驻马店市	Zhumadian	108.4	108.2	110.9	111.2	110.4	100.6	97.6
济源市	Jiyuan	108.0	109.8	108.5	106.5	113.0	114.8	102.1

2-22 居民消费水平及指数

Household Consumption Expenditure and Indices

本表绝对数按当年价格计算，指数按可比价格计算。
Value items in this table are calculated at current prices, while indices are calculated at comparable prices.

年 份 Year	居民消费水平(元) Household Consumption (yuan)			城乡消费水平对比(农民=1) Urban/Rural Consumption Ratio (Rural Household=1)	居民消费水平指数 Indices of Household Consumption Expenditure					
					以上年为100 (preceding year=100)			以1952年为100 (1952=100)		
	全体居民 All Household	城镇居民 Urban Household	农村居民 Rural Household		全体居民 All Household	城镇居民 Urban Household	农村居民 Rural Household	全体居民 All Household	城镇居民 Urban Household	农村居民 Rural Household
1978	135	428	109	3.9	116.9	116.3	116.7	100.0	100.0	100.0
1979	159	447	132	3.4	117.6	104.4	120.8	117.6	104.4	120.8
1980	187	471	159	3.0	112.5	98.6	115.5	132.3	102.9	139.5
1981	200	496	169	2.9	106.0	102.7	106.1	140.2	105.7	148.0
1982	214	502	183	2.7	105.6	99.4	106.9	148.1	105.1	158.2
1983	218	524	184	2.8	100.4	101.4	99.7	148.7	106.6	157.8
1984	245	605	202	3.0	111.3	113.3	109.8	165.5	120.7	173.2
1985	297	750	240	3.1	116.2	116.4	114.5	192.3	140.5	198.4
1986	324	817	261	3.1	104.4	102.2	104.5	200.8	143.6	207.3
1987	353	895	282	3.2	102.9	101.4	103.0	206.6	145.6	213.5
1988	424	1147	325	3.5	102.3	105.0	100.6	211.3	152.9	214.8
1989	471	1256	360	3.5	100.0	97.3	100.3	211.3	148.8	215.4
1990	523	1274	413	3.1	102.0	102.0	101.3	215.6	151.8	218.2
1991	550	1362	429	3.2	103.3	101.9	103.3	222.7	154.6	225.4
1992	603	1478	469	3.2	105.5	105.9	103.8	234.9	163.8	234.0
1993	755	1769	590	3.0	118.4	114.2	118.3	278.1	187.0	276.8
1994	1032	2493	776	3.2	107.4	101.7	107.8	298.7	190.2	298.4
1995	1381	3045	1067	2.9	110.1	102.7	111.9	328.9	195.3	333.9
1996	1682	3548	1313	2.7	113.3	103.0	118.2	372.6	201.2	394.7
1997	1841	3963	1404	2.8	106.7	107.7	104.5	397.6	216.7	412.5
1998	1851	4106	1373	3.0	103.3	102.7	102.5	410.7	222.5	422.8
1999	1905	4521	1339	3.4	105.3	109.0	101.9	432.5	242.6	430.8
2000	2215	5090	1551	3.3	113.5	111.8	113.6	490.9	271.2	489.4
2001	2381	5562	1647	3.4	106.9	108.0	106.1	524.7	292.9	519.2
2002	2553	5986	1734	3.5	108.6	109.9	105.1	569.9	321.9	545.7
2003	3083	6585	1819	3.6	108.6	109.3	104.7	618.9	351.8	571.4
2004	3625	7394	2156	3.4	109.5	105.6	108.8	677.7	371.5	621.6
2005	4092	8145	2372	3.4	107.7	105.2	105.1	729.9	390.8	653.3
2006	4530	8810	2556	3.4	112.3	108.3	111.6	819.6	423.3	729.1
2007	5141	9743	2833	3.4	109.1	105.8	107.3	894.2	447.8	782.4
2008	5877	10797	3208	3.4	114.3	110.8	113.2	1022.1	496.2	885.6
2009	6607	11884	3528	3.4	112.4	110.1	110.0	1148.8	546.3	974.2
2010	7837	13958	4061	3.4	114.1	113.1	110.3	1310.8	617.9	1074.5
2011	9171	15616	4929	3.2	112.0	107.6	114.9	1468.1	664.8	1234.6
2012	10380	17104	5608	3.0	110.4	106.8	111.1	1620.8	710.0	1371.7
2013	11820	18921	6438	2.9	109.9	107.1	110.2	1781.3	760.4	1511.6
2014	13078	20111	7439	2.7	108.6	104.2	113.7	1934.4	792.4	1718.7
2015	14507	21821	8271	2.6	110.5	108.0	111.0	2137.6	855.8	1907.8
2016	16043	23454	9291	2.5	109.0	105.9	110.6	2329.9	906.3	2110.0
2017	17842	25593	10294	2.5	111.2	109.1	110.8	2590.9	988.7	2337.9

2-23 各市居民消费水平及指数(2017年)

Household Consumption Expenditure and Indices by City (2017)

本表绝对数按当年价格计算，指数按可比价格计算。
Value items in this table are calculated at current prices, while indices are calculated at comparable prices.

市(县)	City(County)	居民消费水平(元) Household Consumption (yuan)			指数(以上年为100) Indices (preceding year=100)		
		全体居民 All Household	城镇居民 Urban Household	农村居民 Rural Household	全体居民 All Household	城镇居民 Urban Household	农村居民 Rural Household
郑 州 市	Zhengzhou	31256	31959	29482	105.0	103.3	109.3
开 封 市	Kaifeng	19456	30130	10121	108.1	104.8	110.3
洛 阳 市	Luoyang	21390	27367	14029	112.8	108.1	120.8
平 顶 山 市	Pingdingshan	15457	20882	9676	107.9	104.9	110.3
安 阳 市	Anyang	14795	16799	12842	106.8	103.6	109.9
鹤 壁 市	Hebi	15813	19209	11127	109.1	101.8	125.3
新 乡 市	Xinxiang	15961	21918	9711	106.8	106.3	104.2
焦 作 市	Jiaozuo	22452	25888	17856	104.3	102.3	106.3
濮 阳 市	Puyang	14531	20110	10343	109.7	106.2	111.5
许 昌 市	Xuchang	17025	22962	11035	103.9	101.2	105.4
漯 河 市	Luohe	16430	16434	16427	107.8	104.2	111.4
三 门 峡 市	Sanmenxia	15976	21071	10015	112.2	110.9	111.3
南 阳 市	Nanyang	15731	22891	10145	108.1	105.9	107.9
商 丘 市	Shangqiu	12836	19393	8305	113.4	110.2	114.1
信 阳 市	Xinyang	14602	18723	11198	107.1	101.8	112.5
周 口 市	Zhoukou	11232	17683	6866	105.8	101.8	108.2
驻 马 店 市	Zhumadian	16141	22669	11669	110.5	106.2	113.3
济 源 市	Jiyuan	22221	24933	18098	108.4	103.7	117.1

2-24 各市收入法生产总值构成项目(2017年)

Income Approach Components of Gross Domestic Product by City (2017)

本表按当年价格计算。
Data in this table are calculated at current prices.

单位：亿元 (100 million yuan)

市(县) City(County)	生产总值 Gross Domestic Product	劳动者报酬 Compensation of Employees	生产税净额 Net Taxes on Production	固定资产折旧 Depreciation of Fixed Assets	营业盈余 Operating Surplus
全 省 Total	**44552.83**	**22143.76**	**4707.42**	**5317.36**	**12384.29**
省 辖 市 City					
郑 州 市 Zhengzhou	9193.77	4147.91	1227.74	1212.84	2605.28
开 封 市 Kaifeng	1887.55	902.30	205.15	205.62	574.47
洛 阳 市 Luoyang	4290.19	1835.24	819.31	658.77	976.87
平 顶 山 市 Pingdingshan	1994.66	1024.22	223.03	300.82	446.60
安 阳 市 Anyang	2249.85	1036.63	275.33	333.70	604.20
鹤 壁 市 Hebi	827.65	441.93	84.20	80.23	221.30
新 乡 市 Xinxiang	2357.76	1169.17	223.89	326.65	638.05
焦 作 市 Jiaozuo	2280.10	1227.87	181.03	298.42	572.78
濮 阳 市 Puyang	1585.47	631.18	502.51	246.34	205.43
许 昌 市 Xuchang	2632.92	880.53	520.78	333.04	898.57
漯 河 市 Luohe	1165.04	532.90	119.15	85.42	427.57
三 门 峡 市 Sanmenxia	1447.42	673.00	212.42	199.33	362.67
南 阳 市 Nanyang	3345.30	1751.76	327.03	462.94	803.58
商 丘 市 Shangqiu	2195.55	1192.81	230.65	246.48	525.61
信 阳 市 Xinyang	2194.51	1170.33	191.42	244.39	588.37
周 口 市 Zhoukou	2459.70	1075.07	219.75	287.24	877.64
驻 马 店 市 Zhumadian	2175.04	955.63	276.46	300.89	642.06
济 源 市 Jiyuan	600.12	192.46	112.10	138.39	157.16
省 直 管 县 County Directly Administrated by Province					
巩 义 市 Gongyi	755.79	365.01	91.10	93.75	205.93
兰 考 县 Lankao	282.62	130.25	12.16	37.55	102.66
汝 州 市 Ruzhou	430.63	190.68	42.95	61.04	135.96
滑 县 Huaxian	247.30	116.36	24.15	31.41	75.38
长 垣 县 Changyuan	337.98	167.96	32.75	38.97	98.31
邓 州 市 Dengzhou	410.54	238.28	37.39	48.98	85.90
永 城 市 Yongcheng	509.11	235.69	71.49	61.81	140.13
固 始 县 Gushi	320.82	151.27	31.18	44.95	93.42
鹿 邑 县 Luyi	305.34	99.52	28.96	42.31	134.55
新 蔡 县 Xincai	189.83	109.80	13.43	29.49	37.11

2-25 资金流量表(实物交易，2016年)

单位：亿元

交易项目	Transaction	非金融企业部门 Non-financial Enterprises		金融机构部门 Financial Institutions	
		使用 Utilization	来源 Source	使用 Utilization	来源 Source
净出口	**Net Exports**				
增加值	**Value Added**		**25433.64**		**2256.61**
劳动者报酬	**Compensation of Employees**	**10325.77**		**528.83**	
工资及工资性收入	Wages and Related Income	9622.18		492.80	
单位社会保险付款	Social Security Payment	703.59		36.03	
生产税净额	**Taxes on Production, Net**	**3904.54**	**-118.43**	**178.56**	
生产税	Taxes on Production	3904.54		178.56	
生产补贴	Subsidies to Production		118.43		
财产收入	**Income from Properties**	**2413.53**	**868.95**	**2949.47**	**3056.18**
利息	Interest	1945.26	845.11	2929.73	3021.41
红利	Dividend	151.13	23.84	1.90	34.78
地租	Rent on Land	245.77			
其他	Others	71.37		17.84	
初次分配总收入	**Total Income from Primary Distribution**		**9540.32**		**1655.94**
经常转移	**Current Transfer**	**495.95**	**111.97**	**298.85**	**353.27**
收入税	Taxes on Income	222.40		74.91	
社会保险缴款	Payment to Social Security				
社会保险福利	Social Security Welfare				
社会补助	Allowances				
其他	Others	273.55	111.97	223.94	353.27
可支配总收入	**Total Disposable Income**		**9156.34**		**1710.36**
最终消费	**Final Consumption Expenditure**				
居民消费	Household Consumption				
政府消费	Government Consumption				
总储蓄	**Savings**		**9156.34**		**1710.36**
资本转移	**Capital Transfer**		**959.88**		
投资性补助	Investment Allowances		959.88		
其他	Other				
资本形成总额	**Gross Capital Formation**	**20682.47**		**18.05**	
固定资本形成总额	Gross Fixed Capital Formation	20701.93		18.05	
存货增加	Changes in Inventories	-19.46			
其他非金融资产获得减处置	**Acquisitions Less Disposals of Other Non-financial Assets**				
净金融投资	**Net Financial Investment**	**-10566.25**		**1692.31**	

Flow of Funds Accounts (Physical Transaction, 2016)

(100 million yuan)

政府部门 Governments		住户部门 Households		省内合计 Total of Provincial Sectors		国内省外 Rest of the Domestic		国外部门 Rest of the World		总计 Total	
使用 Utilization	来源 Source	使用 Utilization	来源 Source	使用 Utilization	来源 Source	使用 Utilization	来源 Source	使用 Utilization	来源 Source	使用 Utilization	来源 Source
							10821.30		**-955.99**		**9865.31**
	3433.64		**9347.90**		**40471.79**						**40471.79**
2925.18		**6741.62**	**20521.39**	**20521.39**	**20521.39**					**20521.39**	**20521.39**
2824.56		6282.25	19221.78	19221.78	19221.78					19221.78	19221.78
100.62		459.37	1299.61	1299.61	1299.61					1299.61	1299.61
-132.98	**4447.44**	**340.40**	**-38.49**	**4290.52**	**4290.52**					**4290.52**	**4290.52**
23.94	4447.44	340.40		4447.44	4447.44					4447.44	4447.44
156.92			38.49	156.92	156.92					156.92	156.92
83.46	**827.89**	**992.69**	**1701.02**	**6439.14**	**6454.04**	**78.87**	**63.97**			**6518.01**	**6518.01**
83.46	487.55	992.69	1597.06	5951.14	5951.14					5951.14	5951.14
	5.36		103.96	153.03	167.93	78.87	63.97			231.90	231.90
	245.77			245.77	245.77					245.77	245.77
	89.21			89.21	89.21					89.21	89.21
	5833.31		**23457.12**		**40486.69**						**40486.69**
3824.87	**6195.31**	**1434.29**	**3109.66**	**6053.96**	**9770.21**	**3746.05**	**29.79**			**9800.01**	**9800.01**
	369.06	71.75		369.06	369.06					369.06	369.06
797.38	1955.97	1158.59		1955.97	1955.97					1955.97	1955.97
1740.21			1740.21	1740.21	1740.21					1740.21	1740.21
1205.79			1205.79	1205.79	1205.79					1205.79	1205.79
81.49	3870.28	203.95	163.67	782.93	4499.19	3746.05	29.79			4528.98	4528.98
	8203.75		**25132.49**		**44202.94**						**44202.94**
5526.20		**15250.82**		**20777.02**						**20777.02**	
		15250.82		15250.82						15250.82	
5526.20				5526.20						5526.20	
	2677.55		**9881.67**		**23425.92**		**7090.14**		**-955.99**		**29560.07**
959.88				**959.88**	**959.88**					**959.88**	**959.88**
959.88				959.88	959.88					959.88	959.88
3009.32		**5850.24**		**29560.08**						**29560.08**	
2986.12		5889.02		29595.12						29595.12	
23.20		-38.78		-35.04						-35.04	
-1291.65		**4031.43**		**-6134.15**		**7090.14**		**-955.99**		**0.00**	

主要统计指标解释

国内生产总值（GDP） 指按市场价格计算的一个国家(或地区)所有常住单位在一定时期内生产活动的最终成果。国内生产总值有三种表现形态，即价值形态、收入形态和产品形态。从价值形态看，它是所有常住单位在一定时期内生产的全部货物和服务价值超过同期投入的全部非固定资产货物和服务价值的差额，即所有常住单位的增加值之和；从收入形态看，它是所有常住单位在一定时期内创造并分配给常住单位和非常住单位的初次收入之和；从产品形态看，它是所有常住单位在一定时期内最终使用的货物和服务价值减去货物和服务进口价值。在实际核算中，国内生产总值有三种计算方法，即生产法、收入法和支出法。三种方法分别从不同的方面反映国内生产总值及其构成。

三次产业 三产业的划分是世界上较为常用的产业结构分类，但各国的划分不尽一致。我国的三次产业划分是：

第一产业是指农、林、牧、渔业（不含农、林、牧、渔服务业）。

第二产业是指采矿业（不含开采辅助活动），制造业（不含金属制品、机械和设备修理业），电力、热力、燃气及水生产和供应业，建筑业。

第三产业即服务业，是指除第一产业、第二产业以外的其他行业。

支出法生产总值 是从最终使用的角度反映一个国家（或地区）一定时期内生产活动最终成果的一种方法，包括最终消费支出、资本形成总额及货物和服务净出口三部分。计算公式为：

支出法生产总值=最终消费支出+资本形成总额+货物和服务净出口

最终消费支出 指常住单位为满足物质、文化和精神生活的需要，从本国经济领土和国外购买的货物和服务的支出。它不包括非常住单位在本国经济领土内的消费支出。最终消费支出分为居民消费支出和政府消费支出。

居民消费支出 指常住住户在一定时期内对于货物和服务的全部最终消费支出。居民消费支出除了直接以货币形式购买的货物和服务的消费支出外，还包括以其他方式获得的货物和服务的消费支出，即所谓的虚拟消费支出。居民虚拟消费支出包括如下几种类型：单位以实物报酬及实物转移的形式提供给劳动者的货物和服务；住户生产并由本住户消费了的货物和服务，其中的服务仅指住户的自有住房服务；金融机构提供的金融媒介服务；保险公司提供的保险服务。

政府消费支出 指政府部门为全社会提供的公共服务的消费支出和免费或以较低的价格向居民住户提供的货物和服务的净支出，前者等于政府服务的产出价值减去政府单位所获得的经营收入的价值，后者等于政府部门免费或以较低价格向居民住户提供的货物和服务的市场价值减去向住户收取的价值。

资本形成总额 指常住单位在一定时期内获得减去处置的固定资产和存货的净额，包括固定资本形成总额和存货变动两部分。

固定资本形成总额 指常住单位在一定时期内获得的固定资产减处置的固定资产的价值总额。固定资产是通过生产活动生产出来的，且其使用年限在一年以上、单位价值在规定标准以上的资产，不包括自然资产。可分为有形固定资本形成总额和无形固定资本形成总额。有形固定资本形成总额包括一定时期内完成的建筑工程、安装工程和设备工器具购置(减处置)价值，以及土地改良、新增役、种、奶、毛、娱乐用牲畜和新增经济林木价值。无形固定资本形成总额包括矿藏的勘探、计算机软件等获得减处置。

存货变动 指常住单位在一定时期内存货实物量变动的市场价值，即期末价值减期初价值的差额，再扣除当期由于价格变动而产生的持有收益。存货变动可以是正值，也可以是负值，正值表示存货上升，负值表示存货下降。存货包括生产单位购进的原材料、燃料和储备物资等存货，以及生产单位生产的产成品、在制品和半成品等存货。

货物和服务净出口 指货物和服务出口减货物和服务进口的差额。出口包括常住单位向非常住单位出售或无偿转让的各种货物和服务的价值；进口包括常住单位从非常住单位购买或无偿得到的各种货物和服务的价值。由于服务活动的提供与使用同时发生，一般把常住单位从非常住单位得到的服务作为进口，非常住单位从常住单位得到的服务作为出口。货物的出口和进口都按离岸价格计算。

劳动者报酬 指劳动者因从事生产活动所获得的全部报酬。包括劳动者获得的各种形式的工资、奖金和津贴，既包括货币形式的，也包括实物形式的，还包括劳动者所享受的公费医疗和医药卫生费、上下班交通补贴、单位支付的社会保险费、住房公积金等。

生产税净额 指生产税减生产补贴后的余额。生产税指政府对生产单位从事生产、销售和经营活动以及因从事生产活动使用某些生产要素（如固定资产、土地、劳动力）所征收的各种税、附加费和规费。生产补贴与生产税相反，指政府对生产单位的单方面转移支出，因此视为负生产税，包括政策亏损补贴、价格补贴等。

固定资产折旧 指一定时期内为弥补固定资产损耗按照规定的固定资产折旧率提取的固定资产折旧，或按国民经济核算统一规定的折旧率虚拟计算的固定资产折旧。它反映了固定资产在当期生产中的转移价值。各类企业和企业化管理的事业单位的固定资产折旧是指实际计提的折旧费；不计提折旧的政府机关、非企业化管理的事业单位和居民住房的固定资产折旧是按照统一规定的折旧率和固定资产原值计算的虚拟折旧。原则上，固定资产折旧应按固定资产当期的重置价值计算，但是目前我国尚不具备对全社会固定资产进行重估价的基础，所以暂时只能采用上述办法。

营业盈余 指常住单位创造的增加值扣除劳动者报酬、生产税净额和固定资产折旧后的余额。它相当于企业的营业利润加上生产补贴，但要扣除从利润中开支的工资和福利等。

机构单位 指有权拥有资产和承担负债，能够独立地从事经济活动并与其他实体进行交易的经济实体。

机构部门 将相同性质的机构单位归并在一起，就形成机构部门。资金流量核算将常住机构单位划分为以下四个机构部门：非金融企业部门、金融机构部门、政府部门、住户部门。与常住单位发生经济往来关系的非常住单位组成国外部门，在资金流量核算中也视同机构部门。

非金融企业与非金融企业部门 非金融企业指主要从事市场货物生产和提供非金融市场服务的常住企业，它主要包括从事上述活动的各类法人企业。所有非金融企业归并在一起，就形成非金融企业部门。

金融机构与金融机构部门 金融机构指主要从事金融媒介以及与金融媒介密切相关的辅助金融活动的常住单位，它主要包括中央银行、商业银行和政策性银行、非银行信贷机构和保险公司。所有金融机构归并在一起，就形成金融机构部门。

政府单位与政府部门 政府单位指在我国境内通过政治程序建立的、在一特定区域内对其他机构单位拥有立法、司法和行政权的法律实体及其附属单位。政府单位的主要职能是利用征税和其他方式获得的资金向社会和公众提供公共服务。通过转移支付，对社会收入和财产进行再分配。它主要包括各种行政单位和非营利性事业单位。所有政府单位归并在一起，就形成政府部门。

住户与住户部门 住户指共享同一生活设施、部分或全部收入和财产集中使用、共同消费住房、食品和其他消费品与消费服务的常住个人或个人群体。所有住户归并在一起，就形成住户部门。

非常住单位与国外部门 所有不具有常住性的机构单位都是非常住单位。将所有与我国常住单位发生交易的非常住单位归并在一起，就形成国外部门。

初次分配总收入 初次分配是生产活动形成的净成果在参与生产活动的生产要素的所有者及政府之间的分配。生产活动的净成果是增加值。生产要素包括劳动力、土地、资本。劳动力所有者因提供劳动而获得劳动报酬；土地所有者因出租土地而获得地租；资本的所有者因资本的形态不同而获得不同形式的收入：借贷资本所有者获得利息收入；股权所有者获得红利或未分配利润；政府因直接或间接介入生产过程而获得生产税或支付补贴。初次分配的结果形成各个机构部门的初次分配总收入。各部门的初次分配总收入之和就等于国民总收入，亦即国民生产总值。

经常转移 转移是一个机构单位向另一个机构单位提供货物、服务或资产，而同时并没有从后一机构单位获得任何货物、服务或资产作为回报的一种交易。经常转移包括扣除资本转移外的所有转移。其形式有收入税、社会保险付款、社会补助和其他经常转移。

可支配总收入 在初次分配总收入的基础上，通过经常转移的形式对初次分配总收入进行再次分配。再分配的结果形成各个机构部门的可支配总收入。各部门的可支配总收入之和称为国民可支配总收入。

总储蓄 指可支配总收入用于最终消费后的余额。各部门的总储蓄之和称为国民总储蓄。

资本转移 指一个部门无偿地向另一个部门支付用于非金融投资的资金，是一种不从对方获取任何对应物作为回报的交易。资本转移具有不同于经常转移的两个特征，一是转移的目的是用于投资，而不是用于消费；二是资本转移其实物形式往往涉及除存货和现金以外资产所有权的转移；其现金形式往往涉及除存货以外的资产的处置。资本转移包括投资性补助和其他资本转移。

净金融投资 它反映机构部门或经济总体资金富余或短缺的状况。从实物交易角度看，它是指总储蓄加资本转移收入减资本转移支出减非金融投资后的差额。从金融交易角度看，它是金融资产的增加额减金融负债的增加额之后的差额。

通货 指以现金形式存在于市场流通中的货币，包括本币和外币。

存款 指金融机构接受客户存入的货币款项，存款人可随时或按约定时间支取款项的信用业务。包括活期存款、定期存款、住户储蓄存款、财政存款、外汇存款和其他存款等。

贷款 指金融机构将其所吸收的资金，按一定的利率贷放给客户并约期归还的信用业务。包括短期贷款、中长期贷款、财政贷款、外汇贷款和其他贷款。

证券 包括债券和股票。由债券购买者承购的或因销售产品而拥有的，可在金融市场上交易并代表一定债权的书面证明。包括政府债券、金融债券、企业债券、商业票据、支付固定收入但不提供法人企业残余价值分享权的优先股等。股票购买者及直接投资者对其投资企业净资产所拥有的权益。股票是股份公司签发的证明股东投资并按其所持股份享有权益和承担义务的权益性证券。其他股权是机构单位以直接投资的方式用除股票、债权性证券以外的土地、房屋及建筑物、机器设备、存货、资源资产等实物资产，商标、专利权、土地使用权、特许使用权、商誉等无形资产及货币资金直接向其他单位进行的投资。通常以股权证、出资证明书、参与证或类似的单据为凭证。

保险准备金 指对人寿保险准备金和养恤基金的净权益、保险费预付款和未结索赔准备金。

结算资金 指金融机构用于结算目的汇兑在途的资金。

金融机构往来 指各金融机构之间的资金往来，包括同业存放款和同业拆借款。

准备金 指各金融机构在中央银行的存款及缴存中央银行的法定准备金。

中央银行贷款 指中央银行向各金融机构的贷款。

经常项目 包括货物、服务、收益及经常性转移。

货物进出口 指通过我国海关进出口的货物。货物的进出口值都按离岸价格估价。离岸价格可视为进口商在出口商边境领取货物时支付的购买者价格。当进口商领取该货物时，该货物已装载到进口商自己的运载工具或其他运载工具，出口商已为该货物支付了出口税或获得了出口退税。

服务进出口 指常住单位与非常住单位之间相互提供的服务。包括运输服务、旅游服务、通讯服务、建筑服务、保险服务、金融服务、计算机和信息服务、咨询服务、广告、宣传服务、电影音像服务、专有权力使用费和特许费、其他商务服务、政府服务。

收益 指常住单位与非常住单位之间因相互提供生产要素而产生的收入，包括劳动者报酬和投资收益。其中投资收益包括直接投资、证券投资和其他投资的收益和支出，以及直接投资收益的再投资。

资本项目 包括移民转移、债务减免等资本性转移。

金融项目 包括直接投资、证券投资和其它投资。

直接投资 指外国、港澳台地区在我国和我国在外国、港澳台地区以独资、合资、合作及合作勘探开发方式进行的投资。

证券投资 指我国对外国、港澳台地区发行的股票、债券等有价证券和我国购买外国、港澳台地区发行的股票、债券等有价证券。

其它投资 指除直接投资和证券投资以外的所有对外金融资产与负债交易项目。包括外国提供给我国和我国提供给外国的贸易信贷、贷款、货币和存款以及其他资产。

储备资产增减额 指我国在黄金储备、外汇储备、在国际货币基金组织的储备头寸、特别提款权、使用基金信贷等方面本年末与上年末余额之间的差额。负号表示储备资产增加，正号表示储备资产减少。

Explanatory Notes on Main Statistical Indicators

Gross Domestic Product (GDP) refers to the final products at market prices produced by all resident units in a country (or a region) during a certain period of time. Gross domestic product is expressed in three different perspectives, namely value, income, and products respectively. GDP in its value perspective refers to the total value of all goods and services produced by all resident units during a certain period of time, minus the total value of input of goods and services of the nature of non-fixed assets; in other words, it is the sum of the value-added of all resident units. GDP from the perspective of income includes the primary income created by all resident units and distributed to resident and non-resident units. GDP from the perspective of products refers to the value of all goods and services for final consumption by all resident units minus the net exports of goods and services during a given period of time. In the practice of national accounting, gross domestic product is calculated from three approaches, namely production approach, income approach and expenditure approach, which reflect gross domestic product and its composition from different angles.

Three Industries Classification of economic activities into three strata of industry is a common practice in the world, although the grouping varies to some extent form country to country. In China economic activities are categorized into the following three strata of industry:

Primary industry refers to agriculture, forestry, animal husbandry and fishery and services in support of these industries.

Secondary industry refers to mining and quarrying, manufacturing, production and supply of electricity, water and gas, and construction.

Tertiary industry refers to all other economic activities not included in the primary or secondary industries.

GDP by Expenditure Approach refers to the method of measuring the final results of production activities of a country (region) during a given period from the perspective of final uses. It includes final consumption expenditure, gross capital formation and net export of goods and services. The formula for computation is

GDP by expenditure approach = final consumption expenditure + gross capital formation + net export of goods and services

Final Consumption Expenditure refers to the total expenditure of resident units for purchases of goods and services from both the domestic economic territory and abroad to meet the needs of material, cultural and spiritual life. It does not include the expenditure of non-resident units on consumption in the economic territory of the country. The final consumption expenditure is broken down into household consumption expenditure and government consumption expenditure.

Household Consumption Expenditure refers to the total expenditure of resident households on the final consumption of goods and services. In addition to the consumption of goods and services bought by the households directly with money, the household consumption expenditure also includes expenditure on goods and services obtained by the households in other ways, i.e. the so-called imputed consumption expenditure, which includes the following: (a) the goods and services provided to households by employers in the form of payment in kind and transfer in kind; (b) goods and services produced and consumed by the households themselves, in which the services refer only to the owner-occupied housing; (c) financial intermediate services provided by financial institutions; (d) insurance services provided by insurance companies.

Government Consumption Expenditure refers to the consumption expenditure spent for the provision of public services provided by the government to the whole country and the net expenditure on the goods and services provided by the government to households free of charge or at reduced prices. The former equals to the output value of the government services minus the value of operating income obtained by the government departments. The latter equals to the market value of the goods and services provided by the government free of charge or at reduced prices to the households minus the value received by the government from the households.

Gross Capital Formation refers to the fixed assets acquired less disposals and the net value of inventory, thus including gross fixed capital formation and changes in inventories.

Gross Fixed Capital Formation refers to the value of acquisitions less those disposals of fixed assets during a given period. Fixed assets are the assets produced through production activities with unit value above a specified amount and which could be used for over one year. Natural assets are not included. Gross fixed capital formation can be categorized into total tangible fixed capital formation and total intangible fixed capital formation. Total tangible fixed capital formation includes the value of the construction projects and installation projects completed and the equipment, apparatus and instruments purchased (less those disposed) as well as the value of land improved, the value of draught animals, breeding stock and animals for milk, for wool and for recreational purposes and the newly increased forest with economic value. Total intangible fixed capital formation includes the prospecting of minerals and the acquisition of computer software minus the disposal of them.

Changes in Inventories refers to the market value of the change in the physical volume of inventory of resident units during a given period, i.e. the difference between the values at the beginning and at the end of the period minus the gains due to the change in prices. The changes in inventories can have a positive or a negative value. A positive value indicates an increase in inventory while a negative value indicates a decrease in inventory. The inventory includes raw materials, fuels and reserve materials purchased by the production units as well as the inventory of finished products, semi-finished products and work-in-progress.

Net Export of Goods and Services refers to the exports of goods and services subtracting the imports of goods and services. Exports include the value of various goods and services sold or gratuitously transferred by resident units to non-resident units. Imports include the value of various goods and services purchased or gratuitously acquired resident units from non-resident units. Because the provision of services and the use of them happen simultaneously, the acquisition of services by resident units from abroad is usually treated as import while the acquisition of services by non-resident units in this country is usually treated as export. The exports and imports of goods are calculated at FOB.

Laborers Remuneration refers to the total payment of various forms to labourers for the productive activities they are engaged in. It includes wages, bonuses and allowances, which the labourers earn in cash and in kind. It also includes the free medical services provided to the labourers and the medicine expenses, transport subsidies and social insurance, and housing fund paid by the employers.

Net Taxes on Production refers to taxes on production less subsidies on production. The taxes on production refers to the various taxes, extra charges and fees levied on the production units on their production, sale and business activities as well as on the use of some factors of production, such as fixed assets, land and labour in the production activities they are engaged in. In contrast to taxes on production, subsidies on production refer to the unilateral government transfer to the production units and are therefore regarded as negative taxes on production. They include subsidies on the loss due to implementation of government policies, price subsidies, etc.

Depreciation of Fixed Assets refers to the depreciation of fixed assets in a given period, drawn in accordance with the stipulated depreciation rate for the purpose of compensating the wear-and-tear loss of the fixed assets or the depreciation of fixed assets imputed in accordance with the stipulated unified depreciation rate in the national economic accounting system. It reflects the value of transfer of the fixed assets in the production of the current period. The depreciation of fixed assets in various enterprises and institutions managed as enterprises refers to the depreciation expenses actually drawn. In government agencies and institutions not managed as enterprises which do not draw the depreciation expenses, as well as for the houses of residents, the depreciation of fixed assets is the imputed depreciation, which is calculated in accordance with the stipulated unified depreciation rate. In principle, the depreciation of fixed assets should be calculated on the basis of the re-purchased value of the fixed assets. However, currently the conditions in China do not facilitate the revaluation of all the fixed assets. Therefore, only the above-mentioned methods can be adopted at present.

Operating Surplus refers to the balance of the value added created by the resident units after deducting the labourers remuneration, net taxes on production and the depreciation of fixed assets. It is equivalent to the business profit of the enterprises plus subsidies to production, but the wages and welfare expenses paid from the profits should be deducted.

Institutional Units refer to economic entities that are in a position to own assets and incur liabilities; to engage independently in economic activities; and to conduct transactions with other entities.

Institutional Sectors refer to groups of institutional units that are homogenous in nature and have been grouped together. The following 4 institutional sectors are identified in the flow of funds accounts: non-financial corporations, financial institutions, general government and households. and also treated as an institutional sector is the rest of the world, which is composed of non-resident units that have economic relations with resident units.

Non-Financial Corporations and the Sector of Non-Financial Corporations refer to resident corporations that are engaged in the production of goods and the provision of non financial services in the market, mainly covering corporate enterprises of various types engaged in the above-mentioned activities. All non-financial corporations make up the sector of non-financial corporations.

Financial Institutions and the Sector of Financial Institutions refer to resident institutions that are engaged in the financial intermediary services or auxiliary financial activities that are closely related with financial intermediary services, mainly covering the Central Bank, commercial banks, policy banks, non-banking credit institutions and insurance companies. All financial institutions together make up the sector of financial institutions.

General Government and the Sector of General Governments refer to legal entities and their auxiliary units within the territory of China that are established through the political process and are empowered with legislative, administrative or judicial rights over other institutional within specific regions. The main function of general government is to acquire funds through taxation or other means in order to provide public services to society and households, and to conduct redistribution of income and properties of society through transfer payment. General government cover mainly administrative and non-profit institutional units of various types. All general government together make up the sector of general governments.

Households and the Sector of Households refer to resident individuals or groups of resident individuals who share common living facilities, pool together entire or part of their income and properties for their common disposal, and share their housing, food and other consumer goods and services. All households together make up the sector of households.

Non-resident Units and the Rest of the World Non-resident units refer to units that are of a non-resident nature. All non-resident units that have transactions with resident units together make up the rest of the world.

Total Income from Primary Distribution refers to the distribution of net results from production activities among the owners of factors of production and the governments. The net results from production activities is the value-added. Factors of production include labour force, land and capital. Owners of labour force gain remuneration by providing labour. Owners of land receive rents from leasing of land. Owners of capitals get income of various forms depending on the type of capital: owners of loan capital receive income from interests. Share holders receive dividends or non-distributed profits. Government either obtains production tax or pays subsidies in participating directly or indirectly in the production processes. Results of primary distribution generate the total income from primary distribution of each sector, and the sum of the total income of primary distribution of all sectors make up the Gross National Income, or the Gross National Product.

Current Transfers to the transaction in the form of provision of goods, services or assets by an institutional unit to another institutional unit without receiving any goods, services or assets in return from the recipient. Current transfers refer to all kinds of transfers other than capital transfers. They include income tax, payment to social securities, social allowances and other current transfers.

Total Disposable Income Total income from primary distribution is re-distributed through current transfer, resulting in the total disposable income of various institutional sectors. The sum of total disposable income of all institutional sectors makes up the total national disposable income.

Total Savings refer to total disposable income subtracting final consumption. Total savings of all sectors make up the total national savings.

Capital Transfer refers to the free payment from one sector to another sector of non-financial investment capital, and is a transaction that seeks no return from the recipient. Capital transfer differs from current transfer in 2 aspects: 1) The purpose of the capital transfer is investment rather than consumption. 2) Capital transfer features the transfer of the ownership of assets other than inventory and cash, and capital transfer in its monetary form involves the disposal of assets other than inventory. Capital transfer includes investment subsidies and other capital transfers.

Net Financial Investment reflects the surplus or shortage of capitals of institutional sectors or of the economy in general. It refers to total savings plus the income from capital transfer minus payment for capital transfer and the non-financial investment from the point of view of physical transaction. In terms of monetary transaction, it is the difference between the increase in financial assets minus the increase of the financial liabilities.

Currency refers to currency that is in circulation in the market, including local and foreign currencies.

Deposits refer to credit transactions by which financial institutions accept deposits from clients who could withdraw their deposit at any time or by an agreed time frame. They include demand deposit, time deposit, savings deposit, fiscal deposit, foreign exchange deposit and other deposits.

Loans refer to credit transactions by which financial institutions lend their capital to clients at certain level of interest rates, which the latter will repay by an agreed time frame. They include short-term loan, medium- and long-term loan, fiscal loan, foreign exchange loan and other loans.

Securities Include Shares and bond. refer to written certificates representing creditors' rights as purchased by bond holders or as acquired by selling products, which can be transacted at the financial markets. They include government bonds, financial bonds, corporation bonds, commercial drafts, preferential stocks that provide fixed income without the right to share the residual value of corporations, and so on. the rights of stockholders and direct investors on the net assets of corporations they have invested in. Shares refer to negotiable securities on creditor's rights, issued by share companies certifying the investment by stockholders and their rights and duties in accordance with the amount of stocks that they hold. Other holding rights refer to the direct investment by institutional units in other units with currency capital or with assets, in forms other than shares and negotiable securities on creditor's rights, including such tangible assets such as land, buildings, machines and equipment, inventory, resources, etc., and such intangible assets as trade marks, patents, monopolies, rights on land use, licenses, commercial reputation, etc.. Documents of proof of holding rights usually include certificates on creditor's right, certificates on investment or on participation, etc.

Insurance Reserve Funds consists of net equity of households in life insurance reserves and in pension funds reserves, prepayments of insurance premiums, and reserves for outstanding claims.

Settlement Fund refers to fund in float of financial institutions for settlement.

Inter- financial Institutions Accounts refer to flow of capital between financial institutions, consisting of nostro accounts, inter-bank lending.

Required and Excessive Reserves refer to financial institutions' deposits with the People's Bank of China.

Central Bank Lending refer to lending to financial institutions by the People's Bank of China

Current Account includes goods, services, income and current transfers.

Import and Export of Goods refer to imported or exported goods through Chinese customs. Both import and export of goods are valued at free on board (f.o.b.) prices. Free on board prices can be regarded as the purchaser's prices paid by importers when claiming goods at the border of the exporters. When the importer claim the imported goods, the goods have been loaded in importer's carriers or other carriers, and the exporter has paid export duty or received export redeem.

Import and Export of Services refer to services provided between resident and non-resident units, including services on transportation, tourism, communications, construction, insurance, finance, computer and information, consultancy, advertising and publicity, as well as film, audio and video services, royalty for patents, trademarks and other special rights, other commercial services, and government services.

Income refers income from provision of factors of production between resident and non-resident units, including compensation of labour and earnings from investment. Earnings from investment include earnings from and expenses on direct investment, security investment and other investment, as well as reinvestment of earnings from direct investment.

Capital Account includes capital transfers such as immigration transfer, reduction or exemption of debts, etc.

Financial Account includes direct investment, security investment and other investments.

Direct Investment refers to investment by foreign investors or investors from Hong Kong, Macao and Taiwan in China, or by Chinese investors in foreign countries or in Hong Kong, Macao and Taiwan, in forms of exclusive investment, joint investment, contracted operation and cooperative development.

Security Investment refers to the issue of stocks and securities by China in foreign countries or in Hong Kong, Macao and Taiwan, and the purchase by Chinese units of stocks and securities issued in foreign countries or in Hong Kong, Macao and Taiwan.

Other Investment refers to all external transactions on financial assets and liabilities other than direct investment and security investment, including trade credits, loans, currency, deposits and other assets, provided by foreign countries to China and by China to foreign countries.

Reserve Assets, Net Increase refers to the difference between the end of the reference year and the end of the previous year, in gold reserve, foreign exchange reserve, special drawing rights in the International Monetary Fund, and the use of the Fund's credits. An increase in reserve assets is expressed in a negative figure and a decrease in the reserve assets is expressed in a positive figure.

人口

Population

3

· 资料整理：谷永翔

简要说明

一、主要内容

本篇包括历年人口及自然变动资料，城镇化资料、人口结构主要分类资料，历次人口普查主要指标。

二、资料来源

1971—1981年、1983—1989年、2000年和2010年总人口数是根据1982年、1990年、2000年和2010年人口普查数据调整推算的；1990—1999、2001—2009年数据是人口变动抽样调查调整数；市镇、乡村人口1953、1964、1982、1990、1995、2000、2005、2010年数据是根据当年人口普查（或抽样调查）数据调整推算的，普查年度之间年份是根据两次普查间平均每年增幅调整的；2004年后非普查年份是根据当年人口与城镇化抽样调查推算的。由河南省统计局人口与就业处编辑整理。

三、统计调查方法

在逢“0”的年份进行全国人口普查；在逢“5”的年份进行全国1%人口抽样调查；其余年份进行全国人口变动情况抽样调查。人口抽样调查是以全国为总体，各省为次总体，采用分层、多阶段、整群概率比例抽样方法抽取样本。

Brief Introduction

I. Main Contents

This chapter include the size of Henan population and natural change, urban proportion, classification of the population structure, data of All previous National Population Census, marriage registration.

II. Sources of Data

Figures for 1971-1981, 1983-1989, 2000,2010 have been adjusted on the basis of the 1982, 1990, 2000,2010 National Population Census. Figures for 1990-1999, 2001-2009 are estimated from the National Sample Survey on Population Changes. Figures of Urban and rural population in 1953,1964,1982,1990,1995,2000,2005,2010 are adjusted on the basis of the current year National Population Census or National Sample Survey, Figures for the years between National Population Census are adjusted on the basis of the growth rate of two National Population Census. Data of years without Population Census since 2014 were calculated on the basis of the Spot Check of population and Urbanization in the current year. Tables in this part are compiled by the Department of Population and Employment Statistics of the Henan provincial Bureau of Statistics.

III. Sampling Methodology

The national population census is conducted in the year ending with 0; the national 1 percent population sample survey is conducted in the year ending with 5; sample surveys on population changes are conducted in the rest of the years. The sample survey on population change takes the whole nation as the population and each province, autonomous region or municipality as sub-populations, and the stratified multi-stage systematic PPS cluster sampling scheme is used.

3-1 总 人 口(年底数)

Total Population (Year-end)

单位：万人 (10 000 persons)

年 份 Year	总人口数 Total Population	按性别分 By Sex 男 Male	 女 Female	性别比 (女=100) Sex Ratio (Female=100)	按城乡分 By Residence 城镇 Urban	 乡村 Rural	城镇化率 (%) Urbanization Proportion (%)	人口密度 (人/平方公里) Population Density (person/sq.km)	常住人口 Resident Population
1978	7067	3599	3468	103.8	963	6104	13.6	423	
1979	7189	3662	3527	103.8	994	6195	13.8	431	
1980	7285	3710	3575	103.8	1021	6264	14.0	436	
1981	7397	3768	3629	103.8	1050	6347	14.2	443	
1982	7519	3835	3684	104.1	1084	6435	14.4	450	
1983	7632	3902	3730	104.6	1111	6521	14.6	457	
1984	7737	3960	3777	104.9	1137	6600	14.7	463	
1985	7847	4022	3825	105.2	1164	6683	14.8	470	
1986	7985	4097	3888	105.4	1196	6789	15.0	478	
1987	8148	4184	3964	105.5	1232	6916	15.1	488	
1988	8317	4272	4045	105.6	1269	7048	15.3	498	
1989	8491	4366	4125	105.9	1308	7183	15.4	508	
1990	8649	4440	4209	105.5	1342	7307	15.5	518	
1991	8763	4501	4262	105.6	1389	7374	15.9	525	
1992	8861	4554	4307	105.7	1434	7427	16.2	531	
1993	8946	4602	4344	105.9	1477	7469	16.5	536	
1994	9027	4643	4384	105.9	1520	7507	16.8	541	
1995	9100	4651	4449	104.5	1564	7536	17.2	545	
1996	9172	4715	4457	105.8	1687	7485	18.4	549	
1997	9243	4751	4492	105.8	1811	7432	19.6	553	
1998	9315	4787	4528	105.7	1937	7378	20.79	558	
1999	9387	4825	4562	105.8	2064	7323	21.99	562	
2000	9488	4895	4593	106.6	2201	7287	23.20	568	
2001	9555	4915	4640	105.9	2334	7221	24.43	572	
2002	9613	4946	4667	105.9	2480	7133	25.80	576	
2003	9667	4980	4687	106.3	2630	7037	27.20	579	
2004	9717	5000	4717	106.0	2809	6908	28.90	582	
2005	9768	5045	4723	106.8	2994	6774	30.65	585	9380
2006	9820	5074	4746	106.9	3189	6631	32.50	588	9392
2007	9869	5100	4769	106.9	3389	6480	34.34	591	9360
2008	9918	5125	4793	106.9	3573	6345	36.03	594	9429
2009	9967	5150	4817	106.9	3758	6209	37.70	597	9487
2010	10437	5407	5030	107.5	4052	6385	38.82	625	9405
2011	10489	5417	5072	106.8	4255	6234	40.57	628	9388
2012	10543	5456	5087	107.2	4473	6070	42.43	631	9406
2013	10601	5487	5114	107.3	4643	5958	43.80	635	9413
2014	10662	5523	5139	107.5	4819	5843	45.20	638	9436
2015	10722	5552	5170	107.4	5023	5699	46.85	642	9480
2016	10788	5576	5212	107.0	5232	5556	48.50	646	9532
2017	10853	5607	5246	106.9	5444	5409	50.16	650	9559

注：1. 1982、1990、2000、2010年以来总人口数为当年人口普查推算数；其余年份数据为年度人口抽样调查推算数据。(下同)
2. 2010年以来总人口数据为以2010年人口普查登记的户籍人口为基础，结合年度人口抽样调查的推算数据。(下同)

a) Data of the total population on 1982, 1990,2000, 2010 are calculated on the basis of National Population Census, and data on other year are calculated on the basis of population sample survey (the same as following tables).

b) Data of the total population since 2010 are calculated on the basis of the Registered population of the 2010 National Population Census and the estimates of the population sampling survey each year (the same as following tables).

3-2 人口自然变动情况
Natural Changes of Population

单位：万人 (10 000 persons)

年 份 Year	年平均人口数 Annual Average Population	出生人口数 Number of Birth	出生率 (‰) Birth Rate (‰)	死亡人口数 Number of Death	死亡率 (‰) Death Rate (‰)	自然增加人口数 Number of Natural Growth	自然增长率 (‰) Natural Growth Rate (‰)
1978	7012	154	21.92	44	6.30	110	15.62
1979	7128	153	21.51	45	6.35	108	15.16
1980	7237	145	20.00	46	6.32	99	13.68
1981	7341	151	20.64	48	6.57	103	14.07
1982	7458	153	20.62	46	6.21	107	14.41
1983	7576	154	20.38	48	6.30	106	14.08
1984	7685	145	18.89	48	6.26	97	12.63
1985	7792	157	20.09	48	6.13	109	13.96
1986	7916	187	23.65	51	6.44	136	17.21
1987	8067	212	26.22	51	6.32	161	19.90
1988	8233	214	25.95	48	5.83	166	20.12
1989	8404	223	26.51	48	5.76	175	20.75
1990	8570	214	24.92	56	6.52	158	18.40
1991	8706	172	19.78	58	6.63	114	13.15
1992	8812	159	18.13	61	6.99	98	11.14
1993	8904	141	15.87	56	6.35	85	9.52
1994	8987	138	15.36	57	6.34	81	9.02
1995	9064	130	14.41	57	6.28	73	8.13
1996	9136	130	14.28	58	6.44	72	7.84
1997	9208	129	13.97	58	6.30	71	7.67
1998	9279	131	14.17	59	6.37	72	7.80
1999	9351	132	14.07	60	6.35	72	7.72
2000	9438	123	13.07	56	5.93	67	7.14
2001	9522	126	13.20	59	6.26	67	6.94
2002	9584	119	12.41	61	6.38	58	6.03
2003	9640	116	12.10	62	6.46	54	5.64
2004	9692	113	11.67	63	6.47	50	5.20
2005	9743	112	11.55	61	6.30	51	5.25
2006	9794	113	11.59	61	6.27	52	5.32
2007	9845	111	11.30	62	6.30	49	4.90
2008	9893	113	11.42	64	6.45	49	4.97
2009	9943	113	11.45	64	6.46	49	4.99
2010	10202	117	11.52	67	6.57	50	4.95
2011	10463	121	11.56	69	6.62	52	4.94
2012	10516	125	11.87	71	6.71	54	5.16
2013	10572	130	12.27	72	6.76	58	5.51
2014	10631	136	12.80	75	7.02	61	5.78
2015	10692	136	12.70	75	7.05	60	5.65
2016	10755	143	13.26	77	7.11	66	6.15
2017	10820	140	12.95	75	6.97	65	5.98

3-3 各市常住人口数

Resident Population by City

单位：万人 (10 000 persons)

市(县)	City(County)	2005	2006	2007	2008	2009	2010	2011	2012	2013	2014	2015	2016	2017
全 省	**Total**	**9380**	**9392**	**9360**	**9429**	**9487**	**9405**	**9388**	**9406**	**9413**	**9436**	**9480**	**9532**	**9559**
省 辖 市	**City**													
郑州市	Zhengzhou	716	724	736	744	752	866	886	903	919	938	957	972	988
开封市	Kaifeng	471	469	468	469	471	468	466	465	465	455	454	455	455
洛阳市	Luoyang	635	636	634	642	642	655	657	659	662	668	674	680	682
平顶山市	Pingdingshan	484	484	484	487	490	491	492	493	496	496	496	498	500
安阳市	Anyang	521	522	519	521	522	517	515	508	509	509	512	513	513
鹤壁市	Hebi	146	144	142	143	144	157	158	159	161	160	161	161	162
新乡市	Xinxiang	557	555	552	551	552	571	566	567	568	571	572	574	577
焦作市	Jiaozuo	340	340	339	341	342	354	353	352	351	352	353	355	356
濮阳市	Puyang	355	353	349	350	352	360	356	360	358	360	361	363	364
许昌市	Xuchang	425	428	429	431	431	431	430	430	430	432	434	438	441
漯河市	Luohe	249	250	247	248	250	255	255	256	258	260	263	264	265
三门峡市	Sanmenxia	228	226	221	222	223	223	224	223	224	225	225	226	227
南阳市	Nanyang	996	997	995	1004	1013	1027	1013	1015	1009	999	1002	1007	1005
商丘市	Shangqiu	761	765	764	777	781	735	736	732	728	726	727	728	730
信阳市	Xinyang	663	663	663	669	679	610	611	640	638	641	640	644	645
周口市	Zhoukou	994	994	990	996	1004	894	895	881	878	880	881	882	876
驻马店市	Zhumadian	777	777	764	768	770	723	709	694	690	693	696	699	700
济源市	Jiyuan	66	67	68	68	68	68	68	70	72	72	73	73	73
省直管县	**County Directly Administrated by Province**													
巩义市	Gongyi	80	80	81	81	81	81	81	81	82	82	82	83	83
兰考县	Lankao	73	73	75	75	76	68	67	67	66	63	63	64	64
汝州市	Ruzhou	93	93	93	93	93	93	93	93	93	93	93	94	95
滑县	Huaxian	115	114	113	114	114	126	120	114	111	111	111	110	107
长垣县	Changyuan	80	80	79	79	78	81	80	75	74	76	75	76	77
邓州市	Dengzhou	132	133	131	133	137	147	145	145	143	141	143	143	141
永城市	Yongcheng	127	126	122	127	127	124	123	123	123	121	123	123	123
固始县	Gushi	124	128	128	129	131	102	102	106	107	107	108	109	109
鹿邑县	Luyi	107	107	106	107	108	91	90	89	89	89	89	89	87
新蔡县	Xincai	94	95	92	93	93	85	84	83	83	84	84	84	85

3-4 各市城镇常住人口数
Urban Resident Population by City

单位：万人 (10 000 persons)

市(县)	City(County)	2005	2006	2007	2008	2009	2010	2011	2012	2013	2014	2015	2016	2017
全　　省	**Total**	**2875**	**3050**	**3214**	**3397**	**3577**	**3651**	**3809**	**3991**	**4123**	**4265**	**4441**	**4623**	**4795**
省　辖　市	**City**													
郑　州　市	Zhengzhou	424	436	451	463	477	551	574	599	617	641	667	691	714
开　封　市	Kaifeng	154	160	168	177	187	168	176	185	191	194	201	209	216
洛　阳　市	Luoyang	242	252	261	273	284	291	303	316	327	340	355	370	382
平顶山市	Pingdingshan	169	179	187	196	205	203	212	222	230	237	244	253	262
安　阳　市	Anyang	169	179	185	195	203	200	209	216	223	230	240	249	257
鹤　壁　市	Hebi	62	64	65	68	71	75	79	82	85	86	89	92	95
新　乡　市	Xinxiang	187	197	206	216	226	235	243	253	261	272	280	290	300
焦　作　市	Jiaozuo	136	142	148	154	161	167	172	179	183	188	194	200	206
濮　阳　市	Puyang	102	107	112	118	125	113	119	127	132	139	146	152	159
许　昌　市	Xuchang	136	145	153	162	169	169	176	184	190	197	207	216	225
漯　河　市	Luohe	79	83	88	93	98	100	104	110	114	119	125	130	135
三门峡市	Sanmenxia	89	92	94	97	101	99	103	106	110	113	116	120	124
南　阳　市	Nanyang	299	315	331	351	371	339	353	374	386	395	414	433	449
商　丘　市	Shangqiu	199	215	230	245	261	219	232	245	255	265	278	291	304
信　阳　市	Xinyang	182	195	207	218	232	210	221	244	253	263	274	286	297
周　口　市	Zhoukou	189	208	258	275	296	266	282	295	306	319	333	348	361
驻马店市	Zhumadian	145	160	198	213	227	215	223	232	241	252	265	278	291
济　源　市	Jiyuan	26	28	30	32	34	33	35	38	39	41	42	44	45
省直管县	**County Directly Administrated by Province**													
巩　义　市	Gongyi	29	32	33	34	36	37	38	39	40	41	43	45	47
兰　考　县	Lankao	14	16	19	20	21	18	19	20	21	21	22	24	25
汝　州　市	Ruzhou	21	26	28	30	31	30	32	34	35	37	38	41	43
滑　　　县	Huaxian	17	22	25	27	29	23	24	25	26	28	30	32	33
长　垣　县	Changyuan	17	19	20	21	23	26	27	27	28	30	31	33	35
邓　州　市	Dengzhou	34	38	40	43	47	42	44	46	48	49	52	55	57
永　城　市	Yongcheng	36	37	39	43	46	42	44	46	48	49	53	55	58
固　始　县	Gushi	30	34	37	38	39	29	31	34	36	38	40	43	45
鹿　邑　县	Luyi	14	19	28	31	33	26	28	29	30	32	34	35	36
新　蔡　县	Xincai	17	19	22	24	26	19	20	21	22	24	25	27	29

3-5 各市户数、人口数(2017年底)

Number of Households and Population by City (End of 2017)

分市数据是根据全省2017年人口抽样调查数据推算及公安年报数据。
Data by city were estimated on the basis of the 2017 National Sample Survey of Population and annual reports of the Bureau of Public Security.

市(县) City(County)	总户数(万户) Total Number of Households (10 000 households)	总人口数(万人) Total Population (10 000 persons)	常住人口(万人) Resident Population (10 000 persons)	男 Male	女 Female	城镇 Urban	乡村 Rural	年平均人口数(万人) Average Population (10 000 persons)	城镇化率(%) Urban Proportion (%)	年平均常住人口(万人) Average Resident Population (10 000 persons)
全省 Total	**3285**	**10853**	**9559**	**4856**	**4703**	**4795**	**4764**	**10820**	**50.2**	**9546**
省辖市 City										
郑州市 Zhengzhou	224	782	988	498	490	714	274	779	72.2	980
开封市 Kaifeng	173	523	455	236	219	216	239	521	47.4	455
洛阳市 Luoyang	216	710	682	344	338	382	300	708	56.0	681
平顶山市 Pingdingshan	160	549	500	256	244	262	238	548	52.4	499
安阳市 Anyang	181	589	513	255	258	257	255	588	50.2	513
鹤壁市 Hebi	49	165	162	84	78	95	67	164	58.8	162
新乡市 Xinxiang	181	614	577	294	282	300	277	613	52.0	576
焦作市 Jiaozuo	101	376	356	181	175	206	150	374	58.0	355
濮阳市 Puyang	118	397	364	183	181	159	205	396	43.7	363
许昌市 Xuchang	159	496	441	226	215	225	216	494	51.1	439
漯河市 Luohe	75	283	265	137	128	135	130	282	50.9	264
三门峡市 Sanmenxia	74	231	227	116	111	124	103	230	54.7	226
南阳市 Nanyang	372	1194	1005	515	490	449	556	1191	44.7	1006
商丘市 Shangqiu	290	921	730	366	364	304	425	918	41.7	729
信阳市 Xinyang	282	881	645	330	315	297	348	878	46.1	645
周口市 Zhoukou	337	1156	876	438	438	361	515	1152	41.2	879
驻马店市 Zhumadian	270	916	700	350	350	291	409	913	41.5	699
济源市 Jiyuan	23	71	73	38	36	45	28	71	61.1	73
省直管县 County Directly Administrated by Province										
巩义市 Gongyi	21	85	83	43	41	47	37	84	56.1	83
兰考县 Lankao	29	86	64	33	32	25	39	86	39.5	64
汝州市 Ruzhou	31	109	95	48	46	43	52	109	45.3	94
滑县 Huaxian	46	138	107	52	56	33	74	138	31.1	108
长垣县 Changyuan	28	87	77	39	37	35	42	87	45.9	76
邓州市 Dengzhou	61	179	141	72	70	57	84	178	40.3	142
永城市 Yongcheng	42	157	123	62	61	58	66	156	46.7	123
固始县 Gushi	59	177	109	56	53	45	64	177	41.2	109
鹿邑县 Luyi	37	123	87	43	45	36	51	123	41.7	88
新蔡县 Xincai	34	114	85	43	42	29	56	114	33.8	84

3-6 各市人口出生率、死亡率、自然增长率(2017年底)

Birth Rate, Death Rate, and Natural Growth Rate by City (End of 2017)

市(县)	City(County)	出生人口 (万人) Birth (10 000 person)	出生率 (‰) Birth Rate (‰)	死亡人口 (万人) Death (10 000 person)	死亡率 (‰) Death Rate (‰)	自然增长人口 (万人) Natural Growth (10 000 person)	自然增长率 (‰) Natural Growth Rate (‰)
全省	**Total**	**140.13**	**12.95**	**75.42**	**6.97**	**64.71**	**5.98**
省辖市	**City**						
郑州市	Zhengzhou	12.13	12.37	5.52	5.63	6.61	6.74
开封市	Kaifeng	6.30	12.09	3.10	5.95	3.20	6.13
洛阳市	Luoyang	8.77	12.39	4.25	6.00	4.52	6.39
平顶山市	Pingdingshan	7.17	13.09	3.46	6.31	3.71	6.77
安阳市	Anyang	7.14	12.16	3.55	6.04	3.59	6.12
鹤壁市	Hebi	1.91	11.62	0.94	5.72	0.97	5.90
新乡市	Xinxiang	7.85	12.81	4.28	6.98	3.57	5.83
焦作市	Jiaozuo	4.73	12.63	2.25	6.01	2.48	6.62
濮阳市	Puyang	5.17	13.07	2.77	6.99	2.41	6.08
许昌市	Xuchang	6.43	13.02	3.46	7.01	2.97	6.01
漯河市	Luohe	3.54	12.56	1.58	5.62	1.95	6.94
三门峡市	Sanmenxia	2.58	11.21	1.32	5.74	1.26	5.47
南阳市	Nanyang	13.70	11.50	7.93	6.66	5.77	4.84
商丘市	Shangqiu	11.86	12.92	5.98	6.51	5.88	6.42
信阳市	Xinyang	10.69	12.18	5.21	5.94	5.48	6.23
周口市	Zhoukou	14.97	12.99	8.00	6.94	6.97	6.05
驻马店市	Zhumadian	11.35	12.43	6.04	6.61	5.31	5.82
济源市	Jiyuan	1.05	14.90	0.46	6.55	0.59	8.35
省直管县	**County Directly Administrated by Province**						
巩义市	Gongyi	1.08	12.75	0.52	6.20	0.55	6.55
兰考县	Lankao	1.23	14.36	0.50	5.82	0.73	8.54
汝州市	Ruzhou	1.45	13.35	0.76	7.01	0.69	6.34
滑县	Huaxian	1.72	12.48	0.90	6.50	0.83	5.98
长垣县	Changyuan	1.12	12.89	0.60	6.87	0.52	6.02
邓州市	Dengzhou	2.19	12.29	1.30	7.31	0.89	4.98
永城市	Yongcheng	1.92	12.25	0.91	5.80	1.01	6.45
固始县	Gushi	2.29	12.96	1.23	6.95	1.06	6.01
鹿邑县	Luyi	1.60	13.01	0.81	6.64	0.78	6.37
新蔡县	Xincai	1.49	13.12	0.79	6.96	0.70	6.16

3-7 河南省人口预期寿命
Life Expectancy of Henan

单位：岁 (age)

年龄 Age	1990			2000			2010		
	合计 Total	男 Male	女 Female	合计 Total	男 Male	女 Female	合计 Total	男 Male	女 Female
	70.0	**68.1**	**72.0**	**72.8**	**71.0**	**74.7**	**74.6**	**71.8**	**77.6**
1	70.5	68.4	72.8	73.5	71.2	75.9	74.3	71.6	77.4
5	67.1	64.9	69.4	69.7	67.4	72.2	70.5	67.7	73.5
10	62.3	60.1	64.6	64.9	62.6	67.3	65.5	62.8	68.6
15	57.4	55.3	59.7	60.0	57.7	62.4	60.6	57.9	63.6
20	52.7	50.6	54.9	55.2	52.9	57.5	55.7	53.0	58.7
25	48.0	45.9	50.2	50.4	48.2	52.7	50.9	48.3	53.8
30	43.3	41.2	45.5	45.7	43.5	47.9	46.1	43.5	48.9
35	38.6	36.5	40.8	40.9	38.8	43.1	41.3	38.8	44.0
40	33.9	31.9	36.1	36.2	34.2	38.3	36.6	34.2	39.2
45	29.3	27.3	31.4	31.6	29.7	33.6	32.0	29.7	34.4
50	24.9	23.0	26.9	27.1	25.2	29.0	27.5	25.4	29.8
55	20.7	18.9	22.6	22.8	21.0	24.6	23.2	21.3	25.4
60	16.8	15.2	18.4	18.7	17.0	20.3	19.1	17.3	21.1
65	13.4	11.9	14.7	15.0	13.4	16.4	15.4	13.7	17.1
70	10.3	9.1	11.3	11.7	10.3	12.8	12.0	10.6	13.5
75	7.8	6.8	8.5	9.1	7.9	9.9	9.4	8.1	10.6
80	5.5	4.8	6.0	6.9	5.9	7.4	7.2	6.0	8.1
85	3.6	3.2	3.8	5.4	4.6	5.7	5.8	4.8	6.5
90	1.5	1.4	1.6	3.9	3.6	4.0	4.8	3.9	5.3
95	1.3	1.1	1.3	2.8	3.0	2.8			
100	1.1	1.0	1.2	0.5	0.5	0.5			

注：本表数据是根据普查数据计算。

a) Data in this table are calculated on the basis of the National Population Census.

3-8　各市常住人口年龄结构(2017年底)

Age Composition of Population by City (End of 2017)

全省数据是根据2017年人口抽样调查汇总数据推算，分市数据是2017年人口抽样调查数据(下表同)。
Data of total in this table are estimated from the national sample survey of population in 2017. Data by city are from the provincial sample survey of population in 2017 (same as the next table).

市 City	常住人口数(万人) Resident Population (10 000 persons)	0-14岁 Age 0-14	15-64岁 Age 15-64	65岁及以上 Age 65+	比重(%) Proportion 0-14岁 Age 0-14	15-64岁 Age 15-64	65岁及以上 Age 65+
全　　省 Total	**9559**	**2047**	**6538**	**974**	**21.4**	**68.4**	**10.2**
省　辖　市 City							
郑　州　市 Zhengzhou	988	191	695	103	19.3	70.3	10.4
开　封　市 Kaifeng	455	97	304	54	21.4	66.7	11.9
洛　阳　市 Luoyang	682	134	471	77	19.6	69.1	11.3
平顶山市 Pingdingshan	500	115	327	58	23.0	65.4	11.6
安　阳　市 Anyang	513	116	344	54	22.5	67.0	10.5
鹤　壁　市 Hebi	162	34	113	15	20.8	70.0	9.2
新　乡　市 Xinxiang	577	129	389	59	22.3	67.4	10.3
焦　作　市 Jiaozuo	356	62	254	40	17.4	71.4	11.2
濮　阳　市 Puyang	364	84	240	40	23.0	66.1	11.0
许　昌　市 Xuchang	441	93	294	54	21.0	66.7	12.3
漯　河　市 Luohe	265	48	184	33	18.2	69.4	12.5
三门峡市 Sanmenxia	227	36	165	26	15.7	72.8	11.5
南　阳　市 Nanyang	1005	249	640	116	24.8	63.7	11.5
商　丘　市 Shangqiu	730	149	491	91	20.4	67.2	12.4
信　阳　市 Xinyang	645	137	425	83	21.3	65.9	12.8
周　口　市 Zhoukou	876	190	575	111	21.7	65.7	12.6
驻马店市 Zhumadian	700	155	453	91	22.2	64.8	13.0
济　源　市 Jiyuan	73	13	52	8	17.6	71.0	11.4
省直管县 County Directly Administrated by Province							
巩　义　市 Gongyi	83	14	59	10	17.1	70.6	12.2
兰　考　县 Lankao	64	16	40	8	25.3	62.3	12.5
汝　州　市 Ruzhou	95	28	58	9	29.0	61.6	9.4
滑　　县 Huaxian	107	28	65	14	26.6	60.5	12.9
长　垣　县 Changyuan	77	18	51	9	22.9	65.9	11.2
邓　州　市 Dengzhou	[illegible]	38	87	16	27.2	61.6	11.2
永　城　市 Yongcheng	123	29	76	17	24.0	61.9	14.1
固　始　县 Gushi	109	26	66	16	24.3	60.8	14.9
鹿　邑　县 Luyi	87	18	56	13	20.3	64.2	15.5
新　蔡　县 Xincai	85	19	54	12	22.3	63.9	13.9

3–9 各市常住人口抚养系数(2017年底)

Dependency Ratio of Population by City (End of 2017)

单位：% (%)

市 City	少儿系数 Ratio of Children	老年系数 Ratio of the aged	老少比 Ratio of the aged to Children	少儿抚养系数 Children Dependency Ratio	老年抚养系数 The Aged Dependency Ratio	总抚养系数 Gross Dependency Ratio
全　　省 Total	**21.4**	**10.2**	**47.6**	**31.3**	**14.9**	**46.2**
省　辖　市 City						
郑　州　市 Zhengzhou	19.3	10.4	53.9	27.4	14.8	42.2
开　封　市 Kaifeng	21.4	11.9	55.6	32.0	17.8	49.9
洛　阳　市 Luoyang	19.6	11.3	57.5	28.3	16.3	44.7
平　顶　山　市 Pingdingshan	23.0	11.6	50.7	35.1	17.8	52.9
安　阳　市 Anyang	22.5	10.5	46.5	33.7	15.6	49.3
鹤　壁　市 Hebi	20.8	9.2	44.3	29.6	13.1	42.8
新　乡　市 Xinxiang	22.3	10.3	46.0	33.2	15.2	48.4
焦　作　市 Jiaozuo	17.4	11.2	64.8	24.3	15.7	40.1
濮　阳　市 Puyang	23.0	11.0	47.8	34.8	16.6	51.4
许　昌　市 Xuchang	21.0	12.3	58.4	31.5	18.4	49.8
漯　河　市 Luohe	18.2	12.5	68.7	26.2	18.0	44.2
三　门　峡　市 Sanmenxia	15.7	11.5	73.3	21.6	15.8	37.4
南　阳　市 Nanyang	24.8	11.5	46.5	38.9	18.1	57.0
商　丘　市 Shangqiu	20.4	12.4	60.9	30.3	18.5	48.8
信　阳　市 Xinyang	21.3	12.8	60.2	32.3	19.4	51.7
周　口　市 Zhoukou	21.7	12.6	58.1	33.1	19.2	52.3
驻　马　店　市 Zhumadian	22.2	13.0	58.8	34.3	20.1	54.4
济　源　市 Jiyuan	17.6	11.4	64.9	24.8	16.1	40.8
省　直　管　县 County Directly Administrated by Province						
巩　义　市 Gongyi	17.1	12.2	71.5	24.2	17.3	41.6
兰　考　县 Lankao	25.3	12.5	49.3	40.6	20.0	60.6
汝　州　市 Ruzhou	29.0	9.4	32.3	47.2	15.2	62.4
滑　　县 Huaxian	26.6	12.9	48.4	43.9	21.3	65.2
长　垣　县 Changyuan	22.9	11.2	48.9	34.7	17.0	51.6
邓　州　市 Dengzhou	27.2	11.2	41.3	44.1	18.2	62.3
永　城　市 Yongcheng	24.0	14.1	58.8	38.7	22.8	61.5
固　始　县 Gushi	24.3	14.9	61.3	39.9	24.5	64.4
鹿　邑　县 Luyi	20.3	15.5	76.2	31.6	24.1	55.7
新　蔡　县 Xincai	22.3	13.9	62.4	34.8	21.7	56.6

3-10 分年龄、性别的人口结构(2017年)
Population Construction by Age and Sex (2017)

本表数据为2017年人口抽样调查汇总样本数据。抽样比为1.50%。(3-11，3-12表同)
Data in this table are the sumed data obtained from the provincial sample survey of population in 2017.The sampling fraction is 1.50%. (3-11, 3-12 are the same)

年龄	Age	占常住人口比重 (%) Percentage to Resident Population (%)			性别比 (女=100) Sex Ratio (Female=100)
			男 Male	女 Female	
合 计	**Total**	**100.0**	**50.8**	**49.2**	**103.3**
0-4岁	0-4 Age	6.2	3.4	2.8	119.0
5-9岁	5-9 Age	8.1	4.4	3.6	122.2
10-14岁	10-14 Age	7.1	4.0	3.1	128.7
15-19岁	15-19 Age	6.3	3.5	2.8	123.7
20-24岁	20-24 Age	4.9	2.5	2.4	107.1
25-29岁	25-29 Age	8.4	4.1	4.2	97.2
30-34岁	30-34 Age	6.5	3.2	3.3	96.4
35-39岁	35-39 Age	6.0	3.0	3.0	98.6
40-44岁	40-44 Age	6.6	3.3	3.3	98.9
45-49岁	45-49 Age	9.2	4.5	4.7	96.2
50-54岁	50-54 Age	9.1	4.4	4.7	94.5
55-59岁	55-59 Age	5.2	2.5	2.6	94.9
60-64岁	60-64 Age	6.2	3.0	3.2	96.2
65-69岁	65-69 Age	4.2	2.1	2.1	97.6
70-74岁	70-74 Age	2.6	1.3	1.3	95.5
75-79岁	75-79 Age	1.7	0.8	0.9	90.9
80-84岁	80-84 Age	1.1	0.5	0.6	78.9
85-89岁	85-89 Age	0.5	0.2	0.3	66.0
90-94岁	90-94 Age	0.2	0.1	0.1	50.0
95岁及以上	Above 95 Age	0.0	0.0	0.0	34.2

3-11 6岁及6岁以上分年龄、性别、受教育程度的人口结构(2017年)
Population Age 6 and over by Age, Sex and Educational Attainment (2017)

单位：% (%)

年龄	Age	6岁及6岁以上人口 6 and over	男 Male	女 Female	未上过学 No-Schooling	男 Male	女 Female	小 学 Primary Schools	男 Male	女 Female	初 中 Junior Secondary Schools	男 Male	女 Female
合 计	**Total**	**100.0**	**100.0**	**100.0**	**6.1**	**4.1**	**8.2**	**26.0**	**25.4**	**26.6**	**43.8**	**45.0**	**42.5**
6-9岁	6-9 Age	100.0	100.0	100.0	10.7	10.6	10.8	89.3	89.3	89.2			
10-14岁	10-14 Age	100.0	100.0	100.0	0.8	0.8	0.8	53.2	53.1	53.3	44.5	44.7	44.3
15-19岁	15-19 Age	100.0	100.0	100.0	0.4	0.4	0.3	1.2	1.2	1.1	37.7	39.9	35.0
20-24岁	20-24 Age	100.0	100.0	100.0	0.4	0.4	0.4	1.5	1.5	1.5	39.3	39.5	39.1
25-29岁	25-29 Age	100.0	100.0	100.0	0.4	0.5	0.4	2.1	2.1	2.2	50.8	49.9	51.7
30-34岁	30-34 Age	100.0	100.0	100.0	0.6	0.7	0.6	3.3	3.2	3.4	55.4	54.4	56.5
35-39岁	35-39 Age	100.0	100.0	100.0	0.7	0.7	0.7	5.1	4.8	5.5	58.7	57.4	60.0
40-44岁	40-44 Age	100.0	100.0	100.0	0.9	0.8	1.0	9.5	8.4	10.6	62.3	62.0	62.5
45-49岁	45-49 Age	100.0	100.0	100.0	1.6	1.1	2.0	15.4	12.6	18.1	62.8	63.7	61.9
50-54岁	50-54 Age	100.0	100.0	100.0	2.8	1.6	3.9	23.9	19.5	28.0	57.1	59.7	54.7
55-59岁	55-59 Age	100.0	100.0	100.0	5.0	2.5	7.4	30.2	25.0	35.1	48.4	52.2	44.8
60-64岁	60-64 Age	100.0	100.0	100.0	10.0	5.5	14.3	41.2	36.7	45.5	38.7	45.2	32.5
65岁及以上	Above 65 Age	100.0	100.0	100.0	29.1	18.6	38.6	45.2	47.9	42.8	20.1	25.9	14.8

年龄	Age	高 中 Senior Secondary Schools	男 Male	女 Female	大学专科 College Students	男 Male	女 Female	大学本科 Undergraduates	男 Male	女 Female	研究生 Graduates	男 Male	女 Female
合 计	**Total**	**16.7**	**18.0**	**15.5**	**4.6**	**4.7**	**4.4**	**2.4**	**2.4**	**2.3**	**0.2**	**0.2**	**0.2**
6-9岁	6-9 Age												
10-14岁	10-14 Age	1.5	1.4	1.6	0.1	0.1	0.1						
15-19岁	15-19 Age	52.3	51.3	53.5	5.3	4.7	6.0	2.8	2.4	3.2			
20-24岁	20-24 Age	31.8	33.1	30.4	14.3	13.9	14.8	10.2	9.5	10.9	0.5	0.5	0.6
25-29岁	25-29 Age	28.6	30.2	27.1	10.8	10.6	11.0	5.8	5.4	6.1	0.7	0.6	0.7
30-34岁	30-34 Age	24.9	25.8	24.1	9.4	9.6	9.1	5.1	5.3	5.0	0.6	0.6	0.7
35-39岁	35-39 Age	22.7	23.9	21.6	7.4	7.7	7.0	4.2	4.3	4.0	0.5	0.5	0.4
40-44岁	40-44 Age	18.8	19.6	18.0	5.2	5.8	4.7	2.6	2.9	2.3	0.2	0.2	0.2
45-49岁	45-49 Age	14.9	16.4	13.6	3.2	3.7	2.8	1.6	1.9	1.3	0.1	0.1	0.1
50-54岁	50-54 Age	12.6	14.8	10.6	2.4	3.0	2.0	1.1	1.4	0.8	0.1	0.1	0.1
55-59岁	55-59 Age	13.9	16.9	11.0	1.9	2.3	1.4	0.7	0.9	0.5	0.1	0.1	0.0
60-64岁	60-64 Age	8.3	10.3	6.3	1.3	1.7	0.9	0.4	0.5	0.3	0.0	0.0	0.0
65岁及以上	Above 65 Age	4.2	5.6	2.9	1.0	1.5	0.6	0.4	0.5	0.3	0.0	0.0	0.0

3-12　15岁及以上分年龄、性别、婚姻状况的人口结构(2017年)
Population Aged 15 and over by Age, Sex and Marital Status (2017)

单位：%　　　　(%)

年龄	Age	未婚 Never married	男 Male	女 Female	有配偶 Married	男 Male	女 Female
合　计	**Total**	**17.9**	**20.9**	**15.0**	**74.6**	**73.3**	**76.0**
15-19岁	15-19 Age	98.3	98.3	98.3	1.7	1.7	1.7
20-24岁	20-24 Age	78.1	82.1	73.5	21.6	17.5	26.2
25-29岁	25-29 Age	33.5	38.2	28.9	65.2	60.2	70.1
30-34岁	30-34 Age	10.4	12.8	8.0	87.1	84.2	90.0
35-39岁	35-39 Age	3.8	5.4	2.2	93.1	90.9	95.2
40-44岁	40-44 Age	2.1	3.6	0.7	94.6	93.0	96.2
45-49岁	45-49 Age	1.4	2.5	0.3	95.1	94.0	96.1
50-54岁	50-54 Age	1.1	2.1	0.1	94.2	93.8	94.6
55-59岁	55-59 Age	1.1	2.1	0.1	92.3	92.4	92.2
60-64岁	60-64 Age	1.5	3.0	0.1	88.1	88.9	87.4
65岁及以上	Above 65 Age	1.7	3.3	0.1	69.1	76.4	62.5

年龄	Age	离婚 Divorced	男 Male	女 Female	丧偶 Widowed	男 Male	女 Female
合　计	**Total**	**1.4**	**1.7**	**1.1**	**6.0**	**4.1**	**7.9**
15-19岁	15-19 Age	0.0	0.0	0.0	0.0	0.0	0.0
20-24岁	20-24 Age	0.3	0.4	0.2	0.0	0.0	0.1
25-29岁	25-29 Age	1.2	1.5	0.8	0.1	0.1	0.1
30-34岁	30-34 Age	2.2	2.8	1.7	0.2	0.2	0.3
35-39岁	35-39 Age	2.7	3.4	2.0	0.5	0.3	0.6
40-44岁	40-44 Age	2.4	2.8	1.9	0.9	0.6	1.2
45-49岁	45-49 Age	1.9	2.4	1.5	1.6	1.2	2.1
50-54岁	50-54 Age	1.5	1.8	1.2	3.2	2.3	4.1
55-59岁	55-59 Age	1.3	1.6	1.1	5.3	3.9	6.6
60-64岁	60-64 Age	1.1	1.2	0.9	9.3	6.9	11.6
65岁及以上	Above 65 Age	0.8	0.8	0.7	28.4	19.4	36.6

3-13 育龄妇女分年龄、孩次的生育状况(2017年)
Age-specific Fertility Rate of Childbearing Women by Age of Mother and Birth Order (2017)

本表数据为2017年人口抽样调查汇总样本数据。抽样比为1.50%。
Data in this table are the sumed data obtained from the provincial sample survey of population in 2017.The sampling fraction is 1.50%.

年 龄	平均育龄妇女人数（人） Average Number of Childbearing Women (person)	出生人数（人） Births (person)	一 孩 1st Birth	二 孩 2nd Birth	三孩及以上 3rd Birth and Above	生育率（‰） Fertility Rate (‰)	一 孩 1st Birth	二 孩 2nd Birth	三孩及以上 3rd Birth and Above
总计 Total	**326961**	**11850**	**4907**	**5857**	**1085**	**36.24**	**15.01**	**17.91**	**3.32**
15-19	**37651**	**222**	**195**	**26**		**5.88**	**5.19**	**0.70**	
15	8322	4	4			0.46	0.46		
16	8065	8	6	2		1.02	0.78	0.24	
17	7833	31	26	5		3.94	3.32	0.62	
18	6968	68	62	6		9.74	8.94	0.80	
19	6464	111	97	14		17.13	14.98	2.16	
20-24	**33125**	**2190**	**1445**	**699**	**46**	**66.11**	**43.61**	**21.12**	**1.38**
20	6168	207	165	41	1	33.58	26.72	6.71	0.14
21	6194	334	248	84	3	53.93	40.01	13.50	0.42
22	6039	377	264	107	6	62.36	43.67	17.72	0.96
23	6459	507	323	171	13	78.46	50.00	26.44	2.03
24	8265	765	445	297	23	92.59	53.89	35.89	2.82
25-29	**59944**	**5359**	**2324**	**2674**	**361**	**89.40**	**38.77**	**44.61**	**6.02**
25	9299	862	455	368	39	92.66	48.87	39.60	4.19
26	11147	1053	500	502	51	94.50	44.83	45.06	4.61
27	14278	1333	573	687	73	93.36	40.14	48.12	5.10
28	12809	1134	456	599	80	88.56	35.57	46.75	6.24
29	12410	977	341	518	118	78.69	27.46	41.73	9.50
30-34	**43044**	**2469**	**598**	**1489**	**383**	**57.37**	**13.88**	**34.59**	**8.89**
30	10804	746	192	449	105	69.08	17.79	41.55	9.75
31	8661	551	158	324	70	63.65	18.26	37.36	8.03
32	7436	394	95	230	70	53.02	12.75	30.89	9.38
33	7697	392	77	250	65	50.89	9.97	32.42	8.50
34	8447	386	76	237	73	45.69	8.97	28.11	8.61
35-39	**40651**	**1044**	**199**	**661**	**183**	**25.68**	**4.91**	**16.26**	**4.51**
35	8691	312	68	201	43	35.87	7.78	23.09	4.99
36	7732	253	42	165	47	32.72	5.37	21.30	6.04
37	8487	193	46	114	33	22.76	5.39	13.45	3.91
38	8077	170	27	101	42	21.07	3.32	12.56	5.18
39	7664	116	18	80	18	15.12	2.31	10.45	2.35
40-44	**48162**	**378**	**76**	**226**	**76**	**7.84**	**1.57**	**4.68**	**1.59**
40	7956	104	15	66	23	13.04	1.88	8.26	2.90
41	8249	76	13	52	12	9.21	1.55	6.24	1.42
42	9514	77	19	42	16	8.08	2.02	4.39	1.66
43	10573	75	15	43	17	7.12	1.38	4.11	1.63
44	11871	46	14	23	9	3.88	1.20	1.95	0.72
45-49	**64383**	**188**	**70**	**82**	**37**	**2.92**	**1.08**	**1.27**	**0.57**
45	11655	56	11	29	16	4.79	0.98	2.45	1.36
46	12400	44	20	16	8	3.59	1.64	1.33	0.62
47	13343	39	13	21	6	2.95	0.95	1.55	0.44
48	14335	26	12	9	5	1.80	0.85	0.59	0.35
49	12651	23	13	8	2	1.79	1.03	0.60	0.16

3-14 六次人口普查主要指标

Main Indicators of National Population Censuses in 1953, 1964, 1982, 1990, 2000, 2010

单位：万人 (10 000 persons)

项 目	Item	1953	1964	1982	1990	2000	2010
全省总人口	**Total Population**	**4378.50**	**5032.60**	**7442.30**	**8553.40**	**9255.80**	**9402.99**
按性别分的人口	**Population By Sex**						
男 性	Male	2231.50	2549.10	3795.00	4380.30	4775.30	4749.30
女 性	Female	2147.00	2483.50	3647.30	4173.10	4480.50	4653.70
按年龄分的人口	**Population By Age**						
0岁−6岁	Age 0-6	913.90	920.30	1026.60	1268.50	765.10	981.30
7岁−12岁	Age 7-12	510.90	846.40	1165.10	943.10	1211.20	759.90
育龄妇女(15−49岁)	Women at Childbearing Age (Age 15-49)	1017.00	1108.70	1780.60	2278.60	2495.70	2623.20
劳动年龄人口	Working Age Population						
(男16−59 女16−54)	(Male Age 16-59 and Female Age 16-54)	2289.70	2482.00	3927.40	4985.00	5600.90	5818.90
男60岁女55岁以上人口	Males Aged 60 and over and Females Aged 55 and Over	457.70	448.50	738.70	898.50	1105.00	1482.50
按民族分的人口	**Population By Nationality**						
汉 族	Han Nationality	4337.90	4980.90	7362.30	8452.50	9143.30	9290.80
各少数民族	Minority Nationality	40.60	51.70	80.00	100.90	112.50	112.20
按城乡分的人口	**Population By Residence**						
城镇总人口	Urban Population	310.60	551.70	1172.50	1302.90	2144.70	3622.00
乡村总人口	Rural Population	4067.90	4480.90	6269.80	7250.50	7111.10	5781.00
按文化程度分的人口	**Population By Educational Level**						
#大学和相当于大学	University and Equivalent		9.30	24.50	72.60	247.50	601.60
高中	Senior Secondary School		44.00	470.10	606.10	928.40	1242.30
初中	Junior Secondary School		208.50	1427.00	2269.80	3646.00	3992.50
小学	Primary School		1229.60	2321.80	2971.90	3072.60	2266.90
文盲和半文盲(12周岁以上)	Illiterate and Semi-literate (Age 12 and Over)		2146.80	2015.00	1395.80	543.20	399.20

注：1.第五次人口普查数据为快速汇总数据，其中文盲和半文盲人口是指15岁及以上。
2.第五次人口普查总人口指根据《第五次人口普查办法》规定的常住人口。
3.第六次人口普查数据为常住人口，其中文盲和半文盲人口是指15岁及以上。

a) Data of the fifth Population Census were fast collected results,and illiterate and semi-literate were age 15 and over.
b) Total population of the fifth Population Census refers to population of resident according to "Way of the fifth National Population Census".
c) Data of the sixth Population Census is resident population, and illiterate and semi-literate were age 15 and over.

主要统计指标解释

人口数 指一定时点、一定地区范围内的有生命的个人的总和。

年度统计的年末人口数指每年 12 月 31 日 24 时的人口数。

常住人口 指实际经常居住在某地区一定时间（指半年以上）的人口。按人口普查和抽样调查规定，主要包括：1、在本地居住，户口也在本地的人口；2、户口在外地，但在本地居住半年以上者，或离开户口地半年以上而调查时在本地居住的人口；3、调查时居住在本地，但在任何地方都没有登记常住户口，如手持户口迁移证、出生证、退伍证、劳改劳教释放证等尚未办理常住户口的人，即所谓“口袋户口”的人。

出生率（又称粗出生率） 指在一定时期内（通常为一年）平均每千人所出生的人数的比率，一般用千分率表示。计算公式为：

出生率＝年出生人数／年平均人数×1000‰

式中：出生人数指活产婴儿，即胎儿脱离母体时（不管怀孕月数），有过呼吸或其他生命现象。年平均人数指年初、年底人口数的平均数，也可用年中人口数代替。

死亡率（又称粗死亡率） 指在一定时期内（通常为一年）一定地区的死亡人数与同期平均人数（或期中人数）之比，一般用千分率表示。计算公式为：

死亡率＝年死亡人数／年平均人数×1000‰

人口自然增长率 指在一定时期内（通常为一年）人口自然增加数（出生人数减死亡人数）与该时期内平均人数（或期中人数）之比，一般用千分率表示。计算公式为：

人口自然增长率＝（本年出生人数－本年死亡人数）／年平均人数×1000‰＝人口出生率－人口死亡率

性别比 总人口中男性人数与女性人数之比。通常用每 100 个女性人口相应有多少男性人口表示。其计算公式为：

性别比＝男性人口数/女性人口数×100%

总抚养系数 指被抚养人口（0-14岁和65岁或60岁以上人口）与15-64岁或15-59岁人口的比例。计算公式为:

总抚养系数＝被抚养人口/15-64岁或15-59岁人口×100

老年抚养系数 指老年人口（65岁或60岁以上人口）与15-64岁或15-59岁人口的比例。计算公式为:

老年抚养系数＝老年人口/15-64岁或15-59岁人口×100

少年抚养系数 指少年儿童与 15-64 岁或 15-59 岁人口的比例。计算公式为:

少年抚养系数＝少年儿童人口/15-64 岁或 15-59 岁人口×100（修改）

Explanatory Notes on Main Statistical Indicators

Total Population refers to the total number of people alive at a certain point of time within a given area.

The annual statistics on total population is taken at midnight, the 31st of December.

Resident Population refers to the population actual living in a certain area for six months or more. According to the census and sample surveys, it includes the following main items : 1, Population live in this area, with the local resident registered; 2, Population with the resident registered of other area, live this area over half a year or Less than half a year but Leaving the area where they resident registered over half a year; 3, Population live in the local area, but have no resident registered, only have Migration Certificate 、Birth certificate 、Legionnaires card 、Release card from Re-education through labor or haven not yet requisition the resident registered ,so-called "pocket-registered "population.

Birth Rate (or Crude Birth Rate) refers to the ratio of the number of births to the average population during a certain period of time (usually a year), which is often expressed in‰. The following formula is used:

Birth Rate=Number of Births/Average Number of Population×1000‰

Number of births refers to live births i.e. the births when babies had showed any vital phenomena regardless of the length of pregnancy.

Annual Average Number of Population is the average of the number of population at the beginning of the year and that at the end of the year. Sometimes it is substituted for with the mid year population.

Death Rate (or Crude Death Rate) refers to the ratio of the number of deaths to the average population (or mid year population) during a certain period of time (usually a year), which is often expressed in‰. The following formula is used:

Death Rate umber of Deaths=Number of Deaths/Annual Average Number of Population×1000‰

Natural Growth Rate of Population refers to the ratio of natural increase in population (number of births minus number of deaths) in a certain period of time (usually a year) to the average population (or mid year population) of the same period, which is often expressed in‰. The following formulas are applied:

Natural Growth of Population=(Number of Births－Number of Deaths)/Average Number of Population×1000‰

Natural Growth Rate of Population=Birth Rate－Death Rate

Sex Ratio Refers to the Proportion of Male to Female Among the Total Population Which is often described as the proportion of 100 females to males. the following formula is used:

Sex Ratio=Number of Males/Number of Females×100%

Total Dependency Ratio refers to the ratio of number of dependents to the total population aged 15-64, the number of dependents being population aged 0-14 and population aged 65 and over. The total dependency ratio is calculated as follows:

Total Dependency Ratio = Number of Dependents/Population Aged 15-64×100%

The Aged Dependency Ratio refers to the ratio of the number of the aged population to the total population aged 15-64, the aged being population aged 65 and over. The aged dependency ratio is calculated as follows:

The Aged Dependency Ratio = Number of the Aged Population/ Population Aged 15-64×100%

The Juvenile and Children Dependency Ratio refers to the ratio of the number of the juvenile and children to the total population aged 15-64, the juvenile and children being population aged 0-14. The juvenile and children dependency ratio is calculated as follows:

The Juvenile and Children Dependency Ratio = Number of Juvenile and Children/ Population Aged 15-64 or 15-59×100%

从业人员与职工工资

Employment and Wages

4

◉ 资料整理：吴娜

简要说明

一、主要内容

本篇资料反映从业人员就业情况、城镇登记失业情况，平均工资及指数变化情况等。

二、统计范围

《劳动统计报表制度》的调查范围为法人单位（不包括乡镇企业和个体工商户）；私营企业及个体工商业统计范围为城镇。1998年及以后城镇单位就业人员、平均工资等指标中不再包括离开本单位仍保留劳动关系职工及其生活费。

三、资料来源

就业基本情况及分组、工资总额和平均工资等资料，由河南省统计局人口处根据《劳动统计报表制度》编辑整理。城镇私营企业及个体工商业就业人员，由河南省工商行政管理局提供。城镇登记失业人数，由河南省人力资源和社会保障厅提供。

四、调查方法

劳动统计报表采用全面调查方法，由各级统计部门逐级上报。培训、就业统计及私营企业和个体工商业统计利用行政登记资料加工整理。

Brief Introduction

I. Main Contents

Data in this chapter include employment situation, the registered urban unemployment situation, average wages and index change situation, etc.

II. Scope of Statistics

Statistics Scope of "Labor statistics system" is investigation units (not including township enterprises and individual); Statistics Scope of private enterprises and individual industrial refers town. Data on employment personnel, total wages, average wage of town unit no-include leaving this unit but still keep working relationship worker and the cost of living since 1998.

III. Sources of Data

Data on employment, Earnings and wages of staff and workers is used in the labor statistics, are compiled by the Department of population and employment of the Henan provincial Bureau of Statistics. Data on the number of employed persons in private enterprises and self-employed individuals are provided by the Henan provincial Bureau of Industry and Commerce. Data on the number of registered unemployed persons in urban areas are collected provided by the Henan provincial Bureau of Human Resources and Social Security.

IV. Sampling Methodology

Labor statistics using comprehensive investigation method, statistical departments at various levels shall report to higher level. Training, employment statistics, private enterprises, individual industrial and commercial statistics are collected through administrative registration data.

4-1 按城乡分的就业人员数

Number of Employed Persons in Urban and Rural Areas

单位：万人 (10 000 persons)

年份 Year	合计 Total	城镇 Urban Areas	#国有经济 State-owned Units	#集体经济 Collective-owned Units	#有限责任公司 Limited Liability Corporations	#港澳台投资经济 Units with Funds from Hong Kong, Macao and Taiwan	#外商投资经济 Foreign Funded Units	#私营经济 Private Enterrises	#城镇个体 Urban Self-employed Individuals	乡村 Rural Areas
1978	2807	423	346	74						2384
1979	2873	444	363	78						2429
1980	2929	469	379	83						2460
1981	3039	508	407	90						2531
1982	3146	516	407	95						2630
1983	3289	542	425	99						2747
1984	3346	574	419	129						2772
1985	3520	627	454	139						2893
1986	3598	649	469	149						2949
1987	3782	686	488	156						3096
1988	3916	704	508	161						3212
1989	3943	717	512	168						3226
1990	4086	727	521	171						3359
1991	4216	774	544	177						3442
1992	4332	811	571	172						3521
1993	4400	865	599	162						3535
1994	4448	890	604	158						3558
1995	4509	931	617	162						3578
1996	4638	981	640	161						3657
1997	4820	1002	603	177						3818
1998	5000	933	485	149				26	135	4067
1999	5205	894	475	146	66	9	6	27	124	4311
2000	5572	860	464	143	69	10	6	28	97	4712
2001	5517	829	448	134	69	8	5	28	82	4688
2002	5522	831	417	123	99	8	5	35	86	4691
2003	5536	841	399	117	121	8	6	41	98	4695
2004	5587	869	409	96	121	8	7	57	117	4718
2005	5662	910	405	91	132	7	8	73	137	4752
2006	5719	942	402	86	147	8	10	88	143	4777
2007	5773	958	397	83	154	10	11	89	151	4815
2008	5835	976	391	68	160	10	10	106	156	4859
2009	5949	1067	381	49	192	10	11	161	172	4882
2010	6042	1127	389	50	192	11	12	177	198	4915
2011	6198	1287	400	52	238	28	16	196	252	4911
2012	6288	1383	409	51	287	19	17	208	294	4905
2013	6387	1535	370	46	435	53	20	169	291	4851
2014	6520	1713	368	43	450	55	18	225	380	4807
2015	6636	1839	366	39	493	57	19	286	427	4798
2016	6726	1924	367	34	520	52	19	308	471	4803
2017	6767	1960	362	28	526	52	17	323	507	4807

4-2 按城乡按行业分的就业人员数(2017年底)

单位：万人

项 目	Item	合 计 Total
从业人员总计	**Total Number of Employed persons**	**6766.86**
按国民经济行业分	**By Sector**	
农、林、牧、渔业	Agriculture, Forestry, Animal Husbandry and Fishery	2494.27
采矿业	Mining	41.49
制造业	Manufacturing	1286.70
电力、燃气及水的生产和供应业	Production and Supply of Electricity, Gas and Water	28.18
建筑业	Construction	748.12
批发和零售业	Wholesale and Retail Trade	621.91
交通运输、仓储和邮政业	Transport, Storage and Post	268.68
住宿和餐饮业	Hotels and Catering Services	255.21
信息传输、软件和信息技术服务业	Information Transmission, Software and Information Technology	88.99
金融业	Financial Intermediation	30.83
房地产业	Real Estate	38.49
租赁和商务服务业	Leasing and Business Services	70.17
科学研究和技术服务业	Scientific Research and Technical Services	30.13
水利、环境和公共设施管理业	Management of Water Conservancy, Environment and Public Facilities	14.74
居民服务、修理和其他服务业	Services to Households, Repair and Other Services	414.30
教育	Education	125.92
卫生和社会工作	Health and Social Service	62.03
文化、体育和娱乐业	Culture, Sports and Entertainment	30.95
公共管理、社会保障和社会组织	Public Management, Social Security and Social Organization	115.73
按三次产业分	**By Three Strata of Industry**	
第一产业	Primary Industry	2494.27
第二产业	Secondary Industry	2104.49
第三产业	Tertiary Industry	2168.10

Number of Employed Persons in Urban and Rural Areas (End of 2017)

(10 000 persons)

城 镇 Urban Areas	国有经济 State-owned Units	集体经济 Collective-owned Units	其他经济 Units of other Types of Ownership	私营经济 Private Enterprises	城镇个体 Urban Self-employed Individuals	乡 村 Rural Areas
1959.72	**361.59**	**28.04**	**739.72**	**322.88**	**507.49**	**4807.14**
37.64	1.04	0.23	0.55	20.34	15.48	2456.63
41.49	1.98	1.75	36.55	0.55	0.65	
438.24	2.75	3.36	347.12	53.26	31.75	848.46
28.18	14.90	0.18	10.65	1.64	0.82	
210.82	6.14	7.04	157.15	38.52	1.96	537.30
351.62	6.61	1.65	43.09	93.31	206.95	270.30
76.78	21.58	1.25	22.34	7.71	23.90	191.90
119.93	1.56	0.40	8.44	6.08	103.46	135.28
23.73	1.46	0.14	11.61	9.65	0.88	65.26
30.83	5.56	2.67	21.42	1.15	0.03	
38.49	0.73	0.20	25.88	11.30	0.38	
70.17	4.26	0.52	14.79	30.09	20.51	
30.13	8.27	0.23	8.61	11.80	1.20	
14.74	9.51	0.25	3.81	1.12	0.05	
112.28	0.52	0.18	2.69	24.57	84.31	302.02
125.92	105.33	5.11	14.08	0.88	0.51	
62.03	50.48	2.50	6.93	1.30	0.82	
30.95	5.08	0.10	2.57	9.37	13.83	
115.73	113.82	0.26	1.43	0.22		
37.64	1.04	0.23	0.55	20.34	15.48	2456.63
718.73	25.78	12.33	551.47	93.98	35.18	1385.76
1203.35	334.77	15.48	187.69	208.57	456.84	964.75

4-3 各市分城乡的就业人员数(2017年底)

单位：万人

市(县) City(County)	合计 Total	城镇 Urban Areas	#国有经济 State-owned Units	集体经济 Collective-owned Units	股份合作经济 Cooperative Units	联营经济 Joint Ownership Units
省辖市 City						
郑州市 Zhengzhou	612.92	381.29	45.75	2.56	1.38	0.08
开封市 Kaifeng	288.36	89.87	15.57	2.14	0.42	0.07
洛阳市 Luoyang	461.73	171.36	24.21	2.13	0.17	0.02
平顶山市 Pingdingshan	342.95	98.87	18.79	1.70	0.32	0.01
安阳市 Anyang	378.29	103.79	16.12	0.65	0.26	0.02
鹤壁市 Hebi	111.02	51.29	5.25	0.38	0.14	0.03
新乡市 Xinxiang	376.94	127.80	17.59	2.38	0.30	0.04
焦作市 Jiaozuo	255.30	107.39	13.40	0.47	0.24	0.07
濮阳市 Puyang	266.26	91.36	11.98		0.13	0.10
许昌市 Xuchang	301.28	99.51	12.55	0.98	0.20	0.02
漯河市 Luohe	189.66	58.38	9.26	0.77	0.01	
三门峡市 Sanmenxia	137.41	37.61	9.32	1.44	0.01	0.02
南阳市 Nanyang	729.17	173.80	38.12	3.31	1.34	0.13
商丘市 Shangqiu	588.31	146.06	26.24	2.01	0.26	0.58
信阳市 Xinyang	519.32	106.65	26.29	2.62	0.33	0.03
周口市 Zhoukou	685.65	126.53	25.37	1.93	0.19	0.08
驻马店市 Zhumadian	605.92	138.61	25.04	1.95	0.45	0.09
济源市 Jiyuan	46.46	20.75	2.97	0.05	0.06	
省直管县 County Directly Administrated by Province						
巩义市 Gongyi	46.62	19.43	1.62	0.64	0.13	0.01
兰考县 Lankao	62.31	15.75	1.74	0.19	0.01	0.01
汝州市 Ruzhou	72.39	18.52	3.01	0.39		
滑县 Huaxian	80.98	14.39	3.00	0.32	0.06	
长垣县 Changyuan	60.65	27.42	1.64	0.35	0.05	
邓州市 Dengzhou	94.22	14.30	4.09	0.11	0.04	0.00
永城市 Yongcheng	95.99	22.29	3.68	0.07	0.05	
固始县 Gushi	102.44	23.37	4.19	0.33	0.11	0.01
鹿邑县 Luyi	75.75	10.57	2.37	0.11	0.01	0.01
新蔡县 Xincai	78.13	9.50	1.71	0.24	0.04	0.03

Number of Employed Persons in Urban and Rural Areas by City (End of 2017)

(10 000 persons)

有限责任公司 Limited Liability Corporations	股份有限公司 Share Holding Corporations	港澳台投资经济 Units with Funds from Hong Kong, Macao and Taiwan	外商投资经济 Foreign Funded Units	私营经济 Urban Private	城镇个体 Urban Self-employed Individuals	乡 村 Rural Areas
99.15	19.98	30.55	3.92	90.02	83.72	231.63
25.72	4.50	0.96	1.17	21.67	21.80	198.49
35.61	6.91	1.04	0.94	44.46	53.86	290.37
19.21	11.98	1.00	0.49	16.35	28.23	244.08
31.37	3.09	0.48	0.32	14.81	36.42	274.50
13.99	1.43	0.77	0.23	16.26	12.53	59.73
31.42	5.60	0.77	2.25	31.56	35.25	249.14
28.06	7.74	2.51	0.55	31.24	22.14	147.91
21.23	5.49	0.65	0.19	20.70	29.43	174.91
25.55	6.11	0.36	1.06	20.88	30.83	201.77
19.09	2.12	3.23	1.46	3.01	14.32	131.28
6.00	5.93	0.16	0.29	6.05	8.34	95.08
33.62	7.17	1.94	0.27	24.63	59.76	555.37
41.85	6.59	2.03	0.39	23.26	40.49	442.26
24.44	5.94	0.56	0.40	12.63	32.08	412.67
28.36	8.66	1.12	1.78	27.11	30.35	559.12
34.07	4.52	0.51	1.14	35.77	33.63	467.31
6.09	0.45	3.24	0.04	2.55	5.17	25.71
4.36	0.72	0.08	0.13	5.66	5.55	27.19
2.68	0.23		0.27	5.65	4.36	46.56
2.45	0.63	0.07	0.00	6.41	5.40	53.87
2.65	0.33	0.20		1.05	6.68	66.59
11.81	0.40	0.01	0.02	5.79	7.16	33.23
2.53	0.46	0.23	0.00	1.07	5.58	79.92
5.71	0.24	0.01	0.02	4.28	8.23	73.70
3.77	0.24		0.07	3.79	10.82	79.06
4.12	0.60	0.01		0.37	2.77	65.18
1.74	0.21			2.99	2.47	68.63

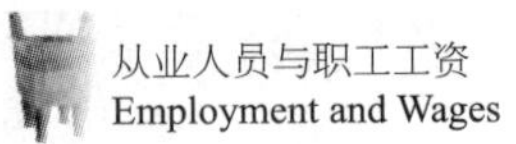

4-4 分三次产业的就业人员数

Number of Employed Persons by Three Strata of Industry

年 份 Year	从业人员（万人）Number of Employed Persons (10 000 persons)	第一产业 Primary Industry	第二产业 Secondary Industry	第三产业 Tretiary Industry	从业人员构成(以从业人员为100) Composition in Percentage (Total=100) 第一产业 Primary Industry	第二产业 Secondary Industry	第三产业 Tretiary Industry
1952	1683	1511	74	98	89.8	4.4	5.8
1957	1829	1577	111	141	86.2	6.1	7.7
1962	2021	1698	82	241	84.0	4.1	11.9
1965	2172	1796	91	285	82.7	4.2	13.1
1970	2481	2037	150	294	82.1	6.0	11.9
1975	2689	2279	230	180	84.8	8.6	6.7
1978	2807	2262	296	249	80.6	10.5	8.9
1979	2873	2366	290	217	82.4	10.1	7.6
1980	2929	2378	304	247	81.2	10.4	8.4
1981	3039	2470	310	259	81.3	10.2	8.5
1982	3146	2530	315	301	80.4	10.0	9.6
1983	3289	2598	341	350	79.0	10.4	10.6
1984	3346	2578	376	392	77.0	11.2	11.7
1985	3520	2571	523	426	73.0	14.9	12.1
1986	3598	2574	568	456	71.5	15.8	12.7
1987	3782	2596	616	570	68.6	16.3	15.1
1988	3916	2648	659	609	67.6	16.8	15.6
1989	3943	2719	659	565	69.0	16.7	14.3
1990	4086	2833	671	582	69.3	16.4	14.2
1991	4216	2921	689	606	69.3	16.3	14.4
1992	4332	2955	724	653	68.2	16.7	15.1
1993	4400	2910	808	682	66.1	18.4	15.5
1994	4448	2865	864	719	64.4	19.4	16.2
1995	4509	2814	929	766	62.4	20.6	17.0
1996	4638	2822	988	828	60.8	21.3	17.9
1997	4820	2909	1011	900	60.4	21.0	18.7
1998	5000	2947	962	1091	58.9	19.2	21.8
1999	5205	3305	913	987	63.5	17.5	19.0
2000	5572	3564	977	1031	64.0	17.5	18.5
2001	5517	3478	997	1042	63.0	18.1	18.9
2002	5522	3398	1038	1086	61.5	18.8	19.7
2003	5536	3332	1084	1120	60.2	19.6	20.2
2004	5587	3246	1142	1200	58.1	20.4	21.5
2005	5662	3139	1251	1272	55.4	22.1	22.5
2006	5719	3050	1351	1318	53.3	23.6	23.0
2007	5773	2920	1487	1366	50.6	25.8	23.7
2008	5835	2847	1564	1424	48.8	26.8	24.4
2009	5949	2765	1675	1509	46.5	28.2	25.4
2010	6042	2712	1753	1577	44.9	29.0	26.1
2011	6198	2670	1853	1675	43.1	29.9	27.0
2012	6288	2628	1919	1740	41.8	30.5	27.7
2013	6387	2563	2035	1789	40.1	31.9	28.0
2014	6520	2652	1996	1873	40.7	30.6	28.7
2015	6636	2587	2042	2007	39.0	30.8	30.2
2016	6726	2583	2056	2088	38.4	30.6	31.0
2017	6767	2494	2104	2168	36.9	31.1	32.0

4-5 各市分三次产业的就业人员数(2017年底)

Number of Employed Persons by Three Strata of Industry and City (End of 2017)

市(县) City(County)	从业人员(万人) Number of Employed Persons (10 000 persons)	第一产业 Primary Industry	第二产业 Secondary Industry	第三产业 Tretiary Industry	从业人员构成(以从业人员为100) Composition in Percentage (Total=100) 第一产业 Primary Industry	第二产业 Secondary Industry	第三产业 Tretiary Industry
省辖市 City							
郑州市 Zhengzhou	612.92	91.52	210.94	310.46	14.9	34.4	50.7
开封市 Kaifeng	288.36	118.08	86.97	83.31	40.9	30.2	28.9
洛阳市 Luoyang	461.73	155.10	139.67	166.96	33.6	30.3	36.2
平顶山市 Pingdingshan	342.95	155.43	86.97	100.55	45.3	25.4	29.3
安阳市 Anyang	378.29	129.23	136.40	112.66	34.2	36.1	29.8
鹤壁市 Hebi	111.02	27.74	41.26	42.02	25.0	37.2	37.8
新乡市 Xinxiang	376.94	124.88	137.44	114.62	33.1	36.5	30.4
焦作市 Jiaozuo	255.30	75.67	100.70	78.92	29.6	39.4	30.9
濮阳市 Puyang	266.26	106.98	81.27	78.01	40.2	30.5	29.3
许昌市 Xuchang	301.28	120.15	91.20	89.93	39.9	30.3	29.9
漯河市 Luohe	189.66	79.01	61.78	48.86	41.7	32.6	25.8
三门峡市 Sanmenxia	137.41	62.88	32.76	41.77	45.8	23.8	30.4
南阳市 Nanyang	729.17	333.74	184.38	211.04	45.8	25.3	28.9
商丘市 Shangqiu	588.31	222.63	179.18	186.50	37.8	30.5	31.7
信阳市 Xinyang	519.32	227.84	128.10	163.37	43.9	24.7	31.5
周口市 Zhoukou	685.65	310.97	200.89	173.79	45.4	29.3	25.4
驻马店市 Zhumadian	605.92	235.76	186.38	183.79	38.9	30.8	30.3
济源市 Jiyuan	46.46	14.84	17.29	14.33	31.9	37.2	30.9
省直管县 County Directly Administrated by Province							
巩义市 Gongyi	46.62	11.79	19.66	15.17	25.3	42.2	32.5
兰考县 Lankao	62.31	25.62	10.65	26.05	41.1	17.1	41.8
汝州市 Ruzhou	72.39	32.73	18.17	21.49	45.2	25.1	29.7
滑县 Huaxian	80.98	32.78	24.88	23.33	40.5	30.7	28.8
长垣县 Changyuan	60.65	10.51	32.41	17.72	17.3	53.4	29.2
邓州市 Dengzhou	94.22	53.84	20.35	20.03	57.1	21.6	21.3
永城市 Yongcheng	95.99	26.75	44.72	24.52	27.9	46.6	25.5
固始县 Gushi	102.44	32.42	32.06	37.95	31.7	31.3	37.1
鹿邑县 Luyi	75.75	18.48	34.03	23.24	24.4	44.9	30.7
新蔡县 Xincai	78.13	21.39	29.76	26.98	27.4	38.1	34.5

4-6 分行业就业人员数

单位：万人

年 份 Year	合 计 Total	农 林 牧渔业 Agriculture Forestry, Animal Husbandry and Fishery	采矿业 Mining	制造业 Manufac-turing	电力、燃气及水的生产和供应业 Production and Supply of Electri-city,Gas and Water	建筑业 Constru-ction	批发和零售业 Whole-sale and Retail Trades	交通运输仓储及邮政业 Transport, Storage, and Post	住宿和餐饮业 Hotels and Catering Services	信息传输、软件和信息技术服务业 Information Transmission, software and Information Technology
2003	5535.67	3331.86	49.44	614.84	23.14	396.13	318.00	166.37	44.47	6.63
2004	5587.44	3245.66	49.27	652.80	22.90	417.15	315.33	180.37	106.05	17.98
2005	5662.44	3138.83	49.96	732.53	22.66	446.55	343.71	187.29	123.50	17.14
2006	5718.70	3050.00	50.20	800.40	22.20	477.80	362.30	188.90	129.10	20.70
2007	5772.72	2920.29	51.33	884.14	21.61	529.90	378.70	198.65	139.50	24.25
2008	5835.45	2847.31	51.27	933.43	20.99	558.23	406.10	204.46	147.07	25.63
2009	5948.78	2764.86	55.49	1006.00	21.23	592.00	443.94	207.70	157.12	31.34
2010	6041.56	2711.72	54.43	1053.52	21.66	623.76	481.71	213.14	165.97	34.25
2011	6197.85	2670.45	65.17	1109.32	22.01	656.00	535.44	217.80	176.52	35.74
2012	6287.50	2628.01	64.48	1155.66	23.20	675.97	565.80	222.77	186.60	35.73
2013	6386.57	2562.60	63.40	1222.81	24.98	723.88	575.91	242.80	184.76	38.58
2014	6520.03	2651.74	57.25	1211.15	26.06	701.11	639.70	234.71	189.51	39.62
2015	6636.08	2586.93	52.59	1256.30	26.07	707.45	692.51	242.84	209.46	45.29
2016	6726.39	2582.92	46.15	1274.75	27.36	707.69	714.67	245.65	227.38	49.43
2017	6766.86	2494.27	41.49	1286.70	28.18	748.12	621.91	268.68	255.21	88.99

Number of Employed Persons by Sector

(10 000 persons)

金融业 Financial Intermediation	房地产业 Real Estate	租赁和商务服务业 Leasing and Business Services	科学研究和技术服务业 Scientific Research, and Technical Services	水利、环境和公共设施管理业 Management of Water conservancy, Environment and Public Facilities	居民服务、修理和其他服务业 Services to Households, Repair and Other Services	教育 Education	卫生和社会工作 Health and social service	文化、体育和娱乐业 Culture, Sports and Entertainment	公共管理、社会保障和社会组织 Public Management, Social Security and Social Organization
21.11	4.56	8.34	10.73	10.37	294.74	103.84	31.80	7.00	92.30
21.19	6.04	11.21	11.09	10.45	278.48	104.75	33.27	7.70	95.75
20.92	7.68	13.98	11.09	10.58	291.37	107.22	33.43	6.92	97.08
20.70	8.80	15.30	11.40	11.30	301.90	109.60	34.40	8.20	95.50
22.32	9.82	16.29	11.56	11.70	300.75	111.60	35.51	8.22	96.58
21.58	10.87	20.08	13.07	11.78	310.18	109.81	36.50	8.28	98.81
22.48	15.06	26.85	13.88	11.98	314.83	112.58	39.21	8.43	103.80
23.47	17.18	29.04	14.92	12.82	314.08	114.27	41.27	8.62	105.72
25.15	21.98	32.15	16.30	13.53	323.86	117.59	43.75	8.99	106.11
24.75	24.43	33.06	18.65	13.90	330.46	119.17	46.66	9.79	108.40
25.35	26.02	31.05	20.00	13.00	345.34	117.30	49.07	11.27	108.48
25.44	31.23	41.90	23.66	13.99	340.83	119.60	50.90	11.06	110.56
25.90	35.02	51.69	26.98	14.48	357.56	125.86	56.49	12.89	109.75
31.56	36.57	57.39	29.88	14.12	367.35	125.64	59.93	14.17	113.79
30.83	38.49	70.17	30.13	14.74	414.30	125.92	62.03	30.95	115.73

4-7 各市分行业就业人员数(2017年底)

单位：万人

年份 Year	合计 Total	农林牧渔业 Agriculture Forestry, Animal Husbandry and Fishery	采矿业 Mining	制造业 Manufacturing	电力、燃气及水的生产和供应业 Production and Supply of Electricity,Gas and Water	建筑业 Construction	批发和零售业 Wholesale and Retail Trades	交通运输仓储及邮政业 Transport, Storage, and Post	住宿和餐饮业 Hotels and Catering Services	信息传输、软件和信息技术服务业 Information Transmission, software and Information Technology
省辖市 City										
郑州市 Zhengzhou	612.92	91.52	4.79	139.19	2.96	63.99	107.66	24.60	32.97	12.41
开封市 Kaifeng	288.36	118.08		55.93	0.85	30.18	30.93	8.55	9.48	1.73
洛阳市 Luoyang	461.73	155.10	1.70	94.52	1.74	41.71	62.37	14.54	21.08	5.13
平顶山市 Pingdingshan	342.95	155.43	10.89	51.46	2.90	21.72	35.85	10.56	12.12	1.92
安阳市 Anyang	378.29	129.23	0.61	61.92	1.10	72.76	41.79	13.27	13.80	3.82
鹤壁市 Hebi	111.02	27.74	2.80	25.62	0.31	12.54	14.65	4.37	4.77	0.55
新乡市 Xinxiang	376.94	124.88	0.01	76.79	1.31	59.33	40.19	11.90	14.00	2.85
焦作市 Jiaozuo	255.30	75.67	2.81	81.69	1.44	14.75	27.84	11.59	8.70	2.28
濮阳市 Puyang	266.26	106.98	3.61	46.59	1.60	29.47	30.08	7.60	8.23	0.99
许昌市 Xuchang	301.28	120.15	1.13	71.68	0.85	17.53	35.10	8.44	11.50	2.23
漯河市 Luohe	189.66	79.01		44.41	0.42	16.95	16.67	5.92	5.62	1.16
三门峡市 Sanmenxia	137.41	62.88	18.94	4.91	0.94	7.97	12.70	5.45	5.18	0.98
南阳市 Nanyang	729.17	333.74	1.68	125.22	0.98	56.50	80.61	20.64	24.56	4.00
商丘市 Shangqiu	588.31	222.63	3.98	115.28	1.04	58.88	84.81	17.11	18.28	5.56
信阳市 Xinyang	519.32	227.84	2.76	48.29	2.74	74.31	55.34	30.79	19.60	2.35
周口市 Zhoukou	685.65	310.97	0.00	120.31	0.62	79.96	54.57	4.42	31.37	12.66
驻马店市 Zhumadian	605.92	235.76	1.50	104.51	1.19	79.18	60.83	15.81	33.40	13.30
济源市 Jiyuan	46.46	14.84	0.59	13.25	0.18	3.27	4.34	2.03	1.60	0.16
省直管县 County Directly Administrated by Province										
巩义市 Gongyi	46.62	11.79	0.47	16.75	0.15	2.28	5.67	1.72	2.24	0.23
兰考县 Lankao	62.31	25.62		4.59	0.15	5.91	5.10	1.89	1.56	0.21
汝州市 Ruzhou	72.39	32.73	0.93	13.14	0.08	4.03	8.22	2.39	2.13	0.47
滑县 Huaxian	80.98	32.78		12.06	0.11	12.71	8.53	2.79	3.72	1.35
长垣县 Changyuan	60.65	10.51		14.62	0.18	17.61	7.22	1.03	2.69	0.36
邓州市 Dengzhou	94.22	53.84	0.01	14.86	0.18	5.31	8.04	1.82	2.70	0.47
永城市 Yongcheng	95.99	26.75	3.98	29.61	0.15	12.14	9.29	1.88	3.46	0.44
固始县 Gushi	102.44	32.42	0.07	21.02	0.09	10.89	16.88	9.18	5.18	0.68
鹿邑县 Luyi	75.75	18.48		22.33		11.69	8.37	4.31	0.62	0.14
新蔡县 Xincai	78.13	21.39		18.61	0.04	11.11	7.29	0.98	5.14	3.06

Number of Employed Persons by Sector (End of 2017)

(10 000 persons)

金融业 Financial Intermediation	房地产业 Real Estate	租赁和商务服务业 Leasing and Business Services	科学研究和技术服务业 Scientific Research, and Technical Services	水利、环境和公共设施管理业 Management of Water conservancy, Environment and Public Facilities	居民服务、修理和其他服务业 Services to Households, Repair and Other Services	教育 Education	卫生和社会工作 Health and social service	文化、体育和娱乐业 Culture, Sports and Enterta-inment	公共管理、社会保障和社会组织 Public Management, Social Security and Social Organization
9.06	10.58	25.96	12.41	2.54	28.20	15.08	10.96	3.36	14.66
0.74	2.02	3.52	1.07	0.47	12.29	4.34	2.34	0.69	5.15
1.87	3.32	6.08	5.40	1.10	22.91	8.41	4.87	1.30	8.58
1.83	1.64	2.52	1.09	1.21	16.13	5.42	2.98	0.86	6.42
1.53	1.21	2.98	0.67	0.63	19.03	5.27	2.89	0.68	5.09
0.67	1.17	1.54	0.93	0.57	7.58	1.74	0.99	0.38	2.10
1.32	2.27	3.65	1.46	0.83	19.08	6.74	2.75	0.88	6.68
1.54	1.53	1.90	1.05	0.60	9.61	3.88	2.14	0.87	5.40
0.67	2.70	1.76	0.86	0.50	13.04	4.50	1.92	0.62	4.54
0.94	1.68	2.07	0.95	0.70	13.55	4.59	2.53	0.65	5.00
0.59	0.86	1.90	0.44	0.34	7.12	3.22	1.43	0.43	3.16
1.23	0.30	0.47	0.25	0.27	7.00	3.24	1.19	0.23	3.28
3.12	1.90	4.68	2.10	1.84	32.04	17.28	7.19	1.29	9.78
1.39	4.73	3.27	0.98	1.16	22.53	10.57	5.14	0.84	10.13
1.49	2.40	4.33	1.17	0.98	18.26	11.82	6.70	0.69	7.46
1.66	1.35	2.80	0.80	0.53	38.88	11.21	3.77	0.63	9.14
1.46	3.70	3.63	1.34	0.83	26.01	10.18	4.36	1.33	7.61
0.22	0.16	0.22	0.08	0.19	2.62	0.90	0.51	0.13	1.19
0.12	0.25	0.40	0.11	0.08	2.09	0.87	0.42	0.15	0.83
0.09	0.53	0.57	0.28	0.08	13.58	0.71	0.62	0.10	0.73
0.14	0.31	0.90	0.23	0.24	3.67	0.99	0.71	0.20	0.88
0.18	0.13	0.19	0.05	0.01	3.71	1.20	0.53	0.10	0.85
0.09	0.50	0.42	0.23	0.10	2.81	1.03	0.43	0.18	0.65
0.06	0.16	0.13	0.07	0.24	2.85	1.92	0.66	0.08	0.84
0.12	0.25	0.12	0.11	0.30	4.01	1.25	0.70	0.11	1.33
0.18	0.39	0.24	0.26	0.26	0.91	2.03	0.67	0.11	0.99
0.07	0.13	0.15	0.10	0.11	6.75	1.41	0.32	0.04	0.73
0.13	0.29	0.35	0.09	0.08	7.85	0.80	0.36	0.10	0.46

4-8 城镇单位就业人员数

Number of Employed Persons in Urban Units

单位：万人 (10 000 persons)

年 份 Year	合 计 Total	在岗职工 Staff and Workers	其他从业人员 Others	国有单位 State-owned Units	城镇集体单位 Urban Collective-owned Units	其他单位 Units of Other Types of Ownership	第一产业 Primary Industry	第二产业 Secondary Industry	第三产业 Tretiary Industry
1978	420			346	74				
1979	441			363	78				
1980	462			379	83				
1981	497			407	90				
1982	502			407	95				
1983	524			425	99				
1984	548			419	129				
1985	593			454	139				
1986	618			469	149				
1987	645			488	156	1			
1988	670			508	161	1			
1989	681			512	168	1			
1990	693			521	171	1			
1991	722			544	177	1			
1992	746			571	172	3			
1993	771			599	162	10			
1994	788			604	158	26			
1995	815			617	162	36			
1996	842			640	161	41			
1997	841			603	177	61			
1998	772	748	24	495	162	115	5	361	406
1999	742	723	19	475	146	121	5	335	402
2000	734	718	16	464	143	127	5	321	408
2001	719	704	15	457	138	124	5	308	406
2002	710	694	16	427	127	156	5	278	428
2003	702	683	19	399	117	187	10	293	399
2004	696	677	19	409	96	191	9	287	400
2005	701	681	20	405	91	205	10	291	400
2006	711	692	19	402	86	224	9	302	401
2007	719	699	20	397	83	240	9	306	404
2008	714	692	22	391	68	255	8	305	401
2009	735	708	27	381	49	305	8	316	412
2010	752	723	28	389	50	312	7	326	418
2011	839	809	30	400	52	387	7	395	437
2012	881	850	32	409	51	421	6	429	446
2013	1076	1023	53	370	46	660	5	589	482
2014	1109	1058	51	368	43	698	5	609	495
2015	1126	1077	49	366	39	721	3	609	515
2016	1145	1096	49	367	34	744	2	608	535
2017	1129	1036	46	362	28	740	2	590	538

4-9 各市城镇单位就业人员数(2017年底)

Number of Employed Persons in Urban Units by City (End of 2017)

单位：万人 (10 000 persons)

市(县) City(County)	合计 Total	在岗职工 Staff and Workers	#劳务派遣 Labor Dispatching	其他从业人员 Others	国有单位 State-owned Units	城镇集体单位 Urban Collective-owned Units	其他单位 Units of Other Types of Ownership	第一产业 Primary Industry	第二产业 Secondary Industry	第三产业 Tretiary Industry
全 省 Total	**1129.35**	**1083.29**	**47.43**	**46.06**	**361.59**	**28.04**	**739.72**	**1.83**	**589.58**	**537.94**
省 辖 市 City										
郑 州 市 Zhengzhou	207.56	199.47	15.43	8.08	45.75	2.56	159.25	0.23	108.74	98.58
开 封 市 Kaifeng	52.14	50.40	2.55	1.74	15.57	2.14	34.44	0.07	28.15	23.92
洛 阳 市 Luoyang	73.04	69.33	6.06	3.71	24.21	2.13	46.70	0.10	35.58	37.36
平 顶 山 市 Pingdingshan	54.29	52.08	2.25	2.21	18.79	1.70	33.80	0.04	29.67	24.58
安 阳 市 Anyang	52.57	48.76	2.70	3.81	16.12	0.65	35.79	0.06	31.42	21.09
鹤 壁 市 Hebi	22.51	21.68	0.68	0.83	5.25	0.38	16.89	0.01	14.91	7.59
新 乡 市 Xinxiang	60.99	57.00	2.73	3.99	17.59	2.38	41.02	0.04	36.99	23.96
焦 作 市 Jiaozuo	54.01	52.39	2.02	1.62	13.40	0.47	40.14	0.04	32.70	21.27
濮 阳 市 Puyang	41.22	38.48	1.71	2.74	11.98	0.56	28.68	0.01	23.84	17.37
许 昌 市 Xuchang	47.80	46.80	0.85	1.00	12.55	0.98	34.27	0.00	28.16	19.64
漯 河 市 Luohe	36.14	35.46	0.63	0.67	9.26	0.77	26.10	0.00	22.83	13.30
三 门 峡 市 Sanmenxia	23.22	22.32	0.73	0.90	9.32	1.44	12.46	0.07	11.83	11.32
南 阳 市 Nanyang	89.41	85.38	1.67	4.03	38.12	3.31	47.98	0.48	36.97	51.96
商 丘 市 Shangqiu	82.31	78.95	2.60	3.36	26.24	2.01	54.06	0.09	38.58	43.63
信 阳 市 Xinyang	61.95	59.27	1.47	2.68	26.29	2.69	33.04	0.10	27.05	34.80
周 口 市 Zhoukou	69.07	67.99	0.78	1.08	25.37	1.93	41.77	0.13	33.42	35.52
驻 马 店 市 Zhumadian	69.20	66.51	1.51	2.69	25.04	1.95	42.21	0.32	32.35	36.53
济 源 市 Jiyuan	13.02	12.10	0.61	0.92	2.97	0.05	10.01	0.02	8.73	4.27
省 直 管 县 County Directly Administrated by Province										
巩 义 市 Gongyi	8.22	8.01	0.18	0.22	1.62	0.64	5.96	0.00	4.92	3.30
兰 考 县 Lankao	5.74	5.57	0.12	0.17	1.74	0.19	3.81	0.03	2.49	3.22
汝 州 市 Ruzhou	6.71	6.43	0.48	0.28	3.01	0.39	3.31	0.01	2.50	4.21
滑 县 Huaxian	6.66	6.19	0.32	0.47	3.00	0.32	3.33	0.02	2.72	3.92
长 垣 县 Changyuan	14.47	13.72	1.30	0.75	1.64	0.35	12.48	0.01	11.22	3.25
邓 州 市 Dengzhou	7.65	7.29	0.09	0.36	4.09	0.11	3.46	0.02	3.17	4.46
永 城 市 Yongcheng	9.78	9.60	0.27	0.18	3.68	0.07	6.03		5.47	4.30
固 始 县 Gushi	8.77	8.49	0.12	0.28	4.19	0.33	4.25	0.00	2.94	5.82
鹿 邑 县 Luyi	7.43	7.29	0.04	0.14	2.37	0.11	4.94	0.02	3.59	3.82
新 蔡 县 Xincai	4.04	4.01	0.01	0.03	1.71	0.24	2.09		1.43	2.61

4-10 分行业城镇单位就业人员数

单位：万人

年 份 Year	合 计 Total	农林牧渔业 Agriculture Forestry, Animal Husbandry and Fishery	采矿业 Mining	制造业 Manufacturing	电力、燃气及水的生产和供应业 Production and Supply of Electricity,Gas and Water	建筑业 Construction	批发和零售业 Wholesale and Retail Trade	交通运输仓储及邮政业 Transport, Storage and Post	住宿和餐饮业 Hotels and Catering Services	信息传输、软件和信息技术服务业 Information Transmission, Software and Information Technology
2003	701.70	9.63	48.72	159.91	23.14	61.70	58.92	32.94	9.79	5.32
2004	695.89	9.06	48.62	152.07	21.97	64.22	53.24	33.34	9.49	5.12
2005	700.59	9.54	49.24	155.24	21.69	64.79	48.18	32.91	11.00	4.84
2006	711.25	8.80	49.29	159.06	21.93	71.26	46.04	31.51	10.65	5.06
2007	719.18	8.68	50.41	157.11	21.15	77.79	43.11	30.96	10.04	4.58
2008	714.41	7.95	50.33	153.62	20.42	80.64	41.03	29.42	9.07	3.99
2009	734.73	6.97	53.32	154.78	20.67	87.32	38.88	28.78	9.53	5.20
2010	751.68	7.12	52.65	158.82	21.09	93.66	38.19	29.15	9.95	4.87
2011	839.09	7.25	63.67	193.82	21.46	116.06	42.73	30.24	10.53	5.87
2012	881.18	5.83	63.00	218.25	22.50	125.58	42.59	30.89	10.10	6.34
2013	1075.99	5.19	62.57	312.67	24.56	189.48	52.66	43.62	11.82	9.46
2014	1108.89	5.09	56.34	337.10	25.53	189.61	53.26	44.49	11.25	9.72
2015	1125.85	2.53	51.64	352.88	25.32	178.83	54.91	45.27	11.27	10.43
2016	1144.99	2.08	45.18	363.26	26.18	173.37	56.13	45.84	11.00	12.16
2017	1129.35	1.83	40.29	353.24	25.72	170.33	51.35	45.17	10.39	13.21
省辖市 City										
郑州市 Zhengzhou	207.56	0.23	4.75	68.77	2.87	32.35	10.40	7.93	2.96	4.40
开封市 Kaifeng	52.14	0.07		19.27	0.90	7.98	3.48	1.15	0.60	0.43
洛阳市 Luoyang	73.04	0.10	1.35	24.12	1.55	8.56	2.78	1.92	0.80	1.38
平顶山市 Pingdingshan	54.29	0.04	10.75	11.88	2.79	4.24	2.16	1.31	0.46	0.30
安阳市 Anyang	52.57	0.06	0.60	10.92	0.98	18.91	1.42	1.30	0.30	0.46
鹤壁市 Hebi	22.51	0.01	2.73	9.44	0.21	2.53	0.57	0.33	0.15	0.15
新乡市 Xinxiang	60.99	0.04	0.00	18.36	0.96	17.66	1.57	1.05	0.39	0.45
焦作市 Jiaozuo	54.01	0.04	2.79	26.40	1.15	2.37	2.36	2.85	0.32	0.48
濮阳市 Puyang	41.22	0.01	3.61	10.54	1.55	8.14	1.43	1.01	0.17	0.39
许昌市 Xuchang	47.80	0.00	1.10	22.65	0.81	3.59	1.73	0.80	0.52	0.45
漯河市 Luohe	36.14	0.00		19.92	0.38	2.53	1.68	1.17	0.20	0.14
三门峡市 Sanmenxia	23.22	0.07	5.90	3.58	0.75	1.60	0.74	0.61	0.23	0.30
南阳市 Nanyang	89.41	0.48	1.56	21.69	0.74	12.98	4.02	2.78	0.87	0.53
商丘市 Shangqiu	82.31	0.09	3.98	21.99	0.92	11.70	5.39	2.88	0.52	1.00
信阳市 Xinyang	61.95	0.10	0.68	13.49	1.11	11.77	4.15	2.01	0.66	0.92
周口市 Zhoukou	69.07	0.13		23.22	0.46	9.75	3.01	2.33	0.30	0.74
驻马店市 Zhumadian	69.20	0.32	0.02	19.41	1.04	11.88	4.11	2.43	0.63	0.62
济源市 Jiyuan	13.02	0.02	0.46	6.67	0.18	1.42	0.26	0.63	0.08	0.05
省直管县 County Directly Administrated by Province										
巩义市 Gongyi	8.22	0.00	0.43	3.94	0.13	0.42	0.25	0.28	0.07	0.04
兰考县 Lankao	5.74	0.03		1.97	0.11	0.40	0.39	0.09	0.03	0.03
汝州市 Ruzhou	6.71	0.01	0.83	1.34	0.04	0.28	0.43	0.32	0.03	0.04
滑县 Huaxian	6.66	0.02		1.06	0.11	1.56	0.65	0.13	0.08	0.07
长垣县 Changyuan	14.47	0.01		3.55	0.15	7.51	0.32	0.07	0.12	0.01
邓州市 Dengzhou	7.65	0.02		2.21	0.16	0.80	0.28	0.17	0.02	0.02
永城市 Yongcheng	9.78		3.98	0.21	0.14	1.15	0.23	0.14	0.03	0.04
固始县 Gushi	8.77	0.00		1.69	0.09	1.17	0.32	0.39	0.08	0.06
鹿邑县 Luyi	7.43	0.02		2.59		1.00	0.68	0.08	0.05	0.01
新蔡县 Xincai	4.04			0.93	0.03	0.47	0.24	0.18	0.09	0.05

Number of Employed Persons in Urban Units by Sector

(10 000 persons)

金融业 Financial Intermediation	房地产业 Real Estate	租赁和商务服务业 Leasing and Business Services	科学研究和技术服务业 Scientific Research, and Technical Services	水利、环境和公共设施管理业 Management of Water Conservancy, Environment and Public Facilities	居民服务、修理和其他服务业 Services to Households, Repair and Other Services	教育 Education	卫生和社会工作 Health and Social Service	文化、体育和娱乐业 Culture, Sports and Entertainment	公共管理、社会保障和社会组织 Public Management, Social Security and Social Organization
21.11	4.56	8.34	10.73	10.37	1.56	103.84	31.80	7.00	92.30
21.19	4.59	9.30	11.09	10.45	1.72	104.75	32.97	6.94	95.75
20.92	5.45	10.27	11.09	10.58	1.48	107.22	33.09	5.98	97.08
20.72	5.93	10.36	11.41	11.33	1.71	109.60	34.11	7.03	95.45
22.32	6.94	10.43	11.56	11.70	1.80	111.60	35.24	7.17	96.58
21.49	6.91	12.39	11.95	11.61	1.66	109.78	36.17	7.17	98.81
22.02	8.57	12.05	11.08	11.54	1.77	112.51	38.85	7.10	103.80
22.60	8.97	11.29	11.49	12.22	1.94	114.11	40.85	7.00	105.72
23.81	11.64	11.14	12.25	12.89	1.92	117.40	43.21	7.09	106.11
23.32	13.10	11.29	13.12	13.13	1.60	118.90	46.12	7.12	108.40
24.13	15.76	12.49	14.82	12.44	1.99	116.92	48.44	8.51	108.47
23.98	18.40	15.07	16.39	13.20	2.39	119.05	50.02	7.47	110.55
24.35	21.16	16.11	17.15	13.52	2.71	125.00	55.22	7.82	109.72
30.00	23.14	18.13	17.78	13.05	3.12	124.55	58.45	7.79	113.79
29.65	26.82	19.57	17.12	13.57	3.39	124.52	59.91	7.75	115.51
8.60	6.62	6.57	6.20	2.35	0.53	14.82	10.38	2.21	14.60
0.77	1.19	0.91	0.55	0.46	0.26	4.96	2.95	0.36	5.86
1.79	1.96	0.68	2.83	0.95	0.13	8.26	4.67	0.61	8.58
1.77	0.85	0.85	0.56	1.06	0.15	5.37	2.88	0.45	6.40
1.45	0.76	1.11	0.28	0.55	0.06	5.21	2.80	0.30	5.09
0.52	0.32	0.23	0.21	0.45	0.02	1.60	0.88	0.06	2.09
1.24	1.00	0.75	0.63	0.68	0.11	6.58	2.61	0.23	6.67
1.48	0.67	0.50	0.38	0.52	0.24	3.78	2.07	0.25	5.36
0.65	1.80	0.66	0.29	0.37	0.28	3.88	1.77	0.15	4.54
0.86	1.17	0.47	0.48	0.65	0.17	4.53	2.51	0.31	5.00
0.57	0.45	0.63	0.14	0.32	0.04	3.19	1.41	0.21	3.15
1.13	0.22	0.26	0.20	0.21	0.08	2.66	1.48	0.17	3.02
3.04	1.05	1.60	1.56	1.69	0.24	17.21	6.92	0.65	9.78
1.30	3.55	1.40	0.37	1.09	0.29	10.48	5.05	0.32	10.01
1.37	1.54	0.89	0.94	0.92	0.32	9.92	3.31	0.41	7.44
1.61	1.23	0.84	0.54	0.47	0.14	11.09	3.70	0.36	9.14
1.29	2.25	1.07	0.85	0.68	0.33	10.03	4.02	0.63	7.60
0.22	0.14	0.08	0.04	0.16	0.01	0.88	0.48	0.06	1.19
0.11	0.15	0.07	0.06	0.07	0.04	0.87	0.42	0.05	0.83
0.07	0.22	0.07	0.12	0.06	0.09	0.70	0.62	0.03	0.72
0.14	0.07	0.16	0.15	0.20	0.05	0.98	0.69	0.07	0.88
0.18	0.10	0.04	0.02	0.01	0.02	1.19	0.53	0.06	0.85
0.08	0.25	0.10	0.10	0.09	0.01	1.01	0.41	0.03	0.65
0.06	0.13	0.03	0.06	0.23	0.02	1.91	0.64	0.04	0.84
0.11	0.09	0.04	0.03	0.29	0.03	1.22	0.69	0.05	1.33
0.18	0.38	0.15	0.26	0.23	0.05	1.98	0.66	0.10	0.99
0.07	0.11	0.12	0.09	0.11	0.02	1.41	0.32	0.03	0.73
0.12	0.10	0.09	0.05	0.04	0.05	0.79	0.35	0.03	0.45

4−11 各种分组的城镇单位就业人员数(2017年底)
Number of Employed Persons in Urban Units by Groups (End of 2017)

单位：万人 (10 000 persons)

类别	Type	合计 Total	在岗职工 Staff and Workers	#劳务派遣 Labor Dispatching	其他从业人员 Others	国有单位 State-owned Units	城镇集体单位 Urban Collective-owned Units	其他单位 Units of Other Types of Ownership
总　　计	**Total**	**1129.35**	**1083.29**	**47.43**	**46.06**	**361.59**	**28.04**	**739.72**
按企业、事业、机关分	**By Enterprises, Institutions and Agencies**							
企　业	Enterprises	814.97	778.59	42.24	36.38	69.69	20.12	725.17
事　业	Institutions	218.62	212.44	2.16	6.18	204.39	7.41	6.82
机　关	Agencies & Organizations	85.19	82.75	2.93	2.44	84.78	0.09	0.32
按国民经济行业分	**By Sector**							
农、林、牧、渔业	**Agriculture Forestry, Animal Husbandry and Fishery**	**1.83**	**1.77**	**0.01**	**0.05**	**1.04**	**0.23**	**0.55**
农业	Agriculture	0.66	0.61	0.00	0.05	0.34	0.13	0.19
林业	Forestry	0.28	0.28	0.00	0.00	0.25		0.03
畜牧业	Animal Husbandry	0.25	0.25		0.00	0.05	0.02	0.19
渔业	Fishery	0.03	0.03			0.03		0.00
农、林、牧、渔服务业	Service Activities for Agriculture, Forestry, Animal Husbandry and Fishery	0.61	0.60	0.00	0.00	0.38	0.08	0.14
采矿业	**Mining**	**40.29**	**40.04**	**1.84**	**0.25**	**1.98**	**1.75**	**36.55**
制造业	**Manufacturing**	**353.24**	**349.10**	**7.36**	**4.13**	**2.75**	**3.36**	**347.12**
电力、燃气及水的生产和供应业	**Production and Supply of Electricity, Gas and Water**	**25.72**	**25.44**	**0.49**	**0.28**	**14.90**	**0.18**	**10.65**
建筑业	**Construction**	**170.33**	**150.21**	**21.37**	**20.12**	**6.14**	**7.04**	**157.15**
房屋建筑业	Building Construction	106.64	94.08	15.55	12.56	2.22	5.40	99.02
土木工程建筑业	Civil Engineering Construction	39.47	34.51	3.40	4.97	3.34	0.83	35.30
建筑安装业	Architectural Installation	11.06	9.91	1.19	1.15	0.51	0.66	9.90
建筑装饰和其他建筑业	Architectural Decoration and Others	13.16	11.71	1.23	1.45	0.08	0.15	12.93
批发和零售业	**Wholesale and Retail Trade**	**51.35**	**49.79**	**1.41**	**1.56**	**6.61**	**1.65**	**43.09**
批发业	Wholesale	20.54	20.00	0.83	0.54	5.10	0.90	14.54
零售业	Retail Trade	30.82	29.79	0.57	1.02	1.50	0.76	28.55
交通运输、仓储和邮政业	**Transport, Storage and Post**	**45.17**	**43.73**	**2.96**	**1.44**	**21.58**	**1.25**	**22.34**
铁路运输业	Transport via Railway	11.27	11.13	0.24	0.14	10.64	0.02	0.60
道路运输业	Transport via Road	25.37	24.40	1.28	0.97	6.44	0.70	18.23
水上运输业	Water Transport	0.35	0.34	0.00	0.00	0.01	0.19	0.14

4-11 续表 1 continued

单位：万人 (10 000 persons)

类别	Type	合计 total	在岗职工 Staff and Workers	#劳务派遣 Labor Dispatching	其他从业人员 Others	国有单位 State-owned Units	城镇集体单位 Urban Collective-owned Units	其他单位 Units of Other Types of Ownership
航空运输业	Air Transport	0.78	0.78	0.39	0.00	0.04		0.74
管道运输业	Transport via Pipeline	0.02	0.02	0.00	0.00			0.02
装卸搬运和运输代理业	Loading, Unloading, Portage and Transportation Agency	1.14	1.12	0.03	0.03	0.10	0.25	0.80
仓储业	Storage	2.58	2.45	0.02	0.13	1.21	0.07	1.31
邮政业	Post	3.66	3.49	1.01	0.16	3.14	0.02	0.50
住宿和餐饮业	**Hotels and Catering Services**	**10.39**	**10.13**	**0.28**	**0.26**	**1.56**	**0.40**	**8.44**
住宿业	Hotels	6.88	6.70	0.21	0.18	1.39	0.35	5.15
餐饮业	Catering Services	3.51	3.43	0.07	0.08	0.17	0.05	3.29
信息传输、软件和信息技术服务业	**Information Transmission, Software and Information Technology**	**13.21**	**12.57**	**1.64**	**0.64**	**1.46**	**0.14**	**11.61**
电信、广播电视和卫星传输服务	Telecom,Radio,Television and Satellite Transmission Service	8.66	8.14	1.20	0.51	1.35	0.12	7.19
互联网和相关服务	Internet and Related Services	1.44	1.39	0.20	0.04	0.07	0.00	1.36
软件和信息技术服务业	Software and Information Services	3.12	3.04	0.24	0.08	0.04	0.02	3.06
金融业	**Financial Intermediation**	**29.65**	**24.95**	**0.58**	**4.70**	**5.56**	**2.67**	**21.42**
货币金融服务	Monetary and Financial Services	18.83	18.64	0.43	0.18	3.95	2.50	12.38
资本市场服务	Capital Market Services	0.63	0.62	0.00	0.01	0.08		0.55
保险业	Insurance	9.97	5.46	0.14	4.50	1.50	0.13	8.34
其他金融业	Other Financial Activities	0.22	0.22	0.01	0.00	0.02	0.05	0.15
房地产业	**Real Estate**	**26.82**	**25.69**	**1.41**	**1.12**	**0.73**	**0.20**	**25.88**
#房地产开发经营	Real Estate Development and Operation	17.22	16.64	0.48	0.57	0.25	0.01	16.96
物业管理	Property Management	7.96	7.43	0.93	0.53	0.17	0.14	7.65
房地产中介服务	Intermediate Service of Real Estate	0.86	0.85	0.00	0.00	0.09	0.01	0.75
租赁和商务服务业	**Leasing and Business Services**	**19.57**	**18.98**	**1.71**	**0.58**	**4.26**	**0.52**	**14.79**
租赁业	Leasing	0.77	0.76	0.01	0.02	0.03	0.02	0.73
商务服务业	Business Service	18.79	18.23	1.70	0.57	4.23	0.51	14.06
科学研究和技术服务业	**Scientific Research and Technical Services**	**17.12**	**16.49**	**0.83**	**0.63**	**8.27**	**0.23**	**8.61**
研究和试验发展	Research and Experimental Development	3.13	2.97	0.21	0.16	2.37	0.01	0.75
专业技术服务业	Professional Technique Services	10.91	10.49	0.57	0.42	4.70	0.20	6.02
科技推广和应用服务业	Science and Technology Popularization and Application Services	3.08	3.02	0.05	0.05	1.21	0.03	1.84

4-11 续表 2　continued

单位:万人　(10 000 persons)

类　别	Type	合计 total	在岗职工 Staff and Workers	#劳务派遣 Labor Dispatching	其他从业人员 Others	国有单位 State-owned Units	城镇集体单位 Urban Collective-owned Units	其他单位 Units of Other Types of Ownership
水利、环境和公共设施管理业	**Management of Water Conservancy, Environment and Public Facilities**	**13.57**	**12.15**	**0.14**	**1.42**	**9.51**	**0.25**	**3.81**
水利管理业	Management of Water Conservancy	3.09	3.02	0.04	0.07	2.80	0.06	0.24
生态保护和环境治理业	Ecological Protection and Environmental Management	0.60	0.60	0.02	0.00	0.28	0.00	0.32
公共设施管理业	Management of Public Facilities	9.88	8.53	0.07	1.35	6.43	0.19	3.26
居民服务、修理和其他服务业	**Services to Households, Repair and Other Services**	**3.39**	**3.32**	**0.19**	**0.08**	**0.52**	**0.18**	**2.69**
居民服务业	Services to Households	1.65	1.62	0.08	0.03	0.42	0.12	1.11
机动车、电子产品和日用产品修理业	Motor Vehicle, Electronic Products and Daily Products Repair Services	0.74	0.71	0.03	0.03	0.03	0.01	0.69
其他服务业	Other Services	1.01	0.99	0.09	0.02	0.07	0.05	0.89
教育	**Education**	**124.52**	**121.42**	**0.54**	**3.11**	**105.33**	**5.11**	**14.08**
#初等教育	Primary Education	42.39	41.85	0.09	0.53	36.84	2.55	3.00
中等教育	Secondary Education	62.37	60.45	0.26	1.92	53.76	2.31	6.30
高等教育	Higher Education	10.12	9.76	0.08	0.36	8.52	0.04	1.56
卫生和社会工作	**Health and Social Service**	**59.91**	**57.81**	**1.01**	**2.10**	**50.48**	**2.50**	**6.93**
卫生	Health	58.63	56.62	1.00	2.01	49.43	2.49	6.71
社会工作	Social Service	1.28	1.19	0.01	0.09	1.05	0.01	0.22
文化、体育和娱乐业	**Culture, Sports and Entertainment**	**7.75**	**7.54**	**0.13**	**0.21**	**5.08**	**0.10**	**2.57**
新闻和出版业	Press and Publishing Activities	1.50	1.47	0.01	0.02	0.78	0.01	0.71
广播、电视、电影和影视录音制作业	Broadcasting, Movies, Television and aud Video Recordings	2.56	2.52	0.05	0.04	2.00	0.06	0.50
文化艺术业	Culture and Art	2.43	2.35	0.05	0.08	1.93	0.03	0.47
体育	Sports	0.41	0.38	0.02	0.03	0.25		0.16
娱乐业	Entertainment	0.86	0.82	0.01	0.03	0.13	0.00	0.73
公共管理、社会保障和社会组织	**Public Management, Social Security and Social Organization**	**115.51**	**112.15**	**3.53**	**3.36**	**113.82**	**0.26**	**1.43**
#中国共产党机关	Chinese Communist Party Organs	3.60	3.59	0.03	0.02	3.60		0.00
国家机构	State Organs	107.42	104.28	3.45	3.14	106.17	0.23	1.02
人民政协、民主党派	People's Political Consultative Conference and Democratic Parties	1.44	1.28	0.02	0.16	1.44		0.00
社会保障	Social Security	0.89	0.87	0.01	0.02	0.87	0.00	0.02
群众团体、社会团体和其他成员组织	Mass Communities, Social Communities and Other Organizations	2.10	2.08	0.02	0.02	1.71	0.03	0.36

4-12 各种分组的城镇单位女性就业人员数(年底数)

Number of Female Employed Persons by Groups (Year-end)

单位：万人 (10 000 persons)

项 目	Item	2013	2014	2015	2016	2017
合 计	**Total**	**371.86**	**400.59**	**413.01**	**417.59**	**419.70**
按国民经济行业分	**By Sector**					
农、林、牧、渔业	Agriculture, Forestry, Animal Husbandry and Fishery	1.55	1.61	0.76	0.66	0.62
采矿业	Mining	11.17	9.56	8.79	7.86	7.32
制造业	Manufacturing	128.22	141.58	147.96	148.34	141.69
电力、燃气及水的生产和供应业	Production and Supply of Electricity,Gas and Water	7.35	8.40	8.33	7.19	7.29
建筑业	Construction	21.43	22.69	22.63	21.22	21.94
批发和零售业	Wholesale and Retail Trade	24.05	25.10	25.81	26.37	25.20
交通运输、仓储和邮政业	Transport, Storage and Post	11.89	12.16	12.05	12.64	12.53
住宿和餐饮业	Hotels and Catering Services	6.51	6.40	6.49	6.24	6.06
信息传输、软件和信息技术服务业	Information Transmission, Software and Information Technology	3.98	4.54	4.84	5.52	6.05
金融业	Financial Intermediation	11.35	11.58	11.82	12.49	14.26
房地产业	Real Estate	5.10	6.54	7.75	8.40	9.76
租赁和商务服务业	Leasing and Business Services	3.93	4.95	5.41	6.12	6.23
科学研究和技术服务业	Scientific Research and Technical Services	4.44	5.15	5.31	5.32	5.31
水利、环境和公共设施管理业	Management of Water conservancy, Environment and Public Facilities	4.51	4.99	5.33	5.20	5.35
居民服务、修理和其他服务业	Services to Households, Repair and Other Services	0.73	0.99	1.17	1.28	1.52
教育	Education	60.17	64.79	66.18	66.95	68.99
卫生和社会工作	Health, Social Service	27.90	30.97	32.67	34.78	37.36
文化、体育和娱乐业	Culture, Sports and Entertainment	3.41	3.21	3.29	3.23	3.50
公共管理、社会保障和社会组织	Public Management, Social Security and Social Organization	34.16	35.38	36.46	37.77	38.72
按三次产业分	**By Three Strata of Industry**					
第一产业	Primary Industry	1.55	1.61	0.76	0.66	0.62
第二产业	Secondary Industry	168.18	182.22	187.70	184.61	178.24
第三产业	Tertiary Industry	202.13	216.75	224.55	232.32	240.84
按注册类型分	**By Status of Registration**					
#国有单位	State-owned Units	147.50	153.71	154.63	154.31	157.38
城镇集体单位	Urban Collective Owned Units	15.87	16.22	14.14	12.45	10.77
股份合作单位	Cooperative Units	3.20	3.15	3.18	3.03	2.99
联营单位	Joint Ownership Units	0.53	0.42	0.41	0.75	0.72
有限责任公司	Limited Liability Corporations	118.26	136.48	147.85	157.76	162.62
股份有限公司	Share-holding Corporations Ltd.	36.91	38.06	38.22	37.73	37.60
港澳台商投资单位	Units with Funds from Hong Kong, Macao & Taiwan	32.05	33.89	35.88	32.36	29.14
外商投资单位	Foreign Funded Units	8.13	8.46	8.07	7.73	6.84

4-13 城镇单位就业人员平均工资
Average Wage of Employed Persons in Urban Areas

单位：元 (yuan)

年份 Year	合计 Total	国有单位 State-owned Units	城镇集体单位 Urban Collective-owned Units	股份合作单位 Cooperative Units	联营单位 Joint Ownership Units	有限责任公司 Limited Liability Corporations Units	股份有限公司 Share Holding Corporations	港、澳、台商投资单位 Units with Funds from Hong Kong, Macao and Taiwan	外商投资单位 Foreign Funded Units	其他 Others
1998	5641	6103	4050	4026	5270	6201	5342	6009	8503	2213
1999	6136	6562	4524	5201	3897	6637	5895	6997	7502	4017
2000	6877	7408	4840	5640	5084	6910	7515	9267	7997	5521
2001	7868	8518	5669	5685	5661	7811	8077	9596	9070	5512
2002	9714	9791	6607	7208	6370	9148	10003	10482	9992	7507
2003	10639	11280	7828	9285	8482	10789	11862	12091	13363	8718
2004	11970	12562	8582	9586	9211	12150	13629	14278	14045	9864
2005	14119	14740	10248	11722	10386	14796	14986	14937	15437	10886
2006	16791	17702	12377	13075	12247	17051	17034	17710	17452	14811
2007	20639	22044	15674	17581	13370	19728	21771	20133	21371	17488
2008	24438	26222	16873	21493	17581	24012	24740	23315	25237	18435
2009	26906	28503	18006	26731	20665	25701	29628	25153	27120	22135
2010	29819	31470	20385	29928	25245	28775	32377	27257	29620	25087
2011	33634	35386	24220	32982	32881	33136	34884	31948	32674	28909
2012	37338	39344	27682	36536	33885	36386	38581	36814	36053	31329
2013	38301	42270	33135	41673	34299	34323	41388	42801	36985	32572
2014	42179	46604	37601	49356	38770	38334	44432	46005	39721	37188
2015	45403	49978	41511	52724	46112	41188	47676	50235	42546	45290
2016	49505	56609	45608	60727	53879	43560	53519	52300	46116	45946
2017	55495	65958	51882	69275	59803	47586	59685	55195	49448	52433

注：2013年后工资数据为联网直报平台汇总(下同)。

a) Data in 2013 are collected from network platform (the same as following table).

4-14 各种分组的城镇单位从业人员平均工资(2017年)

Average Wage of Employed Persons in Urban Units by Groups (2017)

单位：元 (yuan)

类别	Type	平均工资 Average Wage	在岗职工 Staff and Workers	#劳务派遣 Labor Dispatching	其他从业人员 Others	国有单位 State-owned Units	集体单位 Collecti-veowned Units	其他单位 Units of Other Types of Ownership
总计	**Total**	**55495**	**55997**	**46088**	**43452**	**65958**	**51882**	**50388**
按企业、事业、机关分	**By Enterprises, Institutions and Agencies**							
企业	Enterprises	52292	52650	47435	44494	73177	48979	50311
事业	Institutions	65008	65508	39465	47296	65412	59482	58914
机关	Agencies & Organizations	61407	62342	29697	29439	61387	64175	65790
按国民经济行业分	**By Sector**							
农、林、牧、渔业	**Agriculture, Forestry, animal Husbandry and Fishery**	**40990**	**41517**	**20951**	**24526**	**42075**	**38057**	**40176**
农业	Agriculture	36025	37025	26190	24288	36047	34577	37052
林业	Forestry	43430	43542	17162	18250	44877		31997
畜牧业	Animal Husbandry	40404	40398		54000	44713	42456	39149
渔业	Fishery	43408	43408			43312		46222
农、林、牧、渔服务业	Service Activities for Agriculture, Forestry, Animal Husbandry and Fishery	45429	45510	31000	29935	45331	42835	47207
采矿业	**Mining**	**56661**	**56688**	**48105**	**51055**	**66317**	**39517**	**56923**
制造业	**Manufacturing**	**46854**	**46914**	**43463**	**42168**	**58148**	**46216**	**46767**
电力、燃气及水的生产和供应业	**Production and Supply of Electricity, Gas and Water**	**69799**	**70072**	**54390**	**45712**	**79883**	**39970**	**55718**
建筑业	**Construction**	**48836**	**49346**	**49643**	**45019**	**54410**	**44378**	**48821**
房屋建筑业	Building Construction	47248	47457	49905	45629	56043	43461	47277
土木工程建筑业	Civil Engineering Construction	52375	53923	45362	42182	53318	45821	52436
建筑安装业	Architectural Installation	55664	56534	65636	48318	58097	47024	56124
建筑装饰和其他建筑业	Architectural Decoration and Others	45124	44838	41330	47306	39456	55887	45021
批发和零售业	**Wholesale and Retail Trade**	**46683**	**47062**	**42032**	**35767**	**75799**	**42166**	**42259**
批发业	Wholesale	56407	56865	44493	42023	87196	46060	45968
零售业	Retail Trade	40118	40413	38517	32084	37019	37555	40356
交通运输、仓储和邮政业	**Transport, Storage and Post**	**61455**	**62083**	**45785**	**42753**	**74262**	**39233**	**50170**
铁路运输业	Transport via Railway	95072	95643	55208	52930	96090	33536	79512
道路运输业	Transport via Road	46878	47057	40188	42481	48329	36463	46766
水上运输业	Water Transport	56719	56776	25000	48750	52783	53608	61231
航空运输业	Air Transport	115548	115633	57123	23714	37956		120041
管道运输业	Transport via Pipeline	70951	76362	72000	13238			70951
装卸搬运和运输代理业	Loading, Unloading, Portage and Transportation Agency	46882	46817	36505	49782	75027	35053	47137
仓储业	Storage	49987	51103	49779	31931	54828	43715	45778
邮政业	Post	58961	59567	46818	44394	60580	46773	49098

4-14 续表 1 continued

单位：元 (yuan)

类 别	Type	平均工资 Average Wage	在岗职工 Staff and Workers	#劳务派遣 Labor Dispatching	其他从业人员 Others	国有单位 State-owned Units	集体单位 Collectiveowned Units	其他单位 Units of Other Types of Ownership
住宿和餐饮业	**Hotels and Catering Services**	**38932**	**39103**	**42107**	**32765**	**46023**	**39536**	**37571**
住宿业	Hotels	40008	40179	39420	33917	44071	39752	38912
餐饮业	Catering Services	36821	36994	51090	30415	61501	37992	35472
信息传输、软件和信息技术服务业	**Information Transmission, Software and Information Technology**	**72373**	**73918**	**57710**	**41963**	**59715**	**46639**	**74273**
电信、广播电视和卫星传输服务	Telecom, Radio, Television and Satellite Transmission Service	73762	75687	58557	43585	59466	46711	76858
互联网和相关服务	Internet and Related Services	68133	69101	58848	37718	47071	51421	69304
软件和信息技术服务业	Software and Information Services	70380	71280	52728	32532	98660	45729	70229
金融业	**Financial Intermediation**	**103314**	**111978**	**61488**	**44320**	**93230**	**83325**	**108714**
货币金融服务	Monetary and Financial Services	115318	116126	64833	35995	104009	83484	125386
资本市场服务	Capital Market Services	144483	146921	155065	35372	179759		139307
保险业	Insurance	74316	92918	49392	44803	61211	82312	76936
其他金融业	Other Financial Activities	137238	137724	66839	65667	71646	77849	165570
房地产业	**Real Estate**	**53501**	**52693**	**40244**	**72704**	**50501**	**44406**	**53662**
#房地产开发经营	Real Estate Development and Operation	57779	57705	58306	60000	57629	35419	57797
物业管理	Property Management	42473	39329	31451	88176	40970	46746	42425
房地产中介服务	Intermediate Service of Real Estate	67570	67754	124652	37250	48082	27551	70571
租赁和商务服务业	**Leasing and Business Services**	**46979**	**47077**	**32168**	**43987**	**55586**	**37085**	**44800**
租赁业	Leasing	52287	52480	33573	46077	117633	45500	49671
商务服务业	Business Service	46766	46859	32159	43907	55153	36830	44554
科学研究和技术服务业	**Scientific Research and Technical Services**	**68353**	**69378**	**57485**	**41611**	**71314**	**56516**	**65804**
研究和试验发展	Research and Experimental Development	76121	78476	39709	31478	80571	50347	61134
专业技术服务业	Professional Technique Services	71193	72185	65290	46344	70224	57258	72387
科技推广和应用服务业	Science and Technology Popularization and Application Services	49960	50260	45058	33432	57441	54308	44686
水利、环境和公共设施管理业	**Management of Water Conservancy, Environment and Public Facilities**	**46699**	**49205**	**39130**	**24751**	**47541**	**50174**	**44370**
水利管理业	Management of Water Conservancy	53600	53925	48726	38189	53199	47711	59781
生态保护和环境治理业	Ecological Protection and Environmental Management	52194	52032	37439	85964	54484	41875	50175
公共设施管理业	Management of Public Facilities	44167	47307	34289	23962	44736	51032	42646

4-14 续表 2 continued

单位：元 (yuan)

类别	Type	平均工资 Average Wage	在岗职工 Staff and Workers	#劳务派遣 Labor Dispatching	其他从业人员 Others	国有单位 State-owned Units	集体单位 Collectiveowned Units	其他单位 Units of Other Types of Ownership
居民服务、修理和其他服务业	**Services to Households, Repair and other Services**	**39522**	**39702**	**31025**	**32970**	**46627**	**44730**	**37747**
居民服务业	Services to Households	39654	39717	33220	36746	47630	45990	35900
机动车、电子产品和日用产品修理业	Motor Vehicle Repair Services, Electronic Products and Daily Products Repair Service	41397	42050	35747	26804	43738	35748	41396
其他服务业	Other services	37820	37866	28221	35865	41565	44407	37137
教育	**Education**	**62807**	**63710**	**32516**	**27360**	**64558**	**59560**	**50714**
#初等教育	Primary Education	59327	59737	31752	27076	59823	58712	53676
中等教育	Secondary Education	62883	64145	33391	23188	64578	61359	48894
高等教育	Higher Education	82159	83377	25318	47386	86208	43579	60283
卫生和社会工作	**Health and social service**	**74914**	**74654**	**49321**	**82012**	**77797**	**60274**	**59071**
卫生	Health	75044	74726	49584	83972	77872	60298	59560
社会工作	Social Service	68945	71249	26607	39276	74266	54146	44359
文化、体育和娱乐业	**Culture, Sports and Entertainment**	**58161**	**58683**	**45354**	**37448**	**60417**	**46023**	**54159**
新闻和出版业	Press and Publishing Activities	69145	69546	45262	44087	71646	81289	66349
广播、电视、电影和影视录音制作业	Broadcasting,Movies, Television and Audiovisual Activities	56638	56976	57508	35676	60759	40723	42049
文化艺术业	Culture and Art	52767	53419	32552	31963	55058	47523	43718
体育	Sports	85340	89509	48150	30175	62168		124161
娱乐业	Entertainment	45359	44968	52321	58195	62807	42917	42262
公共管理、社会保障和社会组织	**Public Management, Social security and Social Organization**	**59783**	**60660**	**30850**	**29774**	**59939**	**53620**	**48549**
#中国共产党机关	Chinese Communist Party Organs	68471	68694	29636	26508	68479		31286
国家机构	State Organs	59202	60075	30853	29400	59321	53459	48249
人民政协、民主党派	People's Political Consultative Conference and Democratic Parties	79439	84799	37607	37539	79484		53800
社会保障	Social Security	57851	58565	23490	30439	58225	61273	40928
群众团体、社会团体和其他成员组织	Mass Communities, Social Communities and Other Organizations	61981	62270	30078	23917	64730	54360	49545
按三次产业分	**By Industry**							
第一产业	Primary Industry	40990	41517	20951	24526	42075	38057	40176
第二产业	Secondary Industry	49173	49377	48113	44566	70777	44121	48236
第三产业	Tertiary Industry	62353	63145	42375	42162	65655	58177	56699

4-15 各市城镇单位从业人员平均工资(2017年)

单位：元

市(县) City(County)	平均工资 Average Wages	在岗职工 Staff and Workers	#劳务派遣 Labor Dispatching	其他从业人员 Others	#国有单位 State-owned Units	#集体单位 Urban Collective-owned Units	#股份合作单位 Cooperative Units
全 省 Total	**55495**	**55997**	**46088**	**43452**	**65958**	**51882**	**69275**
省 辖 市 City							
郑 州 市 Zhengzhou	69939	70486	52191	56263	94264	55498	83725
开 封 市 Kaifeng	51642	51951	51384	43167	62410	55292	52179
洛 阳 市 Luoyang	56560	57863	42372	31418	65931	60894	79633
平 顶 山 市 Pingdingshan	51860	52728	43853	30242	58864	52810	104456
安 阳 市 Anyang	50363	51098	41191	40725	59035	43328	68908
鹤 壁 市 Hebi	45915	46419	32906	32972	58236	47496	77644
新 乡 市 Xinxiang	48279	48886	43853	39379	59433	48595	57685
焦 作 市 Jiaozuo	50509	50980	38875	33518	59847	49504	70947
濮 阳 市 Puyang	51110	51319	39799	48135	58517	42265	31458
许 昌 市 Xuchang	53117	53268	50609	47036	58835	57514	70355
漯 河 市 Luohe	50419	50681	40001	38191	61749	50262	30700
三 门 峡 市 Sanmenxia	56271	57207	38372	33572	69131	43163	45677
南 阳 市 Nanyang	51696	51871	42565	46888	60245	48850	59403
商 丘 市 Shangqiu	52128	52257	44044	49242	55517	60610	57786
信 阳 市 Xinyang	49610	50013	46775	40929	56175	52996	59905
周 口 市 Zhoukou	50129	50259	42292	42550	60209	49753	71571
驻 马 店 市 Zhumadian	49437	49801	40049	40910	57603	45257	65225
济 源 市 Jiyuan	52723	53609	44377	41142	65996	35740	96312
省 直 管 县 County Directly Administrated by Province							
巩 义 市 Gongyi	49941	50412	68606	31484	67330	66700	112104
兰 考 县 Lankao	55290	55293	64056	55222	58915	59975	66440
汝 州 市 Ruzhou	53830	54478	51900	38615	65941	57287	
滑 县 Huaxian	46040	46341	29710	42330	54175	42123	57381
长 垣 县 Changyuan	44565	44818	42150	39630	56574	65679	44748
邓 州 市 Dengzhou	48735	49310	32307	37227	54120	70696	45916
永 城 市 Yongcheng	51586	51934	40117	31141	49843	84866	62996
固 始 县 Gushi	54151	53811	62814	65761	63517	71165	42338
鹿 邑 县 Luyi	47983	48009	26957	46747	66809	58731	28793
新 蔡 县 Xincai	47361	47336	48771	50514	49005	48751	41863

Average Wage of Employed Persons in Urban Units by City (2017)

(yuan)

#联营单位 Joint Ownership Units	#有限责任公司 Limited Liability Corporations	#股份有限公司 Share Holding Corporations Ltd	#港澳台投资 Units with Funds from Hong Kong, Macao and Taiwan	#外商投资 Foreign Funded Units	第一产业 Primary Industry	第二产业 Secondary Industry	第三产业 Tertiary industry
59803	**47586**	**59685**	**55195**	**49448**	**40990**	**49173**	**62353**
43967	58039	92857	59965	54205	42904	57895	82540
50832	44755	49672	53458	44278	55637	45921	58302
36514	48297	70285	47249	52450	45535	51368	61500
41707	40669	56776	52397	63318	38459	48119	56338
26344	45638	50503	65894	55481	41363	46642	55858
40767	40854	49383	45845	40691	36107	41300	55267
38026	41920	45202	59557	51443	35955	42662	56875
59549	46219	53303	40986	40772	33041	47820	54708
47805	44422	64121	41922	63410	40279	49650	53135
40713	49147	56138	45707	46375	49353	51048	56034
	44215	45703	56601	51029	56667	46132	57697
42637	45583	50529	46682	62997	45729	47366	65933
45347	41889	51242	45636	39801	40089	43077	57856
79022	49749	47857	42607	55860	48325	49233	54680
41523	43183	45672	42772	46434	42995	45373	52812
45125	42583	45916	49170	38225	36719	40406	59126
48210	43612	50152	45228	43739	35535	44454	53924
	46523	56561	50854	61564	54171	47796	62494
34225	40444	40750	40104	37302	52061	42636	60803
53869	51163	62021		48799	56096	52083	57765
	39410	49875	51616	67545	55634	42913	60365
	38594	34487	47476		36799	40451	49892
	42262	42405	44497	66000	33840	42611	51162
48727	40772	38705	47742	42963	42428	42403	52992
	52493	46621	52094	64231		53255	49495
52564	42930	43589		66589	40286	45625	58350
42394	37363	43841	47139		42854	38306	56938
46522	43466	66781				45595	48306

4-16 各市分行业城镇单位从业人员平均工资(2017年)

单位：元

市(县) City(County)	合计 Total	农林牧渔业 Agriculture Forestry, Animal Husbandry and Fishery	采矿业 Mining	制造业 Manufacturing	电力、燃气及水的生产和供应业 Production and Supply of Electricity,Gas and Water	建筑业 Construction	批发和零售业 Wholesale and Retail Trade	交通运输仓储及邮政业 Transport, Storage and Post	住宿和餐饮业 Hotels and Catering Services
省辖市 City									
郑州市 Zhengzhou	69939	42904	47313	55661	63589	63593	52654	65653	41186
开封市 Kaifeng	51642	55637		44642	71488	46096	47074	45795	48630
洛阳市 Luoyang	56560	45535	49420	49863	78053	51075	47864	39460	35573
平顶山市 Pingdingshan	51860	38459	56111	43052	55767	36810	50392	36847	32522
安阳市 Anyang	50363	41363	66760	45217	59616	46130	40005	41157	28508
鹤壁市 Hebi	45915	36107	48897	39830	67217	36121	39271	41085	34094
新乡市 Xinxiang	48279	35955	65714	41427	59749	42993	42331	57645	32638
焦作市 Jiaozuo	50509	33041	63028	45566	66961	43937	39307	48332	33022
濮阳市 Puyang	51110	40279	82129	37307	68553	46303	41708	37683	40284
许昌市 Xuchang	53117	49353	67188	50033	68697	48276	48199	51373	41038
漯河市 Luohe	50419	56667		46497	69440	39796	44371	53758	32337
三门峡市 Sanmenxia	56271	45729	46578	42070	75742	49136	61590	47561	32801
南阳市 Nanyang	51696	40089	79406	41056	46249	41380	46964	43779	33805
商丘市 Shangqiu	52128	48325	56014	47027	53353	50736	44929	50584	40112
信阳市 Xinyang	49610	42995	37906	42721	53440	48265	37939	42738	34698
周口市 Zhoukou	50129	36719		37464	29386	47852	46722	52027	40437
驻马店市 Zhumadian	49437	35535	42643	45430	56425	41816	45693	42810	36639
济源市 Jiyuan	52723	54171	39409	49491	67544	40101	42411	51751	36045
省直管县 County Directly Administrated by Province									
巩义市 Gongyi	49941	52061	35726	40519	75695	60475	46265	48144	28399
兰考县 Lankao	55290	56096		51059	79421	49456	47307	53680	48440
汝州市 Ruzhou	53830	55634	51488	39200	54014	32999	46321	50778	35511
滑县 Huaxian	46040	36799		41986	49728	38781	33560	35419	30246
长垣县 Changyuan	44565	33840		40624	62607	43150	35359	32548	32942
邓州市 Dengzhou	48735	42428		40459	58387	44334	50706	32177	31716
永城市 Yongcheng	51586		56014	43132	60869	44783	40198	41814	29331
固始县 Gushi	54151	40286		39508	44680	55731	38095	47480	31518
鹿邑县 Luyi	47983	42854		28595		64347	34938	41272	37942
新蔡县 Xincai	47361			44962	99055	43441	43961	60773	32034

Average Wage of Employed Persons in Urban Units by Sector and City (2017)

(yuan)

信息传输、软件和信息技术服务业 Information Transmission, Software and Information Technology Services	金融业 Financial Intermediation	房地产业 Real Estate	租赁和商务服务业 Leasing and Business Services	科学研究和技术服务业 Scientific Research, and Technical Services	水利、环境和公共设施管理业 Management of Water Conservancy, Environment and Public Facilities	居民服务、修理和其他服务业 Services to Households, Repair and Other Services	教育 Education	卫生和社会工作 Health and Social Work	文化、体育和娱乐业 Culture, Sports and Entertainment	公共管理、社会保障和社会组织 Public Management, Social Security and Social Organization
81770	147951	65444	58330	83301	49314	38831	80079	129894	80024	79306
58782	90111	53926	45326	52784	56003	52239	64405	69448	51507	57602
79914	108741	42625	43017	79743	38781	38606	62108	64610	50935	61355
55382	81367	44853	45972	48986	41005	37024	64046	63633	48741	54731
75598	73031	43777	32667	67564	43293	41865	62746	57438	49950	59381
51580	89928	41426	36074	40145	34462	40278	56951	55915	57714	63896
91071	76675	46885	33297	57430	47386	41006	61348	58690	50081	55967
54474	73277	43624	38633	51856	60243	31875	59812	54008	50072	61665
61608	67867	57164	40698	55665	40673	29575	56073	60351	49838	54704
68710	75451	48111	48134	46723	42268	45195	58868	61344	48954	57220
71538	84218	49283	36010	63303	48364	33290	61661	67888	56235	59622
60029	77936	45584	41726	65366	63990	35312	71464	66809	45252	69476
52629	103083	40503	42662	52870	58999	35206	60319	65590	45134	52938
68547	74228	58371	46013	44304	34022	46732	58165	63574	44119	52404
62644	82169	45377	36961	51940	46578	36797	57128	61557	44294	54498
77645	94053	50011	43308	53345	43853	46909	62215	70909	53619	53217
56229	76180	48819	36491	46367	44623	40241	55956	61010	49931	59239
58144	94206	44473	45430	48401	40166	30945	74987	63969	56140	66306
41537	129300	45443	33856	53043	52027	31842	66376	62808	41452	65697
47203	101886	56070	50504	51659	45488	55498	61010	67802	49104	53138
39536	110837	44301	44164	46496	41918	36330	69408	70871	55359	58826
48429	63439	41237	32325	54019	38933	31465	55059	61793	40677	52023
38083	97075	40500	41167	45666	39148	30143	56622	59155	39076	53908
29435	97013	48318	32717	43937	45756	28623	51018	62755	48285	57557
39612	79751	46242	30183	37148	21498	35505	56490	62468	37619	44498
61781	84271	43690	41091	58967	51881	32661	65220	71458	35247	57652
34564	70309	44259	33934	62283	46987	34696	68049	83044	42146	53486
50937	62709	37507	42538	44581	45384	38174	46994	53779	41550	48653

4-17 城镇单位职工工资及指数

Wages and Related Indices of Staff and Workers

年份 Year	工资总额(亿元) Total Wages (100 million yuan)	国有单位 State-owned Units	城镇集体单位 Urban Collective-owned Units	其他单位 Units of Other Types of Ownership	平均工资(元) Average Wage (yuan)	国有单位 State-owned Units	城镇集体单位 Urban Collective-owned Units	其他单位 Units of Other Types of Ownership	平均工资指数(以上年为100) Index of Average Wage (Preceding year=100) 全部职工 Total Staff and Workers	国有单位 State-owned Units	城镇集体单位 Urban Collective-owned Units	其他单位 Units of Other Types of Ownership
1978	24.30	20.65	3.64		590	609	496		104.8	105.4	99.8	
1979	27.63	23.60	4.03		644	668	533		108.8	109.4	107.1	
1980	32.93	28.14	4.79		730	759	597		106.9	107.2	105.7	
1981	35.43	30.33	5.09		742	772	604		99.3	99.3	98.8	
1982	37.40	31.82	5.59		754	789	604		99.8	100.4	98.2	
1983	39.19	33.36	5.82		767	805	606		98.9	99.2	97.5	
1984	46.24	37.76	8.47	0.01	866	921	686	809	110.5	111.9	110.8	
1985	57.85	47.06	10.76	0.02	1015	1080	804	1014	110.1	110.1	110.0	117.7
1986	69.57	56.97	12.57	0.03	1159	1245	882	1079	106.9	107.9	102.7	99.6
1987	78.98	64.34	14.58	0.06	1258	1347	974	1559	100.7	100.4	102.4	134.0
1988	95.90	78.66	17.18	0.07	1470	1582	1110	1520	96.2	96.7	93.8	80.2
1989	108.70	89.48	19.12	0.09	1628	1767	1191	1724	96.4	97.2	93.4	98.7
1990	123.86	102.52	21.19	0.15	1825	1997	1288	2128	111.5	112.5	107.6	122.8
1991	138.18	113.58	24.33	0.27	1964	2132	1433	2477	102.4	101.6	105.9	110.8
1992	165.51	138.38	26.51	0.62	2269	2473	1583	2544	107.3	107.7	102.6	95.4
1993	200.82	168.89	28.90	3.03	2646	2860	1821	3097	105.4	104.6	104.0	110.1
1994	275.18	229.87	35.66	9.66	3545	3851	2295	4038	105.2	105.7	98.9	102.3
1995	347.70	284.17	47.79	15.75	4344	4677	3007	4644	104.8	103.9	112.1	98.4
1996	407.43	332.03	54.77	20.63	4924	5265	3485	5197	103.5	102.8	105.8	102.2
1997	434.08	336.34	66.05	31.69	5225	5643	3797	5209	103.6	104.7	106.4	97.9
1998	431.01	299.76	63.36	67.88	5781	6204	4258	5976	119.9	120.4	117.5	117.2
1999	445.61	307.17	62.31	76.13	6194	6594	4639	6384	110.9	110.0	112.8	110.6
2000	495.66	338.39	66.44	90.84	6930	7453	4913	7212	112.9	114.1	106.9	114.0
2001	553.40	381.92	75.73	95.75	7916	8573	5726	7889	113.4	114.2	115.7	108.6
2002	622.42	400.42	80.84	141.15	9174	9864	6664	9335	116.1	115.3	116.6	118.5
2003	720.52	436.31	88.51	195.69	10749	11397	7894	11160	115.2	113.6	116.5	117.5
2004	801.95	497.47	79.62	224.86	12114	12701	8686	12588	106.9	105.7	104.4	107.0
2005	949.97	575.63	90.29	284.05	14282	14877	10383	14852	115.5	114.7	117.1	115.6
2006	1152.05	690.58	103.21	358.26	16981	17886	12483	17088	117.5	118.8	118.8	113.7
2007	1431.35	849.87	125.01	456.48	20935	22345	15850	20333	117.0	118.5	120.5	112.9
2008	1702.22	1008.08	111.75	582.39	24816	26536	17118	24189	110.8	111.0	100.9	111.2
2009	1918.14	1066.34	85.52	766.28	27357	28914	18352	26817	110.9	109.6	107.9	111.5
2010	2171.69	1200.07	98.62	873.00	30303	31924	20769	29770	107.1	106.8	109.5	107.4
2011	2721.42	1390.91	119.85	1210.66	34203	35894	24397	33719	107.1	106.6	111.3	107.5
2012	3146.25	1575.98	134.27	1436.00	37958	39948	28103	37145	111.0	111.3	115.2	110.2
2013	4048.73	1556.02	149.02	2343.68	38804	42831	33954	36765	102.2	107.2	120.8	99.0
2014	4432.94	1667.53	152.34	2613.08	42670	47258	38288	40435	108.2	110.6	107.8	103.7
2015	4862.54	1786.62	151.60	2924.32	45920	50662	42058	43633	107.6	107.2	109.8	107.9
2016	5365.62	2026.18	144.86	3194.58	50028	57333	46168	46451	108.9	113.2	109.8	106.5
2017	5903.60	2313.85	136.91	3452.84	55997	66685	52788	50676	111.9	116.3	114.3	109.1

注：1.本表平均工资指数按实际工资计算，即扣除了职工生活费用价格变动因素。
2.1998年及以后年度工资总额为在岗职工口径，与以前年度不尽可比。

a) Indices of average wage in this table were calculated on practical wage ,change factor of employee maintenance price was taken out.

b) Total wages funds since 1998 were totalized by all employed staff and workers ,and can't compared with former years.

4-18 城镇私营单位就业人员平均工资

Average Wage of Employed Persons in Private Enterprises in Urban Area

单位：元 (yuan)

项　目	Item	2011	2012	2013	2014	2015	2016	2017
从业人员总计	**Total Employed persons**	**18749**	**21255**	**23936**	**27414**	**30546**	**33312**	**36730**
按国民经济行业分	**By Sector**							
农、林、牧、渔业	Agriculture, Forestry, Animal Husbandry and Fishery	14364	17071	19869	23179	25526	27450	28690
采矿业	Mining	21144	22361	24314	27319	29201	33175	34662
制造业	Manufacturing	18188	20844	23142	26867	30554	33157	36479
电力、燃气及水的生产和供应业	Production and Supply of Electricity, Gas and Water	16119	21024	23711	25437	25060	30413	34239
建筑业	Construction	21607	24054	27104	31471	34154	36021	40547
批发和零售业	Wholesale and Retail Trade	17087	19339	23086	26384	27570	30965	34855
交通运输、仓储和邮政业	Transport, Storage and Post	19600	19581	24919	26689	29940	35533	38041
住宿和餐饮业	Hotels and Catering Services	16807	19352	21798	25552	28682	33817	33425
信息传输、软件和信息技术服务业	Information Transmission, Software and Information Technology	18550	19111	22215	25343	30674	31976	37911
金融业	Financial Intermediation	16894	21652	20682	24345	28828	30091	33822
房地产业	Real Estate	20679	22621	26746	29808	32428	38208	40484
租赁和商务服务业	Leasing and Business Services	19364	21498	24655	26967	28815	32661	37514
科学研究、技术服务业	Scientific Research and Technical Services	24949	26399	28898	32733	31556	33106	39085
水利、环境和公共设施管理业	Management of Water Conservancy, Environment and Public Facilities	17755	20480	24411	27333	29130	33090	34878
居民服务、修理和其他服务业	Services to Households, Repair and Other Services	16217	18705	21372	24484	26621	30215	32040
教育	Education	18859	21028	24772	27354	29957	32784	36190
卫生和社会工作	Health and Social Work	20492	24293	25966	29323	30145	34318	39014
文化、体育和娱乐业	Culture, Sports and Entertainment	16542	19982	22177	25405	26439	30192	30962

4-19 各市城镇私营单位就业人员平均工资

Wage of Empleyed Persons in Private Enterprises in Urban Area by City

单位：元 (yuan)

市	City	2010	2011	2012	2013	2014	2015	2016	2017
郑州市	Zhengzhou	18832	22326	24686	27533	30853	33495	37998	43085
开封市	Kaifeng	16049	19153	21609	24902	28671	32628	35249	38030
洛阳市	Luoyang	16363	20583	23271	25208	29500	31613	34139	36510
平顶山市	Pingdingshan	17091	19374	21514	23807	25853	27980	29925	32821
安阳市	Anyang	16226	18477	20324	23003	26824	28357	31081	33038
鹤壁市	Hebi	13023	16635	18662	20581	24440	31292	34392	37548
新乡市	Xinxiang	16014	18852	21116	23552	26455	28837	30935	34669
焦作市	Jiaozuo	14171	16736	19511	22369	24714	31142	31837	33968
濮阳市	Puyang	13536	16222	18807	20489	22789	25077	27898	30357
许昌市	Xuchang	17407	20224	22378	27662	30760	37665	39601	41790
漯河市	Luohe	13692	16244	19022	23882	30471	30565	32859	35228
三门峡市	Sanmenxia	15659	17296	21909	23899	28835	29296	30764	32933
南阳市	Nanyang	14379	15880	18115	20263	23325	27095	30955	34106
商丘市	Shangqiu	13101	15265	18338	21696	26111	31229	35401	38705
信阳市	Xinyang	16510	18750	20649	22838	27972	29744	32190	35658
周口市	Zhoukou	14525	16912	19033	21881	25159	28005	29690	32311
驻马店市	Zhumadian	13968	16192	18847	22500	26155	29342	31679	34240
济源市	Jiyuan	15379	19733	25678	29938	30082	30603	33539	37216

4-20 各市按行业分城镇私营单位就业人员平均工资(2017年)

Average Wage of Employed Persons in Urban Private Units by Sector and City (2017)

单位：元 (yuan)

市 City	平均工资 Average Wage	农林牧渔业 Agriculture Forestry, Animal Husbandry and Fishery	采矿业 Mining	制造业 Manufacturing	电力、燃气及水的生产和供应业 Production and Supply of Electricity,Gas and Water	建筑业 Construction	批发和零售业 Wholesale and Retail Trade	交通运输仓储及邮政业 Transport, Storage and Post	住宿和餐饮业 Hotels and Catering Services	信息传输、软件和信息技术服务业 Information Transmission, Software and Information Technology
郑州市 Zhengzhou	43085	41576	38440	39128	35598	47361	43462	39996	39217	45239
开封市 Kaifeng	38030	36806		38545	40852	38832	34643	42041	36895	37482
洛阳市 Luoyang	36510	27742	37224	38749	33133	43584	29592	35536	28237	30494
平顶山市 Pingdingshan	32821	29380	34199	33998	45320	34188	32252	34397	27318	40311
安阳市 Anyang	33038	23089	30393	30886	34785	36081	30250	35093	30768	32513
鹤壁市 Hebi	37548	26608	41331	39261	33910	32663	25672	32704	29175	27478
新乡市 Xinxiang	34669	28943	28860	35154	27967	35962	32445	40576	26835	32403
焦作市 Jiaozuo	33968	27449	25773	35607	31628	32465	24797	35531	27994	44067
濮阳市 Puyang	30357	22887		30741	26615	34923	27284	31559	27458	29353
许昌市 Xuchang	41790	38063	30964	42166	36079	40837	38623	45894	40926	37253
漯河市 Luohe	35228			34236		51765	31430	51505	35443	31316
三门峡市 Sanmenxia	32933	26486	34336	33638	31032	37612	31051	32010	26265	29222
南阳市 Nanyang	34106	28028	33819	34515	32311	36101	31748	33582	32498	33696
商丘市 Shangqiu	38705	23879	36036	40492	35364	45013	27504	40705	29719	40564
信阳市 Xinyang	35658	33142	32903	37568	31748	32464	35008	32882	34737	29855
周口市 Zhoukou	32311	27059		31745	30589	34967	34416	38220	28161	40849
驻马店市 Zhumadian	34240	31178	35408	33331	36796	36928	33426	39379	31929	34266
济源市 Jiyuan	37216	36092	36390	36441	42000		42502	41052	45757	39767

市 city	金融业 Financial Intermediation	房地产业 Real estate	租赁和商务服务业 Leasing and Business Services	科学研究和技术服务业 Scientific Research, and Technical Services	水利、环境和公共设施管理业 Management of Water Conservancy, Environment and Public Facilities	居民服务、修理和其他服务业 Services to Households, Repair and Other Services	教育 Education	卫生和社会工作 Health and Social Work	文化、体育和娱乐业 Culture, Sports and Entertainment
郑州市 Zhengzhou	39688	47440	44285	46372	43302	35452	43981	50151	37469
开封市 Kaifeng	49282	38722	32184	39585	36164	33573	41896	39124	40711
洛阳市 Luoyang	49934	38790	29351	33708	30765	28919	29908	32736	27428
平顶山市 Pingdingshan	37453	33987	31062	30300	38597	27788	32007	40031	25873
安阳市 Anyang	33338	40283	38866	32776	36259	26320	31652	27363	31342
鹤壁市 Hebi	23533	32177	24731	28504	34817	39181	46607	36365	30452
新乡市 Xinxiang	34221	37548	34174	39657	32470	24214	33770	20248	31046
焦作市 Jiaozuo	30889	28589	26131	27848	32403	20599	29218	27330	24172
濮阳市 Puyang	17402	32524	31074	30034	27808	26591	29116	33704	25458
许昌市 Xuchang		43264	47716	41735	36417	44248	31292	37576	34766
漯河市 Luohe	39600	33345	32150	55010	33448	34563	34443	35680	32493
三门峡市 Sanmenxia	29215	29220	30762	30791	25280	35119	26866	31992	29220
南阳市 Nanyang	30518	39893	34648	33968	34470	32280	37590	35865	32935
商丘市 Shangqiu	31922	37824	27878	31836	33349	26408	38405	31550	25423
信阳市 Xinyang	37091	36277	35813	31655	34293	32543	36973	29009	33962
周口市 Zhoukou		29093	33452	31648		36441	33792	39490	24802
驻马店市 Zhumadian	47542	35999	34619	35704	34281	31935	50858	42625	33418
济源市 Jiyuan		50986	40474	37552	41949	37952		44934	38020

4-21 各市城镇登记失业人数及失业率
Registered Unemployed Persons and Unemployment Rate in Urban Area by City

市(县) City(County)	年底登记失业人数(万人) Unemployed Persons at year-end (10 0000 person)									登记失业率(%) Registered Unemployment Rate (%)								
	2005	2010	2011	2012	2013	2014	2015	2016	2017	2005	2010	2011	2012	2013	2014	2015	2016	2017
全 省 Total	**33.02**	**38.20**	**38.40**	**38.27**	**40.19**	**40.01**	**42.46**	**43.58**	**40.67**	**3.5**	**3.4**	**3.4**	**3.1**	**3.1**	**3.0**	**3.0**	**3.0**	**2.8**
省 辖 市 City																		
郑 州 市 Zhengzhou	4.64	2.95	2.23	5.03	6.13	4.26	4.92	5.68	6.66	3.5	2.8	2.0	2.0	2.2	1.4	1.6	1.9	2.3
开 封 市 Kaifeng	2.15	2.54	2.49	2.37	1.90	1.88	1.85	1.81	2.71	3.0	3.9	3.9	3.7	2.9	3.0	2.9	2.9	2.8
洛 阳 市 Luoyang	2.53	2.80	3.23	3.98	3.93	4.46	4.60	4.86	4.88	3.9	3.3	3.5	3.8	3.8	3.9	3.9	4.0	3.9
平 顶 山 市 Pingdingshan	1.93	2.01	2.20	2.03	2.21	2.41	2.82	2.64	2.18	3.6	3.2	3.3	3.0	3.3	3.3	3.3	3.1	2.7
安 阳 市 Anyang	1.96	2.09	2.27	2.64	2.72	2.61	2.99	3.08	2.85	3.3	3.3	3.4	3.9	3.6	3.0	3.3	3.3	3.1
鹤 壁 市 Hebi	0.47	0.70	0.88	0.54	0.55	0.66	0.42	0.43	0.42	4.0	3.7	3.9	2.0	2.6	2.8	1.7	2.1	1.8
新 乡 市 Xinxiang	2.07	2.45	2.53	2.42	2.68	3.67	4.32	4.36	4.43	2.9	3.9	3.9	3.8	3.8	4.0	4.0	3.8	3.8
焦 作 市 Jiaozuo	1.36	2.17	2.41	2.25	2.64	3.26	3.15	3.06	2.38	3.3	3.9	4.0	4.0	4.1	4.1	4.0	3.9	3.0
濮 阳 市 Puyang	1.28	0.94	1.39	1.37	1.41	1.51	1.53	1.72	1.52	3.8	2.6	2.7	3.0	2.6	2.8	2.6	2.3	2.1
许 昌 市 Xuchang	0.95	0.99	0.46	1.11	1.06	0.49	0.81	1.02	1.05	4.1	3.3	3.2	3.0	3.0	2.8	2.9	3.0	3.0
漯 河 市 Luohe	0.60	0.62	0.53	0.79	0.92	0.70	0.78	0.42	0.38	3.1	2.5	2.7	2.6	2.6	1.9	2.0	2.5	2.1
三 门 峡 市 Sanmenxia	1.07	0.90	0.84	0.77	0.75	0.74	0.80	0.84	0.80	3.1	3.3	3.2	2.9	2.9	2.8	2.8	2.8	2.8
南 阳 市 Nanyang	3.31	3.70	3.73	3.83	3.81	3.93	4.02	4.21	1.70	3.8	3.3	3.3	3.4	3.2	3.2	2.8	2.7	1.2
商 丘 市 Shangqiu	2.42	2.52	2.66	2.42	2.76	2.63	2.70	2.83	2.63	3.4	3.6	3.7	3.4	3.7	3.6	3.7	3.7	3.6
信 阳 市 Xinyang	1.75	1.19	0.92	0.82	0.92	0.94	0.87	0.76	0.72	3.8	2.9	2.3	2.9	2.4	2.9	2.8	2.7	2.0
周 口 市 Zhoukou	2.64	3.17	3.02	3.59	3.56	3.65	3.61	3.43	3.28	3.4	4.0	4.0	4.0	4.0	4.0	2.9	3.7	3.8
驻 马 店 市 Zhumadian	1.56	1.50	1.58	1.60	1.54	1.45	1.51	1.59	1.28	3.7	3.4	3.7	3.4	3.2	3.0	3.1	3.2	2.6
济 源 市 Jiyuan	0.33	0.69	0.82	0.67	0.70	0.75	0.77	0.83	0.82	3.3	3.3	3.5	2.8	2.8	2.9	2.9	2.9	2.8
省 直 管 县 County Directly Administrated by Province																		
巩 义 市 Gongyi	0.19	0.47	0.53	0.44	1.30	0.58	0.58	0.58	0.58	0.8	2.0	2.0	1.0	3.9	4.4	2.7	2.7	2.7
兰 考 县 Lankao	0.48	0.10	0.10	0.04	0.01	0.01	0.02	0.01	0.01	4.4	3.2	2.4	1.1	2.7	0.3	0.6	0.1	0.2
汝 州 市 Ruzhou	0.16	0.21	0.17	0.16	0.23	0.14	0.28	0.27	0.25	3.4	3.8	3.3	3.5	3.0	2.3	3.2	3.5	3.1
滑 县 Huaxian	0.19	0.13	0.16	0.18	0.25	0.25	0.25	0.28	0.23	3.9	3.7	3.8	4.0	4.1	4.1	4.0	4.0	4.0
长 垣 县 Changyuan	0.14	0.23	0.23	0.22	0.22	0.21	0.21	0.21	0.21	4.2	3.8	3.7	3.6	3.6	3.4	3.3	3.4	3.4
邓 州 市 Dengzhou	0.18	0.14	0.19	0.34	0.23	0.22	0.87	0.83	0.66	3.4	2.4	2.7	3.7	3.2	3.5	3.6	3.5	3.3
永 城 市 Yongcheng	0.14	0.27	0.26	0.27	0.27	0.27	0.27	0.27	0.26	3.9	4.0	4.1	4.0	3.9	3.9	3.9	3.9	3.8
固 始 县 Gushi	0.16	0.17	0.18	0.17	0.18	0.18	0.07	0.05	0.04	3.2	3.2	3.2	3.0	3.2	3.1	1.3	0.9	0.4
鹿 邑 县 Luyi	0.21	0.15	0.13	0.13	0.35	0.35	0.35	0.35	0.35	4.1	3.8	3.7	3.7	3.9	3.9	3.9	3.9	3.9
新 蔡 县 Xincai	0.15	0.08	0.20	0.21	0.21	0.21	0.21	0.22	0.21	3.1	2.8	3.0	3.1	2.9	2.9	2.9	3.0	2.9

主要统计指标解释

从业人员 指在16周岁及以上，从事一定社会劳动并取得劳动报酬或经营收入的人员。这一指标反映了一定时期内全部劳动力资源的实际利用情况，是研究我国基本国情国力的重要指标。

单位就业人员 指报告期末最后一日24时在本单位中工作，并取得工资或其他形式劳动报酬的人员数。该指标为时点指标，不包括最后一日当天及以前已经与单位解除劳动合同关系的人员，是在岗职工、劳务派遣人员及其他就业人员之和。就业人员不包括：

(1)离开本单位仍保留劳动关系，并定期领取生活费的人员；

(2)利用课余时间打工的学生及在本单位实习的各类在校学生；

(3)本单位因劳务外包而使用的人员。

城镇私营和个体就业人员 城镇私营就业人员指在工商管理部门注册登记,其经营地址设在县城关镇(含县城关镇)以上的私营企业就业人员，包括私营企业投资者和雇工。城镇个体就业人员指在工商管理部门注册登记，并持有城镇户口或在城镇长期居住，经批准从事个体工商经营的就业人员，包括个体经营者和在个体工商户劳动的家庭帮工和雇工。

在岗职工 指在本单位工作且与本单位签订劳动合同，并由单位支付各项工资和社会保险、住房公积金的人员，以及上述人员中由于学习、病伤、产假等原因暂未工作仍由单位支付工资的人员。在岗职工还包括：

(1)应订立劳动合同而未订立劳动合同人员(如使用的农村户籍人员)；

(2)处于试用期人员；

(3)编制外招用的人员；

(4)派往外单位工作，但工资仍由本单位发放的人员(如挂职锻炼、外派工作等情况)。

工资总额 指根据《关于工资总额组成的规定》(1990年1月1日国家统计局发布的一号令)进行修订，在报告期内(季度或年度)直接支付给本单位全部就业人员的劳动报酬总额。包括计时工资、计件工资、奖金、津贴和补贴、加班加点工资、特殊情况下支付的工资，是在岗职工工资总额、劳务派遣人员工资总额和其他就业人员工资总额之和。

工资总额是税前工资，包括单位从个人工资中直接为其代扣或代缴的房费、水费、电费、住房公积金和社会保险基金个人缴纳部分等。

工资总额不论是计入成本的还是不计入成本的，不论是以货币形式支付的还是以实物形式支付的，均应列入工资总额的计算范围。

平均工资 指单位就业人员在一定时期内平均每人所得的货币工资额。它表明一定时期职工工资收入的高低程度，是反映就业人员工资水平的主要指标。计算公式为：

$$平均工资=\frac{报告期实际支付的全部就业人员工资总额}{报告期全部就业人员平均人数}$$

平均工资指数 指报告期就业人员平均工资与基期就业人员平均工资的比率，是反映不同时期就业人员货币工资水平变动情况的相对数。计算公式为：

$$平均工资指数=\frac{报告期就业人员平均工资}{基期就业人员平均工资}\times 100\%$$

平均实际工资指数 就业人员平均实际工资指扣除物价变动因素后的就业人员平均工资。就业人员平均实际工资指数是反映实际工资变动情况的相对数，表明就业人员实际工资水平提高或降低的程度。计算公式为：

$$平均实际工资指数=\frac{报告期就业人员平均工资指数}{报告期城镇居民消费价格指数}\times 100\%$$

城镇登记失业人员　指有非农业户口，在一定的劳动年龄内(16 周岁至退休年龄)，有劳动能力，无业而要求就业，并在当地劳动保障部门进行失业登记的人员。

城镇登记失业率　城镇登记失业人员与城镇单位就业人员(扣除使用的农村劳动力、聘用的离退休人员、港澳台及外方人员)、城镇单位中的不在岗职工、城镇私营业主、个体户主、城镇私营企业和个体就业人员、城镇登记失业人员之和的比。

城镇单位为城镇非私营单位；由于城镇非私营单位数调整，有不可比因素。

Explanatory Notes on Main Statistical Indicators

Employed Persons refer to persons aged 16 and over who are engaged in gainful employment and thus receive remuneration payment or earn business income. This indicator reflects the actual utilization of total labour force during a certain period of time and is often used for the research on China's economic situation and national power.

Persons Employed in Various Units refer to the total number of employees who work at his unit and obtain wages or other forms of payment at the end of the reporting period. This indicator is a kind of time point index and it equals to the sum of the number of employed staff and workers, labor dispatch personnel and other employed persons. Employed persons do not include:

1) persons who have left their working units while keeping their labour contract (employment relation) unchanged and receiving regular alimony;

2) students who do part-time jobs in spare time and all kinds of enrolled students who do internship in various units;

3) persons employed due to labor outsourcing;

4) persons who dissolve labor contracts with their units on the last day of reporting period or before.

Persons Employed in Private Enterprises and Self-Employed Individuals in Urban Areas Persons employed in private enterprises refer to the persons employed in the private enterprises which have been registered at the departments of industrial and commercial administration for which the business operation are situated at a county town (i.e. a town where the county government is located), or at urban areas with administrative hierarchy higher than a county town. The self-employed individuals in urban areas refer to persons who hold the certificates of residence in urban areas or have resided in the urban areas for a long time and have been registered at the departments of industrial and commercial administration and approved to be engaged in individual industrial or commercial business, including self-employed persons as well as helpers and hired laborers who work in individual households.

Employed Staff and Workers refer to persons who signed labor contracts with working units and working units would pay wages, social insurance and housing funds for them. Persons who have their work posts but are temporarily absent from work for reasons of study or on sick, injury or maternal leave and still receive wages from their working units are also included. Employed staff and workers also include:

1) Persons who should have signed the labor contracts but not (like people with rural household registration);

2) Employees on probation;

3) Employees beyond the staffing quota;

4) Employees who are sent to other working units but still obtain wages from their original units (situations like on-the-job placement, expatriated assignment, etc.)

1) Employed Staff and Workers do not include: Dispatched personnel who work and are paid directly by the working units; they shall be counted into "labour dispatch personnel" of the working units;

2) Personnel through labor outsourcing, they shall be counted into "employed staff and workers" of the units which contracted them.

Total Wage Bill It is revised according to the "Provision of Composition of Total Wages" (Order No.1 by National Bureau of Statistics on January, 1st, ,1990), total wage bill refers to the total remuneration payment to all employed persons in various units during the reporting period (by quarter or by year), including hourly-paid wages, piece-rate wages, bonuses, allowance and subsidies, overtime wages and wages paid under special circumstances. It equals to the sum of total wages of employed staff and workers, dispatch labors and other employed persons.

Total wage bill is pre-tax wages, including the room charges, utility bills, housing funds and social insurance paid or withheld by employee's units.

Total wage bill, whether or not included in cost, whether or not paid in money or in kind, shall be included in the calculation of total wage.

Average Wage refers to the average per capita wage in money terms during a certain period of time for employed persons. It shows the general level of wage income of staff and worker during a certain period of time, one major indicator to reflect the wage level. It is calculated as follows:

$$\text{Average Wage} = \frac{\text{Total Wage Bill of Employed Persons at Reference Time}}{\text{Average Number of Persons Employed at Reference Time}}$$

Average Wage Indices refers to the ratio of average wage of employed persons the reporting period to that at the base period, which reflects the change of wage of employed persons at the different period. It is calculated as follows:

$$\text{Average Wage Indices} = \frac{\text{Average Wage of Employed Persons at Reference Time}}{\text{Average Wage of Persons Employeds at Base Period}} \times 100\%$$

Average Real Wage Indices average real wage of employed persons refers to the average wage of employed persons after removing the effects of the price changes and average real wage indices of employed persons refers to the change of real wage, which reflects the relative increasing or decreasing level of real wage of employed persons ,which is calculated as follows:

$$\text{Average Real Wage Indices} = \frac{\text{Average Wage Indices of Employed Persons at the Reference Time}}{\text{Urban Consumer Price Indices at Reference Time}} \times 100\%$$

Registered Unemployed Persons in Urban Areas refer to the persons with non-agricultural household registration at certain working ages (16 years old to retirement age), who are capable of working, unemployed and willing to work, and have been registered at the local employment service agencies to apply for a job.

Registered Unemployment Rate in Urban Areas refers to the ratio of the number of the registered unemployed persons to the sum of the number of persons employed in various units (minus the employed rural labour force, re-employed retirees, and Hong Kong, Macao, Taiwan or foreign employees), laid-off staff and workers in urban units, owners of private enterprises in urban areas, owners of self-employed individuals in urban areas, employees of private enterprises in urban areas, employee of self-employed individuals in urban areas, and the registered unemployed persons in urban areas.

Urban units are non-private units in urban area, and due to the adjustment of the number of non-private units in urban area,there are non-comparable factors.

固定资产投资

Investment in Fixed Assets

● 资料整理：郑颖龙

简要说明

一、主要内容

本篇包括固定资产投资的规模、结构和比例关系、资金来源、投资效果及大型项目等资料。

二、统计范围

固定资产投资统计范围包括：城乡计划总投资500万元及500万元以上建设项目投资，房地产开发投资及农户投资。

三、统计口径的变化

自1997年起，除房地产开发投资、农村非农户投资、个人投资及城镇和工矿区私人建房投资外，固定资产投资的统计起点由5万元提高到50万元。自2006年起，非农户固定资产投资统计改为按项目统计，调查方法由抽样调查改为全面统计报表，起点提高到50万元。城镇和工矿区私人建房投资改为按项目统计，起点为50万元。自2011年起，固定资产投资的统计起点由50万元提高到500万元，2010年新口径数据与2011年标准一致；取消“城镇固定资产投资”指标。

四、资料来源

农村居民投资数据来源于农村住户抽样调查，除此以外的固定资产投资统计资料均为全面统计报表，由河南省统计局固定资产投资统计处编辑整理。

Brief Introduction

I. Main Contents

Statistics in this chapter include the size, growth, structure, ratio, financing and results of the investment in fixed assets and major projects.

II. Scope of Statistics

Statistics on the investment in fixed assets cover investments in capital construction projects investment 5 million yuan and over , investments in real estate development and farm household investment.

III. Changes in Statistical Scope

Since 1997, the cut-off point of projects covered by statistics of investment in fixed assets are raised from an investment of 50,000 yuan to 500,000 yuan, except investment in real estate development, farm household investment, non-farm household investment and private investment in housing construction in urban areas and industrial and mining areas. Since 2006, statistics on investments in fixed assets of rural non-farm households are changed to project-based, the sample survey method changed from Sampling survey to comprehensive statistics, investments in private investment in housing construction in urban areas and industrial and mining areas The cut-off point has been raised to 500,000 yuan. Since 2011, the cut-off point of projects covered by statistics of investment in fixed assets are raised from an investment of 500,000 yuan to 5 million yuan, and the same as New caliber data on 2010Index of investment in fixed assets in unban areas was canceled.

IV. Sources of Data

Data on individual investments in fixed assets in rural areas are collected through sample surveys, Other data on investment in fixed assets are collected by the system of reporting form with complete enumeration, which are provided by the Department of investment in fixed assets of the Henan provincial Bureau of Statistics.

5-1 全社会固定资产投资总额

Total Investment in Fixed Assets in the whole Province

年 份 Year	全社会固定资产投资总额(亿元) Total Investment in Fixed Assets (100 million yuan)	固定资产投资 Investment	#工业投资 Industry Investment	#房地产开发投资 Real Estate Development	#基础设施投资 Infrastructure Investment	农户投资 Peasant Households Investment	#民间投资 Private Investment	#基础设施投资 Infrastructure Investment
1978	24.80							
1979	23.75							
1980	24.27							
1981	47.25							
1982	53.52							
1983	61.40							
1984	86.93							
1985	126.95	82.64				44.32	62.38	
1986	144.94	92.05				52.89	72.47	
1987	160.42	103.20				57.22	78.05	
1988	204.05	134.32				69.73	98.42	
1989	187.68	124.53			24.20	63.15	88.06	24.20
1990	206.12	139.33	87.77	3.43	29.42	66.79	97.89	29.42
1991	256.46	175.38	115.46	4.07	38.12	81.08	112.18	38.12
1992	318.83	250.07	133.83	8.78	55.03	68.76	129.68	55.03
1993	450.43	395.22	181.93	25.27	107.55	55.21	155.58	107.55
1994	628.03	560.32	238.54	49.61	163.30	67.71	215.51	163.30
1995	805.03	713.72	301.69	62.56	224.20	91.31	303.96	224.20
1996	1003.61	881.61	357.97	54.84	290.86	122.00	427.83	290.86
1997	1165.19	979.48	365.52	51.75	328.42	152.00	539.44	328.42
1998	1252.22	1047.41	337.88	58.10	382.03	193.10	595.69	382.03
1999	1324.18	1073.24	404.71	70.41	420.74	210.94	639.42	420.74
2000	1475.72	1176.76	446.77	77.87	509.22	254.95	698.79	509.22
2001	1627.99	1305.87	480.15	102.84	581.51	276.13	781.97	581.51
2002	1820.45	1483.81	524.86	138.36	628.57	295.42	911.76	628.57
2003	2310.54	1983.75	833.27	185.56	828.88	321.79	1228.28	828.88
2004	3099.38	2750.61	1287.17	258.82	1052.59	348.77	1526.42	1075.62
2005	4378.69	3928.49	1938.66	388.52	1331.78	450.20	2434.94	1368.55
2006	5907.74	5399.54	2704.35	581.95	1633.77	508.20	3600.76	1733.94
2007	8010.11	7418.57	4081.42	837.11	1694.92	591.54	5573.14	1725.19
2008	10490.65	9821.02	5385.76	1206.71	1972.73	669.63	7659.96	2008.46
2009	13704.65	12924.53	6954.42	1553.76	2687.75	780.12	10561.40	2715.39
2010	14124.69 (16585.85)	13338.05 (15799.21)	6800.63 (8223.57)	2114.08	2007.31 (3209.62)	786.64	11109.84 (13021.83)	2035.79 (3238.10)
2011	17770.51	16935.88	9110.52	2626.54	2371.06	834.63	14151.06	2399.55
2012	21449.99	20558.61	11024.18	3035.29	2755.72	891.38	17513.16	2786.17
2013	26087.45	25188.06	13132.81	3843.76	3259.53	899.39	21540.29	3293.03
2014	30782.17	30012.28	15378.16	4375.71	3883.47	769.89	26203.10	3917.96
2015	35660.34	34951.28	17023.35	4818.93	5246.64	709.06	30368.11	5278.89
2016	40415.09	39753.93	18536.63	6179.13	6770.19	661.16	32075.89	6780.45
2017	44496.93	43890.36	19190.97	7090.25	8831.39	606.58	34841.15	8855.45

注：1.1997-2003年全社会投资总额中含规模为5-50万元地方项目投资，其他指标均不包括(下同)。

2.2005年及以前年度全社会、固定资产投资及各种分组中包括城镇工矿区私人建房投资(下同)。

a) Data of investment in fixed assets in 1997~2003 contained local projects from 50000 to 500000 Yuan,other indicators didn't contained these projects (the same as in following tables)

b) Fixed assets investment in the whole province as well as investment by group in and before 2005 included the Housing investment by individuals in urban areas and in industrial and mining areas.(the same as the following tables)

5-2 各种分组的全社会固定资产投资

Total Investment in Fixed Assets in the whole Province by Group

项目	Item	2010	2011	2012	2013	2014	2015	2016	2017
投资总额(亿元)	**Total Investment (100 million yuan)**	**14124.69**	**17770.51**	**21449.99**	**26087.45**	**30782.17**	**35660.34**	**40415.09**	**44496.93**
按登记注册类型分	**By Registration status**								
国有经济	State-Owned Units	2390.83	2829.97	3177.10	3681.96	3883.08	4456.11	5636.36	6976.17
集体经济	Collective-Owned Units	1006.82	1044.34	1133.53	1348.33	1624.90	1532.78	435.83	490.95
城乡个人	Individuals	940.55	959.53	1021.83	980.57	854.46	826.35	765.36	670.68
#农村	Rural	786.64	834.63	891.38	899.40	769.89	709.06	661.16	606.58
联营经济	Joint-Ownership Economic Units	23.82	52.51	32.30	51.64	39.34	35.11	13.66	17.65
股份制经济	Share-Holding Economic Units	4267.91	6212.65	7381.51	8976.59	10767.24	13043.41	19685.99	19922.97
港澳台投资经济	Economic Units Funded by Entrepreneurs from Hong Kong, Macao and Taiwan	207.72	230.74	228.54	212.65	139.21	141.71	507.64	447.19
外商投资经济	Foreign Funded Economic Units	145.87	185.92	208.96	245.44	166.11	144.03	237.32	186.41
私营经济	Privately Owned Enterprises	4228.95	4748.55	5963.83	7791.74	9847.52	11098.51	10616.92	12740.69
其他经济	Others	912.21	1506.31	2302.39	2798.56	3460.31	4382.29	2516.01	3044.23
按隶属关系分	**Grouped by Administrative Relationship**								
中央	Central Investment	286.04	254.68	256.29	266.26	208.89	246.35	308.89	384.07
地方	Local Investment	13838.65	17515.83	21193.70	25821.20	30573.28	35414.00	40106.20	44112.86
按构成分	**Grouped by Use of Funds**								
建筑安装工程	Construction and Installation	8790.41	11161.90	13036.40	16008.51	19647.87	22912.74	27705.12	30607.70
设备、工具、器具购置	Purchase of Equipment and Instruments	3647.26	4522.66	5808.30	7285.86	8065.60	9185.75	9015.51	9728.80
其他费用	Others	1687.02	2085.96	2605.29	2793.08	3068.70	3561.86	3694.45	4160.43
资金来源(亿元)	**Source of Funds (100 million yuan)**								
国家预算内资金	State Budgetary	303.21	353.71	412.02	583.90	861.17	1228.73	1295.80	1616.68
国内贷款	Domestic Loans	1376.95	2100.74	2494.87	3271.21	4000.91	4076.22	4082.95	4075.58
债券	Bond								
利用外资	Foreign Investment	38.98	100.68	78.08	86.88	94.69	46.55	59.31	83.58
自筹资金	Fundraising	11192.79	13990.31	16790.36	20362.65	23785.09	27936.72	31513.76	34406.93
其他资金	Others	3681.56	4115.97	5129.70	1782.81	2040.31	2272.66	3463.27	3026.12
房屋建筑面积(万平方米)	**Floor Space of Buildings (10 000 sq.m)**								
施工面积	Floor Space Under Construction	67803	72560	81028	96791	89258	80328	75452	73264
#住宅	Residential Buildings	38503	41376	42960	45800	44616	42087	45175	46845
竣工面积	Floor Space Completed	29614	28120	27641	24856	24529	20641	18614	17748
#住宅	Residential Buildings	20123	19810	18074	16175	15700	12560	11952	11776

5-3 各市按城乡及三次产业分的全社会固定资产投资(2017年)
Investment in Fixed Assets in the whole Province by Rural and Urban Area and Industry (2017)

单位：亿元 (100 million yuan)

市(县)	City(County)	合计 Total	固定资产投资 Investment in Fixed Assets	农户投资 Rural Area	第一产业 Primary Industry	第二产业 Secondary Industry	第三产业 Tertiary Industry
全省	**Total**	**44496.93**	**43890.36**	**606.58**	**2473.71**	**19195.54**	**22827.68**
省辖市	**City**						
郑州市	Zhengzhou	7635.49	7573.44	62.05	89.27	1357.59	6188.63
开封市	Kaifeng	1692.99	1668.18	24.82	49.25	928.11	715.63
洛阳市	Luoyang	4600.39	4566.41	33.98	358.53	1951.81	2290.05
平顶山市	Pingdingshan	1965.14	1945.17	19.97	222.27	779.22	963.64
安阳市	Anyang	2305.21	2281.29	23.93	198.67	954.41	1152.13
鹤壁市	Hebi	908.98	901.71	7.28	42.54	497.26	369.18
新乡市	Xinxiang	2240.94	2210.53	30.41	81.72	1169.53	989.69
焦作市	Jiaozuo	2475.05	2453.77	21.28	55.39	1573.30	846.36
濮阳市	Puyang	1722.55	1703.60	18.95	58.77	828.83	834.95
许昌市	Xuchang	2558.83	2531.80	27.03	64.32	1504.45	990.07
漯河市	Luohe	1201.99	1185.29	16.70	15.53	787.51	398.95
三门峡市	Sanmenxia	1985.83	1976.89	8.94	267.59	936.65	781.59
南阳市	Nanyang	3800.06	3733.21	66.85	401.83	1780.98	1617.25
商丘市	Shangqiu	2279.35	2233.14	46.20	16.25	1172.00	1091.10
信阳市	Xinyang	2473.11	2415.04	58.07	209.12	764.70	1499.29
周口市	Zhoukou	2124.69	2047.29	77.40	190.42	1126.11	808.16
驻马店市	Zhumadian	1956.52	1897.13	59.39	129.42	830.55	996.55
济源市	Jiyuan	569.82	566.48	3.34	22.82	252.53	294.48
省直管县	**County Directly Administrated by Province**						
巩义市	Gongyi	625.44	618.21	7.23	7.96	370.62	246.86
兰考县	Lankao	205.29	198.99	6.30	3.39	124.25	77.65
汝州市	Ruzhou	377.50	374.31	3.19	29.32	149.87	198.31
滑县	Huaxian	202.60	197.71	4.88	17.81	110.82	73.96
长垣县	Changyuan	335.67	330.85	4.82	11.12	170.76	153.80
邓州市	Dengzhou	369.75	360.93	8.82	32.06	153.83	183.86
永城市	Yongcheng	405.96	403.35	2.61	3.66	205.71	196.58
固始县	Gushi	334.94	325.89	9.05	25.30	160.31	149.33
鹿邑县	Luyi	225.62	214.55	11.06	6.26	146.45	72.90
新蔡县	Xincai	168.65	161.71	6.94	10.20	63.84	94.60

5-4 各市全社会固定资产投资实际到位资金(2017年)

Actual Funds for Investment in Fixed Assets in the whole Province by City (2017)

单位：亿元 (100 million yuan)

市(县) City(County)	本年实际到位资金 Subtotal of Actual Funds for Investment	国家预算资金 State Budget	国内贷款 Domestic Loans	利用外资 Foreign Investment	自筹资金 Self-raising Funds	其他资金 Others
全　　省 Total	**43208.89**	**1616.68**	**4075.58**	**83.58**	**34406.93**	**3026.12**
省　辖　市 City						
郑　州　市 Zhengzhou	7141.83	306.85	1009.36	13.40	4643.13	1169.10
开　封　市 Kaifeng	1652.94	23.39	118.80	0.05	1437.13	73.57
洛　阳　市 Luoyang	4478.76	78.92	229.84	3.72	3709.89	456.39
平 顶 山 市 Pingdingshan	1897.62	99.70	188.03	3.25	1448.00	158.64
安　阳　市 Anyang	2236.44	50.68	93.95	4.33	1981.42	106.06
鹤　壁　市 Hebi	875.63	79.50	112.62	0.67	649.82	33.04
新　乡　市 Xinxiang	2172.32	111.64	234.47	9.49	1710.93	105.79
焦　作　市 Jiaozuo	2466.25	45.66	438.52	5.57	1917.77	58.74
濮　阳　市 Puyang	1713.64	148.24	57.91	11.80	1392.70	102.99
许　昌　市 Xuchang	2576.14	56.97	227.49	0.96	2190.00	100.73
漯　河　市 Luohe	1110.38	22.32	26.80	0.95	1043.14	17.17
三 门 峡 市 Sanmenxia	1882.73	105.99	285.46	6.71	1409.20	75.37
南　阳　市 Nanyang	3716.54	151.79	199.50	8.99	3180.35	175.92
商　丘　市 Shangqiu	2275.12	23.09	142.88	1.00	2026.60	81.55
信　阳　市 Xinyang	2426.56	137.23	283.10	4.42	1847.62	154.19
周　口　市 Zhoukou	2099.00	51.95	172.63	1.17	1809.74	63.52
驻 马 店 市 Zhumadian	1930.04	118.73	172.27	1.84	1574.12	63.08
济　源　市 Jiyuan	556.92	4.03	81.96	5.26	435.38	30.29
省 直 管 县 County Directly Administrated by Province						
巩　义　市 Gongyi	611.65		23.36		574.36	13.92
兰　考　县 Lankao	204.01		0.25		201.41	2.34
汝　州　市 Ruzhou	386.10	7.80	26.09	0.42	301.44	50.36
滑　　　县 Huaxian	203.64	0.05	0.22		192.65	10.72
长　垣　县 Changyuan	335.43	49.05	29.41		245.06	11.90
邓　州　市 Dengzhou	311.96	13.87	36.27	1.78	238.82	21.22
永　城　市 Yongcheng	413.22		0.43		393.52	19.26
固　始　县 Gushi	334.59	0.72	12.11	0.68	304.82	16.26
鹿　邑　县 Luyi	218.38	12.75	0.84		190.46	14.34
新　蔡　县 Xincai	157.41	23.95	5.88	0.05	126.21	1.32

5-5 各市按登记注册类型分的全社会固定资产投资(2017年)

Investment in Fixed Assets in the whole Province by Status of Registration and City (2017)

单位：亿元 (100 million yuan)

市(县)	City(County)	总计 Total	内资 Domestic	国有 State-owned	集体 Collective-owned	股份合作 Cooperative	联营 Joint
全省	**Total**	**44496.93**	**43863.34**	**5807.53**	**442.45**	**41.62**	**46.63**
省辖市	**City**						
郑州市	Zhengzhou	7635.49	7445.15	783.37	18.83	12.79	
开封市	Kaifeng	1692.99	1645.89	66.63	9.23	0.10	8.95
洛阳市	Luoyang	4600.39	4525.33	599.30	84.46	2.34	0.77
平顶山市	Pingdingshan	1965.14	1945.83	300.47	17.37	8.83	8.20
安阳市	Anyang	2305.21	2295.06	308.25	34.89		0.75
鹤壁市	Hebi	908.98	908.98	153.17	2.16	1.56	
新乡市	Xinxiang	2240.94	2213.34	246.16	29.00	0.20	0.88
焦作市	Jiaozuo	2475.05	2418.22	155.62	7.50	3.06	
濮阳市	Puyang	1722.55	1715.89	342.83	27.36	0.76	
许昌市	Xuchang	2558.83	2534.03	263.34	20.68	5.87	4.50
漯河市	Luohe	1201.99	1173.57	45.31	6.23		3.64
三门峡市	Sanmenxia	1985.83	1949.02	334.74	33.80		
南阳市	Nanyang	3800.06	3774.01	616.79	76.86	1.06	10.57
商丘市	Shangqiu	2279.35	2256.37	302.63	5.47		1.89
信阳市	Xinyang	2473.11	2462.99	611.15	44.28	1.05	3.24
周口市	Zhoukou	2124.69	2109.67	240.18	9.47	2.06	3.23
驻马店市	Zhumadian	1956.52	1939.02	377.30	9.58	1.95	
济源市	Jiyuan	569.82	550.99	60.27	5.27		
省直管县	**County Directly Administrated by Province**						
巩义市	Gongyi	625.44	620.18	79.29	2.98	12.24	
兰考县	Lankao	205.29	199.21	18.99	0.01		
汝州市	Ruzhou	377.50	377.38	57.38	4.30		1.57
滑县	Huaxian	202.60	202.60	21.63	0.08		0.36
长垣县	Changyuan	335.67	335.67	80.44			
邓州市	Dengzhou	369.75	366.23	113.08	0.90		9.70
永城市	Yongcheng	405.96	404.81	4.04			
固始县	Gushi	334.94	334.94	65.81		0.57	1.17
鹿邑县	Luyi	225.62	225.62	26.25			
新蔡县	Xincai	168.65	168.65	33.91	2.12	1.47	

5-5 续表 continued

单位：亿元 (100 million yuan)

市(县)	City(County)	有限责任公司 Limited Liability	股份有限公司 Share-holding	私营 Private	个体 Self-employed Individual	其他 Others	港、澳、台商投资 Funds from Hong Kong, Macao and Taiwan	外商投资 Foreign Funded
全省	**Total**	**19630.51**	**1438.98**	**12740.69**	**670.68**	**3044.23**	**447.19**	**186.41**
省辖市	**City**							
郑州市	Zhengzhou	5083.60	214.50	894.98	74.06	363.02	174.07	16.28
开封市	Kaifeng	840.31	50.34	602.05	24.82	43.46	29.52	17.58
洛阳市	Luoyang	1661.58	146.92	1529.54	36.35	464.07	47.39	27.67
平顶山市	Pingdingshan	824.98	45.29	522.59	22.78	195.32	5.34	13.97
安阳市	Anyang	924.15	61.27	755.92	30.84	178.99	7.71	2.45
鹤壁市	Hebi	469.91	38.03	147.83	7.28	89.05		
新乡市	Xinxiang	834.82	95.27	770.93	30.41	205.67	20.90	6.70
焦作市	Jiaozuo	1033.53	88.93	945.84	21.45	162.28	46.01	10.83
濮阳市	Puyang	839.80	63.92	323.87	18.95	98.40	6.66	
许昌市	Xuchang	1116.17	115.76	767.32	27.03	213.35	6.69	18.12
漯河市	Luohe	737.97	44.82	274.40	16.70	44.49	15.91	12.51
三门峡市	Sanmenxia	445.30	59.21	852.95	8.95	214.06	12.78	24.03
南阳市	Nanyang	821.50	101.79	1832.78	70.09	242.56	16.03	10.02
商丘市	Shangqiu	1003.57	83.12	711.61	46.36	101.70	22.00	0.98
信阳市	Xinyang	764.13	55.69	737.98	58.70	186.78	7.54	2.59
周口市	Zhoukou	978.02	113.22	514.94	110.99	137.56	7.88	7.14
驻马店市	Zhumadian	1006.10	56.97	370.65	60.96	55.50	7.58	9.92
济源市	Jiyuan	245.06	3.93	184.51	3.96	47.99	13.20	5.63
省直管县	**County Directly Administrated by Province**							
巩义市	Gongyi	178.25	21.07	262.99	18.83	44.53		5.26
兰考县	Lankao	67.77	8.11	73.89	6.30	24.14	2.00	4.08
汝州市	Ruzhou	172.75	3.94	84.17	3.54	49.74		0.12
滑县	Huaxian	87.22	4.41	74.59	4.88	9.41		
长垣县	Changyuan	187.34	10.40	22.71	4.82	29.97		
邓州市	Dengzhou	97.48		133.04	8.82	3.21	3.52	
永城市	Yongcheng	81.29	9.54	307.34	2.61		0.17	0.98
固始县	Gushi	167.02	6.48	22.77	9.05	62.07		
鹿邑县	Luyi	164.26	3.27	17.37	11.06	3.41		
新蔡县	Xincai	81.49	7.53	21.86	7.01	13.25		

5-6 各市分行业全社会固定资产投资(2017年)

Investment in Fixed Assets in the Urban Area by Sector and City (2017)

单位：亿元 (100 million yuan)

市(县)	City(County)	合　计 Total	农　林 牧渔业 Agriculture Forestry, Animal Husbandry and Fishery	工　业 Industry	建筑业 Constru-ction	批发和 零售业 Whole-sale and Retail Trade	交通运输 仓 储 及 邮 政 业 Transport, Storage and Post	住宿和 餐饮业 Hotels and Catering Services	信息传输、 软件和信息 技术服务业 Information Transmission, Software and Information Technology	金融业 Financial Intermediation
全　　省	**Total**	**44496.93**	**2665.55**	**19198.84**	**28.35**	**1264.71**	**2507.44**	**434.37**	**310.55**	**45.08**
省 辖 市	**City**									
郑　州　市	Zhengzhou	7635.49	92.33	1357.11	0.48	59.75	535.55	12.08	76.21	11.54
开　封　市	Kaifeng	1692.99	52.09	927.46	0.65	85.36	52.85	29.75		0.51
洛　阳　市	Luoyang	4600.39	389.90	1954.59	1.40	109.15	265.91	79.77	45.24	7.39
平顶山市	Pingdingshan	1965.14	226.92	793.65	1.43	108.25	109.29	20.18	11.77	6.53
安　阳　市	Anyang	2305.21	224.34	951.77	3.70	52.98	139.10	24.28	14.35	4.76
鹤　壁　市	Hebi	908.98	46.36	496.46	0.80	31.48	35.98	5.43	12.89	
新　乡　市	Xinxiang	2240.94	88.93	1169.47	0.49	53.80	43.36	16.81	14.38	0.35
焦　作　市	Jiaozuo	2475.05	65.36	1570.17	3.25	97.02	150.09	26.53	8.88	3.28
濮　阳　市	Puyang	1722.55	74.12	830.19	0.01	68.99	95.28	14.75	20.44	
许　昌　市	Xuchang	2558.83	69.35	1505.97	0.00	87.47	171.21	17.41	30.77	
漯　河　市	Luohe	1201.99	16.66	787.02	0.49	56.65	69.63	18.56	18.87	
三门峡市	Sanmenxia	1985.83	276.02	942.73	0.60	40.46	99.30	9.63	3.15	3.70
南　阳　市	Nanyang	3800.06	436.42	1781.28	0.02	170.96	238.46	42.77	21.60	1.09
商　丘　市	Shangqiu	2279.35	20.88	1168.95	3.05	63.02	71.87	17.16	4.46	0.41
信　阳　市	Xinyang	2473.11	219.21	756.73	7.98	64.35	196.20	53.69	5.50	4.73
周　口　市	Zhoukou	2124.69	196.62	1124.74	1.47	44.57	95.22	10.29	6.21	
驻马店市	Zhumadian	1956.52	140.65	828.23	2.32	46.38	96.85	19.94	4.83	0.80
济　源　市	Jiyuan	569.82	29.40	252.31	0.21	24.06	41.28	15.34	10.99	
省直管县	**County Directly Administrated by Province**									
巩　义　市	Gongyi	625.44	8.78	370.62		7.80	24.85	4.32		
兰　考　县	Lankao	205.29	3.66	123.60	0.65	2.70	4.48	0.01		
汝　州　市	Ruzhou	377.50	29.88	149.03	0.93	20.46	25.96		2.95	1.89
滑　　县	Huaxian	202.60	19.67	109.44	1.38	3.28	6.02	6.41	0.66	0.05
长　垣　县	Changyuan	335.67	11.12	170.76		3.59	9.10	3.33		
邓　州　市	Dengzhou	369.75	40.23	154.14		5.31	38.21	1.13	0.06	
永　城　市	Yongcheng	405.96	4.76	205.71		7.12	8.45	13.54	0.72	
固　始　县	Gushi	334.94	25.30	160.31		7.76	12.67	1.86	1.27	
鹿　邑　县	Luyi	225.62	6.26	146.55		0.54	9.78	0.10		
新　蔡　县	Xincai	168.65	11.18	63.84		9.77	8.11	3.11	0.14	0.01

5-6 续表 continued

单位：亿元 (100 million yuan)

市(县)	City(County)	房地产业 Real Estate	租赁和商务服务业 Leasing and Business Services	科学研究和技术服务业 Scientific Research, and Technical Service	水利、环境和公共设施管理业 Management of water Conservancy, Environment and Public Facilities	居民服务、修理和其他服务业 Services to Households, Repair and Other Services	教育 Education	卫生和社会工作 Health and Social Work	文化、体育和娱乐业 Culture, Sports and Entertainment	公共管理、社会保障和社会组织 Public Management, Social Security and Social Organization
全省	**Total**	**9952.00**	**422.87**	**295.17**	**5008.45**	**160.72**	**763.66**	**594.58**	**657.43**	**187.17**
省辖市	**City**									
郑州市	Zhengzhou	4130.81	71.22	41.50	884.93	41.40	133.50	56.33	119.31	11.43
开封市	Kaifeng	334.40	18.04	11.73	110.03	0.64	11.82	17.27	38.82	1.57
洛阳市	Luoyang	714.70	66.66	47.87	606.82	33.07	101.77	79.50	78.80	17.87
平顶山市	Pingdingshan	265.73	21.81	16.66	264.21	9.75	42.08	36.26	19.52	11.11
安阳市	Anyang	411.14	23.97	10.91	370.09	3.95	18.17	17.42	30.14	4.14
鹤壁市	Hebi	97.16	4.87	5.52	105.41	2.77	22.36	10.86	22.29	8.34
新乡市	Xinxiang	486.82	16.84	25.94	224.28	4.36	41.66	22.97	16.52	13.95
焦作市	Jiaozuo	213.33	37.77	22.36	156.91	7.40	29.96	29.10	19.51	34.13
濮阳市	Puyang	276.98	19.36	3.56	215.71	4.85	34.16	18.83	37.94	7.36
许昌市	Xuchang	307.93	11.85	24.33	179.88	7.57	48.83	48.54	40.71	7.00
漯河市	Luohe	131.06	12.14	5.39	65.50	0.20	7.54	8.16	3.12	1.01
三门峡市	Sanmenxia	206.78	9.47	7.34	310.70	6.91	23.00	19.26	24.00	2.79
南阳市	Nanyang	313.95	49.38	27.63	457.63	17.32	98.37	83.52	34.26	25.38
商丘市	Shangqiu	553.20	23.18	7.68	250.28	3.78	43.42	27.84	11.00	9.16
信阳市	Xinyang	666.13	2.38	3.23	325.95	2.56	33.61	41.26	81.49	8.10
周口市	Zhoukou	324.52	15.71	8.30	158.31	1.58	37.40	47.40	36.74	15.61
驻马店市	Zhumadian	478.04	3.12	20.98	227.61	8.23	27.30	27.29	15.73	8.22
济源市	Jiyuan	39.31	15.09	4.25	94.21	4.37	8.70	2.78	27.51	
省直管县	**County Directly Administrated by Province**									
巩义市	Gongyi	100.49	0.93	2.45	87.06	4.52	1.27	5.95	6.30	0.11
兰考县	Lankao	35.06	1.39	3.92	24.30	0.42	3.88		0.93	0.29
汝州市	Ruzhou	41.97	6.10		60.00	2.72	14.33	14.00	4.50	2.78
滑县	Huaxian	26.92	1.81	0.84	20.02	1.01	2.43	2.25	0.41	
长垣县	Changyuan	71.34	7.81	4.24	44.63		5.76	1.20	2.80	
邓州市	Dengzhou	53.32	3.52	2.76	47.89	0.98	13.15	6.75	1.42	0.89
永城市	Yongcheng	108.36	1.46	1.23	31.67	1.56	9.65	5.29	4.53	1.92
固始县	Gushi	60.60	0.75	0.94	51.22	0.74	5.25	3.89	2.34	0.04
鹿邑县	Luyi	31.78	2.23	0.53	12.41		3.26	8.68	3.00	0.50
新蔡县	Xincai	39.24	0.12	3.16	24.29	0.65	1.94	1.86	0.65	0.57

5-7 各市按构成分的全社会固定资产投资及房屋面积(2017年)

Total Investment in Fixed Assets and Floor Space of Buildings by Composition in Cities (2017)

市(县) City(County)	全社会固定资产投资总额(亿元) Total Investment in Fixed Assets(100 million yuan)					房屋面积(万平方米) Floor Space of Buildings (10 000 sq.m)			
	合计 Total	建筑工程 Construction	安装工程 Installation	设备、工具、器具购置 Purchase of Equipment and Instruments	其他费用 Others	施工面积 Floor Space Under Construction	#住宅 Residential Buildings	竣工面积 Floor Space Completed	#住宅 Residential Buildings
全省 Total	**44496.93**	**29796.93**	**810.77**	**9728.80**	**4160.43**	**73264**	**46845**	**17748**	**11776**
省辖市 City									
郑州市 Zhengzhou	7635.49	5047.55	112.16	767.09	1708.70	19234	12446	2048	1443
开封市 Kaifeng	1692.99	971.09	42.28	607.15	72.47	3138	1682	1112	549
洛阳市 Luoyang	4600.39	3148.35	80.30	980.19	391.54	6629	4053	1460	895
平顶山市 Pingdingshan	1965.14	1056.36	54.74	551.10	302.93	3122	2007	518	356
安阳市 Anyang	2305.21	1601.47	43.37	552.29	108.09	3206	2295	839	554
鹤壁市 Hebi	908.98	728.32	8.38	161.54	10.75	1560	769	156	92
新乡市 Xinxiang	2240.94	1566.54	40.63	542.41	91.36	3941	2807	1028	668
焦作市 Jiaozuo	2475.05	1163.02	43.10	1130.69	138.23	2009	1066	697	380
濮阳市 Puyang	1722.55	757.12	30.30	652.11	283.02	1583	1237	305	236
许昌市 Xuchang	2558.83	1703.26	88.19	681.99	85.40	2957	1941	553	425
漯河市 Luohe	1201.99	854.57	14.18	300.97	32.28	1174	929	234	217
三门峡市 Sanmenxia	1985.83	1171.21	77.17	471.57	265.87	1547	1018	298	229
南阳市 Nanyang	3800.06	2886.23	64.05	633.72	216.06	4623	3282	1408	1114
商丘市 Shangqiu	2279.35	1709.22	16.11	452.76	101.26	4167	2746	1276	672
信阳市 Xinyang	2473.11	1932.81	37.65	268.31	234.34	5175	3489	1627	1249
周口市 Zhoukou	2124.69	1701.22	10.27	371.84	41.37	4563	2329	2355	1556
驻马店市 Zhumadian	1956.52	1483.51	13.02	423.67	36.32	4166	2410	1728	1052
济源市 Jiyuan	569.82	315.08	34.88	179.41	40.46	470	339	106	89
省直管县 County Directly Administrated by Province									
巩义市 Gongyi	625.44	422.13	20.62	163.20	19.49	378	268	65	36
兰考县 Lankao	205.29	196.05	0.15	2.75	6.33	269	233	187	179
汝州市 Ruzhou	377.50	276.59	7.62	76.44	16.85	560	237	96	42
滑县 Huaxian	202.60	194.21	1.18	6.06	1.16	402	352	138	123
长垣县 Changyuan	335.67	237.48	4.27	93.36	0.57	607	430	135	80
邓州市 Dengzhou	369.75	247.71	7.71	96.31	18.01	549	475	135	129
永城市 Yongcheng	405.96	344.53	1.27	58.47	1.70	739	576	58	57
固始县 Gushi	334.94	280.85	5.04	24.48	24.56	511	326	203	179
鹿邑县 Luyi	225.62	195.63	1.36	27.21	1.42	367	286	122	122
新蔡县 Xincai	168.65	125.97	0.79	36.98	4.90	540	267	210	137

5-8 固定资产投资
Investment in Fixed Assets

项　　目	Item	2010	2011	2012	2013	2014	2015	2016	2017
投资总额(亿元)	**Total Investment (100 million yuan)**	**13338**	**16936**	**20559**	**25188**	**30012**	**34951**	**39754**	**43890**
按控股情况分	By Share-holding								
国有控股	State-holding	2721	3265	3594	4207	4333	5110	7916	9309
集体控股	Collective-holding	1372	1416	1467	1668	2015	2004	1173	1197
港澳台商控股	Hong Kong, Macao and Taiwan-holding	178	203	193	179	130	115	431	383
外商控股	Foreign-holding	116	151	149	159	123	108	131	91
私人及其他控股	Private and others-holding	8951	11900	15155	18975	23411	27615	30103	32911
按隶属关系分	Grouped by Administrative Relationship								
中央	Central Investment	286	255	256	266	209	246	309	384
地方	Local Investment	13052	16681	20302	24922	29803	34705	39445	43506
按构成分	Grouped by Use of Funds								
建筑安装工程	Construction and Installation	8097	10418	12242	15214	18956	22271	27121	30119
设备、工器具购置	Purchase of Equipment and Instruments	3567	4438	5718	7188	7995	9126	8954	9643
其他费用	Others	1674	2079	2598	2786	3061	3554	3679	4128
按建设性质分	Grouped by Type of Construction								
#新建	New Construction	8061	10894	13731	17696	21843	26228	28143	31331
扩建	Expansion	1978	2070	2185	2141	2032	2110	3430	3161
改建和技术改造	Reconstruction	956	1108	1306	1195	1308	1203	1241	1548
资金来源(亿元)	**Source of Funds (100 million yuan)**	**13704**	**17254**	**20819**	**25631**	**30163**	**34852**	**39113**	**42602**
国家预算资金	State Budget Appropriation	303	354	412	578	861	1229	1296	1617
国内贷款	Domestic Loans	1373	2093	2490	3270	3996	4066	4058	4070
债券	Bond					1			
利用外资	Foreign Investment	39	101	78	87	95	47	59	84
自筹资金	Self-raising Fund	10420	13166	15911	19474	23027	27244	30882	33847
其他资金	Others	1569	1541	1928	2222	2184	2266	2818	2986
新增固定资产(亿元)	**Newly Increased Fixed Assets (100 million yuan)**	**8842**	**11001**	**13037**	**15605**	**19673**	**25436**	**22342**	**26321**
房屋建筑面积(万平方米)	**Floor Space of Buildings (10 000 sq.m)**								
施工面积	Floor Space Under Construction	51050	56480	65885	84386	79979	73693	68766	66145
#住宅	Residential Buildings	22658	25800	29089	34650	35889	35453	39093	40017
竣工面积	Floor Space Completed	14537	14291	14703	14701	16515	14204	12596	10971
#住宅	Residential Buildings	5921	7117	6812	6603	8037	6425	6382	5221

5-9　分行业固定资产投资实际到位资金(2017年)

Actual Funds for Investment in Fixed Assets by Sector (2017)

单位：亿元　　(100 million yuan)

指　　标	Item	实际到位资金 Actual Funds	国家预算资金 State Budget	国内贷款 Domestic Loans	利用外资 Foreign Investment	自筹资金 Self-raising Funds	其他资金 Others
总　计	**Total**	**42602.31**	**1616.68**	**4069.55**	**83.58**	**33846.79**	**2985.71**
农、林、牧、渔业	**Agriculture, Forestry, animal Husbandry and Fishery**	**2519.24**	**39.74**	**167.11**	**7.95**	**2228.37**	**76.07**
农业	Agriculture	1596.71	7.34	108.51	5.34	1430.38	45.13
林业	Forestry	198.62	1.35	10.05	0.35	176.73	10.14
畜牧业	Animal Husbandry	489.85	2.32	32.76	2.26	443.39	9.13
渔业	Fishery	46.27	0.19	4.84		39.72	1.53
农、林、牧、渔服务业	Services in Support of Agriculture, Forestry, Animal Husbandry and Fishery	187.78	28.54	10.95		138.15	10.14
工业	**Industry**	**18659.96**	**125.14**	**1811.29**	**53.73**	**16378.01**	**291.78**
采矿业	Mining	481.06	3.18	55.82	0.90	410.36	10.79
煤炭开采和洗选业	Mining and Washing of Coal	120.61	2.74	4.71		111.43	1.73
石油和天然气开采业	Extraction of Petroleum and Natural Gas	18.73		3.69		15.05	
黑色金属矿采选业	Mining of Ferrous Metal Ores	21.95	0.04	0.56		21.36	
有色金属矿采选业	Mining of Non-ferrous Metal Ores	205.81		35.38	0.90	165.13	4.40
非金属矿采选业	Mining and Processing of Nonmetal Ores	90.16		10.23		75.47	4.46
开采辅助活动	Support Activitis for Mining	19.80	0.40	1.26		17.94	0.20
其他采矿业	Mining of Other Ores	3.99				3.99	
制造业	Manufacturing	16318.03	23.54	1557.99	47.88	14475.36	213.26
农副食品加工业	Processing of Food from Agricultural Products	1108.74	1.42	96.98	1.80	990.06	18.48
食品制造业	Manufacture of Foods	757.45	1.35	67.85	5.71	674.57	7.96
酒、饮料和精制茶制造业	Manufacture of Liquor, Beverages and Refined Tea	400.09	0.19	45.77	1.32	336.69	16.12
烟草制造业	Manufacture of Tobacco	16.42	0.11	0.66		15.32	0.34
纺织业	Manufacture of Textile	645.84	2.32	74.85	0.81	559.65	8.22
纺织服装、服饰业	Manufacture of Textile, Wearing Apparel and Accessories	582.41		59.94	1.12	516.51	4.84
皮革、毛皮、羽毛及其制品和制鞋业	Manufacture of Leather, Fur, Feather and Its Products, Footwear	332.80	0.06	27.41	2.49	298.17	4.67
木材加工及木、竹、藤、棕、草制品业	Processing of Timbers, Manufacture of Wood, Bamboo, Rattan, Palm, and Straw Products	359.82	0.95	16.11	1.57	338.07	3.11
家具制造业	Manufacture of Furniture	557.76	0.14	52.08	0.10	500.94	4.51
造纸及纸制品业	Manufacture of Paper and Paper Products	226.84		20.09	0.59	205.77	0.38
印刷和记录媒介复制业	Printing,Reproduction of Recording Media	121.13		13.71		105.86	1.56
文教、工美、体育和娱乐用品制造业	Manufacture of Articles for Culture, Arts ad Crafts, Sport and Entertainment Activities	238.36		8.72		227.78	1.86
石油加工、炼焦及核燃料加工业	Processing of Petroleum, Coking, Processing of Nucleus Fuel	95.72		7.92		82.39	5.42

5-9 续表 1　continued

单位：亿元　(100 million yuan)

指标	Item	实际到位资金 Actual Funds	国家预算资金 State Budget	国内贷款 Domestic Loans	利用外资 Foreign Investment	自筹资金 Self-raising Funds	其他资金 Others
化学原料及化学制品制造业	Manufacture of Raw Chemical Material and Chemical Products	989.49	0.06	119.25	5.26	857.03	7.88
医药制造业	Manufacture of Medicines	579.42		44.53		529.51	5.38
化学纤维制造业	Manufacture of Chemical Fiber	67.24		11.37		55.23	0.64
橡胶和塑料制品业	Manufacture of Rubber and Plastic Products	580.08	0.21	44.51	0.55	527.73	7.08
非金属矿物制品业	Manufacture of Non-metallic Mineral Products	1685.60	3.45	147.67	6.75	1499.47	28.25
黑色金属冶炼和压延加工业	Smelting and Pressing of Ferrous Metals	95.49	0.30	10.58		83.05	1.56
有色金属冶炼及压延加工业	Smelting and Pressing of Non-ferrous Metals	592.87	0.06	48.35	5.98	535.97	2.52
金属制品业	Manufacture of Metal Products	839.82	2.27	67.98	0.12	756.06	13.39
通用设备制造业	Manufacture of General Purpose Machinery	1059.08	4.20	117.32	1.00	920.65	15.92
专业设备制造业	Manufacture of Special Purpose Machinery	1180.50	3.15	143.35	3.41	1020.73	9.86
汽车制造业	Manufacture of Automobile	894.66	0.25	86.63	2.91	789.58	15.29
铁路、船舶、航空航天和其他运输设备制造业	Manufacture of Railway, Ship, Aerospace, and Other Transport Equipment	237.30	0.02	23.52	0.48	212.91	0.37
电气机械及器材制造业	Manufacture of Electrical Machinery and Equipment	1042.42	1.19	128.18	0.50	896.65	15.90
计算机、通信和其他电子设备制造业	Manufacture of Computer, Communication and Other Electronic Equipment	663.76		43.73	5.41	606.13	8.48
仪器仪表制造业	Manufacture of Measuring Instrument and Machinery	147.39		12.93		133.12	1.34
其他制造业	Manufacture of Others	95.50	0.22	3.60		89.81	1.88
废弃资源综合利用业	Comprehensive Utilization of Waste Resources	118.17	0.87	11.73	0.01	105.51	0.05
金属制品、机械和设备修理业	Repair Services of Metal products, Machinery and Equipment	5.86	0.76	0.66		4.44	
电力、燃气及水的生产和供应业	Production and Distribution of Electricity, Gas and Water	1860.88	98.42	197.48	4.95	1492.29	67.73
电力、热力生产和供应业	Production and Supply of Electric Power and Heat Power	1447.87	65.69	168.77	4.02	1159.44	49.96
燃气生产和供应业	Production and Supply of Gas	174.65	5.44	12.35		154.46	2.39
水的生产和供应业	Production and Supply of Water	238.35	27.29	16.36	0.93	178.39	15.37
建筑业	**Construction**	**13.41**		**0.50**		**12.45**	**0.46**
#房屋建筑业	Building Construction	2.56		0.50		2.06	
批发和零售业	**Wholesale and Retail Trade**	**1217.91**	**5.33**	**80.33**	**0.54**	**1094.85**	**36.86**
#批发业	Wholesale	420.45	1.14	31.04	0.06	378.75	9.46
交通运输、仓储和邮政业	**Transport, Storage and Post**	**2332.06**	**302.17**	**290.33**	**3.00**	**1635.74**	**100.82**
#铁路运输	Transport via Railway	58.38	5.17	21.48		31.65	0.08
道路运输业	Transport via Road	1354.86	290.31	190.79	2.85	806.21	64.70
仓储业	Storage	707.59	5.30	65.19	0.15	627.32	9.63

5-9 续表 2 continued

单位：亿元 (100 million yuan)

指标	Item	实际到位资金 Actual Funds	国家预算资金 State Budget	国内贷款 Domestic Loans	利用外资 Foreign Investment	自筹资金 Self-raising Funds	其他资金 Others
邮政业	Post	24.55	0.09	1.22		21.78	1.46
住宿和餐饮业	**Hotels and Catering Services**	**421.06**	**4.49**	**30.30**		**372.69**	**13.57**
#住宿业	Hotels	314.60	3.76	27.41		273.17	10.26
信息传输、软件和信息技术服务业	**Information Transmission, Software and Information Technology Services**	**288.84**	**3.56**	**15.28**		**266.32**	**3.68**
#电信、广播电视和卫星传输服务业	Telecom, Radio, Television and Satellite Transmission Service	43.04	0.74	5.04		37.26	
互联网和相关服务	Internet and Related Services	80.04	1.02	3.01		75.59	0.42
金融业	**Finance**	**40.51**	**3.56**	**9.08**		**26.40**	**1.47**
#货币金融服务	Monetary and Financial Services	12.24	0.33			10.88	1.03
保险业	Insurance	2.17		0.18		2.00	
房地产业	**Real Estate**	**9349.24**	**178.64**	**1096.81**	**1.88**	**5933.63**	**2138.27**
租赁和商务服务业	**Leasing and Business Services**	**405.47**	**6.39**	**37.39**	**1.48**	**344.31**	**15.90**
#商务服务业	Business Service	388.07	5.96	37.09	1.48	327.64	15.90
科学研究和技术服务业	**Scientific Research and Technical Service**	**281.76**	**7.05**	**29.38**	**4.55**	**234.42**	**6.37**
#研究和试验发展	Research and Experimental Development	60.43	3.07	8.31		44.53	4.52
专业技术服务业	Professional Technique Services	80.83	3.21	1.11		74.66	1.85
水利、环境和公共设施管理业	**Management of Water Conservancy, Environment and Public Facilities**	**4800.83**	**683.03**	**371.54**	**5.25**	**3545.32**	**195.69**
水利管理业	Management of Water Conservancy	396.65	118.99	27.77		227.76	22.12
生态保护和环境治理业	Ecological Protection and Environmental Management	291.27	18.48	25.06		243.29	4.43
公共设施管理业	Management of Public Facilities	4112.90	545.55	318.70	5.25	3074.26	169.14
居民服务、修理和其他服务业	**Service to Households, Repair and Other Services**	**144.91**	**3.48**	**26.21**	**0.43**	**111.90**	**2.90**
#居民服务业	Service to Households	99.45	3.48	25.61	0.43	67.51	2.43
教育	**Education**	**733.86**	**152.08**	**23.14**	**0.27**	**513.81**	**44.56**
卫生和社会工作	**Health and Social Work**	**564.89**	**45.72**	**34.52**	**3.29**	**461.69**	**19.67**
#卫生	Health	358.60	37.03	15.41	3.17	286.86	16.14
文化、体育和娱乐业	**Culture, Sports and Entertainment**	**642.43**	**27.95**	**42.18**	**1.20**	**541.73**	**29.38**
#广播、电视、电影和影视录音制作业	Broadcasting,Movies,Television and Audiovisual Activities	18.63		1.38		17.25	
文化艺术业	Culture and Art	349.86	15.93	17.02	0.45	291.64	24.82
公共管理、社会保障和社会组织	**Public Management,Social Welfare and Social Organization**	**185.92**	**28.35**	**4.16**		**145.16**	**8.25**
国家机构	Organ of State	134.89	19.40	2.68		107.59	5.21
社会保障	Social Welfare	14.46	5.37	1.02		7.03	1.03

5-10 按行业和注册类型分固定资产投资(2017年)

单位：亿元

指标	Item	投资额 Total Investment	中央 Central Investment	地方 Local Investment
总计	**Total**	**43890.36**	**384.07**	**43506.28**
农、林、牧、渔业	**Agriculture, Forestry, animal Husbandry and Fishery**	**2574.42**	**1.97**	**2572.45**
农业	Agriculture	1623.99	0.56	1623.43
林业	Forestry	207.12	0.48	206.63
畜牧业	Animal Husbandry	504.79	0.13	504.66
渔业	Fishery	46.68		46.68
农、林、牧、渔服务业	Services in Support of Agriculture, Forestry, Animal Husbandry and Fishery	191.84	0.80	191.04
工业	**Industry**	**19190.97**	**176.26**	**19014.71**
采矿业	Mining	506.58	37.20	469.38
煤炭开采和洗选业	Mining and Washing of Coal	124.44		124.44
石油和天然气开采业	Extraction of Petroleum and Natural Gas	18.73	18.73	
黑色金属矿采选业	Mining of Ferrous Metal Ores	21.91		21.91
有色金属矿采选业	Mining of Non-ferrous Metal Ores	219.80	18.46	201.33
非金属矿采选业	Mining and Processing of Nonmetal Ores	92.03		92.03
开采辅助活动	Support Activities for Mining	25.67		25.67
其他采矿业	Mining of Other Ores	3.99		3.99
制造业	Manufacturing	16739.77	58.84	16680.92
农副食品加工业	Processing of Food from Agricultural Products	1125.93	0.47	1125.46
食品制造业	Manufacture of Foods	772.08	0.59	771.49
酒、饮料和精制茶制造业	Manufacture of Liquor, Beverevges and Refined Tea	402.26		402.26
烟草制造业	Manufacture of Tobacco	16.40		16.40
纺织业	Manufacture of Textile	656.43		656.43
纺织服装、服饰业	Manufacture of Textile, Wearing Apparel and Accessories	585.76		585.76
皮革、毛皮、羽毛及其制品和制鞋业	Manufacture of Leather, Fur, Feather and Its Products, Footwear	339.81		339.81
木材加工及木、竹、藤、棕、草制品业	Processing of Timbers, Manufacture of Wood, Bamboo, Rattan, Palm, and Straw Products	364.65		364.65
家具制造业	Manufacture of Furniture	559.98		559.98
造纸及纸制品业	Manufacture of Paper and Paper Products	230.94		230.94
印刷和记录媒介复制业	Printing,Reproduction of Recording Media	122.58		122.58
文教、工美、体育和娱乐用品制造业	Manufacture of Articles for Culture, Arts and Crafts, Sport and Entertainment Activities	242.41		242.41
石油加工、炼焦及核燃料加工业	Processing of Petroleum ,Coking, Processing of Nucleus Fuel	95.81	0.15	95.66
化学原料及化学制品制造业	Manufacture of Raw Chemical Material and Chemical Products	1015.63	1.91	1013.72
医药制造业	Manufacture of Medicines	594.30		594.29
化学纤维制造业	Manufacture of Chemical Fiber	67.39		67.39
橡胶和塑料制品业	Manufacture of Rubber and Plastic Products	589.49	1.10	588.39
非金属矿物制品业	Manufacture of Non-metallic Mineral Products	1741.95	10.28	1731.67
黑色金属冶炼和压延加工业	Smering and pressing of Ferrous Metals	95.82		95.82
有色金属冶炼及压延加工业	Smelting and Pressing of Non-ferrous Metals	604.00	32.45	571.55
金属制品业	Manufacture of Metal Products	857.30	1.03	856.26
通用设备制造业	Manufacture of General Purpose Machinery	1069.27	0.53	1068.74
专业设备制造业	Manufacture of Special Purpose Machinery	1211.59	5.54	1206.05
汽车制造业	Manufacture of Automobile	924.95		924.95
铁路、船舶、航空航天和其他运输设备制造业	Manufacture of Railway, Ship, Aerospace, and other Transport Equipment	260.00	0.04	259.96
电气机械及器材制造业	Manufacture of Electrical Machinery and Equipment	1082.38	0.72	1081.66
计算机、通信和其他电子设备制造业	Manufacture of Computer, Communication and Other Electronic Equipment	739.30		739.30

Investment in Fixed Assets by Registration Status and Sector (2017)

(100 million yuan)

内　资 Domestic Funds	港澳台商投资 Funds from Hong Kong, Macao and Taiwan	外商投资 Foreign Funded	国有控股 State-holding	集体控股 collective-holding	私人控股 Private-holding	港澳台控股 Hong Kong, Macao and Taiwan holding	外商控股 Foreign-holding	其他控股 others
43256.76	**447.19**	**186.41**	**9308.80**	**1196.80**	**27902.80**	**383.00**	**91.07**	**5007.90**
2564.91	**7.86**	**1.65**	**159.53**	**95.13**	**1994.33**	**7.86**	**1.65**	**315.92**
1617.20	6.80		52.79	57.36	1294.81	6.80		212.23
207.12			14.73	6.80	157.62			27.96
502.08	1.06	1.65	17.73	18.02	414.30	1.07	1.65	52.03
46.68			1.03	0.58	35.44			9.64
191.84			73.25	12.36	92.17			14.06
18725.59	**307.10**	**158.28**	**1285.08**	**307.80**	**15496.41**	**259.19**	**77.39**	**1765.09**
497.99		8.59	116.87	41.20	294.43			54.08
124.44			48.65	5.68	51.54			18.57
18.73			18.73					
21.91			2.65		19.27			
211.21		8.59	28.71	29.70	156.18			5.21
92.03			4.89	0.79	56.84			29.52
25.67			13.25	5.02	6.61			0.78
3.99					3.99			
16345.21	254.18	140.38	546.14	208.56	14167.02	213.06	71.12	1533.87
1110.61	5.53	9.79	14.93	8.82	1010.28		7.81	84.09
749.76	17.83	4.48	14.40	1.22	681.13	5.70	3.92	65.71
401.33	0.93		8.29		348.57	1.41	2.97	41.03
16.40			7.30	1.91	7.20			
641.72	9.41	5.29	24.47	6.65	559.11	9.51		56.68
563.22	17.81	4.72	15.52	2.36	494.19	12.13	8.24	53.32
300.12	30.57	9.11	8.16	2.38	280.82	27.66	3.73	17.07
364.65			1.91	0.35	337.64			24.75
559.98			10.59	0.50	505.95			42.95
230.94				2.31	202.89			25.75
122.58			6.16	2.35	99.24			14.83
232.83		9.58	2.83	6.97	199.93		1.96	30.72
95.81			3.23		84.49			8.08
1010.23	3.94	1.46	87.07	10.79	801.23	3.88		112.65
579.89	6.16	8.25	9.79	27.05	509.61		2.74	45.11
67.39			0.50		65.46			1.42
587.43		2.06	12.40	4.48	514.84			57.77
1720.54	8.65	12.76	35.45	16.81	1487.01	1.64	0.80	200.24
90.56		5.26	12.56		75.17		5.26	2.83
574.07	9.85	20.08	55.14	1.66	485.01	9.85	6.88	45.47
851.75	5.54		2.70	0.86	793.38	5.54		54.81
1060.78	0.10	8.39	16.69	19.45	917.83	0.10		115.20
1202.75	1.65	7.20	27.17	8.92	1065.40	1.65		108.45
919.29		5.66	65.87	9.06	790.87		1.06	58.09
254.70		5.31	12.14	8.81	220.83		5.31	12.92
1064.75	5.89	11.74	30.28	42.88	883.46	0.99	11.74	113.04
605.65	125.14	8.51	45.96	15.15	435.52	132.52	8.47	101.68

5-10 续表

单位：亿元

指　　标	Item	投资额 Total Investment	中　央 Central Investment	地　方 Local Investment
仪器仪表制造业	Manufacture of Measuring Instrument and Machinery	147.85	4.04	143.81
其他制造业	Manufacture of Others	96.45		96.45
废弃资源综合利用业	Comprehensive Utilization of Waste Resources	121.09		121.09
金属制品、机械和设备修理业	Repairing of Metal Products, Machinery and Equipment	5.98		5.98
电力、燃气及水的生产和供应业	Production and Distribution of Electricity, Gas and Water	1944.63	80.22	1864.41
电力、热力生产和供应业	Production and Supply of Electric Power and Heat Power	1506.74	70.00	1436.74
燃气生产和供应业	Production and Supply of Gas	178.70	8.95	169.75
水的生产和供应业	Production and Supply of Water	259.19	1.27	257.92
建筑业	**Construction**	**13.38**		**13.38**
#房屋建筑业	Building Construction	2.55		2.55
批发和零售业	**Wholesale and Retail Trade**	**1252.40**	**4.37**	**1248.03**
#批发业	Wholesale	425.67	2.35	423.32
交通运输、仓储和邮政业	**Transport, Storage and Post**	**2487.54**	**54.43**	**2433.11**
#铁路运输	Transport via Railway	60.65	3.75	56.91
道路运输业	Transport via road	1470.29	6.26	1464.03
仓储业	Storage	731.26	22.73	708.53
邮政业	Post	25.72		25.72
住宿和餐饮业	**Hotels and Catering Services**	**434.10**	**0.01**	**434.09**
#住宿业	Hotels	327.25		327.25
信息传输、软件和信息技术服务业	**Information Transmission and Information Technology services**	**310.02**	**3.28**	**306.74**
#电信、广播电视和卫星传输服务业	Telecom,Radio,Television and Satellite Transmission Service	43.18	3.28	39.89
互联网和相关服务	Internet and Related Services	81.61		81.61
金融业	**Finance**	**42.98**	**0.45**	**42.53**
#货币金融服务	Monetary and Financial Services	12.47		12.47
保险业	Insurance	2.17		2.17
房地产业	**Real Estate**	**9507.21**	**95.10**	**9412.11**
租赁和商务服务业	**Leasing and Business Services**	**422.52**	**0.72**	**421.80**
#商务服务业	Business Service	405.10	0.72	404.38
科学研究和技术服务业	**Scientific Research and Technical Service**	**295.17**	**4.23**	**290.93**
#研究和试验发展	Research and Experimental Development	63.33	1.43	61.91
专业技术服务业	Professional Technique Services	87.60	2.81	84.79
水利、环境和公共设施管理业	**Management of Water Conservancy, Environment and Public Facilities**	**5005.70**	**30.14**	**4975.56**
水利管理业	Management of Water Conservancy	403.70	0.93	402.77
生态保护和环境治理业	Ecological Protection and Environmental Management	304.62	6.07	298.55
公共设施管理业	Management of Public Facilities	4297.38	23.14	4274.24
居民服务、修理和其他服务业	**Service to Households, Repair and other Services**	**151.55**		**151.55**
#居民服务业	Service to Households	106.09		106.09
教育	**Education**	**763.43**	**4.20**	**759.22**
卫生和社会工作	**Health and Social Work**	**594.52**	**3.03**	**591.49**
#卫生	Health	381.04	3.03	378.01
文化、体育和娱乐业	**Culture, Sports and Entertainment**	**657.37**	**1.52**	**655.85**
#广播、电视、电影和影视录音制作业	Broadcasting,Movies,Television and Audiovisual Activities	19.01		19.01
文化艺术业	Culture and Art	358.95	1.52	357.43
公共管理、社会保障和社会组织	**Public Management,Social welfare and Social Organization**	**187.08**	**4.34**	**182.73**
国家机构	Organ of State	134.69	3.75	130.94
社会保障	Social welfare	14.48		14.48

continued

(100 million yuan)

内　资 Domestic Funds	港澳台商投资 Funds from Hong Kong, Macao and Taiwan	外商投资 Foreign Funded	国有控股 State-holding	集体控股 collective-holding	私人控股 Private-holding	港澳台控股 Hong Kong, Macao and Taiwan holding	外商控股 Foreign-holding	其他控股 others
142.92	4.68	0.25	4.04	5.22	120.13		0.25	18.21
95.48	0.50	0.47	0.73	0.48	88.01	0.50		6.72
121.09			9.85	1.11	97.41			12.72
5.98					4.45			1.54
1882.40	52.92	9.31	622.08	58.05	1034.95	46.13	6.27	177.15
1455.80	48.20	2.74	438.84	41.60	840.21	41.84	1.01	143.24
171.57	2.90	4.23	29.92	7.58	126.88	0.92	1.82	11.57
255.03	1.82	2.34	153.32	8.87	67.86	3.36	3.44	22.34
13.38			**4.88**		**7.42**			**1.08**
2.55					2.22			0.33
1239.50	**10.68**	**2.22**	**73.79**	**30.72**	**989.86**	**10.69**	**0.12**	**147.22**
417.46	6.11	2.10	21.44	5.91	348.08	6.11		44.12
2475.79	**6.30**	**5.45**	**1258.15**	**65.44**	**921.06**	**6.30**		**236.59**
60.65			36.73	0.34	15.55			8.03
1470.29			1090.06	52.21	194.58			133.45
719.51	6.30	5.45	85.36	10.89	547.99	6.30		80.72
25.72			8.13	0.90	16.68			
434.10			**23.86**	**23.80**	**330.12**			**56.32**
327.25			18.88	20.63	244.17			43.57
304.32	**0.93**	**4.77**	**62.36**	**5.83**	**195.78**	**0.93**	**0.03**	**45.09**
43.18			35.88		1.21			6.09
80.68	0.93		8.05	0.72	67.28	0.93		4.63
42.98			**24.32**	**1.83**	**7.82**			**9.01**
12.47			4.47	0.57	3.25			4.17
2.17				1.26	0.43			0.49
9389.95	**103.35**	**13.91**	**2174.04**	**325.29**	**5454.59**	**90.88**	**11.66**	**1450.75**
415.54	**6.99**		**103.58**	**20.84**	**226.09**			**72.01**
398.11	6.99		103.07	20.84	213.23			67.96
295.17			**66.38**	**4.80**	**200.74**		**0.13**	**23.12**
63.33			16.20	0.02	45.27		0.13	1.72
87.60			32.04	4.71	39.07			11.78
5004.05	**1.62**	**0.03**	**2922.15**	**189.59**	**1318.24**	**1.62**		**574.10**
403.70			324.39	18.41	21.90			39.00
302.99	1.60	0.03	153.68	9.23	123.37	1.60		16.74
4297.36	0.02		2444.08	161.95	1172.97	0.02		518.36
151.55			**56.95**	**4.55**	**66.18**			**23.88**
106.09			52.44	4.12	32.69			16.84
763.33		**0.10**	**447.51**	**48.86**	**153.58**		**0.10**	**113.37**
594.52			**223.03**	**36.23**	**259.26**	**3.17**		**72.83**
381.04			200.49	32.69	107.69	3.17		37.00
655.02	**2.35**		**287.46**	**21.27**	**268.19**	**2.35**		**78.10**
19.01			1.33	0.39	15.00			2.29
358.95			203.02	14.01	108.27			33.64
187.08			**135.73**	**14.81**	**13.13**			**23.40**
134.69			112.16	4.84	6.70			10.98
14.48			7.89	0.87	0.50			5.22

5-11 分行业固定资产投资和在建总规模(2017年)

单位：亿元

行业	Item	建设总规模 Investment in Construction	在建总规模 Investment in Projects under Construction
总　计	**Total**	**113643.54**	**73942.98**
农、林、牧、渔业	**Agriculture, Forestry, Animal Husbandry and Fishery**	**4887.69**	**2563.37**
农业	Agriculture	3227.20	1787.67
林业	Forestry	375.48	152.65
畜牧业	Animal Husbandry	891.76	416.71
渔业	Fishery	92.10	55.47
农、林、牧、渔服务业	Services in Support of Agriculture, Forestry, Animal Husbandry and Fishery	301.14	150.87
工业	**Industry**	**36457.24**	**17515.23**
采矿业	Mining	1006.85	515.84
煤炭开采和洗选业	Mining and Washing of Coal	244.11	126.75
石油和天然气开采业	Extraction of Petroleum and Natural Gas	27.09	17.97
黑色金属矿采选业	Mining of Ferrous Metal Ores	33.21	13.04
有色金属矿采选业	Mining of Non-ferrous Metal Ores	449.97	243.87
非金属矿采选业	Mining and Processing of Nonmetal Ores	180.31	61.95
开采辅助活动	Support Activitis for Mining	62.14	42.23
其他采矿业	Mining of Other Ores	10.02	10.02
制造业	Manufacturing	31164.87	14434.36
农副食品加工业	Processing of Food from Agricultural Products	2018.04	874.12
食品制造业	Manufacture of Foods	1524.94	760.37
酒、饮料和精制茶制造业	Manufacture of Liquor, Beverages and Refined Tea	820.37	433.46
烟草制造业	Manufacture of Tobacco	60.42	50.79
纺织业	Manufacture of Textile	1276.90	439.45
纺织服装、服饰业	Manufacture of Textile, Wearing Apparel and Accessories	1159.95	498.26
皮革、毛皮、羽毛及其制品和制鞋业	Manufacture of Leather, Fur, Feather and Its Products, Footwear	711.31	406.08
木材加工及木、竹、藤、棕、草制品业	Processing of Timbers, Manufacture of Wood, Bamboo, Rattan, Palm, and Straw Products	605.50	297.03
家具制造业	Manufacture of Furniture	854.63	287.29
造纸及纸制品业	Manufacture of Paper and Paper Products	371.91	150.95
印刷和记录媒介复制业	Printing,Reproduction of Recording Media	215.61	66.80
文教、工美、体育和娱乐用品制造业	Manufacture of Articles for Culture, Arts ad Crafts, Sport and Entertainment Activities	394.69	186.20
石油加工、炼焦及核燃料加工业	Processing of Petroleum, Coking, Processing of Nucleus Fuel	229.04	110.55
化学原料及化学制品制造业	Manufacture of Raw Chemical Material and Chemical Products	1915.36	1046.80
医药制造业	Manufacture of Medicines	1194.83	616.18
化学纤维制造业	Manufacture of Chemical Fiber	152.83	79.85
橡胶和塑料制品业	Manufacture of Rubber and Plastic Products	976.51	397.80
非金属矿物制品业	Manufacture of Non-metallic Mineral Products	3121.12	1365.61
黑色金属冶炼和压延加工业	Smelting and Pressing of Ferrous Metals	200.26	122.08
有色金属冶炼及压延加工业	Smelting and Pressing of Non-ferrous Metals	1129.45	538.49
金属制品业	Manufacture of Metal Products	1535.14	690.31
通用设备制造业	Manufacture of General Purpose Machinery	1806.70	736.06
专业设备制造业	Manufacture of Special Purpose Machinery	2106.21	928.24
汽车制造业	Manufacture of Automobile	1990.49	1156.81
铁路、船舶、航空航天和其他运输设备制造业	Manufacture of Railway, Ship, Aerospace, and other Transport Equipment	559.05	263.52
电气机械及器材制造业	Manufacture of Electrical Machinery and Equipment	2116.49	1079.54
计算机、通信和其他电子设备制造业	Manufacture of Computer, Communication and Other Electronic Equipment	1446.50	501.64

Investment in Fixed Assets by Sector and Total Investment in Construction (2017)

(100 million yuan)

在建净规模 Net Investment in Projects under Construction	投资总额 Total Investment	按构成分 By Composition of Funds 建筑工程 Construction	安装工程 Installation	设备购置 Purchase of Equipment	其他费用 Others	按建设性质分 By Type of Construction #新 建 New Construction	#扩 建 Expansion	#改建和技术改造 Reconstruction and Technical Alteration
38797.00	**43890.36**	**29308.42**	**810.66**	**9643.23**	**4128.04**	**31330.74**	**3161.46**	**1547.66**
1568.41	**2574.42**	**1758.30**	**39.69**	**457.17**	**319.26**	**2395.69**	**151.95**	**24.16**
1114.94	1623.99	1121.87	25.36	277.66	199.11	1521.90	91.14	9.35
98.78	207.12	133.69	2.12	26.76	44.55	190.80	14.74	1.58
234.84	504.79	333.56	8.01	109.13	54.09	467.99	34.06	2.23
33.26	46.68	34.73	0.58	4.66	6.71	37.37	9.31	
86.60	191.84	134.46	3.62	38.96	14.80	177.63	2.69	11.00
8584.15	**19190.97**	**10474.80**	**510.43**	**7194.10**	**1011.64**	**15505.30**	**2251.94**	**921.08**
236.28	506.58	277.10	20.65	128.74	80.08	298.28	101.56	102.56
68.21	124.44	54.47	6.54	51.57	11.85	49.91	13.52	57.81
5.40	18.73	13.81	1.69	0.55	2.69	0.84	1.85	16.04
0.32	21.91	9.67	0.98	8.57	2.69	7.41	7.85	6.66
82.32	219.80	119.90	7.16	37.94	54.80	137.29	68.26	14.25
42.14	92.03	61.65	2.81	21.36	6.21	80.28	9.77	1.98
31.85	25.67	13.61	1.48	8.75	1.83	18.57	0.30	5.81
6.03	3.99	3.99				3.99		
6942.54	16739.77	9037.10	422.48	6458.46	821.72	13467.30	2055.39	761.30
476.09	1125.93	642.07	23.27	403.43	57.16	874.04	180.05	52.08
398.75	772.08	429.32	15.90	280.85	46.01	620.98	83.14	51.08
227.84	402.26	235.80	7.03	135.50	23.93	332.74	37.69	15.81
20.05	16.40	13.42	0.09	2.44	0.46	12.49	0.41	1.59
223.06	656.43	359.18	13.48	268.45	15.32	463.19	140.81	49.47
254.54	585.76	355.00	8.24	198.04	24.48	453.18	104.71	17.18
187.03	339.81	195.83	3.65	124.65	15.68	260.91	70.45	6.47
157.87	364.65	208.58	10.96	128.83	16.28	309.25	41.90	12.03
144.95	559.98	273.18	19.84	212.80	54.17	467.35	84.53	3.93
63.42	230.94	123.55	6.61	86.41	14.38	191.30	24.82	4.00
25.79	122.58	69.50	1.55	48.34	3.20	78.15	23.37	16.16
69.29	242.41	152.44	7.60	71.60	10.77	209.11	24.53	5.14
78.89	95.81	49.00	2.41	40.61	3.77	65.84	19.87	9.61
416.85	1015.63	522.78	26.36	425.82	40.66	849.29	117.16	30.88
272.87	594.30	328.22	8.80	231.33	25.95	515.51	59.06	15.08
43.65	67.39	43.51	1.29	20.45	2.13	63.68	3.43	0.28
188.63	589.49	293.23	14.70	264.14	17.42	466.49	83.17	26.04
715.96	1741.95	1000.82	47.86	597.56	95.71	1387.03	203.03	138.18
50.98	95.82	54.11	3.35	32.73	5.64	78.63	5.78	10.58
262.12	604.00	220.61	33.24	316.09	34.05	488.97	59.54	50.92
311.50	857.30	445.91	26.20	354.27	30.92	662.73	135.52	35.44
329.20	1069.27	561.30	25.37	433.01	49.59	813.56	155.11	58.04
396.03	1211.59	624.92	28.72	480.26	77.70	1051.94	89.13	31.87
601.00	924.95	528.57	24.45	319.45	52.48	743.55	125.32	41.48
109.72	260.00	146.73	8.06	98.58	6.63	225.85	26.99	4.40
548.07	1082.38	555.34	33.13	444.24	49.68	936.05	78.85	38.78
169.61	739.30	376.60	10.87	321.44	30.38	515.17	54.75	17.32

续表

单位：亿元

行　　业	Item	建设总规模 Investment in Construction	在建总规模 Investment in Projects under Construction
仪器仪表制造业	Manufacture of Measuring Instrument and Machinery	264.61	142.79
其他制造业	Manufacture of others	137.61	47.85
废弃资源综合利用业	Comprehensive Utilization of Waste Resources	258.97	158.94
金属制品、机械和设备修理业	Repairing of Metal Products, Machinery and Equipment	9.43	0.51
电力、燃气及水的生产和供应业	Production and Distribution of Electricity, Gas and Water	4285.51	2565.03
电力、热力生产和供应业	Production and Supply of Electric Power and Heat Power	3437.85	2063.99
燃气生产和供应业	Production and Supply of Gas	359.59	222.05
水的生产和供应业	Production and Supply of Water	488.07	278.99
建筑业	**Construction**	**29.81**	**19.32**
#房屋建筑业	Building Construction	3.62	2.00
批发和零售业	**Wholesale and Retail Trade**	**2503.73**	**1348.32**
#批发业	Wholesale	829.55	409.64
交通运输、仓储和邮政业	**Traffic,Transport, Storage and Post**	**7074.74**	**5132.78**
#铁路运输	Transport via Railway	120.14	86.19
道路运输业	Transport via Road	4632.59	3604.52
仓储业	Storage	1573.46	870.52
邮政业	Post	34.82	24.26
住宿和餐饮业	**Hotels and Catering Services**	**874.35**	**508.80**
#住宿业	Hotels	702.88	445.16
信息传输、软件和信息技术服务业	**Information Transmission, Software and Information Technology Services**	**795.02**	**543.40**
#电信、广播电视和卫星传输服务业	Telecom, Radio, Television and Satellite Transmission Service	179.66	115.72
互联网和相关服务	Internet and Related Services	159.40	92.46
金融业	**Finance**	**110.12**	**76.35**
#货币金融服务	Monetary and Financial Services	24.51	10.53
保险业	Insurance	2.51	0.24
房地产业	**Real Estate**	**41582.95**	**33253.17**
租赁和商务服务业	**Leasing and Business Services**	**1725.61**	**1468.59**
#商务服务业	Business Service	1693.77	1456.88
科学研究和技术服务业	**Scientific Research and Technical Service**	**653.39**	**444.01**
#研究和试验发展	Research and Experimental Development	151.76	99.63
专业技术服务业	Professional Technique Services	174.37	105.97
水利、环境和公共设施管理业	**Management of Water Conservancy, Environment and Public Facilities**	**11886.10**	**7923.68**
水利管理业	Management of Water Conservancy	1049.26	757.81
生态保护和环境治理业	Ecological Protection and Environmental Management	706.61	425.60
公共设施管理业	Management of Public Facilities	10130.22	6740.27
居民服务、修理和其他服务业	**Service to Households, Repair and other Services**	**282.52**	**134.82**
#居民服务业	Service to Households	206.81	110.32
教育	**Education**	**1446.18**	**848.55**
卫生和社会工作	**Health and Social Work**	**1257.93**	**719.46**
#卫生	Health	789.42	444.98
文化、体育和娱乐业	**Culture, Sports and Entertainment**	**1666.36**	**1164.34**
#广播、电视、电影和影视录音制作业	Broadcasting, Movies, Television and Audiovisual Activities	56.63	42.19
文化艺术业	Culture and Art	947.92	664.17
公共管理、社会保障和社会组织	**Public Management, Social Welfare and Social Organization**	**409.80**	**278.78**
国家机构	Organ of State	319.18	239.24
社会保障	Social welfare	19.49	6.97

continued

(100 million yuan)

在建净规模 Net Investment in Projects under Construction	投资总额 Total Investment	按构成分 By Composition of Funds				按建设性质分 By Type of Construction		
		建筑工程 Construction	安装工程 Installation	设备购置 Purchase of Equipment	其他费用 Others	#新 建 New Construction	#扩 建 Expansion	#改建和技术改造 Reconstruction and Technical Alteration
68.26	147.85	83.00	4.07	55.57	5.21	119.37	13.34	14.05
22.79	96.45	68.78	1.55	24.10	2.01	91.57	3.87	0.91
107.73	121.09	73.54	3.56	34.28	9.70	113.54	5.05	2.49
	5.98	2.27	0.27	3.20	0.24	5.84		
1405.33	1944.63	1160.60	67.30	606.89	109.84	1739.73	95.00	57.22
1121.34	1506.74	880.39	51.07	492.19	83.10	1346.60	70.64	41.78
146.68	178.70	103.37	8.68	59.28	7.37	160.67	10.63	5.90
137.31	259.19	176.84	7.55	55.43	19.37	232.46	13.73	9.54
15.55	**13.38**	**8.93**	**0.81**	**2.90**	**0.75**	**9.95**	**1.49**	**0.46**
1.07	2.55	2.05	0.06	0.35	0.10	1.57	0.98	
703.47	**1252.40**	**925.40**	**18.55**	**221.70**	**86.75**	**1152.95**	**63.49**	**28.64**
238.82	425.67	296.10	7.58	92.05	29.94	397.63	20.23	3.65
3120.75	**2487.54**	**1854.08**	**25.32**	**317.50**	**290.64**	**2147.13**	**124.32**	**166.85**
34.14	60.65	54.66	0.45	2.84	2.70	46.15	14.16	
2328.66	1470.29	1131.03	9.87	118.28	211.12	1235.48	53.76	153.30
402.03	731.26	515.12	12.49	144.86	58.79	676.95	50.25	2.46
9.18	25.72	19.29	0.33	4.18	1.92	25.16	0.56	
245.46	**434.10**	**339.35**	**6.84**	**61.37**	**26.54**	**373.08**	**42.03**	**18.23**
211.61	327.25	251.41	5.25	49.42	21.17	282.61	30.54	13.35
283.24	**310.02**	**202.53**	**5.93**	**67.07**	**34.49**	**284.02**	**16.07**	**2.39**
80.83	43.18	29.60	0.33	11.54	1.70	38.42	0.95	
47.61	81.61	56.17	0.52	15.69	9.23	75.19	5.58	0.58
52.51	**42.98**	**32.57**	**0.32**	**4.94**	**5.16**	**40.66**	**0.50**	**0.61**
8.93	12.47	8.91	0.19	2.64	0.73	10.45	0.50	0.61
0.20	2.17	1.91	0.03	0.24		2.17		
16639.59	**9507.21**	**7437.79**	**91.03**	**328.94**	**1649.45**	**2206.47**	**111.02**	**52.98**
1067.99	**422.52**	**310.60**	**6.20**	**71.12**	**34.59**	**409.85**	**2.24**	**9.26**
1058.25	405.10	300.41	5.76	65.38	33.55	392.84	2.24	9.26
260.72	**295.17**	**198.47**	**4.71**	**72.45**	**19.53**	**269.46**	**4.58**	**11.61**
58.79	63.33	40.79	1.01	15.47	6.05	60.61	0.35	1.47
56.69	87.60	61.52	0.86	21.70	3.52	75.20		6.59
4464.28	**5005.70**	**3978.18**	**66.16**	**538.08**	**423.28**	**4492.65**	**213.68**	**233.23**
448.88	403.70	329.02	4.95	33.09	36.63	354.68	18.93	24.65
307.25	304.62	198.70	5.90	68.34	31.69	232.89	8.31	57.75
3708.14	4297.38	3450.46	55.31	436.65	354.96	3905.08	186.45	150.83
77.09	**151.55**	**116.00**	**2.29**	**23.06**	**10.21**	**140.45**	**2.17**	**7.50**
61.42	106.09	85.30	1.49	12.26	7.04	97.01	1.57	6.57
485.27	**763.43**	**611.15**	**8.50**	**76.18**	**67.59**	**651.17**	**74.92**	**20.12**
371.14	**594.52**	**441.88**	**7.69**	**95.74**	**49.20**	**490.48**	**57.85**	**19.23**
211.04	381.04	282.17	4.68	69.47	24.72	290.12	49.31	14.64
657.30	**657.37**	**471.61**	**13.00**	**84.32**	**88.44**	**598.93**	**36.96**	**16.89**
24.32	19.01	14.70	0.36	3.19	0.77	17.07	1.13	0.45
381.67	358.95	247.33	8.74	49.44	53.44	325.89	17.19	12.03
200.09	**187.08**	**146.79**	**3.18**	**26.59**	**10.52**	**162.49**	**6.26**	**14.42**
173.26	134.69	107.78	2.52	19.82	4.57	116.07	4.39	12.87
3.03	14.48	11.02	0.06	0.49	2.91	14.36	0.12	

5-12 各市分行业固定资产投资(2017年)

单位：亿元

市(县) City(County)	合计 Total	农林牧渔业 Agriculture Forestry, Animal Husbandry and Fishery	工业 Industry	建筑业 Construction	批发和零售业 Wholesale and Retail Trade	交通运输仓储及邮政业 Transport, Storage and Post	住宿和餐饮业 Hotels and Catering Services	信息传输、软件和信息技术服务业 Information Transmission, Software and Information Technology Services
全 省 Total	**43890.36**	**2574.42**	**19190.97**	**13.38**	**1252.40**	**2487.54**	**434.10**	**310.02**
省 辖 市 City								
郑 州 市 Zhengzhou	7573.44	86.77	1353.76	0.48	54.87	526.57	12.08	76.21
开 封 市 Kaifeng	1668.18	50.22	927.46	0.65	82.98	52.85	29.75	
洛 阳 市 Luoyang	4566.41	385.33	1954.01	1.29	108.16	265.70	79.76	45.17
平 顶 山 市 Pingdingshan	1945.17	223.21	793.61	1.38	107.58	108.60	20.17	11.77
安 阳 市 Anyang	2281.29	221.03	951.76	1.38	52.18	136.65	24.28	14.35
鹤 壁 市 Hebi	901.71	43.15	496.17		31.08	35.98	5.20	12.89
新 乡 市 Xinxiang	2210.53	85.87	1169.47	0.49	53.76	43.18	16.81	13.96
焦 作 市 Jiaozuo	2453.77	64.15	1569.85	2.17	96.84	149.81	26.53	8.88
濮 阳 市 Puyang	1703.60	73.27	829.28		68.23	95.28	14.75	20.44
许 昌 市 Xuchang	2531.80	69.29	1505.97		87.47	170.57	17.41	30.77
漯 河 市 Luohe	1185.29	13.63	787.02	0.49	56.65	69.34	18.56	18.87
三 门 峡 市 Sanmenxia	1976.89	273.67	942.73	0.55	40.46	99.30	9.63	3.15
南 阳 市 Nanyang	3733.21	425.98	1779.58		170.96	236.26	42.77	21.56
商 丘 市 Shangqiu	2233.14	12.76	1168.31	3.04	63.02	70.38	17.13	4.46
信 阳 市 Xinyang	2415.04	206.98	756.73		64.35	196.17	53.69	5.50
周 口 市 Zhoukou	2047.29	185.94	1124.74	1.47	44.57	93.65	10.29	6.21
驻 马 店 市 Zhumadian	1897.13	123.88	828.22		45.17	96.26	19.94	4.83
济 源 市 Jiyuan	566.48	29.30	252.31		24.06	40.99	15.34	10.99
省 直 管 县 County Directly Administrated by Province								
巩 义 市 Gongyi	618.21	8.78	367.27		7.16	24.49	4.32	
兰 考 县 Lankao	198.99	3.66	123.60	0.65	2.70	4.48	0.01	
汝 州 市 Ruzhou	374.31	29.62	148.99	0.88	19.93	25.43		2.95
滑 县 Huaxian	197.71	19.52	109.44	1.38	3.28	6.02	6.41	0.66
长 垣 县 Changyuan	330.85	10.70	170.76		3.59	9.10	3.33	
邓 州 市 Dengzhou	360.93	37.91	154.14		5.31	38.21	1.13	0.06
永 城 市 Yongcheng	403.35	4.59	205.71		7.12	8.45	13.54	0.72
固 始 县 Gushi	325.89	24.02	160.31		7.76	12.67	1.86	1.27
鹿 邑 县 Luyi	214.55	5.76	146.55		0.54	9.78	0.10	
新 蔡 县 Xincai	161.71	8.80	63.84		9.77	8.11	3.11	0.14

Investment in Fixed Assets by Sector and City (2017)

(100 million yuan)

金融业 Finance	房地产业 Real Estate	租赁和商务服务业 Leasing and Business Services	科学研究和技术服务业 Scientific Research, and Technical Service	水利、环境和公共设施管理业 Management of Water Conservancy, Environment and Public Facilities	居民服务、修理和其他服务业 Service to Households, Repair and other Services	教育 Education	卫生和社会工作 Health and Social work	文化、体育和娱乐业 Culture, Sports and Entertainment	公共管理、社会保障和社会组织 Public Management, Social Security and Social Organization
42.98	**9507.21**	**422.52**	**295.17**	**5005.70**	**151.55**	**763.43**	**594.52**	**657.37**	**187.08**
11.54	4092.25	71.09	41.50	884.93	40.82	133.50	56.33	119.31	11.43
0.51	313.93	18.04	11.73	110.03	0.54	11.82	17.27	38.82	1.57
5.29	689.84	66.65	47.87	606.82	32.74	101.68	79.50	78.74	17.87
6.53	251.57	21.81	16.66	264.21	9.30	41.94	36.26	19.52	11.04
4.76	397.18	23.95	10.91	370.02	2.97	18.17	17.42	30.14	4.14
	94.98	4.70	5.52	105.41	2.77	22.36	10.86	22.29	8.34
0.35	460.13	16.84	25.94	224.28	4.34	41.66	22.97	16.52	13.95
3.28	195.17	37.77	22.36	156.91	7.36	29.96	29.10	19.51	34.13
	260.62	19.36	3.56	215.71	4.80	34.16	18.83	37.94	7.36
	281.61	11.85	24.33	179.88	7.57	48.83	48.54	40.71	7.00
	117.68	12.14	5.39	65.50	0.20	7.54	8.16	3.12	1.01
3.70	200.23	9.47	7.34	310.70	6.91	23.00	19.26	24.00	2.79
1.09	261.53	49.37	27.63	457.63	17.32	98.37	83.52	34.26	25.38
0.41	519.09	23.18	7.68	248.66	3.61	43.41	27.84	11.00	9.16
4.73	628.53	2.38	3.23	325.95	2.40	33.61	41.20	81.49	8.10
	260.45	15.71	8.30	157.26	1.58	37.40	47.40	36.74	15.58
0.80	445.82	3.12	20.98	227.61	1.96	27.30	27.29	15.73	8.22
	36.58	15.09	4.25	94.21	4.37	8.70	2.78	27.51	
	98.21	0.93	2.45	87.06	3.93	1.27	5.95	6.30	0.11
	28.82	1.39	3.92	24.30	0.36	3.88		0.93	0.29
1.89	40.47	6.10		60.00	2.52	14.33	14.00	4.50	2.71
0.05	22.72	1.81	0.84	19.95	0.55	2.43	2.25	0.41	
	66.94	7.81	4.24	44.63		5.76	1.20	2.80	
	46.82	3.52	2.76	47.89	0.98	13.15	6.75	1.42	0.89
	105.92	1.46	1.23	31.67	1.56	9.65	5.29	4.53	1.92
	52.83	0.75	0.94	51.22	0.74	5.25	3.89	2.34	0.04
	21.22	2.23	0.53	12.41		3.26	8.68	3.00	0.50
0.01	34.69	0.12	3.16	24.29	0.65	1.94	1.86	0.65	0.57

5-13 各市按三次产业分的固定资产投资和建设总规模(2017年)

Investment in Fixed Assets by Type of Industry and Total Investment in Construction by City (2017)

单位：亿元 (100 million yuan)

市(县)	City(County)	投资总额 Total Investment	第一产业 Primary Industry	第二产业 Secondary Industry	第三产业 Tertiary Industry	建设总规模 Investment in Construction	在建总规模 Investment in Projects under Construction	在建净规模 Net Investment in Projects under Construction
全省	**Total**	**43890.36**	**2382.58**	**19172.70**	**22335.07**	**113643.54**	**73942.98**	**38797.00**
省辖市	**City**							
郑州市	Zhengzhou	7573.44	83.71	1354.24	6135.49	27453.68	21804.26	11119.59
开封市	Kaifeng	1668.18	47.38	928.11	692.68	4368.62	2588.42	1409.44
洛阳市	Luoyang	4566.41	353.96	1951.13	2261.32	10601.39	6166.58	3152.66
平顶山市	Pingdingshan	1945.17	218.56	779.13	947.47	5199.65	3485.32	2013.62
安阳市	Anyang	2281.29	195.35	952.09	1133.84	4985.10	2684.84	1320.67
鹤壁市	Hebi	901.71	39.32	496.17	366.21	2496.65	1485.28	841.01
新乡市	Xinxiang	2210.53	78.66	1169.53	962.34	5343.95	3000.05	1669.85
焦作市	Jiaozuo	2453.77	54.19	1571.90	827.69	4794.30	2777.03	1306.47
濮阳市	Puyang	1703.60	57.92	827.90	817.77	4004.92	2387.20	1291.71
许昌市	Xuchang	2531.80	64.25	1504.44	963.11	6104.17	4007.01	2116.35
漯河市	Luohe	1185.29	12.51	787.51	385.27	2672.50	1376.19	755.07
三门峡市	Sanmenxia	1976.89	265.24	936.60	775.05	4281.48	2678.28	1278.77
南阳市	Nanyang	3733.21	391.40	1779.25	1562.57	9332.96	6097.12	3450.45
商丘市	Shangqiu	2233.14	8.13	1171.35	1053.66	5566.11	3269.40	1698.13
信阳市	Xinyang	2415.04	196.88	756.73	1461.43	4898.94	2584.15	1240.41
周口市	Zhoukou	2047.29	179.74	1126.11	741.44	4709.77	2752.10	1427.18
驻马店市	Zhumadian	1897.13	112.65	828.22	956.26	5712.02	4163.42	2407.39
济源市	Jiyuan	566.48	22.72	252.31	291.45	1117.36	636.33	298.22
省直管县	**County Directly Administrated by Province**							
巩义市	Gongyi	618.21	7.96	367.27	242.99	1291.00	792.26	311.74
兰考县	Lankao	198.99	3.39	124.25	71.35	596.20	422.88	293.30
汝州市	Ruzhou	374.31	29.06	149.78	195.48	1202.81	919.75	621.95
滑县	Huaxian	197.71	17.67	110.82	69.23	539.89	362.72	251.44
长垣县	Changyuan	330.85	10.70	170.76	149.40	715.57	442.31	271.32
邓州市	Dengzhou	360.93	29.74	153.83	177.36	759.35	459.16	188.89
永城市	Yongcheng	403.35	3.49	205.71	194.15	850.88	550.47	116.75
固始县	Gushi	325.89	24.02	160.31	141.56	658.66	415.90	169.01
鹿邑县	Luyi	214.55	5.76	146.45	62.34	542.45	324.82	163.77
新蔡县	Xincai	161.71	7.82	63.84	90.05	541.80	413.33	208.45

5-14 各市按建设性质和构成性质分的固定资产投资(2017年)

Investment in Fixed Assets by Type of Construction, Composition of Funds and City (2017)

单位：亿元 (100 million yuan)

市(县) City(County)	投资总额 Total Investment	按建设性质分 by Type of Construction #新建 New Construction	#扩建 Expansion	#改建和技术改造 Reconstruction	按构成性质分 by Composition of Funds 建筑工程 Construction	安装工程 Installation	设备购置 Purchase of Equipment	其他费用 Others
全省 Total	**43890.36**	**31330.74**	**3161.46**	**1547.66**	**29308.42**	**810.66**	**9643.23**	**4128.04**
省辖市 City								
郑州市 Zhengzhou	7573.44	3571.83	193.71	159.80	5008.99	112.16	761.69	1690.60
开封市 Kaifeng	1668.18	1145.37	218.20	25.12	950.45	42.28	605.44	70.00
洛阳市 Luoyang	4566.41	3491.31	328.94	247.96	3118.14	80.30	977.22	390.75
平顶山市 Pingdingshan	1945.17	1470.42	150.25	131.14	1039.10	54.74	549.09	302.24
安阳市 Anyang	2281.29	1710.26	146.90	109.33	1586.49	43.26	546.29	105.25
鹤壁市 Hebi	901.71	721.54	48.08	38.70	725.31	8.38	158.29	9.73
新乡市 Xinxiang	2210.53	1623.95	100.88	70.55	1539.28	40.63	539.30	91.32
焦作市 Jiaozuo	2453.77	2004.70	209.10	89.00	1143.31	43.10	1129.24	138.11
濮阳市 Puyang	1703.60	1282.39	220.47	35.53	740.52	30.30	649.85	282.93
许昌市 Xuchang	2531.80	2108.03	151.91	52.60	1676.90	88.19	681.97	84.75
漯河市 Luohe	1185.29	919.50	56.52	34.98	840.19	14.18	298.96	31.97
三门峡市 Sanmenxia	1976.89	1497.83	235.10	111.16	1164.67	77.17	469.63	265.41
南阳市 Nanyang	3733.21	3119.36	295.54	97.99	2832.09	64.05	621.39	215.68
商丘市 Shangqiu	2233.14	1559.13	243.48	91.25	1671.73	16.11	445.01	100.30
信阳市 Xinyang	2415.04	1800.82	102.66	75.80	1885.77	37.65	257.46	234.17
周口市 Zhoukou	2047.29	1389.59	344.89	80.27	1637.15	10.27	359.15	40.72
驻马店市 Zhumadian	1897.13	1460.88	89.04	28.62	1436.53	13.02	413.90	33.67
济源市 Jiyuan	566.48	453.84	25.79	67.87	311.79	34.88	179.36	40.46
省直管县 County Directly Administrated by Province								
巩义市 Gongyi	618.21	532.92	22.98	4.89	419.84	20.62	159.94	17.81
兰考县 Lankao	198.99	172.35	1.98	1.99	189.82	0.15	2.69	6.33
汝州市 Ruzhou	374.31	299.30	20.02	39.83	275.09	7.62	75.08	16.52
滑县 Huaxian	197.71	175.25	4.91		189.93	1.18	6.05	0.55
长垣县 Changyuan	330.85	293.01	2.91	0.50	232.66	4.27	93.36	0.57
邓州市 Dengzhou	360.93	310.30	13.57	9.27	241.21	7.71	94.22	17.78
永城市 Yongcheng	403.35	277.89	39.44	36.83	342.07	1.27	58.31	1.70
固始县 Gushi	325.89	267.92	20.39	4.73	272.04	5.04	24.25	24.56
鹿邑县 Luyi	214.55	181.69	13.44	0.73	185.06	1.36	26.71	1.42
新蔡县 Xincai	161.71	132.51	4.40	2.04	121.42	0.79	34.60	4.90

5-15 各市按登记注册类型分的固定资产投资(2017年)

单位：亿元

市(县) City(County)	总计 Total	内资 Domestic	国有 State-owned	集体 Collective-owned	股份合作 Cooperative	联营 Joint
全省 Total	**43890.36**	**43256.76**	**5807.53**	**442.45**	**41.62**	**46.63**
省辖市 City						
郑州市 Zhengzhou	7573.44	7383.10	783.37	18.83	12.79	
开封市 Kaifeng	1668.18	1621.08	66.63	9.23	0.10	8.95
洛阳市 Luoyang	4566.41	4491.35	599.30	84.46	2.34	0.77
平顶山市 Pingdingshan	1945.17	1925.86	300.47	17.37	8.83	8.20
安阳市 Anyang	2281.29	2271.13	308.25	34.89		0.75
鹤壁市 Hebi	901.71	901.71	153.17	2.16	1.56	
新乡市 Xinxiang	2210.53	2182.93	246.16	29.00	0.20	0.88
焦作市 Jiaozuo	2453.77	2396.94	155.62	7.50	3.06	
濮阳市 Puyang	1703.60	1696.94	342.83	27.36	0.76	
许昌市 Xuchang	2531.80	2506.99	263.34	20.68	5.87	4.50
漯河市 Luohe	1185.29	1156.87	45.31	6.23		3.64
三门峡市 Sanmenxia	1976.89	1940.08	334.74	33.80		
南阳市 Nanyang	3733.21	3707.16	616.79	76.86	1.06	10.57
商丘市 Shangqiu	2233.14	2210.16	302.63	5.47		1.89
信阳市 Xinyang	2415.04	2404.92	611.15	44.28	1.05	3.24
周口市 Zhoukou	2047.29	2032.27	240.18	9.47	2.06	3.23
驻马店市 Zhumadian	1897.13	1879.63	377.30	9.58	1.95	
济源市 Jiyuan	566.48	547.65	60.27	5.27		
省直管县 County Directly Administrated by Province						
巩义市 Gongyi	618.21	612.95	79.29	2.98	12.24	
兰考县 Lankao	198.99	192.91	18.99	0.01		
汝州市 Ruzhou	374.31	374.19	57.38	4.30		1.57
滑县 Huaxian	197.71	197.71	21.63	0.08		0.36
长垣县 Changyuan	330.85	330.85	80.44			
邓州市 Dengzhou	360.93	357.41	113.08	0.90		9.70
永城市 Yongcheng	403.35	402.19	4.04			
固始县 Gushi	325.89	325.89	65.81		0.57	1.17
鹿邑县 Luyi	214.55	214.55	26.25			
新蔡县 Xincai	161.71	161.71	33.91	2.12	1.47	

Investment in Fixed Assets by Status of Registration and City (2017)

(100 million yuan)

有限责任公司 Limited Liability	股份有限公司 Share-holding	私营 Private	个体 Self-employed Individual	其他 Others	港、澳、台商投资 Funds from Hong Kong, Macao and Taiwan	外商投资 Foreign Funded
19630.51	**1438.98**	**12740.69**	**64.10**	**3044.23**	**447.19**	**186.41**
5083.60	214.50	894.98	12.01	363.02	174.07	16.28
840.31	50.34	602.05		43.46	29.52	17.58
1661.58	146.92	1529.54	2.37	464.07	47.39	27.67
824.98	45.29	522.59	2.81	195.32	5.34	13.97
924.15	61.27	755.92	6.91	178.99	7.71	2.45
469.91	38.03	147.83		89.05		
834.82	95.27	770.93		205.67	20.90	6.70
1033.53	88.93	945.84	0.17	162.28	46.01	10.83
839.80	63.92	323.87		98.40	6.66	
1116.17	115.76	767.32		213.35	6.69	18.12
737.97	44.82	274.40		44.49	15.91	12.51
445.30	59.21	852.95	0.01	214.06	12.78	24.03
821.50	101.79	1832.78	3.25	242.56	16.03	10.02
1003.57	83.12	711.61	0.16	101.70	22.00	0.98
764.13	55.69	737.98	0.63	186.78	7.54	2.59
978.02	113.22	514.94	33.59	137.56	7.88	7.14
1006.10	56.97	370.65	1.57	55.50	7.58	9.92
245.06	3.93	184.51	0.63	47.99	13.20	5.63
178.25	21.07	262.99	11.60	44.53		5.26
67.77	8.11	73.89		24.14	2.00	4.08
172.75	3.94	84.17	0.35	49.74		0.12
87.22	4.41	74.59		9.41		
187.34	10.40	22.71		29.97		
97.48		133.04		3.21	3.52	
81.29	9.54	307.34			0.17	0.98
167.02	6.48	22.77		62.07		
164.26	3.27	17.37		3.41		
81.49	7.53	21.86	0.07	13.25		

5-16 各市固定资产投资实际到位资金(2017年)
Actual Funds for Investment in Fixed Assets by City (2017)

单位：亿元 (100 million yuan)

市(县)	City(County)	本年实际到位资金 Subtotal of Actual Funds for Investment	国家预算资金 State Budget	国内贷款 Domestic Loans	利用外资 Foreign Investment	自筹资金 Self-raising Funds	其他资金 Others
全省	**Total**	**42602.31**	**1616.68**	**4069.55**	**83.58**	**33846.79**	**2985.71**
省辖市	**City**						
郑州市	Zhengzhou	7081.52	306.85	1009.36	13.40	4582.82	1169.10
开封市	Kaifeng	1628.13	23.39	118.57	0.05	1412.64	73.48
洛阳市	Luoyang	4444.78	78.92	229.48	3.72	3682.17	450.49
平顶山市	Pingdingshan	1877.65	99.70	187.97	3.25	1428.88	157.84
安阳市	Anyang	2212.51	50.68	93.35	4.33	1959.21	104.94
鹤壁市	Hebi	868.36	79.50	111.79	0.67	644.90	31.50
新乡市	Xinxiang	2141.91	111.64	233.45	9.49	1681.54	105.79
焦作市	Jiaozuo	2443.23	45.66	438.52	5.57	1894.78	58.70
濮阳市	Puyang	1694.69	148.24	57.91	11.80	1374.00	102.74
许昌市	Xuchang	2549.11	56.97	227.49	0.96	2168.70	94.99
漯河市	Luohe	1093.68	22.32	26.80	0.95	1027.41	16.20
三门峡市	Sanmenxia	1873.79	105.99	285.46	6.71	1400.26	75.37
南阳市	Nanyang	3649.69	151.79	198.21	8.99	3117.23	173.47
商丘市	Shangqiu	2228.92	23.09	142.68	1.00	1985.44	76.71
信阳市	Xinyang	2368.49	137.23	283.10	4.42	1795.02	148.72
周口市	Zhoukou	2021.60	51.95	172.63	1.17	1740.16	55.70
驻马店市	Zhumadian	1870.65	118.73	170.83	1.84	1519.57	59.68
济源市	Jiyuan	553.59	4.03	81.96	5.26	432.05	30.29
省直管县	**County Directly Administrated by Province**						
巩义市	Gongyi	604.42		23.36		567.13	13.92
兰考县	Lankao	197.71		0.25		195.11	2.34
汝州市	Ruzhou	382.92	7.80	26.03	0.42	298.74	49.93
滑县	Huaxian	198.75	0.05	0.22		187.76	10.72
长垣县	Changyuan	330.61	49.05	29.41		240.24	11.90
邓州市	Dengzhou	303.14	13.87	36.27	1.78	230.00	21.22
永城市	Yongcheng	410.60		0.43		392.42	17.75
固始县	Gushi	325.54	0.72	12.11	0.68	295.77	16.26
鹿邑县	Luyi	207.32	12.75	0.84		179.40	14.34
新蔡县	Xincai	150.47	23.95	5.88	0.05	119.27	1.32

5-17 工业主要产业投资完成额及结构

Investment in Fixed Assets in High-growth industries, Traditional Pillar Industrial Exterprises and Six Carrying Energy Industrial Enterprises

单位：亿元 (100million yuan)

行业	Sector	2016	占工业投资比重(%) Percentage of Industry Investment (%)	2017	占工业投资比重(%) Percentage of Industry Investment (%)
五大主导产业	**High-growth industries**	**8840.2**	**47.7**	**8321.6**	**43.4**
装备制造	Electronic Information Industry	4143.8	22.4	4043.5	21.1
食品制造	Equipment Manufacturing Industry	2334.9	12.6	2316.7	12.1
新型材料制造	Automobile and Parts Industry	689.5	3.7	297.2	1.5
电子制造	Food Industry	751.5	4.1	739.3	3.9
汽车制造	Modern Furniture Industry	920.6	5.0	925.0	4.8
传统产业	**Traditional Pillar Industries**	**6558.2**	**35.4**	**7075.6**	**36.9**
冶金工业	Metallurgical Industry	712.5	3.8	699.8	3.6
建材工业	Building Materials Industry	1573.7	8.5	1622.5	8.5
化学工业	Chemical Industry	1223.5	6.6	1238.6	6.5
轻纺工业	Textile Industry	1474.6	8.0	1686.0	8.8
能源工业	Energy Industry	1574.0	8.5	1828.6	9.5
高技术产业(制造业)	**High-tech Industries(Manufacturing)**	**1822.5**	**9.8**	**1826.4**	**9.5**
高载能工业	**Six Carrying Energy Industrial**	**4866.9**	**26.3**	**5088.6**	**26.5**
煤炭开采和洗选业	Mining and Washing of Coal	70.4	0.4	124.4	0.6
化学原料及化学制品制造业	Manufacture of Raw Chemical Material and Chemical Products	1024.1	5.5	1015.6	5.3
非金属矿物制品业	Manufacture of Non-metallic Mineral Products	1720.3	9.3	1742.0	9.1
黑色金属冶炼及压延加工业	Smelting and Pressing of Ferrous Metals	96.8	0.5	95.8	0.5
有色金属冶炼及压延加工业	Smelting and Pressing of Non-ferrous Metals	615.7	3.3	604.0	3.1
电力、热力的生产和供应业	Production and Supply of Electric Power and Heat Power	1339.6	7.2	1506.7	7.9
工业技术改造投资	**Investment in Industrial Technological Transformation**	**2028.4**	**10.9**	**2992.8**	**15.6**

5-18 能源原材料工业投资额及结构

Investment and Structure of Energy Raw Material Industry

行　业	Sector	2016	2017
能源原材料工业(亿元)	**Energy and raw material industrial (100 million)**	**6414.84**	**6685.33**
煤炭开采和洗选业	Mining and Washing of Coal	70.43	124.44
石油和天然气开采业	Extraction of Petroleum and Natural Gas	12.66	18.73
黑色金属矿采选业	Mining of Ferrous Metal Ores	16.30	21.91
有色金属矿采选业	Mining of Non-ferrous Metal Ores	354.91	219.80
非金属矿采选业	Mining of Nonmetal Ores	99.85	92.03
石油加工、炼焦和核燃料加工业	Processing of Petroleum ,Coking, Processing of Nucleus Fuel	88.38	95.81
化学原料和化学制品制造业	Manufacture of Raw Chemical Material and Chemical Products	1024.07	1015.63
橡胶和塑料制品业	Manufacture of Rubber and Plastic	504.68	589.49
非金属矿物制品业	Manufacture of Non-metallic Mineral Products	1720.32	1741.95
黑色金属冶炼和压延加工业	Smelting and Pressing of Ferrous Metals	96.83	95.82
有色金属冶炼和压延加工业	Smelting and Pressing of Non-ferrous Metals	615.65	604.00
废弃资源综合利用业	Comprehensive Utilization of Waste Resources	78.95	121.09
电力、热力生产和供应业	Production and Supply of Electric Power and Heat Power	1339.56	1506.74
燃气生产和供应业	Production and Distribution of Gas	151.35	178.70
水的生产和供应业	Production and Distribution of Water	240.90	259.19
能源原材料工业占工业投资比重(%)	**Proportion in Investment of Industry Enterprises (%)**	**34.6**	**34.8**
煤炭开采和洗选业	Mining and Washing of Coal	0.4	0.6
石油和天然气开采业	Extraction of Petroleum and Natural Gas	0.1	0.1
黑色金属矿采选业	Mining of Ferrous Metal Ores	0.1	0.1
有色金属矿采选业	Mining of Non-ferrous Metal Ores	1.9	1.1
非金属矿采选业	Mining and Processing of Nonmetal Ores	0.5	0.5
石油加工、炼焦和核燃料加工业	Processing of Petroleum ,Coking, Processing of Nucleus Fuel	0.5	0.5
化学原料和化学制品制造业	Manufacture of Raw Chemical Material and Chemical Products	5.5	5.3
橡胶和塑料制品业	Manufacture of Rubber and Plastic	2.7	3.1
非金属矿物制品业	Manufacture of Non-metallic Mineral Products	9.3	9.1
黑色金属冶炼和压延加工业	Manufacture and Processing of Ferrous Metals	0.5	0.5
有色金属冶炼和压延加工业	Manufacture and Processing of Non-ferrous Metals	3.3	3.1
废弃资源综合利用业	Comprehensive Utilization of Waste Materials	0.4	0.6
电力、热力生产和供应业	Production and Supply of Electric Power and Heat Power	7.2	7.9
燃气生产和供应业	Production and Supply of Gas	0.8	0.9
水的生产和供应业	Production and Supply of Water	1.3	1.4

5-19 各市能源工业投资
Investment in Energy Industry by City

单位：亿元 (100 million yuan)

年份 Year 市(县) City(County)	合计 Total	煤炭开采及洗选业 Mining and Washing of Coal	石油和天然气开采业 Extraction of Petroleum and Natural Gas	石油加工、炼焦和核燃料加工业 Processing of Petroleum, Coking, Processing of Nucleus Fuel	电力、热力及燃气的生产和供应业 Production and Supply of Electric Power, Heat Power and Gas
2005	523.11	122.62	55.83	21.10	323.56
2006	606.29	162.67	55.40	26.95	361.27
2007	697.43	234.03	68.40	39.03	355.97
2008	869.09	302.55	72.75	46.83	446.96
2009	971.24	335.29	73.21	59.36	503.37
2010	812.32	256.15	71.23	76.08	408.87
2010(新口径 New Caliber)	707.83	225.48	71.23	65.97	345.16
2011	824.27	295.80	56.90	96.29	375.28
2012	785.22	247.61	59.16	77.80	400.65
2013	868.14	187.27	50.28	69.07	561.51
2014	754.92	145.50	33.01	59.16	517.25
2015	1153.83	99.98	31.45	99.79	922.61
2016	1662.38	70.43	12.66	88.38	1490.90
2017	1924.42	124.44	18.73	95.81	1685.44
省辖市 City					
郑州市 Zhengzhou	138.62	42.79		0.23	95.60
开封市 Kaifeng	51.84	0.47		8.37	43.01
洛阳市 Luoyang	198.46	6.65		20.57	171.24
平顶山市 Pingdingshan	158.88	12.91		6.18	139.80
安阳市 Anyang	202.29	8.99		6.66	186.64
鹤壁市 Hebi	42.04	1.03		6.25	34.76
新乡市 Xinxiang	98.11	2.76		1.55	93.80
焦作市 Jiaozuo	71.46	8.22		7.89	55.35
濮阳市 Puyang	115.29	0.20	7.38	15.82	91.90
许昌市 Xuchang	99.27	12.22		4.05	83.01
漯河市 Luohe	44.31	0.08		0.95	43.28
三门峡市 Sanmenxia	169.27	20.63		3.30	145.34
南阳市 Nanyang	184.89	0.09	11.36	3.81	169.64
商丘市 Shangqiu	61.89	4.61		0.72	56.55
信阳市 Xinyang	62.30	0.05		0.79	61.46
周口市 Zhoukou	97.90			1.63	96.27
驻马店市 Zhumadian	68.44	0.28		0.45	67.71
济源市 Jiyuan	59.14	2.46		6.60	50.09
省直管县 County Directly Administrated by Province					
巩义市 Gongyi	32.51	4.57			27.94
兰考县 Lankao	8.51				8.51
汝州市 Ruzhou	37.29	6.23		3.86	27.20
滑县 Huaxian	21.25				21.25
长垣县 Changyuan	20.95	0.82			20.13
邓州市 Dengzhou	29.57				29.57
永城市 Yongcheng	8.92	4.03		0.30	4.58
固始县 Gushi	9.59			0.79	8.80
鹿邑县 Luyi	9.88				9.88
新蔡县 Xincai	2.99				2.99

5-20 分行业固定资产投资项目个数及新增固定资产(2017年)

Number of Projects of Investment in Fixed Assets and Newly Increased Fixed Assets by Sector (2017)

行业	Item	在建规模(亿元) Investment in Projects under Construction (100 million yuan)	#新开工规模 Started in This Year	施工项目(个) Number of Projects under Construction (unit)	#新开工 Started in This Year	全部投产项目(个) Number of Projects Completed and Put into Use (unit)	新增固定资产(亿元) Newly Increased Fixed Assets (100 million yuan)
总计	**Total**	**79263**	**36438**	**41325**	**32403**	**29406**	**24696**
农、林、牧、渔业	**Agriculture, Forestry, Animal Husbandry and Fishery**	**4888**	**2756**	**4625**	**3700**	**3494**	**1844**
农业	Agriculture	3227	1805	2806	2270	2093	1129
林业	Forestry	375	191	325	243	240	177
畜牧业	Animal Husbandry	892	513	1022	805	788	378
渔业	Fishery	92	28	78	60	61	29
农、林、牧、渔服务业	Services in Support of Agriculture, Forestry, animal Husbandry and Fishery	301	219	394	322	312	131
工业	**Industry**	**36457**	**16925**	**19335**	**15274**	**14094**	**13827**
采矿业	Mining	1007	446	467	342	359	358
煤炭开采和洗选业	Mining and Washing of Coal	244	115	135	104	113	83
石油和天然气开采业	Extraction of Petroleum and Natural Gas	27	21	9	7	3	9
黑色金属矿采选业	Mining of Ferrous Metal Ores	33	11	15	11	13	25
有色金属矿采选业	Mining of Non-ferrous Metal Ores	450	156	102	59	72	143
非金属矿采选业	Mining and Processing of Nonmetal Ores	180	82	172	131	133	86
开采辅助活动	Support Activities for Mining	62	52	32	28	25	11
其他采矿业	Mining of Other Ores	10	10	2	2		
制造业	Manufacturing	31165	14628	16795	13263	12219	12178
农副食品加工业	Processing of Food from Agricultural Products	2018	1092	1221	968	873	817
食品制造业	Manufacture of Foods	1525	710	781	617	556	563
酒、饮料和精制茶制造业	Manufacture of Liquor, Beverages and Refined Tea	820	333	381	294	265	297
烟草制造业	Manufacture of Tobacco	60	23	16	10	10	7
纺织业	Manufacture of Textile	1277	448	635	464	476	579
纺织服装、服饰业	Manufacture of Textile, Wearing Apparel and Accessories	1160	555	722	567	509	475
皮革、毛皮、羽毛及其制品和制鞋业	Manufacture of Leather, Fur, Feather and Its Products, Footwear	711	384	347	283	228	202
木材加工及木、竹、藤、棕、草制品业	Processing of Timbers, Manufacture of Wood, Bamboo, Rattan, Palm, and Straw Products	606	380	540	463	345	234
家具制造业	Manufacture of Furniture	855	511	639	549	469	394
造纸及纸制品业	Manufacture of Paper and Paper Products	372	173	290	237	229	184
印刷和记录媒介复制业	Printing, Reproduction of Recording Media	216	104	146	120	114	96
文教、工美、体育和娱乐用品制造业	Manufacture of Articles for Culture, Arts and Crafts, Sport and Entertainment Ativities	395	183	235	185	169	151
石油加工、炼焦及核燃料加工业	Processing of Petroleum, Coking, Processing of Nucleus Fuel	229	119	82	53	70	75
化学原料及化学制品制造业	Manufacture of Raw Chemical Material and Chemical Products	1915	783	886	695	642	645
医药制造业	Manufacture of Medicines	1195	517	429	302	290	411
化学纤维制造业	Manufacture of Chemical Fiber	153	80	48	36	35	61
橡胶和塑料制品业	Manufacture of Rubber and Plastic Products	977	543	676	558	520	442
非金属矿物制品业	Manufacture of Non-metallic Mineral Products	3121	1616	2360	1905	1815	1317
黑色金属冶炼和压延加工业	Smelting and Pressing of Ferrous Metals	200	97	80	64	58	46
有色金属冶炼及压延加工业	Smelting and Pressing of Non-ferrous Metals	1129	493	410	308	316	480
金属制品业	Manufacture of Metal Products	1535	759	921	747	671	625
通用设备制造业	Manufacture of General Purpose Machinery	1807	880	1224	988	945	828
专业设备制造业	Manufacture of Special Purpose Machinery	2106	967	1069	829	761	941
汽车制造业	Manufacture of Automobile	1990	881	674	494	455	645
铁路、船舶、航空航天和其他运输设备制造业	Manufacture of Railway, Ship, Aerospace, and other Transport Equipment	559	207	176	121	118	164
电气机械及器材制造业	Manufacture of Electrical Machinery and Equipment	2116	883	868	647	616	644
计算机、通信和其他电子设备制造业	Manufacture of Computer Communication and Other Electronic Equipment	1447	509	373	259	260	585

行业	Item	在建规模(亿元) Investment in Projects under Construction (100 million yuan)	#新开工规模 Started in This Year	施工项目(个) Number of Projects under Construction (unit)	#新开工 Started in This Year	全部投产项目(个) Number of Projects Completed and Put into Use (unit)	新增固定资产(亿元) Newly Increased Fixed Assets (100 million yuan)
仪器仪表制造业	Manufacture of Measuring Instrument and Machinery	265	152	176	154	118	105
其他制造业	Manufacture of others	138	101	189	171	139	72
废弃资源综合利用业	Comprehensive Utilization of Waste Materials	259	144	189	164	137	87
金属制品、机械和设备修理业	Repairing of Metal Products, Machinery and Equipment	9	4	12	11	10	6
电力、燃气及水的生产和供应业	Production and Distribution of Electricity, Gas and Water	4286	1850	2073	1669	1516	1291
电力、热力生产和供应业	Production and Supply of Electric Power and Heat Power	3438	1424	1464	1166	1072	1015
燃气生产和供应业	Production and Supply of Gas	360	165	260	229	205	127
水的生产和供应业	Production and Supply of Water	488	261	349	274	239	149
建筑业	**Construction**	**30**	**29**	**37**	**36**	**24**	**9**
#房屋建筑业	Building Construction	4	4	4	4	3	2
批发和零售业	**Wholesale and Retail Trade**	**2504**	**1145**	**1820**	**1462**	**1262**	**836**
#批发业	Wholesale	830	418	612	497	426	313
交通运输、仓储和邮政业	**Transport, Storage and Post**	**7075**	**3134**	**2440**	**1867**	**1653**	**1399**
#铁路运输	Transport via Railway	120	11	18	7	8	22
道路运输业	Transport via Road	4633	2298	1596	1287	1067	765
仓储业	Storage	1573	487	661	467	493	509
邮政业	Post	35	31	34	31	21	11
住宿和餐饮业	**Hotels and Catering Services**	**874**	**322**	**595**	**462**	**429**	**307**
#住宿业	Hotels	703	211	339	247	240	222
信息传输、软件和信息技术服务业	**Information Transmission, Software and Information Technology Services**	**795**	**306**	**232**	**171**	**149**	**161**
#电信、广播电视和卫星传输服务业	Telecom,Radio,Television and Satellite Transmission Service	180	51	26	17	17	26
互联网和相关服务	Internet and Related Services	159	57	76	57	56	41
金融业	**Finance**	**110**	**44**	**47**	**39**	**32**	**24**
#货币金融服务	Monetary and Financial Services	25	13	24	22	19	9
保险业	Insurance	3	2	6	4	5	2
房地产业	**Real Estate**	**7202**	**2110**	**1486**	**855**	**881**	**1307**
租赁和商务服务业	**Leasing and Business Services**	**1726**	**639**	**402**	**338**	**236**	**232**
#商务服务业	Business Service	1694	613	363	301	203	219
科学研究和技术服务业	**Scientific Research and Technical Service**	**653**	**344**	**334**	**271**	**218**	**179**
#研究和试验发展	Research and Experimental Development	152	85	74	57	43	47
专业技术服务业	Professional Technique Services	174	116	116	98	77	58
水利、环境和公共设施管理业	**Management of Water Conservancy, Environment and Public Facilities**	**11886**	**6045**	**6193**	**4882**	**4239**	**3066**
水利管理业	Management of Water Conservancy	1049	564	487	378	326	233
生态保护和环境治理业	Ecological Protection and Environmental Management	707	439	378	319	298	220
公共设施管理业	Management of Public Facilities	10130	5042	5328	4185	3615	2614
居民服务、修理和其他服务业	**Service to Households, Repair and Other Services**	**283**	**156**	**283**	**231**	**210**	**114**
#居民服务业	Service to Households	207	108	165	121	123	72
教育	**Education**	**1446**	**867**	**1491**	**1187**	**1064**	**508**
卫生和社会工作	**Health and Social Work**	**1258**	**605**	**804**	**613**	**546**	**385**
#卫生	Health	789	386	530	407	362	254
文化、体育和娱乐业	**Culture, Sports and Entertainment**	**1666**	**647**	**753**	**614**	**540**	**373**
#广播、电视、电影和影视录音制作业	Broadcasting,Movies,Television and Audiovisual Activities	57	28	32	27	25	10
文化艺术业	Culture and Art	948	313	434	355	323	205
公共管理、社会保障和社会组织	**Public Management,Social Welfare and Social Organization**	**410**	**364**	**448**	**401**	**335**	**124**
国家机构	Organ of State	319	293	288	262	210	77
社会保障	Social welfare	19	15	28	19	22	10

5-21 各市固定资产投资项目个数和在建规模

Number of Projects of Investment in Fixed Assets and Investment in Projects under Construction

年份 Year / 市(县) City(County)	施工项目(个) Number of Projects under Construction (unit)	#新开工 Started in This Year	全部建成投产项目(个) Number of Projects Completed (unit)	全部建成投产率(%) Rate of Construction Projects Completed (%)	在建规模(亿元) Investment in Projects under Construction (100 million yuan)	#新开工 Started in This Year
2005	21983	18254	15889	72.3	7695.80	3497.32
2006	26522	22685	20467	77.2	9475.15	4210.22
2007	37501	32426	28660	76.4	12112.77	6555.77
2008	44123	37575	35032	79.4	14725.49	8687.27
2009	52790	46133	41654	78.9	20204.60	13922.86
2010	48651	38652	35323	72.6	27675.97	17545.39
2010(新口径 New Caliber)	43075	33549	29973	69.6	22986.67	14481.25
2011	32091	19612	20466	63.8	32945.44	17807.55
2012	27886	17278	16776	60.2	42713.41	22390.48
2013	24215	13698	14069	58.1	53548.82	26038.14
2014	24602	14687	13996	56.9	61621.40	26785.12
2015	24083	14061	16810	69.8	62976.65	26743.35
2016	24602	17959	16409	66.7	64499.46	35713.38
2017	41325	32403	29406	71.2	79262.54	36437.55
省辖市 City						
郑州市 Zhengzhou	3455	2433	2287	66.2	13295.04	4092.26
开封市 Kaifeng	1315	1042	874	66.5	3060.31	1446.84
洛阳市 Luoyang	3747	2898	2994	79.9	8199.81	4314.12
平顶山市 Pingdingshan	3016	2576	2001	66.3	3713.49	2084.74
安阳市 Anyang	2358	2068	1793	76.0	3674.22	2185.18
鹤壁市 Hebi	1395	1039	986	70.7	1975.19	702.88
新乡市 Xinxiang	2744	2445	2231	81.3	3517.92	2039.50
焦作市 Jiaozuo	1937	1477	1377	71.1	4285.43	2300.54
濮阳市 Puyang	1741	1386	1302	74.8	3133.29	1637.66
许昌市 Xuchang	2119	1564	1378	65.0	4811.48	2143.63
漯河市 Luohe	615	374	449	73.0	2143.61	910.64
三门峡市 Sanmenxia	1501	1146	1011	67.4	3600.58	1789.42
南阳市 Nanyang	5339	4192	4027	75.4	7601.47	2886.97
商丘市 Shangqiu	2271	1813	1270	55.9	4018.02	1918.60
信阳市 Xinyang	2744	2132	2057	75.0	3415.95	1862.58
周口市 Zhoukou	2565	1937	1672	65.2	3714.71	1886.54
驻马店市 Zhumadian	1878	1445	1302	69.3	4148.68	1742.25
济源市 Jiyuan	585	436	395	67.5	953.34	493.21
省直管县 County Directly Administrated by Province						
巩义市 Gongyi	631	507	452	71.6	1140.57	506.58
兰考县 Lankao	484	448	253	52.3	503.51	297.46
汝州市 Ruzhou	603	511	460	76.3	1008.90	494.46
滑县 Huaxian	462	409	278	60.2	420.62	289.23
长垣县 Changyuan	280	235	180	64.3	589.86	419.45
邓州市 Dengzhou	556	451	302	54.3	636.56	313.68
永城市 Yongcheng	653	574	90	13.8	590.21	276.57
固始县 Gushi	582	447	304	52.2	501.98	282.60
鹿邑县 Luyi	263	177	123	46.8	437.95	171.51
新蔡县 Xincai	338	244	145	42.9	440.70	199.54

5-22 各市亿元及以上固定资产投资项目投资情况(2017年)

Investment of Projects above 100 Million yuan by City (2017)

市(县) City(County)	施工项目(个) Number of Projects under Construction (unit)	#新开工 Started in This Year	在建规模(亿元) Total Investment Under Corstruction (100 million yuan)	#新开工 Started in This Year	本年完成投资(亿元) Investment Completed in this year (100 million yuan)
全　省 Total	**12140**	**6146**	**67774.49**	**26612.68**	**27054.02**
省辖市 City					
郑州市 Zhengzhou	1274	608	12427.04	3478.59	3489.55
开封市 Kaifeng	491	251	2750.11	1154.14	1150.77
洛阳市 Luoyang	1333	782	7123.36	3458.54	3206.65
平顶山市 Pingdingshan	592	326	2771.24	1231.97	1016.39
安阳市 Anyang	567	347	3016.62	1561.48	1429.24
鹤壁市 Hebi	278	92	1542.91	350.67	498.02
新乡市 Xinxiang	488	282	2662.56	1226.34	1057.38
焦作市 Jiaozuo	796	502	3821.19	1930.17	1925.41
濮阳市 Puyang	531	323	2751.78	1320.45	1240.70
许昌市 Xuchang	695	297	4179.52	1611.11	1836.26
漯河市 Luohe	391	191	1975.57	839.02	942.46
三门峡市 Sanmenxia	571	322	3220.46	1460.13	1508.50
南阳市 Nanyang	1350	466	6104.98	1514.38	2202.36
商丘市 Shangqiu	737	352	3467.98	1399.18	1456.11
信阳市 Xinyang	602	302	2484.14	1085.71	1206.85
周口市 Zhoukou	727	383	3046.27	1334.29	1298.43
驻马店市 Zhumadian	541	240	3665.43	1318.87	1210.84
济源市 Jiyuan	176	80	763.35	337.66	378.09
省直管县 County Directly Administrated by Province					
巩义市 Gongyi	151	75	936.17	324.34	389.98
兰考县 Lankao	68	44	359.71	160.72	82.08
汝州市 Ruzhou	160	79	832.92	324.39	195.59
滑县 Huaxian	70	40	307.65	184.98	102.31
长垣县 Changyuan	142	109	525.90	362.02	245.38
邓州市 Dengzhou	93	39	482.42	180.32	210.41
永城市 Yongcheng	112	56	440.29	134.19	218.85
固始县 Gushi	86	40	296.61	114.12	148.85
鹿邑县 Luyi	99	42	373.25	120.56	154.19
新蔡县 Xincai	74	29	378.75	153.71	109.57

5-23 各市施工、竣工房屋建筑面积及竣工价值
Floor Space and Value of Buildings under Construction and Completed by City

	施工房屋建筑面积（万平方米）Floor Space Under Construction (10 000 sq.m)	#住宅 Residential Buildings	竣工房屋建筑面积（万平方米）Floor Space Completed (10 000 sq.m)	#住宅 Residential Buildings
2005	15413.62	7576.97	7550.16	3715.38
2006	18750.06	8750.92	8095.71	3147.69
2007	26899.30	13145.07	11832.65	4667.34
2008	33856.85	16809.66	13416.52	5197.16
2009	43284.53	19299.84	16008.93	5590.59
2010	51476.60	22709.88	15121.38	6075.41
2010(新口径 New Caliber)	51049.72	22657.97	14537.36	5920.74
2011	56480.43	25799.52	14290.72	7116.73
2012	65885.02	29089.23	14702.60	6811.91
2013	84386.05	34649.82	14701.06	6602.76
2014	79978.89	35889.25	16515.03	8036.68
2015	73693.45	35452.76	14203.57	6424.79
2016	68765.65	39092.57	12596.20	6381.94
2017	66145.34	40017.36	10971.41	5221.35
省辖市 City				
郑州市 Zhengzhou	18872.71	12084.67	1717.77	1113.36
开封市 Kaifeng	2802.70	1349.12	775.86	215.93
洛阳市 Luoyang	6052.32	3569.20	956.95	457.26
平顶山市 Pingdingshan	2884.38	1771.24	279.80	120.20
安阳市 Anyang	2994.56	2092.85	629.99	352.11
鹤壁市 Hebi	1523.02	739.31	119.64	63.67
新乡市 Xinxiang	3534.57	2415.84	678.79	321.77
焦作市 Jiaozuo	1648.09	717.80	343.51	39.26
濮阳市 Puyang	1370.94	1031.52	92.78	33.06
许昌市 Xuchang	2642.63	1629.21	251.04	127.33
漯河市 Luohe	993.28	767.76	67.50	60.20
三门峡市 Sanmenxia	1414.20	885.06	165.17	96.21
南阳市 Nanyang	3753.57	2422.67	566.20	275.39
商丘市 Shangqiu	3686.93	2266.95	801.25	201.24
信阳市 Xinyang	4644.99	2998.46	1127.09	781.64
周口市 Zhoukou	3386.97	1176.71	1189.95	411.59
驻马店市 Zhumadian	3536.61	1826.82	1166.23	526.13
济源市 Jiyuan	402.88	272.19	41.88	25.00
省直管县 County Directly Administrated by Province				
巩义市 Gongyi	340.58	231.03	38.89	9.45
兰考县 Lankao	164.22	128.43	81.63	74.30
汝州市 Ruzhou	546.84	223.38	82.38	28.78
滑县 Huaxian	342.81	292.95	78.94	64.25
长垣县 Changyuan	541.58	369.66	78.47	23.13
邓州市 Dengzhou	451.37	377.72	37.21	31.83
永城市 Yongcheng	690.48	527.23	14.42	13.05
固始县 Gushi	391.03	217.38	99.38	84.04
鹿邑县 Luyi	258.01	176.59	12.90	12.90
新蔡县 Xincai	494.20	221.82	164.67	91.44

5-24 分行业农村农户固定资产投资

Investment in Fixed Assets of Households in Rural Area by Sector

单位：亿元 (100 million yuan)

产　　业	Branch	2010	2011	2012	2013	2014	2015	2016	2017
总　　计	**Total**	**786.64**	**834.63**	**891.38**	**899.40**	**769.88**	**709.06**	**661.16**	**606.58**
农、林、牧、渔业	Agriculture, Forestry, Animal Husbandry and Fishery	85.04	79.87	79.15	88.80	78.38	72.46	90.68	91.13
工业	Industry	4.49	2.64	5.55	6.20	6.71	7.39	4.18	7.87
采矿业	Mining						0.01		0.04
制造业	Manufacturing	4.09	2.32	4.89	5.51	6.04	6.62	4.18	6.96
电力、热力、燃气及水的生产和供应业	Production and Distribution of Electricity,Gas and Water	0.40	0.32	0.65	0.70	0.66	0.75		0.88
建筑业	Construction	2.63	2.55	5.33	5.20	4.81	4.57		14.97
交通运输、仓储和邮政业	Transport, Storage and Post	28.08	28.17	30.45	32.84	33.25	31.20	9.93	19.91
批发和零售业	Wholesale and Retail Trade	3.45	3.08	3.21	3.97	3.98	4.01	14.33	12.31
住宿和餐饮业	Hotels and Catering Services	0.25	0.26	0.24	0.27	0.28	3.69		0.27
房地产业	Real estate	641.27	696.87	745.02	734.20	612.20	559.29	535.03	444.78
居民服务和其他服务业	Service to Households and Other Services	21.43	21.19	22.44	24.61	27.02	23.33	1.55	9.16

5-25 各市按三次产业分的农村农户固定资产投资(2017年)

Investment in Fixed Assets of Households in Rural Area by Industry and City (2017)

单位：亿元 (100 million yuan)

市(县) City(County)	投资总额 Total Investment	第一产业 Primary Industry	第二产业 Secondary Industry	#工业 Industry	第三产业 Tertiary Industry
省辖市 City					
郑州市 Zhengzhou	62.05	5.56	3.35	3.35	53.14
开封市 Kaifeng	24.82	1.87			22.95
洛阳市 Luoyang	33.98	4.57	0.68	0.57	28.72
平顶山市 Pingdingshan	19.97	3.71	0.09	0.04	16.17
安阳市 Anyang	23.93	3.32	2.33	0.01	18.29
鹤壁市 Hebi	7.28	3.22	1.09	0.29	2.97
新乡市 Xinxiang	30.41	3.06			27.35
焦作市 Jiaozuo	21.28	1.20	1.41	0.33	18.67
濮阳市 Puyang	18.95	0.85	0.93	0.91	17.17
许昌市 Xuchang	27.03	0.07	0.01	0.01	26.95
漯河市 Luohe	16.70	3.02			13.67
三门峡市 Sanmenxia	8.94	2.35	0.05		6.54
南阳市 Nanyang	66.85	10.44	1.73	1.70	54.68
商丘市 Shangqiu	46.20	8.11	0.65	0.64	37.44
信阳市 Xinyang	58.07	12.23	7.98		37.86
周口市 Zhoukou	77.40	10.69			66.72
驻马店市 Zhumadian	59.39	16.77	2.33	0.01	40.29
济源市 Jiyuan	3.34	0.10	0.21		3.03
省直管县 County Directly Administrated by Province					
巩义市 Gongyi	7.23		3.35	3.35	3.87
兰考县 Lankao	6.30				6.30
汝州市 Ruzhou	3.19	0.26	0.09	0.04	2.84
滑县 Huaxian	4.88	0.15			4.74
长垣县 Changyuan	4.82	0.42			4.40
邓州市 Dengzhou	8.82	2.32			6.50
永城市 Yongcheng	2.61	0.18			2.44
固始县 Gushi	9.05	1.28			7.77
鹿邑县 Luyi	11.06	0.50			10.56
新蔡县 Xincai	6.94	2.38			4.55

5-26 各市按构成性质分的农村农户固定资产投资(2017年)

Investment in Fixed Assets of Households in Rural Area by City and Composition of Funds (2017)

单位：亿元 (100 million yuan)

市(县)	City(County)	投资总额 Total Investment	建筑工程 Construction	安装工程 Installation	设备购置 Purchase of Equipment	其他费用 Others
省辖市	**City**					
郑州市	Zhengzhou	62.05	38.56		5.40	18.09
开封市	Kaifeng	24.82	20.64		1.71	2.47
洛阳市	Luoyang	33.98	30.22		2.97	0.79
平顶山市	Pingdingshan	19.97	17.27		2.02	0.69
安阳市	Anyang	23.93	14.98	0.11	6.00	2.84
鹤壁市	Hebi	7.28	3.00		3.25	1.02
新乡市	Xinxiang	30.41	27.26		3.11	0.04
焦作市	Jiaozuo	21.28	19.71		1.45	0.12
濮阳市	Puyang	18.95	16.60		2.26	0.09
许昌市	Xuchang	27.03	26.36		0.02	0.65
漯河市	Luohe	16.70	14.37		2.02	0.31
三门峡市	Sanmenxia	8.94	6.54		1.93	0.46
南阳市	Nanyang	66.85	54.14		12.33	0.37
商丘市	Shangqiu	46.20	37.49		7.75	0.96
信阳市	Xinyang	58.07	47.05		10.85	0.18
周口市	Zhoukou	77.40	64.07		12.68	0.65
驻马店市	Zhumadian	59.39	46.97		9.77	2.65
济源市	Jiyuan	3.34	3.29		0.05	
省直管县	**County Directly Administrated by Province**					
巩义市	Gongyi	7.23	2.28		3.26	1.68
兰考县	Lankao	6.30	6.23		0.07	
汝州市	Ruzhou	3.19	1.50		1.36	0.33
滑县	Huaxian	4.88	4.27			0.61
长垣县	Changyuan	4.82	4.82			
邓州市	Dengzhou	8.82	6.50		2.09	0.23
永城市	Yongcheng	2.61	2.46		0.16	
固始县	Gushi	9.05	8.81		0.24	
鹿邑县	Luyi	11.06	10.56		0.50	
新蔡县	Xincai	6.94	4.55		2.38	

5-27 各市分行业农村农户固定资产投资(2017年)

Investment in Fixed Assets of Households in Rural Area by Sector and City (2017)

单位：亿元 (100 million yuan)

市(县) City(County)	合计 Total	#农、林、牧、渔业 Agriculture Forestry, Animal Husbandry and Fishery	工业 Industry	建筑业 Construction	交通运输、仓储和邮政业 Transport, Storage and Post	批发和零售业 Wholesale and Retail Trade	住宿和餐饮业 Hotels and Catering Services	房地产业 Real Estate	居民服务修理和其他服务业 Service to Households, Repair and Other Services
省辖市 City									
郑州市 Zhengzhou	62.05	5.56	3.35		8.98	4.88		38.56	0.59
开封市 Kaifeng	24.82	1.87				2.38		20.46	0.10
洛阳市 Luoyang	33.98	4.57	0.57	0.11	0.22	0.99	0.01	24.86	0.33
平顶山市 Pingdingshan	19.97	3.71	0.04	0.05	0.68	0.67	0.01	14.15	0.45
安阳市 Anyang	23.93	3.32	0.01	2.32	2.46	0.80		13.96	0.98
鹤壁市 Hebi	7.28	3.22	0.29	0.80		0.40	0.22	2.18	
新乡市 Xinxiang	30.41	3.06			0.17	0.04		26.70	0.02
焦作市 Jiaozuo	21.28	1.20	0.33	1.08	0.28	0.18		18.16	0.04
濮阳市 Puyang	18.95	0.85	0.91	0.01		0.76		16.36	0.05
许昌市 Xuchang	27.03	0.07	0.01		0.64			26.32	
漯河市 Luohe	16.70	3.02			0.29			13.38	
三门峡市 Sanmenxia	8.94	2.35		0.05				6.54	
南阳市 Nanyang	66.85	10.44	1.70	0.02	2.20			52.42	
商丘市 Shangqiu	46.20	8.11	0.64	0.01	1.49		0.02	34.11	0.17
信阳市 Xinyang	58.07	12.23		7.98	0.03			37.60	0.17
周口市 Zhoukou	77.40	10.69			1.57			64.07	
驻马店市 Zhumadian	59.39	16.77	0.01	2.32	0.59	1.20		32.22	6.27
济源市 Jiyuan	3.34	0.10		0.21	0.29			2.74	
省直管县 County Directly Administrated by Province									
巩义市 Gongyi	7.23		3.35		0.36	0.64		2.28	0.59
兰考县 Lankao	6.30							6.23	0.06
汝州市 Ruzhou	3.19	0.26	0.04	0.05	0.54	0.53		1.50	0.20
滑县 Huaxian	4.88	0.15						4.21	0.46
长垣县 Changyuan	4.82	0.42						4.40	
邓州市 Dengzhou	8.82	2.32						6.50	
永城市 Yongcheng	2.61	0.18						2.44	
固始县 Gushi	9.05	1.28						7.77	
鹿邑县 Luyi	11.06	0.50						10.56	
新蔡县 Xincai	6.94	2.38						4.55	

主要统计指标解释

全社会固定资产投资 是以货币形式表现的在一定时期内全社会建造和购置固定资产的工作量以及与此有关的费用的总称。该指标是反映固定资产投资规模、结构和发展速度的综合性指标，又是观察工程进度和考核投资效果的重要依据。全社会固定资产投资按登记注册类型可分为国有、集体、个体、联营、股份制、外商、港澳台商、其他等。

固定资产投资 指城镇和农村各种登记注册类型的企业、事业、行政单位及城镇个体户进行的计划总投资（或实际需要总投资）500 万元及以上的建设项目投资和房地产开发投资。

固定资产投资的资金来源 根据固定资产投资的资金来源不同，分为国家预算资金、国内贷款、利用外资、自筹资金和其他资金来源。

（1）国家预算资金：自 2011 年起，按照全国人大和国务院的要求，各级财政的所有资金，包括税收和非税收入，均必须纳入预算管理，我国已不存在预算外资金的概念，因此各级政府用于固定资产投资的财政资金均为预算资金。由于已经没有预算外资金，因此名称改为国家预算资金，包括中央预算资金和地方预算资金，旧的国家预算内资金的内容和现中央预算资金的内容基本一致。

国家预算包括一般预算、政府性基金预算、国有资本经营预算和社保基金预算。各类预算中用于固定资产投资的资金全部作为国家预算资金填报，其中一般预算中用于固定资产投资的部分包括基建投资、车购税、灾后恢复重建基金和其他财政投资。各级政府债券也应归入国家预算资金。

（2）国内贷款：指报告期固定资产投资项目单位向银行及非银行金融机构借入的用于固定资产投资的各种国内借款，包括银行贷款、非银行金融机构贷款等。

银行贷款：是指向各商业银行、政策性银行借入的用于固定资产投资的各项贷款。

非银行金融机构贷款：是指向除上述银行之外从事金融业务的机构借入的用于固定资产投资的各项贷款。非银行金融机构包括保险公司和养老基金（企业年金）、信托投资公司、金融租赁公司、金融资产管理公司、汽车金融服务公司、金融担保公司、证券公司、投资基金、证券交易所、其他金融辅助机构。

投资项目单位从上级部门、总公司或公司股东处取得的用于固定资产投资的资金中，来源于银行或非银行金融机构贷款的部分，也应归入国内贷款。

通过银行理财产品和信托产品筹集的资金，如果是用于固定资产投资的，也做为国内贷款统计。

（3）利用外资：指报告期收到的用于固定资产建造和购置的国外资金（包括设备、材料、技术在内）。包括对外借款（外国政府贷款、国际金融组织贷款、出口信贷、外国银行商业贷款、对外发行债券和股票）、外商直接投资、外商其他投资（包括利用外商投资收益在国内进行固定资产再投资活动的资金）。不包括我国自有外汇资金（国家外汇、地方外汇、留成外汇、调济外汇和国内银行自有资金发放的外汇贷款等）。

（4）自筹资金：指固定资产投资单位在报告期收到的，由各企事业单位筹集用于固定资产投资的资金，包括各类企事业单位的自有资金和从其他单位筹集的用于固定资产投资的资金，但不包括各类财政性资金、从各类金融机借入资金和国外资金。

（5）其他资金来源：指在报告期收到的除以上各种资金之外的用于固定资产投资的资金。包括社会集资、个人资金、无偿捐赠的资金及其他单位拨入的资金等。

固定资产投资按国民经济行业分 根据建设项目建成投产后的主要产品种类或主要用途及社会经济活动性质来确定国民经济行业。一般情况下，一个建设项目或一个企业、事业单位只能属于一种国民经济行业。

固定资产投资按建设性质分 根据整个建设项目情况来确定。建设项目的性质一般分为新建、扩建、改建和技术改造、迁建、恢复。房地产开发单位、农村投资不划分建设性质。

（1）新建：一般是指从无到有、“平地起家”新开始建设的单位。有的单位原有的基础很小，经过建设后其新增加的固定资产价值超过原有固定资产价值（原值）三倍以上的也算新建。

（2）扩建：一般是指为扩大原有产品的生产能力，在厂内或其他地点增建主要生产车间（或主要工程）、独立的生产线或分厂的企业；事业单位和行政单位在原单位增建业务用房（如学校增建教学用房、医院增建门诊部或病床用房、行政机关增建办公楼等）也作为扩建。

（3）改建和技术改造：指现有企业、事业单位，对原有设施进行技术改造或更新（包括相应配套的辅助性生产、生活福利设施）的建设项目。现有企业、事业单位为适应市场变化的需要，而改变企业的主要产品种类（如军工企业转产民用品等）的建设项目，应作为改建。原有产品生产作业线由于各工序（车间）之间能力不平衡，为填平补齐充分发挥原有生产能力而增建不增加本企业主要产品设计能力的车间，也应作为改建。技术改造是指企业、事业单位在现有基础上，用先进的技术代替落后的技术，用先进的工艺和装备代替落后的工艺和装备，以改变企业落后的技术经济面貌，实现以内涵为主的扩大再生产，达到提高产品质量、促进产品更新换代、节约能源、降低消耗、扩大生产规模、全面提高社会经济效益的目的。技术改造具体包括以下内容：机器设备和工具的更新改造；生产工艺改革、节约能源和原材料的改造；厂房建筑和公共设施的改造；劳动条件和生产环境的改造等。

固定资产投资按构成分 固定资产投资活动按其工作内容和实现方式分为建筑安装工程，设备、工具、器具购置，其他费用三个部分。

（1）建筑安装工程（建筑安装工作量）：指各种房屋、建筑物的建造工程和各种设备、装置的安装工程。包括各种房屋建造工程，各种用途设备基础和各种工业窑炉的砌筑工程；为施工而进行的各种准备工作和临时工程以及完工后的清理工作等；铁路、道路的铺设，矿井的开凿及石油管道的架设等；水利工程；防空地下建筑等特殊工程；以及各种机械设备的安装工程；为测定安装工程质量，对设备进行的试运工作。在安装工程中，不包括被安装设备本身的价值。

（2）设备、工具、器具购置：指购置或自制达到固定资产标准的设备、工具、器具的价值，固定资产的标准按财务部门规定。新建单位、扩建单位的新建车间按照设计和计划要求购置或自制的全部设备、工具、器具，不论是否达到固定资产标准均计入“设备、工具、器具购置”中。

（3）其他费用：指在固定资产建造和购置过程中发生的，除建筑安装工程和设备、工具、器具购置以外的各种应摊入固定资产的费用。

施工项目 指报告期内曾进行建筑或安装工程施工活动的建设项目，包括报告期内新开工项目、报告期以前开工跨入报告期继续施工的项目以及报告期施过工并在报告期内全部建成投产或停缓建的项目。

全部建成投产项目 工业项目是指设计文件规定形成生产能力的主体工程及其相应配套的辅助设施全部建成，经负荷试运转，证明具备生产设计规定合格产品的条件，并经过验收鉴定合格或达到竣工验收标准，与生产性工程配套的生活福利设施可以满足近期正常生产的需要，正式移交生产的建设项目。非工业项目是指设计文件规定的主体工程和相应的配套工程全部建成，能够发挥设计规定的全部效益，经验收鉴定合格或达到竣工验收标准，正式移交使用的建设项目。

新增生产能力（或工程效益） 指通过固定资产投资活动而增加的设计能力(或工程效益)，该指标是以实物形态表现的反映固定资产投资成果的指标，也是考核投资经济效果的重要依据之一。

新增生产能力（或工程效益）一般有以下几种表现形式：

（1）用产品数量表示，以工程在单位时间内（一般是一年）所能生产的产品数量（即年产量）表示。如原煤开采用万吨／年表示，化学农药用吨／年表示，汽车制造用辆／年表示等。某些化工产品由于含量差别较大，按其设计含量计算折合量表示，如氮肥、磷肥等。

（2）用单位时间内所能处理的原料数量表示，以工程每天（或小时）所能处理原料的数量表示。如城市污水处理能力用万吨／日表示等。

（3）用新增加的主要设备的数量或容量表示，如毛纺锭等锭数，发电厂新增发电机组容量用万千瓦表示等。

（4）用建筑物个数、容积、容量、面积、长度表示，是非工业项目或工程新增效益的一种表现形式。如铁路投产里程、公路里程、桥梁隧道延长米里程、新（扩）建公路客货运站个数等。

根据工程的特点，有时需要用两种或两种以上的复合计量单位表示新增生产能力或工程效益。如新增内燃机生产能力同时用年产台数、万千瓦数表示等。

为了规范新增生产能力（或工程效益）的名称和计算单位，国家统计局制订了《新增生产能力（或工程效益）目录及代码》。各固定资产投资单位在统计新增生产能力（或工程效益）时，必须按目录中规定的名称、计量单位和代码填报。

新增固定资产 指已经完成建造和购置过程，并已交付生产或使用单位的固定资产的价值，包括已经建成投入生产或交付使用的工程投资和达到固定资产标准的设备、工具、器具的投资及有关应摊入的费用。

属于增加固定资产价值的其他建设费用，应随同交付使用的工程一并计入新增固定资产。

房屋建筑面积 指房屋建筑物勒脚以上外墙外围的水平截面面积，包括房屋建筑物的有效面积和结构面积。该指标是从实物形态上反映建设规模和建设成果的重要指标之一，也是检查工程形象进度、计算工程造价、分析投资效果、研究施工任务和建筑材料之间平衡情况的重要依据。

住宅建筑面积 指施工和竣工房屋建筑面积中供居住用的房屋建筑面积。

施工面积 指报告期内施工的全部房屋建筑面积。包括本期新开工的面积和上期开工跨入本期继续施工的房屋面积，以及上期已停建在本期复工的房屋面积。本期竣工和本期施工后又停缓建的房屋，其建筑面积仍计入本期施工房屋面积中。

竣工面积 指在报告期内房屋建筑按照设计要求已全部完工，达到住人和使用条件，经验收鉴定合格（或达到竣工验收标准），可正式移交使用的各栋房屋建筑面积的总和。

Explanatory Notes on Main Statistical Indicators

Total Investment in Fixed Assets in the Whole Country refers to the volume of activities in construction and purchases of fixed assets and related fees, expressed in monetary terms. It is a comprehensive indicator which shows the size, structure and growth of the investment in fixed assets, providing basis for observing the progress of construction projects and evaluating results of investment. Total investment in fixed assets in the whole country includes, by type of ownership, the investment by the state-owned units, collective units, individuals, joint ownership units, share-holding units, as well as investment by businessmen from foreign countries and from Hong Kong, Macao and Taiwan, and by other units.

Investment in Fixed Assets refers to construction projects involving a total planned (or required) investment of 5 million yuan and over by urban and rural enterprises and institutions of various types of ownership, by administrative units and by individuals, investment in real estate development, and housing investment by individuals in urban areas and in industrial and mining areas.

Sources of Funds for Investment in Fixed Assets Including State budgetary appropriation, domestic loans, foreign investment, self-raised funds, and others.

(1) State budgetary appropriation Since 2011, according to the National People's Congress and the requirements of the state council, all of the money at all levels for finance, including tax and non-taxable, must be included in the budget management.

State budgetary appropriation include general budget, government fund budget, state-owned capital management budget and social security fund budget. Governments at all levels should also be classified as State budgetary appropriation.

(2) Domestic loans refer to various funds borrowed by enterprises and institutions from banks and non-bank financial institutions assets, include bank loans, non-bank financial institutions loans.

Bank loans refers to the investment in fixed assets loans borrowed from commercial Banks, policy Banks.

Non-bank financial institutions loans refers to the investment in fixed assets loans borrowed from other organization of lending loans. The non-bank financial institutions including insurance companies and pension funds, trust and investment companies, financial leasing companies, financial assets management companies, financial services company, car finance guarantee companies, securities companies, investment funds, securities exchanges, and other financial assistant mechanism.

Investment project units fixed assets funds from higher level department, the corporation or the shareholders of a company, which from Banks and other financial institutions, also should be classified as domestic loans.

(3) Foreign Investment refers to foreign funds received during the reference period for the purpose of investment in fixed assets, including foreign borrowing(foreign government loans, the international finance organization loans, export credit, commercial loans of foreign Banks, foreign issue bonds and stock), foreign direct investment, foreign other investments. Not including has its own foreign exchange funds in China (state foreign exchange, the local foreign exchange, the foreign exchange, has retained the foreign exchange and domestic Banks issue their own funds of foreign exchange loan, etc.)

(4) Self-raised funds refer to funds received by construction enterprises from their higher responsible authorities, local governments, for a fixed asset investment funds.

(5) Others refer to funds received during the reference period which are not included in the above-mentioned sources, Include fund raising, personal capital, free donation funds and other units dial the money into, etc..

Investment in Fixed Assets by Sector The classification of construction projects by sector is determined by the major products or the purpose of the projects when they are put into production or use, and by the nature of their social economic activities. In general, one project or one enterprise or institution can only be classified into one sector.

Investment in Fixed Assets by Type of Construction The construction projects in general can be classified by the type of construction into new construction, expansion, reconstruction and moving away. In capital construction, the type of construction is determined by the condition of the project. In investment in innovation, in other investment by state-owned units and investment by collective-owned units, the type of construction is determined by the condition of the whole enterprise or institutions. Investment by type of construction is not applied to investment by real-estate development units, investment in rural areas and investment in housing by urban individuals.

(1) New construction in general refers to newly constructed units. In the case in which the value of the original fixed assets is quite small, and the value of newly added fixed assets exceeds the original ones by three times, the expansion construction is considered as new construction.

(2) Expansion refers to construction of new major production workshop or independent production line within a factory or in other locations, or construction of a branch factory so as to increase the production capacity of the original products. Newly constructed business houses in institutions and administrative organizations (such as the newly constructed teaching buildings in schools, clinics or bed building in hospitals, and office buildings in administrative agencies, etc.) are also classified as expansion.

(3) Reconstruction refers to technical innovation and transformation of the existing equipment and technical conditions undertaken by enterprises and institutions for the purposes of technological advancement, improvement in product quality, enlarging variety of products, promoting new generation of products, reducing production consumption and cost, promoting comprehensive utilization of resources, strengthening treatment of waste gas, waste water and solid wastes, and safety in production, etc. through application of new technologies and techniques, use of new equipment and new materials (including accessory facilities for production or for living and welfare purposes).Construction of new workshops for improving existing production capacity rather than increasing production capacity is also considered as reconstruction.

Investment in Fixed Assets by Structure refers to the three major parts of investment activities, i.e. construction and installation, purchase of equipment and instrument, and other expenses.

(1) Construction and installation (work volume of construction and installation) refers to the construction of various houses and buildings and installation of various kinds of equipment and instruments, including construction of various houses, equipment foundations and industrial kilns and stoves, preparation works for project construction, and clearing up works post project construction, pavement of railways and roads, drilling of mines and putting up of oil pipes, construction of projects of water conservancy, construction of underground air-raid shelters and construction of other special projects, installation of various machinery equipment, testing operation for pre-testing the quality of installation projects. The value of equipment installed is not included in the value of installation projects.

(2) Purchase of equipment and instruments refers to the total value of equipment, tools, and vessels purchased or self-produced which come up to standards for fixed assets. Equipment, tools and vessels purchased or self-produced for new workshops by newly established or expanded units are categorized as "purchase of equipment and instruments" no matter whether they come up to the standards for fixed assets or not.

(3)Other expenses refer to expenses occurring during the construction or purchase of fixed assets other than construction, installation or purchase of equipment and instruments.

Projects Under Construction refer to projects having construction and installation activities undertaken in the reference period, including projects started in the reference period, or continued from the previous period, or completed and put into production or suspended in the reference period.

Projects Completed and Put into Use Industrial projects refer to the major projects and accessory facilities completed which result in forming production capacity and have been checked and accepted while the living and welfare facilities have been completed and can ensure normal production and formally put into production. Non-industrial projects refer to the major projects and accessory facilities completed which possess the designed capacity and have been checked, accepted and formally put into production.

Newly Increased Production Capacity (or Project Efficiency) refers to the increase in design capacity (or project efficiency) through investment in fixed assets, which reflects the accomplishment of investment in fixed assets in physical form and serves as an important basis for evaluating the economic efficiency of investment.

The newly increased production capacity (project efficiency) are usually expressed in one of the following forms:

(1) volume of output of products, i.e. the volume of output that the project can produce during a given period (usually a year). For instance, the capacity in coal mining is expressed in 10,000 tons/year, the capacity in producing chemical pesticides expressed in ton/year, the capacity in producing automobile in set/year, etc. For some chemical products where the effective contents differ significantly, the production capacity is expressed as the designed effective content equivalent, such as in the case of sulphuric acid, soda ash, caustic soda, etc;

(2) volume of raw materials processed per unit of time, i.e. the volume of raw materials that could be processed by the project per day (or per hour), such as tons of urban sewage processed per day;

(3) number or capacity of major equipment increased, such as number of wool spindles increased, or capacity (in 10 000kilowatts) of power generators increased;

(4) physical measures (number, volume, capacity, area, and length) of construction, which is typical for non-industrial projects, for instance, the length of railways put into operation, Highway mileage, bridge tunnel mileage, new (enlarge) built highway passenger/station number etc.

The special features of projects may sometimes call for the combined use of two or more measurements to reflect the increase in production capacity (or project efficiency); for instance, the new capacity for the production of internal combustion engines is expressed in sets per year and 10 000 kilowatts per year simultaneously.

To standardize the nomenclature and unit of measurement for newly increased production capacity (or project efficiency), the National Bureau of Statistics has developed the Nomenclature and Codes for New Production Capacity (Project Efficiency). All reporting units with investment activities are required to follow these two nomenclatures in reporting statistics on new production capacity (project efficiency).

Newly Increased Fixed Assets refer to the newly increased value of fixed assets, constructed or purchased, that have been transferred to the investors. Including finished fixed assets value and equipment, instrument investment and should be the cost of the relevant booth that reach the standard.

Belong to the increase of fixed assets value of the other construction cost, along with the work of the service of the delivery shall be included in the new with fixed assets.

Floor Space of Buildings under Construction refers to total floor space of the horizontal section of outer walls above the plinth of the building, including the effective area and the area occupied by the structure. This indicator is one of the important indicators in physical terms to reflect the scale and accomplishment of the construction industry, and important basis for monitoring the progress, calculating the cost, analyzing the efficiency and studying the supply of building materials in relation with the construction projects.

Floor Space of Residential Buildings refers to the floor space of the residential buildings among the total space of buildings under construction or completed.

Floor Space under Construction refers to total floor space of all buildings under construction during the reference period, including floor space of newly started buildings during the reference period, floor space of construction extended from the previous period to the current period, and floor space of construction suspended during the previous period and resumed in the current period. Floor space of construction completed in the current period, and floor space of construction started and then suspended in the current period are also included in the floor space under construction of the current year.

Floor Space of Buildings Completed refers to the floor space of all buildings completed in the reference period, which have been appraised and accepted (or come up to the designed standards) and have been transferred to the owners for use.

对外经济贸易和旅游
Foreign Trade and Tourism

6

● 资料整理：周文瑞

简要说明

一、主要内容

本篇包括河南对外贸易资料，利用外资资料，对外经济合作以及旅游等资料。

二、统计范围

对外贸易统计的范围是全省各进、出口贸易公司和有进出口经营权的生产企业、外商及港澳台商投资企业、科研机构等辖区内全部有进出口经营权的企业；利用外资统计的范围是辖区内全部外商投资企业、港澳台商投资企业和有外商其他投资的单位；对外经济合作统计范围是经各级商务部门批准的从事对外承包和劳务合作业务并具有法人地位的对外承包劳务企业。对外直接投资统计范围是境内投资主体通过直接投资在境外设立的各类公司型企业和非公司型企业。

三、资料来源

对外贸易、外商投资企业的登记注册情况、对外经济合作和对外直接投资资料采用全面调查方法。对外贸易资料1992年及以后为海关进出口统计数字，由郑州海关提供；利用外资资料中外商投资企业的登记注册情况资料由河南省工商行政管理局提供,其他由河南省商务厅提供；对外经济合作资料和对外直接投资资料由河南省商务厅提供。本篇资料由河南省统计局贸易外经处编辑整理。

旅游资料由河南省旅游局等有关部门提供，由河南省统计局贸易外经处编辑整理。

Brief Introduction

I. Main Contents

Data in this chapter provide summary data of Henan provincial foreign trade, utilization of foreign capital, economic cooperation with foreign countries or territories and Tourists.

II. Statistical Scopes The statistics of foreign trade cover the Henan provincial import and export corporation, the manufacturing enterprises that have right to operate import and export, foreign and Hong Kong, Macao and Taiwan-invested enterprises and scientific research institutions. The statistics of utilization of foreign capital cover the foreign direct investments and other foreign investments, and the basic condition of registration of foreign funded enterprises. The statistics of economic cooperation with foreign countries or territories cover the corporate enterprise engaged in contracted projects and labour services cooperation with foreign countries and has been approved by the department of commerce at various levels. The statistics of foreign direct investment cover overseas corporate and non-corporate enterprises of various forms established by domestic investors through their investment operation.

III. Data Sources

Data on foreign trade, utilization of foreign capital, economic cooperation with foreign countries or territories are calculated through a comprehensive reporting system. Data on foreign trade since 1992 and later are calculated by Zhengzhou Customs. Data on utilization of foreign capital are calculated by the Henan provincial bureau of Commerce, data on registered cases of foreign-invested enterprises are calculated by the Henan provincial administration of Industry and Commerce. Data on overseas direct investment and economic cooperation with foreign countries or territories are calculated by the Henan provincial bureau of Commerce. Data in this chapter are provided by the Department of Trade and External Economic Relations of the Henan provincial bureau of Statistics.

Data on tourism are calculated by the Henan provincial bureau of tourism. Data on tourism are provided by the Department of Trade and External Economic Relations of the Henan provincial bureau of Statistics.

6-1 对外经济贸易基本情况
Foreign Trade and Economic Cooperation

指　　标	Item	2005	2010	2014	2015	2016	2017
货物进出口总额(人民币亿元)	**Total Value of Imports and Exports (RMB 100 million yuan)**	**626.54**	**1204.40**	**3994.36**	**4600.19**	**4714.70**	**5232.79**
出口总额	Total Exports	413.12	713.13	2418.81	2684.03	2835.34	3171.81
进口总额	Total Imports	213.42	491.27	1575.55	1916.16	1879.35	2060.98
进出口差额	Balance	199.71	221.86	843.25	767.86	955.99	1110.84
货物进出口总额(亿美元)	**Total Value of Imports and Exports (USD 100 million)**	**77.36**	**177.92**	**650.33**	**737.81**	**712.26**	**776.13**
出口总额	Total Exports	51.01	105.34	393.84	430.61	428.34	470.29
进口总额	Total Imports	26.35	72.57	256.49	307.19	283.92	305.84
进出口差额	Balance	24.66	32.77	137.35	123.42	144.42	164.45
外商直接投资合同项目(个)	**Number of Projects for Contracted Foreign Direct Investment (unit)**	**472**	**362**	**328**	**272**	**196**	**210**
实际使用外资额(亿美元)	**Total Amount of Foreign Investment Actually Utilized (USD 100 million)**	**23.52**	**62.47**	**149.27**	**160.86**	**169.93**	**172.24**
#外商直接投资	Foreign Direct Investments	12.30	62.47	149.27	160.86	169.93	172.24
外资企业基本情况	**Registered Foreign-funded Enterprises**						
年末实有企业数(户)	Number of Registered Enterprise in the Year-end (unit)	2877	2459	2127	2154	2272	2348
投资总额(亿美元)	Total Investment (USD 100 million)	206.41	378.66	588.78	687.10	822.49	1045.38
注册资本(亿美元)	Registered Capital (USD 100 million)	112.29	205.35	296.92	348.16	449.00	555.29
#外方	Capital from Foreign Investors	75.34	148.66	223.26	248.44	331.63	408.69
对外经济合作(亿美元)	**Economic Cooperation with Foreign Countries & Regions (USD 100 million)**						
合同金额	Contracted Value	6.29	25.26	42.29	43.35	40.70	37.48
完成营业额	Value of Turnover Fulfilled	4.99	23.23	47.08	48.32	45.10	47.71

6-2 进出口总额
Total Value of Imports and Exports

年份 Year	美元(万美元) USD (10 000 dollors)				人民币(万元) RMB (10 000 yuan)			
	进出口总额 Total Imports & Exports	出口总额 Total Exports	进口总额 Total Imports	顺差 Balance	进出口总额 Total Imports & Exports	出口总额 Total Exports	进口总额 Total Imports	顺差 Balance
1978	11843	10231	1612	8619	19896	17188	2708	14480
1979	15406	13422	1984	11438	23879	20804	3075	17729
1980	22644	20448	2196	18252	33966	30672	3294	27378
1981	28487	24948	3539	21409	42855	37531	5324	32207
1982	28761	25471	3290	22181	54358	48140	6218	41922
1983	30418	27963	2455	25508	60228	55367	4861	50506
1984	38203	34174	4029	30145	89013	79625	9388	70237
1985	44991	36710	8281	28429	167367	136561	30806	105755
1986	50671	45263	5408	39855	188496	168378	20118	148260
1987	74732	65434	9298	56136	278003	243414	34589	208825
1988	84961	75052	9909	65143	316055	279193	36862	242331
1989	98539	81897	16642	65255	335157	304657	30500	274157
1990	100385	86689	13696	72993	481848	416107	65741	350366
1991	121489	104297	17192	87105	643892	552774	91118	461656
1992	116194	81632	34562	47070	633257	444894	188363	256532
1993	131423	75546	55877	19669	756996	435145	321852	113293
1994	163193	102242	60951	41291	1398564	876214	522350	353864
1995	222918	135759	87159	48600	1861365	1133588	727778	405810
1996	196855	124001	72854	51147	1631928	1027968	603960	424009
1997	189699	128663	61036	67627	1572604	1066616	505988	560628
1998	173196	118675	54521	64154	1435795	983816	451979	531837
1999	175044	112889	62155	50734	1449364	934721	514643	420078
2000	227486	149338	78148	71190	1883584	1236519	647065	589453
2001	279256	171548	107708	63840	2311339	1419864	891475	528389
2002	320351	211876	108475	103401	2652506	1754333	898173	856160
2003	471640	298041	173599	124442	3905179	2467779	1437400	1030380
2004	661346	417610	243736	173874	5475945	3457811	2018134	1439677
2005	773604	510093	263511	246582	6265419	4131243	2134176	1997067
2006	979594	663497	316097	347400	7809094	5289240	2519853	2769387
2007	1280493	839145	441347	397798	9803869	6424771	3379098	3045673
2008	1747934	1071890	676044	395846	12238006	7504743	4733263	2771481
2009	1343839	734648	609191	125457	9179764	5018380	4161384	856997
2010	1779157	1053447	725710	327737	12044003	7131309	4912694	2218616
2011	3264212	1924040	1340172	583868	20711951	12208344	8503607	3704736
2012	5175027	2967788	2207239	760549	32602703	18697083	13905620	4791463
2013	5995687	3598710	2396977	1201733	37165081	22312067	14853013	7459054
2014	6503288	3938370	2564918	1373452	39943605	24188066	15755539	8432527
2015	7378063	4306142	3071921	1234221	46001884	26840255	19161629	7678626
2016	7122554	4283385	2839169	1444215	47146980	28353441	18793539	9559902
2017	7761339	4702929	3058410	1644519	52327904	31718144	20609760	11108384

注：本表1991年及以前年度为有关部门统计数据，从1992年开始为海关进出口数据。
a) Data before 1991 are obtained from the related Department, and the data since 1992 are obtained from the customs statistics.

6-3 各种分组的进出口总额
Total Value of Imports and Exports by Group

单位：万元 (10 000 yuan)

项　目	Item	进出口总额 Total Value of Imports and Exports		#出口总额 Exports Trade	
		2016	2017	2016	2017
合　计	**Total**	**47146980**	**52327904**	**28353441**	**31718144**
按贸易方式分	**By trade system**				
一般贸易	General Trade	13101529	15948547	8633452	10561788
援助物资	Aid Material	8357	10105	8357	10105
加工贸易	Processing Trade	32141907	35010310	19345376	20752197
#来料加工贸易	Processing Trade with Customer's Materials	68529	84711	47313	58075
进料加工贸易	Processing Trade with Imported Materials	32073379	34925599	19298063	20694122
对外承包工程出口	Export of Contracted Projects	256099	233380	256099	233380
三资企业投资设备进口	Import of Machines Invested by Equrty Joint Venture, Contractual Joint Venture, Wholly Foreign-owned Enterprise	38400	17778		
保税监管场所进出境货物	Inbound and Outbound Goods in Bounded Areas	112314	53213	32468	20096
其他贸易方式	Other Trade System	1488375	1054571	77690	140578
按注册类型分	**By Registration**				
国有企业	State-owned Enterprises	3986489	4189057	1913545	2034697
外商投资企业	Foreign Investment	32810024	35923487	19515977	20932567
合作	Cooperative Operation	10878	24249	8406	3637
合资	Equity Joint Ventures	31538838	34993954	18614882	20276102
独资	Sole Proprietorship	1260308	905284	892688	652828
民营企业	Private Enterprise	10350460	12190284	6923918	8750873
其他企业	Others		25069		

6-4 河南向一些国家(地区)进出口总额

Total Value of Imports and Exports To Related Countries and Regions

单位：万元 (10 000 yuan)

国家(地区)名称	Country (Region)	进出口总额 Total Imports & Exports		#出口 Exports	
		2016	2017	2016	2017
合　计	**Total**	**47146980**	**52327904**	**28353441**	**31718144**
亚洲	**Asia**	**24409820**	**27382845**	**9847267**	**11764141**
韩国	South Korea	4238848	4376839	794739	774955
日本	Japan	4143165	4756747	2482003	3181977
中国	China	4100451	2918025	292	#VALUE!
台湾省	Taiwan	3817710	5215026	266450	247910
越南	Vietnam	1305308	1987701	553877	670132
中国香港	Hong Kong, China	1350539	1783304	1349059	1782602
非洲	**Africa**	**1469426**	**1616896**	**1159657**	**1308585**
南非	South Africa	502463	483826	336153	301289
贝宁	Benin	125431	167330	125431	167262
欧洲	**Europe**	**8143746**	**7218041**	**7141966**	**5799865**
荷兰	Holland	2994448	2508342	2956070	2451651
德国	Germany	1535446	1107870	1219683	696467
英国	United Kingdom	1109573	862917	1008551	753763
俄罗斯联邦	Russia	620061	742728	493659	599929
意大利	Italy	404480	414980	353528	351848
拉丁美洲	**Latin America**	**2731777**	**2938581**	**1218315**	**1378443**
巴西	Brazil	767679	888867	371143	420556
墨西哥	Mexico	837623	969116	252630	333344
智利	Chile	269641	230510	109320	135336
北美洲	**North America**	**9254909**	**11495119**	**8476407**	**10651399**
美国	United States	8640252	10834941	7940011	10088971
加拿大	Canada	614657	660175	536396	562426
大洋洲	**Oceania**	**1131921**	**1668799**	**509830**	**815224**
澳大利亚	Australia	1024193	1557187	451941	747334
新西兰	New Zealand	73784	94651	49503	61430

6-5 人民币汇率(年平均价)
Exchange Rate of Renminbi (Annual Average)

单位：元 (yuan)

年 份 Year	100美元 100 US Dollars	100日元 100 Japanese Yen	100港元 100 Hong Kong Dollars	100欧元 100 Euros
1985	293.66	1.2457	37.57	
1986	345.28	2.0694	44.22	
1987	372.21	2.5799	47.74	
1988	372.21	2.9082	47.70	
1989	376.51	2.7360	48.28	
1990	478.32	3.3233	61.39	
1991	532.33	3.9602	68.45	
1992	551.46	4.3608	71.24	
1993	576.20	5.2020	74.41	
1994	861.87	8.4370	111.53	
1995	835.10	8.9225	107.96	
1996	831.42	7.6352	107.51	
1997	828.98	6.8600	107.09	
1998	827.91	6.3488	106.88	
1999	827.83	7.2932	106.66	
2000	827.84	7.6864	106.18	
2001	827.70	6.8075	106.08	
2002	827.70	6.6237	106.07	800.58
2003	827.70	7.1466	106.24	936.13
2004	827.68	7.6552	106.23	1029.00
2005	819.17	7.4484	105.30	1019.53
2006	797.18	6.8570	102.62	1001.90
2007	760.40	6.4632	97.46	1041.75
2008	694.51	6.7427	89.19	1022.27
2009	683.10	7.2986	88.12	952.70
2010	676.95	7.7279	87.13	897.25
2011	645.88	8.1050	82.97	900.11
2012	631.25	7.9037	81.38	810.67
2013	619.32	6.3323	79.85	822.19
2014	614.28	5.8196	79.22	816.51
2015	622.84	5.1543	80.34	691.41
2016	664.23	6.1243	85.58	734.26
2017	675.18	6.0200	88.64	763.03

注：数据来源于国家外汇管理局。
a) Data are from State Administration of Foreign Exchange.

6-6 外商和港澳台商直接投资情况

Foreign, Hong Kong, Macao and Taiwan's Direct Investments

单位：万美元 (USD 10 000)

年 份 Year	签订协议(合同) New Signed Agreement		实际利用外资额 Actually Utilized Foreign Value	#独资经营 Foreign Investment Enterprises	#合资经营 Equity Joint Venture	#合作经营 Contractual Joint Venture
	个数 Number of Projects(unit)	金额 Value				
1985	29	6870	565		541	24
1986	14	2724	605		542	63
1987	31	12562	467	31	244	192
1988	38	1986	6436		6268	168
1989	36	1681	4266	37	4199	30
1990	50	2107	1049	75	708	266
1991	154	12716	3791	294	3214	283
1992	1053	88327	10691	717	9655	319
1993	1727	157768	34197	5190	27338	1669
1994	1011	79168	42488	7168	32008	3312
1995	815	86748	47981	5064	42121	796
1996	478	92166	52566	7543	36831	8192
1997	423	86799	64735	14096	30159	20480
1998	353	57333	61794	6198	36356	19240
1999	264	61832	49527	8185	32317	9025
2000	237	69921	53999	4459	27292	6248
2001	224	62188	35861	9510	20685	5666
2002	290	101964	45165	9860	29592	5713
2003	324	182560	56149	16628	32970	5911
2004	478	205383	87367	39866	36071	11430
2005	472	235176	122960	48312	54698	10267
2006	497	336788	184526	89313	81926	8702
2007	516	483538	306162	150935	97847	18572
2008	364	604146	403266	203739	94822	14715
2009	274	492055	479858	284554	163957	27023
2010	362	578385	624670	366770	191196	58545
2011	355	767752	1008209	593537	322191	84563
2012	363	1172936	1211777	766291	368604	76373
2013	344	1154233	1345659	888056	411544	28321
2014	328	1183590	1492688	893738	537869	25846
2015	272	737323	1608637	963356	536546	33182
2016	196	875349	1699312	989249	628254	10981
2017	210	864691	1722428	1056063	575019	8140

6-7 外商和港澳台商在豫直接投资(2017年)
Direct Investment From Foreign, Hong Kong, Macao and Taiwan Businessmen in Henan (2017)

项目	Item	新签协议 New Signed Agreement 合同个数(个) Number of Contracts (unit)	新签协议 New Signed Agreement 投资额(万美元) Investments Value (USD 10 000)	实际投资(万美元) Actually Investments (USD 10 000)
总　计	**Total**	**210**	**864691**	**1722428**
按登记注册类型分	**By Registration**			
#合资经营	Equity Joint Venture	84	275255	575019
合作经营	Contractual Joivt Venture	7	162371	8140
独资	Foreign Investment Enterprises	114	417990	1056063
股份有限公司	FDI Shareholding Inc	5	9075	83206
按国民经济行业分	**By Sector**			
#农、林、牧、渔业	Agriculture, Forestry, Animal Husbandry and Fishery	16	143682	33895
采矿业	Mining	2	929	43752
制造业	Manufacturing	60	399684	1034771
电力、燃气及水的生产和供应业	Production and Supply of Electricity,Gas and Water	24	57090	231203
建筑业	Construction	2	78	2808
交通运输、仓储及邮政业	Transport, Storage and Post	5	7920	21944
信息传输、计算机服务和软件业	Information Transimission, Computer Services and Software	4	2446	10382
批发和零售业	Wholesale and Retail Trade	46	25860	26987
住宿和餐饮业	Hotels and Catering Sevrices	2	55	213
金融业	Financial Intermediation			22705
房地产业	Real Estate	14	94113	187008
租赁和商务服务业	Leasing and Business Services	15	57127	87874
科学研究、技术服务和地质勘查业	Scientific Research, Technical Service and Geologic Perambulation	9	62667	1113
水利、环境和公共设施管理业	Management of Water Conservancy, Environment and Public Facilities			
居民服务和其他服务业	Services to Households and Other Services	4	12761	5401
教育	Education	1	7	
卫生、社会保障和社会福利业	Health, Social Security and Social Welfare	2	41	7297
文化、体育和娱乐业	Culture, Sports and Entertainment	4	231	5075
按地区、国别分	**by Country or Region**			
香港	Hong Kong, China	81	654753	1020992
台湾	Taiwan	12	9291	128108
加拿大	Canada	5	433	3480
日本	Japan	3	3941	30264
英国	United Kingdom	1	3	77508
美国	America	12	3258	60662
新加坡	Singapore	8	3349	58988
德国	Germany	2	125	33134
韩国	South Korea	3	8113	8412

6–8 各市外商和港澳台商在豫直接投资金额
Direct Investment from Foreign, Hong Kong, Macao and Taiwan in Henan by City

单位：万美元 (USD 10 000)

市 City	新签协议(合同)金额 Value of New Signed Agreement (Contract)		实际利用外资 Actually Utilized Foreign Capital	
	2016	2017	2016	2017
全　　省 Total	**875349**	**864691**	**1699312**	**1722428**
省 辖 市 City				
郑　州　市 Zhengzhou	426930	352024	403305	404969
开　封　市 Kaifeng	14357	43529	62338	66426
洛　阳　市 Luoyang	127080	97816	268798	269864
平顶山市 Pingdingshan	44378	5654	43221	44082
安　阳　市 Anyang	15204	38642	50076	50217
鹤　壁　市 Hebi	18687	6000	81394	81739
新　乡　市 Xinxiang	34879	72462	102289	108748
焦　作　市 Jiaozuo	3210	99521	82733	82792
濮　阳　市 Puyang	2670	1487	63301	64246
许　昌　市 Xuchang	34486	10797	71951	73054
漯　河　市 Luohe	1777	2796	90032	90137
三门峡市 Sanmenxia	10522	17780	106296	107906
南　阳　市 Nanyang	44173	61573	60228	60297
商　丘　市 Shangqiu	27450	9460	36249	36393
信　阳　市 Xinyang	4702	4069	52415	53434
周　口　市 Zhoukou	19928	11109	52197	54095
驻马店市 Zhumadian	39806	21965	38879	39929
济　源　市 Jiyuan	5110	8007	33610	34100
省直管县 County Directly Administrated by Province				
巩　义　市 Gongyi	209	476	32205	32300
兰　考　县 Lankao		32018	2398	5247
汝　州　市 Ruzhou	203	59	11348	11891
滑　　县 Huaxian		10722	1001	1005
长　垣　县 Changyuan	7342	856	12930	13458
邓　州　市 Dengzhou	287		1560	1579
永　城　市 Yongcheng	600	347	3645	3750
固　始　县 Gushi	3942		2781	2782
鹿　邑　县 Luyi	2670		529	538
新　蔡　县 Xincai	5000		220	

6-9 外商和港澳台商投资企业(单位)注册登记情况

Registration Status of Foreign, Hong Kong, Macao and Taiwan Funded Enterprises

指　　标	Item	2005	2010	2013	2014	2015	2016	2017
年末实有企业数(户)	**Number of Registered Enterprise in the Year-end (unit)**	**2877**	**2459**	**2045**	**2127**	**2154**	**2272**	**2348**
与外商和港澳台商合资经营	Equity Joint Venture	1717	1251	979	998	974	1016	1026
与外商和港澳台商合作经营	Contractual Joint Venture	292	181	108	120	118	120	114
外商和港澳台商独资	Wholly owned Enterprise	860	1006	932	979	1027	1092	1159
外商和港澳台商投资股份有限公司	FDI Shareholding Inc	8	21	26	30	35	44	47
年末实有企业投资总额(亿美元)	**Total Investments (100 million USD)**	**206.41**	**378.66**	**477.87**	**588.78**	**687.10**	**822.49**	**1045.38**
注册资本(亿美元)	**Registered Capital (100 million USD)**	**112.29**	**205.35**	**244.79**	**296.92**	**348.16**	**449.00**	**555.29**
#外方	Capital Invested by Foreign Partner	75.34	148.66	179.10	223.26	248.44	331.63	408.69
本年登记企业数(户)	**Number of Registered Enterprise in the Year (unit)**	**420**	**252**	**143**	**162**	**154**	**186**	**251**
中外合资	Joint-venture Enterprises	212	91	62	75	52	79	104
中外合作	Cooperation Enterprises	39	19	3	11	3	6	6
外商独资	Wholly Foreign-owned Enterprise	169	142	78	76	98	100	138
中外股份公司	Share-holding Corporations					1	1	3
本年注册企业投资总额(万美元)	**Total Investments of Registered Enterprise in the Year (USD 10 000)**	**401029**	**507457**	**363741**	**518010**	**412106**	**926552**	**2614809**
本年注册资本(万美元)	**Registered Capital ih the Year (USD 10 000)**	**201757**	**269995**	**173492**	**286752**	**216162**	**471102**	**1384152**
#外方	Capital Invested by Foreign Partner	152789	225467	150904	226465	186371	402824	1044395

6-10 各市外商和港澳台商投资企业登记注册情况(2017年)

Registration Status of Foreign, Hong Kong, Macao and Taiwan Funded Enterprises by City (2017)

市 City	年末实有企业数(个，含分公司) Real Number of Enterprises by the end of the year (unit, including branch company)	年末实有企业投资总额(万美元) Realized Investment by the end of the year (USD 10 000)	本年登记企业数(个，含分公司) Registered Enterprises in the year (unit, including branch company)	本年注册企业投资总额(万美元) Total Value of Investment by Registered Enterprises This Year (USD 10 000)	累计注销企业数(个) Accumulative Number of Deregistered Enterprises (unit)
全　省 Total	**7827**	**10453774**	**582**	**2614809**	**6212**
河南省(省级) Provincial	**226**	**1402729**	**1**	**1485**	**213**
郑州市 Zhengzhou	2041	3331912	218	1174558	1378
开封市 Kaifeng	348	217331	39	14293	328
洛阳市 Luoyang	699	1143313	42	451848	528
平顶山市 Pingdingshan	266	428616	28	110146	300
安阳市 Anyang	359	398135	29	73727	287
鹤壁市 Hebi	111	9297	5	6346	107
新乡市 Xinxiang	459	507783	31	252871	399
焦作市 Jiaozuo	279	641320	31	303900	394
濮阳市 Puyang	202	83082	9	5306	248
许昌市 Xuchang	266	263834	20	15845	221
漯河市 Luohe	164	188756	16	14267	146
三门峡市 Sanmenxia	205	272007	11	15293	215
南阳市 Nanyang	564	581491	36	75634	342
商丘市 Shangqiu	399	174666	32	18105	307
信阳市 Xinyang	439	372130	12	6085	373
周口市 Zhoukou	378	151914	12	40371	244
驻马店市 Zhumadian	366	215073	9	14729	121
济源市 Jiyuan	56	70385	1	20000	61
省直管县 County Directly Administrated by Province					
巩义市 Gongyi	49	28675	2	3695	7
兰考县 Lankao	38	5877	6	150	3
汝州市 Ruzhou	48	3395	3	3355	7
滑县 Huaxian	37	144543	2	16987	5
长垣县 Changyuan	71	33526	5	333	8
邓州市 Dengzhou	51	39138	3	6676	38
永城市 Yongcheng	64	30329	5		3
固始县 Gushi	50	5672		877	7
鹿邑县 Luyi	57	18318	3		2
新蔡县 Xincai	29	8440			3

6-11 对外国和港澳台地区投资

Investment to Foreign, Hong Kong, Macao and Taiwan

项目	Item	2010	2011	2012	2013	2014	2015	2016	2017
对外投资项目备案个数	Number of Foreign Investment Projects on Record	62	83	69	81	87	92	121	210
中方新签协议(合同)	Investments of New Agreement (Contract)								
投资额(万美元)	Signed by China (USD 10 000)	53132	92823	108405	130207	159014	232461	436751	175780
年末已建成投产(开业)	Number of Business Completed and								
企业数(个)	Put into Use in the Year-end (unit)	288	295	360	382	442	561	682	759

6-12 对外承包工程和劳务合作

Contracted Projects and Labor Cooperation with Foreign Countries or Regions

指标	Item	2010	2011	2012	2013	2014	2015	2016	2017
签订合同数(个)	Number of Contracts Signed (unit)	860	241	229	315	128	151	127	232
签订合同金额(亿美元)	Contracted Value (USD 100 million)	25.26	29.34	34.71	40.58	42.29	43.35	40.70	37.48
营业额(亿美元)	Value of Business (USD 100 million)	23.23	31.99	37.09	42.09	47.08	48.32	45.10	47.71
派出人员(人次)	Person Send Abroad (person-time)	32350	32001	16492	68877	69703	70243	60942	57708
年底在外人员(人)	Number of Abroad Person at Year-end (person)	56251	68948	57103	81751	88825	101289	116302	61622

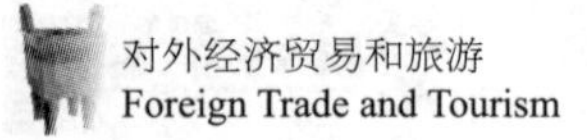

6-13 河南与国外结成友好城市一览表
List of Foreign Sister Cities with Henan

友好城市 Sister City	国别 Country of Origin	缔结时间 Time of Conclusion	友好城市 Sister City	国别 Country of Origin	缔结时间 Time of Conclusion
河南省			拉克罗斯市	美国	1997年10月
堪萨斯州	美国	1981年5月	陶里亚蒂市	俄罗斯	2000年4月
三重县	日本	1986年11月	**平顶山市**		
瓦隆地区	比利时	1988年4月	安东市	韩国	1997年4月
普利亚大区	意大利	1988年6月	塞兹兰市	俄罗斯	2000年11月
索恩-卢瓦尔省	法国	1990年10月	圣路易斯.里约.科罗拉	墨西哥	2009年11月
布勒伊拉县	罗马尼亚	1993年9月	坎布里乌市	巴西	2011年11月
曼尼托巴省	加拿大	1994年11月	**安阳市**		
庆尚北道	韩国	1995年10月	斯哈尔贝克市	比利时	1985年9月
萨马拉州	俄罗斯	1997年3月	草加市	日本	1998年11月
阿尔及尔省	阿尔及利亚	1998年4月	莱桥市	加拿大	2005年5月
同塔省	越南	1998年7月	纳库鲁市	肯尼亚	2006年9月
蒂罗尔州	奥地利	1999年11月	**新乡市**		
奥罗莫州	埃塞俄比亚	2000年9月	柏原市	日本	1990年9月
春武里府	泰国	2001年6月	伊塔亚伊市	巴西	2008年11月
圣卡塔琳娜州	巴西	2002年4月	乌波塔尔市	德国	2014年6月
科马隆-艾斯泰尔宫州	匈牙利	2002年8月	**焦作市**		
莫吉廖夫州	白俄罗斯	2004年8月	热伊勒地区	吉尔吉斯斯坦	2001年4月
伊达尔戈州	墨西哥	2005年5月	帕辽沙市	巴西	2007年9月
恩特雷里奥斯省	阿根廷	2005年5月	卢布林市	波兰	2010年4月
东芬兰省	芬兰	2005年8月	忠州市	韩国	2013年9月
玻利瓦尔州	委内瑞拉	2006年8月	桑德贝市	加拿大	2017年5月
第四大区-科金博大区	智利	2007年11月	**濮阳市**		
法尤姆省	埃及	2007年11月	阿什伯顿市	新西兰	2000年9月
西北省	南非	2008年4月	楚河区	吉尔吉斯斯坦	2008年5月
纽卡斯尔市	英国	2008年9月	**许昌市**		
卢布林省	波兰	2008年9月	博灵布鲁克市	美国	2005年5月
梅克伦堡-前波莫瑞州	德国	2009年7月	基涅利市	俄罗斯	2007年9月
哈瓦那市(首都)	古巴	2009年7月	蔚山广域市，中区	韩国	2015年4月
马格尼西亚省	希腊	2009年10月	**漯河市**		
林波波省	南非	2011年6月	伊普斯威奇市	英国	2008年3月
打拉省	菲律宾	2011年9月	**三门峡市**		
马鲁古省	印度尼西亚	2011年9月	北上市	日本	1985年5月
加兹-纳杰孔-索尔诺克州	匈牙利	2012年3月	索尔诺克市	匈牙利	2009年9月
瓜亚斯省	厄瓜多尔	2012年3月	东豆川市	韩国	2011年5月
阿肯色州	美国	2012年4月	**南阳市**		
干拉省	柬埔寨	2014年10月	南阳市	日本	1988年10月
磅湛省	柬埔寨	2014年10月	加特市	以色列	1995年11月
郑州市			春川市	韩国	2013年1月
埼玉市	日本	1981年10月	斯洛博齐亚市	罗马尼亚	2013年2月
里士满市	美国	1994年9月	阿斯蒂市	意大利	2014年2月
克卢日.纳波卡市	罗马尼亚	1995年5月	**商丘市**		
晋州市	韩国	2000年7月	大谢珀顿市	澳大利亚	2012年12月
马林塔尔市	纳米比亚	2001年8月	**信阳市**		
伊尔比德市	约旦	2002年4月	高敞郡	韩国	2010年3月
萨马拉市	俄罗斯	2002年4月	**驻马店市**		
若茵维莱市	巴西	2003年11月	梅杰迪亚市	罗马尼亚	2002年9月
什未林市	德国	2006年4月	**济源市**		
舒门市	保加利亚	2007年4月	新座市	日本	2003年2月
莫吉廖夫市	白俄罗斯	2014年6月	漆谷郡	韩国	2015年4月
开封市			**郑州市管城回族区**		
户田市	日本	1984年8月	青松郡	韩国	2016年1月
威奇托市	美国	1985年12月	**濮阳市濮阳县**		
永川市	韩国	2005年6月	诗巫市	马来西亚	2013年1月
温格卡瑞比郡	澳大利亚	2007年10月	**许昌市禹州市**		
鄂木斯克市	俄罗斯	2009年8月	山清郡	韩国	2009年5月
克扬特·莫茨金市	以色列	2014年10月	**信阳市浉河区**		
洛阳市			新见市	日本	1992年4月
冈山市	日本	1981年4月	阿什凯隆市	以色列	1995年6月
图尔市	法国	1982年12月			

6-14 各市利用省外资金情况

Direct Investment by Other Provinces in Henan by City

单位：亿元 (100 million yuan)

市 City	新签协议(合同)金额 Value of New Signed Agreement (Contract)		实际利用省外资金 Actually utilized Foreign Capital	
	2016	2017	2016	2017
全　　省 Total	**19202.6**	**21021.6**	**8438.1**	**9106.8**
省辖市 City				
郑州市 Zhengzhou	1831.1	3062.1	997.6	1071.5
开封市 Kaifeng	1352.2	1416.9	539.0	582.6
洛阳市 Luoyang	1759.6	956.2	709.9	765.6
平顶山市 Pingdingshan	2120.0	2127.2	511.1	550.3
安阳市 Anyang	1633.2	1339.5	626.3	677.8
鹤壁市 Hebi	446.4	603.5	283.8	308.3
新乡市 Xinxiang	665.1	1187.1	594.6	639.4
焦作市 Jiaozuo	1219.6	1404.4	577.1	620.9
濮阳市 Puyang	550.9	675.0	210.8	229.0
许昌市 Xuchang	1264.2	1520.6	441.0	478.1
漯河市 Luohe	466.8	317.9	223.5	240.7
三门峡市 Sanmenxia	685.2	757.5	352.2	381.3
南阳市 Nanyang	1110.7	1138.9	515.9	556.9
商丘市 Shangqiu	1719.2	2085.1	643.7	697.3
信阳市 Xinyang	674.9	587.1	243.9	264.5
周口市 Zhoukou	1044.0	984.7	516.4	554.2
驻马店市 Zhumadian	337.9	571.5	261.7	283.6
济源市 Jiyuan	321.6	286.4	189.6	204.8
省直管县 County Directly Administrated by Province				
巩义市 Gongyi	241.1	140.5	71.5	77.5
兰考县 Lankao	173.4	191.8	62.3	67.4
汝州市 Ruzhou	231.7	236.7	68.8	74.4
滑县 Huaxian	158.1	157.4	62.6	67.6
长垣县 Changyuan	121.9	203.6	47.7	51.7
邓州市 Dengzhou	92.7	135.4	49.0	52.8
永城市 Yongcheng	235.7	200.5	60.8	65.8
固始县 Gushi	125.7	29.2	32.2	34.5
鹿邑县 Luyi	102.5	148.5	62.9	68.0
新蔡县 Xincai	23.6	171.5	20.1	21.6

6-15 旅游业基本情况
Basic Information of International Tourism

项　目	Item	2010	2011	2012	2013	2014	2015	2016	2017
旅游设施	**Tourist Facilities**								
饭店(个)	Number of Hotels (unit)	502	503	566	575	557	545	520	474
床位(万张)	Number of Beds (10 000 units)	11.21	11.25	12.37	12.48	12.25	12.24	11.66	9.5
接待入境游客人数	**Number of International Tourists**								
(万人次)	**Received (10 000 person-times)**	**146.84**	**168.29**	**190.77**	**207.33**	**227.20**	**268.29**	**293.95**	**307.32**
外国人	Foreigner	96.09	104.29	118.74	125.27	139.75	172.62	191.98	195.42
香港同胞	Compatriots from Hongkong	17.91	23.40	26.48	29.38	32.56	31.00	35.50	37.69
澳门同胞	Compatriots from Macao	8.07	10.00	11.25	11.62	11.72	14.54	14.31	16.15
台湾同胞	Compatriots from Taiwan	24.77	30.16	34.30	41.06	43.17	50.13	52.15	58.06
旅游创汇收入	**Income from International Tourists**								
(万美元)	**(USD 10 000)**	**49877**	**54902**	**61141**	**65997**	**72530**	**84948**	**89542**	**98182**

注：1.本表接待入境旅游者人数包括不过夜人数(下表同)。
2.旅游创汇收入为旅游部门抽样调查数。
3.饭店和床位为星级饭店年报数据。

a) Number of international tourists received exclude persons who didn't stay for night. (same as the following table).
b) Data on the income of international tourists received are obtained from sample survey by tourism administration.
c) Numbers of Hotels and Beds were Obtained from Starred Hotels Annual Report.

6-16 各市入境旅游情况(2017年)
Basic Information of International Tourism by City (2017)

市	City	星级饭店数(个) Total Number of Starred Hotels (unit)	接待入境游客人数(人次) Number of International Tourists Received (person-time)	#外国人 Foreigner	旅游创汇收入(万美元) Income from International Tourists (USD 10 000)
郑州市	Zhengzhou	84	546936	391218	20919
开封市	Kaifeng	17	309000	157590	12088
洛阳市	Luoyang	54	1332801	881661	39930
平顶山市	Pingdingshan	35	29876	15326	899
安阳市	Anyang	15	73500	72201	1748
鹤壁市	Hebi	10	9002	2264	267
新乡市	Xinxiang	10	48242	41745	976
焦作市	Jiaozuo	25	373105	238994	9470
濮阳市	Puyang	11	20262	18303	140
许昌市	Xuchang	19	4611	4010	238
漯河市	Luohe	9	9518	5568	256
三门峡市	Sanmenxia	16	102606	47199	2564
南阳市	Nanyang	76	50178	18364	1343
商丘市	Shangqiu	12	8605	1665	269
信阳市	Xinyang	32	24777	5229	541
周口市	Zhoukou	18	70632	27063	1710
驻马店市	Zhumadian	29	47065	19889	4613
济源市	Jiyuan	2	12487	5936	211

6-17 接待国内游客人数和收入

Number and Income of Domestic Tourists Received

本表为抽样调查数。
Date in this table are obtained from the sample survey.

项　目	Item	2016	省内游客 Local Tourists	省外游客 Non-local Tourists	2017	省内游客 Local Tourists	省外游客 Non-local Tourists
接待国内游客人数	Number of Domestic Tourists Received						
(万人次)	(10 000 person-time)	58013	43800	14213	66204	42768	23436
#一日游	One Day Tour	28426	21320	7106	31540	22393	9147
接待国内游客收入	From Domestic Tourists						
(亿元)	(100 million yuan)	5703	3730	1973	6685	4098	2587

6-18 各市国内旅游基本情况(2017年)

Basic Information of Domestic Tour by City (2017)

市	City	总人次数(万人次) Number of Person-time (10 000 person-times)	总花费(亿元) Total Cost (100 million yuan)	人均花费(元) Per Capita Cost (yuan)
郑州市	Zhengzhou	11168	1193.12	941
开封市	Kaifeng	6159	478.10	812
洛阳市	Luoyang	12300	1017.00	831
平顶山市	Pingdingshan	4235	218.60	542
安阳市	Anyang	4736	435.86	696
鹤壁市	Hebi	2142	98.70	470
新乡市	Xinxiang	3591	253.93	820
焦作市	Jiaozuo	4659	372.99	801
濮阳市	Puyang	1318	23.81	181
许昌市	Xuchang	2109	107.10	615
漯河市	Luohe	589	41.60	409
三门峡市	Sanmenxia	3458	295.02	848
南阳市	Nanyang	5643	280.30	973
商丘市	Shangqiu	1666	29.74	642
信阳市	Xinyang	3580	198.80	651
周口市	Zhoukou	3210	114.64	650
驻马店市	Zhumadian	3260	184.56	459
济源市	Jiyuan	1147	55.80	830

主要统计指标解释

进出口总额　海关进出口总额指实际进出我国国境的货物总金额。包括对外贸易实际进出口货物，来料加工装配进出口货物，国家间、联合国及国际组织无偿援助物资和赠送品，华侨、港澳台同胞和外籍华人捐赠品，租赁期满归承租人所有的租赁货物，进料加工进出口货物，边境地方贸易及边境地区小额贸易进出口货物(边民互市贸易除外)，中外合资企业、中外合作经营企业、外商独资经营企业进出口货物和公用物品，到、离岸价格在规定限额以上的进出口货样和广告品(无商业价值、无使用价值和免费提供出口的除外)，从保税仓库提取在中国境内销售的进口货物，以及其他进出口货物。进出口总额用以观察一个国家在对外贸易方面的总规模。我国规定出口货物按离岸价格统计，进口货物按到岸价格统计。

利用外资　指我国各级政府、部门、企业和其他经济组织通过对外借款、吸收外商直接投资以及用其他方式筹措的境外现汇、设备、技术等。

外商直接投资　指外国企业和经济组织或个人(包括华侨、港澳台胞以及我国在境外注册的企业)按我国有关政策、法规，用现汇、实物、技术等在我国境内开办外商独资企业、与我国境内的企业或经济组织共同举办中外合资经营企业、合作经营企业或合作开发资源的投资(包括外商投资收益的再投资)，以及经政府有关部门批准的项目投资总额内企业从境外借入的资金。

外商其他投资　指除对外借款和外商直接投资以外的各种利用外资的形式。包括企业在境内外股票市场公开发行的以外币计价的股票（目前主要是在香港证券市场发行的H股和在境内证券市场发行的B股）发行价总额，国际租赁进口设备的应付款，补偿贸易中外商提供的进口设备、技术、物料的价款，加工装配贸易中外商提供的进口设备、物料的价款。

对外承包工程　指各对外承包公司以招标议标承包方式承揽的下列业务：⑴承包国外工程建设项目，⑵承包我国对外经援项目，⑶承包我国驻外机构的工程建设项目，⑷承包我国境内利用外资进行建设的工程项目，⑸与外国承包公司合营或联合承包工程项目时我国公司分包部分，⑹对外承包兼营的房屋开发业务。对外承包工程的营业额是以货币表现的本期内完成的对外承包工程的工作量，包括以前年度签订的合同和本年度新签订的合同在报告期内完成的工作量。

对外劳务合作　指以收取工资的形式向业主或承包商提供技术和劳动服务的活动。我国对外承包公司在境外开办的合营企业，中国公司同时又提供劳务的，其劳务部分也纳入劳务合作统计。劳务合作营业额按报告期内向雇主提交的结算数(包括工资、加班费和奖金等)统计。

旅游人数

(1)入境旅游人数：指报告期内来我国观光、度假、探亲访友、就医疗养、购物、参加会议或从事经济、文化、体育、宗教活动的外国人、港澳台同胞等入境游客。统计时，外国人、港澳台同胞每入境一次统计 1 人次。

(2)出境人数：指中国（大陆）居民因公或因私出境前往其他国家、中国香港特别行政区、澳门特别行政区和台湾省观光、度假、探亲访友、就医疗养、购物、参加会议或从事经济、文化、体育、宗教活动的人数，即出境游客。统计时，按每出境一次统计 1 人次。

(3)国内旅游人数：指在报告期内在中国（大陆）观光游览、度假、探亲访友、就医疗养、购物、参加会议或从事经济、文化、体育、宗教活动的中国（大陆）居民人数，其出游的目的不是通过所从事的活动谋取报酬。统计时，国内游客按每出游一次统计 1 人次。

国际旅游(外汇)收入　指入境游客在中国（大陆）境内旅行、游览过程中用于交通、参观游览、住宿、餐饮、购物、娱乐等全部花费。

国内旅游收入　指国内游客在国内旅行、游览过程中用于交通、参观游览、住宿、餐饮、购物、娱乐等全部花费。

星级饭店　指设备、设施、服务符合《旅游饭店星级的划分与评定》（GB/T14308−2003），通过相关旅游管理部门评定，并取得星级饭店称号的饭店（含预备星级饭店）。

Explanatory Notes on Main Statistical Indicators

Total Imports and Exports at Customs refer to the value of commodities imported into and exported from the boundary of China. They include the actual imports and exports through foreign trade, imported and exported goods under the processing and assembling trades and materials, supplies and gifts as aid given gratis between governments and by the United Nations and other international organizations, and contributions donated by overseas Chinese, compatriots in Hong Kong and Macao and Chinese with foreign citizenship, leasing commodities owned by tenant at the expiration of leasing period, the imported and exported commodities processed with imported materials, commodities trading in border areas(excluding mutual exchange goods), the imported and exported commodities and articles for public use of the Sino-foreign joint ventures, cooperative enterprises and ventures exclusively with foreign own investment. Also included are import or export of samples and advertising goods for whose CIF or FOB value are beyond the permitted ceiling (excluding goods of no trading or use value and free commodities for export), imported goods sold in China from bonded warehouses and other imported or exported goods. The indicator of the total imports and exports at customs can be used to observe the total size of external trade in a country. In accordance with the stipulation of the Chinese government, imports are calculated at CIF, while exports are calculated at FOB.

Utilization of Foreign Capital refers to remittance, equipment and technology financed from abroad, by loans, foreign direct investment and other forms undertaken by the Chinese governments at all levels, by various departments, enterprises and other economic units.

Direct Investment by Foreign Entrepreneurs refers to the investments inside China by foreign enterprises and economic organizations or individuals (including overseas Chinese, compatriots from Hong Kong and Macao, and Chinese enterprises registered abroad), following the relevant policies and laws of China, for the establishment of ventures exclusively with foreign own investment, Sino-foreign joint ventures and cooperative enterprises or for co-operative exploration of resources with enterprises or economic organizations in China. It includes the re investment of the foreign entrepreneurs with the profits gained from the investment and the funds that enterprises borrow from abroad in the total investment of projects which are approved by the relevant department of the government.

Other Investment by Foreign Entrepreneurs refers to all forms of utilization of foreign capitals other than foreign borrowings and foreign direct investment. It includes the total value of stock shares in foreign currencies issued by enterprises at domestic or foreign stock exchanges (now mainly consisting of H shares issued at Hong Kong Security Market and B shares issued at domestic security markets), rent payable for the imported equipment through international leasing arrangement, cost of imported equipment, technology and materials provided by foreign counterparts in compensation trade and processing and assembly trade.

Contracted Projects with Foreign Countries refer to projects undertaken by Chinese contractors (project contracting companies) through bidding process. They include: (1) overseas civil engineering construction projects financed by foreign investors; (2) overseas projects financed by the Chinese government through its foreign aid programs; (3) construction projects of Chinese diplomatic missions, trade offices and other institutions stationed abroad; (4) construction projects in China financed by foreign investment; (5)sub-contracted projects to be taken by Chinese contractors through a joint umbrella project with foreign contractor's); (6)housing development projects. The business income from international contracted projects is the work volume of contracted projects completed during the reference period, expressed in monetary terms, including completed work on projects signed in previous years.

Service Cooperation with Foreign Countries refers to the activities of providing technology and labor services to employers or contractors in the forms of receiving salaries and wages. Labor services providing by contractual joint ventures of Chinese international contracting corporations should be included in the statistics of service co-operation with foreign countries. The business income of labor service co-operation is the income in the form of wages and salaries, overtime pay, bonuses and other remuneration received from the employers during the reference period.

Number of Tourists

(1) Visitor arrivals refer to the number of foreigners, Chinese compatriots from Hong Kong, Macao and Taiwan Chinese (mainland) who come to China (mainland) for sight-seeing, vacation, visiting relatives, medical treatment, shopping, attending conference, or to engage in economic, cultural, sports and religious activities. In compiling statistics, each time of entering China is counted as one person-time.

(2) Number of Chinese residents going abroad refer to the number of Chinese (mainland) residents going to other countries, Hong Kong Special Administrative region, Macao Special Administrative region and Taiwan for on official or private purposes, for sight-seeing, vacation, visiting relatives, medical treatment, shopping, attending conference, or to engage in economic, cultural, sports and religious activities. In compiling statistics, each time of leaving is counted as one person-time.

(3) Number of domestic tourists refers to the number Of Chinese (mainland) residents who travel within China (mainland) for sight-seeing, vacation, visiting relatives, medical treatment, shopping, attending conference, or to engage in economic, cultural, sports and religious activities. In compiling statistics, each time of traveling is counted as one person-time.

Foreign Exchange Earnings from International Tourism refer to the total expenditure of foreigners, overseas Chinese, Chinese compatriots from Hong Kong, Macao and Taiwan during their stay in the mainland of China on transportation, sighting, accommodation, food, shopping and entertainment.

Income from Domestic Tourism refer to expenditure of domestic tourists on transportation, sighting, accommodation, food, shopping and entertainment while they travel.

Star-rated Hotels refer to hotels rated with stars as assessed by the relevant tourism authorities according to GB/T14308-2003 standard with reference to their infrastructure, facilities and service levels.

能源
Energy

7

● 资料整理：曹战峰

简要说明

一、主要内容

本篇包括能源生产、消费及品种构成，能源生产和消费弹性系数、能源加工转换效率、单位能耗、规模以上工业分行业主要能源品种的购进、消费及库存，主要耗能工业企业单位产品能源消耗，水资源消耗和电力消耗等资料。

二、统计范围

能源统计范围为全社会。单位工业增加值能耗的统计范围是规模以上工业法人企业(年主营业收入达到2000万元及以上)。能源加工转换效率表中，电力折算标准煤系数采用当量值计算，每千瓦小时折0.1229千克标准煤。

三、资料来源

本篇数据来自能源平衡表以及规模以上工业企业能源购进、消费、库存统计年报。能源生产与消费弹性系数分别以能源生产、消费增长速度与国内生产总值增长速度相比求得。根据第三次经济普查结果，对2010年以来有关数据进行了修订。本部分资料由河南省统计局能源统计处编辑整理。

Brief Introduction

I. Main Contents

Data in this chapter cover mainly energy production, consumption, and composition; elasticity ratio of energy production and consumption; efficiency of energy processing and conversion; energy consumption per unit; Purchase, consumption and Stock of enterprises above designated size by sector, Energy consumption per unit of product, consumption of water and electric.

II. Scope of Statistics

The scope of data in this chapter is the whole province. The scope of data on energy consumption per unit of added-value of industrial is enterprises above designated size (Main business income over 20 million yuan). In the table on the efficiency of energy conversion, the coefficient for the conversion of electric power into standard coal equivalent. One kilowatt is equal to 0.1229kg SCE.

III. Sources of Data

Data in this part comes from the energy balance sheets and annual report on energy purchase, consumption and Stock by industrial enterprises above designated size. The elasticity ratio of energy production is calculated as the quotient of the growth rate of energy production divided by the growth rate of GDP; and the elasticity ratio of energy consumption is calculated as the quotient of the growth rate of energy consumption divided by the growth rate of GDP. Data on Energy consumption since 2010 are revised by the basis of the third Economic Census. Data in this chapter are provided by Department of Energy of the Henan provincial Bureau of Statistics.

7-1 能源生产总量及构成
Total Production of Energy and Its Composition

年 份 Year	能源生产总量 (万吨标准煤) Total Energy Production (10 000 tons of SCE)	占能源生产总量的比重（%） As Percentage of Total Energy Production			
		原 煤 Coal	原 油 Crude Oil	天然气 Natural Gas	一次电力及其他能源 Primary Electricity and Other Energy
1978	4434	93.7	5.4		0.9
1979	4536	91.9	7.1		1.0
1980	4402	91.3	7.5	0.1	1.1
1981	4760	87.4	11.1	0.5	1.0
1982	4998	85.3	12.8	0.7	1.2
1983	5456	83.8	14.1	0.9	1.2
1984	5981	82.8	15.3	0.9	1.0
1985	6909	81.5	16.4	1.2	0.9
1986	7261	80.3	17.3	1.6	0.8
1987	7361	79.3	18.1	1.9	0.7
1988	7624	78.6	18.3	2.3	0.8
1989	8031	80.0	17.0	2.2	0.8
1990	8071	81.3	15.6	2.3	0.8
1991	7999	81.9	15.2	2.2	0.7
1992	8058	82.8	14.4	2.1	0.7
1993	8037	83.7	13.6	1.9	0.8
1994	8085	85.0	12.1	2.0	0.9
1995	8454	87.5	10.2	1.6	0.7
1996	8757	88.1	9.6	1.6	0.7
1997	8558	87.9	9.8	1.7	0.6
1998	8080	87.4	10.4	2.0	0.2
1999	6947	85.6	11.6	2.5	0.3
2000	6591	83.7	12.2	2.8	1.4
2001	7238	84.0	11.2	2.9	1.9
2002	8321	85.2	9.8	2.8	2.3
2003	10634	88.3	7.4	2.3	2.0
2004	13079	90.4	5.7	1.7	2.2
2005	14522	91.3	5.0	1.8	1.9
2006	15002	91.7	4.7	1.7	2.0
2007	14604	91.8	4.8	1.4	2.0
2008	15487	92.6	4.4	1.2	1.8
2009	17002	93.4	4.0	0.8	1.8
2010	17438	92.4	4.1	0.5	3.0
2011	15786	91.3	4.4	0.4	3.9
2012	12224	90.2	5.6	0.5	3.7
2013	13133	90.6	5.2	0.5	3.7
2014	11796	89.8	5.7	0.6	3.9
2015	11232	89.3	5.2	0.5	5.0
2016	9705	88.9	4.6	0.5	6.0
2017	10091	88.6	4.0	0.4	7.0

注：电力折算标准煤数根据当年平均发电煤耗计算。

a) The coefficient for conversion of electric power into SCE is calculated on the basis of the data on average coal consunption in generating electric power in the same year.The same applies to the tables following.

7-2 能源消费总量及构成

Total Consumption of Energy and Its Composition

年 份 Year	能源消费总量 (万吨标准煤) Total Energy Consumption (10 000 tons of SCE)	占能源消费总量的比重 (%) As Percentage of Total Energy Consumption			
		煤 炭 Coal	石 油 Crude Oil	天然气 Natural Gas	一次电力及其他能源 Primary Electricity and Other Energy
1978	3353	92.3	6.8		0.9
1979	3228	92.1	6.9		1.0
1980	3389	91.6	7.0	0.2	1.2
1981	3612	91.3	6.9	0.6	1.2
1982	3560	91.1	6.5	0.9	1.5
1983	4035	90.9	6.5	1.1	1.5
1984	4474	91.0	6.5	1.2	1.3
1985	4618	89.9	7.0	1.8	1.3
1986	4709	88.3	8.4	2.2	1.1
1987	5006	88.4	8.4	2.2	1.0
1988	5292	87.7	8.8	2.5	1.0
1989	5112	87.7	8.7	2.3	1.3
1990	5206	87.8	8.4	2.6	1.2
1991	5363	88.3	8.5	2.2	1.0
1992	5583	88.4	8.4	2.3	0.9
1993	5862	88.2	8.8	2.0	1.0
1994	6225	87.7	9.0	2.2	1.1
1995	6473	87.6	9.6	1.8	1.0
1996	6654	87.5	9.8	1.7	1.0
1997	6711	87.8	9.6	1.7	0.9
1998	7244	87.6	9.8	1.6	1.0
1999	7380	87.5	9.8	1.7	1.0
2000	7919	87.6	9.6	1.7	1.1
2001	8367	87.0	9.5	1.9	1.6
2002	9005	86.6	9.3	2.0	2.1
2003	10595	86.7	9.4	1.9	2.0
2004	13074	86.6	9.2	2.0	2.2
2005	14625	87.2	8.7	2.2	1.9
2006	16234	87.4	8.0	2.5	2.1
2007	17838	87.7	7.9	2.5	1.9
2008	18976	87.2	8.0	2.6	2.2
2009	19751	87.0	7.9	2.8	2.3
2010	18964	82.8	9.3	3.4	4.5
2011	20462	81.6	10.4	3.6	4.4
2012	20920	80.0	11.5	4.7	3.8
2013	21909	77.2	12.9	4.8	5.2
2014	22890	77.7	12.6	4.5	5.3
2015	23161	76.5	13.1	4.5	5.9
2016	23117	75.1	13.5	5.2	6.2
2017	22944	73.3	14.1	5.9	6.8

7-3 能源生产弹性系数

Elasticity Ratio of Energy Production

年 份 Year	能源生产比上年增长(%) Growth Rate of Energy Production over Preceding Year (%)	电力生产比上年增长(%) Growth Rate of Electricity Production over Preceding Year (%)	生产总值比上年增长(%) Growth Rate of Gross Domestic Product(GDP) over Preceding Year (%)	能源生产弹性系数 Elasticity Ratio of Energy Production	电力生产弹性系数 Elasticity Ratio of Electricity Production
1980	-3.0		15.4		
1981	8.1	13.6	7.8	1.04	1.74
1982	5.0	4.1	4.3	1.16	0.95
1983	9.2	5.6	23.8	0.39	0.24
1984	9.6	5.8	10.1	0.95	0.57
1985	15.5	5.3	13.5	1.15	0.39
1986	5.1	12.3	4.6	1.11	2.67
1987	1.4	12.0	15.0	0.09	0.80
1988	3.6	0.1	9.8	0.37	0.01
1989	5.3	5.6	7.0	0.76	0.80
1990	0.5	5.4	4.5	0.11	1.20
1991	-0.9	11.3	6.9		1.64
1992	0.7	16.2	13.7	0.05	1.18
1993	-0.3	8.8	15.8		0.56
1994	0.6	10.3	13.8	0.04	0.75
1995	4.6	12.8	14.8	0.31	0.86
1996	3.6	8.5	13.9	0.26	0.61
1997	-2.3	6.2	10.4		0.60
1998	-5.6	0.0	8.8		
1999	-14.0	4.4	8.1		0.55
2000	-5.1	6.6	9.5		0.70
2001	9.8	12.8	9.0	1.09	1.42
2002	15.0	14.4	9.5	1.57	1.52
2003	27.8	12.7	10.7	2.60	1.19
2004	23.0	24.2	13.7	1.68	1.77
2005	11.0	11.3	14.3	0.77	0.79
2006	3.3	12.6	14.5	0.23	0.87
2007	-2.7	19.9	14.6		1.36
2008	6.1	2.2	12.0	0.50	0.18
2009	9.8	4.9	11.0	0.89	0.45
2010	2.6	10.4	12.4	0.21	0.84
2011	-9.5	13.8	12.0		1.15
2012	-22.6	1.9	10.2		0.18
2013	7.4	8.3	9.2	0.83	0.90
2014	-10.2	-4.9	8.9		
2015	-4.8	-4.3	8.3		
2016	-13.6	1.5	8.2		0.18
2017	4.0	4.1	7.8	0.51	0.53

7-4 能源消费弹性系数

Elasticity Ratio of Energy Consumption

年 份 Year	能源消费比上年增长（%） Growth Rate of Energy Consumption over Preceding Year (%)	电力消费比上年增长（%） Growth Rate of Electricity Consumption over Preceding Year (%)	生产总值比上年增长（%） Growth Rate of Gross Domestic Product(GDP)over Preceding Year (%)	能源消费弹性系数 Elasticity Ratio of Energy Consumption	电力消费弹性系数 Elasticity Ratio of Electricity Consumption
1980	5.0		15.4	0.32	
1981	6.6	5.6	7.8	0.85	0.72
1982	-1.4	32.3	4.3		7.51
1983	13.3	-3.2	23.8	0.56	
1984	10.9	6.5	10.1	1.08	0.64
1985	3.2	5.6	13.5	0.24	0.41
1986	2.0	7.0	4.6	0.43	1.52
1987	6.3	10.6	15.0	0.42	0.71
1988	5.7	12.1	9.8	0.58	1.23
1989	-3.4	9.8	7.0		1.40
1990	1.8	2.2	4.5	0.40	0.49
1991	3.0	9.3	6.9	0.43	1.35
1992	4.1	15.7	13.7	0.30	1.15
1993	5.0	7.5	15.8	0.32	0.47
1994	6.2	8.8	13.8	0.45	0.64
1995	4.0	13.2	14.8	0.27	0.89
1996	2.8	8.3	13.9	0.20	0.60
1997	0.9	6.5	10.4	0.09	0.63
1998	7.9	-0.5	8.8	0.90	
1999	1.9	3.4	8.1	0.23	0.42
2000	7.3	6.8	9.5	0.77	0.71
2001	5.7	12.7	9.0	0.63	1.41
2002	8.2	14.7	9.5	0.87	1.55
2003	17.0	13.7	10.7	1.59	1.28
2004	23.4	22.3	13.7	1.71	1.63
2005	11.9	7.6	14.3	0.83	0.53
2006	11.0	10.6	14.5	0.76	0.73
2007	9.9	21.5	14.6	0.68	1.47
2008	6.4	12.0	12.0	0.53	1.00
2009	4.1	5.6	11.0	0.37	0.51
2010	8.5	13.1	12.4	0.69	1.06
2011	7.9	13.0	12.0	0.66	1.08
2012	2.2	3.3	10.2	0.22	0.33
2013	4.7	5.5	9.2	0.51	0.60
2014	4.5	0.7	8.9	0.50	0.08
2015	1.2	-1.4	8.3	0.14	
2016	-0.2	3.8	8.2		0.46
2017	-0.8	5.9	7.8		0.76

7-5 能源加工转换效率

Efficiency of Energy Conversion

单位：% (%)

年 份 Year	总效率 Total Efficiency	发电及供热 Electricity Generation and Heating by Power Stations	炼 焦 Coking	炼 油 Petroleum Refining
1995	59.73	33.58	93.35	96.93
1996	61.21	35.64	91.90	97.71
1997	61.61	36.27	94.79	95.69
1998	67.84	35.41	99.40	99.40
1999	63.57	36.54	95.44	95.44
2000	61.78	36.03	96.71	96.71
2001	61.26	35.49	96.06	96.06
2002	59.47	36.36	98.31	98.31
2003	58.34	34.34	97.90	97.90
2004	58.36	33.45	94.38	94.38
2005	60.97	34.18	96.81	96.81
2006	64.94	36.10	99.08	99.08
2007	66.22	38.10	89.43	99.67
2008	65.96	39.49	91.89	95.43
2009	70.15	39.62	91.97	99.16
2010	72.64	40.85	93.24	87.14
2011	73.74	41.96	91.22	97.01
2012	72.24	41.99	91.62	97.66
2013	73.09	42.61	97.40	96.25
2014	74.30	43.51	96.33	97.88
2015	73.78	43.19	94.30	97.15
2016	73.65	43.47	91.64	98.92
2017	71.96	43.90	93.91	98.80

7-6 综合平衡表

Overall Energy Balance Sheet

单位：万吨标准煤 (10 000 tons of SCE)

项　　目	Item	2011	2012	2013	2014	2015	2016	2017
可供量	**Total Energy Available for Consumption**	**20462.38**	**20994.60**	**21909.13**	**22841.80**	**23201.24**	**23075.73**	**22900.23**
一次能源生产量	Primary Energy Output	15786.31	12223.70	13132.69	11795.76	11231.89	9705.44	10090.81
外省(区、市)调入量	Transfer from Other Provinces (Districts, Cities)	8293.05	12074.01	12152.29	12850.42	14838.32	18304.81	19273.19
进口量	Imports	465.72	659.48	690.01	537.34	455.18		
本省(区、市)调出量(－)	Transfer to Other Provinces (Districts, Cities)	4163.99	3910.15	4128.28	2971.16	2710.71	4926.50	6805.11
出口量(－)	Exports (-)				36.37			
年初年末库存差额	Stock Changes in the Year	81.27	-52.44	62.42	665.81	-613.44	-8.02	341.34
年初库存量	Stock at the beginning of the year	1425.78	1335.39	1255.28	1251.83	578.46	1188.36	1196.38
年末库存量(－)	Stock at the end of the year	1344.51	1387.83	1192.87	586.01	1191.90	1196.38	855.04
消费量	**Total Energy Consumption**	**20462.41**	**20919.96**	**21909.09**	**22889.85**	**23161.16**	**23117.43**	**22943.82**
在总量中：	Consumption by Sector							
农、林、牧、渔业	Agriculture, Forestry, Animal Husbandry, Fishery	509.27	530.79	562.25	601.38	666.18	609.00	619.82
工　业	Industry	15735.49	15728.51	16239.00	16769.71	16389.01	16290.52	15971.29
建筑业	Construction	163.45	173.49	180.21	213.55	269.70	263.44	323.86
交通运输、仓储和邮政业	Transport, Storage and Post	1159.64	1339.83	1436.20	1487.58	1603.12	1669.80	1881.97
批发、零售业和住宿、餐饮业	Wholesale and Retail Trades, Hotels and Catering Services	329.81	352.09	475.04	604.51	665.15	789.32	619.55
其他	Other Sectors	480.89	502.17	670.27	732.04	911.82	850.90	540.65
生活消费	Household Consumption	2083.88	2293.09	2346.12	2481.07	2656.19	2644.44	2986.68
在总量中：	Consumption by Usage							
终端消费	End-use Consumption	19325.36	20251.55	20968.39	22005.83	22245.36	22835.95	22559.37
#工业	Industry	14598.43	15060.09	15298.30	15897.69	15485.45	16017.15	15609.96
加工转换损失	Losses During the Process of Energy Conversion	705.27	426.70	324.41	218.45	238.45	183.74	361.25
#火力发电损失	Power Generation							
供热损失	Heating	176.67	184.59	194.42	261.23	226.41	238.17	264.63
洗选煤损失	Coal Cleaning	230.69	319.35	380.60	207.59	169.28	190.84	372.57
炼焦损失	Coking	298.37	235.25	75.88	112.46	180.64	269.78	165.27
炼油及煤制油损失	Petroleum Refining	36.78	31.52	49.60	27.52	32.95	11.50	12.36
制气损失	Gas Production	10.34	10.20	1.22	1.19	2.62	2.19	39.04
天然气液化损失	Gas Liquidation				1.16	0.31	0.30	0.80
煤制品加工损失	Coal Products Processing	0.37	0.13	1.13	0.15	0.22		
回收能	Recovery of Energy	-47.95	-354.34	-378.44	-392.84	-373.98	-529.05	-493.43
损失量	**Energy Losses**	**431.79**	**241.71**	**616.29**	**665.65**	**677.35**	**97.75**	**23.20**
平衡差额	**Balance**	**-0.04**	**74.64**	**0.04**	**-48.13**	**40.08**	**-41.70**	**-43.58**

7-7 平均每天能源消费量

Average Daily Energy Consumption by Type of Energy

能源品种	Item	1995	2000	2005	2010	2011	2012	2013	2014	2015	2016	2017
合计 （万吨标准煤）	**Total (10 000 tons of SCE)**	**17.73**	**21.70**	**40.07**	**50.94**	**56.06**	**57.31**	**60.02**	**62.71**	**63.46**	**63.34**	**62.86**
原煤 （万吨）	Coal (10 000 tons)	23.33	26.58	55.38	73.33	78.65	76.69	77.02	73.79	70.71	71.14	74.04
焦炭 （万吨）	Coke (10 000 tons)	1.08	1.17	2.72	4.78	5.62	4.64	4.98	7.40	7.79	8.34	6.13
原油 （万吨）	Crude Oil (10 000 tons)	1.10	1.67	1.83	2.29	2.40	2.63	2.64	2.32	2.32	1.94	1.80
汽油 （万吨）	Gasoline (10 000 tons)	0.39	0.33	0.64	0.81	0.95	1.11	1.53	1.45	1.85	1.92	1.86
煤油 （万吨）	Kerosene (10 000 tons)	0.04	0.04	0.04	0.08	0.14	0.12	0.13	0.14	0.19	0.20	0.20
柴油 （万吨）	Diesel Oil (10 000 tons)	0.37	0.42	0.90	1.54	1.79	2.03	2.13	2.19	2.29	2.21	2.54
燃料油 （万吨）	Fuel Oil (10 000 tons)	0.14	0.16	0.21	0.05	0.11	0.04	0.09	0.14	0.19	0.19	0.08
天然气 （亿立方米）	Natural Gas (100 million cu.m)	0.03	0.03	0.06	0.13	0.15	0.20	0.21	0.21	0.21	0.25	0.28
电力 （亿千瓦小时）	Electricity (100 million kwh)	1.57	1.97	3.80	7.00	7.81	8.04	8.45	8.66	8.90	8.81	8.97

7-8 人均生活能源消费量
Average Per Capita Energy Consumption of Households

能源品种	Item	1995	2000	2005	2010	2011	2012	2013	2014	2015	2016	2017
平均每人生活消费	**Annual Per Capita Consumption**											
能源(千克标准煤)	**for Households (kg of SCE)**	**112.97**	**121.27**	**161.29**	**179.79**	**221.77**	**244.02**	**249.33**	**263.26**	**280.84**	**278.19**	**312.89**
煤炭 (千克)	Coal (kg)	119.76	95.36	112.90	53.89	75.99	67.89	58.45	64.18	70.55	44.19	29.61
液化石油气 (千克)	Liquefied Petroleum gas (kg)	0.91	2.18	2.62	3.40	4.33	8.71	7.34	8.06	8.37	10.77	12.68
天然气 (立方米)	Natural Gas (cu.m)	2.63	2.00	5.49	6.45	9.68	10.75	11.80	14.32	14.57	18.45	21.94
热力 (百万千焦)	Heat (million kJ)	0.02	0.09	0.17	0.24	0.28	0.37	0.40	0.51	0.56	0.86	0.95
电力 (千瓦小时)	Electricity (kwh)	46.28	80.05	128.91	288.20	356.09	402.36	394.73	406.08	437.80	447.21	490.37

注：2010年以后使用常住人口计算人均生活能源消费量。
a) Per capita energy consumption is calculated on resident population since 2010.

7-9 规模以上工业企业分品种能源购进、消费及库存(2017年)
Purchase, Consumption, and Stock of Energy in above Designated Size Industrial Enterprises by Catalog (2017)

项目	Item	年初库存 Stock of Year Beginning	购进量 Purchase Capacity	消费量 Total Energy Consumption	工业生产消费 Consumption of Industry Production	非工业生产消费 Consumptin of Industry Nonindustry Production	年末库存 Stock at Year-end
原煤(万吨)	Coal (10 000tons)	977.97	25978.43	26935.70	26884.88	50.82	994.01
洗精煤(万吨)	Clean Coal (10 000tons)	60.49	2738.56	2946.69	2946.69		55.10
其他洗煤(万吨)	Other Clean Coal (10 000tons)	19.92	263.40	309.99	309.85	0.15	19.60
煤制品(万吨)	Coal Products (10 000tons)	0.01	4.17	4.18	4.17		
焦炭(万吨)	Coke (10 000tons)	24.89	936.45	1177.56	1177.56		28.44
其他焦化产品(万吨)	Other Coking Products (10 000 tons)	0.31	12.74	26.16	26.16		0.07
焦炉煤气(亿立方米)	Coking Gas (100 million cu.m)		8.25	28.70	28.56	0.14	
高炉煤气(亿立方米)	Blast furnace Gas (100 million cu.m)		20.25	278.49	278.49		
其他煤气(亿立方米)	Other Gas (100 million cu.m)		5.46	47.28	47.28		
天然气(亿立方米)	Natural Gas (100 million cu.m)	0.03	60.05	61.04	60.59	0.45	0.03
液化天然气(万吨)	Liquefied Gas (10 000 tons)	0.03	9.52	8.31	8.21	0.10	0.02
原油(万吨)	Crude Oil (10 000 tons)	17.77	621.94	650.45	650.45		21.50
汽油(万吨)	Gasoline (10 000 tons)	0.07	25.45	25.50	21.04	4.46	0.04
煤油(万吨)	Kerosene (ton)	0.01	0.46	0.45	0.44	0.02	0.01
柴油(万吨)	Diesel Fuel Oil (10 000 tons)	1.41	40.42	40.57	37.84	2.73	1.34
燃料油(万吨)	Fuel Oil (10 000 tons)	0.71	8.73	10.45	10.44	0.01	0.31
液化石油气(万吨)	Liquefied Petroleum Gas (10 000 tons)	1.46	32.52	33.84	33.83	0.01	0.20
炼厂干气(万吨)	Net Gas of Plant (10 000 tons)		1.84	24.99	24.99		
其他石油制品(万吨)	Other Petroleum Products (10 000 tons)	4.56	103.80	107.76	107.76		3.36
热力(万百万千焦)	Heat (10 billion kilo-joule)		7016.77	14329.79	14307.20	22.59	
电力(亿千瓦时)	Power (100 million kwh)		1806.95	2167.46	2152.90	14.56	
其他燃料(万吨标准煤)	Other Fuel (10 000 tons of SCE)	0.01	8.15	8.18	8.16	0.02	0.01

7-10 规模以上工业企业分行业主要能源消费量(2017年)

行 业	Sector	综合能源消费量(万吨标准煤) Total Energy Consumption (10 000 tons of SCE)
总 计	**Total**	**13857.47**
采矿业	**Mining**	**1037.31**
煤炭开采和洗选业	Mining and Washing of Coal	888.04
石油和天然气开采业	Extraction of Petroleum and Natural Gas	70.89
黑色金属矿采选业	Mining and Processing of Ferrous Metal Ores	7.66
有色金属矿采选业	Mining and Processing of Non-ferrous Metal Ores	39.55
非金属矿采选业	Mining and Processing of Nonmetal Ores	13.53
开采辅助活动	Support Activities for Mining	17.64
其他采矿业	Mining of Other Ores	
制造业	**Manufacturing**	**8826.24**
农副食品加工业	Processing of Food from Agricultural Products	149.66
食品制造业	Manufacture of Foods	161.01
酒、饮料和精制茶制造业	Manufacture of Liquor, Beverages and Refined Tea	66.06
烟草制造业	Manufacture of Tobacco	6.06
纺织业	Manufacture of Textile	109.67
纺织服装、服饰业	Manufacture of Textile, Wearing, Apparel and Accessories	26.34
皮革、毛皮、羽毛及其制品和制鞋业	Manufacture of Leather, Fur, Feather and Related Products and Footwear	22.86
木材加工及木、竹、藤、棕、草制品业	Processing of Timbers, Manufacture of Wood, Bamboo, Rattan, Palm, and Straw Products	34.71
家具制造业	Manufacture of Furniture	11.27
造纸及纸制品业	Manufacture of Paper and Paper Products	196.84
印刷和记录媒介复制业	Printing,Reproduction of Recording Media	13.08
文教、工美、体育和娱乐用品制造业	Manufacture for Culture, Education, Arts and Crafts Sport and Entertainment Activities	15.13
石油加工、炼焦及核燃料加工业	Processing of Petroleum, Coking, and Processing of Nucleus Fuel	418.09
化学原料及化学制品制造业	Manufacture of Raw Chemical Materials and Chemical Products	2161.22
医药制造业	Manufacture of Medicines	95.97
化学纤维制造业	Manufacture of Chemical Fibers	24.42
橡胶和塑料制品业	Manufacture of Rubber and Plastics Products	74.63
非金属矿物制品业	Manufacture of Non-metallic Mineral Products	1333.31
黑色金属冶炼和压延加工业	Smelting and Pressing of Ferrous Metals	1667.03
有色金属冶炼及压延加工业	Smelting and Pressing of Non-ferrous Metals	1824.57
金属制品业	Manufacture of Metal Products	62.41
通用设备制造业	Manufacture of General Purpose Machinery	60.59
专业设备制造业	Manufacture of Special Purpose Machinery	69.87
汽车制造业	Manufacture of Automobiles	78.80
铁路、船舶、航空航天和其他运输设备制造业	Manufacture of Railway, Ship, Aerospace, and other Transport Equipments	16.47
电气机械及器材制造业	Manufacture of Electrical Machinery and Apparatus	76.86
计算机、通信和其他电子设备制造业	Manufacture of Computer, Communication and Other Electronic Equipment	38.63
仪器仪表制造业	Manufacture of Measuring Instrument and Machinery	5.15
其他制造业	Others Mannfacture	1.87
废弃资源综合利用业	Utilization of Waste Resources	2.96
金属制品、机械和设备修理业	Repairing Services of Metal Products, Machinery and Equipment	0.70
电力、燃气及水的生产和供应业	**Production and Supply of Electric Pouver Gas and Water**	**3993.92**
电力、热力生产和供应业	Production and Supply of Electric Power and Heat Power	3974.48
燃气生产和供应业	Production and Distribution of Gas	8.38
水的生产和供应业	Production and Distribution of Water	11.06

Consumption of Main Energy in above Designated Size Industrial Enterprises by Sector (2017)

原　煤 (万吨) Coal (10 000tons)	焦　炭 (万吨) Coke (10 000tons)	原　油 (万吨) Crude Oil (10 000tons)	柴　油 (万吨) Diesel Fuel Oil (10 000tons)	燃料油 (万吨) Fuel Oil (10 000tons)	热　力 (万百万千焦) Heat (10 billion Kilo Joule)	电　力 (亿千瓦时) Electricity (100 million kwh)
26935.70	**1177.56**	**650.45**	**40.57**	**10.45**	**14329.79**	**2167.46**
10010.26	**1.10**	**32.35**	**19.19**	**6.26**	**665.72**	**167.62**
9984.09		0.06	1.97		60.29	120.90
11.96		32.25	1.67	6.26	586.76	14.82
0.22			1.17			4.46
5.00	1.10		4.45			20.69
5.93			0.74			5.22
3.06		0.03	9.19		18.66	1.54
6917.43	**1176.46**	**618.10**	**19.28**	**3.85**	**13073.78**	**1762.34**
57.26	0.55		0.73	0.03	458.62	57.39
104.76	0.03		1.16	0.05	858.71	31.75
33.23	0.01		0.24		130.99	19.25
0.13			0.03		16.61	1.82
9.37			0.48		109.14	70.69
2.43	0.01		0.15	0.04	9.54	10.39
8.37	0.04		0.07		72.23	7.41
6.62	0.09		0.54		30.49	12.06
2.59			0.10			6.03
161.19			0.45	0.01	557.91	42.88
0.61			0.20		7.74	7.62
1.42			0.33		82.61	7.12
742.79		618.10	0.58	1.36	793.33	23.21
2248.49	27.58		0.65	0.90	5016.75	270.15
45.46	0.17		0.93		257.35	26.80
41.47				0.19	102.23	8.45
36.96	0.09		0.49	0.05	374.83	27.62
961.08	10.78		4.56	0.51	152.91	250.84
316.09	1098.61		1.29		2.43	174.58
2097.27	28.56		2.32	0.70	3807.76	473.34
8.67	5.19		0.16		5.42	31.65
8.54	2.67		0.59		13.43	36.67
10.25	1.41		1.06		78.42	37.37
3.80	0.64		0.76		27.41	49.67
2.27			0.35		7.24	8.98
4.96	0.02		0.71		47.54	33.34
0.69			0.13		43.36	28.57
			0.04		1.43	3.95
0.20			0.02			1.19
0.44	0.01		0.04			1.43
			0.11		7.36	0.12
10008.01			**2.10**	**0.34**	**590.29**	**237.51**
10004.46			2.07	0.34	590.26	226.29
			0.01			3.66
3.56			0.02		0.03	7.56

7-11 规模以上工业分部门主要能源消费量(2017年)

Consumption of Main Energy in above Designated Size Industrial Enterprises by Sector (2017)

部 门	Sector	综合能源消费量(万吨标准煤) Total Energy Consumption (10 000 (tons of SCE)	原 煤 (万吨) Coal (10 000 tons)	焦 炭 (万吨) Coke (10 000 tons)	原 油 (万吨) Crude Oil (10 000 tons)	柴 油 (万吨) Diesel Fuel Oil (10 000 tons)	燃料油 (万吨) Fuel Oil (10 000 tons)	热 力 (万百万千焦) Heat (10 billion Kilo Joule)	电 力 (亿千瓦时) Electricity (100 million kwh)
全省总计	**Total**	**13857.47**	**26935.70**	**1177.56**	**650.45**	**40.57**	**10.45**	**14329.79**	**2167.46**
煤 炭	Coal	888.26	9986.71		0.06	1.97		60.29	120.91
石油石化	Petroleum	202.06	66.48		650.38	11.04	7.62	1382.79	28.04
冶 金	Metallurgy	1991.91	1008.47	1098.61		2.89		21.79	198.09
有 色	coloured Coherer	1864.13	2102.27	29.65		6.78	0.70	3807.76	494.03
建 材	Construction Material	1364.84	967.55	10.78		5.38	0.51	154.46	267.36
化 工	Chymic Industry	2200.63	2280.73	27.66		0.75	0.95	5371.51	276.92
轻 工	Light Industry	730.05	377.82	5.41		3.78	0.09	2205.32	225.14
烟 草	Tobacco	6.06	0.13			0.03		16.61	1.82
纺 织	Textile	160.43	53.27	0.01		0.64	0.23	220.91	89.53
医 药	Medication	98.03	45.46	0.17		1.16		257.35	27.87
机 械	Machinery	269.40	29.70	4.74		3.22		159.51	152.92
电 子	Electron	38.63	0.69			0.13		43.36	28.57
电 力	Electric Power	3896.88	9830.01			1.82	0.34	326.09	221.76
其 他	Other	146.15	186.41	0.52		1.00		302.05	34.50

7-12 各市规模以上工业企业分品种主要能源消费量(2017年)
Consumption of Main Energy Sources in above Designated Size Industrial Enterprises by Industrial Sector and City (2017)

市(县)	City(County)	综合能源消费量(万吨标准煤) Total Energy Consumption (10 000 (tons of SCE)	原煤(万吨) Coal (10 000 tons)	焦炭(万吨) Coke (10 000 tons)	原油(万吨) Crude Oil (10 000 tons)	柴油(万吨) Diesel Fuel Oil (10 000 tons)	燃料油(万吨) Fuel Oil (10 000 tons)	热力(万百万千焦) Heat (10 billion Kilo Joule)	电力(亿千瓦时) Electricity (100 million kwh)
全省	**Total**	**13857.47**	**26935.70**	**1177.56**	**650.45**	**40.57**	**10.45**	**14329.79**	**2167.46**
省辖市	**City**								
郑州市	Zhengzhou	1731.81	2738.66	10.61		4.56	1.22	1551.21	371.88
开封市	Kaifeng	476.49	549.42	12.43		1.15		106.33	59.56
洛阳市	Luoyang	1570.19	2492.67	1.11	597.99	2.91	0.83	1100.85	345.42
平顶山市	Pingdingshan	1059.86	6866.46	110.15		2.98	0.18	2204.79	134.35
安阳市	Anyang	1470.53	1561.57	581.32		1.54		256.05	203.29
鹤壁市	Hebi	340.62	1416.17	0.09		0.52	0.06	154.53	31.35
新乡市	Xinxiang	978.97	1451.37	0.17		0.69	0.19	271.23	120.10
焦作市	Jiaozuo	1093.82	1633.60	3.97		1.00	0.20	2676.24	186.11
濮阳市	Puyang	467.36	288.43		25.05	9.22		823.09	51.69
许昌市	Xuchang	537.95	1050.98	4.18		3.14		325.13	68.98
漯河市	Luohe	252.90	313.47			1.35	0.01	430.07	44.99
三门峡市	Sanmenxia	890.57	1921.86	3.47		5.93	0.08	2533.70	91.48
南阳市	Nanyang	697.14	797.06	79.74	27.35	1.70	7.60	1409.01	129.69
商丘市	Shangqiu	518.91	1925.18	10.44	0.06	0.75	0.01	45.01	97.62
信阳市	Xinyang	488.61	411.66	196.87		1.39		29.88	45.84
周口市	Zhoukou	124.31	78.89	1.06		0.81		44.74	45.52
驻马店市	Zhumadian	450.28	603.86	0.01		0.29	0.06	169.15	64.80
济源市	Jiyuan	707.13	834.39	161.94		0.65	0.01	198.78	74.80
省直管县	**County Directly Administrated by Province**								
巩义市	Gongyi	329.78	336.70	4.35		0.22	0.05		101.08
兰考县	Lankao	13.66	3.02			0.70			3.12
汝州市	Ruzhou	178.26	1215.08	17.50		0.72	0.03	12.05	24.17
滑县	Huaxian	71.80	82.05			0.08			16.59
长垣县	Changyuan	90.03	202.65			0.09			6.65
邓州市	Dengzhou	31.24	15.26			0.02			8.99
永城市	Yongcheng	386.94	1726.41	10.43	0.06	0.51	0.01	0.88	64.22
固始县	Gushi	6.03	0.36	0.67		0.03			3.50
鹿邑县	Luyi	13.61	8.58			0.00			2.78
新蔡县	Xincai	3.39	0.10						2.65

7-13 规模以上工业企业分行业水消费总量(2017年)

单位：万吨

行　业	Sector	取水总量 Water consumption
总　计	**Total**	**351795**
轻工业	Light Industry	212845
重工业	Heavy Industry	138950
采矿业	**Mining**	**28449**
煤炭开采和洗选业	Mining and Washing of Coal	22880
石油和天然气开采业	Extraction of Petroleum and Natural Gas	1453
黑色金属矿采选业	Mining and Processing of Ferrous Metal Ores	755
有色金属矿采选业	Mining and Processing of Non-ferrous Metal Ores	2495
非金属矿采选业	Mining and Processing of Nonmetal Ores	833
开采辅助活动	Support Activities for Mining	34
其他采矿业	Mining of Other Ores	
制造业	**Manufacturing**	**108954**
农副食品加工业	Processing of Food from Agricultural Products	6885
食品制造业	Manufacture of Foods	6002
酒、饮料和精制茶制造业	Manufacture of Liquor Beverages and Refined Tea	6567
烟草制造业	Manufacture of Tobacco	185
纺织业	Manufacture of Textile	3747
纺织服装、服饰业	Manufacture of Textile, Wearing, Apparel and Accessories	649
皮革、毛皮、羽毛及其制品和制鞋业	Manufacture of Leather, Fur, Feather and Related Products and Footwear	1270
木材加工及木、竹、藤、棕、草制品业	Processing of Timbers, Manufacture of Wood, Bamboo, Rattan, Palm, and Straw Products	404
家具制造业	Manufacture of Furniture	249
造纸及纸制品业	Manufacture of Paper and Paper Products	6424
印刷和记录媒介复制业	Printing,Reproduction of Recording Media	225
文教、工美、体育和娱乐用品制造业	Manufacture for Culture, Education, Arts and Crafts, Sport and entertainment Activities	664
石油加工、炼焦及核燃料加工业	Processing of Petroleum ,Coking, and Processing of Nucleus Fuel	2338
化学原料及化学制品制造业	Manufacture of Raw Chemical Material and Chemical Products	21703
医药制造业	Manufacture of Medicines	4909
化学纤维制造业	Manufacture of Chemical Fibers	2212
橡胶和塑料制品业	Manufacture of Rubber and Plastics Products	1388
非金属矿物制品业	Manufacture of Non-metallic Mineral Products	11361
黑色金属冶炼和压延加工业	Smelting and Pressing of Ferrous Metals	8655
有色金属冶炼及压延加工业	Smelting and Pressing of Non-ferrous Metals	13288
金属制品业	Manufacture of Metal Products	871
通用设备制造业	Manufacture of General Purpose Machinery	1421
专业设备制造业	Manufacture of Special Purpose Machinery	1292
汽车制造业	Manufacture of Automobiles	1116
铁路、船舶、航空航天和其他运输设备制造业	Manufacture of Railway, Ship, Aerospace, and other Transport Equipment	195
电气机械及器材制造业	Manufacture of Electrical Machinery and Apparatus	1645
计算机、通信和其他电子设备制造业	Manufacture of Computer Communication and Other Electronic Equipment	2555
仪器仪表制造业	Manufacture of Measuring Instrument and Machinery	320
其他制造业	Others Manufacture	289
废弃资源综合利用业	Utilization of Waste Resources	96
金属制品、机械和设备修理业	Repair Services of Metal Products, Machinery and Equipment	30
电力、燃气及水的生产和供应业	**Production and Supply of Electric Power Gas and Water**	**214392**
电力、热力生产和供应业	Production and Supply of Electric Power and Heat Power	44160
燃气生产和供应业	Production and Distribution of Gas	85
水的生产和供应业	Production and Distribution of Water	170147

Computation of Water in above Designated Size Industrial Enterprises by Sector (2017)

(10 000 tons)

地表水 Surface Water	地下水 Ground-water	自来水 Tap water	其它水 Others	重复用水 Volume of Repeated Consumption
176984	**111650**	**39966**	**23195**	**2639924**
123312	70005	18940	588	19264
53672	41644	21026	22607	2620660
6327	**16290**	**1756**	**4075**	**36903**
3026	14136	1647	4071	27366
65	1383	5		
729	17	7	2	885
2010	429	53	2	8647
497	326	9		5
		34		
28486	**48742**	**27129**	**4597**	**931305**
161	3905	2813	7	228
61	4138	1740	63	182
641	3852	2065	8	735
	17	164	4	42
33	2726	988		5020
55	385	210		28
139	1030	59	42	59
44	311	49		5
18	202	29		
906	4378	689	451	2662
10	139	76		1
65	421	178		2
1203	468	459	208	59300
7440	7478	4058	2726	471808
110	3347	1440	12	5153
9	799	1403	1	3828
27	931	247	183	8468
2201	6213	2844	102	9173
5217	1731	1315	392	213302
9925	2481	545	338	135996
46	512	312	1	59
30	815	574	2	166
17	550	692	33	3403
28	450	616	21	10811
17	85	94		5
55	723	864	2	207
8	271	2276		231
12	88	220	1	350
2	267	20		
7	30	59	1	53
	1	29		27
142171	**46617**	**11080**	**14523**	**1671717**
21726	3363	4548	13482	1669914
	22	63	1042	1758
120445	43232	6470		44

7-14 各市规模以上工业企业水消费量(2017年)

Computation of Water in above Designated Size Industrial Enterprises by City (2017)

单位：万吨 (10 000 tons)

市(县) City(County)	取水总量 Water consumption	地表水 Surface Water	地下水 Ground-water	自来水 Tap Water	其它水 Others	重复用水 Volume of Repeated Consumption
全 省 Total	**351795**	**176984**	**111650**	**39966**	**23195**	**2639924**
省 辖 市 City						
郑 州 市 Zhengzhou	70093	46318	11783	8404	3588	240688
开 封 市 Kaifeng	14178	11583	1665	930		201572
洛 阳 市 Luoyang	31465	10028	15403	3054	2980	293550
平 顶 山 市 Pingdingshan	25542	15536	2102	4422	3482	232261
安 阳 市 Anyang	16615	9210	4727	2031	647	186657
鹤 壁 市 Hebi	5577	1828	1072	1912	764	124957
新 乡 市 Xinxiang	21814	11529	5691	2421	2173	181488
焦 作 市 Jiaozuo	25777	3146	18747	1377	2507	257658
濮 阳 市 Puyang	10696	6280	2703	1546	167	148710
许 昌 市 Xuchang	10985	5159	3509	279	2038	143785
漯 河 市 Luohe	9831	4949	3212	1136	534	35111
三 门 峡 市 Sanmenxia	16020	8089	3053	3332	1547	110358
南 阳 市 Nanyang	20046	7175	11193	1647	32	46609
商 丘 市 Shangqiu	9032	4018	3477	425	1113	52857
信 阳 市 Xinyang	33801	21707	6400	5199	494	30613
周 口 市 Zhoukou	9327	40	9108	179		712
驻 马 店 市 Zhumadian	11210	5954	3655	1158	444	100685
济 源 市 Jiyuan	9786	4436	4150	514	686	251653
省 直 管 县 County Directly Administrated by Province						
巩 义 市 Gongyi	1924	1193	188	336	208	1949
兰 考 县 Lankao	58		41	16		
汝 州 市 Ruzhou	1078	295	694	40	49	4816
滑 县 Huaxian	852		182	670		1866
长 垣 县 Changyuan	920	365	76	7	472	16208
邓 州 市 Dengzhou	394	38	338	18		53
永 城 市 Yongcheng	2236	132	1138	28	938	15223
固 始 县 Gushi	232	64	154	14		27
鹿 邑 县 Luyi	506		502	4		4
新 蔡 县 Xincai	452	9	409	34		2

7-15 各市年耗能万吨标准煤以上工业企业个数
Number of Industrial Enterprises of Consumption of Energy Above 10 000 tons by City

单位：个 (unit)

市(县)	City(County)	2005	2010	2011	2012	2013	2014	2015	2016	2017
全省	**Total**	**849**	**1071**	**1118**	**1003**	**978**	**958**	**907**	**857**	**751**
省辖市	**City**									
郑州市	Zhengzhou	165	212	212	191	189	167	165	145	133
开封市	Kaifeng	21	36	36	31	27	27	24	22	15
洛阳市	Luoyang	64	76	74	63	65	69	72	68	65
平顶山市	Pingdingshan	49	79	92	86	86	84	81	75	78
安阳市	Anyang	64	72	98	85	90	93	82	86	72
鹤壁市	Hebi	42	41	30	27	26	26	22	24	17
新乡市	Xinxiang	63	62	68	61	61	63	63	61	50
焦作市	Jiaozuo	106	113	108	84	77	68	70	62	62
濮阳市	Puyang	23	54	60	48	40	35	30	28	23
许昌市	Xuchang	38	92	91	95	94	97	82	71	49
漯河市	Luohe	23	28	22	23	19	17	21	20	18
三门峡市	Sanmenxia	36	46	65	56	51	54	53	53	44
南阳市	Nanyang	59	46	45	51	52	55	53	56	47
商丘市	Shangqiu	11	22	21	19	17	16	12	10	8
信阳市	Xinyang	21	22	24	20	20	21	19	19	16
周口市	Zhoukou	13	21	20	21	22	21	16	16	14
驻马店市	Zhumadian	27	22	26	20	19	20	21	20	16
济源市	Jiyuan	24	27	26	22	23	25	21	21	24
省直管县	**County Directly Administrated by Province**									
巩义市	Gongyi	38	36	36	34	33	32	30	30	24
兰考县	Lankao		1						1	1
汝州市	Ruzhou	12	26	36	36	30	29	29	26	24
滑县	Huaxian	3	3	2			1	1	2	2
长垣县	Changyuan	1	1	2	2	3	3	3	2	1
邓州市	Dengzhou	10	2	2	5	4	6	4	4	3
永城市	Yongcheng	6	4	6	6	5	7	3	3	3
固始县	Gushi			1	1	3	3	3	2	1
鹿邑县	Luyi	1	5	5	5	7	7	3	4	4
新蔡县	Xincai									

7-16 各行业年耗能万吨标准煤以上工业企业单位数

Number of Industrial Enterprises of Consumption of Energy Above 10 000 tons by Sector

单位：个 (unit)

行 业	Sector	2016	2017
总 计	**Total**	**857**	**751**
采矿业	**Mining**	**89**	**79**
煤炭开采和洗选业	Mining and Washing of Coal	77	68
石油和天然气开采业	Extraction of Petroleum and Natural Gas	2	2
黑色金属矿采选业	Mining and Processing of Ferrous Metal Ores	2	2
有色金属矿采选业	Mining and Processing of Non-ferrous Metal Ores	4	2
非金属矿采选业	Mining and Processing of Nonmetal Ores	2	3
开采辅助活动	Support Activities for Mining	2	2
其他采矿业	Mining of Other Ores		
制造业	**Manufacturing**	**666**	**571**
农副食品加工业	Processing of Food from Agricultural Products	18	15
食品制造业	Manufacture of Foods	24	27
酒、饮料和精制茶制造业	Manufacture of Liquor, Beverages and Refined Tea	13	10
烟草制造业	Manufacture of Tobacco	1	1
纺织业	Manufacture of Textile	15	11
纺织服装、服饰业	Manufacture of Textile, Wearing Apparel and Accessories	6	7
皮革、毛皮、羽毛及其制品和制鞋业	Manufacture of Leather, Fur, Feather and Related Products and Footwear	3	4
木材加工及木、竹、藤、棕、草制品业	Processing of Timbers, Manufacture of Wood, Bamboo, Rattan, Palm, and Straw Products	8	7
家具制造业	Manufacture of Furniture		
造纸及纸制品业	Manufacture of Paper and Paper Products	36	30
印刷和记录媒介复制业	Printing,Reproduction of Recording Media		1
文教、工美、体育和娱乐用品制造业	Manufacture of Articles for Culture, Education, Arts and Crafts, Sport and entertainment Activities	2	1
石油加工、炼焦及核燃料加工业	Processing of Petroleum ,Coking, Processing of Nucleus Fuel	23	21
化学原料及化学制品制造业	Manufacture of Raw Chemical Material and Chemical Products	97	86
医药制造业	Manufacture of Medicines	16	13
化学纤维制造业	Manufacture of Chemical Fiber	2	2
橡胶和塑料制品业	Manufacture of Rubber and Plastics Products	9	7
非金属矿物制品业	Manufacture of Non-metallic Mineral Products	210	175
黑色金属冶炼和压延加工业	Smelting and Pressing of Ferrous Metals	61	44
有色金属冶炼及压延加工业	Smelting and Pressing of Non-ferrous Metals	62	55
金属制品业	Manufacture of Metal Products	8	8
通用设备制造业	Manufacture of General Purpose Machinery	7	7
专业设备制造业	Manufacture of Special Purpose Machinery	7	6
汽车制造业	Manufacture of Automobile	14	13
铁路、船舶、航空航天和其他运输设备制造业	Manufacture of Railway, Ship, Aerospace, and other Transport Equipment	1	1
电气机械及器材制造业	Manufacture of Electrical Machinery and Spparatus	18	13
计算机、通信和其他电子设备制造业	Manufacture of Computer, Communication and Other Electronic Equipment	5	6
仪器仪表制造业	Manufacture of Measuring Instrument		
其他制造业	Others Manafacture		
废弃资源综合利用业	Utilization of Waste Resaurces		
金属制品、机械和设备修理业	Repairing of Metal Products, Machinery and Equipment		
电力、燃气及水的生产和供应业	**Production and Distribution of Electricity, Gas and Water**	**102**	**101**
电力、热力生产和供应业	Production and Supply of Electric Power and Heat Power	98	98
燃气生产和供应业	Production and Supply of Gas	3	1
水的生产和供应业	Production and Supply of Water	1	2

7-17 主要耗能工业企业单位产品能源消耗情况

Energy Consumption per Unit of Product in Major Energy Consuming Industrial Enterprises

单位：千克标准煤/吨 (kg SEC/ton)

指标名称	Item	2010	2012	2013	2014	2015	2016	2017
吨原煤生产综合能耗	Overall Energy Consumption per ton of Machining Coal	7.70	6.44	6.31	6.67	6.75	6.70	6.18
单位油气产量综合能耗	Overall Energy Consumption of Manufacturing Oil and Gas	172.34	174.66	187.25	187.73	186.87	198.82	211.57
铁矿采矿工序单位能耗	Energy Consumption per Uint of Mining of Iron ore	4.60	4.50	4.45	4.45	4.62	4.16	4.11
铁矿选矿工序单位能耗	Energy Consumption per Uint of Milling run Iron ore	4.03	4.10	4.27	4.38	4.48	4.35	4.39
每吨涤纶综合能耗(短纤)	Overall Energy Consumption per ton of Terylene(short fibre)	146.42	131.20	136.69	139.92	129.97	137.79	126.79
每吨纱(线)混合数综合能耗	Overall Energy Consumption per ton of Mixed Yarn(Cotton)	447.16	390.22	397.39	379.89	376.62	381.00	368.41
机制纸及纸板综合能耗	Overall Energy Consumption of Machinemade Paper and Paperboard	318.44	349.10	364.66	354.80	325.06	331.31	337.26
炼焦工序单位能耗	Energy Consumption per Unit of Coking plant	130.84	142.56	138.87	137.77	132.04	126.65	130.83
原油加工单位综合能耗	Overall Energy Consumption of Machining Base oil	63.12	62.87	62.89	67.88	70.24	67.46	68.44
单位烧碱生产综合能耗	Overall Energy Consumption of Manufacturing Caustic Soda	342.11	330.16	329.95	329.68	326.20	327.57	330.48
单位烧碱生产综合能耗(离子膜法30%)	Overall Energy Consumption per Unit of Manufacturing Caustic Soda(Ion Film 30%)	311.35	330.16	329.95	329.68	326.20	327.44	330.48
单位纯碱生产能耗	Overall Energy Consumption per Unit of Manufacturing Sodium carbonate	298.23	286.49	288.19	281.81	281.27	292.11	293.23
联碱法纯碱双吨产品生产综合能耗	Overall Energy Consumption per Unit of Sodium carbonate in Joint Alkali	249.34	264.10	262.61	254.66	249.59	244.89	246.61
天然碱法单位纯碱生产综合能耗	Overall Energy Consumption per Unit of Sodium carbonate in Natural Law	379.19	303.75	315.04	316.60	319.97	345.87	343.06
单位电石生产综合能耗	Overall Energy Consumption per Unit of Manufacturing Calcium carbide	1222.08	1117.65	1211.49	1016.59	989.45	901.82	927.81
单位乙烯生产综合能耗	Overall Energy Consumption per Unit of Manufacturing Ethylene	877.27	1082.58	1050.74	1070.02	1047.85	978.49	886.77
单位合成氨生产综合能耗	Overall Energy Consumption per Unit of Manufacturing Compound Ammonia	1243.06	1264.57	1292.30	1408.38	1227.06	1159.24	1181.97
吨水泥熟料综合能耗	Energy Consumption per ton of Cement Ripe-material	112.68	109.48	106.93	107.05	105.56	103.96	100.35
吨水泥综合能耗	Energy Consumption per ton of Cement	87.27	78.84	76.91	78.38	74.48	74.70	72.14
每重量箱平板玻璃综合能耗(千克标准煤/重量箱)	Energy Consumption per weight case of Plate Glass (Kg SEC/weight Case)	18.45	16.61	16.22	16.66	17.67	16.57	14.22
硅铁工序单位能耗	Energy Consumption per Unit of Ferrosilicon Processes	630.60	641.08	690.55	585.67	545.58	540.48	514.49
吨钢综合能耗	Energy Consumption per ton of Steel	476.00	468.68	497.51	497.63	496.80	499.02	483.01
吨钢耗新水(吨/吨)	Fresh Water Consumption per ton of Steel (ton/ton)	3.91	3.51	3.37	3.20	3.02	2.92	2.92
单位氧化铝综合能耗	Energy Consumption per Unit of Coking Alumina	562.28	525.23	474.01	478.06	463.64	456.60	457.80
单位电解铝综合能耗	Energy Consumption per Unit of Coking Aluminum	1726.71	1657.77	1637.44	1625.04	1649.35	1641.27	1612.78
单位粗铅综合能耗	Energy Consumption per Unit of Coking Lead	382.48	362.75	343.44	329.43	325.44	310.18	292.40
单位铅冶炼综合能耗	Energy Consumption per Unit of Lead smelting	474.53	451.00	419.25	392.15	381.80	377.33	367.33
吨铜加工材消耗能源量	Energy Consumption per ton of Machining Cuprum	282.90	284.04	265.05	245.41	279.41	278.41	263.20
吨铝加工材消耗能源量	Energy Consumption per ton of Machining Aluminium	170.74	147.86	148.13	137.81	132.39	126.94	126.78
电厂火力发电标准煤耗(克标准煤/千瓦时)	SEC Consumption of Firepower Generate Electricity (g SEC/kwh)	315.38	305.10	304.28	303.34	300.76	299.70	296.70

7-18 主要耗能工业企业单位产品电力消耗情况
Electric Power Consumption per Unit of Product in Major Energy Consuming Industrial Enterprises

单位：千瓦时/吨 (kwh/ton)

指标名称	Item	2010	2012	2013	2014	2015	2016	2017
吨原煤生产耗电	Electric Power Consumption per ton of Machining Coal	32.55	33.87	34.19	36.28	38.03	38.72	37.82
选煤电力单耗	Electric Power Consumption per ton of Milling run Coal	6.82	7.85	8.10	8.30	8.85	8.54	8.24
单位油气产量耗电	Electric Power Consumption per ton of Manufacturing Oil and Gas	343.99	344.11	352.32	348.83	360.27	418.94	457.97
每吨粘胶纤维用电量(短纤)	Electric Power Consumption per ton of Pectic-fibre (short fibre)	1715.28	1486.76	1377.31	1460.38	1415.57	1385.40	1566.26
每吨粘胶纤维用电量(长丝)	Electric Power Consumption per ton of Pectic-fibre (long silk)	7575.17	7675.56	7746.77	7402.36	7207.63	7139.79	7238.91
每吨涤纶用电量(短纤)	Electric Power Consumption per ton of Terylene (short fibre)	196.75	239.88	234.45	232.46	222.47	192.81	168.83
每吨纱(线)混合数生产用电量	Electric Power Consumption per ton of Gauze and Line	1492.42	1846.18	2058.10	1924.48	2641.64	2791.52	2661.13
机制纸及纸板耗电	Electric Power Consumption per ton of Machinemade Paper and Paperboard	455.63	511.89	583.00	550.67	523.10	526.93	531.31
原油加工单位耗电	Electric Power Consumption per ton of Machining Base oil	63.79	59.81	60.63	62.31	73.59	76.96	71.70
单位烧碱耗电	Electric Power Consumption per unit of Manufacturing Caustic Soda	2315.05	2299.22	2339.13	2318.52	2297.69	2304.90	2338.20
单位烧碱生产耗交流电(离子膜法30%)	Electric Power Consumption per ton of Manufacturing Caustic Soda (Ion Film 30%)	2306.70	2299.22	2339.13	2318.52	2297.69	2304.34	2338.20
单位纯碱耗电	Electric Power Consumption per ton of Manufacturing Sodium carbonate	262.33	315.83	310.95	306.86	303.70	292.50	294.12
联碱法纯碱双吨产品生产耗电	Electric Power Consumption per Unit of Sodium carbonate in Joint Alkali	290.38	330.70	303.31	300.00	299.52	289.92	301.49
天然碱法单位纯碱生产耗电	Electric Power Consumption per Unit of Sodium carbonate in Natural Law	336.07	304.38	318.97	315.37	308.79	295.46	286.16
单位电石生产电力消耗	Electric Power Consumption per ton of Manufacturing Calcium carbide	3000.94	3079.22	3399.49	2813.27	3381.20	2940.74	3105.32
单位乙烯生产耗电	Electric Power Consumption per ton of Manufacturing Ethylene	170.46	102.63	102.71	107.42	94.65	127.11	149.13
单位合成氨耗电	Electric Power Consumption per ton of Manufacturing Compound ammonia	1261.43	1246.20	1079.32	1234.32	1023.10	917.09	932.33
吨水泥熟料综合电耗	Overall Electric Power Consumption per ton of Cement Ripe-material	74.41	69.28	69.31	67.76	66.49	63.56	61.21
吨水泥综合电耗	Overall Electric Power Consumption per ton of Cement	90.45	83.75	80.89	81.93	76.38	76.98	75.47
每重量箱平板玻璃耗电(千瓦时/重量箱)	Electric Power Consumption per ton of Plate Glass (kwh/weight case)	7.40	9.29	9.32	8.64	11.61	10.59	7.73
吨钢耗电	Electric Power Consumption per ton of Steel	332.67	360.59	339.48	344.87	357.52	348.03	355.58
电炉炼钢综合电力消耗	Electric Power Consumption per ton of Electric Cooker Ferroalloy-making	398.00	428.96	472.28	334.89	325.80	320.01	329.06
硅铁单位电耗(千瓦时/标准吨)	Energy Consumption per Unit of Ferrosilicon Processes (kwh/SET)	4310.10	4425.13	4240.11	3569.33	3261.88	3257.13	3059.62
轧钢工序单位电力消耗	Electric Power Consumption per ton of Steel rolling	87.44	125.75	136.94	127.47	129.91	129.93	97.32
单位铝锭综合交流电耗	Overall Alternating Current Electric Power Consumption per ton of Aluminium	13993.26	13881.93	13830.45	13441.60	13740.03	13732.71	13664.39
析出铅直流电单耗	DC Electric Power Consumption per ton of Separate out Aluminium	127.98	109.99	109.73	109.55	108.76	107.76	107.86
析出锌(湿法)直流电单耗	DC Electric Power Consumption per ton of Separate out Zn	2974.65	2923.90	2923.04	2923.22	2920.92	2898.24	2897.02
吨铜加工材消耗电量	Electric Power Consumption per ton of Machining Cuprum	1793.33	1673.72	1559.47	1594.56	1726.25	1668.16	1610.28
吨铝加工材消耗电量	Electric Power Consumption per ton of Machining Aluminium	539.24	475.56	467.02	474.57	448.65	442.04	444.62
发电厂用电率(%)	Electro-rate of Power plant (%)	6.40	5.75	5.92	5.96	6.05	6.04	6.11

7-19 各市全社会用电量
Electricity Consumption by City

单位：亿千瓦时 (100 million kwh)

市(县)	City(County)	2007	2008	2009	2010	2011	2012	2013	2014	2015	2016	2017
省辖市	**City**											
郑州市	Zhengzhou	334.89	366.67	365.84	410.09	455.99	479.52	504.92	496.85	500.65	502.89	543.22
开封市	Kaifeng	40.00	42.89	51.78	59.71	68.00	75.13	85.64	95.47	95.59	99.01	104.48
洛阳市	Luoyang	270.55	287.74	294.67	349.42	408.29	392.98	390.33	395.13	382.44	397.00	418.10
平顶山市	Pingdingshan	109.38	124.12	126.14	131.70	149.98	159.11	161.32	161.05	157.17	159.24	170.72
安阳市	Anyang	118.03	125.73	131.45	164.93	193.84	179.44	196.57	216.17	214.53	215.74	211.03
鹤壁市	Hebi	29.62	35.48	34.24	38.93	41.82	43.80	49.56	52.58	52.40	50.31	52.17
新乡市	Xinxiang	98.24	117.88	128.06	144.02	162.23	173.70	186.07	196.41	196.32	206.32	225.87
焦作市	Jiaozuo	166.97	186.50	182.03	186.31	207.59	197.91	210.90	213.96	215.23	205.87	226.63
濮阳市	Puyang	44.60	46.33	51.71	56.85	60.03	73.84	83.92	89.85	90.37	94.22	88.89
许昌市	Xuchang	49.36	55.77	65.89	76.16	84.11	93.70	103.57	109.13	104.53	107.15	121.39
漯河市	Luohe	31.61	33.89	36.51	41.17	46.92	50.59	53.62	58.21	57.87	59.37	63.49
三门峡市	Sanmenxia	99.71	105.11	117.86	141.72	140.91	133.97	130.90	127.36	114.68	99.69	112.73
南阳市	Nanyang	112.77	124.55	132.38	160.69	190.25	203.87	215.92	211.69	180.13	188.23	204.57
商丘市	Shangqiu	107.34	114.56	121.83	134.34	152.56	156.04	173.92	170.95	158.02	167.82	180.44
信阳市	Xinyang	46.01	50.53	62.10	69.22	78.24	87.59	95.77	95.25	95.86	103.36	109.66
周口市	Zhoukou	37.35	41.84	47.41	53.92	59.88	70.54	81.94	83.82	86.56	94.45	99.16
驻马店市	Zhumadian	51.31	53.89	59.89	66.32	80.10	91.77	100.48	108.68	111.44	114.60	124.41
济源市	Jiyuan	39.35	48.28	53.44	59.68	67.61	75.10	80.30	82.97	82.12	81.27	86.82
省直管县	**County Directly Administrated by Province**											
巩义市	Gongyi	76.73	79.67	83.21	94.79	105.07	103.67	100.72	100.66	94.17	86.54	80.33
兰考县	Lankao	2.14	3.04	3.67	5.07	5.85	7.18	9.59	11.11	10.34	11.03	12.05
汝州市	Ruzhou	11.60	13.57	12.70	13.47	16.43	19.60	20.07	19.41	19.63	21.98	25.01
滑县	Huaxian	5.71	6.22	6.96	7.52	10.22	11.07	13.29	14.92	16.30	18.81	25.59
长垣县	Changyuan	4.90	5.60	6.40	7.50	8.90	9.76	10.58	11.34	13.48	15.16	16.59
邓州市	Dengzhou	5.39	5.45	6.91	7.58	8.34	10.81	12.11	12.76	13.32	15.56	16.34
永城市	Yongcheng	55.94	55.08	50.50	52.54	55.23	61.34	74.71	74.51	72.42	74.09	81.07
固始县	Gushi	3.85	4.44	5.34	5.96	6.94	8.31	9.43	9.76	10.21	11.74	12.28
鹿邑县	Luyi	2.63	3.05	3.48	4.12	4.92	5.87	7.09	7.58	7.80	8.89	9.24
新蔡县	Xincai	1.47	1.67	2.10	2.48	2.95	3.75	4.27	4.37	4.64	5.72	6.31

注：本表由省电力公司提供。
a) Data in this table are provided by provincial electric company.

7–20 平均每万元地区生产总值能耗情况

Basic Imformation of Energy Consumption

市(县) City(County)	万元地区生产总值能耗上升或下降(±%) Change of Energy Consumption for GDP (%)	能源消费总量增速(%) Growth Rate of Total Consumption (%)	万元地区生产总值电耗上升或下降(±%) Change of Energy Consumption for GDP (%)	万元工业增加值能耗上升或降低(±%) Change of Energy Consumption for Value-added of Industry (%)
2005				
2006	-2.98	10.99	-1.58	-5.93
2007	-4.11	9.89	3.55	-7.08
2008	-5.10	6.38	-2.77	-10.83
2009	-6.16	4.10	-4.79	-11.56
2010	-3.53	8.50	0.80	-10.75
2011	-3.57	7.91	1.27	-8.60
2012	-7.14	2.24	-6.42	-14.75
2013	-3.92	4.73	-3.16	-8.32
2014	-4.06	4.48	-7.53	-11.29
2015	-6.57	1.20	-8.98	-11.54
2016	-7.64	-0.19	-3.95	-10.98
2017	-7.90	-0.75	-1.72	-9.10
省辖市 City				
郑州市 Zhengzhou	-4.40	3.35	2.84	-8.87
开封市 Kaifeng	-5.46	2.08	-2.70	-14.99
洛阳市 Luoyang	-7.24	0.82	-3.10	-5.59
平顶山市 Pingdingshan	-5.64	1.64	-1.45	-5.31
安阳市 Anyang	-12.07	-5.94	-9.90	-16.30
鹤壁市 Hebi	-7.65	0.04	-4.26	-7.66
新乡市 Xinxiang	-7.23	0.08	1.49	-10.08
焦作市 Jiaozuo	-7.60	-0.78	2.52	-7.58
濮阳市 Puyang	-8.49	-1.11	-12.70	-7.42
许昌市 Xuchang	-12.86	-5.30	4.25	-18.53
漯河市 Luohe	-8.90	-1.47	-1.14	-11.85
三门峡市 Sanmenxia	-4.13	3.99	4.25	-0.07
南阳市 Nanyang	-6.08	0.01	2.37	-7.25
商丘市 Shangqiu	-5.90	2.12	-2.31	-17.34
信阳市 Xinyang	-4.95	1.13	-0.10	-8.09
周口市 Zhoukou	-9.00	-1.99	-2.42	-12.67
驻马店市 Zhumadian	-5.21	2.55	0.27	-3.83
济源市 Jiyuan	-4.21	3.78	-1.40	-11.62
省直管县 County Directly Administrated by Province				
巩义市 Gongyi	-8.32	-0.08	-14.82	-7.75
兰考县 Lankao	-7.21	1.62	-0.27	-28.07
汝州市 Ruzhou	-3.58	5.71	3.81	-8.90
滑县 Huaxian	-7.46	1.01	0.47	-9.91
长垣县 Changyuan	-7.53	1.44	-0.26	-17.64
邓州市 Dengzhou	-10.67	-2.40	-3.87	-7.36
永城市 Yongcheng	-5.47	3.36	0.07	-1.49
固始县 Gushi	-6.95	0.79	-3.47	-37.33
鹿邑县 Luyi	-12.95	-5.01	-4.81	-12.74
新蔡县 Xincai	-6.80	2.49	0.18	-20.09

注：本表中，省辖市数据不包含直管县(市)数据。
a) In this table, the data of cities do not include the data of counties directly administrated by province.

主要统计指标解释

能源生产总量 指一定时期内全国(地区)一次能源生产量的总和。该指标是观察全国(地区)能源生产水平、规模、构成和发展速度的总量指标。一次能源生产量包括原煤、原油、天然气、水电、核能及其他动力能(如风能、地热能等)发电量，不包括低热值燃料生产量、生物质能、太阳能等的利用和由一次能源加工转换而成的二次能源产量。

能源消费总量 是指一定地域内，国民经济各行业和居民家庭在一定时间消费的各种能源的总和。包括：原煤、原油、天然气、水能、核能、风能、太阳能、地热能、生物质能等一次能源；一次能源通过加工转换产生的洗煤、焦炭、煤气、电力、热力、成品油等二次能源和同时产生的其他产品；其他化石能源、可再生能源和新能源。其中水能、风能、太阳能、地热能、生物质能等可再生能源，是指人们通过一定技术手段获得的，并作为商品能源使用的部分。在核算过程中，一次能源、二次能源消费不能重复计算。能源消费总量分为终端能源消费量、能源加工转换损失量和能源损失量三部分。

(1) 终端能源消费量：指一定时期内，生产和生活消费的各种能源在扣除了用于加工转换二次能源消费量和损失量以后的数量。

(2) 能源加工转换损失量：指一定时期内，投入加工转换的各种能源数量之和与产出各种能源产品之和的差额。该指标是观察能源在加工转换过程中损失量变化的指标。

(3) 能源损失量：指一定时期内，能源在输送、分配、储存过程中发生的损失和由客观原因造成的各种损失量，不包括各种气体能源放空、放散量。

能源生产弹性系数 研究能源生产增长速度与国民经济增长速度之间关系的指标。计算公式为：

能源生产弹性系数=能源生产总量年平均增长速度/国民经济年平均增长速度

国民经济年平均增长速度，可根据不同的目的或需要，用国民生产总值、国内生产总值等指标来计算，本年鉴是采用国内生产总值指标计算的。

电力生产弹性系数 是研究电力生产增长速度与国民经济增长速度之间关系的指标。一般来说，电力的发展应当快于国民经济的发展，也就是说电力应超前发展。计算公式为：

电力生产弹性系数=电力生产量年平均增长速度/国民经济年平均增长速度

能源消费弹性系数 反映能源消费增长速度与国民经济增长速度之间比例关系的指标。计算公式为：

能源消费弹性系数=能源消费量年平均增长速度/国民经济年平均增长速度

电力消费弹性系数 反映电力消费增长速度与国民经济增长速度之间比例关系的指标。计算公式为：

电力消费弹性系数=电力消费量年平均增长速度/国民经济年平均增长速度

能源加工转换效率 指一定时期内能源经过加工、转换后，产出的各种能源产品的数量与同期内投入加工转换的各种能源数量的比率。该指标是观察能源加工转换装置和生产工艺先进与落后、管理水平高低等的重要指标。计算公式为：

能源加工转换效率=能源加工转换产出量/能源加工转换投入量×100%

单位 GDP 能耗 指一定时期内，一个国家或地区每生产一个单位的生产总值所消耗的能源。能源消费的核算范围既包括全部三次产业的生产、经营及其他活动用能，也包括居民生活用能。计算方法：

单位 GDP 能耗=能源消费总量/GDP（可比价）

单位 GDP 电耗 指一定时期内，一个国家或地区每生产一个单位的国内生产总值所消耗的电力。计算公式为：

单位 GDP 电耗=全社会用电量/GDP(可比价)

单位工业增加值能耗 指一定时期内，一个国家或地区每生产一个单位的工业增加值所消耗的能源。计算公式为：

单位工业增加值能耗=工业能源消耗量/工业增加值

Explanatory Notes on Main Statistical Indicators

Total Energy Production refers to the total production of primary energy by all energy producing enterprises in the country in a given period of time. It is a comprehensive indicator to show the capacity, scale, composition and development of energy production of the country. The production of primary energy includes that of coal, crude oil, natural gas, hydro-power and electricity generated by nuclear energy and other means such as wind power and geothermal power. However, it excludes the production of fuels of low calorific value, bio-energy, solar energy and the secondary energy converted from the primary energy.

Total Energy Consumption refers to the total consumption of energy of various kinds by the production sectors of the economy and the households in a given period of time. It includes the primary kinds of energy such as coal, crude oil, natural gas, hydro-power, nuclear power, wind power, solar power, geothermal power and bio-energy; the secondary kinds of energy and their products which are transformed from the primary energy such as washed coal, coke, coal gas, electricity, heating, and petroleum products; and other kinds of fossil energy, renewable energy and new energy. The renewable energy, including hydro-power, wind power, solar power, geothermal power and bio-energy, refers to the part attained with some given technical means and used for commercial purpose. Total energy consumption can be divided into three parts: end-use energy consumption, loss during the process of energy conversion, and energy loss.

(1) End-use Energy Consumption: It refers to the total energy consumption by the production sectors and the households in the country (region) in a given period of time. It does not include the consumption during the conversion of primary energy into secondary energy and the loss in the process of energy conversion.

(2) Loss During the Process of Energy Conversion: It refers to the total input of various kinds of energy for conversion, minus the total output of various kinds of energy in the country in a given period of time. It is an indicator to show the loss that occurs during the process of energy conversion.

(3) Energy Loss: It refers to the total of the loss of energy during the course of energy transport, distribution and storage and the loss caused by any objective reason in a given period of time. The loss of various kinds of gas due to gas discharges and stocktaking is not included.

Elasticity Ratio of Energy Production the indicator to show the relationship between the growth rate of energy production and the growth rate of the national economy. The formula is:

Elasticity Ratio of Energy Production = Average Annual Growth Rate of Energy Production / Average Annual Growth Rate of National Economy

The average annual growth rate of the national economy can be shown by the gross national product, gross domestic product and other indicators, depending upon the purposes or needs. The gross domestic product is used in calculation of the ratio in this chapter.

Elasticity Ratio of Electricity Production is an indicator to show the relationship between the growth rate of electricity production and the growth rate of the national economy. Generally speaking, the growth rate of electricity production should be higher than that of the national economy.

Its formula is:

$$\text{Elasticity Ratio of Electricity Production} = \frac{\text{Average Annual Growth Rate of Electricity Production}}{\text{Average Annual Growth Rate of National Economy}}$$

Elasticity Ratio of Energy Consumption the indicator to show the relationship between the growth rate of energy consumption and the growth rate of the national economy. The formula is:

Elasticity Ratio of Energy Consumption = Average Annual Growth Rate of Energy Consumption / Average Annual Growth Rate of National Economy

Elasticity Ratio of Electricity Consumption is an indicator to show the relationship between the growth rate of electricity consumption and the growth rate of the national economy. The formula is:

$$\text{Elasticity Ratio of Electricity Consumption} = \frac{\text{Average Annual Growth Rate of Electricity Consumption}}{\text{Average Annual Growth Rate of National Economy}}$$

Efficiency of Energy Processing and Conversion refers to the ratio of the total output of energy products of various kinds after processing and conversion and the total input of energy of various kinds for processing and conversion in the same reference period. It is an important indicator to show the current conditions of energy processing and conversion equipment, production technique and management. The formula is:

Efficiency of Energy Processing & Conversion = (Output of Energy After Processing & Conversion / Input of Energy for Processing & Conversion)×100%

Energy Consumption per Unit of GDP refers to the energy consumption per unit of gross domestic production in a country or the gross region production in a region in the same reference period. The consumption of energy accounting scope includes both all three times of industry production and business operations and other activities can use, including residents with life.

The formula is:

Energy Consumption per Unit of GDP = Total Energy Consumption / Gross Domestic Production

Electricity Consumption per Unit of GDP refers to the electricity consumption per unit of gross domestic production in a country or the gross region production in a region in the same reference period. The formula is:

Electricity Consumption per Unit of GDP = Total Electricity Consumption / Gross Domestic Production

Energy Consumption per Unit of Industrial Value-added refers to the energy consumption per unit of industrial value-added in a country or region in the same reference period. The formula is:

Energy Consumption per Unit of Industrial Value-added = Total Energy Consumption / Industrial Value-added

财政

Government Finance

8

● 资料整理：赵国顺

简要说明

一、主要内容

本篇包括地方财政收支和预算外资金收支资料。

二、统计口径

2007年起，财政收支科目实施了较大改革，特别是财政支出项目口径变化很大，与往年数据不可比，2015年开始，财政收支指标改为财政一般公共预算收支，财政部门对指标口径进行相应调整。

三、资料来源

资料来源于河南省财政厅的财政总决算，由河南省统计局国民经济核算处编辑整理。

Brief Introduction

I. Main Contents

The data in this chapter present the government revenue and expenditure situation, the extra-budgetary revenue and expenditure.

II. Scope of Statistics

Because of the classifications of revenue and expenditure accounts have been adjusted largely since 2007, especially the government expenditure, the relative data are not compared with data in preceding years.

III. Sources of Data

The data are based on final Henan provincial financial accounts, which are provided by the Department of National Accounts of the Henan provincial Bureau of Statistics.

8-1 一般公共预算收支额

General Public Budget Revenue and Expenditure of the Local Government

单位：亿元 (100 million yuan)

年份 Year	财政总收入 Total Revenue	一般公共预算收入 General Public Budget Revenue of Local Government	#税收收入 Taxes	一般公共预算支出 General Public Budget Expenditure of Local Government	#农林水事务 Agriauture Forestry Water Conservancy Operating	#社会保障和就业 Social Security and Employment	#教科文卫 Culture, Education, Science & Health Care	#科学技术 Technology	#教育 Education	#医疗卫生 Medical Treatment and Public Health
1978		33.73	23.04	27.67	4.20		5.77	0.43		
1979		33.68	23.62	29.86	5.28		7.05	0.53		
1980		31.86	24.86	26.74	4.66		8.31	0.59		
1981		34.23	29.73	25.84	4.25		8.84	0.61		
1982		33.49	30.96	29.81	4.57		9.83	0.67		
1983		36.49	30.69	30.06	4.73		10.45	0.91		
1984		39.26	34.54	36.79	4.86		11.83	1.08		
1985		48.93	44.57	49.51	5.01		13.93	1.16		
1986		54.92	49.71	69.20	5.92		15.78	1.31		
1987		63.15	56.10	65.26	6.90		16.67	1.18		
1988		70.98	65.09	76.22	8.64		19.47	1.35		
1989		80.97	75.50	87.67	10.85		22.76	1.49		
1990		83.59	78.85	89.53	10.74		24.54	1.53		
1991		91.36	84.61	97.88	12.18		26.99	1.70		
1992		104.03	95.41	116.49	13.29		33.22	1.93		
1993		139.20	126.36	147.73	14.34		39.28	2.01		
1994		(171.38)								
		93.35	81.77	169.62	15.09		50.64	2.54		
1995		124.63	103.45	207.28	17.59		58.30	3.24		
1996		162.06	126.63	255.29	21.12		69.49	3.75		
1997		192.63	152.09	290.84	23.47		75.43	4.52		
1998		208.20	160.60	323.63	25.71		82.89	5.05		
1999		223.35	176.12	384.32	28.39		95.57	6.01		
2000		246.47	195.04	445.53	34.19		108.46	6.86		
2001		267.75	226.70	508.58	36.94		131.35	7.25		
2002		296.72	242.24	629.18	44.77		166.56	7.95		
2003		338.05	264.40	716.60	47.92		188.27	9.06		
2004	789.05	428.78	307.12	879.96	65.99		220.81	10.40		
2005	967.16	537.65	365.67	1116.04	82.28		270.22	13.85		
2006	1202.96	679.17	471.80	1440.09	(99.12)		(344.21)	(18.84)		
					111.34		362.82	17.37		
2007	1530.48	862.08	625.02	1870.61	152.51	281.22	523.51	25.23	366.12	98.78
2008	1781.89	1008.90	742.27	2281.61	209.59	330.23	661.40	30.44	444.03	145.47
2009	1921.80	1126.06	821.50	2905.76	361.60	403.62	843.47	35.52	526.14	223.15
2010	2293.70	1381.32	1016.55	3416.14	399.19	461.22	979.24	44.67	609.37	270.21
2011	2851.91	1721.76	1263.10	4248.82	480.48	547.96	1332.75	56.59	857.14	361.48
2012	3282.48	2040.33	1469.57	5006.40	551.73	631.61	1671.77	69.64	1106.51	425.99
2013	3686.81	2415.45	1764.71	5582.31	629.85	731.41	1824.78	80.00	1171.52	492.48
2014	4094.78	2739.26	1951.46	6028.69	661.94	790.87	1976.74	81.25	1201.38	602.95
2015	4426.96	3016.05	2101.17	6799.35	791.63	945.83	2177.38	83.25	1270.99	717.74
2016	4706.96	3153.48	2158.45	7453.74	807.06	1067.40	2315.19	96.10	1343.76	778.01
2017	5238.35	3407.22	2329.31	8215.52	916.81	1160.23	2565.23	137.94	1493.11	836.66

注：1.财政收入1993年以前为分税制前老口径，1994年以后为分税制后新口径，括号内为分税制前老口径。

2.1994年以后的财政收支均为地方财政一般预算收支。

3.2007年起，财政收支项目按新科目列支。2006年财政支出括号内数据为按老科目列支。

4.2011年起，财政一般预算收支改称公共财政预算收支，2015年起，改为一般公共预算收支。

a) Before 1993,government revenue are calculated on old caliber. Data on 1994 and after are calculated on new caliber, and the date in parentheses are calculated on old caliber.

b) Financial revenue and expenditure refer to generalpublic budget revenue and expenditure of local government since 1994.

c) Data of revenue and expenditure based on new system since 2007.Data of expenditure Parentheses are based on old system in 2006.

d) Data of financial general budget revenue and expenditure changed to public financial revenue and expenditure since 2011,and changed to general public budget revenue and expenditure.

8-2 各项税收
Taxes

单位：亿元 (100 million yuan)

年份 Year	一般公共预算收入 General Public Budget Revenue of Local Government	#增值税 Value-added Tax	#营业税 Business Tax	#企业所得税 Corporate Income Tax	#个人所得税 Individual Income Tax	#城市维护建设税 City Maintenance and Construction Tax
1995	124.63	25.57	22.78	18.64	3.44	8.39
1996	162.06	30.00	29.76	19.83	4.92	10.13
1997	192.63	32.80	38.85	28.43	6.38	11.18
1998	208.20	36.07	42.83	22.68	8.84	12.28
1999	223.35	36.72	47.22	29.47	10.83	12.69
2000	246.47	42.24	48.18	39.60	12.88	13.64
2001	267.75	44.35	52.89	60.85	19.25	13.73
2002	296.72	49.25	63.14	31.97	17.82	17.24
2003	338.05	57.95	75.31	29.14	15.60	20.54
2004	428.78	65.78	92.81	38.43	19.32	24.60
2005	537.65	87.97	111.60	51.56	22.05	29.18
2006	679.17	105.84	143.34	70.21	24.05	35.02
2007	862.08	129.96	184.24	103.06	30.26	42.87
2008	1008.90	153.89	209.55	116.76	32.30	49.06
2009	1126.06	140.82	252.81	114.81	33.33	51.93
2010	1381.32	155.79	319.34	136.63	40.29	61.35
2011	1721.76	181.38	404.27	185.21	48.38	80.22
2012	2040.33	187.79	482.40	209.13	41.41	89.77
2013	2415.45	202.66	581.79	235.60	47.63	98.57
2014	2739.26	256.47	627.33	261.00	58.01	106.67
2015	3016.05	263.73	659.16	281.41	62.03	112.72
2016	3153.48	550.61	345.54	297.31	71.75	117.09
2017	3407.22	888.93		332.02	86.31	131.43

8-3 一般公共预算收入
General Public Budget Revenue of the Local Government

单位：亿元 (100 million yuan)

项目	Item	2016 绝对数 Absolute Value	2016 比重(%) Proportion (%)	2017 绝对数 Absolute Value	2017 比重(%) Proportion (%)
收入合计	**Total Revenue**	**3153.48**	**100.0**	**3407.22**	**100.0**
税收收入	Tax Revenue	2158.45	68.4	2329.31	68.4
增值税	Value-added Tax	550.61	17.5	888.93	26.1
营业税	Business Tax	345.54	11.0		
企业所得税	Corporate Income Tax	297.31	9.4	332.02	9.7
个人所得税	Individual Income Tax	71.75	2.3	86.31	2.5
资源税	Resources Tax	28.07	0.9	35.57	1.0
城市维护建设税	Tax on Urban Maintenance and Construction	117.09	3.7	131.43	3.9
房产税	Tax on Real Estates	53.78	1.7	65.12	1.9
印花税	Stamp Tax	29.94	0.9	36.04	1.1
城镇土地使用税	Tax on the Use of Urban Land	104.76	3.3	116.22	3.4
土地增值税	Land Value Added Tax	144.83	4.6	192.24	5.6
车船税	Tax on Vehicles and Ships	33.51	1.1	39.63	1.2
耕地占用税	Tax on The Occupancy of Cultivated Land	184.34	5.8	189.15	5.6
契税	Contract Tax	186.95	5.9	208.54	6.1
烟叶税及其他	Tax on Tobacco leaf and others	9.96	0.3	8.12	0.2
非税收入	Non-Tax Revenue	995.03	31.6	1077.91	31.6
专项收入	Special Revenue	241.07	7.6	283.27	8.3
行政事业性收费收入	Income from Adiministrative Fees	238.63	7.6	250.60	7.4
罚没收入	Penalty and Confiscator Income	90.55	2.9	115.76	3.4
国有资本经营收入	Stated-owned Assets Profit	92.53	2.9	77.55	2.3
国有资源(资产)有偿使用收入	Revenue from Using Stated-owned Assets Profit	219.17	7.0	240.51	7.1
其他收入	Others	113.07	3.6	110.23	3.2

8-4 各级一般公共预算收入(2017年)
General Public Budget Revenue of the Local Government by Rank (2017)

单位：亿元 (100 million yuan)

项目	Item	合计 Total	省级 Province	市级 City	县市级 County	乡镇级 Town & Township
收入合计	**Total Revenue**	**3407.22**	**193.43**	**1307.94**	**1302.48**	**603.37**
税收收入	Tax Revenue	2329.31	69.45	906.65	810.25	542.97
增值税	Value-added Tax	888.93	31.78	340.66	286.65	229.83
营业税	Business Tax					
企业所得税	Corporate Income Tax	332.02	36.95	145.23	97.59	52.24
个人所得税	Individual Income Tax	86.31		49.46	26.63	10.23
资源税	Resources Tax	35.57		5.50	15.34	14.73
城市维护建设税	Tax on Urban Maintenance and Construction	131.43	0.71	64.61	44.56	21.55
房产税	Tax on Real Estates	65.12		21.66	31.00	12.46
印花税	Stamp Tax	36.04		13.21	14.26	8.57
城镇土地使用税	Tax on the Use of Urban Land	116.22		29.57	46.45	40.21
土地增值税	Land Value Added Tax	192.24		68.23	79.24	44.77
车船税	Tax on Vehicles and Ships	39.63		18.64	13.93	7.06
耕地占用税	Tax on The Occupancy of Cultivated Land	189.15		25.68	101.31	62.16
契税	Contract Tax	208.54		124.17	51.97	32.39
烟叶税及其他	Tax on Tobacco leaf and other	8.12		0.02	1.34	6.76
非税收入	Non-Tax Revenue	1077.91	123.98	401.30	492.22	60.41
专项收入	Special Revenue	283.27	58.20	159.38	61.71	3.97
行政事业性收费收入	Income from Adiministrative Fees	250.60	20.22	72.71	149.25	8.42
罚没收入	Penalty and Confiscator Income	115.76	3.35	44.98	66.76	0.66
国有资本经营收入	Stated-owned Assets Profit	77.55	0.11	30.40	33.12	13.92
国有资源(资产)有偿使用收入	Revenue from Using Stated-owned Assets Profit	240.51	40.39	55.14	129.33	15.66
其他收入	Other	110.23	1.71	38.68	52.06	17.77

8–5 一般公共预算支出

General Public Budget Expenditure of the Local Government

单位：亿元 (100 million yuan)

项　目	Item	2016		2017	
		绝对数 Absolute Value	比重(%) Proportion (%)	绝对数 Absolute Value	比重(%) Proportion (%)
本年支出合计	**Total Expenditure**	**7453.74**	**100.00**	**8215.52**	**100.00**
一般公共服务	General Public Service	750.94	10.07	850.29	10.35
国防	National Defense	9.52	0.13	5.98	0.07
公共安全	Public Security	358.41	4.81	417.11	5.08
教育	Education	1343.76	18.03	1493.11	18.17
科学技术	Technology	96.10	1.29	137.94	1.68
文化体育与传媒	Culture, Sport and Medium	97.33	1.31	97.52	1.19
社会保障和就业	Social Security and employment	1067.40	14.32	1160.23	14.12
医疗卫生与计划生育支出	Medical Treatment and Public Health	778.01	10.44	836.66	10.18
环境保护	Environment Protection	195.72	2.63	241.65	2.94
城乡社区事务	Urban and Rural Area Community Operating	879.33	11.80	1122.67	13.67
农林水事务	Agriculture Forestry and Water Conservancy Operating	807.06	10.83	916.81	11.16
交通运输	Transport	347.97	4.67	296.17	3.60
资源勘探电力信息等事务	Resource Exploration Power Information, etc	120.86	1.62	104.08	1.27
商业服务业等事务	Business Services, etc	42.97	0.58	34.57	0.42
金融监管支出	Financial Supervision Expenditure	34.95	0.47	18.99	0.23
援助其它地区支出	Aid Spending	2.89	0.04	3.18	0.04
国土资源气象等事务	The Land and Resources, etc	54.37	0.73	65.86	0.80
住房保障支出	Housing Security Expenditure	268.58	3.60	248.12	3.02
粮油物资储备管理等事务	Grain and Oil Reserves Management	37.24	0.50	35.19	0.43
国债付息支出	Debt Servicing Expenditure	101.43	1.36	99.78	1.21
债务发行费用支出	Debt Distribution Expenditure	2.07	0.03	1.09	0.01
其他支出	Others	56.84	0.76	28.52	0.35

8-6 各级一般公共预算支出(2017年)

General Public Budget Expenditure of the Local Government by Rank (2017)

单位：亿元 (100 million yuan)

项目	Item	合计 Total	省级 Province	市级 City	县市级 County	乡镇级 Town & Township
本年支出合计	**Total Expenditure**	**8215.52**	**968.91**	**2132.19**	**4559.86**	**554.56**
一般公共服务	General Public Service	850.29	63.15	165.38	410.85	210.90
国防	National Defense	5.98	2.62	1.61	1.74	0.01
公共安全	Public Security	417.11	49.84	154.99	210.79	1.49
教育	Education	1493.11	200.99	274.83	991.65	25.64
科学技术	Technology	137.94	24.87	48.23	55.57	9.27
文化体育与传媒	Culture Sport and Medium	97.52	14.66	36.45	42.36	4.04
社会保障和就业	Social Security and Employment	1160.23	317.73	186.91	629.07	26.51
医疗卫生与计划生育支出	Medical Treatment and Public Health	836.66	38.88	105.75	672.99	19.05
节能环保	Energy Conservation and Environmental Protection	241.65	16.29	107.90	102.29	15.17
城乡社区事务	Urban and Rural Area Community Operating	1122.67	20.64	629.56	356.40	116.07
农林水事务	Agriculture Forestry and Water Conservancy Operating	916.81	69.30	79.68	659.82	108.01
交通运输	Transport	296.17	54.63	115.88	121.04	4.62
资源勘探电力信息等事务	Resource Exploration Power Information, etc	104.08	20.64	45.05	36.40	1.99
商业服务业等事务	Business Services, etc	34.57	4.09	11.32	19.02	0.15
金融监管等事务	Financial Supervision Expenditure	18.99	13.07	4.61	1.30	0.00
援助其它地区支出	Aid Spending	3.18	1.42	1.25	0.52	
国土资源气象等事务	The Land and Resources, etc	65.86	11.45	11.90	41.96	0.56
住房保障支出	Housing Security Expenditure	248.12	12.40	81.53	147.49	6.71
粮油物资储备管理等事务	Grain and Oil Reserves Management	35.19	17.13	5.61	12.44	
国债付息支出	Debt Servicing Expenditure	99.78	13.30	51.20	35.12	0.17
债务发行费用支出	Debt Distribution Expenditure	1.09	1.09	0.00		
其他支出	Others	28.52	0.71	12.55	11.05	4.21

8-7 各市一般公共预算收入(2017年)

单位：亿元

市（县） City(County)	收入合计 Total Revenue	税收收入 Tax Revenue	增值税 Value-added Tax	营业税 Business Tax	企业所得税 Corporate Income Tax	个人所得税 Individual Income Tax
2010年	1381.32	1016.55	155.79	319.34	136.63	40.29
2011年	1721.76	1263.10	181.38	404.27	185.21	48.38
2012年	2040.33	1469.57	187.78	482.40	209.13	41.41
2013年	2415.45	1764.71	202.66	581.79	235.60	47.63
2014年	2739.26	1951.46	256.47	627.33	261.00	58.01
2015年	3016.05	2101.17	263.73	659.16	281.41	62.03
2016年	3153.48	2158.45	550.61	345.54	297.31	71.75
2017年	3407.22	2329.31	888.93		332.02	86.31
省辖市 City						
郑州市 Zhengzhou	1056.67	775.21	273.73		144.06	40.51
开封市 Kaifeng	122.74	87.11	31.27		7.06	2.18
洛阳市 Luoyang	325.93	210.72	78.72		26.81	7.47
平顶山市 Pingdingshan	137.53	98.51	41.91		6.69	2.76
安阳市 Anyang	129.55	92.93	42.32		10.01	2.30
鹤壁市 Hebi	59.73	38.56	12.35		2.60	1.16
新乡市 Xinxiang	159.05	112.43	45.80		13.70	3.72
焦作市 Jiaozuo	133.79	86.17	32.15		9.11	3.04
濮阳市 Puyang	81.11	60.28	23.43		5.59	2.16
许昌市 Xuchang	145.28	107.43	44.06		10.75	3.03
漯河市 Luohe	82.65	63.11	21.39		7.54	2.48
三门峡市 Sanmenxia	108.18	76.08	28.48		4.85	1.61
南阳市 Nanyang	174.84	110.01	46.03		10.63	3.68
商丘市 Shangqiu	128.85	86.99	34.87		7.01	2.51
信阳市 Xinyang	100.45	67.01	27.36		7.30	2.39
周口市 Zhoukou	111.83	74.54	25.69		7.15	1.96
驻马店市 Zhumadian	115.20	79.54	29.00		9.07	2.33
济源市 Jiyuan	40.41	33.22	18.59		5.14	1.03
省直管县 County Directly Administrated by Province						
巩义市 Gongyi	42.36	24.26	9.05		1.59	0.40
兰考县 Lankao	17.49	13.54	6.58		0.96	0.24
汝州市 Ruzhou	30.07	21.40	5.39		0.84	0.29
滑县 Huaxian	10.70	7.61	3.40		0.75	0.21
长垣县 Changyuan	21.01	16.62	9.37		2.26	0.20
邓州市 Dengzhou	14.64	9.97	3.14		0.75	0.18
永城市 Yongcheng	37.43	26.26	11.66		1.35	0.66
固始县 Gushi	11.78	8.21	3.27		0.83	0.17
鹿邑县 Luyi	12.52	8.53	2.37		0.75	0.12
新蔡县 Xincai	6.95	5.08	1.59		0.85	0.09

General Public Budget Revenue of the Local Government by City (2017)

(100 million yuan)

城市维护建设税 Tax on Town Maintenance and Construction	耕地占用税 Tax on Occupation of Cultivated Land	契税 Deed Tax	其他各项税收 Other Tax	非税收入 Non-Tax Revenue	#专项收入 Special Revenue	#行政事业性收费收入 Income from Adiministrative Fees	#国有资本经营收入 Income from Stated-owned Assets Profit
61.35	48.96	88.98	165.20	364.77	89.04	122.42	60.36
80.22	61.18	98.06	204.39	458.65	90.60	161.33	71.97
89.77	78.15	120.21	217.40	570.77	87.89	199.92	88.48
98.57	102.62	185.29	310.55	650.74	90.25	224.78	90.17
106.67	125.31	142.01	374.66	787.80	101.42	263.90	108.25
112.72	184.74	138.75	398.64	914.88	201.29	238.34	103.28
117.09	184.34	186.95	73.41	995.03	241.07	238.63	92.53
131.43	189.15	208.54	83.79	1077.91	283.27	250.60	77.55
42.77	15.75	87.92	28.52	281.46	121.72	42.66	18.27
3.63	15.83	8.15	2.43	35.64	4.74	16.62	0.03
12.74	26.35	15.51	6.34	115.21	11.18	25.63	14.90
5.70	12.42	7.24	3.83	39.02	8.06	8.61	3.90
7.77	4.08	4.44	4.85	36.61	7.61	12.91	1.25
1.66	4.54	1.91	1.25	21.16	1.83	2.67	0.30
5.59	10.89	7.27	3.57	46.62	5.49	8.87	4.75
4.12	11.18	4.15	2.79	47.62	6.36	5.91	16.28
3.46	5.68	6.64	2.34	20.83	6.69	5.36	2.12
9.38	11.50	7.66	3.97	37.85	12.40	9.96	1.94
4.07	5.11	6.38	4.87	19.54	3.66	3.99	2.88
3.56	4.22	17.36	3.64	32.10	4.74	6.76	5.69
7.28	15.44	5.59	4.07	64.83	6.63	22.23	1.56
4.64	10.89	8.17	2.89	41.86	5.53	10.17	0.99
3.41	8.51	6.00	1.89	33.44	5.52	13.31	0.01
3.38	14.45	5.78	2.84	37.29	4.85	14.49	2.08
5.05	11.70	7.65	2.58	35.66	5.59	18.73	0.00
2.50	0.65	0.71	1.09	7.18	2.47	1.50	0.51
1.02	4.74	0.83	1.25	18.09	2.74	1.23	3.39
0.44	2.55	1.04	0.24	3.95	1.18	1.04	0.00
0.75	7.21	3.09	0.47	8.66	1.97	1.14	3.89
0.27	0.91	0.53	0.28	3.09	0.28	1.63	0.00
0.90	0.68	0.81	0.54	4.38	0.91	0.99	0.00
0.38	3.13						
1.50	4.48						
0.29	1.45						
0.25	2.32						
0.17	1.24						

8-8 各市一般公共预算支出(2017)

单位：亿元

市(县)	City(County)	支出合计 Payout	#一般公共服务 General Public Service	#公共安全 Public Security	#教育 Education	#科学技术 Technology	#文化体育与传媒 Culture Sport and Medium
	2010年	3416.14	478.69	189.72	609.37	44.67	54.99
	2011年	4248.82	559.02	204.80	857.14	56.59	57.54
	2012年	5006.40	663.07	244.42	1106.51	69.64	69.63
	2013年	5582.31	733.21	261.22	1171.52	80.00	80.78
	2014年	6028.69	700.71	274.12	1201.38	81.25	91.16
	2015年	6799.35	695.32	301.12	1271.00	83.25	105.38
	2016年	7453.74	750.94	358.41	1343.76	96.10	97.33
	2017年	8215.52	850.29	417.11	1493.11	137.94	97.52
省辖市	**City**						
郑州市	Zhengzhou	1514.95	117.44	67.28	175.96	33.96	12.87
开封市	Kaifeng	334.74	61.40	16.90	56.78	3.32	3.82
洛阳市	Luoyang	549.35	58.43	29.55	98.67	13.55	9.61
平顶山市	Pingdingshan	317.59	35.31	18.55	60.79	3.74	6.37
安阳市	Anyang	316.60	35.65	19.62	69.52	4.32	4.42
鹤壁市	Hebi	122.41	12.77	6.20	19.59	1.69	1.31
新乡市	Xinxiang	368.26	45.84	21.25	69.65	8.49	4.26
焦作市	Jiaozuo	239.54	26.98	16.68	41.20	3.58	3.36
濮阳市	Puyang	260.18	27.74	13.94	54.13	2.36	3.69
许昌市	Xuchang	286.43	44.19	17.72	56.87	5.02	3.87
漯河市	Luohe	175.26	21.31	9.46	31.98	4.13	2.41
三门峡市	Sanmenxia	212.55	31.92	11.31	42.42	2.87	2.69
南阳市	Nanyang	584.06	61.76	27.43	121.83	8.34	6.25
商丘市	Shangqiu	463.08	49.16	22.14	85.39	5.44	3.50
信阳市	Xinyang	446.04	49.16	21.58	100.90	2.22	3.91
周口市	Zhoukou	513.34	49.82	23.11	101.68	3.37	5.67
驻马店市	Zhumadian	477.23	48.95	21.01	92.59	5.68	3.66
济源市	Jiyuan	65.01	9.30	3.56	12.17	0.97	1.18
省直管县	**County Directly Administrated by Province**						
巩义市	Gongyi	65.12	7.99	3.25	9.89	3.61	0.84
兰考县	Lankao	58.23	10.63	2.63	11.64	0.34	0.84
汝州市	Ruzhou	60.13	8.34	1.98	11.57	1.21	0.99
滑县	Huaxian	58.35	5.56	2.57	14.38	0.17	0.47
长垣县	Changyuan	48.95	5.93	1.90	10.30	1.49	0.32
邓州市	Dengzhou	70.20	5.49	2.82	13.63	0.22	0.40
永城市	Yongcheng	77.64	6.91	2.62	11.69	0.79	0.48
固始县	Gushi	74.65	9.85	2.83	17.41	0.11	0.61
鹿邑县	Luyi	53.70	4.04	2.06	8.40	0.68	0.33
新蔡县	Xincai	50.96	4.16	1.89	9.36	0.57	0.41

General Public Budget Expenditure of the Local Government by City (2017)

(100 million yuan)

#社会保障和就业 Social Security and Employment	#医疗卫生与计划生育支出 Medical Treatment and Public Health	#节能保护 Energy Conservation and Environmental Protection	#城乡社区事务 Urban and Rural Area Community Operating	#农林水事务 Agriculture Forestry and Water Conservancy Operating	#交通运输 Transport	#住房保障 Housing Security
461.22	270.21	96.38	165.30	399.19	173.84	77.25
547.96	361.48	95.60	191.30	480.48	281.21	142.64
631.61	425.99	109.45	237.97	551.73	300.43	185.65
731.41	492.48	111.92	309.12	629.85	346.19	191.11
790.87	602.95	119.95	431.74	661.94	364.86	247.57
945.83	717.74	177.77	645.21	791.63	371.01	242.04
1067.40	778.01	195.72	879.33	807.06	347.97	268.58
1160.23	836.66	241.65	1122.67	916.81	296.17	248.12
94.57	90.88	94.67	589.74	65.96	20.80	54.04
46.90	39.49	8.31	25.04	40.86	10.69	10.70
59.90	59.00	12.30	89.06	59.44	17.86	16.74
41.44	40.52	5.68	30.25	38.88	14.83	8.01
37.26	40.64	7.62	27.30	35.92	12.25	10.19
13.86	11.83	18.04	13.73	10.47	3.98	3.19
45.36	40.62	10.14	29.86	61.61	10.93	6.62
35.09	28.56	5.91	27.57	20.00	11.35	7.56
32.00	32.55	4.58	16.22	40.85	5.51	14.70
33.15	31.69	7.14	25.99	28.96	11.96	7.83
22.51	18.17	3.94	22.08	18.77	5.82	5.03
20.55	19.90	4.30	21.56	28.53	8.91	8.79
88.67	82.09	17.17	34.24	90.23	19.65	9.62
57.87	59.80	7.15	47.64	63.47	16.22	28.44
62.31	54.78	6.75	23.76	81.21	17.79	9.04
77.32	77.21	5.28	36.13	78.60	26.58	12.33
66.89	64.38	5.08	36.91	78.19	20.15	19.30
6.87	5.69	1.31	4.93	5.54	6.26	3.59
7.35	9.48	3.37	7.64	4.68	2.50	1.55
6.57	6.31	0.95	2.31	9.60	1.66	3.43
6.98	9.57	0.92	5.07	6.97	1.50	2.88
5.92	9.14	0.78	6.85	7.98	1.62	1.30
6.98	6.19	0.72	5.46	6.58	1.02	1.01
9.68	11.53	3.03	4.61	11.77	4.46	1.13
7.48	9.89	0.70	11.25	9.34	4.78	6.70
10.67	10.69	0.60	3.67	13.91	1.23	1.22
9.37	7.61	0.32	8.27	7.43	2.82	0.88
7.14	8.14	0.49	3.46	9.60	0.85	2.82

主要统计指标解释

财政收入 指国家财政参与社会产品分配所取得的收入，是实现国家职能的财力保证。公共财政预算收入主要包括税收收入和非税收入。

（1）税收收入：包括国内增值税、国内消费税、进口货物增值税和消费税、出口货物退增值税和消费税、营业税、企业所得税、个人所得税、资源税、城市维护建设税、房产税、印花税、城镇土地使用税、土地增值税、车船税、船舶吨税、车辆购置税、关税、耕地占用税、契税、烟叶税等。

（2）非税收入：包括专项收入、行政事业性收费收入、罚没收入、国有资本经营收入、国有资源（资产）有偿使用收入和其他收入。

财政支出 指国家财政将筹集起来的资金进行分配使用，以满足经济建设和各项事业的需要。公共财政预算支出主要包括：

（1）一般公共服务：指政府提供基本公共管理与服务的支出，包括人大事务、政协事务、政府办公厅（室）及相关机构事务、发展与改革事务、统计信息事务、财政事务、税收事务、审计事务、海关事务、人力资源事务、纪检监察事务、人口与计划生育事务、商贸事务、知识产权事务、工商行政管理事务、质量技术监督与检验检疫事务、国土资源事务、海洋管理事务、测绘事务、地震事务、气象事务、民族事务、宗教事务、港澳台侨事务、档案事务、共产党事务、民主党派及工商联事务、群众团体事务、彩票发行事务、国债事务、债券投资、其他一般公共服务支出。

（2）国防：指政府用于国防方面的支出，包括现役部队、预备役部队、民兵、国防科研事业、专项工程、国防动员等方面的支出。

（3）公共安全：指政府维护社会公共安全方面的支出，包括武装警察、公安、国家安全、检察、法院、司法行政、监狱、劳教、国家保密、缉私警察等。

（4）教育：指政府教育事务支出，包括教育管理、学前教育、小学教育、初中教育、普通高中教育、普通高等教育、中专教育、技校教育、职业高中教育、高等职业教育、广播电视教育、留学生教育、特殊教育、干部继续教育、教育机关服务等。

（5）科学技术：指用于科学技术方面的支出，包括科学技术管理事务、基础研究、应用研究、技术研究与开发、科技条件与服务、社会科学、科学技术普及、科技交流与合作等。

（6）文化体育与传媒：指政府在文化、文物、体育、广播影视、新闻出版等方面的支出。

（7）社会保障和就业：指政府在社会保障与就业方面的支出，包括社会保障和就业管理事务、民政管理事务、财政对社会保险基金的补助、补充全国社会保障基金、行政事业单位离退休、企业改革补助、就业补助、抚恤、退役安置、社会福利、残疾人事业、城市居民最低生活保障、其他城镇社会救济、农村社会救济、自然灾害生活救助、红十字事务等。

（8）医疗卫生：指政府在医疗卫生方面的支出，包括医疗卫生管理事务、医疗服务、社区卫生服务、医疗保障、疾病预防控制、卫生监督、妇幼保健、农村卫生、中医药等。

（9）节能环保：指政府节能环保的支出，包括环境保护管理事务、环境监测与监察、污染防治、自然生态保护、天然林保护工程、退耕还林、风沙荒漠治理、退牧还草、已垦草原退耕还草、能源节约利用、污染减排、可再生能源和资源综合利用等支出。

（10）城乡社区事务：指政府城乡社区事务支出，包括城乡社区管理事务、城乡社区规划与管理、城乡社区公共设施、城乡社区住宅、城乡社区环境卫生、建设市场管理与监督等。

（11）农林水事务：指政府农林水事务的支出，包括农业、林业、水利、扶贫、农业综合开发等。

（12）交通运输：指政府交通运输和邮政业方面的支出，包括公路运输、水路运输、铁路运输、民用航空运输、邮政业支出等。

（13）资源勘探电力信息等事务：指政府对资源勘探电力信息等事务支出，包括资源勘探业、制造业、建筑业、电力监管、工业和信息产业监管、安全生产监管、国有资产监管、支持中小企业发展和管理支出等。

（14）商业服务业等事务：指政府对商业服务业等事务的支出，包括商业流通事务、旅游业管理与服务、涉外发展服务支出等。

（15）金融监管等事务：指政府对金融保险业监管等事务方面的支出。

（16）国土资源气象等事务：指政府用于国土资源、海洋、测绘、地震、气象等公益服务事业方面的支出。

（17）住房保障支出：指政府用于住房保障方面的支出。

（18）粮油物资储备事务：指政府用于粮油物资储备事务方面的支出。

（19）国债还本付息支出：指政府在国债还本、付息、发行等方面的支出。

Explanatory Notes on Main Statistical Indicators

Government Revenue refers to income for the government finance through participating in the distribution of social products. It is the financial guarantee to ensure government functioning. Now it includes Tax Revenue and Non-Tax Revenue:

(1) Tax Revenue: Including Value-added tax, consumption tax, business tax, enterprise income tax, enterprise income tax rebate, personal income tax, resources tax , regulatory taxes on investment in fixed assets, urban maintenance and construction taxes, property taxes, stamp duty, tax on using urban land, land value-added tax, tax on using Vehicles and Ships, tax on using licence , Ship tons of tax, vehicle purchase tax (charges),tax on Slaughtering, banquet tax, customs, agriculture (tobacco) specialty tax, land tax, contract taxes and other tax revenue.

(2) Non-Tax Revenue: Including Special revenue, the Community Chest lottery income, administrative fees income, confiscated income, the state capital operating revenue, compensation income of using state-owned resources (assets), other income.

Government Expenditure refers to the distribution and use of the funds which the government finance has raised, so as to meet the needs of economic construction and various causes. It includes the following main items:

(1) Commonly Public servings :including affairs of People's Congress, affairs of Committee of People's Political Consultative Conference, the Government Office (room) and related organizations affairs, development and reform Affairs, statistical information Affairs, financial services, revenue Affairs, audit Affairs, customs affairs, personnel affairs, the discipline inspection and supervision Affairs, population and family planning Affairs, commerce and trade Affairs, intellectual property Affairs, administration affairs of industrial and commercial, supervision and administration Affairs of food and drug, quality of technical supervision and inspection and quarantine Affairs, land and natural resources Affairs, marine management Affairs, surveying and mapping Affairs, seismic Affairs, meteorological Affairs, ethical affairs, religion Affairs, Hong Kong, Macao and Taiwan affairs, file Affairs, the Communist Party affairs, other parties and the Federation of Industry and Commerce Services Mass organizations Affairs, Lottery Affairs, Treasury Affairs, bond investment, the other general public Affairs expenditure.

(2) Defense: refers to the government for defense spending, including standing army, the reserve forces and the militia, national defense scientific research career, special engineering, national defense mobilization of expenditure.

(3) National Defense: including Active-duty troops and reserve forces of national defense, national defense mobilization, and other defense expenditure.

(4) Education: including Education and management Affairs, general education, vocational education, adult education, radio and television education, studying abroad education, special education, teacher education and continuing education of cadres, education surcharge and education fund, other educational expenses.

(5) Science and technology : including Science and technology management Affairs, basic research, applied research, technology research and development, conditions and service of science and technology, social science, science and technology popularization , Science and technology exchanges and cooperation, and other science and technology expenditure.

(6) Culture Sport and Medium : including Culture, heritage, sports, radio, television, press, publishing, sports and other cultural and media expenditure.

(7) Social Security and Obtain employment: including Social security and Obtain employment Affairs, civil administration Management Affairs, added the National Social Security Fund, retired from administrative institutions, subsidies for shutdown and bankruptcy enterprises, employment subsidies, pension, placement of retirement, social welfare, handicapped Affairs, the minimum living guarantee for urban residents, other urban social relief, rural social relief, living relief for natural disaster, the Red Cross Affairs, other social security expenditure and employment expenditure.

(8) Medical Treatment and Public Health: including Medical and health management affairs, medical services, community health services, health ensure, disease prevention and control, sanitation surveillance, health care of female and child, rural sanitation, Chinese traditional medicine, other medical and health expenditure.

(9) Energy conservation and environmental protection: including Environmental management affairs, environmental monitoring and surveillance, pollution control, natural ecological protection, natural forests protection, returning farmland to forests, desertification and sandstorms control, returning farmland to grassland, other environmental protection expenditure.

(10) Urban and Rural Area Community Operating :Including The management of urban and rural communities affairs, planning and management of urban and rural community, public facilities in rural and urban communities, residential of rural and urban communities, sanitation of urban and rural communities, management and supervision of marketable construction, the Government Housing Fund expenditures, expenditures of using land, additional expenditures of urban public utilities, other expenses of urban and rural community affairs.

(11) Farming Forestry and Water Conservancy Operating : including Agriculture, forestry, water conservancy, moving water from north to south, poverty alleviation, agricultural development, and other expenditures of agriculture, forestry, water affairs.

(12) Traffic and Transport : including Highway and waterway transport, rail transport, air transport, and other transport expenses.

(13) Resource exploration of electric power information: Mining, manufacturing, construction, electricity, the information industry, tourism, foreign-related development, grain and oil services, commercial circulation services, material reserves, the financial industry, tobacco affairs, production safety, state-owned assets supervision, the SME affairs, other industrial business Services such as financial expenditures.

(14) Business service and other affairs: refers to the government to business service and other affairs expenses, including commercial distribution affairs, tourism management and service, foreign development service expenditure, etc.

(15) Financial supervision: refers to the government for financial insurance regulatory affairs expenses.

(16) Land and resources weather affairs: refers to the government for land and resources, ocean, surveying and mapping, earthquake, meteorology and so on public service business spending.

(17) Housing security spending: refers to the government for housing safeguard expenses.

(18) Grain and oil materials reserve affairs: refers to the government for cereals and oil materials reserve affairs expenses

(19) National debt repayment of capital and interest expenses: refers to the government in national debt repayment of principal and interest payment and issue of expenditure.

物价
Prices

9

● 资料整理：尹万姣　芦松林　孟凡玲

简要说明

一、主要内容

本篇包括居民消费价格指数，商品零售价格指数，农业生产资料价格指数，农产品生产价格指数，工业生产者出厂价格指数，工业生产者购进价格指数，固定资产投资价格指数等资料。

二、资料来源

价格指数编制由国家统计局河南调查总队组织实施。由省、市及抽选出的市、县调查队依据国家统计局统一制定的价格统计调查制度向基层采集原始数据汇总后得到。

居民消费、商品零售、农业生产资料价格指数采用抽样调查和重点调查相结合的方法取得，即在全省选择不同经济区域和分布合理的地区，以及有代表性的商品作为样本，对其市场价格进行定期调查，以样本推断总体。由国家统计局河南调查总队消费价格调查处编辑整理。

工业生产者价格调查采用重点调查与典型调查相结合的调查方法。重点调查将全部年主营业务收入2000万元以上的企业列为调查对象，采用主观选样的方法选择调查企业；典型调查是把年主营业务收入2000万元以下的企业作为抽样对象，采用随机抽样的调查方法。由国家统计局河南调查总队生产投资价格调查处编辑整理。

固定资产投资价格指数采用重点调查与典型调查相结合的方法。由国家统计局河南调查总队生产投资价格调查处编辑整理。

Brief Introduction

I. Main Contents

Data on price indices in this chapter including mainly consumer price indices, retail price indices, price indices for means of agricultural production, producer price indices for farm products, Industrial producers ex-factory price index, industrial producers purchase price index, price indices for investment in fixed assets.

II. Sources of Data

Compilation of statistics on price indices is organized by the Department of Henan Survey organizations, NBS. The survey organizations of the provinces, cities directly under the Central Government and of the selected cities and counties collect data from the grassroots units in accordance with the scheme of price survey system, tabulate them and report them to the higher agencies.

Data for compilation of the consumer price indices, the retail price indices and the producer price indices for farm products in Henan province are collected through a combination of sample surveys and surveys of key units. Areas distributed in different economic regions are selected as the sample areas and representative commodities are selected as the sample commodities. Regular surveys are conducted to collect data on their market prices. Population parameters are inferred on the basis of the sample data. Data of this part are provided by the Department of Henan Survey organizations, NBS.

Industrial producer prices are collected through a combined use of the key units' survey and typical units' survey methods. Key units refer to enterprises which annual sale revenue above 20 million yuan, using the method of subjective selection. Typical units refer to the enterprises which annual sale revenue below 20 million yuan, using the method of sampling survey. Data of this part are provided by the Department of Henan Survey organizations, NBS.

Data on prices of investment in fixed assets are collected by a program involving the combined use of surveys on key units and surveys on typical units. Data of this part are provided by the Department of Henan Survey organizations, NBS.

9-1 各种物价总指数

General Price Indices

(上年=100) (preceding year=100)

年份 Year	居民消费价格总指数 General Consumer Price Index	城市 Urban Areas	农村 Rural Areas	商品零售价格总指数 General Retail Price Index	农业生产资料价格总指数 General Price Index for Means of Agricultural Production	工业生产者出厂价格指数 Producer Price Index for Industrial Products	工业生产者购进价格指数 Purchasing Price Index for Industrial Producers	固定资产投资价格指数 Price Index for Investment In Fixed Assets
1978	100.1	100.0	100.1	100.1	97.9			
1980	104.6	106.0	103.8	104.9	100.1			
1985	104.6	106.5	103.6	105.4	103.0			
1990	100.7	100.5	100.9	100.1	98.3	105.5	105.5	
1991	102.3	105.1	100.0	102.0	100.1	104.3	104.4	109.4
1992	105.4	107.7	102.9	105.0	101.2	106.2	110.0	119.8
1993	110.4	110.6	110.3	108.3	109.2	118.1	133.0	126.7
1994	125.2	127.4	123.5	120.6	124.4	124.1	122.0	106.0
1995	116.5	116.9	116.3	114.9	125.8	115.0	114.1	105.9
1996	110.5	109.5	110.9	107.9	107.9	104.1	106.0	103.9
1997	103.5	102.4	103.9	100.6	99.3	100.6	100.6	102.9
1998	97.5	97.9	97.1	96.6	94.2	95.3	94.8	98.7
1999	96.9	96.6	97.1	96.2	95.7	95.4	94.3	98.0
2000	99.2	99.1	99.2	98.5	99.6	104.0	105.1	102.9
2001	100.7	100.7	100.7	99.8	99.1	100.5	101.9	100.4
2002	100.1	99.8	100.6	99.2	100.8	98.6	97.6	98.7
2003	101.6	101.7	101.4	101.3	101.9	105.0	107.8	103.8
2004	105.4	105.4	105.4	105.7	111.4	110.2	115.7	110.1
2005	102.1	102.1	102.1	101.7	107.9	106.1	108.3	101.4
2006	101.3	101.2	101.5	100.9	101.2	104.3	105.3	101.6
2007	105.4	105.4	105.5	104.4	106.1	105.2	106.4	104.6
2008	107.0	106.5	107.9	107.5	120.9	112.1	111.9	109.0
2009	99.4	98.8	100.4	99.4	98.1	94.9	97.1	96.4
2010	103.5	103.4	103.8	103.7	103.1	107.8	110.2	103.5
2011	105.6	105.4	106.1	105.7	111.1	107.2	110.1	107.4
2012	102.5	102.6	102.4	102.3	105.4	99.4	99.2	101.0
2013	102.9	102.9	102.9	101.9	101.3	98.5	99.3	99.9
2014	101.9	102.0	101.6	101.0	97.9	98.1	98.4	100.0
2015	101.3	101.3	101.2	99.8	100.3	95.4	95.4	97.6
2016	101.9	101.9	102.0	100.3	100.8	99.0	99.2	99.2
2017	101.4	101.5	101.2	101.3	99.7	106.8	107.3	107.4

9–2 各种物价定基指数

Fixed-base Price Indices

(1978年＝100) (1978 year =100)

年 份 Year	居民消费价格总指数 General Consumer Price Index	城 市 Urban Areas	农 村 Rural Areas	商品零售价格总指数 General Retail Price Index	农业生产资料价格总指数 General Price Index of Agricultural Means of Production	工业生产者出厂价格指数 Producer Price Index for Industrial Products	工业生产者购进价格指数 Purchasing Price Index for Industrial Producers	固定资产投资价格指数 Price Index for Investment In Fixed Assets
1978	100.0	100.0	100.0	100.0	100.0			
1979	100.4	100.3	100.4	100.4	100.0			
1980	105.0	106.3	104.2	105.3	100.1			
1981	106.5	108.9	105.0	107.0	101.4			
1982	108.0	110.8	106.3	108.6	103.5			
1983	109.7	114.0	107.3	110.5	109.4			
1984	110.6	116.6	107.4	111.5	116.1			
1985	115.7	124.1	111.2	117.5	119.6			
1986	122.0	132.6	116.0	123.3	125.7			
1987	129.7	142.9	122.2	131.1	143.8			
1988	154.9	173.6	144.3	156.9	175.1	100.0	100.0	
1989	183.9	199.5	176.0	186.3	204.6	119.7	130.0	
1990	185.1	200.5	177.6	186.5	201.1	126.3	137.2	100.0
1991	189.4	210.7	177.6	190.2	201.3	131.7	143.2	109.4
1992	199.6	227.0	182.8	199.7	203.7	139.9	157.5	131.1
1993	220.4	251.0	201.6	216.3	222.4	165.2	209.5	166.1
1994	275.9	319.8	249.0	260.8	276.7	205.0	255.6	176.0
1995	321.4	373.8	289.5	299.7	348.1	235.8	291.6	186.4
1996	355.2	409.3	321.1	323.4	375.6	245.4	309.1	193.7
1997	367.6	419.2	333.6	325.0	373.0	246.9	310.9	199.3
1998	358.4	410.4	323.9	314.0	351.3	235.3	294.8	196.7
1999	347.3	396.4	314.6	302.0	336.2	224.5	278.0	192.8
2000	344.6	392.9	312.0	297.5	334.9	233.5	292.2	198.4
2001	347.0	395.6	314.2	296.9	331.9	234.6	297.7	199.1
2002	347.3	394.8	316.1	294.5	334.5	231.4	290.5	196.6
2003	352.9	401.5	320.5	298.4	340.9	243.0	313.0	204.0
2004	371.9	423.2	337.8	315.4	379.7	267.9	362.0	224.6
2005	379.7	432.1	344.9	320.7	409.7	284.1	392.0	227.8
2006	384.7	437.3	350.1	323.6	414.7	296.3	412.7	231.3
2007	405.5	460.9	369.4	337.8	440.0	311.8	439.2	242.0
2008	433.9	490.9	398.6	363.1	532.0	349.6	491.3	263.7
2009	431.3	485.0	400.2	360.9	521.9	331.8	477.2	254.2
2010	446.4	501.5	415.4	374.3	538.1	357.7	525.9	263.1
2011	471.4	528.6	440.7	395.6	597.8	383.4	579.1	282.4
2012	483.2	542.3	451.3	404.7	630.1	381.2	574.2	285.2
2013	497.2	558.0	464.4	412.4	638.3	375.6	570.0	285.0
2014	506.7	569.2	471.8	416.5	624.9	368.2	560.8	284.8
2015	513.3	576.8	477.7	415.5	626.9	351.1	534.9	278.1
2016	523.1	587.5	487.3	416.9	632.2	347.7	530.8	275.7
2017	530.4	596.3	493.2	422.3	630.3	371.4	569.3	296.1

注：工业生产者出厂价格和工业生产者购进价格指数以1988年=100，固定资产投资价格指数以1990年=100。

a) Producer Price Index for Industrial Products and Purchasing Prices Index for Industrial Products are Calculated as the index on 1988=100, Prices Index for Investment in Fixed Assets is Calculated as the index on 1990=100.

9—3 居民消费价格指数(2017年)
Consumer Price Indices (2017)

(上年=100) (preceding year=100)

项目		全省 The Whole Province	城市 Urban Indices	农村 Rural Indices
总指数	**General Consumer Price Index**	**101.4**	**101.5**	**101.2**
食品烟酒	**Food、Tobacco and Liquor**	**98.4**	**98.9**	**97.5**
食品	Food	96.8	97.3	95.8
粮食	Grain	102.0	102.3	101.4
食用油	Cooking Oil	100.9	102.0	99.4
菜	Vegetables	91.1	91.8	89.6
#鲜菜	Fresh Vegetables	90.0	90.8	88.5
畜肉类	Livestock Meat	92.2	93.4	90.4
#猪肉	Pork	88.8	89.9	87.4
禽肉类	Meal and Poultry	96.3	96.6	95.7
水产品	Aquatic Products	105.2	105.9	103.3
蛋类	Eggs	93.3	94.3	91.8
奶类	Milk	99.2	98.5	100.3
干鲜瓜果类	Dried and Fresh Melons and Fruits	100.8	100.0	102.8
#鲜瓜果	Fresh Fruits	102.0	101.1	104.0
茶及饮料	Tea and Beverages	100.9	100.9	101.0
烟酒	Tobacco and Liquor	101.3	102.5	99.5
在外餐饮	Dining Out	102.1	101.7	103.2
衣着	**Clothing**	**101.3**	**101.3**	**101.4**
服装	Garments	101.3	101.2	101.5
服装材料	Clothing Material	101.7	102.0	101.1
其他衣着及配件	Other Clothing and accessories	101.1	101.2	100.9
衣着加工服务费	Tailoring and Laundering Service	107.7	108.8	104.5
鞋类	Footwear	100.9	101.0	100.8
居住	**Residence**	**103.6**	**103.3**	**104.2**
租赁房房租	Renting	102.9	102.9	103.2
住房保养维修及管理	Maintenance and Management of Housing	103.7	103.5	104.0
水电燃料	Water, Electricity and Fuels	104.8	104.0	106.0
自有住房	Private Housing	103.1	103.1	103.1
生活用品及服务	**Supplies and services**	**101.5**	**101.4**	**101.7**
家具及室内装饰品	Furniture and Decorations	101.1	100.9	101.4
家用器具	Home Appliances	102.5	102.4	102.7
家用纺织品	Home Textile	100.3	100.1	101.0
家庭日用杂品	Daily Use Household Articles	100.5	100.2	101.0
个人护理用品	Personal Article and Service	101.1	101.2	100.6
家庭服务	Household Service	105.2	105.6	103.4
交通和通信	**Transportation and Communication**	**100.2**	**100.2**	**100.3**
交通	Transportation	102.2	102.1	102.4
通信	Communication	96.8	96.8	96.8
教育文化和娱乐	**Education Culture and Recreation**	**102.7**	**102.5**	**103.1**
教育	Education	103.3	103.1	103.6
文化娱乐	Cultural and Recreational Articles	101.7	101.7	101.9
医疗保健	**Health Care**	**106.3**	**107.2**	**105.0**
药品及医疗器具	Medicines and Medical Instrument	109.6	108.0	112.1
医疗服务	Medical Service	104.2	106.6	101.3
其他用品和服务	**Other Articles and Service**	**102.7**	**102.7**	**102.8**
其他用品类	Articles	102.6	103.0	102.0
其他服务类	Service	102.9	102.5	103.9

9-4 分类商品零售价格指数
Retail Price Indices by Category

(上年=100) (preceding year=100)

项 目	Item	2008	2009	2010	2011	2012	2013	2014	2015	2016	2017
商品零售价格总指数	**Retail Price Index of commodities**	**107.5**	**99.4**	**103.7**	**105.7**	**102.3**	**101.9**	**101.0**	**99.8**	**100.3**	**101.3**
食品类	Food	116.1	101.2	108.7	112.4	103.1	105.6	102.5	101.5	103.4	98.3
饮料、烟酒类	Beverage and Tobacco and Alcohol	103.6	101.9	101.5	104.0	103.8	101.4	99.6	101.0	100.0	101.6
服装、鞋帽类	Garments Shoes and Hats	100.8	99.7	100.9	101.4	103.2	102.7	102.4	102.3	100.6	101.1
纺织品类	Textile Product	102.3	100.5	104.0	109.8	102.4	100.8	100.5	101.0	100.1	100.9
家用电器及音像器材	Household Appliance and Audio-video Material	98.7	95.7	97.8	98.8	99.5	99.8	99.6	98.9	95.6	101.1
文化办公用品类	Office Supplies	100.0	98.1	98.7	98.5	99.3	99.2	100.0	99.0	100.7	103.2
日用品类	Articles for Everyday Use	104.5	101.6	100.1	102.5	102.8	101.3	100.9	100.4	100.2	100.7
体育娱乐用品类	Sport and Entertainment Goods	99.0	99.4	99.8	100.8	100.9	100.3	100.6	100.6	100.1	100.4
交通、通信用品类	Transportation and Communication Appliances	92.3	93.2	96.1	97.1	97.7	97.4	99.3	95.5	95.8	95.7
家具类	Furniture	101.4	99.8	99.6	102.3	101.8	101.4	101.4	100.7	100.9	100.8
化妆品类	Cosmetics	100.6	100.6	100.3	101.1	103.2	102.0	101.0	100.4	101.2	101.3
金银珠宝类	Gold and Sliver and Jewellery	118.8	93.8	111.3	114.3	103.2	91.5	91.6	93.6	106.0	103.1
中西药品及医疗保健用品类	Chinese Traditional Medicine and Western Medicine and Health Product	102.9	101.2	104.0	103.9	102.4	102.2	101.7	103.8	106.1	109.2
书报杂志及电子出版物类	Books and Newspapers and Magazines and Electronic Publications	102.8	106.7	99.4	100.9	103.9	102.5	100.7	102.1	101.8	102.0
燃料类	Fuel	119.3	98.7	110.5	113.6	104.5	98.3	98.5	87.8	96.6	111.4
建筑材料及五金电料类	Architectural and Hardware Material	109.3	96.9	104.3	107.0	101.3	100.0	100.4	99.5	100.5	103.0

9-5 农业生产资料价格指数
Price Indices for Means of Agricultural Production

(上年=100) (preceding year=100)

项 目	Item	2008	2009	2010	2011	2012	2013	2014	2015	2016	2017
农业生产资料价格总指数	**Price Indices of Means of Agricultural Production**	**120.9**	**98.1**	**103.1**	**111.1**	**105.4**	**101.3**	**97.9**	**100.3**	**100.8**	**99.7**
农用手工工具	Farm Handtools	118.1	105.9	101.1	104.9	102.9	105.0	106.1	102.1	104.3	104.3
饲料	Forage	113.2	108.1	109.1	105.5	106.5	106.4	101.0	96.1	98.2	100.4
产品畜	Commodity Animals	126.4	80.9	101.8	136.4	103.1	98.5	93.6	112.3	151.6	84.3
半机械化农具	Semi-mechanized Farm Tools	105.6	100.1	100.9	105.8	104.6	102.3	102.1	101.6	101.1	102.1
机械化农具	Mechanized Farm Machinery	107.3	100.9	100.1	103.7	100.5	100.3	100.4	99.3	99.5	101.3
化学肥料	Chemical Fertilizer	138.5	92.6	98.5	115.2	106.0	95.4	91.2	101.7	95.7	100.7
农药及农药机械	Pesticide and Appliances	108.4	100.0	100.6	106.0	101.4	102.1	102.6	100.5	99.1	100.4
化学农药	Chemical Pesticide	109.0	98.1	99.4	106.3	101.4	102.4	102.5	100.4	99.1	100.4
农药器械	Pesticide Appliances	105.8	108.8	105.9	102.5	100.8	99.6	103.5	100.5	100.0	100.5
农用机油	Oil for Farm Machinery	115.4	89.4	113.1	114.7	104.2	99.3	97.5	83.8	95.2	114.5
其他农用生产资料	Other Means of Agricultural Production	105.1	104.5	109.5	108.2	107.9	106.0	102.4	101.4	98.3	99.7
农用种子	Farm Seed	104.8	110.6	113.6	108.7	109.2	106.6	102.5	101.8	98.0	99.2
未列明的其他农用生产资料	Other Means of Agricultural Production Non-listed	105.8	90.5	99.5	105.6	100.6	102.0	101.6	98.8		
农业生产服务	Service for Agricultural Production	106.0	105.5	102.3	106.9	107.1	106.1	103.9	104.8	101.5	100.6

9-6 各市(县)居民消费价格指数(2017年)
Consumer Price Indices by City (2017)

各市(县)数据不含所辖市(县)数据(9-7表同)。
Price Indices of every city(county) exclude the data of city(county) under its administration. (the same as table 9-7).

(上年=100) (preceding year=100)

市 City	居民消费价格总指数 Consumer Price Index	食品烟酒 Food, Tobacco, Liquor	衣着 Clothing	居住 Residence	生活用品及服务 Living Supplies and Services	交通和通信 Transportation and Communication	教育文化和娱乐 Education, Culture and Entertainment	医疗保健 Health Care	其他用品和服务 Others
省辖市 City	**101.5**	**98.9**	**101.3**	**103.3**	**101.4**	**100.2**	**102.5**	**107.2**	**102.7**
郑州市 Zhengzhou	101.8	99.6	101.1	104.0	100.7	100.2	101.1	108.8	103.6
开封市 Kaifeng	101.0	99.1	100.9	101.9	101.9	99.3	101.3	107.2	102.2
洛阳市 Luoyang	101.0	99.2	100.7	102.4	101.4	100.5	101.1	104.7	101.4
平顶山市 Pingdingshan	101.3	97.9	100.9	103.1	102.6	101.5	102.6	107.6	103.1
安阳市 Anyang	101.8	98.7	101.2	103.5	101.3	100.5	105.8	107.4	101.5
鹤壁市 Hebi	101.7	97.7	102.8	104.0	101.6	100.8	101.1	111.8	106.4
新乡市 Xinxiang	101.5	98.9	102.0	101.7	102.2	100.4	106.2	105.5	101.8
焦作市 Jiaozuo	101.4	98.1	100.3	103.4	101.4	100.1	106.7	104.6	101.9
濮阳市 Puyang	100.9	97.9	101.2	102.1	100.3	100.5	104.3	105.7	101.5
许昌市 Xuchang	101.4	98.5	101.0	106.8	100.6	99.4	100.9	103.4	101.5
漯河市 Luohe	101.3	98.1	103.3	103.4	102.3	97.6	102.8	107.7	103.8
三门峡市 Sanmenxia	101.5	98.0	101.0	104.5	103.4	100.4	100.5	107.8	107.6
南阳市 Nanyang	101.2	98.3	100.9	101.7	102.1	100.0	104.5	108.0	101.7
商丘市 Shangqiu	101.8	99.4	100.6	105.0	100.9	100.2	103.1	105.6	102.8
信阳市 Xinyang	101.4	99.3	104.5	100.5	101.3	100.4	102.6	108.4	101.6
周口市 Zhoukou	101.4	98.7	101.4	104.2	101.1	100.6	102.3	105.5	101.3
驻马店市 Zhumadian	101.4	99.2	102.1	103.0	101.8	100.1	102.2	106.0	101.5
济源市 Jiyuan									
省直管县 County Directly Administrated by Province									
巩义市 Gongyi									
兰考县 Lankao									
汝州市 Ruzhou									
滑县 Huaxian	101.1	97.5	99.9	104.9	101.9	100.2	103.4	103.8	103.0
长垣县 Changyuan									
邓州市 Dengzhou									
永城市 Yongcheng	101.3	97.0	102.5	105.4	101.2	100.3	101.6	106.4	102.3
固始县 Gushi	101.6	97.9	102.3	105.2	102.3	99.9	103.8	104.4	102.7
鹿邑县 Luyi									
新蔡县 Xincai									

9−7 各市商品零售价格指数(2017年)

(上年=100)

市 City	商品零售价格总指数 General Index	食品类 Food	饮料烟酒类 Beverage and Tabacco, Liquor	服装鞋帽类 Clothing, Shoes and Hats	纺织品类 Textiles	家用电器及音像器材类 Household Appliance and Audio-video Material	文化办公用品类 Cultural and Office Supplies	日用品类 Articles for Daily Use
省辖市 City	**101.3**	**98.4**	**102.0**	**101.1**	**100.8**	**100.9**	**103.0**	**100.8**
郑州市 Zhengzhou	101.7	99.3	102.6	100.9	100.1	100.9	102.7	101.1
开封市 Kaifeng	101.5	98.4	102.3	100.4	100.7	101.4	102.7	102.5
洛阳市 Luoyang	101.1	98.8	102.2	100.6	103.5	101.0	103.2	99.4
平顶山市 Pingdingshan	101.0	96.8	101.7	100.8	101.5	100.8	104.0	103.1
安阳市 Anyang	101.9	98.6	101.6	101.0	101.0	100.8	102.6	100.2
鹤壁市 Hebi	101.0	97.2	100.9	102.6	99.9	100.8	102.1	99.2
新乡市 Xinxiang	101.3	98.2	101.9	101.9	100.0	101.0	103.2	101.3
焦作市 Jiaozuo	100.7	97.6	101.0	100.4	100.1	101.0	102.8	99.7
濮阳市 Puyang	100.6	97.3	101.0	101.2	100.3	101.2	103.4	97.5
许昌市 Xuchang	100.7	98.0	103.2	100.6	93.1	100.5	102.4	99.4
漯河市 Luohe	100.9	97.4	101.6	103.4	100.9	101.3	102.0	101.1
三门峡市 Sanmenxia	101.0	98.1	101.1	101.2	96.6	101.0	103.2	100.4
南阳市 Nanyang	100.6	97.8	100.1	100.5	102.4	100.7	103.2	100.4
商丘市 Shangqiu	100.5	99.4	100.0	100.1	100.4	100.6	102.7	99.7
信阳市 Xinyang	101.6	98.4	105.6	104.4	101.0	101.1	103.7	102.4
周口市 Zhoukou	100.9	98.5	101.4	101.0	101.8	100.7	103.5	99.4
驻马店市 Zhumadian	101.4	98.8	100.1	102.4	98.1	101.1	103.3	99.4
济源市 Jiyuan								

Retail Price Indices by City (2017)

(preceding year=100)

体育娱乐用品类 Sport and Entertainment Goods	交通、通信用品 Traffic and Communi-cation Goods	家具类 Furniture	化妆品类 Cosmetics	金银饰品 Gold、Sliver and Jewellery	中、西药品及医疗保健用品 Chinese Traditional Medicine and Western Medicine and Health Product	书报杂志及电子出出版物类 Books& Newspapers、Magazines and E-publication	燃料类 Fuels	建筑材料及五金电料类 Architectural and hardware material
100.5	**95.7**	**100.6**	**101.4**	**103.2**	**108.5**	**102.1**	**111.5**	**102.4**
100.0	95.8	96.4	101.9	102.6	110.2	99.9	114.9	101.8
100.4	96.1	101.0	102.1	103.7	110.4	102.4	109.2	103.3
99.8	95.5	99.7	101.6	103.2	106.6	108.2	110.6	101.3
103.6	95.5	103.4	101.2	104.2	106.1	104.7	109.4	104.7
103.1	95.2	105.4	100.8	105.2	115.3	104.2	111.7	103.2
99.8	95.7	110.7	101.6	101.6	105.4	100.9	112.5	101.3
100.7	95.3	104.7	100.1	102.3	106.5	101.1	112.1	103.0
99.2	96.2	103.1	99.8	102.8	103.6	102.3	110.3	102.0
99.5	95.4	101.5	101.7	102.1	109.2	100.4	108.8	102.8
98.9	95.9	100.1	104.6	101.6	110.1	101.2	108.0	101.7
102.2	96.4	100.1	102.6	106.4	102.3	102.0	107.2	107.1
101.2	95.9	111.1	101.8	103.3	106.7	107.1	108.9	99.8
100.2	95.5	105.2	99.5	102.4	107.9	102.0	109.2	101.6
101.0	95.4	99.8	100.3	104.4	105.6	99.8	108.2	100.2
97.5	95.5	98.8	99.5	103.4	108.6	100.9	108.3	105.1
100.0	96.0	101.8	100.4	101.1	107.4	101.3	110.7	101.1
100.8	95.5	106.9	101.5	103.6	110.5	101.1	109.9	104.8

9-8 各市居民消费价格指数(2017年)
Consumer Price Indices by City (2017)

本表数据全市口径(9-9表同)。
Price Indices of every city refers to the whole city's caliber (the same as table 9-9).

(上年=100) (preceding year=100)

市(县) City(County)	居民消费价格总指数 Consumer Price Index	食品烟酒 Food, Tobacco, Liquor	衣着 Clothing	居住 Residence	生活用品及服务 Living Supplies and Services	交通和通信 Transportation and Communication	教育文化和娱乐 Education, Culture, Entertainment	医疗保健 Health Care	其他用品和服务 Others
省辖市 City									
郑州市 Zhengzhou	101.8	99.6	101.1	104.0	100.7	100.2	101.1	108.8	103.6
开封市 Kaifeng	101.3	98.4	99.6	101.5	100.9	100.8	110.4	103.9	100.6
洛阳市 Luoyang	101.0	99.2	100.7	102.4	101.4	100.5	101.1	104.7	101.4
平顶山市 Pingdingshan	100.8	98.1	101.1	102.5	101.5	100.5	101.4	105.5	102.7
安阳市 Anyang	100.8	98.2	101.1	102.5	100.7	100.6	103.3	104.1	101.0
鹤壁市 Hebi	100.7	98.6	100.4	102.8	101.3	100.3	100.6	103.1	102.7
新乡市 Xinxiang	101.3	98.6	101.8	102.4	102.2	100.8	104.9	104.0	101.7
焦作市 Jiaozuo	101.2	97.2	101.1	103.2	100.8	101.1	103.6	108.5	101.7
濮阳市 Puyang	100.9	99.3	100.8	102.6	100.0	101.3	100.2	104.0	102.5
许昌市 Xuchang	101.4	99.7	101.5	104.0	100.7	100.8	101.0	102.9	102.9
漯河市 Luohe	100.9	98.3	101.9	100.7	99.5	100.5	105.2	105.9	103.0
三门峡市 Sanmenxia	100.7	98.8	102.2	100.8	100.1	101.4	101.7	102.9	102.3
南阳市 Nanyang	101.5	98.6	101.5	104.3	101.0	101.6	101.6	106.8	102.8
商丘市 Shangqiu	100.6	98.2	102.0	101.3	100.8	100.9	101.8	103.8	103.3
信阳市 Xinyang	100.8	98.8	101.1	101.9	100.4	102.2	101.3	103.2	101.3
周口市 Zhoukou	101.2	99.5	101.4	102.7	101.0	100.9	101.9	103.9	100.9
驻马店市 Zhumadian	101.0	98.3	103.8	101.9	101.6	98.7	102.7	105.2	104.2
济源市 Jiyuan	100.7	98.6	100.9	102.1	100.6	98.1	101.4	106.8	103.3
省直管县 County Directly Administrated by Province									
巩义市 Gongyi	101.2	97.4	102.5	102.9	98.3	101.4	105.3	105.6	103.9
兰考县 Lankao	100.2	100.4	100.0	100.4	100.1	100.0	99.6	100.3	99.8
汝州市 Ruzhou	100.7	99.8	102.3	101.5	100.0	100.0	102.2	99.9	100.9
滑县 Huaxian	101.1	97.5	99.9	104.9	101.9	100.2	103.4	103.8	103.0
长垣县 Changyuan	100.6	101.1	100.7	100.0	100.3	101.5	100.8	98.8	101.8
邓州市 Dengzhou	102.2	99.7	104.4	99.5	100.2	101.6	107.8	111.4	98.4
永城市 Yongcheng	101.1	99.5	99.4	101.8	102.0	101.4	102.5	105.1	103.0
固始县 Gushi	101.6	97.9	102.3	105.2	102.3	99.9	103.8	104.4	102.7
鹿邑县 Luyi	100.8	99.3	100.2	103.5	100.2	101.0	100.0	103.3	100.1
新蔡县 Xincai	100.9	99.1	105.9	103.6	102.3	97.2	102.9	98.2	98.9

9-9 各市商品零售价格指数(2017年)
Retail Price Indices by City (2017)

(上年=100) (preceding year=100)

市(县) City(County)	商品零售价格总指数 General Index	食品类 Food	饮料烟酒 Beverage, Tobacco, Liquor	服装鞋帽类 Clothing, Shoes and Hats	纺织品类 Textiles	家用电器及音像器材类 Household Appliance and Audio-video Material	文化办公用品类 Cultural and Office supplies	日用品 Articles for Daily Use	体育娱乐用品类 Sport and Entertainment Goods
省辖市 City									
郑州市 Zhengzhou	101.7	99.3	102.6	100.9	100.1	100.9	102.7	101.1	100.0
开封市 Kaifeng	100.9	97.4	101.7	101.2	100.9	100.2	102.6	102.2	100.4
洛阳市 Luoyang	101.1	98.8	102.2	100.6	103.5	101.0	103.2	99.4	99.8
平顶山市 Pingdingshan	101.1	97.5	100.9	101.0	101.1	100.3	101.9	101.8	104.9
安阳市 Anyang	101.4	97.9	102.9	101.0	101.5	100.7	102.1	100.1	102.8
鹤壁市 Hebi	101.1	98.2	101.3	100.3	100.0	99.3	100.2	101.0	99.9
新乡市 Xinxiang	101.4	98.1	101.7	101.7	100.1	101.2	103.2	101.2	100.7
焦作市 Jiaozuo	101.4	97.3	99.7	101.0	100.4	100.4	100.0	100.1	100.4
濮阳市 Puyang	101.1	98.9	101.2	100.8	100.2	98.3	99.3	99.7	100.3
许昌市 Xuchang	101.2	98.9	101.8	102.2	100.4	101.4	99.8	100.5	100.5
漯河市 Luohe	100.3	96.9	100.1	101.3	100.7	97.0	98.6	100.1	100.3
三门峡市 Sanmenxia	101.3	97.9	101.0	101.8	100.1	99.9	99.7	100.3	101.2
南阳市 Nanyang	101.2	98.7	99.7	101.7	104.0	99.5	99.6	100.0	100.1
商丘市 Shangqiu	100.9	97.6	100.2	101.8	100.4	100.0	99.7	100.2	100.0
信阳市 Xinyang	100.9	98.2	101.5	101.0	100.0	100.2	99.5	101.2	99.6
周口市 Zhoukou	101.3	99.7	101.3	100.9	100.3	100.5	101.3	99.9	100.4
驻马店市 Zhumadian	101.1	98.0	99.9	103.8	104.2	98.9	99.0	100.8	101.8
济源市 Jiyuan	102.2	98.1	107.1	100.9	100.0	98.8	105.8	104.6	98.5
省直管县 County Directly Administrated by Province									
巩义市 Gongyi	100.9	96.8	100.0	102.3	100.2	94.0	99.9	100.2	100.6
兰考县 Lankao	100.3	100.5	100.0	100.0	101.5	100.0	100.0	100.0	100.0
汝州市 Ruzhou	101.0	99.5	101.1	102.1	100.0	98.8	99.8	108.1	100.1
滑县 Huaxian	101.7	97.7	101.0	99.8	100.0	102.1	104.2	100.2	100.9
长垣县 Changyuan	100.8	101.2	100.0	100.4	100.0	100.3	100.1	100.0	100.6
邓州市 Dengzhou	100.9	99.7	100.3	103.4	100.0	100.0	100.8	95.8	100.0
永城市 Yongcheng	101.2	98.2	100.5	99.5	100.0	102.1	99.2	101.2	100.5
固始县 Gushi	101.0	98.0	101.5	102.0	100.3	101.0	101.5	99.7	100.1
鹿邑县 Luyi	100.6	98.8	100.1	100.1	100.0	100.0	100.0	100.0	100.0
新蔡县 Xincai	100.0	98.9	100.0	105.3	97.0	99.2	100.0	103.8	100.0

9-9 续表 continued

(上年=100) (preceding year=100)

市(县) City(County)	交通、通信用品 Traffic& Communication Goods	家具 Furniture	化妆品 Cosmetics	金银珠宝类 Gold、Sliver and Jewellery	中、西药品及医疗保健用品 Chinese Traditional Medicine and Western Medicine and Health Product	书报杂志及电子出版物类 Books& Newspapers、Magazines and E-publication	燃料类 Fuels	建筑材料及五金电料类 Architectural and Hardware Material
省辖市 City								
郑州市 Zhengzhou	95.8	96.4	101.9	102.6	110.2	99.9	114.9	101.8
开封市 Kaifeng	96.2	100.9	100.4	103.6	109.8	102.3	106.6	102.9
洛阳市 Luoyang	95.5	99.7	101.6	103.2	106.6	108.2	110.6	101.3
平顶山市 Pingdingshan	97.2	101.7	101.0	104.4	106.2	102.4	109.2	103.3
安阳市 Anyang	96.3	103.2	100.5	103.6	111.9	103.1	109.2	102.3
鹤壁市 Hebi	97.5	104.9	101.3	102.9	100.6	100.0	109.7	106.4
新乡市 Xinxiang	95.4	104.7	100.2	102.3	106.8	101.3	112.6	104.0
焦作市 Jiaozuo	100.0	100.4	100.8	102.2	115.5	100.0	109.5	102.2
濮阳市 Puyang	98.3	102.4	99.3	101.7	105.6	99.7	112.0	101.1
许昌市 Xuchang	96.4	100.4	101.1	102.0	104.4	112.0	108.0	102.7
漯河市 Luohe	98.0	96.8	102.5	100.8	109.6	105.1	109.0	102.1
三门峡市 Sanmenxia	99.1	100.0	99.9	104.0	106.4	103.4	110.1	102.8
南阳市 Nanyang	99.1	100.2	102.5	97.2	112.2	100.5	107.5	101.3
商丘市 Shangqiu	98.9	100.5	100.8	105.5	110.8	102.4	107.6	101.7
信阳市 Xinyang	99.6	100.3	100.5	101.9	104.7	100.0	108.4	100.8
周口市 Zhoukou	99.8	101.1	100.2	101.5	104.1	101.1	108.3	101.9
驻马店市 Zhumadian	94.0	101.6	101.9	102.8	109.0	100.7	112.0	105.4
济源市 Jiyuan	87.1	100.6	97.2	102.3	113.1	99.7	119.3	102.2
省直管县 County Directly Administrated by Province								
巩义市 Gongyi	98.0	100.2	99.8	108.3	112.1	104.2	108.0	103.9
兰考县 Lankao	100.0	100.0	100.0	99.5	100.6	100.0	101.4	100.2
汝州市 Ruzhou	96.9	100.0	99.6	102.3	99.8	96.9	107.1	105.5
滑县 Huaxian	95.0	102.9	100.0	103.1	109.5	101.8	113.6	105.9
长垣县 Changyuan	99.9	101.7	100.1	103.4	100.6	100.0	105.3	100.2
邓州市 Dengzhou	99.8	100.2	100.0	86.8	110.3	104.7	104.6	101.0
永城市 Yongcheng	100.0	103.4	101.8	102.3	111.5	100.0	105.9	105.1
固始县 Gushi	95.1	103.6	99.8	104.1	112.0	100.0	105.9	104.6
鹿邑县 Luyi	100.0	100.0	100.0	100.3	107.6	100.0	105.0	100.6
新蔡县 Xincai	93.8	106.6	101.5	96.1	100.4	101.8	103.7	94.9

9-10 工业生产者出厂价格指数
Producer Price Index for Industrial Products

(上年=100) (preceding year=100)

类　别	Type	2009	2010	2011	2012	2013	2014	2015	2016	2017
总 指 数	**General Index**	**94.9**	**107.8**	**107.2**	**99.4**	**98.5**	**98.1**	**95.4**	**99.0**	**106.8**
按轻、重工业分	**Grouped by Light & Heavy Industry**									
轻工业	Light Industry	98.4	104.3	106.9	100.1	101.8	100.9	99.8	99.1	101.9
以农产品为原料	Using Farm Products as Raw Materials	99.4	106.0	107.5	100.0	102.1	100.8	99.6	99.2	101.8
以非农产品为原料	Using Non-Farm Products as Raw Materials	97.2	102.4	104.3	100.5	100.0	101.0	100.5	98.8	102.3
重工业	Heavy Industry	92.2	110.7	107.3	99.2	97.3	96.9	93.6	99.0	108.9
采掘工业	Mining & Quarrying Industry	92.3	116.7	112.6	96.8	91.8	91.3	82.1	96.5	116.0
原料工业	Raw Materials Industry	91.6	112.9	108.4	100.2	96.8	96.9	93.4	99.4	115.7
加工工业	Manufacturing Industry	92.7	105.0	105.2	99.2	99.1	98.5	96.9	99.1	105.5
按部类分	**Grouped by Division**									
生产资料	Means of Production	93.3	108.8	107.7	98.6	97.5	97.2	93.9	99.2	109.7
采掘工业	Mining & Quarrying Industry	92.6	116.8	112.6	96.8	91.8	91.3	82.1	96.5	116.0
原料工业	Raw Materials Industry	91.7	112.0	108.3	100.1	96.9	97.5	94.1	100.0	116.1
加工工业	Manufacturing Industry	94.4	104.6	106.1	98.1	99.2	98.5	96.7	99.2	106.5
生活资料	Consumer Goods	101.1	103.9	105.5	102.5	102.2	100.9	100.4	98.6	99.6
食品类	Food	101.1	103.7	104.9	102.9	103.5	101.2	100.4	99.6	99.9
衣着类	Clothing	101.8	105.6	111.4	104.9	100.4	100.9	100.8	99.1	100.3
一般日用品类	Articles for Daily Use	100.4	103.7	105.0	101.0	100.0	100.3	100.1	97.5	101.4
耐用消费品类	Durable Consumer Goods	101.8	103.9	105.6	101.5	100.5	99.8	100.0	96.9	96.5
按工业部门分	**Grouped by Sector**									
冶金工业	Metallurgical Industry	82.9	116.4	108.7	95.2	95.9	95.6	90.5	103.7	117.3
电力工业	Power Industry	103.7	103.6	104.3	108.0	100.8	99.7	96.9	93.6	101.1
煤炭及炼焦工业	Coal and Smelt Industry	99.8	113.1	107.8	95.9	89.1	88.5	83.1	100.9	140.9
石油工业	Petroleum Industry	75.1	127.9	121.7	101.5	96.4	96.9	77.6	91.9	113.4
化学工业	Chemical Industry	91.0	107.3	111.0	98.8	97.0	97.6	96.8	96.9	107.4
机械工业	Machine Buiding Industry	99.8	101.4	103.5	100.4	100.1	99.8	99.0	97.8	100.1
建筑材料工业	Building Materials Industry	99.5	101.1	104.5	101.3	100.5	100.2	98.9	99.0	105.4
森林工业	Timber Industry	97.2	99.9	106.0	102.2	100.8	101.3	100.7	99.4	101.0
食品工业	Food Industry	100.9	103.7	104.8	102.4	103.6	101.1	99.9	99.2	99.8
纺织工业	Textile Industry	96.2	116.4	120.4	88.8	99.5	97.7	95.9	98.3	105.4
缝纫工业	Tailoring Industry	103.9	105.3	111.4	105.5	99.5	100.7	99.5	97.6	101.0
皮革工业	Leather Industry	99.7	102.7	106.3	103.0	104.1	108.1	109.3	105.2	102.1
造纸工业	Paper Industry	94.4	103.4	102.9	99.9	99.1	99.8	98.8	99.3	111.7
文教艺术用品工业	Cultural,Educational & Handicrafts Articles	99.9	101.8	100.5	102.1	102.5	99.3	98.6	97.8	100.0
其他工业	Others	94.4	103.5	106.3	100.0	99.1	99.6	99.6	99.3	106.4

9-11 工业生产者购进价格指数
Purchasing Price Index for Industrial Producers

(上年=100) (preceding year=100)

类 别	Type	2009	2010	2011	2012	2013	2014	2015	2016	2017
总 指 数	**General Index**	**97.1**	**110.2**	**110.1**	**99.2**	**99.3**	**98.4**	**95.4**	**99.2**	**107.3**
燃料、动力类	Fuels and Motive Power	102.5	108.9	106.6	101.6	96.7	96.8	91.0	98.1	113.1
黑色金属材料类	Ferrous Metals Materials	86.4	108.4	108.1	94.1	96.4	93.6	85.4	96.7	117.4
#钢材	Steel Products	86.7	105.9	106.1	95.5	95.9	97.9	91.9	96.2	113.1
有色金属材料和电线类	Nonferrous Metals Materials and Electric Wire	83.8	123.2	109.2	98.2	96.4	97.9	95.4	101.2	118.3
化工原料类	Chemical Raw Materials	90.9	116.8	115.0	91.5	94.6	97.1	92.7	99.1	107.2
木材及纸浆类	Logging and Paper Pulp	98.7	104.7	107.4	102.2	100.8	98.5	98.2	98.1	105.4
建筑材料及非金属矿类	Building Materials and Nonmetal Minerals	96.6	103.9	106.3	101.4	98.8	99.5	98.7	97.7	106.6
其他工业原材料及半成品类	Others Industry Materials & Semi Finished Articles	99.6	107.4	111.5	104.6	104.4	102.3	100.5	100.1	101.4
农副产品类	Farm Products	101.0	108.3	114.2	97.0	101.3	97.9	97.0	100.2	99.4
纺织原料类	Textile Raw Materials	93.4	118.1	111.7	91.6	99.7	96.2	93.4	100.0	103.9

9-12 固定资产投资价格指数
Price Index for Investment in Fixed Assets

(上年=100) (preceding year=100)

类 别	Type	2009	2010	2011	2012	2013	2014	2015	2016	2017
固定资产投资价格指数	**Price Index for Investment In Fixed Assets**	**96.4**	**103.5**	**107.4**	**101.0**	**99.9**	**100.0**	**97.6**	**99.2**	**107.4**
建筑安装工程	Construction and Installation	94.6	104.9	110.1	101.4	99.8	100.1	96.5	99.1	110.9
设备、工器具购置	Purchase of Equipments and Instruments	98.8	100.5	102.3	99.7	99.7	99.4	99.0	98.6	100.8
其他费用	Other Expenses	102.5	101.3	103.0	101.9	101.2	100.7	100.5	100.7	100.8

主要统计指标解释

商品零售价格指数 是反映一定时期城乡商品零售价格变动趋势的一种经济指数。零售物价的调整变动直接影响到城乡居民的生活支出和国家的财政收入，影响居民购买力和市场供需平衡，影响消费与积累的比例。因此，计算零售价格指数，可以从一个侧面对上述经济活动进行观察和分析。

居民消费价格指数 是反映一定时期内城乡居民所购买的生活消费品价格和服务项目价格变动趋势和程度的相对数，是对城市居民消费价格指数和农村居民消费价格指数进行综合汇总计算的结果。利用居民消费价格指数，可以观察和分析消费品的零售价格和服务价格变动对城乡居民实际生活费支出的影响程度。

城市居民消费价格指数 是反映一定时期城市居民家庭所购买的生活消费品价格和服务项目价格变动趋势和程度的相对数。城市居民消费价格指数可以观察和分析消费品的零售价格和服务项目价格变动对职工货币工资的影响，作为研究职工生活和确定工资政策的依据。

农村居民消费价格指数 是反映一定时期农村居民家庭所购买的生活消费品价格和服务项目价格变动趋势和程度的相对数。农村居民消费价格指数可以观察农村消费品的零售价格和服务项目价格变动对农村居民生活消费支出的影响，直接反映农民生活水平的实际变化情况，为分析和研究农村居民生活问题提供依据。

农业生产资料价格指数 是反映一定时期工业、商业及其他单位和个人向农民出售农业生产资料价格变动趋势和变动程度的相对数。编制农业生产资料价格指数，目的在于掌握农业生产资料的平均价格水平，为国家制定经济政策提供依据；同时，为研究市场流通和国民经济核算提供参考依据。

农产品生产价格指数 是反映一定时期内，农产品生产者出售农产品价格水平变动趋势及幅度的相对数。该指数可以客观反映全国农产品生产价格水平和结构变动情况，满足农业与国民经济核算需要。其中某代表品生产价格指数是通过对全部有出售该产品行为的调查单位的个体指数进行几何平均求得的，类价格指数是通过对其所属的类（或代表品）的价格指数进行加权平均求得的。

工业生产者出厂价格指数 是反映一定时期全部工业产品出厂价格总水平的变动趋势和程度的相对数，包括工业企业售给本企业以外所有单位的各种产品和直接售给居民用于生活消费的产品。通过工业生产者出厂价格指数能观察出厂价格变动对工业总产值的影响。

工业生产者购进价格指数 是反映工业企业作为生产投入，而从物资交易市场和能源、原材料生产企业购买原材料、燃料和动力产品时，所支付的价格水平变动趋势和程度的统计指标，是扣除工业企业物质消耗成本中的价格变动影响的重要依据。

固定资产投资价格指数 是反映固定资产投资额价格变动趋势和程度的相对数。固定资产投资额是由建筑安装工程投资完成额、设备、工器具购置投资完成额和其他费用投资完成额三部分组成的。编制固定资产投资价格指数应首先分别编制上述三部分投资的价格指数，然后采用加权算术平均法求出固定资产投资价格总指数。

固定资产投资价格指数可以准确地反映固定资产投资中涉及的各类商品和取费项目价格变动趋势和变动幅度，消除按现价计算的固定资产投资指标中的价格变动因素，真实地反映固定资产投资的规模、速度、结构和效益，为国家科学地制定、检查固定资产投资计划并提高宏观调控水平，为完善国民经济核算体系提供科学的、可靠的依据。

Explanatory Notes on Main Statistical Indicators

Retail Price Index reflects the general change in retail prices of commodities. The change and adjustment in retail prices directly affect the living expenditure of urban and rural residents, government revenue, purchasing power of residents and the equilibrium of market supply and demand, and the ratio of consumption to accumulation. Therefore, the calculation of retail price index is useful to analyze the changes of the above economic activities.

Consumer Price Index reflects the trend and degree of changes in prices of consumer goods and services purchased by urban and rural residents, and is a composite index derived from the urban consumer price index and the rural consumer price index. Consumer price index can be used to analyze the impact of consumer price change on actual expenditure for living cost of urban and rural residents.

Urban Consumer Price Index reflects the trend and degree of changes in prices of consumer goods and services purchased by urban households. It can be used to observe and analyze the impact of price changes in consumer goods and services on money wages of staff and workers, and provide basis for policymaking concerning the living cost and wages of staff and workers.

Rural Consumer Price Index reflects the trend and degree of changes in prices of consumer goods and services purchased by rural households. It can be used to observe the impact of change in retail prices of consumer goods and service prices in rural areas on living expenditure of rural households, and to show the changes in the living standard of peasants. It provides basis for analysis and research on condition of life in rural areas.

Price Indices of Means of Agricultural Production reflect the trend and degree of changes in prices of means of agricultural production bought by farmers from industry, commerce, other units of nature person. Compilation of these indices helps to command the mean prices of means of agricultural production, providing basis for economic decision-making of the Nation, research in market circulation and national account statistics.

Producer Prices Indices for Farm Products reflect the trend and degree of changes in producers' prices received by farmers when they sell farm products during a given period. These indices depict the change in the level and structure of producer prices for farm products of the country and meet the needs of agricultural statistics and national accounts statistics. The producer price index for a given product is calculated as the geometrical mean of individual indices for all surveyed units which sell such product, and the indices for a product category is obtained as the weighted mean of price indices for all products in the category. Method for calculating accumulative quarterly indices is the same as for calculating the individual quarterly indices.

Ex-factory Price Index of Industrial Products reflects the trend and degree of changes in general ex-factory prices of all industrial products, including sales of industrial products by an industrial enterprise to all units outside the enterprise, as well as sales of consumer goods to residents. It can be used to analyze the impact of ex-factory prices on gross industrial output value.

Price Index of Investment in Fixed Assets reflects the trend and degree of changes in prices of investment in fixed assets. The investment in fixed assets consists of three components, namely the investment in construction and installation, the investment in purchases of equipment and instrument, and the investment in other items. Price index of investment in fixed assets is calculated as the weighted arithmetic mean of the price indices of the three components of investment in fixed assets.

Removing the factor of price change in the aggregates of investment at current prices, this indicator shows the changes in the prices of commodities and fees involved in the investment of fixed assets, and can be used to observe the actual size, growth, structure, and efficiency of investment in fixed assets and provides reliable and scientific data for government planning, management, decision making, and further improving the current national accounting system.

人民生活
People's Living Conditions

10

● 资料整理：孙晓亮　刘凤玲　魏巍　张亚男

简要说明

一、主要内容

本篇资料反映全省人民生活现状及变化情况，包括居民家庭情况、收入、消费等资料，分为全体居民生活、城镇居民生活和农村居民生活三部分。

二、资料来源

从2013年起，国家统计局开展了城乡一体化住户收支与生活状况调查，全省人民生活状况的数据来源于住户收支生活状况调查，该调查采用抽样调查的方法，国家统计局使用统一的抽样框，以省为总体，在对县级调查网点代表性进行评估的基础上，采用分层、多阶段随机抽样方法抽选调查住宅，确定调查户。采用固定样本户连续记帐的调查方式，调查网点实行样本轮换制度，每五年为一个周期，抽中调查小区五年内保持不变，抽中住宅每年轮换一半。省级数据调查网点分布在18个市、43个县的7200余住宅，2014年以后数据根据城乡一体化调查取得，2014年以前数据为老口径，农民收入为纯收入口径，由国家统计局河南调查总队编辑整理。各省辖市、省直管县数据由河南省地方经济社会调查队编辑整理。

Brief Introduction

I. Main Contents

Data in this chapter show the people's living conditions in Henan province, including basic condition, revenue and expenditure of household, consisting of two parts, on the life of urban and rural households respectively.

II. Sources of Data

Since 2013, the national bureau of statistics (NBS) caries out the integration of urban and rural residents income and expenditure survey and living conditions survey. Data on the living condition of the whole province of people come from the data collected through a sample survey on the rural households conducted. The national bureau of statistics using uniform sampling frame collected the data of living condition through a combination of Regular accounting and One-time accounting .This is on the basis of evaluating representative of the county network. The NBS adopts the survey method of charging to an account continuously for fixed sample. Network survey is set through a sample rotation, which is conducted for every five years. The sample remains unchanged for five years, and the sample rotation is half the year. The provincial sample of provincial data included 7200 households from 18 cities and 43 counties 2014 data cannot do compare with the data of antecedent years. Data in this part are provided by the Department of Henan Survey organizations, NBS. Data of the provincial cities and Provincial-controlled division are provided by Henan provincial survey organizations of social and economy.

10-1 城乡居民家庭人均收支

Per Capita Income, Expenditure in Urban and Rural Areas

指数以上年为100，按可比价格计算。

Indices of preceding year=100, and indices are calculated at comparable prices.

单位：元 (yuan)

年 份 Year	城镇居民家庭人均 Per Capita Income and Expenditure of Urban Household			农村居民家庭人均 Per Capita Income and Expenditure of Rural Household		
	可支配收入 Disposable Income	可支配收入指数 Disposable Income Index	消费支出 Consumption Expenditure	可支配收入 Disposable Income	可支配收入指数 Disposable Income Index	生活消费支出 Household Expenditure
1978	315.00		274.00	104.71		81.70
1979	361.04	114.3	302.98	133.56	127.6	
1980	365.00	108.1	335.02	160.78	120.5	135.51
1981	395.00	103.1	363.23	215.57	133.4	165.57
1982	429.00	103.9	382.47	216.74	99.7	177.90
1983	452.50	101.6	405.00	272.00	124.5	196.35
1984	497.49	108.8	431.68	301.17	110.3	219.64
1985	600.59	114.2	556.72	328.78	107.0	260.19
1986	724.21	113.2	653.83	333.64	99.7	292.48
1987	814.20	104.9	711.27	377.72	110.1	309.90
1988	946.10	87.2	896.55	401.32	98.2	346.73
1989	1111.46	102.2	963.97	457.06	102.5	390.05
1990	1267.73	113.5	1067.67	526.95	105.5	437.73
1991	1384.81	103.9	1199.95	539.29	102.3	454.68
1992	1608.03	107.8	1342.58	588.48	104.9	472.61
1993	1962.75	110.4	1609.26	695.85	109.0	564.93
1994	2618.55	104.7	2155.15	909.81	103.4	731.78
1995	3299.46	107.8	2673.95	1231.97	109.5	929.39
1996	3755.44	103.9	3009.35	1579.19	113.8	1206.43
1997	4093.62	106.4	3378.02	1733.89	107.4	1270.52
1998	4219.42	105.3	3415.65	1864.05	106.5	1240.30
1999	4532.36	111.2	3497.53	1948.36	106.4	1163.98
2000	4766.26	106.1	3830.71	1985.82	103.9	1315.83
2001	5267.42	108.8	4110.17	2097.86	104.9	1375.60
2002	6245.40	114.2	4504.68	2215.74	105.1	1451.51
2003	6926.12	109.0	4941.60	2235.68	99.6	1508.67
2004	7704.90	105.5	5294.19	2553.15	108.1	1664.09
2005	8667.97	110.2	6038.02	2870.58	107.5	1891.57
2006	9810.26	111.9	6685.18	3261.03	112.1	2229.28
2007	11477.05	111.0	7826.72	3851.60	112.2	2676.41
2008	13231.11	108.3	8837.46	4454.24	107.2	3044.21
2009	14371.56	109.9	9566.99	4806.95	107.5	3388.47
2010	15930.26	107.2	10838.49	5523.73	111.0	3682.21
2011	18194.80	108.4	12336.47	6604.03	112.7	4319.95
2012	20442.62	109.5	13732.96	7524.94	111.3	5032.14
2013	22398.03	106.6	14821.98	8475.34	109.5	5627.73
2014	24391.45	106.8	15726.12	9416.10	109.4	6438.12
2014新口径	23672.00	106.8	16184.00	9966.07	109.4	7277.21
2015	25575.61	106.7	17154.30	10852.86	107.6	7887.45
2016	27232.92	104.5	18087.79	11696.74	105.7	8586.59
2017	29557.86	106.9	19422.27	12719.18	107.5	9211.52

注：1. 1978年-1991年城镇居民可支配收入根据当年生活费收入测算。

2. 2014年以后为实施城乡一体化调查的数据，2013年以前农村居民人均可支配收入为纯收入口径。(以下相关全省的表格相同)

a) Data on disposable income of urban household on 1978-1991 are calculated on basis of income of living to the corresponding year.

b) Data since 2014 are calculated on the basis of investigation of the integration of urban and rural areas.(the same as the following tables about provincial data)

10-2 家庭平均每人收入、支出及结构(2017年)

Per Capita Income and Expenditure and Structure in Households (2017)

项　目	Item	绝对数(元) Absolute number (yuan)	结构(%) Structure (%)
可支配收入	**Disposable Income**	**20170.03**	**100.0**
工资性收入	Laborage	10108.13	50.1
工资	Wages and Salaries	9041.31	44.8
实物福利	Physical Welfare	18.21	0.1
其他	Others	1048.61	5.2
经营净收入	Net Business Income	4574.46	22.7
第一产业	Primary Industry	1990.72	9.9
第二产业	Secondary Industry	278.90	1.4
第三产业	Tertiary Industry	2304.85	11.4
财产净收入	Net Income of Properties	1237.32	6.1
转移净收入	Net Income of Transfers	4250.11	21.1
现金可支配收入(未扣除生产费用)	**Cash Disposable Income**	**21166.27**	**100.0**
工资性收入	Laborage	10089.92	47.7
工资	Wages and Salaries	9041.31	42.7
其他	Others	1048.61	5.0
经营净收入	Net Business Income	5924.05	28.0
第一产业	Primary Industry	2610.80	12.3
第二产业	Secondary Industry	390.84	1.8
第三产业	Tertiary Industry	2922.40	13.8
财产净收入	Net Income of Properties	583.25	2.8
转移净收入	Net Income of Transfers	4569.06	21.6
消费支出	**Consumption Expenditure**	**13729.61**	**100.0**
食品烟酒	Food,Tobacco and Liquor	3687.00	26.9
衣着	Clothing	1184.48	8.6
居住	Residence	2988.28	21.8
生活用品及服务	Living Supplies and Services	1056.43	7.7
交通通信	Transportation and Communication	1698.59	12.4
教育文化娱乐	Education, Culture and Entertainment	1559.79	11.4
医疗保健	Health Care	1219.82	8.9
其他用品和服务	Others	335.23	2.4
现金消费支出	**Cash Consumption Expenditures**	**11691.14**	**100.0**
食品烟酒	Food,Tobacco and Liquor	3586.19	30.7
衣着	Clothing	1184.30	10.1
居住	Residence	1308.42	11.2
生活用品及服务	Living Supplies and Services	1055.34	9.0
交通通信	Transportation and Communication	1697.87	14.5
教育文化娱乐	Education, Culture and Entertainment	1559.73	13.3
医疗保健	Health Care	965.36	8.3
其他用品和服务	Others	333.93	2.9

10-3 各市居民家庭人均收支情况(2017年)

Per Capita Income and Expenditure in Urban and Rural Areas by City (2017)

单位：元 (yuan)

市(县) City(County)	居民家庭人均 Per Capita Residents			城镇居民家庭人均 Per Capita (Urban) Residents			农村居民家庭人均 Per Capita (Rural) Residents		
	可支配收入 Disposable Income	消费支出 Consumption Expenditure	#食品 Food	可支配收入 Disposable Income	消费支出 Consumption Expenditure	#食品 Food	可支配收入 Disposable Income	消费支出 Consumption Expenditure	#食品 Food
省辖市 City									
郑州市 Zhengzhou	30556	21513	5680	36050	24973	6933	19974	14849	3267
开封市 Kaifeng	18283	14121	3254	26864	21709	4878	12126	8671	2088
洛阳市 Luoyang	22835	16918	3635	33273	23551	5025	12511	10356	2261
平顶山市 Pingdingshan	20311	12459	3809	29625	18880	5661	12222	6883	2201
安阳市 Anyang	21096	12364	3350	30421	16604	4677	13697	9000	2297
鹤壁市 Hebi	22262	13841	3683	28520	16948	4273	15326	10397	3029
新乡市 Xinxiang	20855	13903	3931	29071	19986	5511	13769	8656	2568
焦作市 Jiaozuo	22953	16956	4781	29220	21385	6008	16218	12196	3463
濮阳市 Puyang	18197	11910	3673	28823	18033	5572	11652	8138	2504
许昌市 Xuchang	21816	13465	4136	29445	18238	5698	15591	9571	2861
漯河市 Luohe	20750	13634	3906	28859	20726	5806	14141	7854	2358
三门峡市 Sanmenxia	20142	14898	3487	27562	20413	4812	13084	9652	2226
南阳市 Nanyang	19119	13813	4401	29128	21249	6499	12718	9040	3056
商丘市 Shangqiu	16684	10824	3368	27595	16847	5047	10517	7420	2418
信阳市 Xinyang	17480	12463	4479	26061	17614	6263	11663	8972	3270
周口市 Zhoukou	15226	10760	3736	24313	17214	5786	10170	7169	2595
驻马店市 Zhumadian	16433	12582	2476	26340	19476	5072	10869	8704	1957
济源市 Jiyuan	24479	17425	4107	30698	22198	5061	16939	11637	2950
省直管县 County Directly Administrated by Province									
巩义市 Gongyi	25684	15014	3484	30305	20002	4611	21164	10135	2382
兰考县 Lankao	14992	10883	1902	23068	14847	2877	10907	8866	1972
汝州市 Ruzhou	19618	10882	3366	26130	17234	5056	15460	6827	2287
滑县 Huaxian	14301	10176	2746	24136	15262	4002	10906	8420	2313
长垣县 Changyuan	20739	11994	3032	25258	16089	3885	17779	9311	2474
邓州市 Dengzhou	18365	14390	4270	26774	22956	6135	13918	9861	3283
永城市 Yongcheng	19700	13683	4863	29248	17759	6136	13196	10907	3996
固始县 Gushi	16941	12814	4375	25156	18636	5780	12448	9710	3626
鹿邑县 Luyi	16558	9648	2733	24768	14284	4179	11989	7068	2243
新蔡县 Xincai	14590	12318	2635	23185	19016	7143	11159	9644	1750

10-4 城镇居民家庭人口及居住情况

Population and Living condition of Urban Households

指　　标	Item	2016	2017
人口及就业情况(人)	**Population and Living condition (person)**		
期内住户常住人口数	Number of Resident Population During the Period	3.11	3.10
户均就业人数	Average Number of Employee per household	1.66	1.66
#雇主	Employers	0.03	0.02
公职人员	Civil Servants	0.12	0.12
事业单位人员	Staff of Public Institution	0.23	0.22
国有企业雇员	Staff of State-owned Enterprise	0.17	0.15
住房情况	**Housing condition**		
现住房总建筑面积(平方米/人)	Construction area of Present Housing (sq.m/person)	40.04	40.94
期末拥有房屋面积(平方米/人)	Housing Area at year-end (sq.m/person)	42.20	43.97
#自有现住房面积	Area of Private Housing	38.46	39.59
现住房房屋来源结构(%)	Source Structure of Present Housing (%)		
#租赁私房	Leasing Private Housing	4.6	3.7
自建住房	Self-built Housing	31.7	32.7
购买商品房	Purchasing Commercial Housing	34.2	34.8
购买房改住房	Purchasing Housing-reform House	19.9	19.2
购买保障性住房	Purchasing indemnificatory Housing	1.9	2.0
拆迁安置房	Removal Settlement Housing	5.2	5.4
本住户居住空间样式结构(%)	Structure of Residents Living Space Style (%)		
#单栋楼房	Single-span Building	22.6	23.9
单栋平房	Single-span Bungalow	10.2	10.7
四居室及以上单元房	Flat with Four and Over Bedrooms	4.4	4.8
三居室单元房	Flat with Three Bedrooms	35.0	33.8
二居室单元房	Flat with Two Bedrooms	24.3	24.5
住户主要饮用水来源情况结构(%)	Source Structure of Resident Main Drinking Water (%)		
#经过净化处理的自来水	Purificatory Tap water	91.0	90.6
受保护的井水和泉水	Wells and Springs with Protection	6.3	6.6
不受保护的井水和泉水	Wells and Springs without Protection	1.5	1.8
住户厕所类型结构(%)	Structure of Household Toilet Type (%)		
水冲式卫生厕所	Flush Sanitary Toilet	85.2	84.3
水冲式非卫生厕所	Flush Insanitary Toilet	1.7	1.9
卫生旱厕	Sanitary Dry Toilet	4.6	4.4
普通旱厕	General Dry Toilet	7.1	8.0
无厕所	No Toilet	1.3	1.4
住户洗澡设施情况结构(%)	Structure of Resident Shower Facility (%)		
#统一供热水	Unified Hot Water	2.9	2.8
家庭自装热水器	Water Heater Installed by Household	83.4	83.9
无洗澡设施	No Shower Facilities	9.5	9.0
住户主要取暖设备状况结构(%)	Structure of Main Heating Facility (%)		
由市政或小区集中供暖	Unified Heating Supplied by Municipal Administration and Community	22.7	23.3
自行供暖	Self-heating	51.6	52.6
无取暖设备	No Heating Facilities	25.6	24.1

10-5 城镇居民家庭人均收支及结构(2017年)

Per Capita Income, Expenditure and Structure in Urban Areas (2017)

指　标	Item	城镇平均 Average	低收入户 Low Income Households	中低收入户 Lower Middle Income Households
城镇家庭人均可支配收入(元)	**Per Capita Disposable Income of Urban Household (yuan)**	**29558**	**12872**	**20760**
工资性收入	Wage Income	16834	9221	14740
经营净收入	Net Income from Operations	4357	1402	1602
财产净收入	Property Net Income	2545	893	1493
#出租房屋财产性收入	Income from Renting Room	668	127	303
房屋虚拟租金	Building Virtual Money	1512	663	1043
转移净收入	Transfer Net Income	5823	1355	2926
城镇家庭人均可支配收入结构(%)	**Structure of Per Capita Disposable Income (%)**	**100.0**	**100.0**	**100.0**
工资性收入	Wage Income	57.0	71.6	71.0
经营净收入	Net Income from Operations	14.7	10.9	7.7
财产净收入	Net Property Income	8.6	6.9	7.2
转移净收入	Net Transfer Income	19.7	10.5	14.1
家庭人均总支出(元)	**Per Capita Total Expenditure of Households (yuan)**	**25420**	**13522**	**18101**
消费支出	Consumption Expenditure	19422	10176	14459
食品烟酒	Food,Tobacco and Liquor	5188	3032	4265
衣着	Clothing	1779	954	1455
居住	Residence	4227	2147	2889
生活用品及服务	Living Supplies and Services	1572	745	1091
交通通信	Transportation and Communication	2270	990	1516
教育文化娱乐	Education, Culture and Entertainment	2227	1335	1937
医疗保健	Health Care	1611	770	983
其他用品和服务	Others	548	204	322
生产经营费用支出	Production and Operation Costs	1119	731	337
财产性支出	Property Expenditure	27	13	24
转移性支出	Transfer Expenditure	997	673	737
部分商业保险支出	Part of Commercial Insurance	122	26	76
购置资产及非经常性转移支出	Purchase of Assets and Non Regular Payments	3191	1749	2139
购置资产支出	Purchase of Assets	1468	881	679
非经常性转移支出	Non Regular Payments	1723	868	1460
借贷性支出	Debit and Credit	542	155	329
家庭人均总支出结构(%)	**Structure of Per Capita Expenditure of Households (%)**	**100.0**	**100.0**	**100.0**
消费支出	Consumption Expenditure	76.4	75.3	79.9
生产经营费用支出	Production and Operation Costs	4.4	5.4	1.9
财产性支出	Property Expenditure	0.1	0.1	0.1
转移性支出	Transfer Expenditure	3.9	5.0	4.1
部分商业保险支出	Part of Commercial Insurance	0.5	0.2	0.4
购置资产及非经常性转移支出	Purchase of Assets and Non Regular Payments	12.6	12.9	11.8
借贷性支出	Debit and Credit	2.1	1.1	1.8

10-5 续表 continued

指　　标	Item	中等收入户 Middle Income Households	中高收入户 Upper Middle Income Households	高收入户 High Income Households
城镇家庭人均可支配收入(元)	**Per Capita Disposable Income of Urban Household (yuan)**	**27819**	**36670**	**60755**
工资性收入	Wage Income	17894	21390	24552
经营净收入	Net Income from Operations	2967	3671	15088
财产净收入	Property Net Income	2243	2931	6404
#出租房屋财产性收入	Income from Renting Room	603	719	1997
房屋虚拟租金	Building Virtual Money	1378	1908	3152
转移净收入	Transfer Net Income	4715	8677	14712
城镇家庭人均可支配收入结构(%)	**Structure of Per Capita Disposable Income (%)**			
工资性收入	Wage Income	64.3	58.3	40.4
经营净收入	Net Income from Operations	10.7	10.0	24.8
财产净收入	Net Property Income	8.1	8.0	10.5
转移净收入	Net Transfer Income	16.9	23.7	24.2
家庭人均总支出(元)	**Per Capita Total Expenditure of Households (yuan)**	**24534**	**28779**	**50557**
消费支出	Consumption Expenditure	19871	22901	35524
食品烟酒	Food,Tobacco and Liquor	5373	6258	8225
衣着	Clothing	1783	2166	3012
居住	Residence	4073	5128	8354
生活用品及服务	Living Supplies and Services	1572	1929	3067
交通通信	Transportation and Communication	2786	2647	4121
教育文化娱乐	Education Culture and Entertainment	2288	2333	3746
医疗保健	Health Care	1420	1819	3742
其他用品和服务	Others	575	622	1256
生产经营费用支出	Production and Operation Costs	472	465	4336
财产性支出	Property Expenditure	35	51	16
转移性支出	Transfer Expenditure	882	1220	1737
部分商业保险支出	Part of commercial insurance	123	273	157
购置资产及非经常性转移支出	Purchase of Assets and Non Regular Payments	2555	3096	7700
购置资产支出	Purchase of Assets	997	1005	4549
非经常性转移支出	Non Regular Payments	1557	2091	3152
借贷性支出	Debit and Credit	595	773	1086
家庭人均总支出结构(%)	**Structure of Per Capita Expenditure of Households (%)**			
消费支出	Consumption Expenditure	81.0	79.6	70.3
生产经营费用支出	Production and Operation Costs	1.9	1.6	8.6
财产性支出	Property Expenditure	0.1	0.2	0.0
转移性支出	Transfer Expenditure	3.6	4.2	3.4
部分商业保险支出	Part of Commercial Insurance	0.5	0.9	0.3
购置资产及非经常性转移支出	Purchase of Assets and Non Regular Payments	10.4	10.8	15.2
借贷性支出	Debit and Credit	2.4	2.7	2.1

10-6 城镇居民家庭人均购买生活消费品及服务现金支出(2017年)

Per Capita Cash Expenditure of Urban Households to Purchase Living Goods and Services (2017)

单位：元 (yuan)

指标	Index	城镇平均 Average	低收入户 Low Income Households	中低收入户 Lower Middle Income Households	中等收入户 Middle Income Households	中高收入户 Upper Middle Income Households	高收入户 High Income Households
购买生活消费品及服务	**Purchasing Living Goods and Services**	**16780.71**	**8818.68**	**12574.94**	**17263.80**	**19603.64**	**30616.58**
食品烟酒	**Food, Cigarettes and Wine**	**5091.17**	**2966.65**	**4211.67**	**5247.41**	**6165.88**	**8054.62**
食品	Food	3269.77	2117.96	2804.34	3307.51	3979.33	4781.27
谷物	Cereal	416.37	333.71	385.85	400.91	470.09	541.11
薯类	Tubers	56.70	11.32	11.50	12.84	14.73	15.49
豆类	Beans	55.39	7.67	8.35	9.25	10.50	10.98
食用油	Edible Oil	136.60	7.53	8.70	9.01	10.67	10.95
蔬菜和食用菌	Vegetables and Edible Fungus	412.58	72.77	85.58	97.39	112.88	128.92
肉类	Meat	695.61	13.61	17.75	20.88	25.12	28.81
禽类	Poultry	136.89	4.72	6.15	6.32	7.43	8.81
水产品	Aquatic Products	119.38	3.08	4.35	5.14	7.04	8.54
蛋类	Egg	119.61	13.31	14.71	15.56	18.48	18.36
奶类	Milk	308.45	10.03	14.45	20.00	24.23	27.26
干鲜瓜果类	Dried and Fresh Melons and Fruits	418.09	46.91	58.86	71.52	82.79	91.22
糖果糕点类	Sugar and Cake	126.13	4.58	5.10	6.10	7.31	8.87
其他食品	Others	13.42	205.49	268.89	283.29	315.99	285.92
饮料	Beverages	169.58	96.37	120.46	209.91	193.86	267.10
烟	Tobacco	254.32	173.46	189.37	254.46	299.16	414.26
酒类	Liquor	342.13	150.24	266.64	389.09	382.92	623.93
饮食服务	Catering Services	1055.37	428.63	830.85	1086.44	1310.61	1968.06
衣着	**Dress**	**1763.22**	**948.96**	**1450.36**	**1762.91**	**2147.39**	**2973.05**
衣类	Clothing	1354.18	710.56	1105.12	1339.62	1674.71	2312.81
鞋类	Footwear	409.04	238.40	345.24	423.28	472.68	660.24
居住	**Residence**	**1850.32**	**894.51**	**1112.34**	**1737.46**	**2229.63**	**4012.62**
租赁房房租	Rental Housing Rent	131.06	50.17	90.64	30.63	216.67	341.27
住房维修及管理	Housing Maintenance and Management	854.14	250.89	348.84	854.86	892.98	2402.21
水电燃料及其他	Water, Electricity and Fuels	865.13	593.46	672.86	851.97	1119.97	1269.14
生活用品及服务	**Supplies and Services**	**1555.33**	**741.94**	**1086.73**	**1550.71**	**1904.43**	**3025.91**
家具及室内装饰品	Furniture and Interior Decorations	390.83	145.32	231.41	373.61	458.33	921.87
家用器具	Home Appliances	390.35	169.85	257.47	401.93	516.41	746.09
家用纺织品	Home Textiles	138.14	58.59	94.88	129.90	176.40	283.84
家庭日用杂品	Household Articles for Daily Use	350.62	235.98	291.51	363.71	405.78	523.93
个人用品	Personal Items	236.77	115.38	186.35	248.84	287.06	414.52
家庭服务	Household Services	48.63	16.83	25.11	32.72	60.44	135.67
交通通信	**Transportation and Communication**	**2189.38**	**971.58**	**1479.95**	**2713.22**	**2509.30**	**3942.32**
交通	Transportation	1466.92	515.72	878.89	1983.52	1623.77	2847.69
通信	Communication	722.46	455.86	601.06	729.69	885.52	1094.63
教育文化娱乐	**Recreation, Education and Cultural Serveces**	**2197.01**	**1327.19**	**1934.12**	**2280.12**	**2240.76**	**3685.73**
教育	Education	1246.25	1007.34	1387.37	1398.67	1070.33	1396.80
文化娱乐	Recreation Durable Consumer	950.76	319.85	546.75	881.45	1170.43	2288.93
医疗保健	**Health Care**	**1594.47**	**768.38**	**979.12**	**1408.18**	**1797.54**	**3683.29**
医疗器具及药品	Medical Equipment and Drugs	597.64	304.67	387.35	551.20	769.68	1192.03
医疗服务	Medical Services	996.82	463.71	591.77	856.98	1027.86	2491.26
其他用品和服务	**Others**	**539.82**	**199.47**	**320.65**	**563.79**	**608.72**	**1239.04**

10−7 城镇居民家庭平均每人购买食品数量(2017年)
Food Consumption Per Person of Urban Households (2017)

单位：千克 (kg)

指　标	Indicator	城镇平均 Average	低收入户 Low Income Households	中低收入户 Lower Middle Income Households	中等收入户 Middle Income Households	中高收入户 Upper Middle Income Households	高收入户 High Income Households
面粉	Flour	18.20	16.28	18.28	15.53	21.54	20.64
大米	Rice	18.25	13.71	18.18	17.30	20.54	23.73
食用植物油	Edible Vegetable Oil	9.15	7.51	8.65	8.96	10.62	10.91
鲜菜	Vegetable	92.60	69.89	81.87	93.30	108.13	122.95
猪肉	Pork	12.88	9.25	11.20	13.03	15.43	17.54
牛肉	Beef	1.84	0.79	1.57	1.94	2.50	2.92
羊肉	Mutton	1.82	1.05	1.41	1.86	2.44	2.78
鸡	Chicken	4.39	3.39	4.39	4.21	4.90	5.54
鸭	Duck	0.57	0.40	0.47	0.55	0.70	0.85
鱼类	Fish	3.97	2.38	3.26	3.82	5.17	6.14
虾类	Shrimp	0.53	0.18	0.38	0.46	0.73	1.12
鲜蛋	Fresh Eggs	14.87	12.85	13.83	14.48	17.37	17.06
鲜奶	Fresh Milk	10.32	5.72	7.80	11.42	14.39	14.71
酸奶	Yogurt	4.85	2.23	3.47	5.05	6.61	8.40
奶粉	Milk Powder	0.54	0.33	0.47	0.83	0.40	0.70
鲜瓜果	Fresh Fruit and Melon	62.14	43.45	53.95	65.24	75.31	82.52
坚果类	Nuts	4.67	2.71	3.89	4.99	6.05	6.70
糕点	Cakes	3.91	2.84	3.09	3.89	4.51	5.97
茶叶	Tea	0.26	0.13	0.16	0.33	0.28	0.45
卷烟	Cigarette	18.98	16.24	15.55	18.45	21.90	25.25
啤酒	Beer	3.83	2.64	3.32	3.78	4.96	5.08
白酒	Liquor	2.71	1.85	2.16	2.72	3.52	3.83
果酒	Wine	0.17	0.04	0.09	0.13	0.21	0.45

10-8 城镇居民家庭平均每百户主要消费品年末拥有量(2017年)

Main Consumer Goods Owned Per 100 Urban Households in the year end (2017)

指　　标	Item	城镇平均 Average	低收入户 Low Income Households	中低收入户 Lower Middle Income Households	中等收入户 Middle Income Households	中高收入户 Upper Middle Income Households	高收入户 High Income Households
家用汽车(辆)	Car (unit)	31.56	17.77	28.51	33.80	32.85	44.80
摩托车(辆)	Motorcycle (unit)	18.94	26.52	19.10	18.77	14.15	16.16
助力车(台)	Electric Bicycle (unit)	110.33	119.22	127.04	118.10	100.93	86.48
洗衣机(台)	Washing Machine (unit)	101.55	98.65	101.75	103.09	102.13	102.13
电冰箱(柜)(台)	Refrigerator (unit)	99.21	91.46	98.75	99.53	102.25	104.03
微波炉(台)	Microware Oven (unit)	46.08	24.73	40.80	48.78	54.44	61.57
彩色电视机(台)	Color TV Set (unit)	121.56	117.35	122.82	122.76	120.56	124.28
#接入有线电视(台)	Cable TV (unit)	79.69	64.13	77.22	81.44	87.79	87.83
空调(台)	Air Conditioner (unit)	161.41	118.21	152.96	167.51	171.90	196.32
热水器(台)	Water Heater (unit)	89.34	78.79	88.54	91.33	94.44	93.58
#太阳能热水器(台)	Solar Water Heater (unit)	39.02	43.60	38.27	43.26	39.16	30.84
洗碗机(台)	Dishwasher（unit）	1.43	0.69	0.45	2.03	1.57	2.41
排油烟机(台)	Exhaust Fan (set)	69.84	48.70	65.53	71.83	78.94	84.12
固定电话(线)(部)	Telephone (unit)	24.77	19.96	22.85	20.52	22.86	37.58
移动电话(部)	Mobile Phone (unit)	236.51	236.81	245.66	251.85	224.86	223.40
#接入互联网(部)	Internet Mobile Phones (unit)	136.65	131.16	140.15	138.00	143.42	130.55
计算机(台)	Computers (unit)	73.12	53.22	75.03	76.33	78.45	82.57
#接入互联网(台)	Internet Computers (unit)	56.78	41.22	57.76	59.95	59.81	65.13
照相机(台)	Camera (unit)	20.33	5.33	18.70	21.40	23.89	32.29
中高档乐器(架)	Medium and High-Grade Musical Instrument (unit)	3.73	0.80	2.30	6.36	3.58	5.60
健身器材(台)	Fitness Equipment (unit)	4.65	1.75	5.33	6.59	3.96	5.63
空气净化器(含新风系统)（台）	Air Cleaner（Including Fresh Air System）（unit）	2.71	0.57	2.22	0.87	2.56	7.33
吸尘器（台）	Vacuum Cleaner（unit）	3.33	1.01	3.16	2.60	3.73	6.15

10−9 各市城镇居民家庭平均每人全年可支配收入情况(2017年)
Per Capita Annual Disposable Income of Urban Households by City (2017)

单位：元 (yuan)

市(县) City(County)	平均可支配收入 Average	低收入户 Low Income Households	中低收入户 Lower Middle Income Households	中等收入户 Middle Income Households	中高收入户 Upper Middle Income Households	高收入户 High Income Households
省辖市 City						
郑州市 Zhengzhou	36050	15493	26108	34712	45182	72152
开封市 Kaifeng	26864	13676	19714	25242	31428	45078
洛阳市 Luoyang	33273	13795	22647	30495	39868	63721
平顶山市 Pingdingshan	29625	11638	19390	26208	34197	52895
安阳市 Anyang	30421	13297	20388	26491	35365	53165
鹤壁市 Hebi	28520	11618	19007	24744	31125	64856
新乡市 Xinxiang	29071	12608	18933	24263	33742	61046
焦作市 Jiaozuo	29220	14075	21350	26201	34638	55748
濮阳市 Puyang	28823	9864	19527	26509	34488	51323
许昌市 Xuchang	29445	13875	21621	27226	34415	57341
漯河市 Luohe	28859	14577	21613	26834	32004	51100
三门峡市 Sanmenxia	27562	12926	20491	25332	32109	54413
南阳市 Nanyang	29128	10278	19201	27046	34641	56581
商丘市 Shangqiu	27595	12289	19802	26032	32631	53634
信阳市 Xinyang	26061	13316	21677	27236	33172	45293
周口市 Zhoukou	24313	10786	18163	22827	28790	51002
驻马店市 Zhumadian	26340	11430	19434	24601	31682	46474
济源市 Jiyuan	30698	14414	20805	28202	34235	49411
省直管县 County Directly Administrated by Province						
巩义市 Gongyi	30305	9540	16337	23698	32755	73793
兰考县 Lankao	23068	13971	18875	23014	27367	39455
汝州市 Ruzhou	26130	14126	16987	22743	29373	49834
滑县 Huaxian	24136	8806	14346	21870	32911	45564
长垣县 Changyuan	25258	11138	16668	23572	29801	52124
邓州市 Dengzhou	26774	14133	21913	27405	30421	40633
永城市 Yongcheng	29248	13741	19499	25140	34378	62300
固始县 Gushi	25156	12139	16000	22167	31019	49772
鹿邑县 Luyi	24768	10195	17642	25540	35608	45076
新蔡县 Xincai	23185	8488	16641	23373	29743	42045

10-10 各市城镇居民家庭消费支出情况(2017年)

Per Capita Consumption Expenditure of Urban Households by City (2017)

单位：元 (yuan)

市(县)	City(County)	消费支出 Consumption Expenditure	食品烟酒 Food, Tobacco, Liquor	衣着 Clothing	居住 Residence	生活用品及服务 Household Appliances and Service	交通、通信及服务 Transport, and Communi-cations	教育及文化娱乐 Education, Culture and Entertainment	医疗、保健及服务 Health Care and Medical Service	其他商品及服务 Other Goods and Services
省辖市	**City**									
郑州市	Zhengzhou	24973	6933	2670	5259	2260	2894	2780	1577	600
开封市	Kaifeng	21709	4878	2137	4037	2433	3276	2345	1535	1070
洛阳市	Luoyang	23551	5025	2205	4266	2650	3434	2947	2275	750
平顶山市	Pingdingshan	18880	5661	2045	3359	1720	1932	2057	1482	624
安阳市	Anyang	16604	4677	2031	2795	1632	1883	1732	1263	590
鹤壁市	Hebi	16948	4273	1537	3153	1430	2640	1890	1580	444
新乡市	Xinxiang	19986	5511	2336	3289	1707	2750	2151	1655	587
焦作市	Jiaozuo	21385	6008	2343	3237	1966	2864	2362	1757	848
濮阳市	Puyang	18033	5572	1465	3009	1480	3361	1816	1065	264
许昌市	Xuchang	18238	5698	2141	2991	1347	1926	2110	1268	757
漯河市	Luohe	20726	5806	3445	2613	1926	2348	2236	1547	805
三门峡市	Sanmenxia	20413	4812	2255	4360	1419	3155	2182	1750	480
南阳市	Nanyang	20742	6789	2537	2164	1478	2566	2469	2175	564
商丘市	Shangqiu	16847	5047	2048	3062	1583	2238	1548	918	400
信阳市	Xinyang	17614	6263	1760	3733	1885	1336	1444	790	402
周口市	Zhoukou	17214	5786	1582	2609	1681	2736	1610	826	385
驻马店市	Zhumadian	19476	5072	1935	3697	2407	2614	1814	1440	497
济源市	Jiyuan	22198	5061	3052	2860	2042	2466	3606	1104	2007
省直管县	**County Directly Administrated by Province**									
巩义市	Gongyi	20002	4611	1812	2988	2506	2865	2526	1313	1382
兰考县	Lankao	14847	2877	1443	2174	811	2443	2029	2139	931
汝州市	Ruzhou	17234	5056	2315	2068	1433	2535	1618	1403	806
滑县	Huaxian	15262	4002	1748	2492	1332	2784	1719	842	343
长垣县	Changyuan	16089	3885	1838	2709	2026	2411	1763	826	632
邓州市	Dengzhou	22956	6135	1806	6081	1570	2865	1868	2108	523
永城市	Yongcheng	17759	6136	2308	3316	1920	1382	1351	909	437
固始县	Gushi	18636	5780	1921	4434	2319	903	1485	1348	446
鹿邑县	Luyi	14284	4179	1098	1783	2242	2299	1394	998	291
新蔡县	Xincai	19016	7143	2842	3305	1748	1324	1319	1008	326

10-11 各市按收入等级分的城镇居民家庭平均每人全年消费支出(2017年)

Per Capita Annual Consumption Expenditure of Urban Households by Level of Income By City (2017)

单位：元 (yuan)

市(县) City(County)	城镇平均 Average	低收入户 Low Income Households	中低收入户 Lower Middle Income Households	中等收入户 Middle Income Households	中高收入户 Upper Middle Income Households	高收入户 High Income Households
省辖市 City						
郑州市 Zhengzhou	24973	13350	21044	24112	29221	40713
开封市 Kaifeng	21709	13734	15742	22600	24964	30646
洛阳市 Luoyang	33273	13795	22647	30495	39868	63721
平顶山市 Pingdingshan	18880	8760	13520	16091	22446	30213
安阳市 Anyang	16604	9765	11322	13831	20546	24782
鹤壁市 Hebi	16948	8463	12435	15298	19928	32063
新乡市 Xinxiang	19986	10940	12717	16293	23118	39927
焦作市 Jiaozuo	21385	12286	17452	18485	28489	33291
濮阳市 Puyang	18033	11661	14409	14842	22885	22860
许昌市 Xuchang	18238	10873	14529	18120	19748	30713
漯河市 Luohe	20726	13632	15983	20142	22221	32667
三门峡市 Sanmenxia	20413	10105	15406	17621	25576	38650
南阳市 Nanyang	20742	10398	13457	17821	23647	36359
商丘市 Shangqiu	16847	13161	12557	17451	17587	25451
信阳市 Xinyang	17614	10790	15203	19888	19268	26433
周口市 Zhoukou	17214	10023	11097	17288	21098	24477
驻马店市 Zhumadian	19476	11898	15137	18162	21033	31124
济源市 Jiyuan	22198	13473	15492	16530	24840	29668
省直管县 County Directly Administrated by Province						
巩义市 Gongyi	20002	6217	13818	13125	19735	50434
兰考县 Lankao	6804	10603	13866	14011	14816	25135
汝州市 Ruzhou	17234	8410	10379	13573	19172	36216
滑县 Huaxian	15262	5957	10055	12514	26800	21763
长垣县 Changyuan	16089	8636	11374	13120	28780	22957
邓州市 Dengzhou	22956	11665	14579	19514	32570	37050
永城市 Yongcheng	17759	9727	12129	14931	27404	32306
固始县 Gushi	18636	8663	9986	16965	27251	33827
鹿邑县 Luyi	14284	7823	10813	13907	19170	28038
新蔡县 Xincai	19016	8197	14062	15743	24455	36280

10－12 各市城镇居民家庭平均每人主要食品消费量(2017年)
Per Capita Consumption of Major Food of Urban Households by City (2017)

单位：千克 (kg)

市(县)	City(County)	粮食 Grain	食用油 Edible Oil	蔬菜及菜制品 Vegetables	猪牛羊肉 Pork, Beef and Mutton	家禽 Poultry	水产品 Aquatic Products	蛋类及其制品 Eggs and Related Products	奶和奶制品 Fresh Milk and Dairy products	干鲜瓜果类 Dry Fresh Fruit	糖果糕点类 Sugar	酒类 Liquor
省辖市	**City**											
郑州市	Zhengzhou	108.8	10.3	102.9	16.7	4.9	7.0	15.1	21.5	76.9	6.0	6.6
开封市	Kaifeng	113.0	9.8	85.1	11.0	5.1	4.2	16.2	16.0	72.7	6.7	11.5
洛阳市	Luoyang	109.3	8.5	96.8	18.6	3.7	4.4	13.3	21.2	61.6	6.3	6.1
平顶山市	Pingdingshan	124.2	8.8	99.9	19.1	4.7	2.8	13.4	12.8	61.9	7.2	7.2
安阳市	Anyang	141.4	10.1	97.7	16.6	4.4	3.1	17.8	17.7	58.4	5.4	9.9
鹤壁市	Hebi	147.2	13.4	91.2	22.2	4.4	2.8	20.9	18.5	56.1	6.7	7.0
新乡市	Xinxiang	128.9	8.1	89.1	14.0	4.3	3.9	17.1	14.8	66.9	7.0	8.7
焦作市	Jiaozuo	135.6	8.2	91.1	20.3	4.7	3.7	16.1	22.1	58.8	6.2	7.9
濮阳市	Puyang	120.6	12.9	120.5	25.8	6.6	5.6	16.5	18.9	75.6	6.8	5.9
许昌市	Xuchang	121.2	8.8	100.0	20.9	6.0	3.7	16.8	18.3	84.5	7.9	5.7
漯河市	Luohe	137.8	10.9	92.0	21.3	6.5	3.5	16.2	14.8	75.0	6.0	11.5
三门峡市	Sanmenxia	114.1	8.9	85.2	14.2	2.9	2.5	12.1	23.7	64.8	6.9	4.3
南阳市	Nanyang	171.9	11.6	121.3	24.7	6.9	5.4	23.3	18.2	53.2	7.3	8.0
商丘市	Shangqiu	217.1	12.7	119.9	18.9	7.3	5.1	19.2	14.9	77.8	5.4	8.3
信阳市	Xinyang	146.6	14.6	113.4	33.6	14.9	11.8	11.8	11.8	50.6	6.0	12.2
周口市	Zhoukou	182.5	9.1	74.0	17.4	8.4	5.4	16.2	86.8	60.5	4.6	8.0
驻马店市	Zhumadian	105.2	9.1	77.4	23.3	11.2	6.4	18.1	18.2	80.7	5.0	7.3
济源市	Jiyuan	129.6	9.9	134.1	15.2	8.9	4.0	19.0	26.5	55.0	7.9	5.6
省直管县	**County Directly Administrated by Province**											
巩义市	Gongyi	104.0	10.9	67.9	12.2	2.1	2.9	10.5	13.9	54.9	5.9	4.2
兰考县	Lankao	119.7	5.5	82.5	8.4	3.4	1.6	10.2	7.6	57.1	1.5	2.9
汝州市	Ruzhou	141.9	10.7	64.9	10.0	1.6	1.2	13.1	14.9	65.9	5.8	4.6
滑县	Huaxian	107.4	9.3	74.0	13.2	5.2	2.7	17.0	5.5	67.7	5.5	4.9
长垣县	Changyuan	128.2	5.8	67.8	10.1	4.1	2.3	13.9	10.0	56.9	3.8	10.7
邓州市	Dengzhou	98.5	6.2	87.5	16.7	6.2	3.6	23.9	14.0	40.4	5.8	9.5
永城市	Yongcheng	173.5	16.2	113.0	23.3	10.2	8.8	22.7	15.2	88.2	4.4	7.9
固始县	Gushi	165.0	7.0	110.0	21.0	24.0	7.0	7.0	4.0	33.0	3.0	5.0
鹿邑县	Luyi	136.0	7.0	49.0	17.0	16.0	5.0	27.0	10.0	51.0	7.0	10.0
新蔡县	Xincai	108.0	9.2	110.0	30.0	24.3	8.4	26.7	29.0	92.1	2.6	7.9

10－13 按收入分组的农民家庭人口，劳动力及居住状况(2017年)

Status of the Peasant Family Population, Labor Force and Housing Conditions by Income Level (2017)

项　目	Item	全省平均 Average	低收入户 Low Income Households	中低收入户 Lower Middle Income Households
调查户数(户)	Number of Households Surveyed (household)	3829	766	765
调查户常住人口(人)	Number of Residents Surveyed (person)	12905	2833	2814
平均每户中	Average Number of Permanent			
常住人口	Residents Per Household	3.37	3.70	3.68
整、半劳动力	Average Number of Able-bodied and Semi-abledbodied Laborers Per Household	2.16	2.19	2.19
劳动力占常住人口比重(%)	Percentage of Laborers to Residents Surveyed (%)	64.1	59.2	59.5
平均每个劳动力负担人口	Average Number of Persons Supported by a Laborer	1.56	1.69	1.68
平均每百个常住人口中(人)	Among Per 100 Permanent Residents (person)			
5岁及以下	Age 5 and Below	5.7	6.0	7.1
6-15岁	Age 6-15	17.5	19.9	19.7
16-60岁	Age 16-60	60.8	53.3	57.3
61岁及以上	Age 61 and above	15.5	20.5	15.3
每百个就业劳动力文化程度(人)	Among Per 100 Laborers (person) (by cultur level)			
未上过学	Illiterate or Semiliterate	3.7	5.0	4.2
小学	Primary School	20.5	24.8	23.1
初中	Junior Secondary School	59.7	58.1	59.4
高中	Senior Secondary School	12.1	9.9	11.2
大学专科	Specialty	3.1	1.7	1.8
大学本科	Undergraduate College	0.9	0.4	0.4
研究生	Graduate Degrees	0.1	0.1	
每百个就业劳动力从事的主要行业(人)	Among Per 100 Laborers (person)			
第一产业	Primary Industry	56.5	68.8	60.1
第二产业	Secondary Industry	22.5	17.5	22.1
第三产业	Tertiary Industry	21.1	13.7	17.9
居住情况	**Housing condition**			
期末人均住房情况	Per Capita Housing Situation			
住房面积(平方米)	Living Space (sq.m.)	47.84	39.45	41.50
#租用住房面积	Rental Living Space	0.10		0.02
住房价值(万元)	Value of Owned Houses (10 000yuan)	3.79	2.83	3.18
住房主要建筑材料构成(%)	Construction of Main Building Materials (%)			
#钢筋混凝土	Reinforced Concrete	17.7	15.1	16.8
砖混材料	Brick mixed material	62.3	58.1	61.5
砖瓦砖木	Brick tile and brick wood	18.9	25.4	20.3
住宅外道路路面构成(%)	Construction of the Road Pavement Outside Home (%)			
水泥或柏油路面	Asphalt or Cement Road	61.1	58.1	59.9
沙石或石板等硬质路面	Rigid Pavement	15.9	19.3	13.8
其他	Others	23.0	22.6	26.4
住户主要饮用水来源构成(%)	Construction of Drinking Water for Residents (%)			
#经过净化处理的自来水	After Purification Treatment of Tap Water	46.7	48.6	45.6
受保护的井水和泉水	Protected Well and Spring Water	31.3	28.4	31.5
不受保护的井水和泉水	Unprotected Wells and Springs Water	17.9	17.8	18.3
住户厕所类型构成(%)	Construction of Toilet(%)			
#水冲式卫生厕所	Flush Sanitary Dry Toilet	7.3	6.4	5.4
水冲式非卫生厕所	Flush Insanitary Dry Toilet	2.4	0.9	2.3
卫生旱厕	Sanitary Dry Toilet	23.3	25.7	22.3
普通旱厕	General Dry Toilet	66.3	65.9	68.8
主要炊用能源构成(%)	Construction of Cooking Energy (%)			
柴草	Straw	12.7	14.4	15.3
煤炭	Coal	14.5	11.7	14.2
罐装液化石油气	Canned Liquefied Petroleum Gas	4.7	3.3	7.1
电	Electricity	30.4	26.8	26.6

10-13 续表 continued

项　目	Item	中等收入户 Middle Income Households	中高收入户 Upper Middle Income Households	高收入户 High Income Households
调查户数(户)	Number of Households Surveyed (household)	766	768	765
调查户常住人口(人)	Number of Residents Surveyed (person)	2696	2525	2082
平均每户中	Average Number of Permanent			
常住人口	Residents Per Household	3.52	3.29	2.72
整、半劳动力	Average Number of Able-bodied and Semi-abledbodied Laborers Per Household	2.17	2.17	2.12
劳动力占常住人口比重(%)	Percentage of Laborers to Residents Surveyed (%)	61.6	66.0	77.9
平均每个劳动力负担人口	Average Number of Persons Supported by a Laborer	1.62	1.52	1.28
平均每百个常住人口中(人)	Among Per 100 Permanent Residents (person)			
5岁及以下	Age 5 and Below	6.1	5.9	2.8
6-15岁	Age 6-15	19.5	16.5	10.0
16-60岁	Age 16-60	61.4	64.2	72.9
61岁及以上	Age 61 and above	12.5	12.6	14.1
每百个就业劳动力文化程度(人)	Among Per 100 Laborers (person) (by cultur level)			
未上过学	Illiterate or Semiliterate	3.4	2.9	3.1
小学	Primary School	19.3	19.5	16.3
初中	Junior Secondary School	62.8	60.3	57.1
高中	Senior Secondary School	10.9	12.5	15.6
大学专科	Specialty	3.2	3.8	4.8
大学本科	Undergraduate College	0.3	1.1	2.7
研究生	Graduate Degrees			0.4
每百个就业劳动力从事的主要行业(人)	Among Per 100 Laborers (person)			
第一产业	Primary Industry	55.2	52.3	47.9
第二产业	Secondary Industry	24.7	23.9	22.5
第三产业	Tertiary Industry	20.1	23.7	29.6
居住情况	**Housing condition**			
期末人均住房情况	Per Capita Housing Situation			
住房面积(平方米)	Living Space(sq.m.)	47.01	52.77	62.99
#租用住房面积	Rental Living Space	0.05	0.09	0.36
住房价值(万元)	Value of Owned Houses (10 000yuan)	3.71	4.27	5.74
住房主要建筑材料构成(%)	Construction of Main Building Materials (%)			
#钢筋混凝土	Reinforced Concrete	19.2	19.6	17.9
砖混材料	Brick mixed material	64.0	65.4	64.3
砖瓦砖木	Brick tile and brick wood	15.4	14.0	16.9
住宅外道路路面构成(%)	Construction of the Road Pavement Outside Home (%)			
水泥或柏油路面	Asphalt or Cement Road	60.4	63.8	65.9
沙石或石板等硬质路面	Rigid Pavement	14.8	15.7	13.6
其他	Others	24.8	20.5	20.5
住户主要饮用水来源构成(%)	Construction of Drinking Water for Residents (%)			
#经过净化处理的自来水	After Purification Treatment of Tap Water	48.9	46.1	50.8
受保护的井水和泉水	Protected Well and Spring Water	29.7	32.0	30.0
不受保护的井水和泉水	Unprotected Wells and Springs Water	17.5	19.0	14.6
住户厕所类型构成(%)	Construction of Toilet (%)			
#水冲式卫生厕所	Flush Sanitary Dry Toilet	7.3	9.0	9.7
水冲式非卫生厕所	Flush Insanitary Dry Toilet	2.4	3.4	2.8
卫生旱厕	Sanitary Dry Toilet	23.7	23.9	24.4
普通旱厕	General Dry Toilet	66.4	63.1	62.5
主要炊用能源构成(%)	Construction of Cooking Energy (%)			
柴草	Straw	11.0	10.7	10.6
煤炭	Coal	14.1	13.7	18.3
罐装液化石油气	Canned Liquefied Petroleum Gas	4.9	4.4	4.9
电	Electricity	32.3	34.4	32.0

10-14 按收入分组的农民家庭平均每人总收支及结构(2017年)

Per Capita Total Income and Expenditure in Rural Households by Level of Income (2017)

单位：元 (yuan)

项目	Item	全省平均 Average	低收入户 Low Income Households	中低收入户 Lower Middle Income Households
总收入	**Total Cash Income**	**15630**	**7428**	**10142**
工资性收入	Wage Income	4770	1472	3170
经营性收入	Income from Operations	7409	4509	4366
第一产业	Primary Industry	5397	3879	3582
第二产业	Secondary Industry	371	109	88
第三产业	Tertiary Industry	1640	521	695
财产性收入	Property Income	205	83	122
转移性收入	Transfer Income	3245	1365	2484
家庭外出从业人员寄回带回收入	Earning from Migrant Workers	2303	935	1871
农民家庭平均每人总收入构成(%)	**Structure of Peasant Family Per Capita Income (%)**			
总收入	Total Cash Income	100.0	100.0	100.0
工资性收入	Wage Income	30.5	19.8	31.3
经营性收入	Income from Operations	47.4	60.7	43.0
财产性收入	Property Income	1.3	1.1	1.2
转移性收入	Transfer Income	20.8	18.4	24.5
总支出	**Total Expenditure**	**13979**	**11293**	**9881**
消费支出	Consumption Expenditure	9212	6557	7265
生产经营费用支出	Expenditure of Production Business	2395	2962	1240
第一产业	Primary Industry	1923	2506	1124
第二产业	Secondary Industry	130	106	14
第三产业	Tertiary Industry	342	351	102
财产性支出	Property Expenditure	6	4	5
转移性支出	Transfer Expenditure	243	195	218
部分商业保险支出	Expenditure of Commercial Insurance	41	16	17
购置资产及非经常性转移支出	Expenditure of Purchasing Assets and Non-transfer Expenditur	1776	1363	992
借贷性支出	Expenditure of Debit and Credit	306	195	144
农民家庭平均每人总支出构成(%)	**Structure of Per Capita Total Expenditure of Rural Households (%)**			
总支出	Total Expenditure	100.0	100.0	100.0
消费支出	Consumption Expenditure	65.9	58.1	73.5
生产经营费用支出	Expenditure of Production Business	17.1	26.2	12.6
财产性支出	Property Expenditure	0.0	0.0	0.1
转移性支出	Transfer Expenditure	1.7	1.7	2.2
部分商业保险支出	Expenditure of Commercial Insurance	0.3	0.1	0.2
购置资产及非经常性转移支出	Expenditure of Purchasing Assets and Non-transfer Expenditur	12.7	12.1	10.0
借贷性支出	Expenditure of Debit and Credit	2.2	1.7	1.5

10-14 续表 continued

单位：元 (yuan)

项目	Item	中等收入户 Middle Income Households	中高收入户 Upper Middle Income Households	高收入户 High Income Households
总收入	**Total Cash Income**	**13477**	**18555**	**34449**
工资性收入	Wage Income	4663	6611	9813
经营性收入	Income from Operations	5438	7897	18422
第一产业	Primary Industry	4411	5911	11642
第二产业	Secondary Industry	168	379	1388
第三产业	Tertiary Industry	859	1607	5392
财产性收入	Property Income	151	202	522
转移性收入	Transfer Income	3224	3846	5691
家庭外出从业人员寄回带回收入	Income from Migrant Workers	2580	2902	3323
农民家庭平均每人总收入构成(%)	**Structure of Peasant Family Per Capita Income (%)**			
总收入	Total Cash Income	100.0	100.0	100.0
工资性收入	Wage Income	34.6	35.6	28.5
经营性收入	Income from Operations	40.4	42.6	53.5
财产性收入	Property Income	1.1	1.1	1.5
转移性收入	Transfer Income	23.9	20.7	16.5
总支出	**Total Expenditure**	**11741**	**15393**	**25372**
消费支出	Consumption Expenditure	8266	10515	15466
生产经营费用支出	Expenditure of Production Business	1413	2118	5061
第一产业	Primary Industry	1202	1782	3524
第二产业	Secondary Industry	38	100	519
第三产业	Tertiary Industry	173	236	1018
财产性支出	Property Expenditure	9	6	2
转移性支出	Transfer Expenditure	246	271	303
部分商业保险支出	Expenditure of Commercial Insurance	43	47	92
购置资产及非经常性转移支出	Expenditure of Purchasing Assets and Non-transfer Expenditur	1577	2212	3541
借贷性支出	Expenditure of Debit and Credit	186	223	907
农民家庭平均每人总支出构成(%)	**Structure of Per Capita Total Expenditure of Rural Households (%)**			
总支出	Total Expenditure	100.0	100.0	100.0
消费支出	Consumption Expenditure	70.4	68.3	61.0
生产经营费用支出	Expenditure of Production Business	12.0	13.8	19.9
财产性支出	Property Expenditure	0.1	0.0	0.0
转移性支出	Transfer Expenditure	2.1	1.8	1.2
部分商业保险支出	Expenditure of Commercial Insurance	0.4	0.3	0.4
购置资产及非经常性转移支出	Expenditure of Purchasing Assets and Non-transfer Expenditur	13.4	14.4	14.0
借贷性支出	Expenditure of Debit and Credit	1.6	1.4	3.6

10−15 按收入分组的农民家庭平均每人可支配收入及消费性支出(2017年)

Per Capita Disposable Income and Consumption Expenditure of Rural Households by Income Level (2017)

单位：元 (yuan)

项　目	Item	全省平均 Average	低收入户 Low Income Households	中低收入户 Lower Middle Income Households
可支配收入	**Disposable Income**	**12719**	**4022**	**8439**
工资性收入	Wages	4770	1472	3170
经营净收入	Net Business Income	4747	1301	2887
第一产业	Primary Industry	3321	1242	2301
第二产业	Secondary Industry	231	-2	69
第三产业	Tertiary Industry	1195	62	517
财产净收入	Net Income of Properties	199	79	117
转移净收入	Net Income of Transfers	3002	1170	2266
家庭外出从业人员寄回带回收入	Income from Migrant Workers	2303	935	1871
生活消费支出	**Living Consumption Expenditure**	**9212**	**6557**	**7265**
食品	Food	2496	1879	2073
衣着	Clothing	712	454	578
居住	Residence	2006	1461	1528
家庭设备、用品及服务	Household Appliances	647	455	469
交通和通讯	Transport and Communications	1245	747	849
文化、教育、娱乐用品及服务	Culture, Education, Recreation and Service	1030	768	1008
医疗保健	Health Care	909	659	651
其他商品和服务	Other Goods and Servies	166	134	109

项　目	Item	中等收入户 Middle Income Households	中高收入户 Uper Middle Income Households	高收入户 High Income Households
可支配收入	**Disposable Income**	**11636**	**15879**	**28596**
工资性收入	Wages	4663	6611	9813
经营净收入	Net Business Income	3854	5498	12873
第一产业	Primary Industry	3104	3975	7862
第二产业	Secondary Industry	113	269	845
第三产业	Tertiary Industry	637	1254	4166
财产净收入	Net Income of Properties	142	196	520
转移净收入	Net Income of Transfers	2977	3575	5389
家庭外出从业人员寄回带回收入	Income from Migrant Workers	2580	2902	3323
生活消费支出	**Living Consumption Expenditure**	**8266**	**10515**	**15466**
食品	Food	2400	2729	3726
衣着	Clothing	733	831	1078
居住	Residence	1808	2272	3510
家庭设备、用品及服务	Household Appliances	577	752	1158
交通和通讯	Transport and Communications	908	1546	2529
文化、教育、娱乐用品及服务	Culture, Education, Recreation and Service	1045	1225	1164
医疗保健	Health Care	667	985	1998
其他商品和服务	Other Goods and Servies	129	175	302

10-16 按收入分组的农民家庭平均每人现金收入及支出(2017年)

Per Capita Cash Income and Expenditure of Rural Households by Income Level (2017)

单位：元 (yuan)

项目	Item	全省平均 Average	低收入户 Low Income Households	中低收入户 Lower Middle Income Households
现金收入(未扣除生产费用)	**Cash Income (including Product Expenditure)**	**14236**	**6644**	**9099**
现金工资性收入	Cash Income from Wages	4763	1471	3168
现金经营性收入	Cash Income from Business	6182	3754	3393
第一产业	Primary Industry	4171	3124	2609
第二产业	Secondary Industry	371	109	88
第三产业	Tertiary Industry	1640	521	695
现金财产性收入	Cash Income of Properties	205	83	122
现金转移性收入	Cash Income of Transfers	3086	1336	2416
家庭外出从业人员寄回带回收入	Income Taken back by Employees out Home	2303	935	1871
现金支出	**Cash Expenditure**	**12512**	**10265**	**8711**
现金消费支出	Cash Expenditure on consumption	7763	5552	6106
生产经营现金费用支出	Cash Expenditure on Business	2378	2939	1229
第一产业	Primary Industry	1906	2483	1112
第二产业	Secondary Industry	130	106	14
第三产业	Tertiary Industry	342	351	102
现金财产性支出	Cash Expenditure of Properties	6	4	5
现金转移性支出	Cash Expenditure of Transfers	243	195	218
部分商业保险支出	Expenditure of Commercial Insurance	41	16	17
购置资产及非经常性转移支出	Expenditure of Purchasing Assets and Non-transfer Expenditure	1776	1363	992
借贷性支出	Expenditure of Debit and Credit	306	195	144

项目	Item	中等收入户 Middle Income Households	中高收入户 Upper Middle Income Households	高收入户 High Income Households
现金收入(未扣除生产费用)	**Cash Income (including Product Expenditure)**	**12127**	**16968**	**32053**
现金工资性收入	Cash Income from Wages	4656	6597	9797
现金经营性收入	Cash Income from Business	4198	6494	16585
第一产业	Primary Industry	3171	4509	9805
第二产业	Secondary Industry	168	379	1388
第三产业	Tertiary Industry	859	1607	5392
现金财产性收入	Cash Income of Properties	151	202	522
现金转移性收入	Cash Income of Transfers	3122	3675	5149
家庭外出从业人员寄回带回收入	Income Taken back by Employees out Home	2580	2902	3323
现金支出	**Cash Expenditure**	**10371**	**13732**	**22906**
现金消费支出	Cash Expenditure on Consumption	6909	8869	13026
生产经营现金费用支出	Cash Expenditure on Business	1400	2103	5037
第一产业	Primary Industry	1189	1767	3499
第二产业	Secondary Industry	38	100	519
第三产业	Tertiary Industry	173	236	1018
现金财产性支出	Cash Expenditure of Properties	9	6	2
现金转移性支出	Cash Expenditure of Transfers	246	271	303
部分商业保险支出	Expenditure of Commercial Insurance	43	47	92
购置资产及非经常性转移支出	Expenditure of Purchasing Assets and Non-transfer Expenditure	1577	2212	3541
借贷性支出	Expenditure of Debit and Credit	186	223	907

10-17 按收入分组的农民家庭主要食品消费量(2017年)
Consumption of Major Food in Rural Households by Income Level (2017)

单位：公斤/人 (kg/person)

项目	Item	全省平均 Average	低收入户 Low Income Households	中低收入户 Lower Middle Income Households
粮食消费量	Grain Consumption	128.28	110.29	119.64
#小麦	Wheat	89.93	76.47	83.64
稻谷	Rice	22.49	20.38	21.40
玉米	Corn	4.93	4.17	5.39
油脂类消费量	Oil	7.54	6.10	6.66
蔬菜及菜制品消费量	Vegetables	72.59	61.06	63.33
肉类	Meat	12.72	10.52	10.68
禽类	Poultry	4.24	3.64	3.59
水产品	Aquatic Products	2.51	2.15	2.15
蛋类及蛋制品	Eggs and Related Productions	13.02	10.57	11.38
奶和奶制品	Milk and Dairy Products	6.12	4.24	4.79
干鲜瓜果类	Dried and Fresh Melons and Fruits	49.23	39.81	42.85
糖果糕点类	Confectionery	4.55	3.56	3.96
酒	Liquor	6.75	5.29	5.28

项目	Item	中等收入户 Middle Income Households	中高收入户 Upper Middle Income Households	高收入户 High Income Households
粮食消费量	Grain Consumption	125.55	130.75	165.18
#小麦	Wheat	89.40	90.32	111.28
稻谷	Rice	21.81	24.14	32.56
玉米	Corn	4.61	4.56	5.92
油脂类消费量	Oil	7.62	7.87	10.70
蔬菜及菜制品消费量	Vegetables	69.69	78.72	92.27
肉类	Meat	12.28	13.95	18.06
禽类	Poultry	4.20	4.73	5.76
水产品	Aquatic Products	2.55	2.87	3.55
蛋类及蛋制品	Eggs and Related Productions	13.35	13.40	17.21
奶和奶制品	Milk and Dairy Products	6.90	7.10	8.43
干鲜瓜果类	Dried and Fresh Melons and Fruits	48.89	51.74	68.84
糖果糕点类	Confectionery	4.63	4.63	6.23
酒	Liquor	6.92	7.27	10.04

10-18 按收入分组的农民家庭平均每百户主要耐用消费品及生产性固定资产年末拥有量(2017年)

Main Durable Goods and Productive Fixed Assets Owned Per hundred Rural Households at Year-end by Income Level (2017)

项　目	Item	全省平均 Average	低收入户 Low Income Households	中低收入户 Lower Middle Income Households
耐用消费品年末拥有量	**Durable Consumer Goods**			
家用汽车(台)	Car (unit)	19.28	12.45	16.35
摩托车(台)	Motorcycle (unit)	55.33	48.14	52.14
助力车(台)	Electric Bicycle (unit)	104.80	97.33	101.69
洗衣机(台)	Washing Machine (unit)	95.86	92.59	94.92
电冰箱(台)	Refrigerator (unit)	88.25	82.46	86.13
微波炉(台)	Microwave Oven (unit)	8.75	5.19	7.02
彩色电视机(台)	Color TV Set (unit)	116.28	110.62	115.77
#接入有线电视	Cable (unit)	46.49	32.55	45.31
空调(台)	Air Conditioner (unit)	74.79	49.42	68.43
热水器(台)	Water Heater (unit)	59.46	49.94	57.34
#太阳能热水器	Solar Water Heater (unit)	49.10	41.75	47.26
洗碗机(台)	Dishwasher (unit)	0.77	0.15	0.51
排油烟机(台)	Exhaust Fan (unit)	11.57	7.36	9.04
固定电话(部)	Telephone (unit)	13.63	12.27	16.35
移动电话(部)	Mobile Phone (unit)	244.92	237.18	238.63
#接入互联网	Internet Mobile Phones (unit)	106.58	90.97	94.71
计算机(台)	Computer (unit)	31.23	22.32	30.39
#接入互联网	Internet Computer (unit)	20.72	13.51	19.86
照相机(架)	Camera (unit)	2.63	1.29	1.35
中高档乐器(件)	Medium and High-Grade Musical Instrument (unit)	0.48	0.15	0.36
健身器材(套)	Fitness Equipment (unit)	1.30	0.62	0.87
生产性固定资产数量	**Productive Fixed Assets**			
生产性用房及建筑物(平方米)	Productive Occupancy and Buildings (sq.m.)	675.52	722.91	533.64
大中型农用拖拉机(台)	Large and Medium Tractors (unit)	3.51	2.14	3.90
小型农用拖拉机(台)	Minitype Tractors (unit)	33.69	34.31	34.85
农用排灌动力机械(台)	Drainage and Irrigation Agricultural Machinery (unit)	21.00	23.05	18.84
插秧机(台)	Transplanter (unit)	0.16	0.15	
收割机(台)	Harvesters (unit)	1.22	0.97	0.92
脱粒机(台)	Thresher (unit)	9.91	10.44	7.05
役畜(头)	Draught Animals (unit)	35.58	5.74	8.60
产品畜(头)	Product Livestock (unit)	129.39	99.30	312.86

10-18 续表 continued

项 目	Item	中等收入户 Middle Income Households	中高收入户 Upper Middle Income Households	高收入户 High Income Households
耐用消费品年末拥有量	**Durable Consumer Goods**			
家用汽车(台)	Car (unit)	**16.72**	**22.54**	**28.69**
摩托车(台)	Motorcycle (unit)	55.87	57.66	57.59
助力车(台)	Electric Bicycle (unit)	109.57	107.40	105.81
洗衣机(台)	Washing Machine (unit)	98.85	94.89	97.96
电冰箱(台)	Refrigerator (unit)	89.89	90.54	93.96
微波炉(台)	Microwave Oven (unit)	8.31	10.28	13.90
彩色电视机(台)	Color TV Set (unit)	115.90	117.27	122.42
#接入有线电视	Cable (unit)	48.78	50.30	55.59
空调(台)	Air Conditioner (unit)	76.95	81.75	96.51
热水器(台)	Water Heater (unit)	60.94	61.37	69.49
#太阳能热水器	Solar Water Heater (unit)	52.76	50.95	55.09
洗碗机(台)	Dishwasher (unit)	0.58	0.61	1.84
排油烟机(台)	Exhaust Fan (unit)	9.70	13.72	17.79
固定电话(部)	Telephone (unit)	14.30	11.69	14.30
移动电话(部)	Mobile Phone (unit)	243.01	251.06	253.78
#接入互联网	Internet Mobile Phones (unit)	106.94	111.91	121.43
计算机(台)	Computer (unit)	28.75	33.94	41.15
#接入互联网	Internet Computer (unit)	18.68	22.23	29.62
照相机(架)	Camera (unit)	1.55	4.31	5.15
中高档乐器(件)	Medium and High-Grade Musical Instrument (unit)	0.43	0.81	0.57
健身器材(套)	Fitness Equipment (unit)	1.67	1.66	1.32
生产性固定资产数量	**Productive Fixed Assets**			
生产性用房及建筑物(平方米)	Productive Occupancy and Buildings (sq.m.)	613.15	889.86	907.27
大中型农用拖拉机(台)	Large and Medium Tractors (unit)	4.08	4.05	4.52
小型农用拖拉机(台)	Minitype Tractors (unit)	32.96	35.78	30.94
农用排灌动力机械(台)	Drainage and Irrigation Agricultural Machinery (unit)	18.90	21.39	22.35
插秧机(台)	Transplanter (unit)		0.36	0.28
收割机(台)	Harvesters (unit)	1.11	2.07	0.86
脱粒机(台)	Thresher (unit)	10.86	11.37	7.09
役畜(头)	Draught Animals (unit)	0.47	84.31	14.25
产品畜(头)	Product Livestock (unit)	23.56	128.05	63.03

10-19 各市农村居民家庭平均每人全年可支配收入按收入来源分组情况(2017年)
Per Capita Annual Disposable Income of Rural Household by Source and City (2017)

单位：元 (yuan)

市(县) City(County)	合计 Total	工资性收入 Net Income from Wages and Salaries	经营净收入 Net Income from Household Operations	财产净收入 Net Income from Properties	转移净收入 Net Income from Transfers
省辖市 City					
郑州市 Zhengzhou	19974	12808	4797	1176	1193
开封市 Kaifeng	12126	4762	5221	243	1900
洛阳市 Luoyang	12511	6315	3184	185	2827
平顶山市 Pingdingshan	12222	5019	3833	494	2876
安阳市 Anyang	13697	5415	4317	205	3759
鹤壁市 Hebi	15326	7586	6408	74	1258
新乡市 Xinxiang	13769	6791	4596	148	2233
焦作市 Jiaozuo	16218	9476	4753	398	1591
濮阳市 Puyang	11652	5171	4608	347	1526
许昌市 Xuchang	15591	7894	4789	326	2583
漯河市 Luohe	14141	6238	5780	331	1793
三门峡市 Sanmenxia	13084	4074	6900	98	2011
南阳市 Nanyang	12718	3933	6490	137	2159
商丘市 Shangqiu	10517	4239	3750	117	2411
信阳市 Xinyang	11663	3582	5266	57	2758
周口市 Zhoukou	10170	3175	3401	105	3490
驻马店市 Zhumadian	10869	3834	4475	110	2450
济源市 Jiyuan	16939	9434	6546	265	695
省直管县 County Directly Administrated by Province					
巩义市 Gongyi	21164	12239	7320	173	1433
兰考县 Lankao	10907	1506	4978	335	4089
汝州市 Ruzhou	15460	6886	7114	260	1200
滑县 Huaxian	10906	2145	4250	121	4390
长垣县 Changyuan	17779	6323	6925	193	4338
邓州市 Dengzhou	13918	2755	6474	271	4417
永城市 Yongcheng	13196	3357	3920	106	5813
固始县 Gushi	12448	4517	4112	20	3800
鹿邑县 Luyi	11989	3052	3917	100	4920
新蔡县 Xincai	11159	2570	4433	131	4026

10-20 各市农村居民家庭平均每人全年可支配收入分组情况(2017年)
Per Capita Annual Disposable Income of Rural Household by City (2017)

单位：元 (yuan)

市(县) City(County)	低收入户 Low Income Households	中低收入户 Lower Middle Income Households	中等收入户 Middle Income Households	中高收入户 Upper Middle Income Households	高收入户 High Income Households
省辖市 City					
郑州市 Zhengzhou	8649	14677	19009	24821	44050
开封市 Kaifeng	4498	9079	12079	16274	26624
洛阳市 Luoyang	6443	12560	19042	29426	54144
平顶山市 Pingdingshan	4407	7786	11007	14912	31809
安阳市 Anyang	6699	9766	12502	17093	29068
鹤壁市 Hebi	7297	10787	13153	18093	29900
新乡市 Xinxiang	5608	9457	12588	17179	28785
焦作市 Jiaozuo	6449	10596	14203	19090	35625
濮阳市 Puyang	3542	6870	9503	13351	29225
许昌市 Xuchang	7486	11135	14397	19739	29945
漯河市 Luohe	3814	8352	12110	17289	31949
三门峡市 Sanmenxia	3682	7485	10542	15353	33206
南阳市 Nanyang	5051	9080	12304	15948	27866
商丘市 Shangqiu	3300	7049	10050	13308	22803
信阳市 Xinyang	4333	8331	11207	15239	26516
周口市 Zhoukou	4599	7758	10133	12947	21682
驻马店市 Zhumadian	4834	7536	10338	13498	21969
济源市 Jiyuan	7785	11650	14611	18301	28754
省直管县 County Directly Administrated by Province					
巩义市 Gongyi	8427	12972	16889	23730	43277
兰考县 Lankao	4697	7932	10523	13011	23380
汝州市 Ruzhou	6643	10461	13488	16208	31169
滑县 Huaxian	5465	7903	9960	13462	25593
长垣县 Changyuan	6859	11198	15433	20216	31731
邓州市 Dengzhou	6316	12512	17064	22362	38170
永城市 Yongcheng	3356	7301	11181	17586	28153
固始县 Gushi	3301	7718	11664	16584	24500
鹿邑县 Luyi	5979	9773	13019	15244	25461
新蔡县 Xincai	5530	8387	10886	13143	20013

10-21 各市农村居民家庭平均每人生活消费总支出(2017年)

Per Capita Consumption Expenditure of Rural Households by City (2017)

单位：元 (yuan)

市(县)	City(County)	生活消费支出合计 Consumption Expenditure	食品烟酒 Food, Tobacco, Liquor	衣着 Clothing	居住 Residence	生活用品及服务 Household Appliances and Services	交通、通信及服务 Transport, and Communi-cations	教育及文化娱乐 Education, Culture and Entertainment	医疗、保健及服务 Health Care and Medical Services	其他商品及服务 Other Goods and Services
省辖市	**City**									
郑州市	Zhengzhou	14849	3267	1150	3885	979	2588	1405	1211	365
开封市	Kaifeng	8671	2088	707	1938	682	1295	1027	643	292
洛阳市	Luoyang	10356	2261	889	2555	843	1900	945	734	228
平顶山市	Pingdingshan	6883	2201	594	1447	562	631	517	748	182
安阳市	Anyang	9000	2297	724	2524	589	1170	759	718	219
鹤壁市	Hebi	10397	3029	901	1988	702	1748	953	933	142
新乡市	Xinxiang	8656	2568	782	1654	686	1125	904	725	212
焦作市	Jiaozuo	12196	3463	1034	2530	1067	1551	1060	1075	416
濮阳市	Puyang	8138	2504	595	1426	810	1019	940	762	84
许昌市	Xuchang	9571	2861	1009	1971	578	1256	946	659	291
漯河市	Luohe	7854	2358	822	1475	845	866	639	642	205
三门峡市	Sanmenxia	9652	2226	778	2084	676	1437	1103	1123	226
南阳市	Nanyang	9076	3276	663	2217	558	846	526	741	250
商丘市	Shangqiu	7420	2418	638	1477	568	737	769	691	121
信阳市	Xinyang	8972	3270	570	1985	621	870	879	597	179
周口市	Zhoukou	7169	2595	577	1697	603	626	453	486	131
驻马店市	Zhumadian	8704	2745	702	1673	769	1020	882	772	140
济源市	Jiyuan	11637	2950	880	1499	1336	2801	830	835	506
省直管县	**County Directly Administrated by Province**									
巩义市	Gongyi	10135	2382	846	2210	697	1743	1377	455	424
兰考县	Lankao	8866	2689	771	1421	705	1132	1208	783	157
汝州市	Ruzhou	6827	2287	675	1298	543	635	461	654	274
滑县	Huaxian	8420	2313	614	1713	406	1461	1065	751	99
长垣县	Changyuan	9311	2474	811	2097	937	1390	835	531	236
邓州市	Dengzhou	9861	3283	620	2125	576	799	1177	1131	150
永城市	Yongcheng	10907	3996	834	1934	576	1045	901	1516	106
固始县	Gushi	9710	3626	550	1948	750	648	777	1162	249
鹿邑县	Luyi	7068	2243	797	1756	581	728	453	442	68
新蔡县	Xincai	9644	2687	797	2092	956	969	1393	705	45

10-22 各市农村居民家庭平均每人生活消费现金支出(2017年)
Per Capita Cash Consumption Expenditure of Rural Households by City (2017)

单位：元 (yuan)

市(县)	City(County)	生活消费支出合计 Consumption Expenditure	食品烟酒 Food, Tobacco, Liquor	衣着 Clothing	居住 Residence	生活用品及服务 Household Appliances and Services	交通、通信及服务 Transport, and Communi-cations	教育及文化娱乐 Education, Culture and Entertainment	医疗、保健及服务 Health Care and Medical Services	其他商品及服务 Other Goods and Services
省辖市	**City**									
郑州市	Zhengzhou	14116	3085	1101	3729	841	2507	1345	1159	349
开封市	Kaifeng	7368	1960	707	932	681	1294	1026	476	292
洛阳市	Luoyang	8931	2075	889	1411	839	1899	942	647	227
平顶山市	Pingdingshan	5619	2058	594	528	561	631	512	559	174
安阳市	Anyang	7136	2171	724	928	589	577	1170	759	219
鹤壁市	Hebi	9010	2899	899	925	702	1748	952	750	135
新乡市	Xinxiang	7524	2497	782	700	685	1125	904	637	196
焦作市	Jiaozuo	10692	3300	1034	1355	1066	1551	1060	909	416
濮阳市	Puyang	7260	2440	595	802	810	1019	940	570	84
许昌市	Xuchang	8263	2710	1009	902	577	1256	946	572	291
漯河市	Luohe	6898	2318	822	584	845	866	639	617	205
三门峡市	Sanmenxia	8321	2092	778	1139	676	1437	1103	870	226
南阳市	Nanyang	7411	2576	652	1333	530	830	517	731	242
商丘市	Shangqiu	6204	2355	638	531	559	737	769	495	121
信阳市	Xinyang	7041	2814	569	635	621	870	879	473	179
周口市	Zhoukou	5714	1993	577	845	603	626	453	486	131
驻马店市	Zhumadian	7568	2630	702	742	738	1019	882	715	140
济源市	Jiyuan	10176	3128	1070	1467	1064	1318	994	761	375
省直管县	**County Directly Administrated by Province**									
巩义市	Gongyi	8583	2295	846	746	697	1743	1377	455	423
兰考县	Lankao	7588	2531	771	525	705	1132	1208	559	157
汝州市	Ruzhou	6010	2244	675	527	543	635	460	652	274
滑县	Huaxian	7012	2242	614	512	405	1460	1065	616	99
长垣县	Changyuan	8003	2458	811	943	937	1390	835	393	236
邓州市	Dengzhou	7650	3161	620	500	576	799	1177	667	150
永城市	Yongcheng	9605	3972	834	1024	576	1045	901	1147	106
固始县	Gushi	7733	3006	535	714	752	638	842	995	251
鹿邑县	Luyi	6966	2141	797	1756	581	728	453	442	68
新蔡县	Xincai	8222	2645	797	797	956	969	1393	620	45

10-23 各市农村居民家庭平均每人主要食品消费量(2017年)
Per Capita Consumption of Major Food of Rural Households by City (2017)

单位：千克 (kg)

市(县) City(County)	粮食 Grain	食用油 Edible Oil	蔬菜及食用菌 Vegetables	猪牛羊肉 Pork, Beef and Mutton	家禽 Poultry	水产品 Aquatic Products	蛋类及其制品 Eggs and Related Products	奶和奶制品 Milk and Dairy products	干鲜瓜果 Dry and Fresh Fruits and Melons	糖果糕点 Sugar	酒类 Liquor
省辖市 City											
郑州市 Zhengzhou	100.1	8.4	67.1	9.9	4.4	2.5	11.2	10.4	45.6	4.7	5.3
开封市 Kaifeng	112.6	6.3	55.9	8.2	3.5	2.0	10.0	2.9	48.3	4.7	7.5
洛阳市 Luoyang	138.6	8.4	70.7	10.9	1.2	0.7	9.8	8.1	31.2	4.1	5.1
平顶山市 Pingdingshan	124.0	5.4	61.5	11.5	2.3	1.3	9.0	3.5	39.8	3.5	3.0
安阳市 Anyang	165.7	10.4	72.5	10.5	2.1	1.2	15.4	6.8	40.5	4.2	6.5
鹤壁市 Hebi	119.7	10.0	101.4	18.3	3.3	2.2	16.7	8.7	51.8	7.9	12.8
新乡市 Xinxiang	121.6	6.4	65.9	8.0	2.6	1.7	13.4	6.7	53.0	5.6	7.0
焦作市 Jiaozuo	147.5	7.6	47.0	10.4	1.7	1.1	11.1	12.1	34.7	4.3	5.0
濮阳市 Puyang	141.4	10.2	66.5	11.1	3.9	1.7	14.7	6.4	48.1	4.6	5.7
许昌市 Xuchang	133.3	8.6	86.5	14.0	3.5	2.0	10.7	7.1	54.3	4.8	5.6
漯河市 Luohe	109.2	12.4	57.7	14.0	4.3	2.5	10.8	6.8	55.3	4.0	5.7
三门峡市 Sanmenxia	123.3	9.2	62.8	7.3	1.0	0.7	7.1	6.9	30.0	3.9	3.4
南阳市 Nanyang	188.2	7.4	99.4	13.8	3.6	2.2	18.0	6.4	36.2	4.2	8.3
商丘市 Shangqiu	131.9	9.3	67.8	10.9	4.8	2.8	13.7	7.8	55.3	3.1	7.2
信阳市 Xinyang	169.6	10.0	103.8	23.2	10.0	7.9	8.9	3.0	33.9	3.7	16.2
周口市 Zhoukou	106.1	6.7	56.4	9.6	5.8	3.6	11.8	4.6	45.6	3.5	5.3
驻马店市 Zhumadian	127.2	9.6	63.5	14.4	6.0	3.7	12.8	4.5	59.1	4.1	9.0
济源市 Jiyuan	131.6	7.3	65.2	11.5	2.9	1.8	14.3	8.3	31.3	2.3	8.7
省直管县 County Directly Administrated by Province											
巩义市 Gongyi	109.9	7.4	60.4	8.5	1.5	1.4	10.5	12.2	46.1	5.5	2.1
兰考县 Lankao	169.2	8.2	82.5	8.9	5.2	3.1	16.8	3.5	64.4	4.0	10.0
汝州市 Ruzhou	112.0	6.4	35.3	8.5	1.4	0.4	9.5	4.1	39.7	3.9	3.1
滑县 Huaxian	131.7	7.2	61.4	10.6	2.7	1.8	14.2	1.6	49.9	4.7	7.1
长垣县 Changyuan	122.1	5.4	66.4	7.6	3.2	1.5	14.4	4.7	62.6	5.6	4.8
邓州市 Dengzhou	124.4	3.6	56.9	12.0	3.8	2.0	19.6	8.3	32.9	5.0	12.4
永城市 Yongcheng	169.8	16.3	96.0	20.7	8.4	4.1	18.6	8.3	75.3	3.4	10.5
固始县 Gushi	192.0	9.0	120.0	23.0	19.0	9.0	13.0	1.0	41.0	3.0	17.0
鹿邑县 Luyi	105.0	7.0	96.0	10.0	14.0	4.0	14.0	7.0	42.0	5.0	5.0
新蔡县 Xincai	94.2	4.4	48.1	14.5	5.0	4.1	14.6	3.6	45.3	1.8	8.6

10–24 各市农村居民家庭住房情况(2017年)
Housing Conditions of Rural Households by City (2017)

市(县) City(County)	拥有住房面积(平方米/人) Per Capita Floor Space of Owned Houses (sq.m/person)	拥有住房价值(元/平方米) Value of Owned Houses (yuan/sq.m)	实际住房按主要建筑材料分的户数占比重(%) #钢筋混凝土 Reinforced Concrete Structure	砖混材料 Brick Mixed Structure	砖瓦砖木 Brick Tile and Wood	竹草土坯 Bamboo Grass Adobe
省辖市 City						
郑州市 Zhengzhou	61.6	1180.2	34.8	61.8	3.4	
开封市 Kaifeng	50.7	775.1	14.8	69.6	15.3	
洛阳市 Luoyang	48.3	824.2	12.9	76.9	7.7	2.5
平顶山市 Pingdingshan	38.2	813.5	15.3	60.5	23.1	1.0
安阳市 Anyang	48.5	795.7	5.7	79.7	14.4	0.1
鹤壁市 Hebi	44.7	793.7	6.8	69.5	23.0	
新乡市 Xinxiang	46.7	716.5	10.8	62.3	26.0	0.1
焦作市 Jiaozuo	46.4	873.4	12.6	63.6	23.4	
濮阳市 Puyang	39.0	530.3	2.8	49.7	47.3	0.1
许昌市 Xuchang	48.4	728.0	22.5	64.1	12.4	
漯河市 Luohe	47.5	716.4	19.5	69.6	10.5	0.4
三门峡市 Sanmenxia	44.4	674.2	9.7	68.0	17.2	5.1
南阳市 Nanyang	39.6	916.2	31.0	55.9	12.3	0.4
商丘市 Shangqiu	51.1	669.5	13.2	45.8	40.7	0.2
信阳市 Xinyang	43.7	1024.9	34.4	46.4	18.8	0.5
周口市 Zhoukou	41.8	679.0	13.1	50.0	36.6	
驻马店市 Zhumadian	40.5	795.3	20.5	63.3	16.2	
济源市 Jiyuan	53.9	975.3	6.2	82.9	10.3	0.6
省直管县 County Directly Administrated by Province						
巩义市 Gongyi	47.5	1016.4	1.9	96.4	1.7	
兰考县 Lankao	47.3	661.6	5.6	47.2	47.2	
汝州市 Ruzhou	40.9	621.8	24.5	49.3	26.3	
滑县 Huaxian	45.5	870.0	10.3	69.0	20.7	
长垣县 Changyuan	43.7	941.4	14.6	41.1	44.3	
邓州市 Dengzhou	48.8	1116.8	72.8	21.1	6.1	
永城市 Yongcheng	47.6	603.1	2.6	56.4	41.0	
固始县 Gushi	47.2	832.4	26.5	55.8	17.7	
鹿邑县 Luyi	44.0	860.0	17.0	22.0	59.0	2.0
新蔡县 Xincai	39.4	1156.4	43.7	25.3	31.0	

注：拥有住房，包括出租的住房面积和价值，但不包括租住的面积。实际住房，包括租住的面积。

a) Owned houses include leasing housing area and value, but exclude the area of rental area.The actual housing including the rental area.

主要统计指标解释

期内常住人口数 指居住在一个住宅内，共同分享生活开支或收入的一群人。凡计算为家庭常住人口的成员其全部收支都包括在本家庭中。

户均就业人数 指家庭人口与就业人口之比。

可支配收入 指调查户在调查期内获得的、可用于最终消费支出和储蓄的综合，即调查户可以用来自由支配的收入。可支配收入既包括现金，也包括实物收入。按照收入的来源，可支配收入包含四项，分别为：工资性收入、经营净收入、财产净收入和转移净收入。计算公式为：

可支配收入=工资性收入+经营净收入+财产净收入+转移净收入

总支出 指全部家庭支出。包括消费支出、生产经营费用支出、财产性支出、转移性支出、部分商业保险支出、购置资产及非经常性转移支出、借贷性支出。

消费性支出 指用户用于满足家庭日常生活消费需要的全部支出，包括用于消费品的支出和用于服务性消费的支出。根据用途不同，消费支出可以划分为食品烟酒、衣着、居住、生活用品及服务、交通通讯、教育文化娱乐、医疗保健、其他用品及服务八大类。根据来源不同，消费支出可以划分为现金消费支出、实物消费支出（含自产自用、来自单位、来自政务和其他社会组织）。

收入分组方法 是将所有调查户分别按照全体居民、城镇居民、农村居民，将户人均可支配收入由低到高排队，按20%，20%，20%，20%，20%的比例依次分成：低收入户、中低收入户、中等收入户、中高收入户、高收入户等五组。

Explanatory Notes on Main Statistical Indicators

Number of Usual Population refers to members of households living and sharing living cost and income together. All the income and expenditure of all the members of such households are included in the income and expenditure of the household.

Number of Employee per Household refers to the ratio between number of persons in an urban household and the number of employed persons.

Disposal Income refers to the total income at the disposal of investigation residents which can be used for final consumption and savings in the investigation period. It includes income both in cash and in kind from four categories: income from wages and salaries, net income from household operations, net income from transfers and net income from properties. The following formula is used:

Disposal income = income from wages and salaries+ net income from household operations+ net income from transfers+ net income from properties

Total Expenditure refers to all expenditure of households. It includes consumption expenditure, production and operation expenditure, property expenditure, transfer expenditure, expenditure on commercial insurance, expenditure on purchase of assets and non regular transfer expenditure and expenditure on debit and credit.

Consumption Expenditure refers to total expenditure of households for consumption in daily life, including expenditure on consumer goods and on services. It is classified by usage into eight categories of food; clothing; housing; household appliances and services; health care and medical services; transport and communications; recreation, education and cultural services; and miscellaneous goods and services. It is classified by source of expenditure into expenditure in cash and reality consumption expenditure (including it from produce on their own, from the unit, from government and other social groups).

Methods of Income Group All households in the sample are grouped according to all the residents, urban residents and rural residents, by per capita disposal income of the household, into groups of low income, lower middle income, middle income, upper middle income and high income, each group consisting of 20%, 20%, 20%, 20% and 20% of all households respectively.

城市概况

General Survey of Cities

◉ 资料整理：贾梁　靳伟莉　陈 琛

简要说明

一、主要内容

本篇反映河南省城市社会经济发展和城市建设的规模及综合水平的资料。城市公用事业概况主要包括：城市建设、供水、供气、供热、市政设施、公共交通、城市绿化、环境卫生等资料。

二、统计范围

包括全省所有设市城市在建成区范围内的城市规划管理、投资、建设或经营管理相关设施的单位。

三、资料来源

省辖市主要经济指标由河南省统计局地方经济社会调查队编辑整理。省辖市和县级市城市公用事业基本情况资料由省住房城乡建设厅和省交通厅提供，由河南省统计局社会与科技处和服务业统计处编辑整理。

Brief Introduction

I. Main Contents

Data in this chapter present the scale and the comprehensive level of Social economic development and urban construction of Henan provincial cities, main include supply of water, gas and heating; municipal infrastructure; public transportation; urban greenery; public transportation and environmental, sanitation.

II. Scope of Statistics

Data in this chapter cover all units under the jurisdiction of cities which are engaged in urban planning and management, investment, construction and operation of relevant facilities.

III. Sources of Data

Data on Districts are provided by Henan provincial survey organizations of social and economy. Data on basic conditions and overall level of urban public facilities in provincial and county city are collected by the Henan provincial bureau of Housing and Urban-Rural development. Data on this chapter are provided by Department of social and scientific and technological of Henan provincial bureau of statistics and Department of Service industry statistical of Henan provincial bureau of statistics.

11－1　城市社会经济主要指标

Major Social and Economic Indicators of Cities

本表价值量指标均按当年价格计算。
Data in value terms in this table are calculated at current prices.

指　标	Item	2016	2017
土地面积(万平方公里)	Total Area (10 000 sq.km)	1.96	1.99
年末城镇失业人员(登记数)(万人)	Number of Registered Urban Unemployed Persons at the Year-end (10 000persons)	20.83	17.47
生产总值(亿元)	Gross Domestic Product (100 million yuan)	12802.97	15363.18
第一产业	Primary Industry	492.72	492.38
第二产业	Secondary Industry	5424.79	6619.57
第三产业	Tertiary Industry	6884.72	8251.23
一般公共预算收入(亿元)	Total Revenue of Local Governments (100 million yuan)	1757.81	1852.38
一般公共预算支出(亿元)	Total Expenditures of Local Governments (100 million yuan)	2750.28	3075.04
规模以上工业企业主营业务收入(亿元)	Enterprises above Designated Size Product Sales (100 million yuan)	22037.55	23765.99
利润总额(亿元)	Total Profits (100 million yuan)	839.61	914.48
限额以上批零贸易业商品销售总额(亿元)	Total Sales of Enterprise above Designated Size in Wholesale and Retail Sale Trades (100 million yuan)	7510.94	10873.06
当年实际使用外资金额(万美元)	Amount of Foreign Capital Actually Vtilized This Year (USD 10 000)	853357.00	854513
居民人民币储蓄存款余额(亿元)	Outstanding Amount of Savings Deposit in Urban and Rural Areas (year-end) (100 million yuan)	13178.21	13971.20
在校学生数(万人)	Student Enrollment (10 000 persons)		
普通中学	Number of Regular Secondary Schools	153.61	161.57
小学	Number of Primary Schools	212.09	236.24

11-2 省辖市市区社会经济主要指标(2017年)

本表价值量指标均按当年价格计算。
Data in value terms in this table are calculated at current prices.

指　　标	Item	郑　州 Zhengzhou	开　封 Kaifeng	洛　阳 Luoyang	平顶山 Pingdingshan	安　阳 Anyang
年底(末)户籍人口(万人)	Total Population (year-end) (10 000 persons)	366.72	170.51	205.10	110.86	117.27
年末城镇单位就业人员数（万人）	Number of Employed Persons (year-end) (10 000 persons)	153.92	20.49	38.91	29.39	20.70
在岗职工平均人数(万人)	Staff and Workers (10 000 persons)	139.18	17.08	36.89	28.04	19.39
行政区域土地面积(平方公里)	Total Area (sq.km)	1010	1816	879	443	534
#建成区面积	Developed Areas	501	130	218	73	83
生产总值(亿元)	Gross Domestic Product (100 million yuan)	5385.00	688.74	1655.58	564.94	616.70
#第二产业	Secondary Industry	2117.75	241.00	624.86	293.21	278.14
第三产业	Tertiary Industry	3240.77	380.07	1012.95	265.91	331.28
一般公共收入（亿元）	Public Financial Revenue of Local Governments (100 million yuan)	797.93	65.50	191.16	67.23	75.67
一般公共支出（亿元）	Public Financial Expenditures of Local Governments (100 million yuan)	1112.48	145.45	265.08	117.48	131.74
规模以上工业法人企业	Enterprises above Designated Size					
主营业务收入(亿元)	Product Sales (100 million yuan)	6183.38	968.31	2734.68	765.66	1511.99
利润总额(亿元)	Total Profits (100 million yuan)	275.86	51.15	105.80	23.81	45.63
限额以上批零贸易业商品销售总额(亿元)	Total Sales of Enterprise above Designated Size in Wholesale and Retail Sale Trades (100 million yuan)	4916.37	336.86	936.65	475.95	363.49
当年实际使用外资金额（万美元）	Amount of Foreign Capital Actually Vtilized This Year (USD 10 000)	298426	37496	149620	4231	29470
居民人民币储蓄存款余额（亿元）	Outstanding Amount of Savings Deposit (100 million yuan)	4784.81	672.67	1437.44	687.93	561.39
在岗职工工资总额(亿元)	Total Wages of Staff and Workers (100 million yuan)	1069.38	94.61	243.79	159.24	109.28
在校学生数(万人)	Student Enrollment (10 000 persons)					
中等职业学校	Number of Vocational Secondary Schools	21.79	2.78	5.92	1.60	2.09
普通中学	Number of Regular Secondary Schools	29.15	11.14	12.04	6.27	10.00
小学	Number of Primary Schools	45.81	14.98	17.46	9.87	17.68

Major Social and Economic Indicators of Districts in Cities Directly Under the Province (2017)

鹤　壁 Hebi	新　乡 Xinxiang	焦　作 Jiaozuo	濮　阳 Puyang	许　昌 Xuchang	漯　河 Luohe	三门峡 Sanmenxia	南　阳 Nanyang	商　丘 Shangqiu	信　阳 Xinyang	周　口 Zhoukou	驻马店 Zhumadian
64.95	107.52	98.01	71.85	133.58	134.14	63.30	190.39	185.58	155.55	63.83	84.86
14.10	19.15	21.00	21.67	20.00	22.70	8.82	21.88	24.51	20.81	12.25	21.14
12.87	17.38	19.66	19.60	18.86	21.37	7.98	28.65	20.88	19.28	12.01	19.91
679	432	578	263	1099	1020	1927	2135	1797	3604	333	1365
64	120	113	62	114	70	49	155	134	98	72	85
388.05	800.51	516.29	438.74	749.55	702.80	431.62	755.76	479.30	586.75	236.00	366.86
237.88	343.38	219.41	199.51	420.12	431.86	194.32	255.36	210.77	262.06	117.70	172.24
138.44	449.66	290.52	221.33	305.43	221.39	212.03	449.74	201.41	252.78	109.73	167.80
43.15	70.24	66.66	48.84	74.22	63.70	42.99	73.16	48.39	50.34	26.72	46.47
72.32	114.38	108.16	83.23	121.55	112.90	92.96	150.61	145.07	119.63	79.28	102.71
807.16	1414.56	1206.66	718.12	1371.48	2054.49	598.49	605.04	839.68	870.64	533.74	581.91
13.10	57.32	63.02	-73.37	89.20	140.31	20.44	-43.51	26.28	36.49	54.06	28.89
338.78	354.41	260.64	194.59	248.07	299.59	181.98	494.35	421.79	418.39	233.55	397.58
60587	43663	15970	17969	26290	49389	47966	20096	12416	18636	10604	11684
234.33	578.23	456.04	486.86	550.95	456.03	295.10	823.33	624.97	607.66	287.48	426.00
64.02	99.53	106.38	112.15	108.80	113.69	54.02	170.61	113.03	97.14	78.20	100.26
1.85	3.21	2.02	2.25	1.26	2.69	0.95	4.05	2.07	1.75	2.25	2.12
5.07	7.09	5.39	10.16	7.25	8.23	3.50	15.08	10.70	8.97	4.40	7.13
6.14	10.29	7.11	9.80	11.27	11.13	4.59	24.72	16.17	13.59	6.10	9.53

11−3 城市建设基本情况
Basic Statistics on City Construction

指　　标	Item	2005	2010	2013	2014	2015	2016	2017
城市个数(个)	Number of Cities (unit)	38	38	38	38	38	38	38
城区面积(平方公里)	Urban Area (sq.km)		4101	4658	4663	4810	4822	5132
建成区面积(平方公里)	Area of Built-up Districts (sq.km)	1572	2014	2289	2375	2503	2544	2685.3
年底供水综合生产能力（万立方米/日）	General Production Capacity of Tap Water Supply (year-end) (10 000 cu.m/day)	1027	1010	1047	1084	1121	1180	1150.4
全年供水总量(万立方米)	Total Annual Volume of Water Supply (10 000 cu.m)	183436	179122	188710	191001	196709	203936	208604
#生活用水量	Consumption of Tap Water for Residential Use		76986	82258	87246	87545	96128	112218
平均每人每天生活用水量(升)	Per Capita Daily Consumption of Tap Water for Residential Use (liter)	147.1	109.1	105.3	107.4	111.0	115.6	129.32
用水普及率(%)	Percentage of Population with Access to Tap Water (%)	91.9	91.0	92.2	93.0	93.1	93.4	95.9
公共交通标准运营车辆(标台)	Standard Public Vehicles Under Operation (Standard unit)	12514	18912	22790	25257	27355	29615	34082
出租汽车数(辆)	Taxi (unit)			59966	60935	61555	61899	62212
煤气家庭用量(万立方米)	Consumption of Coal Gas for Residential Use (10 000cu.m)	12735	15420	3374	2590	1553	440	43
天然气家庭用量(万立方米)	Consumption of Natural Gas for Residential Use (10 000cu.m)	18649	48243	94825	96766	109376	113076	137002
液化石油气家庭用量(吨)	Consumption of Liquefied Petroleum Gas for Residential Use (ton)	198629	201931	190221	186581	179752	178357	179719
燃气普及率(%)	Percentage of Population with Access to Gas (%)		73.4	82.0	83.8	86.0	88.9	94.0
集中供热面积(万平方米)	Heated Area (10 000 sq.m)	5361	10737	15151	18993	22375	26506	38898
道路长度(千米)	Length of Roads (km)	7090	9413	11235	11627	12318	13042	13876
道路面积(万平方米)	Area of Roads (10 000sq.m)	15653	21767	26843	28017	29915	31395	34735
排水管道长度(千米)	Length of Sewage Pipelines (km)	10201	14733	18297	19348	20467	21376	23624
建成区绿化覆盖面积(公顷)	Coverage Space of Green Areas Developed (hectare)	50822	73652	86076	90995	94345	100070	105903
建成区绿化覆盖率(%)	Coverage Rate of Green Areas Developed (%)	32.3	36.5	37.6	38.3	37.7	39.3	39.4
公园个数(个)	Number of Parks (unit)	272	262	290	306	327	344	438
公园绿地面积(公顷)	Public Green Areas (hectare)		18361	22226	23834	25201	25429	30002
人均公园绿地面积(平方米)	Per Capita Public Green Area (sq.m)		8.7	9.6	9.9	10.2	10.4	12.0
生活垃圾清运量(万吨)	Collection,Transport and Disposal of Consumption Wastes (10 000 tons)	754	694	805	833	892	915	986
生活垃圾无害化处理率(%)	Harmless Treatment Rate of Consumption Wastes (%)	58.1	82.5	90.0	92.8	96.0	98.7	99.7
城市污水排放量(亿吨)	Volume of Consumption Waste Water in Cities (100 million tons)		14.74	16.77	16.95	19.47	18.50	19.11
城市污水处理量(亿吨)	Processing Volume of Consumption Waste Water in Cities (100 million tons)		12.91	15.24	15.68	18.22	17.78	18.52
城市污水处理厂集中处理率(%)	Concentration Treatment Rate of Consumption Waste Water in Cities (%)			89.3	91.0	93.1	95.3	96.9

11-4 城市市政公用设施水平情况(2017年)

Statistics on Level of Public Facilities by City (2017)

市 City	人口密度(人/平方公里) Population Density (person/sq.km)	人均日生活用水量(升) Daily Water Consumption Per Capita (liter)	用水普及率(%) Water Coverage Rate (%)	燃气普及率(%) Gas Coverage Rate (%)	建成区供水管道密度(公里/平方公里) Built-up Areas Density of Water Pipes (km/sq.km)	人均城市道路面积(平方米) Road Surface Area Per Capita (sq.m)	建成区排水管道密度(公里/平方公里) Density of sewers in Built District (km/sq.km)	污水处理率(%) Wastewater Treatment Rate (%)
全　　省 Total	**4871**	**129.32**	**95.9**	**94.0**	**8.43**	**13.90**	**8.38**	**96.9**
郑　州　市 Zhengzhou	11140	130.53	100.0	94.5	8.83	9.13	8.66	98.0
巩　义　市 Gongyi	9339	103.71	84.2	95.2	5.72	11.42	8.10	98.5
荥　阳　市 Xingyang	1927	145.43	89.3	93.0	7.87	20.81	8.26	95.2
新　密　市 Xinmi	2820	95.09	95.2	94.0	9.59	15.21	5.40	100.0
新　郑　市 Xinzheng	7624	141.92	89.9	98.3	10.67	15.80	7.25	91.3
登　封　市 Dengfeng	3424	78.28	91.5	89.4	3.12	17.76	5.69	95.4
开　封　市 Kaifeng	5311	137.30	96.1	96.7	12.35	18.43	8.11	95.0
洛　阳　市 Luoyang	7061	123.24	99.9	99.3	8.11	11.34	7.80	99.8
偃　师　市 Yanshi	8919	105.10	96.4	80.1	10.31	12.28	8.21	95.9
平顶山市 Pingdingshan	3690	143.76	97.8	98.0	14.09	13.83	6.53	99.2
舞　钢　市 Wugang	1808	115.23	95.5	95.1	6.58	20.11	13.75	94.8
汝　州　市 Ruzhou	2928	150.64	42.2	61.3	7.55	11.68	8.47	95.7
安　阳　市 Anyang	4839	181.35	100.0	98.3	9.59	15.12	12.50	97.8
林　州　市 Linzhou	5587	128.04	99.5	98.9	10.49	14.13	8.48	93.1
鹤　壁　市 Hebi	3716	115.13	97.0	96.8	8.87	17.48	7.90	95.0
新　乡　市 Xinxiang	5591	178.14	98.8	98.6	7.23	15.06	5.98	93.0
卫　辉　市 Weihui	3364	168.36	99.7	87.4	7.23	11.48	5.67	96.7
辉　县　市 Huixian	1899	153.10	96.8	91.1	15.84	12.96	11.48	91.0
焦　作　市 Jiaozuo	5650	130.11	99.3	97.1	8.57	16.45	8.53	97.1
沁　阳　市 Qinyang	4115	74.66	82.5	80.3	8.86	27.55	11.67	87.5
孟　州　市 Mengzhou	1350	81.45	98.0	92.2	12.58	25.42	18.38	95.8
濮　阳　市 Puyang	3916	181.00	98.0	98.6	7.04	14.70	10.24	95.0
许　昌　市 Xuchang	2978	130.75	99.3	98.9	7.05	30.07	7.65	98.0
禹　州　市 Yuzhou	8312	109.47	94.7	93.9	6.68	13.28	8.67	99.1
长　葛　市 Changge	2615	100.46	94.1	91.1	3.50	19.29	9.90	95.3
漯　河　市 Luohe	5542	127.43	99.8	96.0	8.19	16.43	11.58	97.0
三门峡市 Sanmenxia	6592	110.67	99.8	98.1	5.12	12.90	4.86	97.5
义　马　市 Yima	1593	102.98	97.1	90.7	6.86	17.23	3.56	94.3
灵　宝　市 Lingbao	6417	115.87	99.4	85.4	4.74	15.26	6.62	92.5
南　阳　市 Nanyang	2503	111.34	80.8	81.9	3.61	13.28	9.15	99.7
邓　州　市 Dengzhou	9520	80.84	89.7	88.2	18.78	14.52	13.88	96.3
商　丘　市 Shangqiu	9364	95.80	95.1	93.8	8.73	11.73	6.57	97.7
永　城　市 Yongcheng	5531	117.83	97.6	90.5	7.44	16.47	10.68	95.3
信　阳　市 Xinyang	2262	103.53	98.0	95.5	13.19	15.65	3.59	91.0
周　口　市 Zhoukou	4097	175.58	97.4	97.0	4.92	20.50	9.04	93.2
项　城　市 Xiangcheng	5043	98.80	94.8	84.3	9.03	13.71	11.30	92.8
驻马店市 Zhumadian	2562	169.30	94.1	95.7	5.99	25.43	8.83	97.5
济　源　市 Jiyuan	3910	132.00	100.0	100.0	8.51	19.76	8.36	98.7

11-4 续表 continued

市 City	人均公园绿地面积(平方米) Public Recreational Green Space Per Capita (sq.m)	建成区绿化覆盖率(%) Green Coverage Rate of Built-up District (%)	建成区绿地率(%) Green Space Rate of Built-up District (%)	生活垃圾无害化处理率(%) Consumption Wastes Harmless Treatment Rate (%)	建成区面积(平方公里) Built-up District Area (sq.km)
全 省 Total	**12.0**	**39.4**	**34.8**	**99.7**	**2685**
郑州市 Zhengzhou	12.9	40.4	35.5	100.0	501
巩义市 Gongyi	14.9	40.6	37.6	100.0	32
荥阳市 Xingyang	11.6	24.2	21.5	100.0	38
新密市 Xinmi	9.9	36.3	32.6	100.0	26
新郑市 Xinzheng	13.5	36.2	31.5	100.0	34
登封市 Dengfeng	12.6	40.0	35.8	100.0	26
开封市 Kaifeng	10.2	36.2	31.3	100.0	130
洛阳市 Luoyang	10.9	41.5	37.0	100.0	216
偃师市 Yanshi	10.0	37.7	34.7	100.0	20
平顶山市 Pingdingshan	10.8	40.8	35.4	100.0	73
舞钢市 Wugang	12.3	41.1	36.8	100.0	16
汝州市 Ruzhou	13.2	36.0	31.0	100.0	40
安阳市 Anyang	11.5	41.2	35.7	100.0	83
林州市 Linzhou	11.0	38.9	34.7	100.0	24
鹤壁市 Hebi	14.2	39.9	35.7	100.0	64
新乡市 Xinxiang	11.2	40.1	37.2	100.0	120
卫辉市 Weihui	8.2	33.8	29.1	100.0	23
辉县市 Huixian	8.5	35.6	31.4	100.0	22
焦作市 Jiaozuo	14.0	40.5	35.4	100.0	113
沁阳市 Qinyang	8.4	23.1	17.4	100.0	21
孟州市 Mengzhou	10.8	38.6	33.8	100.0	17
濮阳市 Puyang	14.8	40.7	36.2	100.0	62
许昌市 Xuchang	13.7	40.0	35.0	100.0	103
禹州市 Yuzhou	10.1	39.0	34.0	100.0	46
长葛市 Changge	14.3	35.6	30.6	100.0	26
漯河市 Luohe	15.0	38.0	33.7	100.0	68
三门峡市 Sanmenxia	13.0	39.9	35.0	98.8	56
义马市 Yima	12.9	36.4	31.6	100.0	19
灵宝市 Lingbao	10.5	35.2	31.0	98.0	23
南阳市 Nanyang	9.0	36.8	32.9	96.6	155
邓州市 Dengzhou	9.4	39.5	38.1	95.0	33
商丘市 Shangqiu	8.8	45.9	39.8	100.0	63
永城市 Yongcheng	14.2	41.4	36.6	96.5	46
信阳市 Xinyang	14.1	42.5	37.0	100.0	98
周口市 Zhoukou	13.0	38.2	33.4	99.3	72
项城市 Xiangcheng	11.3	38.1	34.4	100.0	35
驻马店市 Zhumadian	15.0	43.2	37.5	100.0	85
济源市 Jiyuan	12.8	41.7	37.5	100.0	55

11−5 城市供、排水情况(2017年)

Basic Statistics on Tap Water Supply and Drainage in Cities (2017)

市 City	综合生产能力(万立方米/日) Production Capacity of Tap Water Supply (10 000 cu.m/day)	供水管道长度(公里) Length of Water Supply Pipelines (km)	供水总量(万立方米) Total Volume of Water Supply (10 000 cu.m)	生产运营用水 Water for Production and Oporation	公共服务用水 Water for Public Service	居民家庭用水 Water for use	用水人口(万人) Number of Residents with Access to Tap Water (10000person)	污水排放量(万立方米) Volume of Sewage Drainage (10 000 cu.m)
全 省 Total	**1150**	**24419**	**208604**	**59909**	**25638**	**86580**	**2396.6**	**191080**
郑州市 Zhengzhou	193	4420	39635	3001	9123	20964	637.8	38494
巩义市 Gongyi	9	180	1875	289	426	643	28.3	1688
荥阳市 Xingyang	4	303	1564	597	139	705	15.9	1521
新密市 Xinmi	7	258	1199			729	21.0	1190
新郑市 Xinzheng	16	406	1609	155	281	923	23.5	1280
登封市 Dengfeng	4	142	1042	292	240	286	18.4	940
开封市 Kaifeng	64	1609	11149	3399	1053	3866	98.2	10441
洛阳市 Luoyang	86	1754	16737	4239	3300	7183	233.7	16380
偃师市 Yanshi	7	205	1082	213	57	635	18.1	1043
平顶山市 Pingdingshan	61	1217	12701	5514	278	4509	93.8	12700
舞钢市 Wugang	7	146	1418	850	75	419	11.8	1100
汝州市 Ruzhou	15	305	1426	482	104	823	16.9	1479
安阳市 Anyang	83	796	10196	3695	1147	3754	74.0	7632
林州市 Linzhou	7	269	1422	107	107	880	21.1	1176
鹤壁市 Hebi	24	572	3939	1351	29	1936	47.0	3490
新乡市 Xinxiang	62	886	14206	6761	980	4048	77.3	10387
卫辉市 Weihui	6	188	1940	769	226	702	15.1	1504
辉县市 Huixian	15	414	2374	770	394	803	21.4	1899
焦作市 Jiaozuo	53	1113	8375	3262	613	3076	78.6	8353
沁阳市 Qinyang	8	191	602	132	59	255	11.5	600
孟州市 Mengzhou	5	230	804	228	129	317	15.0	800
濮阳市 Puyang	50	481	7227	2560	498	3396	59.0	5687
许昌市 Xuchang	25	758	4383	457	470	2212	56.2	4300
禹州市 Yuzhou	14	331	2301	399	77	1566	41.1	2230
长葛市 Changge	16	93	1621	450	186	495	18.6	1545
漯河市 Luohe	38	596	9047	4995	786	1760	59.1	8440
三门峡市 Sanmenxia	18	302	3234	624	120	1815	48.0	2547
义马市 Yima	15	128	2036	1199	45	606	17.3	1480
灵宝市 Lingbao	11	163	2230	1170	167	615	18.5	1958
南阳市 Nanyang	72	1411	10065	2946	2130	2979	129.6	9916
邓州市 Dengzhou	12	620	1671	360	163	845	34.2	1336
商丘市 Shangqiu	41	585	5141	1010	142	3060	91.7	5100
永城市 Yongcheng	14	339	3370	1192	319	1559	43.9	2502
信阳市 Xinyang	26	1295	4571	1285	230	1944	57.5	4160
周口市 Zhoukou	23	363	4408	546	681	1876	39.9	4158
项城市 Xiangcheng	9	345	2856	1330	122	913	28.7	2240
驻马店市 Zhumadian	23	522	5626	1754	505	2250	44.6	5982
济源市 Jiyuan	11	484	3522	1529	236	1233	30.5	3402

11-6 城市天然气、石油液化气供应情况(2017年)
Basic Statistics on Supply of Natural Gas and Liquefied Gas in Cities (2017)

市 City	天然气 Natural Gas					液化气 Liquefied Gas		
	供气管道长度(公里) Length of Gas Supply Pipelines (km)	供气总量合计(万立方米) Volume of Gas Supply (10 000 cu.m)	#居民家庭 Households	用气人口(万人) Population with Access to Gas (10 000person)	天然气汽车加气站(座) Natural Gas Station (unite)	供气总量合计(吨) Volume of Gas Supply (ton)	#居民家庭 Households	用气人口(万人) Population with Access to Gas (10 000person)
全　　省 Total	**22683.17**	**454874**	**137002**	**1864.98**	**181**	**214764**	**179719**	**483.67**
郑　州　市 Zhengzhou	6050.92	130025	31327	517.49	14	59808	41510	85.25
巩　义　市 Gongyi	159.72	6939	867	26.20	2	3183	2440	5.80
荥　阳　市 Xingyang	207.21	2987	1785	13.45	2	2464	1934	3.10
新　密　市 Xinmi	309.51	4800	2151	18.50	2	695	685	2.24
新　郑　市 Xinzheng	228.54	7799	1932	18.50	3	3170	1897	7.20
登　封　市 Dengfeng	209.18	5417	320	11.00	4	5035	5000	7.00
开　封　市 Kaifeng	1542.12	16601	4958	87.91	20	14340	13100	10.80
洛　阳　市 Luoyang	397.12	40701	8208	208.80	11	15148	15135	23.60
偃　师　市 Yanshi	36.32	1437	1170	10.81	1	1080	1076	4.20
平顶山市 Pingdingshan	491.89	11588	3600	94.00	10			
舞　钢　市 Wugang	85.90	840	580	11.70	2			
汝　州　市 Ruzhou	363.00	2962	708	21.60		2647	680	2.88
安　阳　市 Anyang	1888.00	36829	9484	66.68	3	6184	2860	6.12
林　州　市 Linzhou	569.17	2909	2396	18.26	3	1202	1198	2.73
鹤　壁　市 Hebi	458.43	6659	3956	44.20	2	950	950	2.70
新　乡　市 Xinxiang	1359.38	19618	9915	75.09	7	1300	1300	2.06
卫　辉　市 Weihui	108.33	1512	996	10.13	2	1047	1044	3.10
辉　县　市 Huixian	201.00	5035	1425	12.55	3	1850	1840	7.60
焦　作　市 Jiaozuo	1568.97	25685	6825	76.81				
沁　阳　市 Qinyang	339.00	2800	902	5.42	1	1871	1871	5.82
孟　州　市 Mengzhou	171.87	1557	1453	14.10	1			
濮　阳　市 Puyang	404.67	6803	4612	59.30	18			
许　昌　市 Xuchang	303.91	10333	6732	49.58	6	6250	4750	6.35
禹　州　市 Yuzhou	169.10	7569	1800	21.00	2	5612	5597	19.80
长　葛　市 Changge	99.02	10467	500	7.00	2	5520	4500	11.00
漯　河　市 Luohe	359.10	2572	1600	30.43	3	8850	8850	26.39
三门峡市 Sanmenxia	235.76	12417	892	26.10	2	3952	3605	21
义　马　市 Yima	92.00	577	381	11.67		2559	2523	5
灵　宝　市 Lingbao	139.07	361	359	9.97		1135	990	5.93
南　阳　市 Nanyang	511.00	9576	4291	80.38	20	16082	16043	50.96
邓　州　市 Dengzhou	75.79	320	212	4.10	4	4704	4550	29.50
商　丘　市 Shangqiu	777.89	13004	4818	43.20	5	14041	12010	47.30
永　城　市 Yongcheng	268.49	2451	803	21.67	7	4247	3920	19.02
信　阳　市 Xinyang	714.77	13269	5395	36.16	12	8980	7008	19.90
周　口　市 Zhoukou	529.07	8236	2556	22.43	3	4700	4700	17.32
项　城　市 Xiangcheng	252.35	1398	801	16.50	1	2305	2300	9.00
驻马店市 Zhumadian	650.60	6783	3337	32.20		3560	3560	13.17
济　源　市 Jiyuan	355.00	14039	2956	30.09	3	292	292	0.20

11－7 城市道路、园林和绿化情况(2017年)

Basic Statistics on Road, Botanical Garden and Green Coverage Area in Cities (2017)

市 City	道路长度 (公里) Length of Road (km)	道路面积 (万平方米) Road Area (10000sq.m)	道路照明灯盏数 (盏) Number of Road Lamp (unit)	安装路灯的道路长度 (公里) Length of Road Installed with Lamps (km)	绿化覆盖面积 (公顷) Green Coverage Area (hectare)	#建成区 Built-up Areas	园林绿地面积 (公顷) Botanical Garden Areas (hectare)	公园绿地面积 (公顷) Public Green Areas (hectare)	公园个数 (个) Number of Parks (unit)
全 省 Total	**13875.59**	**34735**	**948270**	**11219**	**115081**	**105903**	**101171**	**30002**	**438**
郑州市 Zhengzhou	2101.45	5821	106020	1953	22885	20229	19643	8207	107
巩义市 Gongyi	132.83	384	16404	95	1317	1280	1216	502	3
荥阳市 Xingyang	160.45	370	10729	150	931	930	827	206	4
新密市 Xinmi	123.12	335	13407	117	955	954	866	218	4
新郑市 Xinzheng	129.66	413	8748	118	1223	1222	1075	354	10
登封市 Dengfeng	169.51	357	14540	131	1030	1026	921	254	9
开封市 Kaifeng	678.72	1882	40431	509	5731	4705	4789	1044	14
洛阳市 Luoyang	875.25	2654	78155	703	8998	8981	8020	2549	18
偃师市 Yanshi	125.27	230	12139	101	740	735	690	188	5
平顶山市 Pingdingshan	358.55	1327	46118	319	3226	2991	2764	1037	16
舞钢市 Wugang	127.04	247	3296	70	717	675	638	151	2
汝州市 Ruzhou	184.45	467	9212	151	1465	1453	1252	527	11
安阳市 Anyang	483.54	1119	31551	482	3480	3420	2970	855	11
林州市 Linzhou	162.43	300	23094	161	980	940	877	234	2
鹤壁市 Hebi	360.44	847	20596	343	2560	2559	2297	688	9
新乡市 Xinxiang	491.69	1179	33995	450	4828	4827	4480	873	16
卫辉市 Weihui	91.33	174	7879	73	777	775	667	123	1
辉县市 Huixian	128.05	287	8966	91	792	782	699	188	5
焦作市 Jiaozuo	533.40	1301	24269	463	4593	4593	4012	1105	16
沁阳市 Qinyang	177.89	385	8254	108	489	484	367	118	3
孟州市 Mengzhou	114.10	389	11560	110	650	648	573	166	2
濮阳市 Puyang	373.00	884	29784	372	2612	2520	2449	890	9
许昌市 Xuchang	520.50	1701	43213	485	4168	4120	3715	775	8
禹州市 Yuzhou	316.33	577	25520	170	1870	1785	1667	439	3
长葛市 Changge	177.47	381	10149	154	946	926	812	283	3
漯河市 Luohe	483.72	973	25227	329	2710	2573	2286	889	13
三门峡市 Sanmenxia	307.10	621	31884	302	2267	2232	1986	625	7
义马市 Yima	140.90	307	4211	60	714	679	609	229	4
灵宝市 Lingbao	98.00	284	5980	96	825	809	729	196	1
南阳市 Nanyang	1280.73	2130	35973	510	8080	5723	7256	1435	65
邓州市 Dengzhou	221.82	553	20984	183	1582	1302	1437	359	4
商丘市 Shangqiu	439.27	1132	49337	430	2913	2890	2524	851	17
永城市 Yongcheng	299.53	740	13280	259	1988	1889	1755	638	9
信阳市 Xinyang	428.72	919	28565	395	5452	4166	4819	830	6
周口市 Zhoukou	264.06	840	35330	255	3109	2754	2914	531	6
项城市 Xiangcheng	193.33	415	5950	129	1383	1343	1218	341	3
驻马店市 Zhumadian	381.13	1206	24512	158	3700	3688	3252	713	4
济源市 Jiyuan	240.81	603	29008	235	2393	2294	2096	390	8

11-8 城市市容环境卫生情况(2017年)
Basic Statistics on Urban Sanitation in Cities (2017)

市 City	排水管道长度(公里) Length of Drainage Pipelines (km)	污水处理总量(万立方米) Volume of Sewage Treatment (10 000 cu.m)	道路清扫保洁面积(万平方米) Road Area Under Cleaning Program (10 000 sq.m)	生活垃圾 Living Garbage 清运量(万吨) Volume of Disposal (10 000 tons)	生活垃圾 Living Garbage 无害化处理量(万吨) Volume of Harmless Treatment (10 000 tons)	公共厕所(座) Number of Public Lavatories (unit)	市容环卫专用车辆设备总数(辆) Number of Special Vehicles for Enviromental Sanitation (unit)
全　　省 Total	**23624**	**185195**	**36166**	**985.55**	**982.06**	**8593**	**14511**
郑　州　市 Zhengzhou	4461	37735	5821	236.82	236.82	987	6408
巩　义　市 Gongyi	255	1662	499	10.09	10.09	41	113
荥　阳　市 Xingyang	327	1448	480	12.15	12.15	57	110
新　密　市 Xinmi	146	1190	482	9.42	9.42	65	176
新　郑　市 Xinzheng	250	1168	440	8.40	8.40	150	205
登　封　市 Dengfeng	221	897	375	10.20	10.20	51	19
开　封　市 Kaifeng	1054	9921	1925	32.64	32.64	896	476
洛　阳　市 Luoyang	1847	16349	3015	68.38	68.38	717	916
偃　师　市 Yanshi	161	1000	330	7.85	7.85	45	43
平顶山市 Pingdingshan	575	12601	1300	30.14	30.14	400	367
舞　钢　市 Wugang	226	1043	180	5.36	5.36	77	58
汝　州　市 Ruzhou	346	1415	630	13.80	13.80	75	83
安　阳　市 Anyang	1038	7465	1119	46.03	46.03	433	599
林　州　市 Linzhou	241	1095	434	12.25	12.25	69	50
鹤　壁　市 Hebi	506	3315	1082	21.02	21.02	96	177
新　乡　市 Xinxiang	907	9661	1410	47.40	47.40	496	379
卫　辉　市 Weihui	139	1454	253	7.95	7.95	26	27
辉　县　市 Huixian	256	1728	401	11.65	11.65	49	68
焦　作　市 Jiaozuo	966	8110	1561	28.66	28.66	175	267
沁　阳　市 Qinyang	245	525	374	5.94	5.94	40	24
孟　州　市 Mengzhou	336	766	296	4.90	4.90	26	36
濮　阳　市 Puyang	635	5404	883	26.34	26.34	144	176
许　昌　市 Xuchang	960	4214	1625	38.91	38.91	398	259
禹　州　市 Yuzhou	397	2210	550	12.84	12.84	60	86
长　葛　市 Changge	257	1473	452	6.89	6.89	29	50
漯　河　市 Luohe	801	8183	826	22.29	22.29	353	108
三门峡市 Sanmenxia	272	2482	455	16.24	16.04	181	91
义　马　市 Yima	66	1396	228	5.30	5.30	30	29
灵　宝　市 Lingbao	160	1812	320	7.65	7.50	73	30
南　阳　市 Nanyang	1490	9888	2254	51.37	49.64	643	442
邓　州　市 Dengzhou	458	1286	605	13.68	13.00	118	151
商　丘　市 Shangqiu	478	4984	1500	36.04	36.04	383	1335
永　城　市 Yongcheng	491	2385	710	16.90	16.31	116	65
信　阳　市 Xinyang	352	3786	481	31.92	31.92	367	240
周　口　市 Zhoukou	651	3876	640	18.21	18.08	128	195
项　城　市 Xiangcheng	423	2078	535	10.95	10.95	61	51
驻马店市 Zhumadian	754	5833	1106	19.46	19.46	427	510
济　源　市 Jiyuan	474	3357	589	19.50	19.50	111	92

主要统计指标解释

城区面积 包括：市本级（1）街道办事处所辖地域；（2）城市公共设施、居住设施和市政公用设施等连接到的其他镇（乡）地域；（3）常住人口在3000人以上独立的工矿区、开发区、科研单位、大专院校等特殊区域。

建成区面积 城市行政区内实际已成片开发建设、市政公用设施和公共设施基本具备的区域。对核心城市，它包括集中连片的部分以及分散的若干个已经成片建设起来，市政公用设施和公共设施基本具备的地区；对一城多镇来说，它包括由几个连片开发建设起来的，市政公用设施和公共设施基本具备的地区组成。因此建成区范围，一般是指建成区外轮廓线所能包括的地区，也就是这个城市实际建设用地所达到的范围。

供水总量 指报告期供水企业（单位）供出的全部水量。包括有效供水量和漏损水量。

有效供水量指水厂将水供出厂外后，各类用户实际使用到的水量。包括售水量和免费供水量。

城市燃气 指符合《城镇燃气设计规范》的规定，供城市生产和生活作燃料使用的天然气、人工煤气和液化石油气等气体能源的统称。

供气总量 指报告期燃气企业（单位）向用户供应的燃气数量。包括销售量和损失量

集中供热面积 指从一个或多个热源通过热网向城市的热用户供给生产和生活热能，供热企业（单位）向城市各类房屋建筑物、构筑物及其附属设施供热的全部建筑面积。

道路长度 指道路长度和与道路相通的桥梁、隧道的长度，按车行道中心线计算。

道路面积 指道路实际铺装面积和与道路相通的广场、桥梁、隧道的铺装面积（统计时，将人行道面积单独统计）。

人行道面积按道路两侧面积相加计算，包括步行街和广场，不含人车混行的道路。

排水管道长度 指所有排水总管、干管、支管、检查井及连接井进出口等长度之和。计算时应按单管计算，即在同一条街道上如有两条或两条以上并排的排水管道时，应按每条排水管道的长度相加计算。

污水排放总量 指生活污水、工业废水的排放总量，包括从排水管道和排水沟（渠）排出的污水量。

污水处理量 指污水处理厂（或污水处理装置）实际处理的污水量。包括物理处理量、生物处理量和化学处理量。

其中处理本市（县）外，指污水处理厂作为区域设施，不仅处理本市（县）的污水，还处理本市（县）以外其他市、县或乡镇等的污水。这部分污水处理量单独统计，并在计算本市（县）的污水处理率时扣除。

公园绿地面积 城市中向公众开放的、以游憩为主要功能，有一定的游憩设施和服务设施，同时兼有健全生态、美化景观、防灾减灾等综合作用的绿化用地。它是城市建设用地、城市绿地系统和城市市政公用设施的重要组成部分。

生活垃圾清运量 指报告期内收集和运送到各生活垃圾处理厂(场)和生活垃圾最终消纳点的生活垃圾数量。生活垃圾指城市日常生活或为城市日常生活提供服务的活动中产生的固体废物以及法律行政规定的视为城市生活垃圾的固体废物。包括：居民生活垃圾、商业垃圾、集市贸易市场垃圾、街道清扫垃圾、公共场所垃圾和机关、学校、厂矿等单位的生活垃圾。

生活垃圾处理量 指报告期内简易处理场和各种生活垃圾无害化处理场（厂）处理生活垃圾总量。生活垃圾简易处理量指生活垃圾简易处理场所处理的生活垃圾总量。生活垃圾无害化处理量指生活垃圾无害化处理场（厂）所处理的生活垃圾总量。

Explanatory Notes on Main Statistical Indicators

City Area include three parts:(1), area under the jurisdiction of the street agency;(2), urban public facilities, residential facilities and municipal public facilities connected to other towns area, (3) Independent industrial and mining district, development area, scientific research units, colleges and other special areas with over 3000 resident population.

Area of Built Districts refers to the Urban area that already development and construction and have public facilities. Core cities include focused even dispersion of parts, as well as several have film build up, the urban areas of basic public infrastructure and public facilities; on more than one city, town, it included several continuous development and construction, municipal and public facilities and public areas with basic facilities. Scope of the built-up area, generally refer to the built-up areas can include outer contour line, which is achieved by the actual construction of the city's range.

Volume of Water Supply refers to the total volume of water supplied by water-works (units) during the reference period, including both the effective water supply and loss during the water supply.

Available water supply refers to all kinds of users actually use water volume after water plant form water factory. Includes water sale and free water.

City gas refers to supply to urban for production and daily life, such as natural gas, manufactured gas and LPG gas energy collectively.

Volume of gas supply refers to Volume of gas supply for household by gas enterprises in reference period. Including sales and the amount of loss.

Central heating Area refers to supply to user Production and life heat energy us heat net from one or more Means from one or more sources of heat, all heat area of urban housing buildings, structures and their ancillary equipment by Heating enterprise (units).

Road length refers to the length of roads with paved surface including bridges and tunnels connected with roads. Length of the roads is measured by the central lines for vehicles for paved roads.

Road area refers to actual pavement area and with a road paving of squares, bridges, tunnels area (statistics, sidewalk area separate statistics). The sidewalk area are calculated on add of both sides area, including walking Street and square, does not contain mixed line of road vehicles and pedestrians.

Length of Urban Sewage Pipes refers to the total length of general drainage, trunks, branch and inspection wells, connection wells, inlets and outlets, etc. if there are two or more than two side-by-side in a street pipes, length of pipes should be Calculated by adding length.

Volume of waste water discharge refers to Sewage and industrial waste water, include sewer and drain (drainage) discharge of waste water.

Treatment capacity Sewage treatment plant (or sewage treatment plant) the actual amount of sewage treatment. Including physical treatment, biological treatment and chemical treatment. Which deal with the city (County), sewage treatment plants as a regional facility, not only dealing with the city (County) of sewage, also deals with the city (County), such as cities, counties or towns other than water. This portion of the amount of sewage to individual statistics and in the calculation of the city (County) when the sewage treatment rate of deduction.

Park Green Area refers to green areas open to the public for amusement and rest with the facilities of amusement, rest and services. Its function includes perfecting ecology, beautifying landscape, and preventing and reducing disaster. Park green areas include comprehensive park, community park, topic park, belt-shaped park and green area nearby street. Total areas of comprehensive park, topic park and belt-shaped is the area of park.

Consumption Wastes Transported refers to volume of consumption wastes collected and transported to disposal factories or sites. Consumption wastes are solid wastes produced from urban households or from service activities for urban households, and solid wastes regarded by laws and regulations as urban consumption wastes, including those from households, commercial activities, markets, cleaning of streets, public sites, offices, schools, factories, mining units and other sources.

Volume of consumption Wastes treatment refers to Volume of consumption Wastes Simple processing and consumption wastes treated in the reporting period.

农业

Agriculture

12

● 资料整理：郑宝卫　郑 洁　贾世云　刘露霞　金民伟

简要说明

一、主要内容

本篇包括我省农业生产和农村经济的基本情况，内容主要包括耕地、农业机械拥有量、农林牧渔业增加值、农作物播种面积、主要农产品及畜禽产品产量、水利设施与除涝治水等方面的统计资料。

二、统计范围

统计范围包括农村各种经济组织和农户经营的农林牧渔业生产活动；各种专业性农、林、牧、渔场的农业生产活动；国家各级机关、团体、学校、部队进行的农业生产活动；集体所有制的乡、镇、村办农场的农业生产活动；以及工矿企业经营的农、林、牧、渔业生产活动。

根据第三次全国农业普查结果，按照国际惯例，对2007年以后农业、畜牧业及农林牧渔业总产值增加值等数据进行了修订。具体修订情况见相关表的标注。2010年以后的农业、林业增加值数据是按照国家统计局制定的新《统计用产品分类目录》进行了调整。

三、资料来源

全省粮食作物播种面积及产量由国家统计局河南调查总队农业处编辑整理；市级粮食作物播种面积及产量由河南省地方经济社会调查队产量处编辑整理；农村基本情况、农林牧渔业增加值、经济作物播种面积及产量等由河南省统计局农业处编辑整理；畜牧业生产情况由国家统计局河南调查总队农村处编辑整理；林业生产情况、渔业生产情况、耕地面积、灌溉、水库和除涝、治水、治碱资料，农业机械拥有情况及农机化作业情况、农村基层组织情况等由河南省统计局农业处根据河南省林业厅、河南省农业厅水产局、河南省国土资源厅、河南省水利厅、河南省农业机械化管理局、河南省民政厅等部门提供的资料整理编辑。

Brief Introduction

I. Main Contents

The data in this chapter show the basic conditions of agricultural production and rural economy, including mainly cultivated number of rural employed persons, land, quantity of agricultural machinery, value-added of agriculture, forestry, animal husbandry and fishery, sown areas of farm crops, output of major products and livestock, facilities of water conservancy and efforts to eliminate water-logging and combat alkalinity, productive fixed assets owned by rural households.

II. Scope of Statistics Statistics on agriculture cover in agriculture statistics are production activities in agriculture, forestry, animal husbandry and fishery undertaken by rural economic units of various types and by rural households; production activities of farms specializing in agriculture, forestry, animal husbandry and fishery; production activities in agriculture undertaken by government agencies, institutions, schools and military units; production activities in agriculture undertaken by collective farms run by townships and villages; and production activities in agriculture, forestry, animal husbandry and fishery undertaken by manufacturing and mining enterprises.

Data on value-added of agriculture, forestry, animal husbandry and fishery and production of agriculture and animal husbandry in 2006 have been reflected basis on the second agricultural census. Data on value-added of agriculture and forestry since 2010 are adjusted according to the new classified catalogue of statistics product which formulated by NBS.

III. Sources of Data

Data on provincial sown areas, output of farm crops and livestock production are provided by Department of agricultural of the Henan provincial Bureau of Statistics and Department of Henan Survey organizations, NBS. Data on rural basic situation, value-added of agriculture, forestry, animal husbandry and fishery, municipal sown areas, output of farm crops and livestock production are provided by Department of agricultural of the Henan provincial Bureau of Statistics. Data on forestry, fishery, sown areas, irrigation and reservoirs, data on efforts to eliminate water-logging, to prevent floods by water control and to combat alkalinity, agricultural machinery, agricultural mechanization conditions and rural grassroots units are calculated by Henan province Bureau of statistics according to Henan provincial Bureau of forestry, Henan province agriculture department of administration, Henan provincial Bureau of Land and Resources, Henan provincial Bureau of water, Henan province administration of agricultural mechanization and Henan provincial Bureau of Civil affairs. Data on municipal output of farm crops come from Henan provincial survey organizations.

According to the results of the Third National Agricultural Census and in accordance with international practice, the data of the agriculture, livestock, animal husbandry, value-added and total output value of agriculture, forestry, animal husbandry and fishery after 2007 were revised. The details of the amendment are shown in the relevant tables.

12-1　农林牧渔业总产值

Value of Agriculture, Forestry, Animal Husbandry and Fishery

本表数据为当年价。

Data in this table are calculated at current prices.

单位：亿元　　(100 million yuan)

年　份 Year	农林牧渔业 Agriculture, Forestry, Animal Husbandry and Fishery	农　业 Agriculture	林　业 Forestry	牧　业 Animal Husbandry	渔　业 Fishery	农林牧渔服务业 Service for Agriculture,Forestry, Animal Husbandry and Fishery
1978	95.38	81.74	2.58	10.87	0.19	
1980	134.62	113.17	3.88	17.28	0.29	
1985	241.54	188.79	10.29	41.19	1.27	
1990	502.01	372.19	20.77	105.17	3.88	
1995	1304.25	865.82	38.32	391.08	9.03	
1996	1606.04	1092.35	41.61	461.41	10.67	
1997	1710.12	1105.73	47.20	544.05	13.14	
1998	1823.01	1159.55	50.20	597.13	16.13	
1999	1906.75	1231.89	51.75	605.61	17.50	
2000	1981.54	1264.29	56.18	641.56	19.51	
2001	2102.79	1331.55	57.00	693.81	20.43	
2002	2192.02	1215.22	64.42	773.57	21.31	117.50
2003	2193.09	1137.74	69.11	835.93	23.31	127.00
2004	2963.92	1602.88	75.85	1117.23	27.96	140.00
2005	3309.70	1790.37	83.92	1251.65	35.26	148.50
2006	3348.94	2011.09	94.92	1067.85	29.38	145.70
2007	3859.69	2248.65	104.85	1312.51	43.68	150.00
2008	4618.27	2547.77	122.89	1725.31	56.92	165.38
2009	4795.74	2811.18	134.09	1604.00	61.54	184.92
2010	5619.70	3504.07	115.29	1733.07	66.30	200.96
2011	6055.54	3553.25	127.32	2088.14	66.33	220.50
2012	6473.70	3897.46	140.85	2120.56	77.59	237.23
2013	6938.24	4126.25	152.35	2313.49	82.50	263.65
2014	7244.34	4399.17	152.40	2307.23	91.07	294.47
2015	7299.58	4503.71	134.28	2229.01	105.20	327.38
2016	7405.42	4459.29	121.28	2355.99	107.27	361.59
2017	7562.53	4552.68	128.88	2368.92	107.79	404.26

注：依据第三次全国农业普查结果，对2007-2016年农林牧渔业总产值、增加值数据进行了修订。(12-3、4、5表同)

a) According to the results of the Third National Agricultural Census, the data of the gross output value and value-added of agriculture, forestry, animal husbandry and fishery from 2007 to 2016 were revised (the same as table 12-3,12-4 and 12-5).

12-2 农林牧渔业总产值指数(上年=100)

Gross Output Value and Related Indices of Agriculture, Forestry, Animal Husbandry and Fishery (Preceding year=100)

本表数据按可比价格计算。
Data in this table are calculated at comparable prices.

年 份 Year	农林牧渔业 Agriculture, Forestry, Animal Husbandry and Fishery	农 业 Agriculture	林 业 Forestry	牧 业 Animal Husbandry	渔 业 Fishery	农林牧渔服务业 Service for Agriculture, Forestry, Animal Husbandry and Fishery
1978	109.6	110.2	109.7	105.3	100.7	
1980	105.0	106.4	117.9	93.7	114.0	
1985	104.3	98.8	119.3	143.6	130.5	
1990	107.8	107.0	105.0	111.9	119.8	
1995	117.6	113.3	106.1	128.5	115.3	
1996	112.6	111.2	110.8	115.4	115.1	
1997	107.9	105.6	103.3	112.5	117.3	
1998	106.9	105.3	104.7	109.7	114.7	
1999	107.7	108.8	103.7	106.3	108.9	
2000	105.4	104.2	105.6	107.2	112.1	
2001	105.6	105.4	101.3	106.2	104.5	
2002	104.3	104.9	105.2	103.1	113.7	
2003	98.0	90.4	103.8	106.9	108.3	108.7
2004	112.9	118.8	105.5	106.7	109.9	105.0
2005	107.5	107.7	104.7	107.6	122.5	104
2006	107.4	108.1	107.7	106.6	119	102.7
2007	103.9	104.7	105	101.9	113.1	104.1
2008	105.9	105.1	107.9	107.0	108.5	105.0
2009	104.4	103.1	107.5	106.0	106.6	105.5
2010	104.6	104.3	104.5	105.0	107.5	105.0
2011	103.8	104.3	107.1	102.2	107.2	105.5
2012	104.4	104.2	104.9	104.6	105.8	106.0
2013	104.4	104.1	107.0	104.1	106.5	108.9
2014	104.2	103.8	104.8	104.1	107.8	109.5
2015	104.6	105.5	101.7	102.2	110.5	109.7
2016	104.5	105.2	105.1	102.2	106.1	109.7
2017	104.5	105.0	106.3	102.5	106.4	109.9

12-3　农林牧渔业增加值
Value-Added of Agriculture, Forestry, Animal Husbandry and Fishery

本表增加值按当年价格计算，指数按可比价格计算。
Data in this table are calculated at current prices.Indices are calculated on comparable prices.

年　份 Year	农林牧渔业 Agriculture, Forestry, Animal Husbandry and Fishery	农　业 Agriculture	林　业 Forestry	牧　业 Animal Husbandry	渔　业 Fishery	农林牧渔服务业 Service for Agriculture, Forestry, Animal Husbandry and Fishery
绝对值(亿元) Absolute value (100 million yuan)						
1985	173.43	139.96	9.19	23.07	1.21	
1990	325.77	251.82	16.61	54.08	3.26	
1995	762.99	512.10	28.55	215.85	6.49	
1996	937.64	644.25	31.04	254.70	7.65	
1997	1005.55	653.48	35.40	307.25	9.42	
1998	1068.58	690.35	37.65	329.21	11.37	
1999	1120.14	735.80	38.86	332.88	12.60	
2000	1160.22	751.03	41.72	353.77	13.70	
2001	1234.34	798.75	40.39	381.41	13.79	
2002	1246.44	722.49	37.73	431.69	15.20	39.33
2003	1239.70	673.54	42.16	466.45	16.55	41.00
2004	1692.79	956.92	46.27	624.53	19.85	45.22
2005	1892.01	1068.85	51.19	699.67	24.33	47.96
2006	1916.73	1196.84	57.72	595.05	20.21	46.91
2007	2206.18	1333.07	63.56	730.06	30.00	49.49
2008	2630.21	1504.60	74.26	957.92	39.04	54.39
2009	2726.29	1653.78	80.78	888.96	42.15	60.63
2010	3192.82	2053.47	69.49	958.84	45.34	65.68
2011	3421.09	2074.29	76.50	1153.18	45.29	71.84
2012	3654.20	2270.35	84.93	1168.97	52.90	77.05
2013	3913.47	2401.96	91.86	1277.03	56.35	86.27
2014	4089.88	2558.88	91.89	1275.14	62.32	101.66
2015	4154.41	2625.48	84.40	1233.56	72.12	138.85
2016	4217.40	2606.00	79.11	1305.65	72.89	153.75
2017	4310.55	2665.72	84.39	1316.03	73.14	171.26
指数(上年=100) Index (Preceding year=100)						
1985	100.8					
1990	105.4					
1995	111.9					
1996	111.3					
1997	107.6	105.3	104.2	112.0	117.8	
1998	107.0	105.4	104.7	109.7	114.6	
1999	107.2	108.2	103.0	106.2	106.3	
2000	104.5	103.2	105.2	106.6	110.2	
2001	105.5	105.4	96.4	107.1	100.2	
2002	104.5	103.8	103.2	105.4	115.3	
2003	97.5	90.1	108.0	106.9	108.3	106.9
2004	113.2	118.8	105.5	106.8	109.9	105.0
2005	107.6	107.7	104.7	107.6	119.0	104.0
2006	107.3	107.7	107.4	106.6	118.6	102.3
2007	103.8	104.7	105.0	101.5	111.7	104.1
2008	105.5	104.7	107.5	106.7	108.5	104.7
2009	104.2	102.9	107.2	105.8	106.3	105.2
2010	104.5	104.2	104.3	104.9	107.4	104.8
2011	103.7	104.2	107.0	102.0	106.9	105.3
2012	104.5	104.2	104.9	104.6	105.7	105.9
2013	104.3	104.1	107.0	104.1	106.5	108.9
2014	104.2	103.9	104.8	104.1	107.8	109.6
2015	104.5	105.5	101.7	102.2	110.5	109.7
2016	104.5	105.2	105.1	102.2	106.1	109.7
2017	104.5	105.02	106.3	102.5	106.4	109.9

注：2010年起的增加值数据，按照2011年国家统计局修订的《统计用产品分类目录》进行计算。
a) Data of Value-Added of Farming, Forestry, Animal Husbandry and Fishery are calculated on new statistical product category in 2010.

12-4 各市农林牧渔业总产值(2017年)
Gross Output Value of Agriculture, Forestry, Animal Husbandry and Fishery by City (2017)

本表按当年价格计算。
Data in this table are calculated at current prices.
单位：亿元 (100 million yuan)

市(县) City(County)	农林牧渔业 Agriculture, Forestry, Animal Husbandry and Fishery	农 业 Agriculture	林 业 Forestry	牧 业 Animal Husbandry	渔 业 Fishery	农林牧渔服务业 Service for Agriculture,Forestry, Animal Husbandry and Fishery
全 省 Total						
省 辖 市 City						
郑 州 市 Zhengzhou	263.08	164.87	4.80	72.48	14.94	5.99
开 封 市 Kaifeng	535.21	312.91	6.10	173.79	5.32	37.09
洛 阳 市 Luoyang	411.80	234.40	20.14	119.75	5.13	32.37
平 顶 山 市 Pingdingshan	310.84	148.52	9.36	133.60	4.44	14.93
安 阳 市 Anyang	354.79	253.99	4.66	78.51	0.76	16.86
鹤 壁 市 Hebi	113.42	38.54	0.70	66.62	1.05	6.52
新 乡 市 Xinxiang	378.56	224.30	4.32	129.64	4.93	15.38
焦 作 市 Jiaozuo	248.33	153.18	1.88	65.19	1.11	26.98
濮 阳 市 Puyang	291.40	155.37	5.53	94.60	2.01	33.89
许 昌 市 Xuchang	267.06	149.22	8.24	93.33	0.93	15.33
漯 河 市 Luohe	197.91	104.90	1.26	83.83	1.28	6.65
三 门 峡 市 Sanmenxia	208.03	160.86	2.96	40.80	1.61	1.80
南 阳 市 Nanyang	905.08	543.84	15.63	307.46	10.89	27.26
商 丘 市 Shangqiu	662.68	444.70	6.01	178.90	7.23	25.84
信 阳 市 Xinyang	799.33	521.19	20.92	194.81	27.81	34.60
周 口 市 Zhoukou	838.12	530.27	10.44	234.08	4.90	58.43
驻 马 店 市 Zhumadian	744.51	398.28	4.29	286.77	11.34	43.84
济 源 市 Jiyuan	32.37	13.34	1.63	14.78	2.13	0.51
省 直 管 县 County Directly Administrated by Province						
巩 义 市 Gongyi	23.05	8.11	1.03	11.44	0.44	2.02
兰 考 县 Lankao	70.99	35.75	2.27	26.78	0.28	5.90
汝 州 市 Ruzhou	67.93	23.90	3.69	35.12	0.25	4.96
滑 县 Huaxian	111.33	86.30	0.41	17.88	0.05	6.68
长 垣 县 Changyuan	59.43	42.93	1.64	12.55	0.41	1.89
邓 州 市 Dengzhou	180.35	104.59	0.74	64.18	0.68	10.16
永 城 市 Yongcheng	110.30	69.93	0.71	33.62	1.05	5.00
固 始 县 Gushi	123.45	76.02	1.20	39.55	4.71	1.97
鹿 邑 县 Luyi	93.28	56.11	0.84	28.81	0.38	7.14
新 蔡 县 Xincai	89.49	48.30	0.25	35.21	1.17	4.57

12-5 各市农林牧渔业增加值(2017年)

Value-Added of Agriculture, Forestry, Animal Husbandry and Fishery by City (2017)

本表按当年价格计算。
Data in this table are calculated at current prices.
单位：亿元 (100 million yuan)

市(县)	City(County)	农林牧渔业 Agriculture, Forestry, Animal Husbandry and Fishery	农业 Agriculture	林业 Forestry	牧业 Animal Husbandry	渔业 Fishery	农林牧渔服务业 Service for Agriculture, Forestry, Animal Husbandry and Fishery
全省	**Total**						
省辖市	**City**						
郑州市	Zhengzhou	154.89	89.86	2.20	53.07	6.46	3.30
开封市	Kaifeng	289.64	179.09	3.91	93.66	2.46	10.52
洛阳市	Luoyang	239.88	139.77	12.96	63.84	3.54	19.76
平顶山市	Pingdingshan	173.10	82.99	6.52	73.81	3.00	6.78
安阳市	Anyang	202.24	145.86	2.33	45.00	0.42	8.63
鹤壁市	Hebi	61.40	22.46	0.36	34.90	0.72	2.95
新乡市	Xinxiang	222.13	136.77	2.72	74.23	3.45	4.95
焦作市	Jiaozuo	137.18	89.93	1.25	39.52	0.64	5.84
濮阳市	Puyang	164.44	90.89	3.51	56.06	1.37	12.61
许昌市	Xuchang	155.04	93.05	5.35	49.97	0.69	5.98
漯河市	Luohe	111.89	58.96	0.83	49.13	0.77	2.20
三门峡市	Sanmenxia	119.77	95.83	2.01	19.93	1.19	0.80
南阳市	Nanyang	523.17	335.02	10.54	159.50	7.89	10.23
商丘市	Shangqiu	381.32	276.53	4.23	86.27	5.43	8.86
信阳市	Xinyang	459.36	303.70	16.51	95.07	22.63	21.45
周口市	Zhoukou	473.56	301.57	6.06	135.43	3.57	26.93
驻马店市	Zhumadian	422.20	215.95	2.05	177.51	7.48	19.21
济源市	Jiyuan	19.35	7.49	1.05	9.14	1.42	0.25
省直管县	**County Directly Administrated by Province**						
巩义市	Gongyi	13.22	4.29	0.60	6.86	0.20	1.28
兰考县	Lankao	40.51	20.98	1.46	16.59	0.10	1.37
汝州市	Ruzhou	38.06	14.82	2.54	18.46	0.14	2.09
滑县	Huaxian	62.65	48.15	0.24	9.66	0.03	4.57
长垣县	Changyuan	35.02	25.73	0.88	7.14	0.30	0.97
邓州市	Dengzhou	103.88	65.23	0.49	33.24	0.45	4.47
永城市	Yongcheng	60.96	40.85	0.51	17.19	0.90	1.52
固始县	Gushi	74.84	47.46	0.87	22.14	3.64	0.73
鹿邑县	Luyi	53.37	32.02	0.55	16.29	0.30	4.20
新蔡县	Xincai	46.94	25.86	0.11	18.50	1.04	1.43

12-6 农业生产条件

Conditions of Agriculture

年 份 Year	乡村从业人员（万人） Employed persons in Rural Area (10 000 persons)	#农、林、牧、渔业 Agriculture, Forestry, Animal Husbandry and Fishery	耕地面积（千公顷） Area of Cultivated land (1 000 hectares)	农用机械总动力（万千瓦） Total Power of Agricultural Machinery (10 000 kw)	灌溉面积（千公顷） Irrigated Area (1 000 hectares)	化肥施用折纯量（万吨） Consumption of Chemical Fertilizer by 100% Effective Component (10 000 tons)	农村用电量（亿千瓦小时） Electricity Consumption in Rural Areas (100 million kwh)	农药施用实物量（万吨） Consumption of Chemical Pesticides (10 000 tons)	农用塑料薄膜使用量（万吨） Plastic Film Use for Agriculture (10 000 tons)
1978	2384	2251	7157.3	974.4	3722.67	52.54	13.25		
1979	2429	2300	7138.7	1079.3	3636.00	60.05	14.59		
1980	2505	2365	7128.1	1178.0	3536.23	72.52	17.23		
1981	2576	2457	7121.3	1262.1	3388.00	81.90	20.85		
1982	2669	2515	7109.3	1356.3	3265.33	105.50	22.76		
1983	2711	2537	7100.7	1405.9	3210.00	130.67	23.50		
1984	2819	2565	7079.3	1507.0	3278.67	140.16	25.83		
1985	2932	2558	7033.2	1590.0	3189.97	143.58	28.33		
1986	2998	2561	6998.9	1737.9	3212.71	148.73	33.30		
1987	3096	2583	6972.6	1865.9	3250.07	135.58	37.29		
1988	3212	2636	6956.4	2004.2	3358.76	150.57	40.81		
1989	3284	2706	6944.4	2153.4	3438.00	184.25	45.20		
1990	3424	2820	6933.2	2264.0	3550.09	213.18	46.93	3.31	2.75
1991	3511	2913	6920.0	2330.4	3676.59	239.74	52.06	3.88	3.15
1992	3601	2947	6887.8	2424.4	3779.72	251.13	59.58	4.76	3.45
1993	3658	2902	6871.0	2624.0	3868.33	288.21	61.10	5.44	3.84
1994	3717	2859	6830.0	2780.5	3931.30	292.47	70.54	6.53	4.87
1995	3773	2808	6805.8	3115.4	4044.19	322.21	85.07	7.56	5.32
1996	3848	2816	6786.3	4256.4	4191.05	345.33	103.66	8.33	6.17
1997	4015	2903	6773.4	4337.9	4333.06	355.31	118.27	8.49	6.95
1998	4067	2940	6834.0	4764.4	4513.86	382.80	121.21	9.10	7.49
1999	4311	3299	6825.9	5342.9	4648.78	399.85	122.54	9.61	7.94
2000	4712	3559	6875.3	5780.6	4725.31	420.71	125.80	9.55	9.19
2001	4688	3472	6907.3	6078.7	4766.00	441.73	134.61	9.85	9.41
2002	4691	3393	7262.8	6548.2	4802.36	468.83	141.36	10.20	9.86
2003	4695	3321	7187.2	6953.2	4792.22	467.89	144.59	9.87	9.88
2004	4718	3235	7177.5	7521.1	4829.10	493.16	157.69	10.12	10.16
2005	4752	3128	7201.2	7934.2	4864.12	518.14	172.15	10.51	10.84
2006	4777	3039	7202.4	8309.1	4918.80	540.43	188.82	11.16	11.84
2007	4815	2910	7201.9	8718.7	4955.84	569.68	223.43	11.80	12.66
2008	4859	2837	7202.2	9429.3	4989.20	601.68	237.36	11.91	13.07
2009	4882	2754	8192.0	9817.9	5033.03	628.67	257.76	12.14	14.14
2010	4915	2698	8177.5	10195.9	5080.96	655.15	269.41	12.49	14.70
2011	4911	2655	8161.9	10515.8	5150.44	673.71	281.82	12.87	15.16
2012	4905	2611	8156.8	10872.7	5205.63	684.43	290.03	12.83	15.52
2013	4851	2541	8140.7	11150.0	4969.11	696.37	305.42	13.01	16.78
2014	4807	2621	8126.1	11476.8	5101.74	705.75	313.23	12.99	16.35
2015	4798	2553	8105.9	11710.1	5333.90	716.09	321.01	12.87	16.20
2016	4803	2545	8111.0	9858.8	5360.30	715.03	317.23	12.71	16.31
2017	4807	2557	8112.3	10038.3	5389.79	706.70	328.82	12.07	15.73

注：1.2008年及以前年份耕地面积为年底常用耕地面积，2009年数据为第二次全省土地调查数据，2010年以后数据已按2009年数据口径进行了调整。

2.2013年及以前年份的数据为农田有效灌溉面积。(下表同)

3.2016年以后数据不再包含农用运输车和三轮运输车。

a) Data on area of cultivated land of 2008and before were cultivated land area at year-end, data in 2009 are from the second provincial land survey, and data since 2010 were adjusted by 2009's caliber.

b) The irrigated area before 2013 refer to the effective irrigation area of farmland. (The same as following tables)

c) Data on total power of agricultural machinery exclude the number of agricultural vehicles and three wheeled transport vehicles since 2016.

12-7 各市耕地面积
Arable Land Area by City

单位：千公顷 (1 000 hectares)

市(县) City(County)	2016 耕地面积 Cultivated land Area	2016 水田 Paddy Field	2016 水浇地 Irrigated land	2016 旱地 Dry Land	2017 耕地面积 Cultivated land Area	2017 水田 Paddy Field	2017 水浇地 Irrigated land	2017 旱地 Dry Land
省辖市 City								
郑州市 Zhengzhou	315.75	1.10	194.96	119.69	314.92	1.08	192.05	121.80
开封市 Kaifeng	416.30	6.37	391.73	18.19	416.03	6.30	391.61	18.12
洛阳市 Luoyang	430.79	1.68	82.40	346.70	433.86	1.68	82.09	350.09
平顶山市 Pingdingshan	320.38	1.10	217.92	101.35	320.11	1.10	217.62	101.39
安阳市 Anyang	407.15	0.04	329.83	77.29	407.12	0.04	330.28	76.80
鹤壁市 Hebi	119.60		109.71	9.89	119.25		109.38	9.87
新乡市 Xinxiang	472.81	39.87	413.97	18.97	472.19	39.52	413.71	18.95
焦作市 Jiaozuo	195.16	2.93	178.12	14.11	195.75	2.90	178.80	14.06
濮阳市 Puyang	282.83	25.17	255.30	2.36	281.10	25.09	253.67	2.35
许昌市 Xuchang	335.99	0.00	249.23	86.76	336.22	0.00	248.87	87.35
漯河市 Luohe	190.01		189.44	0.57	190.09		189.52	0.57
三门峡市 Sanmenxia	175.93	0.07	29.38	146.49	175.57	0.07	29.18	146.32
南阳市 Nanyang	1052.18	26.80	305.24	720.14	1052.19	26.74	305.44	720.01
商丘市 Shangqiu	707.81	0.00	569.72	138.09	707.74	0.00	569.74	138.00
信阳市 Xinyang	840.95	626.63	6.98	207.34	841.67	626.37	7.54	207.76
周口市 Zhoukou	856.13	0.30	809.80	46.03	857.34	0.28	810.42	46.64
驻马店市 Zhumadian	945.51	20.82	203.70	720.99	945.40	21.00	205.19	719.21
济源市 Jiyuan	45.73		16.39	29.34	45.72		16.35	29.37
省直管县 County Directly Administrated by Province								
巩义市 Gongyi	39.84		12.84	27.01	39.66		12.82	26.83
兰考县 Lankao	68.47	2.73	65.72	0.02	68.06	2.66	65.39	0.02
汝州市 Ruzhou	62.33	0.00	43.98	18.34	62.36	0.00	43.62	18.74
滑县 Huaxian	132.86		132.73	0.14	133.31		133.17	0.13
长垣县 Changyuan	69.07	4.35	64.63	0.08	68.82	4.35	64.38	0.08
邓州市 Dengzhou	168.51	0.01	63.65	104.86	168.69	0.01	63.94	104.74
永城市 Yongcheng	137.25		0.83	136.42	137.50		1.42	136.08
固始县 Gushi	156.24	143.65	0.27	12.32	156.16	143.60	0.27	12.29
鹿邑县 Luyi	84.95	0.00	84.94	0.01	84.92	0.00	84.91	0.01
新蔡县 Xincai	100.36		0.38	99.98	100.17		0.64	99.53

12-8 主要农业机械和农产品加工机械年末拥有量
Number of Agricultural Machinery and Machinery for Processing Farm Products at Year-end

指　　标	Item	1980	1990	2000	2010	2016	2017
农业机械总动力(万千瓦)	**Total Power of Agricultural Machinery (10 000 kw)**	**1178.00**	**2263.99**	**5780.60**	**10195.94**	**9858.82**	**10038.32**
#柴油发动机动力	Diesel Engines		1588.55	4859.20	9029.20	8547.35	8714.63
汽油发动机动力	Gasoline Engines		94.62	107.90	56.29	71.54	74.31
电动发动机动力	Electric Engines		580.82	812.40	1110.30	1239.14	1248.55
大中型拖拉机(混合台)(万台)	Large and Medium-sized Tractors (10 000 units)	5.97	4.93	6.62	27.44	43.27	45.85
(万千瓦)	(10 000 kw)	216.90	174.30	216.80	969.55	1816.21	1973.88
小型(包括手扶)拖拉机(万台)	Small Tractors (10 000 units)	12.77	82.20	224.67	358.61	328.95	317.55
(万千瓦)	(10 000 kw)	111.10	758.40	2317.70	3797.50	3594.92	3495.43
大中型拖拉机配套农具(万部)	Number of Large and Medium Tractor Towing Farm Machinery (10 000 units)	7.41	6.57	11.87	64.26	100.74	105.20
小型拖拉机配套农具(万部)	Number of Mini-Tractor Towing Farm Machinery (10 000 units)	4.76	83.34	357.32	666.42	640.70	628.69
机引犁(万台)	Tractor-propelled Plough (10 000 units)	3.81	63.93	196.23	318.33	316.80	313.96
机引耙(万台)	Citation Machine harrow (10 000 units)	2.24	18.51	110.17	214.60	211.09	206.67
旋耕机(万台)	Rotary cultivator (10 000 units)		1.17	4.08	18.38	27.91	29.63
播种机(万台)	Drill Machine				121.61	138.77	138.62
化肥深施机(万台)	Fertilizer deep-Shi Machine				10.05	11.09	10.79
秸秆粉碎还田机(万台)	Straw Mill				11.69	18.58	19.64
农用排灌动力机械(万台)	Drainage and Irrigation Agricultural Machinery (10 000 unit)	80.52	86.93	125.58	160.05	168.22	167.06
(万千瓦)	(10 000 kw)	574.60	609.60	905.90	1147.75	1192.53	1180.49
柴油机(万台)	Diesel Engines (10 000 units)	43.50	32.59	47.52	54.00	52.62	51.99
(万千瓦)	(10 000 kw)	356.70	295.40	458.70	525.50	512.72	505.90
电动机(万台)	Electric Engines (10 000 units)	37.02	54.29	78.06	106.06	113.52	113.27
(万千瓦)	(10 000 kw)	218.10	314.00	447.20	622.25	665.53	662.63

注：农业机械总动力：2015年及以前数据中包含农用运输车和三轮运输车，从2016年开始，不再包含在内。

a) Total power of agricultural machinery : Data on 2015 and before include the power of agricultural vehicles and three wheeled transport vehicles, while since 2016, the data do not include that.

12-8 续表　Continued

指　标	Item	1980	1990	2000	2010	2016	2017
节水灌溉机械(万套)	Watersaving Irrigation Machinery (10 000 sets)				17.37	21.83	21.91
农用水泵(万台)	Pumps (10 000 units)	56.53	79.51	175.89	216.29	219.68	215.30
联合收割机(台)	Combine Harvesters (unit)	799	837	26900	143760	265476	278379
水稻插秧机(台)	Rice Transplanter (unit)	1053			1250	5048	6799
割晒机(万台)	Swather Motor (10 000 units)			28.38	8.28	5.34	5.14
机动脱粒机(万台)	Mobile Thresher (10 000 units)	11.93	34.96	79.15	55.73	54.08	52.71
谷物烘干机(台)	Grain Dryer (unit)	41	9	100	646	1790	2541
种子加工机械(台)	Seed Processing Machinery (unit)	119	123	110	643	1335	1351
机动喷雾(粉)机(万部)	Mobile Spray Machines (10 000 units)	0.52	3.32	15.58	26.19	29.66	29.91
(万千瓦)	(10 000 kw)	1.00	5.40	24.90	50.15	55.93	57.38
饲草料加工机械(万台)	Composite Feed Processing Machinery (10 000 units)	11.38	9.92	11.53	16.92	18.74	18.84
农产品初加工动力机械(万台)	Primary Processing Power Machinery of Agricultural Products (10 000 units)	32.86	53.09	67.76	80.24	85.45	85.54
(万千瓦)	(10 000 kw)	223.80	355.10	466.80	582.70	609.41	610.06
柴油机(万台)	Diesel Engines (10 000 units)	9.14	9.50	11.44	15.74	16.09	16.04
(万千瓦)	(10 000 kw)	84.80	88.20	118.70	156.71	152.27	151.01
电动机(万台)	Electric Engines (10 000 units)	23.72	43.59	53.46	64.50	68.90	69.03
(万千瓦)	(10 000 kw)	139.00	266.90	348.10	426.04	452.30	454.09
农产品初加工作业机械(万台)	Agricultural Products Primary Processing machinery (10 000 units)			43.18	50.82	57.68	57.86
#粮食加工机	Food Processing Machine			32.31	34.80	35.46	35.46
棉花加工机	Cotton Processing Machine			3.87	4.94	4.43	4.41
油料加工机	Oil Processing Machine			6.82	8.88	9.32	9.41
农田基本建设机械(台)	Farmland Construction Machinery (unit)			5302	15743	19700	19756

12–9 各市农业机械和农产品加工机械年末拥有量(2017年)

市(县) City(County)	农业机械总动力(万千瓦) Total Power of Agricultural Machinery (10 000 kw)	农用大中型拖拉机(台) Large and Medium-sized Tractors (unit)	大中型拖拉机配套农具(部) Number of Large and Medium-sized Tractor Towing Farm Machinery (unit)	农用排灌动力机械 Agricultural Power Machinery of Irrigation and Drainage (万台) (10 000 units)	(万千瓦) (10 000 kw)
省 辖 市 City					
郑 州 市 Zhengzhou	438.0	17142	34381	8.95	74.28
开 封 市 Kaifeng	578.1	17432	43325	12.71	79.37
洛 阳 市 Luoyang	524.8	11580	23200	7.88	66.93
平 顶 山 市 Pingdingshan	398.3	24012	53622	7.32	50.52
安 阳 市 Anyang	555.3	15806	41643	12.03	91.02
鹤 壁 市 Hebi	223.6	9125	20889	3.68	27.37
新 乡 市 Xinxiang	755.7	25132	49896	14.51	102.15
焦 作 市 Jiaozuo	243.5	13514	32127	7.95	45.18
濮 阳 市 Puyang	360.1	12522	28394	11.96	92.16
许 昌 市 Xuchang	366.8	10219	23313	10.75	57.98
漯 河 市 Luohe	249.3	8629	18355	5.14	34.85
三 门 峡 市 Sanmenxia	117.5	3980	7970	1.64	15.67
南 阳 市 Nanyang	1408.3	57965	147305	11.83	76.52
商 丘 市 Shangqiu	838.6	34643	75257	18.01	116.53
信 阳 市 Xinyang	634.9	38284	42386	7.79	70.87
周 口 市 Zhoukou	939.7	38424	59612	15.52	98.46
驻 马 店 市 Zhumadian	1333.4	116003	339016	7.93	68.79
济 源 市 Jiyuan	72.4	4137	11270	1.45	11.84
省 直 管 县 County Directly Administrated by Province					
巩 义 市 Gongyi	50.0	1963	3785	0.44	4.88
兰 考 县 Lankao	72.4	3141	4490	2.15	15.07
汝 州 市 Ruzhou	163.3	6357	8400	3.02	25.29
滑 县 Huaxian	282.9	4101	9272	4.57	28.22
长 垣 县 Changyuan	100.4	3601	8749	1.43	11.05
邓 州 市 Dengzhou	193.3	12909	38027	1.44	9.88
永 城 市 Yongcheng	132.0	5077	10860	2.18	21.02
固 始 县 Gushi	128.0	5103	6280	2.22	17.23
鹿 邑 县 Luyi	93.9	4720	9000	3.13	11.30
新 蔡 县 Xincai	135.5	12455	34424	0.54	5.06

Number of Agricultural Machinery and Machinery for Processing Farm Products at Year-end by City (2017)

节　水灌溉机械（万套） Water-saving Irrigation Machinery (10 000 units)	饲草料加工机械（台） Composite Feed Processing Machinery (units)	农产品初加工动力机械 Agricultural Products Primary Processing Power Machinery		农产品初加工作业机械（万台） Agricultural Products Primary Processing Machine (10 000 units)
		（万台） (10 000 units)	（万千瓦） (10 000 kw)	
1.22	7804	4.55	36.68	2.87
3.20	13053	5.57	37.95	3.09
1.45	8896	7.48	54.77	4.52
0.63	11276	3.80	24.89	2.67
0.06	5619	3.54	23.14	2.92
0.14	1397	1.07	6.95	0.76
0.29	16699	5.68	40.15	2.64
0.04	5322	1.79	12.03	1.08
0.15	4266	2.29	19.74	1.85
0.01	16825	4.81	30.88	2.23
0.29	662	1.35	10.23	0.74
0.46	5142	2.07	13.90	0.95
2.11	13687	10.11	72.39	6.11
2.48	22376	9.04	67.75	4.60
0.40	6834	8.44	53.94	9.00
1.54	17018	6.69	49.78	6.73
7.43	26546	6.76	51.36	4.79
0.02	4961	0.51	3.52	0.31
0.01	1504	1.05	6.07	0.49
0.28	1213	0.90	5.96	0.33
0.00	6340	1.82	13.66	0.62
0.00	2373	1.03	6.58	0.54
0.12	648	0.49	4.05	0.36
0.29	1658	1.35	13.45	0.54
0.71	5599	1.29	8.37	0.68
0.01	1255	0.72	7.32	0.73
0.21	1250	0.41	3.02	2.37
1.28	6052	0.79	6.90	0.51

12-10 农业能源、主要物资消耗及水利建设情况
Agricultural Energy Resources, Consumption of Main Materials and Construction of Water Conservancy

指　　标	Item	2000	2005	2010	2016	2017
农村能源情况	**Agricultural Energy**					
农村用电量(亿千瓦小时)	Electricity Consumption in Rural Area (100 million kwh)	125.80	172.15	269.41	317.23	328.82
农业主要物资消耗情况	**Consumption of Main Agricultural Materials**					
农用化肥施用折纯量(万吨)	Consumption of Chemical Fertilizer by 100% Effective Component (10 000 tons)	420.71	518.14	655.15	715.03	706.70
农用塑料薄膜使用量(万吨)	Plastic Film Use for Agriculture (10 000 tons)	9.19	10.84	14.70	16.31	15.73
农药施用实物量(万吨)	Pesticide Use (10 000 tons)	9.55	10.51	12.49	12.71	12.07
农用柴油使用量(万吨)	Diesel Oil Use for Agriculture (10 000 tons)	79.56	89.79	107.92	112.44	108.84
农田水利建设情况	**Farm Water Conservancy Condition**					
灌溉面积(千公顷)	Irrigated Area (1 000 hectares)	4785.59	4941.21	5172.01	5360.28	5389.79
#耕地灌溉面积	Cultivated Irrigated Area	4725.31	4864.12	5080.96	5244.49	5273.63
林地灌溉面积	Woodland Irrigated Area	11.21	23.28	33.07	65.36	60.90
园地灌溉面积	Garden Irrigated Area	46.43	50.11	51.40	50.15	54.94
#节水灌溉面积	Water Saving Irrigated Area	949.61	1309.14	1536.64	1806.61	1893.27
节水灌溉面积占灌溉面积比重(%)	Mechanical and Electrical Irrigated Area Percentage to Effective Irrigated Area (%)	19.8	26.5	29.7	33.7	33.7
农业灌溉供水量(亿立方米)	Irrigated Water Supply (100million cu.m)	135.59	103.41	116.21	111.14	123.58

注：2011年以后的水利建设情况数据根据第一次全国水利普查数据调整。
a) Data on the construction of water conservancy are calculated from The first national water resources census since 2011.

12-11 各市农业机械化、能源及水利建设情况(2017年)

Agricultural Energy Resources and Construction of Water Conservancy by City (2017)

市(县) City(County)	农村能源情况 Agricultural Energy Resources	水利建设情况 Water Conservancy		
	农村用电量 (亿千瓦小时) Electricity Consumption in Rural Areas (100 million kwh)	水库数量 (座) Reservoir (unit)	塘坝数量 (座) Spoilage (unit)	机电井数量 (眼) Motor-pumped Well (unit)
省辖市 City				
郑州市 Zhengzhou	37.35	150	633	54880
开封市 Kaifeng	10.63	2		118399
洛阳市 Luoyang	24.04	171	671	17551
平顶山市 Pingdingshan	12.96	169	1188	44956
安阳市 Anyang	30.13	158	1006	345322
鹤壁市 Hebi	2.43	38	170	25558
新乡市 Xinxiang	64.82	40	711	150982
焦作市 Jiaozuo	14.32	40	149	69777
濮阳市 Puyang	8.52			162365
许昌市 Xuchang	10.81	52	171	432700
漯河市 Luohe	6.24			223263
三门峡市 Sanmenxia	3.89	173	143	37287
南阳市 Nanyang	22.99	498	18676	664986
商丘市 Shangqiu	26.62	25		202109
信阳市 Xinyang	17.85	931	131830	438665
周口市 Zhoukou	16.12			168447
驻马店市 Zhumadian	20.71	185	6938	382195
济源市 Jiyuan	1.94	24	483	4014
省直管县 County Directly Administrated by Province				
巩义市 Gongyi	13.99	14	82	1791
兰考县 Lankao	2.36			15479
汝州市 Ruzhou	3.43	26	323	13262
滑县 Huaxian	4.94	1		147376
长垣县 Changyuan	5.55			12789
邓州市 Dengzhou	2.57	18	2715	161348
永城市 Yongcheng	3.59	1		27398
固始县 Gushi	2.93	61	18131	137862
鹿邑县 Luyi	1.53			21445
新蔡县 Xincai	0.91	3	275	129963

12-12 各市农用物资消耗情况(2017年)
Consumption of Agricultural Materials by City (2017)

单位：吨 (ton)

市(县) City(County)	农用化肥使用折纯量 Consumption of Chemical Fertilizer by 100% Effective Component	#氮肥 Nitrogenous Fertilizer	#磷肥 Phosphate Fertilizer	#钾肥 Potash Fertilizer	农用塑料薄膜使用量 Plastic Film Use for Agriculture	农用柴油使用量 Diesel Oil Use for Agriculture	农药使用量 Consumption of Chemical Pesticides
省辖市 City							
郑州市 Zhengzhou	207703	59895	32473	15324	6945	52902	3468
开封市 Kaifeng	315821	126025	61791	33363	10835	53833	5613
洛阳市 Luoyang	236280	66590	32601	23695	5165	43995	4498
平顶山市 Pingdingshan	375478	97105	39027	23333	3529	59648	4041
安阳市 Anyang	446974	150371	49895	26488	17795	55394	5857
鹤壁市 Hebi	79986	32499	13071	5308	1192	11972	1265
新乡市 Xinxiang	549825	183295	69344	27096	3273	82230	9096
焦作市 Jiaozuo	196141	62400	23146	7527	2303	37698	4061
濮阳市 Puyang	275678	106088	47979	19618	7833	29700	3611
许昌市 Xuchang	250928	62884	29658	16311	3307	35105	3527
漯河市 Luohe	176378	39449	14657	8953	3102	23816	2424
三门峡市 Sanmenxia	96571	26655	11455	11949	3417	19736	3001
南阳市 Nanyang	846766	264453	144559	94392	28335	145232	16321
商丘市 Shangqiu	913410	232759	157117	93785	12456	79545	18955
信阳市 Xinyang	512980	258448	111582	38280	14115	96124	10148
周口市 Zhoukou	815072	272210	141586	71156	19997	150041	17695
驻马店市 Zhumadian	746811	150489	95571	63710	12989	101478	6597
济源市 Jiyuan	24208	8202	5307	3095	716	9904	535
省直管县 County Directly Administrated by Province							
巩义市 Gongyi	27204	9453	3719	1406	110	7110	263
兰考县 Lankao	72765	27855	12405	6234	1311	10598	666
汝州市 Ruzhou	96709	23394	12696	5098	764	16462	693
滑县 Huaxian	211861	74152	13771	11016	3875	13599	1749
长垣县 Changyuan	74020	21026	9138	6216	732	11986	1104
邓州市 Dengzhou	179413	44762	29403	17628	3165	24873	3108
永城市 Yongcheng	196787	17159	7689	5944	1578	11107	2055
固始县 Gushi	101320	51050	25600	8650	3215	16030	2900
鹿邑县 Luyi	92931	58391	11642	4200	721	13570	1104
新蔡县 Xincai	69311	11184	20079	9003	1711	9672	1182

12-13 各市农田水利情况(2017年)

Condition of Irrigation and Conservancy Project by City (2017)

单位：千公顷 (1 000 hectares)

市(县) City(County)	灌溉面积 Irrigated Area	耕地灌溉面积 Effective Irrigated Area	实际耕地灌溉面积 Actual Irrigated Area	园地灌溉面积 Garden Irrigated Area	节水灌溉面积 Water Saving Irrigated Area
全 省 Total	**5389.79**	**5273.63**	**4538.00**	**54.94**	**1893.27**
省 辖 市 City					
郑 州 市 Zhengzhou	202.47	191.65	169.15	2.10	125.40
开 封 市 Kaifeng	352.95	335.45	326.59	5.84	46.61
洛 阳 市 Luoyang	154.59	146.49	113.23	4.41	79.27
平 顶 山 市 Pingdingshan	212.36	208.88	110.05	2.01	107.78
安 阳 市 Anyang	304.16	299.56	278.00	1.92	113.86
鹤 壁 市 Hebi	92.76	89.45	83.04	2.06	69.68
新 乡 市 Xinxiang	363.51	361.90	340.77	0.52	196.13
焦 作 市 Jiaozuo	182.26	172.78	160.71	2.52	130.71
濮 阳 市 Puyang	237.01	227.48	226.03	3.51	157.49
许 昌 市 Xuchang	249.66	249.32	209.15	0.31	176.86
漯 河 市 Luohe	145.82	145.82	145.78		26.15
三 门 峡 市 Sanmenxia	56.95	52.64	33.57	4.30	21.49
南 阳 市 Nanyang	492.25	484.21	410.18	1.79	166.29
商 丘 市 Shangqiu	614.80	597.46	541.42	11.94	134.65
信 阳 市 Xinyang	519.27	506.47	367.53	9.14	65.70
周 口 市 Zhoukou	576.70	576.03	576.03	0.21	103.96
驻 马 店 市 Zhumadian	607.25	604.79	426.47	2.28	166.28
济 源 市 Jiyuan	25.02	23.25	20.30	0.08	4.96
省 直 管 县 County Directly Administrated by Province					
巩 义 市 Gongyi	16.30	15.83	13.77		6.84
兰 考 县 Lankao	57.85	57.15	56.00	0.10	7.87
汝 州 市 Ruzhou	52.89	52.89	35.20		25.87
滑 县 Huaxian	111.93	108.68	97.00	1.30	46.74
长 垣 县 Changyuan	45.09	44.42	41.04		21.52
邓 州 市 Dengzhou	114.34	112.70	112.70	0.45	40.90
永 城 市 Yongcheng	87.19	87.19	80.00		21.53
固 始 县 Gushi	105.16	104.95	103.20	0.21	33.21
鹿 邑 县 Luyi	66.15	66.15	66.15		17.55
新 蔡 县 Xincai	70.29	70.17	12.40	0.12	17.58

12−14 水库、灌区情况
Reservoirs and Irrigated Areas

指　　标	Item	2000	2010	2013	2014	2015	2016	2017
年底水库数(座)	**Number of Reservoirs at Year-end (unit)**	**2396**	**2350**	**2663**	**2648**	**2653**	**2650**	**2655**
大型水库(1亿立方米以上)	Large Reservoirs (100 million and over cu.m)	21	21	25	25	25	25	26
中型水库(1千万至1亿立方米)	Medium-sized Reservoirs (10 million - 100 million cu.m)	102	108	121	121	121	122	124
小型水库(10万至1千万立方米)	Small Reservoirs (100 thousand -10 million cu.m)	2273	2221	2517	2502	2507	2503	2505
塘坝数量(座)	Small Reservoirs (in a hilly area,unit)		277838	141113	158514	160097	160168	162769
窖池数量(座)	Pits(unit)			275431	276594	277873	278185	277843
年底灌区数(处)	Number of Irrigation Areas at Year-end (unit)	171	191	664	666	664	666	660
规模以上灌区渠道长度(公里)	Irrigation Channel Length Above Designated Size (km)		2075	2296	2246	2454	2665	2679

12−15 除涝、治水、堤防情况
Flood Prevention, Water-control and Embankment

指　　标	Item	2000	2010	2013	2014	2015	2016	2017
除涝面积(千公顷)	Flooded or Waterlogged Area Under Control (1 000 hectares)	1848.1	1973.3	1884.6	2031.7	2074.6	2108.1	2106.0
水土流失综合治理面积(平方公里)	Area of Soil Erosion Under Control (sq.km)	3810	4413	3237	3314	3560	3601	3672
堤防长度(公里)	Total Length of Dikes (km)	15758	16313	19361	19351	19531	19591	19743
达标堤防长度(公里)	Standards Length of Dikes (km)		6440	10265	10410	10617	10692	10805
堤防保护耕地面积(千公顷)	Area of Protected Land by Dikes (1 000 hectares)	3260	3388	3231	3482	3524	3512	3532

12-16 农业生产情况

Agriculture Production

年　份 Year	播种面积(千公顷) Total Sown Area (1 000hectares)	#粮食 Grain	#棉花 Cotton	#油料 Oil- bearing Crops	粮食产量(万吨) Grain Output (10 000tons)	#小麦 Wheat	棉花产量(万吨) Cotton (10 000tons)	油料产量(万吨) Oil- bearing Crops (10 000tons)	园林水果产量(万吨) Garden Fruits (10 000tons)
1978	10966.70	9123.30	612.00	465.33	2097.40	868.18	22.42	24.16	47.11
1979	10917.00	9066.70	555.33	632.67	2134.50	969.00	19.84	36.87	52.37
1980	10788.20	8858.90	626.67	710.00	2148.68	890.37	40.62	46.20	43.55
1981	11013.00	9029.30	641.33	744.67	2314.50	1083.50	35.50	55.99	52.30
1982	11076.00	8923.30	754.00	709.33	2217.10	1220.10	32.04	44.16	46.63
1983	11326.70	9286.70	794.00	607.33	2904.00	1455.75	63.24	51.52	58.67
1984	11432.70	8996.70	1162.00	579.33	2893.50	1653.00	86.89	52.50	41.01
1985	11685.30	9029.30	814.30	793.70	2710.53	1528.23	54.73	96.18	53.33
1986	11819.50	9372.20	619.33	921.33	2545.67	1567.90	39.86	98.99	61.23
1987	11952.90	9365.20	717.33	977.33	2948.41	1626.00	57.00	136.57	77.84
1988	11930.20	9053.80	916.03	952.84	2663.00	1520.95	63.71	96.17	74.81
1989	11999.40	9262.00	836.15	915.43	3149.44	1695.13	52.72	118.48	76.75
1990	11889.70	9316.10	823.00	876.40	3303.66	1639.86	67.61	152.29	63.92
1991	12001.90	9040.40	1193.20	896.00	3010.30	1554.28	94.77	127.62	63.67
1992	11936.30	8804.70	1247.90	908.60	3109.61	1650.67	65.85	133.63	87.79
1993	12068.00	8969.00	974.00	1075.00	3639.21	1922.13	66.01	204.50	125.12
1994	12087.70	8810.90	966.70	1242.00	3253.80	1798.42	62.81	225.00	170.54
1995	12136.80	8810.00	1000.10	1271.50	3466.50	1754.18	77.00	298.00	211.66
1996	12257.40	8965.30	933.30	1181.10	3839.90	2026.76	73.57	278.46	247.26
1997	12276.74	8879.90	868.30	1208.50	3894.66	2372.35	79.00	276.66	269.26
1998	12567.05	9101.98	800.00	1235.90	4009.61	2073.53	72.84	312.13	312.60
1999	12659.90	9032.30	733.30	1316.10	4253.25	2291.46	70.73	349.25	349.42
2000	13136.91	9029.60	779.33	1492.54	4101.50	2235.95	70.38	392.55	364.73
2001	13127.70	8822.79	858.20	1443.97	4119.88	2299.71	82.77	362.49	399.12
2002	13359.80	8975.10	793.10	1537.00	4209.98	2248.39	76.49	420.68	427.01
2003	13684.40	8923.30	926.67	1569.90	3569.47	2292.50	37.67	309.91	430.38
2004	13805.69	8970.07	951.80	1554.96	4260.00	2480.93	66.67	408.75	507.07
2005	13922.60	9153.40	781.47	1605.80	4582.00	2577.69	67.70	449.60	555.69
2006	13995.39	9455.80	748.20	1489.10	5112.30	2936.50	81.00	460.07	591.78
2007	14381.42	9528.52	653.16	1464.65	5252.92	2958.31	69.98	478.27	663.80
2008	14473.45	9746.87	527.62	1452.62	5405.80	3036.20	56.66	493.48	714.77
2009	14322.07	9890.62	436.53	1442.27	5506.87	3092.20	42.03	514.34	756.98
2010	14320.79	10027.00	354.23	1431.68	5581.82	3121.00	33.89	515.66	797.50
2011	14373.33	10244.43	280.57	1413.60	5733.92	3144.90	27.04	501.69	835.56
2012	14386.89	10434.56	169.40	1378.05	5898.38	3223.07	16.95	530.38	872.91
2013	14586.50	10697.43	114.96	1361.87	6023.80	3266.33	11.68	542.13	891.25
2014	14731.54	10944.97	88.11	1339.01	6133.60	3385.20	8.44	531.41	899.36
2015	14879.73	11126.30	64.34	1311.84	6470.22	3526.90	6.77	538.99	919.68
2016	14902.72	11219.55	50.03	1302.35	6498.01	3618.62	4.88	549.82	927.12
2017	14732.53	10915.13	40.00	1397.49	6524.25	3705.21	4.40	586.95	931.98

注：依据第三次全国农业普查结果，对2007-2016年农业生产数据进行了修订（12-17、18、22、25、26、27、30、31表同）。

a) According to the results of the Third National Agricultural Census, the data of production from 2007 to 2016 were revised (the same as table 12-17, 18, 22, 25, 26, 27, 30, 31).

12-17 农作物播种面积
Total Sown Areas of Farm Crops

单位：千公顷 (1 000 hectares)

指 标	Item	2010	2011	2012	2013	2014	2015	2016	2017
播种面积总计	**Total**	**14320.79**	**14373.33**	**14386.89**	**14586.50**	**14731.54**	**14879.73**	**14902.72**	**14732.53**
粮食作物	Grain	10027.00	10244.43	10434.56	10697.43	10944.97	11126.30	11219.55	10915.13
夏收粮食	Summer Harvest	5390.69	5459.35	5494.66	5543.70	5606.83	5648.60	5730.24	5741.31
秋收粮食	Autumn Harvest	4636.31	4785.07	4939.90	5153.72	5338.14	5477.70	5489.31	5173.82
谷物	Cereal	9274.24	9511.86	9717.68	10014.77	10270.37	10498.94	10608.13	10412.61
稻谷	Rice	610.84	616.28	621.77	610.97	614.65	616.35	614.09	615.03
小麦	Wheat	5364.56	5430.11	5468.80	5517.98	5581.24	5623.14	5704.91	5714.64
玉米	Corn	3233.50	3398.41	3564.70	3823.60	4009.42	4189.91	4210.46	3998.94
谷子	Millet	35.52	34.82	34.14	34.09	34.03	33.83	38.67	36.00
高粱	Sorghum	3.69	2.99	2.42	2.41	5.45	10.25	14.67	21.33
其他谷物	Others	26.13	29.24	25.86	25.73	25.59	25.46	25.33	26.67
#大麦	Barley	26.13	29.24	25.86	25.73	25.59	25.46	25.33	26.67
豆类	Beans	487.56	475.39	487.79	460.80	413.25	370.35	366.40	389.85
#大豆	Soybean	444.78	434.15	448.04	424.01	381.90	343.56	341.06	345.17
绿豆	Mung Bean	42.78	41.24	39.75	36.79	31.36	26.78	25.33	40.00
红薯	Tubers	265.19	257.18	229.09	221.85	261.34	257.02	245.03	112.67
油料	Oil- bearing Crops	1431.68	1413.60	1378.05	1361.87	1339.01	1311.84	1302.35	1397.49
#花 生	Peanuts	992.14	1005.80	999.67	1016.70	1023.57	1023.96	1051.03	1151.93
油菜籽	Rapeseeds	298.04	271.14	250.98	228.58	207.70	186.58	162.19	155.69
芝 麻	Sesame	133.35	125.51	119.20	108.22	99.12	92.17	83.15	84.07
棉花	Cotton	354.23	280.57	169.40	114.96	88.11	64.34	50.03	40.00
生麻	Fiber Crops	7.44	8.13	6.61	6.54	4.68	4.56	4.11	3.29
#黄红麻	Jute and Ambary Hemp	7.35	8.12	6.59	6.54	4.66	4.22	3.88	3.24
甘蔗	Sugarcane	3.42	3.34	3.23	3.11	2.94	2.60	2.42	2.31
烟叶	Tobacco	122.15	124.70	125.42	137.15	123.80	114.27	109.21	103.95
#烤烟	Flue-cured Tobacco	122.07	124.67	125.42	137.15	123.80	114.27	106.45	102.79
中草药材	Chinese Medicinal herbs	121.87	123.10	122.73	121.20	118.80	113.58	99.81	112.19
蔬菜及食用菌	Vegetables	1720.13	1725.51	1676.77	1682.96	1654.84	1671.03	1682.12	1736.14
瓜果类	Fruits	326.01	310.29	308.05	309.75	297.05	292.69	312.36	318.24
#西瓜	Watermelon	270.72	249.69	256.67	258.45	248.15	241.45	257.03	260.86
甜瓜	Honey-dew Melon	47.60	55.84	46.28	45.88	43.51	44.78	47.63	48.12
草莓	Strawberries	4.76	4.76	4.94	5.23	5.20	6.40	7.71	9.25
其他农作物	Others	206.86	139.65	162.07	151.55	157.36	178.51	120.77	103.80
#青饲料	Succulence	8.93	7.20	5.42	5.67	5.69	4.66	3.40	6.30
花卉	Flower	83.54	90.67	70.67	70.39	76.71	47.41	57.57	98.37

12−18 主要农产品产量

Output of Major Farm Products

单位：万吨 (10 000 tons)

指 标	Item	2010	2011	2012	2013	2014	2015	2016	2017
粮 食	Grain	5581.82	5733.92	5898.38	6023.80	6133.60	6470.22	6498.01	6524.25
夏收粮食	Summer Harvest	3129.48	3153.40	3231.72	3275.08	3395.20	3537.70	3628.32	3715.98
秋收粮食	Autumn Harvest	2452.3	2580.52	2666.65	2748.72	2738.39	2932.52	2869.69	2808.27
谷物	Cereal	5393.55	5524.71	5720.95	5859.83	5989.56	6331.75	6360.41	6382.89
稻 谷	Rice	458.51	458.59	472.80	463.16	500.53	499.88	508.29	485.25
小 麦	Wheat	3121.00	3144.90	3223.07	3266.33	3385.20	3526.90	3618.62	3705.21
玉 米	Corn	1795.31	1907.22	2011.38	2116.47	2088.89	2288.50	2216.29	2170.14
谷 子	Millet	9.81	5.10	4.69	4.71	4.10	4.17	5.11	7.57
高 粱	Sorghum	0.37	0.30	0.24	0.29	0.67	1.29	1.50	3.32
其他谷物	Others	8.55	8.59	8.76	8.88	10.17	11.00	10.60	11.40
#大麦	Barley	8.55	8.59	8.76	8.88	10.17	11.00	10.60	11.40
豆类	Beans	88.93	89.73	78.97	72.87	54.00	48.84	49.00	53.36
#大 豆	Soybean	83.91	84.91	74.81	69.34	51.52	46.75	46.90	50.36
绿 豆	Mung Bean	5.03	4.82	4.16	3.53	2.48	2.09	2.10	3.00
红薯	Tubers	99.34	119.49	98.45	91.09	90.03	89.63	88.60	88.00
油 料	Oil- bearing Crops	515.66	501.69	530.38	542.13	531.41	538.99	549.82	586.95
#花 生	Peanuts	429.64	428.78	453.73	469.19	466.09	477.12	494.27	529.81
油菜籽	Rapeseeds	67.40	54.72	57.86	55.35	49.69	46.21	40.90	42.08
芝 麻	Sesame	17.57	17.03	17.61	16.48	14.81	14.59	13.55	14.07
棉 花	Cotton	33.89	27.04	16.95	11.68	8.44	6.77	4.88	4.40
生 麻	Fiber Crops	3.88	4.35	3.67	3.65	2.87	2.87	2.71	2.24
#黄红麻	Jute and Ambary Hemp	3.84	4.35	3.67	3.65	2.87	2.68	2.59	2.22
甘 蔗	Sugarcane	22.78	22.49	21.89	22.28	20.74	17.88	16.67	16.24
烟叶(未加工烟草)	Tobacco	28.75	29.25	30.68	34.65	29.99	28.85	28.26	26.70
#烤烟	Flue-cured Tobacco	28.74	29.24	30.68	34.65	29.67	23.34	27.61	26.37
蔬菜及食用菌	Vegetables	6760.21	6811.20	6839.94	6745.29	6848.11	6970.99	7238.18	7530.22
瓜果类	Fruits	1501.23	1461.81	1515.71	1534.13	1468.76	1519.94	1613.93	1670.46
#西 瓜	Watermelon	1299.82	1238.14	1328.94	1342.89	1285.42	1349.91	1402.18	1447.01
甜 瓜	Honey-dew Melon	179.01	209.87	172.12	176.67	169.34	152.37	191.70	201.38
草 莓	Strawberries	12.56	13.81	14.64	14.58	14.00	17.66	20.05	22.08

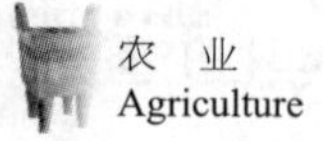

12-19 各市主要农作物播种面积(2017年)

单位：千公顷

市(县) City(County)	粮食作物 Grain	夏收粮食 Summer Harvest	秋收粮食 Autumn Harvest	谷物 Cereal	#稻谷 Rice	#小麦 Wheat	#玉米 Corn
省辖市 City							
郑州市 Zhengzhou	321.15	163.07	158.08	304.87		163.06	140.83
开封市 Kaifeng	517.09	299.93	217.17	484.75	6.96	299.92	177.83
洛阳市 Luoyang	506.07	245.97	260.09	445.85	1.64	245.97	181.23
平顶山市 Pingdingshan	445.24	215.99	229.25	418.75	1.37	215.89	201.33
安阳市 Anyang	584.53	320.39	264.14	570.41	0.21	320.38	243.64
鹤壁市 Hebi	167.84	88.91	78.93	164.95		88.91	75.16
新乡市 Xinxiang	713.35	379.41	333.93	692.81	18.47	379.41	294.01
焦作市 Jiaozuo	277.82	147.87	129.95	271.77	4.72	147.87	119.02
濮阳市 Puyang	425.61	228.21	197.39	405.59	27.45	228.21	149.55
许昌市 Xuchang	446.88	228.96	217.92	388.77		228.96	159.72
漯河市 Luohe	266.67	142.53	124.14	233.90		142.53	91.37
三门峡市 Sanmenxia	163.49	77.19	86.31	135.10		77.19	56.68
南阳市 Nanyang	1284.39	713.33	571.05	1166.38	36.64	709.02	416.28
商丘市 Shangqiu	1077.70	589.24	488.51	998.42	0.38	588.87	408.80
信阳市 Xinyang	821.97	307.65	514.32	805.67	476.56	306.56	21.86
周口市 Zhoukou	1357.07	718.38	638.69	1220.88	0.50	718.35	501.79
驻马店市 Zhumadian	1270.81	752.76	518.05	1224.21	28.14	750.52	443.11
济源市 Jiyuan	42.63	21.11	21.52	40.65	0.09	21.11	19.43
省直管县 County Directly Administrated by Province							
巩义市 Gongyi	42.65	22.30	20.35	41.44		22.29	18.87
兰考县 Lankao	100.08	58.76	41.32	96.64	0.18	58.76	37.66
汝州市 Ruzhou	95.90	47.29	48.61	91.17		47.29	43.77
滑县 Huaxian	204.41	118.63	85.79	203.49	0.15	118.61	84.57
长垣县 Changyuan	103.95	54.21	49.73	100.94	2.07	54.21	44.48
邓州市 Dengzhou	212.58	136.76	75.82	194.53	1.53	135.83	54.49
永城市 Yongcheng	206.67	109.39	97.32	164.45		109.39	55.06
固始县 Gushi	150.47	37.40	113.07	149.80	110.07	37.00	2.73
鹿邑县 Luyi	141.61	71.23	70.38	125.20		71.20	53.93
新蔡县 Xincai	148.87	83.59	65.29	143.87	2.44	83.59	57.85

Total Sown Areas of Farm Crops by City (2017)

(1 000 hectares)

豆类 Beans	#大豆 Soybean	油料 Oilbearing Crops	#花生 Peanuts	#油菜籽 Rapeseeds	棉花 Cotton	烟叶 Fluecured Tobacco	蔬菜及食用菌 Vegetables and Edible Fungus	瓜果 Melon and Fruit
7.76	5.87	31.16	27.00	3.63	1.05	0.75	61.76	8.41
13.90	13.35	99.00	96.24	2.35	6.92		156.55	44.91
29.92	22.53	32.97	24.33	6.29	1.89	23.56	64.31	7.69
12.13	10.98	34.94	24.47	8.56	0.82	11.90	49.59	6.21
5.33	4.74	51.98	49.28	2.38	2.51		112.36	16.44
1.65	1.35	12.32	11.83	0.42	0.41		11.03	0.39
14.06	13.95	69.31	67.65	1.56	1.18		63.62	4.81
3.87	3.81	21.96	21.51	0.40	0.23		33.83	3.39
14.35	12.56	27.06	26.30	0.65	1.36		63.69	6.58
33.48	33.41	15.02	11.10	3.62	0.50	9.41	41.23	2.76
23.65	23.65	9.67	7.03	1.98	2.09	7.06	61.77	11.03
21.95	16.95	12.39	4.85	3.44	0.67	16.84	34.24	3.48
66.11	49.95	348.04	292.55	25.80	7.21	21.19	245.59	28.42
61.73	59.57	71.93	67.11	4.05	6.98	2.59	201.48	45.55
7.39	6.09	139.04	65.55	65.71	0.82	0.54	130.66	26.29
106.37	98.57	84.76	61.48	4.40	4.37	3.49	281.59	80.52
26.32	24.31	332.34	293.55	17.54	0.80	5.90	117.57	21.28
1.44	1.35	0.55	0.42	0.06	0.19	0.72	5.28	0.08
0.49	0.27	2.44	1.43	0.82	0.29		2.21	0.03
1.69	1.53	13.20	12.86	0.32	1.16		8.03	2.10
1.05	0.77	5.34	3.93	1.20	0.33	1.42	7.57	0.68
0.21	0.18	23.26	23.14	0.10	0.61		34.79	5.37
2.59	2.55	8.41	7.53	0.88	0.25		9.93	1.87
14.85	10.89	65.78	57.74	1.95	1.07	1.25	43.19	4.82
40.07	39.91	0.72	0.26	0.43	0.14		26.74	1.79
0.13	0.13	23.02	8.39	13.38	0.07		29.91	6.87
15.22	15.09	3.68	1.46	1.19	1.28	1.22	30.48	1.88
2.13	1.49	22.77	17.76	1.38	0.33		11.91	6.40

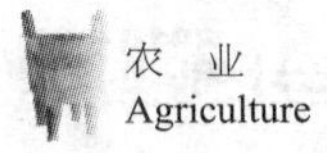

12-20 各市主要农产品产量(2017年)

单位：万吨

市(县) City(County)	粮食 Grain	夏粮 Summer Harvest	秋粮 Autumn Harvest	谷物 Cereal	#稻谷 Rice	#小麦 Wheat	#玉米 Corn
省辖市 City							
郑州市 Zhengzhou	153.15	79.70	73.45	145.29		79.74	65.26
开封市 Kaifeng	300.67	189.54	111.14	287.05	4.42	189.54	93.07
洛阳市 Luoyang	225.18	119.54	105.64	203.00	1.20	119.54	76.95
平顶山市 Pingdingshan	219.06	115.16	103.90	208.47	0.87	115.14	92.43
安阳市 Anyang	371.45	208.48	162.97	363.96	0.20	208.47	153.13
鹤壁市 Hebi	118.32	65.35	52.97	116.94		65.35	51.37
新乡市 Xinxiang	463.02	270.11	192.91	453.11	14.64	270.11	168.17
焦作市 Jiaozuo	203.63	114.89	88.74	200.85	3.75	114.89	82.16
濮阳市 Puyang	288.31	165.34	122.97	278.05	17.49	165.34	95.05
许昌市 Xuchang	288.95	166.57	122.39	266.29		166.52	99.73
漯河市 Luohe	177.78	106.25	71.53	167.78		106.25	61.53
三门峡市 Sanmenxia	65.14	34.15	30.99	57.08		34.15	22.53
南阳市 Nanyang	691.52	416.81	274.72	644.84	26.97	415.41	200.15
商丘市 Shangqiu	717.64	435.05	282.60	690.84	0.35	434.81	255.45
信阳市 Xinyang	556.13	147.73	408.40	550.14	388.85	147.34	13.76
周口市 Zhoukou	881.79	544.06	337.73	839.79	0.45	544.06	295.24
驻马店市 Zhumadian	776.88	507.53	269.35	757.68	17.36	506.79	232.67
济源市 Jiyuan	22.66	12.03	10.63	22.00	0.06	12.03	9.90
省直管县 County Directly Administrated by Province							
巩义市 Gongyi	15.92	8.63	7.29	15.43		8.63	6.74
兰考县 Lankao	56.56	35.26	21.31	54.73	0.16	35.26	19.29
汝州市 Ruzhou	45.97	25.33	20.64	44.08		25.33	18.73
滑县 Huaxian	156.47	90.75	65.72	155.61	0.15	90.74	64.63
长垣县 Changyuan	70.69	41.31	29.38	69.58	1.64	41.31	26.57
邓州市 Dengzhou	118.90	82.06	36.85	113.10	0.95	81.73	28.60
永城市 Yongcheng	133.88	82.04	51.84	122.05		82.04	40.01
固始县 Gushi	108.00	17.20	90.80	107.60	89.10	17.00	1.50
鹿邑县 Luyi	89.23	53.85	35.38	83.91		53.85	30.03
新蔡县 Xincai	89.38	55.79	33.59	87.98	1.32	55.79	30.87

Output of Major Farm Products by City (2017)

(10 000 tons)

豆类 Beans	#大豆 Soybean	油料 Oil-bearing Crops	#花生 Peanuts	#油菜籽 Rapeseeds	棉花 Cotton	烟叶(未加工) Flue-cured Tobacco	蔬菜及食用菌 Vegetables and Edible Fungus	瓜果 Melon and Fruit
1.38	1.16	11.68	11.00	0.61	0.12	0.15	251.40	34.22
4.10	3.96	45.44	44.64	0.71	0.76		736.99	234.43
4.06	3.11	10.73	8.64	1.71	0.21	5.86	271.50	20.92
3.28	3.09	11.26	8.97	2.01	0.09	2.84	240.18	23.33
1.41	1.31	24.45	23.92	0.49	0.28		671.00	104.96
0.48	0.43	3.80	3.73	0.06	0.04		41.71	1.31
3.96	3.96	30.44	29.99	0.43	0.13		306.67	24.94
1.14	1.12	11.66	11.56	0.09	0.03		189.20	14.91
4.84	4.40	12.49	12.26	0.21	0.15		258.96	29.80
8.65	8.64	4.95	3.98	0.93	0.06	2.78	157.33	12.25
5.16	5.16	3.24	2.64	0.52	0.23	1.28	180.68	38.01
4.22	3.44	2.68	1.23	0.78	0.07	3.77	121.02	8.78
14.38	10.56	153.34	140.50	7.54	0.79	6.22	1082.15	160.55
17.09	16.18	34.14	32.39	1.61	0.77	0.74	1028.38	262.90
0.72	0.61	49.29	31.13	17.15	0.09	0.18	416.85	118.03
26.21	25.05	38.12	32.71	1.63	0.48	1.36	1095.43	460.91
7.50	7.07	138.85	131.31	4.73	0.09	1.35	455.55	119.90
0.35	0.34	0.18	0.17	0.01	0.02	0.17	25.22	0.28
0.06	0.04	0.37	0.22	0.13	0.03		5.89	0.12
0.52	0.49	6.26	6.18	0.08	0.13		28.64	9.13
0.18	0.15	1.87	1.60	0.24	0.04	0.36	33.99	1.96
0.08	0.07	11.46	11.44	0.02	0.07		200.92	33.08
0.76	0.76	3.26	2.99	0.26	0.03		58.97	13.28
3.68	2.70	30.19	28.58	0.60	0.12	0.54	214.96	24.56
9.80	9.74	0.28	0.11	0.17	0.02		176.27	35.10
0.03	0.03	6.90	3.34	3.35	0.01		111.35	36.23
3.82	3.78	1.16	0.59	0.43	0.14	0.39	114.63	7.52
0.31	0.22	7.08	6.39	0.33	0.04		45.91	32.90

12-21 各市主要农产品单位面积产量（2017年，按播种面积计算）

单位：千克/公顷

市(县) City(County)	粮食 Grain	夏粮 Summer Harvest	秋粮 Autumn Harvest	谷物 Cereal	稻谷 Rice	小麦 Wheat	玉米 Corn	豆类 Beans
省辖市 City								
郑州市 Zhengzhou	4769	4888	4646	4766		4890	4634	1778
开封市 Kaifeng	5815	6320	5118	5922	6351	6320	5234	2950
洛阳市 Luoyang	4450	4860	4062	4553	7317	4860	4246	1357
平顶山市 Pingdingshan	4920	5332	4532	4978	6335	5333	4591	2703
安阳市 Anyang	6355	6507	6170	6381	9677	6507	6285	2647
鹤壁市 Hebi	7050	7350	6711	7089		7350	6835	2915
新乡市 Xinxiang	6491	7119	5777	6540	7925	7119	5720	2817
焦作市 Jiaozuo	7330	7770	6829	7390	7945	7770	6903	2948
濮阳市 Puyang	6774	7245	6230	6855	6372	7245	6356	3372
许昌市 Xuchang	6466	7275	5616	6849		7273	6244	2584
漯河市 Luohe	6667	7455	5762	7173		7455	6734	2182
三门峡市 Sanmenxia	3984	4424	3591	4225		4424	3975	1923
南阳市 Nanyang	5384	5843	4811	5529	7361	5859	4808	2175
商丘市 Shangqiu	6659	7383	5785	6919	9211	7384	6249	2768
信阳市 Xinyang	6766	4802	7941	6828	8160	4806	6295	975
周口市 Zhoukou	6498	7573	5288	6879	9000	7574	5884	2464
驻马店市 Zhumadian	6113	6742	5199	6189	6169	6753	5251	2850
济源市 Jiyuan	5316	5700	4940	5412	6429	5700	5096	2431
省直管县 County Directly Administrated by Province								
巩义市 Gongyi	3732	3870	3582	3723		3871	3571	1233
兰考县 Lankao	5651	6001	5157	5663	8889	6001	5122	3071
汝州市 Ruzhou	4794	5356	4246	4835		5356	4279	1720
滑县 Huaxian	7655	7650	7661	7647	10227	7650	7642	3871
长垣县 Changyuan	6801	7620	5908	6893	7910	7620	5973	2931
邓州市 Dengzhou	5593	6000	4860	5814	6223	6017	5249	2479
永城市 Yongcheng	6478	7500	5327	7422		7500	7267	2446
固始县 Gushi	7178	4599	8031	7183	8095	4595	5488	2250
鹿邑县 Luyi	6301	7560	5027	6702		7563	5569	2510
新蔡县 Xincai	6004	6675	5145	6115	5410	6675	5337	1458

Output of Major Farm Products Per Hectare by City (2017, by Sown Areas)

(kg/hectare)

大豆 Soybean	油料 Oil-bearing Crops	花生 Peanuts	油菜籽 Rapeseeds	烟叶（未加工） Tobacco	蔬菜及食用菌 Vegetables and Edible Fungus	瓜果类 Melon and Fruits
1977	3749	4074	1693	2040	40708	40671
2967	4589	4639	3014		47077	52203
1380	3254	3549	2711	2487	42218	27194
2814	3223	3664	2354	2386	48437	37545
2764	4704	4853	2054		59718	63861
3177	3085	3157	1421		37811	33942
2839	4392	4434	2740		48204	51870
2937	5311	5377	2217		55925	43992
3503	4616	4662	3253		40659	45280
2586	3298	3585	2567	2955	38155	44445
2182	3345	3750	2650	1811	29249	34462
2030	2160	2529	2255	2237	35348	25211
2114	4406	4803	2921	2937	44064	56486
2716	4746	4827	3983	2857	51041	57721
1001	3545	4749	2610	3310	31904	44903
2541	4497	5320	3691	3900	38901	57240
2908	4178	4473	2697	2285	38748	56356
2525	3333	3925	1417	2307	47792	34287
1500	1517	1537	1578		26647	47211
3210	4743	4800	2583		35654	43568
1957	3497	4067	2043	2529	44886	28659
3889	4930	4942	2380		57745	61659
2984	3871	3976	2987		59414	71033
2479	4589	4950	3088	4320	49771	50932
2440	3921	4200	3900		65915	195785
2250	2998	3980	2500		37223	52759
2506	3140	4035	3603	3157	37612	40047
1473	3111	3600	2424		38535	51404

12-22 蔬菜生产情况
Production of Vegetables

指　　标	Item	2016		2017	
		播种面积（千公顷）Sown Areas (1 000 hectares)	产　量（万吨）Output (10 000tons)	播种面积（千公顷）Sown Areas (1 000 hectares)	产　量（万吨）Output (10 000tons)
蔬菜及食用菌合计	**Vegetables and Edible fungus**	**1682.12**	**7238.18**	**1736.14**	**7530.22**
叶菜类	Leaf Type for Vegetable	225.90	924.53	237.67	961.76
#芹菜	Celery	90.27	440.05	91.42	459.34
菠菜	Spinach	75.39	249.69	81.93	264.31
白菜类	Cabbage	150.10	828.76	150.58	842.08
大白菜	Chinese Cabbage	136.96	737.64	136.37	717.99
甘蓝类	Cabbages	42.17	205.96	42.90	212.09
圆白菜	Cabbage Patch	39.57	191.45	40.68	198.77
块根、块茎类	Root and Stem Tuber for Vegetable	175.49	906.71	174.26	901.12
#白萝卜	Radish	96.64	511.47	93.65	494.11
胡萝卜	Carrot	37.35	191.18	35.62	176.51
瓜菜类	Melons for Vegetable	208.66	1040.30	208.14	1059.34
#黄瓜	Cucumber	156.20	765.91	157.62	778.97
菜用豆类	Legume for Vegetable	143.65	540.75	145.08	560.80
#长豆角	Carob	98.24	365.20	100.28	379.36
茄果菜类	Eggplant and Fruit for Vegetable	387.74	1386.27	398.50	1461.41
#茄子	Eggplant	78.98	358.25	78.32	360.99
西红柿	Tomato	115.09	558.57	113.64	566.94
葱蒜类	Shallot and Garlic for Vegetable	217.45	815.87	235.63	914.54
#大葱	Shallot	86.52	368.28	88.73	401.03
蒜头	Garlic	114.82	360.78	127.73	426.24
水生菜类	Aquicolous Vegetable	25.58	105.96	26.54	107.86
#莲藕	Lotus	24.78	102.93	25.60	103.88
其他蔬菜	Others	105.38	304.29	116.82	328.35
食用菌	Edible Fungus		178.79		180.86

12-23 各市蔬菜播种面积(2017年)

Total Sown Areas of Vegetables by City (2017)

单位：千公顷 (1000 hectare)

市(县)	City(County)	蔬菜及食用菌 Vegetables and Edible fungus	叶菜类 Leaf Vegetables	白菜类 Chinese Cabbage	甘蓝类 Cabbages	块根、块茎类 Root and Stem Tuber for Vegetable	瓜菜类 Melons for Vegetable	菜用豆类 Legume for Vegetable	茄果菜类 Eggplant and Fruit for Vegetable	葱蒜类 Shallot and Garlic for Vegetable	水生菜类 Aquicolous Vegetable	其他蔬菜 Others
省 辖 市	**City**											
郑 州 市	Zhengzhou	61.76	8.75	5.22	1.25	4.98	5.09	4.62	6.81	20.12	1.18	3.74
开 封 市	Kaifeng	156.55	12.86	13.01	3.56	19.75	11.77	8.46	23.37	50.01	1.46	12.31
洛 阳 市	Luoyang	64.31	9.40	4.35	1.43	8.62	6.99	7.21	15.50	8.14	0.31	2.35
平 顶 山 市	Pingdingshan	49.59	9.52	5.17	1.20	6.22	4.80	4.71	8.91	5.77	0.27	3.03
安 阳 市	Anyang	112.36	14.93	10.26	2.28	7.38	17.31	11.96	35.80	8.64	0.27	3.54
鹤 壁 市	Hebi	11.03	2.06	1.47	0.54	1.15	1.48	0.78	1.99	0.68	0.00	0.89
新 乡 市	Xinxiang	63.62	10.35	14.03	0.76	6.08	8.27	4.27	10.55	4.16	0.50	4.64
焦 作 市	Jiaozuo	33.83	4.54	4.75	1.31	3.71	6.23	3.45	4.96	3.63	0.31	0.95
濮 阳 市	Puyang	63.69	6.87	6.45	1.63	4.28	9.67	6.65	17.11	4.43	2.45	4.13
许 昌 市	Xuchang	41.23	7.60	4.97	0.31	5.49	2.92	2.87	12.84	2.19	0.22	1.82
漯 河 市	Luohe	61.77	9.10	6.74	0.66	4.30	6.02	2.64	19.85	5.57	0.06	6.82
三 门 峡 市	Sanmenxia	34.24	4.84	2.84	1.68	5.66	3.43	2.30	9.16	2.78	0.31	1.25
南 阳 市	Nanyang	245.59	22.87	17.88	9.19	29.55	21.72	18.87	52.83	28.66	8.95	35.08
商 丘 市	Shangqiu	201.48	23.73	15.94	3.86	10.49	21.81	16.14	68.77	32.37	0.82	7.55
信 阳 市	Xinyang	130.66	24.12	11.50	5.00	19.69	15.46	14.18	16.18	12.97	4.79	6.79
周 口 市	Zhoukou	281.59	45.88	15.31	5.26	21.34	46.35	25.89	72.88	29.08	3.73	15.87
驻 马 店 市	Zhumadian	117.57	19.77	9.96	2.95	15.05	18.09	9.58	19.43	15.95	0.89	5.90
济 源 市	Jiyuan	5.28	0.50	0.75	0.04	0.52	0.75	0.51	1.56	0.48	0.01	0.18
省 直 管 县	**County Directly Administrated by Province**											
巩 义 市	Gongyi	2.21	0.77	0.17	0.01	0.33	0.40	0.13	0.21	0.14	0.00	0.04
兰 考 县	Lankao	8.03	0.91	0.48	0.21	0.38	1.08	0.87	2.33	1.57	0.11	0.10
汝 州 市	Ruzhou	7.57	1.03	1.13	0.26	1.25	0.96	0.59	1.06	0.91	0.01	0.38
滑 县	Huaxian	34.79	9.68	3.27	0.72	2.05	5.46	2.65	6.97	2.40	0.07	1.52
长 垣 县	Changyuan	9.93	1.66	1.88	0.01	0.89	1.56	0.56	1.95	0.67	0.32	0.41
邓 州 市	Dengzhou	43.19	2.53	2.29	1.34	4.09	7.20	4.22	12.97	5.42	2.96	0.17
永 城 市	Yongcheng	26.74	2.73	2.96	1.42	3.89	2.98	3.30	6.02	2.51	0.40	0.53
固 始 县	Gushi	29.91	6.05	2.25	1.06	3.01	3.05	3.64	3.61	5.25	0.96	1.05
鹿 邑 县	Luyi	30.48	8.22	2.80	1.02	2.28	4.78	2.67	4.04	2.10	0.25	2.32
新 蔡 县	Xincai	11.91	1.30	1.05	0.44	2.88	1.71	0.69	1.78	1.78	0.10	0.19

12-24 各市蔬菜及食用菌产量(2017年)
Output of Vegetables and Edible Fungus by City (2017)

单位：万吨 (10 000tons)

市(县) City(County)	蔬菜及食用菌 Vegetables and Edible fungus	叶菜类 Leaf Vegetables	白菜类 Chinese Cabbage	甘蓝类 Cabbages	块根、块茎类 Root and Stem Tuber for Vegetable	瓜菜类 Melons for Vegetable	菜用豆类 Legume for Vegetable	茄果菜类 Eggplant and Fruit for Vegetable	葱蒜类 Shallot and Garlic for Vegetable	水生菜类 Aquicolous Vegetable	其他蔬菜 Others	食用菌 Edible Fungus
省辖市 City												
郑州市 Zhengzhou	251.40	28.63	33.65	5.49	24.02	23.95	17.02	32.60	60.42	6.01	18.55	1.05
开封市 Kaifeng	736.99	71.05	78.18	18.15	141.56	67.74	32.25	104.74	179.72	8.59	27.37	7.64
洛阳市 Luoyang	271.50	38.71	29.00	6.65	34.90	34.95	23.63	57.48	31.78	0.94	6.58	6.88
平顶山市 Pingdingshan	240.18	37.52	26.19	6.48	37.15	31.95	18.26	36.78	20.18	1.27	11.94	12.47
安阳市 Anyang	671.00	68.74	63.47	15.41	45.84	134.27	52.72	205.58	47.75	1.02	16.97	19.24
鹤壁市 Hebi	41.71	4.84	9.37	2.15	4.99	6.28	2.48	7.40	2.06	0.00	1.66	0.49
新乡市 Xinxiang	306.67	39.63	76.45	4.69	31.34	42.44	13.63	47.54	15.03	1.87	17.03	17.04
焦作市 Jiaozuo	189.20	18.81	27.06	7.59	20.14	42.15	14.02	31.73	19.46	1.30	5.39	1.55
濮阳市 Puyang	258.96	26.45	30.57	9.01	18.47	42.64	26.57	61.59	15.18	5.52	12.10	10.87
许昌市 Xuchang	157.33	19.38	32.78	1.44	33.11	13.27	10.15	33.18	7.00	0.81	6.09	0.11
漯河市 Luohe	180.68	34.27	22.81	1.67	19.76	22.48	11.56	38.65	12.91	0.31	14.91	1.34
三门峡市 Sanmenxia	121.02	11.91	10.11	7.49	19.82	15.63	6.15	25.32	9.49	1.44	4.39	9.27
南阳市 Nanyang	1082.15	100.86	96.17	51.93	159.57	122.57	116.62	158.78	142.98	44.26	64.78	23.63
商丘市 Shangqiu	1028.38	114.40	132.51	20.24	78.44	112.76	65.32	279.08	161.41	3.39	34.53	26.30
信阳市 Xinyang	416.85	70.43	47.62	19.15	66.67	59.23	42.11	44.59	28.67	11.32	20.09	6.97
周口市 Zhoukou	1095.43	206.95	73.20	22.09	88.90	217.73	80.01	220.31	111.48	15.97	46.63	12.18
驻马店市 Zhumadian	455.55	67.50	46.83	12.32	72.20	64.70	27.34	71.08	47.56	3.81	19.20	23.02
济源市 Jiyuan	25.22	1.67	6.12	0.15	4.26	4.60	0.97	4.99	1.45	0.03	0.15	0.82
省直管县 County Directly Administrated by Province												
巩义市 Gongyi	5.89	0.82	0.66	0.02	1.30	1.19	0.43	1.04	0.36	0.01	0.05	0.01
兰考县 Lankao	28.64	3.53	2.23	0.85	1.53	4.57	2.79	6.27	5.58	0.35	0.21	0.73
汝州市 Ruzhou	33.99	5.12	5.61	1.34	6.62	4.50	1.52	4.22	4.00	0.04	0.92	0.11
滑县 Huaxian	200.92	45.50	19.47	3.91	11.80	46.79	10.88	42.07	12.11	0.50	7.59	0.31
长垣县 Changyuan	58.97	9.01	11.65	0.05	6.69	10.75	2.51	10.69	3.85	1.30	1.92	0.55
邓州市 Dengzhou	214.96	11.91	23.99	7.72	24.66	38.82	21.86	52.05	18.91	13.78	0.41	0.85
永城市 Yongcheng	176.27	16.08	19.99	9.69	22.57	24.51	16.51	35.24	25.63	1.63	4.36	0.05
固始县 Gushi	111.35	21.62	12.36	4.09	22.52	15.06	9.04	10.18	11.07	2.50	2.81	0.11
鹿邑县 Luyi	114.63	29.38	13.01	2.05	12.05	20.38	6.32	17.78	6.00	0.88	6.63	0.15
新蔡县 Xincai	45.91	3.01	8.19	0.99	10.17	7.20	2.19	8.86	3.82	0.30	0.45	0.73

12-25 茶叶、水果及食用坚果生产情况
Production of Tea, Fruit and Nuts

指　　标	Item	2010	2011	2012	2013	2014	2015	2016	2017
面　　积	**Area**								
茶园面积(千公顷)	Area of Tea Plantations (1 000 hectares)	65.15	78.52	87.63	97.69	105.47	114.00	118.29	115.76
果园面积(千公顷)	Area of Orchards (1 000 hectares)	456.08	466.57	467.96	477.19	460.05	457.47	449.55	442.67
苹果园	Apple Orchards	178.22	181.29	179.73	177.67	173.09	171.48	157.84	147.39
梨园	Pears Orchards	47.36	49.66	52.12	52.48	53.15	54.94	54.81	55.49
葡萄园	Grapes Orchards	29.96	30.29	29.69	32.50	34.07	36.41	38.05	36.94
猕猴桃园	Chinese Goosebeery Orchards	9.20	9.61	10.24	10.30	10.82	10.99	11.16	11.34
桃园	Peach Orchards	74.00	75.62	76.42	76.57	70.20	74.04	78.87	82.42
柑桔园	Citrus Orchards	10.85	10.78	10.99	11.54	11.75	11.60	11.60	11.74
其他果园	Others	106.49	109.33	108.76	116.13	106.96	98.01	97.21	97.35
产　　量	**Output**								
茶叶产量(吨)	Output of Tea (ton)	42732	49447	51374	55891	61119	64855	68583	63954
园林水果产量(万吨)	Output of Garden Fruit (10 000 tons)	797.5	835.56	872.91	891.25	899.36	919.68	927.12	931.98
苹果	Apples	410.39	422.16	438.99	445.86	444.83	453.19	442.42	434.53
梨	Pears	94.92	100.84	104.82	108.24	113.52	115.53	118.27	121.84
葡萄	Grapes	48.49	50.18	55.33	55.83	58.57	64.00	68.54	70.29
鲜枣	Jujube	39.30	40.28	40.78	41.77	35.85	32.63	33.00	29.91
柿	Persimmon	44.47	49.72	54.41	54.81	54.53	52.19	51.14	50.87
桃	Peach	101.57	108.34	110.33	109.79	112.83	118.89	127.26	133.58
柑桔	Citrus	4.17	3.94	4.04	4.81	4.67	4.94	4.79	4.91
食用坚果产量(万吨)	Nuts (10 000tons)								
核桃	Walnuts	5.54	8.05	10.97	8.30	10.70	16.59	18.04	19.10
板栗	Chestnut	20.65	25.01	22.09	12.23	17.70	28.36	28.10	29.56

12-26 各市果园面积(2017年)
Area of Orchard by City (2017)

单位：千公顷 (1 000 hectares)

市(县) City(County)	合计 Total	#苹果园 Apple Orchards	#梨园 Pears Orchards	#葡萄园 Grapes Orchards	#柑橘园 Orange Orchards	#猕猴桃园 Chinese Goosebeery Orchards	#桃园 Peach Orchards
省 辖 市 City							
郑 州 市 Zhengzhou	20.32	2.49	1.22	0.01		0.01	2.50
开 封 市 Kaifeng	24.49	13.44	1.75				5.24
洛 阳 市 Luoyang	47.59	22.56	3.26	0.08		0.08	3.70
平 顶 山 市 Pingdingshan	13.06	1.15	1.90	0.02		0.02	5.55
安 阳 市 Anyang	35.17	9.34	2.44	0.00		0.00	4.89
鹤 壁 市 Hebi	2.57	0.34	0.27	0.00		0.00	0.15
新 乡 市 Xinxiang	14.46	3.36	1.81	0.02		0.02	5.38
焦 作 市 Jiaozuo	6.38	1.33	0.91	0.01		0.01	2.23
濮 阳 市 Puyang	11.62	6.44	1.04				1.31
许 昌 市 Xuchang	4.86	1.15	0.40	0.00		0.00	0.96
漯 河 市 Luohe	3.07	0.11	0.60	0.03		0.03	0.60
三 门 峡 市 Sanmenxia	64.49	47.70	1.49	0.03		0.03	4.56
南 阳 市 Nanyang	82.73	8.01	12.40	10.97	11.52	10.97	18.39
商 丘 市 Shangqiu	49.51	25.64	9.74	0.02		0.02	7.55
信 阳 市 Xinyang	17.21	0.24	3.58	0.11	0.22	0.11	6.51
周 口 市 Zhoukou	22.92	3.35	5.57	0.02	0.00	0.02	5.14
驻 马 店 市 Zhumadian	19.90	0.33	6.86	0.02		0.02	7.24
济 源 市 Jiyuan	2.32	0.44	0.27				0.50
省 直 管 县 County Directly Administrated by Province							
巩 义 市 Gongyi	1.61	0.30	0.13	0.00		0.00	0.16
兰 考 县 Lankao	4.93	3.34	0.45				0.69
汝 州 市 Ruzhou	4.87	0.66	0.20				2.43
滑 县 Huaxian	4.63	1.78	0.86	0.00		0.00	0.93
长 垣 县 Changyuan	1.35	0.08	0.14				0.12
邓 州 市 Dengzhou	5.02	0.43	0.84	0.09	0.89	0.09	1.63
永 城 市 Yongcheng	5.30	1.14	1.73				1.26
固 始 县 Gushi	1.68	0.09	0.33	0.03	0.10	0.03	0.45
鹿 邑 县 Luyi	0.59	0.08	0.18				0.12
新 蔡 县 Xincai	2.71	0.13	0.70				0.62

12-27 各市园林水果产量(2017年)
Output of Garden Fruit by City (2017)

单位：吨 (ton)

市(县) City(County)	合计 Total	#苹果 Apples	#梨 Pears	#葡萄 Grapes	#枣 Jujube	#柿 Persimmon	#桃 Peach
省辖市 City							
郑州市 Zhengzhou	265291	41985	20919	44423	53440	7890	32240
开封市 Kaifeng	495680	268094	39528	42277	6275	10711	122457
洛阳市 Luoyang	909553	497324	46711	107118	18588	69918	82133
平顶山市 Pingdingshan	161422	15352	25115	42370	1730	16519	52913
安阳市 Anyang	670346	257335	63543	36991	110351	52903	117289
鹤壁市 Hebi	36161	11913	7035	5929	2204	3245	5397
新乡市 Xinxiang	253723	54014	30485	15643	4142	6736	140554
焦作市 Jiaozuo	143018	39114	22885	14033	2143	10539	52320
濮阳市 Puyang	289506	191935	29884	13579	9326	4367	16680
许昌市 Xuchang	64959	18581	10781	16742	2644	1418	12888
漯河市 Luohe	86764	3269	15932	48525	221	839	17510
三门峡市 Sanmenxia	2420733	1895336	48191	76727	33681	147015	126983
南阳市 Nanyang	919942	40213	68142	20095	20928	45073	175849
商丘市 Shangqiu	1772618	913291	601857	101085	8092	25483	100228
信阳市 Xinyang	142147	1033	39870	28163	2572	15760	50399
周口市 Zhoukou	508811	83468	95675	63880	19379	80453	160739
驻马店市 Zhumadian	146014	2025	44360	24125	3328	5545	63060
济源市 Jiyuan	33128	10992	7482	1244	11	4239	6157
省直管县 County Directly Administrated by Province							
巩义市 Gongyi	25859	8025	2696	7921	128	1571	2911
兰考县 Lankao	140320	90719	17204	8591	713	214	17827
汝州市 Ruzhou	42077	9291	2413	5797	683	10680	13213
滑县 Huaxian	164353	68048	32424	14509	8703	12084	28581
长垣县 Changyuan	14785	1992	1657	5631	2640	41	2824
邓州市 Dengzhou	30945	1311	4235	2968	370	384	20742
永城市 Yongcheng	263303	47880	162030	17565			21893
固始县 Gushi	27056	190	9328	4780	570	5031	5130
鹿邑县 Luyi	10634	1952	5110	1768	95	319	1380
新蔡县 Xincai	18460	1074	5230	3576	236	2167	6177

12-28 林业生产情况
Conditions of Forestry Production

指 标	Item	2000	2005	2010	2013	2014	2015	2016	2017
营林情况	**Afforestation Conditions**								
当年造林面积(千公顷)	New Forest Area This Year (1 000 hectares)	241.32	263.50	277.11	253.91	260.00	200.01	133.49	180.93
#人工造林	By Manpower	206.45	186.72	211.53	201.21	201.25	154.75	97.65	126.28
按造林用途分(千公顷)	Afforestation Area by Use (1 000 hectares)								
用材林	Timber Forest	56.77	73.90	72.81	55.70	67.18	55.39	25.82	29.57
经济林	Economic Forest	69.11	39.00	35.46	41.44	49.00	37.37	18.01	22.36
防护林	Shelter Forest	113.80	72.93	168.58	156.77	143.08	105.23	89.53	107.82
年末实有封山育林面积(千公顷)	Actual Area of Close Hillsides to Tend Forests at year-end (1 000 hectares)	475.46	385.92	367.46	362.78	388.34	425.82	403.46	403.96
零星(四旁)植树(万株)	Scattered Planting Trees (10 000 trees)	25806	30639	27328	22948	20768	18921	14012	13611
育苗面积(千公顷)	Area of Tending Seedlings (1 000 hectares)	18.21	28.65	34.94	42.55	53.66	59.15	65.83	59.46
当年苗木产量(万株)	Output of Nursery Stock (10 000 trees)		201169	153503	239485	253022	268911	279005	282924
森林抚育面积(千公顷)	Forests Tending Area (1 000 hectares)			634.61	323.95	349.13	217.07	300.39	300.75
主要林产品产量	**Output of Major Forest Products**								
天然生漆(吨)	Lacquer (ton)	569	955	2034	2209	2103	2111	2092	2086
油桐籽(吨)	Tung-oil Seeds (ton)	57054	45802	120701	83830	84397	79182	81155	68173
油茶籽(吨)	Tea-oil Seeds (ton)	3270	8079	20823	17461	18439	24324	29213	32047
乌桕籽(吨)	Tallow-seeds (ton)	1157	2557	11631	10825	9765	8235	7869	7220
五倍子(吨)	Chinese Gall (ton)	934	1709	3986	4181	4163	4173	4072	4062
村及村以下竹木采伐量	**Logging of Bamboo and Tree in Rural Areas**								
木材(万立方米)	Wood (10 000 cu.m)	306.00	55.94	149.67	243.13	228.81	228.88	273.99	246.03
竹材(万根)	Bamboo (10 000 units)	158.00	506.50	76.50	125.85	151.44	153.89	153.50	111.02

12-29 各市林业生产情况(2017年)
Conditions of Forestry Production by City (2017)

单位：千公顷 (1 000 hectares)

市(县) City(County)	当年造林面积 Current New Forest Area	#人工造林 By Manpower	#用材林 Timber Forest	#经济林 Economic Forest	#防护林 Shelter Forest
省辖市 City					
郑州市 Zhengzhou	5.38	4.64	1.11	1.89	1.64
开封市 Kaifeng	3.51	3.51	0.41	0.91	2.19
洛阳市 Luoyang	10.67	7.50	1.35	1.50	7.32
平顶山市 Pingdingshan	21.49	14.92	0.61	3.52	17.25
安阳市 Anyang	7.44	5.15	1.18	1.15	4.75
鹤壁市 Hebi	5.08	4.34	0.15	2.16	2.71
新乡市 Xinxiang	17.53	12.91	8.50	0.52	8.51
焦作市 Jiaozuo	5.73	3.79	1.77	0.11	3.74
濮阳市 Puyang	2.61	2.61	1.76	0.16	0.69
许昌市 Xuchang	2.31	2.12	0.72	0.17	1.22
漯河市 Luohe	1.03	1.03	0.14	0.07	0.82
三门峡市 Sanmenxia	13.56	11.35	0.90	1.02	11.43
南阳市 Nanyang	44.46	22.43	0.50	6.15	22.12
商丘市 Shangqiu	3.83	3.75	1.12	0.70	1.93
信阳市 Xinyang	18.53	12.22	6.29	1.32	8.32
周口市 Zhoukou	2.37	2.09	1.11	0.22	0.76
驻马店市 Zhumadian	10.81	8.90	1.94	0.71	8.06
济源市 Jiyuan	4.61	3.06		0.10	4.36
省直管县 County Directly Administrated by Province					
巩义市 Gongyi	0.58	0.48		0.30	0.18
兰考县 Lankao	1.10	1.10			1.10
汝州市 Ruzhou	3.54	3.00		0.54	3.43
滑县 Huaxian	0.99	0.63	0.52	0.11	
长垣县 Changyuan	0.58	0.58			0.57
邓州市 Dengzhou	2.38	2.18		0.20	1.98
永城市 Yongcheng	1.84	1.44		0.40	1.05
固始县 Gushi	0.64	0.56			0.56
鹿邑县 Luyi	0.47	0.27	0.27		
新蔡县 Xincai	0.41	0.41			0.41

12-29 续表 continued

单位：千公顷 (1 000 hectares)

市(县)	City(County)	年末实有封山育林面积 Actual Area of Closing Hillsides to Tend Forest at year-end	零星(四旁)植树(万株) Scattered Planting Trees (10 000 trees)	当年苗木产量(万株) Quantity of Nursery Stock (10 000 trees)	森林抚育面积 Area of Tending Woods
省辖市	**City**				
郑州市	Zhengzhou	1.23	604.00	9887.64	3.65
开封市	Kaifeng		342.17	6324.20	0.60
洛阳市	Luoyang	27.90	473.71	37645.28	104.80
平顶山市	Pingdingshan	22.12	716.00	11611.60	4.52
安阳市	Anyang	19.43	711.66	11998.68	4.15
鹤壁市	Hebi	12.68	386.00	2596.48	3.19
新乡市	Xinxiang	22.04	506.61	11866.62	8.73
焦作市	Jiaozuo	2.04	248.12	8555.33	8.74
濮阳市	Puyang		96.15	6212.47	0.03
许昌市	Xuchang	5.34	2111.50	10829.00	3.07
漯河市	Luohe		432.28	3561.80	
三门峡市	Sanmenxia	52.75	1263.00	22994.43	21.74
南阳市	Nanyang	133.33	1757.08	58770.84	89.80
商丘市	Shangqiu		854.65	11230.65	1.13
信阳市	Xinyang	90.91	1164.00	34849.63	32.59
周口市	Zhoukou		614.63	12048.27	2.13
驻马店市	Zhumadian	13.46	1179.39	17715.78	8.06
济源市	Jiyuan	0.73	150.00	4226.10	3.83
省直管县	**County Directly Administrated by Province**				
巩义市	Gongyi	0.27		430.00	1.80
兰考县	Lankao		110.00	4343.00	0.33
汝州市	Ruzhou	3.39	98.00	6974.00	1.78
滑县	Huaxian			1433.00	
长垣县	Changyuan		240.00	130.00	
邓州市	Dengzhou	0.33	582.00	3986.40	
永城市	Yongcheng		285.00	2568.20	0.22
固始县	Gushi	1.41	200.00	380.00	1.48
鹿邑县	Luyi		155.00	110.00	0.13
新蔡县	Xincai		213.04	1066.83	0.05

12－30 牧渔业产量

Output of Animal Husbandry and Fishery

年 份 Year	肉类产量(万吨) Total Output of Meat (10 000 tons)	#猪肉 Pork	#牛肉 Beef	#羊肉 Mutton	#禽肉 Poultry	大牲畜年底头数(万头) Large Animals at Year-end (10 000 heads)	#役畜 Draught Animals	猪年底头数(万头) Hogs (10 000 heads)	禽蛋产量(万吨) Poultry Eggs (10 000 tons)	奶类产量(万吨) Output of Milk (10 000 tons)	水产品产量(万吨) Total Aquatic Products (10 000 tons)
1978	45.64	42.20				515.03	401.70	1724.90			2.47
1979	55.14	50.00				521.50	400.40	1592.30			2.30
1980	55.03	49.45	0.69	2.88	1.90	541.99	423.75	1474.24	15.86	2.20	2.91
1981	51.58	44.30	0.60	3.36		607.00	498.90	1386.50	16.31		3.00
1982	54.26	47.60	0.52	3.46		671.50	542.10	1310.70	16.75		3.25
1983	51.33	43.70	0.88	3.41		704.70	562.20	1195.70	21.41		3.78
1984	58.59	49.60	1.83	3.31		794.70	615.70	1327.00	31.38		4.89
1985	71.83	61.08	3.01	3.38	4.10	886.35	664.55	1621.74	37.15	4.50	6.37
1986	79.42	65.00	5.50	3.70		957.44	708.10	1539.41	37.32		6.61
1987	86.63	66.10	8.90	5.00		1000.82	738.44	1404.72	43.55		7.62
1988	103.75	76.87	12.24	6.48		1069.20	779.57	1586.18	50.43		9.39
1989	121.53	88.11	15.26	7.89		1111.56	794.04	1680.22	53.62		9.83
1990	134.86	97.45	18.16	8.05	9.40	1116.33	798.30	1750.32	59.58	7.40	10.48
1991	157.95	108.73	24.82	7.76		1102.10	782.25	1820.80	73.81		10.77
1992	171.66	119.23	25.67	7.96		1135.50	794.90	1959.70	79.29		11.55
1993	203.51	137.60	32.64	9.90	19.30	1211.00	843.00	2085.00	95.58	7.50	13.83
1994	253.31	165.81	44.00	12.57	25.70	1329.18	919.79	2325.17	125.28	8.90	15.84
1995	333.00	210.37	64.39	21.10	31.00	1420.45	985.76	2667.72	140.01	9.80	18.09
1996	347.72	225.63	59.45	21.72	34.10	1089.14	783.00	2229.67	154.54	9.70	20.51
1997	403.00	256.12	64.88	25.23	49.30	1420.87	857.03	2931.91	201.40	10.60	23.88
1998	461.63	297.86	76.71	28.00	50.76	1416.84	803.70	3439.66	229.34	12.30	27.02
1999	485.11	313.95	82.21	29.96	51.47	1448.42	530.60	3556.43	251.82	15.90	28.83
2000	517.00	337.88	83.00	32.00	55.00	1445.73	482.84	3787.69	270.00	20.20	32.17
2001	540.65	343.77	89.23	34.51	63.90	1435.93	479.53	3672.07	286.00	30.00	31.46
2002	570.01	366.49	89.20	37.85	66.40	1409.78	437.03	3800.00	302.00	39.00	36.22
2003	603.55	386.00	93.00	42.00	74.00	1469.45	430.00	3917.80	326.20	52.60	38.95
2004	643.00	412.37	98.33	44.06	79.55	1491.19	427.00	4152.87	347.40	78.90	42.70
2005	689.00	441.20	102.75	47.38	87.51	1508.80	412.90	4439.00	375.30	108.50	51.68
2006	584.60	391.30	82.00	23.80	76.60	1114.26	410.12	3953.30	329.50	142.26	40.98
2007	545.87	338.88	75.28	24.82	84.58	985.75	387.21	4184.00	333.14	149.82	45.68
2008	573.35	366.84	70.70	25.51	91.52	910.09	337.42	4458.81	363.82	201.86	50.58
2009	591.61	389.18	64.75	24.46	96.88	814.97	369.30	4524.05	370.74	203.56	53.77
2010	608.96	407.72	58.67	23.35	101.32	719.19	296.16	4540.55	372.29	207.04	57.86
2011	604.28	405.67	53.14	22.54	105.59	619.07	243.38	4560.84	370.13	214.85	65.47
2012	632.84	431.57	47.80	22.07	114.60	537.56	211.21	4577.45	379.00	220.85	71.72
2013	648.97	452.99	43.89	21.66	113.48	487.16	200.09	4415.68	380.58	219.07	85.01
2014	662.02	476.63	41.02	21.80	108.34	447.59	192.82	4407.38	370.81	227.28	91.76
2015	647.22	466.45	37.84	21.81	108.97	411.70	183.71	4361.95	372.30	233.66	102.37
2016	625.94	449.04	34.87	21.85	110.05	353.67	167.47	4268.82	379.56	223.30	94.76
2017	655.84	466.90	35.04	26.10	118.97	376.09	108.50	4390.00	401.18	212.87	94.67

12-31 畜禽产品年末存栏数量及产量

Number of Livestock and Output of Livestock Products at Year-end

单位：万头、万只 (10 000 heads)

指 标	Item	1980	1990	2000	2005	2010	2014	2015	2016	2017
年底存栏总头数	**Number of Livestock at Year-end**									
#大牲畜	Large Livestock	541.99	1116.33	1445.73	1508.80	719.19	447.592	411.70	353.67	376.09
#从事农事劳役	Draught Animals	423.75	798.30	482.84	412.90	296.16	192.82	183.71	167.47	108.50
牛	Cow	339.60	892.50	1340.20	1447.00	695.05	434.66	402.68	348.41	372.67
#肉牛	Cattle	177.70		282.80	514.06	346.53	201.75	181.76	150.58	230.51
#乳牛	Dairy	0.90	1.90	6.70	31.22	52.35	40.09	37.22	30.36	33.66
马	Horse	52.20	39.20	29.30	17.29	8.05	4.18	2.80	1.38	0.97
驴	Donkey	94.30	120.90	49.50	29.60	12.34	7.24	5.13	3.47	2.18
骡	Mule	55.90	63.70	26.80	14.91	3.76	1.51	1.09	0.41	0.28
猪	Pig	1474.24	1750.32	3787.69	4439.00	4540.55	4407.38	4361.95	4268.82	4390.00
羊	Sheep	1147.80	1279.50	2961.40	3988.00	1895.40	1886.00	1926.00	1535.45	1682.02
山羊	Goat	764.80	1129.50	2730.10	3509.00	1662.88	1551.82	1552.77	1438.55	1412.88
绵羊	Sheep	383.00	150.00	231.30	479.00	232.52	334.18	373.23	96.89	269.14
家禽	Poultry		19849.90	42529.00	61958.00	56708.51	57081.34	57070.49	56927.73	65019.50
猪牛羊出栏头(只)数	**Slaughtered Fattened Hogs, Cattle and Sheep**									
肉猪	Hogs	684.70	1182.40	4180.00	5568.00	5382.80	6291.98	6151.36	5983.13	6220.00
肉用牛	Cattle	9.00	167.90	578.00	702.64	390.08	272.77	251.29	231.10	232.95
肉用羊	Sheep and Goats	289.10	834.00	2903.80	4225.00	1959.16	1792.14	1790.23	1791.49	2145.00
肉用禽	Poultry					81530.72	82685.40	83132.35	83926.15	90681.61
肉类总产量(万吨)	**Total Output of Meat (10 000 tons)**	**55.03**	**134.86**	**517.00**	**689.00**	**608.96**	**662.02**	**647.22**	**625.94**	**655.84**
#猪肉	Pork	49.40	97.40	337.90	441.20	407.72	476.63	466.45	449.04	466.90
牛肉	Beef	0.70	18.20	83.00	102.75	58.67	41.02	37.84	34.87	35.04
羊肉	Mutton	2.90	8.10	32.00	47.38	23.35	21.80	21.81	21.85	26.10
禽肉	Meat of Poultry	1.90	9.40	55.00	87.51	101.32	108.34	108.97	110.05	118.97
兔肉	Rabbit	0.10	0.30	4.20	5.66	9.46	7.55	6.23	5.32	4.85
其他畜产品产量	**Others Output of Livestock Products**									
奶类总产量(万吨)	Output of Milk (10 000 tons)	2.20	7.40	20.20	108.50	207.04	227.28	233.66	223.30	212.87
牛奶	Cow Milk	0.80	2.70	16.10	104.00	190.06	216.90	223.57	213.51	202.86
羊奶	Sheep Milk	1.40	4.70	4.10	5.00	16.98	10.37	10.10	9.79	10.01
羊毛总产量(吨)	Output of Wool (ton)	10708	6745	10844	14335	11984	9569	7246	9370	9214
山羊毛	Goat Wool	771	1372	2858	2873	4297	3671	2245	3657	3450
绵羊毛	Sheep Wool	9937	5373	7986	11462	7687	5898	5000	5713	5765
羊绒产量(吨)	Cashmere (ton)	52	102	277	7135	181	146	311	706	581
蜂蜜产量(吨)	Honey (ton)	5287	11908	23105	27441	61820	36645	27907	87823	71487
禽蛋产量(万吨)	Poultry Eggs (10 000 tons)	15.90	59.60	270.00	375.30	372.29	370.81	372.30	379.56	401.18
蚕茧产量(吨)	Output of Silkworm Cocoons (ton)			15190	20366	16751	10313	7715	21936	21563
#桑蚕茧	Mulberry Silkworm Cocoons			12560	14803	13287	8204	7256	15754	15415
柞蚕茧	Tussore Silkworm Cocoons			2630	5563	3464	2109	459	6182	6148

12-32 各市牲畜饲养情况(2017年底)
Number of Livestock by City (End of 2017)

市(县)	City(County)	牛(万头) Cattles (10 000 heads)	马(头) Horses (head)	驴(头) Donkeys (head)	骡(头) Mules (head)	猪年底头数(万头) Hogs (year-end) (10 000 heads)	羊年底只数(万只) Sheep and Goats (year-end) (10 000 heads)	家禽(万只) Poultry (10 000 heads)	兔(万只) Rabbits (10 000 heads)
省辖市	**City**								
郑州市	Zhengzhou	7.99	55	847	41	125.12	41.93	2074.83	8.33
开封市	Kaifeng	24.15	51	914	68	296.97	107.88	4597.30	72.87
洛阳市	Luoyang	27.94	352	1117	150	140.55	73.68	2514.20	164.64
平顶山市	Pingdingshan	19.15	4212	4939	918	244.12	118.22	2444.59	31.81
安阳市	Anyang	5.71	226	1349	334	173.76	72.08	4186.04	25.82
鹤壁市	Hebi	2.10	78	99	166	95.71	27.08	2338.41	4.07
新乡市	Xinxiang	12.41	38	1115	179	286.11	62.77	4173.25	19.47
焦作市	Jiaozuo	9.93		162		113.91	33.16	1788.30	44.32
濮阳市	Puyang	10.97	476	2295	226	97.81	60.30	4917.29	45.83
许昌市	Xuchang	12.52	507	343	5	260.02	69.96	2058.50	33.75
漯河市	Luohe	4.18				201.42	17.32	2414.28	5.59
三门峡市	Sanmenxia	13.88				73.21	34.25	607.70	0.68
南阳市	Nanyang	78.63	568	1230	31	506.99	245.50	5080.18	36.82
商丘市	Shangqiu	33.56	41	321	71	273.14	242.30	7380.08	73.78
信阳市	Xinyang	13.66				288.91	61.79	5698.74	45.49
周口市	Zhoukou	26.02	1019	1944	583	521.21	255.68	8139.32	100.92
驻马店市	Zhumadian	67.40	2037	5111		655.04	147.90	4392.12	385.56
济源市	Jiyuan	2.46				36.00	10.23	214.38	12.53
省直管县	**County Directly Administrated by Province**								
巩义市	Gongyi	0.48		155		19.18	4.13	132.31	1.82
兰考县	Lankao	2.47		708		23.23	20.03	1682.61	15.24
汝州市	Ruzhou	5.84	1163	824	684	73.55	32.25	756.12	8.63
滑县	Huaxian	1.73	122	686		31.78	16.03	1738.97	3.02
长垣县	Changyuan	1.02		800		15.75	6.04	440.05	2.56
邓州市	Dengzhou	15.44				105.98	35.94	994.83	9.91
永城市	Yongcheng	1.89				33.95	42.84	1960.72	13.50
固始县	Gushi	1.91				71.99	19.10	1741.33	0.32
鹿邑县	Luyi	1.37				57.05	24.58	935.01	2.08
新蔡县	Xincai	5.30		1264		66.55	16.55	454.94	66.15

12-33 各市畜产品产量(2017年)
Output of Livestock Products by City (2017)

市(县)	City(County)	猪牛羊出栏头(只)数 Slaughtered Fattened Hogs, Cattle, Sheep and Goats 猪(万头) Hogs (10 000 heads)	牛(万头) Cattle (10 000 heads)	羊(万只) Sheep and Goats (10 000 units)	猪肉产量(万吨) Output of Pork (10 000 tons)	蜂蜜(吨) Honey (ton)	禽蛋(万吨) Poultry Eggs (10 000 ton)	绵羊毛(吨) Sheep Wool (ton)	#细羊毛 Fine Wool	山羊粗毛(吨) Goat Wool (ton)
省辖市	**City**									
郑州市	Zhengzhou	180.39	4.79	51.97	13.74	85	12.80	22	7	11
开封市	Kaifeng	406.11	15.05	198.56	30.48	78	28.37	429	2	0
洛阳市	Luoyang	180.21	15.76	63.62	13.81	2536	15.51	1157	227	482
平顶山市	Pingdingshan	333.56	11.77	113.54	24.96	225	15.08	835	77	239
安阳市	Anyang	229.51	2.61	82.66	17.21	34	25.83	292		7
鹤壁市	Hebi	147.38	1.29	24.78	11.23	2	14.43	58	25	49
新乡市	Xinxiang	411.76	7.73	79.01	30.71	91	25.75	223		61
焦作市	Jiaozuo	140.22	6.45	32.66	10.37	124	11.03	364		
濮阳市	Puyang	132.13	5.93	108.33	10.09	4	30.34	897	3	1
许昌市	Xuchang	413.10	7.70	84.95	30.90	1015	12.70	29		12
漯河市	Luohe	345.61	2.03	25.09	25.27	15	14.90			
三门峡市	Sanmenxia	94.35	7.26	33.32	7.08	2601	3.75	535	42	302
南阳市	Nanyang	701.70	49.99	316.30	52.07	31650	31.35	458	54	1253
商丘市	Shangqiu	425.87	21.52	314.00	31.92	385	45.54	306	41	
信阳市	Xinyang	402.56	8.87	87.12	30.30	6558	35.16			
周口市	Zhoukou	690.84	17.66	334.38	51.93	54	50.22	22	12	
驻马店市	Zhumadian	929.17	45.08	188.44	70.64	26017	27.10	108	97	447
济源市	Jiyuan	55.54	1.48	6.27	4.17	11	1.32	29	15	5
省直管县	**County Directly Administrated by Province**									
巩义市	Gongyi	27.55	0.35	3.71	2.18	63	0.82	4	1	7
兰考县	Lankao	30.24	1.56	34.60	2.26	0	10.38	4	2	0
汝州市	Ruzhou	92.24	3.55	17.79	6.94	5	4.67	23		
滑县	Huaxian	39.46	0.98	27.75	2.95	0	10.73	98		2
长垣县	Changyuan	25.23	0.77	9.69	1.93		2.72	1		0
邓州市	Dengzhou	136.87	10.30	56.13	10.29	17	6.14	2	0	18
永城市	Yongcheng	44.19	1.71	70.91	3.31	0	12.10			
固始县	Gushi	107.54	1.53	35.02	8.21	16	10.74			
鹿邑县	Luyi	79.67	0.67	23.02	6.05	0	5.77			
新蔡县	Xincai	88.72	3.68	25.23	6.73	3109	2.81			

主要统计指标解释

农林牧渔业总产值 指以货币表现的农、林、牧、渔业全部产品和对农林牧渔业生产活动进行的各种支持性服务活动的价值总量，它反映一定时期内农林牧渔业生产总规模和总成果。1957 年以前的农林牧渔业总产值中包括了厩肥和农民自给性手工业（如农民自制衣服、鞋、袜，自己从事粮食初步加工等）。1958 年及以后，林业中增加了村及村以下竹木采伐产值；牧业中取消了厩肥产值；副业中取消了农民自给性手工业产值，增加了村及村以下办的工业产值；渔业中增加了海洋捕捞水产品产值。1980 年及以后，在副业中增加了农民家庭兼营工业商品部分的产值。从 1984 年起村及村以下工业产值划归工业。从 1993 年起取消副业，将野生动物的捕猎划入牧业，野生植物采集和农民家庭兼营商品性工业划归农业。从 2003 年起，执行新的国民经济行业分类标准，农林牧渔业总产值中包括了农林牧渔服务业产值。林业中增加了森林采运业产值。农业中取消了家庭兼营商品性工业产值，将野生林产品的采集划归林业。第一次农业普查以后，由于畜牧业产品年报数据与普查数据之间存在一定的差距，根据农业普查结果，对畜牧业年报数据和畜牧业产值进行了修正。2010 年执行《统计用产品分类目录》，对 2009 年的农业、林业产值做了相应调整。

农林牧渔业总产值的计算方法通常是按农、林、牧、渔业产品及其副产品的产量分别乘以各自单位产品价格求得；少数生产周期较长，当年没有产品或产品产量不易统计的，则采用间接方法匡算其产值；然后将四业产品产值及农林牧渔服务业产值相加即为农林牧渔业总产值。

粮食产量 指农业生产经营者日历年度内生产的全部粮食数量。按收获季节包括夏收粮食、早稻和秋收粮食，按作物品种包括谷物、薯类和豆类。其产量计算方法：谷物按脱粒后的原粮计算，豆类按去豆荚后的干豆计算；薯类（包括甘薯和马铃薯，不包括芋头和木薯）1963 年以前按每 4 公斤鲜薯折 1 公斤粮食计算，从 1964 年开始改为按 5 公斤鲜薯折 1 公斤粮食计算。城市郊区作为蔬菜的薯类（如马铃薯等）按鲜品计算，并且不作粮食统计。1989 年以前全国粮食产量数据主要靠全面报表取得，1989 年开始使用抽样调查数据。

棉花产量 指全社会的产量。包括春播棉和夏播棉。产量按皮棉计算。不包括木棉。

油料产量 指全部油料作物的生产量。包括花生、油菜籽、芝麻、向日葵籽、胡麻籽（亚麻籽）和其他油料。不包括大豆、木本油料和野生油料。花生以带壳干花生计算。

水产品产量 指渔业（捕捞和养殖）生产活动的最终有效成果，包括全部海水和淡水鱼类、甲壳类（虾、蟹）、贝类、头足类、藻类和其他类渔业产品的最终产量。水产品产量是通过各级水产和统计部门逐级上报取得数据。1995 年及以前，贝类中牡蛎按鲜肉计算；蚶、蛤、蛏按 5 斤鲜品折 1 斤计算。1996 年以后则统一按鲜品计算。

猪、牛、羊肉产量 指当年出栏并已屠宰、除去头蹄下水后带骨肉（即胴体重）的重量。

期初(末)畜禽存栏头(只)数 指报告期初（末）农村各种合作经济组织和国营农场、农民个人、机关、团体、学校、工矿企业、部队等单位以及城镇居民饲养的大牲畜、猪、羊、家禽等畜禽的存栏数。

常用耕地 是指耕地总资源中专门种植农作物并经常进行耕种、能够正常收获的土地。包括当年实际耕种的熟地；弃耕、休闲不满三年，随时可以复耕的地；开荒利用三年以上的地。不包括临时种植农作物的坡度在 25 度以上的陡坡地；在河套、湖畔、库区临时开发的成片或零星土地；也不包括已列为国家和省（区、市）退耕计划但临时耕种的土地。

农作物播种面积 指实际播种或移植有农作物的面积。凡是实际种植有农作物的面积，不论种植在耕地上还是种植在非耕地上，均包括在农作物播种面积中。在播种季节基本结束后，因遭灾而重新改种和补种的农作物面积，也包括在内。

有效灌溉面积 指具有一定的水源，地块比较平整，灌溉工程或设备已经配套，在一般年景下当年能够进行正常灌溉的耕地面积。

农用化肥施用量 指本年内实际用于农业生产的化肥数量，包括氮肥、磷肥、钾肥和复合肥。化肥施用量要求按折纯量计算数量。折纯量是指把氮肥、磷肥、钾肥分别按含氮、含五氧化二磷、含氧化钾的百分之一百成份进行折算后的数量。复合肥按其所含主要成分折算。

农业机械总动力 指主要用于农、林、牧、渔业的各种动力机械的动力总和。包括耕作机械、排灌机械、收获机械、农用运输机械、植物保护机械、牧业机械、林业机械、渔业机械和其他农业机械〔内燃机按引擎马力折成瓦（特）计算、电动机按功率折成瓦（特）计算〕。不包括专门用于乡镇、村、组办工业、基本建设、非农业运输、科学试验和教学等非农业生产方面用的动力机械与作业机械。

Explanatory Notes on Main Statistical Indicators

Gross Output Value of Agriculture, Forestry, Animal Husbandry and Fishery refers to the total value of products of agriculture, forestry, animal husbandry and fishery, and total value of services in support of agriculture, forestry, animal husbandry and fishery activities. It reflects the total scale and results of agricultural production during a given period. Prior to 1957, China's gross agricultural output value included barnyard manure and handicraft products for self-consumption (clothes, shoes, stockings, and initial grain processing undertaken by peasants). Since 1958, cutting and felling of bamboo and trees by villages and other cooperative organizations under villages have been included in forestry; value of barnyard manure has been excluded from animal husbandry; self consumed handicrafts have not been included from sideline occupations, while the output value of industries run by villages and cooperative organizations under village has been included in sideline occupations; and the output value of fish catches by motor fishing boats has been added to fishery. Since 1980, the value of handicraft products made for sale by individuals in households has been added to sideline occupations. Since 1984, industries run by villages and under villages have been included in the sector of industry. Since 1993, the subdivision of sideline occupations has been cancelled, and the hunting of wild animals has been classified into animal husbandry, and the gathering of wild plants and commodity industry run by rural household have been included in farming. A new industrial classification of economic activities was introduced in 2003. Under the new classification, value of services to agriculture, forestry, animal husbandry and fishery is included in the gross output value of agriculture, value of wood felling and transport is included in forestry, value of industrial output by rural households is not included in agriculture. The First Agriculture Census of China revealed some discrepancy between the production of animal products from the annual reports and that from the census. According to the result of the First Agriculture census, efforts were made to adjust the annual reports of animal husbandry output and the output value of animal husbandry to make the figures from the annual reports consistent with the census data. "The Classification of Products for Statistical Purposes" implemented in 2010 made relevant revision on the output value of agriculture and forestry in 2009.

Gross output value of agriculture is obtained by multiplying the output of each product or by-product by its price, resulting in the output value of each single item. For a small number of products, annual output of which is not available or difficult to get due to the long production (growing) process involved, the output value is estimated through an indirect approach. The sum of output values of all products of agriculture, forestry, animal husbandry and fishery and services in support to those industries is then equal to the gross output value of agriculture.

Grain Output refers to the total output of grains produced by agricultural producers within a calendar year. It includes summer grain, early rice and autumn grain if classified by harvest seasons; it covers cereal, tubers and beans if classified by type of crops. Output of cereal should be limited to husked grain only. Output of beans refers to dry beans without pods. The output of tubers (sweet potatoes and potatoes, not including taros and cassava) are converted into that of grain at the ratio 4:1, i.e. 4 kilograms of fresh tubers were equivalent to 1 kilogram of grain up to 1963. Since 1964 the ratio for conversion has been 5:1. Tubers supplied as vegetables (such as potatoes) in cities and suburbs are calculated as fresh vegetables and their output is not included in the output of grain. Data on grain production before 1989 were obtained through the Comprehensive Statistical Reporting System. Since 1989, data from sample surveys are used.

Cotton Output refers to cotton production in the whole country including cotton planted in spring and in autumn. Output is measured as the weight of ginned cotton. Ceiba is not included.

Output of Oil-bearing Crops refers to the total production of oil-bearing crops of various kinds, including peanuts (dry, in shell), rapeseeds, sesame, sunflower seeds, flax seeds, and other oil-bearing crops. Soybeans, oil-bearing woody plants, and wild oil-bearing crops are not included.

Output of Aquatic Products refers to final output actually yielded from fishing production (fishery and breeding), including all output of marine and freshwater fish, crustaceans (shrimps, crabs), shellfish, cephalopod, seaweed and other fishery products. Data on output of aquatic products are reported by aquatic product and statistical agencies level by level. Before 1995, among the shellfish, oyster was counted as fresh meat; 5 kilograms of ark shell, clams and frogs are equivalent to 1 kilogram of fresh aquatic products; they have all been counted as fresh aquatic products since 1996.

Output of Pork, Beef, and Mutton refers to the meat of slaughtered hogs, cattle, sheep and goats with head, feet, and offal taken away.

Number of Livestock or Poultry in Stock at Beginning (or End) refers to the total number of large animals, pigs, sheep, fowls, etc. raised by rural cooperative organizations, state farms, rural individuals, government agencies, schools, industrial and mining enterprises, army, and urban residents at the beginning (or end) of the reference period.

Regularly Cultivated Land refers to farmland among the total land resources which is exclusively used for farming and is under regular cultivation with harvest in normal years. Included are currently cultivated land, land that has been abandoned or put in idle for less than 3 years and could be re-used for cultivation at any time, and new-claimed land that has been put into cultivation for more than 3 years. Excluded under this category are steep slope land over 25 degrees under temporary cultivation, land (large or small plots) that is claimed along river bends, lake sides or banks of reservoirs, as well as land that has been designated under the "Green for Grain" programs of the state and provincial governments but is still temporarily under cultivation.

Sown Area of Crops refers to area of land sown or transplanted with crops regardless of being in cultivated area or non cultivated area. Area of land re-sown due to natural disasters is also included.

Irrigated Area refers to areas that are effectively irrigated, i.e. level land, which has water source and complete sets of irrigation facilities to lift and move adequate water for irrigation purpose under normal conditions.

Consumption of Chemical Fertilizers in Agriculture refers to the quantity of chemical fertilizers applied in agriculture in the year, including nitrogenous fertilizer, phosphate fertilizer, potash fertilizer, and compound fertilizer. The consumption of chemical fertilizers is required in calculation to convert the gross weight into weight containing 100% effective component (e.g. 100% nitrogen content in nitrogenous fertilizer, 100% phosphorous-pent oxide contents in phosphate fertilizer, 100% potassium oxide contents in potash fertilizer). Compound fertilizer is converted with its major component.

Total Power of Farm Machinery refers to total mechanical power of machinery used in farming, forestry, animal husbandry, and fishery, including equipment of ploughing, irrigation and drainage, harvesting, transport, plant protection, stock breeding, forestry and fishery. The power of internal combustion engines is required to convert horsepower into watts and the power of electric motors is required to be converted into watts. Machinery employed for non agricultural purposes, such as the machines used in township run and village-run industry, construction, non agricultural transport, scientific experiments and teaching, is excluded.

工业

Industry

13

◉ 资料整理：施 薇　罗 迪　张 静　任焱丽

简要说明

一、主要内容

本篇包括河南省规模以上工业企业单位数，工业增加值指数，工业主要产品产量和主要经济效益指标；规模以下工业单位数、工业增加值指数及从业人员情况。

二、统计范围

工业统计调查范围为河南省全部工业法人企业和个体工业单位。1997年以前，我国工业的统计范围按隶属关系划分，分为乡及乡以上独立核算工业企业和非独立核算生产单位、村办工业、城镇合作工业、农村合作工业、城镇个体工业、农村个体工业六大部分，（其中，1984年以前不包括农村的村及村以下办工业）。1998年起，工业统计调查对象范围的界定由按隶属关系划分，改变为按企业规模划分，分为“规模以上工业”和“规模以下工业”。规模以上工业是指全部国有及年主营业务收入在500万元及以上非国有工业企业，规模以下工业是指年主营业务收入在500万元以下非国有工业企业及个体工业。2006年年报起，规模以上工业统计范围由全部国有及年主营业务收入在500万元及以上非国有工业企业改为年主营业务收入在500万元及以上的工业法人企业，相应改变规模以下工业的调查范围为年主营业务收入在500万元以下的工业企业及个体工业。从2011年定报起，规模以上工业统计范围调整为年主营业务收入在2000万元及以上的工业法人企业，相应改变规模以下工业的调查范围为年主营业务收入在2000万元以下的工业企业及个体工业。

三、资料来源

年主营业务收入2000万元及以上的工业法人企业实行全数调查，由河南省统计局工业处整理提供；年主营业务收入2000万元以下的工业企业实行目录抽样调查，个体工业经营户实行整群抽样调查，省级数据由国家统计局河南调查总队整理提供，省级以下数据由河南省统计局工业处提供；能源类产品产量由河南省统计局能源统计处提供。

Brief Introduction

I. Main Contents

Data on this chapter including number of industrial enterprises, value-added of industrial enterprises, output, beneficial indicators of industrial enterprises above designated size , unit, value-added and employed persons of industrial enterprises below designated size and individual.

II. Scope of Statistics

The scopes of industrial statistics are all corporate and individual industrial enterprises. Before 1997, the scopes of industrial statistics include six parts, as enterprises above township, Village-run enterprises, cooperative industry in cities and towns, rural cooperative industry, urban individual industrial, individual industries in rural areas. From 1998 to 2005, the scope of the industrial statistical investigation was divided into " industrial enterprises above designated size " and "below designated size ". Industrial enterprises above designated size refers to all State-owned industrial enterprises and non-State-owned industrial enterprises with revenue from principal business over 5 million yuan, and industrial enterprises above designated size refers to non-State-owned industrial enterprises with revenue from principal business below 5 million yuan and individual enterprises. From 2006 to 2010, the industrial enterprises above designated size refers to all industrial enterprises with revenue from principal business over 5 million yuan, and the industrial enterprises below designated size refers to all industrial enterprises with revenue from principal business below 5 million yuan and individual. Since 2011, the industrial enterprises above designated size refers to all industrial enterprises with revenue from principal business over 20 million yuan, and the industrial enterprises below designated size refers to all industrial enterprises with revenue from principal business below 20 million yuan and individual industry.

III. Sources of Data

Data on industrial enterprises with principal business revenue above 5 million yuan are collected through a combination of full survey, which are provided by the Department of Industrial of the Henan provincial bureau of Statistics. Data on industrial enterprises with principal business revenue below 5 million yuan are collected through a combination of sample survey directory, data on individual household are collected through a combination of cluster sample survey. Provincial data are provided by the Department of Henan Survey organizations. The following data at the provincial levelare provided by the Department of Industrial of the Henan provincial bureau of Statistics. Data on output of energy product are provided by the Department of Energy of the Henan provincial bureau of Statistics.

13-1 各种分组的规模以上工业增加值指数

Indices of Value-added of Industrial Enterprises above Designated Size

上年=100 (Preceding year=100)

项　目	Item	2000	2005	2010	2012	2013	2014	2015	2016	2017
指　数	**Indices**	**111.6**	**123.3**	**119.0**	**114.6**	**111.8**	**111.2**	**108.6**	**108.0**	**108.0**
按注册类型分	**By Registration status**									
内资企业	Domestic Funded	111.6	124.0	119.8	113.4	111.3	111.0	108.5	108.2	108.0
国有	State-owned	114.6	109.5	115.5	105.5	106.6	103.1	98.6	99.9	101.8
集体	Collective-owned	106.7	128.8	115.9	109.6	109.9	107.5	105.4	106.7	107.3
股份合作	Cooperative	111.1	130.3	122.2	107.5	109.7	105.3	111.1	104.8	102.4
联营	Joint Ownership	93.6	120.7	101.9	95.3	103.3	83.9	73.5	113.4	103.9
有限责任公司	Limited Liability Corporations	108.3	119.9	120.5	114.2	114.0	112.9	110.6	109.5	110.3
股份有限公司	Share-holding Corporation Ltd	112.8	115.8	116.7	109.9	105.3	103.8	102.2	109.4	106.0
私营	Private	122.2	148.5	121.6	116.3	111.7	111.9	108.6	106.9	106.0
其他	Others	102.0	164.1	129.0	117.3	120.5	113.2	108.4	114.0	111.6
港澳台商投资	Enterprises with Funds from Hong Kong, Macao and Taiwan	113.9	110.8	117.4	173.6	127.3	117.4	116.0	103.6	108.9
外商投资	Foreign Funded	106.4	115.2	118.0	104.1	108.5	109.0	100.8	108.4	103.0
按控股类型分	**By Controlling Type**									
#国有控股	State-holding			113.6	104.3	105.3	100.4	97.9	98.3	105.6
集体控股	Collective-holding			117.9	109.0	110.3	104.5	101.2	106.9	105.1
私人控股	Private-holding			121.5	117.0	113.2	114.1	110.9	109.6	108.0
港澳台控股	Hong Kong, Macao and Taiwan-holding			117.4	182.1	130.0	117.7	116.4	104.6	108.6
外商控股	Foreign-holding			110.7	103.5	106.6	105.0	100.5	108.0	106.1
按所有制分	**By Proprietorial System**									
公有制	Public-owned		114.0	115.3	105.2	106.1	101.2	98.6	100.0	106.2
非公有制	Non-Public-owned		137.0	121.8	118.4	113.9	114.2	111.0	109.7	108.5
按轻重工业分	**Grouped by Light & Heavy Industry**									
轻工业	Enterprises of Light Industry	106.2	128.8	120.0	116.2	111.5	110.4	108.1	108.2	109.4
重工业	Enterprises of Heavy Industry	114.2	121.0	118.8	113.9	111.9	111.7	108.9	107.9	107.2
按企业规模分	**Grouped by Size of Enterprises**									
大型企业	Large Enterprises	116.0	114.3	116.3	111.8	110.3	107.5	106.7	104.8	107.6
中型企业	Medium-sized Enterprises	103.0	112.5	118.7	112.2	111.6	110.5	108.6	107.4	107.3
小型企业	Small Enterprises	110.4	138.0	122.4	118.4	113.6	116.4	111.6	112.9	108.7
微型企业	Micro-enterprises							68.9	82.7	96.4

注：本表按照定报数据整理。

a) Data in this table are calculated on Reports on a regular basis.

13-2 规模以上工业企业主要指标(2017年)

单位：亿元

行 业	Sector	单位数 (个) Number of Enterprises (unit)	平均从业人员 (万人) Average Employees (10 000 persons)
总　　计	**Total**	**22031**	**676.53**
按轻重工业分	**Grouped by Light & Heavy Industry**		
轻工业	Enterprises of Light Industry	8512	260.05
重工业	Heavy Industry	13519	416.48
按企业规模分	**Grouped by Size of Enterprises**		
大型企业	Large Enterprises	738	249.74
中型企业	Medium-sized Enterprises	4689	246.00
小型企业	Small Enterprises	15893	179.43
微型企业	Micro-enterprises	711	1.36
按所有制分	**By Proprietorial System**		
公有制	Public-owned	1152	124.91
非公有制	Non-Public-owned	20879	551.62
按行业分	**By Sector**		
煤炭开采和洗选业	Mining and Washing of Coal	207	36.49
石油和天然气开采业	Extraction of Petroleum and Natural Gas	3	3.71
黑色金属矿采选业	Mining of Ferrous Metal Ores	53	0.76
有色金属矿采选业	Mining of Non-ferrous Metal Ores	236	6.47
非金属矿采选业	Mining and Processing of Nonmetal Ores	269	3.81
开采辅助活动	Support Activities for Mining	5	1.51
其他采矿业	Mining of Other Ores		
农副食品加工业	Processing of Food from Agricultural Products	1914	46.70
食品制造业	Manufacture of Foods	856	29.33
酒、饮料和精制茶制造业	Manufacture of Liquor, Beverages and Refined Tea	514	14.56
烟草制品业	Manufacture of Tobacco	17	1.79
纺织业	Manufacture of Textile	802	30.13
纺织服装服饰业	Manufacture of Textile,Wearing Apparel and Accessories	649	24.68
皮革、毛皮、羽毛及其制品和制鞋业	Manufacture of Leather, Fur, Feather and Its Products, Footwear	485	17.79
木材加工及木、竹、藤、棕、草制品业	Processing of Timbers, Manufacture of Wood, Bamboo, Rattan, Palm, and Straw Products	569	10.38
家具制造业	Manufacture of Furniture	387	8.66
造纸及纸制品业	Manufacture of Paper and Paper Products	345	9.82
印刷和记录媒介的复制业	Printing,Reproduction of Recording Media	307	7.82
文教、工美、体育和娱乐用品制造业	Manufacture of Articles for Culture, Education, Arts and Crafts, Sport and Entertainment Activities	494	12.81
石油加工、炼焦及核燃料加工业	Processing of Petroleum ,Coking, Processing of Nucleus Fuel	87	3.64
化学原料及化学制品制造业	Manufacture of Raw Chemical Material and Chemical Products	1214	28.82
医药制造业	Manufacture of Medicines	483	19.13
化学纤维制造业	Manufacture of Chemical Fiber	46	1.70
橡胶和塑料制品业	Manufacture of Rubber and Plastic	785	18.49
非金属矿物制品业	Manufacture of Non-metallic Mineral Products	3744	71.56
黑色金属冶炼及压延加工业	Smelting and Pressing of Ferrous Metals	506	18.92
有色金属冶炼及压延加工业	Smelting and Pressing of Non-ferrous Metals	565	24.37
金属制品业	Manufacture of Metal Products	998	19.99
通用设备制造业	Manufacture of General Purpose Machinery	1263	29.39
专用设备制造业	Manufacture of Special Purpose Machinery	1252	33.00
汽车制造业	Manufacture of Automobile	644	23.40
铁路、船舶、航空航天和其他运输设备制造业	Manufacture of Railway, Ship, Aerospace, and other Transport Equipments	270	9.58
电气机械及器材制造业	Manufacture of Electrical Machinery and Apparatus	915	26.86
计算机、通信和其他电子设备制造业	Manufacture of Computer , Communication and Other Electronic Equipment	335	44.80
仪器仪表制造业	Manufacture of Measuring Instrument and Machinery	218	5.82
其他制造业	Manufacture of Others	80	2.57
废弃资源综合利用业	Utilization of Waste Resources	59	0.77
金属制品、机械和设备修理业	Repair Service of Metal Products, Machinery and Equipment	12	0.70
电力、热力的生产和供应业	Production and Supply of Electric Power and Heat Power	265	21.00
燃气生产和供应业	Production and Supply of Gas	88	1.96
水的生产和供应业	Production and Supply of Water	90	2.84

Main Indicators of Industrial Enterprises above Designated Size by Sector (2017)

(100 million yuan)

增加值指数(%) Indices (%)	资产总计 Total Assets	流动资产合计 Total Current Assets	负债合计 Total Liabilities	主营业务收入 Revenue from Principal Business	主营业务成本 Cost of Pricipal Business	利润总额 Total Profits
108.0	**60909.94**	**27356.49**	**29323.26**	**79886.37**	**69658.09**	**5346.02**
109.4	16651.88	6971.21	5757.53	27408.50	23352.72	2256.76
107.2	44258.06	20385.28	23565.73	52477.87	46305.37	3089.27
107.6	27933.64	13862.04	17051.78	28568.61	24993.92	1504.77
107.3	16496.60	6577.40	6393.97	25165.54	22001.31	1820.17
108.7	15655.72	6636.70	5499.27	25483.23	22104.93	1950.30
96.4	823.98	280.35	378.24	668.99	557.93	70.78
106.2	16856.09	6721.66	11171.10	12749.60	11059.35	339.85
108.5	44053.85	20634.84	18152.16	67136.77	58598.74	5006.17
103.7	3061.76	1236.69	2094.47	1871.46	1566.57	113.06
99.9	171.99	43.42	143.72	96.31	111.65	-114.94
96.1	105.55	37.97	47.38	84.13	73.77	5.67
106.4	930.77	378.11	339.16	1299.21	1137.48	91.59
101.0	266.20	92.80	67.63	415.76	341.68	46.86
111.9	113.89	56.41	120.57	92.07	102.39	-23.24
110.4	3636.67	1504.04	1306.46	6772.70	5899.18	545.15
113.9	1791.63	780.91	649.12	3345.83	2882.41	287.66
109.0	1122.91	430.94	432.06	1657.03	1394.73	132.88
110.7	479.84	364.07	163.59	426.37	139.20	39.59
101.7	1646.05	661.44	658.88	2381.85	2085.74	190.51
114.5	897.59	318.46	237.04	1418.42	1222.26	112.56
104.2	817.40	326.55	196.89	1525.72	1298.27	129.75
107.0	480.09	174.28	96.43	856.55	741.93	70.64
120.8	478.38	159.85	82.69	848.93	721.60	74.81
99.3	685.54	260.56	309.36	1045.24	907.50	81.03
103.5	366.08	152.11	114.56	620.26	540.62	45.88
105.8	589.58	301.84	189.24	1127.78	990.24	78.81
92.0	562.75	265.39	339.24	1071.17	909.28	41.29
104.5	3804.69	1322.43	1852.38	4545.44	3953.79	310.12
116.4	1489.86	621.42	514.50	2232.22	1844.19	202.99
116.1	128.81	42.10	52.49	107.78	94.65	6.27
106.1	1229.67	464.20	373.68	2170.31	1887.32	173.63
105.7	6005.64	2577.97	2093.88	9300.77	7953.54	783.93
90.8	2405.66	1073.20	1228.25	3301.85	2953.76	176.92
103.3	5429.05	2656.40	3404.14	5628.71	5082.33	280.22
108.9	1407.80	596.75	429.07	2368.98	2078.40	165.22
113.5	2107.91	1056.30	773.45	3527.48	3084.91	251.22
113.3	2766.46	1294.64	1109.63	3897.49	3405.52	264.37
112.6	2073.06	1071.80	1040.45	3037.47	2630.92	212.68
108.4	700.61	337.52	198.49	987.35	852.17	72.65
117.6	2889.78	1638.83	1430.83	3802.17	3313.31	248.38
116.1	4473.25	3670.30	3403.96	4465.64	4205.00	143.35
110.7	416.03	248.43	146.61	476.67	402.46	41.31
106.9	174.64	95.80	55.95	179.99	156.13	8.15
126.9	69.75	37.34	36.12	120.25	106.80	9.29
146.4	41.44	28.33	30.82	34.51	31.19	-1.60
103.4	4309.72	665.26	3148.99	2324.68	2219.37	2.41
113.6	499.58	229.13	288.91	320.46	259.04	33.39
105.5	281.86	82.52	122.16	99.34	76.79	11.56

13-3　规模以上国有控股工业企业主要指标(2017年)

单位：亿元

行　　业	Sector	单位数 (个) Number of Enterprises (unit)	平均从业人员 (万人) Average Employees (10 000 persons)
总　　计	**Total**	**739**	**108.40**
按轻重工业分	**Grouped by Light & Heavy Industry**		
轻工业	Enterprises of Light Industry	150	13.29
重工业	Heavy Industry	589	95.12
按企业规模分	**Grouped by Size of Enterprises**		
大型企业	Large Enterprises	152	85.70
中型企业	Medium-sized Enterprises	252	18.41
小型企业	Small Enterprises	281	3.85
微型企业	Micro-enterprises	54	0.45
按行业分	**By Sector**		
煤炭开采和洗选业	Mining and Washing of Coal	49	31.76
石油和天然气开采业	Extraction of Petroleum and Natural Gas	2	3.68
黑色金属矿采选业	Mining of Ferrous Metal Ores	2	0.14
有色金属矿采选业	Mining of Non-ferrous Metal Ores	27	1.59
非金属矿采选业	Mining and Processing of Nonmetal Ores	4	0.10
开采辅助活动	Support Activities for Mining	2	1.50
其他采矿业	Mining of Other Ores		
农副食品加工业	Processing of Food from Agricultural Products	26	1.73
食品制造业	Manufacture of Foods	16	2.16
酒、饮料和精制茶制造业	Manufacture of Liquor, Beverages and Refined Tea	12	1.05
烟草制品业	Manufacture of Tobacco	13	1.67
纺织业	Manufacture of Textile	6	1.49
纺织服装服饰业	Manufacture of Textile,Wearing Apparel and Accessories	10	0.23
皮革、毛皮、羽毛及其制品和制鞋业	Manufacture of Leather, Fur, Feather and Its Products, Footwear	4	0.27
木材加工及木、竹、藤、棕、草制品业	Processing of Timbers, Manufacture of Wood, Bamboo, Rattan, Palm, and Straw Products	3	0.04
家具制造业	Manufacture of Furniture		
造纸及纸制品业	Manufacture of Paper and Paper Products	4	0.40
印刷和记录媒介的复制业	Printing,Reproduction of Recording Media	7	0.17
文教、工美、体育和娱乐用品制造业	Manufacture of Articles for Culture, Education, Arts and Crafts, Sport and Entertainment Activities	2	0.05
石油加工、炼焦及核燃料加工业	Processing of Petroleum ,Coking, Processing of Nucleus Fuel	8	0.83
化学原料及化学制品制造业	Manufacture of Raw Chemical Material and Chemical Products	52	4.48
医药制造业	Manufacture of Medicines	8	0.76
化学纤维制造业	Manufacture of Chemical Fiber	2	0.04
橡胶和塑料制品业	Manufacture of Rubber and Plastic	7	0.87
非金属矿物制品业	Manufacture of Non-metallic Mineral Products	79	3.32
黑色金属冶炼及压延加工业	Smelting and Pressing of Ferrous Metals	11	3.67
有色金属冶炼及压延加工业	Smelting and Pressing of Non-ferrous Metals	42	8.04
金属制品业	Manufacture of Metal Products	11	0.19
通用设备制造业	Manufacture of General Purpose Machinery	29	2.29
专用设备制造业	Manufacture of Special Purpose Machinery	41	5.85
汽车制造业	Manufacture of Automobile	18	2.57
铁路、船舶、航空航天和其他运输设备制造业	Manufacture of Railway, Ship, Aerospace, and other Transport Equipments	10	2.00
电气机械及器材制造业	Manufacture of Electrical Machinery and Apparatws	27	2.50
计算机、通信和其他电子设备制造业	Manufacture of Computer , Communication and Other Electronic Equipment	6	0.36
仪器仪表制造业	Manufacture of Measuring Instrument and Machinery	11	0.34
其他制造业	Manufacture of Others	1	1.19
废弃资源综合利用业	Utilization of Waste Resources	1	0.04
金属制品、机械和设备修理业	Repair Service of Metal Products, Machinery and Equipment	1	0.38
电力、热力的生产和供应业	Production and Supply of Electric Power and Heat Power	135	18.74
燃气生产和供应业	Production and Supply of Gas	13	0.36
水的生产和供应业	Production and Supply of Water	37	1.53

Main Indicators of State-holding Industrial Enterprises above Designated Size (2017)

(100 million yuan)

增加值指数(%) Indices (%)	资产总计 Total Assets	流动资产合计 Total Current Assets	负债合计 Total Liabilities	主营业务收入 Revenue from Principal Business	主营业务成本 Cost of Pricipal Business	利润总额 Total Profits
105.6	**15476.65**	**6091.85**	**10610.54**	**10389.15**	**9009.26**	**148.17**
110.6	1606.83	879.64	845.90	1307.34	913.85	62.00
105.1	13869.82	5212.21	9764.64	9081.81	8095.41	86.18
104.6	11617.20	4737.76	7987.63	8379.31	7265.69	92.06
102.4	2646.47	989.67	1795.76	1293.24	1136.48	6.09
136.8	973.49	301.05	690.73	578.32	507.67	21.86
108.3	239.49	63.37	136.42	138.29	99.41	28.16
109.6	2714.83	1064.16	1945.52	1422.12	1182.58	71.48
101.3	168.70	40.69	142.65	94.96	110.43	-115.02
95.4	31.70	4.87	12.35	13.98	12.69	-0.24
87.1	291.49	86.30	161.38	206.21	181.46	5.95
127.0	13.62	3.59	1.36	17.90	14.36	1.93
111.0	113.15	56.20	120.19	90.06	100.86	-23.51
110.8	132.60	65.36	63.78	163.23	157.12	2.54
135.0	128.50	55.05	80.76	186.91	169.04	4.86
98.5	198.86	75.12	161.19	87.87	77.64	-2.30
110.7	471.59	358.87	157.28	419.87	134.39	39.26
108.6	207.06	114.15	141.55	144.34	132.84	3.33
113.2	7.42	4.85	1.94	5.45	3.62	0.44
104.5	10.20	6.50	3.63	13.00	10.52	1.05
106.5	5.90	1.30	5.25	4.42	4.06	0.12
100.0						
116.3	45.93	14.86	46.19	42.95	33.32	2.51
101.0	10.61	6.45	1.54	9.14	7.47	0.64
98.3	4.41	3.41	1.77	9.04	8.62	0.25
94.8	197.52	102.25	161.51	402.08	295.91	12.23
120.6	1179.74	342.97	900.15	795.34	722.08	7.53
108.7	69.77	28.51	30.10	71.74	49.82	6.81
108.1	10.16	2.83	5.13	4.20	4.27	-0.35
102.3	85.44	43.75	57.00	71.14	62.76	-1.44
97.4	549.06	233.27	292.89	267.36	210.04	16.40
107.8	672.26	301.64	479.33	481.40	420.07	19.43
106.2	1756.75	878.35	1363.95	1544.67	1432.09	28.86
118.5	21.95	13.65	13.97	16.60	13.49	0.61
102.6	243.78	130.48	158.41	144.04	121.68	5.32
114.7	916.34	524.20	524.67	614.54	543.74	17.11
102.4	297.78	156.89	230.99	252.26	218.29	-2.25
88.3	168.67	124.43	74.60	111.36	82.94	11.89
108.0	839.56	560.74	517.04	395.01	340.74	16.15
71.3	46.81	19.13	26.78	33.06	22.72	5.56
83.7	68.36	54.31	29.09	42.87	33.29	4.77
89.3	115.70	74.11	39.72	53.47	43.65	1.08
162.3	5.95	5.09	3.06	3.60	1.91	0.62
136.8	30.18	21.92	24.69	15.27	13.87	-1.74
101.4	3417.99	439.93	2528.07	2051.27	1968.81	-2.01
121.5	41.20	16.14	25.98	35.61	29.02	2.18
109.2	185.11	55.55	75.05	50.78	37.06	6.12

13-4 规模以上公有制工业企业主要指标(2017年)

单位：亿元

行业	Sector	单位数 (个) Number of Enterprises (unit)	平均从业人员 (万人) Average Employees (10 000 persons)
总计	**Total**	**1152**	**124.91**
按轻重工业分	**Grouped by Light & Heavy Industry**		
轻工业	Enterprises of Light Industry	262	20.63
重工业	Heavy Industry	890	104.29
按企业规模分	**Grouped by Size of Enterprises**		
大型企业	Large Enterprises	177	92.36
中型企业	Medium-sized Enterprises	357	24.47
小型企业	Small Enterprises	557	7.60
微型企业	Micro-enterprises	61	0.48
按行业分	**By Sector**		
煤炭开采和洗选业	Mining and Washing of Coal	58	32.46
石油和天然气开采业	Extraction of Petroleum and Natural Gas	3	3.71
黑色金属矿采选业	Mining of Ferrous Metal Ores	2	0.14
有色金属矿采选业	Mining of Non-ferrous Metal Ores	84	3.43
非金属矿采选业	Mining and Processing of Nonmetal Ores	9	0.82
开采辅助活动	Support Activities for Mining	2	1.50
其他采矿业	Mining of Other Ores		
农副食品加工业	Processing of Food from Agricultural Products	45	2.38
食品制造业	Manufacture of Foods	23	3.88
酒、饮料和精制茶制造业	Manufacture of Liguor, Beverages and refined tea	23	1.42
烟草制品业	Manufacture of Tobacco	15	1.76
纺织业	Manufacture of Textile	14	1.79
纺织服装服饰业	Manufacture of Textile,Wearing Apparel and Accessories	14	1.00
皮革、毛皮、羽毛及其制品和制鞋业	Manufacture of Leather, Fur, Feather and Its Products, Footwear	9	0.49
木材加工及木、竹、藤、棕、草制品业	Processing of Timbers, Manufacture of Wood, Bamboo, Rattan, Palm, and Straw Products	6	0.08
家具制造业	Manufacture of Furniture	1	0.01
造纸及纸制品业	Manufacture of Paper and Paper Products	13	0.76
印刷和记录媒介的复制业	Printing,Reproduction of Recording Media	19	0.40
文教、工美、体育和娱乐用品制造业	Manufacture of Articles for Culture, Education, Arts and Crafts, Sport and Entertainment Activities	6	0.53
石油加工、炼焦及核燃料加工业	Processing of Petroleum ,Coking, Processing of Nucleus Fuel	10	0.92
化学原料及化学制品制造业	Manufacture of Raw Chemical Material and Chemical Products	79	5.18
医药制造业	Manufacture of Medicines	21	1.42
化学纤维制造业	Manufacture of Chemical Fiber	3	1.02
橡胶和塑料制品业	Manufacture of Rubber and Plastic	24	1.42
非金属矿物制品业	Manufacture of Non-metallic Mineral Products	136	4.39
黑色金属冶炼及压延加工业	Smelting and Pressing of Ferrous Metals	14	3.75
有色金属冶炼及压延加工业	Smelting and Pressing of Non-ferrous Metals	50	8.25
金属制品业	Manufacture of Metal Products	30	0.53
通用设备制造业	Manufacture of General Purpose Machinery	53	3.13
专用设备制造业	Manufacture of Special Purpose Machinery	72	6.61
汽车制造业	Manufacture of Automobile	28	2.98
铁路、船舶、航空航天和其他运输设备制造业	Manufacture of Railway, Ship, Aerospace, and other Transport Equipments	12	2.06
电气机械及器材制造业	Manufacture of Electrical Machinery and Apparatus	50	3.02
计算机、通信和其他电子设备制造业	Manufacture of Computer , Communication and Other Electronic Equipment	8	0.67
仪器仪表制造业	Manufacture of Measuring Instrument and Machinery	12	0.37
其他制造业	Manufacture of Others	4	1.20
废弃资源综合利用业	Utilization of Waste Resources	1	0.04
金属制品、机械和设备修理业	Repair Service of Metal Products, Machinery and Equipment	2	0.41
电力、热力的生产和供应业	Production and Supply of Electric Power and Heat Power	141	18.80
燃气生产和供应业	Production and Supply of Gas	13	0.36
水的生产和供应业	Production and Supply of Water	43	1.83

Main Indicators of Public-owned Industrial Enterprises above Designated Size (2017)

(100 million yuan)

增加值指数(%) Indices (%)	资产总计 Total Assets	流动资产合计 Total Current Assets	负债合计 Total Liabilities	主营业务收入 Revenue from Principal Business	主营业务成本 Cost of Pricipal Business	利润总额 Total Profits
106.2	**16856.09**	**6721.66**	**11171.10**	**12749.60**	**11059.35**	**339.85**
108.4	2115.94	1090.00	1045.89	2062.50	1552.75	138.51
105.4	14740.14	5631.65	10125.21	10687.10	9506.59	201.34
104.5	12161.68	4959.09	8213.31	9166.20	7934.50	173.20
101.9	3101.81	1207.01	1986.49	2029.77	1784.91	48.32
119.5	1329.71	485.17	819.59	1396.59	1227.61	84.90
99.6	262.89	70.38	151.71	157.04	112.34	33.43
110.3	2758.22	1088.89	1969.97	1470.50	1224.30	74.54
101.4	171.99	43.42	143.72	96.31	111.65	-114.94
101.0	31.70	4.87	12.35	13.98	12.69	-0.24
105.8	492.39	173.03	183.52	802.00	712.27	49.64
138.7	35.63	9.68	14.32	42.35	34.40	4.26
111.0	113.15	56.20	120.19	90.06	100.86	-23.51
105.9	170.43	76.64	74.74	250.79	233.81	10.28
107.9	285.38	133.31	127.88	489.05	413.88	50.54
103.8	228.06	83.35	169.81	145.58	126.69	1.83
110.7	475.32	362.01	159.74	424.50	137.78	39.51
106.5	230.45	124.10	151.51	181.39	165.41	6.61
93.5	22.69	12.98	9.35	24.00	20.02	1.63
74.8	34.61	13.18	16.37	50.93	44.13	3.93
102.5	6.95	2.14	5.72	5.67	5.13	0.27
109.0	0.24	0.23	0.19	1.73	1.56	0.02
108.7	72.59	24.59	66.75	73.49	60.60	3.66
94.6	22.44	14.65	6.52	24.34	20.77	1.05
91.0	7.66	4.73	2.93	12.13	11.28	0.58
94.9	200.46	103.77	162.55	409.23	301.75	13.29
113.6	1299.10	388.84	953.31	970.14	873.43	22.28
113.1	128.58	54.91	53.85	152.99	120.40	11.43
112.2	89.63	25.36	37.20	44.00	39.55	1.16
104.1	144.82	64.98	68.09	171.00	144.09	11.45
92.5	641.79	274.72	329.66	404.59	328.95	29.13
107.1	696.85	317.62	490.04	507.72	443.70	20.87
106.0	1783.22	887.96	1402.70	1592.53	1477.23	27.52
103.8	41.25	28.47	24.43	40.52	34.57	1.61
107.7	328.32	174.68	195.79	288.82	253.94	12.37
116.9	959.73	546.27	539.92	735.20	651.60	23.41
106.3	327.27	175.08	248.72	319.21	280.43	-0.32
91.2	171.78	124.94	76.36	113.95	84.91	12.19
108.7	898.52	602.80	554.69	472.86	404.10	20.98
97.9	68.49	32.95	37.35	48.40	34.24	7.11
84.1	68.69	54.63	29.24	43.36	33.73	4.77
103.9	117.01	74.43	39.89	56.57	46.24	1.38
156.8	5.95	5.09	3.06	3.60	1.91	0.62
136.6	30.45	22.10	24.89	21.50	20.04	-1.73
101.4	3441.76	451.39	2547.67	2063.08	1977.07	1.88
124.3	41.20	16.14	25.98	35.61	29.02	2.18
107.5	211.29	66.54	90.12	55.92	41.20	6.62

13-5 分行业规模以上私营工业企业主要指标(2017年)

单位：亿元

行 业	Sector	单位数(个) Number of Enterprises (unit)	平均从业人员(万人) Average Employees (10 000 persons)
总 计	**Total**	**10105**	**220.07**
按轻重工业分	**Grouped by Light & Heavy Industry**		
轻工业	Enterprises of Light Industry	4011	97.26
重工业	Heavy Industry	6094	122.81
按企业规模分	**Grouped by Size of Enterprises**		
大型企业	Large Enterprises	193	36.49
中型企业	Medium-sized Enterprises	1958	99.09
小型企业	Small Enterprises	7603	84.02
微型企业	Micro-enterprises	351	0.48
按行业分	**By Sector**		
煤炭开采和洗选业	Mining and Washing of Coal	81	1.60
石油和天然气开采业	Extraction of Petroleum and Natural Gas		
黑色金属矿采选业	Mining of Ferrous Metal Ores	36	0.44
有色金属矿采选业	Mining of Non-ferrous Metal Ores	99	2.13
非金属矿采选业	Mining and Processing of Nonmetal Ores	197	2.16
开采辅助活动	Support Activities for Mining	2	0.01
其他采矿业	Mining of Other Ores		
农副食品加工业	Processing of Food from Agricultural Products	1013	18.72
食品制造业	Manufacture of Foods	384	9.01
酒、饮料和精制茶制造业	Manufacture of Liquor, Beverages and refined tea	241	4.64
烟草制品业	Manufacture of Tobacco		
纺织业	Manufacture of Textile	419	13.80
纺织服装服饰业	Manufacture of Textile,Wearing Apparel and Accessories	242	9.27
皮革、毛皮、羽毛及其制品和制鞋业	Manufacture of Leather, Fur, Feather and Its Products, Footwear	242	6.23
木材加工及木、竹、藤、棕、草制品业	Processing of Timbers, Manufacture of Wood, Bamboo, Rattan, Palm, and Straw Products	313	5.85
家具制造业	Manufacture of Furniture	221	4.30
造纸及纸制品业	Manufacture of Paper and Paper Products	139	3.75
印刷和记录媒介的复制业	Printing,Reproduction of Recording Media	135	2.60
文教、工美、体育和娱乐用品制造业	Manufacture of Articles for Culture, Education, Arts and Crafts, Sport and Entertainment Activities	234	5.05
石油加工、炼焦及核燃料加工业	Processing of Petroleum ,Coking, Processing of Nucleus Fuel	36	1.47
化学原料及化学制品制造业	Manufacture of Raw Chemical Material and Chemical Products	502	10.43
医药制造业	Manufacture of Medicines	179	6.04
化学纤维制造业	Manufacture of Chemical Fiber	22	0.36
橡胶和塑料制品业	Manufacture of Rubber and Plastic	354	7.22
非金属矿物制品业	Manufacture of Non-metallic Mineral Products	1883	32.84
黑色金属冶炼及压延加工业	Smelting and Pressing of Ferrous Metals	284	7.05
有色金属冶炼及压延加工业	Smelting and Pressing of Non-ferrous Metals	224	6.47
金属制品业	Manufacture of Metal Products	477	9.30
通用设备制造业	Manufacture of General Purpose Machinery	572	11.14
专用设备制造业	Manufacture of Special Purpose Machinery	522	11.44
汽车制造业	Manufacture of Automobile	248	6.34
铁路、船舶、航空航天和其他运输设备制造业	Manufacture of Railway, Ship, Aerospace, and other Transport Equipments	135	4.25
电气机械及器材制造业	Manufacture of Electrical Machinery and Apparatws	357	8.40
计算机、通信和其他电子设备制造业	Manufacture of Computer, Communication and Other Electronic Equipment	117	4.47
仪器仪表制造业	Manufacture of Measuring Instrument and Machinery	82	1.70
其他制造业	Manufacture of Others	32	0.52
废弃资源综合利用业	Utilization of Waste Resources	22	0.31
金属制品、机械和设备修理业	Repair Service of Metal Products, Machinery and Equipment	2	0.05
电力、热力的生产和供应业	Production and Supply of Electric Power and Heat Power	37	0.35
燃气生产和供应业	Production and Supply of Gas	7	0.08
水的生产和供应业	Production and Supply of Water	13	0.31

Main Indicators of Private Industrial Enterprises above Designated Size (2017)

(100 million yuan)

增加值指数(%) Indices (%)	资产总计 Total Assets	流动资产合计 Total Current Assets	负债合计 Total Liabilities	主营业务收入 Revenue from Principal Business	主营业务成本 Cost of Principal Business	利润总额 Total Profits
106.0	**15132.40**	**5950.87**	**4304.25**	**27419.06**	**23810.72**	**2169.19**
107.4	5539.11	2091.53	1444.14	10263.68	8860.17	861.89
105.1	9593.29	3859.35	2860.11	17155.38	14950.56	1307.30
108.8	2738.41	1036.00	909.66	4533.85	3976.52	305.39
106.0	5579.44	2102.90	1462.96	11040.76	9628.73	901.26
105.9	6553.80	2717.72	1829.19	11608.69	10002.99	943.62
53.1	260.76	94.26	102.44	235.75	202.49	18.92
91.3	130.86	66.43	55.94	193.99	165.89	16.37
100.0						
86.9	61.90	28.20	29.80	47.92	41.57	4.29
106.1	274.05	134.70	69.45	349.19	303.64	27.45
94.3	162.84	59.76	33.45	278.60	228.94	30.76
137.8	0.62	0.17	0.36	1.72	1.24	0.27
106.5	1212.33	468.19	300.94	2543.93	2240.62	195.20
114.4	441.01	164.61	104.77	969.45	847.08	77.65
106.4	302.63	107.33	77.74	561.22	480.79	49.47
100.0						
101.7	633.81	235.47	206.96	1069.64	936.22	92.86
109.3	362.09	117.36	97.84	489.22	417.80	41.25
107.9	321.22	118.42	62.36	574.98	493.26	51.02
103.9	266.12	92.86	45.47	478.88	408.31	43.38
112.4	267.04	73.64	34.31	472.06	389.16	47.13
97.1	251.36	96.13	74.15	462.80	401.98	38.59
105.3	146.14	56.59	43.58	216.77	186.30	17.79
103.4	232.57	110.01	58.53	450.58	387.34	35.60
95.0	211.12	99.91	96.12	427.79	403.08	9.35
100.7	1154.85	379.32	356.83	1701.75	1473.97	133.19
115.0	465.97	185.31	162.92	736.77	599.35	65.88
126.6	16.78	6.36	2.76	40.43	34.79	3.32
105.9	470.60	159.98	108.96	934.71	811.01	77.40
105.8	2419.86	988.27	689.35	4514.85	3883.84	385.14
88.8	782.88	322.73	255.99	1409.21	1250.67	85.37
100.6	762.76	361.13	270.37	1442.59	1288.76	95.73
107.5	637.07	242.25	171.68	1141.29	988.02	87.61
112.7	673.59	313.34	176.44	1384.87	1198.75	111.45
109.3	751.37	293.41	213.76	1339.94	1160.08	106.39
112.6	390.43	135.79	90.13	850.19	750.76	62.53
111.7	311.86	117.18	50.51	524.34	456.08	41.71
114.4	557.05	248.83	187.29	1172.44	1027.19	87.47
120.1	213.80	87.25	74.26	350.26	305.14	28.09
110.5	83.61	38.40	24.48	147.17	128.14	9.94
99.6	25.18	8.57	4.23	39.68	34.83	1.73
107.6	19.19	10.35	6.38	47.79	43.01	3.55
100.0	2.60	1.45	1.12	2.10	1.62	0.15
180.1	94.13	15.03	55.56	25.22	21.20	2.04
113.5	9.35	4.30	4.64	15.06	11.95	1.41
92.3	11.76	1.81	4.81	9.69	8.34	0.63

13-6 规模以上工业主要产业单位数及增加值(2017年)

Main indicators of Industrial Enterprises above Designated Size (2017)

行 业	Sector	单位数（个）Number of Enterprises (unit)	增加值占规模以上工业比重(%) Proportion of Added Value on Industry (%)	增加值指数（上年=100） Indices of Value-Added of Industry (Preceding year=100)
五大主导产业	**High-growth industries**	**10254**	**44.6**	**112.1**
装备制造	Electronic Information Industry	4506	3.5	116.1
食品制造	Equipment Manufacturing Industry	3688	16.7	113.4
新型材料制造	Automobile and Parts Industry	963	4.0	112.6
电子制造	Food Industry	370	16.1	111.0
汽车制造	Modern Furniture Industry	727	4.3	107.3
传统产业	**Traditional Pillar Industries**	**10233**	**44.2**	**102.7**
冶金工业	Metallurgical Industry	1138	7.8	97.2
建材工业	Building Materials Industry	3923	11.9	105.7
化学工业	Chemical Industry	1590	7.4	101.9
轻纺工业	Textile Industry	2946	9.6	102.8
能源工业	Energy Industry	636	7.6	104.1
战略性新兴产业	**Strategic Emerging Industries**	**2898**	**12.1**	**112.1**
高耗能行业	**Carrying Energy Industries**	**7088**	**32.7**	**103.2**
煤炭开采和洗选业	Mining and Washing of Coal	252	3.2	103.7
化学原料及化学制品制造业	Manufacture of Chemical Raw Material and Chemical Products	1330	5.4	104.5
非金属矿物制品业	Manufacture of Non-metallic Mineral Products	4064	12.4	105.7
黑色金属冶炼及压延加工业	Manufacture and Processing of Ferrous Metals	579	3.7	90.8
有色金属冶炼及压延加工业	Manufacture and Processing of Non-ferrous Metals	559	4.1	103.3
电力、热力的生产和供应业	Production and Supply of Electric Power and Heat Power	304	3.9	103.4
高技术产业	**High Technology Industries**	**1151**	**8.2**	**116.8**
医药制造业	Manufacture of Medicines	481	3.1	116.4
航空、航天器及设备制造业	Manufacture of Aviation, Spacecraft, and Equipment	9	0.1	122.9
电子及通信设备制造业	Manufacture of Electronic and Communication Equipment	347	3.8	118.5
计算机及办公设备制造业	Manufacture of Computer and Office Equipment	33	0.2	116.7
医疗仪器设备及仪器仪表制造业	Manufacture of Medical Equipment and Instruments	262	1.0	114.7
信息化学品制造业	Manufacture of Information Chemicals	19	0.2	107.4

注：本表按照定报数据整理。
a) Data in this table are calculated on reports on a regular basis.

13-7 规模以上能源原材料工业增加值结构

Struction of Added value on Raw Energy Material Industries Above Designated Size

行　业	sector	2010	2012	2015	2016	2017
能源原材料工业占规模以上	**Proportion in Value-added of Industry Enterprises**					
工业增加值比重(%)	**Above Designated Size(%)**	**51.5**	**48.7**	**39.1**	**38.0**	**38.5**
煤炭开采和洗选业	Mining and Washing of Coal	9.9	8.0	3.4	2.6	3.2
石油和天然气开采业	Extraction of Petroleum and Natural Gas	1.1	1.0	0.4	0.1	0.1
黑色金属矿采选业	Mining of Ferrous Metal Ores	0.6	0.5	0.3	0.2	0.4
有色金属矿采选业	Mining of Non-ferrous Metal Ores	3.4	3.3	2.1	2.0	1.9
非金属矿采选业	Mining and Processing of Nonmetal Ores	0.9	0.9	0.8	0.8	0.7
石油加工、炼焦和	Processing of Petroleum ,Coking,					
核燃料加工业	Processing of Nucleus Fuel	2.8	1.9	1.1	1.1	1.3
化学原料和化学制品制造业	Manufacture of Raw Chemical Material					
	and Chemical Products	5.1	5.1	4.9	5.3	5.4
橡胶制品业	Manufacture of Rubber	0.9	0.7	0.6	0.7	0.7
非金属矿物制品业	Manufacture of Non-metallic Mineral Products	12.7	12.9	13.4	13.0	12.4
黑色金属冶炼和压延加工业	Manufacture and Processing of Ferrous Metals	5.1	5.5	4.5	4.0	3.7
有色金属冶炼和压延加工业	Manufacture and Processing of Non-ferrous Metals	5.4	4.5	3.5	3.7	4.1
废弃资源综合利用业	Utilization of waste Resources	0.1	0.2	0.2	0.1	0.1
电力、热力生产和供应业	Production and Supply of Electric					
	Power and Heat Power	3.0	3.9	3.5	3.6	3.9
燃气生产和供应业	Production and Supply of Gas	0.3	0.3	0.3	0.4	0.4
水的生产和供应业	Production and Supply of Water	0.1	0.1	0.2	0.2	0.2

注：本表按照定报数据整理。

a) Data in this table are calculated on Reports on a regular basis.

13-8 各市规模以上工业企业主要财务指标

单位：亿元

年份 市(县)	year City(County)	单位数（个）Number of Enterprises (unit)	平均从业人员（万人）Average Employees (10 000 persons)	资产总计 Total Assets	流动资产合计 Total Current Assets
1998		10450	380.58	4813.59	
1999		9922	358.02	5090.87	
2000		9930	343.13	5234.71	
2001		9720	335.73	5633.03	
2002		9671	322.47	5987.80	
2003		9091	317.32	6575.13	
2004		9782	326.92	8142.33	
2005		10867	355.70	9158.03	
2006		11895	361.94	11026.18	
2007		13518	382.43	13788.00	
2008		15795	401.53	16421.08	
2009		18592	449.14	19668.61	7769.93
2010		19574	479.27	23467.42	9798.26
2011		18338	546.84	29049.22	12411.51
2012		19245	584.05	35174.81	15830.84
2013		20583	632.57	43431.82	20131.51
2014		21756	678.88	50540.15	22668.15
2015		22892	703.26	55710.97	25075.84
2016		23679	721.37	60454.73	27043.59
2017		22031	676.53	60909.94	27356.49
省辖市	**City**				
郑州市	Zhengzhou	2845	102.43	13556.64	8069.88
开封市	Kaifeng	1221	40.63	2382.91	801.43
洛阳市	Luoyang	1975	54.26	6920.75	3072.79
平顶山市	Pingdingshan	885	33.78	3192.16	1370.82
安阳市	Anyang	944	23.55	2442.98	984.59
鹤壁市	Hebi	484	18.41	1502.34	496.81
新乡市	Xinxiang	1240	35.25	2961.27	1332.16
焦作市	Jiaozuo	1289	49.90	3581.84	1383.75
濮阳市	Puyang	890	22.98	1755.32	643.25
许昌市	Xuchang	1574	46.58	4295.75	2065.24
漯河市	Luohe	585	26.30	1665.17	620.57
三门峡市	Sanmenxia	501	17.75	2619.21	1150.80
南阳市	Nanyang	1969	42.24	3540.06	1577.28
商丘市	Shangqiu	1350	45.49	2343.26	951.60
信阳市	Xinyang	1284	33.55	1588.45	504.97
周口市	Zhoukou	1274	42.42	3045.39	1117.54
驻马店市	Zhumadian	1483	32.01	2242.97	637.61
济源市	Jiyuan	238	9.00	1273.45	575.42
省直管县	**County Directly Administrated by Province**				
巩义市	Gongyi	553	10.93	1378.93	611.11
兰考县	Lankao	240	6.01	356.77	128.66
汝州市	Ruzhou	201	3.87	471.41	205.04
滑县	Huaxian	224	2.24	172.72	71.47
长垣县	Changyuan	173	4.44	402.56	235.72
邓州市	Dengzhou	166	3.61	216.24	92.94
永城市	Yongcheng	212	7.18	819.58	413.40
固始县	Gushi	210	3.77	101.63	35.07
鹿邑县	Luyi	148	3.99	288.94	168.47
新蔡县	Xincai	118	1.73	79.93	27.03

Main Financial Indicators of Industrial Enterprisesabove Designated Size by City

(100 million yuan)

负债 合计 Total Liabilities	主营业务 收　入 Revenue from Principal Business	主营业务 成　本 Cost of Pricipal Business	利　润 总　额 Total Profits	增加值指数 (上年=100) Indices of Value-Added (Preceding year=100)
3237.58	2774.43	2278.26	71.21	107.2
3357.14	2889.61	2391.14	79.58	107.5
3477.34	3297.78	2708.84	139.97	111.6
3699.60	3642.32	3015.28	141.62	109.8
3825.08	4159.57	3438.38	183.85	114.2
4227.07	5284.81	4399.48	255.91	119.9
5087.83	7283.63	6078.52	403.65	123.6
5639.20	10114.21	8441.39	643.39	123.3
6644.10	13809.07	11463.04	1141.80	123.4
7970.01	18936.82	15478.08	1941.51	124.2
9497.17	25292.02	21251.31	2179.10	119.8
11103.26	28246.65	23765.05	2444.18	114.6
12960.96	36163.12	30316.67	3302.22	119.0
15651.99	47647.21	40301.82	4131.59	119.6
18087.58	52276.38	44546.45	4016.39	114.6
21050.58	59975.16	51549.68	4543.07	111.8
23717.27	68037.47	58959.69	4946.19	111.2
26189.58	73365.96	63992.81	4900.60	108.6
28805.88	79657.15	69652.46	5240.61	108.0
29323.26	79886.37	69658.09	5346.02	108.0
7949.29	14738.92	12867.55	1071.30	107.8
715.99	2908.96	2544.21	233.08	108.2
3734.44	7701.16	6700.41	377.11	108.7
1820.32	2683.34	2319.99	160.86	108.3
1369.71	3057.45	2721.93	131.88	106.5
728.69	2065.28	1807.27	113.39	108.3
1605.06	4000.29	3566.55	212.58	108.7
1424.67	6316.50	5631.75	382.71	109.0
634.02	3724.13	3260.18	208.51	108.1
1652.54	6561.87	5592.15	557.09	109.0
619.86	3410.09	2945.97	306.38	108.3
1589.23	2692.77	2402.63	148.68	109.1
1680.96	3660.53	3176.18	165.47	106.1
1011.65	3931.27	3528.94	209.74	108.3
616.94	2555.09	2194.09	156.44	104.5
830.41	4864.35	3989.54	585.98	108.3
636.70	3191.07	2763.35	234.00	108.8
702.78	1823.31	1645.40	90.82	108.9
646.16	2119.55	1874.83	118.86	109.1
61.49	444.89	389.94	40.94	109.8
291.32	457.86	401.93	32.59	109.5
53.25	369.52	316.13	25.37	109.4
195.38	600.33	524.87	51.56	109.4
80.12	459.03	408.94	23.99	109.4
454.52	826.88	752.44	31.30	109.1
7.41	289.11	252.39	17.95	108.8
132.20	594.45	397.96	117.29	109.2
14.20	187.02	161.15	8.86	109.6

13-9 各市规模以上国有控股工业企业主要财务指标(2017年)

单位：亿元

市(县)	City(County)	平均从业人员(万人) Average Employees (10 000 persons)	资产总计 Total Assets	流动资产合计 Total Current Assets
全省	**Total**	**108.40**	**15476.65**	**6091.85**
省辖市	**City**			
郑州市	Zhengzhou	12.04	2214.63	918.52
开封市	Kaifeng	2.16	399.19	135.89
洛阳市	Luoyang	16.60	2637.14	1105.79
平顶山市	Pingdingshan	18.50	1825.64	798.82
安阳市	Anyang	5.60	876.79	304.79
鹤壁市	Hebi	3.22	381.26	125.44
新乡市	Xinxiang	4.61	681.22	244.18
焦作市	Jiaozuo	7.34	735.67	235.08
濮阳市	Puyang	5.88	425.79	131.46
许昌市	Xuchang	4.58	914.07	519.26
漯河市	Luohe	1.10	244.59	46.70
三门峡市	Sanmenxia	8.21	1307.62	475.36
南阳市	Nanyang	6.31	793.83	309.93
商丘市	Shangqiu	5.29	829.18	361.27
信阳市	Xinyang	2.37	216.38	73.25
周口市	Zhoukou	1.50	119.87	32.51
驻马店市	Zhumadian	1.84	356.84	98.47
济源市	Jiyuan	1.26	516.95	175.13
省直管县	**County Directly Administrated by Province**			
巩义市	Gongyi	0.48	35.49	15.28
兰考县	Lankao	0.05	4.08	3.19
汝州市	Ruzhou	1.11	128.63	65.63
滑县	Huaxian	0.02	1.47	0.72
长垣县	Changyuan	0.02	3.90	0.27
邓州市	Dengzhou	0.08	8.93	1.96
永城市	Yongcheng	3.93	652.86	332.15
固始县	Gushi			
鹿邑县	Luyi	0.03	1.63	0.38
新蔡县	Xincai			

Main Financial Indicators of State-holding Industrial Enterprises above Designated Size by City (2017)

(100 million yuan)

负债合计 Total Liabilities	主营业务收入 Revenue from Principal Business	主营业务成本 Cost of Pricipal Business	利润总额 Total Profits	增加值指数(上年=100) Indices of Value-Added (Preceding year=100)
10610.54	**10389.15**	**9009.26**	**148.17**	**105.6**
1426.30	1249.11	998.41	65.59	110.6
295.41	206.06	185.27	-5.42	105.8
1776.94	2010.92	1720.48	47.61	104.8
1232.26	1000.50	851.09	36.73	108.8
631.12	642.17	532.99	27.89	103.7
328.13	260.36	239.29	0.67	94.5
451.56	419.20	360.94	19.85	113.8
458.17	704.21	644.87	12.49	107.1
395.54	343.91	342.91	-89.88	96.8
571.85	473.86	340.15	34.63	107.8
153.18	166.28	134.04	10.40	110.4
1067.56	951.56	874.69	10.08	111.2
503.67	462.56	415.36	-51.19	105.5
548.97	471.32	424.46	12.39	99.2
143.14	193.99	187.95	-0.45	107.1
84.34	110.41	99.21	3.25	98.5
230.50	311.61	266.71	11.29	104.8
311.91	411.09	390.43	2.24	105.3
28.34	8.64	6.03	0.20	114.6
2.96	7.47	6.85	0.23	118.8
113.86	70.05	56.21	6.11	84.4
0.49	1.82	1.42	0.23	109.3
3.35	8.42	2.94	5.15	108.8
4.11	5.89	4.51	0.64	103.7
406.29	315.72	279.71	11.40	101.2
1.52	2.35	0.85	0.90	90.7

13-10 各市规模以上公有制工业企业主要财务指标(2017年)
Main Financial Indicators of Public-owned Industrial Enterprises above Designated Size by City (2017)

单位：亿元 (100 million yuan)

市(县)	City(County)	平均从业人员(万人) Average Employees (10 000 persons)	资产总计 Total Assets	流动资产合计 Total Current Assets	负债合计 Total Liabilities	主营业务收入 Revenue from Principal Business	主营业务成本 Cost of Pricipal Business	利润总额 Total Profits	增加值指数(上年=100) Indices of Value-Added (Preceding year=100)
全省	**Total**	**124.91**	**16856.09**	**6721.66**	**11171.10**	**12749.60**	**11059.35**	**339.85**	**106.2**
省辖市	**City**								
郑州市	Zhengzhou	13.55	2390.24	1003.14	1507.09	1471.2	1188.79	87.38	109.9
开封市	Kaifeng	2.69	439.15	158.01	312.42	278.52	247.74	2.59	105.6
洛阳市	Luoyang	17.39	2693.55	1137.89	1802.28	2182.43	1882.59	50.27	105.3
平顶山市	Pingdingshan	19.14	1860.70	821.09	1259.16	1030.52	879.22	37.42	109.7
安阳市	Anyang	5.72	885.70	311.59	636.50	653.62	542.46	28.49	103.8
鹤壁市	Hebi	3.99	428.41	150.29	354.11	347.17	313.13	5.57	97.1
新乡市	Xinxiang	6.74	841.19	301.29	533.25	612.36	534.56	25.85	114.7
焦作市	Jiaozuo	8.69	813.27	277.71	494.77	858.75	776.72	21.54	107.1
濮阳市	Puyang	6.43	477.65	155.22	406.31	452.91	434.90	-78.11	92.3
许昌市	Xuchang	5.02	956.07	542.92	588.11	533.30	392.81	38.62	106.5
漯河市	Luohe	2.58	404.69	127.12	203.29	461.58	374.01	56.03	105.0
三门峡市	Sanmenxia	10.28	1539.07	572.78	1129.85	1592.95	1448.95	53.35	110.7
南阳市	Nanyang	6.99	903.38	350.27	553.91	508.71	443.88	-39.17	104.3
商丘市	Shangqiu	6.09	854.52	372.47	561.72	521.91	468.96	15.24	97.8
信阳市	Xinyang	3.25	240.15	78.47	158.35	211.05	202.93	0.49	107.5
周口市	Zhoukou	2.10	204.20	61.38	106.84	223.17	196.28	14.94	104.4
驻马店市	Zhumadian	2.54	375.43	107.59	237.32	345.71	295.76	13.83	103.2
济源市	Jiyuan	1.73	548.72	192.43	325.83	463.74	435.67	5.53	107.9
省直管县	**County Directly Administrated by Province**								
巩义市	Gongyi	0.70	59.70	25.30	42.81	34.53	28.53	2.21	113.2
兰考县	Lankao	0.05	5.60	3.28	4.48	13.07	8.48	4.15	115.6
汝州市	Ruzhou	1.11	128.63	65.63	113.86	70.05	56.21	6.11	84.4
滑县	Huaxian	0.03	3.66	1.47	1.01	5.16	4.39	0.45	108.3
长垣县	Changyuan	0.03	5.55	1.34	3.85	10.06	4.30	5.33	111.5
邓州市	Dengzhou	0.11	9.75	2.53	4.69	6.51	4.84	0.68	99.3
永城市	Yongcheng	3.98	654.39	333.14	407.86	317.69	281.46	11.41	101.2
固始县	Gushi	0.05	0.46	0.19	0.04	1.93	1.58	0.12	107.0
鹿邑县	Luyi	0.03	1.73	0.44	1.53	2.57	1.01	0.93	90.7
新蔡县	Xincai	0.02	0.46	0.25	0.03	1.29	1.16	0.06	134.2

13-11 各市规模以上私营工业企业主要财务指标(2017年)

Main Financial Indicators of Private Industrial Enterprises above Designated Size by City (2017)

单位：亿元 (100 million yuan)

市(县)	City(County)	平均从业人员(万人) Average Employees (10 000persons)	资产总计 Total Assets	流动资产合计 Total Current Assets	负债合计 Total Liabilities	主营业务收入 Revenue from Principal Business	主营业务成本 Cost of Pricipal Business	利润总额 Total Profits	增加值指数(上年=100) Indices of Value-Added (Preceding year=100)
全省	**Total**	**220.07**	**15132.40**	**5950.87**	**4304.25**	**27419.06**	**23810.72**	**2169.19**	**106.0**
省辖市	**City**								
郑州市	Zhengzhou	18.49	1833.97	918.76	618.29	3169.87	2728.56	298.72	103.2
开封市	Kaifeng	18.92	1026.61	290.58	154.17	1380.92	1187.88	139.02	105.4
洛阳市	Luoyang	22.53	1651.03	720.48	555.54	3161.74	2732.88	197.67	108.0
平顶山市	Pingdingshan	5.55	448.36	187.18	136.29	667.84	566.64	63.10	108.4
安阳市	Anyang	7.23	595.23	249.38	242.32	991.54	895.78	46.24	107.6
鹤壁市	Hebi	5.27	474.14	121.19	111.60	815.00	706.35	63.28	107.9
新乡市	Xinxiang	10.92	728.49	337.10	340.42	1255.47	1118.60	75.74	103.8
焦作市	Jiaozuo	16.73	1096.12	424.14	262.11	2631.09	2344.77	180.55	110.3
濮阳市	Puyang	5.52	463.30	169.23	55.26	1202.52	1049.29	105.99	101.4
许昌市	Xuchang	19.96	1552.01	514.20	242.88	3253.61	2784.73	307.85	105.0
漯河市	Luohe	6.59	364.76	143.04	114.17	728.00	628.24	67.79	96.5
三门峡市	Sanmenxia	5.40	569.05	255.87	184.33	755.94	665.26	57.65	104.9
南阳市	Nanyang	14.88	1058.87	495.73	426.14	1431.52	1250.27	85.24	105.1
商丘市	Shangqiu	18.43	753.22	281.83	225.35	1675.88	1506.34	96.80	111.4
信阳市	Xinyang	16.57	671.80	208.79	196.32	1263.09	1059.96	86.01	103.4
周口市	Zhoukou	15.73	1163.53	415.14	302.33	1701.00	1415.82	197.28	107.2
驻马店市	Zhumadian	10.31	567.54	149.74	78.19	941.15	809.02	80.01	102.0
济源市	Jiyuan	1.02	114.37	68.50	58.54	392.87	360.32	20.26	111.0
省直管县	**County Directly Administrated by Province**								
巩义市	Gongyi	5.11	507.44	236.95	144.13	992.30	881.41	65.30	107.8
兰考县	Lankao	2.92	148.87	51.33	20.25	203.53	174.24	22.20	104.4
汝州市	Ruzhou	0.74	73.31	26.72	42.49	106.20	95.28	7.57	106.1
滑县	Huaxian	0.98	56.66	28.45	11.16	152.99	125.98	14.75	106.9
长垣县	Changyuan	0.52	34.16	27.22	17.77	68.04	61.97	4.14	103.4
邓州市	Dengzhou	1.49	107.03	48.83	39.43	245.77	219.94	10.95	106.5
永城市	Yongcheng	2.98	148.92	71.09	39.57	478.40	447.79	17.60	116.5
固始县	Gushi	1.54	39.90	15.72	2.52	130.42	113.12	8.54	104.5
鹿邑县	Luyi	0.45	146.80	75.23	77.96	75.98	58.94	9.49	102.5
新蔡县	Xincai	0.61	25.18	9.18	5.24	56.71	48.75	2.26	88.5

13-12 分行业规模以上工业企业主要经济效益指标(2017年)

行业	Sector	总资产贡献率 (%) Ratio of Total Assets to Industrial Output Value (%)
总计	**Total**	**13.0**
按轻重工业分	**Grouped by Light & Heavy Industry**	
轻工业	Light Industry	19.3
重工业	Heavy Industry	10.6
按企业规模分	**Grouped by Size of Enterprises**	
大型企业	Large Enterprises	9.9
中型企业	Medium-sized Enterprises	15.1
小型企业	Small Enterprises	16.3
微型企业	Micro-enterprises	10.6
按所有制分	**By Proprietorial System**	
公有制	Public-owned	4.7
非公有制	Non-Public-owned	13.2
按行业分	**Grouped by Sectors**	
煤炭开采和洗选业	Mining and Washing of Coal	9.6
石油和天然气开采业	Extraction of Petroleum and Natural Gas	-54.4
黑色金属矿采选业	Mining of Ferrous Metal Ores	9.5
有色金属矿采选业	Mining of Non-ferrous Metal Ores	13.4
非金属矿采选业	Mining and Processing of Nonmetal Ores	22.5
开采辅助活动	Support Activities for Mining	-18.5
其他采矿业	Mining of Other Ores	
农副食品加工业	Processing of Food from Agricultural Products	18.6
食品制造业	Manufacture of Foods	20.0
酒、饮料和精制茶制造业	Manufacture of Liquor, Beverages and Refined Tea	16.8
烟草制品业	Manufacture of Tobacco	62.1
纺织业	Manufacture of Textile	14.7
纺织服装服饰业	Manufacture of Textile,Wearing Apparel and Accessories	16.5
皮革、毛皮、羽毛及其制品和制鞋业	Manufacture of Leather, Fur, Feather and Its Products, Footwear	19.8
木材加工及木、竹、藤、棕、草制品业	Processing of Timbers, Manufacture of Wood, Bamboo, Rattan, Palm, and Straw Products	18.2
家具制造业	Manufacture of Furniture	19.6
造纸及纸制品业	Manufacture of Paper and Paper Products	16.5
印刷和记录媒介的复制业	Printing,Reproduction of Recording Media	16.6
文教、工美、体育和娱乐用品制造业	Manufacture of Articles for Culture, Education, Arts and Crafts, Sport and Entertainment Activities	18.1
石油加工、炼焦及核燃料加工业	Processing of Petroleum ,Coking, Processing of Nucleus Fuel	26.9
化学原料及化学制品制造业	Manufacture of Raw Chemical Material and Chemical Products	11.3
医药制造业	Manufacture of Medicines	17.8
化学纤维制造业	Manufacture of Chemical Fiber	6.8
橡胶和塑料制品业	Manufacture of Rubber and Plastic	17.9
非金属矿物制品业	Manufacture of Non-metallic Mineral Products	18.1
黑色金属冶炼及压延加工业	Smelting and Pressing of Ferrous Metals	11.7
有色金属冶炼及压延加工业	Smelting and Pressing of Non-ferrous Metals	8.9
金属制品业	Manufacture of Metal Products	15.4
通用设备制造业	Manufacture of General Purpose Machinery	15.8
专用设备制造业	Manufacture of Special Purpose Machinery	12.8
汽车制造业	Manufacture of Automobile	13.6
铁路、船舶、航空航天和其他运输设备制造业	Manufacture of Railway, Ship, Aerospace, and other Transport Equipments	12.7
电气机械及器材制造业	Manufacture of Electrical Machinery and Apparatus	12.0
计算机、通信和其他电子设备制造业	Manufacture of Computer , Communication and Other Electronic Equipment	3.7
仪器仪表制造业	Manufacture of Measuring Instrument and Machinery	13.0
其他制造业	Manufacture of Others	7.9
废弃资源综合利用业	Utilization of Waste Resources	20.3
金属制品、机械和设备修理业	Repair Service of Metal Products, Machinery and Equipment	-0.1
电力、热力的生产和供应业	Production and Supply of Electric Power and Heat Power	3.5
燃气生产和供应业	Production and Supply of Gas	9.0
水的生产和供应业	Production and Supply of Water	6.8

Main Economic Efficiency Indicators of Industrial Enterprises above Designated Size by Sector (2017)

成本费用利润率 (%) Ratio of Profits to Industrial Cost (%)	资产负债率 (%) Assets-Liability Ratio (%)	产品销售率 (%) Products Sales Rate (%)	全员劳动生产率 (元/人.年) Labour Productivity of Industrial Enterpreses (yuan/person.year)
7.2	**48.1**	**98.6**	**252132**
9.1	34.6	98.2	237396
6.2	53.3	98.8	261326
5.5	61.0	98.7	213743
7.8	38.8	98.7	223450
8.3	35.1	98.4	343634
11.7	45.9	98.8	417194
2.7	66.3	99.2	221215
8.1	41.2	98.5	259131
6.4	68.4	99.3	150562
-64.2	83.6	102.9	29337
7.2	44.9	97.6	797088
7.6	36.4	99.2	493928
12.9	25.4	98.2	329762
-20.8	105.9	100.0	165739
8.8	35.9	98.4	278266
9.4	36.2	98.2	238952
8.8	38.5	97.9	273589
21.9	34.1	96.3	1963038
8.4	40.0	98.5	183275
8.7	26.4	98.2	141528
9.5	24.1	99.0	216880
9.0	20.1	98.4	211072
9.7	17.3	99.7	251925
8.4	45.1	98.6	263390
8.0	31.3	98.6	155634
7.6	32.1	97.9	161883
4.3	60.3	98.9	607673
7.2	48.7	98.5	321793
10.0	34.5	98.0	272709
6.1	40.8	97.6	161445
8.7	30.4	99.0	260658
9.2	34.9	99.2	296386
5.6	51.1	98.6	330370
5.1	62.7	99.2	288156
7.5	30.5	98.4	267385
7.7	36.7	98.3	279161
7.3	40.1	98.0	249917
7.4	50.2	96.9	291656
7.9	28.3	97.9	185762
7.0	49.5	97.8	256838
3.3	76.1	99.3	134528
9.4	35.2	97.7	201304
4.5	32.0	99.7	115367
8.3	51.8	99.9	294530
-4.3	74.4	99.6	98387
0.1	73.1	99.4	312138
11.4	57.8	99.6	372012
12.5	43.3	97.5	133578

13-13 分行业规模以上国有控股工业企业主要经济效益指标(2017年)

行 业	Sector	总资产贡献率 (%) Ratio of Total Assets to Industrial Output Value (%)
总 计	**Total**	**7.1**
按轻重工业分	**Grouped by Light & Heavy Industry**	
轻工业	Enterprises of Light Industry	20.0
重工业	Heavy Industry	1.9
按企业规模分	**Grouped by Size of Enterprises**	
大型企业	Large Enterprises	4.4
中型企业	Medium-sized Enterprises	0.5
小型企业	Small Enterprises	2.1
微型企业	Micro-enterprises	12.3
按行业分	**By Sector**	
煤炭开采和洗选业	Mining and Washing of Coal	8.7
石油和天然气开采业	Extraction of Petroleum and Natural Gas	-55.5
黑色金属矿采选业	Mining of Ferrous Metal Ores	3.7
有色金属矿采选业	Mining of Non-ferrous Metal Ores	7.6
非金属矿采选业	Mining and Processing of Nonmetal Ores	27.8
开采辅助活动	Support Activities for Mining	-19.0
其他采矿业	Mining of Other Ores	
农副食品加工业	Processing of Food from Agricultural Products	3.6
食品制造业	Manufacture of Foods	8.5
酒、饮料和精制茶制造业	Manufacture of Liquor, Beverages and refined tea	2.1
烟草制品业	Manufacture of Tobacco	63.0
纺织业	Manufacture of Textile	4.5
纺织服装服饰业	Manufacture of Textile,Wearing Apparel and Accessories	11.1
皮革、毛皮、羽毛及其制品和制鞋业	Manufacture of Leather, Fur, Feather and Its Products, Footwear	13.3
木材加工及木、竹、藤、棕、草制品业	Processing of Timbers, Manufacture of Wood, Bamboo, Rattan, Palm, and Straw Products	5.4
家具制造业	Manufacture of Furniture	
造纸及纸制品业	Manufacture of Paper and Paper Products	14.4
印刷和记录媒介的复制业	Printing,Reproduction of Recording Media	12.3
文教、工美、体育和娱乐用品制造业	Manufacture of Articles for Culture, Education, Arts and Crafts, Sport and Entertainment Activities	8.5
石油加工、炼焦及核燃料加工业	Processing of Petroleum ,Coking, Processing of Nucleus Fuel	53.4
化学原料及化学制品制造业	Manufacture of Raw Chemical Material and Chemical Products	3.3
医药制造业	Manufacture of Medicines	16.3
化学纤维制造业	Manufacture of Chemical Fiber	-2.0
橡胶和塑料制品业	Manufacture of Rubber and Plastic	1.6
非金属矿物制品业	Manufacture of Non-metallic Mineral Products	6.9
黑色金属冶炼及压延加工业	Smelting and Pressing of Ferrous Metals	7.5
有色金属冶炼及压延加工业	Smelting and Pressing of Non-ferrous Metals	6.5
金属制品业	Manufacture of Metal Products	6.5
通用设备制造业	Manufacture of General Purpose Machinery	6.1
专用设备制造业	Manufacture of Special Purpose Machinery	3.9
汽车制造业	Manufacture of Automobile	1.7
铁路、船舶、航空航天和其他运输设备制造业	Manufacture of Railway, Ship, Aerospace, and other Transport Equipments	8.9
电气机械及器材制造业	Manufacture of Electrical Machinery and Apparatus	4.1
计算机、通信和其他电子设备制造业	Manufacture of Computer, Communication and Other Electronic Equipment	11.7
仪器仪表制造业	Manufacture of Measuring Instrument and Machinery	9.3
其他制造业	Manufacture of Others	3.3
废弃资源综合利用业	Utilization of Waste Resources	14.9
金属制品、机械和设备修理业	Repair Service of Metal Products, Machinery and Equipment	-2.5
电力、热力的生产和供应业	Production and Supply of Electric Power and Heat Power	3.5
燃气生产和供应业	Production and Supply of Gas	6.9
水的生产和供应业	Production and Supply of Water	6.2

Main Economic Efficiency Indicators of State-holding Industrial Enterprises above Designated Size by Sector (2017)

成本费用利润率 (%) Ratio of Profits to Industrial Cost (%)	资产负债率 (%) Assets-Liability Ratio (%)	产品销售率 (%) Products Sales Rate (%)	全员劳动生产率 (元/人.年) Labour Productivity of Industrial Enterpreses (yuan/person.year)
1.4	**68.6**	**99.3**	**206890**
5.5	52.6	96.0	385356
0.9	70.4	99.8	181965
1.1	68.8	99.6	191778
0.5	67.9	98.2	211337
3.7	71.0	99.2	520956
24.2	57.0	99.8	213140
5.2	71.7	99.1	105357
-64.7	84.6	103.0	28929
-1.7	39.0	100.5	302606
3.0	55.4	99.4	175548
13.0	10.0	100.0	678095
-21.4	106.2	100.0	160382
1.6	48.1	97.1	204641
2.6	62.9	97.7	37629
-2.6	81.1	92.7	188235
22.5	33.4	96.3	2093661
1.6	68.4	99.3	139727
8.8	26.1	96.7	61787
8.9	35.6	102.5	117787
2.7	89.1	101.8	230882
6.4	100.6	96.4	426079
7.1	14.5	103.5	119008
2.8	40.2	96.7	456494
3.8	81.8	99.9	1154562
0.9	76.3	100.2	314729
10.6	43.1	99.6	259092
-7.5	50.5	83.6	1278165
-1.9	66.7	100.7	189676
6.3	53.3	101.5	191081
4.2	71.3	100.2	225247
1.8	77.6	100.7	177226
3.9	63.7	99.8	351366
3.8	65.0	97.2	107114
2.8	57.3	97.4	174400
-0.9	77.6	95.1	110759
11.8	44.2	100.2	32698
4.2	61.6	97.6	302827
20.4	57.2	100.0	171365
12.3	42.6	99.2	211699
1.8	34.3		1477
28.8	51.5	100.0	1154188
-9.7	81.8	100.0	93202
-0.1	74.0	99.8	272229
6.5	63.1	100.5	309359
12.8	40.6	97.4	129564

13-14 分行业规模以上公有制工业企业主要经济效益指标(2017年)

行 业	Sector	总资产贡献率 (%) Ratio of Total Assets to Industrial Output Value (%)
总 计	**Total**	**4.7**
按轻重工业分	**Grouped by Light & Heavy Industry**	
轻工业	Enterprises of Light Industry	19.1
重工业	Heavy Industry	2.7
按企业规模分	**Grouped by Size of Enterprises**	
大型企业	Large Enterprises	5.0
中型企业	Medium-sized Enterprises	2.0
小型企业	Small Enterprises	6.9
微型企业	Micro-enterprises	13.3
按行业分	**By Sector**	
煤炭开采和洗选业	Mining and Washing of Coal	4.4
石油和天然气开采业	Extraction of Petroleum and Natural Gas	-56.2
黑色金属矿采选业	Mining of Ferrous Metal Ores	0.9
有色金属矿采选业	Mining of Non-ferrous Metal Ores	10.8
非金属矿采选业	Mining and Processing of Nonmetal Ores	20.5
开采辅助活动	Support Activities for Mining	-20.7
其他采矿业	Mining of Other Ores	
农副食品加工业	Processing of Food from Agricultural Products	5.8
食品制造业	Manufacture of Foods	18.2
酒、饮料和精制茶制造业	Manufacture of Liquor, Beverages and Refined Tea	1.7
烟草制品业	Manufacture of Tobacco	61.8
纺织业	Manufacture of Textile	2.0
纺织服装服饰业	Manufacture of Textile,Wearing Apparel and Accessories	9.3
皮革、毛皮、羽毛及其制品和制鞋业	Manufacture of Leather, Fur, Feather and Its Products, Footwear	11.1
木材加工及木、竹、藤、棕、草制品业	Processing of Timbers, Manufacture of Wood, Bamboo, Rattan, Palm, and Straw Products	2.5
家具制造业	Manufacture of Furniture	7.6
造纸及纸制品业	Manufacture of Paper and Paper Products	6.9
印刷和记录媒介的复制业	Printing,Reproduction of Recording Media	10.0
文教、工美、体育和娱乐用品制造业	Manufacture of Articles for Culture, Education, Arts and Crafts, Sport and Entertainment Activities	9.7
石油加工、炼焦及核燃料加工业	Processing of Petroleum ,Coking, Processing of Nucleus Fuel	48.1
化学原料及化学制品制造业	Manufacture of Raw Chemical Material and Chemical Products	1.0
医药制造业	Manufacture of Medicines	11.1
化学纤维制造业	Manufacture of Chemical Fiber	1.1
橡胶和塑料制品业	Manufacture of Rubber and Plastic	9.9
非金属矿物制品业	Manufacture of Non-metallic Mineral Products	6.2
黑色金属冶炼及压延加工业	Smelting and Pressing of Ferrous Metals	3.4
有色金属冶炼及压延加工业	Smelting and Pressing of Non-ferrous Metals	0.9
金属制品业	Manufacture of Metal Products	6.4
通用设备制造业	Manufacture of General Purpose Machinery	5.1
专用设备制造业	Manufacture of Special Purpose Machinery	3.1
汽车制造业	Manufacture of Automobile	0.9
铁路、船舶、航空航天和其他运输设备制造业	Manufacture of Railway, Ship, Aerospace, and other Transport Equipments	7.9
电气机械及器材制造业	Manufacture of Electrical Machinery and Apparatus	3.6
计算机、通信和其他电子设备制造业	Manufacture of Computer, Communication and Other Electronic Equipment	12.4
仪器仪表制造业	Manufacture of Measuring Instrument and Machinery	8.7
其他制造业	Manufacture of others	3.6
废弃资源综合利用业	Utilization of Waste Resources	10.9
金属制品、机械和设备修理业	Repair Service of Metal Products, Machinery and Equipment	-4.3
电力、热力的生产和供应业	Production and Supply of Electric Power and Heat Power	0.2
燃气生产和供应业	Production and Supply of Gas	6.5
水的生产和供应业	Production and Supply of Water	3.8

Main Economic Efficiency Indicators of Public-owned Industrial Enterprises above Designated Size by Sector (2017)

成本费用利润率 (%) Ratio of Profits to Industrial Cost (%)	资产负债率 (%) Assets-Liability Ratio (%)	产品销售率 (%) Products Sales Rate (%)	全员劳动生产率 (元/人.年) Labour Productivity of Industrial Enterpreses (yuan/person.year)
2.7	**66.3**	**99.2**	**221215**
7.7	49.4	97.1	321967
1.9	68.7	99.6	201292
1.9	67.5	99.6	192230
2.3	64.0	98.3	216260
6.3	61.6	99.2	590684
25.8	57.7	99.8	201076
5.3	71.4	99.9	107321
-64.2	83.6	102.9	28927
-1.7	39.0	100.1	558434
6.6	37.3	99.3	568417
11.9	40.2	99.9	149762
-21.4	106.2	100.0	160382
4.2	43.9	98.8	266750
11.4	44.8	97.7	104016
1.3	74.5	95.3	236045
22.1	33.6	96.3	1993684
2.7	65.8	99.0	163604
7.3	41.2	99.1	58203
8.4	47.3	98.5	253327
4.7	82.2	95.9	188667
1.0	80.7	98.0	642164
5.3	92.0	98.4	328385
4.3	29.1	102.5	211071
4.9	38.2	98.3	55864
4.0	81.1	99.9	1060741
2.2	73.4	99.7	314945
8.0	41.9	99.1	294682
2.6	41.5	94.9	131502
7.2	47.0	99.3	227963
7.6	51.4	100.5	218396
4.3	70.3	100.6	233511
1.7	78.7	100.7	181377
4.1	59.2	100.2	400080
4.5	59.6	97.3	143736
3.2	56.3	97.2	191469
-0.1	76.0	96.5	137682
11.9	44.5	99.3	36619
4.6	61.7	98.8	291691
17.3	54.5	87.6	248741
12.2	42.6	99.2	197379
2.2	34.1	99.3	7199
28.8	51.5	100.0	1226615
-7.2	81.8	100.0	86459
0.1	74.0	99.8	272920
6.5	63.1	100.5	316546
12.4	42.7	97.6	120672

13-15 分行业规模以上私营工业企业主要经济效益指标(2017年)

行 业	Sector	总资产贡献率 (%) Ratio of Total Assets to Industrial Output Value (%)
总 计	**Total**	**18.4**
按轻重工业分	**Grouped by Light & Heavy Industry**	
轻工业	Enterprises of Light Industry	17.6
重工业	Heavy Industry	16.0
按企业规模分	**Grouped by Size of Enterprises**	
大型企业	Large Enterprises	12.8
中型企业	Medium-sized Enterprises	18.4
小型企业	Small Enterprises	17.0
微型企业	Micro-enterprises	8.7
按行业分	**By Sector**	
煤炭开采和洗选业	Mining and Washing of Coal	17.6
石油和天然气开采业	Extraction of Petroleum and Natural Gas	
黑色金属矿采选业	Mining of Ferrous Metal Ores	10.5
有色金属矿采选业	Mining of Non-ferrous Metal Ores	12.2
非金属矿采选业	Mining and Processing of Nonmetal Ores	23.3
开采辅助活动	Support Activities for Mining	61.5
其他采矿业	Mining of Other Ores	
农副食品加工业	Processing of Food from Agricultural Products	20.2
食品制造业	Manufacture of Foods	21.5
酒、饮料和精制茶制造业	Manufacture of Liquor, Beverages and Refined Tea	20.5
烟草制品业	Manufacture of Tobacco	
纺织业	Manufacture of Textile	17.7
纺织服装服饰业	Manufacture of Textile,Wearing Apparel and Accessories	14.8
皮革、毛皮、羽毛及其制品和制鞋业	Manufacture of Leather, Fur, Feather and Its Products, Footwear	20.4
木材加工及木、竹、藤、棕、草制品业	Processing of Timbers, Manufacture of Wood, Bamboo, Rattan, Palm, and Straw Products	19.9
家具制造业	Manufacture of Furniture	22.5
造纸及纸制品业	Manufacture of Paper and Paper Products	19.7
印刷和记录媒介的复制业	Printing,Reproduction of Recording Media	15.8
文教、工美、体育和娱乐用品制造业	Manufacture of Articles for Culture, Education, Arts and Crafts, Sport and Entertainment Activities	20.3
石油加工、炼焦及核燃料加工业	Processing of Petroleum ,Coking, Processing of Nucleus Fuel	9.2
化学原料及化学制品制造业	Manufacture of Raw Chemical Material and Chemical Products	14.9
医药制造业	Manufacture of Medicines	18.8
化学纤维制造业	Manufacture of Chemical Fiber	25.3
橡胶和塑料制品业	Manufacture of Rubber and Plastic	20.6
非金属矿物制品业	Manufacture of Non-metallic Mineral Products	20.9
黑色金属冶炼及压延加工业	Smelting and Pressing of Ferrous Metals	15.5
有色金属冶炼及压延加工业	Smelting and Pressing of Non-ferrous Metals	16.1
金属制品业	Manufacture of Metal Products	17.9
通用设备制造业	Manufacture of General Purpose Machinery	20.7
专用设备制造业	Manufacture of Special Purpose Machinery	18.1
汽车制造业	Manufacture of Automobile	20.8
铁路、船舶、航空航天和其他运输设备制造业	Manufacture of Railway, Ship, Aerospace, and other Transport Equipments	15.7
电气机械及器材制造业	Manufacture of Electrical Machinery and Apparatus	19.5
计算机、通信和其他电子设备制造业	Manufacture of Computer, Communication and Other Electronic Equipment	15.5
仪器仪表制造业	Manufacture of Measuring Instrument and Machinery	16.1
其他制造业	Manufacture of Others	10.6
废弃资源综合利用业	Utilization of Waste Resources	30.7
金属制品、机械和设备修理业	Repair Service of Metal products, Machinery and Equipment	9.5
电力、热力的生产和供应业	Production and Supply of Electric Power and Heat Power	2.8
燃气生产和供应业	Production and Supply of Gas	17.3
水的生产和供应业	Production and Supply of Water	7.0

Main Economic Efficiency Indicators of Private Industrial Enterprises above Designated Size by Sector (2017)

成本费用利润率 (%) Ratio of Profits to Industrial Cost (%)	资产负债率 (%) Assets-Liability Ratio (%)	产品销售率 (%) Products Sales Rate (%)	全员劳动生产率 (元/人.年) Labour Productivity of Industrial Enterpreses (yuan/person.year)
8.6	**28.4**	**98.5**	**274657**
9.2	26.1	98.2	235963
8.3	29.8	98.7	305301
7.2	33.2	98.5	223527
8.9	26.2	98.5	243826
8.9	27.9	98.6	332789
8.8	39.3	98.6	365223
9.4	42.8	98.4	605768
9.7	48.2	97.0	663912
8.6	25.3	98.9	369705
12.5	20.5	98.1	380250
19.3	58.2	99.0	633832
8.4	24.8	98.4	277727
8.8	23.8	97.9	254140
9.7	25.7	98.6	305832
9.5	32.7	98.5	180932
9.3	27.0	97.0	134332
9.8	19.4	99.1	226694
10.0	17.1	98.3	218764
11.2	12.9	100.3	304169
9.1	29.5	98.7	300357
9.0	29.8	98.6	161005
8.6	25.2	97.3	168796
2.2	45.5	98.1	440243
8.5	30.9	99.1	337352
9.9	35.0	98.2	298048
9.1	16.5	99.5	191493
9.1	23.2	98.7	278441
9.4	28.5	99.8	311629
6.4	32.7	97.9	380381
7.0	35.5	98.7	340647
8.3	27.0	98.4	256184
8.8	26.2	98.3	291922
8.7	28.5	97.7	254664
8.0	23.1	98.0	289106
8.7	16.2	97.6	245771
8.1	33.6	96.8	275836
8.7	34.7	98.2	182449
7.3	29.3	96.6	251708
4.6	16.8	102.0	188503
8.0	33.2	99.4	244538
7.6	43.1	100.0	
8.7	59.0	99.1	359950
10.1	49.7	99.1	417096
7.0	40.9	95.4	112408

13-16 各市规模以上工业企业主要经济效益指标

Main Economic Efficiency Indicators of Industrial Enterprises above Designated Size by City

年份 市(县)	Year City(County)	总资产贡献率 (%) Ratio of Total Assets to Industrial Output Value (%)	成本费用利润率 (%) Ratio of Profits to Industrial Cost (%)	资产负债率 (%) Assets-Liability Ratio (%)	产品销售率 (%) Products Sales Rate (%)	全员劳动生产率 (元/人.年) Labour Productivity of Industrial Enterprises (yuan/person.year)
	1998	7.6	2.7	67.3	97.2	25496
	1999	7.3	2.8	65.9	97.8	27753
	2000	8.6	4.5	66.4	98.0	33643
	2001	8.1	4.1	65.7	97.9	37827
	2002	9.4	4.7	63.9	98.3	44368
	2003	10.7	5.2	64.3	98.5	55278
	2004	23.0	6.0	62.4	98.4	76834
	2005	15.7	6.9	61.6	98.4	88950
	2006	20.7	9.1	60.3	97.0	111021
	2007	23.5	11.6	57.8	98.3	142201
	2008	24.7	9.5	57.8	98.4	181939
	2009	21.0	9.6	56.5	98.5	172874
	2010	22.4	10.2	55.2	98.7	206596
	2011	22.7	9.5	53.9	98.6	217295
	2012	18.9	8.3	51.4	98.3	216674
	2013	16.9	8.2	48.5	98.4	221106
	2014	15.8	7.8	46.9	98.3	224089
	2015	13.9	7.2	47.0	98.2	229637
	2016	13.1	7.0	47.7	97.9	232740
	2017	13.0	7.2	48.1	98.6	252132
省辖市	**City**					
郑州市	Zhengzhou	11.6	7.8	58.6	97.9	272759
开封市	Kaifeng	12.2	8.7	30.1	98.8	151767
洛阳市	Luoyang	16.1	5.2	54.0	98.6	273279
平顶山市	Pingdingshan	9.2	6.0	57.0	97.3	214956
安阳市	Anyang	11.2	4.5	56.1	98.0	357520
鹤壁市	Hebi	11.1	5.9	48.5	99.3	246621
新乡市	Xinxiang	10.7	5.6	54.2	98.8	233390
焦作市	Jiaozuo	20.4	6.5	39.8	99.2	264701
濮阳市	Puyang	16.3	6.0	36.1	98.4	350722
许昌市	Xuchang	19.4	9.4	38.5	98.5	312475
漯河市	Luohe	22.7	9.9	37.2	100.2	261418
三门峡市	Sanmenxia	13.7	5.8	60.7	100.5	350715
南阳市	Nanyang	8.7	4.7	47.5	97.4	207723
商丘市	Shangqiu	13.4	5.6	43.2	98.5	194880
信阳市	Xinyang	14.1	6.5	38.8	98.4	167046
周口市	Zhoukou	22.7	14.0	27.3	98.9	247084
驻马店市	Zhumadian	15.3	8.0	28.4	98.8	217754
济源市	Jiyuan	12.8	5.2	55.2	98.9	405278
省直管县	**County Directly Administrated by Province**					
巩义市	Gongyi	13.5	5.9	46.9	94.3	374565
兰考县	Lankao	13.8	10.2	17.2	98.6	157537
汝州市	Ruzhou	10.1	7.6	61.8	96.5	297313
滑县	Huaxian	18.5	7.4	30.8	100.0	353393
长垣县	Changyuan	16.5	9.4	48.5	99.6	303131
邓州市	Dengzhou	14.5	5.3	37.1	99.0	303186
永城市	Yongcheng	9.6	3.8	55.5	98.1	320627
固始县	Gushi	20.2	6.6	7.3	99.9	164589
鹿邑县	Luyi	43.5	28.2	45.8	99.5	391704
新蔡县	Xincai	14.3	5.0	17.8	97.0	239942

13-17 各市规模以上国有控股工业企业主要经济效益指标(2017年)
Main Economic Efficiency Indicators of State-holding Industrial Enterprises above Designated Size by City (2017)

市(县) City(County)	总资产贡献率 (%) Ratio of Total Assets to Industrial Output Value (%)	成本费用利润率 (%) Ratio of Profits to Industrial Cost (%)	资产负债率 (%) Assets-Liability Ratio (%)	产品销售率 (%) Products Sales Rate (%)	全员劳动生产率 (元/人.年) Labour Productivity of Industrial Enterprises (yuan/person.year)
全省 Total	**7.1**	**1.4**	**68.6**	**99.3**	**206890**
省辖市 City					
郑州市 Zhengzhou	10.5	5.5	64.4	99.0	280202
开封市 Kaifeng	1.7	-2.6	74.0	97.0	201536
洛阳市 Luoyang	8.6	2.5	67.4	97.8	210721
平顶山市 Pingdingshan	6.5	3.3	67.5	98.3	137179
安阳市 Anyang	12.3	4.7	72.0	99.9	299816
鹤壁市 Hebi	3.9	0.3	86.1	96.9	119329
新乡市 Xinxiang	6.7	4.9	66.3	97.8	151937
焦作市 Jiaozuo	5.9	1.8	62.3	100.6	120409
濮阳市 Puyang	-14.6	-21.4	92.9	100.2	110721
许昌市 Xuchang	14.0	8.9	62.6	100.6	397176
漯河市 Luohe	12.7	7.3	62.6	99.2	588665
三门峡市 Sanmenxia	5.5	1.0	81.6	104.1	133979
南阳市 Nanyang	-0.3	-10.4	63.5	101.7	177816
商丘市 Shangqiu	7.0	2.6	66.2	98.3	259102
信阳市 Xinyang	3.3	-0.2	66.2	97.7	216019
周口市 Zhoukou	7.3	3.1	70.4	100.0	110028
驻马店市 Zhumadian	10.5	3.8	64.6	99.4	471264
济源市 Jiyuan	5.4	0.6	60.3	98.7	566071
省直管县 County Directly Administrated by Province					
巩义市 Gongyi	5.9	2.4	79.8	99.1	108835
兰考县 Lankao	7.3	3.1	72.5	94.5	290906
汝州市 Ruzhou	9.8	9.1	88.5	99.6	172724
滑县 Huaxian	17.7	14.3	33.0	102.6	796809
长垣县 Changyuan	139.6	157.7	85.8	100.4	752549
邓州市 Dengzhou	12.7	12.0	46.0	100.9	379825
永城市 Yongcheng	7.7	3.5	62.2	98.0	261154
固始县 Gushi					
鹿邑县 Luyi	59.2	64.0	93.0	100.0	255187
新蔡县 Xincai					

13-18 各市规模以上公有制工业企业主要经济效益指标(2017年)

Main Economic Efficiency Indicators of Public-owned Industrial Enterprises above Designated Size by City (2017)

市(县) City(County)	总资产贡献率 (%) Ratio of Total Assets to Industrial Output Value (%)	成本费用利润率 (%) Ratio of Profits to Industrial Cost (%)	资产负债率 (%) Assets-Liability Ratio (%)	产品销售率 (%) Products Sales Rate (%)	全员劳动生产率 (元/人.年) Labour Productivity of Industrial Enterprises (yuan/person.year)
全 省 Total	**4.7**	**2.7**	**66.3**	**99.2**	**221215**
省 辖 市 City					
郑 州 市 Zhengzhou	8.2	6.2	63.1	99.1	283101
开 封 市 Kaifeng	0.0	0.9	71.1	97.5	219417
洛 阳 市 Luoyang	5.8	2.4	66.9	97.6	213768
平 顶 山 市 Pingdingshan	3.0	3.2	67.7	98.4	137966
安 阳 市 Anyang	8.5	4.8	71.9	100.1	302583
鹤 壁 市 Hebi	-0.2	1.6	82.7	95.0	164353
新 乡 市 Xinxiang	4.1	4.4	63.4	98.2	161088
焦 作 市 Jiaozuo	4.2	2.6	60.8	100.4	135085
濮 阳 市 Puyang	-13.2	-15.1	85.1	99.5	138272
许 昌 市 Xuchang	12.0	8.7	61.5	100.5	391627
漯 河 市 Luohe	18.2	14.3	50.2	98.7	447502
三 门 峡 市 Sanmenxia	2.7	3.4	73.4	101.0	280576
南 阳 市 Nanyang	-0.6	-7.4	61.3	101.4	174759
商 丘 市 Shangqiu	2.6	2.9	65.7	98.5	243074
信 阳 市 Xinyang	0.4	0.2	65.9	97.7	172565
周 口 市 Zhoukou	8.6	7.2	52.3	100.0	152214
驻 马 店 市 Zhumadian	6.9	4.2	63.2	99.3	371320
济 源 市 Jiyuan	2.5	1.2	59.4	100.8	478491
省 直 管 县 County Directly Administrated by Province					
巩 义 市 Gongyi	4.9	6.9	71.7	97.8	147119
兰 考 县 Lankao	77.4	46.7	79.9	96.7	474587
汝 州 市 Ruzhou	6.7	9.1	88.5	99.6	172724
滑 县 Huaxian	13.8	9.5	27.5	101.9	746076
长 垣 县 Changyuan	97.5	112.9	69.4	100.3	697312
邓 州 市 Dengzhou	11.2	11.3	48.1	100.6	289092
永 城 市 Yongcheng	2.7	3.5	62.3	98.0	258633
固 始 县 Gushi	30.6	6.9	8.3	100.0	315344
鹿 邑 县 Luyi	57.1	57.6	88.4	100.0	269358
新 蔡 县 Xincai	15.8	4.9	6.8	99.2	129930

13-19 各市规模以上私营工业企业主要经济效益指标(2017年)

Main Economic Efficiency Indicators of Private Industrial Enterprises above Designated Size by City (2017)

市(县) City(County)	总资产贡献率 (%) Ratio of Total Assets to Industrial Output Value (%)	成本费用利润率 (%) Ratio of Profits to Industrial Cost (%)	资产负债率 (%) Assets-Liability Ratio (%)	产品销售率 (%) Products Sales Rate (%)	全员劳动生产率 (元/人.年) Labour Productivity of Industrial Enterpreses (yuan/person.year)
全　省 Total	**18.4**	**8.6**	**28.4**	**98.5**	**274657**
省辖市 City					
郑州市 Zhengzhou	21.1	10.4	33.7	97.6	348409
开封市 Kaifeng	15.7	11.3	15.0	99.3	154379
洛阳市 Luoyang	14.1	6.7	33.7	98.6	300805
平顶山市 Pingdingshan	18.7	10.5	30.4	96.0	355054
安阳市 Anyang	12.0	4.9	40.7	97.5	347958
鹤壁市 Hebi	17.1	8.5	23.5	102.7	342264
新乡市 Xinxiang	13.9	6.4	46.7	99.3	243751
焦作市 Jiaozuo	18.6	7.4	23.9	99.8	342363
濮阳市 Puyang	26.7	9.7	11.9	98.2	476486
许昌市 Xuchang	25.4	10.5	15.7	98.6	337615
漯河市 Luohe	20.7	10.3	31.3	97.8	197107
三门峡市 Sanmenxia	11.5	8.3	32.4	98.6	424747
南阳市 Nanyang	11.8	6.2	40.2	97.0	238930
商丘市 Shangqiu	15.9	6.1	29.9	98.4	203033
信阳市 Xinyang	16.2	7.4	29.2	98.0	177281
周口市 Zhoukou	20.4	13.2	26.0	98.6	232382
驻马店市 Zhumadian	18.6	9.4	13.8	98.9	195263
济源市 Jiyuan	29.7	5.5	51.2	98.1	710847
省直管县 County Directly Administrated by Province					
巩义市 Gongyi	16.6	6.9	28.4	96.6	353507
兰考县 Lankao	17.8	12.3	13.6	98.8	151851
汝州市 Ruzhou	12.5	7.6	58.0	95.7	398095
滑县 Huaxian	32.9	10.8	19.7	98.9	340532
长垣县 Changyuan	15.2	6.5	52.0	100.0	302156
邓州市 Dengzhou	14.2	4.7	36.8	99.1	362179
永城市 Yongcheng	15.1	3.8	26.6	98.5	417938
固始县 Gushi	24.0	7.0	6.3	99.8	169126
鹿邑县 Luyi	10.0	14.4	53.1	96.2	375111
新蔡县 Xincai	12.1	4.2	20.8	98.2	194447

13-20 主要工业产品产量

Output of Major Industrial Products

年 份 year	纱 (万吨) Yarn (10 000 tons)	卷 烟 (亿支) Cigarettes (100 million rolls)	农用化肥 (万吨) Chemical Fertilizers (10 000 tons)	原 煤 (万吨) Coal (10 000 tons)	原 油 (万吨) Crude Oil (10 000 tons)	发电量 (亿千瓦小时) Electricity (100 million kwh)	粗 钢 (万吨) Steel (10 000 tons)	平板玻璃 (万重量箱) Plate Glass (10 000 weight cases)
1978	16.28	161.70	51.92	5845	167.44	130.68	54.22	184.20
1979	18.88	187.70	55.65	5838	225.72	145.50	59.18	231.71
1980	20.17	231.60	65.06	5625	230.89	159.45	64.50	294.61
1981	22.90	258.80	65.57	5825	369.23	171.17	55.78	284.16
1982	23.27	277.90	75.35	5968	448.32	177.97	63.88	343.90
1983	22.43	254.30	89.06	6402	541.21	187.88	77.08	402.13
1984	21.22	290.40	99.01	6934	639.59	198.72	86.68	485.03
1985	22.92	316.20	81.43	7857	793.31	209.34	97.26	595.73
1986	26.01	329.20	80.29	7949	880.78	231.63	103.99	665.07
1987	28.46	326.30	111.62	8062	932.04	259.33	118.09	769.16
1988	30.65	323.30	129.28	8245	979.07	286.57	138.95	877.52
1989	32.58	285.56	131.84	8858	953.15	302.82	159.00	981.57
1990	31.45	291.49	140.58	9080	882.06	319.14	168.98	904.80
1991	31.95	293.68	156.50	8973	848.32	356.49	186.12	1014.20
1992	37.45	298.71	169.78	9027	810.13	405.17	212.87	1132.95
1993	47.65	297.51	164.84	9279	764.07	440.65	239.39	1299.13
1994	35.20	295.51	189.70	9618	688.25	485.46	241.30	1604.21
1995	41.03	298.30	219.19	10334	601.96	547.71	280.98	2127.41
1996	42.70	290.95	241.09	10781	587.19	593.99	309.87	1832.36
1997	49.59	290.28	237.89	10520	587.13	630.83	334.16	1546.18
1998	47.06	275.77	267.89	9406	587.60	631.05	366.58	2165.02
1999	52.85	287.67	252.72	8012	565.40	658.97	392.03	2137.14
2000	61.06	294.23	258.56	7578	562.18	694.93	404.84	2425.41
2001	67.64	291.56	280.13	8448	566.57	791.05	530.98	2794.30
2002	81.33	282.62	308.30	9921	568.06	909.68	672.22	2920.37
2003	86.91	285.50	307.70	11871	547.60	1025.10	851.75	2978.20
2004	106.37	1434.73	345.03	14445	523.41	1185.58	974.73	3346.34
2005	138.80	1430.19	396.64	18761	507.16	1414.68	1226.62	3894.92
2006	188.36	1484.44	440.87	18532	492.06	1590.25	1740.84	3463.84
2007	246.66	1552.10	523.98	18917	485.08	1910.97	2264.65	3588.17
2008	305.20	1586.08	536.04	20888	475.81	1952.78	2187.85	3208.94
2009	340.40	1613.50	554.80	23018	474.50	2068.00	2329.00	2764.70
2010	402.96	1650.45	439.25	21349	497.90	2180.87	2327.35	2414.41
2011	464.71	1676.15	474.03	20935	485.50	2571.88	2370.65	2153.48
2012	483.15	1691.01	435.47	18058	476.56	2626.90	2215.78	1216.06
2013	568.67	1712.96	535.89	16043	476.51	2853.27	2786.08	1128.04
2014	619.64	1733.25	536.32	14416	470.46	2722.27	2882.15	1455.98
2015	638.46	1674.29	561.52	13548	412.05	2615.00	2897.41	1178.40
2016	628.90	1528.06	532.41	11905	315.74	2622.50	2849.45	1120.48
2017	588.65	1516.97	463.46	11688	282.92	2703.48	2954.03	2050.47

注：2003年以前卷烟产量计量单位为“万箱”。
a) Data on unit of cigarette is "10 000 cases" before 2003.

13-21 主要工业产品产量
Output of Major Industrial Products

产品名称	Item	2000	2005	2009	2010	2013	2014	2015	2016	2017
两轮脚踏自行车(万辆)	Bicycles (10 000 units)	35.74	11.05	8.80	13.26	1.45	1.36	1.79	1.34	1.22
电动自行车(万辆)	Electric bicycle (10 000 units)					367.93	427.94	617.98	819.01	687.62
彩色电视机(万台)	Colour Television Set (10 000 units)	90.91	177.00	43.50	17.45	46.39	29.45	18.86	13.83	31.43
家用电冰箱(万台)	Household Refrigerators (10 000 units)	107.97	249.00	319.20	366.47	517.75	335.47	253.08	283.74	198.29
化学纤维(吨)	Chemical Fiber (ton)	186297	397266	525154	522459	538231	559074	486077	566329	556666
纱(万吨)	Yarn (10 000 tons)	61.06	138.80	340.45	402.96	568.67	619.64	638.46	628.90	588.65
布(亿米)	Cloth (100 million m)	11.09	16.03	31.68	39.34	31.34	23.85	25.15	25.78	25.48
呢绒(万米)	Woolen Piece Goods (10 000 m)	184.90	529.40	366.60	375.10	557.20	745.49	526.73	829.24	1963.00
毛线(吨)	Knitting Wool (ton)	12115	16207	32363	24915	41637	50131	54047	61457	63100
服装(万件)	Garments (10 000 sets)	6502	20138	38774	55743	116659	138281	157528	227827	167105
原盐(万吨)	Salt (10 000 tons)	59.38	109.95	217.35	262.50	412.23	370.59	328.19	287.64	333.58
卷烟(亿支)	Cigarettes (100 million rolls)	294.23	1430.19	1613.50	1650.45	1712.96	1733.25	1674.29	1528.06	1516.97
饮料酒(万千升)	Alcoholic Beverages (10 million litre)	141.45	227.53	468.41	525.05	562.44	541.05	528.12	551.59	551.46
方便面(万吨)	Instant Noodles (10 000 tons)		64.87	158.51	212.53	347.21	349.19	357.79	409.17	421.97
速冻米面食品(万吨)	Quick-frozen Rice and Wheat Flour foods (10 000 tons)		93.47	181.43	220.88	365.13	351.42	356.68	381.50	378.62
罐头(吨)	Canned Food (ton)	24615	31270	156848	141681	176426	398582	389979	383680	445144
畜肉制品(万吨)	Raise Meat Products (10 000 tons)		88.39	111.61	123.12	201.04	212.14	237.47	230.13	165.10
液体乳(万吨)	Liquid Milk (10 000 ton)		30.91	88.26	106.45	188.61	220.23	236.29	305.89	350.71
配、混合饲料(万吨)	Mixed Feed (10 000 tons)	185.03	475.20	866.02	1109.53	1409.40	1551.02	1611.62	2268.09	2486.75
机制纸及纸板(万吨)	Machine-made Paper and Paperboard (10 000 tons)	290.06	562.18	1023.66	975.64	826.11	739.38	698.39	739.39	697.54
合成洗涤剂(万吨)	Synthetic Detergents (10 000 tons)	19.03	16.33	43.98	47.38	74.93	91.25	98.74	117.07	195.83
日用精铝制品(吨)	Fine Aluminium Products Daily-use (ton)	16527	23089	12751	16521	45414	51449	40884	41314	60676
卫生陶瓷制品(万件)	Household Ceramics (10 000 pcs)					5425	7016	7928	8477	8648
日用玻璃制品(万吨)	Daily-use Glassware (10 000 ton)	26.99	71.66	31.63	43.94	51.44	58.98	54.25	104.99	192.78
塑料制品(万吨)	Plastic Products (10 000 tons)	46.88	103.95	155.70	314.68	426.59	477.29	544.08	601.50	721.03
#农用薄膜	Plastic Film for Farm Use	9.28	15.14	11.20	15.83	38.38	42.60	48.85	60.03	45.29
原煤(万吨)	Coal (10 000 tons)	7578	18761	23018	21349	16043	14416	13548	11905	11688
原油(万吨)	Crude Oil (10 000 tons)	562.18	507.16	474.50	497.90	476.51	470.46	412.05	315.74	282.92
原油加工量(万吨)	Volume of Crude Oil Processing (10 000 tons)	573.65	553.58	793.80	879.35	876.12	772.94	589.99	673.78	640.44
汽油(万吨)	Gasoline (10 000 tons)	136.86	127.03	189.40	207.98	222.47	209.60	163.95	203.62	186.87
柴油(万吨)	Diesel Oil (10 000 tons)	213.42	218.97	287.01	297.54	250.51	191.22	138.43	143.80	176.43
润滑油(吨)	Lubricating Oil (ton)	42783	101431	149612	177113	35497	51570	80722	112818	103311
天然气(万立方米)	Natural Gas (10 000 cu.m)	149465	201432	99915	67488	49313	48720	41858	32981	29779
发电量(亿千瓦小时)	Electricity (100 million kwh)	694.93	1414.68	2067.96	2180.87	2853.27	2722.27	2615.00	2622.50	2703.48

注：卷烟产量2000年计量单位为“万箱”，饮料酒2005年以前计量单位为“万吨”。
a) unit of cigarette is "10 000 cases" in 2000，unit of alcoholic beverages is "10 000 tons" before 2005.

13-21 续表 contiuned

产品名称	Item	2000	2005	2009	2010	2013	2014	2015	2016	2017
铁矿石原矿(万吨)	Iron ore (10 000 tons)	154.66	281.32	828.38	1269.21	2024.89	957.31	1662.36	1334.45	1139.44
生铁(万吨)	Pig Iron (10 000 tons)	508.88	973.00	1944.63	2073.92	2551.91	2779.61	2903.60	2862.93	2702.57
粗钢(万吨)	Steel (10 000 tons)	404.84	1226.62	2328.99	2327.35	2786.08	2882.16	2897.41	2849.45	2954.03
钢材(万吨)	Steel Products (10 000 tons)	405.62	1337.40	2882.47	3196.42	4255.19	4704.14	4766.83	4667.91	3909.45
铁合金(万吨)	Ferroalloy (10 000 tons)	14.27	54.98	136.80	149.23	190.60	181.62	149.45	155.23	161.05
焦炭(万吨)	Coke (10 000 tons)	355.2	1317.3	2163.1	2570.2	2705.6	2898.3	2942.2	2919.9	2290.8
十种有色金属(万吨)	10 Nonferrous Metal (10 000 tons)	70.92	294.86	481.62	516.69	536.30	529.79	521.35	543.23	543.17
铜材(万吨)	Copper Products (10 000 tons)	11.69	25.74	40.90	45.56	57.85	60.26	60.68	63.93	56.91
原铝(万吨)	Aluminium (10 000 tons)	41.53	193.96	317.74	365.49	332.49	337.82	325.93	314.78	302.15
氧化铝(万吨)	Alumina (10 000 tons)	144.42	353.35	852.10	957.11	1213.41	1237.44	1295.05	1213.42	1156.06
硫酸(万吨)	Sulfuric Acid (10 000 tons)	75.01	124.76	207.59	247.73	378.78	476.03	520.35	611.09	437.68
浓硝酸(吨)	Concentrated Nitric Acid (ton)	38451	110114	227109	209189	334236	440205	390037	383593	426633
纯碱(万吨)	Soda Ash (10 000 tons)	33.65	118.65	212.20	188.14	337.58	333.20	350.07	349.43	368.31
烧碱(万吨)	Caustic Soda (10 000 tons)	37.62	67.84	111.24	140.28	181.13	182.04	154.24	149.82	165.22
电石(折合量)(万吨)	Calcium Carbide (10 000 tons)	9.88	21.98	76.62	78.15	116.07	122.64	127.76	114.65	84.57
纯苯(吨)	Pure Benzene (ton)	47545	106730	106582	115454	328053	447692	408777	400078	495577
合成氨(万吨)	Synthetic Ammonia (10 000 tons)	316.55	515.71	485.58	427.50	490.72	578.44	630.25	674.95	644.34
农用化肥(折纯量)(万吨)	Chemical Fertilizers (10 000 tons)	258.56	396.64	554.77	439.25	535.89	536.32	561.52	532.41	463.46
化学农药原药(吨)	Chemical Pesticide (ton)	21008	47476	108339	87763	216078	305476	324047	312431	194208
化学药品原药(吨)	Chemical Raw Medicine (ton)	13832	68544	125228	135926	289158	272205	206208	207157	326355
橡胶轮胎外胎(万条)	Tires (10 000 units)	555.51	851.81	1576.55	2128.89	2357.73	2686.39	2840.82	2395.87	2681.16
初级形态的塑料(万吨)	Plastics (10 000 tons)	38.20	69.63	122.59	148.02	209.63	198.99	163.77	179.06	196.37
人造板(万立方米)	Artificial Board (10 000 cu.m)	64.66	316.47	1422.59	2118.34	2744.99	3025.76	2826.54	2980.70	2723.06
水泥(万吨)	Cement (10 000 tons)	3723	6211	11711	11480	16764	16975	16565	15604	14939
平板玻璃(万重量箱)	Plate Glass (10 000 weight cases)	2425	3895	2765	2414	1128	1456	1178	1120	2050
发电设备(万千瓦)	Power Generating Equipment (10 000kw)	17.18	115.68	50.60	76.31	98.25	130.51	95.83	117.31	103.97
交流电动机(万千瓦)	Alternating Eguipment (10 000 Kw)	152.74	429.35	1206.15	1434.67	2286.17	2856.39	3099.16	3005.85	2571.34
金属切削机床(台)	Metal-cutting Machine Tools (unit)	1197	8701	5847	8035	9223	11426	11002	19631	11434
汽车(辆)	Motor Vehicles (unit)	7903	36352	124573	235211	511670	560037	529809	584702	471084
大中型拖拉机(台)	Large and Medium Tractors (unit)	7059	29548	71376	81624	137392	109538	123532	116033	105937
小型拖拉机(万台)	Small-size Tractor (10 000 units)	42.01	53.39	22.81	25.08	30.95	34.19	26.78	28.48	15.28
手机(万台)	Mobile phone (10 000 units)				2.2	9720.7	12065.2	19841.9	25919.5	29658.4

13−22 各市主要工业产品产量(2017年)

Output of Major Industrial Products by City (2017)

市(县) City(County)	化学纤维(吨) Chemical Fiber (ton)	纱(万吨) Yarn (10 000tons)	布(万米) Cloth (10 000m)	服装(万件) Garments (10 000sets)	卷烟(亿支) Cigarettes (100millinrolls)	饮料酒(千升) Alcoholic Beverages (1 000 litre)
全省 Total	**556666.11**	**588.65**	**254824.23**	**167105.02**	**1516.97**	**5514623**
省辖市 City						
郑州市 Zhengzhou		3.57	3495.75	16691.38		1028536
开封市 Kaifeng		68.81	6895.09	14805.03		128796
洛阳市 Luoyang	106038.98	1.79	3878.68	511.49		238670
平顶山市 Pingdingshan	137297.82	23.49	5272.67	1660.04		47180
安阳市 Anyang		26.72	4958.00	4370.63		811735
鹤壁市 Hebi	5714.00	7.47	3657.96	7026.35		166477
新乡市 Xinxiang	186382.00	47.54	8553.00	446.00		627019
焦作市 Jiaozuo	16431.00	11.48	5146.51	1322.90		141338
濮阳市 Puyang	20910.00	22.44	2016.00	3950.07		42918
许昌市 Xuchang	4541.00	53.07	65009.00	2062.34		95602
漯河市 Luohe		1.46	6291.05	1793.83		121580
三门峡市 Sanmenxia		0.69		173.00		71743
南阳市 Nanyang		116.92	58833.00	9672.83		186334
商丘市 Shangqiu	27769.80	78.66	1572.90	73213.70		406445
信阳市 Xinyang	51581.51	19.31		5478.46		223695
周口市 Zhoukou		82.41	75258.59	19989.21		980946
驻马店市 Zhumadian		21.46	3986.03	3937.76		195609
济源市 Jiyuan		1.36				
省直管县 County Directly Administrated by Province						
巩义市 Gongyi				33.21		
兰考县 Lankao		1.78		280.56		29579
汝州市 Ruzhou						
滑县 Huaxian		14.61		375.80		136454
长垣县 Changyuan	3534.00					
邓州市 Dengzhou		27.43	18573.00	3782.28		91117
永城市 Yongcheng		5.28	356.00	148.84		22920
固始县 Gushi				235.56		5774
鹿邑县 Luyi		0.94		348.35		28973
新蔡县 Xincai		0.78		993.51		1307

13-22 续表 1 contiuned

市(县) City(County)	液体乳 (吨) Liquid Milk (ton)	畜肉制品 (吨) Raise Meat Products (ton)	速冻米面食品 (吨) Quick-frozen Rice and Wheat Flour foods (ton)	机制纸及纸板 (万吨) Machinemade Paper and Paperboard (10 000 tons)	塑料制品 (万吨) Plastic Products (10 000 tons)	原煤 (万吨) Coal (10 000 tons)	焦炭 (万吨) Synthetic Detergents (10 000 tons)	十种有色金属 (万吨) Ten Kinds of Nonferrous Metals (10 000 tons)
全 省 Total	**3507104**	**1650987**	**3786219**	**697.54**	**721.03**	**11688.04**	**2290.76**	**543.17**
省 辖 市 City								
郑 州 市 Zhengzhou	178254	167787	1255032	243.20	45.44	2128.77		55.78
开 封 市 Kaifeng	25055	61400	44859	0.39	16.88			8.96
洛 阳 市 Luoyang	41628			15.08	71.20	695.21	51.60	133.72
平 顶 山 市 Pingdingshan	60324	2538		7.90	1.24	3662.05	596.80	0.05
安 阳 市 Anyang		28729	56998	6.76	15.80	265.75	1076.03	47.55
鹤 壁 市 Hebi	409440	179629	534387	4.01	43.30	506.09		7.69
新 乡 市 Xinxiang	31846	1073	61205	77.96	71.64	497.11		0.69
焦 作 市 Jiaozuo	698771	50165	123764	49.14	151.45	326.07		44.38
濮 阳 市 Puyang	74961	62080	39036	31.00	34.17			
许 昌 市 Xuchang			26579	58.85	29.32	852.21	260.44	
漯 河 市 Luohe	518628	766440	581837	60.01	32.99			
三 门 峡 市 Sanmenxia	52319				15.68	1128.68		48.90
南 阳 市 Nanyang	72106	54951	7043	60.38	21.15			7.04
商 丘 市 Shangqiu	808600	18197	911111	21.63	5.17	1433.96		33.05
信 阳 市 Xinyang		15639			8.57		46.45	
周 口 市 Zhoukou	78035	96585	51750	26.94	126.54			
驻 马 店 市 Zhumadian	457138	126063	35141	34.30	28.06	44.27		
济 源 市 Jiyuan		19711	57478		2.42	147.85	259.44	155.36
省 直 管 县 County Directly Administrated by Province								
巩 义 市 Gongyi					1.96	176.63		44.72
兰 考 县 Lankao		7099	8501	0.39	2.87			
汝 州 市 Ruzhou						381.62	222.85	
滑 县 Huaxian		9755		0.35	10.90			
长 垣 县 Changyuan			2502		0.28			
邓 州 市 Dengzhou			4880	21.87	3.59			
永 城 市 Yongcheng					0.01	1433.96		33.05
固 始 县 Gushi		9284						
鹿 邑 县 Luyi					0.42			
新 蔡 县 Xincai		3204			0.05			

13-22 续表 2 contiuned

市(县) City(County)	发电量（亿千瓦小时） Electricity (100 million kwh)	生 铁（万吨） Pig Iron (10 000 tons)	粗 钢（万吨） Steel (10 000 tons)	成品钢材（万吨） Steel Products (10 000 tons)	硫 酸（万吨） Sulfuric Acid (10 000 tons)	烧 碱（万吨） Caustic Soda (10 000 tons)	原 铝（万吨） Aluminum (10 000 tons)
全 省 Total	**2703.48**	**2702.57**	**2954.03**	**3909.45**	**437.68**	**165.22**	**302.15**
省 辖 市 City							
郑 州 市 Zhengzhou	432.34	14.08	9.85	305.81	0.82		55.78
开 封 市 Kaifeng	40.69			6.79		12.63	
洛 阳 市 Luoyang	483.29		12.93	147.43	38.81		131.19
平 顶 山 市 Pingdingshan	199.45	204.66	251.05	200.93		39.54	
安 阳 市 Anyang	87.40	1648.16	1754.98	1677.50	19.04		23.78
鹤 壁 市 Hebi	122.98				30.02		
新 乡 市 Xinxiang	193.79			38.19			
焦 作 市 Jiaozuo	223.56			30.58	63.41	61.05	40.49
濮 阳 市 Puyang	18.49			38.79	0.84		
许 昌 市 Xuchang	97.28			249.00			
漯 河 市 Luohe	29.52					9.43	
三 门 峡 市 Sanmenxia	178.41				129.81	4.30	17.86
南 阳 市 Nanyang	123.04	195.90	207.67	190.29		0.46	
商 丘 市 Shangqiu	116.41		72.80	246.96			33.05
信 阳 市 Xinyang	78.75	249.43	262.46	365.43			
周 口 市 Zhoukou	3.99						
驻 马 店 市 Zhumadian	80.33			18.70			
济 源 市 Jiyuan	193.77	390.34	382.30	393.06	154.94	37.81	
省 直 管 县 County Directly Administrated by Province							
巩 义 市 Gongyi	71.23	1.00	8.87	57.25			44.72
兰 考 县 Lankao	1.52			0.85			
汝 州 市 Ruzhou	5.43						
滑 县 Huaxian	47.05						
长 垣 县 Changyuan							
邓 州 市 Dengzhou	2.62						
永 城 市 Yongcheng	72.25		72.80	210.46			33.05
固 始 县 Gushi							
鹿 邑 县 Luyi	2.21						
新 蔡 县 Xincai				2.01			

13-22 续表 3 contiuned

市(县) City(County)	合成氨 (万吨) Synthetic Ammonia (10 000 tons)	农用化肥(折纯量) (万吨) Synthetic Ammonia (10 000 tons)	化学农药(原药) (吨) Chemical Pesticide (ton)	人造板 (万立方米) Artificial Board (10 000 cu.m)	水泥 (万吨) Cement (10 000 tons)	平板玻璃 (万重量箱) Plate Glass (10 000 weight cases)	小型拖拉机 (台) Small Tractors (unit)
全　省 Total	**644.34**	**463.46**	**194208**	**2723.06**	**14938.70**	**2050.47**	**152849**
省辖市 City							
郑州市 Zhengzhou		6.83	53357	14.83	2311.36	26.97	
开封市 Kaifeng	169.03	62.29	39930	565.97	126.00		138762
洛阳市 Luoyang	16.87	11.14	1056	27.04	736.38	1130.47	4453
平顶山市 Pingdingshan				1.83	1052.35		
安阳市 Anyang	16.33	67.07	3462	68.55	844.76		
鹤壁市 Hebi		4.41	5863		588.62		
新乡市 Xinxiang	195.05	115.84	583	203.34	1867.92		
焦作市 Jiaozuo	62.82	43.72	2646	70.85	666.98		364
濮阳市 Puyang	27.62	20.82	23684	116.60	87.11		
许昌市 Xuchang		4.16		270.23	1166.05		9270
漯河市 Luohe			1449	142.34	85.98	35.85	
三门峡市 Sanmenxia	5.18	2.22		46.58	537.01		
南阳市 Nanyang		9.77		220.53	1446.14	2.78	
商丘市 Shangqiu		9.91	11922	249.54	543.97	831.79	
信阳市 Xinyang				330.87	638.28		
周口市 Zhoukou	17.55	17.12	21395	149.46	176.15	22.60	
驻马店市 Zhumadian	133.91	79.48	28860	244.48	1554.89		
济源市 Jiyuan		8.67			508.74		
省直管县 County Directly Administrated by Province							
巩义市 Gongyi				6.09	569.25		
兰考县 Lankao				270.05			
汝州市 Ruzhou					307.41		
滑县 Huaxian		56.56	323	37.12			
长垣县 Changyuan					26.49		
邓州市 Dengzhou				161.06	190.58	2.78	
永城市 Yongcheng				7.59	261.91		
固始县 Gushi				81.61	56.76		
鹿邑县 Luyi							
新蔡县 Xincai				0.39	45.64		

13-23 规模以下工业主要经济指标

Main Indicators of Industrial Enterprises below Designated Size

年份 Year	企业单位数(个) Number (unit)	企业从业人员(万人) Number of Employed Persons (10 000person)	增加值指数(%) Indices of Value-added (%)	企 业 Enterpirses	个 体 Individual
1998	71160	232.53			
1999	70711	223.46	107.5	110.0	106.2
2000	71239	201.92	111.5	113.7	110.2
2001	71686	205.42	109.6	109.9	109.4
2002	72418	225.38	109.9	109.7	109.9
2003	69915	212.19	113.5	103.7	119.6
2004	66420	196.19	110.5	113.7	108.8
2005	64625	219.76	110.8	111.0	110.7
2006	67542	214.32	110.4	111.3	109.8
2007	75134	218.22	109.5	112.6	107.4
2008	70460	185.92	106.1	98.7	110.4
2009	75266	159.25	105.0	100.0	107.4
2010	84400	177.27	103.0	102.5	103.3
2011	83383	176.81	106.0	106.1	106.0
2012	74328	157.06	101.9	102.1	101.8
2013	71617	140.38	103.5	103.8	103.3
2014	68096	130.07	102.7	102.9	102.5
2015	53940	98.60	104.9	105.3	104.6
2016	49812	80.08	103.5	103.8	103.3
2017	57512	92.75	103.3	103.6	103.1

注：规模以下工业指标均为抽样调查数据。

a) Data on industrial enterprises below designated size are from sampling survey .

13-24 各市规模以下工业主要指标(2017年)

Main Indicators of Industrial below Designated Size by City (2017)

市（县） City(County)	企业单位数（个） Number (unit)	平均从业人员（万人） Number of Employed Persons (10 000 persons)	增加值指数（上年=100） Indices of Value Added (Preceding year=100)	企业 Enterpirses	个体 Individual
省辖市 City					
郑州市 Zhengzhou	4938	7.37	103.2	105.6	101.7
开封市 Kaifeng	3012	6.27	103.0	105.4	101.6
洛阳市 Luoyang	4615	7.35	104.0	107.1	102.1
平顶山市 Pingdingshan	2296	3.53	103.8	106.7	102.0
安阳市 Anyang	3005	5.50	103.4	106.0	101.8
鹤壁市 Hebi	1017	1.40	103.4	106.0	101.8
新乡市 Xinxiang	4573	6.96	103.6	106.3	101.9
焦作市 Jiaozuo	2694	5.74	103.3	105.8	101.7
濮阳市 Puyang	2543	4.50	103.9	106.9	102.1
许昌市 Xuchang	5435	9.05	103.8	106.0	102.4
漯河市 Luohe	495	0.81	103.2	105.7	101.7
三门峡市 Sanmenxia	890	1.19	103.7	106.5	102.0
南阳市 Nanyang	5236	11.86	103.8	106.7	102.0
商丘市 Shangqiu	5516	9.56	103.7	106.5	102.0
信阳市 Xinyang	2837	6.39	102.8	105.0	101.5
周口市 Zhoukou	3643	7.14	103.7	106.5	102.0
驻马店市 Zhumadian	3554	6.97	103.9	106.9	102.1
济源市 Jiyuan	359	0.69	102.9	105.1	101.5
省直管县 County Directly Administrated by Province					
巩义市 Gongyi	1616	2.43	103.1	105.5	101.6
兰考县 Lankao	532	0.86	104.0	107.1	102.1
汝州市 Ruzhou	620	1.24	103.9	106.9	102.1
滑县 Huaxian	469	0.91	103.7	106.5	102.0
长垣县 Changyuan	619	0.96	103.4	106.0	101.8
邓州市 Dengzhou	994	1.34	103.7	106.5	102.0
永城市 Yongcheng	689	0.88	102.4	104.2	101.3
固始县 Gushi	486	0.98	103.8	106.7	102.0
鹿邑县 Luyi	149	0.32	103.5	106.2	101.9
新蔡县 Xincai	345	0.42	104.0	107.1	102.1

主要统计指标解释

工业　指从事自然资源的开采，对采掘品和农产品进行加工和再加工的物质生产部门。具体包括：(1)对自然资源的开采，如采矿、晒盐等(但不包括禽兽捕猎和水产捕捞)；(2)对农副产品的加工、再加工，如粮油加工、食品加工、缫丝、纺织、制革等；(3)对采掘品的加工、再加工，如炼铁、炼钢、化工生产、石油加工、机器制造、木材加工等，以及电力、自来水、煤气的生产和供应等；(4)对工业品的修理、翻新，如机器设备的修理、交通运输工具(如汽车)的修理等。

工业统计调查单位为独立核算法人工业企业。

独立核算法人工业企业指从事工业生产经营活动的单位。独立核算法人工业企业应同时具备以下条件：①依法成立，有自己的名称、组织机构和场所，能够承担民事责任；②独立拥有和使用资产，承担负债，有权与其他单位签订合同；③独立核算盈亏，并能够编制资产负债表。

国有及国有控股企业　指国有企业加上国有控股企业。国有企业(即原全民所有制工业或国营工业)指企业全部资产归国家所有，并按《中华人民共和国企业法人登记管理条例》规定登记注册的非公司制的经济组织。包括国有企业、国有独资公司和国有联营企业。1957 年以前的公私合营和私营工业，后均改造为国营工业，1992 年改为国有工业，这部分工业的资料不单独分列时，均包括在国有企业内。国有控股企业是对混合所有制经济的企业进行的“国有控股”分类。它是指这些企业的全部资产中国有资产(股份)相对其他所有者中的任何一个所有者占资(股)最多的企业。该分组反映了国有经济控股情况。

本篇涉及的其他企业登记注册类型的解释详见综合篇。

轻工业　指主要提供生活消费品和制作手工工具的工业。按其所使用的原料不同，可分为两大类：(1)以农产品为原料的轻工业，是指直接或间接以农产品为基本原料的轻工业。主要包括食品制造、饮料制造、烟草加工、纺织、缝纫、皮革和毛皮制作、造纸以及印刷等工业；(2)以非农产品为原料的轻工业，是指以工业品为原料的轻工业。主要包括文教体育用品、化学药品制造、合成纤维制造、日用化学制品、日用玻璃制品、日用金属制品、手工工具制造、医疗器械制造、文化和办公用机械制造等工业。

重工业　指为国民经济各部门提供物质技术基础的主要生产资料的工业。按其生产性质和产品用途，可以分为下列三类：(1)采掘(伐)工业，是指对自然资源的开采，包括石油开采、煤炭开采、金属矿开采、非金属矿开采等工业；(2)原材料工业，指向国民经济各部门提供基本材料、动力和燃料的工业。包括金属冶炼及加工、炼焦及焦炭、化学、化工原料、水泥、人造板以及电力、石油和煤炭加工等工业；(3)加工工业，是指对工业原材料进行再加工制造的工业。包括装备国民经济各部门的机械设备制造工业、金属结构、水泥制品等工业，以及为农业提供的生产资料如化肥、农药等工业。

根据上述划分原则，修理业中以重工业产品为修理作业对象的划为重工业，反之划为轻工业。

资产总计　指企业过去的交易或者事项形成的、由企业拥有或者控制的、预期会给企业带来经济利益的资源。资产一般按流动性分为流动资产和非流动资产。其中流动资产可分为货币资金、交易性金融资产、应收票据、应收账款、预付款项、其他应收款、存货等；非流动资产可分为长期股权投资、固定资产、无形资产及其他非流动资产等。根据会计“资产负债表”中“资产总计”项目的期末余额数填报。

流动资产合计　资产满足以下条件之一应归为流动资产：（1）预计在一个正常营业周期中变现、出售或耗用，主要包括存货、应收账款等；（2）主要为交易目的而持有；（3）预计在资产负债表日起一年内（含一年）变现；（4）自资产负债日起一年内，交换其他资产或清偿负债的能力不受限制的现金或现金等价物。包括货币资金、应收票据、应收账款、存货等项目。根据会计“资产负债表”中“流动资产合计”项目的期末余额数填报。

固定资产原价　指固定资产的成本，包括企业在购置、自行建造、安装、改建、扩建、技术改造某项固定资产时所发生的全部支出总额。根据会计“固定资产”科目的期末借方余额填报。

累计折旧　指企业在报告期末提取的历年固定资产折旧累计数。根据会计“累计折旧”科目的期末贷方余额填报。

负债合计　指企业过去的交易或者事项形成的，预期会导致经济利益流出企业的现时义务。负债一般按偿还期长短分为流动负债和非流动负债。根据会计“资产负债表”中“负债合计”项目的期末余额数填报。

流动负债合计 负债满足下列条件之一的应归为流动负债：（1）预计在一个正常营业周期中清偿；（2）主要为交易目的而持有；（3）自资产负债表日起一年内到期应予清偿；（4）企业无权自主地将清偿推迟至资产负债表日后一年以上。包括短期借款、应付票据、应付账款、应付职工薪酬、应交税费等项目。根据会计“资产负债表”中“流动负债合计”项目的期末余额数填报。

所有者权益合计 指企业资产扣除负债后由所有者享有的剩余权益。公司的所有者权益又称股东权益。包括实收资本、资本公积、盈余公积、未分配利润等。根据会计“资产负债表”中“所有者权益合计”项目的期末余额数填报。

主营业务收入 指企业确认的销售商品、提供劳务等主营业务的收入。根据会计“主营业务收入”科目的期末贷方余额填报。

主营业务成本 指企业经营主要业务所发生的成本总额。根据会计“主营业务成本”科目的期末借方余额填报。

主营业务税金及附加 指企业经营主要业务应负担的营业税、消费税、城市维护建设税、教育费附加等。根据会计“主营业务税金及附加”科目的期末借方余额填报。

利润总额 指企业在一定会计期间的经营成果，是生产经营过程中各种收入扣除各种耗费后的盈余，反映企业在报告期内实现的盈亏总额。根据会计“利润表”中“利润总额”项目的本期金额数填报。

应交增值税 指企业按税法规定，从事货物销售或提供加工、修理修配劳务等增加货物价值的活动本期应交纳的税金。计算公式为：

应交增值税=销项税额−（进项税额−进项税额转出）−出口抵减内销产品应纳税额−减免税款+出口退税

进项税额指企业在报告期内购入货物或接受应税劳务而支付的、准予从销项税额中抵扣的增值税额。

销项税额指企业在报告期内销售货物或提供应税劳务应收取的增值税额。

总资产贡献率 反映企业全部资产的获利能力，是企业经营业绩和管理水平的集中体现，是评价和考核企业盈利能力的核心指标。计算公式为：

$$\text{总资产贡献率}(\%)=\frac{\text{利润总额}+\text{税金总额}+\text{利息支出}}{\text{平均资产总额}}\times100\%$$

公式中：税金总额为主营业务税金及附加与应交增值税之和；平均资产总额为期初期末资产之和的算术平均值。

资产负债率 该指标既反映企业经营风险的大小，也反映企业利用债权人提供的资金从事经营活动的能力。计算公式为：

$$\text{资产负债率}(\%)=\frac{\text{负债总额}}{\text{资产总额}}\times100\%$$

资产与负债均为报告期期末数。

流动资产周转次数 指一定时期内流动资产完成的周转次数，反映投入工业企业流动资金的周转速度。计算公式为：

$$\text{流动资产周转次数}=\frac{\text{主营业务收入}}{\text{全部流动资产平均余额}}$$

公式中：全部流动资产平均余额为期初和期末的流动资产之和的算术平均值。

成本费用利润率 反映企业投入的生产成本及费用的经济效益，同时也反映企业降低成本所取得的经济效益。计算公式为：

$$\text{成本费用利润率}(\%)=\frac{\text{利润总额}}{\text{成本费用总额}}\times100\%$$

公式中：成本费用总额为主营业务成本、销售费用、管理费用、财务费用之和。

产品销售率 该指标反映工业产品已实现销售的程度，是分析工业产销衔接情况，研究工业产品满足社会需求的指标。计算公式为：

$$\text{产品销售率}(\%)=\frac{\text{工业销售产值}}{\text{工业总产值}}\times100\%$$

Explanatory Notes on Main Statistical Indicators

Industry refers to the material production sector which is engaged in the extraction of natural resources and processing and reprocessing of minerals and agricultural products, including (1) extraction of natural resources, such as mining, salt production (but not including hunting and fishing); (2) processing and reprocessing of farm and sideline produces, such as rice husking, flour milling, wine making, oil pressing, silk reeling, spinning and weaving, and leather making; (3) manufacture of industrial products, such as steel making, iron smelting, chemicals manufacturing, petroleum processing, machine building, timber processing; water and gas production and electricity generation and supply; (4)repairing of industrial products such as the repairing of machinery and means of transport (including cars).

In industrial statistics surveys, the units of enquiry are corporate industrial enterprises with independent accounting systems.

Corporate industrial enterprises with independent accounting systems refer to enterprises engaging in industrial production activities, which meet the following requirements: (1) They are established legally, having their own names, organizations, location and able to take civil liability; (2) They possess and use their assets independently, assume liabilities and are entitled to sign contracts with other units; (3) They are financially independent and compile their own balance sheets.

State-owned and State-holding Enterprises refer to state-owned enterprises plus State-holding enterprises. State-owned enterprises (originally known as State-run enterprises with ownership by the whole society) are non-corporate economic entities registered in accordance with the Regulation of the People's Republic of China on the Management of Registration of Legal Enterprises, where all assets are owned by the State. Included in this category are State-owned enterprises, State-funded corporations and State-owned joint-operation enterprises. Joint State-private industries and private industries, which existed before 1957, were transformed into state-run industries since 1957, and into State-owned industries after 1992. Statistics on those enterprises are included in the State-owned industries instead of being grouped them separately. State-holding enterprises are a sub-classification of enterprises with mixed ownership, referring to enterprises where the percentage of State assets (or shares by the State) is larger than any other single share holder of the same enterprise. This sub-classification illustrates the control of the State over a particular industry.

For explanation of enterprises of other types of registration covered in this chapter, please refer to General Survey.

Light Industry refers to the industry that produces consumer goods and hand tools. It consists of two categories, depending on the materials used:

(1) Industries using farm products as raw materials. These are the branches of light industry which directly or indirectly use farm products as basic raw materials, including the manufacture of food and beverages, tobacco processing, textile, clothing, fur and leather manufacturing, paper making, printing, etc.

(2) Industries using non-farm products as raw materials. These are the branches of light industry which use manufactured goods as raw materials, including the manufacture of cultural, educational articles and sports goods, chemicals, synthetic fibre, chemical products for daily use, glass products for daily use, metal products for daily use, hand tools, medical apparatus and instruments, and the manufacture of cultural and office machinery.

Heavy Industry refers to the industry which produces capital goods, and provides various sectors of the national economy with necessary material and technical basis for production. It consists of the following three branches according to the purpose of production or the use of products:

(1) Mining, quarrying and logging industry, which refers to the industry that extracts natural resources, including extraction of petroleum, coal, metal and non-metal ores.

(2) Raw materials industry refers to the industry that provides various sectors of the national economy with raw materials, fuels

and power. It includes smelting and processing of metals, coking and coke chemistry, chemical materials and building materials such as cement, plywood, and power, petroleum refining and coal dressing.

(3) Manufacturing industry which refers to the industry that processes raw materials. It includes machine-building industries which equip sectors of the national economy; industries producing metal structure and cement products; and industries producing means of agricultural production, such as chemical fertilizers and pesticides.

In accordance with the above principles of classification, the repairing trades, which are engaged primarily in repairing products of heavy industry, are classified as heavy industry while those which are engaged in repairing products of light industry are classified as light industry.

Total Assets refer to all resources that are owned or controlled by enterprises through previous trades or transactions with expectation of making economic profits. Classified by the degree of liquidity, total assets include current assets, and non-current assets. Current assets can be classified into monetary assets, trading financial assets, notes receivable, accounts receivable, advanced payments, other prepaid money and inventories. Non-current assets can be divided into long-term equity investment, fixed assets, intangible assets and other non-current assets. Data on this indicator can be obtained by the year-end figures of total assets in the Assets and Liability Table of accounting records of enterprises.

Total Current Assets refer to the assets that meet one of the following requirements: (1) expected to be cashed, sold or used in a normal operation cycle, mainly including inventory and accounts receivable; (2) be owned for trading purpose mainly; (3) expected to be cashed in one year (including one year) from the day of the Assets and Liability Table; (4) unlimited cash or cash equivalents that can be exchanged with other assets or being capable of settling debts during one year since the day of Assets and Liability Table. Included are monetary assets, notes receivable, accounts receivable and inventories. Data on this indicator can be obtained by the year-end figures of total current assets in the Assets and Liability Table of the accounting records of enterprises.

Original Value of Fixed Assets refers to the cost of fixed assets, or the total expenditure of an enterprise spent on certain fixed assets, through purchase, construction, installation, transformation, expansion or technical upgrading. It is reported according to the year-end debit balance of fixed assets of accounting records.

Accumulated Depreciation refers to the accumulated figure of fixed assets depreciation over the past years that are extracted by the enterprise at the end of the reference period. It is reported according to the year-end credit balance of accumulated depreciation of accounting records.

Total Liabilities refer to payable liabilities of enterprises that accumulated from previous trades or transactions with expectation of economic profits leaking out. In terms of payment, it can be divided into liquid liabilities and long-term liabilities. Data on this item is obtained from the year-end figures on total liabilities from the Assets and Liability Table of the accounting record of the enterprises.

Total Liquid Liabilities refer to the liabilities that meet one of the following requirements: (1) expected to be repaid in a normal operation cycle; (2) be owned for trading purpose mainly; (3) expected to be repaid in one year from the day of the Assets and Liability Table; (4) enterprise has no right to postpone the settlement of which over a year from the day of the Assets and Liability Table. Included are short-term loans, notes payable, accounts payable, employee compensations, taxes and expenses due. Data on this indicator can be obtained by the year-end figures of total liquid liabilities in the Assets and Liability Table of the accounting records of enterprises.

Total Equity refers to the residual ownership of enterprise investors by deducting total liabilities from the total assets, including the paid-in capital, accumulation of capital, operating surplus and non-distributed profits. Data are obtained from the year-end figures on "total equity" from the Assets and Liability Table of the accounting record of enterprise.

Revenue from Principal Business refers to the income confirmed of an enterprise from the principal business of selling products and providing labor services. Data on this indicator can be obtained from the year-end credit balance of "revenue from principal business" in the accounting record of enterprise.

Cost of Principal Business refers to the total cost occurred from the principal business of the enterprise. Data can be obtained from the year-end debit balance of "cost of principal business" in the accounting record of enterprise.

Tax and Extra Charges from Principal Business refer to the sales tax, consumption tax, urban maintenance and construction tax and education expenses shouldered by the enterprise from its principal business. Data are obtained from the year-end debit balance of "tax and extra charges from principal business" in the accounting record of enterprise.

Total Profits refers to the operation results in a certain accounting period, and it is the balance of various incomes minus various spendings in the course of operation, reflecting the total profits and losses of enterprises in reference period. Data are obtained from the amount of "total profits" in the "profit table" of the accounting record of enterprise.

Value-added Tax Payable refers to the payable tax of enterprises which engaged in selling of goods or providing services that bring added value to the goods, such as processing, repairing, fitting and other activities should be paid according to Tax Law. The formula is as follows:

Value-added Tax Payable = tax on sales-(tax on purchase-transferred tax on purchase)-exports deduct tax payable on domestic sales-tax relief+the export tax rebate.

Tax on Purchase refers to the value-added tax payable by enterprises that purchase goods or receiving taxable services during the reference period and this part of the tax is allowed to be deducted from the tax on sales.

Tax on Sales refers to the value-added tax chargeable by enterprises that sell goods or provide taxable services during the reference period.

Ratio of Profits, Taxes and Interests to Average Assets reflects the profit-making capability of all assets of the enterprise and is a key indicator manifesting the performance and management and evaluating the profit-making potential of the enterprise. It is calculated as follows:

$$\text{Ratio of Profits, Taxes and Interests to Average Assets (\%)} = \frac{\text{total profits} + \text{total taxes} + \text{interest payment}}{\text{average assets}} \times 100\%$$

In the above formula, total taxes is the sum of tax and extra charges on the principal business and value-added tax payable; and average assets is the arithmetic mean of the sum of beginning assets and ending assets.

Ratio of Debts to Assets reflects both the operation risk and the capability of the enterprise in making use of the capital from the creditors. It is calculated as follows:

$$\text{Ratio of Debts to Assets (\%)} = \frac{\text{total debts}}{\text{total assets}} \times 100\%$$

Both assets and debts are figures at the end of the reference period.

Turnover of Current Assets refers to the number of times of turnover of current assets in a given period of time, which reflects the speed of the turnover of current assets of industrial enterprises, and is calculated as follows:

$$\text{Turnover of Current Assets} = \frac{\text{sales revenue of products}}{\text{average balance of total current assets}}$$

In the above formula, average balance of total current assets refers to the arithmetic mean of the sum of current assets at the beginning and at the end of the reference period.

Ratio of Profits to Total Industrial Costs refers to the ratio of profits realized in a given period to the total costs in the same period, which reflects the economic efficiency of input cost and is calculated as follows:

$$\text{Ratio of Profits to Total Industrial Cost (\%)} = \frac{\text{total profits}}{\text{total costs}} \times 100\%$$

Total costs in the above formula are the sum of cost of principal business, marketing cost, management cost and financial cost.

Sales Ratio of Products is an indicator reflecting the actual sale of industrial products, analyzing the production-selling and supply-demand relations. It is calculated as:

$$\text{Sales Ratio of Products (\%)} = \frac{\text{value of industrial sales}}{\text{gross industrial output value (current prices)}} \times 100\%$$

建筑业

Construction

14

● 资料整理：高 彦

简要说明

一、主要内容

本篇反映河南省建筑业企业的基本情况和经营情况。包括企业个数、从业人员数、建筑业总产值、房屋建筑面积、资产、利润、税金、劳动生产率等资料。

二、统计范围

从2002年起，由原具有建筑业资质等级四级及四级以上的独立核算建筑业企业，调整为具有建筑业资质的总承包和专业承包、劳务分包建筑业企业。

三、资料来源

建筑业资料采取全面调查的方法，由河南省统计局固定资产投资处编辑整理。

Brief Introduction

I. Main Contents

Data in this chapter show the general and operation situation of the construction industry in Henan provincial. They cover the situation of production and management of the construction enterprises, including the number of enterprises; number of employed persons; gross output value of the construction industry; floor space of buildings under construction; profits and taxes ; and labour productivity etc.

II. Scope of Statistics

Starting from 2002 the scope of construction statistics has been adjusted to include all the construction enterprises of various types of ownership with qualification certificates and independent accounting systems, replacing the previous criteria that required construction enterprises of various types of ownership to have qualification certificates at or above Class 4 with independent accounting systems.

III. Sources of Data

Data on construction enterprises are collected in accordance with the Reporting Form System of Construction Statistics, which are provided by Department of investment in fixed assets of the Henan provincial Bureau of Statistics.

14-1 建筑业企业主要统计指标

Main Indicators on Construction Enterprises

年份 Year	单位数 (个) Number of Enterprise (unit)	建筑业总产值 (亿元) Gross Output Value of Construction (100 million yuan)	从业人员 (万人) Number of Employed Person (10 000persons)	房屋建筑面积(万平方米) Floor Spece of Buildings (10 000 sq.m) 施工 Under Construction	竣工 Completed	资产 (亿元) Asset (100 million yuan)	利润 (亿元) Profit (100 million yuan)	税金 (亿元) Tax (100 million yuan)	劳动生产率(按总产值计算) (元/人.年) Overall Labor Productivity by Total Output (yuan/person.year)
1978									
1979									
1980									
1981									
1982									
1983	249	13.30		1050.00	608.40		0.90	0.26	4749
1984	264	19.53		1177.00	647.10		1.10	0.38	5762
1985	375	26.09		1287.70	607.90		1.39	0.58	7435
1986	383	29.20		1324.70	659.70		1.09	0.45	7991
1987	412	31.56		1482.90	731.30		1.16	0.68	8429
1988	442	36.81		1829.20	674.90		1.10	0.91	9720
1989	403	39.26		1355.50	594.60		0.64	0.95	10759
1990	393	41.05		1264.50	609.70		1.02	1.14	11985
1991	493	53.91		1614.72	701.61		0.98	1.67	13098
1992	511	70.33		1934.10	878.60		1.27	2.04	16060
1993	979	101.26		2476.25	1015.03	108.10	1.10	2.74	19549
1994	1332	145.52		2966.28	1322.53	147.44	1.47	3.99	24100
1995	1384	182.07		3386.46	1533.55	186.59	2.07	5.18	27121
1996	2278	271.56		5335.91	2726.45	255.43	4.02	8.32	27910
1997	1975	294.69		4984.41	2447.91	274.48	2.60	8.63	31485
1998	2027	304.96	93.79	5061.35	2418.40	305.48	2.11	9.23	35619
1999	1936	316.99	79.77	5016.55	2584.82	324.54	3.72	9.51	40279
2000	1983	357.34	79.90	5308.29	2629.33	356.53	3.09	11.76	45237
2001	1824	452.49	84.01	6295.47	3146.07	437.70	5.86	14.40	52002
2002	1926	536.73	92.65	7118.44	3630.82	562.05	7.53	16.93	57930
2003	1905	634.52	93.44	8026.07	3433.59	656.32	9.40	20.36	65943
2004	2556	817.13	107.66	9086.52	4186.89	828.57	19.05	27.65	83239
2005	2842	1066.15	125.03	10813.15	4787.12	926.11	25.55	37.01	83308
2006	2834	1530.95	141.37	14472.92	6530.01	1130.11	37.10	50.78	108464
2007	3110	2151.72	176.43	19015.67	9177.80	1484.90	57.43	74.30	123272
2008	3894	2824.06	197.86	21966.53	10289.20	1898.06	92.92	98.71	140560
2009	4146	3596.49	224.34	24596.04	11994.23	2386.99	118.67	129.09	162702
2010	4341	4400.61	235.00	28677.13	13156.03	2856.03	161.65	162.31	183639
2011	4511	5279.36	228.91	33282.01	15146.83	3562.79	200.09	185.44	224132
2012	4738	6009.08	227.12	38328.73	16397.59	4159.13	232.86	210.94	287736
2013	5149	7003.20	237.19	43408.63	18179.14	4981.35	312.47	257.48	277186
2014	5129	7911.89	240.89	48825.35	19818.32	5812.88	321.89	275.37	307264
2015	5142	8047.65	238.83	53132.48	18026.91	5759.66	322.38	273.37	287604
2016	5710	8807.99	261.06	55784.03	19425.80	7135.13	440.61	347.82	322917
2017	6358	10086.58	276.01	55694.68	20226.02	8111.68	477.13	404.68	354856

注：本表不包括劳务分包企业(下同)。

a) Construction Enterprises in this table exclude work subcontractors enterprises(the same as following tables).

14-2 建筑业企业主要经济指标
Main Economic Indicators on Construction Enterprises

指　标	Item	2013	2014	2015	2016	2017
企业单位数（个）	Number of Construction Enterprises (unit)	5149	5129	5142	5710	6358
从业人员（万人）	Number of Employed Persons (10 000 persons)	237.19	240.89	238.83	261.06	276.01
固定资产原价（亿元）	Original Value of Fixed Assets (100 million yuan)	943.97	1037.24	1031.21	1146.22	1064.87
固定资产合计（亿元）	Fixed Assets (100 million yuan)	716.82	784.33	782.59	889.14	850.62
自有施工机械设备年末总台数（万台）	Total Number of Machinery and Equipment Owned (10 000 sets)	80.22	78.93	64.77	64.59	68.24
自有施工机械设备年末净值（亿元）	Net Value of Machinery and Equipment Owned (100 million yuan)	287.23	310.59	317.51	330.29	344.86
自有施工机械设备年末总功率（万千瓦）	Total Power of Machinery and Equipment Owned (10 000 kw)	1640.19	1650.01	1651.00	2264.27	1700.70
建筑业总产值（亿元）	Gross Output Value of Construction (100 million yuan)	7003.2	7911.89	8047.65	8807.99	10086.58
全员劳动生产率	Overall Labor Productivity					
按总产值计算（元/人）	In Terms of Gross Output Value (yuan/person)	277186	307264	287604	322917	354855.6
房屋建筑施工面积（万平方米）	Floor Space of Buildings under Construction (10 000 sq.m)	43409	48825	53132	55784	55695
房屋建筑竣工面积（万平方米）	Floor Space of Buildings Completed (10 000 sq.m)	18179	19818	18027	19426	20226
技术装备率（元/期末人数）	Value of Machines per Laborer (yuan/person)	12110	12893	13294	12652	12494
动力装备率（千瓦/期末人数）	Power of Machines per Laborer (kw/person)	6.92	6.85	6.91	8.67	6.16
工程结算收入（亿元）	Revenue of Project Settlement Accounts (100 million yuan)	6838.92	7435.36	7398.20	8332.02	7989.55
工程结算成本（亿元）	Costs of Project Settlement Accounts (100 million yuan)	5873.62	6437.53	6401.10	7182.65	6873.05
工程结算税金及附加（亿元）	Taxes and Extra Charges on Project Settlement Accounts (100 million yuan)	237.82	253.62	251.89	236.68	208.64
本年固定资产折旧（亿元）	Depreciation of Fixed Assets (100 million yuan)	66.82	66.18	65.90	66.57	73.96
应付职工薪酬（亿元）	Wages Payable (100 million yuan)	786.87	857.81	849.73	1297.95	1245.68
利润总额（亿元）	Total Profits (100 million yuan)	312.47	321.89	322.38	440.61	477.13
税金总额（亿元）	Total Tax (100 million yuan)	257.48	275.37	273.37	347.82	404.68
产值利润率（%）	Ratio of Profit to Gross Output Value (%)	4.5	4.1	4.0	3.9	4.3
产值利税率（%）	Ratio of Pre-tax Profit to Gross Output Value (%)	8.1	7.6	7.4	7.8	7.8

14-3 建筑业企业房屋建筑竣工面积及竣工价值(2017年)

Floor space and Value of Building completed of Construction Enterprises (2017)

指标	Item	竣工面积(万平方米) Floor space Completed (10 000 sq.m)	竣工价值(亿元) Value of Floor Space Completed (10 million yuan)
竣工房屋	**Buildings Completed**	**20226.02**	**3203.51**
住宅房屋	Residential Building	14375.60	2421.75
商业及服务用房屋	Buildings for Commercial and Service	1189.84	157.58
商厦房屋(批发和零售用房)	Malls Housing	364.22	48.21
宾馆用房屋(住宿用房)	Hotel	163.37	20.03
餐饮用房屋(餐饮用房)	Dining	78.97	10.95
商务会展用房屋	Commercial Exhibition	53.47	6.21
其他商业及服务用房屋(居民服务业用房)	Others (Residents Service)	529.82	72.18
办公用房屋	Official Building	1273.44	177.85
科研、教育、医疗用房屋	Buildings for Scientific Research，Education and Public Health and Medical	1103.43	149.55
科学研究用房屋	Buildings for Scientific Research	90.82	11.71
教育用房屋	Buildings for Education	839.27	110.79
医疗用房屋(卫生医疗用房)	Buildings for Public Health and Medical	173.34	27.05
文化、体育、娱乐用房屋	Buildings for Culture and Sports and Amusement	154.79	25.25
厂房及建筑物	Workshop and Buildings	1529.46	188.90
#厂房	Workshop	759.75	89.65
仓库	Buildings for Other Uses	213.24	22.48
其他未列明的房屋建筑物	Others	386.21	60.16

14-4 建筑业企业生产情况(2017年)

指标	Item	合计 Total	内资 Domestic Funded	港澳台商投资 Funded from Hong Kong, Macao and Taiwan
企业个数(个)	Number of Enterprises (unit)	6358	6342	9
签订的合同额(亿元)	Contract Value Signed (100 million yuan)	18134.88	18114.94	16.30
上年结转合同额	Value from Contracts Signed in Last Year	6761.04	6754.94	6.10
本年新签合同额	Value from New Contracts Signed in this Year	11373.84	11360.00	10.20
承包工程完成情况(亿元)	Conditions Finished of Contracted Projects (100 million yuan)	9850.70	9836.64	9.71
直接从建设单位承揽	Contracted Directly from Investors			
工程完成的产值	Output Value of Finished Projects	9781.62	9767.56	9.71
自行完成施工产值	Output Value of Own-completed Buildings			
分包出去工程的产值	Output Value of Projects Subcontracted	69.08	69.08	
从建设单位以外承揽	Contracted From Non-investors			
工程完成的产值	Output Value of Finished Projects	304.96	304.96	
建筑业总产值(亿元)	Gross Output Value of Construction (100 million yuan)	10086.58	10072.52	9.71
建筑工程	Construction	8661.78	8653.09	6.99
安装工程	Installation	962.60	959.86	0.11
其他	Others	462.19	459.57	2.61
#装修装饰	Building Decoration	429.93	427.12	2.61
建筑业竣工产值(亿元)	Output Value of Buildings Completed (100 million yuan)	4993.76	4982.03	8.15
从业人员(万人)	Number of Persons Engaged (10 000 persons)	276.01	275.44	0.46
#工程技术人员	Engineering	35.32	35.29	0.01
直接从事生产经营活动的平均人数(万人)	Annual Average people Directly Engaged in Production and Business Operation Activities (10 000 persons)	284.24	283.64	0.47
全员劳动生产率	Overall Labor Productivity			
按总产值计算(元/人)	In Terms of Gross Output Value (yuan/person)	354856	355120	205153
房屋建筑施工面积(万平方米)	Floor Space of Buildings Under Construction (10 000 sq.m)	55694.68	55631.54	63.15
#本年新开工	Beginning Projects This Year	23895.68	23833.52	62.16
房屋建筑竣工面积(万平方米)	Floor Space of Buildings Completed (10 000 sq.m)	20237.0	20116.7	120.2
房屋竣工率(%)	Rate of Floor Space of Buildings Completed (%)	36.3	36.2	190.4
自有施工机械设备年末总台数(台)	Number of Machinery and Equipment Owned (set)	682434	682072	35.00

Main Indicators on Construction Enterprises (2017)

外商投资	#国有控股	#集体控股	#私人控股	房屋建筑业	土木工程建筑业	建筑安装业	建筑装饰和其他建筑业	公有制	非公有制
Foreign Funded	State-holding	Collective-holding	Private-holding	Floor Space Construction	Civil Engineering	Building Installation	Building Decoration and Others	Public-owned	Non-public owned
7	345	321	5290	2307	1539	766	1746	666	5692
3.64	6957.38	688.55	8229.10	9542.23	6757.75	1101.75	733.15	7645.93	10488.95
	2838.40	150.95	2665.89	3764.38	2541.27	336.73	118.66	2989.35	3771.68
3.64	4118.98	537.60	5563.22	5777.85	4216.49	765.02	614.49	4656.58	6717.26
4.35	2707.8	601	5712.2	5404.51	3214.22	651.29	580.68	3308.8	6541.9
4.35	2692.83	599.51	5662.85	5368.22	3197.31	646.02	570.07	3292.35	6489.28
	14.97	1.49	49.35	36.29	16.91	5.27	10.61	16.46	52.62
	72.91	8.21	209.12	94.88	94.96	92.37	22.75	81.12	223.84
4.35	2765.74	607.73	5871.97	5463.11	3292.27	738.39	592.81	3373.47	6713.12
1.70	2467.53	491.79	4958.13	4942.80	2941.15	336.59	441.24	2959.32	5702.47
2.63	246.47	71.39	578.71	328.31	248.04	284.33	101.92	317.86	644.75
0.01	51.73	44.55	335.13	192.00	103.08	117.47	49.65	96.29	365.91
0.20	25.23	18.96	339.07	215.53	23.43	40.82	150.15	44.18	385.74
3.58	580.95	369.77	3707.46	2998.96	1225.31	471.76	297.73	950.72	4043.04
0.11	42.59	24.69	189.03	171.54	69.39	15.45	19.63	67.29	208.73
0.02	6.11	2.17	24.55	20.14	9.40	3.26	2.52	8.29	27.03
0.13	46.39	21.20	196.49	176.70	69.04	16.04	22.46	67.59	216.66
324293	596231	286680	298843	309167	476856	460297	263964	499138	309847
	9935.10	3306.59	40025.60	51069.89	1957.87	1430.93	1235.99	13241.69	42452.99
	2828.57	1962.37	17871.68	21676.67	1020.48	1002.15	196.38	4790.93	19104.74
	1002.8	1709.4	16259.4	18343.4	873.9	689.5	330.2	2712.2	17524.8
	10.1	51.7	40.6	35.9	44.6	48.2	26.7	20.5	41.3
327	112547	43596	464765	402033	165411	45407	69583	156143	526291

14-5 建筑业企业主要财务指标(2017年)

单位：万元

指 标	Item	合 计 Total	内 资 Domestic Funded	港澳台商投资 Funded from Hong Kong, Macao and Taiwan	外商投资 Foreign Funded
资产总计	Total Assets	81116847	80831387	176617	108844
流动资产合计	Total Circulating Funds	64557079	64322675	162033	72371
#应收工程款	Accounts Receivable	18620846	18564160	7694	48993
存货	Stock	13007923	12960732	42972	4219
固定资产合计	Total Fixed Assets	9092227	9067838	2477	21912
固定资产原价	Original Value of Fixed Assets	11431119	11400004	22403	8712
累计折旧	Total Depreciation Drawn Accumulated	4690497	4666527	19998	3972
#本年折旧	Draw Depreciation This Year	714759	712907	842	1010
在建工程	Under Construction Project	959366	955789	0	3577
流动负债合计	Liquid Liabilities	45857474	45676398	142533	38543
#应付账款	Accounts payable	17446097	17395825	46880	3392
非流动负债合计	Non-current liabilities	2964154	2926498	1026	36630
负债合计	Total Liabilities	50596308	50373763	147373	75173
所有者权益合计	Owners, Equity	30522803	30459889	29244	33671
#实收资本	Paid-in Capitals	20513851	20483033	19454	11364
国家资本	State capital	2772324	2772324		
集体资本	Collective	776757	774552	2205	
法人资本	Legal person	4938167	4928064	8485	1618
个人资本	Individual	12011809	11998356	6652	6802
港澳台资本	Hong Kong, Macao and Taiwan	10276	8419	1856	
外商资本	Foreign	3518	318	256	2944
营业收入	Business Revenue	93240914	93080427	117028	43459
#主营业务收入	Revenue from Principal Business	91608932	91550568	19595	38769
营业成本	Operating costs	81650639	81599491	20948	30200
#主营业务成本	Cost of Principle Business	78800644	78751491	20621	28532
营业税金及附加	Business tax and extra	2187025	2185675	898	452
#主营业务税金及附加	Main business taxes and add	2086448	2085157	875	416
其他业务利润	Other Profit from Business	143555	143515		39
销售费用	Sales expenses	482302	481204	189	909
管理费用	Management Expenses	3190582	3182794	2397	5391
财务费用	Financial Expenses	728790	729443	155	
#利息收入	Income of Interest	105988	106004		
营业利润	Profits of Business	4757870	4745773	4781	7316
利润总额	Total Profits	4771302	4759230	4904	7168
利税总额	Total Pre-tax Profits	8818132	8803075	5907	9150
应付职工薪酬	Wages Payable	12035864	12022648	5199	8017
亏损企业个数(个)	Number of Loss-Making Enterprises(unit)	854	850	2	2

Main Financial Indicators on Construction Enterprises by Registration Status (2017)

(10 000 yuan)

#国有控股 State-holding	#集体控股 Collective-holding	#私人控股 Private-holding	房屋建筑业 Floor Space Construction	土木工程建筑业 Civil Engineering	建筑安装业 Building Installation	建筑装饰和其他建筑业 Building Decoration and Others	公有制 Public-owned	非公有制 Non-public owned
31171063	3059856	39578303	36514406	31893742	6922828	5785871	34230919	46885928
26101180	2202993	30508544	28744388	25466044	5802352	4544296	28304173	36252907
6722168	749708	9704549	7321157	7265850	2618878	1414962	7471876	11148970
5226243	329976	6346638	6470881	4963443	964849	608749	5556219	7451704
2236701	527051	5245422	3861656	3958388	585132	687052	2763752	6328476
3245663	711750	5909655	4303712	5536143	800162	791102	3957413	7473706
1655138	298936	1996482	1440059	2587747	374919	287772	1954074	2736423
258689	46544	301727	225093	383717	61240	44709	305232	409526
281931	38669	486422	501511	358182	46502	53171	320599	638767
23007375	1697261	16652090	20103720	19169632	4136621	2447502	24704636	21152838
9875116	619028	5242986	7046556	7183139	2339246	877156	10494144	6951953
1755232	48973	793388	1368873	1446542	80809	67929	1804205	1159949
24984448	1831184	18725476	22400870	21183736	4322866	2688837	26815632	23780676
6186615	1228672	20855091	14114801	10711006	2599962	3097034	7415287	23107516
3406586	666574	15105597	11066069	5907440	1582778	1957565	4073160	16440691
2647930	23642	60893	1002332	1589819	77857	102317	2671572	100752
45502	402496	227415	308703	262756	171571	33727	447998	328759
580683	142314	3503155	2063760	1686746	575097	612564	722996	4215171
132472	97622	11306785	7684518	2364170	757848	1205273	230094	11781716
		5830	6438	3	150	3684		10276
	500	519	317	2945	256		500	3018
26496225	5106278	52806273	47786703	33334571	6151783	5967857	31602503	61638411
26188328	4963571	51820492	47035982	32738382	6022132	5812436	31151899	60457033
24143876	4028091	45600574	42339602	29156599	5204744	4949694	28171966	53478673
23824773	3919239	43366865	40544807	28539779	5067606	4648452	27744012	51056633
296066	324066	1429226	1209747	618432	117756	241090	620132	1566893
265170	318597	1368937	1164265	576491	114460	231232	583767	1502681
22440	4777	76816	42702	62678	31185	6989	27217	116338
48135	38762	361134	189297	178995	53232	60779	86897	395405
942611	270611	1662325	1152959	1438987	343872	254764	1213221	1977361
306735	32280	343163	400655	259403	34403	34330	339015	389775
75326	1659	19828	51779	49087	3261	1861	76986	29002
738910	327249	3274335	2318073	1617019	399704	423074	1066159	3691711
766216	330504	3253850	2331674	1624490	391572	423566	1096720	3674582
1500013	751548	5813377	4461412	2943281	659065	754375	2251561	6566571
3146966	775247	7489074	7296043	3120315	826654	792852	3922213	8113650
36	28	723	259	178	132	285	64	790

14-6 劳务分包建筑企业生产经营情况(2017年)

单位：万元

指标	Item	合计 Total	#内资 Domestic Funded	国有控股 State-holding	集体控股 Collective-holding
企业数(个)	Number of Construction Enterprises (unit)	1348	1346	12	22
年末从业人员(人)	Number of Employed Persons at the Year-end (penson)	136748	136733	477	1817
#现场施工人员	Builder in Employed Persons at the Year-end	96240	96228	236	1301
从业人员平均人数(人)	Average Number of Employed Persons (penson)	141936	141921	470	1578
年末资产负债	Year-end Assets and Liabilities				
固定资产原价	Original Value of Fixed Assets	171249	171244	2448	1636
本年折旧	Draw Depreciation This Year	16237	16237	1288	482
资产总计	Total Assets	1038605	1038605	13151	35348
负债总计	Total Liabilities	515936	515936	9490	24091
实收资本	Capitals Hold				
损益及分配	Total Creditors Equity (10 000 yuan)	342575	342575	2573	2962
营业收入	Total Income	1866249	1866086	14112	140861
#主营业务收入	Income form Principal Operations	1776935	1776772	14046	76460
营业成本	Operating costs	1615275	1615120	11756	64971
#主营业务成本	Advocate business wu cost	1533477	1533322	8728	60835
营业税金及附加	Business tax and extra	39955	39952	298	1188
#主营业务税金及附加	Main business taxes and add	28303	28301	219	681
销售费用	Profits of Business	34277	34277	74	389
管理费用	Management Fee	82333	82333	2234	3755
财务费用	Financial Expenses	7148	7148	35	379
营业利润	Profits of Business	88669	88664	1016	6114
利润总额	Total Profits	71582	71579	762	5670
建筑业总产值	Gross Output Value of Construction	1677396	1677233	14468	58461
#装饰装修产值	Output Value of Fitment	82193	82193	356	4620
应付职工薪酬	Handle employee compensation	619782	619754	4006	7267

Main Indicators on Construction Enterprises of Work Subcontractors (2017)

(10 000 yuan)

私人控股 Private-holding	其他 Others	房屋建筑业 Floor Space Construction	土木工程建筑业 Civil Engineering	建筑安装业 Building Installation	建筑装饰和其他建筑业 Building Decoration and Others	公有制 Public-owned	非公有制 Non-public owned
1215	99	560	100	135	553	34	1314
119911	14543	76646	6971	8872	44259	2294	134454
85502	9201	54624	3033	5915	32668	1537	94703
124509	15379	75339	7306	9909	49382	2048	139888
156795	10371	93470	17290	15849	44641	4084	167166
12931	1536	8203	2826	1714	3494	1770	14467
926644	63462	372921	106872	85459	473354	48499	990106
454394	27961	189300	59113	42848	224676	33582	482354
313891	23149	112743	26649	31824	171360	5535	337040
1584993	126283	737958	92223	124824	911244	154973	1711276
1561276	125153	730526	91042	124257	831111	90506	1686429
1424893	113655	650570	77809	107551	779344	76727	1538548
1366925	96989	598602	74485	106875	753515	69563	1463914
35248	3221	24015	2772	2013	11155	1486	38469
24320	3084	14547	2689	1858	9210	900	27404
32254	1560	25868	160	491	7757	463	33814
72615	3729	31990	11581	6973	31790	5989	76345
6456	278	4747	511	180	1712	414	6734
75207	6332	32246	3753	7190	45480	7130	81539
59233	5918	27631	3583	7049	33319	6431	65151
1462093	142374	729820	109322	114013	724242	72929	1604467
67106	10111	37034	1600	15872	27688	4976	77217
554788	53721	346549	37038	30678	205517	11272.8	608509.3

14-7 各市建筑业企业总产值
Total Output Value of Construction by City

单位：亿元 (100 million yuan)

市(县)	City(County)	2000	2005	2010	2011	2012	2013	2014	2015	2016	2017
全 省	**Total**	**357.34**	**1066.15**	**4400.61**	**5279.36**	**6009.08**	**7003.20**	**7911.89**	**8047.65**	**8807.99**	**10086.58**
省 辖 市	**City**										
郑 州 市	Zhengzhou	105.93	299.39	1352.33	1549.16	1816.99	2264.38	2715.24	2715.91	2891.14	3495.60
开 封 市	Kaifeng	10.77	35.16	105.80	132.88	164.04	198.46	216.34	212.85	241.99	352.37
洛 阳 市	Luoyang	50.18	168.54	877.67	1110.90	1214.38	1202.35	1263.52	1255.70	1323.31	1119.41
平 顶 山 市	Pingdingshan	15.48	31.18	88.66	102.88	121.59	130.40	137.92	120.66	126.99	156.80
安 阳 市	Anyang	28.68	71.78	319.14	359.22	410.82	532.27	601.64	678.74	771.07	895.15
鹤 壁 市	Hebi	3.65	6.34	34.25	43.37	42.37	50.61	58.24	61.08	67.67	84.77
新 乡 市	Xinxiang	26.84	79.44	238.71	294.56	344.56	418.86	449.31	443.91	490.11	592.95
焦 作 市	Jiaozuo	9.31	36.26	87.51	99.18	108.09	121.99	114.34	96.70	110.60	89.17
濮 阳 市	Puyang	23.45	46.84	138.98	168.44	192.39	224.91	235.04	228.38	251.82	282.19
许 昌 市	Xuchang	9.69	21.28	85.04	95.32	106.11	120.28	159.95	127.98	138.15	161.67
漯 河 市	Luohe	3.73	10.10	35.29	41.72	42.86	51.45	55.09	49.93	54.56	65.78
三 门 峡 市	Sanmenxia	7.55	26.25	82.44	104.68	112.55	126.56	133.64	117.05	133.98	165.72
南 阳 市	Nanyang	21.29	75.70	197.79	242.66	260.52	292.65	310.00	328.76	376.47	421.98
商 丘 市	Shangqiu	9.42	43.76	170.41	214.74	228.96	272.16	322.59	362.93	424.81	530.89
信 阳 市	Xinyang	14.78	43.34	207.15	247.60	278.23	321.66	372.18	428.70	482.71	561.48
周 口 市	Zhoukou	9.73	40.60	184.06	216.63	250.73	298.99	352.64	361.95	403.14	473.90
驻 马 店 市	Zhumadian	6.09	23.14	175.48	233.82	284.85	342.04	377.51	425.19	480.42	590.79
济 源 市	Jiyuan	0.78	7.08	19.88	21.61	29.04	33.17	36.72	31.23	39.04	45.97
省 直 管 县	**County Directly Administrated by Province**										
巩 义 市	Gongyi	0.52	3.50	9.24	11.68	11.47	16.94	18.70	15.35	16.36	19.30
兰 考 县	Lankao	0.08	0.31	4.80	5.93	7.62	8.51	10.12	11.20	14.64	88.69
汝 州 市	Ruzhou	0.16	0.52	1.01	1.43	2.03	2.78	3.82	4.17	5.37	10.59
滑 县	Huaxian	0.22	6.07	18.72	22.07	24.08	26.18	29.02	33.08	38.22	55.56
长 垣 县	Changyuan	4.24	7.78	61.53	78.67	104.86	141.61	151.71	161.07	177.06	219.42
邓 州 市	Dengzhou	0.58	3.81	18.69	25.56	34.76	31.49	38.83	41.05	51.47	70.58
永 城 市	Yongcheng	1.44	5.86	22.04	26.92	34.78	49.05	49.11	48.66	54.10	64.19
固 始 县	Gushi	2.72	5.10	21.69	25.01	27.32	34.50	34.53	32.71	38.50	43.56
鹿 邑 县	Luyi	0.82	4.87	10.66	13.63	15.51	20.82	26.85	34.69	40.94	52.54
新 蔡 县	Xincai	0.18	0.26	10.58	14.74	16.13	17.54	19.69	22.57	26.04	40.80

14-8 各市建筑业企业利税总额
Total Pre-Tax Profits of Construction Enterprises by City

单位：万元 (10 000 yuan)

市(县)	City(County)	2000	2005	2010	2011	2012	2013	2014	2015	2016	2017
全　　省	**Total**	**148547**	**625512**	**3239587**	**3855334**	**4437985**	**5699485**	**5972587**	**5957558**	**7112063**	**8818132**
省 辖 市	**City**										
郑 州 市	Zhengzhou	35374	136720	981163	1086687	1285770	1664808	1747851	1801655	1649242	2162155
开 封 市	Kaifeng	3581	18134	69580	102444	142594	176426	174210	172487	204672	311480
洛 阳 市	Luoyang	6407	96068	435593	568588	626172	612825	603274	582412	468388	584433
平顶山市	Pingdingshan	5962	19443	60208	67976	84575	111784	108247	108088	114257	119752
安 阳 市	Anyang	15184	29358	168267	237826	274682	354032	415905	417861	552928	779472
鹤 壁 市	Hebi	1296	1649	20348	26354	21382	32964	37903	36227	55054	73203
新 乡 市	Xinxiang	15297	56331	282720	321634	353188	463834	319120	308212	500240	542119
焦 作 市	Jiaozuo	2673	17570	59892	62343	60720	66864	75926	74608	67261	61056
濮 阳 市	Puyang	11834	24647	94763	113504	137242	185635	161124	153925	141639	184502
许 昌 市	Xuchang	6812	8436	54114	81835	100773	116294	156975	161803	159745	153383
漯 河 市	Luohe	2363	5093	30699	38042	38067	48080	52891	52793	48549	55112
三门峡市	Sanmenxia	2626	12422	71644	111018	108904	138632	144746	144220	103844	173873
南 阳 市	Nanyang	10156	45817	216463	246672	237262	283888	236195	232857	438718	532994
商 丘 市	Shangqiu	8610	33083	136697	131181	176922	245662	236755	265895	412639	514473
信 阳 市	Xinyang	7246	44549	197830	199190	226530	328460	320301	320301	567853	761340
周 口 市	Zhoukou	9263	38970	196239	249295	310958	404723	399796	362657	604498	662238
驻马店市	Zhumadian	3624	30310	149536	193600	231026	436653	331019	317404	995229	1108665
济 源 市	Jiyuan	241	6915	13832	17146	21219	27922	30530	30530	27308	37884
省直管县	**County Directly Administrated by Province**										
巩 义 市	Gongyi	420	3594	8948	15425	17602	21635	26478	25323	19396	21129
兰 考 县	Lankao	106	428	2955	7607	7240	11678	19003	18270	24376	78826
汝 州 市	Ruzhou	26	344	999	973	1423	2453	4450	4450	7576	5060
滑 县	Huaxian	64	4085	12871	17413	18799	22539	23385	23162	50021	103778
长 垣 县	Changyuan	5342	13344	98909	108407	132565	171898	171525	165938	195916	210716
邓 州 市	Dengzhou	207	1188	20956	30406	33279	35484	44021	44021	68228	111966
永 城 市	Yongcheng	444	4915	18550	21044	24762	52966	47592	47592	76403	70177
固 始 县	Gushi	1835	3208	11541	19827	23184	30554	33663	35168	41668	52110
鹿 邑 县	Luyi	1301	8136	11652	13058	13802	16975	22798	22798	80320	68132
新 蔡 县	Xincai	134	291	16246	21024	22642	26645	26904	26904	37889	77740

14-9 各市建筑业企业利润总额
Total Profits of Construction Enterprises by City

单位：万元 (10 000 yuan)

市(县)	City(County)	2000	2005	2010	2011	2012	2013	2014	2015	2016	2017
全　　省	**Total**	**30936**	**255460**	**1616515**	**2000905**	**2328601**	**3124690**	**3218893**	**3223825**	**4406111**	**4771302**
省 辖 市	**City**										
郑 州 市	Zhengzhou	3508	40921	490101	601868	708762	932512	892177	931924	1050648	1184087
开 封 市	Kaifeng	418	6952	33919	56990	84683	104543	101758	100232	135931	199642
洛 阳 市	Luoyang	-8040	39499	159910	198078	221691	194882	217403	215929	297777	302184
平顶山市	Pingdingshan	528	7813	29104	33541	42639	67700	62069	61959	85332	74219
安 阳 市	Anyang	1411	6107	73664	101678	122522	168122	213906	215140	320296	424472
鹤 壁 市	Hebi	-57	-388	8743	12104	7617	13662	19667	18128	32372	37782
新 乡 市	Xinxiang	4511	23368	179761	199307	224733	304239	201118	193916	347238	365905
焦 作 市	Jiaozuo	88	6175	28387	24161	25604	27950	40484	39761	40787	34255
濮 阳 市	Puyang	5261	11735	46593	62702	78615	109568	83855	78639	71004	53126
许 昌 市	Xuchang	4307	2563	27695	51954	63095	72502	92927	95679	96632	96607
漯 河 市	Luohe	1454	2394	12734	19277	18941	25832	28889	28815	26492	31695
三门峡市	Sanmenxia	710	2950	40519	68636	63252	85149	89576	89537	78765	92390
南 阳 市	Nanyang	3271	20315	95397	130764	119710	157240	120876	120430	273503	276229
商 丘 市	Shangqiu	5148	17363	82915	64956	92003	138498	143851	160289	262070	253255
信 阳 市	Xinyang	2725	24434	101907	110457	133704	176769	174082	174082	329944	373279
周 口 市	Zhoukou	4782	23148	119227	142577	170790	243275	238401	218278	396044	423282
驻马店市	Zhumadian	895	15027	78544	112237	138168	286425	194177	182584	547094	527731
济 源 市	Jiyuan	17	5086	7395	9618	12071	15823	17015	17015	14184	21162
省直管县	**County Directly Administrated by Province**										
巩 义 市	Gongyi	222	1843	4933	10150	12447	15541	18250	17354	12268	14878
兰 考 县	Lankao	88	348	1219	5518	5089	8238	13206	12967	18777	64446
汝 州 市	Ruzhou	15	109	516	481	551	1204	2877	2877	5492	2533
滑 县	Huaxian	0	1792	5772	9417	9317	13418	12906	12774	29162	64269
长 垣 县	Changyuan	1591	9713	68503	77664	92844	121710	122973	118362	137638	145964
邓 州 市	Dengzhou	45	209	13386	18899	18581	20870	27175	27175	44060	45559
永 城 市	Yongcheng	201	3389	10576	11569	12962	34683	31765	31765	53551	39923
固 始 县	Gushi	801	1348	4836	11843	15703	20632	22380	23085	30384	34013
鹿 邑 县	Luyi	833	6648	7331	8401	8667	10191	14607	14607	48089	38210
新 蔡 县	Xincai	70	23	13456	17315	16363	19948	20525	20525	32306	66577

14-10 各市建筑业企业主要指标(2017年)

市(县) City(County)	企业个数 (个) Number of Enterprises (unit)	从业人员 (万人) Number of Employed Persons (10 000 person)	直接从事生产经营活动的平均人数 (万人) Annual Average People Directly Engaged in Production and Business Operation Activities(10 000 person)	签定的合同额 (亿元) Value of Signed Contract (100 million yuan)
全 省 Total	**6358**	**276.01**	**284.24**	**18134.88**
省 辖 市 City				
郑 州 市 Zhengzhou	1871	67.94	73.65	7177.74
开 封 市 Kaifeng	302	12.57	12.60	508.19
洛 阳 市 Luoyang	516	25.33	24.41	3777.57
平 顶 山 市 Pingdingshan	284	6.04	6.01	242.09
安 阳 市 Anyang	323	34.50	32.39	1185.22
鹤 壁 市 Hebi	135	3.21	3.61	124.45
新 乡 市 Xinxiang	513	22.66	23.79	741.45
焦 作 市 Jiaozuo	232	3.50	3.57	167.85
濮 阳 市 Puyang	241	10.07	10.97	354.78
许 昌 市 Xuchang	150	4.25	4.71	285.29
漯 河 市 Luohe	101	2.94	3.05	85.94
三 门 峡 市 Sanmenxia	158	3.66	3.79	400.87
南 阳 市 Nanyang	419	14.43	15.34	481.56
商 丘 市 Shangqiu	216	14.62	13.54	844.28
信 阳 市 Xinyang	240	18.50	19.12	597.89
周 口 市 Zhoukou	232	13.27	13.37	528.02
驻 马 店 市 Zhumadian	334	16.89	18.68	569.83
济 源 市 Jiyuan	91	1.63	1.64	61.84
省 直 管 县 County Directly Administrated by Province				
巩 义 市 Gongyi	32	0.69	0.75	44.91
兰 考 县 Lankao	34	1.76	1.78	103.14
汝 州 市 Ruzhou	23	0.52	0.52	11.09
滑 县 Huaxian	46	5.65	1.76	52.76
长 垣 县 Changyuan	190	8.75	9.20	245.70
邓 州 市 Dengzhou	43	1.46	1.71	69.61
永 城 市 Yongcheng	40	1.77	1.93	80.48
固 始 县 Gushi	24	1.81	1.79	57.43
鹿 邑 县 Luyi	18	1.42	1.37	55.35
新 蔡 县 Xincai	26	0.79	0.79	33.80

Main Indicators of Construction Enterprises by City (2017)

总产值 (亿元) Gross Output Value (100 million yuan)	竣工产值 (亿元) Output Value of Buildings Completed (100 million yuan)	房屋建筑施工面积 (万平方米) Floor Space of Buildings Under Construction (10 000 sq.m)	房屋建筑竣工面积 (万平方米) Floor Space of Buildings Completed (10 000 sq.m)	自有施工机械设备年末净值 (亿元) Net Value of Machinery and Equipment Owned (100 million yuan)
10086.58	**4993.76**	**55694.68**	**20236.96**	**1700.70**
3495.60	1227.83	23771.98	4420.27	464.51
352.37	221.25	1976.48	946.38	31.35
1119.41	322.98	6463.95	1372.45	244.26
156.80	87.47	977.06	395.19	64.08
895.15	640.40	5483.62	3448.49	151.63
84.77	45.57	636.25	245.68	17.44
592.95	361.53	2372.18	1285.42	212.34
89.17	54.24	468.97	133.97	16.54
282.19	205.31	860.74	462.59	81.14
161.67	118.13	1095.56	597.84	24.74
65.78	49.19	509.54	235.06	14.49
165.72	55.30	632.94	156.16	76.01
421.98	269.07	1835.43	896.75	67.73
530.88	330.21	2102.57	1509.42	44.06
561.48	357.62	2527.85	1608.43	74.33
473.90	372.68	2007.10	1474.04	64.33
590.79	245.44	1762.66	976.65	47.02
45.97	29.55	209.79	72.17	4.70
19.30	8.62	154.09	43.46	1.77
88.69	83.47	388.55	241.54	3.48
10.59	6.06	66.52	22.80	4.13
55.56	40.61	258.74	195.08	5.57
219.42	133.33	413.53	152.30	68.45
70.58	43.05	150.05	81.60	13.67
64.19	50.29	411.30	331.08	11.83
43.56	38.79	252.82	195.89	9.79
52.54	52.54	617.63	598.34	1.92
40.80	22.06	121.99	109.06	0.64

14-11 各市建筑业企业个数(2017年)

单位：个

市(县) City(County)	企业个数 Number of Enterprises	内资 Domestic Funded	港澳台商投资 Funded from Hong Kong, Macao and Taiwan	外商投资 Foreign Funded	公有制 Public-owned	非公有制 Non-public owned
全省 Total	**6358**	**6342**	**9**	**7**	**666**	**5692**
省辖市 City						
郑州市 Zhengzhou	1871	1864	5	2	128	1743
开封市 Kaifeng	302	300	1	1	32	270
洛阳市 Luoyang	516	516			65	451
平顶山市 Pingdingshan	284	284			35	249
安阳市 Anyang	323	322		1	29	294
鹤壁市 Hebi	135	134	1		11	124
新乡市 Xinxiang	513	512		1	39	474
焦作市 Jiaozuo	232	231		1	21	211
濮阳市 Puyang	241	241			16	225
许昌市 Xuchang	150	150			13	137
漯河市 Luohe	101	101			17	84
三门峡市 Sanmenxia	158	158			20	138
南阳市 Nanyang	419	418	1		60	359
商丘市 Shangqiu	216	214	1	1	37	179
信阳市 Xinyang	240	240			63	177
周口市 Zhoukou	232	232			25	207
驻马店市 Zhumadian	334	334			47	287
济源市 Jiyuan	91	91			8	83
省直管县 County Directly Administrated by Province						
巩义市 Gongyi	32	32			2	30
兰考县 Lankao	34	34			1	33
汝州市 Ruzhou	23	23			2	21
滑县 Huaxian	46	46			3	43
长垣县 Changyuan	190	190			5	185
邓州市 Dengzhou	43	43			9	34
永城市 Yongcheng	40	40			9	31
固始县 Gushi	24	24			3	21
鹿邑县 Luyi	18	18				18
新蔡县 Xincai	26	26			4	22

Number of Construction Enterprises by City (2017)

(unit)

#国有控股 State-holding	#集体控股 Collective-holding	#私人控股 Private-holding	房屋建筑业 Floor Space Construction	土木工程建筑业 Civil Engineering	建筑安装业 Building Installation	建筑装饰和其他建筑业 Building Decoration and Others
345	**321**	**5290**	**2307**	**1539**	**766**	**1746**
88	40	1693	424	421	339	687
15	17	250	143	62	51	46
25	40	423	188	87	59	182
17	18	237	119	69	23	73
14	15	268	206	48	38	31
7	4	90	82	28	11	14
14	25	434	189	119	55	150
11	10	174	70	45	27	90
12	4	204	73	85	21	62
2	11	125	64	29	16	41
5	12	70	53	15	11	22
17	3	133	42	89	4	23
34	26	334	114	112	40	153
18	19	161	115	56	8	37
31	32	165	113	65	19	43
7	18	194	92	94	13	33
23	24	258	189	87	17	41
5	3	77	31	28	14	18
	2	22	21	9	2	
1		32	19	14	1	
1	1	19	12	9		2
1	2	39	25	12	6	3
4	1	178	49	38	11	92
8	1	33	21	13	7	2
3	6	29	24	8	2	6
1	2	20	14	8	1	1
		18	9	8	1	
3	1	22	18	5	1	2

14-12 各市建筑业企业总产值(2017年)

单位：亿元

市(县)	City(County)	总产值 Gross Output Value	内资 Domestic Funded	港澳台商投资 Funded from Hong Kong, Macao and Taiwan	外商投资 Foreign Funded	公有制 Public-owned	非公有制 Non-public owned
全省	**Total**	**10086.58**	**10072.52**	**9.71**	**4.35**	**3373.47**	**6713.12**
省辖市	City						
郑州市	Zhengzhou	3495.60	3492.58	2.73	0.29	1709.34	1786.26
开封市	Kaifeng	352.37	346.79	5.54	0.03	67.65	284.72
洛阳市	Luoyang	1119.41	1119.41			379.37	740.04
平顶山市	Pingdingshan	156.80	156.80			46.96	109.85
安阳市	Anyang	895.15	893.67		1.48	43.56	851.59
鹤壁市	Hebi	84.77	83.34	1.43		14.91	69.87
新乡市	Xinxiang	592.95	592.14		0.81	52.87	540.07
焦作市	Jiaozuo	89.17	88.19		0.98	26.86	62.32
濮阳市	Puyang	282.19	282.19			60.05	222.14
许昌市	Xuchang	161.67	161.67			24.12	137.55
漯河市	Luohe	65.78	65.78			13.01	52.77
三门峡市	Sanmenxia	165.72	165.72			113.46	52.26
南阳市	Nanyang	421.98	421.97	0.00		153.25	268.73
商丘市	Shangqiu	530.88	530.13	0.00	0.75	177.61	353.27
信阳市	Xinyang	561.48	561.48			196.35	365.13
周口市	Zhoukou	473.90	473.90			64.29	409.61
驻马店市	Zhumadian	590.79	590.79			224.23	366.56
济源市	Jiyuan	45.97	45.97			5.59	40.38
省直管县	**County Directly Administrated by Province**						
巩义市	Gongyi	19.30	19.30			1.08	18.23
兰考县	Lankao	88.69	88.69			1.49	87.20
汝州市	Ruzhou	10.59	10.59			1.92	8.67
滑县	Huaxian	55.56	55.56			8.08	47.48
长垣县	Changyuan	219.42	219.42			3.99	215.43
邓州市	Dengzhou	70.58	70.58			36.71	33.86
永城市	Yongcheng	64.19	64.19			32.80	31.38
固始县	Gushi	43.56	43.56			1.89	41.67
鹿邑县	Luyi	52.54	52.54				52.54
新蔡县	Xincai	40.80	40.80			14.09	26.71

Total Output Value of Construction Enterprises by City (2017)

(100 million yuan)

#国有控股 State-holding	#集体控股 Collective-holding	#私人控股 Private-holding	房屋建筑业 Floor Space Construction	土木工程建筑业 Civil Engineering	建筑安装业 Building Installation	建筑装饰和其他建筑业 Building Decoration and Others
2765.74	**607.73**	**5871.97**	**5463.11**	**3292.27**	**738.39**	**592.81**
1680.81	28.53	1759.25	1732.26	1204.82	369.61	188.91
42.79	24.86	264.41	244.00	45.93	54.39	8.04
314.80	64.57	357.59	421.97	600.32	69.62	27.51
36.23	10.72	92.56	106.69	41.62	3.71	4.79
29.06	14.50	765.04	827.07	45.06	19.74	3.27
12.54	2.37	59.97	74.91	5.80	3.10	0.96
25.35	27.52	508.87	304.92	115.90	42.71	129.42
14.99	11.86	52.52	38.97	23.78	12.38	14.04
54.83	5.22	199.97	115.23	127.48	12.80	26.69
7.48	16.65	107.42	85.90	53.51	8.15	14.12
2.69	10.32	40.76	49.23	9.48	4.84	2.23
112.38	1.08	51.98	24.30	138.70	0.32	2.40
93.26	59.98	228.90	212.50	146.68	50.03	12.76
127.82	49.79	328.61	343.90	142.54	15.64	28.81
93.70	102.65	339.26	341.96	171.37	19.13	29.01
13.85	50.44	383.06	205.94	213.47	30.56	23.93
99.97	124.26	292.81	306.18	190.81	18.79	75.02
3.19	2.40	39.01	27.20	15.00	2.86	0.91
	1.08	17.44	15.57	3.59	0.14	
1.49		87.20	72.20	15.74	0.75	
0.82	1.10	8.35	7.11	3.31		0.17
4.27	3.81	42.74	35.53	14.67	5.02	0.34
1.45	2.54	196.88	57.63	22.46	20.08	119.24
34.56	2.15	33.60	24.83	37.06	8.65	0.04
15.50	17.30	28.71	44.52	18.61	0.05	1.00
1.12	0.77	38.50	28.52	11.23	0.20	3.61
		52.54	30.15	20.19	2.20	
11.12	2.97	26.71	29.11	10.50	0.20	1.00

14-13 各市建筑业企业资产总计(2017年)

单位：亿元

市(县) City(County)	资产合计 Total Assets	内资 Domestic Funded	港澳台商投资 Funded from Hong Kong, Macao and Taiwan	外商投资 Foreign Funded	公有制 Public-owned	非公有制 Non-public owned
全省 Total	**8111.68**	**8083.14**	**17.66**	**10.88**	**3423.09**	**4688.59**
省辖市 City						
郑州市 Zhengzhou	3646.65	3631.65	14.11	0.90	2059.48	1587.17
开封市 Kaifeng	283.41	280.83	2.44	0.13	64.92	218.49
洛阳市 Luoyang	1016.18	1016.18			306.98	709.20
平顶山市 Pingdingshan	235.24	235.24			101.18	134.07
安阳市 Anyang	407.12	405.91		1.21	42.92	364.20
鹤壁市 Hebi	108.50	108.45	0.06		49.65	58.86
新乡市 Xinxiang	436.87	431.33		5.53	62.08	374.78
焦作市 Jiaozuo	114.66	112.52		2.14	45.62	69.04
濮阳市 Puyang	238.52	238.52			59.04	179.48
许昌市 Xuchang	214.43	214.43			27.29	187.14
漯河市 Luohe	66.72	66.72			7.69	59.03
三门峡市 Sanmenxia	264.50	264.50			198.81	65.69
南阳市 Nanyang	243.33	243.31	0.02		83.38	159.94
商丘市 Shangqiu	265.21	263.93	0.32	0.96	160.01	105.20
信阳市 Xinyang	187.21	187.21			65.31	121.91
周口市 Zhoukou	147.32	146.60	0.72		23.69	123.63
驻马店市 Zhumadian	187.17	187.17			51.10	136.06
济源市 Jiyuan	48.64	48.64			13.95	34.69
省直管县 County Directly Administrated by Province						
巩义市 Gongyi	17.37	17.37			1.39	15.99
兰考县 Lankao	36.50	36.50			0.83	35.68
汝州市 Ruzhou	6.17	6.17			0.42	5.75
滑县 Huaxian	27.77	27.77			1.20	26.57
长垣县 Changyuan	162.57	162.57			2.36	160.21
邓州市 Dengzhou	20.90	20.90			11.35	9.55
永城市 Yongcheng	34.17	34.17			20.53	13.63
固始县 Gushi	22.51	22.51			2.11	20.39
鹿邑县 Luyi	4.06	4.06				4.06
新蔡县 Xincai	4.68	4.68			2.12	2.55

Total Assets of Construction Enterprises by City (2017)

(100 million yuan)

#国有控股 State-holding	#集体控股 Collective-holding	#私人控股 Private-holding	房屋建筑业 Floor Space Construction	土木工程建筑业 Civil Engineering	建筑安装业 Building Installation	建筑装饰和其他建筑业 Building Decoration and Others
3117.11	**305.99**	**3957.83**	**3651.44**	**3189.37**	**692.28**	**578.59**
2031.06	28.43	1517.19	1714.62	1248.98	386.51	296.54
53.28	11.64	209.92	133.76	80.99	57.98	10.68
262.84	44.14	346.88	307.99	616.97	59.69	31.53
90.20	10.98	103.85	158.98	54.92	7.76	13.59
24.98	17.94	307.10	330.61	51.20	16.47	8.85
45.11	4.53	45.94	91.98	12.70	3.08	0.75
41.96	20.12	335.69	171.29	143.86	35.41	86.29
23.18	22.44	55.62	47.36	33.65	19.05	14.61
52.87	6.17	161.40	62.65	141.29	11.70	22.88
12.98	14.31	178.37	102.18	87.16	15.14	9.95
2.00	5.69	51.29	44.98	10.28	8.23	3.23
196.25	2.56	64.77	40.73	220.99	0.57	2.21
54.42	28.97	139.19	94.77	101.81	34.06	12.68
145.85	14.16	91.71	79.87	154.55	1.00	29.80
32.29	33.01	101.04	103.47	57.80	14.28	11.67
10.05	13.64	111.27	51.16	82.95	5.84	7.37
26.87	24.24	104.77	94.43	67.59	10.98	14.17
10.92	3.03	31.82	20.61	21.70	4.54	1.80
	1.39	13.52	11.21	5.96	0.20	
0.83		35.68	23.20	12.67	0.63	
	0.42	5.75	4.54	0.92		0.71
1.01	0.19	23.56	16.59	7.68	2.80	0.70
2.36		143.92	43.27	30.39	8.03	80.87
10.55	0.79	9.55	6.52	11.90	2.41	0.06
16.82	3.71	12.14	14.75	18.70	0.14	0.58
0.50	1.61	11.59	7.33	12.59	0.14	2.44
		4.06	1.87	1.81	0.38	
1.66	0.46	2.55	3.12	1.56		

14-14 各市建筑业企业负债合计(2017年)

单位：亿元

市(县) City(County)	负债合计 Total Liabilities	内资 Domestic Funded	港澳台商投资 Funded from Hong Kong, Macao and Taiwan	外商投资 Foreign Funded	公有制 Public-owned	非公有制 Non-public owned
全　省 Total	**5059.63**	**5037.38**	**14.74**	**7.52**	**2681.56**	**2378.07**
省辖市 City						
郑州市 Zhengzhou	2528.77	2515.83	12.66	0.27	1710.03	818.74
开封市 Kaifeng	164.80	163.05	1.71	0.05	44.93	119.87
洛阳市 Luoyang	727.94	727.94			240.34	487.60
平顶山市 Pingdingshan	154.99	154.99			82.14	72.85
安阳市 Anyang	165.50	164.56		0.94	29.31	136.19
鹤壁市 Hebi	63.91	63.91	0.00		36.76	27.15
新乡市 Xinxiang	177.62	172.62		5.01	39.00	138.62
焦作市 Jiaozuo	67.77	66.74		1.02	33.62	34.15
濮阳市 Puyang	128.87	128.87			54.81	74.07
许昌市 Xuchang	143.73	143.73			15.15	128.58
漯河市 Luohe	31.71	31.71			3.64	28.08
三门峡市 Sanmenxia	177.86	177.86			143.09	34.76
南阳市 Nanyang	129.73	129.72	0.01		53.43	76.29
商丘市 Shangqiu	151.73	151.40	0.10	0.23	112.12	39.62
信阳市 Xinyang	89.05	89.05			37.01	52.04
周口市 Zhoukou	45.38	45.12	0.26		11.12	34.26
驻马店市 Zhumadian	83.64	83.64			24.31	59.33
济源市 Jiyuan	26.63	26.63			10.77	15.86
省直管县 County Directly Administrated by Province						
巩义市 Gongyi	7.24	7.24			0.76	6.48
兰考县 Lankao	16.01	16.01			0.45	15.56
汝州市 Ruzhou	2.59	2.59			0.01	2.57
滑县 Huaxian	8.44	8.44			0.39	8.05
长垣县 Changyuan	50.96	50.96			1.77	49.19
邓州市 Dengzhou	8.05	8.05			5.28	2.76
永城市 Yongcheng	19.74	19.74			15.56	4.18
固始县 Gushi	12.78	12.78			1.39	11.39
鹿邑县 Luyi	0.63	0.63				0.63
新蔡县 Xincai	1.26	1.26			0.60	0.67

Total Liabilities of Construction Enterprises by City (2017)

(100 million yuan)

#国有控股 State-holding	#集体控股 Collective-holding	#私人控股 Private-holding	房屋建筑业 Floor Space Construction	土木工程建筑业 Civil Engineering	建筑安装业 Building Installation	建筑装饰和其他建筑业 Building Decoration and Others
2498.44	**183.12**	**1872.55**	**2240.09**	**2118.37**	**432.29**	**268.88**
1694.38	15.65	773.76	1220.33	878.85	258.67	170.92
39.62	5.31	114.18	68.70	50.37	41.01	4.72
212.57	27.77	187.78	207.70	468.41	36.35	15.48
73.40	8.74	51.76	109.51	35.04	3.66	6.78
15.60	13.71	110.13	123.56	28.34	9.44	4.17
35.03	1.73	22.31	57.95	4.89	0.91	0.16
29.84	9.16	118.46	82.25	68.20	12.72	14.45
16.62	17.00	24.94	29.40	20.39	11.32	6.65
49.80	5.00	66.79	28.32	87.13	6.03	7.39
5.64	9.51	124.16	72.66	58.08	9.36	3.64
0.90	2.73	25.21	21.17	5.24	4.59	0.71
141.19	1.90	34.35	27.32	149.67	0.20	0.66
33.86	19.57	64.12	48.53	56.07	20.01	5.11
105.18	6.94	32.71	31.96	103.51	0.68	15.59
17.45	19.55	41.13	45.82	28.41	10.43	4.39
3.66	7.45	28.15	14.87	25.86	2.81	1.84
15.08	9.22	38.24	39.93	36.22	1.80	5.70
8.61	2.16	14.38	10.11	13.70	2.30	0.52
	0.76	4.90	5.15	1.98	0.10	
0.45		15.56	12.08	3.44	0.49	
	0.01	2.57	1.90	0.45		0.24
0.35	0.04	6.96	4.87	2.66	0.89	0.02
1.77		41.43	22.99	14.08	0.84	13.06
5.21	0.08	2.76	1.88	5.75	0.40	0.01
13.93	1.62	3.45	4.60	14.62	0.06	0.46
0.08	1.31	5.60	4.25	7.37	0.08	1.08
		0.63	0.11	0.44	0.09	
0.60		0.67	0.95	0.31		

14-15 各市建筑业企业工程结算收入(2017年)

单位：亿元

市(县) City(County)	工程结算收入 Revenue of Project Settlement Accounts	内资 Domestic Funded	港澳台商投资 Funded from Hong Kong, Macao and Taiwan	外商投资 Foreign Funded	公有制 Public-owned	非公有制 Non-public owned
全省 Total	**9160.89**	**9155.06**	**1.96**	**3.88**	**3115.19**	**6045.70**
省辖市 City						
郑州市 Zhengzhou	3316.00	3315.39	0.34	0.28	1693.15	1622.85
开封市 Kaifeng	291.77	291.67		0.10	52.52	239.24
洛阳市 Luoyang	1006.79	1006.79			283.60	723.19
平顶山市 Pingdingshan	129.32	129.32			43.85	85.47
安阳市 Anyang	853.51	852.17		1.34	34.70	818.81
鹤壁市 Hebi	72.31	71.33	0.98		11.30	61.00
新乡市 Xinxiang	475.50	474.51		0.98	44.95	430.55
焦作市 Jiaozuo	78.14	76.96		1.18	28.10	50.05
濮阳市 Puyang	258.85	258.85			37.97	220.87
许昌市 Xuchang	158.14	158.14			26.58	131.56
漯河市 Luohe	57.29	57.29			10.92	46.37
三门峡市 Sanmenxia	224.97	224.97			174.35	50.62
南阳市 Nanyang	363.13	363.12	0.01		131.85	231.28
商丘市 Shangqiu	450.66	450.65	0.00		141.02	309.64
信阳市 Xinyang	453.73	453.73			167.21	286.52
周口市 Zhoukou	438.77	438.14	0.63		65.66	373.11
驻马店市 Zhumadian	488.79	488.79			162.12	326.67
济源市 Jiyuan	43.24	43.24			5.34	37.90
省直管县 County Directly Administrated by Province						
巩义市 Gongyi	16.18	16.18			0.19	15.99
兰考县 Lankao	68.03	68.03			0.39	67.64
汝州市 Ruzhou	5.06	5.06			1.76	3.30
滑县 Huaxian	55.40	55.40			5.70	49.70
长垣县 Changyuan	174.23	174.23			1.43	172.79
邓州市 Dengzhou	48.90	48.90			28.24	20.66
永城市 Yongcheng	55.44	55.44			21.87	33.57
固始县 Gushi	47.31	47.31			3.12	44.19
鹿邑县 Luyi	48.86	48.86				48.86
新蔡县 Xincai	32.02	32.02			8.93	23.09

Revenue of Project Settlement Accounts of Construction Enterprises by City (2017)

(100 million yuan)

#国有控股 State-holding	#集体控股 Collective-holding	#私人控股 Private-holding	房屋建筑业 Floor Space Construction	土木工程建筑业 Civil Engineering	建筑安装业 Building Installation	建筑装饰和其他建筑业 Building Decoration and Others
2618.83	**496.36**	**5182.05**	**4703.60**	**3273.84**	**602.21**	**581.24**
1663.30	29.85	1585.20	1582.84	1229.79	294.77	208.60
37.08	15.44	227.49	193.62	35.28	53.43	9.45
243.39	40.21	296.74	313.83	614.87	55.26	22.83
35.01	8.84	74.14	88.58	31.71	3.95	5.08
22.58	12.12	714.33	788.25	43.52	17.06	4.67
8.87	2.43	49.89	62.00	7.13	2.50	0.68
23.10	21.85	404.91	220.56	109.31	30.68	114.94
15.78	12.32	44.45	34.80	20.87	10.92	11.55
33.13	4.84	196.76	84.11	138.21	10.12	26.42
8.85	17.73	102.29	82.69	52.84	9.70	12.93
4.54	6.38	36.40	42.41	8.20	4.75	1.93
173.17	1.18	50.01	21.36	202.01	0.34	1.26
75.81	56.05	197.40	182.75	128.43	41.72	10.24
101.32	39.70	283.57	273.28	137.24	7.85	32.29
91.62	75.59	264.22	280.78	135.08	15.67	22.20
13.30	52.36	345.27	187.30	209.49	23.95	18.04
65.12	96.99	273.18	241.66	153.72	16.32	77.08
2.87	2.47	35.80	22.81	16.14	3.21	1.08
	0.19	14.21	13.07	3.09	0.03	
0.39		67.64	60.32	6.91	0.81	
0.82	0.94	3.30	3.34	1.44		0.27
4.27	1.43	43.03	35.52	14.51	4.82	0.55
1.43		158.15	30.70	25.31	10.11	108.10
26.05	2.19	20.66	16.93	26.39	5.54	0.04
11.01	10.86	26.87	40.67	13.54	0.20	1.04
1.60	1.52	35.38	28.17	16.45	0.11	2.58
		48.86	29.71	16.95	2.20	
6.36	2.57	23.09	21.97	9.03	0.10	0.92

14-16 各市建筑业企业利润总额(2017年)

单位：万元

市(县) City(County)	利润总额 Total Profits	内资 Domestic Funded	港澳台商投资 Funded from Hong Kong, Macao and Taiwan	外商投资 Foreign Funded	公有制 Public-owned	非公有制 Non-public Owned
全省 Total	**4771302**	**4759230**	**4904**	**7168**	**1096720**	**3674582**
省辖市 City						
郑州市 Zhengzhou	1184087	1183413	663	11	369646	814441
开封市 Kaifeng	199642	198753	813	76	-3352	202994
洛阳市 Luoyang	302184	302184			86316	215868
平顶山市 Pingdingshan	74219	74219			12805	61414
安阳市 Anyang	424472	424168		304	20882	403590
鹤壁市 Hebi	37782	36607	1175		2434	35348
新乡市 Xinxiang	365905	361989		3916	37548	328357
焦作市 Jiaozuo	34255	33812		443	13778	20477
濮阳市 Puyang	53126	53126			-61804	114929
许昌市 Xuchang	96607	96607			23816	72791
漯河市 Luohe	31695	31695			2941	28754
三门峡市 Sanmenxia	92390	92390			62774	29617
南阳市 Nanyang	276229	276215	14		97587	178642
商丘市 Shangqiu	253255	250766	71	2418	80643	172612
信阳市 Xinyang	373279	373279			150131	223148
周口市 Zhoukou	423282	421114	2167		58319	364962
驻马店市 Zhumadian	527731	527731			137731	390000
济源市 Jiyuan	21162	21162			4525	16637
省直管县 County Directly Administrated by Province						
巩义市 Gongyi	14878	14878			34	14844
兰考县 Lankao	64446	64446			1042	63404
汝州市 Ruzhou	2533	2533			340	2193
滑县 Huaxian	64269	64269			9020	55250
长垣县 Changyuan	145964	145964			529	145435
邓州市 Dengzhou	45559	45559			27493	18066
永城市 Yongcheng	39923	39923			14234	25689
固始县 Gushi	34013	34013			2413	31599
鹿邑县 Luyi	38210	38210				38210
新蔡县 Xincai	66577	66577			17880	48697

Total Profits of Construction Enterprises by City (2017)

(10 000 yuan)

#国有控股 State-holding	#集体控股 Collective-holding	#私人控股 Private-holding	房屋建筑业 Floor Space Construction	土木工程建筑业 Civil Engineering	建筑安装业 Building Installation	建筑装饰和其他建筑业 Building Decoration and Others
766216	**330504**	**3253850**	**2331674**	**1624490**	**391572**	**423566**
361000	8646	798514	513892	394302	161925	113969
-8858	5505	193864	153108	39598	-771	7707
57723	28593	108709	79280	166117	43755	13032
11601	1204	53316	48405	19770	2482	3562
15812	5070	357119	366666	35435	15319	7052
-1721	4155	26675	28268	8222	627	665
22424	15124	305460	136933	101414	30494	97065
6470	7308	21753	4357	12645	10157	7096
-65905	4101	103842	46393	-14113	4541	16304
9526	14290	44252	52239	27120	6747	10501
575	2366	24723	22119	4298	3013	2266
61695	1079	29141	10248	79903	54	2186
73191	24396	148511	105845	135784	27164	7436
59935	20708	148148	114588	107678	18728	12261
85717	64414	201219	226069	118379	10236	18595
9273	49046	344150	167693	207168	25231	23190
63641	74090	329230	247250	169831	30943	79707
4117	409	15225	8321	10939	927	975
	34	13806	13327	1553	-2	
1042		63404	42322	20710	1414	
77	264	2193	1440	647		447
7972	1048	48351	31707	24194	7919	449
529		138212	24840	12210	19614	89300
25825	1669	18066	14853	25986	4642	78
8916	5318	22637	24047	14201	51	1624
1505	908	22431	18627	14019	153	1214
		38210	25198	12247	766	
14449	3431	48697	45000	19071	206	2300

14-17 各市建筑业企业利税总额(2017年)

单位：万元

市(县)	City(County)	利税总额 Total Pre-tax Profits	内资 Domestic Funded	港澳台商投资 Funded from Hong Kong, Macao and Taiwan	外商投资 Foreign Funded	公有制 Public-owned	非公有制 Non-public owned
全省	**Total**	**8818132**	**8803075**	**5907**	**9150**	**2251561**	**6566571**
省辖市	**City**						
郑州市	Zhengzhou	2162155	2161312	713	130	680758	1481396
开封市	Kaifeng	311480	310486	813	180	7325	304155
洛阳市	Luoyang	584433	584433			142570	441863
平顶山市	Pingdingshan	119752	119752			25947	93805
安阳市	Anyang	779472	778799		672	37311	742161
鹤壁市	Hebi	73203	71608	1594		7018	66184
新乡市	Xinxiang	542119	536865		5254	51528	490591
焦作市	Jiaozuo	61056	60560		496	24709	36347
濮阳市	Puyang	184502	184502			-49595	234096
许昌市	Xuchang	153383	153383			34042	119341
漯河市	Luohe	55112	55112			6845	48267
三门峡市	Sanmenxia	173873	173873			121041	52831
南阳市	Nanyang	532994	532975	19		216304	316690
商丘市	Shangqiu	514473	511714	341	2418	135098	379375
信阳市	Xinyang	761340	761340			303260	458080
周口市	Zhoukou	662238	659813	2426		129043	533196
驻马店市	Zhumadian	1108665	1108665			372715	735950
济源市	Jiyuan	37884	37884			5642	32242
省直管县	**County Directly Administrated by Province**						
巩义市	Gongyi	21129	21129			167	20962
兰考县	Lankao	78826	78826			1465	77361
汝州市	Ruzhou	5060	5060			1557	3503
滑县	Huaxian	103778	103778			14893	88884
长垣县	Changyuan	210716	210716			1057	209659
邓州市	Dengzhou	111966	111966			72822	39144
永城市	Yongcheng	70177	70177			22700	47477
固始县	Gushi	52110	52110			4162	47948
鹿邑县	Luyi	68132	68132				68132
新蔡县	Xincai	77740	77740			21100	56640

Total Pre-tax Profits of Construction Enterprises by City (2017)

(10 000 yuan)

#国有控股 State-holding	#集体控股 Collective-holding	#私人控股 Private-holding	房屋建筑业 Floor Space Construction	土木工程建筑业 Civil Engineering	建筑安装业 Building Installation	建筑装饰和其他建筑业 Building Decoration and Others
1500013	**751548**	**5813377**	**4461412**	**2943281**	**659065**	**754375**
660051	20707	1451398	965359	726538	291419	178839
-1377	8702	284302	228235	55316	13754	14174
100908	41662	203048	160145	338404	63067	22817
22229	3718	82706	80575	31024	3073	5080
28799	8512	663572	684350	60315	24310	10497
1813	5206	52873	59082	11355	1830	935
27466	24061	454402	215437	143838	43948	138896
12425	12284	36074	14404	21520	14453	10679
-54500	4905	215432	90522	59654	6472	27855
10563	23479	76629	86778	41696	9971	14937
2662	4184	39193	40120	7689	4133	3170
119275	1767	51818	21485	149901	163	2323
159844	56461	270172	225670	242068	51630	13625
96762	38336	332617	307580	161617	20085	25191
145825	157435	419227	486684	223168	21029	30460
31378	97665	501766	281647	303369	43815	33408
130954	241761	648074	495529	349099	44178	219860
4938	704	30074	17811	16710	1734	1629
	167	19380	18321	2795	12	
1465		77361	52384	24793	1650	
348	1210	3503	3465	1101		494
12866	2027	77499	54990	38103	10071	614
1057		195422	37391	18601	26420	128304
68161	4660	39144	30330	68754	12790	91
12379	10321	41364	49111	18937	104	2026
2005	2157	38780	31757	17758	202	2393
		68132	42227	24536	1368	
16884	4216	56640	52570	22346	240	2584

主要统计指标解释

建筑业统计单位 指从事房屋、构筑物建造和设备安装活动的法人企业。建筑业法人企业应同时具备的条件是：① 依法成立，有自己的名称、组织机构和场所，能够承担民事责任；②独立拥有和使用资产，承担负债，有权与其他单位签订合同；③独立核算盈亏，能够编制资产负债表。

建筑业总产值 是以货币形式表现的建筑业企业在一定时期内生产的建筑业产品和提供的服务的总和。建筑业总产值包括：

（1）建筑工程产值：指列入建筑工程预算内的各种工程价值。

（2）安装工程产值：指设备安装工程价值，不包括被安装设备本身的价值。

（3）其他产值：建筑业总产值中除建筑工程、安装工程以外的产值。包括房屋构筑物修理产值、非标准设备制造产值、总包企业向分包企业收取的管理费以及不能明确划分的施工活动所完成的产值。

a. 房屋构筑物修理产值：指房屋和构筑物修理所完成的产值，但不包括被修理房屋、构筑物本身价值和生产设备的修理产值。

b. 非标准设备制造产值：指加工制造没有定型的非标准生产设备的加工费和原材料价值(如化工厂、炼油厂用的各种罐、槽，矿井生产统一使用的各种漏斗、三角槽、阀门等)以及附属加工厂为本企业承建工程制作的非标准设备的价值。

房屋建筑施工面积 指在报告期内施工的全部房屋建筑面积，包括本期新开工的房屋面积、上期施工跨入本期继续施工的房屋面积、上期停缓建在本期恢复施工的房屋面积、本期竣工的房屋面积及本期施工后又停缓建的房屋面积。

房屋建筑竣工面积 指在报告期内房屋建筑按照设计要求全部完工，达到了住人和使用条件，经验收鉴定合格，正式移交使用单位的房屋建筑面积。

自有机械设备年末总台数 指归本企业所有，属于本企业固定资产的生产性机械设备年末总台数。包括施工机械、生产设备、运输设备以及其他设备。

自有机械设备年末总功率 指本企业自有施工机械、生产设备、运输设备以及其他设备等列为在册固定资产的生产性机械设备年末总功率，按设定能力或查定能力计算。包括机械本身的动力和为该机械服务的单独动力设备，如电动机等。计算单位用千瓦，动力换算可按 1 马力＝0.735 千瓦折合成千瓦数。电焊机、变压器、锅炉不计算动力。

工程结算收入 指企业承包工程实现的工程价款结算收入，以及向发包单位收取的除工程价款以外的按规定列作营业收入的各种款项，如临时设施费、劳动保险费、施工机械调迁费等以及向发包单位收取的各种索赔款。

工程结算利润 指已结算工程实现的利润，如亏损以“－”号表示。计算公式为：

工程结算利润＝工程结算收入－工程结算成本－工程结算税金及附加-经营费用

Explanatory Notes on Main Statistical Indicators

Statistical Unit in Construction refers to corporate enterprise engaged in the construction of buildings and structures and in the installation of equipment. A corporate construction enterprise should meet the following 3 requirements:①being set up in line with relevant legal basis, having its full name, organization and location, and capable of taking civil liabilities;②independently possessing and using its assets and assuming its liabilities, and entitled to sign contracts with other institutions; and ③ making independent accounts of its profits and losses, and capable of compiling its own balance sheet

Gross Output Value of Construction refers to total of construction products and services, expressed in money terms, produced or rendered by construction and installation enterprises during a given period of time. It includes:

(1) Output value of construction projects: the value of projects covered by the project budgets;

(2) Output value of installation projects: the value of the installation of equipment, (excluding the value of the equipment to be installed);

(3) Other output values: the output value of construction industry apart from that of construction projects and installation projects. It includes: output value of repair of buildings and structures; output value of non-standard equipment manufacturing; overhead expenses received by contracted enterprises from the sub-contracted enterprises and the completed output value of construction activities for which there is no clear definition.

a. Output value of repair of buildings and structures: the value created through the repairs of buildings or structures. It does not include the value of buildings or structures being repaired and the value of the repair of production equipment;

b. Output value of manufactured non-standard equipment: the value of non-standard production equipment, including raw materials and manufacturing cost, made for the construction project (i.e., chemical plant; kettles or tanks used by refineries; various fillers, triangle tanks, valves used by mines). It also includes the output value of equipment manufactured by subsidiary workshops.

Floor Space of Buildings Under Construction refers to floor space of buildings under construction during the reference period, including newly started buildings, buildings started earlier and continued during the reference period, and buildings suspended earlier but restarted during the reference period, buildings completed during the reference period, and buildings under construction and then suspended during the reference period.

Floor Space of Buildings Completed refers to the floor space of buildings that are completed in the reference period in accordance with the requirements of the design, up to the standard for putting them into use, and have been checked and accepted by concerned departments as qualified ones.

Total Number of Machinery and Equipment Owned by the End of Year refers to the number of machines and equipment owned by the enterprises, and listed as the fixed assets of the enterprises by the end of the year, including machinery and equipment for construction, production and transportation.

Total Power of Machinery and Equipment Owned by the End of Year refers to the total power of machinery and equipment owned by the enterprises, and listed as the fixed assets of the enterprises by the end of the year, including machinery and equipment for construction, production and transportation. The power of the machinery is calculated on basis of the designed or verified capacity, covering the power of the machinery/equipment and the separate power equipment serving the machinery/equipment (such as electric motors), but excluding welders, transformers and boilers. The unit used for the calculation of power is kilowatt, with horsepower converted to kilowatt by 1 horsepower=0.735 kilowatt.

Income from Settlement of Projects refers to the income received by the construction enterprise from the contracted project through settlement procedures, and other charges of Operating income in addition to the value of the project, such as temporary facility fee, labour insurance premium, moving cost of construction equipment, as well as various types of claims to the contract.

Profit from Settlement of Projects refers to profit realized through settled projects. It is calculated with the following formula: Profit from Settlement of Projects＝Income from Settlement of Projects－Settled Cost－Settled Taxes and Other Cost- Operating expenses

房地产业

Real Estate

15

资料整理：朱丽玲

简要说明

一、本篇资料的主要内容及统计范围

本篇资料通过对一定时期内房地产开发企业开发经营活动的数量方面的描述，反映报告期内房地产开发企业土地开发和购置情况、投资总规模及完成情况、实际到位资金情况、房屋建筑面积和造价情况、房屋新开工面积情况、商品房销售情况以及资产负债和经营情况。

本篇资料的统计范围包括全部房地产开发经营业法人单位。

二、本篇的资料来源及统计调查方法

本篇统计资料是根据《房地产开发统计报表制度》进行搜集和加工整理而得，全部数据采用全面调查的统计方法。本篇资料由河南省统计局固定资产投资统计处编辑整理。

Brief Introduction

I. Main Contents and Scope

Statistics in this chapter describe activities made by real estate development companies during a given period of time, and reflect the development and purchase of land, size of investment and its progressing, funds actually available, floor space and cost of housing constructed, floor space of new housing starts, sales of commercial housing, assets and liabilities, and operation status of real estate developers during the reference period.

Data in this chapter covers all legal entities engaged in real estate development.

II. Sources of Data

Data in this chapter are collected and compiled with the Statistical Reports Program on Real Estate Development, which has a full coverage of all companies.Data in this chapter are provided by the Department of investment in fixed assets of Henan provincial Bureau of Statistics.

15－1 房地产开发企业主要指标

Main Indicators of Enterprises for Real Estate Development

年份 Year	企业个数 (个) Number of Enterprises (unit)	本年完成投资额 (亿元) Investment Completed This Year (100 million yuan)	#住宅 Residential Buildings	房屋建筑面积竣工率 (%) Rate of Floor Space of Buildings Completed (%)	商品房销售面积 (万平方米) Floor Space of Commercialized Buildings Sold (10 000 sq.m)	#住宅 Residential Buildings	商品房销售额 (亿元) Total Sale of Commercialized Buildings (100 million yuan)	#住宅 Residential Buildings
1990		3.43						
1991		4.07		42.2	83.16		2.99	
1992		8.78		35.1	103.36		4.83	
1993		25.27		31.2	100.20		6.41	
1994	896	49.61	35.22	39.3	225.04	198.19	16.43	9.58
1995	880	62.56	39.38	64.0	660.29	484.53	26.14	20.86
1996	731	54.84	30.49	37.1	255.82	215.27	22.75	18.55
1997	509	51.75	27.15	35.5	220.49	201.65	20.26	17.69
1998	655	58.10	32.09	33.3	279.61	262.94	27.32	24.70
1999	677	70.41	42.94	33.2	297.10	275.28	30.37	26.41
2000	1020	77.87	50.37	36.0	509.21	438.41	64.18	50.51
2001	938	102.84	75.87	32.6	529.21	483.77	65.59	56.55
2002	1108	138.36	101.31	35.9	639.94	584.74	88.29	75.50
2003	1430	185.56	135.10	31.3	862.71	795.78	120.75	103.60
2004	1774	258.82	174.81	28.8	1055.37	948.61	165.91	136.76
2005	1906	388.52	271.62	28.0	1724.82	1539.60	322.01	255.37
2006	2100	581.95	432.64	24.0	2409.33	2190.99	484.72	403.72
2007	2586	837.11	639.08	26.4	3928.04	3569.18	885.16	742.83
2008	4146	1206.71	970.86	21.8	3191.98	2943.36	746.46	629.40
2009	3798	1553.76	1235.21	21.2	4336.90	4019.26	1156.22	1005.21
2010	4176	2114.08	1685.21	21.7	5452.23	5092.49	1658.79	1454.57
2011	4963	2626.54	2021.19	21.8	6275.16	5725.12	2196.81	1788.04
2012	5316	3035.29	2203.06	19.9	5968.49	5455.50	2286.67	1915.57
2013	5438	3843.76	2827.09	16.6	7310.21	6561.41	3074.14	2516.26
2014	5662	4375.71	3289.20	18.8	7879.67	7009.09	3440.58	2739.71
2015	6158	4818.93	3529.15	13.1	8556.34	7645.84	3945.55	3300.33
2016	6687	6179.13	4558.07	13.3	11306.27	10137.13	5612.90	4839.03
2017	7205	7090.25	5330.80	12.4	13313.89	11707.26	7129.40	5897.68

注：商品房销售面积、销售额2005年开始采用新口径，与以前不可比，新口径包括期房销售和现房销售(下同)。

a) Figures on Floor Space and Sales of selling House are Accounted in New Caliber in 2005, So they are different from former years. New Caliber Include marketable housing and futures marketable housing (the same as following tables).

15-2 房地产开发企业(单位)个数和从业人员数
Number of Employed Persons and Enterprises for Real Estate Development

指 标	Item	2010	2011	2012	2013	2014	2015	2016	2017
企业个数（个）	**Number of Enterprises (unit)**	**4176**	**4963**	**5316**	**5438**	**5662**	**6158**	**6687**	**7205**
#国有控股	State-holding	209	237	251	234	233	249	266	298
集体控股	Collective-holding	167	172	167	148	133	123	117	112
私人控股	Private-holding	3511	4104	4407	4498	4670	5125	5565	6000
港澳台控股	Hong Kong, Macao and Taiwan-holding	63	68	66	63	56	50	50	51
外资控股	Foreign-holding	61	58	49	44	37	29	23	20
从业人数（人）	**number of Employed Persons (person)**	**100350**	**138716**	**144708**	**158600**	**173215**	**192193**	**211588**	**222085**
#国有控股	State-holding	6352	6227	6600	6636	7254	8026	8679	10542
集体控股	Collective-holding	4257	9225	13720	9945	5602	5476	4990	4759
私人控股	Private-holding	81719	108264	108426	123771	138896	154686	171281	179848
港澳台控股	Hong Kong, Macao and Taiwan-holding	1694	1900	1573	1507	1685	1590	1810	1988
外资控股	Foreign-holding	2491	2461	1700	1918	1710	1300	762	636

15–3 各市房地产开发企业(单位)个数(2017年)

Number of Enterprises for Real Estate Development by City (2017)

单位：个 (unit)

市(县) City(County)	企业(单位)个数 Enterprises Number	一级 First Class	二级 Second Class	三级 Third Class	四级 Fourth Class	暂定 Provisional	其他 Others
全省 Total	**7205**	**92**	**671**	**1050**	**800**	**3627**	**965**
省辖市 City							
郑州市 Zhengzhou	1400	30	172	188	24	843	143
开封市 Kaifeng	315	4	21	28	14	189	59
洛阳市 Luoyang	553	12	91	148	94	176	32
平顶山市 Pingdingshan	491	10	36	63	36	238	108
安阳市 Anyang	314	3	46	55	14	170	26
鹤壁市 Hebi	147	1	4	26	28	70	18
新乡市 Xinxiang	480	2	56	82	21	260	59
焦作市 Jiaozuo	258	3	19	45	23	142	26
濮阳市 Puyang	202		25	25	10	107	35
许昌市 Xuchang	431	4	40	77	63	142	105
漯河市 Luohe	152	2	13	26	42	65	4
三门峡市 Sanmenxia	188	1	9	32	32	92	22
南阳市 Nanyang	525	8	54	85	163	196	19
商丘市 Shangqiu	486	3	19	36	8	287	133
信阳市 Xinyang	499	5	20	63	167	215	29
周口市 Zhoukou	272	2	14	31	9	185	31
驻马店市 Zhumadian	419	2	16	24	50	212	115
济源市 Jiyuan	73		16	16	2	38	1
省直管县 County Directly Administrated by Province							
巩义市 Gongyi	44	2	2	7	2	25	6
兰考县 Lankao	44	1		1	1	23	18
汝州市 Ruzhou	40	1	5	3		30	1
滑县 Huaxian	33	1	5	5	1	18	3
长垣县 Changyuan	62		10	5	1	26	20
邓州市 Dengzhou	48		4	6	8	17	13
永城市 Yongcheng	59		3	8	1	46	1
固始县 Gushi	41	2	2	5	17	15	
鹿邑县 Luyi	33		2	3	1	20	7
新蔡县 Xincai	58					32	26

15-4 各市房地产开发企业从业人员(2017年)

Number of Employed Persons in Enterprises for Real Estate Development (2017)

单位：人 (person)

市(县) City(County)	从业人员 Number of Employed Persons	一级 First Class	二级 Second Class	三级 Third Class	四级 Fourth Class	暂定 Provisional	其他 Others
全省 Total	**222085**	**7870**	**28488**	**29544**	**18516**	**111364**	**26303**
省辖市 City							
郑州市 Zhengzhou	45089	2927	7647	5854	607	25830	2224
开封市 Kaifeng	11237	467	858	676	249	6964	2023
洛阳市 Luoyang	13507	597	3285	3246	1370	4596	413
平顶山市 Pingdingshan	10465	650	1271	1633	410	4630	1871
安阳市 Anyang	8084	182	1739	1236	187	4129	611
鹤壁市 Hebi	3285	20	88	474	628	1793	282
新乡市 Xinxiang	12471	27	2449	1771	360	6547	1317
焦作市 Jiaozuo	7013	183	903	1171	452	3746	558
濮阳市 Puyang	5935		1068	615	262	2937	1053
许昌市 Xuchang	10764	547	2242	1810	1092	3024	2049
漯河市 Luohe	4499	142	613	885	981	1796	82
三门峡市 Sanmenxia	4091	4	306	780	636	1904	461
南阳市 Nanyang	13920	619	2209	2404	2975	5355	358
商丘市 Shangqiu	24956	275	1143	2100	253	14591	6594
信阳市 Xinyang	16437	916	885	2197	5112	6751	576
周口市 Zhoukou	10109	78	545	778	269	6995	1444
驻马店市 Zhumadian	18836	236	827	1538	2657	9196	4382
济源市 Jiyuan	1387		410	376	16	580	5
省直管县 County Directly Administrated by Province							
巩义市 Gongyi	883	72	55	79	24	532	121
兰考县 Lankao	2215	40		60	45	1286	784
汝州市 Ruzhou	1228	201	153	73		775	26
滑县 Huaxian	1061	36	201	158	10	520	136
长垣县 Changyuan	2441		873	165	35	953	415
邓州市 Dengzhou	1339		138	217	190	602	192
永城市 Yongcheng	1555		220	354	12	948	21
固始县 Gushi	2212	833	187	106	445	641	
鹿邑县 Luyi	857		62	99	24	508	164
新蔡县 Xincai	863					555	308

15−5 房地产开发投资额
Completed Investment in Real Estate Development

单位：亿元 (100 million yuan)

项　　目	Item	2005	2010	2012	2013	2014	2015	2016	2017
投资总额	**Total Investment**	**388.52**	**2114.08**	**3035.29**	**3843.76**	**4375.71**	**4818.93**	**6179.13**	**7090.25**
#国有控股	State-holding		100.87	193.56	292.53	359.98	404.77	663.17	807.65
集体控股	Collective-holding		153.07	119.33	114.01	113.43	89.93	72.58	73.69
私人控股	Private-holding		1618.75	2279.02	2809.27	3138.71	3361.14	4334.01	4957.02
港澳台控股	Hong Kong, Macao and Taiwan-holding		46.97	55.08	59.10	56.26	81.75	55.97	90.88
外资控股	Foreign-holding		59.62	58.39	47.67	32.80	27.68	17.36	11.66
按构成分	**By Composition**								
建筑、安装工程	Construction and Installation	283.87	1657.06	2397.41	3132.97	3704.57	4125.78	4974.04	5511.54
设备、工器具购置	Purchase of Equipment and Instruments	2.84	25.34	44.27	57.26	87.05	117.27	170.72	158.61
其他费用	Others	101.81	431.68	593.61	653.53	584.10	575.88	1034.37	1420.10
#土地购置费	Total Value of Land Purchased	74.81	293.23	307.36	391.70	352.80	362.68	681.51	951.90
按工程用途分	**By Use of Projects**								
住宅	Residential Buildings	271.62	1685.21	2203.06	2827.09	3289.20	3529.15	4558.07	5330.80
#144平方米以上	Over 144 sq.m		253.23	302.78	352.01	375.65	429.98	690.76	905.69
90平方米以下	Under 90 sq.m		422.33	676.46	857.86	1028.50	1272.26	1530.62	1704.78
办公楼	Office Buildings	14.05	56.74	136.35	175.40	198.84	218.54	230.86	226.38
商业营业用房	Houses for Bussiness Use	67.79	192.77	319.39	442.10	531.22	694.23	789.84	882.70
其他	Others	35.06	179.36	376.49	399.17	356.46	377.00	600.36	650.38
新增固定资产	**Newly Increased Fixed Assets**	**189.47**	**861.63**	**1602.45**	**1572.90**	**2008.37**	**1717.29**	**1780.82**	**1625.20**
本年实际到位资金	**Actual Funds for Investment**	**388.52**	**2114.08**	**3455.04**	**4402.70**	**4688.97**	**5076.92**	**6558.25**	**7090.57**
国内贷款	Domestic Loans	60.75	209.37	321.09	387.13	527.01	475.69	698.56	897.12
利用外资	Foreign Investment	2.10	1.51	1.13	5.40	0.67	3.22	1.76	0.99
自筹资金	Self-raising Funds	180.91	1144.53	1920.72	2472.67	2601.55	2956.20	3671.81	4171.17
其他资金	Others	144.76	758.67	1212.10	1537.51	1559.74	1641.82	2186.12	2021.29

注：2011年以前资金是按完成投资分，2011年以后是企业到位资金。

a) Data of source of funds before 2011 refers to completed investment, and data since 2011 refers to funds available.

15-6 房地产开发企业(单位)建设房屋建筑面积和造价
Floor Space and Cost of Buildings Developed by Enterprises for Real Estate Development

市(县)	City(County)	施工房屋面积(万平方米) Floor Space Under Construction (10 000 sq.m)	竣工房屋面积(万平方米) Floor Space Completed (10 000 sq.m)	房屋建筑面积竣工率(%) Rate of Floor Space of Buildings Completed (%)	竣工房屋价值(亿元) Value of Buildings Completed (100 million yuan)	竣工房屋造价(元/平方米) Cost of Buildings Completed (yuan/sq.m)
	1997	1042.19	370.26	35.5	32.10	867
	1998	1175.96	392.03	33.3	28.41	725
	1999	1339.60	444.87	33.2	34.05	765
	2000	1657.53	597.21	36.0	40.49	678
	2001	1976.84	644.40	32.6	45.74	710
	2002	2484.01	892.32	35.9	67.83	760
	2003	3210.26	1005.52	31.3	86.33	859
	2004	3940.64	1135.32	28.8	100.94	889
	2005	4902.98	1370.94	28.0	144.72	1056
	2006	7017.17	1681.42	24.0	184.87	1099
	2007	10550.90	2785.48	26.4	326.78	1173
	2008	13906.18	3026.04	21.8	403.95	1335
	2009	16074.35	3400.98	21.2	434.30	1277
	2010	20393.98	4426.94	21.7	630.25	1424
	2011	25343.32	5527.42	21.8	923.85	1671
	2012	29559.36	5870.54	19.9	1059.08	1804
	2013	35979.33	5965.87	16.6	1117.83	1874
	2014	38857.60	7324.34	18.8	1417.52	1935
	2015	40994.40	5390.32	13.1	1079.75	2003
	2016	47359.55	6299.44	13.3	1260.41	2001
	2017	49942.29	6201.71	12.4	1270.17	2048
省辖市	**City**					
郑州市	Zhengzhou	16394.83	1537.06	9.4	421.42	2742
开封市	Kaifeng	1762.39	256.98	14.6	50.58	1968
洛阳市	Luoyang	4722.05	453.03	9.6	100.60	2221
平顶山市	Pingdingshan	2210.44	165.94	7.5	33.37	2011
安阳市	Anyang	2374.38	454.73	19.2	94.84	2086
鹤壁市	Hebi	958.26	90.68	9.5	17.32	1910
新乡市	Xinxiang	2709.28	330.51	12.2	70.52	2134
焦作市	Jiaozuo	841.63	62.70	7.4	13.08	2086
濮阳市	Puyang	1207.12	50.79	4.2	10.12	1993
许昌市	Xuchang	1994.30	141.64	7.1	29.46	2080
漯河市	Luohe	880.85	67.50	7.7	13.35	1978
三门峡市	Sanmenxia	1001.20	64.28	6.4	14.86	2312
南阳市	Nanyang	3033.95	328.68	10.8	54.63	1662
商丘市	Shangqiu	2877.09	276.81	9.6	52.99	1914
信阳市	Xinyang	2784.11	654.02	23.5	103.39	1581
周口市	Zhoukou	1433.95	525.92	36.7	70.68	1344
驻马店市	Zhumadian	2401.36	708.80	29.5	114.21	1611
济源市	Jiyuan	355.10	31.63	8.9	4.73	1496
省直管县	**County Directly Administrated by Province**					
巩义市	Gongyi	243.60	30.48	12.5	8.65	2838
兰考县	Lankao	159.88	81.63	51.1	13.27	1626
汝州市	Ruzhou	247.05	37.43	15.2	7.82	2089
滑县	Huaxian	337.05	78.94	23.4	11.64	1475
长垣县	Changyuan	401.43	23.83	5.9	4.68	1964
邓州市	Dengzhou	434.01	33.10	7.6	6.14	1855
永城市	Yongcheng	678.22	14.42	2.1	3.59	2490
固始县	Gushi	280.60	97.77	34.8	18.04	1845
鹿邑县	Luyi	222.21	12.90	5.8	1.16	899
新蔡县	Xincai	289.31	145.82	50.4	22.15	1519

15-7 房地产开发企业开发情况

Operating Statistics of Enterprises for Real Estate Development

项　　目	Item	2005	2010	2012	2013	2014	2015	2016	2017
本年购置土地面积(万平方米)	Land Space Purchased This year (10 000sq.m)	2015.82	2864.32	1742.63	1501.56	1116.16	951.41	1108.04	1015.47
本年待开发的土地面积(万平方米)	Land Space Pending Development This year(10 000sq.m)	763.50	1209.47	1318.72	1309.60	1343.57	1627.82	2475.98	2307.03
房屋建筑面积(万平方米)	Floor Space of Building Construction (10 000 sq.m)								
施工面积	Floor Space Under Construction	4902.98	20393.98	29559.36	35979.33	38857.60	40994.40	47359.55	49942.29
#住宅	Residential Buildings	3895.44	16901.99	23466.99	28113.59	29831.26	31210.56	35579.02	37518.01
竣工面积	Floor Space Completed	1370.94	4426.94	5870.54	5965.87	7324.34	5390.32	6299.44	6201.71
#住宅	Residential Buildings	1151.39	3852.60	4888.17	4916.31	5767.18	4237.92	5015.23	4701.53
房屋竣工价值(亿元)	Value of Buildings Completed (100 million yuan)	144.72	630.25	1059.08	1117.83	1417.52	1079.75	1260.41	1270.17
房屋竣工造价(元/平方米)	Cost of Buildings Completed (yuan/sq.m)	1056	1424	1804	1874	1935	2003	2001	2048
商品房屋销售建筑面积(万平方米)	Floor Space of Commercialized Buildings (10 000 sq.m)	1724.82	5452.23	5968.49	7310.21	7879.67	8556.34	11306.27	13313.89
现房销售面积	Sale Space of marketable housing	791.21	1910.83	2179.25	2547.91	2890.93	2811.98	3235.83	3468.27
期房销售面积	Sale Space of futures marketable housing	933.61	3541.40	3789.24	4762.30	4988.73	5744.37	8070.44	9845.61
商品房屋销售额(亿元)	Total Sales of Commercialized Buildings (100 million yuan)	322.01	1658.79	2286.67	3074.14	3440.58	3945.55	5612.90	7129.40
现房销售额	Sale of marketable housing	128.95	438.82	646.01	837.71	1072.06	1038.88	1232.67	1370.55
期房销售额	Sale of futures marketable housing	193.06	1219.97	1640.65	2236.43	2368.52	2906.67	4380.23	5758.85
商品住宅销售套数(万套)	Total Number of Flats of Residential Buildings Sold (10 000 sets)		45.93	48.93	58.38	62.48	69.37	91.33	103.94
现房销售套数	Sale of marketable housing		14.92	16.44	19.32	21.95	21.10	23.86	26.21
期房销售套数	Sale of futures marketable housing		31.01	32.49	39.07	40.53	48.27	67.46	77.73
商品房待售面积(万平方米)	Area of commercialized Buildings for Sale (10 000 sq.m)	307.30	1161.14	2453.46	2716.66	3694.06	3606.83	3395.26	2846.55

15-8 房地产开发企业施工、销售和待售情况(2017年)

项　目	Item	合　计 Total	住　宅 Commercially Residential Buildings
房屋施工面积(万平方米)	Floor Space of Buildings under Construction (10 000 sq.m)	49942.29	37518.01
#新开工	Started This Year	13628.78	10439.82
房屋竣工面积(万平方米)	Floor Space of Buildings Completed (10 000 sq.m)	6201.71	4701.53
#不可销售面积	Floor Space Cannot be Solded	251.16	119.88
住宅竣工套数(万套)	Total Number of Flats of Residential Buildings Completed (10 000 sets)		41.19
竣工房屋价值(亿元)	Value of Buildings Completed (100 million yuan)	1270.17	939.48
批准预售面积(万平方米)	Approved Pre-Sale Area (10 000 sq.m)	5552.30	4687.97
批准预售住宅套数(万套)	Approved Pre-Sale of Residential Flats (set)		40.03
出租房屋面积(万平方米)	Space of Buildings Leased (10 000 sq.m)	29.60	7.65
商品房销售面积(万平方米)	Sold Area of Commercialized Buildings (10 000 sq.m)	13313.89	11707.26
现房销售	Sale of marketable housing	3468.27	2930.66
期房销售	Sale of futures marketable housing	9845.61	8776.59
商品房销售额(亿元)	Total Sale of Commercialized Buildings (100 million yuan)	7129.40	5897.68
现房销售	Sale of marketable housing	1370.55	1048.96
期房销售	Sale of futures marketable housing	5758.85	4848.73
商品住宅销售套数(万套)	Total Number of Flats of Residential Buildings Sold (10 000 sets)		103.94
现房销售	Sale of marketable housing		26.21
期房销售	Sale of futures marketable housing		77.73
商品房待售面积(万平方米)	Floor Number of Space of Buildings Emptied Sold (10 000 sq.m)	2846.55	1995.61
#待售1-3年	On Sale for 1-3Years	865.51	561.60
待售3年以上	On Sale Over 3 Years	31.83	19.71

Situation of Construction, Sale and for Sale of Real Estate Enterprises (2017)

#90平方米以下 Under 90 sq.m	#144平方米以上 Over 144sq.m	#别墅、高档公寓 Villas, Highgrade Apartments	办公楼 Office Buildings	商业营用房 House for Business Use	其 他 Others
9844.15	5139.04	412.29	1699.76	5926.85	4797.67
2449.60	1567.29	110.94	360.93	1568.69	1259.34
899.55	688.03	50.74	166.97	824.27	508.94
21.93	12.06	1.00	7.14	17.42	106.72
11.38	4.07	0.44			
200.93	147.37	16.25	39.38	179.30	112.01
664.75	607.84	69.25	93.53	631.54	139.25
8.25	3.31	0.50			
3.25			1.27	15.39	5.29
2479.46	1765.99	94.34	236.90	1148.24	221.49
602.27	365.38	12.28	47.20	410.84	79.57
1877.19	1400.61	82.05	189.70	737.40	141.92
1370.75	1034.99	95.80	226.34	879.31	126.06
218.07	150.29	8.05	41.70	250.68	29.21
1152.68	884.71	87.75	184.65	628.62	96.85
31.05	10.44	0.66			
7.62	2.27	0.06			
23.43	8.17	0.60			
319.72	255.61	24.35	98.87	564.58	187.49
88.24	115.81	18.62	36.64	197.40	69.87
1.63	5.69		2.11	8.92	1.09

15-9 各市房地产开发投资情况(2017年)

Development and Investment Completed for Real Estate by City (2017)

市(县) City(County)	投资总额(亿元) Total Investment (100 million yuan)	住宅 Residential Buildings	#90平方米以下 Under 90 sq.m	#144平方米以上 Over 144sq.m	#别墅、高档公寓 Villas, Highgrade Apartments	办公楼 Office Buildings	商业营业用房 Houses for Business Use	其他 Other
全省 Total	**7090.25**	**5330.80**	**1704.78**	**905.69**	**72.97**	**226.38**	**882.70**	**650.38**
省辖市 City								
郑州市 Zhengzhou	3358.84	2418.66	1012.15	495.73	33.95	140.03	312.71	487.44
开封市 Kaifeng	273.96	203.69	46.02	39.97	6.07	12.99	48.96	8.31
洛阳市 Luoyang	375.28	271.95	75.94	60.90	14.77	17.49	51.38	34.46
平顶山市 Pingdingshan	170.14	127.49	33.55	15.04	2.03	4.79	22.77	15.09
安阳市 Anyang	278.29	218.06	39.49	33.04	1.01	1.69	46.74	11.81
鹤壁市 Hebi	84.40	62.96	9.87	5.90		2.46	17.09	1.90
新乡市 Xinxiang	380.74	330.65	126.49	54.95	0.32	10.07	26.08	13.94
焦作市 Jiaozuo	117.67	94.57	17.40	6.68		0.25	21.63	1.22
濮阳市 Puyang	150.60	116.60	19.05	9.42	1.09	1.36	24.85	7.78
许昌市 Xuchang	194.67	147.32	25.95	31.79	6.52	12.68	21.94	12.73
漯河市 Luohe	87.43	73.05	21.36	6.02	0.29	1.66	11.82	0.91
三门峡市 Sanmenxia	125.53	100.72	27.22	15.66	3.49	3.74	15.29	5.78
南阳市 Nanyang	208.92	162.36	49.61	20.07	0.78	5.41	33.99	7.16
商丘市 Shangqiu	317.92	229.78	53.56	22.72	0.05	1.29	77.68	9.18
信阳市 Xinyang	431.60	354.59	67.51	58.80	1.19	5.42	51.97	19.63
周口市 Zhoukou	217.22	172.29	10.81	6.93	0.88	1.78	41.83	1.31
驻马店市 Zhumadian	303.32	234.16	67.02	18.83	0.54	3.26	54.65	11.26
济源市 Jiyuan	13.72	11.90	1.77	3.24		0.01	1.34	0.47
省直管县 County Directly Administrated by Province								
巩义市 Gongyi	54.11	45.92	13.74	24.84	0.43	0.50	1.75	5.94
兰考县 Lankao	22.67	18.98	1.03	3.41	0.70	0.25	2.74	0.69
汝州市 Ruzhou	14.61	10.84	1.41	1.12	0.08	0.26	3.12	0.40
滑县 Huaxian	17.04	15.43	0.58	2.99			1.20	0.41
长垣县 Changyuan	33.93	30.69	1.83	17.80	0.05	0.10	3.04	0.10
邓州市 Dengzhou	26.93	22.00	6.44	0.48		0.09	4.33	0.51
永城市 Yongcheng	49.19	32.44	4.09	2.79		0.38	14.82	1.56
固始县 Gushi	32.85	24.26	0.15	1.27			5.04	3.55
鹿邑县 Luyi	17.17	11.75	1.07	0.52			5.34	0.09
新蔡县 Xincai	22.33	15.06	7.60	1.45			6.90	0.37

15-10 各市房地产开发企业实际到位资金(2017年)
Actual Funds in Place of Enterprises for Real Estate Development (2017)

单位：亿元 (100 million yuan)

市(县) City(County)	合计 Total	国内贷款 Domestic Loans	利用外资 Foreign Investment	自筹资金 Self-raising Funds	其他资金来源 Others
全省 Total	**7090.57**	**897.12**	**0.99**	**4171.17**	**2021.29**
省辖市 City					
郑州市 Zhengzhou	3279.62	566.60	0.99	1675.22	1036.82
开封市 Kaifeng	248.63	6.20		201.00	41.43
洛阳市 Luoyang	448.25	43.59		152.89	251.77
平顶山市 Pingdingshan	184.69	15.54		114.48	54.67
安阳市 Anyang	282.44	12.36		210.56	59.52
鹤壁市 Hebi	86.43	7.22		58.11	21.10
新乡市 Xinxiang	355.74	43.24		242.09	70.41
焦作市 Jiaozuo	117.52	4.53		84.49	28.51
濮阳市 Puyang	172.89	11.36		93.05	68.49
许昌市 Xuchang	211.46	19.62		112.86	78.98
漯河市 Luohe	92.57	5.54		74.69	12.34
三门峡市 Sanmenxia	111.00	5.58		72.20	33.22
南阳市 Nanyang	220.29	15.41		116.32	88.56
商丘市 Shangqiu	331.84	25.83		263.53	42.47
信阳市 Xinyang	429.50	67.78		307.32	54.41
周口市 Zhoukou	209.34	14.16		172.28	22.90
驻马店市 Zhumadian	287.83	31.28		213.72	42.82
济源市 Jiyuan	20.52	1.26		6.37	12.89
省直管县 County Directly Administrated by Province					
巩义市 Gongyi	59.96			59.85	0.11
兰考县 Lankao	21.38			19.47	1.92
汝州市 Ruzhou	21.57	0.66		8.91	12.00
滑县 Huaxian	19.63	0.21		12.66	6.77
长垣县 Changyuan	33.82	1.00		28.70	4.13
邓州市 Dengzhou	31.36	2.85		15.74	12.76
永城市 Yongcheng	56.88	0.43		38.80	17.65
固始县 Gushi	32.77	6.39		13.89	12.49
鹿邑县 Luyi	12.50			9.53	2.98
新蔡县 Xincai	10.76	3.43		7.33	

15-11 各市房地产开发施工房屋面积(2017年)

Floor Space of Buildings under Construction by City (2017)

单位：万平方米 (10 000 sq.m)

市(县) City(County)	施工房屋面积 Floor Space of Buildings under Construction	住宅 Residential Buildings	#90平方米以下 Under 90 sq.m	#144平方米以上 Over 144 sq.m	#别墅、高档公寓 Villas, Luxury Apartments	办公楼 Office Buildings	商业营业用房 Houses for Business Use	其他 Others
全　　省 Total	**49942.29**	**37518.01**	**9844.15**	**5139.04**	**412.29**	**1699.76**	**5926.85**	**4797.67**
省　辖　市 City								
郑　州　市 Zhengzhou	16394.83	11231.26	4650.55	1565.05	175.47	1064.58	1613.06	2485.93
开　封　市 Kaifeng	1762.39	1314.79	307.17	219.29	16.74	51.65	271.10	124.85
洛　阳　市 Luoyang	4722.05	3368.73	723.75	429.23	87.96	216.76	500.81	635.76
平顶山市 Pingdingshan	2210.44	1694.94	459.58	242.28	8.36	36.56	280.98	197.96
安　阳　市 Anyang	2374.38	1893.38	225.76	333.91	4.30	44.02	271.11	165.87
鹤　壁　市 Hebi	958.26	739.31	137.06	30.63		32.01	126.37	60.57
新　乡　市 Xinxiang	2709.28	2348.42	665.89	510.51	9.41	34.17	259.68	67.01
焦　作　市 Jiaozuo	841.63	717.80	91.90	98.91		3.98	95.50	24.35
濮　阳　市 Puyang	1207.12	1000.41	147.36	91.95	2.40	15.73	130.82	60.16
许　昌　市 Xuchang	1994.30	1608.96	282.96	268.84	56.76	39.85	176.10	169.39
漯　河　市 Luohe	880.85	765.23	184.38	144.16	1.50	10.11	78.51	27.00
三门峡市 Sanmenxia	1001.20	700.72	161.35	105.42	10.05	35.83	173.15	91.50
南　阳　市 Nanyang	3033.95	2414.78	474.03	313.97	7.17	52.32	407.37	159.48
商　丘　市 Shangqiu	2877.09	2231.75	375.05	216.08	4.40	7.31	541.36	96.68
信　阳　市 Xinyang	2784.11	2238.62	231.20	281.46	17.96	13.63	323.52	208.35
周　口　市 Zhoukou	1433.95	1173.81	72.52	46.63	2.64	6.25	223.71	30.19
驻马店市 Zhumadian	2401.36	1803.19	635.77	165.23	7.02	30.80	412.95	154.43
济　源　市 Jiyuan	355.10	271.91	17.87	75.48	0.15	4.23	40.75	38.20
省直管县 County Directly Administrated by Province								
巩　义　市 Gongyi	243.60	200.03	46.52	74.32	1.25	9.52	20.69	13.36
兰　考　县 Lankao	159.88	128.43	2.83	18.70	3.29	0.25	22.78	8.42
汝　州　市 Ruzhou	247.05	182.22	25.37	22.05	2.48	1.95	49.79	13.09
滑　　县 Huaxian	337.05	292.95	7.56	42.87			20.70	23.40
长　垣　县 Changyuan	401.43	369.66	37.27	285.50	3.73	1.27	29.98	0.53
邓　州　市 Dengzhou	434.01	376.76	66.64	7.09		0.11	38.83	18.32
永　城　市 Yongcheng	678.22	527.23	53.01	45.69		4.78	123.19	23.01
固　始　县 Gushi	280.60	204.38	4.11	2.57		0.46	23.57	52.20
鹿　邑　县 Luyi	222.21	176.59	19.42	5.01	0.01		42.49	3.13
新　蔡　县 Xincai	289.31	211.80	89.50	17.19			70.18	7.33

15-12 各市房地产开发竣工房屋面积(2017年)
Floor Space of Buildings Completed by City (2017)

单位：万平方米 (10 000 sq.m)

市(县) City(County)	竣工房屋面积 Floor Space of Buildings Completed	住宅 Residential Buildings	#90平方米以下 Under 90 sq.m	#144平方米以上 Over 144sq.m	#别墅高档公寓 Villas, Luxury Apartments	办公楼 Office Buildings	商业营业用房 Houses for Business Use	其他 Others
全　　省 Total	**6201.71**	**4701.53**	**899.55**	**688.03**	**50.74**	**166.97**	**824.27**	**508.94**
省　辖　市 City								
郑　州　市 Zhengzhou	1537.06	1025.56	334.62	167.65	22.28	119.20	162.00	230.30
开　封　市 Kaifeng	256.98	207.05	20.25	67.84	3.27	1.05	36.20	12.68
洛　阳　市 Luoyang	453.03	329.53	30.55	68.73	14.84	12.47	42.41	68.62
平顶山市 Pingdingshan	165.94	117.82	14.70	30.47		0.37	33.04	14.71
安　阳　市 Anyang	454.73	348.91	49.86	50.00	1.28	8.32	58.89	38.61
鹤　壁　市 Hebi	90.68	63.67	12.53	2.49		4.56	17.98	4.46
新　乡　市 Xinxiang	330.51	298.25	79.94	59.25		8.34	15.12	8.80
焦　作　市 Jiaozuo	62.70	39.26	4.74	3.98		0.27	17.38	5.79
濮　阳　市 Puyang	50.79	33.06	2.40	6.02			14.47	3.25
许　昌　市 Xuchang	141.64	125.13	11.52	32.35		0.50	14.13	1.89
漯　河　市 Luohe	67.50	60.20	6.17	1.26	1.26	0.17	3.00	4.13
三门峡市 Sanmenxia	64.28	51.03	7.09	9.74		0.10	4.61	8.54
南　阳　市 Nanyang	328.68	274.35	66.11	57.61		0.74	23.60	30.00
商　丘　市 Shangqiu	276.81	183.89	25.52	23.73		1.66	90.52	0.74
信　阳　市 Xinyang	654.02	588.33	33.91	62.65	1.01	0.09	46.75	18.85
周　口　市 Zhoukou	525.92	411.49	14.22	6.27	2.00	4.26	96.29	13.88
驻马店市 Zhumadian	708.80	519.05	184.77	28.82	4.80	4.88	146.38	38.50
济　源　市 Jiyuan	31.63	24.95	0.65	9.18			1.49	5.18
省直管县 County Directly Administrated by Province								
巩　义　市 Gongyi	30.48	9.37	1.22	5.80		9.52	6.51	5.08
兰　考　县 Lankao	81.63	74.30	1.75	11.48	3.27	0.25	5.10	1.98
汝　州　市 Ruzhou	37.43	26.67	7.08	0.20		0.12	10.12	0.51
滑　　县 Huaxian	78.94	64.25		2.04			7.91	6.78
长　垣　县 Changyuan	23.83	23.13	1.39	14.52			0.70	
邓　州　市 Dengzhou	33.10	30.87	2.74	0.45			2.08	0.15
永　城　市 Yongcheng	14.42	13.05					1.37	
固　始　县 Gushi	97.77	83.39	0.65	2.47			12.20	2.18
鹿　邑　县 Luyi	12.90	12.90						
新　蔡　县 Xincai	145.82	90.81	45.13	10.06			53.17	1.84

15-13 各市房地产开发竣工房屋价值(2017年)
Value of Buildings Completed by City (2017)

单位：亿元　　(100 million yuan)

市(县) City(County)	竣工房屋价值 Value of Buildings Completed	住宅 Residential Buildings	#90平方米以下 Under 90 sq.m	#144平方米以上 Over 144sq.m	#别墅、高档公寓 Villas, Luxury Apartments	办公楼 Office Buildings	商业营业用房 Houses for Business Use	其他 Others
全　省 Total	**1270.17**	**939.48**	**200.93**	**147.37**	**16.25**	**39.38**	**179.30**	**112.01**
省辖市 City								
郑州市 Zhengzhou	421.42	285.57	97.49	52.79	9.23	27.61	46.28	61.95
开封市 Kaifeng	50.58	35.22	3.70	9.20	0.52	0.28	12.11	2.97
洛阳市 Luoyang	100.60	72.85	7.68	14.87	4.12	2.99	10.34	14.42
平顶山市 Pingdingshan	33.37	24.66	3.61	6.47		0.06	5.82	2.83
安阳市 Anyang	94.84	71.94	9.30	10.86	0.38	2.22	14.54	6.15
鹤壁市 Hebi	17.32	11.63	2.00	0.47		1.37	3.26	1.06
新乡市 Xinxiang	70.52	62.99	16.23	13.05		2.74	3.06	1.72
焦作市 Jiaozuo	13.08	9.38	1.47	0.85		0.07	2.52	1.11
濮阳市 Puyang	10.12	6.23	0.40	1.20			3.48	0.41
许昌市 Xuchang	29.46	25.61	2.13	5.30		0.09	3.22	0.54
漯河市 Luohe	13.35	12.11	1.59	0.19	0.19	0.04	0.39	0.80
三门峡市 Sanmenxia	14.86	11.79	1.59	2.15		0.03	1.19	1.85
南阳市 Nanyang	54.63	46.50	12.25	9.39		0.16	4.32	3.65
商丘市 Shangqiu	52.99	31.45	4.74	3.71		0.37	21.03	0.14
信阳市 Xinyang	103.39	91.16	6.43	10.09	0.11	0.03	8.36	3.84
周口市 Zhoukou	70.68	54.40	1.90	1.38	0.58	0.49	14.03	1.77
驻马店市 Zhumadian	114.21	82.04	28.25	4.40	1.11	0.83	25.15	6.19
济源市 Jiyuan	4.73	3.95	0.18	0.99			0.18	0.60
省直管县 County Directly Administrated by Province								
巩义市 Gongyi	8.65	2.33	0.36	1.71		2.87	2.07	1.38
兰考县 Lankao	13.27	11.91	0.28	1.83	0.52	0.04	1.00	0.32
汝州市 Ruzhou	7.82	6.47	1.66	0.05		0.04	1.20	0.12
滑县 Huaxian	11.64	9.28		0.35			1.61	0.75
长垣县 Changyuan	4.68	4.57	0.27	2.42			0.11	
邓州市 Dengzhou	6.14	5.74	0.56	0.09			0.37	0.03
永城市 Yongcheng	3.59	3.28					0.30	
固始县 Gushi	18.04	15.14	0.15	0.46			2.48	0.42
鹿邑县 Luyi	1.16	1.16						
新蔡县 Xincai	22.15	13.52	6.61	1.19			8.41	0.22

15-14 房地产开发企业房屋销售情况
Selling of Enterprises for Real Estate Development

指　标	Item	2005	2010	2012	2013	2014	2015	2016	2017
商品房屋销售额(亿元)	**Total Sales of Commercialized Buildings (100 million yuan)**	**322.01**	**1658.79**	**2286.67**	**3074.14**	**3440.58**	**3945.55**	**5612.90**	**7129.40**
商品住宅	Commercially Residential Buildings	255.37	1454.57	1915.57	2516.26	2739.71	3300.33	4839.03	5897.68
#90平方米以下	Under 90 sq.m		400.76	530.66	620.02	664.51	850.73	1309.88	1370.75
144平方米以上	Over 144 sq.m		301.59	294.95	407.11	454.02	551.39	879.32	1034.99
#别墅、高档公寓	Villas and Good Apartments	24.19	20.55	22.18	32.38	29.58	45.48	74.20	95.80
办公楼	Office Buildings	7.60	50.31	111.57	187.16	164.40	123.18	141.16	226.34
商业营业用房	Houses for Bussiness Use	58.32	137.09	228.15	334.53	437.64	457.80	552.52	879.31
其他房屋	Others	0.72	16.82	31.38	36.19	98.83	64.24	80.20	126.06
商品房屋销售面积(万平方米)	**Sold Area of Commercialized Buildings (10 000 sq.m)**	**1724.82**	**5452.23**	**5968.49**	**7310.21**	**7879.67**	**8556.34**	**11306.27**	**13313.89**
商品住宅	Commercially Residential Buildings	1539.60	5092.49	5455.50	6561.41	7009.09	7645.84	10137.13	11707.26
#90平方米以下	Under 90 sq.m		1106.32	1251.73	1374.32	1492.55	1811.42	2449.92	2479.46
144平方米以上	Over 144 sq.m		941.14	898.24	1001.95	1016.57	1084.55	1473.11	1765.99
#别墅、高档公寓	Villas and Good Apartments	94.85	41.14	33.69	41.23	32.72	58.64	90.56	94.34
办公楼	Office Buildings	24.86	60.79	126.49	205.44	181.67	149.50	173.35	236.90
商业营业用房	Houses for Bussiness Use	154.91	246.44	297.96	444.99	554.60	639.18	816.65	1148.24
其他房屋	Others	5.45	52.51	88.54	98.37	134.30	121.82	179.14	221.49

15−15 各市房地产开发商品房屋销售面积(2017年)

Floor Space of Commercialized Buildings Sold by City (2017)

单位：万平方米 (10 000sq.m)

市(县) City(County)	商品房屋销售面积 Floor Space of Commercialized Buildings Sold	现房 Marketable Housing	期房 Futures Marketable Housing	住宅 Residential Buildings	#90平方米以下 Under 90 sq.m	#别墅、高档公寓 Villas, High-grade Apartments	办公楼 Office Buildings	商业营业用房 Houses for Business Use	其他 Others
全　　省 Total	**13313.89**	**3468.27**	**9845.61**	**11707.26**	**2479.46**	**94.34**	**236.90**	**1148.24**	**221.49**
省　辖　市 City									
郑　州　市 Zhengzhou	3097.81	593.21	2504.60	2735.37	982.27	38.01	137.75	177.66	47.02
开　封　市 Kaifeng	513.63	149.63	363.99	464.77	70.93	5.36	2.27	41.65	4.94
洛　阳　市 Luoyang	971.39	114.96	856.44	845.63	129.86	19.41	14.78	61.26	49.73
平顶山市 Pingdingshan	437.81	58.15	379.66	405.85	48.17	0.47	1.20	28.79	1.98
安　阳　市 Anyang	872.28	169.24	703.05	710.74	68.19	5.35	16.92	128.01	16.62
鹤　壁　市 Hebi	225.75	26.81	198.94	201.00	23.59		9.41	13.61	1.72
新　乡　市 Xinxiang	950.75	135.45	815.31	910.78	193.87	0.24	0.72	33.94	5.31
焦　作　市 Jiaozuo	303.02	54.90	248.12	277.41	33.14	0.25	1.64	20.25	3.71
濮　阳　市 Puyang	444.99	36.93	408.06	423.46	28.40		1.24	16.35	3.93
许　昌　市 Xuchang	555.32	48.23	507.09	512.36	52.67	15.52	17.72	24.20	1.05
漯　河　市 Luohe	214.37	27.58	186.79	193.70	19.91	1.26	3.66	16.99	0.02
三门峡市 Sanmenxia	261.39	44.96	216.43	242.65	43.25	4.44	4.35	11.26	3.13
南　阳　市 Nanyang	714.78	158.65	556.14	646.83	122.60	0.12	8.98	52.73	6.25
商　丘　市 Shangqiu	1180.21	305.58	874.63	931.26	230.16	0.25	4.20	218.10	26.65
信　阳　市 Xinyang	845.81	484.93	360.88	760.77	104.49	1.72	4.16	58.51	22.37
周　口　市 Zhoukou	585.47	412.03	173.45	505.55	37.62	0.18	3.06	76.06	0.81
驻马店市 Zhumadian	1088.08	636.17	451.92	893.32	285.56	1.75	4.83	164.52	25.41
济　源　市 Jiyuan	51.00	10.87	40.13	45.80	4.78			4.36	0.84
省直管县 County Directly Administrated by Province									
巩　义　市 Gongyi	115.74	34.90	80.84	87.25	21.06	0.85	6.42	11.57	10.49
兰　考　县 Lankao	118.95	79.42	39.53	107.20	2.98	3.29	0.20	8.08	3.48
汝　州　市 Ruzhou	114.84	10.16	104.68	105.55	12.29	0.36		9.25	0.05
滑　　县 Huaxian	160.70	27.86	132.84	152.11	1.39			6.42	2.17
长　垣　县 Changyuan	237.46	7.71	229.75	221.63	15.59			15.83	
邓　州　市 Dengzhou	176.49	20.41	156.08	171.38	32.67		0.03	4.29	0.79
永　城　市 Yongcheng	163.82	9.99	153.83	128.38	4.76		0.42	34.87	0.15
固　始　县 Gushi	102.05	87.76	14.29	96.26				4.39	1.40
鹿　邑　县 Luyi	57.78	9.90	47.87	45.56	9.14			12.22	
新　蔡　县 Xincai	130.14	127.29	2.85	91.57	36.71			36.78	1.79

15-16 各市房地产开发商品房屋销售额(2017年)

Total Sales of Commercialized Buildings Commercial Houses by City (2017)

单位：亿元 (100 million yuan)

市(县)	City(County)	商品房屋销售额 Total Sales of Commercialized Buildings	现房 Marketable Housing	期房 Futures Marketable Housing	住宅 Residential Buildings	#90平方米以下 Under 90 sq.m	#别墅、高档公寓 Villas, High-grade Apartments	办公楼 Office Buildings	商业营业用房 Houses for Business Use	其他 Others
全　　省	**Total**	**7129.40**	**1370.55**	**5758.85**	**5897.68**	**1370.75**	**95.80**	**226.34**	**879.31**	**126.06**
省 辖 市	**City**									
郑 州 市	Zhengzhou	2673.82	279.60	2394.22	2276.69	786.85	54.45	170.18	193.47	33.47
开 封 市	Kaifeng	247.11	55.54	191.57	214.98	30.08	3.81	1.47	28.17	2.50
洛 阳 市	Luoyang	500.71	65.62	435.09	411.45	65.21	20.14	8.24	60.71	20.31
平顶山市	Pingdingshan	184.81	22.90	161.91	160.00	20.59	0.37	0.44	23.34	1.03
安 阳 市	Anyang	346.51	61.04	285.47	260.87	24.89	1.63	9.83	71.06	4.75
鹤 壁 市	Hebi	96.83	11.42	85.40	81.60	8.33		6.83	8.23	0.17
新 乡 市	Xinxiang	399.95	45.98	353.97	377.51	75.76	0.11	0.37	18.69	3.38
焦 作 市	Jiaozuo	137.25	21.28	115.98	123.16	15.63	0.08	0.88	12.07	1.14
濮 阳 市	Puyang	204.06	14.98	189.08	194.06	13.90		0.65	8.40	0.95
许 昌 市	Xuchang	264.28	18.88	245.40	236.55	24.77	9.97	9.90	17.21	0.61
漯 河 市	Luohe	94.12	7.35	86.77	77.81	8.51	0.68	1.86	14.44	0.01
三门峡市	Sanmenxia	96.25	13.16	83.09	84.72	14.24	2.53	3.11	6.91	1.52
南 阳 市	Nanyang	269.72	52.69	217.03	231.49	42.89	0.11	3.37	32.75	2.10
商 丘 市	Shangqiu	603.39	122.92	480.48	352.89	83.56	0.19	3.30	211.67	35.54
信 阳 市	Xinyang	343.59	185.10	158.49	297.16	43.08	0.74	1.97	35.91	8.55
周 口 市	Zhoukou	214.25	149.89	64.36	166.65	9.88	0.20	1.47	45.84	0.30
驻马店市	Zhumadian	432.24	237.66	194.58	332.29	100.68	0.78	2.47	88.31	9.16
济 源 市	Jiyuan	20.50	4.55	15.95	17.81	1.92			2.13	0.57
省直管县	**County Directly Administrated by Province**									
巩 义 市	Gongyi	60.29	19.37	40.92	41.57	11.09	0.75	5.46	8.34	4.93
兰 考 县	Lankao	40.76	27.49	13.27	34.01	0.93	1.40	0.12	4.82	1.82
汝 州 市	Ruzhou	47.89	3.86	44.03	41.21	4.61	0.32		6.64	0.04
滑 县	Huaxian	50.29	8.59	41.70	46.40	0.45			3.56	0.33
长 垣 县	Changyuan	74.34	2.76	71.58	68.10	4.41			6.24	
邓 州 市	Dengzhou	64.68	8.26	56.42	60.46	11.26		0.03	3.56	0.63
永 城 市	Yongcheng	68.94	3.44	65.50	45.37	1.60		0.37	23.10	0.10
固 始 县	Gushi	36.71	31.59	5.12	34.19				1.93	0.59
鹿 邑 县	Luyi	21.83	3.01	18.81	14.11	2.29			7.72	
新 蔡 县	Xincai	45.72	44.62	1.10	32.43	13.00			12.66	0.63

15-17 房地产开发企业(单位)财务状况
Financial Conditions of Enterprises for Real Estate Development

单位：万元 (10 000 yuan)

年份 Year	实收资本合计 Total Capital Hold	资产总计 Total Assets	累计折旧 Total Depreciation	#本年折旧 Depriciation This Year	负债总计 Total Liabilities	所有者权益 Owners′ Equity	资产负债率(%) Ratio of Liabilities to Assets (%)
1995		1764785	14267	5342	1279978	484807	72.5
1996	551806	1807658	26520	7591	1387989	419669	76.8
1997	406745	1740105	19949	7588	1447544	292561	83.2
1998	505463	2280437	30805	8592	1910905	369532	83.8
1999	510523	2173758	36403	10014	1753236	420520	80.7
2000	817805	3018825	56674	12183	2338003	680822	77.4
2001	945883	3442486	63638	15519	2604287	838199	75.7
2002	1150354	4595641	85859	17913	3481164	1114477	75.7
2003	1455042	5510446	102740	19951	4038378	1472068	73.3
2004	2202011	8276947	129627	29240	5938250	2338698	71.7
2005	2318891	9784926	143625	29277	6816474	2968452	69.7
2006	3014227	12757587	186086	48428	8971739	3785848	70.3
2007	4432599	19659483	230093	45495	13732874	5926609	69.9
2008	6637409	26964335	304507	73239	17873731	9090604	66.3
2009	7364502	33620940	378972	80626	22812498	10808442	67.9
2010	8508683	45243820	493246	114146	32685619	12558201	72.2
2011	11222136	65168658	585018	136696	48594182	16574476	74.6
2012	13021039	86412935	688028	144209	66347192	20065743	76.8
2013	17606463	118597788	946125	228537	92631519	25966268	78.1
2014	18176192	149779271	998051	250516	119599889	30179382	79.8
2015	21513722	182626392	1135933	315165	145839268	36787123	79.9
2016	22900193	225366766	1366514	333911	184403598	40963168	81.8
2017	26183913	275919831	1483932	320358	230676820	45243011	83.6
省辖市 City							
郑州市 Zhengzhou	11628711	153082853	614741	114982	130513623	22569230	85.3
开封市 Kaifeng	866515	8433515	28743	7720	7291219	1142297	86.5
洛阳市 Luoyang	2173645	24105138	157715	26275	19970998	4134140	82.8
平顶山市 Pingdingshan	1349547	8372893	76379	12197	6747679	1625214	80.6
安阳市 Anyang	805409	8553145	47189	5554	6939172	1613973	81.1
鹤壁市 Hebi	466528	2872080	10504	1955	2551437	320643	88.8
新乡市 Xinxiang	1158018	9974353	74057	13618	8156781	1817572	81.8
焦作市 Jiaozuo	483441	4441285	27360	7485	3829841	611444	86.2
濮阳市 Puyang	575651	5306088	20238	3874	4607799	698288	86.8
许昌市 Xuchang	1148430	10608670	52886	8618	8950424	1658247	84.4
漯河市 Luohe	387710	3995486	27530	5090	3534025	461461	88.5
三门峡市 Sanmenxia	394574	3598383	16079	2680	3096039	502344	86.0
南阳市 Nanyang	1225698	9637483	60891	9977	7839780	1797703	81.3
商丘市 Shangqiu	1006807	6449530	75211	47264	4633573	1815957	71.8
信阳市 Xinyang	959898	7411503	74257	25123	5761117	1650385	77.7
周口市 Zhoukou	548212	3606970	72571	17244	2424916	1182055	67.2
驻马店市 Zhumadian	806537	4277856	31300	7258	2902629	1375228	67.9
济源市 Jiyuan	198585	1192598	16284	3446	925768	266830	77.6
省直管县 County Directly Administrated by Province							
巩义市 Gongyi	86557	547880	8765	3286	405123	142757	73.9
兰考县 Lankao	119431	454408	2647	765	282447	171962	62.2
汝州市 Ruzhou	126396	674550	9008	1522	421034	253516	62.4
滑县 Huaxian	65664	695548	1653	200	456456	239092	65.6
长垣县 Changyuan	119313	983071	9902	1257	815540	167531	83.0
邓州市 Dengzhou	70933	378984	2063	781	236312	142672	62.4
永城市 Yongcheng	63501	1076824	2856	913	965307	111517	89.6
固始县 Gushi	147412	1337160	4509	732	1072324	264835	80.2
鹿邑县 Luyi	25949	413585	1112	358	359719	53866	87.0
新蔡县 Xincai	35243	143144	1157	478	65584	77560	45.8

15-18 房地产开发企业(单位)经营状况
Operating Statistics on Enterprises for Real Estate Development

单位：万元 (10 000 yuan)

年份 Year	主营业务总收入 Revenue from Principal Business	土地转让收入 Land Transferred	商品房屋销售收入 Commercialized Buildings Sold	房屋出租收入 Houses Leased	其他收入 Others	主营业务税金及附加 Taxes and other Charges on Principal Business	利润总额 Total Profits
1995	296217	12144	261429	6646	15998		
1996	255167	5452	233920	3017	12778	11632	-25046
1997	253688	5168	219637	15007	13876	10766	-25754
1998	351299	13176	281049	12390	44684	14994	-24228
1999	372131	5429	305042	8766	52894	13786	-32030
2000	589976	5061	540151	2006	42758	25236	-31592
2001	795263	9742	667394	28533	89594	38027	-37939
2002	1076871	5910	922688	23136	125137	54990	-24806
2003	1456160	21772	1368253	18096	48039	76469	-33501
2004	2020881	15111	1918110	38611	49049	115015	26208
2005	2811080	61734	2675030	11543	62773	160582	176260
2006	3979391	24054	3887229	23325	44783	258454	273585
2007	6090315	45874	5939029	14200	91212	438474	632245
2008	7046582	53621	6772130	29211	191620	481789	694067
2009	8933162	63141	8721890	13006	135125	645284	1015016
2010	12005594	37385	11676405	137383	154421	895513	1328860
2011	13865231	45658	13400414	203150	216009	1055193	1583907
2012	15709431	77198	15133586	209955	288692	1318915	1817922
2013	26254232	175336	25111237	529686	437973	2154407	3930904
2014	25292238	67897	24247358	736829	240155	2056709	3056275
2015	28395941	83725	27499841	480320	332056	2436180	3322897
2016	36784420	321760	35468060	374437	620163	2484115	3480551
2017	38948846	227613	36845532	303183	1572518	1982415	4265452
省辖市 City							
郑州市 Zhengzhou	13934938	74477	12316098	189426	1354937	773969	1395166
开封市 Kaifeng	1635406	10236	1609740	4685	10746	82013	241604
洛阳市 Luoyang	2239951	3312	2150238	32343	54058	113949	2010
平顶山市 Pingdingshan	902670	8073	863139	6245	25214	30337	12021
安阳市 Anyang	1376001	2310	1367382	742	5567	70219	214225
鹤壁市 Hebi	476794	5850	468767	25	2152	27361	9291
新乡市 Xinxiang	2015744	11153	1978696	21078	4817	102508	253512
焦作市 Jiaozuo	609877	983	594219	2141	12534	27869	1832
濮阳市 Puyang	810193	11200	793956	2429	2608	24531	59399
许昌市 Xuchang	1509304	5388	1477683	3015	23219	73752	172110
漯河市 Luohe	642699	1047	639768	778	1106	23696	26021
三门峡市 Sanmenxia	543018	115	534692	1997	6214	21801	14886
南阳市 Nanyang	1672115	3155	1639155	9745	20060	53602	134239
商丘市 Shangqiu	3539453	43549	3446781	22456	26666	211769	610462
信阳市 Xinyang	2617670	42942	2561713	1974	11040	137824	349848
周口市 Zhoukou	1842265	1552	1837423	288	3003	84309	310991
驻马店市 Zhumadian	2348645	2014	2337105	2103	7423	114042	442335
济源市 Jiyuan	232104	259	228976	1715	1153	8865	15500
省直管县 County Directly Administrated by Province							
巩义市 Gongyi	272684		272684			9806	29351
兰考县 Lankao	253286	3250	248114	833	1090	11468	28308
汝州市 Ruzhou	164846	466	162630		1750	6247	12120
滑县 Huaxian	224785	5	224646		134	8593	21115
长垣县 Changyuan	280837		280726	111		17162	18392
邓州市 Dengzhou	215474	149	211786		3540	4015	16978
永城市 Yongcheng	222187		222084		103	6272	59024
固始县 Gushi	340340	10289	327211	430	2410	8069	27756
鹿邑县 Luyi	165612	1052	162466	280	1814	11569	34705
新蔡县 Xincai	110219	688	108120		1411	2740	22107

主要统计指标解释

本年土地购置面积 指房地产开发企业本年通过各种方式获得土地使用权的土地面积。

待开发土地面积 指房地产开发企业经有关部门批准，通过各种方式获得土地使用权，但尚未开工建设的土地面积。

计划总投资 指房地产开发企业在建的建设工程按照总体设计（或按设计概算或预算）规定的内容全部建成计划需要的总投资。

自开始建设累计完成投资 指房地产开发企业在建的房屋建设工程或正在开发的土地开发工程从开始建设到本年末止累计完成的全部投资。

房地产开发投资 指房地产开发企业本年完成的全部用于房屋建设工程、土地开发工程的投资额以及公益性建筑和土地购置费等的投资。

土地购置费 指房地产开发企业通过各种方式取得土地使用权而支付的费用。土地购置费按本年实际发生额计入投资。土地购置费为分期付款的，分期计入房地产开发投资。

本年实际到位资金小计 指房地产开发企业本年实际到位，可用于房地产开发的各种货币资金。包括国内贷款、利用外资、自筹资金和其他资金。

房屋施工面积 指房地产开发企业本年施工的全部房屋建筑面积。包括本年新开工的房屋建筑面积、上年跨入本年继续施工的房屋建筑面积、上年停缓建在本年恢复施工的房屋建筑面积、本年竣工的房屋建筑面积以及本年施工后又停缓建的房屋建筑面积。多层建筑应填各层建筑面积之和。

房屋新开工面积 指房地产开发企业本年新开工建设的房屋建筑面积，以单位工程为核算对象。不包括在上年开工跨入本年继续施工的房屋建筑面积和上年停缓建而在本年恢复施工的房屋建筑面积。房屋的开工应以房屋正式开始破土刨槽（地基处理或打永久桩）的日期为准。房屋新开工面积指整栋房屋的全部建筑面积，不能分割计算。

房屋竣工面积 指房地产开发企业本年按照设计要求已全部完工，达到住人和使用条件，经验收鉴定合格或达到竣工验收标准，可正式移交使用的各栋房屋建筑面积的总和。

商品房销售面积 指房地产开发企业本年出售商品房屋的合同总面积(即双方签署的正式买卖合同中所确定的建筑面积)。

商品房销售额 指房地产开发企业本年出售商品房屋的合同总价款(即双方签署的正式买卖合同中所确定的合同总价)。该指标与商品房销售面积同口径。

Explanatory Notes on Main Statistical Indicators

Land Space Purchased in the Year refers to the area of land with its use rights already obtained in this year by real estate development companies.

Land Space Pending Development refers to the area of land with its use rights already approved by authorities and obtained by real estate development companies but the land development not yet starts.

Total Investment Planned refers to the total amount required for the completion of the activities according to the planned design or budget for the project under construction by real estate development companies.

Accumulative Investment Actually Completed Since Starting of Construction refers to all the investment accomplished by real estate development companies in the construction of building or the development of land from the beginning to the end of the year.

Investment in Real Estate Development refers to the investment made by real estate development companies in the construction of housing, development of land, nonprofit buildings and value of land purchased.

Value of Land Purchased refers to the payment made by real estate development companies for land use rights. The actual payment incurred in the year is included in the investment. The payment by installment when occurring is included in the investment.

Total Actual Funds in Place This Year refers to the total amount available for real estate development regardless of kinds of currencies. It includes domestic loans, foreign investment, self-raising funds and others.

Floor Space of Buildings under Construction refers to the total space area of the buildings under construction in the year by real estate development companies. It includes buildings started in the year, continued from the previous year, suspended in earlier years but restarted in the year, completed in the year, and started in the year but suspended in the year as well. The floor space of a multi-storied building should be the sum of floor space of all the stories.

Floor Space of Buildings Started This Year refers to the total floor space area of the buildings started in the year by real estate development companies. It excludes the buildings started in previous years and continued in the year, and the buildings suspended in previous years but restarted in the year. The start of a construction is defined by the date of ground breaking or pile driving. The floor space of the building includes that of the entire building.

Floor Space of Buildings Completed refers to the total floor space area of the buildings completed in the year by real estate development companies, which meet the requirements as designed, reach the criteria set for people to live in or use, have passed the acceptance checks, and are ready for delivery or use.

Area of Commercialized Housing Sold refers to total contracted area of commercialized housing (i.e. area of floor space as designated in the formal contracts signed by both sides) sold by real estate development companies during the reference time.

Value of Commercialized Housing Sold refers to the total contracted value (i.e. value of sales/purchase for selling/purchase of commercialized housing as designated in the contract signed by both sides) received from the sales of the buildings by real estate development companies during the reference time. This indicator has the same coverage as the area of commercialized housing sold.

批发和零售业、住宿和餐饮业

Wholesale and Retail Sale trades, Hotels and Catering Services

16

资料整理：董 军

简要说明

一、主要内容

本篇包括河南省商品市场状况和批发零售业、住宿餐饮业经营情况以及主要财务状况。

二、统计范围

辖区内批发零售业和住宿餐饮业企业（单位）、个体经营户、连锁经营企业和亿元商品交易市场。

社会消费品零售总额不包括农业生产资料、居民购买住房；不包括各种经济类型的制造业法人企业、产业活动单位和个体工业直接售给城乡居民（包括本企业职工）和社会集团的商品；不包括农民在田间地头出售的农产品。

限额以上批发和零售业、住宿和餐饮业企业统计限额标准：批发业，年主营业务收入2000万元及以上；零售业，年主营业务收入500万元及以上；住宿业，年主营业务收入200万元及以上；餐饮业，年主营业务收入200万元及以上。

三、资料来源

达到限额以上标准的批发和零售业、住宿和餐饮业企业、个体经营户和其他行业附营的产业活动单位经营性指标和财务指标以及连锁经营企业、亿元商品交易市场采用全面调查的方法取得资料；限额以下批发零售企业采用抽样调查方法取得资料，限额以下住宿和餐饮业企业采用全面调查方法取得资料；批发零售和住宿餐饮业个体经营户资料采用抽样调查方法取得。由省统计局贸易外经处编辑整理。

Brief Introduction

I. Main Contents

Data in this chapter include the conditions of commodity market and wholesale and retail trades, hotels and catering services in Henan province.

II. Scope of Statistics

Wholesale and retail, accommodation catering enterprises (units), individual, chain business enterprises and one hundred million yuan commodity trading market.

Total retail sales of consumer goods do not include means of agricultural production; purchase of housing by residents; and do not include commodities that various types of corporate enterprise, industrial activity units and individual industrial directly sale to residents and social groups; and do not include agricultural products that sold by farmers in the fields.

Criteria for wholesale and retail sale trades, hotels and catering services above designated size are as follows: wholesale trade, having main business income over 20 million yuan; retail trade, having main business income over 5 million yuan; hotels, having main business income over 2 million yuan; catering services, having main business income over 2 million yuan.

III. Sources of Data

Data on business index and financial indicators of wholesale and retail trades, hotels and catering services enterprises, individual, Industrial activity unit above designated size, Chain group, trading market above one hundred million yuan are collected through comprehensive reporting form system. Data on enterprises and individual enterprises below the designated size are collected by sample surveys. Data in this chapter are provided by the Department of Trade and External Economic Relations of the Henan provincial bureau of Statistics.

16−1 社会消费品零售总额
Total Retail Sale of Consumer Goods

单位：亿元 (100 million yuan)

年 份 Year	社会消费品零售总额 Total Retail Sales of Consumer Goods	#批发和零售业 Wholesale and Retail Trades	住宿和餐饮业 Hotels and Catering Services	城 镇 Urban	乡 村 Rural
绝对数					
1978	71.79				
1980	96.04				
1985	180.59				
1990	314.31	283.78	16.42	217.06	97.25
1991	368.92	332.88	19.81	259.31	109.61
1992	470.30	427.64	27.85	334.90	135.40
1993	577.96	524.17	34.77	417.39	160.57
1994	790.17	696.31	60.37	566.34	223.83
1995	957.76	823.67	87.06	677.01	280.75
1996	1194.76	1045.79	115.26	831.69	363.07
1997	1427.53	1211.04	172.19	1009.55	417.98
1998	1565.88	1339.39	177.10	1102.45	463.43
1999	1691.20	1445.48	191.09	1189.81	501.39
2000	1869.80	1586.69	219.35	1313.92	555.88
2001	2071.93	1743.90	258.65	1458.11	613.82
2002	2292.75	1906.72	312.70	1623.97	668.78
2003	2539.33	2103.25	359.08	1809.43	729.90
2004	2938.26	2468.73	402.21	2131.42	806.84
2005	3380.88	2840.62	470.90	2479.08	901.80
2006	3932.55	3264.86	596.57	2911.99	1020.56
2007	4690.32	3830.07	779.77	3505.48	1184.84
2008	5815.44	4725.41	992.28	4375.69	1439.75
2009	6746.38	5525.51	1115.22	5085.74	1660.64
2010	8004.15	6790.78	1102.67	6618.76	1385.39
2011	9453.65	8018.88	1304.03	7821.77	1631.88
2012	10915.62	9272.24	1515.37	9021.73	1893.89
2013	12426.61	10564.79	1711.81	10236.77	2189.84
2014	14004.95	12076.29	1928.67	11503.06	2501.89
2015	15740.43	13552.51	2187.92	12886.63	2853.81
2016	17618.35	15157.87	2460.48	14399.86	3218.49
2017	19666.77	16893.37	2773.41	16044.48	3622.30
增速(%)					
1991	17.4	17.3	20.6	19.5	12.7
1992	27.5	28.5	40.6	29.2	23.5
1993	22.9	22.6	24.8	24.6	18.6
1994	36.7	32.8	73.6	35.7	39.4
1995	21.2	18.3	44.2	19.5	25.4
1996	24.7	27.0	32.4	22.8	29.3
1997	19.5	15.8	49.4	21.4	15.1
1998	9.7	10.6	2.9	9.2	10.9
1999	8.0	7.9	7.9	7.9	8.2
2000	10.6	9.8	14.8	10.4	10.9
2001	10.8	9.9	17.9	11.0	10.4
2002	10.7	9.3	20.9	11.4	9.0
2003	10.8	10.3	14.8	11.4	9.1
2004	15.7	17.4	12.0	17.8	10.5
2005	15.1	15.1	17.1	16.3	11.8
2006	16.3	14.9	26.7	17.5	13.2
2007	19.3	17.3	30.7	20.4	16.1
2008	24.0	23.4	27.3	24.8	21.5
2009	16.0	16.9	12.4	16.2	15.3
2010	19.0	18.9	19.1	19.4	16.3
2011	18.1	18.1	18.3	18.2	17.8
2012	15.7	15.6	16.2	15.6	16.1
2013	13.8	13.9	13.0	13.5	15.6
2014	12.7	12.7	12.7	12.3	14.5
2015	12.4	12.2	13.5	12.0	14.1
2016	11.9	11.8	12.5	11.7	12.8
2017	11.6	11.4	12.7	11.4	12.5

16–2 社会消费品零售总额
Total Retail Sale of Consumer Goods

单位：亿元 (100 million yuan)

指　　标	Item	2010	2011	2012	2013	2014	2015	2016	2017
社会消费品零售总额	**Total Retail Sales of Consumer Goods**	**8004.15**	**9453.65**	**10915.62**	**12426.61**	**14004.95**	**15740.43**	**17618.35**	**19666.77**
批发和零售业	Wholesale and Retail Trade	6790.78	8018.88	9272.24	10564.79	12076.29	13552.51	15157.87	16893.37
限额以上	Above Designed Size	2185.37	3017.92	3626.93	4317.99	5084.15	5874.33	6899.16	7638.38
限额以下	Below Designed Size	4605.41	5000.95	5645.31	6246.81	6992.14	7678.18	8258.71	9254.99
住宿和餐饮业	Hotels and Catering Services	1102.67	1304.03	1515.37	1711.81	1928.67	2187.92	2460.48	2773.41
限额以上	Above Designed Size	195.04	271.23	346.07	372.60	388.46	426.81	484.26	543.65
限额以下	Below Designed Size	907.63	1032.80	1169.30	1339.21	1540.21	1761.11	1976.22	2229.75

16-3 各市社会消费品零售总额(2017年)
Total Retail Sale of Consumer Goods by City (2017)

单位：亿元 (100 million yuan)

市(县)	City(County)	社会消费品零售总额 Total Retail Sales of Consumer Goods	城镇 Urban Area	乡村 Urual Area	批发和零售业 Wholesale and Retail Sale Trade	#限额以上 Above Designated Size	住宿和餐饮业 Hotels and Catering Services	#限额以上 Above Designated Size
全省	**Total**	**19666.77**	**16044.48**	**3622.30**	**16893.37**	**7638.38**	**2773.41**	**543.65**
省辖市	**City**							
郑州市	Zhengzhou	4057.22	3686.06	371.16	3396.38	1983.21	660.84	118.02
开封市	Kaifeng	944.81	766.01	178.79	824.81	394.07	120.00	33.52
洛阳市	Luoyang	2025.45	1764.62	260.84	1688.33	697.13	337.13	60.34
平顶山市	Pingdingshan	864.53	726.44	138.09	718.33	368.15	146.20	34.77
安阳市	Anyang	839.48	686.22	153.26	732.43	229.71	107.05	9.67
鹤壁市	Hebi	230.51	217.95	12.57	191.61	72.36	38.90	8.30
新乡市	Xinxiang	966.23	859.65	106.58	861.14	296.95	105.09	16.36
焦作市	Jiaozuo	784.34	637.11	147.23	666.57	307.91	117.77	18.92
濮阳市	Puyang	594.18	424.26	169.91	492.72	301.67	101.45	21.84
许昌市	Xuchang	891.28	714.21	177.07	731.43	376.83	159.85	40.64
漯河市	Luohe	550.31	440.67	109.64	468.53	251.15	81.78	18.98
三门峡市	Sanmenxia	493.87	411.76	82.12	430.37	160.05	63.50	6.84
南阳市	Nanyang	1950.92	1519.49	431.42	1640.97	467.28	309.95	38.28
商丘市	Shangqiu	1032.30	774.51	257.79	853.69	506.31	178.61	20.83
信阳市	Xinyang	1085.77	886.37	199.40	779.36	406.40	306.41	39.40
周口市	Zhoukou	1227.16	1004.69	222.47	974.50	379.32	252.66	25.96
驻马店市	Zhumadian	957.17	695.91	261.26	820.34	393.13	136.83	28.41
济源市	Jiyuan	171.23	166.04	5.19	137.42	46.73	33.81	2.58
省直管县	**County Directly Administrated by Province**							
巩义市	Gongyi	309.22	283.54	25.68	237.46	46.28	71.76	10.36
兰考县	Lankao	106.45	76.21	30.24	89.03	37.17	17.42	2.83
汝州市	Ruzhou	149.95	101.90	48.05	132.33	59.24	17.62	2.13
滑县	Huaxian	104.28	78.33	25.94	92.57	15.81	11.71	1.32
长垣县	Changyuan	87.07	74.72	12.34	75.29	31.52	11.78	1.86
邓州市	Dengzhou	176.10	134.50	41.60	138.52	33.58	37.59	2.75
永城市	Yongcheng	184.77	146.00	38.77	134.71	29.28	50.06	0.80
固始县	Gushi	190.14	155.35	34.79	143.56	25.29	46.58	2.39
鹿邑县	Luyi	140.05	121.57	18.48	106.38	19.52	33.67	1.02
新蔡县	Xincai	70.73	50.07	20.66	58.47	20.80	12.26	1.23

16-4 各市批发和零售业、住宿和餐饮业商品销售额(营业额)增速(2017年)

Growth rate of Total Sales of Wholesale and Retail Sale, Hotels and Catering Services by City (2017)

单位：% (%)

市(县) City(County)	批发和零售业商品销售额 Wholesale and Retail Sale Trade	#限额以上 Above Designated Size	住宿和餐饮业营业额 Hotels and Catering Services	#限额以上 Above Designated Size
省 辖 市 City	**13.4**	**14.6**	**15.4**	**14.0**
郑 州 市 Zhengzhou	12.8	13.0	14.6	10.9
开 封 市 Kaifeng	13.9	14.3	15.7	12.8
洛 阳 市 Luoyang	14.0	19.3	15.6	16.0
平 顶 山 市 Pingdingshan	13.0	16.1	15.6	11.8
安 阳 市 Anyang	12.9	12.9	15.0	10.3
鹤 壁 市 Hebi	13.8	26.0	15.7	15.5
新 乡 市 Xinxiang	13.5	14.5	15.9	13.6
焦 作 市 Jiaozuo	13.7	20.4	15.5	3.4
濮 阳 市 Puyang	13.8	15.8	16.0	18.4
许 昌 市 Xuchang	14.0	16.2	15.6	22.6
漯 河 市 Luohe	13.5	15.5	15.4	14.4
三 门 峡 市 Sanmenxia	13.7	18.1	15.3	22.0
南 阳 市 Nanyang	13.2	6.0	15.3	8.8
商 丘 市 Shangqiu	13.5	16.5	15.8	40.1
信 阳 市 Xinyang	13.4	8.1	15.3	9.8
周 口 市 Zhoukou	13.5	15.3	15.9	14.1
驻 马 店 市 Zhumadian	14.4	17.8	16.0	14.3
济 源 市 Jiyuan	14.0	26.9	15.7	32.0
省 直 管 县 County Directly Administrated by Province				
巩 义 市 Gongyi	14.0	9.1	14.7	16.6
兰 考 县 Lankao	15.6	17.5	17.3	25.0
汝 州 市 Ruzhou	14.4	23.4	16.0	36.1
滑 县 Huaxian	13.4	9.7	16.5	14.6
长 垣 县 Changyuan	15.4	39.2	16.7	14.5
邓 州 市 Dengzhou	12.2	11.2	16.0	23.1
永 城 市 Yongcheng	12.1	-9.2	16.2	0.8
固 始 县 Gushi	14.0	17.5	15.2	13.2
鹿 邑 县 Luyi	14.9	2.2	17.7	-8.1
新 蔡 县 Xincai	14.3	15.2	16.4	26.1

16–5 限额以上批发和零售业法人基本情况(2017年)

Basic Conditions of Corporation in Wholesale and Retail Trades above Designated Size (2017)

指标名称	Item	法人企业 (个) Corporate Enterprises (unit)	从业人员期末人数 (人) Persons Employed (person)	法人属产业活动单位数 (个) Establish_ments Units (unit)	#批发和零售业 Wholesale and Retail Trades
总　计	**Total**	**11635**	**680359**	**20725**	**9529**
批发业	**Wholesale Trades**	**4207**	**245657**	**6644**	**2515**
按国民经济行业分	By Sector				
农、林、牧产品	Agriculturel, Forestry and Livestock Products	548	27800	641	97
食品、饮料及烟草制品	Food, Beverages, Tobaccos	526	58178	932	426
纺织、服装及家庭用品	Textiles, Wearing Apparel and Household Articles	249	20262	252	1
文化、体育用品及器材	Culture, Sports Supplies and Equipment	115	8275	156	46
医药及医疗器材	Medicine and the Medical Equipment	334	35284	568	250
矿产品、建材及化工产品	Mineral Products, Building Materials and Chemical Products	1728	65686	3376	1680
机械设备、五金产品及电子产品	Machinery Hardware and Electronic Products	586	25894	598	15
贸易经纪与代理	Trade Brokers and Agents	7	175	7	
其他	Others	114	4103	114	
按登记注册类型分	By Registration				
内资企业	Domestic-Funded Enterprises	4191	244705	6535	2422
港澳台商投资企业	Enterprises With Investment from Hong Kong, Macao and Taiwan	10	299	11	
外商投资企业	Enterprises With Foreign Investment	6	653	98	93
按控股情况分	By Controlling Type				
国有控股	State-holding	313	55525	2231	1972
集体控股	Collective-holding	74	4542	230	165
私人控股	Private-holding	3447	163570	3692	257
港澳台商控股	Hong Kong, Macao and Taiwan-holding	8	379	9	
外商控股	Foreign-holding	3	81	3	
其他	Others	362	21560	479	121
按经营形式分	By Management Style				
独立门店	Independent Store	3103	164756	4350	1292
连锁总店	Head Office of Chain Store	23	5510	793	782
连锁直营店	Chain Direct-sale Store	3	573	145	144
连锁加盟店	Chain Franchisee Store				
其他	Others	1078	74818	1356	297

16—5 续表 continued

指标名称	Item	法人企业（个）Corporate Enterprises (unit)	从业人员期末人数（人）Persons Employed (person)	法人属产业活动单位数（个）Establish_ments Units (unit)	#批发和零售业 Wholesale and Retail Trades
零售业	**Retail trades**	**7428**	**434702**	**14081**	**7014**
按国民经济行业分	By Sector				
综合	Comprehensive	1181	151883	2562	1491
食品、饮料及烟草制品	Food, Beverages, Tobaccos	518	22616	732	232
纺织、服装及日用品	Textiles, Wearing Apparel and Household Articles	353	17140	498	156
文化、体育用品及器材	Culture, Sports supplies and Equipment	391	22405	699	356
医药及医疗器材	Medicine and Medical Equipment	320	33444	3896	3665
汽车、摩托车、燃料及零配件	Automobile, Motorcycle, Fuel and Spare Parts	2546	109242	3291	788
家用电器及电子产品	Household Appliances and Electronic Products	1050	35282	1319	307
五金、家具及室内装饰材料	Hardware, Furniture and Indoor Decoration Materials	555	20238	567	15
货摊、无店铺及其他	Non-store and Others	514	22452	517	4
按登记注册类型分	By Registration				
内资企业	Domestic-Funded Enterprises	7381	420023	13794	6770
港澳台商投资企业	Enterprises With Investment from Hong Kong, Macao and Taiwan	32	12522	267	239
外商投资企业	Enterprises With Foreign Investment	15	2157	20	5
按控股情况分	By Controlling Type				
国有控股	State-holding	312	33847	2704	2484
集体控股	Collective-holding	163	10611	565	424
私人控股	Private-holding	6246	330697	9077	3019
港澳台商控股	Hong Kong, Macao and Taiwan-holding	24	11419	258	237
外商控股	Foreign-holding	16	2164	21	5
其他	Others	667	45964	1456	845
按经营形式分	By Management Style				
独立门店	Independent Store	6604	336701	9372	2986
连锁总店	Head Office of Chain Store	145	49987	3233	3185
连锁直营店	Chain Direct-sale Store	28	4059	177	157
连锁加盟店	Chain Franchisee Store	1	48	1	
其他	Others	650	43907	1298	686
按零售业态分	By Retail Formats				
有店铺零售	Store Retailing	7010	414256	13656	7004
无店铺零售	Non-store Retailing	418	20446	425	10

16-6 限额以上住宿和餐饮业法人基本情况(2017年)

Basic Conditions of Corporation of Hotels and Catering Services above Designated Size (2017)

指标名称	Item	法人企业 (个) Corporate Enterprises (unit)	从业人员期末人数 (人) Persons Employed (person)	法人属产业活动单位数 (个) Establish _ments Units (unit)	#住宿和餐饮业 Wholesale and Retail Trades
总　计	**Total**	**2665**	**164036**	**2958**	**64**
住宿业	**Hotels**	**1422**	**96630**	**1481**	**3**
按国民经济行业分	By sector				
旅游饭店	Tourist hotel	708	61401	742	3
一般旅馆	Fonda	665	32627	690	
其他住宿业	Others	49	2602	49	
按登记注册类型分	By Registration				
内资企业	Domestic-Funded Enterprises	1404	93785	1463	3
国有企业	State-owned	80	10458	95	
集体企业	Collective-owned	29	2348	31	
股份合作企业	Cooperative	2	161	2	
联营企业	Joint Ownership	1	48	1	
有限责任公司	Limited Liability Corporations	634	44641	661	2
股份有限公司	Share-holding Corporation Ltd	49	3201	50	
私营企业	Private	599	32660	613	1
其他企业	Other	10	268	10	
港澳台商投资企业	Enterprises With Investment from Hong Kong, Macao and Taiwan	14	2660	14	
外商投资企业	Enterprises With Foreign Investment	4	185	4	
按控股情况分	By Controlling Type				
国有控股	State-holding	123	16481	139	
集体控股	Collective-holding	55	4356	57	
私人控股	Private-holding	1076	61836	1107	2
港澳台商控股	Hong Kong, Macao and Taiwan-holding	7	1393	7	
外商控股	Foreign-holding	4	185	4	
其他	Others	157	12379	167	1
按经营形式分	By Management Style				
独立门店	Independent Store	1322	91221	1369	2
连锁总店	Head Office of Chain Store	7	371	16	1
连锁直营店	Chain Direct-sale Store	10	719	10	
连锁加盟店	Chain Franchisee Store	17	486	18	
其他	Others	66	3833	68	
按星级分	By Star Level				
五星	Five-star	29	6997	31	
四星	Four-star	117	15681	126	1
三星	Three-star	226	19630	238	1
二星	Two-star	68	3888	76	
一星	One-star	3	308	3	
其他	Others	979	50126	1007	1

16-6 续表 continued

指标名称	Item	法人企业（个）Corporate Enterprises (unit)	从业人员期末人数（人）Persons Employed (person)	法人属产业活动单位数（个）Establish_ments Units (unit)	#住宿和餐饮业 Wholesale and Retail Trades
餐饮业	**Catering Services**	**1243**	**67406**	**1477**	**61**
按国民经济行业分	By sector				
正餐服务	Dinner	1161	57146	1233	5
快餐服务	Snack	58	7978	217	56
饮料及冷饮服务	Drinks and Cold drinks	6	174	6	
其他餐饮业	Others	18	2108	21	
按登记注册类型分	By Registration				
内资企业	Domestic-Funded Enterprises	1237	62192	1356	50
国有企业	State-owned	7	317	7	
集体企业	Collective-owned	10	310	19	
股份合作企业	Cooperative	1	95	1	
联营企业	Joint Ownership				
有限责任公司	Limited Liability Corporations	482	25907	539	48
股份有限公司	Share-holding Corporation Ltd	39	2938	39	
私营企业	Private	688	32233	741	2
其他企业	Other	10	392	10	
港澳台商投资企业	Enterprises With Investment from Hong Kong, Macao and Taiwan	2	160	5	1
外商投资企业	Enterprises With Foreign Investment	4	5054	116	10
按控股情况分	By Controlling Type				
国有控股	State-holding	14	1040	14	
集体控股	Collective-holding	18	861	27	
私人控股	Private-holding	1104	53151	1160	4
港澳台商控股	Hong Kong, Macao and Taiwan-holding	2	160	5	1
外商控股	Foreign-holding	4	5054	116	10
其他	Others	101	7140	155	46
按经营形式分	By Management Style				
独立门店	Independent Store	1166	55394	1205	3
连锁总店	Head Office of Chain Store	15	6772	204	56
连锁直营店	Chain Direct-sale Store	5	176	8	
连锁加盟店	Chain Franchisee Store	1	401	1	
其他	Others	56	4663	59	2

16-7 各市批发和零售、住宿和餐饮业法人企业单位数(2017年)

Number of Corporations in Wholesale and Retail Sale, Hotels and Catering Services by City (2017)

单位：个 (unit)

市(县)	City(County)	批发业 Wholesale Trade	#限额以上 Above Designated Size	零售业 Retail Sale	#限额以上 Above Designated Size	住宿业 Hotels	#限额以上 Above Designated Size	餐饮业 Catering Services	#限额以上 Above Designated Size
省辖市	**City**								
郑州市	Zhengzhou	41363	884	30487	1051	955	236	1846	185
开封市	Kaifeng	2720	210	3775	508	237	78	490	96
洛阳市	Luoyang	8646	318	9219	539	543	147	770	89
平顶山市	Pingdingshan	5141	226	4315	488	258	96	418	74
安阳市	Anyang	4290	125	3657	221	203	44	276	28
鹤壁市	Hebi	1750	31	2950	117	84	25	211	18
新乡市	Xinxiang	6084	169	6167	386	193	50	380	63
焦作市	Jiaozuo	3214	203	3645	379	158	42	201	33
濮阳市	Puyang	4380	170	5105	261	118	32	316	29
许昌市	Xuchang	9200	267	10421	359	281	84	711	69
漯河市	Luohe	1315	83	1878	175	96	39	199	37
三门峡市	Sanmenxia	4119	101	4343	200	195	45	300	12
南阳市	Nanyang	9877	551	17524	861	470	169	1192	163
商丘市	Shangqiu	4718	293	8234	529	216	52	567	70
信阳市	Xinyang	1637	127	4894	493	228	101	435	116
周口市	Zhoukou	2415	159	5274	354	184	72	542	77
驻马店市	Zhumadian	4256	230	7203	460	242	101	627	81
济源市	Jiyuan	1698	60	1022	47	28	9	67	3
省直管县	**County Directly Administrated by Province**								
巩义市	Gongyi	1221	53	578	45	35	10	48	9
兰考县	Lankao	383	39	687	119	21	11	69	14
汝州市	Ruzhou	394	78	544	163	17	4	23	6
滑县	Huaxian	393	24	510	57	21	5	26	4
长垣县	Changyuan	418	25	1516	79	22	5	78	32
邓州市	Dengzhou	243	32	621	89	35	10	59	11
永城市	Yongcheng	298	3	607	67	18	8	59	15
固始县	Gushi	199	20	563	145	41	26	56	26
鹿邑县	Luyi	95	24	152	58	22	14	21	9
新蔡县	Xincai	287	23	759	90	26	16	95	19

16-8 各市批发和零售、住宿和餐饮业法人企业从业人员(2017年)

Number of Persons Employed in Wholesale and Retail Sale, Hotels and Catering Services by City (2017)

单位：人 (person)

市(县) City(County)	批发业 Wholesale Trade	#限额以上 Above Designated Size	零售业 Retail Sale	#限额以上 Above Designated Size	住宿业 Hotels	#限额以上 Above Designated Size	餐饮业 Catering Services	#限额以上 Above Designated Size
省辖市 City								
郑州市 Zhengzhou	329832	46032	266888	73314	35398	21591	42404	17578
开封市 Kaifeng	55642	14867	50250	23567	7751	4531	11943	5088
洛阳市 Luoyang	77628	13073	104151	32184	15119	9404	18610	6688
平顶山市 Pingdingshan	45440	10320	48991	22302	8524	5267	8477	2734
安阳市 Anyang	42182	5393	38443	9451	5410	2969	5299	1225
鹤壁市 Hebi	16294	1676	23551	5285	1978	1020	3138	682
新乡市 Xinxiang	52357	7453	66950	19900	5465	3111	7375	3084
焦作市 Jiaozuo	40046	8454	54994	20582	5964	2906	4986	1612
濮阳市 Puyang	57020	6619	66520	12579	3073	1505	6284	1040
许昌市 Xuchang	113918	9869	127015	21050	10208	6330	14660	3698
漯河市 Luohe	17228	2937	33016	16790	3536	2362	5699	1960
三门峡市 Sanmenxia	35852	4945	37136	9187	6920	3530	4927	554
南阳市 Nanyang	136457	27345	177475	35192	16230	9130	22271	6394
商丘市 Shangqiu	83453	31710	108940	44606	7754	4791	11845	4117
信阳市 Xinyang	36470	15179	91713	36605	8951	6428	10362	4610
周口市 Zhoukou	42484	18234	75465	23901	6979	4923	10558	2887
驻马店市 Zhumadian	70197	19907	111872	25836	9429	6072	14258	3347
济源市 Jiyuan	14509	1644	10598	2371	1210	760	961	108
省直管县 County Directly Administrated by Province								
巩义市 Gongyi	12740	1324	7330	2033	1127	742	1225	435
兰考县 Lankao	7541	1457	12402	4521	693	448	1646	477
汝州市 Ruzhou	7615	3063	9783	5364	672	385	459	160
滑县 Huaxian	5524	779	6643	2215	673	246	419	105
长垣县 Changyuan	5864	1493	19646	3069	584	373	2614	1385
邓州市 Dengzhou	3990	869	9342	2881	807	246	1209	490
永城市 Yongcheng	4186	769	13041	6146	719	391	1941	642
固始县 Gushi	3470	859	8866	3486	1372	1022	1150	477
鹿邑县 Luyi	8049	4467	5487	3369	1116	679	523	301
新蔡县 Xincai	4664	685	13452	2013	786	576	1732	508

16-9 各市批发和零售、住宿和餐饮业限额以上企业(单位)单位数(2017年)

Number of Corporation in Wholesale and Retail Sale, Hotels and Catering Services Above Designated Size by City (2017)

单位：个 (unit)

市(县) City(County)	批发业 Wholesale Trade	限额以上法人 Corporations Above Designated Size	产业活动单位、个体经营户 Establishment and Individual	零售业 Retail Sale	限额以上法人 Corporations Above Designated Size	产业活动单位、个体经营户 Establishment and Individual
省辖市 City						
郑州市 Zhengzhou	927	884	43	1537	1051	486
开封市 Kaifeng	219	210	9	639	508	131
洛阳市 Luoyang	331	318	13	995	539	456
平顶山市 Pingdingshan	232	226	6	884	488	396
安阳市 Anyang	132	125	7	342	221	121
鹤壁市 Hebi	34	31	3	155	117	38
新乡市 Xinxiang	173	169	4	582	386	196
焦作市 Jiaozuo	205	203	2	513	379	134
濮阳市 Puyang	188	170	18	500	261	239
许昌市 Xuchang	301	267	34	603	359	244
漯河市 Luohe	89	83	6	282	175	107
三门峡市 Sanmenxia	118	101	17	362	200	162
南阳市 Nanyang	575	551	24	1033	861	172
商丘市 Shangqiu	300	293	7	757	529	228
信阳市 Xinyang	141	127	14	708	493	215
周口市 Zhoukou	165	159	6	471	354	117
驻马店市 Zhumadian	245	230	15	722	460	262
济源市 Jiyuan	61	60	1	60	47	13
省直管县 County Directly Administrated by Province						
巩义市 Gongyi	54	53	1	127	45	82
兰考县 Lankao	40	39	1	165	119	46
汝州市 Ruzhou	80	78	2	213	163	50
滑县 Huaxian	28	24	4	84	57	27
长垣县 Changyuan	25	25		95	79	16
邓州市 Dengzhou	33	32	1	134	89	45
永城市 Yongcheng	3	3		95	67	28
固始县 Gushi	21	20	1	166	145	21
鹿邑县 Luyi	24	24		59	58	1
新蔡县 Xincai	35	23	12	130	90	40

16-9 续表 continued

单位：个 (unit)

市(县) City(County)	住宿业 Hotels	限额以上法人 Corporations Above Designated Size	产业活动单位、个体经营户 Establishment, Individual	餐饮业 Catering Services	限额以上法人 Corporations Above Designated Size	产业活动单位、个体经营户 Establishment, Individual
省辖市 City						
郑州市 Zhengzhou	334	236	98	839	185	654
开封市 Kaifeng	107	78	29	213	96	117
洛阳市 Luoyang	249	147	102	734	89	645
平顶山市 Pingdingshan	142	96	46	388	74	314
安阳市 Anyang	65	44	21	145	28	117
鹤壁市 Hebi	36	25	11	88	18	70
新乡市 Xinxiang	84	50	34	229	63	166
焦作市 Jiaozuo	66	42	24	142	33	109
濮阳市 Puyang	55	32	23	146	29	117
许昌市 Xuchang	127	84	43	339	69	270
漯河市 Luohe	58	39	19	161	37	124
三门峡市 Sanmenxia	74	45	29	209	12	197
南阳市 Nanyang	204	169	35	284	163	121
商丘市 Shangqiu	77	52	25	168	70	98
信阳市 Xinyang	150	101	49	303	116	187
周口市 Zhoukou	89	72	17	143	77	66
驻马店市 Zhumadian	134	101	33	162	81	81
济源市 Jiyuan	16	9	7	23	3	20
省直管县 County Directly Administrated by Province						
巩义市 Gongyi	24	10	14	115	9	106
兰考县 Lankao	15	11	4	33	14	19
汝州市 Ruzhou	7	4	3	22	6	16
滑县 Huaxian	13	5	8	18	4	14
长垣县 Changyuan	6	5	1	42	32	10
邓州市 Dengzhou	16	10	6	36	11	25
永城市 Yongcheng	11	8	3	32	15	17
固始县 Gushi	37	26	11	44	26	18
鹿邑县 Luyi	15	14	1	14	9	5
新蔡县 Xincai	21	16	5	22	19	3

16-10 各市批发和零售、住宿和餐饮业限上企业(单位)从业人员(2017年)

Number of Persons Employed in Wholesale and Retail Sale, Hotels and Catering Services Above Designated Size by City (2017)

单位：人 (Person)

市(县) City(County)	批发业 Wholesale Trade	限额以上法人 Corporations Above Designated Size	产业活动单位、个体经营户 Establishment, Individual	零售业 Retail Sale	限额以上法人 Corporations Above Designated Size	产业活动单位、个体经营户 Establishment, Individual
省辖市 City						
郑州市 Zhengzhou	47670	46032	1638	82341	73314	9027
开封市 Kaifeng	14923	14867	56	25866	23567	2299
洛阳市 Luoyang	13398	13073	325	39416	32184	7232
平顶山市 Pingdingshan	10464	10320	144	28079	22302	5777
安阳市 Anyang	5622	5393	229	11883	9451	2432
鹤壁市 Hebi	1926	1676	250	6049	5285	764
新乡市 Xinxiang	7594	7453	141	24147	19900	4247
焦作市 Jiaozuo	8524	8454	70	23495	20582	2913
濮阳市 Puyang	6942	6619	323	15828	12579	3249
许昌市 Xuchang	10382	9869	513	24492	21050	3442
漯河市 Luohe	3627	2937	690	18645	16790	1855
三门峡市 Sanmenxia	5228	4945	283	11028	9187	1841
南阳市 Nanyang	27571	27345	226	38288	35192	3096
商丘市 Shangqiu	31848	31710	138	49475	44606	4869
信阳市 Xinyang	15720	15179	541	40142	36605	3537
周口市 Zhoukou	18303	18234	69	26231	23901	2330
驻马店市 Zhumadian	20129	19907	222	30386	25836	4550
济源市 Jiyuan	1664	1644	20	2486	2371	115
省直管县 County Directly Administrated by Province						
巩义市 Gongyi	1334	1324	10	5085	2033	3052
兰考县 Lankao	1474	1457	17	5347	4521	826
汝州市 Ruzhou	3093	3063	30	6293	5364	929
滑县 Huaxian	920	779	141	3268	2215	1053
长垣县 Changyuan	1493	1493		3708	3069	639
邓州市 Dengzhou	878	869	9	3775	2881	894
永城市 Yongcheng	769	769		6785	6146	639
固始县 Gushi	909	859	50	3836	3486	350
鹿邑县 Luyi	4467	4467		3382	3369	13
新蔡县 Xincai	811	685	126	2393	2013	380

16−10 续表 continued

单位：人 (Person)

市(县) City(County)	住宿业 Hotels	限额以上法人 Corporations Above Designated Size	产业活动单位、个体经营户 Establishment, Individual	餐饮业 Catering Services	限额以上法人 Corporations Above Designated Size	产业活动单位、个体经营户 Establishment, Individual
省辖市 City						
郑州市 Zhengzhou	24955	21591	3364	35218	17578	17640
开封市 Kaifeng	5035	4531	504	7463	5088	2375
洛阳市 Luoyang	11825	9404	2421	29044	6688	22356
平顶山市 Pingdingshan	6338	5267	1071	7590	2734	4856
安阳市 Anyang	4092	2969	1123	3963	1225	2738
鹤壁市 Hebi	1642	1020	622	2143	682	1461
新乡市 Xinxiang	3631	3111	520	6548	3084	3464
焦作市 Jiaozuo	3642	2906	736	4113	1612	2501
濮阳市 Puyang	1913	1505	408	2942	1040	1902
许昌市 Xuchang	7176	6330	846	9636	3698	5938
漯河市 Luohe	2673	2362	311	4802	1960	2842
三门峡市 Sanmenxia	4296	3530	766	3473	554	2919
南阳市 Nanyang	9828	9130	698	8651	6394	2257
商丘市 Shangqiu	5243	4791	452	6106	4117	1989
信阳市 Xinyang	7363	6428	935	8511	4610	3901
周口市 Zhoukou	5447	4923	524	4456	2887	1569
驻马店市 Zhumadian	6771	6072	699	4923	3347	1576
济源市 Jiyuan	911	760	151	659	108	551
省直管县 County Directly Administrated by Province						
巩义市 Gongyi	990	742	248	2751	435	2316
兰考县 Lankao	544	448	96	912	477	435
汝州市 Ruzhou	460	385	75	518	160	358
滑县 Huaxian	589	246	343	561	105	456
长垣县 Changyuan	413	373	40	1738	1385	353
邓州市 Dengzhou	355	246	109	909	490	419
永城市 Yongcheng	442	391	51	1092	642	450
固始县 Gushi	1239	1022	217	764	477	287
鹿邑县 Luyi	679	679		346	301	45
新蔡县 Xincai	656	576	80	540	508	32

16-11 限额以上批发和零售企业(单位)商品分类销售总额(2017年)
Total Sales of Enterprises above Designated Size of Wholesale and Retail Trade by Category of Main Commodities (2017)

单位：亿元 (100 million yuan)

指　　标	Item	合　计 Total	批发业 Wholesale Trade	零售业 Retail Trade
粮油、食品类	Food	1767.13	1085.05	682.08
#粮油类	Grain and oils	643.65	461.29	182.36
肉禽蛋类	Meat, Poultry and Eggs	259.10	152.31	106.79
水产品类	Aquatic products	34.54	17.45	17.10
蔬菜类	Vegetables	229.34	167.69	61.66
干鲜果品类	Nuts	166.87	95.72	71.15
饮料类	Beverages	278.23	107.40	170.83
烟酒类	Tobacco and Liquor	1357.37	1113.05	244.32
服装、鞋帽、针纺织品类	Clothing, Shoes, Hats and Textiles	842.00	170.49	671.52
服装类	Clothing	573.25	90.19	483.06
鞋帽类	Shoes and Hats	148.47	28.70	119.77
针纺织品类	Knitwear and Textiles	120.28	51.60	68.68
化妆品类	Cosmetics	168.31	8.57	159.75
金银珠宝类	Gold, Silver and Jewelry	192.28	60.23	132.05
日用品类	Articles for Daily Use	369.90	64.94	304.97
儿童玩具类	Children Toys	17.21	2.77	14.44
五金、电料类	Hardware and Electrical Materials	195.67	84.66	111.01
体育、娱乐用品类	Sports and Recreation Articles	44.47	9.65	34.82
照相器材类	Photographic equipment class	2.59	0.39	2.20
书报杂志类	Newspapers and Magazines	103.18	43.25	59.93

16-11 续表 continued

单位：亿元 (100 million yuan)

指　　标	Item	合　计 Total	批发业 Wholesale Trade	零售业 Retail Trade
电子出版物及音像制品类	E-journal and Video Products	9.07	2.01	7.06
家用电器和音像器材类	Household Appliances and Video Appliances	856.07	368.32	487.74
中西药品类	Traditional Chinese and Western Medicines	1576.43	1324.15	252.28
#西药类	Western Medicines	1015.51	878.45	137.06
中草药及中成药类	Traditional Chinese Medicines	195.28	146.53	48.76
文化办公用品类	Cultural and Official Goods	195.88	66.71	129.17
计算机及其配套产品	Computer and its supporting products	73.27	17.84	55.43
家具类	Furniture	225.75	24.63	201.12
通讯器材类	Communication Appliances	277.96	160.47	117.50
煤炭及制品类	Coal and Related Products	1250.19	1202.55	47.63
木材及制品类	Wood and Wooden Products	8.07	7.73	0.34
石油及制品类	Petroleum and Related Products	1770.62	1274.45	496.17
化工材料及制品类	Raw Chemical Materials	594.26	545.50	48.76
#化肥类	Fertilizer	251.74	220.93	30.81
金属材料类	Metal Materials	1694.32	1692.99	1.33
建筑及装潢材料类	Building and Decoration Materials	595.13	512.69	82.44
机电产品及设备类	Mechanical and Electrical Products	460.75	405.85	54.90
#农机类	Agricultural Machinery	113.63	111.23	2.40
汽车类	Automobile	2632.17	249.95	2382.23
种子饲料类	Seed and Feedstuff	109.25	106.33	2.92
棉麻类	Cotton, Hemp	94.23	94.07	0.17
其他类	Others	850.53	689.82	160.71

16-12 各市限额以上批发和零售企业(单位)商品分类批发总额(2017年)

Total Wholesale Value of Enterprises above Designated Size of Wholesales and Retail Trades by City and Sort (2017)

单位：万元 (10 000 yuan)

市(县)	City(County)	粮油食品类 Grain and Oil, Food	日用品类 Articles for Daily Use	服装、鞋帽针纺织类 Clothing,Shoes and Hats, Knitwear and Textiles	文化办公用品类 Cultural and Office Supplies	家用电器和音像器材类 Household and Video Appliances	中西药品类 Traditional Chinese and Western Medicines	书报杂志类 Newspapers and Magazines
省辖市	**City**							
郑州市	Zhengzhou	1126649	59401	333341	528099	2519856	7698691	370935
开封市	Kaifeng	420516	5896	43351	24712	34549	135651	3823
洛阳市	Luoyang	290222	1362	40178	2780	110267	770431	8310
平顶山市	Pingdingshan	394410	2091	14373	67	68903	268022	8377
安阳市	Anyang	151919	24448	147	1200	2810	214541	10237
鹤壁市	Hebi	333745		1487			7407	
新乡市	Xinxiang	267277	5068	3970	7382	25540	706167	180
焦作市	Jiaozuo	104651	1293	7657	1903	135895	77270	1
濮阳市	Puyang	330581	60483	76826	8184	19440	83747	4532
许昌市	Xuchang	129949	170552	80952	17846	30838	363407	2077
漯河市	Luohe	699483	76283	14636	30	156323	113103	
三门峡市	Sanmenxia	45819	2713	1566	10	13959	45018	3
南阳市	Nanyang	732714	4427	187994	33614	227957	750338	22182
商丘市	Shangqiu	549002	70227	607106	77431	160931	738418	9
信阳市	Xinyang	1512567	16147	111811	1131	69126	116203	6036
周口市	Zhoukou	860981	24639	10683	36	44971	241372	3267
驻马店市	Zhumadian	1704963	62385	15519	2846	67555	356947	13111
济源市	Jiyuan					1880	27534	
省直管县	**County Directly Administrated by Province**							
巩义市	Gongyi	3659	36	38	26		6239	
兰考县	Lankao	37049		85		461	4167	3416
汝州市	Ruzhou	42995	65	12		905		
滑县	Huaxian	83814	10	23	2	836	14108	6054
长垣县	Changyuan						87624	
邓州市	Dengzhou	68028	255	4209	30	52	3693	0
永城市	Yongcheng						3284	
固始县	Gushi	35471						
鹿邑县	Luyi	44367	3851	8042	15	2186	1285	
新蔡县	Xincai	20261	396	340	4	2284	6493	960

16-13 各市限额以上批发和零售企业(单位)商品分类零售总额(2017年)

Retail Trades Value of Enterprises above Designated Size in Wholesales and Retail Trades by City and Sort (2017)

单位：万元　(10 000 yuan)

市(县)	City(County)	粮油食品类 Grain and Oil, Food	日用品类 Articles for Daily Use	服装、鞋帽针纺织类 Clothing,Shoes and Hats, Knitwear and Textiles	文化办公用品类 Cultural and Office Supplies	家用电器和音像器材类 Household and Video Appliances	中西药品类 Traditional Chinese and Western Medicines	书报杂志类 Newspapers and Magazines
省辖市	**City**							
郑州市	Zhengzhou	1348398	818720	1712997	540097	967914	742563	91664
开封市	Kaifeng	430859	138548	517957	35847	388211	210211	28439
洛阳市	Luoyang	738984	221566	620368	58542	466018	198775	41978
平顶山市	Pingdingshan	510528	196022	257338	101058	170779	430652	26334
安阳市	Anyang	202523	119862	140468	22167	167978	247063	24056
鹤壁市	Hebi	52396	18098	51977	3908	75134	27513	7477
新乡市	Xinxiang	305098	76519	189620	20977	134786	93405	30056
焦作市	Jiaozuo	339949	94360	247935	23982	267970	129476	19271
濮阳市	Puyang	271131	153492	361668	44501	239835	66814	18657
许昌市	Xuchang	373480	116906	442893	34039	294353	72888	32374
漯河市	Luohe	431311	104284	186822	55141	115186	56546	13014
三门峡市	Sanmenxia	177327	125862	224694	16545	90349	159693	11599
南阳市	Nanyang	515337	137029	367181	60883	378524	108637	49787
商丘市	Shangqiu	344780	129066	371650	66780	255052	113891	37008
信阳市	Xinyang	829676	219417	361980	74780	226075	116424	63093
周口市	Zhoukou	662907	138162	449233	15313	303150	167350	35870
驻马店市	Zhumadian	455971	290705	308069	74441	285616	95486	44760
济源市	Jiyuan	25208	13008	55593	2534	42933	12657	3307
省直管县	**County Directly Administrated by Province**							
巩义市	Gongyi	41599	36683	64427	4208	19992	9420	4465
兰考县	Lankao	46783	18718	37607	2323	42063	9727	177
汝州市	Ruzhou	49567	70955	30502	29853	31401	31337	6156
滑县	Huaxian	42842	6963	16983	910	13976		224
长垣县	Changyuan	21960	8132	17913	4655	21596	30774	4621
邓州市	Dengzhou	34730	12032	56628	8105	24077	6020	7952
永城市	Yongcheng	38534	10514	31187	1883	14190	13067	5804
固始县	Gushi	42605	10044	26728	2831	11965	7420	8423
鹿邑县	Luyi	27318	9052	2611	4596	19268	19807	3263
新蔡县	Xincai	26910	16861	17415	11687	15297	17353	3625

16-14 限额以上批发和零售企业(单位)商品购销存总额(2017年)

Total Purchases, Sales and Inventory above Designated Size of Wholesale and Retail Trades (2017)

单位：万元 (10 000yuan)

指 标	Iterm	商品购进额 purchases	#进口 Imports	商品销售额 Total Sales
总 计	**Total**	**143581248**	**1764446**	**163618060**
批发业	**Wholesale Trades**	**93043047**	**1135396**	**104697943**
按国民经济行业分	By sector			
农、林、牧产品	Farming, forestry, animal husbandry products	4837513	376225	5001826
食品、饮料及烟草制品	Food, drinks and tobacco products	12736331	21280	17152119
纺织、服装及家庭用品	Textile, clothing and household items	5603417	59666	6295331
文化、体育用品及器材	Cultural and sports supplies and equipment	2024562	16114	2108803
医药及医疗器材	Pharmaceutical and medical equipment	11758192	53283	13235225
矿产品、建材及化工产品	Minerals, building materials and chemical products	43349678	459452	47115491
机械设备、五金产品及电子产品	Mechanical equipment, metal products and electronic products	11027170	127111	11904425
贸易经纪与代理	Trade brokers and agents	53227		64428
其他批发业	Others	1652956	22267	1820295
按登记注册类型分	By Registration status			
内资企业	Domestic Funded Enterprises	88467628	1131331	99851961
国有企业	State-owned	8792712	8304	11778734
集体企业	Collective-owned	1020905		1158368
股份合作企业	Cooperative	6270		6239
联营企业	Joint Ownership			
有限责任公司	Limited Liability Corporations	53306198	992987	59043343
股份有限公司	Share-holding Corporation Ltd	9571189		10050200
私营企业	Private	15541640	130040	17530320
其他企业	Other	228713		284756
港澳台商投资企业	Enterprises with Funds from Hong Kong, Macao and Taiwan	2856631		2882000
外商投资企业	Foreign Funded	441764	37	558005
个体经营	Individual	1277023	4028	1405977
按控股情况分	By Controlling Type			
#国有控股	State-ownedand State-holding	33387743	476680	38016076
零售业	**Retail Trades**	**50538201**	**629049**	**58920117**
按国民经济行业分	By sector			
综合零售	Comprehensive retail	10715126	16301	13544190
食品、饮料及烟草制品	Food, drinks and tobacco products	2046219	3021	2434170
纺织、服装及日用品	Textile, clothing and household items	1797952	491	2115139
文化、体育用品及器材	Cultural and sports supplies and equipment	1659079	10	2068163
医药及医疗器材	Pharmaceutical and medical equipment	1775764	6286	2127703
汽车、摩托车、燃料及零配件	Automobiles, motorcycles, fuel and spare parts	23763233	566069	26078723
家用电器及电子产品	Household appliances and electronic products	4726744	28	5465534
五金、家具及室内装饰材料	Hardware, furniture and interior decoration materials	2482347	382	2874114
货摊、无店铺及其他	Booth and others	1571738	36462	2212381
按登记注册类型分	By Registration status			
内资企业	Domestic Funded Enterprises	42495509	576096	49064767
国有企业	State-owned	572556		650354
集体企业	Collective-owned	554578		610598
股份合作企业	Cooperative	9633		10244
联营企业	Joint Ownership	6769		7768
有限责任公司	Limited Liability Corporations	24245797	400351	28075938
股份有限公司	Share-holding Corporation Ltd	3881398	33327	4721533
私营企业	Private	13144552	142418	14897834
其他企业	Other	80226		90497
港澳台商投资企业	Enterprises with Funds from Hong Kong, Macao and Taiwan	1274681	52600	2204793
外商投资企业	Foreign Funded	366022		416817
个体经营	Individual	6401989	353	7233740
按控股情况分	By Controlling Type			
#国有控股	State-ownedand State-holding	10594778	44702	12191407

16-14 续表 continued

单位：万元 (10 000yuan)

指标	Iterm	批发额 Wholesale trade	#出口 Imports	零售额 Retail Trade	年末商品库存额 Inventory (year-end)
总计	**Total**	**100447856**	**1050121**	**63170204**	**11294688**
批发业	**Wholesale Trades**	**95944514**	**1029692**	**8753429**	**6808204**
按国民经济行业分	By sector				
农、林、牧产品	Farming, forestry, animal husbandry products	4607763	73520	394062	2698778
食品、饮料及烟草制品	Food, drinks and tobacco products	16260364	78000	891756	1083276
纺织、服装及家庭用品	Textile, clothing and household items	5918327	196371	377005	377803
文化、体育用品及器材	Cultural and sports supplies and equipment	1993698	23549	115105	173235
医药及医疗器材	Pharmaceutical and medical equipment	12747897	886	487327	802033
矿产品、建材及化工产品	Minerals, building materials and chemical products	41526892	183223	5588599	1247972
机械设备、五金产品及电子产品	Mechanical equipment, metal products and electronic products	11071979	446375	832446	367153
贸易经纪与代理	Trade brokers and agents	63908	13113	521	879
其他批发业	Others	1753686	14656	66608	57076
按登记注册类型分	By Registration status				
内资企业	Domestic Funded Enterprises	91337116	953990	8514845	6743578
国有企业	State-owned	11687701		91033	2235789
集体企业	Collective-owned	1092267		66101	11137
股份合作企业	Cooperative	6239			107
联营企业	Joint Ownership				
有限责任公司	Limited Liability Corporations	55295822	581490	3747522	2255201
股份有限公司	Share-holding Corporation Ltd	6692705	83966	3357495	1353449
私营企业	Private	16327873	288534	1202447	883342
其他企业	Other	234509		50248	4554
港澳台商投资企业	Enterprises with Funds from Hong Kong, Macao and Taiwan	2875220	66515	6780	3061
外商投资企业	Foreign Funded	466699	9186	91306	10224
个体经营	Individual	1265480		140498	51340
按控股情况分	By Controlling Type				
#国有控股	State-ownedand State-holding	33424012	218265	4592064	4119296
零售业	**Retail Trades**	**4503342**	**20429**	**54416775**	**4486484**
按国民经济行业分	By sector				
综合零售	Comprehensive retail	698079	901	12846111	876110
食品、饮料及烟草制品	Food, drinks and tobacco products	540782		1893388	151815
纺织、服装及日用品	Textile, clothing and household items	159596	1713	1955543	136711
文化、体育用品及器材	Cultural and sports supplies and equipment	261253	2581	1806911	181187
医药及医疗器材	Pharmaceutical and medical equipment	285370	15	1842333	195940
汽车、摩托车、燃料及零配件	Automobiles, motorcycles, fuel and spare parts	911560		25167163	2214645
家用电器及电子产品	Household appliances and electronic products	821853		4643681	440214
五金、家具及室内装饰材料	Hardware, furniture and interior decoration materials	495634	7369	2378480	195552
货摊、无店铺及其他	Booth and others	329215	7850	1883165	94310
按登记注册类型分	By Registration status				
内资企业	Domestic Funded Enterprises	4133136	20379	44931630	3994572
国有企业	State-owned	126916		523438	33965
集体企业	Collective-owned	129074		481523	23729
股份合作企业	Cooperative	372		9872	164
联营企业	Joint Ownership			7768	478
有限责任公司	Limited Liability Corporations	2242471	13016	25833467	2394910
股份有限公司	Share-holding Corporation Ltd	479199		4242334	360983
私营企业	Private	1148196	7363	13749638	1175417
其他企业	Other	6908		83590	4928
港澳台商投资企业	Enterprises with Funds from Hong Kong, Macao and Taiwan	16452		2188341	113530
外商投资企业	Foreign Funded	6979		409838	40136
个体经营	Individual	346775	50	6886966	338245
按控股情况分	By Controlling Type				
#国有控股	State-ownedand State-holding	945680	65	11245727	678725

16-15 各市限额以上批发和零售企业(单位)商品购、销、存总额(2017年)

Total Purchases, Sales and Inventory of Enterprises above Designated Size of Wholesale and Retail Trades by City (2017)

单位：亿元 (100 million yuan)

市(县)	City(County)	商品购进额 purchases	商品销售额 Total Sales	批发额 Wholesale trade	零售额 Retail Trade	年末商品库存额 Inventory (year-end)
全省	**Total**	**14358.12**	**16361.81**	**10044.79**	**6317.02**	**1129.47**
省辖市	**City**					
郑州市	Zhengzhou	5461.56	5876.57	4100.99	1775.59	329.48
开封市	Kaifeng	447.40	543.72	208.05	335.67	21.55
洛阳市	Luoyang	1149.69	1293.94	742.59	551.34	84.45
平顶山市	Pingdingshan	696.21	823.34	563.64	259.70	37.62
安阳市	Anyang	456.75	572.69	420.32	152.38	23.28
鹤壁市	Hebi	184.73	290.25	145.66	144.59	9.31
新乡市	Xinxiang	454.32	511.95	237.01	274.94	46.95
焦作市	Jiaozuo	289.89	351.59	174.68	176.91	16.11
濮阳市	Puyang	340.16	390.69	172.53	218.16	25.46
许昌市	Xuchang	588.07	691.66	449.53	242.13	37.79
漯河市	Luohe	354.41	432.95	216.99	215.96	15.07
三门峡市	Sanmenxia	358.56	405.25	299.67	105.58	15.41
南阳市	Nanyang	784.52	912.91	515.56	397.36	101.51
商丘市	Shangqiu	1014.72	1146.64	693.58	453.06	57.71
信阳市	Xinyang	543.20	667.85	315.95	351.90	122.28
周口市	Zhoukou	500.75	575.12	274.19	300.93	140.30
驻马店市	Zhumadian	625.42	751.58	424.02	327.56	35.84
济源市	Jiyuan	107.77	123.09	89.83	33.27	9.34
省直管县	**County Directly Administrated by Province**					
巩义市	Gongyi	127.86	136.56	94.48	42.08	5.74
兰考县	Lankao	46.11	55.11	18.85	36.26	4.05
汝州市	Ruzhou	141.75	164.88	107.40	57.49	6.41
滑县	Huaxian	29.64	31.67	17.27	14.40	3.86
长垣县	Changyuan	37.79	48.57	18.22	30.34	2.80
邓州市	Dengzhou	42.71	40.06	13.73	26.33	43.39
永城市	Yongcheng	124.33	131.37	100.90	30.48	2.11
固始县	Gushi	23.01	28.44	7.68	20.75	1.51
鹿邑县	Luyi	40.78	51.02	30.73	20.30	1.42
新蔡县	Xincai	26.10	31.70	10.45	21.25	1.37

16-16 限额以上住宿和餐饮业企业(单位)经营情况(2017年)

Management of Enterprises above Designated Size of Star-rated Hotels and Catering Services (2017)

单位：万元 (10 000 yuan)

指标名称	Item	营业额 Total Business Revenue	客房收入 Guest room Revenue	餐费收入 Meal Revenue	商品销售额 Total Retail Sales of Consumer Goods	其他收入 Other Revenue
总 计	**Total**	**6315613**	**1498686**	**4439011**	**243993**	**133923**
住宿业	**Hotels**	**2291594**	**1293509**	**828302**	**73543**	**96240**
按国民经济行业分	By sector					
旅游饭店	Tourist hotel	1257974	645545	506867	31762	73799
一般旅馆	General hotel	954299	599575	293272	39549	21903
其他住宿业	Others	79321	48389	28163	2232	538
按登记注册类型分	By Registration					
内资企业	Domestic-Funded Enterprises	1790646	945939	702636	57818	84254
国有企业	State-owned	180397	80314	79378	7407	13298
集体企业	Collective-owned	44794	20323	20118	941	3412
股份合作企业	Cooperative	1896	942	860	75	20
联营企业	Joint Ownership	1741	1701	40		
有限责任公司	Limited Liability Corporations	842707	457745	316340	29237	39385
股份有限公司	Share-holding Corporation Ltd	66311	33403	27079	3051	2778
私营企业	Private	633472	340492	252132	15953	24894
其他企业	Other	19328	11020	6689	1154	466
港澳台商投资企业	Enterprises With Investment from Hong Kong, Macao and Taiwan	53000	21668	23018	1992	6321
外商投资企业	Enterprises With Foreign Investment	8818	5260	3483	12	62
个体经营	Individual	439130	320642	99165	13721	5603
按控股情况分	By Controlling Type					
#国有控股	State-holding	250495	108295	106659	11564	23977
按经营形式分	By Management Style					
独立门店	Independent store	2124384	1196516	767862	68950	91057
连锁总店	Head office of Chain Store	11621	7807	3517	71	226
连锁直营店	Chain Direct-sale Store	16412	10594	5039	196	583
连锁加盟店	Chain Franchisee Store	10256	8869	769	259	359
其他	Others	128921	69723	51115	4068	4016
按星级分	By Star Level					
五星	Five-star	164095	76240	72653	3535	11667
四星	Four-star	257425	123763	110641	4095	18926
三星	Three-star	334496	156725	143878	14140	19752
二星	Two-star	113538	59581	49898	2713	1345
一星	One-star	21802	16151	4198	1257	197
其他	Others	1400239	861048	447035	47804	44353

16-16 续表 continued

单位：万元 (10 000 yuan)

指标名称	Item	营业额 Total Business Revenue	客房收入 Guest room Revenue	餐费收入 Meal Revenue	商品销售额 Total Retail Sales of Consumer Goods	其他收入 Other Revenue
餐饮业	**Catering Services**	**4024019**	**205177**	**3610709**	**170450**	**37683**
按国民经济行业分	By sector					
正餐服务	Dinner	3596535	199470	3215776	156151	25138
快餐服务	Snack	324435	4895	297471	11380	10689
饮料及冷饮服务	Drinks and cold drinks	15241	201	12578	2189	273
其他餐饮业	Others	87807	611	84884	730	1583
按登记注册类型分	By Registration					
内资企业	Domestic-Funded Enterprises	1419004	134155	1215000	50931	18918
国有企业	State-owned	8743	1168	7551	14	11
集体企业	Collective-owned	13172	1823	11301	43	5
股份合作企业	Cooperative	1149		86	884	180
联营企业	Joint Ownership					
有限责任公司	Limited Liability Corporations	487080	48605	407787	22413	8275
股份有限公司	Share-holding Corporation Ltd	54978	6873	42576	2905	2624
私营企业	Private	833085	73354	727449	24667	7615
其他企业	Other	20797	2332	18251	5	209
港澳台商投资企业	Enterprises With Investment from Hong Kong, Macao and Taiwan	2783		2739	42	2
外商投资企业	Enterprises With Foreign Investment	77570		67262	16	10292
个体经营	Individual	2524662	71023	2325707	119462	8471
按控股情况分	By Controlling Type					
#国有控股	State-holding	18520	1805	13686	2961	69
按经营形式分	By Management Style					
独立门店	Independent store	3731324	191756	3353468	162937	23163
连锁总店	Head office of Chain Store	125390	86	112579	2327	10399
连锁直营店	Chain Direct-sale Store	10896		10533	363	
连锁加盟店	Chain Franchisee Store	15611		15427	184	
其他	Others	140798	13335	118702	4638	4122

16-17 各市限额以上住宿和餐饮企业(单位)经营情况(2017年)

Operation Conditions of Enterprises above Designated Size of Star-rated Hotels and Catering Services by City (2017)

单位：万元 (10 000 yuan)

市(县) City(County)	营业额 Total Business Revenue	客房收入 Guest Room Revenue	餐费收入 From Meals	商品销售额 Total Retail Sales of Consumer Goods	其他收入 Other Revenue
省辖市 City					
郑州市 Zhengzhou	1524009	333204	1050641	77757	62408
开封市 Kaifeng	439076	118068	307695	9874	3438
洛阳市 Luoyang	768561	151158	573990	23037	20376
平顶山市 Pingdingshan	365302	57888	272534	27826	7054
安阳市 Anyang	114872	29706	78310	3419	3438
鹤壁市 Hebi	100804	20994	76236	2855	720
新乡市 Xinxiang	183179	39338	134190	6605	3046
焦作市 Jiaozuo	171225	30062	129671	9708	1784
濮阳市 Puyang	206983	49913	153757	3089	224
许昌市 Xuchang	325736	90248	220697	8273	6518
漯河市 Luohe	213132	49048	156615	5635	1835
三门峡市 Sanmenxia	122736	32139	80818	6554	3224
南阳市 Nanyang	428703	121501	287947	11488	7767
商丘市 Shangqiu	293916	89688	183507	18713	2008
信阳市 Xinyang	444453	105771	321653	11881	5148
周口市 Zhoukou	296051	73838	212739	7582	1893
驻马店市 Zhumadian	291495	98878	180238	9633	2745
济源市 Jiyuan	25382	7244	17774	66	298
省直管县 County Directly Administrated by Province					
巩义市 Gongyi	127052	26141	97038	2891	983
兰考县 Lankao	40856	9978	28930	1809	140
汝州市 Ruzhou	23295	4401	16302	2333	260
滑县 Huaxian	22163	7344	14268	380	171
长垣县 Changyuan	24568	5477	18925	113	54
邓州市 Dengzhou	33464	6592	26649	82	141
永城市 Yongcheng	15135	4470	10223	133	310
固始县 Gushi	29903	9175	19854	649	226
鹿邑县 Luyi	20676	9006	10266	897	507
新蔡县 Xincai	22559	9057	13398	74	30

16－18 各市限额以上住宿企业(单位)经营情况(2017年)

Operation Conditions of Star-rated Hotels above Designated Sized by City (2017)

单位：万元 (10 000 yuan)

市(县) City(County)	营业额 Total Business Revenue	客房收入 Guest Room Revenue	餐费收入 From Meals	商品销售额 Total Retail Sales of Consumer Goods	其他收入 other Revenue
省辖市 City					
郑州市 Zhengzhou	526703	299960	165082	21251	40411
开封市 Kaifeng	156494	101669	50645	2439	1742
洛阳市 Luoyang	226083	129779	75155	3249	17900
平顶山市 Pingdingshan	107161	53086	39366	8744	5966
安阳市 Anyang	45612	24650	16841	1570	2550
鹤壁市 Hebi	38719	16374	19733	1944	668
新乡市 Xinxiang	55521	31689	20286	915	2631
焦作市 Jiaozuo	52537	24100	26243	861	1333
濮阳市 Puyang	71885	46082	24986	744	73
许昌市 Xuchang	133160	78262	46368	3571	4959
漯河市 Luohe	56497	41241	13323	832	1102
三门峡市 Sanmenxia	54758	28586	20635	2366	3171
南阳市 Nanyang	200371	98504	90270	5791	5807
商丘市 Shangqiu	127861	77549	40579	8053	1681
信阳市 Xinyang	141178	76337	58254	4281	2306
周口市 Zhoukou	139156	69883	65086	2563	1623
驻马店市 Zhumadian	144471	88625	49447	4369	2029
济源市 Jiyuan	13427	7134	6004		290
省直管县 County Directly Administrated by Province					
巩义市 Gongyi	33459	23710	8283	899	568
兰考县 Lankao	13854	7160	5924	652	117
汝州市 Ruzhou	6112	3387	2225	362	138
滑县 Huaxian	9848	6243	3142	292	171
长垣县 Changyuan	5506	4510	994		2
邓州市 Dengzhou	8085	4360	3646	29	51
永城市 Yongcheng	4435	3348	665	120	302
固始县 Gushi	16596	8866	7216	307	207
鹿邑县 Luyi	11262	8645	1595	516	507
新蔡县 Xincai	10600	8277	2219	74	30

16-19 各市限额以上餐饮企业(单位)经营情况(2017年)

Operation Conditions of Catering Services above Designated Size by City (2017)

单位：万元 (10 000 yuan)

市(县) City(County)	营业额 Total Business Revenue	客房收入 Guest Room Revenue	餐费收入 From Meals	商品销售额 Total Retail Sales of Consumer Goods	其他收入 other Revenue
省辖市 City					
郑州市 Zhengzhou	997306	33244	885559	56506	21996
开封市 Kaifeng	282581	16400	257051	7435	1696
洛阳市 Luoyang	542478	21379	498835	19788	2476
平顶山市 Pingdingshan	258142	4802	233168	19082	1089
安阳市 Anyang	69261	5056	61469	1849	887
鹤壁市 Hebi	62084	4620	56503	910	52
新乡市 Xinxiang	127658	7649	113904	5689	415
焦作市 Jiaozuo	118688	5962	103428	8847	451
濮阳市 Puyang	135098	3832	128770	2345	151
许昌市 Xuchang	192576	11986	174329	4702	1560
漯河市 Luohe	156635	7807	143292	4803	733
三门峡市 Sanmenxia	67978	3553	60183	4188	53
南阳市 Nanyang	228332	22997	197677	5697	1961
商丘市 Shangqiu	166055	12140	142928	10661	328
信阳市 Xinyang	303274	29434	263398	7600	2842
周口市 Zhoukou	156896	3955	147652	5019	270
驻马店市 Zhumadian	147024	10253	130791	5264	716
济源市 Jiyuan	11955	110	11771	66	9
省直管县 County Directly Administrated by Province					
巩义市 Gongyi	93593	2432	88755	1992	415
兰考县 Lankao	27003	2818	23006	1157	22
汝州市 Ruzhou	17183	1014	14077	1970	122
滑县 Huaxian	12315	1101	11126	88	
长垣县 Changyuan	19062	968	17931	113	51
邓州市 Dengzhou	25378	2232	23003	53	90
永城市 Yongcheng	10700	1122	9558	12	8
固始县 Gushi	13308	309	12638	343	19
鹿邑县 Luyi	9414	362	8671	381	
新蔡县 Xincai	11959	780	11179		

16-20 限额以上批发和零售、住宿和餐饮法人企业主要财务指标(2017年)

Main Financial Indicators of Enterprises in Wholesale and Retail Trades, Hotels and Catering Services above Designated Size (2017)

单位：万元 (10 000 yuan)

指　标	Item	批发业 Wholesale	零售业 Retail Sale	住宿业 Hotels	餐饮业 Catering Services
期末资产负债	**Assets and Liability (year-end)**				
流动资产合计	Current Assets	31498603	15398166	1795151	566969
应收帐款	Accounts receivable	7614518	1748751	160873	69573
存货	Inventory	5614092	3336915	84659	44668
固定资产合计	Total Fixed assets	4209773	3845967	1566652	467581
固定资产原价	Original Value of Fixed Assets	5332750	4702658	2236255	598059
累计折旧	Accumulated Depreciation	1378182	1188433	761383	166330
本年折旧	Depreciation of Deducted This Year	228412	235324	72992	35065
在建工程	Project under construction	445499	247353	212493	38741
资产总计	Total Assets	40189429	21866326	4208706	1336985
流动负债合计	Total Flow liabilities	25800945	13152239	2058157	542126
应付账款	Accounts payable	6477150	1992151	184682	70069
非流动负债合计	Total current liabilities	1401784	1141951	688149	103460
负债合计	Total liabilities	27223692	14338070	2792928	650040
所有者权益合计	Total Creditors'Equity	13439250	7528256	1415778	686945
实收资本	Actual Capital	6954240	5369604	1390778	565861
损益及分配	**Profit and Loss Apportionment**				
营业收入	Business income	90562226	45824466	1659427	1371049
主营业务收入	Revenue from Principle Busintss	90045600	45149111	1639323	1366200
营业成本	Operating costs	81249151	39476784	854615	836513
主营业务成本	Cost of Principle Business	80823976	39202896	843595	830864
营业税金及附加	Sales Tax and Extra Changes	1412313	345013	38526	33938
主营业务税金及附加	Tax and Extra Changes on Principle Business	1399441	337554	37356	33409
其他业务利润	Other Profits	130891	403401	16406	12499
销售费用	Selling Expenses	2267655	2182876	316704	198519
管理费用	Management Expenses	1631132	1406154	319352	122373
财务费用	Financial Expenses	529965	397286	62074	24496
利息收入	Interest income	69012	9236	1743	2326
利息支出	Intrest Expense	266563	118329	22622	6213
资产减值损失	Loss of asset impairment	67893	29199	883	2462
公允价值变动收益	The changes in the fair value	17020	13225	628	908
投资收益	Investment income	122255	22859	998	1693
营业利润	Operating profit	3481697	2025079	74558	157623
营业外收入	Non-operating income	96337	59000	20438	1738
营业外支出	Non-business expenses	32913	39035	2984	297
利润总额	Profit total	3509128	2015581	98944	155844
应交所得税	Payable income tax	575888	270190	23230	20192
人工成本及增值税	**Labor cost and value added tax**				
应付职工薪酬	Wages Payable	1396777	1493819	338490	206153
应交增值税	VAT payable	1202027	752193	36414	27764

16-21 各市限额以上批发和零售法人企业主要财务指标(2017年)

Main Financial Indicators of Enterprises in Wholesale and Retail Trades above Designated Size by City (2017)

单位：万元 (10 000 yuan)

市(县)	City(County)	流动资产合计 Circulating Funds	#存货 Inventory	固定资产原价 Fixed Asset	资产总计 Original Values of Fixed Asset	所有者权益 Owners' Equity	主营业务收入 Revenue From Principal Business	主营业务成本 Cost of Principal Business
省辖市	**City**							
郑州市	Zhengzhou	20737633	2790751	2249745	24695363	6052979	48296977	45068589
开封市	Kaifeng	994287	198550	547085	1634786	887328	4507394	3593656
洛阳市	Luoyang	3981371	743488	563130	4807768	1051212	10476485	9631075
平顶山市	Pingdingshan	2277790	264156	568555	3119554	918627	6901172	6201228
安阳市	Anyang	1349733	214667	256532	1729120	532838	4609934	4253279
鹤壁市	Hebi	619373	56684	106112	826314	192716	2651917	2507123
新乡市	Xinxiang	1642349	304198	364451	2229157	736325	4154562	3704379
焦作市	Jiaozuo	919774	156633	283615	1311571	500073	2771049	2385738
濮阳市	Puyang	745149	119548	270249	1335680	772359	2900796	2549489
许昌市	Xuchang	1695779	299523	622428	2488843	1048152	5513019	4543068
漯河市	Luohe	679712	145128	156406	1021316	501125	3776795	3275773
三门峡市	Sanmenxia	823477	163487	219259	1313761	526771	2182822	1888312
南阳市	Nanyang	3152633	948962	767773	4369062	1801319	7927286	6704935
商丘市	Shangqiu	2130180	395290	618050	3093881	1514472	10407095	8745172
信阳市	Xinyang	1122964	262984	794069	2034915	1153813	5648271	4717310
周口市	Zhoukou	2345927	1515812	805287	3201350	1239207	5187094	4183759
驻马店市	Zhumadian	1428366	320392	750607	2487044	1411855	6216001	5091820
济源市	Jiyuan	250272	50758	92054	356270	126335	1066042	982168
省直管县	**County Directly Administrated by Province**							
巩义市	Gongyi	138379	26381	27544	171957	61512	980105	945448
兰考县	Lankao	90455	19962	96920	194724	134547	448825	327149
汝州市	Ruzhou	519941	60071	167442	744928	304986	1490942	1320658
滑县	Huaxian	64389	15261	29150	96839	65441	236584	199663
长垣县	Changyuan	215754	32137	26507	254254	76441	381360	321006
邓州市	Dengzhou	609075	439765	80004	729155	152943	312873	264436
永城市	Yongcheng	264551	25611	43451	308975	116538	1103578	1036588
固始县	Gushi	82677	16629	78214	168972	117385	247889	203176
鹿邑县	Luyi	170341	87242	109321	286808	176096	475939	356893
新蔡县	Xincai	59781	10602	17690	94520	58564	204145	145687

16-21 续表 continued

单位：万元 (10 000 yuan)

市(县) City(County)	主营业务税金及附加 Taxes and other Charges on Principal Business	销售费用 Selling Expenses	管理费用 Manage-ment Expenses	财务费用 Financial Expenses	营业利润 Operating Profits	利润总额 Total Profits	本年应缴增值税 VAT Payable
省辖市 City							
郑州市 Zhengzhou	261058	1448267	767609	277365	856805	882675	222455
开封市 Kaifeng	88236	183226	135930	33603	455649	452674	56271
洛阳市 Luoyang	99061	358987	196419	57368	172170	172236	28997
平顶山市 Pingdingshan	85516	200536	138284	41828	246132	233990	27139
安阳市 Anyang	66959	89606	69184	16781	112451	114058	25743
鹤壁市 Hebi	25782	38395	34494	11298	48141	47166	7372
新乡市 Xinxiang	66840	167139	109937	27887	99124	108343	20153
焦作市 Jiaozuo	47168	123906	90812	29622	99016	98903	23812
濮阳市 Puyang	51288	75592	60219	18822	144244	144002	9828
许昌市 Xuchang	89564	256828	189991	53318	383280	388502	54078
漯河市 Luohe	59666	120833	64168	18431	243481	243297	39561
三门峡市 Sanmenxia	38905	88416	60095	18289	90753	94134	22827
南阳市 Nanyang	167772	318110	241609	69438	446812	447082	56408
商丘市 Shangqiu	166600	342535	340645	73353	757420	754039	100773
信阳市 Xinyang	134130	238786	155559	68235	350996	346700	35849
周口市 Zhoukou	156631	165903	174514	54406	419871	406890	50210
驻马店市 Zhumadian	118099	205280	191022	49955	560979	570106	61313
济源市 Jiyuan	13719	28186	16797	7250	19451	19914	3289
省直管县 County Directly Administrated by Province							
巩义市 Gongyi	2307	8332	9020	2204	17387	14968	707
兰考县 Lankao	9434	22406	18766	7557	63792	61641	8730
汝州市 Ruzhou	12339	40475	20763	12422	85240	80052	4690
滑县 Huaxian	1644	9847	8106	1192	14520	14368	1054
长垣县 Changyuan	1865	35915	9051	2290	9913	10988	1387
邓州市 Dengzhou	2449	12995	13269	8145	14778	14959	1221
永城市 Yongcheng	4229	20507	17774	6077	17345	17075	1149
固始县 Gushi	3313	13648	9322	2184	16036	15731	1191
鹿邑县 Luyi	11277	20096	21002	7633	58992	58694	6218
新蔡县 Xincai	6214	15343	9552	2764	23087	22846	1805

16-22 各市限额以上住宿和餐饮法人企业主要财务指标(2017年)

Main Economic Indicators of Enterprises in Hotels and Catering Services above Designated Size by City (2017)

单位：万元 (10 000 yuan)

市(县) City(County)	流动资产合计 Circulating Funds	#存货 Inventory	固定资产原价 Original Values of Fixed Asset	资产总计 Total Assets	所有者权益 Owners' Equity	#实收资本 Paid-in Capital	主营业务收入 Revenue From Principal Business
省辖市 City							
郑州市 Zhengzhou	924477	31352	864391	1736841	394305	495542	657480
开封市 Kaifeng	112983	7762	121705	336560	213451	101500	289794
洛阳市 Luoyang	274621	10710	292020	626260	231563	225407	256101
平顶山市 Pingdingshan	118984	4538	204080	345785	193081	188222	147411
安阳市 Anyang	40988	2142	80216	113096	30413	22283	38372
鹤壁市 Hebi	9047	544	15153	23871	11281	9937	45688
新乡市 Xinxiang	96540	3594	57050	186948	39193	58972	70942
焦作市 Jiaozuo	71689	2994	59691	122548	8499	27691	42109
濮阳市 Puyang	30086	1303	51640	93309	48956	36136	43377
许昌市 Xuchang	129934	5738	155047	325971	115869	125860	161727
漯河市 Luohe	30154	2443	43860	80034	27045	22060	107145
三门峡市 Sanmenxia	39731	3228	65228	119866	18744	25794	46531
南阳市 Nanyang	146031	11539	248414	471224	224214	228441	281502
商丘市 Shangqiu	68474	5982	69945	149339	86726	55641	191165
信阳市 Xinyang	91872	7348	259434	340584	185481	129987	194802
周口市 Zhoukou	73812	7328	129028	211183	134105	94767	220080
驻马店市 Zhumadian	88833	19961	104843	233294	141531	102004	200647
济源市 Jiyuan	13863	820	12569	28979	-1735	6398	10651
省直管县 County Directly Administrated by Province							
巩义市 Gongyi	8687	1154	22514	32793	10980	13571	19871
兰考县 Lankao	8518	1666	37029	46074	38040	21155	22961
汝州市 Ruzhou	10736	213	6496	14893	10628	9910	10756
滑县 Huaxian	824	125	11476	13237	1212	1436	4443
长垣县 Changyuan	10454	922	13329	36684	20027	18276	15045
邓州市 Dengzhou	3919	493	14222	18526	15485	8935	10020
永城市 Yongcheng	3998	602	3299	7360	2924	2741	8964
固始县 Gushi	10520	1492	24955	39765	23964	19572	20378
鹿邑县 Luyi	4721	511	19524	40874	28577	27168	16357
新蔡县 Xincai	7174	1311	2873	12936	7873	5271	17020

16-22 续表 continued

单位：万元 (10 000 yuan)

市(县)	City(County)	主营业务成本 Cost of Principal Business	主营业务税金及附加 Taxes and Other Charges on Principal Business	销售费用 Selling Expenses	管理费用 Management Expenses	财务费用 Financial Expenses	营业利润 Operating Profits	利润总额 Total Profits
省辖市	**City**							
郑州市	Zhengzhou	247495	8835	229743	168277	18755	-8343	-2616
开封市	Kaifeng	157540	7029	27945	37441	4676	55152	54369
洛阳市	Luoyang	143568	5003	58653	42175	10038	1383	10111
平顶山市	Pingdingshan	90400	3776	19408	17337	4754	11787	11310
安阳市	Anyang	18142	777	8239	9980	2112	-443	-223
鹤壁市	Hebi	32783	1731	4391	3414	660	2704	2705
新乡市	Xinxiang	37557	1423	14869	12918	3937	894	812
焦作市	Jiaozuo	22195	453	10456	8026	1349	-331	-5
濮阳市	Puyang	27215	1148	6052	5645	1649	2158	3721
许昌市	Xuchang	102964	3722	18309	17990	7397	11436	14645
漯河市	Luohe	78957	2803	3998	4098	1379	15991	16109
三门峡市	Sanmenxia	22751	1113	10808	11199	1331	-608	-795
南阳市	Nanyang	183483	7831	33314	30112	8776	18860	28670
商丘市	Shangqiu	119882	4652	12444	15382	4423	34043	31851
信阳市	Xinyang	108491	6190	22258	20413	6986	31180	28924
周口市	Zhoukou	141316	9729	15637	17238	5360	30763	30439
驻马店市	Zhumadian	134935	4419	16054	16952	2671	25509	24877
济源市	Jiyuan	4786	131	2646	3130	317	47	-116
省直管县	**County Directly Administrated by Province**							
巩义市	Gongyi	9737	347	3635	2681	556	2775	2809
兰考县	Lankao	12189	384	1142	899	358	7988	8042
汝州市	Ruzhou	7043	129	1250	1374	342	825	755
滑县	Huaxian	2339	138	1140	801	56	-17	-14
长垣县	Changyuan	8095	440	3437	2280	713	410	-283
邓州市	Dengzhou	6343	349	717	865	282	1420	1395
永城市	Yongcheng	5151	255	1892	1202	113	569	459
固始县	Gushi	11971	472	3380	2248	868	1436	1657
鹿邑县	Luyi	9499	355	1216	1643	410	3229	3043
新蔡县	Xincai	10952	587	1223	931	273	3053	3053

16-23 各种分组的连锁企业单位数(2017年)
Number of Chain Enterprise By variety of Group (2017)

单位：个 (unit)

指标名称	Item	连锁总店 Head Offices of Chain Store	连锁门店数 Number of Chain Stores	直营店 Under Direct Management	加盟店 Through License Arrangement
批发和零售业	**Wholesale and Retail**	**124**	**6130**	**5199**	**931**
按登记注册类型分	By Status of Registration				
内资企业	Domestic Funded Enterprises	120	5777	4846	931
国有企业	State-owned	8	151	138	13
集体企业	Collective-owned				
有限责任公司	Limited Liability Corporations	56	2305	2202	103
股份有限公司	Share-holding Corporation Ltd	20	1470	1362	108
私营企业	Private	35	1847	1140	707
私营独资企业	Proprietorship	2	51	41	10
私营合伙企业	Partnership	1	30	30	
私营有限责任公司	Limited Liability Corporations	30	1240	681	559
私营股份有限公司	Share-holding Corporation Ltd	2	526	388	138
其他企业	Others	1	4	4	
港、澳、台商投资企业	Enterprises with Funds from Hong Kong, Macao and Taiwan	3	253	253	
外商投资企业	Foreign Funded	1	100	100	
按国民经济行业分	By Sector				
批发业	Wholesale Trades	13	778	778	
食品、饮料及烟草制品批发	Food, drink and tobacco products wholesale	1	35	35	
矿产品、建材及化工产品批发	Minerals, building materials and chemical products wholesale	11	739	739	
机械设备、五金产品及电子产品批发	Mechanical equipment, metal products and electronic products wholesale	1	4	4	
零售业	Retail Trades	111	5352	4421	931
综合零售	Comprehensive retail	41	1460	1032	428
食品、饮料及烟草制品专门零售	Food, drink and tobacco retail	5	502	354	148
纺织、服装及日用品专门零售	Special retail textile, clothing and daily necessities	4	31	26	5
文化、体育用品及器材专门零售	Cultural and sports supplies and equipment retail	5	25	25	
医药及医疗器材专门零售	Pharmaceutical and medical equipment	33	2366	2126	240
汽车、摩托车、燃料及零配件专门零售	Automobiles, motorcycles, fuel and spare parts	8	794	686	108
家用电器及电子产品专门零售	Household appliances and electronic products retail	15	174	172	2
按业态分	By Format				
便利店	Neighbourhood Market	2	124	124	
超市	Supermarker	21	858	430	428
大型超市	large supermarket	15	429	429	
百货店	Department Store	2	19	19	
专业店	Professional Shop	70	4015	3660	355
#加油站	Gas station	19	1533	1425	108
专卖店	Regie Shop	10	593	445	148
住宿和餐饮业	**Hotels and Catering**	**18**	**226**	**225**	**1**
按登记注册类型分	By Status of Registration				
内资企业	Domestic Funded Enterprises	16	112	111	1
有限责任公司	Limited Liability Corporations	6	66	66	
私营企业	Private	10	46	45	1
私营独资企业	proprietorship	1	6	6	
私营有限责任公司	Limited Liability Corporations	9	40	39	1
港、澳、台商投资企业	Enterprises with Funds from Hong Kong, Macao and Taiwan				
外商投资企业	Foreign Funded	2	114	114	
按国民经济行业分	By Sector				
住宿业	Hotels	2	13	13	
旅游饭店	Tourist hotel				
一般旅馆	General hotel	1	11	11	
其他住宿业	Others	1	2	2	
餐饮业	Catering Services	16	217	216	1
正餐服务	Restaurant	12	54	53	1
快餐服务	Fast food	3	159	159	
小吃服务	Snack	1	4	4	

16-24 各种分组的连锁企业基本情况(2017年)
Basic Conditions of Chain Enterprise By variety of Group (2017)

指标名称	Item	营业面积(平方米) Operational Area(sq.m)	从业人数(人) Employed Persons(person)	商品销售总额(万元) Total Sale Value (10 000yuan)	零售额(万元) Retail Sale (10 000yuan)
批发和零售业	**Wholesale and Retail**	**5622721**	**66775**	**8820884**	**7881857**
按登记注册类型分	By Status of Registration				
内资企业	Domestic Funded Enterprises	4592731	58483	7173291	6430142
国有企业	State-owned	57567	1440	134841	122724
集体企业	Collective-owned				
有限责任公司	Limited Liability Corporations	1678161	30453	2138772	2077592
股份有限公司	Share-holding Corporation Ltd	2412658	13214	4256072	3651995
私营企业	Private	440545	13356	642085	576310
私营独资企业	Proprietorship	13438	441	15858	15858
私营合伙企业	Partnership	4500	109	8153	8153
私营有限责任公司	Limited Liability Corporations	360879	10062	530647	473308
私营股份有限公司	Share-holding Corporation Ltd	61728	2744	87427	78991
其他企业	Others	3800	20	1520	1520
港、澳、台商投资企业	Enterprises with Funds from Hong Kong, Macao and Taiwan	803791	7751	1369446	1369446
外商投资企业	Foreign Funded	226199	541	278148	82270
按国民经济行业分	By Sector				
批发业	Wholesale Trades	864584	4655	1831566	1303699
食品、饮料及烟草制品批发	Food, drink and tobacco products wholesale	1812	110	3120	1343
矿产品、建材及化工产品批发	Minerals, building materials and chemical products wholesale	861272	4486	1814645	1293224
机械设备、五金产品及电子产品批发	Mechanical equipment, metal products and electronic products wholesale	1500	59	13802	9131
零售业	Retail Trades	4758137	62120	6989318	6578158
综合零售	Comprehensive retail	2481102	37847	3084218	3019716
食品、饮料及烟草制品专门零售	Food, drink and tobacco retail	51227	2742	91784	91784
纺织、服装及日用品专门零售	Special retail textile, clothing and daily necessities	10104	272	14925	14925
文化、体育用品及器材专门零售	Cultural and sports supplies and equipment retail	16935	813	27477	27477
医药及医疗器材专门零售	Pharmaceutical and medical equipment	363178	12763	519641	506236
汽车、摩托车、燃料及零配件专门零售	Automobiles, motorcycles, fuel and spare parts	1464625	3852	2563669	2280850
家用电器及电子产品专门零售	Household appliances and electronic products retail	370966	3831	687604	637170
按业态分	By Format				
便利店	Neighbourhood Market	34300	841	37972	37972
超市	Supermarker	301072	5920	298921	245674
大型超市	large supermarket	2061930	29519	2683865	2672610
百货店	Department Store	79300	1458	55307	55307
专业店	Professional Shop	3030923	24755	5517861	4643335
#加油站	Gas station	2325897	8338	4378314	3574074
专卖店	Regie Shop	66936	3545	149094	149094
住宿和餐饮业	**Hotels and Catering**	**66506**	**6752**		
按登记注册类型分	By Status of Registration				
内资企业	Domestic Funded Enterprises	39323	2110		
有限责任公司	Limited Liability Corporations	21005	919		
私营企业	Private	18318	1191		
私营独资企业	proprietorship	1886	166		
私营有限责任公司	Limited Liability Corporations	16432	1025		
港、澳、台商投资企业	Enterprises with Funds from Hong Kong, Macao and Taiwan				
外商投资企业	Foreign Funded	27183	4642		
按国民经济行业分	By Sector				
住宿业	Hotels	300	123		
旅游饭店	Tourist hotel				
一般旅馆	General hotel	200	95		
其他住宿业	Others	100	28		
餐饮业	Catering Services	66326	6634		
正餐服务	Restaurant	20343	1249		
快餐服务	Fast food	42183	5306		
小吃服务	Snack	3800	79		

16-25 连锁企业商品购进和配送情况(2017年)
Conditions of Purchase and Delivery of Chain Enterprise (2017)

单位：万元 (10 000 yuan)

指标名称	Item	商品购进总额 Total Purchases	统一配送商品购进额 Centralized Pruchase and Delivery	自有配送中心配送商品购进额 Self Centralized Purchase and Delivery	非自有配送中心配送商品购进额 Non-self Centralized Purchase and Delivery
批发和零售业	**Wholesale and Retail**	**7968754**	**4397394**	**2399800**	**259526**
按登记注册类型分	By Status of Registration				
内资企业	Domestic Funded Enterprises	6934894	4094161	2210977	145115
国有企业	State-owned	118686	91773	19166	138
集体企业	Collective-owned				
有限责任公司	Limited Liability Corporations	1886548	1498317	895025	136527
股份有限公司	Share-holding Corporation Ltd	4439958	2062417	1144576	
私营企业	Private	488281	440234	152210	8450
私营独资企业	Proprietorship	11192	4292	4292	
私营合伙企业	Partnership	7774	7774	7774	
私营有限责任公司	Limited Liability Corporations	379058	338709	140145	8450
私营股份有限公司	Share-holding Corporation Ltd	90259	89461		
其他企业	Others	1421	1421		
港、澳、台商投资企业	Enterprises with Funds from Hong Kong, Macao and Taiwan	847872	117245	2835	114410
外商投资企业	Foreign Funded	185988	185988	185988	
按国民经济行业分	By Sector				
批发业	Wholesale Trades	1730499	1085344	501401	
食品、饮料及烟草制品批发	Food, drink and tobacco products wholesale	2591	2591	2591	
矿产品、建材及化工产品批发	Minerals, building materials and chemical products wholesale	1715231	1070076	498809	
机械设备、五金产品及电子产品批发	Mechanical equipment, metal products and electronic products wholesale	12676	12676		
零售业	Retail Trades	6238255	3312051	1898399	259526
综合零售	Comprehensive retail	2275394	1089976	594475	119101
食品、饮料及烟草制品专门零售	Food, drink and tobacco retail	105957	104177	7275	7442
纺织、服装及日用品专门零售	Special retail textile, clothing and daily necessities	9519	9519	2835	
文化、体育用品及器材专门零售	Cultural and sports supplies and equipment retail	23755	13669	8389	
医药及医疗器材专门零售	Pharmaceutical and medical equipment	411733	398716	109220	132983
汽车、摩托车、燃料及零配件专门零售	Automobiles, motorcycles, fuel and spare parts	2744557	1230724	831754	
家用电器及电子产品专门零售	Household appliances and electronic products retail	667340	465270	344451	
按业态分	By Format				
便利店	Neighbourhood Market	34353	34353	14127	
超市	Supermarker	234101	171176	71994	4553
大型超市	large supermarket	1951153	855808	483505	114548
百货店	Department Store	48013	20865	17076	
专业店	Professional Shop	5481115	3101374	1726736	140425
其中：加油站	Gas station	4459788	2300800	1330563	
专卖店	Regie Shop	149009	143302	17263	
住宿和餐饮业	**Hotels and Catering**	**54930**	**49802**		**1942**
按登记注册类型分	By Status of Registration				
内资企业	Domestic Funded Enterprises	20092	14964		1942
有限责任公司	Limited Liability Corporations	12630	8315		
私营企业	Private	7462	6649		1942
私营独资企业	proprietorship	489			
私营有限责任公司	Limited Liability Corporations	6973	6649		1942
港、澳、台商投资企业	Enterprises with Funds from Hong Kong, Macao and Taiwan				
外商投资企业	Foreign Funded	34838	34838		
按国民经济行业分	By Sector				
住宿业	Hotels	1980	1730	250	
旅游饭店	Tourist hotel				
一般旅馆	General hotel	1200	950	250	
其他住宿业	Others	780	780		
餐饮业	Catering Services	54753	49635		1942
正餐服务	Restaurant	11286	6676		1942
快餐服务	Fast food	42959	42959		
小吃服务	Snack	509			

16-26 各种分组的住宿餐饮业连锁企业主要指标(2017年)

Main Indicators of Chain Hotels and Catering Services Enterprise By variety of Group (2017)

指标名称	Item	客房数(间) Number of Rooms (unit)	床位数(个) Number of Beds (unit)	餐位数(位) Numbers of Seats in Restaurant (unit)	营业额(万元) Bussiness revinue (10 000yuan)	餐费收入(万元) From Meals (10 000yuan)
总　计	**Total**	**1230**	**2880**	**30129**	**114432**	**110281**
按登记注册类型分	By Status of Registration					
内资企业	Domestic Funded Enterprises	1230	2880	14749	48083	43933
有限责任公司	Limited Liability Corporations	1000	2500	8685	36242	32616
私营企业	Private	230	380	6064	11841	11317
私营独资企业	proprietorship			459	840	840
私营有限责任公司	Limited Liability Corporations	230	380	5605	11002	10478
港、澳、台商投资企业	Enterprises with Funds from Hong Kong, Macao and Taiwan					
外商投资企业	Foreign Funded			15380	66349	66349
按国民经济行业分	By Sector					
住宿业	Hotels	1330	3380	350	2800	20
旅游饭店	Tourist hotel					
一般旅馆	General hotel	1100	3000	300	2412	20
其他住宿业	Others	230	380	50	388	
餐饮业	Catering Services			29879	110440	110241
正餐服务	Restaurant			6799	16931	16798
快餐服务	Fast food			22380	92435	92435
小吃服务	Snack			700	1074	1008

16-27 亿元以上商品交易市场情况

Statistics on Commodity Exchange Market of Turnover above 100 million yuan

类别	Type	2016		2017	
		摊位数量（个）Number of Booths (unit)	成交额（亿元）Total Turnover (100 million yuan)	摊位数量（个）Number of Booths (unit)	成交额（亿元）Total Turnover (100 million yuan)
总计	**Total**	**120935**	**3573.04**	**122514**	**3623.88**
粮油、食品类	Food	30080	1729.95	33335	1810.75
#粮油类	Grain,Edible Oil, Fruits, Vegetables	4327	239.24	3503	288.99
肉禽蛋类	Meat, Poultry and Eggs	3372	146.70	2436	129.04
水产品类	Aquatic Products	4056	297.15	3502	348.31
蔬菜类	Vegetables	12148	541.60	13568	548.64
干鲜果品类	Dried and Fresh Melons and Fruits	5638	499.17	3537	343.16
饮料类	Beverages	1788	35.64	1719	40.22
烟酒类	Tobacco and Liquor	2123	24.95	1917	25.33
服装、鞋帽、针纺织品类	Garments,Footwears, Hats, Kintwear and Textiles	32958	256.94	32521	263.77
服装类	Clothing	21476	166.40	21759	176.66
鞋帽类	Shoes and Hats	6005	55.44	5439	56.54
针纺织品类	Knitwear and Textiles	5477	35.10	5323	30.57
化妆品类	Cosmetics	1216	9.99	1339	9.80
金银珠宝类	Gold,Silver and Fewelry	195	7.99	238	9.12
日用品类	Articles for Daily Use	5598	25.35	5978	24.92
儿童玩具类	Childern toys	924	3.56	1232	3.72
五金、电料类	Hardware and Electrical Materials	5265	84.80	5268	88.23
体育、娱乐用品类	Sports & Recreation Articles	748	5.40	788	5.49
书报杂志类	Newspapers and Magazines	529	2.22	528	2.14
电子出版物及音像制品类	E-journals and Video Products	547	2.49	547	2.50
家用电器和音像器材类	Household Appliances and Video Appliances	2311	55.71	2428	57.35
中西药品类	Traditional Chinese and Western Medicines	2795	37.26	1108	42.32
#西药类	Western Medicines	145	0.69	141	0.63
中草药及中成药类	Traditional Chinese l Medicines	2647	36.57	956	41.64
文化办公用品类	Cultural and Official Appliances	3751	39.54	3840	41.43
家具类	Furniture	2515	63.62	2909	71.48
通讯器材类	Communication Appliances	503	38.62	472	31.68
煤炭及制品类	Coal and Related Products	55	0.08	11	0.03
木材及制品类	Wood and Wooden Products	318	20.89	203	18.65
石油及制品类	Petroleum and Related Products	970	12.17	920	15.67
化工材料及制品类	Chemical Materials and Related Products	1803	8.20	822	5.08
#化肥类	Fertilizers	756	5.17	194	3.37
金属材料类	Metals Materials	3212	582.16	3066	506.42
建筑及装潢材料类	Building and Decoration Materials	9641	237.85	10563	224.30
机电产品及设备类	Mechanical & Electrical Products	1476	19.96	1471	18.91
#农机类	Agricultural Machineries	308	9.76	285	8.81
汽车类	Automobiles	1819	104.68	2234	139.59
种子饲料类	Seeds and Feedstuff	573	8.29	243	1.14
棉麻类	Cotton and Hemp	107	4.56	11	0.01
其他类	Others	8039	153.75	8035	167.51

16-28 各市亿元以上商品交易市场情况
Statistics on Commodity Exchange Market of Turnover above 100 million yuan by City

市(县) City(County)	2016		2017	
	摊位数量(个) Number of Booths (unit)	成交额(亿元) Total Turnover (100 million yuan)	摊位数量(个) Number of Booths (unit)	成交额(亿元) Total Turnover (100 million yuan)
省辖市 City				
郑州市 Zhengzhou	36952	1430.65	37984	1506.73
开封市 Kaifeng	4601	31.69	4415	31.79
洛阳市 Luoyang	12695	333.29	12390	367.83
平顶山市 Pingdingshan	1904	19.66	1998	13.45
安阳市 Anyang	630	12.22	570	10.03
鹤壁市 Hebi	474	21.68	444	23.06
新乡市 Xinxiang	4857	71.13	4863	61.58
焦作市 Jiaozuo	590	1.02	2092	22.10
濮阳市 Puyang				
许昌市 Xuchang	7263	539.83	5494	489.73
漯河市 Luohe	4521	33.68	5300	35.67
三门峡市 Sanmenxia	269	6.57	279	6.72
南阳市 Nanyang	12359	261.78	8458	203.64
商丘市 Shangqiu	9756	504.82	13912	523.33
信阳市 Xinyang	2171	26.46	2151	28.51
周口市 Zhoukou	4135	97.29	4293	114.04
驻马店市 Zhumadian	5948	95.23	6016	102.88
济源市 Jiyuan	2891	19.01	2911	13.49
省直管县 County Directly Administrated by Province				
巩义市 Gongyi				
兰考县 Lankao				
汝州市 Ruzhou	41	1.34	42	1.34
滑县 Huaxian				
长垣县 Changyuan	290	6.13	306	6.34
邓州市 Dengzhou	2695	38.06	2695	39.25
永城市 Yongcheng	987	10.10	1004	10.42
固始县 Gushi	4422	6.15	4413	6.54
鹿邑县 Luyi				
新蔡县 Xincai	484	5.26	484	5.39

主要统计指标解释

社会消费品零售总额 指企业（单位、个体户）通过交易直接售给个人、社会集团非生产、非经营用的实物商品金额，以及提供餐饮服务所取得的收入金额。个人包括城乡居民和入境人员，社会集团包括机关、社会团体、部队、学校、企事业单位、居委会或村委会等。

批发业 指向其他批发或零售单位（含个体经营者）及其他企事业单位、机关团体等批量销售生活用品、生产资料的活动，以及从事进出口贸易和贸易经纪与代理的活动，包括拥有货物所有权，并以本单位(公司)的名义进行交易活动,也包括不拥有货物的所有权，收取佣金的商品代理、商品代售活动；还包括各类商品批发市场中固定摊位的批发活动，以及以销售为目的的收购活动。

零售业 指百货商店、超级市场、专门零售商店、品牌专卖店、售货摊等主要面向最终消费者（如居民等）的销售活动，以互联网、邮政、电话、售货机等方式的销售活动，还包括在同一地点，后面加工生产，前面销售的店铺（如面包房）；谷物、种子、饲料、牲畜、矿产品、生产用原料、化工原料、农用化工产品、机械设备（乘用车、计算机及通信设备除外）等生产资料的销售不作为零售活动；多数零售商对其销售的货物拥有所有权，但有些则是充当委托人的代理人，进行委托销售或以收取佣金的方式进行销售。

批发和零售业商品购进、销售、库存额 指各种登记注册类型的批发和零售业企业(单位)以本企业(单位)为总体的，从国内、国外市场购进的商品总量，销售和出口的商品总量，库存的商品总量等情况。该指标可以反映商品流转过程中商品的购进、销售、库存之间的比例关系和存在的问题。

商品购进额 指从本企业以外的单位和个人购进（包括从国外直接进口）作为转卖或加工后转卖的商品金额（含增值税）。商品购进包括：（1）从工农业生产者、批发和零售业企业、住宿和餐饮业企业、出版社或报社的出版发行部门和其他服务业企业购进的商品；（2）从机关团体、事业单位购进的商品；（3）从海关、市场管理部门购进的缉私和没收的商品；（4）从居民收购的废旧商品等。不包括：（1）企业为本单位自身经营用，不是作为转卖而购进的商品，如材料物资、包装物、低值易耗品、办公用品等；（2）未通过买卖行为而收入的商品，如接受其他部门移交的商品、借入的商品、收入代其他单位保管的商品、其他单位赠送的样品、加工回收的成品等；（3）经本单位介绍，由买卖双方直接结算，本单位只收取手续费的业务；（4）销售退回和买方拒付货款的商品；（5）商品溢余。

商品销售额 指对本单位以外的单位和个人出售的商品金额（包括售给本单位消费用的商品，含增值税）。商品销售包括（1）售给城乡居民和社会集团消费用的商品；（2）售给农业、工业、建筑业、服务业等国民经济各行业用于生产、经营用的商品，包括售予批发和零售业作为转卖或加工后转卖的商品；（3）对国（境）外直接出口的商品。不包括：（1）未通过买卖行为付出的商品，如随机构变动移交给其他企业单位的商品、借出的商品、归还受其他单位委托代保管的商品、付出的加工原料和赠送给其他单位的样品等；（2）经本单位介绍，由买卖双方直接结算，本单位只收取手续费的业务；（3）购货退回的商品；（4）商品损耗和损失；（5）出售本单位自用的废旧物资。

商品库存额 对于批发和零售业法人单位和个体经营户，是指报告期末取得所有权的全部商品金额（含增值税）；对于批发和零售业产业活动单位，是指报告期末实际在库且归属法人具有所有权的全部商品金额（含增值税）。库存商品包括：(1)存放在本单位(如门市部、批发站、采购站、经营处)的仓库、货场、货柜和货架中的商品；(2)挑选、整理、包装中的商品；(3)已记入购进而尚未运到本单位的商品，即发货单或银行承兑凭证已到而货未到的商品；(4)寄放他处的商品，如因购货方拒绝付款而暂时存在购货方的商品；(5)委托其他单位代销(未作销售或调出)尚未售出的商品；(6)代其他单位购进尚未交付的商品。不包括：所有权不属于本单位的商品；委托外单位加工的商品；外贸企业代理其他单位从国外进口，尚未付给订货单位的商品；代国家储备部门保管的商品。

连锁总店（总部） 指负责连锁企业资源（商号、商誉、经营模式、服务标准、管理模式等等）的开发、配置、控制或使用等功能的企业核心管理机构。连锁经营是指经营同类商品或服务，使用统一商号的若干店铺，在同一总店（总部）的管理下，采取统一采购或特许经营等方式，实现规模效益的组织形式，包括直营连锁、特许连锁和自愿连锁三种形式。其中，直营连锁是指连锁店铺由连锁公司全资或控股开设，在总部的直接控制下，开展统一经营的连锁经营形式；特许连锁是指拥有注册商标、企业标志、专利、专有技术等经营资源的企业（特许人），以合同形式将其拥有的经营资源许可其他经营者（被特许人）使用，被特许人按合同约定在统一的经营模式下开展经营，并向特许人支付特许经营费用的连锁经营形式；自愿连锁是指若干个店铺或企业自愿组合起来，在不改变各自资产所有权关系的情况下，以同一个品牌形象面对消费者，以共同进货为纽带开展的连锁经营形式。

亿元以上商品交易市场 指年成交额在亿元及以上的商品交易市场。商品交易市场是指经有关部门和组织批准设立，有固定场所、设施，有经营管理部门和监管人员，若干市场经营者入内，常年或实际开业三个月以上，集中、公开、独立地进行生活消费品、生产资料等现货商品交易以及提供相关服务的交易场所，包括各类消费品市场、生产资料市场等。

住宿业 指为旅行者提供短期留宿场所的活动，有些单位只提供住宿，也有些单位提供住宿、饮食、商务、娱乐一体的服务，不包括主要按月或按年长期出租房屋住所的活动。

餐饮业 指通过即时制作加工、商业销售和服务性劳动等，向消费者提供食品和消费场所及设施的服务。

营业额 指住宿和餐饮业单位在经营活动中因提供服务或销售商品等取得的收入。包括：客房收入、餐费收入、商品销售额（含增值税）和其他收入。其中，客房收入指住宿和餐饮业单位在经营活动中因提供住宿服务取得的收入。餐费收入指本单位为顾客提供就餐服务取得的收入，包括：经烹饪、调制加工后出售的各种食品，如主食、炒菜、凉拌菜等的收入。

Explanatory Notes on Main Statistical Indicators

Total Retail Sales of Consumer Goods refer to the amount obtained by enterprises (units, self-employed individuals) through direct sales of non-production and non-business physical commodity to individuals, social institutions, and revenue from providing catering services. Individuals include rural and urban households, population from abroad, social institutions include government agencies, social organizations, military units, schools, institutions, neighbourhood (village) committees.

Wholesale Trade refers to the activities of selling wholesale commodities for daily use and capital goods to enterprises of wholesale and retail trades (including self-employed individuals) and other enterprises, institutions and government organs and organizations, and the activities of engaging in import and export and acting as a trade agent. The wholesaler may have the ownership of the commodities for wholesale and trade in the name of its own (a company), and the wholesaler can act as commission agent or commodity broker without the ownership of commodities. Also included are the wholesale activities at the fixed stalls in wholesale market and the acquisition for sales purpose.

Retail Trade refers to the activities of department store, supermarket, franchised store, brand store, retail stall and on-the-spot-making-selling store selling commodities to the final consumers (residents) by any means including internet, post, telephone, sales machine. It also includes shops with sales and production localted in the same places (such as bakeries). Retail trade excludes the activities of sales of capital goods such as grain, seed, feed, livestock, mineral products, raw material for production, industrial chemicals, chemical products for agricultural use, machine and equipment (excluding vehicles, computers and communication equipment). Most retailers have the ownership of commodities to sell, but some are acting as agents or brokers to make transactions for a commission.

Purchase, Sales and Stock of Commodities by Wholesale and Retail Trades refer to the total volume of commodities purchased, total volume of sales and exports, and the stock of commodities by wholesale and retail enterprises (establishments) of different status of registration from domestic and overseas markets. This indicator reflects the relationship among purchase, sales and stock of commodities in the circulation of goods and reveals the existing problems.

Total Purchases of Commodities refer to the total value of purchases of commodities by enterprises (establishments) from other establishments or individuals (including direct import from abroad) for the purpose of re-selling, either with or without further processing of the commodities purchased. The commodities include: (1) commodities purchased from agricultural and industrial producer, wholesaler, retailer, publishing house and other service business; (2) commodities purchased from institutions and government departments; (3) confiscated goods purchased from the customs authorities or market management agencies; (4) second-hand goods and wastes purchased from residents; The commodities exclude (1) commodities purchased by enterprises (establishments) for use in their own business operation, commodities obtained without buying or selling procedures such as materials, consumable goods of low value, office appliance, etc. (2) received goods without trading, such as goods handed over from others, borrowed goods, preserved goods for others, donated goods from others, processed and retrieved goods, etc. (3) goods of direct settlement between buyer and seller with handling fees introduced by others, (4) goods returned or refused to pay by the buyer, (5) excessive goods.

Total Sales of Commodities refer to value of commodities sold by the establishments to other establishments and individuals (including goods sold for self consumption, including the value-added tax). The commodities include: (1) commodities sold to urban and rural residents and social groups for their consumption; (2) commodities sold to establishments in all industries for their production and operation, including agriculture, industry, construction, and catering services including commodities sold to wholesale and retail establishments for re-selling, with or without further processing; and (3) commodities for direct export to abroad.

Excluded are (1) extended commodities without trading, such as goods handed over to other enterprises and institutions because of the change of organizations, lent goods, returned goods preserved for others, extended processing materials and samples donated to others, (2) goods of direct settlement between buyer and seller with handling fees introduced by others, (3) goods returned after purchase, (4) damaged and spoiled goods, (5) waste and used goods of self use,

Total Stock of Commodities For the legal entities and self-employed individuals engaged in wholesale and retail trade, it refers to total value (including VAT) of commodities possessed at the end of the reference period; and for wholesale and retail establishments, it refers to the value (including VAT) of all commodities actually in stock and owned by their legal persons at the end of reference period. The commodities in stock includes: (1) commodities located in storage, garages, counters, and shelves of operating places of wholesale and retail trades (such as sale stores, wholesale centres, procurement stations and operating offices); (2) commodities in the process of being selected, sorted, and packed; (3) commodities not arrived but recorded as purchase in the account, i.e. commodities not arrived but payment receipts for the commodities from the sellers or the banks arrived; (4) commodities deposited in other places rather than places mentioned above, for instance: commodities in the hold of purchasers temporarily due to the refusal of payment; (5) commodities entrusted to other units to sell but not sold yet; (6) commodities purchased for other units but not delivered yet. Commodities not included as stock are those not owned by the enterprises (units), commodities on commission for processing, imported commodities of agency of foreign trade enterprise but not yet delivered to ordering units and finally those put in stock on behalf of the state reserves units.

Chain Head Stores (headquarter) refer to the core leading stores responsible for development, allocation, administration and utilization of resources (name of stores, brand of stores, operation model, service standard, management way, etc.) of chain stores. Chain stores refers to the stores engaged in providing homogeneous commodities or services, with the central leadership of head store (headquarters) and guided by common policies, conduct centralized purchase and distributed selling of commodities, in order to gain better efficiency through standardized operation. The chain stores include regular chain stores, franchise chain stores and voluntary chain stores.

Regular Chain store refers to chain stores that are invested or controlled by the headquarters. They operate under direct and unified management from the headquarters.

Franchise chain store refers to the chain stores (franchisees) which are franchised with operation resources such as trade marks, names, patent and operation know-how by the franchisors in form of contract and pay the operation fees to the franchisors.

Voluntary chain store refers to the stores operate jointly on the voluntary bases while maintaining their status of independent legal entities with full ownership of their assets. They sell goods of same brand from same channel of resource to the consumers.

Large Commodity Markets with Transaction Value over 100 Million Yuan refers to the commodity markets with an annual transaction at and above 100 million. The commodity market refers to the markets approved and managed by related departments, where there are fixed sites, facilities, managers and administration offices, where there are a certain number of traders to operate for three month and above or all the year, where the commodities including the articles for daily consumption and capital goods and services are traded in a centralized, independent and open way. Such market includes markets of daily goods and market of capital goods, etc.

Hotel Services refer to the accommodation services provided to visitors. Some units may provide only accommodation while others provide a combination of accommodation, meals, business services and/or recreational facilities. It excludes activities related to the provision of long-term primary residences in facilities such as apartments typically leased on a monthly or annual basis.

Catering Services refer to the activities of providing foods, serving locations and facilities to customers through instant processing, commercial sales and service-type labor.

Business Revenue refers to revenue of hotels and catering services received from providing services or selling commodities through business activities, including income from hotels, from catering services, from selling of commodities (including VAT) and from other services. Income from hotels refers to income of hotels and catering services by providing lodging services through business activities. Income from catering services refers to income from providing catering services, including selling of cooked or prepared foods, such as staple food, cooked dishes, or cold dishes.

金融业
Financial Intermediation

17

◉ 资料整理：赵国顺

简要说明

一、主要内容

本篇包括金融机构、证券业、保险业和国债发行情况资料。

二、资料来源

金融机构和国债发行情况资料来源于中国人民银行郑州中心支行。证券业资料来源于河南证监局。保险业资料来源于河南保监局。本篇资料由河南省统计局国民经济核算处编辑整理。

Brief Introduction

I. Main Contents

Data in this chapter including four aspects: the financial activities of the financial institutions; the situations of the securities industry; the situation regarding the insurance business and the situation regarding the issuance of treasury bonds.

II. Sources of Data

Data on financial institutions and issuance of treasury bonds are calculated from The People's Bank of China and Zhengzhou Central Sub-branch. Data on securities industry are calculated from Henan provincial Securities Regulatory Commission. Data on insurance business are calculated from Henan provincial Insurance Regulatory. Data on this chapter are provided of Department of National Accounts of the Henan provincial Bureau of Statistics.

17-1 金融机构和保险业主要指标

Main Indicators of Financial Institutions and Insurance

单位：亿元 (100 million yuan)

年份 Year	金融机构人民币存款年底余额 Total Saving Deposit Balance	金融机构人民币贷款年底余额 Total Loan Balance	#短期 Short-term	#中长期 Medium-term & Long-term	保险公司保费收入 Premium Income of Insarance Companies	保险公司赔款及给付 Claim & Payment of Insarance Companies
1978	45.71	99.99				
1979	52.00	108.14				
1980	57.77	125.01				
1981	68.45	146.42				
1982	74.08	153.73				
1983	88.10	174.83				
1984	136.84	229.88				
1985	146.42	284.91				
1986	184.66	350.21				
1987	231.71	392.32				
1988	270.67	447.99				
1989	329.01	511.90				
1990	593.96	773.04			6.57	3.18
1991	754.03	945.90			8.47	4.49
1992	936.04	1127.26			13.65	5.46
1993	1143.66	1366.98			18.48	7.55
1994	1602.95	1704.82			21.03	11.89
1995	2131.69	2170.17			25.57	11.47
1996	2707.65	2665.41			26.87	15.23
1997	3271.76	3320.89			34.84	16.02
1998	3772.51	3878.53			44.92	17.78
1999	4198.10	4179.51			47.89	15.83
2000	4753.41	4356.94	3114.58	1057.50	55.77	17.30
2001	5530.16	4885.73	3336.16	1447.99	69.57	21.85
2002	6451.59	5553.58	3673.39	1702.63	126.22	22.68
2003	7618.03	6422.66	4025.08	2138.16	162.98	27.53
2004	8631.79	7092.31	4200.53	2487.19	202.05	33.84
2005	10003.96	7434.53	4088.16	2736.63	213.55	38.16
2006	11492.55	8567.33	4731.54	3259.90	252.31	50.98
2007	12576.42	9545.48	5213.08	3800.96	323.56	100.88
2008	15255.42	10368.05	5180.84	4302.41	518.92	128.77
2009	19175.06	13437.43	6016.17	6066.05	565.39	148.23
2010	23148.83	15871.32	6995.81	7806.31	793.28	153.91
2011	26646.15	17506.24	8273.66	8690.17	839.82	171.14
2012	31970.43	20301.72	9977.52	9608.35	841.13	199.55
2013	37591.70	23511.41	11823.35	11029.60	916.52	279.75
2014	41374.91	27228.27	12801.98	13625.90	1036.08	324.03
2015	47629.91	31432.62	13763.71	16416.30	1248.76	447.71
2016	53977.62	36501.17	14253.21	20570.22	1555.15	548.03
2017	59068.66	41743.31	14528.69	25748.37	2020.07	625.86

注：各项存款、贷款年底余额1989年及以前为国家银行口径，1990年以后为金融机构口径。

a) The balance of Deposits and loans before 1998 are measured by statistics of state-owned banks, otherwise, after 1990, they are evaluated by data from financial institutions.

17-2 金融机构人民币存贷款情况

Deposits and Loans of Financial Institutions

单位：亿元 (100 million yuan)

项　目	Item	2016	2017
各项存款	**Deposits**	**53977.62**	**59068.66**
境内存款	Domestic Savings	53967.08	59054.05
住户存款	Household Savings	29421.19	32279.05
非金融企业存款	Non-financial Corporate Deposits	14845.34	15802.07
广义政府存款	General Government Deposits	7883.48	8856.32
非银行业金融机构存款	Non-banking Financial Institutions Deposits	1817.07	2116.61
境外存款	Overseas Deposits	10.54	14.61
各项贷款	**Loans**	**36501.17**	**41743.31**
境内贷款	Domestic Loans	36500.22	41737.93
住户贷款	Households Loans	12556.75	15251.08
短期贷款	Short-term Loans	3605.26	3640.44
中长期贷款	Medium and Long-term Loans	8951.49	11610.64
非金融企业及机关团体贷款	Non-financial Companies and Organizations Loans	23943.46	26485.86
非银行业金融机构贷款	Non-banking Financial Institutions Loans		1.00
境外贷款	Foreign Loans	0.95	5.38

17-3 各类银行人民币存贷款情况（2017年）

Deposits and Loans of Financial Institutions (2017)

单位：亿元 (100 million yuan)

项目	Item	大型银行 Large Banks	中小型银行 Small and Medium Banks	区域性中小型银行 Urban Commercial Banks	农村信用社 Rural Credit Cooperatives
各项存款	**Deposits**	**29649.34**	**7395.46**	**16155.64**	**4949.41**
境内存款	Domestic Savings	29639.81	7390.46	16155.57	4949.41
个人存款	Individual Deposit	18423.56	1176.48	8550.36	4127.73
单位存款	Unit Deposit	10643.99	5462.89	6539.63	806.93
国库定期存款	Treasury deposit	84.33	43.71	95.09	
非存款类金融机构存款	Financial Institutions Deposits	487.93	707.38	970.49	14.75
境外存款	Overseas Deposits	9.53	5.00	0.06	
各项贷款	**Loans**	**20562.87**	**8577.67**	**9229.33**	**2616.08**
境内贷款	Domestic Loans	20562.36	8572.88	9229.25	2616.08
短期贷款	Short-term Loans	3604.09	4284.50	5148.00	1278.51
#个人贷款及透支	Personal Loans and Overdrafts	944.04	563.53	1548.04	584.82
#个人消费贷款	Personal Consumption Loans	762.67	261.72	225.28	47.17
单位贷款及透支	Unit Loans and Overdrafts	2660.05	3717.97	3573.96	689.68
中长期贷款	Medium-term & Long-term Loans	16408.81	4085.91	3700.24	1329.27
个人贷款	Personal Loan	7730.05	1644.56	1589.29	644.33
#个人消费贷款	Personal Consumption Loans	7239.27	1377.60	878.68	228.77
单位贷款	Unit Loans	8678.75	2441.35	2110.90	684.93
票据融资	Bill Financing	545.20	186.50	367.97	8.31
融资租赁	Financing Lease				
各项垫款	Advance Payment	4.26	15.97	13.04	
境外贷款	Foreign Loans	0.51	4.79	0.08	

17-4 各市金融机构贷款年底余额
Loans of Financial Institutions by City

单位：亿元 (100 million yuan)

市(县) City(County)	2016	#短期 Short-term	#中长期 Medium-term & Long-term	2017	#短期 Short-term	#中长期 Medium-term & Long-term
省辖市 City						
郑州市 Zhengzhou	15422.39	3971.16	10850.81	17992.36	4227.77	13313.38
开封市 Kaifeng	1188.54	471.30	685.02	1367.35	471.89	873.07
洛阳市 Luoyang	3011.90	1322.12	1235.62	3474.28	1377.98	1668.61
平顶山市 Pingdingshan	1589.41	823.14	598.46	1726.51	844.32	733.28
安阳市 Anyang	1160.79	541.63	548.81	1300.88	529.11	702.53
鹤壁市 Hebi	536.83	238.57	295.54	593.15	248.96	340.66
新乡市 Xinxiang	1339.54	566.18	748.55	1503.72	555.53	918.27
焦作市 Jiaozuo	1087.24	475.63	553.51	1223.50	530.14	641.17
濮阳市 Puyang	635.79	275.18	355.32	744.32	248.93	483.15
许昌市 Xuchang	1464.22	820.40	607.76	1614.81	803.35	785.53
漯河市 Luohe	641.23	376.12	253.27	713.56	382.31	319.49
三门峡市 Sanmenxia	701.12	388.72	283.51	771.18	371.89	366.67
南阳市 Nanyang	1885.33	1099.55	733.33	2127.95	1125.59	948.63
商丘市 Shangqiu	1288.55	671.92	595.44	1432.19	674.70	728.57
信阳市 Xinyang	1442.69	706.87	721.40	1582.19	703.64	867.97
周口市 Zhoukou	976.40	545.14	421.49	1098.66	550.78	538.79
驻马店市 Zhumadian	1227.64	539.13	674.62	1418.63	577.67	836.82
济源市 Jiyuan	258.04	134.36	76.89	274.72	150.51	89.73
省直管县 County Directly Administrated by Province						
巩义市 Gongyi	207.55	108.91	98.42	229.41	105.68	122.14
兰考县 Lankao	117.12	41.85	74.78	149.80	45.80	104.00
汝州市 Ruzhou	173.84	114.95	58.64	206.73	130.46	76.13
滑县 Huaxian	106.15	41.10	65.05	120.07	37.10	82.97
长垣县 Changyuan	182.56	79.60	102.23	194.30	77.23	116.58
邓州市 Dengzhou	166.36	113.55	52.81	194.80	120.90	73.82
永城市 Yongcheng	258.30	138.67	118.63	277.64	156.46	115.46
固始县 Gushi	167.47	112.74	54.73	175.40	115.28	60.11
鹿邑县 Luyi	100.18	52.33	47.85	110.97	48.31	62.66
新蔡县 Xincai	76.87	39.54	37.32	86.60	48.33	38.27

17-5 个人贷款总额
Total Amount of Personal Loans

单位：亿元 (100 million yuan)

指标	Indicators	2005	2009	2010	2013	2014	2015	2016	2017
个人贷款总额	**Total Amount of Personal Loans**	**377.79**	**1229.86**	**1898.14**	**4022.70**	**4658.82**	**5961.59**	**8377.37**	**11021.18**
个人消费贷款	Personal Consumption Loan	347.30	1044.37	1623.94	3413.66	4658.82	5961.59	8377.37	11021.18
#个人住房贷款	Housing Mortgage Loan	269.71	829.03	1257.00	2687.08	3606.34	4719.70	6976.82	9054.72
汽车消费贷款	Car Consumption Loan	41.02	47.24	68.09	58.56	67.10	71.49	78.92	79.65
个人住房贷款占个人消费贷款额比重(%)	**Percentage of Housing Mortgage Loan in Personal Consumption Loan (%)**	**77.7**	**79.4**	**77.4**	**78.7**	**77.4**	**79.2**	**83.3**	**82.2**

注：2014年以后数据不含公积金贷款。

a) Data since 2014 do not include provident fund loans.

17-6 人民币一年期存贷款利率

Official Interest Rates of RMB Deposits and Loans of Financial Institutions

单位：年利率 %

(annual interest rate %)

执行日期 Ajust Time	金融机构 存款基准利率 Official Interest Rates of Deposits of Financial Institutions	金融机构 贷款基准利率 Official Interest Rates of Loans of Financial Institutions	中央银行对金融机构 贷款基准利率 Official Interest Rates of Loans of Central Bank
1978	3.24	5.04	
1980	3.96-5.76	5.04	
1985	5.40-7.20	3.60-7.92	
1990.01.01	11.34	11.34	
1990.04.15	10.08	10.08	
1990.08.21	8.64	9.36	
1991.04.21	7.56	8.64	
1993.05.15	9.18	9.36	
1993.07.11	10.98	10.98	
1995.07.01	10.98	12.06	
1996.05.01	9.18	10.98	10.98
1996.08.23	7.47	10.08	10.62
1997.10.23	5.67	8.64	9.36
1998.03.25	5.22	7.92	7.92
1998.07.01	4.77	6.93	5.67
1998.12.07	3.78	6.39	5.13
1999.06.10	2.25	5.85	3.78
2002.02.21	1.98	5.31	3.24
2004.03.25	1.98	5.31	3.87
2004.10.29	2.25	5.58	3.87
2006.04.28	2.25	5.85	3.87
2006.08.19	2.52	6.12	3.87
2007.03.18	2.79	6.39	3.87
2007.05.19	3.06	6.57	3.87
2007.07.21	3.33	6.84	3.87
2007.08.22	3.60	7.02	3.87
2007.09.15	3.87	7.29	3.87
2007.12.21	4.14	7.47	3.87
2008.01.01	4.14	7.47	4.68
2008.09.16	4.14	7.20	4.68
2008.10.09	3.87	6.93	4.68
2008.10.30	3.60	6.66	4.68
2008.11.27	2.52	5.58	3.60
2008.12.23	2.25	5.31	3.33
2010.10.20	2.50	5.56	3.33
2010.12.26	2.75	5.81	3.85
2011.02.09	3.00	6.06	3.85
2011.04.06	3.25	6.31	3.85
2011.07.07	3.50	6.56	3.85
2012.06.08	3.25	6.31	3.85
2012.07.06	3.00	6.00	3.85
2014.11.22	2.75	5.60	3.85
2015.03.01	2.50	5.35	3.85
2015.05.11	2.25	5.10	3.85
2015.06.28	2.00	4.85	3.85
2015.08.26	1.75	4.60	3.85
2015.10.24	1.50	4.35	3.60

17-7 各市证券交易额
Stock Turnover by City

单位：亿元 (100 million yuan)

市 City	2009	2010	2011	2012	2013	2014	2015	2016	2017
全省 Total	**26443.67**	**25065.78**	**19873.60**	**15987.46**	**18586.20**	**36532.64**	**100578.31**	**51654.18**	**72737.71**
省辖市 City									
郑州市 Zhengzhou	14739.50	13928.78	11176.51	9241.54	10132.35	21409.34	54869.28	27571.06	41781.82
开封市 Kaifeng	558.49	577.66	445.92	315.76	441.43	730.87	2295.89	1270.85	1370.79
洛阳市 Luoyang	2431.37	2387.21	1886.47	1433.71	1830.23	3413.54	10204.13	5449.89	7248.30
平顶山市 Pingdingshan	907.18	939.37	741.02	538.33	718.20	1177.05	3637.42	1323.06	2203.84
安阳市 Anyang	709.46	645.36	574.31	406.11	494.45	840.87	2272.12	1242.19	1512.85
鹤壁市 Hebi	155.91	250.49	203.57	161.61	152.79	316.61	779.87	378.35	616.45
新乡市 Xinxiang	864.90	930.63	788.36	704.73	759.19	1466.30	3897.78	2031.59	2987.42
焦作市 Jiaozuo	750.33	640.65	462.84	363.18	449.34	877.84	2668.86	1522.14	2434.49
濮阳市 Puyang	494.01	453.68	336.87	312.22	341.07	661.58	2561.37	1000.83	1104.86
许昌市 Xuchang	949.15	860.20	629.23	453.74	585.25	1021.34	3216.74	979.01	2074.31
漯河市 Luohe	366.88	312.01	239.84	180.64	281.89	367.44	1187.18	620.44	743.74
三门峡市 Sanmenxia	546.46	438.41	282.79	212.67	275.74	457.88	1311.51	626.50	917.23
南阳市 Nanyang	858.51	827.87	617.53	492.04	638.12	1128.20	3316.89	2007.01	2498.09
商丘市 Shangqiu	469.56	290.30	370.97	278.46	337.20	544.38	1803.07	1080.61	1262.38
信阳市 Xinyang	605.73	525.41	379.96	310.93	386.30	880.53	2537.20	1402.63	1702.26
周口市 Zhoukou	474.30	415.59	295.90	229.53	306.28	452.73	1535.72	1013.33	829.70
驻马店市 Zhumadian	561.93	488.09	361.94	293.89	383.13	626.86	2015.70	1406.21	1130.14
济源市 Jiyuan		154.09	79.56	58.37	73.24	159.28	467.59	272.43	319.05

17-8 各市国债发行情况
Issuance of National Debt by City

单位：万元 (10 000 yuan)

市 City	2000	2005	2010	2011	2012	2013	2014	2015	2016	2017
全 省 Total	**485000**	**460969**	**618676**	**648960**	**406549**	**617544**	**226256**	**575315**	**721789**	**589887**
郑州市 Zhengzhou	160330	190559	140710	185175	127292	197459	64297	147775	165744	136224
开封市 Kaifeng	23266	18625	31839	29823	16598	18066	6091	15767	16918	16466
洛阳市 Luoyang	79250	68155	55497	64665	58884	66022	25102	70383	78712	65938
平顶山市 Pingdingshan	21000	13410	24190	25692	9140	15522	5218	16030	45033	18070
安阳市 Anyang	30500	16682	13050	14902	9350	30300	8173	26826	34782	27841
鹤壁市 Hebi	2880	3360	10755	18427	3711	7714	1575	4789	13230	7138
新乡市 Xinxiang	30737	24089	45620	24177	17054	25976	10575	41586	38782	32377
焦作市 Jiaozuo	25021	11699	31401	47384	33237	49336	20966	51015	58950	53549
濮阳市 Puyang	35300	35975	45013	35024	24604	41366	22477	45038	40376	60364
许昌市 Xuchang	14600	10770	10737	12095	9384	13934	5379	16112	20667	20067
漯河市 Luohe	3296	6080	8191	13582	8902	15142	3899	8551	24661	6953
三门峡市 Sanmenxia	11710	9690	18821	17897	16683	22276	8843	26949	39412	29081
南阳市 Nanyang	8000	17220	25086	30194	14152	24980	8106	21534	31067	28693
商丘市 Shangqiu	6515	4505	22454	26705	12951	23326	4550	16529	32036	13728
信阳市 Xinyang	8275	9900	37562	20307	9077	14013	3752	7666	11653	7059
周口市 Zhoukou	8800	5575	28285	44135	15044	25154	11164	23988	31010	29139
驻马店市 Zhumadian	11600	9125	59963	33382	16847	18472	9817	19278	15393	21664
济源市 Jiyuan	3920	5550	9502	5394	3640	8486	6272	15499	23363	15536

17-9 证券市场情况

Basic Statistics on Securities Market

指 标	Item	2012	2013	2014	2015	2016	2017
年末河南上市公司数量(家)	Number of Listed Companies in Henan at the Year-end(unit)	103	95	99	101	108	116
年末发行股票(只)	Number of Listed Stocks at the Year-end (unit)	104	97	99	105	110	118
发行A股	A Shares	66	65	67	73	74	78
#新发行	Issued in this Year	3		1	6	1	4
发行境外股票	Overseas stock	38	32	32	32	36	40
#新发行	Issued in this Year	1	3	3	1	3	3
截止年末募集资金总额(亿元)	Capital Avaliable at the end year (100 million yuan)	1166.57	1831.32	2249.21	2631.60	2984.70	3085.44
本年首次发行、再融资募集资金(亿元)	Capital Avaliable from First Issued and Refinancing (100 million yuan)	209.20	226.63	417.89	377.35	442.85	521.78
#A股	A Shares	188.97	210.38	256.32	226.71	436.73	431.73
年末A股上市公司流通股市价总值(亿元)	Total Market Value of Circulation Stock of Companies Listed in A Share Market at the Year-end(100 million yuan)	2460.69	2992.47	2278.90	6581.30	3617.80	7307.38
股票成交量(亿元)	Total Stock Turnover (100 million yuan)	12685.78	18586.20	29757.37	100578.31	51234.66	47297.17
债券成交量金额(亿元)	Bonds Turnover (100 million yuan)	411.41	582.35	407.29	590.61	594.44	830.07
投资者开户数(万户)	Total Investors (10 000 households)	408.00	421.51	447.07	579.00	687.00	778.45
#机构	Institutions	0.40	0.42	0.50	0.28	0.62	0.70
个人	Individuals	407.60	421.09	446.57	578.42	686.38	777.75
证券营业部个数(个)	Number of Business Departments of Security Companies (unit)	148	208	219	301	287	335
#外省证券公司设本省营业部	Number of Local Business Departments of Security Companies from Other Provinces	105	159	156	234	221	268

17-10 河南A股股票发行情况(1993-2017年)
Issuance of A Shares (1993-2017)

股票名称 Name of Stocks	证券代码 Code of Stocks	发行(上市)日期 Issue or the Listing date	发行数量(万股) Total Issued Volume (10 000 shares)	发行价格(元/股) Issued Prices (yuan/share)	发行总市值(万元) Issued Aggregate Market Value (10 000yuan)	募集资金净额(万元) Net Capitalization Collected (10 000yuan)
中原环保	000544.SZ	1993-12-08	4500	3.50	15750	15075
神马股份	600810.SH	1994-01-06	4950	4.68	23166	23166
洛阳玻璃	600876.SH	1995-10-31	5000	5.03	25150	23900
焦作万方	000612.SZ	1996-09-26	3201	6.80	21767	21127
东方银星	600753.SH	1996-09-27	2000	5.18	10360	9760
*ST思 达	000676.SZ	1996-12-24	1250	5.20	6500	6000
大地传媒	000719.SZ	1997-03-31	1478			
许继电气	000400.SZ	1997-04-18	5000	9.24	46200	44700
银鸽投资	600069.SH	1997-04-30	4000	4.62	18480	17810
宇通客车	600066.SH	1997-05-08	3500	9.75	34125	33075
郑州煤电	600121.SH	1998-01-07	8000	5.50	44000	42520
豫能控股	001896.SZ	1998-01-22	8000	3.36	26880	25920
莲花味精	600186.SH	1998-08-25	10000	7.01	70100	68000
黄河旋风	600172.SH	1998-11-26	4000	6.40	25600	24721
双汇发展	000895.SZ	1998-12-10	5000	6.24	31200	30046
同力水泥	000885.SZ	1999-03-19	6000	7.08	42480	40980
安彩高科	600207.SH	1999-07-14	18000	7.20	129600	127623
神火股份	000933.SZ	1999-08-31	7000	7.50	52500	51170
新乡化纤	000949.SZ	1999-10-21	7500	7.80	58500	56752
太龙药业	600222.SH	1999-11-05	3500	6.52	22820	21823
羚锐制药	600285.SH	2000-10-18	4000	8.30	33200	32030
天方药业	600253.SH	2000-12-27	6000	7.75	46500	44820
平高电气	600312.SH	2001-02-21	6000	12.45	74700	72787
安阳钢铁	600569.SH	2001-08-20	27500	6.80	187000	182925
中孚实业	600595.SH	2002-06-26	5000	8.30	41500	39939
豫光金铅	600531.SH	2002-07-30	4500	7.34	33030	31502
瑞 贝 卡	600439.SH	2003-07-10	2400	10.40	24960	23956
中原高速	600020.SH	2003-08-08	28000	6.36	178080	172754
大有能源	600403.SH	2003-10-09	3000	6.67	20010	19078
风神股份	600469.SH	2003-10-21	7500	4.30	32250	30533
华兰生物	002007.SZ	2004-06-25	2200	15.74	34628	32985
轴研科技	002046.SZ	2005-05-26	2500	6.39	15975	14784
平煤股份	601666.SH	2006-11-23	37000	8.16	301920	294892
新野纺织	002087.SZ	2006-11-30	8000	5.19	41520	38821
恒星科技	002132.SZ	2007-04-27	4100	8.00	32800	30200
中航光电	002179.SZ	2007-11-01	3000	16.19	48570	46231
利达光电	002189.SZ	2007-12-03	5000	5.1	25500	23512

17-10 续表 continued

股票名称 Name of Stocks	证券代码 Code of Stocks	发行(上市)日期 Issue or the Listing date	发行数量(万股) Total Issued Volume (10 000 shares)	发行价格(元/股) Issued Prices (yuan/share)	发行总市值(万元) Issued Aggregate Market Value (10 000yuan)	募集资金净额(万元) Net Capitalization Collected (10 000yuan)
三全食品	002216.SZ	2008-02-20	2350	21.59	50737	48864
濮耐股份	002225.SZ	2008-04-25	6000	4.79	28740	27012
辉煌科技	002296.SZ	2009-09-29	1550	25.00	38750	37004
汉威电子	300007.SZ	2009-10-30	1500	27.00	40500	37364
华英农业	002321.SZ	2009-12-16	3700	16.98	62826	58884
森源电气	002358.SZ	2010-02-10	2200	26.00	57200	54715
豫金刚石	300064.SZ	2010-03-26	3800	21.32	81016	74502
远东传动	002406.SZ	2010-05-18	4700	26.60	125020	121490
多 氟 多	002407.SZ	2010-05-18	2700	39.39	106353	99085
中原特钢	002423.SZ	2010-06-03	7900	9.00	71100	67383
新大新材	300080.SZ	2010-06-25	3500	43.40	151900	148008
中原内配	002448.SZ	2010-07-16	2350	21.80	51230	47275
郑 煤 机	601717.SH	2010-08-03	14000	20.00	280000	270040
新 开 源	300109.SZ	2010-08-25	900	30.00	27000	24805
雏鹰农牧	002477.SZ	2010-09-15	3350	35.00	117250	108623
林州重机	002535.SZ	2011-01-11	5120	25.00	128000	120520
西泵股份	002536.SZ	2011-01-11	2400	36.00	86400	81749
四 方 达	300179.SZ	2011-02-15	2000	24.75	49500	46312
通达股份	002560.SZ	2011-03-03	2000	28.80	57600	53389
好 想 你	002582.SZ	2011-05-20	1860	46.00	85560	81478
佰 利 联	002601.SZ	2011-07-15	2400	55.00	132000	125818
新 开 普	300248.SZ	2011-07-29	1120	30.00	33600	29903
北玻股份	002613.SZ	2011-08-30	6700	13.50	90450	82145
新天科技	300259.SZ	2011-08-31	1900	21.90	41610	38732
隆华节能	300263.SZ	2011-09-16	2000	33.00	66000	61074
明泰铝业	601677.SH	2011-09-19	6000	20.00	120000	113549
中信重工	601608.SH	2012-07-06	68500	4.67	319895	308557
一拖股份	601038.SH	2012-08-08	15000	5.40	81000	77373
洛阳钼业	603993.SH	2012-10-09	20000	3.00	60000	55815
牧原股份	002714.SZ	2014-01-17	6050	24.07	72210	66782
清水源	300437.SZ	2015-04-23	1670	10.53	17585	15230
普莱柯	603566.SH	2015-05-18	4000	15.52	62080	55988
科迪乳业	002770.SZ	2015-06-30	6840	6.85	46854	40698
濮阳惠成	300481.SZ	2015-06-30	2000	9.13	18260	14599
光力科技	300480.SZ	2015-07-02	2300	7.28	16744	13938
思维列控	603508.SH	2015-12-24	4000	33.56	134240	127427
安图生物	603658.SH	2016-09-01	4200	14.58	61236	57453
中原证券	601375.SH	2017-01-03	70000	4.00	280000	266981
三晖电气	002857.SZ	2017-03-23	2000	10.26	20520	17647
森霸股份	300701.SZ	2017-09-15	2000	13.14	26280	23617
设研院	300732.SZ	2017-12-12	1800	41.42	74556	68872

注：2007年及以前为发行日期，2008年起为上市日期。
a) Data before 2007 is issue date, and Since 2008 is listing date.

17-11 保险业务情况

Main Indicators of Insurance Business

单位：亿元　(100 million yuan)

项　目	Item	2008	2009	2010	2011	2012	2013	2014	2015	2016	2017
保费收入	**Premium Income**	**518.92**	**565.39**	**793.28**	**839.82**	**841.13**	**916.52**	**1036.08**	**1248.76**	**1555.15**	**2020.07**
财产保险	Property Insurance	77.85	97.74	134.72	163.33	195.77	238.83	278.38	320.16	372.95	443.59
#机动车辆险	Motor Vehicle Insurance	63.15	81.70	119.34	139.95	162.66	197.36	237.73	271.09	308.70	364.40
企业财产险	Enterprise Property Insurance	5.71	5.43	6.63	8.94	8.67	8.14	7.90	7.34	6.95	7.65
家庭财产险	Family Property Insurance	0.25	0.22	0.20	0.24	0.22	0.23	0.41	0.41	0.60	1.04
人身保险	Personal Insurance	441.07	467.66	658.56	676.49	645.36	677.69	757.70	928.60	1182.19	1576.47
寿险	Life Insurance	411.01	434.45	618.34	637.16	595.49	613.40	659.88	794.72	1003.37	1297.95
健康险	Health Insurance	22.36	24.91	31.03	28.31	37.10	49.49	79.05	111.44	151.10	240.54
意外伤害险	Accident Insurance	7.70	8.30	9.19	11.02	12.78	14.81	18.77	22.44	27.73	37.99
赔款及给付	**Claim and Payment**	**128.77**	**148.23**	**153.91**	**171.14**	**199.55**	**279.75**	**324.03**	**447.71**	**548.03**	**625.86**
财产保险	Property Insurance	45.13	52.13	70.72	80.54	102.50	122.08	141.02	156.14	184.32	217.56
#机动车辆险	Motor Vehicle Insurance	38.24	43.15	58.66	68.59	88.85	105.82	122.65	134.92	154.16	175.80
企业财产险	Enterprise Property Insurance	2.39	2.95	5.27	3.57	3.70	3.55	4.72	3.15	4.34	5.27
家庭财产险	Family Property Insurance	0.06	0.07	0.08	0.06	0.06	0.04	0.06	0.11	0.15	0.29
人身保险	Personal Insurance	83.64	96.10	83.19	90.60	97.05	157.67	183.01	291.57	363.72	408.30
寿险	Life Insurance	74.56	86.22	68.64	76.14	83.72	141.09	161.27	251.99	316.69	327.36
健康险	Health Insurance	6.51	7.32	11.58	11.61	9.79	12.83	17.18	34.97	40.70	72.94
意外伤害险	Accident Insurance	2.56	2.57	2.97	2.85	3.54	3.75	4.57	4.61	6.33	8.00

17-12 各市国内保险业务主要指标(2017年)

Main Indicators of Domestic Insurance Business by City (2017)

单位：万元 (10 000 yuan)

市	City	保费收入 Premium Income	财产保险 Property Insurance	#机动车辆险 Motor Vehicle Insurance	#企业财产险 Enterprise Property Insurance	#家庭财产险 Family Property Insurance	人身保险 Personal Insurance	寿险 Life Insurance	健康险 Health Insurance	意外伤害险 Accident Insurance
全省	**Total**	20200675	4435928	3643980	76502	10447	15764747	12979475	2405381	379892
省辖市	**City**									
郑州市	Zhengzhou	6557409	1585799	1331960	42471	2103	4971610	3937815	871947	161848
开封市	Kaifeng	622756	114395	93451	1685	396	508361	398553	94886	14922
洛阳市	Luoyang	1424957	312680	261347	4278	360	1112277	946899	144265	21113
平顶山市	Pingdingshan	764207	162893	138556	2743	461	601314	501945	88300	11069
安阳市	Anyang	969405	221769	196304	2886	487	747636	651324	80628	15683
鹤壁市	Hebi	210742	58460	50820	1031	155	152281	126439	22254	3589
新乡市	Xinxiang	1155094	192330	164828	3745	537	962764	821135	123210	18420
焦作市	Jiaozuo	794720	177673	150969	2720	273	617047	508671	94690	13686
濮阳市	Puyang	759030	126474	105925	1339	515	632556	542093	76134	14329
许昌市	Xuchang	769676	157449	135077	2358	346	612227	525959	72936	13333
漯河市	Luohe	460953	80721	68062	709	235	380231	320840	52710	6681
三门峡市	Sanmenxia	373227	77884	65567	595	115	295342	252873	34398	8072
南阳市	Nanyang	1530709	289946	210661	4112	1095	1240763	999642	219914	21206
商丘市	Shangqiu	841288	222166	180287	1385	894	619122	511923	93397	13802
信阳市	Xinyang	1065114	173397	135679	1212	748	891717	778964	100468	12285
周口市	Zhoukou	938808	245472	185310	1058	916	693336	556069	123976	13290
驻马店市	Zhumadian	794959	193590	134380	1091	781	601370	492789	95875	12705
济源市	Jiyuan	159213	40186	34734	1003	31	119027	92778	23525	2724

市	City	赔款及给付 Claim and Payment	财产保险 Property Insurance	#机动车辆险 Motor Vehicle Insurance	#企业财产险 Enterprise Property Insurance	#家庭财产险 Family Property Insurance	人身保险 Personal Insurance	寿险 Life Insurance	健康险 Health Insurance	意外伤害险 Accident Insurance
全省	**Total**	20200675	4435928	3643980	76502	10447	15764747	12979475	2405381	379892
省辖市	**City**									
郑州市	Zhengzhou	6557409	1585799	1331960	42471	2103	4971610	3937815	871947	161848
开封市	Kaifeng	622756	114395	93451	1685	396	508361	398553	94886	14922
洛阳市	Luoyang	1424957	312680	261347	4278	360	1112277	946899	144265	21113
平顶山市	Pingdingshan	764207	162893	138556	2743	461	601314	501945	88300	11069
安阳市	Anyang	969405	221769	196304	2886	487	747636	651324	80628	15683
鹤壁市	Hebi	210742	58460	50820	1031	155	152281	126439	22254	3589
新乡市	Xinxiang	1155094	192330	164828	3745	537	962764	821135	123210	18420
焦作市	Jiaozuo	794720	177673	150969	2720	273	617047	508671	94690	13686
濮阳市	Puyang	759030	126474	105925	1339	515	632556	542093	76134	14329
许昌市	Xuchang	769676	157449	135077	2358	346	612227	525959	72936	13333
漯河市	Luohe	460953	80721	68062	709	235	380231	320840	52710	6681
三门峡市	Sanmenxia	373227	77884	65567	595	115	295342	252873	34398	8072
南阳市	Nanyang	1530709	289946	210661	4112	1095	1240763	999642	219914	21206
商丘市	Shangqiu	841288	222166	180287	1385	894	619122	511923	93397	13802
信阳市	Xinyang	1065114	173397	135679	1212	748	891717	778964	100468	12285
周口市	Zhoukou	938808	245472	185310	1058	916	693336	556069	123976	13290
驻马店市	Zhumadian	794959	193590	134380	1091	781	601370	492789	95875	12705
济源市	Jiyuan	159213	40186	34734	1003	31	119027	92778	23525	2724

主要统计指标解释

信贷资金 指金融机构以信用方式积聚和分配的货币资金。金融机构信贷资金的来源有各项存款、对国际金融机构负债、流通中货币、银行自有资金及当年结益等；信贷资金的运用有各项贷款、黄金占款、外汇占款、财政借款及在国际金融机构中的资产等。

存款 指企业、机关、团体或居民根据资金必须收回的原则，把货币资金存入银行或其他信用机构保管并取得一定利息的一种信用活动形式。根据存款对象的不同可划分为企业存款、财政存款、机关团体存款、基本建设存款、城镇储蓄存款、农村存款等科目。它是银行信贷资金的主要来源。

贷款 指银行或其他信用机构根据资金必须归还的原则，按一定利率，为企业、个人等提供资金的一种信用活动形式。我国银行贷款分为短期贷款、委托及信托类贷款、其他贷款等。

保险公司 在中国境内的、经过保险监督部门批准设立，并依法登记注册的各类商业保险公司。

保险金额 指保险人承担赔偿或者给付保险金责任的最高限额。

证券 由债券购买者承购的或因销售产品而拥有的，可在金融市场上交易并代表一定债权的书面证明。包括政府债券、金融债券、企业债券、商业票据、股票、支付固定收入但不提供法人企业残余价值分享权的优先股等。

股票 指股票购买者及直接投资者对其投资企业净资产所拥有的权益。股票是股份公司签发的证明股东投资并按其所持股份享有权益和承担义务的权益性证券。

保费 指投保人为取得保险人在约定范围内所承担赔偿责任而支付给保险人的费用。

赔款 指保险人根据保险合同的规定，向被保险人支付的赔偿保险责任损失的金额。

给付 包括死伤医疗给付和满期给付。死伤医疗给付是指保险人根据人寿保险及长期健康保险合同的规定，因被保险人在保险期内发生保险责任范围内的保险事故支付给被保险人（或受益人）的金额。满期给付是指被保险人生存期满，保险人按人寿保险合同规定支付给被保险人的满期保险金额。

Explanatory Notes on Main Statistical Indicators

Credit Funds refer to the funds issued as loans by banking institutions. The sources of credit funds of the banking institutions included deposits, liabilities to international financial institutions, currency in circulation, self-owned funds and current retained profits, etc. The credit funds can be used in forms of loans, gold, foreign exchange, government debt and assets in the international financial institutions.

Deposit is a form of credit by which enterprises, institutions, organizations or households can put money into banks and other credit institutions for safekeeping and interest earning under the principle of free withdrawal. According to different depositors, deposits are divided into enterprise deposits, treasury deposits, deposits of government agencies and organizations, capital construction deposits, urban savings deposits, rural deposits and other deposits. Deposits are major sources of the credit funds of banks.

Loan is a form of credit by which banks and other credit institutions provide funds at certain interest rate to enterprises and individuals in the light of the principle of unconditional repayment. Loans from Chinese banks include short-term loans, medium-term and long-term loans, entrusted loans, and other loans.

Insurance Companies refer to commercial insurance companies of various forms registered by law and established in china with the approval of insurance regulatory agencies.

Insurance amount refers to the insurer undertakes to indemnify or pay under its insurance obligation ceiling.

Securities refer to written certificates representing creditors' rights, purchased by bond holders or owned by selling products, which can be transacted at the financial markets. They include government bonds, financial bonds, corporation bonds, commercial drafts, stocks, preferential stocks that provide fixed income without the right to share the residual value of corporations, etc.

Stocks refer to the rights by stockholders and direct investors on the net assets of corporations they invested in. Stocks refer to negotiable securities on creditor's rights, issued by stock companies certifying the investment by stockholders and their rights and duties depending on their stocks.

Premium is the fee paid by the insurant to the insurer to obtain the obligation of compensation from the insurance within the agreed terms.

Settled Claim is the compensation paid by the insurer to the insurant in accordance with the insurance contract.

Payment includes payment for death, injury or medical treatment and mature payment. Payment for death, injury or medical treatment refers to the money paid to the insurant (or the beneficiary) in accordance with the life or health insurance contract when the insurant encounters accidents within the insured period covered in the contract. Mature payment refers to the mature payment to the insurant in accordance with the life insurance contract at the end of the insured period.

其他服务业
Other Services

18

● 资料整理：陈 哲

简要说明

一、主要内容

本篇主要包括河南省规模以上服务业企业单位数、从业人数、营业收入、营业利润、应付职工薪酬等主要财务指标。

二、统计范围

辖区内年营业收入1000万元及以上，或年末从业人员50人及以上服务业法人单位。包括交通运输、仓储和邮政业，信息传输、软件和信息技术服务业，租赁和商务服务业，科学研究和技术服务业，水利、环境和公共设施管理业，教育，卫生和社会工作；以及物业管理、房地产中介服务等自有房地产经营活动、其他房地产业行业。

辖区内年营业收入500万元及以上，或年末从业人员50人及以上服务业法人单位。主要包括居民服务、修理和其他服务业，文化、体育和娱乐业。

三、资料来源

规模以上服务业法人企业实行全数调查，由河南省统计局服务业统计处整理提供。

Brief Introduction

I. Main Contents

Data on this chapter including number of Services enterprises above designated size, employment, main financial indicators of operating income, operating profit, employee compensation and so on in Henan.

II. Scope of Statistics

The Services enterprises with revenue from principal business over 10 million yuan or employee at the end of year over 50 persons includes: transportation, storage and post, Information transfer, software and Information technology services, leasing and business services, management of water conservancy, environment and public facilities, education, sanitation and social work, property management, real estate intermediary and so on.

The Services enterprises with revenue from principal business over 5 million yuan or employee over 50 person at the end of year includes: resident services, repairing and other services, culture, sports and entertainment.

III. Sources of Data

Data on services enterprises above designated size are collected through a combination of full survey, which are provided by the Department of Services industry of the Henan provincial bureau of Statistics.

18-1 规模以上服务业企业主要财务指标(2017年)

Main indictors of Enterprises Above Designated size in Service Industry (2017)

单位：亿元 (100 million yuan)

指 标	indictor	单位数(个) Number of Enterprises (unit)	资产总计 Total Assets	所有者权益 Owner's Equity	营业收入 Revenue	营业成本 Cost of Operation
总 计	**Total**	**9198**	**26288.80**	**11616.77**	**5440.06**	**3866.04**
交通运输、仓储和邮政业	Traffic, Transport, Storage and Post	2333	12756.72	5759.32	2526.64	1928.76
信息传输、软件和信息技术服务业	Information Transfer, Software and Information Technology Services	632	1524.12	605.73	858.28	543.70
房地产业(不含房地产开发经营)	Realty Industry	674	486.68	100.47	135.10	82.42
租赁和商务服务业	Tenancy and Business Services	1482	9042.57	3806.74	568.88	381.27
科学研究和技术服务业	Scientific Research and Technical Service	1211	774.27	389.14	627.85	450.46
水利、环境和公共设施管理业	Management of Water Conservancy,Environment and Public Facilities	429	689.12	448.80	134.28	79.34
居民服务、修理和其他服务业	Resident Services, Repair and other Services	626	76.91	46.48	108.03	74.74
教育	Education	802	194.69	116.71	136.74	84.49
卫生和社会工作	Health and Social Work	463	270.59	114.28	207.38	155.26
文化、体育和娱乐业	Culture, Sports and Entertainment	546	473.13	229.10	136.88	85.60

指 标	indictor	营业税金及附加 Business tax and Extra Charges	营业利润 Total Profits	应付职工薪酬 Wages Payable	应交增值税 Value Added Tax Payable	从业人员平均人数(人) Average Employees (person)
总 计	**Total**	**61.50**	**718.72**	**857.95**	**114.76**	**1339755**
交通运输、仓储和邮政业	Traffic, Transport, Storage and Post	22.16	250.82	375.27	32.70	505928
信息传输、软件和信息技术服务业	Information Transfer, Software and Information Technology Services	5.05	153.05	104.26	33.51	121819
房地产业(不含房地产开发经营)	Realty Industry	2.72	13.89	34.85	4.13	101946
租赁和商务服务业	Tenancy and Business Services	9.49	121.64	104.89	14.67	165502
科学研究和技术服务业	Scientific Research and Technical Service	9.12	71.78	99.07	16.58	124760
水利、环境和公共设施管理业	Management of Water Conservancy,Environment and Public Facilities	2.20	23.64	19.16	3.80	48057
居民服务、修理和其他服务业	Resident Services, Repair and other Services	2.39	16.93	17.96	2.28	54462
教育	Education	3.23	26.73	35.19	2.66	92882
卫生和社会工作	Health and Social Work	1.28	16.53	43.20	1.12	74671
文化、体育和娱乐业	Culture, Sports and Entertainment	3.86	23.71	24.10	3.31	49728

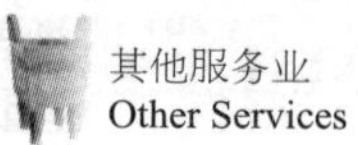

18-2 各市规模以上服务业企业单位数(2017年)
Number of Enterprises Above Designated size in Service Industry by Sector and City (2017)

单位：个 (unit)

市(县) City(County)	合计 Total	交通运输、仓储及邮政业 Transport, Storage and Post	信息传输、软件和信息技术服务业 Information Tansmission, Software and Information Technology Services	房地产业(不含房地产开发经营) Realty Industry	租赁和商务服务业 Leasing and Business Services
全省 Total	**9198**	**2333**	**632**	**674**	**1482**
省辖市 City					
郑州市 Zhengzhou	1780	335	225	213	369
开封市 Kaifeng	500	145	24	31	90
洛阳市 Luoyang	520	121	43	49	76
平顶山市 Pingdingshan	562	114	23	48	68
安阳市 Anyang	214	65	7	8	31
鹤壁市 Hebi	101	30	12	7	21
新乡市 Xinxiang	298	70	21	22	53
焦作市 Jiaozuo	329	157	19	22	34
濮阳市 Puyang	458	121	30	46	55
许昌市 Xuchang	671	138	34	42	93
漯河市 Luohe	134	67	10	9	25
三门峡市 Sanmenxia	187	65	8	6	23
南阳市 Nanyang	702	199	25	45	131
商丘市 Shangqiu	554	162	58	38	147
信阳市 Xinyang	668	160	21	37	90
周口市 Zhoukou	734	140	32	17	66
驻马店市 Zhumadian	655	197	23	29	102
济源市 Jiyuan	131	47	17	5	8
省直管县 County Directly Administrated by Province					
巩义市 Gongyi	137	40	1	19	14
兰考县 Lankao	139	51	4	4	16
汝州市 Ruzhou	213	39	9	4	31
滑县 Huaxian	41	9	1		5
长垣县 Changyuan	67	10	2	8	8
邓州市 Dengzhou	54	16	2	4	9
永城市 Yongcheng	76	25	3	5	23
固始县 Gushi	114	57		6	14
鹿邑县 Luyi	184	21	3	7	23
新蔡县 Xincai	107	18	3	4	37

18-2 续表 continued

单位：个 (unit)

市(县) City(County)	科学研究和技术服务业 Scientific Research, and Technical Service	水利、环境和公共设施管理业 Management of Water Conservancy, Environment and Public Facilities	居民服务、修理和其他服务业 Resident Services, Repair and other services	教 育 Education	卫 生 和 社会工作 Health and Social Work	文化、体育和娱乐业 Culture, Sports and Enterta-inment
全 省 Total	**1211**	**429**	**626**	**802**	**463**	**546**
省 辖 市 City						
郑 州 市 Zhengzhou	299	70	60	49	62	98
开 封 市 Kaifeng	49	22	51	45	7	36
洛 阳 市 Luoyang	65	41	17	9	26	73
平 顶 山 市 Pingdingshan	123	41	41	44	21	39
安 阳 市 Anyang	25	11	15	33	14	5
鹤 壁 市 Hebi	8	3	1	8	8	3
新 乡 市 Xinxiang	27	17	15	32	24	17
焦 作 市 Jiaozuo	20	16	18	21	8	14
濮 阳 市 Puyang	49	15	51	70	12	9
许 昌 市 Xuchang	115	37	64	63	29	56
漯 河 市 Luohe	7	6	4	2		4
三 门 峡 市 Sanmenxia	12	13	19	4	18	19
南 阳 市 Nanyang	65	44	64	57	38	34
商 丘 市 Shangqiu	45	10	34	29	4	27
信 阳 市 Xinyang	128	35	47	42	68	40
周 口 市 Zhoukou	110	10	44	208	73	34
驻 马 店 市 Zhumadian	58	19	69	81	45	32
济 源 市 Jiyuan	6	19	12	5	6	6
省 直 管 县 County Directly Administrated by Province						
巩 义 市 Gongyi	4	9	11	24	6	9
兰 考 县 Lankao	16	4	21	10	3	10
汝 州 市 Ruzhou	56	27	15	18	7	7
滑 县 Huaxian	3		5	10	8	
长 垣 县 Changyuan	8	8	3	13	3	4
邓 州 市 Dengzhou	3	2	3	8	5	2
永 城 市 Yongcheng	5	2	2	2	1	8
固 始 县 Gushi	4	4	9	8	4	8
鹿 邑 县 Luyi	12	6	9	80	16	7
新 蔡 县 Xincai	8	3	18	8	2	6

18−3 各市规模以上服务业企业营业收入(2017年)

Operating income of Everage Employed Persons of Enterprises Above Designated size in Service Industry by Sector and City (2017)

单位：亿元 (100 million yuan)

市(县)	City(County)	合 计 Total	交通运输、仓储及邮政业 Transport, Storage and Post	信息传输、软件和信息技术服务业 Information Transmission, Software and Information Technology Services	房地产业(不含房地产开发经营) Realty Industry	租赁和商务服务业 Leasing and Business Services
全省	**Total**	**5440.06**	**2526.64**	**858.28**	**135.10**	**568.88**
省辖市	**City**					
郑州市	Zhengzhou	2402.40	1346.28	284.08	69.28	267.73
开封市	Kaifeng	182.75	61.35	29.14	3.40	19.58
洛阳市	Luoyang	320.25	66.54	73.74	10.80	21.73
平顶山市	Pingdingshan	158.01	41.68	32.44	3.54	14.83
安阳市	Anyang	110.85	29.76	33.10	0.61	24.38
鹤壁市	Hebi	41.93	11.40	10.57	0.25	8.67
新乡市	Xinxiang	142.72	56.43	42.38	1.24	12.20
焦作市	Jiaozuo	136.24	79.65	21.91	1.63	10.07
濮阳市	Puyang	127.39	42.10	24.10	9.99	10.01
许昌市	Xuchang	270.85	94.02	35.97	7.77	34.63
漯河市	Luohe	147.19	109.52	18.61	0.65	12.24
三门峡市	Sanmenxia	64.62	19.65	14.37	0.20	15.44
南阳市	Nanyang	221.47	106.99	48.57	3.59	17.39
商丘市	Shangqiu	220.45	101.46	44.92	7.99	29.69
信阳市	Xinyang	251.59	87.46	39.34	6.38	17.75
周口市	Zhoukou	388.55	154.27	59.93	4.78	33.10
驻马店市	Zhumadian	211.34	90.00	38.36	2.85	18.65
济源市	Jiyuan	41.47	28.05	6.76	0.14	0.80
省直管县	**County Directly Administrated by Province**					
巩义市	Gongyi	20.73	9.26	0.08	0.46	2.13
兰考县	Lankao	28.24	11.41	0.54	0.24	3.22
汝州市	Ruzhou	57.50	13.33	4.34	0.94	8.23
滑县	Huaxian	7.94	1.20	0.39		1.17
长垣县	Changyuan	16.32	0.98	0.34	0.13	4.12
邓州市	Dengzhou	5.79	1.90	0.05	0.17	0.59
永城市	Yongcheng	18.02	11.09	0.26	0.57	2.89
固始县	Gushi	32.18	22.37		0.53	1.99
鹿邑县	Luyi	26.15	3.14	0.46	1.40	3.90
新蔡县	Xincai	12.76	7.81	0.07	0.12	2.23

18-3 续表 continued

单位：亿元 (100 million yuan)

市(县) City(County)	科学研究和技术服务业 Scientific Research, and Technical Service	水利、环境和公共设施管理业 Management of Water Conservancy, Environment and Public Facilities	居民服务、修理和其他服务业 Resident Services, Repair and other Services	教育 Education	卫生和社会工作 Health and Social Work	文化、体育和娱乐业 Culture, Sports and Entertainment
全 省 Total	**627.85**	**134.28**	**108.03**	**136.74**	**207.38**	**136.88**
省辖市 City						
郑州市 Zhengzhou	289.01	32.67	13.60	8.20	41.92	49.63
开封市 Kaifeng	27.60	11.35	12.48	9.21	2.13	6.50
洛阳市 Luoyang	116.29	5.08	1.97	2.71	11.08	10.31
平顶山市 Pingdingshan	17.49	17.51	5.05	6.85	5.60	13.04
安阳市 Anyang	7.15	2.04	5.79	2.46	4.66	0.89
鹤壁市 Hebi	6.95	0.36	0.33	0.81	2.36	0.22
新乡市 Xinxiang	2.95	6.11	1.18	5.12	13.70	1.40
焦作市 Jiaozuo	4.43	9.98	2.24	2.79	2.40	1.15
濮阳市 Puyang	8.55	2.15	6.18	5.33	17.97	1.01
许昌市 Xuchang	29.66	7.51	13.01	12.48	22.04	13.75
漯河市 Luohe	4.09	0.97	0.41	0.29		0.42
三门峡市 Sanmenxia	1.81	1.36	1.63	0.23	8.32	1.60
南阳市 Nanyang	8.56	7.86	5.64	6.66	12.71	3.49
商丘市 Shangqiu	8.35	10.94	5.20	6.44	2.06	3.40
信阳市 Xinyang	46.29	8.19	14.00	12.48	14.85	4.83
周口市 Zhoukou	36.41	1.75	9.53	39.06	32.40	17.33
驻马店市 Zhumadian	11.69	5.39	9.33	15.05	12.35	7.66
济源市 Jiyuan	0.55	3.10	0.43	0.56	0.80	0.28
省直管县 County Directly Administrated by Province						
巩义市 Gongyi	0.35	1.65	0.38	2.85	2.86	0.70
兰考县 Lankao	2.12	0.77	4.18	2.43	1.33	2.00
汝州市 Ruzhou	11.88	8.88	2.87	4.24	1.88	0.92
滑县 Huaxian	0.95		0.20	0.74	3.28	
长垣县 Changyuan	0.65	2.31	0.19	2.12	5.37	0.11
邓州市 Dengzhou	0.33	0.22	0.10	1.97	0.33	0.14
永城市 Yongcheng	0.48	0.22	0.17	0.14	1.46	0.74
固始县 Gushi	0.33	1.07	1.29	0.86	2.50	1.23
鹿邑县 Luyi	2.62	0.93	0.97	7.37	4.22	1.14
新蔡县 Xincai	0.45	0.10	0.75	0.71	0.21	0.31

18-4 各市规模以上服务业企业营业利润(2017年)

Profit of Enterprises Above Designated size in Service Industry by Sector and City (2017)

单位：亿元　(100 million yuan)

市(县) City(County)	合　计 Total	交通运输、仓储及邮政业 Transport, Storage and Post	信息传输、软件和信息技术服务业 Information Transmission, Software and Information Technology Services	房地产业(不含房地产开发经营) Realty Industry	租赁和商务服务业 Leasing and Business Services
全　　省 Total	**718.73**	**250.82**	**153.05**	**13.89**	**121.64**
省　辖　市 City					
郑　州　市 Zhengzhou	274.09	131.90	30.38	6.48	67.90
开　封　市 Kaifeng	41.74	10.97	6.77	0.53	4.57
洛　阳　市 Luoyang	17.38	-1.80	6.32	0.90	1.78
平　顶　山　市 Pingdingshan	20.61	2.17	6.44	0.03	1.65
安　阳　市 Anyang	11.53	-0.79	6.20		3.49
鹤　壁　市 Hebi	1.70	-0.66	0.60	0.01	-0.22
新　乡　市 Xinxiang	17.72	2.67	10.62	-0.53	2.02
焦　作　市 Jiaozuo	6.78	1.88	2.68	0.06	0.18
濮　阳　市 Puyang	15.42	2.37	5.83	0.18	1.00
许　昌　市 Xuchang	42.56	9.95	8.91	1.27	8.73
漯　河　市 Luohe	37.46	27.11	3.79	0.09	5.32
三　门　峡　市 Sanmenxia	4.34	0.80	1.32	0.02	1.34
南　阳　市 Nanyang	27.18	4.76	12.77	0.50	3.22
商　丘　市 Shangqiu	43.46	12.94	13.78	2.00	7.36
信　阳　市 Xinyang	35.90	9.70	9.03	0.72	2.58
周　口　市 Zhoukou	77.84	23.12	17.50	1.06	7.09
驻　马　店　市 Zhumadian	39.00	11.09	9.71	0.55	3.53
济　源　市 Jiyuan	4.03	2.62	0.39	0.02	0.09
省　直　管　县 County Directly Administrated by Province					
巩　义　市 Gongyi	1.40	0.28	0.02		0.30
兰　考　县 Lankao	9.80	3.87	0.19	0.12	1.32
汝　州　市 Ruzhou	8.32	1.77	0.57	0.05	0.87
滑　县 Huaxian	-0.29	-0.12	-0.23		-0.02
长　垣　县 Changyuan	2.69	0.10	0.01	-0.02	0.69
邓　州　市 Dengzhou	0.80	0.15	-0.02	0.01	0.04
永　城　市 Yongcheng	1.62	0.68	0.03	0.13	0.49
固　始　县 Gushi	3.97	3.60		0.06	0.25
鹿　邑　县 Luyi	6.18	0.75	0.06	0.25	0.84
新　蔡　县 Xincai	4.06	2.39	0.03	0.05	0.69

18-4 续表 continued

单位：亿元 (100 million yuan)

市(县) City(County)	科学研究和技术服务业 Scientific Research, and Technical Service	水利、环境和公共设施管理业 Management of Water Conservancy, Environment and Public Facilities	居民服务、修理和其他服务业 Resident Services, Repair and other Services	教育 Education	卫生和社会工作 Health and Social Work	文化、体育和娱乐业 Culture, Sports and Entertainment
全 省 Total	**71.78**	**23.64**	**16.93**	**26.73**	**16.53**	**23.71**
省 辖 市 City						
郑 州 市 Zhengzhou	21.13	3.89	0.64	0.96	0.49	10.32
开 封 市 Kaifeng	8.21	3.32	3.03	2.62	0.50	1.21
洛 阳 市 Luoyang	9.98	-0.33	0.09	-0.18	0.08	0.53
平 顶 山 市 Pingdingshan	2.89	4.14	0.86	0.81	0.84	0.76
安 阳 市 Anyang	1.50	0.17	0.08	0.48	0.34	0.07
鹤 壁 市 Hebi	1.68	0.02	0.03	-0.03	0.27	-0.01
新 乡 市 Xinxiang	0.18	0.33	0.03	0.52	1.77	0.09
焦 作 市 Jiaozuo	-0.06	1.88	0.03	0.11	-0.10	0.12
濮 阳 市 Puyang	1.16	0.27	0.94	1.04	2.58	0.05
许 昌 市 Xuchang	4.71	1.49	2.41	2.11	0.80	2.17
漯 河 市 Luohe	0.89	0.15	0.03	0.04		0.06
三 门 峡 市 Sanmenxia	0.20	0.19	0.02	0.05	0.28	0.12
南 阳 市 Nanyang	1.37	0.95	1.11	1.31	0.59	0.59
商 丘 市 Shangqiu	1.43	3.30	1.19	0.74	0.15	0.58
信 阳 市 Xinyang	7.68	1.28	2.04	1.91	0.04	0.90
周 口 市 Zhoukou	6.57	0.57	2.14	10.24	5.80	3.75
驻 马 店 市 Zhumadian	2.20	1.43	2.20	3.84	2.08	2.35
济 源 市 Jiyuan	0.04	0.59	0.06	0.17	0.03	0.03
省 直 管 县 County Directly Administrated by Province						
巩 义 市 Gongyi	0.01	0.07	0.06	0.61	-0.04	0.08
兰 考 县 Lankao	0.72	0.22	1.54	0.81	0.30	0.71
汝 州 市 Ruzhou	2.11	1.13	0.56	0.70	0.38	0.17
滑 县 Huaxian	-0.04		0.02	0.18	-0.07	
长 垣 县 Changyuan	-0.12	0.83		0.14	1.04	
邓 州 市 Dengzhou	0.05	0.03	0.03	0.46	0.02	0.02
永 城 市 Yongcheng	0.10	0.04	0.02	0.02	-0.01	0.13
固 始 县 Gushi	0.05	0.14	0.27	0.09	-0.62	0.12
鹿 邑 县 Luyi	0.49	0.36	0.12	2.01	1.06	0.24
新 蔡 县 Xincai	0.17	0.05	0.28	0.21	0.07	0.11

18-5 各市规模以上服务业企业应付职工薪酬(2017年)

Wages Payable of Enterprises Above Designated size in Service Industry by Sector and City (2017)

单位：亿元 (100 million yuan)

市(县) City(County)	合计 Total	交通运输、仓储及邮政业 Transport, storage and post	信息传输、软件和信息技术服务业 Information Transmission, Software and Information Technology Services	房地产业（不含房地产开发经营） Realty Industry	租赁和商务服务业 Leasing and Business Services
全　　省 Total	**857.95**	**375.27**	**104.26**	**34.85**	**104.89**
省 辖 市 City					
郑　州　市 Zhengzhou	455.12	231.41	42.10	20.83	63.22
开　封　市 Kaifeng	16.97	6.09	2.33	0.73	1.90
洛　阳　市 Luoyang	59.68	10.74	13.36	3.78	3.74
平 顶 山 市 Pingdingshan	23.99	6.62	3.12	1.32	2.50
安　阳　市 Anyang	15.01	5.65	3.48	0.41	2.89
鹤　壁　市 Hebi	4.67	1.65	0.74	0.12	1.07
新　乡　市 Xinxiang	22.06	6.30	5.14	0.41	2.46
焦　作　市 Jiaozuo	26.54	16.02	2.21	0.46	2.02
濮　阳　市 Puyang	14.60	5.42	2.17	0.53	1.08
许　昌　市 Xuchang	29.93	7.67	4.06	1.33	2.49
漯　河　市 Luohe	10.12	6.13	1.61	0.26	1.56
三 门 峡 市 Sanmenxia	10.28	2.77	2.04	0.12	1.30
南　阳　市 Nanyang	29.85	13.93	4.17	0.94	3.58
商　丘　市 Shangqiu	33.36	14.22	5.42	1.45	5.60
信　阳　市 Xinyang	29.58	9.99	4.15	0.96	3.12
周　口　市 Zhoukou	43.66	15.63	4.86	0.51	3.51
驻 马 店 市 Zhumadian	26.07	10.72	2.69	0.59	2.54
济　源　市 Jiyuan	6.46	4.32	0.61	0.08	0.31
省 直 管 县 County Directly Administrated by Province					
巩　义　市 Gongyi	3.38	1.25	0.02	0.24	0.24
兰　考　县 Lankao	3.53	1.41	0.17	0.03	0.26
汝　州　市 Ruzhou	5.13	1.47	0.19	0.07	0.66
滑　　县 Huaxian	1.21	0.12	0.20		0.09
长　垣　县 Changyuan	3.27	0.21	0.02	0.09	0.51
邓　州　市 Dengzhou	1.66	0.64	0.05	0.06	0.14
永　城　市 Yongcheng	2.72	1.40	0.05	0.10	0.29
固　始　县 Gushi	4.13	2.12		0.23	0.47
鹿　邑　县 Luyi	4.19	0.36	0.02	0.12	0.55
新　蔡　县 Xincai	1.70	0.91		0.02	0.21

18-5 续表 continued

单位：亿元 (100 million yuan)

市(县)	City(County)	科学研究和技术服务业 Scientific Research, and Technical Service	水利、环境和公共设施管理业 Management of Water Conservancy, Environment and Public Facilities	居民服务、修理和其他服务业 Resident Services, Repair and other Services	教育 Education	卫生和社会工作 Health and Social Work	文化、体育和娱乐业 Culture, Sports and Entertainment
全省	**Total**	**99.07**	**19.16**	**17.96**	**35.19**	**43.20**	**24.10**
省辖市	**City**						
郑州市	Zhengzhou	60.65	5.31	6.91	1.85	10.49	12.35
开封市	Kaifeng	1.32	0.92	1.01	1.40	0.41	0.85
洛阳市	Luoyang	15.69	1.50	0.56	5.18	3.16	1.98
平顶山市	Pingdingshan	2.46	1.59	0.58	2.05	1.09	2.63
安阳市	Anyang	0.51	0.44	0.28	0.75	0.52	0.08
鹤壁市	Hebi	0.28	0.04	0.01	0.21	0.53	0.02
新乡市	Xinxiang	0.55	0.91	0.27	2.20	3.51	0.30
焦作市	Jiaozuo	0.84	2.41	0.68	1.28	0.39	0.23
濮阳市	Puyang	1.53	0.17	0.76	1.24	1.50	0.20
许昌市	Xuchang	2.92	0.78	1.17	1.97	6.28	1.26
漯河市	Luohe	0.20	0.12	0.09	0.09		0.07
三门峡市	Sanmenxia	0.56	0.18	0.30	0.05	2.69	0.28
南阳市	Nanyang	1.42	1.31	0.87	1.41	1.76	0.46
商丘市	Shangqiu	1.38	1.26	0.98	1.70	0.72	0.62
信阳市	Xinyang	3.49	1.01	1.32	2.27	2.50	0.76
周口市	Zhoukou	3.83	0.15	0.97	8.19	4.95	1.06
驻马店市	Zhumadian	1.33	0.56	1.03	3.21	2.50	0.89
济源市	Jiyuan	0.08	0.48	0.17	0.14	0.20	0.06
省直管县	**County Directly Administrated by Province**						
巩义市	Gongyi	0.04	0.15	0.15	0.48	0.71	0.10
兰考县	Lankao	0.25	0.11	0.42	0.30	0.32	0.25
汝州市	Ruzhou	0.97	0.74	0.22	0.52	0.16	0.11
滑县	Huaxian	0.04		0.08	0.26	0.42	
长垣县	Changyuan	0.15	0.15	0.02	1.00	1.08	0.03
邓州市	Dengzhou	0.05	0.03	0.05	0.51	0.09	0.04
永城市	Yongcheng	0.05	0.05	0.03	0.07	0.54	0.14
固始县	Gushi	0.06	0.15	0.16	0.28	0.38	0.27
鹿邑县	Luyi	0.36	0.10	0.10	1.88	0.61	0.10
新蔡县	Xincai	0.09	0.02	0.14	0.24	0.03	0.03

18-6 各市规模以上服务业企业平均从业人员人数(2017年)

Number of Everage Employed Persons of Enterprises Above Designated size in Service Industry by Sector and City (2017)

单位：人 (person)

市(县) City(County)	合计 Total	交通运输、仓储及邮政业 Transport, Storage and Post	信息传输、软件和信息技术服务业 Information Transmission, Software and Information Technology Services	房地产业(不含房地产开发经营) Realty Industry	租赁和商务服务业 Leasing and Business Services
全省 Total	**1339755**	**505928**	**121819**	**101946**	**165502**
省辖市 City					
郑州市 Zhengzhou	455917	197498	43842	43811	48476
开封市 Kaifeng	38663	13828	3847	1707	5298
洛阳市 Luoyang	105651	22544	16396	12243	8023
平顶山市 Pingdingshan	63680	19659	2837	5273	7492
安阳市 Anyang	33332	11640	3380	1372	8583
鹤壁市 Hebi	10416	2891	1065	469	2283
新乡市 Xinxiang	43137	11453	4389	1334	7692
焦作市 Jiaozuo	60729	36845	3861	1826	4075
濮阳市 Puyang	50876	11695	3637	14233	6325
许昌市 Xuchang	61213	17090	4932	3540	6247
漯河市 Luohe	22450	12948	1498	1122	5318
三门峡市 Sanmenxia	20071	6884	2511	503	3337
南阳市 Nanyang	69703	27112	5267	3641	13055
商丘市 Shangqiu	70608	30492	7136	3984	13181
信阳市 Xinyang	72529	23000	5704	3344	8457
周口市 Zhoukou	82559	25309	6192	1216	8786
驻马店市 Zhumadian	65614	27575	4445	2050	8019
济源市 Jiyuan	12607	7465	880	278	855
省直管县 County Directly Administrated by Province					
巩义市 Gongyi	9663	2830	92	921	741
兰考县 Lankao	6992	2613	441	56	590
汝州市 Ruzhou	13744	3267	428	242	2026
滑县 Huaxian	3388	418	353		379
长垣县 Changyuan	7759	1017	65	453	983
邓州市 Dengzhou	4822	1889	181	209	519
永城市 Yongcheng	5633	2638	186	425	821
固始县 Gushi	11288	4606		864	1318
鹿邑县 Luyi	11765	1118	38	396	1713
新蔡县 Xincai	4493	1788	37	136	730

18-6 续表 continued

单位：人 (person)

市(县) City(County)	科学研究和技术服务业 Scientific Research, and Technical Service	水利、环境和公共设施管理业 Management of Water Conservancy, Environment and Public Facilities	居民服务、修理和其他服务业 Resident Services, Repair and other Services	教育 Education	卫生和社会工作 Health and Social Work	文化、体育和娱乐业 Culture, Sports and Entertainment
全 省 Total	**124760**	**48057**	**54462**	**92882**	**74671**	**49728**
省 辖 市 City						
郑 州 市 Zhengzhou	55470	12797	21728	4174	14015	14106
开 封 市 Kaifeng	3434	1925	2274	3298	896	2156
洛 阳 市 Luoyang	12609	4284	1620	17214	5396	5322
平 顶 山 市 Pingdingshan	6424	4558	2157	4083	2057	9140
安 阳 市 Anyang	1596	1734	956	2438	1353	280
鹤 壁 市 Hebi	1338	116	21	965	1180	88
新 乡 市 Xinxiang	1814	2457	941	5718	6448	891
焦 作 市 Jiaozuo	2064	4074	2490	3640	1182	672
濮 阳 市 Puyang	3151	555	2799	4310	3472	699
许 昌 市 Xuchang	7333	2205	3114	5365	8302	3085
漯 河 市 Luohe	461	345	372	230		156
三 门 峡 市 Sanmenxia	890	497	1042	185	3296	926
南 阳 市 Nanyang	3433	3557	2792	4124	5116	1606
商 丘 市 Shangqiu	3338	2822	2473	4546	971	1665
信 阳 市 Xinyang	10211	3008	3964	5918	6232	2691
周 口 市 Zhoukou	7697	506	2064	18034	8990	3765
驻 马 店 市 Zhumadian	3179	1508	3064	8275	5272	2227
济 源 市 Jiyuan	318	1109	591	365	493	253
省 直 管 县 County Directly Administrated by Province						
巩 义 市 Gongyi	147	540	512	1884	1619	377
兰 考 县 Lankao	429	243	838	595	661	526
汝 州 市 Ruzhou	2953	2062	679	1286	470	331
滑 县 Huaxian	155		327	761	995	
长 垣 县 Changyuan	775	478	64	2295	1517	112
邓 州 市 Dengzhou	171	138	212	1068	304	131
永 城 市 Yongcheng	158	163	90	237	504	411
固 始 县 Gushi	169	544	594	1214	1075	904
鹿 邑 县 Luyi	731	364	328	5292	1527	258
新 蔡 县 Xincai	256	151	553	623	68	151

运输和邮电

Transport, Postal and Telecommunication Services

19

● 资料整理：陈 琛

简要说明

一、主要内容

本篇反映河南省交通运输业和邮政、通信、软件业发展的基本情况。交通运输业资料主要包括：主要运输方式的线路里程、运输设备拥有量、货物运输量和旅客运输量。邮政、通信业资料主要包括：全省邮政局(所)及邮路情况，邮政设备拥有量，邮政业务完成情况，邮政通信业发展水平等资料。

二、统计范围

铁路包括国家铁路、合资铁路、地方铁路。公路里程包括全省范围内所有国道、省道、县道、乡道(含村道)、专用公路。民用车辆拥有量包括辖区内全部登记注册民用车辆。公路、水路运输量统计范围是在全省交通运输主管部门办理营运证的从事公路、水路客、货运输的营业性的车辆和船舶所完成的运输量。邮电通信包括省邮政管理局、省邮政公司、省通信管理局及所有从事邮电通信运营的企业。

三、资料来源

铁路资料由郑州铁路局、武汉铁路局、登封铁路公司提供；公路资料由省交通运输厅提供；民用车辆资料由省公安厅、省农机局和各省辖市统计局提供。民航资料由郑州新郑国际机场、南方航空公司河南分公司提供；邮政业资料由河南省邮政管理局、省邮政公司和省通信管理局提供。由河南省统计局服务业统计处编辑整理。

Brief Introduction

I. Main Contents

Data in this chapter present the development of transportation, post, telecommunication and software in Henan province. Data on traffic and transport include the length of the routes of main transportation, the possession of transport equipment, the condition of technological quality, freight traffic and passenger traffic accomplished. Data on post and telecommunication cover mainly the situation of post offices and postal routes; telephone lines, telegraph lines and the possession of post facilities; business volume of postal services achieved; and the level of development of postal services.

II. Scope of Statistics

Data on railway transportation including National railway, joint-venture and local railways. The length of highways refer to the road of the national, provincial, county, town and dedicated lanes. Data on the possession of civil motor vehicles include all registered vehicles. Data on passenger traffic and freight traffic by highways, the statistical scope encompasses all the enterprises, institutional units and individuals (including joint-households) engaged in highway freight or passenger transport business. The data on civil aviation transport cover the civil enterprises that set up base in Henan. The data on post cover the Henan provincial bureau of post, Henan provincial postal company, Henan provincial bureau of communications authority and all enterprises for post.

III. Sources of Data

Data on railway transportation are calculated from Henan provincial operation bureau of local railways, Zhengzhou Railway Administration, Wuhan Railway Administration. Data on highway transportation are calculated from Henan provincial bureau of transportation. Data on civilian vehicles are calculated from Henan provincial bureau of public safety, Henan provincial bureau of agricultural machinery and municipal Henan provincial bureau of statistics. Data on civil aviation are calculated from Xinzheng international airport and Henan Branch of China Southern airlines. Data on postal services come from the Henan provincial bureau of post, Henan provincial post company and Henan provincial communications authority. Data in this chapter are provided by the Department of Services industry of the Henan provincial bureau of Statistics.

19-1 交通运输基本情况
Basic Conditions of Transport

年份 Year	铁路营业里程(公里) Length of Railways in Operation (km)	公路里程(公里) Length of Highways (km)	#高速公路 Expressway	通航里程(公里) Length of Navigable Inland Waterways (km)	民用汽车拥有量(万辆) Possession of Civil Motor Vehicles (10 000 units)	#私人汽车 Private Vehicles
1949	1224	3909		2312	0.04	
1952	1225	5766		2916	0.11	
1957	1318	14945		3837	0.33	
1962	1690	17876		2537	1.05	
1965	1823	19907		3389	1.10	
1970	2792	22320		2072	1.71	
1975	3113	26934		2268	3.80	
1978	3212	31549		2202	6.30	
1979	3216	36155		1352	7.35	
1980	3192	36423		1361	8.51	
1981	3460	36478		1419	10.13	
1982	3401	36912		1110	11.28	
1983	3305	37196		1110	12.21	
1984	3342	37704		1110	14.10	
1985	3248	38840		1110	17.82	
1986	3344	39286		1110	18.42	3.29
1987	3409	39713		1110	21.60	3.72
1988	3358	40622		1110	24.92	5.87
1989	3546	41170		1110	28.61	6.97
1990	3536	43150		1110	30.79	7.65
1991	3384	44199		1110	33.38	8.12
1992	3486	45049		1105	34.32	8.46
1993	3456	46487		1105	38.40	7.04
1994	3350	47704	81	1104	45.23	12.45
1995	3382	49707	230	1104	46.93	12.18
1996	3426	50907	294	1104	51.41	14.98
1997	3428	55016	416	1104	60.35	19.41
1998	3461	57172	465	1104	68.09	22.01
1999	3354	60330	465	1104	76.59	29.93
2000	3354	64453	505	1104	84.73	34.93
2001	3319	69041	1077	1587	92.46	39.24
2002	3347	71741	1231	1587	105.82	50.41
2003	3410	73831	1418	1208	119.75	57.20
2004	3752	75718	1759	1381	130.97	64.10
2005	4000	79506	2678	1439	206.01	132.16
2006	3988	236351	3439	1439	252.94	169.91
2007	3989	238676	4556	1439	292.69	209.22
2008	3989	240645	4841	1439	338.44	248.77
2009	3898	242314	4861	1439	404.53	305.49
2010	4224	245089	5016	1439	484.89	377.32
2011	4203	247587	5196	1439	582.14	463.08
2012	4822	249649	5830	1439	645.92	529.67
2013	4822	249831	5859	1439	746.90	628.22
2014	5108	249857	5859	1439	896.02	774.37
2015	5205	250584	6305	1589	1342.13	866.76
2016	5466	267441	6448	1589	1481.66	1010.01
2017	5470	267805	6523	1589	1286.02	1166.82

注：2006年起，公路里程包括村道(以下相关表同)。
a) Length of ways include county ways since 2006 (the same as following tables).

19-2 旅客和货物运输量

Passenger and Freight Traffic

年份 Year	客运量 (万人) Passenger Traffic (10000 persons)	#铁路 Railway	#公路 Highway	#水运 Waterway	货运量 (万吨) Freight Traffic (10000 tons)	#铁路 Railway	#公路 Highway	#水运 Waterway
1978	11145	4319	6781	45	18176	6722	11321	133
1979	12784	4513	8218	53	17533	6693	10728	112
1980	15092	4860	10151	81	17047	6758	10183	106
1981	17559	4752	12724	83	16403	6614	9705	84
1982	20129	4680	15373	76	19847	6934	12794	119
1983	23050	5060	17907	82	21579	7142	14308	129
1984	25985	5474	20412	97	23908	7456	16296	155
1985	36576	5723	30729	121	35642	8101	27340	201
1986	43590	5659	37822	105	36436	8420	27799	217
1987	46140	5524	40510	100	39539	8632	30670	237
1988	54667	6073	48421	168	38357	8772	29282	303
1989	52328	5476	46634	211	38245	9089	28811	345
1990	53567	4429	48977	150	38111	9038	28818	255
1991	53846	4223	49494	119	39923	9193	30486	244
1992	58096	4271	53703	106	44018	9343	34404	271
1993	61285	4602	56511	146	47347	9811	37182	354
1994	62686	4563	57996	81	50988	9974	40428	395
1995	61964	4288	57522	82	53582	10373	42692	324
1996	66490	3818	62464	129	55920	10594	44800	382
1997	69863	3843	65786	152	56113	9996	45542	433
1998	74182	4133	69917	55	58150	9416	48250	342
1999	78009	4366	73493	76	59218	9657	49208	352
2000	83912	4727	79017	91	60678	10172	50133	372
2001	85412	4980	80259	95	65191	11196	53596	398
2002	90334	5085	85078	86	68397	12148	55743	505
2003	81323	4864	76301	63	69689	12925	56100	663
2004	91013	5695	85016	84	73796	14732	58147	915
2005	98099	5842	91920	97	78827	14806	62684	1334
2006	108060	6313	101345	105	86608	15190	69898	1516
2007	122557	6585	115460	160	101410	16010	83537	1858
2008	(139290)	7476	(131291)	(167)	(116889)	16226	(98433)	(2226)
	130436	7476	122414	190	138392	16226	118198	3964
2009	144666	7724	136278	206	169643	13856	151343	4439
2010	167804	8399	158630	255	202470	14224	183291	4950
2011	193882	8952	184213	268	240965	14312	220122	6527
2012	208094	9628	197785	250	272240	12779	251772	7685
2013	(225738)	11160	(213900)	(261)	(304369)	12762	(282970)	(8632)
	137571	11160	125450	255	184669	12762	162040	9854
2014	141780	12400	128279	254	200626	11577	179680	9350
2015	(146066)	13068	(131788)	280	(211854)	9802	(191572)	10459
	126812	13068	112535	280	192715	9802	172431	10459
2016	122342	14525	106415	288	205385	9562	184255	11545
2017	116574	16178	98753	347	229458	9406	207066	12879

注：2008年客货运输量为公路水路运输量专项调查数据，2013年客货运输量按交通部新统计方法测算,括号内均为原口径数据，2015年客货运输量按交通部新统计方法测算,括号内均为原口径数据。

a) Data on passenger and freight Volume in 2008 are calculated on basis of Highway and waterway traffic special investigation,Data on passenger and freight Volume in 2013 are calculated on new statistical methods of Ministry of Communications,and data in the brakfets are original data.

19-3 旅客和货物周转量
Passenger-Kilometers and Freight Ton-Kilometers

年份 Year	旅客周转量(亿人公里) Passenger-Kilometers (100 million passenger-km)	#铁路 Railways	#公路 Highways	货物周转量(亿吨公里) Freight Ton-Kilometers (100 million ton-km)	#铁路 Railways	#公路 Highways
1949	6.46	6.45	0.01	16.53	16.00	0.21
1952	15.62	15.26	0.36	39.12	36.56	0.88
1957	33.23	30.85	2.33	112.68	106.68	3.13
1962	90.02	82.01	7.98	131.21	125.02	4.08
1965	46.46	37.79	8.65	227.88	219.56	6.07
1970	80.54	64.74	15.66	332.55	322.03	8.74
1975	105.23	82.18	22.90	390.77	372.64	16.29
1978	123.22	92.62	30.47	508.41	484.79	21.57
1979	140.25	105.73	34.37	529.00	507.56	19.77
1980	163.98	122.40	41.35	547.65	525.31	21.01
1981	176.99	126.76	49.98	563.45	537.75	24.45
1982	195.70	135.60	59.87	617.77	578.55	37.41
1983	226.31	155.09	70.96	674.22	624.37	47.86
1984	253.11	171.10	81.71	702.70	643.53	55.88
1985	323.50	209.77	113.36	838.22	728.25	105.72
1986	358.20	228.54	129.34	881.90	777.12	99.73
1987	400.06	249.01	150.75	1020.81	880.94	133.83
1988	484.77	290.16	194.24	1079.26	932.37	139.64
1989	488.56	280.00	208.16	1157.63	1007.00	142.70
1990	423.46	229.90	193.10	1169.44	1001.79	160.66
1991	459.53	249.52	209.64	1199.31	1022.17	170.03
1992	511.40	275.46	235.56	1302.34	1085.18	209.03
1993	538.45	295.85	242.15	1337.03	1099.61	227.37
1994	566.29	305.35	260.74	1432.97	1164.43	258.41
1995	573.85	304.66	262.11	1538.82	1233.74	295.18
1996	584.25	285.72	289.65	1603.52	1263.13	326.16
1997	620.28	296.80	314.26	1547.18	1179.62	352.74
1998	640.16	310.79	320.93	1452.74	1083.35	355.48
1999	689.89	339.15	342.56	1432.08	1058.12	363.56
2000	740.98	378.80	353.78	1476.51	1101.74	363.94
2001	779.93	401.77	369.41	1573.28	1185.36	375.78
2002	820.83	421.00	390.00	1649.22	1234.77	398.87
2003	822.92	462.10	350.02	1891.73	1463.20	405.20
2004	963.09	542.00	395.40	2107.26	1650.00	422.02
2005	1000.70	535.43	437.84	2282.60	1759.77	467.00
2006	1113.77	586.88	492.72	2415.89	1810.80	538.76
2007	1264.10	620.68	601.81	2729.30	1962.93	681.85
2008	(1444.29)	667.32	(734.96)	(2969.81)	1985.84	(848.22)
	1517.33	667.32	808.32	5215.84	1985.84	2995.15
2009	1645.18	675.48	914.80	6146.09	1955.36	3927.08
2010	1840.64	747.20	1031.18	7141.82	1980.23	4860.63
2011	2033.68	766.45	1211.28	8471.07	2120.10	5949.04
2012	2144.50	779.57	1309.58	9436.42	2088.97	6863.01
2013	(2328.12)	853.38	(1417.54)	(10357.41)	2096.81	(7702.95)
	1661.89	853.38	712.39	7205.05	2096.81	4488.01
2014	1858.89	895.65	844.86	7367.09	1926.50	4822.37
2015	(1941.88)	910.24	(898.08)	(7582.38)	1666.02	(5208.16)
	1787.70	910.24	743.91	6916.89	1666.02	4542.67
2016	1857.17	938.30	760.57	7336.28	1685.89	4838.53
2017	1945.20	1029.09	736.62	8165.54	1899.81	5341.67

注：2008年客货运输周转量为公路水路运输量专项调查数据，2013年客货周转量按交通部新统计方法测算,括号内为原口径数据。
2015年客货运输量按交通部新统计方法测算,括号内均为原口径数据。

a) Data on Passenger-Kilometers and Freight Ton-Kilometers in 2008 are calculated on basis of Highway and waterway traffic special investigation, and data in 2013 are calculated on new statistical methods of Ministry of Communications, and data in the brakfets are original data.

19-4 铁路、公路、内河通车通航里程(年底数)
Length of Railways, Highways and Navigable Inland Waterways (Year-end)

单位：公里 (km)

指　标	Item	2000	2005	2010	2013	2014	2015	2016	2017
铁　路	**Length of Railways**	**3354**	**4000**	**4224**	**4822**	**5108**	**5205**	**5466**	**5470**
#电气化	Electrified Railways		1309	2109	2125	2132	2291	2302	2301
中央铁路	National Railways	2043	2788	3395	4014	4300	4397	4659	4663
地方铁路	Local Railways	1311	1212	829	808	808	808	807	807
公　路	**Length of Highways**	**64453**	**79506**	**245089**	**249831**	**249857**	**250584**	**267441**	**267805**
#高级、次高级路面	Senior and Second-senior	46917	63474	165944	183579	184801	188020	220248	223406
#高速公路	Expressways	505	2678	5016	5859	5859	6305	6448	6523
内　河	**Length of Navigable Inland Waterways**	**1104**	**1439**	**1439**	**1439**	**1439**	**1589**	**1589**	**1589**

注：铁路通车里程为正线里程；铁路电气化里程为郑州铁路局全局数据。
a) Length of railways refers to trunk lines.Length of electrified railways refers to data of Zhengzhou Railway Administration.

19-5 交通运输工具拥有量(年底数)
Possession of Means of Transportation (Year-end)

指 标	Item	2000	2005	2010	2013	2014	2015	2016	2017
铁路	**Railways**								
国家铁路	National Railways								
内燃机车(台)	Diesel Locomotives(unit)	951	446	297	218	210	220	215	212
电力机车(台)	Electric Locomotives(unit)	981	570	837	1204	1043	1053	1048	1043
客车(辆)	Passenger Coaches(unit)	4981	1860	2400	2760	2399	2699	2985	2868
地方铁路	Local Railways								
内燃机车(台)	Diesel Locomotives(unit)	85	106	64	62	53	5	6	6
客车(辆)	Passenger Coaches(unit)	80	60	14	14	13			
货车(辆)	Freight Cars(unit)	1476	1219	622	618	492	20	20	20
公路	**Highways**								
载货汽车(辆)	Trucks(unit)	363723	491669	907504	1207263	1087637	1297191	1329070	1446283
#重型	Heavy	212965	136946	307187	398613	249136	426097	432688	485683
中型	Middle			144914	89426	79862	69610	50867	42177
轻型	Light	150758	199410	443372	714257	753972	797052	842608	916549
载客汽车(辆)	Buses and Cars(unit)	456068	988796	3049045	5717116	7507955	8170640	9665820	11246977
#大型	Large	32771	46187	61940	64452	121643	69068	72016	75192
中型	Middle			80896	44803	101514	38589	38389	37898
小型	Small	423297	672144	2660344	5339141	6981935	7834810	9390964	11005065
内河	**Inland Rivers**								
机动船(艘)	Motor Vessels (unit)	3314	4687	4916	5088	5166	5202	5296	5302
驳船(艘)	Barges (unit)	418	431	127	108	279	308	306	303

注：国家铁路为郑州铁路局数据。由于郑州铁路局调整，2005年以后的数据与以前年份不可比。2015年起，受地方铁路改制影响，地方铁路交通运输工具拥有量数据仅包含登封铁路公司。
a) Data on national railways are calculated by ZhengZhou Railways Administration. Because of The Change of ZhengZhou Railways Administration, data since 2005 could not be Compared with former Years.Data of Locomotives only refers to DengFeng railway company since 2015.

19-6 各市公路线路里程(2017年底)
Length of Highways by City (End of 2017)

单位：公里 (km)

市(县) City(County)	总计 Total	等级公路 Expressway and Class Ⅰ to Ⅳ Highways	高速 Express-way	一级 First Class	二级 Second Class	三级 Third Class	四级 Four Class
全　　省 Total	**267805**	**232813**	**6523**	**3350**	**26360**	**21174**	**175407**
郑　州　市 Zhengzhou	13768	12621	582	501	1988	1564	7987
开　封　市 Kaifeng	9512	8231	471	56	1124	262	6318
洛　阳　市 Luoyang	19403	17478	500	114	1888	2005	12970
平　顶　山　市 Pingdingshan	14668	14516	427	168	1807	1216	10898
安　阳　市 Anyang	12955	11716	266	199	1543	1261	8446
鹤　壁　市 Hebi	4566	4065	75	126	347	317	3201
新　乡　市 Xinxiang	13492	12596	258	163	2243	1219	8713
焦　作　市 Jiaozuo	8021	7400	240	213	1603	929	4415
濮　阳　市 Puyang	6773	6440	193	240	877	774	4355
许　昌　市 Xuchang	9954	8437	275	234	1173	711	6043
漯　河　市 Luohe	5375	4769	126	80	488	514	3561
三　门　峡　市 Sanmenxia	10090	8176	312	71	1012	818	5963
南　阳　市 Nanyang	39972	33626	725	326	3008	3363	26204
商　丘　市 Shangqiu	24698	18396	494	243	1724	1269	14666
信　阳　市 Xinyang	26633	22246	550	147	1817	2020	17712
周　口　市 Zhoukou	23859	22489	495	241	1567	1271	18915
驻　马　店　市 Zhumadian	21559	17265	437	161	1604	1258	13804
济　源　市 Jiyuan	2507	2345	96	68	545	401	1236
省　直　管　县 County Directly Administrated by Province							
巩　义　市 Gongyi	2167	1993	56	67	185	378	1307
兰　考　县 Lankao	1822	1652	50	23	145	107	1327
汝　州　市 Ruzhou	2909	2788	100	19	412	266	1991
滑　县 Huaxian	3719	3198	56	64	373	102	2604
长　垣　县 Changyuan	2059	1969	26		421	143	1379
邓　州　市 Dengzhou	4437	3479	41	45	305	308	2780
永　城　市 Yongcheng	3522	3166	115	2	311	271	2468
固　始　县 Gushi	3232	3021	67	10	255	262	2426
鹿　邑　县 Luyi	3179	2576	48	73	114	195	2146
新　蔡　县 Xincai	2319	2182	71		206	76	1828

19-6 续表 continued

单位：公里 (km)

市(县) City(County)	等外公路 Highways Below Class Ⅳ	有铺装路面里程 paved Highway	沥青混凝土 Bitumen	水泥混凝土 concrete	简易铺装路面里程 Simply Paved Highway	未铺装路面里程 Unpaved Highway
全省 Total	**34992**	**198663**	**48286**	**150378**	**24743**	**44399**
郑州市 Zhengzhou	1147	11781	4563	7218	850	1137
开封市 Kaifeng	1281	8184	4518	3667	102	1226
洛阳市 Luoyang	1925	16498	2956	13542	85	2820
平顶山市 Pingdingshan	152	12098	1680	10418	8	2563
安阳市 Anyang	1239	10707	2210	8497	377	1872
鹤壁市 Hebi	502	3519	711	2807	388	660
新乡市 Xinxiang	896	11295	3063	8233	1290	907
焦作市 Jiaozuo	621	6759	1918	4841	607	655
濮阳市 Puyang	333	6150	1646	4504	289	334
许昌市 Xuchang	1517	7362	2066	5296	948	1644
漯河市 Luohe	606	4177	545	3632	602	597
三门峡市 Sanmenxia	1914	7788	1851	5937	41	2260
南阳市 Nanyang	6346	29274	6280	22994	1059	9639
商丘市 Shangqiu	6302	13251	3766	9485	6138	5310
信阳市 Xinyang	4387	18809	2123	16686	1112	6711
周口市 Zhoukou	1370	13125	3957	9168	9285	1449
驻马店市 Zhumadian	4294	15705	3572	12133	1358	4496
济源市 Jiyuan	162	2184	861	1322	203	120
省直管县 County Directly Administrated by Province						
巩义市 Gongyi	174	1899	411	1488	93	174
兰考县 Lankao	170	1646	1224	422	3	174
汝州市 Ruzhou	121	2170	322	1848		739
滑县 Huaxian	520	3088	514	2574	110	520
长垣县 Changyuan	89	1849	493	1356	120	89
邓州市 Dengzhou	957	3059	608	2450	267	1111
永城市 Yongcheng	356	2419	503	1915	324	779
固始县 Gushi	211	2300	412	1887	721	211
鹿邑县 Luyi	603	2296	566	1730	268	614
新蔡县 Xincai	137	1589	453	1137	593	137

19−7 各种民用车辆拥有量(2017年底)

Possession of Civil Vehicles (End of 2017)

单位：辆 (unit)

指标	Item	总计 Total	营运 Commerial	非营运 Non-commerial	#进口 Imports	#私人 Private-owned	#新注册 Newly-registered	报废 Abandoned
合计	**Total**	**19773050**	**1482624**	**14656427**	**327967**	**14715042**	**2076837**	**55085**
汽车	Vehicles	12860231	1141703	11718528	325538	11668151	1953500	50738
载客汽车	Passenger Vehicles	11246977	191417	11055560	324519	10612490	1728821	34181
大型	Large	75192	59068	16124	364	606	8582	4189
中型	Medium	37898	14657	23241	715	5048	3815	2655
小型	Small	11005065	117667	10887398	322049	10482447	1709320	24973
微型	Minicar	128822	25	128797	1391	124389	7104	2364
#轿车	Saloon Cars	6774584	115849	6658735	110172	6449421	971856	17042
载货汽车	Trucks	1446283	893715	552568	887	922121	211152	14919
重型	Heavy	485683	474827	10856	155	95708	86210	4322
中型	Medium	42177	37692	4485	8	29675	2044	1033
轻型	Light	916549	380834	535715	721	795116	122897	9421
微型	Mini	1874	362	1512	3	1622	1	143
#普通载货	Cargo Vehicle	683598	238024	445574	696	608843	77576	6607
其他汽车	Others	166971	56571	110400	132	133540	13527	1638
#三轮	Tricycle	64561	24525	40036	0	63705	5386	313
低速货车	Low-speed truck	51190	26491	24699	0	46112	326	321
电车	Buses							
摩托车	Motorcycle	3043108	106359	2936749	2401	3028756	75138	3845
普通	Standard	3033363	106350	2927013	2401	3019030	74898	3829
轻便	Light	9745	9	9736		9726	240	16
拖拉机	Tractors	3633999						
#大中型	Large and Medium	458649						
小型	Small	3175350						
挂车	Trailer	235529	234436	1093	28	18133	48132	492
其他类型车	Others	183	126	57	0	2	67	10

注：1.拖拉机数据来源于农机管理局，其他数据来源于公安厅。

2.全省"营运"、"非营运"、"进口"、"私人"、"新注册"和"报废"车辆分类中不包括"拖拉机"分类数据。

a) Data of Tractor was calculated from the Administration of agricultural machinery,data of cars and other vehicles was calculated from Provincial public security department.

b) In addition to the total, other index data in Penn column does not include the tractor.

19-8 各市民用车辆拥有量(2017年底)

Possession of Civil Vehicles by City (End of 2017)

单位：辆 (unit)

市 City	民用汽车 Civil Vehicles	载客汽车 Passenger Vehicles	#大型 Large	#轿车 Sedan	载货汽车 Trucks	#重型 Heavy	#普通载货 Ordinary Trucks
全 省 Total	**12860231**	**11246977**	**75192**	**6774584**	**1446283**	**485683**	**683598**
郑 州 市 Zhengzhou	3038852	2831388	19162	1734887	188982	64795	66290
开 封 市 Kaifeng	483257	422113	3057	240158	55024	10737	32854
洛 阳 市 Luoyang	978840	867031	6246	514414	103931	27772	56918
平 顶 山 市 Pingdingshan	583860	509759	3433	265904	62687	17945	32447
安 阳 市 Anyang	570979	512149	2909	334816	52746	27719	17403
鹤 壁 市 Hebi	226772	201146	1480	132020	21495	7860	10233
新 乡 市 Xinxiang	846316	749055	4074	475620	89995	27784	47658
焦 作 市 Jiaozuo	496830	414209	2718	270004	72996	48181	17333
濮 阳 市 Puyang	557154	483489	2392	312379	67572	23773	30032
许 昌 市 Xuchang	580173	512176	2511	300925	62237	19840	27894
漯 河 市 Luohe	289174	249659	1439	155950	37266	15328	15211
三 门 峡 市 Sanmenxia	272313	240120	1558	145982	29085	9587	14882
南 阳 市 Nanyang	897712	761392	4789	442418	122866	33830	64565
商 丘 市 Shangqiu	754246	621841	6189	384422	117305	35471	60906
信 阳 市 Xinyang	521315	435435	2913	247902	63310	9550	38828
周 口 市 Zhoukou	690426	538652	4210	286433	142646	61974	62173
驻 马 店 市 Zhumadian	565027	465862	2852	255399	88546	20328	54727
济 源 市 Jiyuan	145457	130623	590	95837	12538	5519	5593

市 City	其他汽车 Other	#新注册 Newly-registered	摩托车 Motors	挂 车 Trailer	拖拉机 Tractors	机动车驾驶员(万人) Number of Motor Drivers (10 000 Person)	#汽车 Automobile Drivers
全 省 Total	**166971**	**1953500**	**3043108**	**235529**	**3633999**	**2277**	**2143**
郑 州 市 Zhengzhou	18482	452779	118844	18244	121509	395	393
开 封 市 Kaifeng	6120	69666	54238	4590	213737	97	95
洛 阳 市 Luoyang	7878	163009	281252	11023	193725	197	185
平 顶 山 市 Pingdingshan	11414	85906	174909	8160	125176	120	113
安 阳 市 Anyang	6084	71414	46952	19607	140957	104	99
鹤 壁 市 Hebi	4131	29748	26465	4366	85027	42	41
新 乡 市 Xinxiang	7266	115168	63512	11951	181672	174	170
焦 作 市 Jiaozuo	9625	73037	89118	35562	58225	108	104
濮 阳 市 Puyang	6093	67058	66518	11781	69370	99	97
许 昌 市 Xuchang	5760	242662	179707	5602	52094	101	95
漯 河 市 Luohe	2249	46851	54373	6953	90079	58	57
三 门 峡 市 Sanmenxia	3108	33677	153481	5059	49297	63	55
南 阳 市 Nanyang	13454	142233	643306	15917	850727	218	185
商 丘 市 Shangqiu	15100	128125	90681	18478	219936	28	27
信 阳 市 Xinyang	22570	97913	422392	2208	219781	131	113
周 口 市 Zhoukou	9128	9591	244343	34686	338848	194	181
驻 马 店 市 Zhumadian	10619	109035	241935	8714	608580	123	108
济 源 市 Jiyuan	2296	15628	19591	4584	15259	25	25

19-9 各市私人车辆拥有量(2017年底)

Possession of Private Vehicles by City (End of 2017)

单位：辆 (unit)

市 City	民用汽车 Civil Vehicles	载客汽车 Passenger Vehicles	载货汽车 Trucks	其他汽车 Other Special Vehicles	摩托车 Motors	#普通 Bicycle Motor
全省 Total	**11668151**	**10612490**	**922121**	**133540**	**3028756**	**3019030**
郑州市 Zhengzhou	2765388	2653754	100972	10662	116248	116041
开封市 Kaifeng	446228	399712	41419	5097	53739	53536
洛阳市 Luoyang	887866	810799	70931	6136	278970	275627
平顶山市 Pingdingshan	535927	481880	43932	10115	174283	173291
安阳市 Anyang	515117	484889	25433	4795	46318	46269
鹤壁市 Hebi	209436	190283	15604	3549	26227	25810
新乡市 Xinxiang	784529	713530	65551	5448	62961	62930
焦作市 Jiaozuo	427157	392340	26393	8424	88237	87555
濮阳市 Puyang	511464	463935	43544	3985	66213	66106
许昌市 Xuchang	532453	484277	43622	4554	179435	179228
漯河市 Luohe	258658	236568	20486	1604	54246	54135
三门峡市 Sanmenxia	246775	226515	18063	2197	152732	151851
南阳市 Nanyang	808800	725149	72737	10914	642030	641667
商丘市 Shangqiu	688544	593718	80649	14177	89921	89824
信阳市 Xinyang	485881	409483	55260	21138	421823	420656
周口市 Zhoukou	606770	513632	86019	7119	243678	243336
驻马店市 Zhumadian	513684	441861	64680	7143	241444	241238
济源市 Jiyuan	134047	124367	7706	1974	19407	19221

19-10 客货运量及周转量

Passenger and Freight Traffic, Turnover Volume

指　　标	Item	2005	2010	2011	2012	2013	2014	2015	2016	2017
运输量	**Traffic Volume**									
客运量(万人)	Passenger Traffic (10 000 persons)	98099	167804	193882	208094	225738	141777	146066	122342	116574
#铁路	Railways	5842	8399	8952	9628	11160	12400	13068	14525	16178
国家铁路	National Railways	5758	8392	8948	9628	11160	12400	13068	14525	16178
地方铁路	Local Railways	84	7	4						
公路	Highways	91920	158630	184213	197785	213900	128279	131788	106415	98753
水运	Waterways	97	255	268	250	261	254	280	288	345
货运量(万吨)	Freight Traffic (10 000 tons)	78827	202470	240965	272240	304369	200628	211854	205385	229458
#铁路	Railways	14806	14224	14312	12779	12762	11577	9802	9562	9406
国家铁路	National Railways	12697	13292	13292	11772	11685	10540	9482	9257	9095
地方铁路	Local Railways	2109	931	1020	1007	1077	1037	321	305	311
公路	Highways	62684	183291	220122	251772	282970	179680	191572	184255	207066
水运	Waterways	1334	4950	6527	7685	8631	9350	10459	11545	12961
周转量	**Turnover Volume**									
旅客周转量(百万人公里)	Passenger-Kilometers (million person-km)	100070	184064	203368	214450	232812	185889	194188	185717	194520
#铁路	Railways	53543	74720	76645	77957	85337	89565	91024	93830	102909
国家铁路	National Railways	53468	74715	76643	77957	85337	89565	91024	93830	102909
地方铁路	Local Railways	75	5	3						
公路	Highways	43784	103118	121128	130958	141754	84486	89808	76057	73662
水运	Waterways	53	60	65	60	63	54	54	57	63
货物周转量(百万吨公里)	Freight Ton-Kilometers (million ton-km)	228260	714182	847107	943642	1035741	736709	758238	733628	816554
#铁路	Railways	175977	198023	212010	208897	209681	192650	166602	168589	189981
国家铁路	National Railways	173606	197118	210941	207904	208607	191593	166447	168444	189854
地方铁路	Local Railways	2371	905	1069	992	1074	1057	156	145	127
公路	Highways	46700	486063	594904	686301	770295	482237	520816	483853	534167
水运	Waterways	5549	30028	40132	48390	55719	61559	70529	80861	92046

注：2009年3月起国家铁路运输量包含漯阜公司，地方铁路数据不包括漯阜公司;2015年起，受地方铁路改制影响，地方铁路数据仅包含登封铁路公司。

a) Data of LuoFu company was adjusted from local railways to national railways since March 2009.Data of Locomotives only refers to DengFeng railway company since 2015.

19-11 各市公路客货运输量(2017年)

Passenger and Freight Traffic of Highway by City (2017)

市(县)	City(County)	客运量 (万人) Passenger Traffic (10 000 persons)	旅客周转量 (亿人公里) Passenger-Kilometers (100 million person-km)	货运量 (万吨) Freight Traffic (10 000 tons)	货物周转量 (亿吨公里) Freight Ton-Kilometers (100 million ton-km)
全　　省	**Total**	**98753**	**737**	**207066**	**5342**
省　辖　市	**City**				
郑　州　市	Zhengzhou	8815	104	22073	558
开　封　市	Kaifeng	3144	24	3666	108
洛　阳　市	Luoyang	10966	56	24287	686
平 顶 山 市	Pingdingshan	7561	39	12967	240
安　阳　市	Anyang	5247	25	13348	309
鹤　壁　市	Hebi	986	5	8029	167
新　乡　市	Xinxiang	5390	27	14168	353
焦　作　市	Jiaozuo	1602	11	10474	255
濮　阳　市	Puyang	3104	27	5576	194
许　昌　市	Xuchang	4144	16	9084	201
漯　河　市	Luohe	2112	13	5620	150
三 门 峡 市	Sanmenxia	2292	12	6555	168
南　阳　市	Nanyang	11033	108	19201	547
商　丘　市	Shangqiu	7500	57	15803	435
信　阳　市	Xinyang	5457	50	7433	126
周　口　市	Zhoukou	6053	62	14202	542
驻 马 店 市	Zhumadian	12626	96	12284	243
济　源　市	Jiyuan	721	5	2295	57
省 直 管 县	**County Directly Administrated by Province**				
巩　义　市	Gongyi	1303	4	3143	68
兰　考　县	Lankao	469	4	1541	29
汝　州　市	Ruzhou	963	5	1176	18
滑　　县	Huaxian	1107	7	1704	18
长　垣　县	Changyuan	1460	8	908	18
邓　州　市	Dengzhou	1287	11	1615	58
永　城　市	Yongcheng	1168	9	2628	53
固　始　县	Gushi	962	8	2046	54
鹿　邑　县	Luyi	982	13	730	17
新　蔡　县	Xincai	1346	10	1546	14

19-12 铁路主要站客货发送量(2017年)
Number of Passengers and Volume of Freight Dispatched from Principal Railway Stations (2017)

车站名称	Name	旅客发送量 (万人) Number of Passengers Dispatched (10 000 persons)	车站名称	Name	货物发送量 (万吨) Volume of Freight Dispatched (10 000 tons)
郑　州	Zhengzhou	3373.16	圃田西	Western putian	/
郑州东	Eastern zhengzhou	2277.34	郑州北	Northern zhengzhou	37.60
巩　义	Gongyi	101.36	新　密	Xinmi	48.49
开　封	Kaifeng	340.75	上　街	Shangjie	135.26
兰　考	Lankao	138.28	新　郑	Xinzheng	198.91
洛　阳	Luoyang	662.35	开　封	Kaifeng	105.05
洛阳龙门	Luoyang Longmen	495.78	洛阳东	Eastern luoyang	51.95
偃　师	Yanshi	31.79	巩　义	Gongyi	45.20
安　阳	Anyang	363.40	平顶山西	Western pingdingshan	221.33
新　乡	Xinxiang	461.19	安　阳	Anyang	42.50
焦　作	Jiaozuo	268.10	鹤壁北	Northern hebi	137.10
许　昌	Xuchang	201.88	新　乡	Xinxiang	79.68
三门峡	Sanmenxia	139.65	焦作北	Northern jiaozuo	33.72
三门峡南	Southern sanmenxia	159.81	许　昌	Xuchang	14.18
灵　宝	Lingbao	71.63	三门峡	Sanmenxia	182.12
南　阳	Nanyang	290.13	三门峡西	Western sanmenxia	78.99
商　丘	Shangqiu	783.80	南　阳	Nanyang	6.25
商丘南	Southern shangqiu	121.38	商　丘	Shangqiu	67.73
民　权	Minquan	146.66	商丘北	Northern shangqiu	27.87
			济　源	Jiyuan	148.10

注：本表为郑州铁路局辖区内主要站数据。
a) Data in this table are from Principal stations of zhengzhou Railways Administration.

19－13 铁路分货类运输量

Freight Traffic of Railway by Category

货 类	Type of Freight	2016 运输量（万吨）Traffic Volume (10 000 tons)	2016 货物周转量（万吨公里）Freight Ton-Kilometers (10 000 ton-km)	货 类	Type of Freight	2017 运输量（万吨）Traffic Volume (10 000 tons)	2017 货物周转量（万吨公里）Freight Ton-Kilometers (10 000 ton-km)
煤	Coal	20777	6068000	煤	Coal	24476	7170688
石油	Petroleum	1878	482669	石油	Petroleum	1681	406206
焦炭	Coke	2693	863503	焦炭	Coke	3079	997219
金属矿石	Metal Ores	7167	2026805	金属矿石	Metal Ores	8011	2388637
钢铁及有色金属	Steel and Iron,	2794	1002015	钢铁及有色金属	Steel and Iron,	2994	1050129
非金属矿石	Nonmetal Ores	381	107915	非金属矿石	Nonmetal Ores	438	119041
磷矿石	Phosphorus Ores	121	51399	磷矿石	Phosphorus Ores	129	51205
矿建材料	Mineral Building Materials	635	213661	矿建材料	Mineral Building Materials	585	161562
水泥	Cement	9	2918	水泥	Cement	12	4132
木材	Timber	295	120867	木材	Timber	316	121778
粮食	Grain	2566	900505	粮食	Grain	3635	1243870
棉花	Cotton	69	31402	棉花	Cotton	133	57288
化肥和农药	Chemical Fertilizers and Pesticides	2483	875222	化肥和农药	Chemical Fertilizers and Pesticides	2573	941073
盐	Salt	25	9980	盐	Salt	17	7162
化工品	Chemical Products	1554	606679	化工品	Chemical Products	1515	567862
工业机械	Industry Machinery	369	138520	工业机械	Industry Machinery	492	173530
电子电气	Electronic and Electric	34	12482	电子电气	Electronic and Electric	40	14657
金属制品	Metal Products	205	83662	金属制品	Metal Products	167	60696
农业机具	Agriculture Implements		9	农业机具	Agricultural Machinery	0	3
鲜活易腐货物	Fresh, Live and Perishable Goods	52	16348	鲜活易腐货物	Fresh, Live and Perishable Goods	81	20451
农副土特产品	Agriculture Products	63	23038	农副土特产品	Agricultural Products	44	16835
饮食烟草	Diet and Tobaccos	397	140899	饮食烟草	Diet and Tobaccos	373	124765
纺织品	Textile Products	42	17236	纺织品	Textile Products	48	19012
文教用品	Cultural and Educational Products	140	57659	文教用品	Cultural and Educational Products	153	61878
医药品	Medicine Products	24	7779	医药品	Medicine Products	23	7487
零担	Fragmentary Freight	543	201577	零担	Less-Than-Truckload	223	86191
集装箱	Container	3053	1244261	集装箱	Container	4214	1675800

注：铁路为郑州铁路局全局数。
a) Freight Traffic of railway refers to data of Zhengzhou Railways Administration, highway refers to data of transportation department.

19-14 铁路运输主要技术经济指标

Major Economic and Technical Indicators of Railway Transport

指　标	Item	2010	2011	2012	2013	2014	2015	2016	2017
货运机车日产量 （万吨公里）	Average Daily Ton-kilometers of Freight Locomotives (10 000 ton-kms)	133	129	121	121	120	115	113	115
内燃机车	Diesel Locomotives	125	34	31	29	24	20	21	22
电力机车	Electric Locomotives	135	134	125	125	124	118	116	117
货运机车平均牵引总重量 （吨）	Average Total Tonnage of Freight Locomotives (ton)	3667	3663	3723	3697	3584	3460	3390	3430
内燃机车	Diesel Locomotives	3634	2662	2646	2485	2150	1873	1811	1827
电力机车	Electric Locomotives	3674	3681	3740	3713	3600	3475	3404	3418
客运机车日车公里 （公里）	Daily Distance per Passenger Locomotive (km)	823	858	835	761	790	814	788	808
货运机车日车公里 （公里）	Daily Distance per Freight Locomotive (km)	443	467	448	446	459	448	445	452
内燃机车万吨公里耗油（公斤）	Oil Consumption of Diesel Locomotive Per 10 000 tons.km (kg)	23.0	60.6	79.9	111.2	124.7	129.9	138.0	131.3
电力机车万吨公里耗电 （千瓦小时）	Electricity Consumption of Electric Locomotive Per 10 000 tons.km (kwh)	107.4	98.5	100.2	105.2	105.6	107.1	107.8	106.5
旅客列车技术速度 （公里/小时）	Technical Speed of Passenger Trains (km/hr)	85.6	87.9	86.2	84.5	86.3	88.4	87.5	85.6
旅客列车旅行速度 （公里/小时）	Traveling Speed of Passenger Trains (km/hr)	73.9	76.2	75.3	73.8	75.2	77.1	76.7	77.3
货物列车技术速度 （公里/小时）	Technical Speed of Freight Trains (km/hr)	46.5	47.3	46.2	46.2	48.1	48.9	48.8	48.0
货物列车旅行速度 （公里/小时）	Running Speed of Freight Trains (km/hr)	33.6	34.2	31.9	29.8	33.7	33.7	34.3	35.4
货物列车运行正点率 （%）	Punctuality Rate of Freight Trains in Running (%)	85.9	92.2	91.9	93.8	94.4	93.8	94.3	94.6
货物列车出发正点率 （%）	Punctuality Rate of Freight Trains at Departure (%)	88.0	92.4	92.3	93.8	94.0	93.5	94.0	94.9
货车周转时间 （天）	Trunning Around Time of Freight Cars (day)	1.6	1.6	1.8	1.8	1.8	1.8	1.6	1.5
货车一次作业时间 （小时）	Handling Time of Freight Cars (hour)	24.5	25.7	27.0	28.1	28.6	29.5	26.1	25.3
货车中转停留时间 （小时）	Transfer Waiting Time Per Freight Car (hour)	4.2	4.4	4.8	5.0	4.7	4.9	4.8	4.3

注：本表数据来源于郑州铁路局。
a) Data in this chapter are from ZhengZhou Railways Administration.

19－15 民航基本情况

Main Indicators of Civil Aviation

指 标	Item	2012	2013	2014	2015	2016	2017
航线条数(条)	Number of Civil Aviation Routes(unit)	69	51	62	61	63	66
#国际	International Routes	2	3	6	11	8	9
国内	Domestic Routes	65	46	53	47	52	56
地区	Regional Routes	2	2	3	3	3	1
航线里程(公里)	Length of Civil Aviation Routs(km)	223578	205253	212190	202462	203763	196306
#国际	International Routes	12326	14078	33099	39764	36727	39838
国内	Domestic Routes	203960	183883	165491	152148	156486	153028
地区	Regional Routes	7292	7292	13601	10550	10550	3440
飞行架次	Number of Flight	37363	38109	39665	41782	42271	44037
#国际	International Routes	916	1279	2036	2786	3047	2663
国内	Domestic Routes	35277	35746	36133	37345	38223	40886
地区	Regional Routes	1170	1084	1496	1651	1001	488
民用机场数(个)	Number of Civil Airports (unit)	3	3	3	3	3	3
#可降737以上机型	Airports Serving Boeing 737 and above	3	3	3	3	3	3
民用飞机架数(架)	Number of Civil Aircraft (unit)	20	23	24	26	28	31
通航国家和地区(个)	Navigable Country and Region (unit)	4	4	4	5	5	4
#通航城市	Navigable City	4	4	4	10	9	7
客货吞吐量	Passenger and Cargo throughput						
旅客吞吐量(万人)	Passenger throughput (10 000persons)	1268.87	1412.86	1693.64	1860.69	2229.09	2596.58
货邮吞吐量(万吨)	Cargo throughput(10 000tons)	15.31	25.79	37.31	40.58	45.90	50.51

注：民用机场数和客货吞吐量为全省数据，其他指标数据为中国南方航空股份有限公司河南分公司数据。

a) Data of Civil Airports and Passenger and Cargo throughput refer to the whole province,and other data come from China southern airlines co., LTD., henan branch.

19－16 邮政行业基本情况及邮政水平(年底数)

Basic Conditions and Level of Post Services (Year-end)

指 标	Item	2012	2013	2014	2015	2016	2017
局所网络	Offices and Network						
邮政局所(处)	Number of Post Offices(unit)	2531	2507	2596	2595	2595	2603
邮路总长度(公里)	Length of Postal Routes(km)	63846	65935	74663	74234	77488	425176
#汽车邮路总长度	Length of Postal Routes and Rural	55415	57504	70472	70167	73460	132459
铁路邮路总长度	Delivery Routes	7621	7621	3508	3508	3508	3499
农村投递线路总长度(公里)	Rural Delivery Routes(km)	197726	198258	199992	194476	190288	192167
邮政行业业务总量(万元)	Business Volume of Post (10 000 yuan)	691594	924593	1165358	1637756	2332232	3327145
函件(万件)	Number of Letters (10 000 pcs)	17517	17570	15828	12011	9496	11865
包裹(万件)	Number of Parcels (10 000 pcs)	284	295	264	198	160	153
快递(万件)	Pieces of Express Mail Services (10 000 pcs)	12503	19444	29484	51450	83875	107378
报刊期发数(万份)	Issue of Newspapers and Magazines(10 000 copies)	1010	951	1029	980	1032	883
集邮业务(万枚)	Collecting Stamps (10 000 units)	7595	6138	5338	6766	7129	6758
邮政水平	Level of Post Services						
平均每一邮电局所服务面积(平方公里)	Average Area Served by Every Post Office (sq.km)	66	67	64	64	64	61
平均每一邮电局所服务人口(万人)	Average People Served by Every Post Office (10 000 persons)	4.1	3.8	3.6	3.6	3.6	3.7
平均每人发函件数(件)	Average Number of Letters Mailed per Capita (piece)	1.7	1.9	1.7	1.2	1.0	1.2
平均每百人订有报刊数(份)	Average Number of Newspaper and Magazine Subscribed per 100 Persons (piece)	9.6	10.1	10.9	10.4	10.7	9.0

注：1.2010年起快递为全社会快递业务量；邮政业务总量也做同口径调整。

2.2017年起邮路总长度为全社会总长度，包含邮政公司和EMS的邮路长度，同时减去租用或无偿使用的邮路长度。

a) The caliber of Business Volume of Express Mail is the whole volume of the society since 2010, same as the Post.

b) Length of Postal Route refiers to the whole social length, incuding the length of China Post's and EMS's route, excluding the length of rented or free postal rout

19-17 邮电通信行业基本情况

年份 Year	邮电业务总量（万元）Business Volume of Postal and Telecommunications Services (10 000 yuan)	#邮政行业业务总量 Business Volume of Postal Services	函件（万件）Number of Letters (10 000 pcs)	包裹（万件）Package (10 000 pcs)	快递业务量（万件）Pieces of Express Mail Services (10 000 pcs)	订销报刊期发数（万份）Subscription and Issue of Newspapers and Magazines (10 000 pcs)
1978	(5450)7120		11629			
1979	7540		12783			
1980	8062		14230			
1981	8390		14823			
1982	8666		14726			
1983	9024		15144			
1984	9647		16974			
1985	11057		20304			
1986	11977		21055			
1987	14675		24020			
1988	19182		25368			
1989	22805		23345			
1990	(27872)48983		22032			
1991	59324		17335			
1992	80685		17795			
1993	122245		20260			
1994	188902		21963			
1995	302583		21958	648		
1996	461609		22470	648	225	
1997	643107		19164	489	173	
1998	1035556		18799	489	197	
1999	1384139		19452	509	296	
2000	(1869359)1300586	117999	21408	499	423	
2001	1740235	210508	29260	492	539	
2002	2201977	236549	29532	482	761	
2003	3035707	264200	35938	486	945	880
2004	4359263	282726	26470	433	1105	768
2005	5565060	318093	24471	415	1163	686
2006	7214687	365236	23030	405	1136	707
2007	9331635	412016	21515	367	1248	759
2008	11241309	470421	22147	315	1497	846
2009	12968686	548800	19786	271	1788	809
2010	(15077061)5359762	(897962)607027	24704	253	(1793)5765	803
2011	5958822	627996	32396	264	8378	1062
2012	6613588	691594	17516	283	12503	1010
2013	7949251	924593	17570	295	19444	951
2014	10110624	1165358	15828	264	29484	1029
2015	13172754	1637756	12011	198	51450	980
2016	(20658962)9860822	2332232	9496	160	83875	1032
2017	18160442	3327145	11865	153	107378	883

注：1.邮电业务总量2010-2016年按2010年不变价计算，2000-2009年按2000年不变价格计算，1990-1999年按1990年不变价格计算，1978-1989年按1980年不变价格计算。括号内为上个时期不变价数据。
2.2007年起，局用交换机容量包含接入网设备容量。
3.2010年起快递为全社会快递业务量，括号内为原口径数据。
4.2010年起，国际互联网用户含手机上网用户。
5.邮电业务总量2017年按2015年不变价计算，同时对2016年数据进行了调整，2016年括号内为上个时期不变价数据。邮政行业业务总量仍为2010年不变价格，邮电业务总量采取简单相加方法处理。

Basic Conditions of Postal and Telecommunication Services

集　邮 业　务 (万枚) Stamps for Collection (10 000 units)	固定电话 用　户 (万户) Subscribers of Fixed Telephone (10 000 subscribers)	移动电话 用　户 (万户) Subscribers of Mobile Telephone (10 000 subscribers)	本地电话 局用交换 机容量 (万门) Capacity of Local Telephone Exchanges (10 000 line)	长途光缆 线路长度 (公里) Length of Optical Cable Lines (km)	电话普及率 (含移动) (部/百人) Populariza-tion Rate of Telephone (sets/100 persons)	国际互联 网用户 (万户) Number of Subscribers of Internet Services (10 000 subscribers)
	12.05		21.15		0.17	
	12.40		22.01		0.17	
	12.96		22.58		0.18	
	13.12		22.92		0.18	
	13.37		23.77		0.18	
	13.25		24.45		0.17	
	14.33		25.23		0.19	
	15.67		26.91		0.20	
	16.75		27.39		0.21	
	14.00		29.47		0.17	
	16.10		32.50		0.20	
	18.92		35.31		0.23	
	22.76		40.79		0.27	
	27.31		54.45		0.31	
	36.65		66.04		0.42	
	55.70		103.31		0.63	
	89.31		171.76		0.99	
	135.74		238.36		1.50	
	205.71	23.87	349.34		2.51	
2295	292.55	48.02	479.17		3.70	
1045	442.76	118.64	723.20		6.05	
13581	773.51	173.04	837.21		8.68	
13614	912.10	310.30	969.87		12.95	67.52
12352	1096.09	503.03	1049.71	18029	16.79	185.66
10441	1180.31	531.00	1095.47	20658	17.86	208.42
9159	1370.86	1072.57	1159.70	26650	25.72	245.81
10500	1625.03	1392.31	1296.62	32644	31.14	269.17
8769	1863.48	1814.81	1349.56	33093	37.90	274.28
7038	2027.50	2351.20	1376.00	33536	44.90	326.87
6883	1940.47	2914.54	2548.50	34927	49.50	403.26
7100	1562.44	3498.89	2382.21	35718	51.20	494.38
6064	1463.89	4016.84	2304.06	36127	55.10	625.49
8158	1432.00	4449.72	1996.00	36446	59.00	3043.42
7090	1340.39	5061.69	1855.45	30519	68.07	3857.20
7585	1288.90	5787.70	1804.26	30271	75.38	5098.00
6138	1224.38	7200.22	1843.36	30296	89.60	5657.14
5338	1143.04	7712.93	1298.35	31430	94.10	5672.06
6766	1009.66	7975.06	1043.95	33578	95.22	6626.93
7129	798.60	7889.01	901.07	32533	91.14	8145.49
6758	735.04	8553.36	879.63	34589	97.40	9670.83

a) The Business Volume of Postal and Telecommunication Services since 2000 are calculated at 2000 constant prices.1990~1999 are calculated at 1990constant prices.1978~1989 are calculated at 1980 constant prices.Data in bracket are calculated at last period constant prices .

b) Data on capacity of local telephone exchanges include network equipment since 2007.

c) Data of pieces of express mail refer to the whole social since 2010, data in the brakfets are original data.

d) Data on Subscribers of Internet Services include Mobile Internet since 2010.

e)The Business Volume of Postal and Telecommunication Services on 2017 was calculated at 2015 constant price, and the data on 2016 was adjusted, the data in brackets of 2016 was calculated the constant price of the last period. The Business Volume of Pos

19−18 通信行业基本情况及通信水平(年底数)

Basic Conditions and Level of Telecommunication Services (Year-end)

指标	Item	2013	2014	2015	2016	2017
通信网络	**Network of Telecommunication**					
电信业务总量(万元)	Business Volume of Telecommunication Services (10 000 yuan)	7024658	8945199	11534998	(18326732) 7528591	14833298
长途电话业务电路(2M)	Long-distance Call Lines (2M line)	4554119	6924553	7066311	12250689	24997079
固定长途电话通话时长(万分钟)	Length of Long-distance Calls of Fixed Telephone (10 000 minutes)	177532	127457	100490	90400	71390
移动电话用户期末数(万户)	Number of Mobile Telephones Subscribers at Year-end (10 000 subscribers)	7200	7713	7975	7889	8553
固定电话用户(万户)	Number of Local Telephone Subscribers of at Year-end (10 000 subscribers)	1224	1143	1010	799	735
#城市	Number of Urban Telephone Subscribers	754	737	678	541	520
住宅电话用户(万户)	Number of Household Telephone Subscribers (10 000 subscribers)	750.60	693.30	556.11	427.20	350.69
#城市	Number of Urban Telephone Subscribers	367.62	355.74	330.11	242.40	206.47
公用电话(万户)	Number of Public Telephone Subscribers (10 000 Subscribers)	118.08	113.52	92.34	76.80	75.16
国际互联网用户(万户)	Number of Subscribers of Internet Service (10 000 Subscribers)	5657.14	5672.06	6626.93	8145.49	9670.83
电信主要通信能力	**Major Capacity of Telecommunication Services**					
固定长途电话交换机容量(路端)	Capacity of Long-distance Telephone Exchanges(unit)	1446394	1337449	328980	188040	188040
局用电话交换机容量(万门)	Capacity of Office Telephone Exchanges (10 000 units)	1843	1298	1044	901	880
移动电话交换机容量(万户)	Capacity of Mobile Telephone Exchanges (10 000 subscribers)	8968	11097	11713	12357	12239
长途光缆线路长度(公里)	Length of Optical Cable Lines(km)	30296	31430	33578	32533	34589
通信水平	**Level of Telecommunication**					
固定电话普及率(部/百人)	Popularization Rate of Telephone (sets/100 persons)	13.0	12.1	10.7	8.4	7.7
移动电话普及率(部/百人)	Popularization Rate of Mobile Telephone (sets/100 persons)	76.5	82.0	84.5	82.8	89.7
平均每千人拥有公用电话数(部)	Public Telephone Owned Per 1000 Person (set)	12.6	12.1	9.8	8.6	7.9
已通固定电话的乡(镇)比重(%)	Percentage of Townships with Telephone (%)	100	100	100	100	100
移动电话(GSM)网络覆盖县(市)	Number of County(city) Covered by GSM (unit)	109	109	109	109	109
移动电话(CDMA)网络覆盖县(市)	Number of County(city) Covered by CDMA (unit)	109	109	109	109	109
移动电话漫游国家和地区(个)	Number of country (Territory) Roamed through Mobile Telephone (unit)	245	245	245	245	245
数据通信网覆盖地(市)	Number of Region(city) Covered by Data Traffic (unit)	18	18	18	18	18

注：1.从2012年起，长途电话业务电路包含固定电话网、移动电话网和各类数据通信网内为疏通长话业务开放使用的长途电路。
2.电信业务总量2017年按2015年不变价计算，同时对2016年数据进行了调整，2016年括号内为上个时期不变价数据。
a) since 2012, Long-distance Call Lines include Fixed Telephone, Mobile Telephones and other Communication network.
b) The Business Volume of Telecommunication Serviceson 2017 was calculated at 2015 constant price, and the data on 2016 was adjusted, the data in brackets of 2016 was calculated the constant price of the last period.

19－19　各市邮政网和业务量(2017年)

Network and Business Volume of Post by City (2017)

市(县)	City(County)	邮政局所 (处) Number of Post Offices (unit)	邮路总长度 (公里) Length of Postal Routes (km)	农村投递线路总长度 (公里) Rural Delivery Routes (km)	邮政行业业务总量 (亿元) Business Volume of Post	函件 (万件) Number of Letters (10 000 pcs)	包裹 (万件) Package (10 000 pcs)	快递业务量 (万件) Business Volume of Express Delivery (10 000 pcs)	快递业务收入 (亿元)	订销报刊期发数 (万份) Subscription and Issue of Newspapers and Magazines (10 000 pcs)	集邮业务 (万枚) Collecting Stamps (10 000 units)
全　　省	**Total**	**2603**	**425176**	**192167**	**332.71**	**11864.65**	**152.77**	**107378**	**115.93**	**883**	**6758**
省辖市	**City**										
郑州市	Zhengzhou	245	161038	17236	123.80	4472.71	36.50	49139	57.67	87	847
开封市	Kaifeng	117	12915	8898	7.89	517.97	5.70	2058	2.41	43	298
洛阳市	Luoyang	203	24414	12314	24.06	344.73	24.50	8311	7.82	64	723
平顶山市	Pingdingshan	132	7823	8463	7.13	348.68	2.93	1567	2.04	40	261
安阳市	Anyang	118	15213	10413.5	12.69	1748.04	6.06	3163	2.68	39	349
鹤壁市	Hebi	31	3431	2634	4.89	91.40	1.02	987	0.91	22	150
新乡市	Xinxiang	169	26745	14450	17.70	424.74	12.95	5186	5.88	72	526
焦作市	Jiaozuo	113	9690	8176	13.37	112.90	4.77	4867	3.87	53	474
濮阳市	Puyang	97	7244	6117	6.21	185.35	7.58	1339	1.60	34	245
许昌市	Xuchang	104	12499	7876	9.92	487.69	10.82	3032	3.38	37	332
漯河市	Luohe	59	11123	3862	9.64	542.45	2.81	3399	4.25	19	157
三门峡市	Sanmenxia	84	5699	7279	5.01	154.43	2.27	1405	1.48	35	245
南阳市	Nanyang	271	35130	24166	21.89	581.66	7.27	5433	5.50	115	403
商丘市	Shangqiu	209	20049	13437	25.32	615.46	10.53	7604	5.68	61	239
信阳市	Xinyang	225	21364	15822	11.21	608.16	4.12	2452	2.85	57	348
周口市	Zhoukou	200	23719	16440	15.06	276.68	5.66	3463	3.83	44	744
驻马店市	Zhumadian	201	23964	12151	14.78	304.77	6.09	3273	3.47	56	367
济源市	Jiyuan	25	3115	2433	2.15	46.84	1.19	698	0.61	9	52

注：本表全省合计包括郑州邮区中心局数据。

a) Data of Total include Data of Center situation in zhengzhou postal district.EMS only refers to postal.

19-20 各市电信网和业务量(2017年)

市 City	固定长途电话交换机容量(路端) Capacity of Long-distance Telephone Exchanges (unit)	局用电话交换机容量(万门) Capacity of Office Telephone Exchanges (10 000 lines)	移动电话交换机容量(万户) Capacity of Mobile Telephone Exchanges (10 000 subscribers)	电信业务总量(亿元) Business Volume of Telecommunications (100 million yuan)	固定长途电话通话时长(万分钟) Length of Long-distance Calls of Fixed Telephone (10 000 minutes)
全省 Total	**188040**	**880**	**12239**	**1483.33**	**71390**
郑州市 Zhengzhou	94469	168	2518	360.26	24683
开封市 Kaifeng	6945	36	409	62.65	3607
洛阳市 Luoyang	8571	111	1159	119.58	4935
平顶山市 Pingdingshan	7451	36	524	62.87	2588
安阳市 Anyang	5462	34	531	73.37	3499
鹤壁市 Hebi	2700	10	125	24.71	1439
新乡市 Xinxiang	6238	81	823	94.71	5589
焦作市 Jiaozuo	3947	46	569	52.11	2924
濮阳市 Puyang	4506	24	328	51.52	2824
许昌市 Xuchang	5471	36	618	43.73	2783
漯河市 Luohe	4245	24	205	45.15	1349
三门峡市 Sanmenxia	3061	20	298	31.52	1101
南阳市 Nanyang	8990	53	969	97.36	2997
商丘市 Shangqiu	6513	56	755	95.21	2816
信阳市 Xinyang	8073	41	546	76.88	3117
周口市 Zhoukou	3280	46	1095	96.64	2458
驻马店市 Zhumadian	8119	45	700	84.22	2059
济源市 Jiyuan		11	68	11.40	623

Network of Telecommunications and Business Volume by City (2017)

移动电话通话时长(万分钟) Length of Calls of Mobile Telephone (10 000 minutes)	移动电话用户(万户) Number of Mobile Telephones Subscribers (10 000 subscribers)	移动短信业务量(亿条) SMS business (100 million piece)	固定电话用户(万户) Number of Fixed Telephone Subscribers at Year-end (10 000 subscribers)	#城市电话用户 Number of Urban Telephone Subscribers	住宅电话用户(万户) Number of Household Telephone Subscribers (10 000 subscribers)	公用电话(万户) Number of Public Telephone (10 000 subscribers)	国际互联网用户(万户) Number of Subscribers of Internet Services (10 000 subscribers)
31806945	**8553.36**	**144.51**	**735.04**	**519.99**	**350.69**	**75.16**	**9670.83**
6097143	1479.46	33.10	172.00	121.68	82.06	17.59	1735.26
1359376	377.01	5.74	27.68	19.58	13.21	2.83	392.29
2503827	652.40	12.92	81.93	57.96	39.09	8.38	840.18
1451197	412.13	7.71	30.54	21.61	14.57	3.12	443.68
1783708	487.41	7.23	54.30	38.42	25.91	5.55	589.94
522535	143.88	2.19	12.27	8.68	5.85	1.25	171.44
2104831	538.95	9.53	54.39	38.48	25.95	5.56	689.97
1350802	322.13	5.83	27.30	19.31	13.02	2.79	458.34
1244394	322.22	4.55	20.13	14.24	9.60	2.06	401.66
1301199	373.82	6.43	37.91	26.82	18.09	3.88	435.31
751078	209.78	3.01	15.40	10.90	7.35	1.58	234.19
814617	199.33	4.10	15.94	11.28	7.60	1.63	258.23
2512219	736.33	10.36	57.55	40.72	27.46	5.89	705.80
2254439	617.12	7.84	40.16	28.41	19.16	4.11	647.75
1523558	465.73	7.51	35.69	25.25	17.03	3.65	470.88
2160427	612.63	7.98	18.88	13.36	9.01	1.93	583.66
1756061	530.33	7.42	25.71	18.19	12.27	2.63	512.81
315534	72.70	1.07	7.25	5.13	3.46	0.74	99.42

主要统计指标解释

铁路营业里程 又称营业长度（包括正式营业和临时营业里程），指办理客货运输业务的铁路正线总长度。凡是全线或部分建成双线及以上的线路，以第一线的实际长度计算；复线、站线、段管线、岔线和特殊用途线以及不计算运费的联络线都不计算营业里程。铁路营业里程是反映铁路运输业基础设施发展水平的重要指标，也是计算客货周转量、运输密度和机车车辆运用效率等指标的基础资料。

铁路电气化里程 指具备了电力机车牵引条件，并已交付运营的线路里程。

公路里程 指在一定时期内实际达到《公路工程技术标准JTG B01-2003》规定的技术等级的公路，并经公路主管部门正式验收交付使用的公路里程数。包括大、中城市的郊区公路，以及公路通过小城镇（指县城、集镇）街道的公路里程和公路桥梁长度、隧道长度、渡口的宽度以及分期修建的公路已验收交付使用的里程，不包括大中城市的街道、厂矿、林区生产用道和农业生产用道的里程。两条或多条公路共同经由同一路段，只计算一次，不得重复计算里程长度。按公路技术等级分为等级公路和等外公路，其中等级公路分为高速公路、一级公路、二级公路、三级公路和四级公路。该指标可以反映公路建设的发展规模，也是计算运输网密度等指标的基础资料。

内河航道里程 指在一定时期内，能通航运输船舶及排筏的天然河流、湖泊水库、运河及通航渠道的长度。包括全年季节性通航累计三个月以上的航道，不包括仅供零散流放竹、木排的河道。两省以河为界的航道里程，双方均按一半计算，以免重复。该指标可以反映内河水运网的规模、水平和发展情况。

民用航空航线里程 指统计期间内全部民用航空航线的航线总长度。航线长度指民用航空航线的计费距离。计算航线里程可按重复和不重复两种方法，前者是指各航线长度相加的总和；后者则要扣除各航线之间相同航段重复计算的部分。

货（客）运量 指在一定时期内，各种运输工具实际运送的货物（旅客）数量。它是反映运输业为国民经济和人民生活服务的数量指标，也是制定和检查运输生产计划、研究运输发展规模和速度的重要指标。货运按吨计算，客运按人计算。货物不论运输距离长短、货物类别，均按实际重量统计。旅客不论行程远近或票价多少，均按一人一次客运量统计；半价票、小孩票也按一人统计。

货物（旅客）周转量 指在一定时期内，由各种运输工具运送的货物（旅客）数量与其相应运输距离的乘积之总和。它是反映运输业生产总成果的重要指标，也是编制和检查运输生产计划，计算运输效率、劳动生产率以及核算运输单位成本的主要基础资料。计算货物周转量通常按发出站与到达站之间的最短距离，也就是计费距离计算。计算公式为：

货物（旅客）周转量＝Σ货物（旅客）运输量×运输距离

民用汽车拥有量 指报告期末，在公安交通管理部门按照《机动车注册登记工作规范》，已注册登记领有民用车辆牌照的全部汽车数量。汽车拥有量统计的主要分类：根据汽车结构分为载客汽车、载货汽车以及其他汽车；根据汽车所有者的不同分为个人（私人）汽车、单位汽车；根据汽车的使用性质分为营运汽车、非营运汽车和特种汽车；根据汽车大小规格不同载客汽车分为大型、中型、小型和微型，载客汽车分为重型、中型、轻型和微型。

电信 指利用有线、无线的电磁系统或者光电系统，传送、发射或者接受语音、文字、数据图像以及其他任何形式信息的活动。主要包括固定电信服务、移动电信服务和其他电信服务。

移动电话用户 指通过移动电话交换机进入移动电话网、占用移动电话号码的电话用户。用户数量以报告期末在移动电话营业部门实际办理登记手续进入移动电话网的户数进行计算，一部移动电话统计为一户。

互联网上网人数 指平均每周使用互联网6周岁以上中国公民人数。

固定电话用户 指在电信运营企业营业网点办理开户登记手续并已接入固定电话网上的全部电话用户。包括普通电话用户、公用电话用户、窄带综合业务数字网（N—ISDN）用户、智能网专用接入终端用户等。按行政区划分为城市电话用户和农村电话用户。

城市电话用户 指直辖市、省辖市、地级市、县级市的市区、市郊区及县城(包括县人民政府所在地的县城关区或行政建制相当于县人民政府所在地的镇)范围内接入局用交换机的电话用户数，包括分布在农村地区的独立工矿区、林区、驻军等接入局用交换机的电话用户数。

农村电话用户 指县城关区以下的集镇和农村接入局用交换机的电话用户数。

住宅电话用户 指安装在居民住宅或农民家里并按照住宅电话用户登记注册和收费的各类电话用户。包括私人付费、单位付费和按规定免费安装的住宅电话用户。

固定长途电话交换机容量 指用于接入长途电话网的电话交换机的设备额定容量，包括国际电话交换机容量。

局用交换机容量 指安装在本地电信运营商内用于接续本地固定电话的电话交换机容量，有倍增设备按倍增后的数量计数。包括现用和备用的人工或自动交换机的全部容量。

移动电话交换机容量 指移动电话交换机根据一定话务模型和交换机处理能力计算出来的最大同时服务用户的数量。

Explanatory Notes on Main Statistical Indicators

Length of Railways in Operation refers to the total length of the trunk line under passenger and freight transportation (including both full operation and temporary operation). The calculation is based on the actual length of the first line even if this line has a full or partial double track or more tracks, excluding double tracks, station sidings, tracks under the charge of stations, branch lines, special-purpose lines and the non-payable connecting lines. The length of railways in operation is an important indicator to show the development of the infrastructure for the railway transport, and also the essential data to calculate volume of passenger freight transport, traffic density and utilization efficiency of the locomotives and carriages.

Length of Electrified Railways refers to the length of the section of railways in operation in which the power supply lines and other equipment are installed for the running of electrified locomotives. The proportion of the length of electrified railways to the total length of railways in operation is an important indicator to show the modernization of railways.

Length of Highways refers to the length of highways which are built in conformity with the grades specified by the highway engineering standard formulated by the Ministry of Communications, and have been formally checked and accepted by the departments of highways and put into use. The length of highways includes that of the suburb highways at large and medium-sized cities, highways passing through streets at small cities and towns, and also the length of bridges and ferries. It does not include the length of streets in big and medium-sized cities and highways built for the production purpose at factories, mines, forest areas and agricultural areas. If two or more highways go the same section of the way, the length of the section is only calculated for once and no duplication is allowed. The length of highways is an important indicator to show the development of the highway construction and to provide essential information to calculate the transport network density.

Length of Navigable Inland Waterways an indicator reflecting the size and development of inland water network, it refers to the length of the natural rivers, lakes, reservoirs, canals, and ditches open to navigation during a given period, which enables the transport by ships and rafts. It includes the channels open to navigation for over an accumulative 3 months in a year, yet this does not include the river courses which are only used to float odd logs and bamboo rafts.

Length of Civil Aviation Routes refers to the length of all routes for civil aviation flights, which is used to account the freight, during the period of statistics.. There are usually two ways to calculate the route length: duplicated calculation and non-duplicated calculateion, the former is the sum of length of all civil aviation routes, and the latter should deduct the duplication length of same route among all routes.

Freight (Passenger) Traffic refers to the volume of freight (passenger) transported with various means. Freight transport is calculated in tons and passenger traffic is calculated in the number of persons. Despite the type of freight and travelling distance, the freight transport is calculated in the actual weight of the goods: and despite the travelling distance and ticket price, the passenger traffic is calculated by the principle that one person can be counted only once in one travel. The passenger who travel with a half price ticket or a child ticket is also calculated as one person. The freight (passenger) traffic provides a quantitative measure to show how the transport industry serves the national economy and people, and is also an important indicator for planning the transport industry and for studying the development scale and speed of the transport industry.

Freight Ton-kilometers (Passenger-kilometers) refer to the sum of the products of the volume of transported cargo (passengers) multiplying by the transport distance, usually using ton-kilometer and passenger-kilometer as units for measurement. Normally, the shortest distance between the departure station and the destination station (i.e., the payable distance) is the basis to calculate the freight ton-kilometers. This is an important indicator to show the total results of the transport industry, to prepare and examine the transport plan and to measure the efficiency, the labour productivity and the unit cost of transport.

The formula is as follows:

Freight Ton-kilometers (Passenger-kilometers) =∑{Freight (Passenger) Traffic x Distance of Transportation}

Measuring unit: ton-kilometer (person-kilometer)

Possession of civil Motor Vehicles refer to the total numbers of vehicles that are registered and received vehicles' license tags according to the Work Standard for Motor Vehicles Registration formulated by transport management office under department of public security at the end of reference period. They are divided into following categories according to the structure of motor vehicles: passenger vehicles, trucks and others; and private vehicles and vehicles for units use according to ownerships; working vehicles, non-working vehicles and special motor vehicles according to kind of usage; large passenger vehicles; medium passenger vehicles and small passenger vehicles, heavy trucks, light-heavy trucks and light trucks according to sizes of vehicles.

Telecom refers to fixed telecom service, mobile telecom service and other telecommunications services.

Mobile Telephone Subscribers refer to the persons who own mobile telephone numbers and are connected with the mobile telephone communication network through the mobile telephone switchboards. The number of subscribers is calculated by the subscribers who have completed registration at mobile communication business centers and entered into the mobile telephone network. One mobile telephone is taken as a subscriber.

Internet Users refer to the number of Chinese citizens aged 6 and over who use the Internet.

Local Telephone Subscribers refer to all subscribers who have gone through registration procedures in the operation points of enterprises engaged in telecommunications and are hence connected to the local telecommunications service provider through fixed line network. Included are general subscribers, public telephones subscribers, N-ISDN subscribers and intelligent network terminal subscribers. They are also classified in terms of administrative districts as urban telephone subscribers and rural telephone subscribers according to location.

Urban Telephone Subscribers refer to the number of telephone subscribers, located at the different administrative districts of municipalities directly under the Central Government, cities under the jurisdiction of province, cities at prefecture level, downtown and suburb of city at county level town and county towns, that are connected to the public line telephone network, including rural mineral area, forest area, military area.

Rural Telephone Subscribers refer to telephone subscribers, located at the towns below the level of county town and villages, that are connected to the public line telephone network.

Household Telephone Subscribers refer to telephone sets installed in the dwelling units of urban or rural residents, and registered as residence subscribers for payment, including three types of payment for the service: private payment, public payment and free service in accordance with relevant regulations.

Capacity of Long Distance Telephone Exchanges refers to the rated capacity of telephone exchanges to connect long distance telephone network, including capacity of international telephone exchanges.

Capacity of Office Telephone Exchanges refers to the capacity (measured in gate) of telephone exchanges installed in the offices of telecommunication service providers for communication between fixed telephones. It includes the capacity of both manual and automatic exchanges in use and for stand-by purpose. The capacity of subscriber exchanges is not included.

Capacity of Mobile Telephone Exchanges refers to the capacity of the maximum services provided to subscribers at any one time as computed based on a certain model of calls distribution and transacting capacity of the mobile telephone exchanges.

资源和环境

Resources and Environment

20

资料整理：陈向真　高彦　赵霞

简要说明

一、主要内容

本篇包括自然状况，自然资源，水环境，大气环境，固体废物，生态环境，自然灾害和环境污染治理投资等资料。

二、资料来源

自然状况包括土地、山脉、河流等数据资料，根据有关历史资料整理。气象资料由河南省气象局提供；矿产资源数据由河南省国土资源厅提供；环境污染与治理、污染物排放及处理、工业污染治理投资情况为省环境保护厅提供；水资源、城市生活垃圾清运及处理、耕地变动、森林资源、自然灾害等情况分别为省水利厅、省住房和城乡建设厅、省国土资源厅、省林业厅、省民政厅提供。由省统计局能源处、社会与科技统计处和固定资产投资处编辑整理。

Brief Introduction

I. Main Contents

Data in this chapter mainly reflect administrative areas, Natural Conditions and Natural Resources. the Water Environment, Atmospheric environment, solid waste, ecological environment, natural disasters and investment in environmental pollution treatment.

II. Sources of Data

Data on environmental pollution and reatment, pollutants from consumption, investment in the Data on natural conditions cover land area, mountain ranges, rivers and so on. Data on natural conditions are compiled by the Department of Comprehensive Statistics using relevant historical data. Data on meteorological phenomena and mineral are provided respectively by Henan Provincial Bureau of Meteorological and Henan Provincial Bureau of Land and Resources. treatment of industrial pollution are provided by the Henan provincial bureau of environmental protection. Data on water resource, city life garbage removed and disposed, change of cultivated land, forest resources, natural disaster are provided from the Henan provincial bureau of Land and Resources, Henan provincial bureau of Water Resources, Henan provincial bureau of Housing and Urban-Rural Development, Henan provincial bureau of Forestry Administration and Henan provincial bureau of civil affairs. Data in this chapter are provided by Department of Energy; social and scientific and technological, and investment in fixed assets of the Henan provincial Bureau of Statistics.

20－1 生态环境保护情况
Basic Conditions of Environmental Protection

指标名称	Item	2005	2010	2015	2016	2017
森林面积(万公顷)	Forest Area (10 000 hectares)	270.30	336.59	394.50	402.80	409.65
森林覆盖率(%)	Forest-coverage Rate (%)	16.2	20.2	23.6	24.2	24.5
活立木蓄积量(万立方米)	Total Standing Stock Volume (10 000cu.m)	13371	18051	22881	22881	22881
森林蓄积量(万立方米)	Stock Volume of the Forest (10 000cu.m)	8405	12936	17095	17095	17895
当年造林面积(万公顷)	Area of Afforestation for This Year (10 000 hectares)	26.35	27.71	20.00	13.35	15.99
人工造林面积	Artificial afforestation	18.67	21.23	15.47	9.76	12.63
无林地和疏林地本年新封	Closure in non-stocked Land and Scattered Wood Land	7.68	5.15	3.19	2.24	1.98
湿地面积(万公顷)	Area of Wetlands (10 000 hectares)	110.87	110.87	62.79	62.79	62.79
自然保护区数(个)	Number of Nature Reserves (unit)	32	35	30	30	30
#国家级自然保护区	National-level Nature Reserves	10	11	12	13	13
自然保护区面积(万公顷)	Area of Nature Reserves (10 000 hectares)	73.77	73.48	75.90	76.06	76.24
自然保护区面积占辖区总面积比重(%)	Percentage of Nature Reserves in the Region (%)	4.3	4.4	4.5	4.5	4.6

20－2 自然资源
Natural Resources

项 目	Item	2005	2010	2016	2017
地理位置	**Geographical Position**				
东经	East Longitude	110°21′～116°391′	110°21′～116°391′	110°21′～116°391′	110°21′～116°391′
北纬	North Latitude	31°23′～36°23′	31°23′～36°23′	31°23′～36°23′	31°23′～36°23′
矿产资源(保有储量)	**Mineral Resources (Ensured Reserves)**				
煤炭(亿吨)	Coal (100 million tons)	260.00	279.74	374.55	376.67
铁矿(矿石,亿吨)	Iron Ore (100 million tons)	10.60	16.35	20.22	20.37
铝矿(铝土矿矿石,亿吨)	Aluminium (100 million tons)	4.59	7.84	10.89	11.23
钼矿(钼,万吨)	Molybdenum (10 000 tons)	374.60	365.05	526.63	603.45
金矿(金,吨)	Gold mine (ton)	353.58	379.15	650.45	649.48
炼镁白云岩(矿石 亿吨)	Smelting magnesium dolomite (100 million tons)	0.32	1.45	3.31	3.31
钨矿(VO3 万吨)	Tungsten (VO3,10 000 tons)	56.63	43.86	28.90	27.22
蓝晶石(万吨)	kyanite (10 000 tons)	416.60	355.26	376.40	376.33
红柱石(万吨)	Andalusite (10 000 tons)	1016.89	995.38	995.38	854.30
天然碱(矿物,万吨)	Trona(10 000 tons)	8384.90	8830.11	14539.01	14675.01

20-3 水资源情况
Water Resources

指标名称	Item	2005	2010	2015	2016	2017
降水量(毫米)	Precipitation(mm)	905.8	841.7	704.1	787.1	827.8
水资源总量(亿立方米)	Total Amount of Water Resources (100 million cu.m)	558.56	534.89	287.17	337.35	423.06
#地表水资源量	Surface Water Resources	435.92	415.70	186.74	220.13	311.24
地下水资源量	Ground Water Resources	219.74	214.66	173.07	190.23	206.54
地表水与地下水资源重复量	Duplicated Measurement Between Surface Water and Ground Water		95.47	72.64	73.01	94.73
用水总量(亿立方米)	Water Use (100 million cu.m)	197.81	224.61	222.83	227.60	233.77
农业用水	Agriculture	114.59	125.59	120.09	125.60	122.84
工业用水	Industry	45.71	55.57	52.51	50.30	50.97
生活用水	Consumption	37.51	36.11	41.17	38.70	40.16
生态环境补水	Ecological Protection		7.34	9.07	13.00	19.80
废水排放总量(亿吨)	Total Volume of Waste Water Discharge (100 millin tons)	26.26	35.87	43.35	40.21	40.91
工业废水排放量	Volume of Industrial Waste Water Discharge	12.35	15.04	12.98	6.95	5.87
城镇生活污水排放量	Volume of Urban Living Waste Water Discharge	13.91	20.83	30.35	33.24	35.03
集中式治理设施污水排放量	Waste Water Discharged from Centralized treatment facilities			0.01	0.02	0.02
化学需氧量(COD)排放量(万吨)	Volume of COD Discharge (10 000 tons)	72.08	61.97	128.72	46.43	43.07
工业废水中COD排放量	COD Emission from Industrial Waste Water	34.26	29.56	15.02	4.84	3.12
农业COD排放量	COD Emission from Agricultur			75.32	2.71	0.68
城镇生活污水中COD排放量	COD Emission from Consumption Waste Water	37.82	32.41	37.86	38.57	39.14
集中式治理设施污水排放量	Centralized wastewater treatment facilities			0.53	0.31	0.13
氨氮排放量(万吨)	Volume of Ammonia Nitrogen Emission (10 000 tons)	10.36	7.25	13.43	6.48	6.21
工业废水中氨氮排放量	Ammonia Nitrogen Emission from Industrial Waste Wate	5.36	2.31	0.99	0.39	0.23
农业氨氮排放量	Ammonia Nitrogen Emission from Agricultural			5.77	0.04	0.02
城镇生活污水中氨氮排放量	Ammonia Nitrogen Emission from Consumption Waste Wate	5.00	4.94	6.61	6.02	5.94
集中式治理设施污水排放量	Waste Water Discharged from Centralized treatment facilities			0.06	0.03	0.02

注：由于环境统计制度统计口径调整，四项污染物指标2016年与上年数不可比。(下表同)

a)According to the adjustment of environment statistic caliber, the data on volume of ammonia nitrogen emission in 2016 can't comparable with last year (the same as following table).

20-4 各市年平均气温和平均年降水量(2017年)
Annual Average Temperature and Average Annual Precipitation by City (2017)

市 City	年平均气温(摄氏度) Annual Average Temperature (degree centigrade)	平均年降水量(毫米) Average Annual Precipitation (mm)
全 省 Total	**15.7**	**769.8**
郑 州 市 Zhengzhou	16.1	550.4
开 封 市 Kaifeng	15.7	575.8
洛 阳 市 Luoyang	15.1	630.7
平 顶 山 市 Pingdingshan	15.7	793.2
安 阳 市 Anyang	15.0	551.1
鹤 壁 市 Hebi	14.8	503.9
新 乡 市 Xinxiang	15.5	426.8
焦 作 市 Jiaozuo	15.9	444.1
濮 阳 市 Puyang	14.6	509.9
许 昌 市 Xuchang	15.4	756.1
漯 河 市 Luohe	15.5	993.4
三 门 峡 市 Sanmenxia	14.3	624.3
南 阳 市 Nanyang	16.0	940.7
商 丘 市 Shangqiu	15.5	779.9
信 阳 市 Xinyang	16.6	1354.0
周 口 市 Zhoukou	16.1	905.5
驻 马 店 市 Zhumadian	16.0	1105.7
济 源 市 Jiyuan	15.9	620.1

20−5 大气环境情况

Basic Conditions of Atmosphere Environment

指标名称	Item	2016	2017
二氧化硫(SO2)排放量(万吨)	Volume of Sulphur Dioxide Emission (10 000 tons)	41.36	28.63
工业SO2排放量	Volume of Sulphur Dioxide Emission by Industry	28.47	17.71
城镇生活SO2排放量	Volume of Sulphur Dioxide Emission by Consumption	12.89	10.92
集中式治理设施SO2排放量	Volume of SO2 Emission from Centralized treatment facilities		
氮氧化物排放量(万吨)	Nitrogen oxides Volume (10 000tons)	80.82	66.29
工业氮氧化物排放量	Nitrogen oxides Volume from Industrial	30.31	22.43
城镇生活氮氧化物排放量	Nitrogen oxides Volume from Urban life	2.98	2.49
机动车氮氧化物排放量	Nitrogen oxides Volume from Motor vehicle	47.53	41.36
集中式治理设施氮氧化物排放量	Centralized Nitrogen oxides treatment facilities		0.01
烟(粉)尘排放量(万吨)	Volume of Smoke and Dust Emission ((10 000 tons)	42.88	22.34
工业烟(粉)尘排放量	Volume of Industrial Sulphur Dioxide Emission	30.73	14.20
城镇生活烟尘排放量	Volume of Urban Consumption Soot Emission	7.38	4.50
机动车烟尘排放量	Volume of Motor vehicle Soot Emission	4.77	3.64
集中式治理设施烟尘排放量	Centralized Soot Emission from treatment facilities		

注：由于环境统计制度统计口径调整，四项污染物指标2016年与上年数不可比。

a) According to the adjustment of environment statistic caliber, the data on volume of pollutant emission can't comparable with last year.

20−6 固体废物的产生及利用情况

Production and Utilization of Industrial Solid Wastes

指标名称	Item	2016	2017
一般工业固体废物产生量(万吨)	Volume of General Industrial Solid Wastes Produced (10 000tons)	14255.63	15684.71
一般工业固体废物综合利用量(万吨)	Volume of General Industrial Solid Wastes Utilized (10 000tons)	10485.55	11537.22
#综合利用往年贮存量(万吨)	Volume of Storage of Former Years Utilized	23.27	126.11
一般工业固体废物综合利用率(%)	Proportion of General Industrial Solid Wastes Utilized (%)	73.6	73.0
一般工业固体废物处置量(万吨)	Volume of General Industrial Solid Wastes Disposed (10 000tons)	3253.53	2768.87
#处置往年贮存量(万吨)	Accumulated in Previous Years	1.36	99.87
一般工业固体废物处置率(%)	Proportion of General Industrial Solid Wastes Disposed (%)	22.8	17.5
一般工业固体废物贮存量(万吨)	Storage capacity of General Industrial Solid Wastes(10 000tons)	541.18	1603.72
一般工业固体废物倾倒丢弃量(吨)	Dump quantity of General Industrial Solid Wastes(ton)		8930.00
危险废物产生量(吨)	Volume of Hazardous waste (ton)	742277	1889632
危险废物综合利用量(吨)	Volume of Hazardous waste Utilized (ton)	321322	1411931
#综合利用往年贮存量	Volume of Storage of Former Years Utilized	8452	171604
危险废物综合利用率(%)	Proportion of Hazardous waste Utilized (%)	43.3	74.7
危险废物处置量(吨)	Volume of Hazardous wastes Treated (ton)	421635	467726
#处置往年贮存量(吨)	Accumulated in Previous Years	10532	31632
危险废物处置率(%)	Proportion of Hazardous wastes Disposed (%)	56.8	24.8
危险废物贮存量(吨)	Storage capacity of Hazardous wastes(ton)	18304	213212

20-7 各市废水排放、废气排放和固体废物处理利用情况(2017年)

Production and Utilization of Waste water, toxic emission and Industrial Solid Wastes by City (2017)

单位：万吨 (10 000 tons)

市 City	废水排放总量 Total Volume of Waste Water Discharge	废水COD排放量 Volume of COD Discharge	废水中氨氮排放量 Volume of Ammonia Nitrogen Discharge	二氧化硫排放量 Volume of Sulphur Dioxide Emission	氮氧化物排放量 Nitrogen oxides Volume	烟(粉)尘排放量 Volume of Soot Emission	一般工业固体废物产生量 Volume of General Industrial Solid Wastes Produced	一般工业固体综合利用量 Volume of General Industrial Solid Wastes Utilized	一般工业固体废物处置量 Volume of General Industrial Solid Wastes Disposed	一般工业固体废物贮存量 Storage capacity of General Industrial Solid Wastes
全省 Total	**409107.39**	**43.07**	**6.21**	**28.63**	**66.29**	**22.34**	**15684.71**	**11537.22**	**2768.87**	**1603.72**
省辖市 City										
郑州市 Zhengzhou	95661.23	3.34	0.91	3.67	3.18	2.61	1149.55	1332.33	1061.47	276.32
开封市 Kaifeng	16751.83	1.79	0.30	0.27	0.31	0.12	117.13	121.89	114.86	7.09
洛阳市 Luoyang	35416.44	2.02	0.32	2.49	1.91	0.86	4303.20	4303.20	3151.01	535.83
平顶山市 Pingdingshan	17607.88	3.57	0.44	2.79	2.52	1.55	1698.63	1797.24	1609.55	40.29
安阳市 Anyang	15855.37	1.97	0.42	4.69	3.71	2.89	1082.89	1097.52	606.28	524.75
鹤壁市 Hebi	8571.65	1.41	0.15	0.97	0.72	0.48	334.21	334.21	330.67	1.77
新乡市 Xinxiang	32879.79	1.90	0.30	0.89	1.96	1.05	383.99	492.31	446.86	32.80
焦作市 Jiaozuo	21851.07	1.14	0.20	2.03	1.27	0.73	1141.63	1141.63	792.54	123.65
濮阳市 Puyang	13628.60	1.53	0.14	0.34	0.32	0.16	117.17	117.17	112.41	4.49
许昌市 Xuchang	13016.73	1.46	0.20	1.60	1.51	1.07	355.31	355.31	353.47	31.25
漯河市 Luohe	11869.99	0.50	0.17	0.69	0.46	0.19	122.73	122.73	109.26	13.69
三门峡市 Sanmenxia	8875.86	1.31	0.12	0.97	1.22	0.63	2006.42	2006.42	654.16	1112.00
南阳市 Nanyang	25336.29	5.28	0.53	1.98	1.46	1.83	442.02	449.01	346.14	17.71
商丘市 Shangqiu	24070.97	2.64	0.30	0.95	0.79	0.63	93.83	693.96	677.40	13.93
信阳市 Xinyang	15929.30	5.37	0.53	1.48	1.47	1.17	327.02	327.04	322.98	3.55
周口市 Zhoukou	26975.91	4.68	0.63	0.42	0.27	0.28	26.75	31.66	31.30	0.50
驻马店市 Zhumadian	20352.63	2.95	0.48	1.83	0.80	0.58	189.53	189.73	173.50	19.03
济源市 Jiyuan	4455.86	0.21	0.06	0.58	1.04	1.86	771.34	771.34	643.37	10.23
省直管县 County Directly Administrated by Province										
巩义市 gongyi	3314.71	0.35	0.06	0.98	0.46	0.35	182.78	173.70	9.09	
兰考县 lankao	2505.93	0.32	0.02	0.09	0.05	0.02	4.76	4.78	0.03	0.10
汝州市 ruzhou	2573.84	0.67	0.09	0.37	0.53	0.23	98.61	99.76	0.05	1.18
滑县 huaxian	1862.71	0.29	0.06	0.09	0.03	0.12	14.63	14.61	0.03	
长垣县 changyuan	2385.34	0.53	0.03	0.12	0.08	0.06	108.32	108.01	0.31	
邓州市 dengzhou	3273.09	1.05	0.13	0.14	0.14	0.09	6.99	5.43	1.57	
永城市 yongcheng	4656.68	0.80	0.09	0.62	0.46	0.34	600.13	587.04	10.42	2.79
固始县 gushui	2722.85	0.69	0.08	0.05	0.05	0.03	0.02	0.01	0.01	0.01
鹿邑县 luyi	3032.79	0.46	0.07	0.09	0.06	0.03	4.91	4.91	0.12	
新蔡县 xincai	1403.73	0.43	0.06	0.00	0.01	0.01	0.20	0.20		

注：1.自2013年起国家对城镇生活源报表制度进行了调整，不再统计生活化学需氧量和氨氮的去除量。

2.2017年环境统计机动车仅有全省的污染物排放量，分市烟（粉）尘排放量、氮氧化物排放量没有包含机动车排放数据。

a) Since the adjustment of the reporting system of urban living sources in 2013, the amount of COD and ammonia nitrogenno removal are no longer counted.

b) In 2017,there is only the emission of vehicles by province. The volume of soot emission and nitrogen oxides volume by city exclude the emission of vehicles.

20-8 农村环境基本情况
Basic Condition of Rural Enviroment

指　　标	Item	2015	2016	2017
农村自来水普及率(%)	Popularizing rate of rural Tap water (%)	72.7	78.4	85.3
农村卫生厕所普及率(%)	Popularizing rate of rural Sanitation toilets (%)	76.6	80.3	75.2
农村太阳能热水器面积(万平方米)	Area of Rural Solar water heater (10 000 cu.m)	563	603	396

20-9 自然灾害情况
Conditions of Natural Disasters

指标名称	Item	2015	2016	2017
地质灾害次数(次)	Number of Geological disasters (time)	30	89	20
地质灾害人员伤亡(人)	Casualties in Geological disasters (person)	4		
地质灾害直接经济损失(万元)	Direct Economic Losses in Geological disasters (10 000 yuan)	256	2437	279
森林火灾次数(次)	Number of Forest fires (time)	45	191	81
森林火灾受害森林面积 （火场总面积	Destructed Forest area in Forest fires (ha)	210	382	237
突发环境事件次数(次)	Number of Environmental Emergencies (time)	10	4	5

20−10 各市农村改厕情况(2017年)

Condition of Rural Compost toilets by City (2017)

市 City	累计卫生厕所户数(万户) Sanitary toilet number (10 000 household)	卫生厕所普及率(%) Popularizing Rate of Sanitary toilets (%)	无害化卫生厕所普及率(%) Popularizing Rate of Harmless Sanitary toilets (%)	农村改厕投资合计(万元) Investment in Compost toilets (10 000 yuan)
全　省 Total	**1543.69**	**75.23**	**57.11**	**43147**
郑州市 Zhengzhou	66.98	88.23	79.20	476
开封市 Kaifeng	66.85	63.50	57.72	200
洛阳市 Luoyang	103.56	82.42	49.47	952
平顶山市 Pingdingshan	66.57	81.16	70.03	2469
安阳市 Anyang	38.29	71.31	34.26	1198
鹤壁市 Hebi	21.37	81.14	62.87	714
新乡市 Xinxiang	83.22	91.10	49.59	185
焦作市 Jiaozuo	59.71	90.06	47.58	3314
濮阳市 Puyang	37.69	47.96	46.55	
许昌市 Xuchang	71.65	85.39	41.61	788
漯河市 Luohe	40.66	78.51	48.72	
三门峡市 Sanmenxia	32.47	76.21	38.28	648
南阳市 Nanyang	165.86	79.83	58.53	200
商丘市 Shangqiu	124.26	82.06	47.45	3170
信阳市 Xinyang	103.94	77.30	68.55	1489
周口市 Zhoukou	148.40	61.31	59.75	847
驻马店市 Zhumadian	125.79	77.55	65.68	2909
济源市 Jiyuan	11.23	90.13	20.22	124
省直管县 County Directly Administrated by Province				
巩义市 Gongyi	13.80	89.05	89.05	
兰考县 Lankao	13.60	80.00	80.00	5000
汝州市 Ruzhou	15.59	70.90	53.17	632
滑县 Huaxian	26.84	81.11	72.36	390
长垣县 Changyuan	15.73	85.03	27.19	4050
邓州市 Dengzhou	20.98	60.29	60.29	420
永城市 Yongcheng	25.85	72.25	65.62	1713
固始县 Gushi	31.82	79.02	79.02	275
鹿邑县 Luyi	18.50	83.33	63.96	1200
新蔡县 Xincai	13.48	70.58	45.71	8320

注：本表省辖市数据不包括直管县。

a) Data of city is not include county directly administrated by province.

20−11 各市农村可再生能源利用情况(2017年)
Condition of Rural Renewable energy utilization by City (2017)

地 区	City	户用沼气池（万户）Household biogas digester (10 000 households)	沼气工程（个）Biogas project (unit)	太阳能热水器（万平方米）Solar water heater (10 000 cu m)
全 省	**Total**	**383.13**	**6100**	**395.78**
省 辖 市	**City**			
郑 州 市	Zhengzhou	16.31	242	
开 封 市	Kaifeng	12.08	26	18.68
洛 阳 市	Luoyang	27.92	117	25.03
平 顶 山 市	Pingdingshan	17.31	118	29.55
安 阳 市	Anyang	12.39	1153	22.40
鹤 壁 市	Hebi	6.03	100	7.34
新 乡 市	Xinxiang	34.36	672	22.29
焦 作 市	Jiaozuo	12.78	447	20.64
濮 阳 市	Puyang	11.71	159	13.15
许 昌 市	Xuchang	13.67	79	21.60
漯 河 市	Luohe	16.92	74	18.94
三 门 峡 市	Sanmenxia	10.94	63	7.44
南 阳 市	Nanyang	35.00	739	53.83
商 丘 市	Shangqiu	42.64	80	18.54
信 阳 市	Xinyang	16.82	723	14.41
周 口 市	Zhoukou	29.91	412	39.31
驻 马 店 市	Zhumadian	22.81	179	16.97
济 源 市	Jiyuan	3.20	290	2.19
省 直 管 县	**County Directly Administrated by Province**			
巩 义 市	Gongyi	1.77	77	0.21
兰 考 县	Lankao	2.66	5	4.32
汝 州 市	Ruzhou	3.86	21	6.18
滑 县	Huaxian	5.58	51	1.54
长 垣 县	Changyuan	5.97	18	5.05
邓 州 市	Dengzhou	3.41	70	5.80
永 城 市	Yongcheng	5.43	14	3.15
固 始 县	Gushi	3.13	90	6.29
鹿 邑 县	Luyi	5.77	34	4.74
新 蔡 县	Xincai	2.76	47	6.19

20-12 工业重点调查单位分行业工业废水排放及处理利用情况(2017年)

Industrial waste water discharge, treatment and utilization in Key research Industrial unit by Sector (2017)

行　业	Sector	汇总工业企业数(个) Number of Enterprises (unit)	工业废水排放量(万吨) Volume of Industrial Waste Water (10 000tons)	废水治理设施数(套) Number of Wastewater treatment facilities (set)
总　计	**Total**	**6258**	**50602.80**	**2718**
煤炭开采和洗选业	Mining and Washing of Coal	168	10088.76	164
石油和天然气开采业	Extraction of Petroleum and Natural Gas	13		
黑色金属矿采选业	Mining of Ferrous Metal Ores	6	0.29	3
有色金属矿采选业	Mining of Non-ferrous Metal Ores	128	112.91	124
非金属矿采选业	Mining and Processing of Nonmetal Ores	56	5.86	13
开采辅助活动	Support Activities for Mining	5	66.55	1
其他采矿业	Mining of Other Ores	3	31.68	1
农副食品加工业	Processing of Food from Agricultural Products	487	3370.78	306
食品制造业	Manufacture of Foods	199	1619.16	145
酒、饮料和精制茶制造业	Manufacture of Liquor,Beverages and refined tea	145	2481.58	123
烟草制品业	Manufacture of Tobacco	10	77.00	4
纺织业	Manufacture of Textile	141	1936.25	108
纺织服装、服饰业	Manufacture of Textile, Wearing Apparel and Accessories	33	282.74	17
皮革、毛皮、羽毛及其制品和制鞋业	Manufacture of Leather, Fur, Feather and Its Products and Footwear	146	2228.63	83
木材加工和木、竹、藤、棕、草制品业	Processing of Timbers, Manufacture of Wood, Bamboo, Rattan, Palm, and Straw Products	116	19.35	21
家具制造业	Manufacture of Furniture	75	2.35	10
造纸和纸制品业	Manufacture of Paper and Paper Products	177	7867.34	142
印刷和记录媒介复制业	Printing,Reproduction of Recording Media	141	22.06	17
文教、工美、体育和娱乐用品制造业	Manufacture of Articles for Culture, Education, Arts and Crafts,Sport and Entertainment Activities	75	183.60	42
石油加工、炼焦和核燃料加工业	Processing of Petroleum ,Coking, Processing of Nucleus Fuel	43	959.42	40
化学原料和化学制品制造业	Manufacture of Raw Chemical Material and Chemical Products	613	8429.33	308
医药制造业	Manufacture of Medicines	184	2283.27	172
化学纤维制造业	Manufacture of Chemical Fiber	15	1912.74	14
橡胶和塑料制品业	Manufacture of Rubber and Plastic Prodncts	168	27.94	16
非金属矿物制品业	Manufacture of Non-metallic Mineral Products	1839	392.55	157
黑色金属冶炼和压延加工业	Smelting and Pressing of Ferrous Metals	74	384.36	101
有色金属冶炼和压延加工业	Smelting and Pressing of Non-ferrous Metals	171	410.73	71
金属制品业	Manufacture of Metal Products	211	190.62	78
通用设备制造业	Manufacture of General Purpose Machinery	158	157.19	32
专用设备制造业	Manufacture of Special Purpose Machinery	136	196.04	39
汽车制造业	Manufacture of Automobile	114	334.95	80
铁路、船舶、航空航天和其他运输设备制造业	Manufacture of Railway, ship, aerospace, and other transport equipment	29	75.81	28
电气机械和器材制造业	Manufacture of Electrical Machinery and Apparatus	85	209.86	45
计算机、通信和其他电子设备制造业	Manufacture of Computer, Communication and Other Electronic Equipment	32	1150.26	25
仪器仪表制造业	Manufacture of Measuring Instruments and Machinery	8	36.47	2
其他制造业	Manufacture of others	60	30.63	21
废弃资源综合利用业	Utilization of waste Resources	30	5.42	6
金属制品、机械和设备修理业	Repairing of Metal products, machinery and equipment	8	0.52	3
电力、热力生产和供应业	Production and Supply of Electric Power and Heat Power	149	2636.81	152
燃气生产和供应业	Production and Supply of Gas	3	380.09	3

20-13 工业重点调查单位分行业工业废气排放及处理情况(2017年)

Industrial Wastes gas discharge and treatment and utilization in Key research Industrial unit by Sector (2017)

行　业	Sector	废气治理设施数(套) Number of Wastegas treatment facilities (set)	工业废气排放量(亿标立方米) Volume of Industrial Waste Gas (100 million cu.m)	工业二氧化硫排放量(吨) Volume of Industrial so2 (ton)
总　计	**Total**	**16371**	**29439.65**	**118338.49**
煤炭开采和洗选业	Mining and Washing of Coal	71	41.89	342.99
石油和天然气开采业	Extraction of Petroleum and Natural Gas	1	24.50	460.88
黑色金属矿采选业	Mining of Ferrous Metal Ores	18	34.32	2.25
有色金属矿采选业	Mining of Non-ferrous Metal Ores	136	30.60	2.19
非金属矿采选业	Mining and Processing of Nonmetal Ores	110	18.75	19.76
开采辅助活动	Support Activities for Mining		0.23	9.28
其他采矿业	Mining of Other Ores n.e.c	2	0.10	
农副食品加工业	Processing of Food from Agricultural Products	319	274.76	868.30
食品制造业	Manufacture of Foods	81	124.58	441.17
酒、饮料和精制茶制造业	Manufacture of Liquor,Beverages and refined tea	52	77.81	472.54
烟草制品业	Manufacture of Tobacco	5	6.40	7.47
纺织业	Manufacture of Textile	95	21.66	164.92
纺织服装、服饰业	Manufacture of Textile, Wearing and Accessories	8	4.09	13.48
皮革、毛皮、羽毛及其制品和制鞋业	Manufacture of Leather, Fur, Feather and Its Products and Footwear	91	98.210383	100.3955
木材加工和木、竹、藤、棕、草制品业	Processing of Timbers, Manufacture of Wood, Bamboo, Rattan, Palm, and Straw Products	213	169.64	232.08
家具制造业	Manufacture of Furniture	238	10.97	2.75
造纸和纸制品业	Manufacture of Paper and Paper Products	148	218.08	1390.04
印刷和记录媒介复制业	Printing,Reproduction of Recording Media	181	39.49	7.37
文教、工美、体育和娱乐用品制造业	Manufacture Articles for Culture, Education, Arts and Crafts, Sport and Entertainment Activities	40	0.99	1.01
石油加工、炼焦和核燃料加工业	Processing of Petroleum, Coking, Processing of Nucleus Fuel	143	624.58	1893.19
化学原料和化学制品制造业	Manufacture of Raw Chemical Material and Chemical Products	1184	1523.64	6844.63
医药制造业	Manufacture of Medicines	166	114.49	322.11
化学纤维制造业	Manufacture of Chemical Fiber	26	62.47	129.36
橡胶和塑料制品业	Manufacture of Rubber and Plastic Products	458	94.06	111.18
非金属矿物制品业	Manufacture of Non-metallic Mineral Products	8500	6344.11	45524.14
黑色金属冶炼和压延加工业	Smelting and Pressing of Ferrous Metals	737	4223.69	15856.89
有色金属冶炼和压延加工业	Smelting and Pressing of Non-ferrous Metals	629	2845.83	22751.38
金属制品业	Manufacture of Metal Products	358	250.38	563.85
通用设备制造业	Manufacture of General Purpose Machinery	292	88.37	25.59
专用设备制造业	Manufacture of Special Purpose Machinery	330	84.85	74.94
汽车制造业	Manufacture of Automobile	332	339.64	22.81
铁路、船舶、航空航天和其他运输设备制造业	Manufacture of Railway, ship, aerospace, and other transport equipment	81	22.63	132.96
电气机械和器材制造业	Manufacture of Electrical Machinery and Apparatus	290	104.12	15.37
计算机、通信和其他电子设备制造业	Manufacture of Computer Communication and Other Electronic Equipment	367	852.84	6.27
仪器仪表制造业	Manufacture of Measuring Instruments and Machinery	4	0.17	0.16
其他制造业	Manufacture of others	84	9.13	51.69
废弃资源综合利用业	Utilization of waste Resources	49	9.06	30.87
金属制品、机械和设备修理业	Repairing of Metal products, machinery and equipment	14	1.39	
电力、热力生产和供应业	Production and Supply of Electric Power and Heat Power	505	10566.39	19256.42
燃气生产和供应业	Production and Supply of Gas	10	80.66	185.80

20-14 工业重点调查单位分行业工业固体废物产生及处理利用情况(2017年)

Industrial Solid Wastes Produced discharge and treatment and utilization in Key research Industrial unit by Sector (2017)

单位：万吨 (10 000tons)

行　业	Sector	一般工业固体废物产生量 Volume of General Industrial Solid Wastes Produced	一般工业固体废物综合利用量 Volume of General Industrial Solid Wastes Utilized	一般工业固体废物贮存量 Storage capacity of General Industrial Solid Wastes	一般工业固体废物处置量 Volume of General Industrial Solid Wastes Treated
总　计	**Total**	**13853.99**	**10124.25**	**1423.58**	**2509.84**
煤炭开采和洗选业	Mining and Washing of Coal	1539.54	1497.39	59.68	63.94
石油和天然气开采业	Extraction of Petroleum and Natural Gas	3.50	3.50		
黑色金属矿采选业	Mining of Ferrous Metal Ores	140.96	116.59		24.42
有色金属矿采选业	Mining of Non-ferrous Metal Ores	3316.39	1910.80	775.35	655.49
非金属矿采选业	Mining and Processing of Nonmetal Ores	44.16	36.60	7.15	8.90
开采辅助活动	Support Activities for Mining	6.36	3.69		2.67
其他采矿业	Mining of Other Ores	22.30	22.40		
农副食品加工业	Processing of Food from Agricultural Products	33.25	28.98	0.44	3.90
食品制造业	Manufacture of Foods	47.85	40.48	0.01	8.35
酒、饮料和精制茶制造业	Manufacture of Liquor,Beverages and refined tea	31.96	28.11	0.00	4.15
烟草制品业	Manufacture of Tobacco	1.82	0.25		0.96
纺织业	Manufacture of Textile	2.72	2.02	0.01	0.79
纺织服装、服饰业	Manufacture of Textile, Wearing Apparel and Accessories	0.04	0.01	0.00	0.03
皮革、毛皮、羽毛及其制品和制鞋业	Manufacture of Leather, Fur, Feather and Its Products and Footwear	8.68	8.30	0.01	0.47
木材加工和木、竹、藤、棕、草制品业	Processing of Timbers, Manufacture of Wood, Bamboo, Rattan, Palm, and Straw Products	7.47	7.16	0.01	0.31
家具制造业	Manufacture of Furniture	0.13	0.11	0.00	0.02
造纸和纸制品业	Manufacture of Paper and Paper Products	75.92	58.37	0.22	17.55
印刷和记录媒介复制业	Printing, Reproduction of Recording Media	0.38	0.33	0.00	0.08
文教、工美、体育和娱乐用品制造业	Manufacture of Articles for Culture, Education, Arts and Crafts,Sport and Entertainment Activities	0.09	0.05	0.00	0.04
石油加工、炼焦和核燃料加工业	Processing of Petroleum, Coking, Processing of Nucleus Fuel	77.52	75.55	0.28	1.69
化学原料和化学制品制造业	Manufacture of Raw Chemical Material and Chemical Products	961.97	694.13	127.69	143.21
医药制造业	Manufacture of Medicines	21.17	19.01	0.01	2.45
化学纤维制造业	Manufacture of Chemical Fiber	9.59	7.05		2.54
橡胶和塑料制品业	Manufacture of Rubber and Plastic Products	7.51	7.42	0.02	0.11
非金属矿物制品业	Manufacture of Non-metallic Mineral Products	93.04	88.21	0.32	8.01
黑色金属冶炼和压延加工业	Smelting and Pressing of Ferrous Metals	1257.13	865.22	26.77	421.96
有色金属冶炼和压延加工业	Smelting and Pressing of Non-ferrous Metals	1806.47	457.39	320.15	1049.06
金属制品业	Manufacture of Metal Products	7.01	4.64	0.02	2.37
通用设备制造业	Manufacture of General Purpose Machinery	4.54	3.98	0.04	0.57
专用设备制造业	Manufacture of Special Purpose Machinery	12.68	10.30	0.01	2.38
汽车制造业	Manufacture of Automobile	8.48	6.85	0.03	1.64
铁路、船舶、航空航天和其他运输设备制造业	Manufacture of Railway, ship,aerospace, and other transport equipment	2.48	1.85	0.00	0.64
电气机械和器材制造业	Manufacture of Electrical Machinery and Apparatus	5.79	5.25	0.00	0.55
计算机、通信和其他电子设备制造业	Manufacture of Computer, Communication and Other Electronic Equipment	9.84	3.09		6.75
仪器仪表制造业	Manufacture of Measuring Instruments and Machinery	0.07	0.06	0.00	0.01
其他制造业	Manufacture of others	0.19	0.17	0.00	0.08
废弃资源综合利用业	Utilization of waste Resources	6.45	3.22	0.46	3.15
金属制品、机械和设备修理业	Repairing of Metal products, machinery and equipment	0.09	0.09		
电力、热力生产和供应业	Production and Supply of Electric Power and Heat Power	4225.62	4105.34	104.90	18.04
燃气生产和供应业	Production and Supply of Gas	52.83	0.29		52.54

主要统计指标解释

森林覆盖率　指一个国家或地区森林面积占土地总面积的百分比。森林覆盖率是反映森林资源的丰富程度和生态平衡状况的重要指标。在计算森林覆盖率时，森林面积包括郁闭度 0.2 以上的乔木林地面积和竹林地面积，国家特别规定的灌木林地面积、农田林网以及四旁(村旁、路旁、水旁、宅旁)林木的覆盖面积。

湿地　指天然或人工、长久或暂时性的沼泽地、泥炭地或水域地带，包括静止或流动、淡水、半咸水、咸水体，低潮时水深不超过 6 米的水域以及海岸地带地区的珊瑚滩和海草床、滩涂、红树林、河口、河流、淡水沼泽、沼泽森林、湖泊、盐沼及盐湖。

自然保护区　指对有代表性的自然生态系统、珍稀濒危野生动植物物种的天然分布区、水源涵养区、有特殊意义的自然历史遗迹等保护对象所在的陆地、陆地水体或海域，依法划出一定面积进行特殊保护和管理的区域。以县及县以上各级人民政府正式批准建立的自然保护区为准(包括“六五”以前由部门或“革委会”批准且现仍存在的自然保护区)。风景名胜区、文物保护区不计在内。

水资源总量　指评价区内降水形成的地表和地下产水总量，不包括过境水量。水资源总量等于地表水资源量与地下水资源量之和减去地表水和地下水资源重复量。

地表水资源量　指评价区内河流、湖泊、冰川等地表水体中可以逐年更新的动态水量，即当地天然河川径流量。

地下水资源量　指评价区内降水和地表水对饱水岩土层的补给量。

用水总量　指分配给各类用户的包括输水损失在内的毛用水量之和，不包括海水直接利用量。按用户特性分为农业、工业、生活和生态用水四大类。

农业用水　指农田灌溉用水、林果地灌溉用水、草地灌溉用水和鱼塘补水。

工业用水　指工矿企业在生产过程中用于制造、加工、冷却、空调、净化、洗涤等方面的用水，按新水取用量计，不包括企业内部的重复利用水量。

生活用水　包括城镇生活用水和农村生活用水。城镇生活用水由居民用水和公共用水（含第三产业及建筑业等用水）组成；农村生活用水除居民生活用水外，还包括牲畜用水在内。

生态环境补水　仅包括人为措施供给的城镇环境用水和部分河湖、湿地补水。

废水排放总量　为工业废水排放量、城镇生活污水排放量和集中式治理设施污水排放量之和。

工业废水排放量　指报告期内经过企业厂区所有排放口排到企业外部的工业废水量。包括生产废水、外排的直接冷却水、超标排放的矿井地下水和与工业废水混排的厂区生活污水，不包括外排的间接冷却水(清污不分流的间接冷却水应计算在废水排放量内)。

城镇生活污水排放量　指报告期内城镇居民排放生活污水的量。城镇生活包括“住宿业与餐饮业、居民服务和其他服务业、医院和独立燃烧设施以及城镇生活污染源”。

集中式治理设施污水排放量　指报告期内集中式治理设施的渗滤液排放量。集中式治理设施包括垃圾处理场（厂）和危险废物（医疗废物）集中处置厂。

化学需氧量（COD）排放量　为工业、农业、城镇生活和集中式治理设施排放的废水中 COD 排放量之和。

氨氮排放量　为工业、农业、城镇生活和集中式治理设施排放的废水中氨氮排放量之和。

二氧化硫排放量　指报告期内工业、城镇生活和集中式治理设施 SO_2 排放量之和。

工业 SO_2 排放量　指报告期内企业在燃料燃烧和生产工艺过程中排入大气的 SO_2 总量。

烟（粉）尘排放量　指报告期内工业、城镇生活、机动车和集中式治理设施烟（粉）尘排放量之和。

工业烟（粉）尘排放量　指报告期内企业在燃料燃烧和生产工艺过程中排入大气的烟尘及工业粉尘的总质量之和。烟尘或工业粉尘排放量可以通过除尘系统的排风量和除尘设备出口烟尘浓度相乘求得。

一般工业固体废物产生量 指未被列入《国家危险废物名录》或者根据国家规定的危险废物鉴别标准、固体废物浸出毒性浸出方法及固体废物浸出毒性测定方法鉴别方法判定不具有危险特性的工业固体废物。计算公式为：

一般工业固体废物产生量=（一般工业固体废物综合利用量-其中：综合利用往年贮存量）+一般工业固体废物贮存量+（一般工业固体废物处置量-其中：处置往年贮存量）+一般工业固体废物倾倒丢弃量

一般工业固体废物综合利用量 指报告期内企业通过回收、加工、循环、交换等方式，从固体废物中提取或者使其转化为可以利用的资源、能源和其他原材料的固体废物量（包括当年利用的往年工业固体废物累计贮存量）。如用作农业肥料、生产建筑材料、筑路等。

一般工业固体废物综合利用率 指一般工业固体废物综合利用量占一般工业固体废物产生量与综合利用往年贮存量之和的百分率。计算公式为：

一般工业固体废物综合利用率=一般工业固体废物综合利用量/一般工业固体废物产生量+综合利用往年贮存量×100%

一般工业固体废物处置量 指报告期内企业将工业固体废物焚烧和用其他改变工业固体废物的物理、化学、生物特性的方法，达到减少或者消除其危险成分的活动，或者将工业固体废物最终置于符合环境保护规定要求的填埋场的活动中，所消纳固体废物的量。

一般工业固体废物处置率 指一般工业固体废物处置量占一般工业固体废物产生量与处置往年贮存量之和的百分率。计算公式为：

一般工业固体废物处置率=一般工业固体废物处置量/一般工业固体废物产生量+处置往年贮存量×100%

环境污染治理投资 指城市环境基础设施投资、工业企业污染防治投资和完成环保验收项目环保投资之和。

Explanatory Notes on Main Statistical Indicators

Forest Coverage Rate Forest Coverage Rate refers to the ratio of area of afforested land to total land area. It is a very important indicator that reflects the status of abundance of forest resource and balance of the ecosystem. Forest area includes the area of trees and bamboo grow with canopy density above 0.2, the area of shrubby tree according to regulations of the government, the area of forest land inside farm land and the area of trees planted by the side of villages, farm houses and along roads and rivers.

Wetlands refer to marshland and peat bog, whether natural or man-made, permanent or temporary; water covered areas, whether stagnant or flowing, with fresh or semi-fresh or salty water that is less than 6 meters deep at low tide; as well as coral beach, weed beach, mud beach, mangrove, river outlet, rivers, fresh-water marshland, marshland forests, lakes, salty bog and salt lakes along the coastal areas.

Natural Reserves refer to certain areas of land, waters or sea that are representative in natural ecological systems, or are natural habitats for rare or endangered wild animals or plants, or water conservation zones, or the location of important natural or historic relics, which are demarked by law and put under special protection and management. Natural reserves are designated by the formal approval of governments at and above county level (including those approved by relevant departments or "revolutionary committees" before 1980). Scenic spots and cultural preservation zones are not included

Water Resource refers to sum of Surface Water and Ground Water. Water Resource is as follows:

Water Resource= Surface Water + Ground Water – repetitious volume of Surface Water and Ground Water

Surface Water Resources refers to total renewable resources which exist in rivers, lakes, glaciers and other collectors from rainfall and are measured as run-off of rivers.

Groundwater Resources refers to replenishment of aquifers with rainfall and surface water.

Water Use refers to gross water use distributed to users, including loss during transportation, broken down into use by agriculture, industry, living consumption and ecological protection.

Water Use by Agriculture includes uses of water by irrigation of farming fields and by forestry, animal husbandry and fishing. Water use by forestry, animal husbandry and fishery includes irrigation of forestry and orchards, irrigation of grassland and replenishment of fishing farms.

Water Use by Industry refers to new withdrawals of water, excluding reuse of water within enterprises.

Water Use by Living Consumption includes use of water for living consumption in both urban and rural areas. Urban water use by living consumption is composed of household use and public use (including services, commerce, restaurants, cargo transportation, posts, telecommunications and construction). Rural water use by living consumption includes both households and animals.

Water Use by Ecological and Environmental Protection includes replenishment of rivers and lakes and use for urban environment.

Waste water discharge Resources for industrial wastewater emissions, urban sewage emissions and centralized treatment facilities of wastewater.

Waste Water Discharged by Industry refers to the volume of waste water discharged by industrial enterprises through all their outlets, including waste water from production process, directly cooled water, groundwater from mining wells which does not meet discharge standards and sewage from households mixed with waste water produced by industrial activities, but excluding indirectly cooled water discharged (It should be included if the discharge is not separated from waste water).

Urban Waste Water Discharge refers to annual discharge of non-industrial waste water by urban households. Include accommodations industry and food industry, residents service and other services, hospitals and independent combustion facilities and urban life pollution sources.

Centralized treatment facilities wastewater refers to report period of centralized treatment facilities leachate emissions. Centralized management facilities including landfill (factory) and hazardous waste (medical waste) disposal factory.

Volume of Chemical Oxygen Demand (COD) refers to volume of COD in wastewater discharge form Industry, agriculture, urban life and centralized management facilities emissions.

Volume of Ammonia nitrogen refers to volume of ammonia nitrogen in wastewater discharge form Industry, agriculture, urban life and centralized management facilities emissions.

Volume of Sulfur dioxide refers to volume of SO_2 form Industry, urban life and centralized management facilities emissions.

Volume of Industrial Sulfur Dioxide Discharged refers to the volume of sulfur dioxide discharged to the air in the process of fuel burning or in the production process.

Volume of Industrial Soot Discharged refers to the volume of solid soot in the smoke discharged in the process of fuel burning in the area of the factory.

Industrial Dust Discharged refers to the total weight of solid dust discharged by industrial enterprises in the production process, such as dust of refractory materials from iron plants, dust from coke-screening system or from sintering machines of coking plants, dust from lime kilns, cement dust from building material enterprises, etc., but excluding smoke and dust discharged by power plants.

General Industrial Solid Wastes Produced refers to have not listed in the national hazardous waste list or according to the regulations of the state identification of hazardous waste standard, solid waste leaching-out toxicity leaching method and the solid waste leaching-out toxicity identification method for determining if a risk characteristics of industrial solid waste.

General Industrial Solid Wastes Utilized refers to volume of solid wastes from which useful materials can be extracted or which can be converted into usable resources, energy or other materials by means of reclamation, processing, recycling and exchange (including utilizing in the year the stocks of industrial solid wastes of the previous year). Examples of such utilizations include fertilizers, building materials and road materials.

Rate of General Utilization of Industrial Solid Wastes refers to the percentage of industrial solid wastes utilized over industrial solid wastes produced.

Rate of General Utilization of Industrial Solid Wastes= General Industrial Solid Wastes Utilized / (General Industrial Solid Wastes Produced+ Solid Wastes Utilized of ever reserves)×100%

General industrial solid waste disposal refers to enterprises during the reporting period the industrial solid waste incineration and other changes of industrial solid waste methods of physical, chemical, biological characteristics, activities to reduce or eliminate its dangerous substances, or the final placing of industrial solid waste landfill activities comply with the environmental protection requirements, the Council is satisfied that the amount of solid waste.

Rate of General industrial solid waste disposal refer to general industrial solid waste disposal accounted for general industrial solid waste generation and disposal of storage volume and percentage in previous years. Calculation formula is:

Rate of General industrial solid waste disposal= General industrial solid waste disposal / (General Industrial Solid Wastes Produced+ Disposal of ever reserves) ×100%

Investment in Environment Pollution Harnessing Projects refers to the proportion of investment in fixed assets in the total investment in harnessing industrial pollution and in the construction of urban environment infrastructure facilities.

科学技术
Science and Technology

21

◉ 资料整理：贾梁

简要说明

一、主要内容

本篇包括全社会以及大中型工业企业、政府部门属研究机构、高校的研究与试验发展（R&D）活动及规模以上工业企业的研究与试验发展（R&D）人员、经费支出情况；全省专利申请和授权情况；科研成果及科研项目，技术市场技术合同成交资料；测绘、质量监督、气象、地震等综合技术服务部门业务机构及业务活动情况。

二、统计范围

科技活动统计资料范围为全社会有研究与试验发展（R&D）活动的企事业单位，具体包括工业企业、政府部门属研究机构、普通高等学校以及研究与试验发展（R&D）活动相对密集行业（包括农、林、牧、渔业，建筑业，交通运输、仓储和邮政业，信息传输、计算机服务和软件业，金融业，租赁和商务服务业，科学研究、技术服务和地质勘查业，水利、环境和公共设施管理业，卫生、社会保障和社会福利业，文化、体育和娱乐业等）中从事研究与试验发展（R&D）活动的企事业单位。

三、资料来源

全省综合资料、企业及有关行业企事业单位的研究与试验发展（R&D）活动情况资料由省统计局调查提供；政府部门属研究机构资料由省科技厅和国防科技工业局调查提供；科学研究、技术服务和地址勘查业企事业的研究与试验发展（R&D）活动情况资料，以及科技论文资料、技术市场资料由省科技厅调查提供；高校资料由省教育厅调查提供；测绘、产品质量监督抽查、专利、气象、地震等资料，分别由省测绘局、省质量监督局、省知识产权局、省气象局、省地震局等部门调查提供。

四、统计调查方法

研究与试验发展(R&D)活动情况采用全面调查取得；测绘、产品质量监督抽查、专利资料采用抽样等多种调查方法取得。

科技活动统计资料口径变动说明：2005年以前科技活动统计资料只包括大中型工业企业、政府部门属研究机构、普通高等学校，2005年及以后年份扩大到了全社会范围。本篇资料由河南省统计局社会与科技统计处编辑整理。

Brief Introduction

I. Main Contents

Data on this chapter include the R&D personnel, the expenditure funds of R&D activities under whole society, large and medium-sized industrial enterprise, government departments, universities and colleges, data on patents application accepted and granted; data on technological markets; data on activities of the surveying and mapping, product quality supervision., Weather and earthquake, etc.

II. Scope of Statistics

Data on research and development (R&D) activities of enterprises and institutions all over the country, mainly including industrial enterprises, scientific and technological institutions under government departments, universities and colleges and R&D-intensive enterprises of different industries (such as agriculture, forestry, animal husbandry, fisher, construction, transport, storage and post, information transmission, computer services and software, financial intermediation, leasing and business services, scientific research, technical service and geologic prospecting, management of water conservancy, environment and public facilities , health, social security and social welfare, culture, sports and entertainment).

III. Sources of Data

Data on national aggregates and R&D activities of various enterprises and institutions are from Henan provincial bureau of statistics; data on scientific and technological institutions under government departments are from Henan provincial bureau of scientific and technological and Henan provincial bureau of defense science, technology industry; data on scientific research, technical service and geologic prospecting, scientific and technological papers; technological markets and high and new-tech industrial enterprises in development zones are from Henan provincial bureau of scientific and technological; data on scientific and technological activities in universities and colleges are from Henan provincial bureau of Education; Data on the development of surveying and mapping, product quality supervision and patents, Weather and earthquake are provided separately by Henan provincial bureau of Survey and Mapping, Henan provincial bureau of product quality supervision and quarantine, Henan provincial Intellectual Property Office, Henan provincial bureau of meteorology, and. Henan provincial bureau of seismological

IV. Statistical methodology

Data on R&D activities of industrial enterprises, scientific and technological institutions under government departments, universities and colleges are collected through complete surveys. Data on surveying and mapping, product quality supervision and patent applications are through sample surveys and other surveys.

Changes of the statistical coverage of data on scientific and technological activities: Data only included large and medium-sized industrial enterprises, scientific research institutions under government departments, and universities and colleges before 2005. Since 2005 (inclusive) data have covered all industries. Data on this chapter are provided by Department of social and technological of Henan provincial bureau of statistics.

21-1 研究与试验发展(R&D)主要指标
Basic Statistics on R&D Activities

年份 Year	有(R&D)活动的单位数(个) Number of Institutions for R&D (unit)	(R&D)人员(人) R&D Personnel (person)	(R&D)人员折合全时当量(人年) Full-time Equivalent of R&D Personnel (person-year)	(R&D)经费内部支出(万元) Internal Expenditures on R&D (10 000 yuan)	(R&D)经费外部支出(万元) External Expenditures on R&D (10 000 yuan)	(R&D)项目数(项) R&D Projects (item)	(R&D)机构数(个) Number of R&D Institutions (unit)
2000	1017		34629	248024	15050	7904	1331
2001	985		36138	283091	24064	8100	1122
2002	982		41492	293151	31148	8470	1151
2003	989		40742	341910	24664	9293	1173
2004	1090		38250	423560	24573	12105	1423
2005	1107		50888	556090	39913	16069	1498
2006	1109		58716	798414	47729	18904	1432
2007	1169		64888	1011302	59761	24395	1531
2008	1286		72830	1240890	55061	27349	1727
2009	1636		92571	1747599	96107	22347	1821
2010	1555	144408	101668	2113773	89253	24050	1798
2011	1585	167386	118266	2644922	109950	28422	1817
2012	1720	185116	128323	3107803	124399	30319	1870
2013	2051	216269	152541	3553486	109470	33015	2064
2014	2473	232105	161441	4000099	91021	36449	2203
2015	2850	241171	158855	4350430	92040	39956	2543
2016	3112	249876	173265	4941880	117270	41513	2953
2017	4112	266427	162504	5820538	146023	49904	3327

21-2 研究与试验发展(R&D)活动概况
Basic Statistics on R&D Activities

指　标	Item	2016	2017
有研究与试验发展(R&D)活动的单位数(个)	Number of Institutions for R&D (unit)	3112	4112
研究与试验发展(R&D)人员(人)	Number of Persons for R&D (person)	249876	266427
#女性	Female	60479	65092
#研究人员	Researchers	98639	104147
#全时人员	Full-time Personnel	149205	165306
非全时人员	Part-time Personnel	100671	101121
#博士毕业	Graduated from Doctor	8792	10185
硕士毕业	Graduated from Master	29240	32467
本科毕业	Graduated from Bachelor	109637	112063
其他学历	Other Degree	102207	111712
研究与试验发展(R&D人)员折合全时当量(人年)	Full-time Equivalent of R&D Personnel (person-year)	173265	162504
#研究人员	Researchers	65768	64256
#基础研究	Basic Research	4594	4577
应用研究	Applied Research	10441	14865
试验发展	Experimental Development	158230	143062
研究与试验发展(R&D)经费内部支出(万元)	Internal Expenditures on R&D (10 000 yuan)	4941880	5820538
#基础研究	Basic Research	107583	105606
应用研究	Applied Research	294916	400063
试验发展	Experimental Development	4539381	5314870
#日常性支出	Daily spending	4192007	4995339
#人员劳务费	Labour Cost	1266028	1500860
#资产性支出	Assets spending	749872	825053
#仪器和设备	Instruments and Equipment	718291	767011
#政府资金	Government Funds	493898	527681
企业资金	Self-raised Funds by Enterpirses	4292055	5088790
境外资金	Foreign Funds	36	487
其他资金	Other Funds	155891	203580
研究与试验发展(R&D)经费外部支出(万元)	External Expenditures on R&D (10 000 yuan)	117270	146023
#对境内研究机构支出	Expenses on Domestic R&D Institutions	45588	63669
对境内高等学校支出	Expenses on Domestic Colleges and Universities	39085	34005
对境内企业支出	Expenses on Domestic Enterprises	27893	42030
对境外支出	Expenses on Overseas	4704	6230
研究与试验发展(R&D)产出情况	Statistics on R&D Outputs		
专利申请数(件)	Number of Patent Applications (piece)	28851	37805
#发明专利申请数	Inventions	11273	14676
专利授权数数(件)	Number of Patents Applications Granted (piece)	6881	8884
#发明专利	Inventions	2292	3102
有效发明专利数(件)	Number of Effective Invention Patent (piece)	26151	32498
专利所有权转让及许可数(件)	Assignment and Permit of Patent Ownership (piece)	385	779
专利所有权转让及许可收入(万元)	Income from Assignment and Permit of Patent Ownership (10 000 yuan)	5596	6755
植物新品种权授予数(项)	Number of New Varieties of Plants Applications Granted (item)	110	65
形成国家或行业标准数(项)	Become National or Trade standards (item)	761	972
发表科技论文(篇)	Scientific and Technological Treatise Published (paper)	60287	57544
出版科技著作(种)	Scientific and Technological Books Publiced (type)	2831	3370
研究与试验发展(R&D)项目(课题)情况	Statistics on R&D Topics		
项目(课题)数(项)	Projects of R&D (item)	41513	49904
项目(课题)参加人员(人)	Number of R&D Personnel (person)	157365	149520
#研究人员	Researchers	51758	51570
项目(课题)经费内部支出(万元)	Internal Expenditures on R&D (10 000 yuan)	4437380	5600744
研究与试验发展(R&D)机构情况	Statistics on R&D Institutions		
机构数(个)	Number of R&D Institutions (unit)	2953	3327
从事研究与试验发展(R&D)人员(人)	Number of R&D Personnel (person)	113056	114765
#博士毕业	Graduated from Doctor	4400	4583
#硕士毕业	Graduated from Master	16727	17323
研究与试验发展(R&D)经费支出(万元)	Expenditures on R&D (10 000 yuan)	2345332	2567393
科研用仪器设备原价(万元)	Original price of Equipment for S&T (10 000yuan)	2720899	3518775
#进口	Import	551202	737713

21-3 研究与试验发展(R&D)活动概况(2017年)
Basic Statistics on R&D Activities (2017)

指标	Item	总计 Total	#科学研究与技术开发机构 Institution for Scientific Research and Technological Empolder	#全日制普通高等学校 Full-time Regular Institutions of Higher Edcation	#大中型工业企业 Large and Medium-sized Industrial Enterprises
有研究与试验发展(R&D)活动的单位数(个)	Number of Institutions for R&D (unit)	4112	122	249	1568
研究与试验发展(R&D)人员(人)	Number of Persons for R&D (person)	266427	14897	28305	158624
#女性	Female	65092	4304	13452	32489
#研究人员	Researchers	104147	8424	23846	49320
#全时人员	Full-time Personnel	165306	9777	6802	106125
非全时人员	Timing Personnel	101121	5120	21503	52499
#博士毕业	Graduated from Doctor	10185	920	6802	1486
硕士毕业	Graduated from Master	32467	5477	13827	9517
本科毕业	Graduated from Bachelor	112063	4902	6849	71017
其他学历	Other Degree	111712	3598	827	76604
研究与试验发展(R&D人)员折合全时当量(人年)	Full-time Equivalent of R&D Personnel (person-year)	162504	10858	9114	102852
#研究人员	Researchers	64256	8065	7857	34213
#基础研究	Basic Research	4577	797	3163	12
应用研究	Applied Research	14865	3154	4714	4875
试验发展	Experimental Development	143062	6907	1238	97964
研究与试验发展(R&D)经费内部支出(万元)	Internal Expenditures on R&D (10 000 yuan)	5820538	354483	257832	4015787
#基础研究	Basic Research	105606	30827	67470	129
应用研究	Applied Research	400063	92329	133825	120583
试验发展	Experimental Development	5314870	231327	56538	3895075
#日常性支出	Daily spending	4995339	268923	187428	3508760
#人员劳务费	Labour Fee	1500860	100527	27380	1018349
#资产性支出	Assets spending	825053	85560	70259	507028
#仪器和设备	Instruments and Equipment	767011	54974	59447	495111
#政府资金	Government Funds	527681	234754	149187	89997
企业资金	Self-raised Funds by Enterpirses	5088790	6198	67913	3889263
境外资金	Foreign Funds	487	13	147	27
其他资金	Other Funds	203580	113519	40586	36500
研究与试验发展(R&D)经费外部支出(万元)	External Expenditures on R&D (10 000 yuan)	146023	1385	3001	104297
#对国内研究机构支出	Expenses on Domestic R&D Institutions	63669	1229	872	47126
对国内高等学校支出	Expenses on Domestic Colleges and Universities	34005	70	1526	24289
对国内企业支出	Expenses on Domestic Enterprises	42030	86	596	27617
对境外支出	Expenses on Overseas	6230		0	5265

21-3 续表 continued

指 标	Item	总 计 Total	#科学研究与技术开发机构 Institution for Scientific Research and Technological Empolder	#全日制普通高等学 校 Full-time Regular Institutions of Higher Edcation	#大中型工业企业 Large and Medium-sized Industrial Enterprises
研究与试验发展(R&D)产出情况	Statistics on R&D Outputs				
专利申请数(件)	Number of Patent Applications (piece)	37805	1498	11303	16136
#发明专利申请数	Inventions	14676	1137	5015	5968
专利授权数(件)	Number of Patents Applications Granted (piece)	8884	918	7927	
#发明专利	Inventions	3102	593	2493	
有效发明专利数(件)	Number of Effective Invention Patent (piece)	32498	3050	7134	14075
专利所有权转让及许可数(件)	Assignment and Permit of Patent Ownership (piece)	779	4	108	508
专利所有权转让及许可收入(万元)	Income from Assignment and Permit of Patent Ownership (10 000 yuan)	6755	5	2366	4292
植物新品种权授予数(项)	Number of New Varieties of Plants Applications Granted (item)	65	44	8	
形成国家或行业标准数(项)	Become National or Trade standards(item)	972	148	22	656
发表科技论文(篇)	Scientific and Technological Treatise Published (paper)	57544	3475	46268	5803
出版科技著作(种)	Scientific and Technological Books Publiced (type)	3370	154	3090	
研究与试验发展(R&D)项目(课题)情况	Statistics on R&D Topics				
项目(课题)数(项)	Projects of R&D (item)	49904	1117	29982	10522
项目(课题)参加人员折合全时当量(人年)	Number of R&D Personnel (person-year)	149520	9654	9109	94082
#研究人员	Researchers	51570	7190	7853	26019
项目(课题)经费内部支出(万元)	Internal Expenditures on R&D (10 000 yuan)	5600744	236152	189544	4003871
研究与试验发展(R&D)机构情况	Statistics on R&D Institutions				
机构数(个)	Number of R&D Institutions (unit)	3327	122	506	1387
从事研究与试验发展(R&D)人员(人)	Number of R&D Personnel (person)	114765	14897	3123	72601
#博士毕业	Graduated from Doctor	4583	920	1660	1314
#硕士毕业	Graduated from Master	17323	5477	726	8473
研究与试验发展(R&D)经费支出(万元)	Expenditures on R&D (10 000 yuan)	2567393	354483	41981	1750144
科研用仪器设备原价(万元)	Original price of Equipment for S&T (10 000yuan)	3518775	548011	459307	2094834
#进口	Import	737713	143457	251480	312918

21-4 研究与试验发展(R&D)经费支出情况(2017年)

Statistics on Appropriation Expenditure for R&D (2017)

单位：万元 (10 000 yuan)

指 标	Item	(R&D)经费内部支出 Internal Expenditures on R&D	政府资金 Government Funds	企业资金 Self-raised Funds by Enterpirses	境外资金 Foreign Funds	其他资金 Other Funds	(R&D)经费外部支出 External Expenditures on R&D
总 计	**Total**	**5820538**	**527681**	**5088790**	**487**	**203580**	**146023**
按数据来源分组	**Grouped by Data Source**						
科研单位	Scientific and Technological Sector	99879	92797	1207	13	5863	1280
#科研机构	Scientific and Technological Institutions	81141	75517	1169	13	4443	1189
事业单位	Public Institution	18738	17280	38		1420	91
高等院校	Institutions of Higer Education	257832	149187	67913	147	40586	3001
#理工农医院校	Schools of Science, Engineering, Agriculture and Medicine	212617	123231	51934	147	37305	2967
人文社科院校	Schools of humanities and Social Science	45216	25956	15978		3281	34
工业企业	Industrial Enterprises	4722542	107367	4574383	293	40499	127852
大中型工业企业	Large and Medium-sized Industrial Enterprises	4015787	89997	3889263	27	36500	104297
规上小型工业企业	Small-sized Industrial Enterprises above Designated Size	699050	17244	677687	266	3853	23043
规上微型工业企业	Miniature industrial enterprises above Designated Size	7705	125	7432		147	512
重点建筑业和服务业企业	Key services	439965	7620	425017	35	7295	13579
非工业企业	Non-industrial Enterprises	5297	441	4805		51	114
事业单位	Public Institution	21681	11033	10437		211	
按执行部门分组	**Grouped by Executive Departments**						
企业	Enterprises	5167804	115427	5004204	328	47845	141545
#大中型	Large and Medium-sized Enterprises	4455180	97605	4313719	61	43794	117696
科研机构	Scientific and Technological Institutions	354483	234754	6198	13	113519	1385
高等院校	Institutions of Higer Education	257832	149187	67913	147	40586	3001
其他	Others	40419	28313	10476		1631	91
按隶属关系分组	**Grouped by Administrative Relationship**						
中央	Central	1167744	201416	846744	35	119550	31865
地方	Local	4571654	250748	4240877	440	79588	112969

21-5 研究与试验发展(R&D)活动机构情况(2017年)
Basic Statistics on Institutions Having R&D Activities (2017)

指　标	Item	机构数(个) Number of Institutions (unit)	机构从事(R&D)活动人员(人) Number of R&D Personnel (person)	#博士毕业 Graduated from Doctor	#硕士毕业 Graduated from Master	机构(R&D)经费内部支出(万元) Expen-ditures on R&D (10 000 yuan)	机构科研用仪器设备原价(万元) Original price of Equipment for S&T (10 000yuan)	#进口 Import
总　计	**Total**	**3327**	**114765**	**4583**	**17323**	**2567393**	**3518775**	**737713**
按数据来源分组	**Grouped by Data Source**							
科研单位	Scientific and Technological Sector	127	4309	657	1487	89064	146591	45792
#科研机构	Scientific and Technological Institutions	116	4036	609	1419	81141	143614	44624
事业单位	Public Institution	11	273	48	68	7923	2977	1169
高等院校	Institutions of Higer Education	506	3123	1660	726	41981	459307	251480
#理工农医院校	Schools of Science, Engineering, Agriculture and Medicine	452	2005	900	442	38020	457672	251416
人文社科院校	Schools of humanities and Social Science	54	1118	760	284	3961	1635	65
工业企业	Industrial Enterprises	2397	85036	1745	9840	1961381	2360602	326776
大中型工业企业	Large and Medium-sized Industrial Enterprises	1387	95870	1702	11001	2052224	2094834	312918
规上小型工业企业	Small-sized Industrial Enterprises above Designated Size	1000	15901	594	1756	245613	257527	13432
规上微型工业企业	Miniature industrial enterprises above Designared Size	10	305	9	29	2009	8241	425
重点建筑业和服务业企业	Key services	192	10212	146	910	196450	129143	7133
非工业企业	Non-industrial Enterprises	25	311	6	19	2432	8297	3166
事业单位	Public Institution	74	913	58	283	2744	10438	4532
按执行部门分组	**Grouped by Executive Departments**							
企业	Enterprises	2614	95559	1897	10769	2160263	2498042	337075
#大中型	Large and Medium-sized Enterprises	1574	111106	1975	12410	2344777	2223668	320051
科研机构	Scientific and Technological Institutions	122	14897	920	5477	354483	548011	143457
高等院校	Institutions of Higer Education	506	3123	1660	726	41981	459307	251480
其他	Others	85	1186	106	351	10667	13415	5701

21-6 研究与试验发展(R&D)人员情况(2017年)

Basic Statistics on Personnel Engaged in R&D Activities (2017)

指　标	Item	单位数 (个) Number of Institutions (unit)	#有(R&D)活动的单位数 Number of Institutions for R&D	(R&D)人员 (人) Number of Persons for R&D (person)	#研究人员 Researchers	(R&D)人员折合全时当量(人年) Number of Persons for R&D Anounted to Full-time (person-year)	#研究人员 Researchers
总　　计	**Total**	**24515**	**4112**	**266427**	**104147**	**162504**	**64256**
按数据来源分组	**Grouped by Data Source**						
科研单位	Scientific and Technological Sector	231	97	5161	3505	4620	3150
#科研机构	Scientific and Technological Institutions	116	60	4036	2899	3655	2641
事业单位	Public Institution	115	37	1125	606	965	509
高等院校	Institutions of Higer Education	249	185	28305	23846	9114	7857
#理工农医院校	Schools of Science, Engineering, Agriculture and Medicine	126	92	8504	7482	5662	4985
人文社科院校	Schools of humanities and Social Science	123	93	19801	16364	3452	2872
工业企业	Industrial Enterprises	22023	3526	193623	59840	123619	40733
大中型工业企业	Large and Medium-sized Industrial Enterprises	5396	1568	158624	49320	102851	34213
规上小型工业企业	Small-sized Industrial Enterprises above Designated Size	15894	1940	34485	10364	20529	6459
规上微型工业企业	Miniature industrial enterprises above Designated Size	733	18	514	156	238	62
重点建筑业和服务业企业	Key services	1638	193	21448	7520	14339	5225
非工业企业	Non-industrial Enterprises	165	22	517	135	399	113
事业单位	Public Institution	203	83	6512	3776	3210	1754
按执行部门分组	**Grouped by Executive Departments**						
企业	Enterprises	23826	3741	215588	67495	138356	46072
#大中型	Large and Medium-sized Enterprises	6778	1758	180040	56830	117162	39430
科研机构	Scientific and Technological Institutions	122	66	14897	8424	10858	8065
高等院校	Institutions of Higer Education	249	185	28305	23846	9114	7857
其他	Others	318	120	7637	4382	4175	2263
按隶属关系分组	**Grouped by Administrative Relationship**						
中央	Central	330	150	45798	19924	35522	17009
地方	Local	24185	3962	220629	84223	126982	47248

21-7 研究与试验发展(R&D)产出情况(2017年)

指 标	Item	专 利 申请数(件) Number of Patent Applications (piece)	#发明专利申请数 Inventions	专 利 授权数(件) Number of Patents Applications Granted (piece)	#发明专利授权数 Inventions
总 计	**Total**	**37805**	**14676**	**8884**	**3102**
按数据来源分组	**Grouped by Data Source**				
科研单位	Scientific and Technological Sector	581	338	366	156
#科研机构	Scientific and Technological Institutions	492	284	327	140
事业单位	Public Institution	89	54	39	16
高等院校	Institutions of Higer Education	11303	5015	7927	2493
#理工农医院校	Schools of Science, Engineering, Agriculture and Medicine	10738	4973	7496	2474
人文社科院校	Schools of humanities and Social Science	565	42	431	19
工业企业	Industrial Enterprises	22367	7704		
大中型工业企业	Large and Medium-sized Industrial Enterprises	16136	5968		
规上小型工业企业	Small-sized Industrial Enterprises above Designated Size	6152	1708		
规上微型工业企业	Miniature industrial enterprises above Designated Size	79	28		
重点建筑业和服务业企业	Key services	2474	739		
非工业企业	Non-industrial Enterprises	42	15		
事业单位	Public Institution	32	12		
按执行部门分组	**Grouped by Executive Departments**				
企业	Enterprises	24883	8458		
#大中型	Large and Medium-sized Enterprises	18584	6694		
科研机构	Scientific and Technological Institutions	1498	1137	918	593
高等院校	Institutions of Higer Education	11303	5015	7927	2493
其他	Others	121	66	39	16
按隶属关系分组	**Grouped by Administrative Relationship**				
中央	Central	7040	3430	706	502
地方	Local	30765	11246	8178	2600

Statistics on Achievements for R&D (2017)

有效发明专利数（件） Number of Effective Invention Patent (piece)	专利所有权转让及许可数（件） Assignment and Permit of Patent Ownership (piece)	专利所有权转让及许可收入（万元） Income from Assignment and Permit of Patent Ownership (10 000 yuan)	植物新品种权授予数（项） Number of New Varieties of Plants Applications Granted (item)	形成国家或行业标准数（项） Become National or Trade Standards (item)	发表科技论文（篇） Scientific Papers Published (paper)	出版科技著作（种） Science and Technology Workers Published (type)
32498	**779**	**6755**	**65**	**972**	**57544**	**3370**
694	32	5	57	76	2843	172
641	4	5	44	64	2489	151
53	28		13	12	354	21
7134	108	2366	8	22	46268	3090
6993	107	2356	8	22	28366	1226
141	1	10			17902	1864
19457	638	4379		790	6234	
14075	508	4292		656	5803	
5270	130	86		133	396	
112				1	35	
2796						
8	1	5			25	
					1188	105
22261	639	4384		790	6259	
16851	508	4292		656	5803	
3050	4	5	44	148	3475	154
7134	108	2366	8	22	46268	3090
53	28		13	12	1542	126
9196	115	3501	17	276	3800	63
23302	664	3254	48	696	53744	3307

21－8 规模以上工业企业研究与试验发展(R&D)人员活动情况(2017年)

单位：人

类别	Item	(R&D)人员合计(人) R&D Personnel	参加项目人员 Participating in project Personnel	管理和服务人员 Management and Service Personnel
总计	**Total**	**193623**	**179518**	**14105**
按企业规模分组	**By Size**			
大型企业	Large-sized	108549	99832	8717
中型企业	Medium-sized	50075	46834	3241
小型企业	Small-sized	34485	32370	2115
微型企业	Miniature	514	482	32
按工业行业大类分组	**By Sector**			
#煤炭开采和洗选业	Mining and Washing of Coal	11391	10758	633
石油和天然气开采业	Extraction of Petroleum and Natural Gas	2554	2384	170
黑色金属矿采选业	Mining of Ferrous Metal Ores	36	20	16
有色金属矿采选业	Mining of Non-ferrous Metal Ores	550	510	40
非金属矿采选业	Mining and Processing of Nonmetal Ores	90	86	4
农副食品加工业	Processing of Food from Agricultural Products	7218	6359	859
食品制造业	Manufacture of Foods	5406	4897	509
酒、饮料和精制茶制造业	Manufacture of Liquor,Bevevages and refined tea	2161	1892	269
烟草制品业	Manufacture of Tobacco	617	442	175
纺织业	Manufacture of Textile	3607	3456	151
纺织服装服饰业	Manufacture of Textile, Wearing Apparel and Accessories	1693	1418	275
皮革、毛皮、羽毛及其制品和制鞋业	Manufacture of Leather, Fur, Featherand Its Products, Footwear	1061	981	80
木材加工及木、竹、藤、棕、草制品业	Processing of Timbers, Manufacture of Wood, Bamboo, Rattan, Palm, and Straw Products	804	745	59
家具制造业	Manufacture of Furniture	593	570	23
造纸及纸制品业	Manufacture of Paper and Paper Products	2317	2210	107
印刷和记录媒介的复制业	Printing,Reproduction of Recording Media	840	824	16
文教、工美、体育和娱乐用品制造业	Manufacture of Articles for Culture,Education, Arts and Crafts, Sport and Entertainment Activities	1389	1349	40
石油加工、炼焦及核燃料加工业	Processing of Petroleum, Coking, Processing of Nucleus Fuel	460	415	45
化学原料及化学制品制造业	Manufacture of Raw Chemical Material and Chemical Products	11529	10810	719
医药制造业	Manufacture of Medicines	9724	8841	883
化学纤维制造业	Manufacture of Chemical Fiber	890	757	133
橡胶和塑料制品业	Manufacture of Rubber and Plastic Products	3721	3285	436
非金属矿物制品业	Manufacture of Non-metallic Mineral Products	14795	13916	879
黑色金属冶炼及压延加工业	Smelting and Pressing of Ferrous Metals	9259	8572	687
有色金属冶炼及压延加工业	Smelting and Pressing of Non-ferrous Metals	11009	10265	744
金属制品业	Manufacture of Metal Products	3906	3745	161
通用设备制造业	Manufacture of General Purpose Machinery	12655	11672	983
专用设备制造业	Manufacture of Special Purpose Machinery	13377	12390	987
汽车制造业	Manufacture of Automobile	14126	12942	1184
铁路、船舶、航空航天和其他运输设备制造业	Manufacture of Railway, ship, aerospace, and other transport equipment	4007	3657	350
电气机械及器材制造业	Manufacture of Electrical Machinery and Apparatus	15994	15003	991
计算机、通信和其他电子设备制造业	Manufacture of Computer, Communication and Other Electronic Equipment	15024	14636	388
仪器仪表制造业	Manufacture of Measuring Instruments and Machinery	4704	4403	301
其他制造业	Manufacture of others	1280	603	677
废弃资源综合利用业	Utilization of waste Resources	158	156	2
金属制品、机械和设备修理业	Repairing of Metal products, machinery and equipment	776	776	
电力、热力的生产和供应业	Production and Supply of Electric Power and Heat Power	2861	2826	35
燃气生产和供应业	Production and Supply of Gas	356	265	91
水的生产和供应业	Production and Supply of Water	110	107	3

Basic Statistics on R&D Activities in Enterprises above Designated Size (2017)

(person)

#女性 Female	#研究人员 Researchers	#全时人员 Full-time Personnel	非全时人员 Part-time Personnel	(R&D)人员折合全时当量合计(人年) Full-time Equivalent of R&D Personnel (person-year)	#研究人员 Researchers	#基础研究人员 Basic Research	应用研究人员 Applied Research	试验发展人员 Experimental Development
40399	**59840**	**130594**	**63029**	**123619**	**40733**	**20**	**5122**	**118477**
21423	34260	71438	37111	70376	24078	12	4272	66092
11066	15060	34687	15388	32476	10134		604	31872
7803	10364	24173	10312	20529	6459	8	239	20282
107	156	296	218	238	62		7	231
279	2612	4063	7328	5891	1473		678	5213
911	981	1907	647	2278	870		1280	998
4	18	19	17	26	13			26
83	90	410	140	363	46		3	359
13	17	49	41	49	10			49
1941	2392	4751	2467	4797	1612		229	4568
1715	1762	3413	1993	3694	1169		213	3480
584	697	1297	864	1342	458		27	1314
85	317	122	495	269	138		123	146
1566	774	1959	1648	1839	481		55	1785
606	330	958	735	1284	248			1284
217	181	358	703	890	137		10	880
192	144	609	195	449	84		10	439
97	149	418	175	344	94			344
334	413	1269	1048	1397	232		47	1350
212	197	642	198	494	119			494
367	398	1043	346	1069	317			1069
116	157	337	123	350	111		60	290
2694	3421	7908	3621	7810	2334		531	7279
3568	3446	6524	3200	6336	2245	8	202	6126
199	222	760	130	150	53			150
938	1214	2349	1372	2585	847		26	2559
2826	4896	10241	4554	9493	3391	12	17	9464
1562	3060	4761	4498	6788	2308		115	6674
2075	2585	6359	4650	6800	1651		289	6511
694	1073	2747	1159	2488	687		98	2391
2651	4252	9375	3280	8383	2856		369	8014
2531	4994	9662	3715	9766	3786		177	9589
2183	5027	11283	2843	8890	3219		53	8837
971	1656	3295	712	3067	1342		8	3058
2986	5840	12724	3270	10792	4005		169	10623
2968	2798	11654	3370	5550	1501		82	5468
1089	1784	3789	915	3379	1386		35	3343
330	664	1061	219	1170	612		8	1162
45	36	110	48	92	22			92
258	168	474	302	761	166			761
292	736	1323	1538	1625	422		2	1622
75	142	241	115	325	130		11	314
37	37	65	45	103	34			103

21-9 规模以上工业企业研究与试验发展(R&D)经费支出活动情况(2017年)

单位：万元

类　别	Item	(R&D)经费内部支出 Internal Expenditures on R&D	#基础研究支出 Basic Research	应用研究支出 Applied Research	试验发展支出 Experimental Development
总 计	**Total**	**4722542**	**197**	**127022**	**4595323**
按企业规模分组	**By Size**				
大型企业	Large-sized	2790349	129	103570	2686651
中型企业	Medium-sized	1225438		17014	1208424
小型企业	Small-sized	699050	68	6345	692637
微型企业	Miniature	7705		94	7610
按工业行业大类分组	**By Sector**				
#煤炭开采和洗选业	Mining and Washing of Coal	139358		5975	133383
石油和天然气开采业	Extraction of Petroleum and Natural Gas	30626		15383	15242
黑色金属矿采选业	Mining of Ferrous Metal Ores	609			609
有色金属矿采选业	Mining of Non-ferrous Metal Ores	10890		262	10628
非金属矿采选业	Mining and Processing of Nonmetal Ores	2505			2505
农副食品加工业	Processing of Food from Agricultural Products	188259		6179	182080
食品制造业	Manufacture of Foods	118257		4586	113672
酒、饮料和精制茶制造业	Manufacture of Liquor,Beverages and refined tea	44353		1141	43212
烟草制品业	Manufacture of Tobacco	24546		3083	21463
纺织业	Manufacture of Textile	88854		3300	85554
纺织服装服饰业	Manufacture of Textile, Wearing Apparel,Accessories	25636			25636
皮革、毛皮、羽毛及其制品和制鞋业	Manufacture of Leather, Fur, Featherand Its Products, Footwear	33516		322	33195
木材加工及木、竹、藤、棕、草制品业	Processing of Timbers, Manufacture of Wood, Bamboo, Rattan, Palm, and Straw Products	16877		223	16654
家具制造业	Manufacture of Furniture	9392			9392
造纸及纸制品业	Manufacture of Paper and Paper Products	48439		2107	46333
印刷和记录媒介的复制业	Printing,Reproduction of Recording Media	15610			15610
文教、工美、体育和娱乐用品制造业	Manufacture of Articles for Culture, Education, Arts and Crafts,Sport and Entertainment Activities	28403			28403
石油加工、炼焦及核燃料加工业	Processing of Petroleum, Coking, Processing of Nucleus Fuel	16927		511	16416
化学原料及化学制品制造业	Manufacture of Raw Chemical Material and Chemical Products	296441		20899	275542
医药制造业	Manufacture of Medicines	259386	68	7542	251776
化学纤维制造业	Manufacture of Chemical Fiber	31451			31451
橡胶和塑料制品业	Manufacture of Rubber and Plastic Products	83241		1822	81418
非金属矿物制品业	Manufacture of Non-metallic Mineral Products	329490	129	413	328948
黑色金属冶炼及压延加工业	Smelting and Pressing of Ferrous Metals	257573		3192	254380
有色金属冶炼及压延加工业	Smelting and Pressing of Non-ferrous Metals	421609		16634	404975
金属制品业	Manufacture of Metal Products	81819		3851	77968
通用设备制造业	Manufacture of General Purpose Machinery	290705		10419	280286
专用设备制造业	Manufacture of Special Purpose Machinery	355757		1352	354406
汽车制造业	Manufacture of Automobile	454172		2203	451969
铁路、船舶、航空航天和其他运输设备制造业	Manufacture of Railway, ship, aerospace, and other transport equipment	110054		1940	108114
电气机械及器材制造业	Manufacture of Electrical Machinery and Equipment	468922		3392	465531
计算机、通信和其他电子设备制造业	Manufacture of Computer, Communication, and Other Electronic Equipment	255158		6406	248752
仪器仪表制造业	Manufacture of Measuring Instrument	77911		1095	76816
其他制造业	Manufacture of others	27379		38	27341
废弃资源综合利用业	Utilization of waste Resourles	3027			3027
金属制品、机械和设备修理业	Repairing of Metal products, machinery and equipment	3826			3826
电力、热力的生产和供应业	Production and Supply of Electric Power and Heat Power	52093		28	52065
燃气生产和供应业	Production and Supply of Gas	9678		189	9489
水的生产和供应业	Production and Supply of Water	3180			3180

Basic Statistics on R&D Activities in Enterprises above Designated Size (2017)

(10 000 yuan)

政府资金 Government Funds	企业资金 Self-raised Funds by Enterpirses	境外资金 Foreign Funds	其他资金 Other Funds	(R&D)经费外部支出 External Expenditures on R&D	对境内研究机构支出 Expenses on Domestic R&D Institutions	对境内高等学校支出 Expenses on Domestic Universities	对境外支出 Expenses on Overseas
107367	**4574383**	**293**	**40499**	**127852**	**56679**	**29643**	**5538**
63475	2711344		15531	73973	31775	18706	3834
26523	1177920	27	20969	30324	15351	5583	1431
17244	677687	266	3853	23043	9379	5351	265
125	7432		147	512	174	3	8
175	136164		3019	8195	1864	3054	
50	30576			2147	31	1931	
	609			20	20		
162	10728			143	80		
	2404		102	195		165	
4985	183113		161	3109	1374	1224	385
2740	115219		298	702	68	458	10
700	43653			1757	422	242	4
	24378		169	2450	1018	865	
1137	87706		12	65	17	3	
100	25265		270	666	137	522	
757	32705		54	31			
200	16677			90	22	32	
649	8676		67	45	34	10	0
1646	45318		1476	434	245	109	
132	15479			22	22		
237	28105		61	280	273		
205	16722			967	552	153	
4396	287542		4504	7299	4256	2109	
6628	244797		7961	16732	12837	2718	126
230	31221			50		50	
1792	81434		15	855	163	515	
6495	321108	27	1861	9330	4754	2189	406
2175	252723		2675	5895	1941	1854	
11191	410389		30	2704	137	475	
2791	77068		1959	626	228	169	
9647	278040		3018	4173	857	2112	2
8676	340152	266	6663	12247	2230	1221	2846
13114	437001		4058	18039	11477	1281	1089
3423	106140		491	1293	178	38	10
8874	459452		596	13815	7693	2549	536
4038	251112		8	6208	1504	1170	115
1360	76281		271	2160	548	134	8
7594	19210		575	1167		1167	
50	2977						
109	3717						
588	51378		128	3490	1695	1123	
	9678			381			
25	3156						

21－10 规模以上工业企业研究与试验发展(R&D)活动情况(2017年)
Basic Statistics on R&D Activities in Enterprises above Designated Size (2017)

类别	Item	新产品产值(万元) Gross Output Value of new Products (10 000 yuan)	新产品销售收入(万元) Sales Revenue of New Products (10 000 yuan)	专利申请数(项) Total Patent Applications (item)	有效发明专利数(项) Number of Inverntions In Force (item)
总 计	**Total**	**71060993**	**70958863**	**22367**	**19457**
按企业规模分组	**By Size**				
大型企业	Large-sized	60575565	60652308	10443	7839
中型企业	Medium-sized	6951637	6847497	5693	6236
小型企业	Small-sized	3488638	3418403	6152	5270
微型企业	Miniature	45153	40655	79	112
按工业行业大类分组	**By Sector**				
#煤炭开采和洗选业	Mining and Washing of Coal	370652	327493	296	128
石油和天然气开采业	Extraction of Petroleum and Natural Gas	277	277	225	31
黑色金属矿采选业	Mining of Ferrous Metal Ores				
有色金属矿采选业	Mining of Non-ferrous Metal Ores			40	35
非金属矿采选业	Mining and Processing of Nonmetal Ores	9301	8761		
农副食品加工业	Processing of Food from Agricultural Products	1448019	1438722	567	351
食品制造业	Manufacture of Foods	1144175	1192191	349	342
酒、饮料和精制茶制造业	Manufacture of Liquor,Beverages and refined tea	291539	252232	121	217
烟草制品业	Manufacture of Tobacco	229581	195368	607	223
纺织业	Manufacture of Textile	889331	891279	173	174
纺织服装服饰业	Manufacture of Textile, Wearing Apparel and Accessories	84752	89014	47	27
皮革、毛皮、羽毛及其制品和制鞋业	Manufacture of Leather, Fur, Featherand Its Products, Footwear	306243	265931	163	98
木材加工及木、竹、藤、棕、草制品业	Processing of Timbers, Manufacture of Wood, Bamboo, Rattan, Palm, and Straw Products	34716	33982	54	19
家具制造业	Manufacture of Furniture	74367	64223	124	51
造纸及纸制品业	Manufacture of Paper and Paper Products	593929	555066	102	43
印刷和记录媒介的复制业	Printing,Reproduction of Recording Media	132432	134658	158	61
文教、工美、体育和娱乐用品制造业	Manufacture of Articles for Culture, Education, Arts and Crafts,Sport and Enterntainment Activities	161710	161122	304	137
石油加工、炼焦及核燃料加工业	Processing of Petroleum, Coking, Processing of Nucleus Fuel	13527	13174	161	88
化学原料及化学制品制造业	Manufacture of Raw Chemical Material and Chemical Products	2419947	2191427	1131	1196
医药制造业	Manufacture of Medicines	1380803	1264523	981	874
化学纤维制造业	Manufacture of Chemical Fiber	119732	19794	34	19
橡胶和塑料制品业	Manufacture of Rubber and Plastic Products	388270	622139	460	466
非金属矿物制品业	Manufacture of Non-metallic Mineral Products	2635208	2540698	1400	1688
黑色金属冶炼及压延加工业	Smelting and Pressing of Ferrous Metals	3905482	4065876	297	287
有色金属冶炼及压延加工业	Smelting and Pressing of Non-ferrous Metals	4658833	4654026	922	1329
金属制品业	Manufacture of Metal Products	526989	547003	712	344
通用设备制造业	Manufacture of General Purpose Machinery	2085255	2874876	2104	2597
专用设备制造业	Manufacture of Special Purpose Machinery	3917203	3530714	2323	2147
汽车制造业	Manufacture of Automobile	5816901	5506233	2102	945
铁路、船舶、航空航天和其他运输设备制造业	Manufacture of Railway, ship, aerospace, and other transport equipment	740642	745810	816	875
电气机械及器材制造业	Manufacture of Electrical Machinery and Equipment	5600487	5234159	2927	2216
计算机、通信和其他电子设备制造业	Manufacture of Computer, Communication and Other Electronic Equipment	30144900	30630643	907	478
仪器仪表制造业	Manufacture of Measuring Instrument	494677	468440	704	803
其他制造业	Manufacture of others	192517	192578	163	207
废弃资源综合利用业	Utilization of waste Resources	1961	1892	24	27
金属制品、机械和设备修理业	Repairing of Metal products, machinery and equipment	74835	74835	97	47
电力、热力的生产和供应业	Production and Supply of Electric Power and Heat Power	166282	164204	682	592
燃气生产和供应业	Production and Supply of Gas	2152	2152	4	31
水的生产和供应业	Production and Supply of Water	3367	3350	7	43

21-11 规模以上工业企业研究与试验发展(R&D)活动情况(2017年)

Basic Statistics on R&D Activities in Enterprises above Designated Size (2017)

类 别	Item	项目数 (项) Projects for S&T Activities (item)	参加项目人员 (人) Total Personnel of Projects (person)	项目经费支出合计 (万元) Expenditure on Projects (10 000 yuan)
总 计	**Total**	**18266**	**223265**	**5293284**
按企业规模分组	**By Size**			
大型企业	Large-sized	7079	125364	3177861
中型企业	Medium-sized	4844	56839	1328087
小型企业	Small-sized	6247	40368	776541
微型企业	Miniature	96	694	10794
按工业行业大类分组	**By Sector**			
#煤炭开采和洗选业	Mining and Washing of Coal	674	14585	185952
石油和天然气开采业	Extraction of Petroleum and Natural Gas	281	2401	30737
有色金属矿采选业	Mining of Non-ferrous Metal Ores	57	877	16062
非金属矿采选业	Mining and Processing of Nonmetal Ores	8	91	2493
农副食品加工业	Processing of Food from Agricultural Products	642	7684	212178
食品制造业	Manufacture of Foods	597	6607	127622
酒、饮料和精制茶制造业	Manufacture of Liquor,Beverages and refined tea	182	2424	53429
烟草制品业	Manufacture of Tobacco	106	461	21283
纺织业	Manufacture of Textile	280	4359	118177
纺织服装服饰业	Manufacture of Textile, Wearing Apparel and Accessories	102	1627	28490
皮革、毛皮、羽毛及其制品和制鞋业	Manufacture of Leather, Fur, Featherand Its Products, Footwear	74	1345	37123
木材加工及木、竹、藤、棕、草制品业	Processing of Timbers, Manufacture of Wood, Bamboo, Rattan, Palm, and Straw Products	87	922	17679
家具制造业	Manufacture of Furniture	61	659	9600
造纸及纸制品业	Manufacture of Paper and Paper Products	142	2399	54220
印刷和记录媒介的复制业	Printing,Reproduction of Recording Media	101	897	15865
文教、工美、体育和娱乐用品制造业	Manufacture of Articles for Culture, Education, Arts and Crafts,Sport and Enterntainment Activities	144	1861	32852
石油加工、炼焦及核燃料加工业	Processing of Petroleum, Coking, Processing of Nucleus Fuel	90	746	21489
化学原料及化学制品制造业	Manufacture of Raw Chemical Material and Chemical Products	1312	13441	333881
医药制造业	Manufacture of Medicines	1002	10659	268267
化学纤维制造业	Manufacture of Chemical Fiber	27	1188	32234
橡胶和塑料制品业	Manufacture of Rubber and Plastic	357	4132	87933
非金属矿物制品业	Manufacture of Non-metallic Mineral Products	1409	16631	356571
黑色金属冶炼及压延加工业	Smelting and Pressing of Ferrous Metals	654	9593	300172
有色金属冶炼及压延加工业	Smelting and Pressing of Non-ferrous Metals	874	13736	497691
金属制品业	Manufacture of Metal Products	580	4646	89389
通用设备制造业	Manufacture of General Purpose Machinery	1568	14574	314042
专用设备制造业	Manufacture of Special Purpose Machinery	1727	15465	384460
汽车制造业	Manufacture of Automobile	1225	15724	474579
铁路、船舶、航空航天和其他运输设备制造业	Manufacture of Railway, ship, aerospace, and other transport equipment	344	4621	115700
电气机械及器材制造业	Manufacture of Electrical Machinery and Equipment	1549	18027	540465
计算机、通信和其他电子设备制造业	Manufacture of Computer, Communication and Other Electronic Equipment	774	18235	316579
仪器仪表制造业	Manufacture of Measuring Instrument	642	5341	81191
其他制造业	Manufacture of others	100	620	27050
废弃资源综合利用业	Utilization of waste Resources	25	222	3330
金属制品、机械和设备修理业	Repairing of Metal products, machinery and equipment	21	1162	6191
电力、热力的生产和供应业	Production and Supply of Electric Power and Heat Power	260	3848	55961
燃气生产和供应业	Production and Supply of Gas	55	377	10250
水的生产和供应业	Production and Supply of Water	22	140	3180

21－12 研究与试验发展(R&D)项目(课题)情况(2017年)
Statistics on R&D Projects (Topics) (2017)

指　标	Item	项目(课题)数(项) Projects of R&D (item)	项目(课题)参加人员折合全时当量(人年) Full-time Equivalent of R&D Personnel (person-year)	#研究人员 Researchers	项目(课题)经费内部支出支出(万元) Internal Expenditures on R&D (10 000 yuan)
总　计	**Total**	**49904**	**149520**	**51570**	**5600744**
按数据来源分组	**Grouped by Data Source**				
科研单位	Scientific and Technological Sector	1087	3741	2753	50839
#科研机构	Scientific and Technological Institutions	922	3011	2323	40061
事业单位	Public Institution	165	730	430	10779
高等院校	Institutions of Higer Education	29982	9109	7853	189544
#理工农医院校	Schools of Science, Engineering, Agriculture and Medicine	11848	5662	4985	169868
人文社科院校	Schools of humanities and Social Science	18134	3447	2868	19676
工业企业	Industrial Enterprises	15973	113472	31265	4708508
大中型工业企业	Large and Medium-sized Industrial Enterprises	10522	94082	26019	4003871
规上小型工业企业	Small-sized Industrial Enterprises above Designated Size	5381	19167	5198	696935
规上微型工业企业	Miniature Industrial Enterprises above Designated Size	70	223	49	7702
重点建筑业和服务业企业	Key Services Enterprises	2007	13795	4534	439503
非工业企业	Non-industrial Enterprises	39	373	116	5098
事业单位	Public Institution	621	2387	182	11161
按执行部门分组	**Grouped by Executive Departments**				
企业	Enterprises	18019	127640	35915	5153108
#大中型	Large and Medium-sized Enterprises	12522	107857	30548	4442802
科研机构	Scientific and Technological Institutions	1117	9654	7190	236152
高等院校	Institutions of Higer Education	29982	9109	7853	189544
其他	Others	786	3117	612	21940

21-13 各市研究与试验发展(R&D)人员情况(2017年)

Basic Statistics on Personnel Engaged in R&D Activities by City (2017)

市(县)	City(County)	单位数(个) Number of Institutions (unit)	#有(R&D)活动 Number of Institutions for R&D	(R&D)活动人员(人) Number of Persons for R&D (person)	#研究人员 Researchers	(R&D)活动人员折合全时当量(人年) Full-time Equivalent of R&D Personnel (person-year)	#研究人员 Researchers
全省	**Total**	**24515**	**4112**	**266427**	**104147**	**162504**	**64256**
省辖市	**City**						
郑州市	Zhengzhou	3811	1035	82182	34255	47651	20049
开封市	Kaifeng	1319	156	9060	3646	5482	1877
洛阳市	Luoyang	2170	471	32779	13912	22343	10275
平顶山市	Pingdingshan	951	178	12895	4309	9081	2966
安阳市	Anyang	1053	94	9289	4173	6229	2626
鹤壁市	Hebi	510	61	3323	984	960	364
新乡市	Xinxiang	1405	292	22389	9185	11642	5206
焦作市	Jiaozuo	1379	247	16335	5028	10571	3141
濮阳市	Puyang	961	181	6981	2582	4836	1804
许昌市	Xuchang	1645	206	16202	6154	11878	4463
漯河市	Luohe	635	96	4455	1592	3178	1101
三门峡市	Sanmenxia	544	61	5288	1223	2500	572
南阳市	Nanyang	2068	348	17117	6485	10359	3910
商丘市	Shangqiu	1458	189	9488	3899	5556	2225
信阳市	Xinyang	1395	134	4318	1860	1878	843
周口市	Zhoukou	1368	96	5360	1958	3386	1161
驻马店市	Zhumadian	1588	231	5675	2166	3494	1261
济源市	Jiyuan	255	36	3291	736	1482	414
省直管县	**County Directly Administrated by Province**						
巩义市	Gongyi	556	106	3345	512	2332	397
兰考县	Lankao	250	39	1052	240	753	201
汝州市	Ruzhou	208	59	1861	462	1185	324
滑县	Huaxian	228	2	120	36	57	18
长垣县	Changyuan	240	37	2794	1081	1312	508
邓州市	Dengzhou	177	17	525	175	334	118
永城市	Yongcheng	218	27	2638	1298	1536	793
固始县	Gushi	216	15	229	75	147	49
鹿邑县	Luyi	149	3	817	313	310	77
新蔡县	Xincai	124	13	177	46	48	20

21－14 各市研究与试验发展(R&D)机构情况(2017年)

Basic Statistics on Institutions Having R&D Activities by City (2017)

市(县)	City(County)	机构数 (个) Number of Institutions (unit)	机构从事(R&D)活动人员 (人) Number of R&D Personnel (person)	#博士毕业 Graduated from Doctor	#硕士毕业 Graduated from Master	机构(R&D)经费内部支出 (万元) Internal Expenditures on R&D (10 000 yuan)	机构科研用仪器设备原价 (万元) Original price of Equipment for S&T (10 000yuan)	#进口 Import
全省	**Total**	**3327**	**114765**	**4583**	**17323**	**2567393**	**3518775**	**737713**
省辖市	**City**							
郑州市	Zhengzhou	1092	42131	1810	6135	945992	1047268	322558
开封市	Kaifeng	126	3018	340	422	92474	119658	25795
洛阳市	Luoyang	305	15325	520	4113	369469	534659	127091
平顶山市	Pingdingshan	112	4652	116	551	118944	197964	14684
安阳市	Anyang	83	2711	256	446	81349	67312	20210
鹤壁市	Hebi	43	1189	49	98	18141	293608	417
新乡市	Xinxiang	250	9364	362	1787	178458	322138	76008
焦作市	Jiaozuo	212	7846	339	812	172832	187737	49406
濮阳市	Puyang	125	1914	50	237	38311	45173	1505
许昌市	Xuchang	116	5434	150	833	130733	195773	31452
漯河市	Luohe	117	2754	56	248	39691	61861	9542
三门峡市	Sanmenxia	58	821	25	58	14698	26202	2324
南阳市	Nanyang	180	6707	168	619	168348	182758	33024
商丘市	Shangqiu	151	2287	75	192	34763	32833	2378
信阳市	Xinyang	81	1412	38	127	21475	36655	2247
周口市	Zhoukou	93	2548	101	284	44015	35727	1352
驻马店市	Zhumadian	143	2503	93	248	40720	67294	4557
济源市	Jiyuan	40	2150	35	112	56982	64156	13166
省直管县	**County Directly Administrated by Province**							
巩义市	Gongyi	120	2312	49	113	40148	51682	6134
兰考县	Lankao	6	82	1	3	465	342	22
汝州市	Ruzhou	33	594	43	83	8248	18189	2554
滑县	Huaxian	1	25			1855	1516	
长垣县	Changyuan	17	727	13	120	11012	34047	97
邓州市	Dengzhou	13	282	19	24	2522	4398	1119
永城市	Yongcheng	16	187	7	23	613	2725	606
固始县	Gushi	2	65		2	703	82	45
鹿邑县	Luyi	9	526	13	22	7652	7315	
新蔡县	Xincai	4	16			72	343	

21-15 各市研究与试验发展(R&D)经费支出情况(2017年)

Statistics on Appropriation Expenditure for R&D by City (2017)

单位：万元 (10 000 yuan)

市(县)	City(County)	(R&D)经费内部支出 Intramural Expenditures on R&D	政府资金 Government Funds	企业资金 Self-raised Funds by Enterpirses	境外资金 Foreign Funds	其他资金 Other Funds	(R&D)经费外部支出 External Expenditures on R&D
全　　省	**Total**	**5820538**	**527681**	**5088790**	**487**	**203580**	**146023**
省　辖　市	**City**						
郑　州　市	Zhengzhou	1588272	168249	1379560	147	40315	46403
开　封　市	Kaifeng	199784	22815	167890	30	9049	5979
洛　阳　市	Luoyang	863837	162329	613236		88272	17087
平顶山市	Pingdingshan	304065	6428	292846	10	4781	14584
安　阳　市	Anyang	186476	23585	142723		20168	6116
鹤　壁　市	Hebi	46809	4992	41636		181	1310
新　乡　市	Xinxiang	480318	71054	384647	3	24614	3879
焦　作　市	Jiaozuo	389431	11631	374015	280	3505	6836
濮　阳　市	Puyang	154854	5627	148771		456	3480
许　昌　市	Xuchang	485270	10515	473210	17	1528	10084
漯　河　市	Luohe	111045	1740	109127		178	1080
三门峡市	Sanmenxia	116146	863	115013		270	871
南　阳　市	Nanyang	329620	14040	312211		3369	11122
商　丘　市	Shangqiu	150309	7009	139537		3764	6383
信　阳　市	Xinyang	84889	5093	79085		711	1657
周　口　市	Zhoukou	104950	3912	101011		27	2248
驻马店市	Zhumadian	100373	5769	92213		2391	5675
济　源　市	Jiyuan	124090	2031	122058		1	1230
省直管县	**County Directly Administrated by Province**						
巩　义　市	Gongyi	100574	661	99796		117	1604
兰　考　县	Lankao	24365	737	23629			44
汝　州　市	Ruzhou	46206	1460	44689	10	47	3366
滑　　县	Huaxian	5341		5341			
长　垣　县	Changyuan	85638	1754	83883		0	
邓　州　市	Dengzhou	7992	180	7238		575	1060
永　城　市	Yongcheng	35377	396	31844		3137	3752
固　始　县	Gushi	4031	133	3898			201
鹿　邑　县	Luyi	16076		16076			8
新　蔡　县	Xincai	1557	164	1393			219

21-16 各市研究与试验发展(R&D)项目(课题)情况(2017年)
Statistics on R&D Projects (Topics) by City (2017)

市(县)	City(County)	项目(课题)数(项) Projects of R&D (item)	项目(课题)参加人员折合全时当量(人年) Full-time Equivalent of R&D Personnel (person-year)	#研究人员 Researchers	项目(课题)经费内部支出(万元) Internal Expenditures on R&D (10 000 yuan)
全省	**Total**	**49904**	**149520**	**51570**	**5600744**
省辖市	**City**				
郑州市	Zhengzhou	21595	44418	17068	1542555
开封市	Kaifeng	2362	5144	1510	189227
洛阳市	Luoyang	4736	20963	8706	772894
平顶山市	Pingdingshan	1870	8719	2500	298188
安阳市	Anyang	1347	5746	2079	171527
鹤壁市	Hebi	355	896	294	45300
新乡市	Xinxiang	5493	10626	4198	454569
焦作市	Jiaozuo	2356	9654	2213	382535
濮阳市	Puyang	833	4619	1436	152340
许昌市	Xuchang	1597	11234	3692	481652
漯河市	Luohe	559	2595	612	110438
三门峡市	Sanmenxia	661	2385	483	115872
南阳市	Nanyang	2111	8502	2290	325843
商丘市	Shangqiu	1203	4389	1375	149102
信阳市	Xinyang	1435	1785	755	82854
周口市	Zhoukou	313	3149	927	104008
驻马店市	Zhumadian	718	3295	1097	98670
济源市	Jiyuan	360	1403	335	123171
省直管县	**County Directly Administrated by Province**				
巩义市	Gongyi	294	2181	322	100056
兰考县	Lankao	58	750	191	24326
汝州市	Ruzhou	186	1126	268	45772
滑县	Huaxian	14	57	16	5341
长垣县	Changyuan	299	1142	344	85599
邓州市	Dengzhou	65	243	43	7992
永城市	Yongcheng	138	948	318	35348
固始县	Gushi	18	145	43	4023
鹿邑县	Luyi	11	287	53	16052
新蔡县	Xincai	32	48	17	1552

21-17 各市研究与试验发展(R&D)产出情况(2017年)

Statistics on Achievements for R&D by City (2017)

市(县) City(County)	专利申请数(件) Total Patens Applications (piece)	#发明专利申请数 Inventions	专利授权数(件) Number of Patents Applications Granted (piece)	#发明专利授权数 Number of Patent Applicatons Granted	有效发明专利数(件) Number of Inventions In Force (piece)
全 省 Total	**37805**	**14676**	**8884**	**3102**	**32498**
省辖市 City					
郑州市 Zhengzhou	14245	5300	4100	1274	9708
开封市 Kaifeng	663	294	152	79	723
洛阳市 Luoyang	5749	2865	1065	726	8430
平顶山市 Pingdingshan	1164	574	191	45	1263
安阳市 Anyang	684	238	152	70	638
鹤壁市 Hebi	370	112	102	5	377
新乡市 Xinxiang	3702	1650	917	397	2788
焦作市 Jiaozuo	2197	795	728	300	1637
濮阳市 Puyang	723	326	16	4	871
许昌市 Xuchang	2450	941	47	4	1428
漯河市 Luohe	901	162	265	11	596
三门峡市 Sanmenxia	437	105	17	1	470
南阳市 Nanyang	1814	566	382	97	1808
商丘市 Shangqiu	707	154	179	13	573
信阳市 Xinyang	795	235	345	47	354
周口市 Zhoukou	469	146	118	1	370
驻马店市 Zhumadian	488	148	88	27	264
济源市 Jiyuan	247	65	20	1	200
省直管县 County Directly Administrated by Province					
巩义市 Gongyi	282	83			252
兰考县 Lankao	80	25			36
汝州市 Ruzhou	113	68			317
滑县 Huaxian	15	1			38
长垣县 Changyuan	573	117			476
邓州市 Dengzhou	73	43			75
永城市 Yongcheng	161	27			52
固始县 Gushi	6	6			13
鹿邑县 Luyi	14				5
新蔡县 Xincai	20	5			26

21-17 续表 continued

市(县) City(County)	专利所有权转让及许可数(件) Assignment and Permit of Patent Ownership (piece)	专利所有权转让及许可收入(万元) Income from Assignment and Permit of Patent Ownership (10 000 yuan)	植物新品种权授予数(项) Number of New Varieties of Plants Applications Granted (item)	形成国家或行业标准数(项) Become National or Trade Standards (item)	发表科技论文(篇) Scientific Papers Published (paper)	出版科技著作(种) Science and Technology Workers Published (type)
全 省 Total	**779**	**6755**	**65**	**972**	**57544**	**3370**
省 辖 市 City						
郑 州 市 Zhengzhou	239	792	18	254	25049	1693
开 封 市 Kaifeng	27	185	9	53	3197	201
洛 阳 市 Luoyang	123	538	6	211	5237	290
平 顶 山 市 Pingdingshan	116	40		16	2185	92
安 阳 市 Anyang	6		9	41	2095	96
鹤 壁 市 Hebi	48	136		26	494	76
新 乡 市 Xinxiang	31	63	5	67	5739	246
焦 作 市 Jiaozuo	22	973		49	3264	146
濮 阳 市 Puyang	1		1	29	268	22
许 昌 市 Xuchang				77	1157	124
漯 河 市 Luohe	12	0		23	377	30
三 门 峡 市 Sanmenxia	27			20	490	14
南 阳 市 Nanyang	37	3508		33	2027	89
商 丘 市 Shangqiu	1	0	11	7	2045	96
信 阳 市 Xinyang	1	10	4	18	1767	37
周 口 市 Zhoukou	19	2		29	745	68
驻 马 店 市 Zhumadian	69	508	1	12	994	30
济 源 市 Jiyuan			1	7	414	20
省 直 管 县 County Directly Administrated by Province						
巩 义 市 Gongyi	8	68		3	21	
兰 考 县 Lankao	1	5		2	10	
汝 州 市 Ruzhou	21	27		3	12	
滑 县 Huaxian						
长 垣 县 Changyuan				11	58	
邓 州 市 Dengzhou	12	1			6	
永 城 市 Yongcheng					446	
固 始 县 Gushi						
鹿 邑 县 Luyi					5	
新 蔡 县 Xincai						

21-18 各市规模以上工业企业研究与试验发展(R&D)活动情况(2017年)

Basic Statistics on R&D Activities in Enterprises above Designated Size by City (2017)

市(县)	City(County)	(R&D)人员合计(人) R&D Personnel (person)	参加项目人员 Participating in project Personnel	管理和服务人员 Management and Service Personnel	#女性 Female	#研究人员 Researchers	全时人员 Full-time Personnel	非全时人员 Part-time Personnel
全省	**Total**	**193623**	**179518**	**14105**	**40399**	**59840**	**130594**	**63029**
省辖市	**City**							
郑州市	Zhengzhou	43715	41234	2481	8310	12852	31070	12645
开封市	Kaifeng	6561	6260	301	1556	1674	4694	1867
洛阳市	Luoyang	21313	20186	1127	4740	7094	15341	5972
平顶山市	Pingdingshan	10945	10587	358	1534	3196	6562	4383
安阳市	Anyang	7495	6848	647	1197	2671	4183	3312
鹤壁市	Hebi	3090	2910	180	634	814	1448	1642
新乡市	Xinxiang	16288	14691	1597	3725	5104	12061	4227
焦作市	Jiaozuo	14911	13770	1141	3180	3851	9292	5619
濮阳市	Puyang	6056	5852	204	1618	1971	4355	1701
许昌市	Xuchang	15376	14593	783	2728	5646	12022	3354
漯河市	Luohe	4132	3477	655	1107	1399	2787	1345
三门峡市	Sanmenxia	4730	4537	193	611	925	1887	2843
南阳市	Nanyang	14856	12763	2093	4107	4761	9868	4988
商丘市	Shangqiu	7999	6438	1561	1558	2901	4633	3366
信阳市	Xinyang	3235	3099	136	682	1069	1780	1455
周口市	Zhoukou	4987	4661	326	1335	1697	3148	1839
驻马店市	Zhumadian	4827	4597	230	1120	1556	3390	1437
济源市	Jiyuan	3107	3015	92	657	659	2073	1034
省直管县	**County Directly Administrated by Province**							
巩义市	Gongyi	3345	3138	207	566	612	1983	1362
兰考县	Lankao	972	970	2	235	217	703	269
汝州市	Ruzhou	1861	1778	83	353	462	1259	602
滑县	Huaxian	120	120		18	36	109	11
长垣县	Changyuan	2794	2314	480	799	1081	2031	763
邓州市	Dengzhou	525	406	119	137	175	389	136
永城市	Yongcheng	2638	1722	916	295	1298	1151	1487
固始县	Gushi	229	227	2	50	75	176	53
鹿邑县	Luyi	817	706	111	240	313	411	406
新蔡县	Xincai	177	168	9	23	46	141	36

21-18 续表 1 continued

市(县) City(County)	(R&D)人员折合全时当量合计(人年) Full-time Equivalent of R&D Persnnel (person-year)	#研究人员 Researchers	#基础研究人员 Basic Research	应用研究人员 Applied Research	试验发展人员 Experimental Development
全 省 Total	**123619**	**40733**	**20**	**5122**	**118477**
省 辖 市 City					
郑 州 市 Zhengzhou	26197	8395		315	25881
开 封 市 Kaifeng	4566	1236		177	4389
洛 阳 市 Luoyang	15483	5498	12	126	15345
平 顶 山 市 Pingdingshan	7951	2408		145	7806
安 阳 市 Anyang	5422	1949		183	5239
鹤 壁 市 Hebi	847	296		9	839
新 乡 市 Xinxiang	8594	2921		554	8040
焦 作 市 Jiaozuo	9988	2700		113	9875
濮 阳 市 Puyang	4332	1458		1549	2783
许 昌 市 Xuchang	11419	4228		595	10825
漯 河 市 Luohe	2961	993		351	2610
三 门 峡 市 Sanmenxia	2139	419		218	1920
南 阳 市 Nanyang	9562	3400		8	9555
商 丘 市 Shangqiu	4935	1859		333	4601
信 阳 市 Xinyang	1445	508		44	1402
周 口 市 Zhoukou	3235	1053		314	2922
驻 马 店 市 Zhumadian	3145	1023	8	31	3107
济 源 市 Jiyuan	1396	388		57	1339
省 直 管 县 County Directly Administrated by Province					
巩 义 市 Gongyi	2332	397		47	2284
兰 考 县 Lankao	674	178			674
汝 州 市 Ruzhou	1185	324		4	1181
滑 县 Huaxian	57	17			57
长 垣 县 Changyuan	1312	508		163	1149
邓 州 市 Dengzhou	334	118			334
永 城 市 Yongcheng	1536	793		223	1313
固 始 县 Gushi	147	49			147
鹿 邑 县 Luyi	310	77		10	300
新 蔡 县 Xincai	48	20	8		41

21-18 续表 2 continued

单位：万元 (10 000 yuan)

市(县) City(County)	(R&D)经费内部支出合计 Internal Expenditures on R&D	基础研究支出 Basic Research	应用研究支出 Applied Research	#试验发展支出 Experimental Development	政府资金 Government Funds	企业资金 Self-raised Funds by Enterpirses	境外资金 Foreign Funds	其他资金 Other Funds
全　省 Total	**4722542**	**197**	**127022**	**4595323**	**107367**	**4574383**	**293**	**40499**
省辖市 City								
郑州市 Zhengzhou	1034011		11321	1022690	18888	1010924		4200
开封市 Kaifeng	157521		3288	154233	1119	156403		
洛阳市 Luoyang	581443	129	2592	578723	25680	553115		2648
平顶山市 Pingdingshan	286959		5407	281552	2722	282749	10	1477
安阳市 Anyang	162917		1087	161831	1036	142351		19530
鹤壁市 Hebi	45206		1952	43254	3741	41367		98
新乡市 Xinxiang	383181		25986	357195	8573	373245		1363
焦作市 Jiaozuo	368833		3430	365403	4357	363184	266	1025
濮阳市 Puyang	150472		21823	128649	3565	146469		438
许昌市 Xuchang	471997		3379	468618	9142	461752	17	1086
漯河市 Luohe	109769		6847	102922	853	108751		166
三门峡市 Sanmenxia	107418		15838	91580	697	106542		179
南阳市 Nanyang	318167		38	318129	11774	304114		2279
商丘市 Shangqiu	143349		8236	135114	4072	135773		3504
信阳市 Xinyang	77920		671	77250	2852	74813		255
周口市 Zhoukou	103589		10332	93257	2963	100627		
驻马店市 Zhumadian	97620	68	871	96681	4173	91197		2251
济源市 Jiyuan	122169		3927	118243	1160	121009		
省直管县 County Directly Administrated by Province								
巩义市 Gongyi	100574		1589	98984	661	99796		117
兰考县 Lankao	22578			22578	338	22240		
汝州市 Ruzhou	46206		71	46135	1460	44689	10	47
滑县 Huaxian	5341			5341		5341		
长垣县 Changyuan	85638		8749	76889	1754	83883		0
邓州市 Dengzhou	7992			7992	180	7238		575
永城市 Yongcheng	35377		4551	30826	396	31844		3137
固始县 Gushi	4031			4031	133	3898		
鹿邑县 Luyi	16076		458	15618		16076		
新蔡县 Xincai	1557	68		1489	164	1393		

21-18 续表 3 continued

单位：万元 (10 000 yuan)

市(县) City(County)	(R&D)经费外部支出 合计 External Expenditures on R&D	#对境内研究机构支出 Expenses on Domestic R&D Institutions	对境内高等学校支出 Expenses on Domestic Universities	对境外支出 Expenses on Overseas	项目数(项) Projects for S&T Activities (item)	项目人员合计(人) Total Personnel of Projects (person)	项目经费支出合计 Expenditure of Projects
全 省 Total	**127852**	**56679**	**29643**	**5538**	**18266**	**223265**	**5293284**
省 辖 市 City							
郑 州 市 Zhengzhou	32245	13664	5807	1685	4223	47665	1042451
开 封 市 Kaifeng	5410	2696	227		559	6905	157394
洛 阳 市 Luoyang	15763	3719	1391	2032	2757	25546	638038
平 顶 山 市 Pingdingshan	14503	8336	2818	423	1183	15199	382272
安 阳 市 Anyang	5901	2579	1945	28	522	7570	171505
鹤 壁 市 Hebi	1298	261	961		307	4606	87528
新 乡 市 Xinxiang	3578	1270	1014	18	1532	16963	385594
焦 作 市 Jiaozuo	6229	3988	1270	328	1161	17213	399642
濮 阳 市 Puyang	3468	839	2094		739	6806	157452
许 昌 市 Xuchang	9548	4390	3065	513	823	17830	568995
漯 河 市 Luohe	1072	239	492	166	496	4495	128982
三 门 峡 市 Sanmenxia	854	732	121		589	7941	172489
南 阳 市 Nanyang	10835	5882	3786	126	1259	14722	328801
商 丘 市 Shangqiu	6373	2278	1365		579	7762	157770
信 阳 市 Xinyang	1657	875	562	19	301	4396	100812
周 口 市 Zhoukou	2248	816	1220		294	6773	128394
驻 马 店 市 Zhumadian	5669	3816	1468	200	503	5353	104701
济 源 市 Jiyuan	1202	298	37		439	5520	180464
省 直 管 县 County Directly Administrated by Province							
巩 义 市 Gongyi	1604	628	526	1	372	4314	106578
兰 考 县 Lankao					43	986	22557
汝 州 市 Ruzhou	3366	2188	223		213	2245	63039
滑 县 Huaxian					20	257	7030
长 垣 县 Changyuan					316	2839	86129
邓 州 市 Dengzhou	1060	1000	60		67	441	8261
永 城 市 Yongcheng	3752	97	1032		156	2229	41478
固 始 县 Gushi	201		45		18	227	4023
鹿 邑 县 Luyi	8	8			17	895	20039
新 蔡 县 Xincai	219	213	5	0	52	277	2801

21-18 续表 4 continued

市(县)	City(County)	新产品产值(万元) Gross Output Value of new Products (10 000 yuan)	新产品销售收入(万元) Sales Revenue of New Products (10 000 yuan)	企业办科技机构(个) Number of Institutions of S&T in Enterprises(unit)	专利申请数(项) Total Patent Applications (item)	有效发明专利数(项) Number of Inventions In Force (item)
全省	**Total**	**71060993**	**70958863**	**2397**	**22367**	**19457**
省辖市	**City**					
郑州市	Zhengzhou	37767592	37471179	555	7057	3991
开封市	Kaifeng	658141	704014	76	361	336
洛阳市	Luoyang	6763213	6774617	230	3645	5176
平顶山市	Pingdingshan	1796104	1755615	88	899	1103
安阳市	Anyang	1365587	1553635	58	456	397
鹤壁市	Hebi	880690	823827	38	268	361
新乡市	Xinxiang	3142565	3696586	170	2076	1451
焦作市	Jiaozuo	2585346	2522466	177	839	867
濮阳市	Puyang	842752	814156	112	689	818
许昌市	Xuchang	5074969	4983265	101	2244	1292
漯河市	Luohe	513094	489782	108	642	568
三门峡市	Sanmenxia	445025	356224	56	357	357
南阳市	Nanyang	3324928	3177218	161	1265	1328
商丘市	Shangqiu	672603	676900	137	436	499
信阳市	Xinyang	336327	357068	69	208	145
周口市	Zhoukou	540982	588384	85	337	365
驻马店市	Zhumadian	1430226	1374875	137	366	212
济源市	Jiyuan	2920851	2839053	39	222	191
省直管县	**County Directly Administrated by Province**					
巩义市	Gongyi	889245	775453	120	282	252
兰考县	Lankao	86908	108687	5	74	33
汝州市	Ruzhou	114049	106861	33	113	317
滑县	Huaxian	93661	93156	1	15	38
长垣县	Changyuan	473739	1144217	17	573	476
邓州市	Dengzhou	35105	32112	13	73	75
永城市	Yongcheng	177506	171380	16	144	52
固始县	Gushi	21881	21881	2	6	13
鹿邑县	Luyi	10284	10284	9	14	5
新蔡县	Xincai	25491	22194	4	20	26

21-19 大中型工业企业研究与试验发展(R&D)活动情况
Basic Statistics on R&D Activities in Large and Medium-Sized Industrial Enterprises

单位：亿元 (100 million yuan)

指 标	Item	2014	2015	2016	2017
企业(R&D)活动人员（人）	Number of Persons for R&D (person)	158822	159964	160343	158624
企业办科技机构（个）	Number of R&D Institutions Operated by Enterprises (unit)	1098	1290	1386	1387
企业办科技机构人员（人）	Personner of R&D Institutions Operated by Enterprises (person)	87719	95264	95514	95870
企业项目数（项）	Number of Projects (item)	9903	9028	9241	10522
企业参加项目人员（个）	Participating in project Personnel (person)	145891	147723	147581	14666
当年(R&D)经费内部支出	External Expenditures on R&D	301.17	326.49	358.41	401.58
新产品销售收入	Sales Revenue of New Products	4983.21	5584.41	5861.62	6749.98
#出口	Export	2367.81	2857.05	2790.01	3159.26
仪器和设备原价	Original price of Equipment for S&T	135.34	144.43	162.22	209.48
#进口	Import	18.49	18.40	23.81	31.29
引进技术经费支出	Expenditures on Imported Technology	5.16	3.61	0.73	1.79
消化吸收经费支出	Expenditures on Digestion and Absorption	3.91	1.42	0.82	0.68
购买国内技术支出	Expenditures on Domestic Technology	3.85	1.78	1.87	4.74
技术改造经费支出	Expenditures on Technical Reform	111.04	98.21	102.19	93.87

21-20 三种专利申请受理量及授权量
Three Types of Patent Application Accepted and Granted

单位：项 (item)

项 目	Item	2005	2010	2011	2012	2013	2014	2015	2016	2017
申请量合计	**Total Applications Examined**	**8981**	**25149**	**34076**	**43442**	**55920**	**62434**	**74373**	**94669**	**119243**
# 发明	Inventions	1703	6408	8833	10910	15580	19646	21338	28582	35626
实用新型	Utility Models	4594	13856	19120	23594	29420	30716	40778	51358	66805
外观设计	Designs	2684	4885	6123	8938	10920	12072	12257	14729	16812
# 个人	Individuals	5955	9528	11155	14468	18500	18689	22399	27859	33092
大专院校	Universities and Colleges	311	1387	2228	2470	4254	6336	9980	14438	16528
科研单位	Research Institutions	166	578	824	1122	983	1062	1418	1668	1731
工矿企业	Industrial and Mineral Enterprises	2534	13449	19402	24670	30887	34695	39047	48822	65182
机关团体	Government Agencies and Organizations	15	207	467	712	1296	1652	1529	1882	2710
授权量合计	**Total Applications Granted**	**3748**	**16539**	**19259**	**26833**	**29482**	**33366**	**47766**	**49145**	**55407**
# 发明	Inventions	356	1498	2462	3168	3173	3493	5384	6811	7914
实用新型	Utility Models	2304	11048	13032	18739	21153	23539	32592	32197	35822
外观设计	Designs	1088	3993	3765	4926	5156	6334	9790	10137	11671
# 个人	Individuals	2535	6395	6185	7742	8529	8405	12395	13369	15565
大专院校	Universities and Colleges	65	630	860	1708	2108	3412	6135	8105	8732
科研单位	Research Institutions	60	410	469	534	398	454	571	529	636
工矿企业	Industrial and Mineral Enterprises	1076	9043	11531	16469	18057	20509	27806	26312	29606
机关团体	Government Agencies and Organizations	12	61	214	380	390	586	859	830	868
发明专利拥有量	**Patent ownership**		**4501**	**6129**	**8683**	**11249**	**13535**	**17571**	**22601**	**28615**

21－21 规模(限额)以上企业创新活动情况
Innovative Activities in Enterprises above Designated size

行　　业	Sector	调　查 企业数 （个） Number of Enterprises Surveyed (unit)	开展创新 活动企业数 （个） Number of Enterprises Engaged in Innovative Activities (unit)	实现创新 企业数 （个） Number of Enterprises Achieved Innovation (unit)
	2013-2014	31864	11983	11709
	2016	42750	13103	12615
	2017	43326	13609	12843
一、按规模分	**by Size**			
大型	Large	1145	776	728
中型	Medium	9744	3809	3568
小型	Small	28392	8328	7864
微型	Micro	4045	696	683
二、按登记注册类型分	**by Status of Registration**			
内资企业	Domestic Funded	42689	13295	12553
港、澳、台商投资企业	Funded from Hong Kong, Macao and Taiwan	345	164	150
外商投资企业	Foreign Funded	292	150	140
三、按行业分	**by Sector**			
采矿业	Mining	773	173	163
制造业	Manufacturing	20809	7795	7126
电力、热力、燃气及水生产和供应业	Production and Supply of Electricity, Heat, Gas and Water	441	138	125
建筑业	Construction	3218	893	868
批发和零售业	Wholesale and Retail Trades	11633	2863	2849
交通运输、仓储和邮政业	Transport, Storage and Post	2489	529	526
信息传输、软件和信息技术服务业	Information Transmission, Software and Information Technology	670	309	299
租赁和商务服务业	Leasing and Business Services	1689	422	417
科学研究和技术服务业	Scientific Research and Technical Services	1117	331	317
水利、环境和公共设施管理业	Management of Water Conservancy, Environment and Public Facilities	487	156	153

21-21 续表 continued

行 业	Sector	实现各种创新类型的企业数 Number of Enterprises Achieved Various Types of Innovation				
		产品创新 Product Innovation	实现工艺创新 Achieved Technique Innovation	实现组织创新 Achieved Organization Innovation	实现营销创新 Achieved Marketing Innovation	同时实现四种创新 Achieved Four Types of Innovation
	2013-2014	4907	4360		10512	2834
	2016	4059	5156	9013	8794	2264
	2017	4007	5145	9131	9042	2122
一、按规模分	**by Size**					
大型	Large	399	500	540	480	230
中型	Medium	1218	1522	2597	2477	639
小型	Small	2257	2948	5474	5583	1168
微型	Micro	133	175	520	502	85
二、按登记注册类型分	**by Status of Registration**					
内资企业	Domestic Funded	3851	4977	8919	8862	2049
港、澳、台商投资企业	Funded from Hong Kong, Macao and Taiwan	72	80	113	100	37
外商投资企业	Foreign Funded	84	88	99	80	36
三、按行业分	**by Sector**					
采矿业	Mining	20	66	130	83	15
制造业	Manufacturing	2748	3437	4792	5034	1367
电力、热力、燃气及水生产和供应业	Production and Supply of Electricity, Heat, Gas and Water	20	60	96	60	8
建筑业	Construction	198	336	754	409	119
批发和零售业	Wholesale and Retail Trades	528	676	2003	2383	336
交通运输、仓储和邮政业	Transport, Storage and Post	99	142	425	315	58
信息传输、软件和信息技术服务业	Information Transmission, Software and Information Technology	165	145	234	202	94
租赁和商务服务业	Leasing and Business Services	73	94	329	257	40
科学研究和技术服务业	Scientific Research and Technical Services	112	139	250	182	61
水利、环境和公共设施管理业	Management of Water Conservancy, Environment and Public Facilities	44	50	118	117	24

21−22 各市规模(限额)以上企业创新活动情况(2017年)

Innovative Activities in Enterprises above Designated size by City (2017)

地 区 City	调查企业数(个) Number of Enterprises Surveyed (unit)	开展创新活动企业数(个) Number of Enterprises Engaged in Innovative Activities (unit)	实现创新企业数(个) Number of Enterprises Achieved Innovation (unit)	实现各种创新类型的企业数 Number of Enterprises Achieved Various Types of Innovation				
				产品创新 Product Innovation	实现工艺创新 Achieved Technique Innovation	实现组织创新 Achieved Organization Innovation	实现营销创新 Achieved Marketing Innovation	同时实现四种创新 Achieved Four Types of Innovation
全 省 Total	**43326**	**13609**	**12843**	**4007**	**5145**	**9131**	**9042**	**2122**
省 辖 市 City								
郑 州 市 Zhengzhou	7517	2633	2497	955	1188	1861	1555	523
开 封 市 Kaifeng	2407	679	651	159	214	432	468	79
洛 阳 市 Luoyang	3495	1105	989	378	426	718	660	189
平 顶 山 市 Pingdingshan	2024	691	668	222	313	461	504	117
安 阳 市 Anyang	1605	441	429	121	157	266	314	75
鹤 壁 市 Hebi	760	182	165	64	83	111	119	37
新 乡 市 Xinxiang	2250	663	621	270	298	471	438	160
焦 作 市 Jiaozuo	2229	757	722	209	254	576	525	109
濮 阳 市 Puyang	1771	573	538	138	202	415	397	91
许 昌 市 Xuchang	2709	825	797	183	245	565	520	84
漯 河 市 Luohe	1014	262	256	97	102	174	185	46
三 门 峡 市 Sanmenxia	995	282	279	93	127	186	170	41
南 阳 市 Nanyang	4000	1180	1068	323	441	756	833	179
商 丘 市 Shangqiu	2715	1104	1055	217	292	734	798	122
信 阳 市 Xinyang	2466	522	498	158	214	308	297	73
周 口 市 Zhoukou	2217	771	702	141	217	518	586	77
驻 马 店 市 Zhumadian	2678	808	781	239	319	483	581	96
济 源 市 Jiyuan	474	131	127	40	53	96	92	24
省 直 管 县 County Directly Administrated by Province								
巩 义 市 Gongyi	736	254	226	85	113	139	123	38
兰 考 县 Lankao	499	172	166	52	48	105	122	20
汝 州 市 Ruzhou	583	269	264	111	136	165	216	56
滑 县 Huaxian	343	97	94	30	41	71	83	23
长 垣 县 Changyuan	445	145	140	49	59	118	98	35
邓 州 市 Dengzhou	327	87	84	20	41	48	56	12
永 城 市 Yongcheng	353	89	86	28	37	59	63	18
固 始 县 Gushi	463	125	121	38	55	51	69	15
鹿 邑 县 Luyi	294	54	51	9	9	39	42	3
新 蔡 县 Xincai	301	124	121	17	30	86	85	6

21-23 技术市场成交合同情况(2017年)

Statistics on Transaction of Technology (2017)

指 标	Item	合同数(个) Number of Contracts (unit)	成交额(万元) Transaction Value (10 000 yuan)
总 计	**Total**	**5877**	**769285**
按合同类别分	**Grouped by Contract Type**		
技术开发	Technological Development	2075	256706
技术转让	Technological Transfer	370	76214
技术咨询	Technological Consultation	434	91651
技术服务	Technological Services	2998	344714
按知识产权分	**Grouped by Intellectual Property**		
技术秘密	Technology Secret	833	175817
专利	Patent	299	51721
计算机软件著作权	Computer Software	352	35667
植物新品种权	New varieties of Plants	117	9375
集成电路布图设计专有权	Exclusive right of integrated circuit layout design	2	5605
生物、医药新品种权	New varieties of Biology and Medicine	35	9716
设计著作权	Design and copyright	18	43853
未涉及知识产权	Others	4221	437532
按技术领域分	**Grouped by Technology**		
电子信息	Electronic Information Technology	1731	139916
航空航天	Aeronautic and Astronautic Technology	135	22368
先进制造	Advanced manufacturing technology	888	174283
生物、医药和医疗器械	Biological ,Medical and Medical Device Technology	310	28457
新材料及其应用	New Materials and Their Application	287	77219
新能源与高效节能	New Energy, High Efficiency and Energy Saving	659	149958
环境保护与资源综合利用	Environmental Protetion and Resources comprehensive utilization Technology	269	29558
核应用	Nuclear application	8	5231
农业	Agriculture Technology	353	38532
现代交通	Modern Communication	77	5033
城市建设与社会发展	City Construction and Social Development	1160	98730
按社会经济目标分	**Grouped by Social and Economic Service Objection**		
环境保护、生态建设及污染防治	Environmental protection, ecological construction and pollution control	327	42303
能源生产、分配和合理利用	Energy production, distribution and rational utilization	628	244715
卫生事业发展	Health	188	19990
教育事业发展	Education	182	22539
基础设施以及城市和农村规划	Infrastructure and urban and rural planning	268	21382
社会发展和社会服务	Social development and social services	2621	206958
地球和大气层的探索与利用	Exploration and utilization of the earth and atmosphere	7	60
民用空间探测及开发	Detection and development of Civilian space	22	959
农林牧渔业发展	Animal husbandry fishery development	390	39938
工商业发展	Industrial and commercial development	348	55603
非定向研究	The directional research	109	8890
其他民用目标	Others Civilian space	657	81120
国防	National defense	130	24828

21-24 各市技术市场成交合同情况(2017年)

Statistics on Transaction of Technology by City (2017)

市 City	合同数(个) Number of Contracts (unit)			成交额(万元) Transaction Value (10 000 yuan)		
	2015	2016	2017	2015	2016	2017
全　　省 Total	**3497**	**4275**	**5877**	**455572**	**592419**	**769285**
郑　州　市 Zhengzhou	2289	3122	3779	207663	269914	347830
开　封　市 Kaifeng	11	13	75	2053	16488	4931
洛　阳　市 Luoyang	734	605	1075	199003	224813	299742
平 顶 山 市 Pingdingshan	8	6	16	11766	8061	8538
安　阳　市 Anyang	5	11	2	476	15700	60
鹤　壁　市 Hebi	5	11	16	154	3365	568
新　乡　市 Xinxiang	133	184	230	13456	21571	34974
焦　作　市 Jiaozuo	111	118	416	4811	2949	30035
濮　阳　市 Puyang	1	22		200	376	
许　昌　市 Xuchang			26			3476
漯　河　市 Luohe						
三 门 峡 市 Sanmenxia	5	3	9	4400	2598	3154
南　阳　市 Nanyang	165	116	99	2716	13961	9925
商　丘　市 Shangqiu	7	8	12	1480	2073	2418
信　阳　市 Xinyang			25			2392
周　口　市 Zhoukou			5			4131
驻 马 店 市 Zhumadian	1	1	36	660	860	10885
济　源　市 Jiyuan	7	49	52	1605	3721	6225

21-25 软科学基本情况

Statistics on Soft science

项　目	Item	2014	2015	2016	2017
完成软科学课题(项)	Completed soft science subject (item)	1050	791	1054	665
正在进行的软科学课题(项)	Underway soft science subject (item)	1200	1160	720	597
投入软科学研究经费(万元)	Investment funds(10 000yuan)	340	600	600	600
投入软科学研究人力(人.年)	Person Engaged in Soft Science(person.year)	7000	7200	5000	4430
发表科学论文(篇)	Published scientific paper (paper)	1000	960	980	602
#国外发表	Published abroad	20	24	29	6
获奖成果(项)	Award-winning achievements(item)	10	8	7	47
开展国际合作项目(项)	International cooperation project (item)	10	12	9	
参加人数(人)	Participants	100	77	60	
出席国际会议或出国考察(项)	International conference or inspection abroad (item)	10	18	10	
参加人数(人)	Participants	100	85	55	

21-26 产品质量监督抽查情况(2017年)

Results of Sampling Check under State Supervision on the Quality of Products (2017)

项　目	Item	抽查产品(种) Production Supervised (kinds)	抽查企业(家) Number of Enterprises Supervised (unit)	抽查产品(批) Production Supervised (batch-time)	不合格产品(批) Production Unqualified (batch-time)
合　计	**Total**	**172**	**6767**	**10683**	**501**
食品相关产品	Food	4	221	298	
日用消费品	Consumer Goods	49	1745	3130	131
建筑与装饰装修材料	Building & Decoration Material	35	2084	3237	179
农业生产资料	Agricultural Means of Production	10	492	682	20
工业生产资料	Industrial Means of Production	74	2225	3336	171

21－27 国家和地方标准、计量基本情况
National and local standards, measuring basic situation

指标名称	Item	2015	2016	2017
国家情况	**National conditions**			
计量基准和社会公用计量标准建立项目（项）	Standards of measurement and public standards of measurement set up projects (item)	227	245	277
计量仪器检定按类别分(台、件)	Measurement instrument calibration (set)	341941	376456	761425
长度	length	36623	34530	41999
温度	Temperature	25448	27442	31947
力学	Mechanics	240861	26574	454139
电磁	Electromagnetism	10311	10283	14384
光学	Photology	2250	2399	782
声学	Acoustics	6108	6026	6871
化学	Chemistry	13508	14014	14646
放射性	Radioaction	2066	2304	2822
无线电	Radio	989	732	707
时间频率	Temporal frequency	2229	2638	2680
其他	Others	1548	249514	190448
地方情况	**Local conditions**			
本年末标准累计(个)	Criterion Accumulative(unit)	839	939	1013
本年度制、修订标准合计(个)	Total(unit)	73	177	169
制定	Formulation	71	175	158
修订	Amendment	2	2	11

21—28 测绘行业持证单位人员情况(2017年)

Statistics on Persons Engaged in Certificated Units in Surveying and Mapping Industry (2017)

系统名称	Department	持证单位数(个) Number of Certificated Units (units)	甲 First	乙 Second	丙 Third	丁 Fourth	职工总数(人) Number of Staff and Workers (person)	测绘专业证持证人员 Certification staff	测绘专业技术人员 Number of Professional Qualification Personnel		
									高级工程师 Senior	中级工程师 Medium	初级工程师 Jumior
总　计	**Total**	**1013**	**39**	**315**	**335**	**324**	**24789**	**12391**	**1361**	**4285**	**5589**
测　绘	Surveying and Mapping Department	16	5	5	4	2	751	384	51	117	160
国土资源	Land and resources	149	6	34	54	55	3505	1719	192	585	759
城乡建设与规划	Urban construction and planning	168	2	18	57	91	2687	1428	86	458	618
铁　道	Railway Department	9	2	7			1102	303	110	261	218
交通运输	Transport	11	2	7	2		617	323	52	110	69
水利水电	Water Resources and Electric Power	32	4	20	8		1379	829	150	319	227
通　讯	Communication										
石　油	Petrol Department	4		1	2	1	92	54	2	8	13
石　化	Petrochemical										
煤　炭	Coaling Department	16	1	7	3	5	380	206	19	56	70
有　色	Non-ferrous	10	1	6	3		332	135	20	63	38
农　业	Farming	1		1			16	16	1	5	
林　业	Forestry										
气　象	Meteorology										
地　震	Earthquake	1		1			25	25	7	11	7
环　保	Environmental Protection										
公安武警	The public Security Police										
科教文卫	The science-education-culture-health	4	1	3			213	88	18	31	46
冶　金	Metallurgy Department	1				1	6	3	1	1	
其　他	Others	591	15	205	202	169	13684	6878	652	2260	3364

21－29 各系统主要仪器设备情况(2017年，持有测绘资格证单位)

Statistics on Major Instrument and Equipment (2017, Hold Certificate of Soundness)

单位：台\套 (unit\set)

系统名称	Department	水准仪 Water Level	测距仪 range finder	全站仪 Omnidirectional Instrument	全球导航卫星系统接收机 Global navigation satellite system receiver	全数字摄影测量系统 Digital Monitor System
总　计	**Total**	**3529**	**5593**	**5433**	**5065**	**1230**
测　绘	Surveying and Mapping Department	80	269	259	220	124
国土资源	Land and resources	361	561	719	814	120
城乡建设与规划	Urban construction and planning	337	613	463	400	10
铁　道	Railway Department	670	24	520	168	
交通运输	Transport	63	63	72	84	13
水利水电	Water Resources and Electric Power	188	141	274	388	83
通　讯	Communication					
石　油	Petrol Department	11	3	17	18	
石　化	Petrochemical					
煤　炭	Coaling Department	49	75	75	65	20
有　色	Non-ferrous	35	58	95	76	8
农　业	Farming					
林　业	Forestry					
气　象	Meteorology					
地　震	Earthquake	3		5	4	
环　保	Environmental Protection					
公安武警	The public Security Police					
科教文卫	The science-education-culture-health	19	20	25	22	27
航空航天	Aeronautics and Astronautics					
冶　金	Metallurgy Department	2	4	2	1	
其　他	Others	1711	3762	2907	2805	825

21-30 气象部门基本情况
Basic Statistics on Meteorological Department

项　　目	Item	2013	2014	2015	2016	2017
气象观测业务台站(个)	**Meteorological observation station (unit)**					
地面观测	Surface Observation	121	121	121	121	121
高空探测	Aerological Sounding	3	3	3	3	3
区域气象观测站	Regional Meteorological Observation Station	2464	2404	2431	2512	2598
天气雷达观测	Weather Radar Observation	18	18	18	18	18
大气成分观测	Atmospheric Composition Observation	1	1	1	6	26
辐射观测	Radiation Observation	3	3	3	3	4
农业气象观测	Agricultural Meteorological Observation	35	35	35	35	35
农业气象试验站	Agrometeorological Experimental Station	4	4	4	4	4
中国气象局卫星数据广播系统	China Meteorological Administration of Satellite Data Broadcast System	122	122	122	122	122
闪电定位监测	Lightning Positioning Monitoring	19	19	19	19	32
紫外线观测	Ultraviolet Observations	18	18	18	18	18
风廓线雷达观测	Wind Profile Radar Observations	2	2	2	2	2
导航卫星气象观测	Navigation Satellite Meteorological Observation	39	39	39	39	39
酸雨观测	Acid Rain Observation	18	18	18	18	18
装备	**Equipment**					
高性能计算机	High Performance Computer			1	1	1
服务器(套)	Server (unit)	365	392	559	306	320
个人计算机(含个人工作站)	Personal Computer (Including personal workstation)	3677	3932	3936	3843	3921
远程会商系统设备(多点控制单元和会议终端)(套)	Remote Consultation System Equipment (Multipoint control unit and conference terminals) (unit)	19	19	19	19	19
人工影响天气地面作业(次)	Weather Modification Ground Operations (time)	512	2481	1282	1572	814
设备高炮(门)	Equipment Anti-aircraft Gun (unit)	282	272	271	267	271
火箭发射系统(部)	Rocket-firing System (unit)	412	398	401	418	379
全省气象部门职工总数(人)	Total Number of Employees of Provincial Meteorological Department (person)	2109	2128	2111	2080	2034

21－31 各市地震台(网)基本情况(2017年)

Basic Statistics on Earthquake Station (Net) by City (2017)

市 City	国家地震观测台（网） National Earthquake Observation Station (Set)			市、县地震台 City、County Earthquake Observation Station		
	国家级台 National Station	省级台 Provincial Station	强震观测点 Strong Motion Observation Spots	市、县级台 City、County Station	企业台 Enterprise Station	宏观观测点 Macro-Observation Spots
总计 Total	**3**	**29**	**20**	**87**	**6**	**2337**
郑州市 Zhengzhou		4	1	5	1	87
开封市 Kaifeng		3	1	4		46
洛阳市 Luoyang	1		1	9	1	151
平顶山市 Pingdingshan		1		3	1	61
安阳市 Anyang		1	2	6		130
鹤壁市 Hebi		3	1	1	1	83
新乡市 Xinxiang		2	6	6		44
焦作市 Jiaozuo		2	1	6		264
濮阳市 Puyang		3	3	4		92
许昌市 Xuchang		1		3		81
漯河市 Luohe				3		54
三门峡市 Sanmenxia		2	4	3	1	74
南阳市 Nanyang	1			15	1	326
商丘市 Shangqiu		1		2		39
信阳市 Xinyang	1	2		1		239
周口市 Zhoukou		2		9		233
驻马店市 Zhumadian		1		7		318
济源市 Jiyuan		1				15

主要统计指标解释

研究与试验发展(R&D) 指在科学技术领域，为增加知识总量，以及运用这些知识去创造新的应用进行的系统的创造性的活动，包括基础研究、应用研究、试验发展三类活动。国际上通常采用 R&D 活动的规模和强度指标反映一国的科技实力和核心竞争力。

基础研究 指为了获得关于现象和可观察事实的基本原理的新知识(揭示客观事物的本质、运动规律，获得新发现、新学说)而进行的实验性或理论性研究，它不以任何专门或特定的应用或使用为目的。其成果以科学论文和科学著作为主要形式。用来反映知识的原始创新能力。

应用研究 指为获得新知识而进行的创造性研究，主要针对某一特定的目的或目标。应用研究是为了确定基础研究成果可能的用途，或是为达到预定的目标探索应采取的新方法(原理性)或新途径。其成果形式以科学论文、专著、原理性模型或发明专利为主。用来反映对基础研究成果应用途径的探索。

试验发展 指利用从基础研究、应用研究和实际经验所获得的现有知识，为产生新的产品、材料和装置，建立新的工艺、系统和服务，以及对已产生和建立的上述各项作实质性的改进而进行的系统性工作。其成果形式主要是专利、专有技术、具有新产品基本特征的产品原型或具有新装置基本特征的原始样机等。在社会科学领域，试验发展是指把通过基础研究、应用研究获得的知识转变成可以实施的计划(包括为进行检验和评估实施示范项目)的过程。人文科学领域没有对应的试验发展活动。主要反映将科研成果转化为技术和产品的能力，是科技推动经济社会发展的物化成果。

专业技术服务业 指拥有专业技术的一方为另一方解决某一特定技术问题所提供的各种服务，按照《2011 国民经济行业分类注释》，专业技术服务主要包括九大类别：气象服务、地震服务、海洋服务、测绘服务、质检技术服务、环境与生态监测服务、地质勘查服务、工程技术服务和其他专业技术服务业。

科技交流和推广服务业 指将新技术、新产品、新工艺直接推向市场而进行的相关技术活动，以及技术推广和转让活动。按照《2011 国民经济行业分类注释》，技术推广服务主要包括农业技术推广服务、生物技术推广服务、新材料技术推广服务、节能技术推广服务，以及其他技术推广服务。

地质勘查业 指对矿产资源、工程地质、科学研究进行地质勘查、测试、监测、评估等活动。主要包括矿产地质勘查、基础地质勘查和地质勘查技术服务等类别。

R&D 人员 指参与研究与试验发展项目研究、管理和辅助工作的人员， 包括项目(课题)组人员，企业科技行政管理人员和直接为项目(课题)活动提供服务的辅助人员。反映投入从事拥有自主知识产权的研究开发活动的人力规模。

R&D 人员全时当量 指全时人员数加非全时人员按工作量折算为全时人员数的总和。例如：有两个全时人员和三个非全时人员（工作时间分别为 20%、30%和 70%），则全时当量为 2+0.2+0.3+0.7=3.2 人年。为国际上比较科技人力投入而制定的可比指标。

R&D 经费内部支出合计 指调查单位用于内部开展 R&D 活动（基础研究、应用研究和试验发展）的实际支出。包括用于 R&D 项目（课题）活动的直接支出，以及间接用于 R&D 活动的管理费、服务费、与 R&D 有关的基本建设支出以及外协加工费等。不包括生产性活动支出、归还贷款支出以及与外单位合作或委托外单位进行 R&D 活动而转拨给对方的经费支出。

R&D 经费内部支出中政府资金 指 R&D 经费内部支出中来自各级政府部门的各类资金，包括财政科学技术拨款、科学基金、教育等部门事业费以及政府部门预算外资金的实际支出。

R&D 经费内部支出中企业资金 指 R&D 经费内部支出中来自本企业的自有资金和接受其他企业委托而获得的经费，以及科研院所、高校等事业单位从企业获得的资金的实际支出。

R&D 项目（课题）数 指在当年立项并开展研究工作、以前年份立项仍继续进行研究的研发项目（课题）数，包括当年完成和年内研究工作已告失败的研发项目（课题），但不包括委托外单位进行的研发项目（课题）数。

R&D 项目（课题）经费内部支出 指调查单位内部在报告年度进行研发项目（课题）研究和试制等的实际支出。包括劳务费、其他日常支出、固定资产购建费、外协加工费等，不包括委托或与外单位合作进行项目（课题）研究而拨付给对方使用的经费。

专利 是专利权的简称，是对发明人的发明创造经审查合格后，由专利局依据专利法授予发明人和设计人对该项发明创造享有的专有权。包括发明、实用新型和外观设计。反映拥有自主知识产权的科技和设计成果情况。

Explanatory Notes on Main Statistical Indicators

Research and Development (R&D) refers to systematic and creative activities in the field of science and technology aiming at increasing the knowledge and using the knowledge for new application. R&D includes 3 categories of activities: basic research, applied research and experimentation for development. The scale and intensity of R&D are widely used internationally to reflect the strength of S&T and the core competitiveness of a country in the world.

Basic Research refers to empirical or theoretical research aiming at obtaining new knowledge on the fundamental principles regarding phenomena or observable facts to reveal the intrinsic nature and underlying laws and to acquire new discoveries or new theories. Basic research takes no specific or designated application as the aim of the research. Results of basic research are mainly released or disseminated in the form of scientific papers or monographs. This indicator reflects the innovation capacity for original knowledge.

Applied Research refers to creative research aiming at obtaining new knowledge on a specific objective or target. Purpose of the applied research is to identify the possible uses of results from basic research, or to explore new (fundamental) methods or new approaches. Results of applied research are expressed in the form of scientific papers, monographs, fundamental models or invention patents. This indicator reflects the exploration of ways to apply the results of basic research.

Experiments and Development refer to systematic activities aiming at using the knowledge from basic and applied researches or from practical experience to develop new products, materials and equipment, to establish new production process, systems and services, or to make substantial improvement on the existing products, process or services. Results of experiment and development activities are embodied in patents, exclusive technology, and monotype of new products or equipment. In social sciences, experiment and development activities refer to the process of converting the knowledge from basic or applied researches into feasible programmes (including conduct of demonstration projects for assessment and evaluation). There are no experiment and development activities in the science of humanities. This indicator reflects the capability of transferring the results of S&T into technique and products, and measures the realization of S&T in spearheading the economic and social development.

Professional technical service refers that Technology party provide Technology service for the other party, in according to the national economic sector note in 2011 ", professional technical service mainly includes nine categories: meteorological service, earthquake service, Marine service, surveying and mapping service, quality inspection technology service, environmental and ecological monitoring service, geological prospecting service, engineering technology services and other professional technical services.

Science and technology exchange and promotion service means that technical activities for Pushing new technology, new product, new technology directly to the market, as well as the technology diffusion and transfer activity. In accordance to the national economic sector note in 2011, technical services mainly include agricultural technology extension service, biological technology extension service, new materials technology extension service, energy-saving technical services, and other technical services.

Geological exploration refers prospecting, testing, monitoring, evaluation mineral resources geology, engineering geology, scientific research on geological and other activities. Mainly including mineral geology exploration, basic geological exploration and geological exploration technology services categories.

R & D Personnel refer to persons engaged in research, management and supporting activities of R & D, including persons in the project teams, persons engaged in the management of S&T activities of enterprises and supporting staff providing direct service to the research projects. This indicator reflects the size of personnel engaged in R&D activities with independent intellectual property.

Full-time Equivalent of R&D Personnel refers to the sum of the full-time persons and the full-time equivalent of part-time persons converted by workload. For instance, if there are 2 full-time persons and 3 part-time workers (20%, 30% and 70% of working hours respectively on R&D activities), the full-time equivalent are 2+0.2+0.3+0.7=3.2 person-years. This is an internationally comparable indicator of S&T manpower input.

Total Internal Expenditure of Funds on R&D refers to the real expenditure of surveyed units on their own R&D activities (basic research, application study, test and development) including direct expenditure on R&D activities, indirect expendure of management and services on R&D activities, expenditure on capital construction and material processing by others. Excluding the expenditure on production activities, return of loan, and fees transferred to cooperated and entrusted agencies on R&D activities.

Internal Expenditure of Government Funds refer to the expenditure of funds on R&D activities from government agencies at different levels, including appropriate funds on science and technology from financial departments, scientific funds, operating expenses from education departments and the real expenditure of extrabudgetary funds from government agencies.

Internal Expenditure of Funds of Enterprises refer to the expenditure of funds on R&D activities from self-raised funds of enterprises and funds from other enterprises through entrustment, and the expenditure of funds of institutions, such a institution of scientific research and universityies, from enterprises.

Number of R&D Projects (subjects) refers to the number of R&D projects (subjects) set up and implemented at the reference year, and the number of R&D projects (subjects) set up in former years and under implementation, including the projects (subjects) finished and failed at the reference year, excluding the projects (subjects) implemented by others throught entrustment.

Internal Expenditure of Funds on R&D Projects (subjects) refers to the real expenditure of internal funds of the surveyed units on research and test of R&D projects (subjects) at the reference year, including service fee, other daily expenditure, cost for captital goods, cost of external process; excluding expenditure of funds transferred to other cooperated and entrusted units of the projects.

Patent is an abbreviation for the patent right and refers to the exclusive right of ownership by the inventors or designers for the creation or inventions, given from the patent offices after due process of assessment and approval in accordance with the Patent Law. Patents are granted for inventions, utility models and designs. This indicator reflects the achievements of S&T and design with independent intellectual property.

教育
Education

22

● 资料整理：张永安

简要说明

一、主要内容

本篇包括公办教育和民办教育、学历教育和非学历教育。具体有高等教育（研究生教育、普通高等教育和成人教育）、中等教育（高中阶段教育和初中阶段教育）、初等教育（小学）、学前教育、特殊教育（盲聋哑和弱智学校等）以及教育经费等资料。主要指标包括学校数、在校生数、招生数、毕业生数、教职工数和专任教师数、教育经费总投入及财政性教育经费等。

二、资料来源

教育事业统计资料由省教育厅提供；技工学校的资料由省人力资源和社会保障厅提供。由省统计局社会与科技处编辑整理。

Brief Introduction

I. Main Contents

Data on education cover the situations on education funded by government and non-government agencies, and the education with and without academic credentials including higher education (education of postgraduates, general higher education and adult education), secondary education(senior and junior high schools), elementary education (primary schools),preschool education, special education (schools for the blind, deaf-mutes and mentally retarded) and their expenditure. The main indicators include the number of schools, the number of students enrolled, the number of new students enrolled, the number of graduates, the number of stuff and workers, the number of full-time teachers, sources and outlay of education funding and education expenditure.

II. Sources of Data

Data on education undertakings are calculated from Henan Provincial bureau of Education. Data on technical training schools are calculated from Henan provincial bureau of Henan Resources and Social Security. Data in this chapter are provided by Department of social and technology of Henan provincial bureau of statistics.

22-1　各级各类学校数

Number of Schools by Level and Type

单位：所　　(unit)

年份 year	小学 Primary Schools	普通中学 Regular Secondary Schools	高中 Senior Secondary Schools	初中 Junior Secondary Schools	职业中学 Vocational Secondary Schools	普通高等学校 Regular Institutions of Higher Education
1978	48772	26586	3705	22881		24
1979	34983	25826	2976	22850		24
1980	46672	12672	2431	10241	1	25
1981	45939	10304	1703	8601	6	26
1982	46542	10510	1279	9231	8	26
1983	46265	10324	1177	9147	21	32
1984	46232	9969	1102	8867	41	38
1985	41935	9459	1069	8390	390	43
1986	45250	9730	1058	8672	370	47
1987	44865	9632	1027	8605	336	47
1988	44379	9406	1003	8403	378	47
1989	43951	8961	958	8003	466	47
1990	43286	8249	920	7329	480	47
1991	42455	7369	854	6515	539	49
1992	42370	6893	789	6104	636	47
1993	42071	6644	719	5925	685	48
1994	41899	6476	661	5815	785	50
1995	41698	6367	641	5726	785	50
1996	41466	6282	635	5647	761	50
1997	41526	6142	645	5497	742	50
1998	41238	6069	643	5426	722	51
1999	41404	6120	688	5432	696	56
2000	41269	6217	761	5456	609	52
2001	39825	6384	819	5565	520	64
2002	37729	6399	854	5545	484	66
2003	36379	6363	888	5475	462	71
2004	34164	6229	909	5320	442	82
2005	33026	6207	945	5262	455	83
2006	31410	6045	955	5090	515	84
2007	30677	5864	920	4944	552	82
2008	30214	5718	908	4810	584	84
2009	29420	5571	868	4703	589	89
2010	28603	5441	825	4616	563	107
2011	27793	5388	792	4596	452	117
2012	27452	5336	785	4551	409	120
2013	26086	5326	776	4550	381	127
2014	25578	5340	774	4566	367	129
2015	24673	5335	770	4565	356	129
2016	22822	5349	792	4557	324	129
2017	20372	5328	813	4515	314	134

22-2 各级各类学校专任教师数

Number of Full-time Teachers by Level and Type of school

单位：万人 (10 000 persons)

年份 year	小学 Primary Schools	普通中学 Regular Secondary Schools	高中 Senior Secondary Schools	初中 Junior Secondary Schools	职业中学 Vocational Secondary Schools	普通高等学校 Regular Institutions of Higher Education
1978	42.88	29.34	4.98	24.36		0.54
1979	43.66	30.01	5.09	24.92		0.62
1980	44.72	30.13	4.48	25.65	0.00	0.68
1981	47.20	26.99	3.91	23.08	0.01	0.71
1982	41.95	22.58	3.52	19.05	0.01	0.84
1983	42.52	22.17	3.46	18.71	0.04	0.91
1984	42.81	21.86	3.41	18.45	0.02	0.97
1985	43.09	22.21	3.41	18.80	0.68	1.10
1986	43.62	22.93	3.54	19.39	0.77	1.27
1987	43.52	23.69	3.73	19.96	0.81	1.33
1988	43.79	24.01	3.79	20.22	0.88	1.38
1989	43.76	23.84	3.77	20.07	1.13	1.38
1990	44.34	24.05	3.79	20.25	1.27	1.40
1991	37.93	23.54	3.83	19.71	1.34	1.42
1992	37.55	23.49	3.76	19.73	1.51	1.45
1993	38.19	23.60	3.62	19.98	1.72	1.47
1994	38.87	23.94	3.48	20.46	2.08	1.55
1995	39.23	24.68	3.45	21.23	2.28	1.55
1996	40.02	25.48	3.51	21.97	2.44	1.64
1997	41.12	26.38	3.61	22.77	2.67	1.65
1998	42.55	27.60	3.75	23.85	2.76	1.70
1999	44.66	29.09	4.09	25.00	2.67	1.88
2000	45.93	30.86	4.57	26.29	2.49	2.02
2001	47.56	32.90	5.13	27.77	2.35	2.46
2002	49.62	35.06	6.03	29.03	2.39	2.85
2003	48.85	35.88	6.72	29.16	2.21	3.33
2004	47.85	36.55	7.60	28.95	2.23	4.18
2005	47.55	37.30	8.40	28.90	2.29	4.63
2006	47.82	37.64	9.19	28.45	2.68	5.29
2007	48.30	37.88	9.79	28.09	2.76	5.88
2008	48.53	37.89	10.27	27.62	2.91	6.49
2009	48.91	38.30	10.49	27.81	3.16	7.15
2010	49.04	38.10	10.43	27.67	3.25	7.75
2011	49.58	38.65	10.43	28.22	3.20	8.20
2012	49.69	38.97	10.73	28.24	3.08	8.60
2013	49.45	38.80	10.81	27.99	2.76	9.09
2014	46.99	41.83	12.67	29.16	2.66	9.51
2015	47.21	42.87	13.01	29.86	2.66	9.80
2016	47.42	43.63	13.55	30.08	2.58	10.27
2017	48.86	46.21	14.45	31.76	2.50	10.84

22-3 各级各类学校在校学生数

Student Enrollment by Level and Type of school

单位：万人 (10 000 persons)

年份 year	小 学 Primary Schools	普通中学 Regular Secondary Schools	高 中 Senior Secondary Schools	初 中 Junior Secondary Schools	职业中学 Vocational Secondary Schools	普通高等学校 Regular Institutions of Higher Education
1978	1140.26	521.62	116.38	405.24		2.73
1979	1147.88	504.04	106.42	397.62		3.38
1980	1133.75	487.27	83.75	403.52	0.02	4.59
1981	1110.65	412.31	60.66	351.65	0.27	4.93
1982	1098.47	361.41	49.25	312.16	0.51	4.63
1983	1054.04	341.32	47.82	293.50	1.11	4.80
1984	1055.08	354.20	50.87	303.33	2.28	5.33
1985	1034.97	357.46	52.27	305.19	10.89	6.85
1986	1015.67	366.96	54.66	312.30	11.92	7.50
1987	997.75	373.51	54.41	319.10	11.63	7.57
1988	980.05	362.64	52.51	310.13	11.94	7.99
1989	969.82	349.05	49.54	299.51	14.50	8.01
1990	961.15	352.56	49.26	303.30	15.61	8.04
1991	944.02	357.66	48.80	308.86	17.77	8.18
1992	936.71	359.78	46.21	313.57	20.40	8.95
1993	951.50	362.96	43.52	319.44	25.86	10.44
1994	991.06	384.80	42.51	342.29	35.74	11.71
1995	1039.56	417.86	42.91	374.95	45.86	12.24
1996	1105.58	454.48	44.02	410.46	51.18	12.79
1997	1169.96	480.21	46.68	433.53	56.84	13.60
1998	1200.06	512.51	51.13	461.38	60.10	14.64
1999	1186.97	568.86	61.06	507.80	53.75	18.55
2000	1130.63	638.14	75.15	562.99	48.27	26.24
2001	1070.73	683.38	94.73	588.65	38.71	36.91
2002	1104.59	733.35	125.55	607.80	41.52	46.80
2003	1058.61	750.51	146.42	604.09	42.32	55.72
2004	1014.06	759.42	168.75	590.67	45.93	70.28
2005	986.84	758.22	188.39	569.83	49.31	85.19
2006	997.09	742.22	201.58	540.64	59.90	97.41
2007	1018.71	719.83	212.63	507.20	66.22	109.52
2008	1036.60	691.46	207.26	484.20	72.76	125.02
2009	1052.03	675.45	201.20	474.25	80.88	136.88
2010	1070.53	661.56	192.16	469.40	79.47	145.67
2011	1092.90	657.48	189.50	467.98	75.78	150.01
2012	1079.20	646.42	192.63	453.78	73.15	155.90
2013	939.98	574.28	189.23	385.05	54.92	161.83
2014	928.60	588.91	189.55	399.36	46.74	167.97
2015	937.05	599.12	194.31	404.81	39.80	176.69
2016	965.59	615.43	199.60	415.83	38.96	187.48
2017	982.06	634.65	205.49	429.16	42.50	200.47

22-4 各级各类学校招生数

New Student Enrollment by Level and Type of school

单位：万人 (10 000 persons)

年份 year	小 学 Primary Schools	普通中学 Regular Secondary Schools	高 中 Senior Secondary Schools	初 中 Junior Secondary Schools	职业中学 Vocational Secondary Schools	普通高等学校 Regular Institutions of Higher Education
1978	254.37	234.71	53.79	180.92		1.39
1979	249.91	215.50	48.55	166.95		1.07
1980	239.12	169.65	28.69	140.96	0.02	1.25
1981	226.50	146.95	24.44	122.51	0.24	1.25
1982	219.17	124.70	18.17	106.53	0.27	1.36
1983	198.48	119.04	17.04	102.00	0.88	1.65
1984	197.99	119.69	17.40	102.29	1.36	1.89
1985	174.24	118.93	17.22	101.71	5.42	2.67
1986	190.38	123.72	17.77	105.95	5.00	2.42
1987	184.06	124.03	17.84	106.19	4.56	2.64
1988	181.53	121.80	17.09	104.71	4.95	2.72
1989	179.88	118.08	16.27	101.81	6.34	2.61
1990	172.46	122.53	16.92	105.61	6.37	2.66
1991	164.72	125.47	16.49	108.98	8.28	2.76
1992	169.53	125.38	15.28	110.10	9.53	3.38
1993	190.31	130.28	14.86	115.42	12.71	4.05
1994	220.01	144.20	13.98	130.23	16.96	4.17
1995	232.52	158.34	14.58	143.76	20.75	4.32
1996	239.94	164.89	15.12	149.77	20.48	4.49
1997	239.79	171.79	16.41	155.38	23.61	4.66
1998	217.82	189.67	18.72	170.95	23.56	5.02
1999	193.65	220.12	24.42	195.70	16.95	7.88
2000	171.11	246.46	31.48	214.98	16.83	11.69
2001	163.32	246.96	37.63	209.33	14.63	14.01
2002	185.77	253.93	50.93	203.00	17.05	16.61
2003	164.35	253.19	53.77	199.42	16.85	19.02
2004	162.49	257.45	61.33	196.12	17.40	25.74
2005	169.44	259.58	69.99	189.59	20.30	27.76
2006	176.86	233.85	67.75	166.10	28.51	33.77
2007	183.22	231.49	70.57	160.92	28.83	35.52
2008	186.92	233.55	68.42	165.13	28.90	44.51
2009	184.51	225.18	64.50	160.68	33.03	45.74
2010	187.76	221.66	62.85	158.81	30.40	47.83
2011	193.44	226.25	64.63	161.62	27.18	47.14
2012	190.97	224.73	66.57	158.16	24.06	49.82
2013	181.06	203.82	66.11	137.71	18.34	50.84
2014	159.44	202.99	64.49	138.50	15.23	51.43
2015	169.30	206.21	67.98	138.23	13.49	55.92
2016	173.16	213.66	69.53	144.13	14.17	60.60
2017	172.38	220.42	70.97	149.45	17.28	63.57

22-5 各级各类学校毕业生数

Graduates by Level and Type of school

单位：万人 (10 000 persons)

年份 year	小学 Primary Schools	普通中学 Regular Secondary Schools	高中 Senior Secondary Schools	初中 Junior Secondary Schools	职业中学 Vocational Secondary Schools	普通高等学校 Regular Institutions of Higher Education
1978	185.03	213.34	44.37	168.97		0.96
1979	179.69	204.86	50.44	154.42		0.41
1980	173.62	109.74	45.66	64.08	0.01	
1981	173.52	131.24	43.45	87.79	0.01	0.90
1982	165.80	104.44	27.36	77.08	0.02	1.65
1983	168.90	87.90	15.85	72.05	0.28	1.47
1984	166.90	86.78	14.74	72.04	0.28	1.35
1985	158.48	88.92	15.44	73.48	2.08	1.17
1986	172.97	91.60	16.70	74.90	2.52	1.75
1987	172.82	97.24	17.78	79.46	3.11	2.53
1988	167.45	99.44	18.03	81.40	3.62	2.29
1989	162.51	100.39	17.27	83.12	3.64	2.56
1990	162.60	99.36	16.70	82.66	4.17	2.61
1991	161.86	98.77	15.96	82.81	5.26	2.72
1992	162.39	99.90	15.01	84.89	4.86	2.59
1993	163.26	102.34	14.45	87.89	5.35	2.66
1994	166.48	103.90	13.98	89.92	6.16	2.93
1995	168.96	109.35	13.51	95.84	9.22	3.76
1996	165.13	115.90	13.82	102.08	12.41	3.91
1997	168.57	133.16	13.78	119.38	15.18	3.89
1998	180.67	145.88	14.93	130.95	17.23	3.96
1999	205.01	153.97	15.50	138.47	17.95	3.99
2000	225.57	162.16	17.47	144.69	18.65	4.17
2001	220.41	176.44	19.84	156.60	15.32	4.61
2002	202.55	203.04	25.78	177.26	12.57	7.12
2003	204.18	225.16	36.38	188.78	11.68	10.90
2004	203.54	240.69	42.48	198.21	11.97	13.43
2005	191.90	252.02	53.66	198.36	13.97	16.52
2006	166.71	245.24	57.36	187.88	15.40	20.21
2007	160.19	254.20	65.10	189.10	17.21	26.72
2008	168.90	258.05	74.98	183.07	17.93	30.25
2009	165.75	233.36	70.17	163.18	22.31	33.41
2010	165.35	225.35	70.43	154.92	24.93	38.25
2011	167.61	222.00	66.55	155.45	25.05	43.30
2012	170.44	213.82	64.01	149.81	24.84	43.53
2013	164.48	203.46	63.13	140.34	24.41	45.02
2014	140.81	174.94	60.28	114.66	18.93	44.53
2015	140.55	184.67	61.05	123.62	17.28	46.58
2016	144.16	192.81	63.31	129.50	13.42	48.69
2017	150.31	195.43	63.14	132.29	12.56	50.41

22-6 各级各类学校、教职工和专任教师情况(2017年)
Basic Statistics on Schools, Teachers and Staff and Full-time Teachers (2017)

项 目	Item	学校数(所) Number of Schools (unit)	教职工数(人) Educational Personnel (person)	#女性 Female	专任教师(人) Full-time Teachers (person)	#女性 female
高等教育	**Higher Education**	**204**	**148073**	**72042**	**110075**	**55099**
研究生培养机构	Institutions Providing Postgraduate Programs	8	208	24	208	24
普通高校	Regular Higher Education Institutions	(19)	(13034)	(4175)	(13034)	(4175)
科研机构	Research Institutions	8	208	24	208	24
普通高等学校	Regular Higher Education Institutions	134	145755	70912	108449	54296
本科院校	HEIs Offering Degree Programs	55	93872	43948	69594	33835
#独立学院	Independent Institutions	5	5529	2807	4405	2233
高职(专科)院校	Higher Vocational Colleges	79	51883	26964	38855	20461
其他机构(教学点)	Other Institutions					
成人高等学校	Adult HEIs	11	1499	775	1104	609
民办的其他高等教育机构	Other Non-government HEIs	51	611	331	314	170
中等教育	**Secondary Education**	**6190**	**592979**	**345119**	**525698**	**316158**
高中阶段教育	Senior Secondary Education	1602	243443	129413	207707	114585
高中	Senior Secondary Schools	813	164948	90267	144506	81293
普通高中	Regular Senior Secondary Schools	813	164948	90267	144506	81293
完全中学	Combined Secondary Schools	156	33016	19118	28515	17086
高级中学	Regular High Schools	569	115973	60115	103928	55702
十二年一贯制学校	12-Year Schools	88	15959	11034	12063	8505
成人高中	Adult High Schools					
中等职业教育	Secondary Vocational Education	789	78495	39146	63201	33292
普通中专	Regular Specialized Secondary Schools	153	20319	10325	15322	8436
成人中专	Adult Specialized Secondary Schools	173	11502	5742	8399	4559
职业高中	Vocational High Schools	314	29508	14450	25046	12967
其他机构(不计校数)	Other Institutions	(22)	1376	734	988	607
技工学校	Skilled Workers Schools	149	15790	7895	13446	6723
初中阶段教育	Junior Secondary Education	4588	349536	215706	317991	201573
初中	Junior Secondary Schools	4515	349128	215475	317640	201362
初级中学	Regular Junior Secondary Schools	3590	265997	157223	250030	151989
九年一贯制学校	9-Year Schools	925	83131	58252	67610	49373
成人初中	Adult Junior Secondary Schools	73	408	231	351	211
初等教育	**Primary Education**	**21533**	**519882**	**353715**	**490306**	**339710**
普通小学	Regular Primary Schools	20372	517706	352428	488568	338694
小学	Primary Schools	20372	450859	318758	423202	305308
小学教学点	Primary Schools Teaching Point	(12945)	66847	33670	65366	33386
成人小学	Adult Primary Schools	1161	2176	1287	1738	1016
#扫盲班	Literacy Courses	42	152	86	148	84
工读学校	**Correctional Work-Study Schools**	**3**	**65**	**28**	**56**	**25**
特殊教育	**Special Education Schools**	**148**	**4168**	**2975**	**3776**	**2815**
学前教育	**Pre-school Education Institutions**	**20613**	**332251**	**305123**	**197753**	**195465**
#城区公办幼儿园	City Public Kindergarten	665	25837	23963	16407	16121
镇区公办幼儿园	Town Public Kindergarten	1492	23048	21310	16112	15654
乡村公办幼儿园	Country Public Kindergarten	2273	14537	12794	9349	8996

注：括号内数据不计入总计。
a) Data of total is not include data in the brackets.

22-7 各级各类学校专任教师分学历的人数与构成(2017年)

Number and Composition of Full-time Teachers in Schools by Educational Level (2017)

单位：人 (person)

学历	Educational Level	专任教师 Full-time Teacher	构成(%) Composition (%)
普通高等学校教师	**Regular Higher Educational Institutions**	**108449**	**100.0**
博士	Doctor	16439	15.2
硕士	Master	43092	39.7
本科毕业	Undergraduate	47311	43.6
专科及以下	Specialized Courses and Below	1607	1.5
普通中等专业学校教师	**Specialized Secondary Schools**	**15322**	**100.0**
博士	Doctor	19	0.1
硕士	Master	2232	14.6
本科毕业	Undergraduate	12190	79.6
专科及以下	Specialized Courses and Below	881	5.7
高中教师	**Teachers of Senior Secondary School**	**124687**	**100.0**
大学本科毕业及以上	Undergraduates and over	11326	9.1
大学专科毕业	Specilized Courses	110322	88.5
高中阶段毕业及以下	Senior Secondary and below	3039	2.4
初中教师	**Teachers of Junior Secondary School**	**299006**	**100.0**
大学本科毕业及以上	Undergraduates and over	231523	77.4
大学专科毕业	Specilized Courses	66278	22.2
高中阶段毕业	Senior Secondary	1205	0.4
高中阶段毕业以下	Below Senior		
小学教师	**Teachers of Primary School**	**527021**	**100.0**
大学专科毕业及以上	Specialized secondary of Higher Education and over	498303	94.6
高中阶段毕业	Senior Secondary	28707	5.4
高中阶段毕业以下	Below Senior	11	0.0
幼儿园教师	**Teachers of Kindergartens**	**197753**	**100.0**
大学专科毕业及以上	Specialized Secondary of Higher Education and Over	141792	71.7
高中阶段毕业	Senior Secondary	49732	25.1
高中阶段毕业以下	Below Senior	6229	3.1

注：本表专任教师按照授课对象进行分类。

a) Data in this table according to the classification of teaching object.

22-8 各级各类学历教育学生情况(2017年)
Basic Statistics on Students by Level and Type of Education (2017)

单位：人 (person)

项 目	Item	招生数 Entrants	在校生数 Enrolment	# 女生 Female Students	毕业生数 Graduates
高等教育	**Higher Education**	**842033**	**2473019**	**1351878**	**713513**
研究生	Postgraduates	18352	44830	25645	12933
博 士	Doctor's Degree	648	2345	1150	318
硕 士	Master's Degree	17704	42485	24495	12615
普通本专科	Undergraduate in Regular HEIs	635699	2004662	1078528	504119
本 科	Normal Courses	297769	1077108	601439	253804
专 科	Short-cycle Courses	337930	927554	477089	250315
成人本专科	Undergraduate in Adult HEIs	125046	282181	176314	159207
本 科	Normal Courses	63643	151586	96309	67661
专 科	Short-cycle Courses	61403	130595	80005	91546
其他高等学历教育	Students Enrolled in Other Formal Programs	62936	141346	71391	37254
在职人员攻读硕士学位	Master´s Degree Programs for On-the-job Personnel		8857	4096	2424
网络本专科生	Web-based Undergraduates	62936	132489	67295	34830
本 科	Normal Courses	23681	53737	31118	14903
专 科	Short-cycle Courses	39255	78752	36177	19927
中等教育	**Secondary Education**	**2776130**	**7719685**	**3640379**	**2400984**
高中阶段教育	Senior Secondary Education	1238490	3384886	1679219	1035440
高中	Senior Secondary Schools	709731	2054919	1042648	631394
普通高中	Regular Senior Secondary Schools	709731	2054919	1042648	631394
完全中学	Combined Secondary Schools	96475	270689	134599	78811
高级中学	Regular High Schools	575237	1690050	864094	531105
十二年一贯制学校	12-Year Schools	30936	76065	35310	16465
附设普通高中班	Attached Ordinary High School Class	7083	18115	8645	5013
成人高中	Adult High Schools				
中等职业教育	Secondary Vocational Education	528759	1329967	636571	404046
普通中专	Regular Specialized Secondary Schools	260230	726815	364236	211386
成人中专	Adult Specialized Secondary Schools	70075	93078	35341	23003
职业高中	Vocational High Schools	90099	245338	104626	84337
技工学校	Skilled Workers Schools	108355	264736	132368	85320
初中阶段教育	Junior Secondary Education	1537640	4334799	1961160	1365544
初中	Junior Secondary Schools	1494458	4291617	1937765	1322926
初级中学	Regular Junior Secondary Schools	1191766	3452468	1591536	1084582
九年一贯制学校	9-Year Schools	210366	570049	230179	153244
十二年一贯制学校	12-Year Schools	24688	66004	25680	19585
完全中学	Combined Secondary Schools	64029	192566	85947	62383
附设普通初中班	Supporting Regular Junior Secondary Schools	3609	10530	4423	3132
成人初中	Adult Junior Secondary Schools	43182	43182	23395	42618
初等教育	**Primary Education**	**1962043**	**10058801**	**4653969**	**1751531**
普通小学	Regular Primary Schools	1723796	9820554	4517305	1503121
小学	Primary Schools	1425561	8237367	3806802	1247827
小学教学点	Primary Schools Teaching Point	174024	709558	343410	63230
附设小学班	Attached Primary Schools Classes	2725	79166	37563	56689
九年一贯制学校	9-Year Schools	112428	731484	305047	124720
十二年一贯制学校	12-Year Schools	9058	62979	24483	10655
成人小学	Adult Primary Schools	238247	238247	136664	248410
#扫盲班	Literacy Courses	5698	5698	3505	2929
工读学校	**Correctional Work-Study Schools**	**40**	**175**		**48**
特殊教育	**Special Education Schools**	**6509**	**30672**	**10835**	**2127**
学前教育	**Pre-school Education Institutions**	**1516523**	**4249250**	**2001906**	**1588706**

22-9 各级各类非学历教育学生情况(2017年)

Number of Students of Non-formal Education by Type and Level (2017)

单位：人次 (person-time)

项目	Item	结业生数 Completers	注册生数 Enrolment
总计	**Total**	**2818606**	**2579850**
高等教育	**Higher Education**	**324254**	**325950**
研究生课程进修班	Postgraduate Courses	770	42
自考助学班	Classes run by Non-government HEIs for Students Preparing for Self-directed State-administered Examinations		80
普通预科生	College-preparatory Classes		1481
进修及培训	In-service Training	323484	324347
#资格证书培训	For Certificates of Vocational Qualifications	191838	201138
岗位证书培训	For Certificates of Job-related Qualifications	84528	78579
中等职业教育	**Secondary Vocational Education**	**333629**	**181334**
#资格证书培训	For Certificates of Vocational Qualifications	65713	40607
岗位证书培训	For Certificates of Job-related Qualifications	173184	104760
#普通中等专业学校	Secondary Vocational Schools	49769	47419
#资格证书培训	For Certificates of Vocational Qualifications	18595	17636
岗位证书培训	For Certificates of Job-related Qualifications	25492	24803
职业技术培训机构	**Other Vocational-technical Training Institutions**	**2160723**	**2072566**
#资格证书培训	For Certificates of Vocational Qualifications	277214	288104
岗位证书培训	For Certificates of Job-related Qualifications	497908	472061

22-10 各级教育入学率及升学率情况

Enrolment Ratio and Promotion Rate by Levels

单位：% (%)

指标名称	Item	2016	2017
学前三年毛入园率	Pre-school Eduacation Entrance Rate	85.1	86.5
小学学龄儿童净入学率	Net Enrollment Ratio of Primary Schools	100.0	100.0
#男生	Male	100.0	100.0
女生	Female	100.0	100.0
小学升学率	Promotion Rate from Primary Schools to Junior Secondary Schools	100.0	99.4
初中阶段毛入学率	The Junior Middle School Stage Gross Enrollment Rate	109.3	109.7
#男生	Male	109.8	110.2
女生	Female	108.7	109.1
初中升学率	Promotion Rate from Junior Secondary Schools to Senior Secondary Schools	87.7	88.8
九年义务教育巩固率	Percentage of Student Enrollment Consolidated of Nine-year Compulsory Education	94.1	94.3
#男生	Male	94.1	94.2
女生	Female	94.1	94.3
高中阶段毛入学率	The Gross enrollment rate of higher stage	90.4	90.6
高中升学率	Promotion Rate from Senior Secondary Schools to Higher Education	84.4	88.6
高等教育毛入学率	The Gross enrollment rate of higher education	38.8	41.8

22-11 成人学校基本情况(2017年)

Basic Statistics on Adult Schools (2017)

单位：人 (person)

各类学校	Various Schools	学校数(所) Number of Schools (unit)	教职工数 Teachers and Staff	#专任教师 Full-time Teachers	在校学生数 Student Enrollment	招生数 New Student Enrollment	毕业生数 Graduates
成人高等学校	**Adult Institutions of Higher Eduation**	**11**	**1499**	**1104**	**282181**	**125046**	**159207**
广播电视大学	Radio and TV Universities	1	220	127	184	14	235
职工、农民学院	Schools of Higher Eduation for Staff, Workers and Peasants	8	543	327	5669	2821	3690
教育学院	Pedagogical Colleges	2	573	550	1386	469	2105
其他机构	Others	(4)	163	100			
高校函授部、夜大学	Correspondence Departments or Evening Universities Run by Institutions of Higher Education	(88)			274942	121742	153177
成人中等专业学校	**Specialized Secondary Schools for Adults**	**173**	**11502**	**8399**	**93078**	**70075**	**23003**
成人中学	**Secondary Schools for Adults**	**73**	**408**	**351**	**43182**		**42618**
职工中学	Secondary Schools for Staff and Workers	1	10	9	1892		1892
农民中学	Secondary Schools for Peasants	72	398	342	41290		40726
技术培训学校	**Techinical Training Schools**	**7088**	**14758**	**8816**	**2072566**		**2160723**
职工技术培训学校	Techinical Training Schools for Staff and Workers	149	2245	1758	50517		56343
农民技术培训学校	Techinical Training Schools for Peasants	6625	10361	5672	1819719		1898023
其他培训机构	Other Training Organizations	314	2152	1386	202330		206357
成人初等学校	**Primary Schools for Adults**	**1161**	**2176**	**1738**	**238247**		**248410**
职工初等学校	Primary Schools for Staff and Workers	24	24		2021		2021
农民初等学校	Primary Schools for peasants	1137	2152	1738	236226		246389
#扫盲班	Literacy Courses	42	152	148	5698		2929

注：其他机构、高校函授部、夜大学不计入成人高等学校总校数。

a) Number of Adult Institutions of Higher Eduation excludes those of Other Institutions , Correspondence Departments or Evening Universities Run by Institutions of Higher Education.

22-12 职业技术培训机构基本情况(2017年)
Basic Statistics on Vocational-Technical Training Institutions (2017)

项目	Item	学校数(所) Schools (unit)	教学班(点、个) Teaching Classes (site, unit)	结业生数(人次) Students Completing Courses(person-time) 合计 Total	#女性 Female
总计	**Total**	**7088**	**15098**	**2160723**	**1005922**
职工技术培训学校(机构)	Vocational-Technical Training Schools	149	1402	56343	28609
教育部门和集体办	Run by Education Dept.and Collective	46	301	31260	17712
其他部门办	Run by Other Dept.	66	514	17082	7578
民办	Run by Non-government	37	587	8001	3319
农民成人文化技术	Cultural & Technical Training Schools				
培训学校(机构)	(Institutions)for Rural Adults	6625	12613	1898023	884931
教育部门和集体办	Run by Education Dept.and Collective	6570	12516	1887067	881196
县办	Run by Counties	63	188	123815	61576
乡办	Run by Townships	867	4580	739044	370689
村办	Run by Villages	5640	7748	1024208	448931
其他部门办	Run by Other Departments	44	58	8137	2683
民办	Run by Non-government	11	39	2819	1052
其他培训机构(含社会培训机构)	Others (Incld.Social Training Institutions)	314	1083	206357	92382
教育部门和集体办	Run by Education Dept.and Collective	45	125	54135	22690
其他部门办	Run by Other Dept.	24	94	31773	12701
民办	Run by Non-government	245	864	120449	56991
少数民族	National Miniority			2021	849
按培训形式分	By Training Form				
资格证书培训	Qualification Certificate			277214	119023
岗位证书培训	Post certificate			497908	260620
按产业结构分	By Industrial Structure				
第一产业	Primary Industry			798898	371447
第二产业	Secondary Industry			433753	206655
第三产业	Teriary Industry			928072	427820
按培训时间分	By Training Time				
一个月以内	Within one month			1663632	791215
一个月至三个月以内	One month to three months			311261	138372
三个月至半年以内	Three months to half year			80988	26639
半年至一年以内	Six months to one year			78102	43162
一年及以上	One Year and Over			26740	6534

22−12 续表 continued

项 目	Item	注册学生数(人) Enrolled Students (person) 合计 Total	#女性 Female	教职工数(人) Teachers and Staff (person) 合计 Total	#专任教师 Full-time Teachers	聘请校外教师(人) ExternalTeachers Hired (person)
总 计	**Total**	**2072566**	**958458**	**14758**	**8816**	**10255**
职工技术培训学校(机构)	Vocational-Technical Training Schools	50517	25609	2245	1758	545
教育部门和集体办	Run by Education Dept.and Collective	29045	16039	1223	1013	284
其他部门办	Run by Other Dept.	16815	7350	537	415	157
民 办	Run by Non-government	4657	2220	485	330	104
农民成人文化技术	Cultural & Technical Training Schools					
培训学校(机构)	(Institutions)for Rural Adults	1819719	838973	10361	5672	8832
教育部门和集体办	Run by Education Dept.and Collective	1811498	834935	9923	5467	8716
县 办	Run by Counties	90928	49495	794	222	135
乡 办	Run by Townships	705537	350616	3104	1811	3595
村 办	Run by Villages	1015033	434824	6025	3434	4986
其他部门办	Run by Other Departments	5879	2961	164	148	94
民 办	Run by Non-government	2342	1077	274	57	22
其他培训机构(含社会培训机构)	Others (Incld.Social Training Institutions)	202330	93876	2152	1386	878
教育部门和集体办	Run by Education Dept.and Collective	49983	23008	244	147	272
其他部门办	Run by Other Dept.	31712	12688	152	118	45
民 办	Run by Non-government	120635	58180	1756	1121	561
少数民族	National Miniority	1912	855	52	22	9
按培训形式分	By Training Form					
资格证书培训	Qualification Certificate	288104	124841			
岗位证书培训	Post certificate	472061	249408			
按产业结构分	By Industrial Structure					
第一产业	Primary Industry	758503	343870			
第二产业	Secondary Industry	427174	198827			
第三产业	Teriary Industry	886889	415761			
按培训时间分	By Training Time					
一个月以内	Within one month	1596717	752432			
一个月至三个月以内	One month to three months	305136	135373			
三个月至半年以内	Three months to half year	75105	25352			
半年至一年以内	Six months to one year	71135	39755			
一年及以上	One Year and Over	24473	5546			

22-13 分学科研究生情况(2017年)
Number of Postgraduate Students by Academic Field (2017)

单位：人 (person)

项 目	Item	招生数 Entrants	硕士 Master's Degree	博士 Doctor's Degree	在校学生数 Enrolment	硕士 Master's Degree	博士 Doctor's Degree	毕业生数 Graduates	硕士 Master's Degree	博士 Doctor's Degree
分学科研究生数(总计)	**Total**	**18352**	**17704**	**648**	**44830**	**42485**	**2345**	**12933**	**12615**	**318**
#女生	Female	10262	9965	297	25645	24495	1150	7260	7091	169
学术型学位	Academic Degree	7754	7106	648	22470	20125	2345	7150	6832	318
专业学位	Professional Degree	10598	10598		22360	22360		5783	5783	
哲 学	Philosophy	87	87		279	279		107	107	
经济学	Economics	376	366	10	941	907	34	320	314	6
法 学	Law	921	902	19	2377	2289	88	826	806	20
教育学	Education	1991	1979	12	4293	4262	31	1253	1249	4
文 学	Literature	734	706	28	1769	1688	81	665	645	20
历史学	History	262	231	31	715	612	103	195	178	17
理 学	Science	1528	1383	145	4459	3978	481	1334	1259	75
工 学	Engineering	4317	4122	195	11651	10901	750	3416	3342	74
农 学	Agriculture	1163	1111	52	2585	2368	217	757	730	27
医 学	Medicine	3683	3560	123	8581	8142	439	2000	1932	68
军事学	Military Science									
管理学	Administrators	2842	2809	33	5847	5726	121	1606	1599	7
艺术学	Art	448	448		1333	1333		454	454	
分学科研究生数(普通高校)	**Regular HEIs**	**18286**	**17641**	**645**	**44640**	**42306**	**2334**	**12878**	**12561**	**317**
#女生	Female	10248	9951	297	25599	24450	1149	7245	7076	169
学术型学位	Academic Degree	7688	7043	645	22280	19946	2334	7095	6778	317
专业学位	Professional Degree	10598	10598		22360	22360		5783	5783	
哲 学	Philosophy	87	87		279	279		107	107	
经济学	Economics	376	366	10	941	907	34	320	314	6
法 学	Law	921	902	19	2377	2289	88	826	806	20
教育学	Education	1991	1979	12	4293	4262	31	1253	1249	4
文 学	Literature	734	706	28	1769	1688	81	665	645	20
历史学	History	262	231	31	715	612	103	195	178	17
理 学	Science	1527	1382	145	4454	3973	481	1334	1259	75
工 学	Engineering	4252	4060	192	11468	10729	739	3362	3289	73
农 学	Agriculture	1163	1111	52	2585	2368	217	757	730	27
医 学	Medicine	3683	3560	123	8581	8142	439	2000	1932	68
军事学	Military Science									
管理学	Administrators	2842	2809	33	5845	5724	121	1605	1598	7
艺术学	Art	448	448		1333	1333		454	454	

22-14 分学科本科学生情况(2017年)

Number of Undergraduate Students by Academic Field (2017)

单位：人 (person)

项 目	Item	普通本科 Ordinary Undergraduates			成人本科 Adult Undergraduates			网络本科 Web-based Undergraduates		
		招生数 Entrants	在校学生数 Enrolment	毕业生数 Graduates	招生数 Entrants	在校学生数 Enrolment	毕业生数 Graduates	招生数 Entrants	在校学生数 Enrolment	毕业生数 Graduates
总 计	**Total**	**297769**	**1077108**	**253804**	**63643**	**151586**	**67661**	**23681**	**53737**	**14903**
#女生	Female	168307	601439	138423	39549	96309	41530	14340	31118	9149
#师范	Teacher Training	33123	122379	31275	7649	15738	8767			
哲 学	Philosophy	53	198	50						
经济学	Economics	15055	55552	12548	889	3106	1820	1136	2650	698
法 学	Law	9968	36277	8894	2259	5114	2482	1334	2975	784
教育学	Education	14698	48195	11058	5656	10747	4577	920	1924	374
文 学	Literature	24309	89954	22573	5314	11232	5833	1154	2532	648
#外语	Foreign Language	12838	45182	11708	1290	2444	1451	252	613	148
历史学	History	1467	5534	1407	64	64	111			
理 学	Science	18172	69186	17330	2232	4228	2616	253	562	139
工 学	Engineering	96624	347173	77823	11992	27430	16210	5673	13538	3444
农 学	Agriculture	6953	24001	5164	768	2101	976			
医 学	Medicine	21376	81664	17349	22747	63717	20889	7592	16710	5428
管理学	Administrators	58385	204440	49258	11319	22913	11411	5619	12846	3388
艺术学	Art	30709	114934	30350	403	934	736			

22-15 分学科专科学生情况(2017年)
Number of Students in Junior College by Field (2017)

单位：人 (person)

项目	Item	普通专科 Normal College			成人专科 Adult College			网络专科 Web-based College		
		招生数 Entrants	在校学生数 Enrolment	毕业生数 Graduates	招生数 Entrants	在校学生数 Enrolment	毕业生数 Graduates	招生数 Entrants	在校学生数 Enrolment	毕业生数 Graduates
总计	**Total**	**337930**	**927554**	**250315**	**61403**	**130595**	**91546**	**39255**	**78752**	**19927**
#女生	Female	171401	477089	126890	37738	80005	54110	19596	36177	9106
#师范	Teacher Training	32751	82742	21400	10071	20096	14855			
农林牧渔大类	Agriculture, Forestry, Husbandry and Fishing	3692	11090	3559	650	1616	1099			
资源环境与安全大类	Resources and Environment	2942	7712	3854	332	1417	1861			
能源动力与材料大类	Energy and Material	2411	8129	2573	809	1549	889	1069	2148	525
土木建筑大类	Civil Engineering	24015	68926	28548	4505	11112	8944	5061	11330	3686
水利大类	Water Resources	1022	3392	1185	264	617	885			
装备制造大类	Manufacturing	36852	104910	30678	4172	9809	10550	2925	6096	1626
生物与化工大类	Biology and Chemstry	1360	4776	2205	62	294	539			
轻工纺织大类	Light Industry and Textile	579	2638	997		69	57			
食品药品与粮食大类	Medicine, Food and Grain	4293	12146	3790	55	232	526			
交通运输大类	Transportation and Communication	15092	41095	9864	2156	4735	3312			
电子信息大类	Electronic Information	49073	114143	23520	3123	5919	4935	3849	5656	900
医药卫生大类	Medicine and Health	53326	154356	32253	7165	20767	10256	4890	10958	3283
财经商贸大类	Finance and Business	62490	181266	51497	17341	33353	18360	14349	27581	7286
旅游大类	Tourism	11317	31281	8687	302	513	820	486	1020	130
文化艺术大类	Culture and Arts	17802	47021	11719	196	651	889	80	261	27
新闻传播大类	Journalistic Communication	2650	7075	1610	6	6	37			
教育与体育大类	Education and Sport	41758	107347	28418	16394	30855	23564	1461	4508	581
公安与司法大类	Public Security and Law	5162	14311	3548	1035	1832	971	2095	3804	790
公共管理与服务大类	Public Adminlstration and Service	2094	5940	1810	2836	5249	3052	2990	5390	1093

22-16 中等职业学校分学科学生情况(2017年)
Number of Students in Secondary Vocational Schools by Field (2017)

单位：人 (person)

项 目	Item	招生数 Entrants	在校学生数 Enrolment	毕业生数 Graduates	#获得职业资格证书 Recipients of Vocational Qualifications
总 计	**Total**	**420404**	**1065231**	**318726**	**249485**
#女生	Female	190677	504203	158666	122759
农林牧渔类	Agriculture,Forestry,Husbandry & Fisheries	33796	74050	26334	23292
资源环境类	Resources and Environment	4129	6861	1468	1316
能源与新能源类	Energy and New Energy	549	1343	474	454
土木水利类	Civil Engineering and Water Resources	15625	42244	17870	13043
加工制造类	Manufacturing	30436	82834	27596	22679
石油化工类	Petroleum and Chemical	395	1527	560	498
轻纺食品类	Light Industry,Textile,and Food	4580	7031	1272	855
交通运输类	Transport and Communication	49151	133994	34425	27964
信息技术类	Information Technologies	74537	173434	52006	42358
医药卫生类	Medicine and Health	30132	88594	28600	16968
休闲保健类	Leisure and Health	3728	10484	2633	1943
财经商贸类	Finance and Business	49583	125525	33168	22271
旅游服务类	Tourism Services	15862	38024	10593	8948
文化艺术类	Culture and Arts	35177	84463	19010	13658
体育与健身	Sports and Fitness	15691	29840	5289	4357
教育类	Education	53791	155782	54869	47232
司法服务类	Justice Services	323	1361	606	141
公共管理与服务类	Public Administration and Services	1895	4754	1172	1088
其他	Others	1024	3086	781	420

注：本表数据不含技工学校有关数据。
a) Data in this table unclude data of technical school.

22-17　网络教育学生情况(2017年)

Statistics on Web-based Education Students (2017)

单位：人　(person)

类　别	Types	毕业生人数本科 Graduates (normal courses)	招生人数本科 New Students Enrollment (normal courses)	在校学生人数本科 Students Enrollment (normal courses)
总　计	**Total**	**14903**	**23681**	**53737**
#女	Female	9149	14340	31118
经济学	Economics	698	1136	2650
法　学	Law	784	1334	2975
教育学	Education	374	920	1924
文　学	Literature	648	1154	2532
理　学	Science	139	253	562
工　学	Engineering	3444	5673	13538
医　学	Medicine	5428	7592	16710
管理学	Administration	3388	5619	12846

22-18　网络教育学生情况(2017年)

Statistics on Web-based Education Students (2017)

单位：人　(person)

类　别	Types	毕业生人数专科 Graduates (short-cycle courses)	在校学生人数专科 Enrolment (short-cycle courses)
总　计	Total	**19927**	**78752**
#女	Female	9106	36177
资源开发与测绘大类	Resources Development and Survey	525	2148
土建大类	Civil Engineering	3686	11330
装备制造大类	Manufacturing	1626	6096
电子信息大类	Electronic Information	900	5656
医药卫生大类	Medicine and Health	3283	10958
财经商贸大类	Finance and Business	7286	27581
旅游大类	Tourism	130	1020
文化艺术大类	Culture and Arts	27	261
教育与体育大类	Education and Sport	581	4508
公安与司法大类	Public Security	790	3804
公共管理与服务大类	Public Adminlstration and Service	1093	5390

22-19 进城务工子女和农村留守儿童在校情况(2017年)

Statistics on Children of Migrant Workers and Rural Left-behind Children in Schools (2017)

单位：人 (person)

项 目	Item	普通小学 Regular Primary School					初 中 Junior Middle School			
		招生数 Entrants	#受过学前教育 Trained in preschool education	在校生数 Enrolment	#女生 Female	毕业生数 Graduates	招生数 Entrants	在校生数 Enrolment	#女生 Female	毕业生数 Graduates
总 计	**Total**	**345553**	**345372**	**1988483**	**920290**	**218325**	**301315**	**873073**	**397768**	**216964**
进城务工人员随迁子女	Children Living with the Rural Migrant Workers in Cities	79957	79889	446631	200365	52719	64894	190844	83113	44726
#外省迁入	Move from Other Provinces	6643	6616	37869	16804	4759	5198	14882	6446	4118
本省外县迁入	Move from Other Counties	73314	73273	408762	183561	47960	59696	175962	76667	40608
农村留守儿童	Rural Left-behind Children	265596	265483	1541852	719925	165606	236421	682229	314655	172238

22-20 普通高等学校办学条件

Condition of running Institutions of Higher Education

指 标	Item	2016	2017
占地面积(万平方米)	occupying Space (10 000 sq .m)	10837.53	11079.40
校舍建筑面积(万平方米)	Schoolhouse Building Space (10 000 sq.m)	5663.93	5977.66
一般图书(万册)	Common Books (10 000 volumes)	15740.95	16444.31
固定资产总值(亿元)	Fixed Assets (100 million yuan)	844.03	924.48
#教学、科研仪器设备值	Value of Equipment for teaching and scientific research	192.18	219.03

22-21 分地区普通高等学校情况(2017年)

Basic Statistics on Regular Institutions of Higher Education by City (2017)

单位：人 (person)

市 City	学校数(所) Schools (unit)	教职工数 Educational Personnel	招生数 Entrants	专科 Junior College Student	本科 Undergraduate	在校学生数 Enrolment	专科 Junior College Student	本科 Undergraduate
全 省 Total	**134**	**145755**	**635699**	**337930**	**297769**	**2004662**	**927554**	**1077108**
郑州市 Zhengzhou	58	64667	292089	157933	134156	935332	442057	493275
开封市 Kaifeng	5	7866	28783	15228	13555	95453	41469	53984
洛阳市 Luoyang	7	8508	37582	14137	23445	118132	33620	84512
平顶山市 Pingdingshan	5	4715	22329	12016	10313	66401	29689	36712
安阳市 Anyang	6	5295	26704	11362	15342	83951	30354	53597
鹤壁市 Hebi	3	1350	6275	6275		15908	15908	
新乡市 Xinxiang	9	12131	45403	13886	31517	155090	39303	115787
焦作市 Jiaozuo	6	6198	25899	14893	11006	79804	41805	37999
濮阳市 Puyang	2	947	6016	6016		14642	14642	
许昌市 Xuchang	4	2967	15210	9520	5690	43517	23204	20313
漯河市 Luohe	3	5204	12569	12569		34520	34520	
三门峡市 Sanmenxia	2	1157	5997	5997		16342	16342	
南阳市 Nanyang	6	6937	28286	15835	12451	86448	43442	43006
商丘市 Shangqiu	6	6669	32873	18074	14799	97740	48867	48873
信阳市 Xinyang	5	5513	24481	10344	14137	79252	30253	48999
周口市 Zhoukou	3	3034	12645	6429	6216	42530	21005	21525
驻马店市 Zhumadian	3	1778	8103	2961	5142	27107	8581	18526
济源市 Jiyuan	1	819	4455	4455		12493	12493	

22-21 续表 continued

单位：人 (person)

市 City	预计毕业生数 Estimated for Next Year	专科 Junior College Student	本科 Under graduate	毕业生数 Graduates	专科 Junior College Student	本科 Under graduate	授予学位数 Degrecs Conferred
全 省 Total	**570592**	**302985**	**267607**	**504119**	**250315**	**253804**	**249042**
郑 州 市 Zhengzhou	269265	148033	121232	245209	130947	114262	111954
开 封 市 Kaifeng	26475	13081	13394	25127	11117	14010	13984
洛 阳 市 Luoyang	31162	9460	21702	27957	6833	21124	20715
平 顶 山 市 Pingdingshan	17459	7812	9647	15273	6058	9215	8925
安 阳 市 Anyang	24480	10011	14469	21394	7489	13905	13648
鹤 壁 市 Hebi	5224	5224		4170	4170		
新 乡 市 Xinxiang	41388	12527	28861	35662	8235	27427	26846
焦 作 市 Jiaozuo	21415	13225	8190	19036	11627	7409	7221
濮 阳 市 Puyang	3918	3918		2207	2207		
许 昌 市 Xuchang	12399	7066	5333	10059	5086	4973	4879
漯 河 市 Luohe	10543	10543		7920	7920		
三 门 峡 市 Sanmenxia	5075	5075		3688	3688		
南 阳 市 Nanyang	25783	14588	11195	21916	11091	10825	10729
商 丘 市 Shangqiu	29603	17668	11935	24659	13731	10928	10716
信 阳 市 Xinyang	21225	10194	11031	18783	9211	9572	9543
周 口 市 Zhoukou	13054	7345	5709	12280	6691	5589	5317
驻 马 店 市 Zhumadian	8194	3285	4909	6485	1920	4565	4565
济 源 市 Jiyuan	3930	3930		2294	2294		

22−22 各市普通高中情况(2017年)

Statistics on Regular Senior Secondary Schools by City (2017)

单位：人 (person)

市(县)	City(county)	学校数(所) Number of Schools (unit)	教职工数 Teachers and Staff	#专任教师 Full-time Teachers	招生数 Entrants	在校学生数 Enrolment	#女生 Female	毕业生数 Graduates
全　　省	**Total**	**813**	**164948**	**144506**	**709731**	**2054919**	**1042648**	**631394**
省 辖 市	**City**							
郑　州　市	Zhengzhou	122	20513	17445	65532	192312	96905	59273
开　封　市	Kaifeng	46	7716	6465	38424	105393	54143	29479
洛　阳　市	Luoyang	82	13473	11958	46868	137848	74552	43813
平顶山市	Pingdingshan	33	6335	5489	30580	88678	45097	26728
安　阳　市	Anyang	47	7689	6687	35112	98880	52290	28892
鹤　壁　市	Hebi	15	2851	2154	11154	30884	16174	10053
新　乡　市	Xinxiang	58	11286	9315	37198	107340	56989	33347
焦　作　市	Jiaozuo	33	6176	5556	25662	77043	39827	23385
濮　阳　市	Puyang	39	7722	6366	27200	78775	41803	22391
许　昌　市	Xuchang	29	6769	6280	24064	70365	36109	22978
漯　河　市	Luohe	17	3464	2994	15504	47277	23701	15541
三门峡市	Sanmenxia	19	4271	3921	13447	42820	23019	14190
南　阳　市	Nanyang	72	13593	12289	73590	201077	102843	55303
商　丘　市	Shangqiu	34	10676	9298	52028	153483	77253	51843
信　阳　市	Xinyang	62	13195	11950	62714	187182	86655	60037
周　口　市	Zhoukou	58	16245	14650	86241	248712	123147	76769
驻马店市	Zhumadian	40	11725	10539	59107	170821	84090	52508
济　源　市	Jiyuan	7	1249	1150	5306	16029	8051	4864
省直管县	**County Directly Administrated by Province**							
巩　义　市	Gongyi	8	1232	1179	4857	14148	7727	4114
兰　考　县	Lankao	5	1249	1028	6810	18240	9468	5229
汝　州　市	Ruzhou	6	1197	1153	6212	17081	8643	4594
滑　　县	Huaxian	11	1850	1558	7659	20531	11249	5544
长　垣　县	Changyuan	6	2322	1432	6718	18889	9569	5680
邓　州　市	Dengzhou	8	1441	1303	8835	23830	12303	6130
永　城　市	Yongcheng	4	1285	1155	7124	21792	11399	7039
固　始　县	Gushi	11	2709	2508	12494	35851	15110	10738
鹿　邑　县	Luyi	5	1794	1589	8358	22774	11787	6748
新　蔡　县	Xincai	5	1254	1137	7971	19527	9619	5526

注：本表专任教师按照授课对象进行分类。

a) Data in this table according to the classification of teaching object.

22-23 各市中等职业学校情况(2017年)
Statistics on Secondary Vocational Schools by City (2017)

单位：人 (person)

市(县)	City(county)	学校数(所) Number of Schools (unit)	教职工数 Teachers and Staff	#专任教师 Full-time Teachers	#双师型教师 Double-qualified teachers	招生数 Entrants	在校学生数 Enrolment	毕业生数 Graduates	#获得职业资格证书 With Professional Qualification Certificates	预计毕业生数 Estimated Graduates for Next Year
全　　省	**Total**	**640**	**62705**	**49755**	**10180**	**420404**	**1065231**	**318726**	**249485**	**323173**
省　辖　市	**City**									
郑　州　市	Zhengzhou	123	15797	11856	3035	119285	302648	88552	66444	95192
开　封　市	Kaifeng	32	2447	1852	413	13837	42046	12602	11058	16038
洛　阳　市	Luoyang	68	4370	3567	488	30588	87205	24061	20099	26101
平 顶 山 市	Pingdingshan	23	2263	1788	279	26048	43003	13718	10704	11955
安　阳　市	Anyang	18	2566	2176	347	13217	38726	10534	6837	12216
鹤　壁　市	Hebi	5	784	713	254	7627	23364	10355	10175	7450
新　乡　市	Xinxiang	28	3240	2733	666	24085	56836	14034	10715	15215
焦　作　市	Jiaozuo	27	2345	1877	265	12101	38438	11452	5948	12410
濮　阳　市	Puyang	22	2328	1855	482	15019	40305	12066	9064	11910
许　昌　市	Xuchang	27	2458	1854	591	9674	29640	12401	10929	10254
漯　河　市	Luohe	21	2105	1593	463	10390	29423	7926	5838	8773
三 门 峡 市	Sanmenxia	21	1591	1239	245	5493	15439	5882	2561	6503
南　阳　市	Nanyang	83	5240	4270	587	30722	79825	24438	14746	23714
商　丘　市	Shangqiu	37	3261	2593	338	16381	43954	17397	13431	13826
信　阳　市	Xinyang	35	4249	3387	391	27162	71470	21051	21051	21618
周　口　市	Zhoukou	37	4090	3413	685	18845	48845	14847	14595	12440
驻 马 店 市	Zhumadian	30	3070	2586	510	38066	68255	15569	13702	15657
济　源　市	Jiyuan	3	501	403	141	1864	5809	1841	1588	1901
省 直 管 县	**County Directly Administrated by Province**									
巩　义　市	Gongyi	3	304	287	110	1564	3672	1253	1026	1294
兰　考　县	Lankao	2	153	126	23	711	2876	301	301	1782
汝　州　市	Ruzhou	5	455	379	82	14563	17012	3163	2178	1154
滑　　　县	Huaxian	3	484	452	12	1666	4731	1140	1140	1368
长　垣　县	Changyuan	2	480	411		10082	15147	1840	1840	2042
邓　州　市	Dengzhou	5	540	409	85	3296	9839	3255	3228	3134
永　城　市	Yongcheng	9	425	363	83	2724	6133	2837	2712	1728
固　始　县	Gushi	7	1078	860	75	5833	15312	4435	4435	4255
鹿　邑　县	Luyi	4	262	207	25	333	779	234	225	211
新　蔡　县	Xincai	5	253	204		23886	24804	576	20	434

注：本表数据不含技工学校有关数据。
a) Data in this table unclude data of technical school.

22–24 各市普通初中教育情况(2017年)

Statistics on Regular Junior Secondary Schools by City (2017)

市(县)	City(county)	学校数(所) Schools (unit)	专任教师(人) Full-time Teachers (person)	#女性 Female	#城镇 Urban	乡村 Rural Area	#学历合格高一级教师 The Degree Higher Qualified Teachers
全省	**Total**	**4515**	**299006**	**184050**	**231045**	**67961**	**225660**
省辖市	**City**						
郑州市	Zhengzhou	320	26209	18212	23192	3017	20166
开封市	Kaifeng	218	13321	8396	9458	3863	9028
洛阳市	Luoyang	327	20557	12751	17550	3007	16195
平顶山市	Pingdingshan	217	13435	8421	10037	3398	9648
安阳市	Anyang	261	15281	9989	10871	4410	12683
鹤壁市	Hebi	68	5020	3037	4509	511	3830
新乡市	Xinxiang	335	18336	11912	13125	5211	13977
焦作市	Jiaozuo	181	10557	7011	8229	2328	8199
濮阳市	Puyang	163	13255	8743	10467	2788	11132
许昌市	Xuchang	205	13030	8123	10232	2798	9351
漯河市	Luohe	100	6749	4143	5230	1519	5283
三门峡市	Sanmenxia	107	6903	4130	5519	1384	5562
南阳市	Nanyang	441	31330	19071	25635	5695	22884
商丘市	Shangqiu	405	24615	13886	17382	7233	17737
信阳市	Xinyang	316	23489	12042	16772	6717	17666
周口市	Zhoukou	507	30132	18434	22409	7723	22252
驻马店市	Zhumadian	313	24887	14570	18691	6196	18520
济源市	Jiyuan	31	1900	1179	1737	163	1547
省直管县	**County Directly Administrated by Province**						
巩义市	Gongyi	27	2169	1500	1936	233	1787
兰考县	Lankao	54	2646	1745	1533	1113	1721
汝州市	Ruzhou	55	2990	1914	1710	1280	2196
滑县	Huaxian	49	3180	2182	1729	1451	2406
长垣县	Changyuan	41	2651	2014	1907	744	2132
邓州市	Dengzhou	61	3993	2533	3103	890	2703
永城市	Yongcheng	54	3424	1920	2920	504	3080
固始县	Gushi	54	4229	2097	3213	1016	3266
鹿邑县	Luyi	72	2933	1619	2335	598	2119
新蔡县	Xincai	44	2601	1241	1415	1186	1610

注：本表专任教师按照授课对象进行分类。

a) Data in this table according to the classification of teaching object.

22-24 续表 continued

市(县) City(county)	在校学生数(人) Enrolment (person)	#女性 Female	#城镇 Urban	农村 Rural Area	校舍建筑面积(平方米) Architectural Area of the Building (Square meters)	教学及辅助用房面积(平方米) Teaching and Auxiliary Area (Square meters)	城镇 Urban	乡村 Rural Area
全　　省 Total	**4291617**	**1937765**	**3436714**	**854903**	**51332024**	**18141278**	**13949360**	**4191919**
省 辖 市 City								
郑 州 市 Zhengzhou	370175	157650	330258	39917	4818337	1674753	1429116	245637
开 封 市 Kaifeng	211865	91714	163396	48469	2133493	753553	555483	198070
洛 阳 市 Luoyang	278810	133303	240122	38688	3810515	1387593	1175075	212518
平 顶 山 市 Pingdingshan	216704	99251	158876	57828	2289559	767131	585378	181753
安 阳 市 Anyang	243059	108835	182956	60103	2479077	969760	687564	282197
鹤 壁 市 Hebi	76382	33038	70164	6218	969809	363525	285244	78281
新 乡 市 Xinxiang	272792	122079	201619	71173	3216596	1350613	950843	399770
焦 作 市 Jiaozuo	122353	54878	101525	20828	1810590	662472	500109	162362
濮 阳 市 Puyang	184179	83476	154746	29433	1963805	798736	625988	172748
许 昌 市 Xuchang	183836	81842	147625	36211	2500105	872564	709390	163174
漯 河 市 Luohe	95738	41532	78975	16763	1218949	387321	298620	88701
三 门 峡 市 Sanmenxia	71119	33792	60259	10860	1150457	411722	333832	77890
南 阳 市 Nanyang	493508	228002	414354	79154	5547746	1840157	1508092	332065
商 丘 市 Shangqiu	328973	151967	252109	76864	3799077	1514436	1074342	440094
信 阳 市 Xinyang	332361	149517	249137	83224	3689777	1208859	820798	388062
周 口 市 Zhoukou	446358	203769	351494	94864	5487358	1696633	1264341	432293
驻 马 店 市 Zhumadian	339485	152155	256626	82859	4041528	1364369	1037031	327338
济 源 市 Jiyuan	23920	10965	22473	1447	405246	117080	108114	8966
省 直 管 县 County Directly Administrated by Province								
巩 义 市 Gongyi	24089	11088	21683	2406	363068	109744	100832	8912
兰 考 县 Lankao	36452	16263	24354	12098	456581	148023	88280	59743
汝 州 市 Ruzhou	47382	21415	26297	21085	511984	165548	88012	77536
滑 县 Huaxian	53779	23428	34100	19679	501122	171786	96442	75345
长 垣 县 Changyuan	44096	18588	32651	11445	578768	178600	137702	40898
邓 州 市 Dengzhou	70901	32682	56730	14171	651517	212810	170660	42150
永 城 市 Yongcheng	59895	28506	51674	8221	573885	252313	211870	40443
固 始 县 Gushi	68426	29965	54185	14241	736099	236916	152942	83974
鹿 邑 县 Luyi	44409	20578	35448	8961	667974	246364	184655	61709
新 蔡 县 Xincai	42435	20481	23903	18532	494721	147054	83239	63815

22-25 各市普通小学教育情况(2017年)

Statistics on Regular Junior Secondary Schools by City (2017)

市(县) City(county)	学校数(所) Schools (unit)	专任教师(人) Full-time Teachers (person)	#女性 Female	#城镇 Urban	乡村 Rural Area	#学历合格高一级教师 The Degree Higher Qualified Teachers
全省 Total	**20372**	**488568**	**338694**	**263785**	**224783**	**240442**
省辖市 City						
郑州市 Zhengzhou	922	39424	31241	31261	8163	11928
开封市 Kaifeng	931	24002	16573	11987	12015	14526
洛阳市 Luoyang	867	28401	19579	18472	9929	11462
平顶山市 Pingdingshan	1272	25296	17819	13954	11342	13053
安阳市 Anyang	1302	25472	18410	13493	11979	9125
鹤壁市 Hebi	323	7164	5161	4848	2316	3375
新乡市 Xinxiang	1313	26376	20144	14463	11913	12314
焦作市 Jiaozuo	526	14594	10826	9392	5202	7240
濮阳市 Puyang	944	20668	14977	10708	9960	9334
许昌市 Xuchang	838	21573	15258	11928	9645	13264
漯河市 Luohe	499	10156	7162	5616	4540	5304
三门峡市 Sanmenxia	237	9484	6574	6670	2814	3769
南阳市 Nanyang	2217	54550	36385	28930	25620	28940
商丘市 Shangqiu	2115	46093	30106	21485	24608	28659
信阳市 Xinyang	1394	36671	23844	17143	19528	15298
周口市 Zhoukou	2482	54100	34454	23633	30467	29705
驻马店市 Zhumadian	2099	42093	28518	17901	24192	22393
济源市 Jiyuan	91	2451	1663	1901	550	753
省直管县 County Directly Administrated by Province						
巩义市 Gongyi	68	2953	2263	2440	513	1018
兰考县 Lankao	227	3955	2839	1787	2168	1831
汝州市 Ruzhou	386	5121	3505	2431	2690	2461
滑县 Huaxian	332	5843	4127	1997	3846	2502
长垣县 Changyuan	245	4341	3720	2405	1936	1860
邓州市 Dengzhou	608	7197	4395	3093	4104	4239
永城市 Yongcheng	371	7001	4702	3830	3171	3072
固始县 Gushi	304	6561	4307	3132	3429	2288
鹿邑县 Luyi	337	5084	3068	2023	3061	2673
新蔡县 Xincai	276	5261	3201	1497	3764	3073

注：本表专任教师按照授课对象进行分类。
a) Data in this table according to the classification of teaching object.

22-25 续表 continued

市(县) City(county)	在校学生数(人) Enrolment (person)	#女性 Female	#城镇 Urban	农村 Rural Area	校舍建筑面积(平方米) Architectural Area of the Building (Square meters)	教学及辅助用房面积(平方米) Teaching and Auxiliary Area (Square meters)	城镇 Urban	乡村 Rural Area
全 省 Total	**9820554**	**4517305**	**6053397**	**3767157**	**66415933**	**36649244**	**17598208**	**19051037**
省 辖 市 City								
郑 州 市 Zhengzhou	872555	396741	712420	160135	5633097	2620486	2021688	598798
开 封 市 Kaifeng	472950	212292	266126	206824	2878893	1567451	729340	838112
洛 阳 市 Luoyang	596232	284289	428942	167290	4558428	2422706	1320392	1102314
平 顶 山 市 Pingdingshan	550425	254578	314451	235974	3206218	1707166	824869	882297
安 阳 市 Anyang	624580	281740	355263	269317	3491298	2151760	972347	1179414
鹤 壁 市 Hebi	149482	67831	110945	38537	1140273	607398	358802	248596
新 乡 市 Xinxiang	632019	284189	378997	253022	3682370	2275982	1126877	1149105
焦 作 市 Jiaozuo	258010	119785	193376	64634	1878977	971770	604010	367759
濮 阳 市 Puyang	407001	185100	239351	167650	2589365	1591655	776619	815036
许 昌 市 Xuchang	419381	190900	265734	153647	2757570	1534537	788740	745797
漯 河 市 Luohe	205088	94140	129116	75972	1440806	770644	360278	410366
三 门 峡 市 Sanmenxia	153219	73666	120772	32447	1416330	657578	410905	246673
南 阳 市 Nanyang	1258308	580440	781691	476617	8198630	4394001	2012986	2381015
商 丘 市 Shangqiu	783122	366202	426972	356150	5616151	3630320	1621280	2009039
信 阳 市 Xinyang	674265	308680	388836	285429	4393581	2381820	935279	1446541
周 口 市 Zhoukou	920605	427254	497633	422972	7322669	3771410	1368366	2403045
驻 马 店 市 Zhumadian	790038	364430	395750	394288	5774135	3422599	1237036	2185562
济 源 市 Jiyuan	53274	25048	47022	6252	437144	169961	128393	41567
省 直 管 县 County Directly Administrated by Province								
巩 义 市 Gongyi	53246	25157	46690	6556	442300	223823	181677	42146
兰 考 县 Lankao	77617	35296	37283	40334	445170	248282	98451	149831
汝 州 市 Ruzhou	122156	55957	57013	65143	767088	444072	184498	259574
滑 县 Huaxian	154417	68467	56396	98021	912517	544335	139955	404380
长 垣 县 Changyuan	95882	41486	60943	34939	585213	326964	184212	142751
邓 州 市 Dengzhou	179292	85059	85778	93514	1044084	590634	200109	390524
永 城 市 Yongcheng	157526	72784	96563	60963	1079111	711131	345271	365860
固 始 县 Gushi	126482	57553	73654	52828	692816	405144	167492	237652
鹿 邑 县 Luyi	95455	44573	51479	43976	631666	351203	114416	236787
新 蔡 县 Xincai	102098	49902	36741	65357	678996	393244	104396	288848

22-26 各市特殊教育情况(2017年)
Statistics on Special Education by City (2017)

单位：人 (person)

市(县) City(county)	学校数(所) Number of Schools (unit)	专任教师 Full-time Teachers	#女性 Female	招生数 Entrants	在校学生数 Enrolment	#女生 Female	毕业生数 Graduates
全　　省 Total	**148**	**3776**	**2815**	**6509**	**30672**	**10835**	**2127**
省　辖　市 City							
郑　州　市 Zhengzhou	13	409	329	340	2101	717	202
开　封　市 Kaifeng	9	169	135	227	1257	452	100
洛　阳　市 Luoyang	14	320	240	468	2212	808	202
平顶山市 Pingdingshan	9	219	172	425	2297	846	105
安　阳　市 Anyang	8	184	140	418	1712	619	70
鹤　壁　市 Hebi	2	44	33	87	518	176	60
新　乡　市 Xinxiang	8	187	141	404	2250	767	99
焦　作　市 Jiaozuo	8	165	102	272	1456	520	145
濮　阳　市 Puyang	6	166	135	307	1173	419	44
许　昌　市 Xuchang	5	96	65	66	435	144	29
漯　河　市 Luohe	6	103	76	177	1011	353	88
三门峡市 Sanmenxia	5	110	83	134	969	387	73
南　阳　市 Nanyang	14	330	254	721	3262	1100	190
商　丘　市 Shangqiu	10	327	248	781	3049	1108	187
信　阳　市 Xinyang	10	245	160	270	1871	661	154
周　口　市 Zhoukou	10	323	227	807	2537	815	79
驻马店市 Zhumadian	10	329	238	533	2260	828	104
济　源　市 Jiyuan	1	50	37	72	302	115	196
省直管县 County Directly Administrated by Province							
巩　义　市 Gongyi	1	16	13	35	192	74	14
兰　考　县 Lankao	1	6	6	31	162	39	2
汝　州　市 Ruzhou	1	14	11	123	721	245	28
滑　　县 Huaxian	1	20	17	151	377	113	14
长　垣　县 Changyuan	1	45	36	63	383	131	21
邓　州　市 Dengzhou	1	28	24	175	664	242	21
永　城　市 Yongcheng	1	31	24	10	122	41	5
固　始　县 Gushi	1	21	15	12	97	33	20
鹿　邑　县 Luyi	1	26	21	71	204	62	7
新　蔡　县 Xincai	1	22	17	117	232	102	

22-27 各市成人教育基本情况(2017年)
Basic Statistics on Adult Schools by City (2017)

单位：人 (person)

市 City	学校数(所) Number of Schools (unit)	教职工数 Teachers and Staff	#专任教师 Full-time Teachers	在校学生数 Student Enrollment	招生数 New Student Enrollment	毕业生数 Graduates
全 省 Total	**8506**	**30343**	**20408**	**2729254**	**2549116**	**2633961**
郑 州 市 Zhengzhou	1257	8464	5306	574505	506201	517435
开 封 市 Kaifeng	299	2188	1235	153560	140991	134937
洛 阳 市 Luoyang	532	1252	1015	160881	147992	146459
平 顶 山 市 Pingdingshan	300	1930	1581	48609	39350	38784
安 阳 市 Anyang	44	341	272	95521	94172	101155
鹤 壁 市 Hebi				265	5	1382
新 乡 市 Xinxiang	428	1319	829	138621	106858	131260
焦 作 市 Jiaozuo	885	2279	1440	160809	156100	159107
濮 阳 市 Puyang	6	246	163	1700	632	614
许 昌 市 Xuchang	179	701	352	9493	4516	6617
漯 河 市 Luohe	179	621	514	20406	19424	19987
三 门 峡 市 Sanmenxia	732	879	499	309944	309278	310429
南 阳 市 Nanyang	2445	5267	3905	590463	575054	617806
商 丘 市 Shangqiu	145	1529	1088	35351	30591	64857
信 阳 市 Xinyang	140	1115	645	134811	130641	127930
周 口 市 Zhoukou	655	593	511	53324	49544	40118
驻 马 店 市 Zhumadian	279	1566	1007	240963	237739	215059
济 源 市 Jiyuan	1	53	46	28	28	25

22-28 各市技工学校基本情况(2017年)
Basic Statistics on Technical Schools by City (2017)

单位：人 (person)

市 City	学校数(所) Number of Schools (unit)	在职教职工数 Teachers and Staff	#专任教师 Full-time Teachers	在校学生数 Student Enrollment	招生数 New Student Enrollment	毕业生数 Graduates
全省 Total	**149**	**15790**	**13446**	**264736**	**108355**	**85320**
郑州市 Zhengzhou	28	3788	3251	102441	41227	37316
开封市 Kaifeng	10	1404	1124	32022	12424	14264
洛阳市 Luoyang	16	972	795	9090	6576	3734
平顶山市 Pingdingshan	9	1180	959	16263	6067	2560
安阳市 Anyang	5	373	320	2449	1117	461
鹤壁市 Hebi	4	513	492	8256	2311	1346
新乡市 Xinxiang	7	1123	1016	17695	6880	4943
焦作市 Jiaozuo	5	718	672	10190	4300	3214
濮阳市 Puyang	5	271	247	6813	2084	1231
许昌市 Xuchang	5	787	523	5424	2212	839
漯河市 Luohe	6	524	461	12673	4844	3020
三门峡市 Sanmenxia	4	657	630	14397	5441	3641
南阳市 Nanyang	14	903	819	5292	2734	1327
商丘市 Shangqiu	9	474	369	3480	1726	1947
信阳市 Xinyang	10	658	551	1477	567	652
周口市 Zhoukou	6	342	314	2466	1292	310
驻马店市 Zhumadian	4	867	690	10580	5006	2652
济源市 Jiyuan	2	236	213	3728	1547	1863

22-29 各市成人高等教育基本情况(2017年)

Basic Statistics on Adult Education Schools by City (2017)

单位：人 (person)

市	City	学校数(所) Number of Schools (unit)	教职工数 Teachers and Staff	#专任教师 Full-time Teachers	在校学生数 Student Enrollment	招生数 New Student Enrollment	毕业生数 Graduates
全省	**Total**	**11**	**1499**	**1104**	**282181**	**125046**	**159207**
郑州市	Zhengzhou	4	509	293	87790	37165	52943
开封市	Kaifeng	1			19034	6802	8969
洛阳市	Luoyang	3	205	122	24611	13036	11232
平顶山市	Pingdingshan	1	573	550	17916	8657	12892
安阳市	Anyang				4878	3529	6220
鹤壁市	Hebi				111	1	326
新乡市	Xinxiang				54685	23137	21838
焦作市	Jiaozuo	1	212	139	7696	2987	5994
濮阳市	Puyang				14	14	5
许昌市	Xuchang				9456	4516	4053
漯河市	Luohe				1434	452	1162
三门峡市	Sanmenxia				393	271	1392
南阳市	Nanyang				28461	13052	12723
商丘市	Shangqiu				7008	3175	3212
信阳市	Xinyang				6422	2561	9932
周口市	Zhoukou				6059	2702	2541
驻马店市	Zhumadian	1			6185	2961	3748
济源市	Jiyuan				28	28	25

22-30 各市学前教育情况(2017年)

Statistics on Pre-school Education by City (2017)

市(县) City(county)	幼儿园数(所) Number of Kindergartens (unit)	专任教师数(人) Full-time Teachers	#女性 Female	在园幼儿数(人) Student Enrollment (person)	#女童 Girl	#公办幼儿园 Public Kindergartens
全　省 Total	**20613**	**197753**	**195465**	**4249250**	**2001906**	**1376828**
省辖市 City						
郑州市 Zhengzhou	1611	26297	25904	391203	182922	123931
开封市 Kaifeng	1084	9880	9794	204098	95717	61331
洛阳市 Luoyang	1176	13442	13351	260866	124778	65570
平顶山市 Pingdingshan	1517	11881	11760	232763	109855	60854
安阳市 Anyang	1801	12197	12069	245012	113425	55865
鹤壁市 Hebi	416	3624	3594	64913	30385	9454
新乡市 Xinxiang	1802	14794	14686	262421	121706	70531
焦作市 Jiaozuo	672	7586	7494	136503	64407	39444
濮阳市 Puyang	830	8416	8364	168662	77851	49337
许昌市 Xuchang	1140	10914	10831	206818	97656	33970
漯河市 Luohe	510	4850	4797	98222	46480	39290
三门峡市 Sanmenxia	376	4944	4907	75941	36528	25141
南阳市 Nanyang	1997	15263	15065	424666	198983	175723
商丘市 Shangqiu	1308	17135	16932	391613	185696	131828
信阳市 Xinyang	1298	9786	9580	288273	134580	135228
周口市 Zhoukou	1975	15304	15063	427585	205119	145506
驻马店市 Zhumadian	923	9822	9691	337767	160412	139487
济源市 Jiyuan	177	1618	1583	31924	15406	14338
省直管县 County Directly Administrated by Province						
巩义市 Gongyi	116	1915	1903	31580	14846	1946
兰考县 Lankao	171	1337	1318	35217	16583	8838
汝州市 Ruzhou	427	2785	2755	60438	28790	12377
滑县 Huaxian	367	2673	2641	64893	29953	22157
长垣县 Changyuan	212	2203	2197	38618	17685	11838
邓州市 Dengzhou	349	2322	2278	76848	36667	41717
永城市 Yongcheng	202	3602	3579	76123	36064	20895
固始县 Gushi	308	2038	2004	49074	22554	12137
鹿邑县 Luyi	101	367	354	37334	17878	16924
新蔡县 Xincai	32	456	454	44531	21684	17861

22-31 各市各级普通学校生师比(2017年)

Student-Teacher Ratio by Level of Regular Schools by City (2017)

单位：人 (person)

市(县)	City(county)	普通小学 Primary School	初中 Junior Secondary School	普通高中 Regular Senior Secondary School	中等职业学校 Secondary Vocational School
全省	**Total**	**20.10**	**14.35**	**16.48**	**21.41**
省辖市	**City**				
郑州市	Zhengzhou	22.13	14.12	13.87	25.53
开封市	Kaifeng	19.70	15.90	19.29	22.70
洛阳市	Luoyang	20.99	13.56	14.05	24.45
平顶山市	Pingdingshan	21.76	16.13	16.66	24.05
安阳市	Anyang	24.52	15.91	16.09	17.80
鹤壁市	Hebi	20.87	15.22	17.59	32.77
新乡市	Xinxiang	23.96	14.88	14.66	20.80
焦作市	Jiaozuo	17.68	11.59	16.13	20.48
濮阳市	Puyang	19.69	13.90	16.13	21.73
许昌市	Xuchang	19.44	14.11	13.16	15.99
漯河市	Luohe	20.19	14.19	16.49	18.47
三门峡市	Sanmenxia	16.16	10.30	11.31	12.46
南阳市	Nanyang	23.07	15.75	17.76	18.69
商丘市	Shangqiu	16.99	13.36	18.07	16.95
信阳市	Xinyang	18.39	14.15	17.67	21.10
周口市	Zhoukou	17.02	14.81	19.10	14.31
驻马店市	Zhumadian	18.77	13.64	19.48	26.39
济源市	Jiyuan	21.74	12.59	13.94	14.41
省直管县	**County Directly Administrated by Province**				
巩义市	Gongyi	18.03	11.11	12.00	12.79
兰考县	Lankao	19.63	13.78	19.78	22.83
汝州市	Ruzhou	23.85	15.85	15.56	44.89
滑县	Huaxian	26.43	16.91	15.34	10.47
长垣县	Changyuan	22.09	16.63	17.20	36.85
邓州市	Dengzhou	24.91	17.76	18.85	24.06
永城市	Yongcheng	22.50	17.49	19.12	16.90
固始县	Gushi	19.28	16.18	17.96	17.80
鹿邑县	Luyi	18.78	15.14	18.56	3.76
新蔡县	Xincai	19.41	16.31	23.50	121.59

22-32 各市每十万人口各级学校平均在校生数(2017年)

Number of Average Students Enrollment by Level of school per 10 0000 Population by City (2017)

单位：人 (person)

市(县) City(county)	学前教育 Pre-school Education	小学 Primary School	初中阶段 Junior Secondary School	高中阶段 Senior Secondary School	高等教育 Higher Education
全省 Total	**4445.29**	**10273.62**	**4489.61**	**3543.46**	**2577.84**
省辖市 City					
郑州市 Zhengzhou	3959.26	8830.90	3746.45	6043.89	1231.41
开封市 Kaifeng	4486.36	10396.10	4657.09	3993.36	3194.23
洛阳市 Luoyang	3823.62	8739.22	4086.63	3517.21	1235.87
平顶山市 Pingdingshan	4656.19	11010.70	4334.95	2901.80	1779.10
安阳市 Anyang	4777.46	12178.61	4739.38	2725.38	312.35
鹤壁市 Hebi	4003.88	9220.16	4711.30	3736.43	13247.72
新乡市 Xinxiang	4548.81	10955.43	4728.58	3154.15	1564.26
焦作市 Jiaozuo	3834.25	7247.27	3436.79	3562.18	411.67
濮阳市 Puyang	4634.46	11183.50	5060.84	3471.55	1455.58
许昌市 Xuchang	4690.92	9512.15	4169.66	2385.70	815.49
漯河市 Luohe	3706.09	7738.33	3612.36	3378.39	631.44
三门峡市 Sanmenxia	3347.34	6753.60	3134.79	3151.80	5071.36
南阳市 Nanyang	4225.45	12520.23	4910.43	2845.83	1042.25
商丘市 Shangqiu	5365.59	10729.76	4507.34	2757.28	1183.49
信阳市 Xinyang	4466.83	10447.83	5149.98	4043.44	752.89
周口市 Zhoukou	4879.88	10506.55	5094.13	3416.15	379.95
驻马店市 Zhumadian	4824.48	11284.48	4849.02	3543.63	178.84
济源市 Jiyuan	4367.17	7287.82	3272.23	3556.91	
省直管县 County Directly Administrated by Province					
巩义市 Gongyi	3792.48	6394.38	2892.88	2140.03	
兰考县 Lankao	5482.95	12084.23	5675.23	3287.56	
汝州市 Ruzhou	6393.53	12922.46	5012.38	3606.58	
滑县 Huaxian	6047.81	14391.15	5012.02	2354.33	197.58
长垣县 Changyuan	5028.39	12484.64	5741.67	4431.77	
邓州市 Dengzhou	5432.87	12675.29	5012.44	2380.28	443.76
永城市 Yongcheng	6173.30	12774.80	4857.27	2264.62	
固始县 Gushi	4502.20	11603.85	6277.61	4693.85	
鹿邑县 Luyi	4280.44	10944.16	5091.61	2700.41	
新蔡县 Xincai	5263.09	12066.90	5015.36	5239.45	

注：高等教育包括研究生、普通本专科和成人本专科生。

a) Higher Education include Postgraduate, Junior College Student, Undergraduate in Regular and Adult Institutions.

22-33 各市教育经费情况(2017年)
Basic Statistics on Educational Funds by City (2017)

单位：万元 (10 000 yuan)

市(县) City(County)	合计 Total	国家财政性教育经费 Govemment Appropriation for Education	#公共财政预算教育经费 Public Budget Expenditure on Education	民办学校中举办者投入 Funds from Runners of Private Schools	社会捐赠经费 Donations and Fund Raising for Running Schools	事业收入 Income from Teahing Research and other Auxiliary Activity	学杂费 Tuition and Miscellaneous Fees	其他教育经费 Other Educational Funds
全 省 Total	**21546749**	**16854320**	**16651866**	**208431**	**27556**	**4143540**	**3515334**	**312903**
省本级 Provincial Level	3734461	2192596	2162300	2489	5909	1297812	1072711	235655
郑州市 Zhengzhou	2455307	1895065	1879970	65062	704	482802	435760	11674
开封市 Kaifeng	818683	640434	627673	4709	69	172164	145279	1308
洛阳市 Luoyang	1234081	1039656	1037772	15383	881	175251	148585	2910
平顶山市 Pingdingshan	837073	702446	693079	5868	2189	124030	108973	2539
安阳市 Anyang	920629	758016	749618	4123	123	149968	137268	8401
鹤壁市 Hebi	300515	244951	244712	345	35	49819	40952	5364
新乡市 Xinxiang	1008097	787854	763984	22805	410	191851	169440	5176
焦作市 Jiaozuo	603255	471720	470956	9312	233	115793	103294	6197
濮阳市 Puyang	747640	641706	638468	4439	246	97213	89556	4036
许昌市 Xuchang	763289	609652	568737	3419	15	148197	129446	2006
漯河市 Luohe	454628	371233	363608	5349	110	71414	62183	6522
三门峡市 Sanmenxia	526305	477436	473273	3529	290	43071	37450	1980
南阳市 Nanyang	1652939	1432442	1410635	4176	1185	212480	175108	2657
商丘市 Shangqiu	1267065	1019857	1009023	5396		240789	188033	1023
信阳市 Xinyang	1255040	1109384	1108368	3692	247	132804	112129	8913
周口市 Zhoukou	1484696	1194766	1191022	9998	12522	266352	230501	1059
驻马店市 Zhumadian	1319576	1126944	1120852	38092	2253	152109	111869	179
济源市 Jiyuan	163469	138161	137815	247	134	19621	16796	5306
省直管县 County Directly Administrated by Province								
巩义市 Gongyi	129276	111141	109625			18135	16501	
兰考县 Lankao	158814	137976	137974	341	10	20463	19102	25
汝州市 Ruzhou	150528	130589	130476	21		19917	18671	
滑县 Huaxian	179486	147451	147426	7	6	27430	25345	4594
长垣县 Changyuan	149773	116176	115083			33596	30780	
邓州市 Dengzhou	203344	181755	173732	76	2	21203	18656	308
永城市 Yongcheng	159195	133699	133699	425		24748	22145	322
固始县 Gushi	196472	174086	174086	1554	243	20589	17831	
鹿邑县 Luyi	130412	98670	98670	1115		30581	28014	46
新蔡县 Xincai	152820	129754	129639			23066	7553	

22－34 外国留学生情况(2017年)

Basic condition of International student (2017)

单位：人、人次 (person, person-time)

项　目	Item	招生数 Entrants	在校生数 Enrolment	毕(结)业生数 Graduates	授予学位数 Number of Degrees Conferred
外国留学生数	**Number of International Student**	**1690**	**3536**	**1195**	**248**
#女性	Female	784	1577	555	101
按层次分	**by Level**	**711**	**2118**	**319**	**248**
博士研究生	Doctor's Degree	26	51	6	5
硕士研究生	Master's Degree	111	242	49	44
本科	Normal Courses	569	1799	219	199
专科	Short-cycle Courses	5	26	45	
培训	Training	979	1418	876	
按大洲分	**by Continents**	**1690**	**3536**	**1195**	**248**
亚洲	Asia	1150	2740	764	195
非洲	Africa	238	346	136	26
欧洲	Europe	111	203	111	2
北美洲	North America	149	178	139	7
南美洲	South America	13	18	1	
大洋洲	Oceania	29	51	44	18

主要统计指标解释

教育 指国家、社会、私人依照国家有关法规开办的各类教育机构的活动，以及其他与教育相关的活动。主要包括学前教育、初等教育、中等教育、高等教育和其他教育等类别。学前教育指按照国家幼儿教育规定对学龄前幼儿进行保育和教育活动；初等教育指义务教育法规定的初等教育和成人扫盲教育活动；中等教育指小学毕业到大学专科教育以前的教育；高等教育指经教育行政部门批准、由国家、地方、社会办的获取学历的高等教育活动和经教育主管部门批准举办的成人高等教育活动；其他教育主要指职业技能培训、特殊教育以及其他未列明的教育活动。

国家财政性教育经费 包括国家财政预算内教育经费，各级政府征收用于教育的税费，企业办学校教育经费，校办产业、勤工俭学和社会服务收入用于教育的经费。

财政预算内教育经费 指中央、地方各级财政或上级主管部门在年度内安排，并计划拨到教育部门和其他部门主办的各级各类学校、教育事业单位，列入国家预算支出科目的教育经费，包括教育事业拨款、科研经费拨款、基建拨款和其他经费拨款。

在园幼儿数 指在单独设立的、小学附设的学前班、幼儿班及托儿所附设的幼儿班的幼儿数。托幼混合班仅统计三至周六岁的幼儿数。不包括季节性的农忙时临时组织的幼儿园。

学前教育毛入园率 指学前教育在学人数占国家规定的年龄组人口数的比重。计算公式为：

$$学前教育毛入园率=\frac{在园儿童数}{学前教育学龄人口总数}\times 100\%$$

小学学龄儿童净入学率 指小学学龄人口中正在接受小学教育人数所占比重。计算公式为：

$$学龄儿童净入学率=\frac{小学学龄人口中已经进入小学学习的在校学生总数}{小学学龄人口数}\times 100\%$$

小学五年巩固率 指小学五年级在校学生中，能够从一年级连续学习五年的学生数占入学时本年级学生数比重。计算公式为：

$$小学五年的巩固率=\frac{在校学生数}{该年级入小学一年级时\quad 的学生数}\times 100\%$$

初中阶段毛入学率 指初中阶段在校学生总数与12-14岁学龄组人口数的比重。计算公式为：

$$初中阶段毛入学率=\frac{初中阶段在校学生数}{12至14学龄组人口数}\times 100\%$$

初中三年巩固率 指初中三年级在校学生中，能够从一年级连续学习三年的学生占入学时本年级学生数比重。计算公式为：

$$初中三年巩固率=\frac{三年级在校学生数}{该年级入初中一年级时的学生数}\times 100\%$$

高中阶段毛入学率 指高中阶段(包括普通高中、职业高中、中等专业学校、技工学校、成人中等专业学校、成人高中)在校学生总数与15−17岁学龄组人口数的比重。计算公式为：

$$高中阶段毛入学率=\frac{高中阶段在校学生数}{15-17岁学龄组人口数}\times 100\%$$

特殊教育 指独立设置的招收盲聋哑和残疾儿童，以及其他特殊需要的儿童，青少年进行普通或职业初中，中等教育的教学。

普通高等学校　指按国家规定的设置标准和审批程序批准建立的，通过全国普通高等教育统一招生考试，招收高中毕业生为主要培养对象，实施高等学历教育的全日制大学、独立设置的学院和高等专科学校、高等职业学校和其他机构。

大学、独立设置的学院主要实施本科及本科层次以上教育。高等专科学校、高等职业学校实施专科层次教育。其他机构是承担国家普通招生计划任务不计校数的机构。包括普通高等学校分校和批准筹建的普通高等学校等(注：高等学校在校学生数均不包括在校研究生)。

成人高等学校　指国家规定的设置标准和审批程序批准举办的，通过全国成人高等教育统一招生考试，招收具有高中毕业或同等学历的人员为主要培养对象，利用函授、业余、脱产的多种形式对其实施高等学历教育的学校。包括职工高等学校、农民高等学校、管理干部学院、教育学院、独立函授学院、广播电视大学、其他机构。其他机构是承担国家成人招生计划任务不计校数的机构。

初中毕业生升学率　计算初中毕业生升学率所用分子数为高级中学招生数，包括：普通高中招生数、职业高中招生数、技工学校招生数、普通中专招收初中毕业生数、普通中专举办的成人中专招收应届初中毕业生数及成人中专招收应届初中毕业生数，分母是初中毕业生人数。

Explanatory Notes on Main Statistical Indicators

Education refers to education institutions offered activities in the state, society, private in according to the relevant regulations of the state of all kinds of, as well as other and education related activities. Mainly include preschool education, elementary mainly include education, secondary education, higher education and other education classes.

Government Appropriation for Education refers to State budgetary fund for education, taxes and fees collected by governments at all levels that are used for education purpose, education fund for enterprise-run schools, income from school-run enterprises, work-study program and social services that are used for education purpose.

Budgetary Fund for Education refers to education funding that is planned to be allocated to various schools and education institutions by central and local financial departments at various levels within the reference year, which is within the State budgetary expenditure, including: appropriated funds for education, for science and research, for capital construction and others.

The number of infant refers infant in all kinds of kindergarten. nursery and education establishment, enrolling children in 3-6 years old.

Pre-school education entrance rate refers proportion of number of Pre-school education persons in Pre-school education school-age population×100%.

Pre-school education entrance rate= number of Pre-school education persons/ Pre-school education school-age population.

Net Enrolment Ratio of Primary Schools refers to the proportion of school age children enrolled at schools to the total number of school age children both in and outside schools (including retarded children, but excluding blind, deaf and mute children). The formula is:

$$\text{Net Enrolment Ratio of Primary Schools} = \frac{\text{Total Primary School - age Children at Schools}}{\text{Total Primary School - age Children Whether or Not Attending School}} \times 100\%$$

Elementary school five years Consolidate rate refers to the proportion of Primary school pupils to the A primary school grade.

Elementary school five years Consolidate rate= Primary school pupils/ the A primary school grade×100%.

The junior middle school stage gross enrollment rate refers to the proportion of number of middle school students in school to 12-14 years old population.

The junior middle school stage gross enrollment rate= number of middle school students/12-14 years old population×100%

Junior school three years Consolidate rate refers to the proportion of Junior school students to the Junior school grade.

Junior school three years Consolidate rate= Junior school students / the Junior school grade×100%.

The senior middle school stage gross enrollment rate refers to the proportion of number of senior middle school students in school to 15-17 years old population.

The senior middle school stage gross enrollment rate= number of senior middle school students/15-17 years old population×100%

Higher Education gross enrollment rate refers to the proportion of number of Higher Education students in school to 18-22 years old population.

Special Education Schools refer to educational establishments set up independently, enrolling blind, deaf, dumb, amentia or other special children, and educational establishment, providing regular or vocational junior and senior secondary education for hobbledehoy.

Regular Institutions of Higher Education refer to educational establishments set up according to the government evaluation and approval procedures, recruiting graduates from senior secondary schools as the main target by National Matriculation TEST. They include full-time universities, colleges, institutions of higher professional education, institutions of higher vocational education, institutions of higher vocational education and others (non-university tertiary, branch schools and undergraduate classes).

Universities and colleges primarily provide undergraduate courses; institutions of higher professional education and institutions of higher vocational education primarily provide professional trainings; and others refer to educational establishments, which are responsible for enrolling higher education students under the State Plan but not enumerated in the total number of schools, including: branch schools of universities and colleges, and universities and colleges that have been approved and under plan for construction. Non-university tertiary refers to the regular undergraduate branch college which is running in new mechanism and mode, excluding the branch schools and other similar branches of educational institutions.

Institutions of Higher Education for Adults refer to educational establishments, set up in line with relevant rules approved by the government, enrolling staff and workers with senior secondary school or equivalent education, and providing higher education courses in many forms of correspondence, spare time, or full time for adults. Professionals thus trained receive a qualification equivalent to graduates studying regular courses at regular universities, colleges and professional colleges. Institutions of higher learning for adults include schools of higher education for staff and workers, schools of higher education for peasants, colleges for management cadres, pedagogical colleges, independent correspondence colleges, Radio and TV universities and other educational establishments. Other educational establishments have undertakings to enrol adult students but not enumerated in the schools under the State Plan.

Junior high school graduates entering middle schools rate refers to ordinary high school include, professional high school include, technicians schools include average technical secondary school, junior middle school graduate recruit average technical secondary school, the number of the adult technical secondary school recruit fresh held the junior middle school graduates number and adult secondary recruit fresh junior high school graduates number, the molecules is Senior middle schools recruit students, the denominator is junior high school graduates.

卫生和社会工作

Public Health and Social Work

23

◎ 资料整理：孔令惠

简要说明

一、主要内容

本篇主要反映卫生、社会服务、残疾人事业的发展情况。

卫生统计资料主要包括医疗卫生机构、卫生人员、卫生设施、卫生经费、基层医疗卫生服务、妇幼保健、疾病控制、居民病伤死亡原因、医疗保障制度等情况。

社会服务统计资料主要包括社会服务企事业机构、社会组织、人员、床位情况，优抚和社会救济情况，社会服务机构情况，婚姻服务情况，殡葬服务情况，社会捐赠和福利彩票销售情况等。

残疾人统计资料主要包括残疾人康复、教育、就业、社会保障、扶贫和残联组织建设情况。

二、资料来源

卫生部分的资料由省卫生厅提供，社会服务资料由省民政厅提供，由省统计局社会与科技处编辑整理。

Brief Introduction

I. Main Contents

Data in this chapter mainly reflect the development of public health, civil affairs, and work for person with disabilities.

Data on public health include mainly the number of medical and health institutions, health personnel, health facility, health expenses, medical and health services at grass-root level, maternal and child health, disease control, major diseases as the causes of death, and health security system.

Data on civil affairs include: institutions, social organizations, personnel and beds of social services, social welfare relief, community service facilities and marriage registration service, funeral and interment services, social donations and welfare lottery.

Data on disabled persons cover information on the rehabilitation, education, employment and poverty alleviation of disabled persons and institutions serving the needs of disabled persons.

II. Sources of Data

Data on public health are calculated from Henan provincial bureau of health. Data on social services are calculated from Henan provincial civil bureau of civil affairs. Data on this chapter are provided by department of social and technology of the Henan provincial Bureau of Statistics.

23-1 卫生事业基本情况
Basic Statistics on Public Health

年份 Year	卫生机构数(个) Number of Health Institutions (unit)	#医院、卫生院 Hospitals & Health Centers	卫生机构床位数(万张) Number of Beds in Health Institutions (10 000 units)	#医院、卫生院 Hospitals & Health Centers	卫生技术人员数(万人) Medical Technical Personnel (10 000 persons)	#执业(助理)医师 Licensed (Assistant) Doctors	每万人口拥有 per 10 000 Population: 卫生机构床位数(张) Number of Beds in Health Institutions (unit)	每万人口拥有 per 10 000 Population: 执业(助理)医师数(人) Licensed (Assistant) Doctors (person)
1978	7356	2476	10.20	9.73	11.44	4.38	14.4	6.2
1979	7702	2501	11.23	10.63	12.89	4.79	15.6	6.7
1980	7831	2530	11.92	11.17	14.48	5.41	16.4	7.4
1981	8483	2563	12.49	11.65	16.31	6.81	16.9	9.2
1982	8513	2578	13.08	12.11	17.34	7.31	17.4	9.7
1983	8504	2611	13.77	12.74	18.38	7.82	18.0	10.2
1984	8583	2665	14.24	13.13	19.12	8.10	18.4	10.5
1985	9207	2688	14.91	13.77	19.49	8.36	19.0	10.7
1986	8933	2713	15.31	13.99	20.15	8.50	19.2	10.6
1987	8833	2730	16.90	15.42	20.44	8.49	20.7	10.4
1988	8865	2756	17.55	15.95	21.36	8.85	21.1	10.6
1989	8721	2810	17.96	16.25	21.85	9.61	21.2	11.3
1990	8676	2824	18.21	16.36	22.28	9.94	21.1	11.5
1991	8639	2834	18.49	16.56	23.03	9.93	21.1	11.3
1992	8375	2857	18.91	16.97	23.91	10.14	21.3	11.4
1993	7669	2892	18.91	17.22	24.39	10.16	21.1	11.4
1994	7656	2944	19.14	17.45	25.13	10.55	21.2	11.7
1995	7661	2965	19.23	17.54	25.50	10.57	21.1	11.6
1996	7253	2987	18.95	17.54	25.77	10.57	20.7	11.5
1997	7194	3001	18.92	17.58	26.20	10.67	20.5	11.5
1998	11774	2999	19.42	17.99	26.32	10.68	20.8	11.5
1999	11643	3014	19.71	18.26	26.66	10.89	21.0	11.6
2000	10764	3027	19.86	18.34	26.84	11.11	20.9	11.7
2001	10719	3024	19.99	18.50	27.18	11.12	20.9	11.6
2002	13291	3094	19.73	18.75	26.48	10.17	20.5	10.6
2003	13621	3149	20.37	19.28	27.87	10.64	21.1	11.0
2004	13821	3182	20.90	19.72	28.42	10.94	21.5	11.3
2005	14554	3260	21.40	20.23	28.92	11.11	21.9	11.4
2006	14629	3292	22.52	21.23	30.07	11.55	22.9	11.8
2007	11888	3281	23.95	22.61	29.79	11.59	24.3	11.7
2008	11683	3263	26.83	25.22	30.99	11.93	27.1	12.0
2009	12157	3282	30.24	28.30	34.64	13.96	30.3	14.0
2010	75741	3282	32.76	30.44	37.28	15.48	34.8	16.5
2011	76201	3304	34.92	32.49	39.52	15.58	37.2	16.6
2012	69222	3356	39.39	36.57	42.88	16.77	41.9	17.8
2013	71464	3471	42.98	40.03	46.91	18.06	45.7	19.2
2014	71157	3470	45.93	42.83	49.45	18.93	48.7	20.1
2015	71397	3585	48.96	45.65	51.96	19.86	51.6	21.0
2016	71273	3662	52.16	48.74	54.67	20.68	54.7	21.7
2017	71089	3693	55.90	52.21	58.05	22.03	58.5	23.0

注：从2010年起村卫生室、2013年起计划生育技术服务机构，其机构、人员分别计入卫生机构总数、卫生人员总数(下表同)。

a) Data on Number of Health Institutions and Personnel include Village Hospital & Health Center since 2010, and include family planning fertility technical service institution since 2013.(the same as the following table)

23-2 卫生事业发展情况
Basic Statistics on Public Health Development

项　目	Item	1990	1995	2000	2005	2010	2016	2017
卫生机构数(个)	**Number of Health Institutions (unit)**	**8676**	**7661**	**10764**	**14554**	**75741**	**71273**	**71089**
#村卫生室	Village Clinics					64140	56774	56462
医院	Hospitals	789	896	966	1172	1198	1596	1632
疗养院、所	Sanatoriums	12	8	7	5	6	2	3
门诊部、所	Outpatient Department	5142	3942	196	68	86	175	223
诊所、卫生所、医务室	Clinics, Health clinic, Infirmary					6694	6830	7169
乡镇街道卫生院	Township Health Centers			2084	2084	2084	2066	2061
社区卫生服务中心(站)	Community Health Service Station			861	1017	861	1329	1391
专科防治所、站	Specialized Prevention & Treatment Centers (Stations，Institutions)	45	44	45	32	20	21	21
妇幼保健所、站	Maternity and Child Care Centers (Institutions, Stations)	138	142	135	167	167	164	161
卫生机构床位数(万张)	**Number of Beds in Health Institutions (10 000 units)**	**18.21**	**19.23**	**19.86**	**21.40**	**32.76**	**52.16**	**55.90**
#医院、卫生院	Hospital & Health Center	16.36	17.54	18.34	20.23	30.44	48.74	52.21
#医院	Hospitals	10.80	12.10	13.26	14.97	22.10	38.71	41.38
疗养院、所	Sanatoriums	0.22	0.15	0.15	0.06	0.09	0.01	0.02
门诊部	Outpatient Department	1.10	0.84	0.51	0.11	0.11	0.04	0.04
平均每千人口卫生机构床位数(张)	Beds of Health Institutions per 1 000 Population (unit)	2.11	2.11	2.09	2.19	3.48	5.47	5.85
#医院、卫生院	Hospitals & Health Centers	1.89	1.93	1.93	2.07	3.24	5.11	5.46
医院病床使用率(%)	Utilization Rate of Beds (%)	75.71	68.08	59.60	67.01	85.36	87.88	88.39
卫生机构人员数(万人)	**Number of Persons in Health Institutions (10 000 persons)**	**27.06**	**31.31**	**33.50**	**36.23**	**59.11**	**79.67**	**82.77**
#卫生技术人员	Medical Technical Personnel	22.28	25.50	26.84	28.92	37.28	54.67	58.05
#执业(助理)医师	Licensed (Assistant) Doctors	9.94	10.57	11.11	11.11	15.48	20.68	22.03
护士	Nurses	2.16	3.19	3.84	7.71	12.14	22.22	24.16
平均每千人口医生数(人)	Number of Doctors per 1 000 Population (person)	1.15	1.16	1.17	1.14	1.65	2.17	2.30

注：1.1996年及以后年度门诊部、所不含诊所、卫生保健所和医务室,与以前年度不可比(下同)。
2.1998年及以后年度卫生机构包括个体开业(下同)。
3.2002年以来医生、护士人员数为“执业医师、执业助理医师与注册护士人员数”。
4.2007年起，诊所、卫生室、医务室与社区卫生服务中心(站)分开统计。

a) The numbers of Outpatient Department since 1996 exclude cliniques, hygiene places and infirmaries. It cannot be compared with former years (the same as in following tables).
b) The number of health institutions include the number of clinics run by private since 1998 (the same as the following tables).
c) Number of doctors and nurses since 2002 is the Number of registered doctors, deputy doctors and junior nurses.
d) Number of clinics, hedth clinic, infirmary and community sanitation service station are calculated by separate statistics system since 2007.

23-3 卫生机构、床位、人员数(2017年)
Number of Health Institutions, Beds and Persons (2017)

机构类别	Type of Institutions	机构数(个) Institutions (unit)	床位数(张) Beds (unit)	人员合计(人) Total of Persons (Person)	#卫生技术人员 Medical Technical Personnel	#其他技术人员 Other Technical Personnel	#管理人员 Administrative Personnel	#工勤人员 Logistics Workers
总 计	**Total**	**71089**	**558983**	**827671**	**580497**	**37581**	**36158**	**63826**
#医院合计	**Total Number of Hospitals**	**1632**	**413827**	**455991**	**378935**	**20797**	**21598**	**34661**
综合医院	General Hospitals	1002	298530	332319	278257	14331	15409	24322
中医医院	Hospitals Specialized in Traditional Chinese Medicine	259	63304	73313	60825	3520	2894	6074
中西医结合医院	Hospitals Combining Chinese and Western Medicine	36	2871	3082	2513	147	184	238
专科医院	Specialized Hospital	330	48816	47035	37194	2738	3101	4002
口腔医院	Hospitals for Mouth Cavity Diseases Care	16	1391	2761	2211	158	167	225
眼科医院	Hospital for Eye Care	29	2445	2809	2022	279	249	259
耳鼻喉科医院	ENT Hospital	7	382	410	299	54	22	35
肿瘤医院	Tumor Hospitals	10	5752	5681	4880	223	258	320
心血管病医院	Heart and Blood Vessel Trouble Hospital	8	2127	2522	2118	122	189	93
胸科医院	Chest Hospital	2	1224	1443	1221	7	124	91
血液病医院	Hematonosis Hospital	3	128	95	84	1	4	6
妇产(科)医院	Maternity Hospitals	29	1702	2943	2232	232	268	211
儿童医院	Hospitals for Children	5	3200	4461	3784	114	274	289
精神病医院	Mental Hospitals	49	13125	7128	5448	451	373	856
传染病医院	Hospitals of Infectious Diseases	10	3565	3036	2470	121	217	228
皮肤病医院	Dermatosis Hospital	7	328	292	214	12	27	39
结核病医院	Tuberculosis Hospitals							
麻风病医院	Leprosy hospital	1	40	36	22	1	3	10
职业病医院	Diseases hospital	1	99	188	135	4	19	30
骨科医院	Orthopaedics Hospitals	49	4868	5449	4567	245	271	366
康复医院	Rehabilitation Hospitals	23	3518	2231	1627	143	156	305
整形外科医院	Plastic Surgery Hospital	1	34	345	100	56	37	152
美容医院	Hairdressing hospital	8	178	905	404	321	72	108
其他专科医院	Other Specialized Hospitals	72	4710	4300	3356	194	371	379
社区卫生服务中心(站)	**Community Health Service Stations**	**1391**	**12211**	**23905**	**19989**	**1144**	**1235**	**1537**
卫生院	**Heath Center**	**2061**	**108352**	**106209**	**83151**	**6973**	**3877**	**12200**
村卫生室	**Village clinics**	**56462**		**135974**	**26517**			
门诊部	**Clinics**	**223**	**438**	**3441**	**2891**	**66**	**179**	**304**
诊所、卫生室、医务室	**Clics,Individual-Run Medical Units and**	**7169**		**17836**	**17070**	**119**	**93**	**554**
采供血机构	**Collectting and Supply Institutions for Blood**	**22**		**2354**	**1581**	**250**	**122**	**401**
妇幼保健院(所、站)	**Maternity and Child Care Centers**	**161**	**22393**	**32162**	**25728**	**1561**	**1537**	**3336**
专科疾病防治院(所、站)	**Specialized Prevention & Treatment Centers or Stations**	**22**	**1572**	**1689**	**1144**	**181**	**128**	**236**
疾病预防控制中心(防疫站)	**Center for Disease Prevention and Control**	**179**		**17007**	**9910**	**1782**	**1537**	**3633**
卫生监督所(中心)	**Health Inspection Institution(center)**	**179**		**7474**	**4542**	**532**	**1095**	**1305**
计划生育技术服务机构	**Family planning fertility technical service institution**	**1300**		**16716**	**5629**	**3304**	**3733**	**4050**

注：本表人员合计中包括乡村医生99315人和卫生员10142人。
a) Data of total persons include 99315 county doctor and 10142 medical personnel.

23-4 卫生机构各类人员

Employed Persons In Health Institutions by Types of Occupation

单位：人 (person)

人员类别	Type of Personnel	1990	2000	2005	2010	2015	2016	2017
各类人员总计	**Total**	**270573**	**335031**	**362263**	**591059**	**771319**	**796744**	**827671**
卫生技术人员	Medical Technical Personnel	222771	268427	289157	372818	519638	546732	580497
其他技术人员	Other Technical Personnel	2256	12428	23409	24100	35457	36610	37581
管理人员	Adminlstrative Personnel	19856	23554	20060	25348	35181	34791	36158
工勤人员	Logistics Workers	25690	30622	29637	40013	64531	64755	63826
乡村医生和卫生员	Village Doctors & Assistants				128780	116512	113856	109457
卫生技术人员	**Medical Technical Personnel**	**222771**	**268427**	**289157**	**372818**	**519638**	**546732**	**580497**
执业(助理)医师	Practice (assistant) Physicians	99354	111113	111134	154801	198616	206766	220337
注册护士	Registered Nurses	46391	63032	77132	121384	205366	222121	241605
药剂人员	Pharmacists	25812	28094	22432	20488	24950	25902	26790
技师(士)	Technicians	10244	13982	13987	23343	30631	32729	34328
#检验人员	Laboratory Technicians	10244	13982	13987	14445	18254	19547	20433
其他	Others	40970	52206	64472	52802	60075	59214	57437
平均每千人口	**Personnel per 1 000 Population**							
卫生技术人员	Medical Technical Personnel	2.58	2.82	2.96	3.96	5.48	5.74	6.07
#执业(助理)医师	Licensed (Assistant) Doctors	1.15	1.17	1.14	1.65	2.10	2.17	2.30

23-5 卫生总费用

Total Health Expenditure

指标名称	Index	2012	2013	2014	2015	2016
卫生总费用(亿元)	Total Health Expenditure(100 million yuan)	1517.63	1701.35	1878.78	2258.50	2472.63
#政府卫生支出	Government Health Expenditure	489.46	561.33	612.55	729.70	794.42
社会卫生支出	Social Health Expenditure	381.86	437.19	533.89	734.65	859.06
居民个人现金卫生支出	Out-of-pocket Health Expenditure	646.31	702.84	732.35	794.14	819.15
人均卫生总费用(元)	Per Capita Health Expenditure(yuan)	1613.47	1807.45	1997.07	2382.38	2594.03
卫生总费用占GDP比重(%)	Health Expenditure as Percentage of GDP (%)	5.13	5.29	5.38	6.10	6.11
门诊病人次均医药费用(元)	Outpatient Average expenses per time (yuan)	86.9	95.3	103.9	110.7	116.6

23-6 卫生部门医院住院病人前十位疾病构成(ICD-10)(2017年)
Percentage of 10 Main Diseases of Inpatients in Hospitals of Health Sector (ICD-10) (2017)

顺序 No.	市	City	疾病构成(%) As % of Total
	十种疾病构成	**Total**	
1	呼吸系统疾病	Diseases of the Respiratory System	11.15
2	消化系统疾病	Diseases of the Digestive System	8.19
3	脑血管病	Injury, Poisoning & External Causes	7.90
4	缺血性心脏病	Ischaemic Heart Disease	7.38
5	妊娠、分娩和产褥期病	Pregnancy,childbirth & the Puerperium	6.82
6	损伤、中毒和外因	External Causes of Injury and Poison	6.67
7	恶性肿瘤	Mslignant Tumour	5.80
8	泌尿生殖系统疾病	Disease of the Genitourinary System	5.47
9	神经系统疾病	Diseases of the Nervous System	4.55
10	内分泌、营养和代谢疾病	Endocrine, nutritional and metabolic disease	3.38

顺序 No.	县	County	疾病构成(%) As % of Total
	十种疾病构成	**Total**	
1	呼吸系统疾病	Diseases of the Respiratory System	19.44
2	妊娠、分娩和产褥期病	Pregnancy,childbirth & the Puerperium	10.98
3	脑血管病	Injury, Poisoning & External Causes	10.54
4	损伤、中毒和外因	Cerebrovascular Disease	8.91
5	消化系统疾病	Diseases of the Digestive System	8.89
6	缺血性心脏病	Ischaemic Heart Disease	6.34
7	泌尿生殖系统疾病	Disease of the Genitourinary System	4.04
8	神经系统疾病	Diseases of the Nervous System	3.68
9	恶性肿瘤	Mslignant Tumour	3.42
10	传染病和寄生虫病	Certain Infestious and Parasitic Diseases	3.22

23-7 部分市、县前十位主要疾病死亡率(2017年)

Death Rate of Ten Major Diseases in Partial Cities and Counties (2017)

单位：1/10万 (1/100 000)

死亡原因	Cause of Death	死亡率 Death Rate
市　县	**City and County**	
脑血管病	Cerebrovascular Disease	147.89
心脏病	Heart Diseases	144.59
恶性肿瘤	Mslignant Tumour	133.93
损伤和中毒	Injury and Poison	41.41
呼吸系统疾病	Diseases of the Respiratory System	39.64
内分泌、营养和代谢疾病及免疫疾病	Endocrine, Nutritional & Metabolic Diseases, immune disease	12.49
传染病和寄生虫病	Infestious and Parasitic Diseases	4.23
消化系统疾病	Diseases of the Digestive System	5.12
泌尿和生殖系病	Disease of the Genitourinary System	4.30
神经系统疾病	Diseases of the Nervous System	3.03
城　市	**City**	
心脏病	Heart Diseases	144.13
恶性肿瘤	Malignant Neoplasms	139.08
脑血管病	Cerebrovascular Disease	131.81
呼吸系统疾病	Diseases of the Respiratory System	46.18
损伤和中毒	Injury and Poison	35.09
内分泌、营养和代谢疾病及免疫疾病	Endocrine, Nutritional & Metabolic Diseases, immune disease	16.05
消化系统疾病	Diseases of the Digestive System	8.47
传染病和寄生虫病	Infestious and Parasitic Diseases	4.46
神经系统疾病	Diseases of the Nervous System	4.58
泌尿和生殖系病	Disease of the Genitourinary System	4.23
县	**County**	
脑血管病	Cerebrovascular Disease	152.68
心脏病	Heart Diseases	144.72
恶性肿瘤	Malignant Neoplasms	132.40
损伤和中毒	Injury and Poison	43.29
呼吸系统疾病	Diseases of the Respiratory System	37.69
内分泌、营养和代谢疾病及免疫疾病	Endocrine, Nutritional & Metabolic Diseases, immune disease	11.43
传染病和寄生虫病	Infestious and Parasitic Diseases	4.33
泌尿和生殖系病	Disease of the Genitourinary System	4.16
消化系统疾病	Diseases of the Digestive System	4.13
神经系统疾病	Diseases of the Nervous System	2.57

23-8 甲乙类法定报告传染病发病及死亡情况(2017年)

Incidence and Death from Class A and B Infectious Diseases (2017)

病　名 Name	发病率(1/10万) Incidence Rate (per100 000 persons)	病　名 Diseases	死亡率(1/10万) Death Rate (1/100000)	病　名 Diseases	病死率(%) Mortality Rate (%)
肝　炎 Hepatitis	93.730	艾滋病 AIDS	1.267	狂犬病 Hydrophobia	86.539
肺结核 Pulmonary Tuberculosis	58.030	肺结核 Pulmonary Tuberculosis	0.094	艾滋病 AIDs	40.307
梅　毒 Syphilis	15.955	狂犬病 Hydrophobia	0.047	流　脑 Epidemic Enlephalitis	16.667
痢　疾 Dysentery	11.728	肝　炎 Hepatitis	0.037	乙　脑 Encephaloios B	3.846
艾滋病 AIDs	3.144	出血热 Hemorrhage Fever	0.012	出血热 Hemorrhage Fever	2.529
淋　病 Gonorrhea	3.590	乙　脑 Encephaloios B	0.002	肺结核 Pulmonary Tuberculosis	0.163
布　病 Brucellosis	2.570	流　脑 Epidemic Encephalitis	0.003	肝　炎 Hepatitis	0.039
猩红热 Scarlet Fever	2.180	梅　毒 Syphilis	0.001	梅　毒 Syphilis	0.007
出血热 Hemorrhage Fever	0.460	疟　疾 Malaria	0.001	新生儿破伤风 Newborn Tetanus	
麻　疹 Measles	0.330	痢　疾 Dysentery		疟　疾 Malaria	
疟　疾 Malaria	0.190	麻　疹 Measles		麻　疹 Measles	
伤寒+副伤寒 Typhoid and Paratyphoid Fever	0.190	新生儿破伤风 Newborn Tetanus		痢　疾 Dysentery	
百日咳 Pertussis	0.130	布　病 Brucellosis		布　病 Brucellosis	
乙　脑 Encephalitis B	0.050	淋　病 Gonorrhea		淋　病 Gonorrhea	
狂犬病 Hydrophobia	0.050	猩红热 Scarlet Fever		猩红热 Scarlet Fever	
登革热 Dengue Fever	0.020	伤寒+副伤寒 Typhoid and Paratyphoid Fever		伤寒+副伤寒 Typhoid and	
流　脑 Epidemic Encephalitis	0.020	百日咳 Pertussis		百日咳 Pertussis	
新生儿破伤风 Newborn Tetanus		登革热 Dengue Fever		登革热 Dengue Fever	
霍　乱 Cholera		霍　乱 Cholera		血吸虫病 Schistosomiasis	
血吸虫病 Schistosomiasis		血吸虫病 Schistosomiasis		人感染H7N9禽流感 HpAI H7N9	

23-9 防病工作情况

Basic Condition of Disease Prevention and Cure

指　标	Item	2012	2013	2016	2017
传染病发病总例数(甲、乙)(万例)	**Number of Incidence from infectious disease(A、B) (10 000 persons)**	**29.5**	**22.8**	**18.2**	**18.3**
发病率(1/10万)	Incidence Disease Rate (1/100 000)	314.2	399.0	192.3	192.4
传染病死亡总人数(人)	Number of Death from infectious disease (person)	1869	1438	1476	1420
死亡率(1/10万)	Death Rate (1/100 000)	2.0	1.5	1.6	1.5
结核病登记病人数(千例)	Number of register of Tuberculosis (1000 persons)	70.6	65.2	58.4	56.7
登记患病率(‰)	Register sicken Rate (‰)	0.67	0.75	0.62	0.60
结核病新发病人数(千例)	Number of New Incidence from Tuberculosis (1000 persons)	24.2	18.8	12.6	13.0
登记新发病率(1/万)	Register New Incidence Disease Rate (1/10 000)	2.30	2.00	1.30	1.36
结核病死亡人数(人)	Number of Death from Tuberculosis (person)	126	141	111	88
死亡率(1/10万)	Death Rate (1/100 000)	0.12	0.15	0.12	0.09
“五苗”接种率(%)	Five Type of bacterins inoculability Rate (%)	99.7	99.7	97.1	97.5
乙肝疫苗全程接种率(%)	Hepatitis B Bacterins Quite inoculability Rate (%)	99.7	99.7	97.9	98.3

23-10 各市医疗卫生机构情况(2017年)
Conditions of Health Institutions by City (2017)

单位：个 (unit)

地区 City (County)	合计 Total	城市 Urban Area	农村 Rural Area	#医院 Hospital	#公立医院 Public Hospitals	#基层医疗卫生机构 Health Care Institutions at Grass-root Level	#社区卫生服务中心(站) Community health sevice centers	乡镇街道卫生院 Township Health Centers	村卫生室 Village Clinics	#专业公共卫生机构 Specialized Public Health Institutions	#疾病预防控制中心 Center for Disease Control and Prevention	#妇幼保健院(所/站) Women and Children Care Agencies
全　省 Total	**71089**	**6119**	**64970**	**1632**	**707**	**67306**	**1391**	**2061**	**56462**	**1898**	**179**	**161**
省辖市 City												
郑州市 Zhengzhou	4420	1108	3312	219	67	4063	294	102	2500	111	15	13
开封市 Kaifeng	3273	440	2833	88	39	3062	74	93	2549	94	11	8
洛阳市 Luoyang	4220	545	3675	142	60	3870	170	154	3131	197	16	16
平顶山市 Pingdingshan	3884	428	3456	86	63	3688	127	97	2911	91	11	10
安阳市 Anyang	6004	844	5160	100	35	5824	40	92	4158	69	10	10
鹤壁市 Hebi	1336	196	1140	43	19	1269	12	25	1057	20	6	5
新乡市 Xinxiang	5069	315	4754	114	60	4849	109	148	4196	99	13	13
焦作市 Jiaozuo	2761	240	2521	92	40	2571	77	80	2062	92	12	11
濮阳市 Puyang	4051	393	3658	61	35	3890	65	77	3423	85	8	6
许昌市 Xuchang	3807	246	3561	101	22	3626	51	78	3201	77	7	6
漯河市 Luohe	1798	257	1541	47	21	1691	42	51	1357	58	6	5
三门峡市 Sanmenxia	1895	212	1683	51	33	1813	56	75	1456	26	7	5
南阳市 Nanyang	6461	105	6356	108	52	6179	33	218	5824	159	14	13
商丘市 Shangqiu	6201	146	6055	79	38	5986	68	192	5629	85	10	9
信阳市 Xinyang	4109	275	3834	74	34	3790	95	196	3219	232	11	10
周口市 Zhoukou	7793	305	7488	140	43	7418	16	182	6503	217	11	10
驻马店市 Zhumadian	3396	64	3332	79	40	3141	11	188	2814	162	10	10
济源市 Jiyuan	611		611	8	6	576	51	13	472	24	1	1
省直管县 County Directly Administrated by Province												
巩义市 Gongyi	646		646	13	1	627	28	18	497	4	1	1
兰考县 Lankao	625		625	11	3	610		16	590	3	1	1
汝州市 Ruzhou	529		529	8	6	499	5	15	460	21	1	1
滑县 Huaxian	1200		1200	23	3	1173	1	22	1118	4	1	1
长垣县 Changyuan	704		704	10	3	690		19	602	4	1	1
邓州市 Dengzhou	1002		1002	17	3	950	16	25	877	35	1	1
永城市 Yongcheng	796		796	10	6	777	2	28	726	6	1	1
固始县 Gushi	792		792	15	2	740	12	30	657	36	1	1
鹿邑县 Luyi	915		915	17	4	892	1	22	749	5	1	1
新蔡县 Xincai	475		475	19	5	424		23	401	29	1	1

23-11 各市医疗卫生机构床位情况(2017年)

Number of Beds in Health Institutions by City (2017)

单位：张 (unit)

地 区 City(County)	合计 Total	城市 Urban Area	农村 Rural Area	#医院 Hospital	#公立医院 Public Hospitals	#基层医疗卫生机构 Health Care Institutions at Grass-root Level	#社区卫生服务中心(站) Community health sevice centers	#乡镇卫生院 Township Health Centers	#专业公共卫生机构 Specialized Public Health Institutions	#妇幼保健院(所、站) Women and Children Care Agencies	#专科疾病防治院(所、站) Specialized Disease Prevention & Treatment Institution
全　　省 Total	**558983**	**221395**	**337588**	**413827**	**317119**	**121001**	**12211**	**108352**	**23990**	**22393**	**1572**
省　辖　市 City											
郑　州　市 Zhengzhou	91539	66319	25220	79725	62121	7822	2257	5396	3972	3795	177
开　封　市 Kaifeng	27497	11437	16060	21048	15017	4974	315	4657	1475	1367	108
洛　阳　市 Luoyang	47176	23736	23440	35734	26153	9312	892	8320	2030	1950	60
平 顶 山 市 Pingdingshan	28278	8757	19521	21015	19147	5699	461	5173	1519	1336	183
安　阳　市 Anyang	29946	12578	17368	21548	17735	6573	736	5802	1825	1745	80
鹤　壁　市 Hebi	9702	4937	4765	7893	5898	1669	145	1524	140	140	
新　乡　市 Xinxiang	36399	11206	25193	26808	21834	8478	969	7479	1113	1005	103
焦　作　市 Jiaozuo	23973	11256	12717	17230	13335	5690	2025	3665	1053	1053	
濮　阳　市 Puyang	20954	9005	11949	14242	9234	5820	203	5617	892	892	
许　昌　市 Xuchang	22789	8026	14763	18011	9337	3976	317	3659	802	732	70
漯　河　市 Luohe	14614	8293	6321	10659	8691	3486	661	2822	469	469	
三 门 峡 市 Sanmenxia	14292	5793	8499	10942	9832	2742	297	2441	608	608	
南　阳　市 Nanyang	49936	14926	35010	33636	25937	14281	1167	13114	2019	1769	250
商　丘　市 Shangqiu	36623	6983	29640	24336	21678	10513	561	9942	1774	1544	230
信　阳　市 Xinyang	26233	6165	20068	16687	12732	8249	429	7800	1297	1296	1
周　口　市 Zhoukou	40969	5612	35357	27661	15938	11858	465	11393	1450	1290	160
驻 马 店 市 Zhumadian	34883	6366	28517	24380	20468	9251	295	8956	1252	1252	
济　源　市 Jiyuan	3180		3180	2272	2032	608	16	592	300	150	150
省 直 管 县 County Directly Administrated by Province											
巩　义　市 Gongyi	3704		3704	2909	1366	695	20	675	100	100	
兰　考　县 Lankao	5507		5507	4081	1380	1126		1126	300	300	
汝　州　市 Ruzhou	6797		6797	4736	3888	1560	191	1369	501	453	48
滑　　县 Huaxian	6290		6290	4257	2444	1878	50	1828	155	155	
长　垣　县 Changyuan	3953		3953	2899	1279	975		975	79	79	
邓　州　市 Dengzhou	5937		5937	3528	2758	1894	470	1424	515	265	250
永　城　市 Yongcheng	7529		7529	4863	4563	2070	70	2000	596	500	96
固　始　县 Gushi	4808		4808	2845	516	1446	143	1303	517	517	
鹿　邑　县 Luyi	4818		4818	3476	1006	1262	90	1172	80	80	
新　蔡　县 Xincai	3015		3015	1746	1100	1049		1049	220	220	

23-12 各市卫生人员情况(2017年)

Employed Persons in Health Care Institutions by City (2017)

单位：人 (person)

地区	City(County)	卫生人员 Medical Personnel	#卫生技术人员 Medical Technical Personnel	#执业(助理)医师 Licensed (Assistant) Doctors	#执业医师 Licensed Doctor	#注册护士 Registered Nurse	#药师(士) Pharmacist	乡村医生和卫生员 Village Doctors and Assistants	其他技术人员 Other Technical Personnel
全省	**Total**	**827671**	**580497**	**220337**	**165818**	**241605**	**26790**	**109457**	**37581**
省辖市	**City**								
郑州市	Zhengzhou	132555	106499	38049	34417	52381	4544	5004	5968
开封市	Kaifeng	42625	30030	11302	8399	12438	1329	5412	1994
洛阳市	Luoyang	61949	45698	17586	14026	20073	1978	5910	2841
平顶山市	Pingdingshan	41600	29477	11037	7987	12096	1422	5381	1734
安阳市	Anyang	43705	30372	13263	9110	11929	1086	6913	1635
鹤壁市	Hebi	13352	9480	3845	2851	3742	368	1837	503
新乡市	Xinxiang	52238	36267	14298	10947	15140	1668	7072	2318
焦作市	Jiaozuo	30547	21871	8994	6880	8486	983	3124	1717
濮阳市	Puyang	32490	20849	7939	5986	8501	926	6512	1816
许昌市	Xuchang	35994	24688	9884	7026	9839	1103	5397	1465
漯河市	Luohe	21264	14699	5228	4105	6046	662	2978	1202
三门峡市	Sanmenxia	18334	13829	5297	4085	5432	574	1793	735
南阳市	Nanyang	74739	49923	17993	13136	20253	2743	12229	3206
商丘市	Shangqiu	60131	39855	14756	9407	14288	2135	8878	3381
信阳市	Xinyang	43453	26356	9944	7178	9769	1248	8797	2045
周口市	Zhoukou	65736	41295	16413	10183	14907	2104	12761	3036
驻马店市	Zhumadian	51329	35217	12896	8759	14629	1747	8821	1829
济源市	Jiyuan	5630	4092	1613	1336	1656	170	638	156
省直管县	**County Directly Administrated by Province**								
巩义市	Gongyi	6614	5074	1942	1503	2249	241	702	206
兰考县	Lankao	7223	5070	1627	1048	1884	188	967	368
汝州市	Ruzhou	8127	5229	1967	1339	1831	217	1132	438
滑县	Huaxian	8770	5754	2488	1486	2340	191	1829	305
长垣县	Changyuan	7149	4949	2172	1474	2007	230	1028	333
邓州市	Dengzhou	8975	5111	1774	1249	2010	258	1801	539
永城市	Yongcheng	8655	6173	2138	1451	2338	244	1279	424
固始县	Gushi	8313	4569	1595	1142	1663	213	1858	487
鹿邑县	Luyi	7142	4424	1868	948	1509	258	1691	209
新蔡县	Xincai	6700	4844	1838	993	1972	138	1148	259

23-13 农村乡镇卫生院医疗服务情况

Situations of Medical Services in Township Health Centers

年份 市 Year City	诊疗人次(万次) Visits (10 000 times)	病床使用率(%) Utilization Rate of Beds (%)	出院者平均住院日(日) Average Duration of Hospitalization (day)
1990	4679	41.0	5.9
1995	5660	43.6	4.8
1996	5390	39.3	4.7
1997	5073	40.6	4.7
1998	4713	39.1	4.5
1999	4098	37.2	5.2
2000	4130	36.9	5.0
2001	4398	36.3	4.5
2002	4150	36.7	4.3
2003	4054	37.6	5.1
2004	4165	36.5	5.1
2005	4205	38.4	5.0
2006	4616	42.1	4.9
2007	5357	54.5	7.4
2008	6077	64.9	4.6
2009	6230	63.4	5.2
2010	6473	64.1	5.4
2011	6914	62.6	6.0
2012	8130	65.1	6.3
2013	8935	61.7	6.9
2014	9649	62.1	7.0
2015	10471	62.6	7.1
2016	11244	62.1	7.2
2017	10636	63.3	6.8
郑州市 Zhengzhou	940.89	68.6	7.2
开封市 Kaifeng	555.72	54.4	7.6
洛阳市 Luoyang	679.74	67.5	7.9
平顶山市 Pingdingshan	479.90	57.5	8.8
安阳市 Anyang	326.69	66.1	8.2
鹤壁市 Hebi	110.89	51.9	7.2
新乡市 Xinxiang	627.37	62.6	7.2
焦作市 Jiaozuo	262.15	50.8	7.5
濮阳市 Puyang	282.14	68.9	6.3
许昌市 Xuchang	583.69	46.7	7.5
漯河市 Luohe	220.97	68.4	7.3
三门峡市 Sanmenxia	226.16	49.9	9.1
南阳市 Nanyang	1022.85	71.1	5.8
商丘市 Shangqiu	1580.64	64.7	6.8
信阳市 Xinyang	760.01	71.5	5.8
周口市 Zhoukou	935.13	61.6	6.6
驻马店市 Zhumadian	969.75	57.7	6.5
济源市 Jiyuan	71.24	55.1	8.5

23−14 妇女儿童卫生保健状况

Basic Statistics on Health Care of Women and Children

指　　标	Item	2005	2010	2015	2016	2017
婚前医学检查率(%)	Rate of Medical Examination before Marriage (%)	1.1	4.9	70.6	71.0	74.2
城市	Urban Areas	1.9	6.4	54.5	56.9	61.7
农村	Rural Areas	0.5	4.1	77.7	77.7	80.5
婴儿死亡率（‰）	Infant Mortality (‰)	10.8	7.1	4.4	4.1	4.0
城市	Urban Areas	10.0	5.5	3.5	3.0	2.7
农村	Rural Areas	11.1	8.0	4.6	4.4	4.3
5岁以下儿童死亡率(‰)	Mortality of Child under 5 Years Old (‰)	13.8	8.7	5.9	5.6	5.3
城市	Urban Areas	10.7	6.4	4.4	3.8	3.4
农村	Rural Areas	15.3	10.0	6.3	6.0	5.8
孕产妇死亡率(1/10万)	Mortality Rate of Pregnant and Lying-in Women (1/100 000)	44.8	15.2	10.5	10.7	10.4
城市	Urban Areas	33.3	20.2	11.0	6.7	12.1
农村	Rural Areas	49.3	13.2	10.2	12.2	9.5
全省住院分娩率(%)	Hospitalization Rate of Parturition in Province (%)	87.8	98.9	100.0	100.0	100.0
农村孕产妇住院分娩率(%)	Hospital Parturition Rate of Rural Pregnant and Lying-in Women (%)	85.0	98.7	100.0	100.0	100.0
农村高危孕产妇住院分娩率（%）	Hospital Parturition Rate of Rural High Risk Pregnant and Lying-in Women (%)	97.7	99.4	100.0	100.0	100.0
产前检查率（%）	Medical Prenatal Examination Rate (%)	85.0	91.2	94.9	94.4	93.4
孕产妇系统管理率（%）	Systematic Management Rate of Pregnant and Lying-in Women (%)	67.2	76.4	86.0	86.0	84.9
城市	Urban Areas	67.6	80.0	86.0	86.0	86.5
农村	Rural Areas	67.0	75.0	86.0	85.9	84.0
5岁以下儿童中、重度营养不良患病率(%)	moderate and Serious malnutrition Rate of Children under 5 Years old (%)	3.4	2.0	1.6	1.7	1.5
城市	Urban Areas	2.4	1.5	1.6	1.7	1.5
农村	Rural Areas	4.0	2.2	1.6	1.7	1.4
7岁以下儿童保健管理率（%）	Health Care Rate of Children under 7 Years Old (%)	70.2	76.7	86.6	87.9	87.7
城市	Urban Areas		83.6	88.8	88.6	88.9
农村	Rural Areas		74.0	85.6	87.6	87.0
卡介苗疫苗接种率(%)	BCG (%)	99.4	99.8	99.6	98.9	99.4
脊髓灰质炎疫苗接种率(%)	Poliomyelitis (%)	99.2	99.3	98.3	95.5	93.7
百白破疫苗接种率(%)	DPT(%)	99.2	99.5	98.7	97.2	96.9
麻疹疫苗接种率(%)	Measles (%)	98.7	99.3	98.3	97.8	97.5
乙肝疫苗接种率（%）	Inoculation Rate of Hepatitis B Vaccine (%)	99.1	99.8	98.1	97.9	98.3

23-15 社会服务机构基本情况(2017年)
Statistics on Social Service Institutions (2017)

指标名称	Item	单位数 (个) Number of Institutions (unit)	职工人数 (人) Number of Staff and Workers (persons)
社会服务	**Social Services**	**8743**	**70958**
社会工作	**Social Work**	**7488**	**56519**
提供住宿的社会服务机构	Social Welfare Institutions and Facilities with Accommodations	1268	17187
老年人与残疾人服务机构	Institutions for the Aged and Disabled	1106	12935
城市养老服务机构	For the Aged in Urban Areas	334	5354
农村养老服务机构	For the Aged in Rural Areas	570	4473
社会福利院	Social Welfare Hospitals	51	1134
光荣院	Homes for Disabled Veterans	43	459
荣誉军人康复医院	Convalescent Hospitals for Honorable Servicemen	4	465
复员军人疗养院	Sanatoriums for Ex-serviceman	2	68
军休所	Soldier nest roost	102	982
智障与精神疾病服务机构	Social Welfare Institutions for Mental Retardation and Mental Diseases	6	1043
社会福利医院	Social Welfare Hospitals	5	737
复退军人精神病院	Mental Hospitals for Ex-serviceman	1	306
儿童收养救助服务机构	Social Welfare Institutions for Children	24	1131
儿童福利机构	Welfare Institutions for Children	19	1056
未成年人救助保护中心	Juvenile Rescue and Protection Centers	5	75
其他提供住宿的服务机构	Other Social Welfare Institutions with Accommodations	132	2078
生活无着人员救助管理站	Salvation Stations	87	1142
安置农场	Resettlement Farms		
军供站	Serviceman Supply Stations	24	585
其他提供住宿的机构	Other Residential Institutions	21	351
不提供住宿的社会服务机构	Social Welfare Institutions without Accommodations	6220	39332
老龄机构	Institutions for the Aged	54	226
为残疾人提供工作岗位和服务的机构	Institution for the Disabled with Jobs and Services	1	103
低保救助对象服务机构	Service Institutions for People under Minimum Living Standard	50	407
救灾储备单位	Relief Reserve Units	6	57
福利彩票发行机构	Welfare Lottery Issuing Institutions	39	641
军队离退休人员管理中心	Management Centers for Retired Military Officers	9	95
军队离退休人员活动中心	Activity Centers for Retired Military Officers	58	1100
烈士纪念建筑物管理机构	Martyr Memorial Building Management Units	89	1190
社区服务机构	Community Services Institutions	5914	35513
其他社会服务机构	**Other Social Service Institutions**	**1124**	**13019**
婚姻服务机构	Marriage Registration Institutions	37	317
殡葬服务机构	Funeral Service Institutions	239	5639
殡仪馆	Funeral Home	114	3501
公墓	Cemetery	195	1146
骨灰堂	Cineraria	459	1380
殡葬管理单位	Funeral and Interment Management Institutions	80	1036
其他事业单位	**Other Institutions**	**131**	**1420**

注：提供住宿的社会服务机构和社区服务机构口径较上年有变化。

a) The diameter of Social service agenciewith accommodation and community services are different from the previous year.

23-16 各市孤儿和家庭收养基本情况(2017年)

Statistics on Orphans and Children Adopted by Families by City (2017)

市（县） City(County)	孤儿数（人）Number of orphans (person)	集中供养 Centralized support	社会散居 Live scattered	儿童收养登记件数（件）Number of Adoption Registration of Children (case)	家庭收养儿童数（人）Number of Children Adopted by Families (person)
全　　省 Total	**24204**	**4667**	**19537**	**627**	**627**
省本级 Privincial Level				307	307
郑州市 Zhengzhou	1259	833	426	59	59
开封市 Kaifeng	1225	221	1004	18	18
洛阳市 Luoyang	1023	523	500		
平顶山市 Pingdingshan	1077	282	795	55	55
安阳市 Anyang	597	73	524	33	33
鹤壁市 Hebi	394	97	297	1	1
新乡市 Xinxiang	736	151	585	16	16
焦作市 Jiaozuo	564	201	363	25	25
濮阳市 Puyang	967	76	891	10	10
许昌市 Xuchang	833	198	635	7	7
漯河市 Luohe	428	133	295	2	2
三门峡市 Sanmenxia	281	144	137	18	18
南阳市 Nanyang	4536	532	4004	14	14
商丘市 Shangqiu	1936	140	1796	33	33
信阳市 Xinyang	1824	192	1632		
周口市 Zhoukou	3626	462	3164	3	3
驻马店市 Zhumadian	2834	385	2449	12	12
济源市 Jiyuan	64	24	40	14	14
省直管县 County Directly Administrated by Province					
巩义市 Gongyi	58	20	38		
兰考县 Lankao	208		208		
汝州市 Ruzhou	198	80	118	3	8
滑县 Huaxian	170		170	1	
长垣县 Changyuan	130		130		
邓州市 Dengzhou	918	14	904	4	3
永城市 Yongcheng	388	61	327		11
固始县 Gushi	667		667		
鹿邑县 Luyi	425		425		
新蔡县 Xincai	204	16	188		

23-17 各市社会救助情况(2017年)

Statistics on Social Relief by City (2017)

单位：人 (person)

市(县)	City(County)	城市居民最低生活保障人数 Number of Urban Residents Receiving Minimum Living Allowance	农村最低生活保障人数 Number of Rural Residents Receiving Minimum Living Allowance	农村特困人员集中供养人数 Number of Rural Residents in Exceptional Poverty with Centralized Livelihood Guaranteed	农村特困人员分散供养人数 Number of Rural Residents in Exceptional Poverty with Decentralized Livelihood Guaranteed
全　　省	**Total**	**677801**	**2880515**	**76955**	**411694**
省辖市	**City**				
郑州市	Zhengzhou	13687	54366	2839	8089
开封市	Kaifeng	30095	152099	2296	13900
洛阳市	Luoyang	28558	135839	5439	16046
平顶山市	Pingdingshan	44040	108631	3894	18608
安阳市	Anyang	36934	145108	1672	14064
鹤壁市	Hebi	19343	28206	245	4011
新乡市	Xinxiang	19305	103922	3017	14930
焦作市	Jiaozuo	23639	84794	2083	2056
濮阳市	Puyang	17169	118883	1841	16382
许昌市	Xuchang	27049	62489	4285	15072
漯河市	Luohe	17920	129500	3083	8437
三门峡市	Sanmenxia	22975	68891	2221	4500
南阳市	Nanyang	61058	416329	9181	77165
商丘市	Shangqiu	48417	273592	7802	42165
信阳市	Xinyang	95586	316416	8469	54367
周口市	Zhoukou	85685	396093	7840	59235
驻马店市	Zhumadian	82130	270605	10275	42177
济源市	Jiyuan	4211	14752	473	490
省直管县	**County Directly Administrated by Province**				
巩义市	Gongyi	1198	16673	309	1077
兰考县	Lankao	4738	29812	622	2162
汝州市	Ruzhou	5691	33737	732	3101
滑县	Huaxian	1851	48010	405	6781
长垣县	Changyuan	3576	23213	1775	2628
邓州市	Dengzhou	2324	37224	400	10376
永城市	Yongcheng	4666	44961	2297	6691
固始县	Gushi	18600	54429	3568	12991
鹿邑县	Luyi	7216	49285	1615	6027
新蔡县	Xincai	14230	37112	1832	3978

23-18 各市医疗救助基本情况(2017年)
Basic Statistics on Medical Aid by City (2017)

省辖市(县) City(County)	民政部门资助参加医疗保险(人) Civil Affairs Aid for Medical Insurance (persons)	直接医疗救助(人次) Direct Medical Aid (persons-time)	民政部门资助参加医疗保险支出(万元) Civil Affairs Expenses of Medical Insurance (10 000 yuan)	直接医疗救助支出(万元) Expenses for Direct Medical Aid (10 000 yuan)
全省 Total	**3470837**	**717996**	**30121**	**91482**
省辖市 City				
郑州市 Zhengzhou	19865	33812	369	5831
开封市 Kaifeng	168624	26935	1284	3428
洛阳市 Luoyang	127266	9913	4548	1177
平顶山市 Pingdingshan	275560	34599	1146	3720
安阳市 Anyang	119411	47667	1209	6045
鹤壁市 Hebi	53573	9411	239	1905
新乡市 Xinxiang	134175	11743	1492	2741
焦作市 Jiaozuo	140389	28759	816	3269
濮阳市 Puyang	146592	19931	1747	3058
许昌市 Xuchang	49889	16378	475	2310
漯河市 Luohe	60696	15960	1032	2681
三门峡市 Sanmenxia	100093	24112	739	2395
南阳市 Nanyang	572651	172859	3341	11083
商丘市 Shangqiu	360684	49275	2967	6893
信阳市 Xinyang	371145	82980	3002	9951
周口市 Zhoukou	473099	33894	3443	12726
驻马店市 Zhumadian	278122	96963	2083	11697
济源市 Jiyuan	19003	2805	190	574
省直管县 County Directly Administrated by Province				
巩义市 Gongyi	18299	8965	334	625
兰考县 Lankao	13533	11314	378	886
汝州市 Ruzhou	37244	10936	127	851
滑县 Huaxian	50460	20935	587	2392
长垣县 Changyuan	24939	5950	373	582
邓州市 Dengzhou	65200	11745	475	672
永城市 Yongcheng	59250	7283	561	796
固始县 Gushi	43992	7033	494	1939
鹿邑县 Luyi	63746	2114	291	1249
新蔡县 Xincai	57943	7507	271	1522

23-19 各市社区服务基本情况(2017年)

Statistics on Community Service Facilities by City (2017)

市 City	社区服务机构数(个) Number of Community Service Facilities (unit)	年末职工人数(人) Number of Staffs at the End of the Year (person)	#女性 Female	床位数(张) Number of Beds (unit)	年末收养人数(人) Number of Adopted Person at the End of the Year (person)
全　省 Total	**6015**	**35513**	**4203**	**233961**	**127936**
省本级 Provincial level					
郑州市 Zhengzhou	970	7478	106	7987	619
开封市 Kaifeng	269	1918	243	10470	5667
洛阳市 Luoyang	426	4785	2144	10409	7493
平顶山市 Pingdingshan	344	2189	252	13866	8052
安阳市 Anyang	377	2275	75	10675	2126
鹤壁市 Hebi	447	1438	102	3745	839
新乡市 Xinxiang	581	2032	174	3773	546
焦作市 Jiaozuo	221	1233	39	1603	197
濮阳市 Puyang	154	756	64	9498	1735
许昌市 Xuchang	213	1274	162	10771	2785
漯河市 Luohe	171	512		7007	3563
三门峡市 Sanmenxia	141	919	42	4645	2640
南阳市 Nanyang	561	2440	274	54226	45413
商丘市 Shangqiu	113	615	6	10154	7137
信阳市 Xinyang	491	1625	17	28683	7712
周口市 Zhoukou	259	1806	389	13967	8717
驻马店市 Zhumadian	256	2073	114	32421	22655
济源市 Jiyuan	21	145		61	40

23-20 各市婚姻服务基本情况(2017年)

Statistics on Marriages and Divorces by City (2017)

地　区	City	结婚登记(对) Total Number of Registered Marriages (couples)	结婚登记人数(人) Total Number of Registered Marriages (person)	离婚(对) Divorces (couples)	#民政 Civil Affairs
全　省	**Total**	**869680**	**1739360**	**316571**	**275708**
省本级	Provincisl Level	505	1010	53	53
郑州市	Zhengzhou	78307	156614	50067	46441
开封市	Kaifeng	39599	79198	14947	13287
洛阳市	Luoyang	51852	103704	18814	16564
平顶山市	Pingdingshan	39822	79644	16189	13973
安阳市	Anyang	42027	84054	16829	14439
鹤壁市	Hebi	11771	23542	4890	4313
新乡市	Xinxiang	48128	96256	18802	16905
焦作市	Jiaozuo	26923	53846	11096	9806
濮阳市	Puyang	34403	68806	10207	8535
许昌市	Xuchang	41749	83498	16009	14176
漯河市	Luohe	18111	36222	6343	5253
三门峡市	Sanmenxia	17570	35140	6601	5517
南阳市	Nanyang	65065	130130	26964	21197
商丘市	Shangqiu	93379	186758	26505	23337
信阳市	Xinyang	64262	128524	19796	16860
周口市	Zhoukou	115012	230024	24162	20340
驻马店市	Zhumadian	75433	150866	26244	22886
济源市	Jiyuan	5762	11524	2053	1826

23−21 残疾人事业基本情况(2017年)
Basic Information of Person with Disabilities (2017)

项　　　目	Item	人数 (person)
总体康复服务情况	**General Rehabilitation**	
得到基本康复服务	People Receiving Basic Rehabilitation	541028
其中：得到辅助器具适配服务	Receiving Adaption and Services with Assistive Devices	206256
按残疾类别	**According to the Disability**	
视力残疾人	Visual Disability	53212
听力残疾人	Hearing Disability	23408
言语残疾人	Speech Disability	1898
肢体残疾人	Physical Disability	368460
智力残疾人	Intellectual Disability	38789
精神残疾人	Mental Disability	35976
多重残疾人	Multiple Disability	13169
0−17岁未持证残疾儿童	0-17 year-old Children without Certificate	6116
按年龄	**According to the Age**	
0−6岁残疾儿童	0-6 year-old Disabled Children	14192
7−17岁残疾儿童	7-17 year-old Disabled Children	21861
18−59岁残疾人	18-59 year-old Disabled People	295654
60岁及以上残疾人	60 years old and above	209321
按康复服务项目	**According to the Rehabilitation Service**	
视力残疾	Visual Disability	
复明手术、定向行走等训练	Sight-restoring Surgeries and Orientation Skill Training	7576
盲杖、助视器等辅具适配服务	White Cane, Vison-aids and Other Assistive Devices	28668
其他	Others	19090
听力、言语残疾	Hearing, Speech Disability	
人工耳蜗、助听器适配	Adaption and Services with Cochlear, Hearing-aid	22423
听觉言语功能训练	Training on Hearing and Speech Ability	911
其他	Others	9274
肢体残疾	Physical Disability	
矫治手术、运动功能训练等	Corrective Surgery,Exercise Training	78726
假肢、矫形器等辅具适配服务	Adaption and Services with Prosthesis, Orthosis	154666
其他	Others	153162
智力残疾	Intellectual Disability	
认知及适应性训练	Congnitive and Adaptive Training	13770
其他	Others	30712
精神残疾	Mental Disability	
孤独症儿童沟通及适应训练	Communication and Adaptive Training for Children with Autism	567
药物治疗及作业疗法训练	Drug Therapy and Occupational Therapy Training	17470
其他	Others	19520
按辅助器具项目	**According to the Assistive Devices**	
盲杖及助视器	White Cane and Vison-aids	16757
人工耳蜗及助听器	Cochlear and Hearing-aid	12123
假肢、矫形器、轮椅等主要肢体残疾辅助	Prosthesis, Orthosis, Wheelchair and other Main Assistive Devices for Physical Disability	93291
其他各类辅助器具	Other Assistive Devices	82527

23-21 续表 continued

项　目	Item	人数 (person)
教育	**Education**	
学前教育阶段	**Pre-school Education**	
接受残疾人事业专项彩票公益金助学项目资助	Accept aid from Welfare Lottery Funds for Disabled Persons	1607
高等教育阶段	Higher Education	
高等特殊教育机构录取残疾考生	Disabled Students at Special Higher Education Institutions	332
普通高等院校录取残疾考生	Disabled Students at Regular Higher Education Institutions	626
就业	**Employment**	
残疾人就业人数	Eemployed PWDS (person)	566373
按比例就业	Employed on Percentage	27220
集中就业	Centralized Employment	14406
个体就业	Self-employed	112828
社区就业	Community	4088
公益性岗位就业	Employment at public welfare	3868
辅助性就业	Supporting Employment	17212
居家就业	In Home	37869
从事农业种植增加	Engaged in Farming	334292
灵活就业	Fixable Employment	14590
盲人按摩	**Massage by Persons with Visual Disability**	
保健按摩人员培训	Massage Therapists Training (person)	2645
医疗按摩人员培训	Medical Massage Training (person)	1134
维权	**Rights Protection**	
法规体系及执法检查	Rules System and Law Enforcement Inspection	
人大执法检查或专题调研(次)	Law enforcement inspection of National People's Congress and Special investigation (time)	13
政协视察或专题调研(次)	Inspection of CPPCC and Special investigation (time)	7
法律救助及援助	Legal Aid and Assistance	
残疾人法律救助工作站(个)	Legal aid Workstations for disabled People (unit)	110
残疾人法律救助工作站办理案件(件)	Cases of Legal aid workstations for disabled People (case)	139
无障碍设施建设	Construction of Barrier-free Facilities	
贫困残疾人家庭无障碍改造(户)	Barrier-free Reconstruction for Poor Family with Disabled People (household)	7797
无障碍环境建设检查(次)	Barrier-free Check (time)	125
无障碍培训(人次)	Barrier-free Training (person-time)	442
残疾人信访	Letters and Calls from Disabled Persons	
残疾人来信(件)	Letters from Disabled Persons (case)	745
残疾人来访(人次)	Visit from Disabled Persons (person-time)	5027
残疾人来电(通)	Calls from Disabled Persons (person-time)	2976
网上投诉（件）	Online Complaints	17
残联组织建设	**Organization of the Disabled Persons' Federation**	
残疾人工作者数(人)	Disabled Worker (person)	8039

主要统计指标解释

医疗卫生机构 指从卫生行政部门取得《医疗机构执业许可证》、《计划生育技术服务许可证》，或从民政、工商行政、机构编制管理部门取得法人单位登记证书，为社会提供医疗保健、疾病控制、卫生监督服务或从事医学科研和医学在职培训等工作的单位。医疗卫生机构包括医院、基层医疗卫生机构、专业公共卫生机构、其他医疗卫生机构。

基层医疗卫生机构 包括社区卫生服务中心、社区卫生服务站、街道卫生院、乡镇卫生院、村卫生室、门诊部、诊所(医务室)。

专业公共卫生机构 包括疾病预防控制中心、专科疾病防治机构、妇幼保健机构（含妇幼保健计划生育服务中心）、健康教育机构、急救中心（站）、采供血机构、卫生监督机构、取得《医疗机构执业许可证》或《计划生育技术服务许可证》的计划生育技术服务机构。

其他医疗卫生机构 包括疗养院、临床检验中心、医学科研机构、医学在职教育机构、医学考试中心、农村改水中心、人才交流中心、统计信息中心等卫生事业单位。

医院 指设有固定床位，能收容病人住院并能为病人提供医疗、护理服务的医疗机构。包括综合医院、中医医院、中西医结合医院、民族医院、各类专科医院和护理院，不包括专科疾病防治院、妇幼保健院和疗养院。

卫生技术人员 包括执业医师、执业助理医师、注册护士、药师（士）、检验技师（士）、影像技师（士）、卫生监督员和见习医（药、护、技）师（士）等卫生专业人员。不包括从事管理工作的卫生技术人员（如院长、副院长、党委书记等）。

执业医师 指《医师执业证》“级别”为“执业医师”且实际从事医疗、预防保健工作的人员，不包括实际从事管理工作的执业医师。执业医师类别分为临床、中医、口腔和公共卫生四类。

执业助理医师 指《医师执业证》“级别”为“执业助理医师”且实际从事医疗、预防保健工作的人员，不包括实际从事管理工作的执业医师。执业助理医师类别分为临床、中医、口腔和公共卫生四类。

注册护士 指具有注册护士证书且实际从事护理工作的人员，不包括从事管理工作的护士。

收养性单位（提供食宿的社会福利单位） 指提供食宿的、不以盈利为目的的革命伤残人休养院、复退军人慢性病疗养院、复退军人精神病院、光荣院、社会福利院、儿童福利院、精神病人福利院、老年收养性机构（敬老院、养老院、老年公寓）等收养性的社会福利企业单位的总称。

收养性单位年末在院人数（收养人数） 指收养单位报告期末实际收养的优抚对象、社会“三无”对象和自费人员的总人数。

社会福利企业单位 指以集中安置有一定劳动能力的残疾人就业为目的（残疾职工占生产人员10%以上）、带有社会福利性质的企业总称。社会福利企业分类为：社会福利工厂、假肢厂、其他福利企业。

Explanatory Notes on Main Statistical Indicators

Medical and Health Care Institutions refer to the units which have been qualified the Certification of Health Care Institution, certification of family planning technical service by the administration of public health, or qualified the Certification of Corporate Unit by the civil affairs, administration for industry and commerce, commission office for public sector reform, and engaging in medical care, disease prevention and control, health supervision and inspection, medicine research and on-job training, etc., including: hospitals, health care institutions at grass-root level, specialized public health institutions, and other medical and health care institutions.

Health Care Institutions at Grass-root Level include community health service centers, community health service stations, urban health centers, township health centers, village clinics, outpatient departments and clinics (health centers).

Specialized Public Health Institutions include centers for disease control and prevention, specialized disease prevention and treatment institutions, women and children care agencies(including women and children health care family planning service center), health education institutions, first aid centers, blood gathering and supplying institutions, health supervision and inspection agencies, and family planning technical service centers that obtained the Certification of Health Care Institution or certification of family planning technical service centers.

Other Medical and Health Care Institutions include sanatoriums, clinical laboratory centers, medicinal scientific research institutions, on-job training institutions, medical examination centers, rural water improvement centers, talent exchange centers, and statistical information centers, etc.

Hospitals refer to medical institutions with permanent hospital beds, which are able to take in patients and provide them with medical and nursing services. Include general hospital, hospital of traditional Chinese medicine, hospital of combining traditional Chinese and western medicine, national hospital, all kinds of specialized subject hospital and nursing homes, not including specialized subject hospital, maternity and child care centers, and convalescent hospital.

Medical Technical Personnel include Licensed Doctors, Licensed Assistant Doctors, Pharmacists, inspection technician, image technicians, hygiene supervisors and apprentice physicians and other health professionals. Not including engaged in the management of the health technical personnel.

Licensed Doctors refer to the medical workers who have obtained the licenses of qualified doctors and are employed in medical treatment, disease prevention or healthcare institutions, excluding the licensed doctors engaged in management job. The licensed doctors are divided into 4 categories: clinician, Chinese medicine physicians, dentist and public health physicians.

Licensed Assistant Doctors refer to the medical workers who have obtained the licenses of qualified assistant doctors and are employed in medical treatment, disease prevention or healthcare institutions, excluding the licensed assistant doctors engaged in management job. The classification of licensed assistant doctors is clinician, Chinese medicine, dentist and public health.

Registered nurse refers to has registered nurse certificate and actually engaged in nursing work of the staff, not including engaged in the management of the nurse.

Social Welfare Enterprises refers to those welfare-oriented enterprises employing a significant number of handicapped people with certain labour ability (handicapped employees shall exceed 10% of the production staff), including welfare factories, artificial limb plants as well as other welfare enterprises.

文化和体育

Culture and Sports

24

● 资料整理：孔令惠

简要说明

一、主要内容

本篇包括文化、文物机构、档案、广播、电视、新闻出版、文化及相关产业增加值、规模以上企业等方面的活动情况。

二、资料来源

文化机构人员，艺术表演团体，艺术表演场馆，公共图书馆，博物馆，群众艺术馆，文化馆等资料由河南省文化厅提供；档案资料由省档案局提供；文物机构资料由省文物局提供；广播、电视资料由省广电厅提供；新闻出版资料由省新闻出版局提供；体育资料由省体育局提供。由省统计局社会与科技处编辑整理。

Brief Introduction

I. Main Contents

Data in this chapter mainly reflect the situations on culture, relics institutions, archives, broadcasting, television; news and publication.

II. Sources of Data

Data on the number of the staff and workers in cultural situations, art performing groups and performance venues, public libraries, museums, art venues, cultural venues are calculated from Henan provincial bureau of culture; data on archives are calculated from Henan provincial bureau of archives; data on cultural relics situations are calculated from Henan provincial bureau of cultural relics; data on broadcasting and TV are calculated from Henan provincial bureau of broadcasting and TV; data on news and publication are calculated from Henan provincial bureau of news publication. Data on this chapter are provided by department of social and technological of Henan provincial bureau of statistics.

24-1 文化及相关产业增加值
Value-Added of Cultural and Related Industry

年 份	增加值 Value-Added (100 million)	文 化 制造业 Culture Manufacturing	文化批发和零售业 Wholesale and Retail of Culture	文 化 服务业 Services of Culture	构 成 (%) Composition (%)			占GDP比重(%) Percentage to GDP (%)
					文 化 制造业 Culture Manufacturing	文化批发和零售业 Wholesale and Retail of Culture	文 化 服务业 Services of Culture	
2004	101.40							1.19
2008	249.70							1.39
2009	293.62							1.51
2010	367.13							1.59
2011	454.37							1.69
2012	670.00	363.30	34.30	271.90	54.2	5.1	40.6	2.30
2013	815.69	435.89	56.61	323.19	53.4	6.9	39.6	2.50
2014	984.66	528.16	117.83	338.67	53.6	12.0	34.4	2.82
2015	1111.87	588.47	128.71	394.70	52.9	11.6	35.5	3.00
2016	1212.80	608.62	157.23	446.95	50.20	13.00	36.90	3.00
2017	1341.80	584.67	166.81	590.32	43.57	12.43	43.99	3.01

注：2013年以前增加值数据为法人单位口径。

a) The data on value-added before 2013 were on the caliber of establishment.

24-2 文化及相关产业规模以上企业分类主要指标(2017年)

Main Indicators of Culture and Related Industry above Designated Size by Type (2017)

项　目	Item	法人单位数(个) Number of Institutional Unit (unit)	从业人员期末人数(人) Number of Employed Persons at year-end (person)	资产总计(万元) Total Assets (10 000 yuan)	营业收入(万元) Business Revenue (10 000 yuan)	利润总额(万元) Total Profits (10 000 yuan)	税金合计(万元) Tax and Expenses (10 000 yuan)	应付职工薪酬(万元) Wages Payable (10 000 yuan)
全　省	**Total**	**3424**	**497030**	**33300711**	**36171700**	**2966091**	**885988**	**2437310**
文化核心领域	**Core Area**	**2351**	**299491**	**22433540**	**18561399**	**1586910**	**490496**	**1506359**
新闻信息服务	News and Information Service	76	22346	1735749	763384	33363	18625	164354
内容创作生产	Content Authoring	658	138685	8125900	11326804	841491	233509	587967
创意设计服务	Creative Design Service	621	44278	3262522	2657457	319690	123697	383547
文化传播渠道	Channels of Cultural Transmission	503	45840	3015343	2550554	141520	59993	198534
文化投资运营	Cultural Investment and Operation	6	611	62082	19562	1215	485	1881
文化娱乐休闲服务	Cultural Entertainment and Service	487	47731	6231944	1243639	249631	54187	170077
文化相关领域	**Related Area**	**1073**	**197539**	**10867171**	**17610302**	**1379182**	**395492**	**930951**
文化辅助生产和中介服务	Subsidiary Production and Intermediary Services	553	140036	8518499	11755188	872214	283665	726866
文化装备生产	Production of Cultural Equipment	112	20616	1081657	2371395	242172	41819	76558
文化消费终端生产	Terminal Production of Cultural Consumption	408	36887	1267015	3483718	264795	70008	127527

24-3 文化及相关产业规模以上企业主要经济指标(2017年)

Main Economic Indicators of Culture and Related Industry Enterprises above Designated Size (2017)

单位：万元 (10 000 yuan)

指标	Item	合计 Total	文化制造业 Cultural Manufacturing Industry	文化批零业 Cultural wholesale and Retail Industry	文化服务业 Cultural Service Industry	#内资 Domestic Funded	公有制 Public-owned	非公有制 Non-public owned
企业单位数（个）	Number of Enterprises (unit)	3424	974	736	1714	3378	395	3029
期末从业人员（人）	Employed Persons (person)	497030	287614	41677	167739	479156	87463	409567
资产总计	Total Assets	33300711	15084816	2199808	16016087	32091535	10098694	23202017
流动资产合计	Total Current Assets	14622407	6748410	1440422	6433575	13964317	5174470	9447938
固定资产原价	Fixed Assets Price	14354006	8983813	365340	5004853	13706267	3104920	11249086
本年折旧	Depreciation in This Year	787230	507577	15509	264144	767021	156922	630308
负债合计	Total Liabilities	13830522	5405438	1142991	7282094	13283687	5276612	8553909
所有者权益合计	Total Owner's Equity	19419419	9628609	1056817	8733994	18757078	4822082	14597337
营业收入	Business Revenue	36171700	25748724	4355387	6067589	34157581	5600256	30571444
#主营业务收入	Revenue from Principal Business	35918578	25695274	4316141	5907162	33913879	5492241	30426338
营业成本	Operating Cost	30249895	22477771	3634061	4138063	28516113	4537348	25712547
#主营业务成本	Cost of Principal Business	30077012	22437141	3600785	4039086	28360475	4480031	25596981
营业税金及附加	Business Tax and Add	302140	150503	51749	99889	288170	35600	266540
#主营业务税金及附加	Principal Business Taxes and Add	285335	141749	50461	93124	275501	31887	253448
销售费用	Sales Expenses	1043436	488072	191587	363777	996677	240260	803176
管理费用	Management Fee	1393634	535194	144607	713833	1337019	470442	923192
#税金	Taxes							
财务费用	Financial Expenses	381806	227771	33767	120268	360026	62875	318931
#利息收入	Income of Interest	48120	26420	69	21631	47674	20260	27859
#利息支出	Interest Expense	275951	184205	8617	83129	257927	70811	205139
投资收益	Income from Investment	101790	-9585	5466	105910	101564	102492	-701
营业利润	Operating Profits	2880236	1869245	279795	731196	2740226	321644	2558592
应交所得税	Income Tax Payable	315866	184121	32855	98890	307610	41599	274267
应付职工薪酬	Wages Payable	2437310	1298388	157427	981496	2342121	703446	1733864
应交增值税	Value Added Tax Payable	583848	373484	45574	164790	563713	117750	466099
利润总额	Total Profits	2966091	1895926	281911	788254	2828065	373340	2592751

24-4 各市文化及相关产业规模以上企业主要指标(2017年)

Main Indicators of Enterprises in Culture and Related Industry above Designated Size by City (2017)

市(县)	City(county)	法人单位数(个) Number of Institutional Unit (unit)	从业人员期末人数(人) Number of Employed Persons at year-end (person)	资产总计(万元) Total Assets (10 000 yuan)	营业收入(万元) Business Revenue (10 000 yuan)	利润总额(万元) Total Profits (10 000 yuan)	税金合计(万元) Tax and Expenses (10 000 yuan)	应付职工薪酬(万元) Wages Payable (10 000 yuan)
总计	**Total**	**3424**	**497030**	**33300711**	**36171700**	**2966091**	**885988**	**2437310**
省辖市	**City**							
郑州市	Zhengzhou	556	80910	8819852	6894228	581057	202869	582454
开封市	Kaifeng	263	30466	1534395	2168791	286874	44386	135550
洛阳市	Luoyang	318	45433	4255155	3163519	156767	78533	286528
平顶山市	Pingdingshan	195	24019	3242502	1635880	135233	39652	82214
安阳市	Anyang	46	5600	387431	418273	24751	9537	27451
鹤壁市	Hebi	30	3426	178372	219889	25678	3076	11449
新乡市	Xinxiang	100	14260	1023346	1028401	39811	19210	54202
焦作市	Jiaozuo	107	30817	1971058	2581453	154686	28710	157938
濮阳市	Puyang	88	15686	920048	1951021	220765	31841	72436
许昌市	Xuchang	351	71206	3271895	6129954	419318	151411	297219
漯河市	Luohe	75	16562	1351303	1385668	105830	38457	73134
三门峡市	Sanmenxia	70	3967	484185	371506	34042	8460	13328
南阳市	Nanyang	344	39564	2077708	2523993	157909	49113	228797
商丘市	Shangqiu	266	38271	753939	1826015	199137	72030	129061
信阳市	Xinyang	250	29150	887351	1218196	128700	26598	130263
周口市	Zhoukou	155	24077	982156	1498600	169320	46268	70336
驻马店市	Zhumadian	179	21801	1013021	1064688	117619	33319	77265
济源市	Jiyuan	31	1815	146995	91626	8596	2520	7687
省直管县	**County Directly Administrated by Province**							
巩义市	Gongyi	31	4257	238093	770706	41849	9771	14892
兰考县	Lankao	67	6456	391251	419758	54606	14122	32848
汝州市	Ruzhou	67	3974	191868	607481	32053	4004	21600
滑县	Huaxian	14	1957	106790	173318	5038	1028	9149
长垣县	Changyuan	24	1021	48429	33893	2698	851	2746
邓州市	Dengzhou	12	2126	97500	117754	3635	1602	10030
永城市	Yongcheng	47	5366	143082	266511	32886	11786	16563
固始县	Gushi	35	7880	115851	244986	18528	2269	32685
鹿邑县	Luyi	64	9869	153785	236483	21793	6760	13775
新蔡县	Xincai	40	1127	25778	76718	10034	986	3850

24-5 各市文化及相关产业规模以上文化制造业企业主要指标(2017年)

Main Indicators of Cultural Manufacturing Enterprises above Designated Size by City (2017)

市(县)	City(county)	法人单位数(个) Number of Institutional Unit (unit)	从业人员期末人数(人) Number of Employed Persons at year-end (person)	资产总计(万元) Total Assets (10 000 yuan)	营业收入(万元) Business Revenue (10 000 yuan)	利润总额(万元) Total Profits (10 000 yuan)	税金合计(万元) Tax and Expenses (10 000 yuan)	应付职工薪酬(万元) Wages Payable (10 000 yuan)
总计	**Total**	**974**	**287614**	**15084816**	**25748724**	**1895926**	**523987**	**1298388**
省辖市	**City**							
郑州市	Zhengzhou	103	22307	1534505	3151719	326518	106580	107002
开封市	Kaifeng	55	18604	936029	1327556	132858	17526	87958
洛阳市	Luoyang	71	17706	716604	1745922	89573	30619	68565
平顶山市	Pingdingshan	48	8753	498476	1187750	82168	21065	36013
安阳市	Anyang	16	3387	148241	338881	21084	7802	19087
鹤壁市	Hebi	10	1741	100391	123044	7225	1268	7781
新乡市	Xinxiang	28	8917	760535	864462	29344	15327	36667
焦作市	Jiaozuo	48	25243	1553268	2429353	129107	22968	128023
濮阳市	Puyang	33	12485	731856	1778247	204380	28595	56696
许昌市	Xuchang	159	62023	2981825	5549578	358772	124376	261926
漯河市	Luohe	51	15352	1256616	1245576	97117	36034	68324
三门峡市	Sanmenxia	8	1545	184211	288756	29328	6571	4619
南阳市	Nanyang	111	25412	1501694	1990670	91680	29117	181021
商丘市	Shangqiu	55	16064	426442	999955	78829	17783	52533
信阳市	Xinyang	65	16836	408029	800456	62127	10633	87951
周口市	Zhoukou	69	16600	693040	1126998	97956	21096	43909
驻马店市	Zhumadian	39	14220	638972	758181	56266	25269	48210
济源市	Jiyuan	5	419	14083	41623	1593	1359	2105
省直管县	**County Directly Administrated by Province**							
巩义市	Gongyi	7	3137	145553	740676	38493	8844	12205
兰考县	Lankao	21	4398	348051	334864	29768	7514	23817
汝州市	Ruzhou	20	2073	118057	484753	16865	1021	13654
滑县	Huaxian	8	1396	45568	153823	4511	789	6797
长垣县	Changyuan							
邓州市	Dengzhou	4	1503	82967	106543	3558	1404	7309
永城市	Yongcheng	14	2222	67773	145026	22778	6270	5652
固始县	Gushi	15	6001	90020	208934	14891	1085	26459
鹿邑县	Luyi	38	8580	121747	180002	10187	2180	8169
新蔡县	Xincai	2	416	11582	48648	1837	368	1337

24-6 各市文化及相关产业规模以上文化批零业企业主要指标(2017年)

Main Indicators of Cultural wholesale and Retail Enterprises above Designated Size by City (2017)

市(县)	City(county)	法人单位数(个) Number of Institutional Unit (unit)	从业人员期末人数(人) Number of Employed Persons year-end (person)	资产总计(万元) Total Assets (10 000 yuan)	营业收入(万元) Business Revenue (10 000 yuan)	利润总额(万元) Total Profits (10 000 yuan)	税金合计(万元) Tax and Expenses (10 000 yuan)	应付职工薪酬(万元) Wages Payable (10 000 yuan)
总计	**Total**	**736**	**41677**	**2199808**	**4355387**	**281911**	**97323**	**157427**
省辖市	**City**							
郑州市	Zhengzhou	101	4134	967002	1407987	33919	11205	19550
开封市	Kaifeng	81	5105	228559	555476	80042	14713	19686
洛阳市	Luoyang	74	3460	154810	274371	13152	3336	14184
平顶山市	Pingdingshan	47	2426	61124	151917	7108	8165	5472
安阳市	Anyang	15	716	22893	43255	1837	568	2877
鹤壁市	Hebi	11	428	20893	26265	846	355	1548
新乡市	Xinxiang	29	1242	53506	79860	1761	1011	5089
焦作市	Jiaozuo	26	789	34959	38133	2219	674	3050
濮阳市	Puyang	20	810	50059	92397	4178	614	3553
许昌市	Xuchang	62	2296	107699	313273	11265	9485	9258
漯河市	Luohe	15	731	24706	123704	6274	2179	3213
三门峡市	Sanmenxia	21	625	24117	48053	1037	600	2439
南阳市	Nanyang	93	6905	153276	360379	41813	12849	21682
商丘市	Shangqiu	65	7486	136041	558397	50871	26141	27207
信阳市	Xinyang	28	1716	44708	94000	11106	1893	5674
周口市	Zhoukou	16	1233	51211	67023	4685	1638	5319
驻马店市	Zhumadian	29	1475	59661	101832	8533	1496	7130
济源市	Jiyuan	3	100	4583	19065	1264	401	497
省直管县	**County Directly Administrated by Province**							
巩义市	Gongyi	2	103	3490	4843	458	34	233
兰考县	Lankao	14	427	15883	31715	4630	1978	1710
汝州市	Ruzhou	9	323	17417	34375	2097	523	1581
滑县	Huaxian	3	96	4521	8605	403	39	147
长垣县	Changyuan	10	230	9339	18499	93	321	537
邓州市	Dengzhou	3	215	9073	8493	142	92	1517
永城市	Yongcheng	4	1964	41375	91853	5100	3065	6787
固始县	Gushi	3	249	5133	8468	348	69	1103
鹿邑县	Luyi	4	207	4782	11889	1114	663	799
新蔡县	Xincai	5	94	5316	8046	937	242	534

24−7 各市文化及相关产业规模以上文化服务业企业主要指标(2017年)

Main Indicators of Culture Service Enterprises above Designated Size by City (2017)

市(县)	City(county)	法人单位数(个) Number of Institutional Unit (unit)	从业人员期末人数(人) Number of Employed Persons year-end (person)	资产总计(万元) Total Assets (10 000 yuan)	营业收入(万元) Business Revenue (10 000 yuan)	利润总额(万元) Total Profits (10 000 yuan)	税金合计(万元) Tax and Expenses (10 000 yuan)	应付职工薪酬(万元) wages Payable (10 000 yuan)
总计	**Total**	**1714**	**167739**	**16016087**	**6067589**	**788254**	**264678**	**981496**
省辖市	**City**							
郑州市	Zhengzhou	352	54469	6318345	2334522	220620	85084	455902
开封市	Kaifeng	127	6757	369807	285759	73973	12147	27906
洛阳市	Luoyang	173	24267	3383740	1143226	54042	44578	203779
平顶山市	Pingdingshan	100	12840	2682902	296214	45956	10422	40729
安阳市	Anyang	15	1497	216297	36137	1829	1168	5487
鹤壁市	Hebi	9	1257	57088	70580	17607	1453	2120
新乡市	Xinxiang	43	4101	209304	84079	8706	2872	12447
焦作市	Jiaozuo	33	4785	382831	113966	23360	5068	26865
濮阳市	Puyang	35	2391	138133	80377	12207	2633	12186
许昌市	Xuchang	130	6887	182372	267104	49280	17550	26036
漯河市	Luohe	9	479	69981	16389	2440	243	1598
三门峡市	Sanmenxia	41	1797	275856	34697	3676	1289	6270
南阳市	Nanyang	140	7247	422738	172944	24417	7146	26094
商丘市	Shangqiu	146	14721	191456	267663	69436	28106	49321
信阳市	Xinyang	157	10598	434614	323740	55467	14072	36638
周口市	Zhoukou	70	6244	237905	304580	66680	23533	21108
驻马店市	Zhumadian	111	6106	314388	204676	52820	6555	21925
济源市	Jiyuan	23	1296	128329	30938	5738	760	5085
省直管县	**County Directly Administrated by Province**							
巩义市	Gongyi	22	1017	89051	25187	2898	893	2454
兰考县	Lankao	32	1631	27317	53180	20208	4630	7322
汝州市	Ruzhou	38	1578	56395	88353	13090	2461	6364
滑县	Huaxian	3	465	56701	10890	124	201	2205
长垣县	Changyuan	14	791	39090	15394	2605	530	2209
邓州市	Dengzhou	5	408	5461	2718	-65	107	1204
永城市	Yongcheng	29	1180	33934	29632	5008	2451	4123
固始县	Gushi	17	1630	20699	27583	3289	1116	5123
鹿邑县	Luyi	22	1082	27256	44592	10492	3917	4807
新蔡县	Xincai	33	617	8879	20024	7260	376	1978

24-8 文化文物机构和人员情况(2017年)
Number of Institutions and Employed persons in Cultural Industry (2017)

指标名称	Item	机　构（个）Number of Institutions (unit)	文化部门 Culture Department	其他部门 Other Department	从业人员（人）Number of Employed Persons (person)	文化部门 Culture Department	其他部门 Other Department
总　计	**Total**	19677	3953	15724	141949	44235	97714
艺术业	Arts	1828	311	1517	52448	11678	40770
公共图书馆业	Public Libraries	158	158		2911	2911	
群众文化服务业	Mass Culture service	2603	2603		11013	11013	
艺术教育业	Culture and Education	9	9		361	361	
文化市场经营机构(不含非公有制艺术表演团体)	Institutions of Business of lulture (Without Non-public Arts Performance Groups)	14074		14074	55435		55435
文艺科研机构	Art Research institutions	17	17		181	181	
文物业	Historical Relics	632	500	132	12267	10758	1509
其他	Others	356	355	1	7333	7333	

24–9 艺术表演场馆基本情况(2017年)
Basic Statistics of Arts Performance Places (2017)

指标名称	Item	机构数(个) Number of Institutions (unit)	从业人员(人) Number of Employed Persons (person)	座席数(个) Number of Seats (unit)	演(映)出场次(万场次) Number of Performances (10 000 shows)	#艺术演出 Art Performance
总　计	**Total**	**157**	**3148**	**90374**	**0.62**	**0.38**
按登记注册类型分	By Status of Registration					
国 有	State-owned	131	2808	81023	0.37	0.20
其 他	Others	26	340	9351	0.25	0.18
按管理部门分	By Management Department					
文化部门	Culture Department	137	2886	82073	0.41	0.20
按机构类型分	By Type					
剧场	Theaters	54	920	31181	0.19	0.17
影剧院	Showplaces	85	1823	50324	0.28	0.10
综合性	General Performing Theaters	8	254	5552	0.07	0.06
其他艺术表演场馆	Others Arts Centers	5	97	1557	0.01	0.01
按隶属关系分	By Jurisdiction of Management					
省、区、市	Province, Autonomous Regions and Municipalities	2	209	3975	0.08	0.04
地、市	Prefectures, cities	28	769	8497	0.08	0.05
县、市及以下	County and Below	127	2170	77902	0.46	0.30

指标名称	Item	观众人次(万人次) Number of Audiences (10 000 person-times)	#艺术演出 Art Performances	收入合计(万元) Total Income (10 000 yuan)	#财政拨款 Government	#演出收入 Performance Income	支出合计(万元) Total Expenses (1000 yuan)
总　计	**Total**	**319.84**	**98.91**	**16835.80**	**6566.50**	**3563.30**	**18323.10**
按登记注册类型分	By Status of Registration						
国 有	State-owned	263.30	98.91	13391.50	5905.50	2243.30	14843.10
其 他	Others	56.54		3444.30	661.00	1320.00	3480.00
按管理部门分	By Management Department						
文化部门	Culture Department	269.05	98.91	13969.00	5952.50	2243.30	15360.80
按机构类型分	By Type						
剧场	Theaters	87.18	34.04	4816.30	1543.70	1395.00	5095.40
影剧院	Showplaces	103.13	41.11	4423.60	1030.50	285.90	4661.10
综合性	General Performing Theates	109.07	20.96	6748.70	3942.30	1555.40	7718.20
其他艺术表演场馆	Others Arts Centers	9.13	2.79	574.20	50.00	111.00	643.40
按隶属关系分	By Jurisdiction of Management						
省、区、市	Province, Autonomous Regions and Municipalities	102.75	20.10	6293.50	3356.60	1525.00	7257.80
地、市	Prefectures, cities	42.06	22.30	3139.50	200.40	390.30	3596.20
县、市及以下	County and Below	175.04	56.51	7402.80	3009.50	1648.00	7469.10

24-10 艺术表演团体基本情况(2017年)

Basic Statistics of Arts Performance Troupes (2017)

指标名称	Item	剧团数（个） Number of Performance Troupes (unit)	从业人员（人） Number of Employed Persons (person)	演出场次（万场次） Number of Performances (10000 times)	#国内演出 Domestic performance	#农村 Rural Areas
总　计	**Total**	**1671**	**49300**	**64.68**	**64.66**	**36.72**
按登记注册类型分	**By Registration Status**					
国有	State-owned	169	8437	4.65	4.64	4.00
集体	Collective-owned	1	16	0.02	0.01	0.01
其他	Others	1501	40847	60.01	60.01	32.71
按隶属关系分	**By Jurisdiction of Management**					
省、区、市	Province, Autonomous Regions and Municipalities	6	1150	0.21	0.21	0.11
地、市	Prefectures, cities	26	2086	0.70	0.70	0.51
县、市及以下	County and Below	1639	46064	63.77	63.75	36.11
按管理部门分	**By Management Department**					
文化部门	Culture Department	174	8792	4.79	4.77	4.09
其他部门	Other Department	1497	40508	59.89	59.89	32.63
按剧种分	**Grouped by Type of Drama**					
话剧、儿童剧、滑稽剧团	Drama, Children's Play and Comedy Troupes	396	9934	25.16	25.16	12.68
歌舞、音乐类	Song and Dance,Musicals	127	2570	1.05	1.05	0.62
京剧、昆曲类	Beijing Opera and Kunqu Opera	3	154	0.02	0.02	0.01
地方戏曲类	Local Opera	643	24629	18.59	18.58	13.27
杂技、魔术、马戏类	Acrobatics,Magic, Circus	79	2214	4.10	4.08	2.10
曲艺类	Folk Arts	149	3126	5.99	5.99	3.72
综合性艺术表演团体	Comprehensive Art Performing Troupes	274	6673	9.77	9.77	4.31

24-11 娱乐场所基本情况
Basic Statistics on Entertainment

指标名称	Item	2015	2016	2017
机构数(个)	Number of Institutions (unit)	1977	1857	2198
游艺	Carnival	454	408	439
歌舞	Musical	1512	1441	1748
其他	Others	11	8	11
从业人员(人)	Number of Employed Persons (person)	20231	16651	18653
资产总计(万元)	Total assets (10 000yuan)	250733	254419	239790
营业收入(万元)	Operating Revenue (10 000yuan)	130979	107244	126723
营业成本(万元)	Operating Cost (10 000yuan)	89793	75956	89060
养老、医疗、事业等保险费	Insurance expenses of Pension, Medical and Business	2947	2719	3044
工资总额	Total Wages	39546	31827	39261
税金总额	Total Taxes	4927	3339	6521
营业利润(万元)	Operating Profit (10 000yuan)	41186	31288	37663

24-12 公共图书馆基本情况(2017年)
Basic Statistics on Libraries (2017)

指标名称	Item	总计 Total	#少儿图书馆 Chilren Libraries	按隶属关系分 #省、区、直辖市(级) Provincial Level	地市级 prefecture-level	县市级 County-level	#县图书馆 county Libraries
机构数(个)	Number of Institutions (unit)	158	7	2	18	138	87
从业人员(人)	Number of Employed Persons (person)	2911	124	213	758	1940	1178
总藏量(万册)	Total Collections (10 000 volumes)	2874.06	140.95	397.10	1047.66	1429.30	727.67
#图书	Books	2359.95	119.49	309.48	869.70	1180.77	601.32
报刊	Newspapers and periodicals	334.32	15.76	33.87	121.18	179.27	84.01
本年收入(万元)	Income of this Year (10 000yuan)	42067.30	3449.20	7035.40	17423.30	17608.60	10008.40
本年支出(万元)	Expenditures of this Year (10 000yuan)	42321.80	3251.00	6842.60	18172.00	17307.20	9557.80
公共图书馆少儿文献(万册)	Children's literature in public Libraries	291.70	87.06	48.97	122.84	119.88	54.43
电子图书(万册)	Electronic books (10 000 volumes)	2125.56	196.46	316.44	699.30	1109.81	472.73
本年新购图书(万册)	Number of Books Purchased This Year (10 000 volumes)	201.88	36.37	28.76	73.59	99.53	50.60
当年购买的报刊种类(万种)	Category of Newspapers and periodicals bought This Year	39892	2380	3220	14051	22621	13239
累计发放有效借书证数(万个)	Number of Effective library card Totally Distributed	1435719	136224	133016	600382	702321	293540
总流通人次(万人次)	Number of circulation (10 000person-times)	2950.86	230.64	263.82	1272.54	1414.50	697.40
#书刊文献外借人次	Borrowing from Libraries	1400.31	147.47	118.67	468.27	813.37	397.30
书刊文献外借册次(万册次)	Number of Books and Periodicals Lent (10 000volume-times)	2097.24	229.85	193.01	735.67	1168.55	540.78
为读者服务举办各种活动次数(次)	Activities Provided for Readers (times)	7806	2225	1002	2896	3908	2235
参加人数(万人次)	Number of Readers Involved (10 000 person-times)	253.09	58.22	22.98	102.21	127.90	81.56
组织各类讲座次数(次)	Number of lectures	4192	1302	133	1999	2060	1170
举办展览(个)	Exhibitions Held (unit)	1444	187	166	387	891	511
举办培训班(个)	Training courses Held (unit)	2170	736	703	510	957	554
计算机(台)	Computers (set)	9757	378	265	2820	6672	3820
#电子阅览室终端数(台)	Terminals in Electronic media reading rooms	6582	234	126	1861	4595	2788
阅览室坐席数(万个)	Seats Capacity of Reading Rooms (10 000 seats)	50101	2594	2078	16986	31037	17266
实际使用公共用房建筑面积	Floor Space of Public Buildings (10 000 sq.m)	61.40	2.29	3.89	25.48	32.03	18.41
#书库	Storeroom for Books	13.63	0.25	1.04	5.82	6.77	3.26

24−13 分地区公共图书馆基本情况(2017年)
Basic Statistics on Public Libraries by City (2017)

省辖市（县） City(County)	机构数（个） Number of Institutions (unit)	从业人员（人） Number of Employed Persons (person)	总藏量（万册） Total Collections (10 000 volumes)	#图书 Books	少儿文献（万册） Children's literature (10 000 volumes)
全　　省 Total	158	2911	2874.06	2359.95	291.70
省本级 Provincial Level	2	213	397.10	309.48	48.97
省辖市 City	156	2698	2476.96	2050.48	242.73
郑州市 Zhengzhou	13	361	315.00	260.56	21.55
开封市 Kaifeng	6	106	111.37	88.79	12.69
洛阳市 Luoyang	17	258	282.69	238.45	44.86
平顶山市 Pingdingshan	9	128	179.39	146.10	6.65
安阳市 Anyang	7	111	131.29	99.77	31.10
鹤壁市 Hebi	5	64	64.46	59.33	9.93
新乡市 Xinxiang	11	159	145.75	109.34	9.38
焦作市 Jiaozuo	8	94	144.94	128.99	11.17
濮阳市 Puyang	7	113	107.66	100.53	16.95
许昌市 Xuchang	7	145	120.85	102.23	14.28
漯河市 Luohe	5	70	60.08	52.38	0.06
三门峡市 Sanmenxia	7	98	154.20	123.83	13.40
南阳市 Nanyang	12	200	188.32	145.26	12.21
商丘市 Shangqiu	9	204	99.68	80.50	4.70
信阳市 Xinyang	11	224	130.21	110.53	15.63
周口市 Zhoukou	11	194	97.72	86.01	13.39
驻马店市 Zhumadian	10	140	84.74	66.81	3.35
济源市 Jiyuan	1	29	58.61	51.07	1.43
省直管县 County Directly Administrated by Province					
巩义市 Gongyi	1	12	22.52	17.80	
兰考县 Lankao	1	18	12.80	12.77	5.20
汝州市 Ruzhou	1	8	12.61	9.64	
滑县 Huaxian	1	9	8.49	8.13	2.40
长垣县 Changyuan	1	5	8.80	8.35	1.50
邓州市 Dengzhou	1	20	12.27	10.33	
永城市 Yongcheng	1	24	23.76	19.76	
固始县 Gushi	1	37	12.52	11.87	4.13
鹿邑县 Luyi	1	26	4.80	4.10	0.50
新蔡县 Xincai	1	11	5.17	5.10	

24-14 文物业、博物馆和文物管理机构基本情况
Statistics on Cultural Relics, Museums and Agencies of cultural relics Preservation

指标名称	Item	2016	2017
文物业	**Cultural Relics**		
机构(个)	Number of Institutions (unit)	564	632
从业人员(人)	Number of Employed persons(person)	11755	12267
本年收入合计(万元)	Total Revenue this Year (1000yuan)	185933	251727
本年支出合计(万元)	Total Expenditure this Year (1000yuan)	172445	213729
资产总计(万元)	Total Assets (1000yuan)	551754	683303
实际使用房屋建筑面积(万平方米)	Floor Space of Buildings Actually Used (10 000 sq.m)	135.21	147.13
文物藏品(件/套)	Number of Collections (piece/set)	1963555	1987274
#一级品	Grade One	2641	2620
本年新增文物藏品数(件/套)	Number of Newly Increased Collections This Year(piece/set)	50316	21651
举办陈列展览(个)	Exhibition & Displays (unit)	1156	1312
参观人次(万人次)	Spectators (10 000 person-times)	5997.46	6738.26
博物馆	**Museums**		
机构数(个)	Number of Institutions (unit)	283	335
#免费开放馆数	Number of Free Museums	210	289
从业人员(人)	Number of Employed persons(person)	6209	6782
#专业技术人员	Professional Skilled Person	1744	1924
文物藏品数(件/套)	Number of Collections(pieces)	935827	966764
#一级品	Grade One	2107	2064
基本陈列、展览(个)	Basic Exhibition & Displays (unit)	1133	1277
参观人次(万人次)	Spectators (10 000 person-times)	4964.14	5542.75
#未成年人	Minors	1591.73	1647.88
门票销售总额(万元)	Income from Tickets(1000yuan)	7002	7214
收入合计(万元)	Total Revenue (1000yuan)	69311	83700
支出合计(万元)	Total Expenditure (1000yuan)	72283	95176
资产总计(万元)	Total Assets (1000yuan)	279306	327410
实际使用房屋建筑面积(万平方米)	Floor Space of Buildings Actually Used (10 000 sq.m)	102.11	111.35
#展览用房	Room for Exhibition	55.61	61.37
#库房	Storeroom	11.45	12.09
文物管理机构	**Agencies of Cultural Relics Preservation**		
机构数(个)	Number of Institutions (unit)	123	125
从业人员(人)	Number of Employed persons(person)	2851	2831
#专业技术人员	Professional Skilled Person	542	543
藏品数(件/套)	Number of Collections(pieces)	215798	217635
#一级品	Grade One	305	303
基本陈列、展览(个)	Basic Exhibition & Displays (unit)	20	27
参观人次(万人次)	Spectators(10 000 person-times)	1032.03	1192.63
门票销售总额(万元)	Income from Tickets	33877	35418
收入合计(万元)	Total Revenue (1000yuan)	43930	46560
支出合计(万元)	Total Expenditure (1000yuan)	39349	38915
资产总计(万元)	Total Assets (1000yuan)	191729	224297
实际使用房屋建筑面积(万平方米)	Floor Space of Buildings Actually Used (10 000 sq.m)	19.81	22.20
#展览用房	Room for Exhibition	6.47	8.49
#文物库房	Storeroom For Relics	1.65	1.67

24-15 国家综合档案馆基本情况(2017年底)

Basic Statistics on the National comprehensive Archives (End of 2017)

分 类	Item	机构数 (个) Number of Institutions (unit)	馆藏档案 (卷) Number of Archives (volume)	开放档案 (卷) Arcives open to Public (volume)
总 计	**Total**	**177**	**16017954**	**3882492**
省 级	Province Level	1	386363	164719
市 级	City Level	18	4596254	1359347
县 级	County Level	158	11035337	2358426

分 类	Item	利用档案 (卷次) Utilized Archives (volume-time)	馆藏资料 (册) Number of Material Stored (volume)	库房面积 (平方米) Areas of Storerooms (sq.m)
总 计	**Total**	**628165**	**2931929**	**406721.66**
省 级	Province Level	2624	87662	13822
市 级	City Level	174952	565165	124289
县 级	County Level	450589	2279102	268611

24-16 新闻出版业主要指标
Main Indicators of Press and Publication Industry

指标名称	Item	2016	2017
机构和人员情况	**Agencies and Employed Persons**		
机构数(个)	Agencies (unit)	12453	9892
从业人员(人)	Employed Persons (penson)	119653	124986
出版情况	**Publishing**		
图书出版	Publishing of Books		
图书种数(种)	Sort of Books (sort)	8588	9497
图书总印数(万册)	Total Printed Copies of Books (10 000volumes)	24608	27498
图书总印张(万印张)	Total Printed Sheets of Books (10 000 sheets)	1930044	2143038
图书定价总金额(万元)	Total Priced Value of Books (10 000 yuan)	278925	326836
期刊出版	Magazine		
期刊种数(种)	Sort of Magazine (sort)	241	241
期刊总印数(万册)	Total Printed Copies of Magazine (10 000 volumes)	8166	8517
期刊总印张(万印张)	Total Printed Sheets of Magazine (10 000 sheets)	388579	410058
期刊定价总金额(万元)	Total Priced Value of Magazine (10 000 yuan)	50997	54315
报纸出版	Publishing of Newspaper		
报纸种数(种)	Sort of Newspaper (sort)	121	120
报纸总印数(万份)	Total Printed Copies of Newspaper (10 000 volumes)	192659	178615
报纸总印张(万印张)	Total Printed Sheets of Newspaper (10 000 sheets)	4953953	4433090
报纸定价总金额(万元)	Total Priced Value of Newspaper (10 000 yuan)	203691	220194
音像及电子出版物出版	Audio Products and Electronic Publications		
音像及电子出版物出版种数(种)	Category of Audio Products and Electronic Publications (kind)	202	200
音像及电子出版物出版数量(万盒)	Number of Audio Products and Electronic Publications (10 000 cases)	226	218
音像及电子出版物发行数量(万盒)	Total Issuance of Audio and Electronic Publications (10 000 cases)	11	
印刷企业单位数(个)	Number of Enterprises of Printing (unit)	6247	3135
出版物发行情况	**Issuance of Publication**		
出版物购进数量(万册/张/份/盒)	Number of Publication Bought (10 000 volumes/paper/cases)	153680	161334
出版物购进金额(万元)	Total Bought Value (10 000yuan)	1273074	1334435
出版物销售数量(万册/张/份/盒)	Volume of Saling Printing (10 000 volumes/paper/cases)	153229	161025
出版物销售金额(万元)	Total Sales Amount of Publication (10 000 yuan)	1260126	1322491
出版物库存数量(万册/张/份/盒)	Storage of Publication (10 000 volumes/paper/cases)	15671	16015
出版物库存金额(万元)	Publication Inventory (10 000 yuan)	199268	211797

24-17 课本出版情况(2017年)

Basic Statistics of Publication of Textbook (2017)

项　　目	Item	种　数 (种) Number of Items (number)	新出版 (种) New Publication (number)	总印数 (万册) Printed Copies (10 000)	总印张 (万印张) Printed Sheets (10 000)	定价总金额 (万元) Total Priced Value (10 000 yuan)
总　　计	**Total**	**1182**	**464**	**14541.99**	**1050878.19**	**115924.22**
#大专及以上课本	Textbooks for Colleges and Universities	851	389	217.94	35054.40	7383.06
中专、技校课本	Textbooks for Secondary Technical Schools	8		3.50	433.13	90.75
中学课本	Textbooks for Secondary Schools	82	21	7868.59	648056.14	62401.78
小学课本	Textbooks for Primary Schools	107	22	6377.93	357541.00	43068.52
教学用书	Teaching Materials	50	13	11.89	1464.62	1082.98

24-18 音像制品及电子出版物情况

Basic Statistics of Audio-video Products and Electronic Publications

指标名称	Item	2016	2017
录像制品出版品种(种)	Number of Publication of video Products	51	63
#新出版	Newly Published	49	63
录像制品出版数量(万盒、万张)	Volume of Publication of Video Products (10 000 cases)	21.52	6.56
#新出版	Newly Published	15.29	6.56
录像制品发行数量(万盒、万张)	Total Issuance of Video Products (10 000 cases)	10.1	8.91
录音制品出版品种(种)	Number of Publication of Andio Products	2	4
#新出版	Newly Published	2	4
录音制品出版数量(万盒、万张)	Volume of Publication of Audio Products (10 000 cases)	0.9	1.66
#新出版	Newly Published	0.9	1.66
录音制品发行数量(万盒、万张)	Total Issuance of Audio Products (10 000 cases)	0.9	1.10
电子出版物出版品种(种)	Electronic Publications (kind)	149	133
电子出版物出版数量(万张)	Number of Electronic Publications (10 000 cases)	203.68	210.13

24−19 各市出版物发行网点数和从业人数(2017年)
Issuing Institutions and Spots of Publication by City (2017)

市（县） City(County)	发行机构合计（处） Issuing Institutions (unit)	#国有书店及国有发行点 State-owned Book Store and Issuing Spots	集体个体零售 Collective and Private Retail	国有书店及国有发行点从业人数（人） Employed Persons of State-owned Bookstores and Issuing Spots (person)
合计 Total	**6505**	**1358**	**4803**	**14944**
省直 Directly Administated by Province	**25**	**13**		**2420**
省辖市 City				
郑州市 Zhengzhou	1489	219	978	1212
开封市 Kaifeng	320	105	208	838
洛阳市 Luoyang	613	126	477	751
平顶山市 Pingdingshan	238	66	171	814
安阳市 Anyang	419	42	376	637
鹤壁市 Hebi	127	24	103	130
新乡市 Xinxiang	411	79	324	769
焦作市 Jiaozuo	203	21	181	438
濮阳市 Puyang	302	14	287	236
许昌市 Xuchang	182	56	126	413
漯河市 Luohe	131	26	105	196
三门峡市 Sanmenxia	160	26	134	264
南阳市 Nanyang	510	154	354	1763
商丘市 Shangqiu	567	118	445	1255
信阳市 Xinyang	311	66	244	876
周口市 Zhoukou	165	89	72	997
驻马店市 Zhumadian	280	111	169	869
济源市 Jiyuan	52	3	49	66
省直管县 County Directly Administrated by Province				
巩义市 Gongyi	245	52	40	193
兰考县 Lankao	64	7	40	57
汝州市 Ruzhou	98	3	15	95
滑县 Huaxian	68	5	43	63
长垣县 Changyuan	81	6	39	75
邓州市 Dengzhou	189	3	18	186
永城市 Yongcheng	161	11	15	150
固始县 Gushi	103	1	23	102
鹿邑县 Luyi	75	3	14	72
新蔡县 Xincai	63	13	12	50

24-20 广播电视业基本情况
Basic Statistics on Radio and Television Industry

指标名称	Index	2016	2017
广播电台情况	**Broadcasting stations**		
广播电台(座)	Number of broadcasting stations (set)	18	12
中短波转播发射台(座)	Transmission and Relaying Stations of Medium and Short Wave Broadcast (unit)	30	30
公共广播节目数(套)	Number of Public Radio Programs (set)	154	157
广播综合人口覆盖率(%)	Population Coverage Rate of Radio Programs (%)	98.43	98.62
全年广播节目播出时间(时：分)	Annual Broadcasting Hours of Radio Programs(hour:minute)	679018:48	682541:42
全年制作广播节目时间(时：分)	Annual Production Hours of Radio Programs (hour:minute)	319151:54	314471:33
被中央台采用节目(条)	Number of Programs Adopted by CCTV (item)	2737	4285
电视台情况	**TV stations**		
电视台(座)	Number of TV stations (set)	18	12
电视转播发射台(座)	Television Transmission and Relaying Stations (set)	162	161
公共节目套数(套)	Number of Public Programs (set)	167	174
电视综合人口覆盖率(%)	Population Coverage Rate of TV Programs (%)	98.64	98.84
全年电视节目播出时间(时：分)	Annual Broadcasting Hours of TV Programs (hour:minute)	911421:24	958750:10
全年制作电视节目时间(小时)	Annual Prediction Hours of TV Programs (hour)	139132	135879:57
被中央台采用节目数(条)	Number of Programs Adopted by CCTV (item)	2737	2752
有线电视用户(万户)	Consumers of CATV (10 000 households)	1056.49	1011.59
#数字电视用户	Digital TV	777.24	804.42
#付费数字电视用户	Pay Digital TV	58.55	59.82
有线电视入户率(%)	Popularization Rate of Cable TV	32.6	30.7

24-21 广播电视业经营情况
Basic Statistics on Radio and Television Operation

单位：万元 (10 000yuan)

指标名称	Index	2016	2017
单位数		552	556
从业人员(人)	Number of Employed Persons (person)	50544	58391
总收入	Total Income	689172.32	916350.94
#行政事业单位收入	Income of Agencies and Institutions	376975.36	398181.24
企业主营业务收入	Revenue form Principal Business of Enterprises	312196.96	518169.70
事业企业单位实际创收收入	Actual Income of Institutions and Enterprises	532354.18	524697.11
#广告收入	From Advertisement	239503.36	202523.56
#网络收入	From Internet	185920.20	169288.25
#有线广播电视收视费收入	From Pay CATV	128945.47	114194.18
#付费数字电视收入	From Pay Digital TV	11520.67	10611.55
资产总额	Total Assets	2092362.00	2611716.71

24-22 分市广播电视覆盖率
Coverage Rate of Radio and TV

单位：% (%)

市(县)	City(County)	2016 广播覆盖率 Radio Coverage Rate	2016 电视覆盖率 TV Coverage Rate	2017 广播覆盖率 Radio Coverage Rate	2017 电视覆盖率 TV Coverage Rate
合　　计	**Total**	**98.43**	**98.64**	**98.62**	**98.84**
省辖市	**City**				
郑州市	Zhengzhou	99.48	99.81	99.48	99.81
开封市	Kaifeng	100.00	100.00	100.00	100.00
洛阳市	Luoyang	97.52	97.96	97.53	97.97
平顶山市	Pingdingshan	98.87	97.79	98.88	97.81
安阳市	Anyang	100.00	99.69	100.00	99.69
鹤壁市	Hebi	100.00	100.00	100.00	100.00
新乡市	Xinxiang	99.95	99.80	99.95	99.80
焦作市	Jiaozuo	99.65	99.05	99.76	99.09
濮阳市	Puyang	96.70	97.32	96.71	97.46
许昌市	Xuchang	100.00	100.00	100.00	100.00
漯河市	Luohe	100.00	100.00	100.00	100.00
三门峡市	Sanmenxia	97.34	97.85	97.38	97.90
南阳市	Nanyang	96.59	96.57	96.73	96.76
商丘市	Shangqiu	100.00	100.00	100.00	100.00
信阳市	Xinyang	93.72	95.91	95.36	97.59
周口市	Zhoukou	98.55	99.53	98.55	99.53
驻马店市	Zhumadian	99.03	98.43	99.44	98.87
济源市	Jiyuan	98.31	99.03	99.06	99.27
省直管县	**County Directly Administrated by Province**				
巩义市	Gongyi	97.02	100.00	97.02	100.00
兰考县	Lankao	100.00	100.00	100.00	100.00
汝州市	Ruzhou	100.00	99.75	100.00	99.76
滑县	Huaxian	100.00	100.00	100.00	100.00
长垣县	Changyuan	100.00	100.00	100.00	100.00
邓州市	Dengzhou	100.00	100.00	100.00	100.00
永城市	Yongcheng	100.00	100.00	100.00	100.00
固始县	Gushi	93.20	98.80	93.44	98.95
鹿邑县	Luyi	100.00	100.00	100.00	100.00
新蔡县	Xincai	96.82	96.84	100.00	100.00

24-23 运动员人数
Number of Athletes

单位：人 (person)

人员分类	Category of Personnel	2016	#女 Female	2017	#女 Female
等级运动员人数	**Number of Athletes in Grades**	**2434**	**807**	**2443**	**839**
运动健将	Master of Sports	108	55	103	47
一级运动员	First Grades	657	251	525	186
二级运动员	Second Grades	1666	500	1793	601

24-24 体育彩票发行情况
Issue of Sports Lottery Ticket

单位：万元 (10 000 yuan)

项　　目	Item	2011	2012	2013	2014	2016	2017
体育彩票销售点(个)	Sale Place of Sports Lottery (unit)	6016	7067	7947	8555	9474	10221
体育彩票销售收入	Sale Revenue of Sports Lottery	388900	516325	616824	826226	1199500	1336539
用于兑奖金额	Bonus	252785	299829	363325	495070	761000	847096

24－25　健身场地设施建设情况(2017年)

Basic Statistics on Facilities Construction of Fitness Site (2017)

单位：个　　(unit)

省辖市（县） City(County)	各类健身场地设施数 Number of various fitness facilities	#全民健身活动中心 fitness center	乡镇体育健身场所 Sports Fitness Center in Township in	村级农民体育健身场所 Sports Fitness Center in Village
全　　省 Total	8120	57	315	4542
郑　州　市 Zhengzhou	598	3	31	326
开　封　市 Kaifeng	252		8	200
洛　阳　市 Luoyang	721		9	410
平顶山市 Pingdingshan	407	1	11	248
安　阳　市 Anyang	593		8	486
鹤　壁　市 Hebi	156		4	100
新　乡　市 Xinxiang	326			96
焦　作　市 Jiaozuo	297	1	27	146
濮　阳　市 Puyang	197		1	175
许　昌　市 Xuchang	1438		33	470
漯　河　市 Luohe	637	35	77	300
三门峡市 Sanmenxia	258	3	5	160
南　阳　市 Nanyang	373	1	17	275
商　丘　市 Shangqiu	457	6	27	301
信　阳　市 Xinyang	563		5	230
周　口　市 Zhoukou	623	2	37	508
驻马店市 Zhumadian	168	2	14	61
济　源　市 Jiyuan	56	3	1	50

主要统计指标解释

文化 主要包括新闻出版业、广播电视电影和影像业、文化艺术业等类别。新闻业指新华通讯社、各新闻单位及派驻的记者站、境外驻我国的新闻机构、中心、办事处联络站等的活动；出版业指国家批准的出版社的活动；广播电视电影和影像业指对广播、电视、电影、录音、录像内容的制作、编导、播出、放映等活动；文化艺术业主要包括文艺创作与表演、艺术表演场馆、图书与档案馆、文物及文化保护、博物馆、烈士陵园、纪念馆、文化艺术经纪代理等活动。

体育 主要包括体育组织、体育场馆、以及其他体育活动。

娱乐业 主要包括室内娱乐活动、游乐园、休闲健身娱乐活动、以及其他娱乐活动。

艺术表演团体 指由文化部门主办或实行行业管理（经文化行政部门审批或已申报登记并领取相关许可证），专门从事表演艺术等活动的各类专业艺术表演团体，含民间职业剧团。不包括群众业余文艺表演团队。

艺术表演场馆 指由文化部门主办或实行行业管理（经文化市场行政部门审批或已申报登记并领取相关许可证），有观众席、舞台、灯光设备，公开售票、专供文艺团体演出的文化活动场所。附属于文化部门机构内非独立核算的剧场、排演场，公开营业的也应单独统计。

文化市场经营机构 指经文化市场行政部门审批或已申报登记并领取相关许可证的、从事文化经营和文化服务活动的机构。

公共图书馆 指文化部门主办的面向社会服务的图书馆。

广播节目综合人口覆盖率 是指根据国家广电总局制定的《广播电视人口覆盖率统计技术标准和方法》，在对象区内采用无线、有线、卫星等技术手段能够收听到包括中央、省、地市、县广播节目其中任意一套的人口数与总人口的比。

电视节目综合人口覆盖率 是指根据国家广电总局制定的《广播电视人口覆盖率统计技术标准和方法》，在对象区内采用无线、有线、卫星等技术手段能够收看到包括中央、省、地市、县级电视节目中任意一套的人口数与总人口的比。

有线电视入户率 指能接收到有线广播电视台、有线广播电视站(系统内和系统外)和共享天线系统播放的有线电视节目的家庭户数与总户数的比率。计算公式：

有线电视入户率=年末有线电视总用户数/年末总户数×100%

等级运动员 是指经考核正式批准授予技术等级的运动员，分为国际级运动健将、运动健将、一级、二级运动员。

Explanatory Notes on Main Statistical Indicators

Culture mainly includes Journalism, radio, television and film and video industry, culture art industry etc. Journalism refers to The Xinhua news agency, the press agencies and their reporter station. In our country overseas news agency, center, office activities; The publishing refers to the activities approved by the state; Radio, television and film and video refers to broadcasting, television, films, sound recording, video content production, broadcast playwright-director, showing activities; Culture and art owner to should include the creation of literature and art and performance, artistic performance venues, books and archives, cultural relics and culture protection, museums, martyr cemetery, memorial, arts and culture, as an agent and other activities.

Sports include sports organizations, sports venues, and other physical activities.

Entertainment include entertainment activities interior, amusement park, the leisure fitness entertainment activities, and other recreational activities.

Arts Performance Troupes refer to the various professional performing arts groups, which sponsored by the cultural sectors or guided by the cultural society (approved by the cultural market administration, or registered and permitted with the relative certificate), including non-governmental troupes, such as drama troupes, dialect troupes, comedy troupes, children troupes, Opera troupes, puppetry troupes, Shadowgraph troupes, etc., comprehensive professional arts performance troupes. The mass amateur arts performance troupes are not included.

Arts Performance Places refer to the various sites for cultural activities, which sponsored by the cultural sectors or guided by the cultural society (approved by the cultural market administration, or registered and permitted with the relative certificate), with the facility of auditorium, stage, and lighting, and selling tickets in public. The theaters and rehearse sites which are affiliated to the cultural sectors without independent financial accounts which are open to the public should be covered independently.

Cultural Market Operating Units refer to the units dealing in culture and cultural services, which registered and permitted with the relative certificate by cultural market administration.

Public library refers to the library service set up by the social cultural departments.

Radio Coverage of Population refers to the percentage of population, which can listen to one of central, provincial, city, prefecture, and county radio programs by wireless, cable, satellite and other technical means, in the surveying area, to national total population, according to Statistical Standard and Method on Television and Radio Coverage of Population established by the State Administration of Broadcasting, Film and Television.

Television Coverage of Population refers to the percentage of population, which can watch one of central, provincial, city, prefecture, and county television programs by wireless, cable, satellite and other technical means, in the surveying area, to national total population, according to Statistical Standard and Method on Television and Radio Coverage of Population established by the State Administration of Broadcasting, Film and Television.

Cable Television Coverage of Household refers to the percentage of households, which can watch television by cable of radio and television network, to national total household.

Class athletes refers to formally approved by the examination on the level of the athletes awarded technology, divided into international sports, master of sports, level 1, level 2 player.

公共管理、社会保障和社会组织

Public Management, Social Security and Social Organizations

25

● 资料整理：赵 霞

简要说明

一、主要内容

本篇包括公检法司、安全生产、居民最低生活保障人数、农村社会保障网络情况和参加基本养老保险、基本医疗保险、失业保险、工伤保险、生育保险人数及社会保险基金和妇女参政议政情况等。公检法司的资料主要包括公安机关的刑事案件立案情况和治安案件查处情况，交通、火灾事故情况，检察机关的办案情况，人民法院审理案件和收结案情况，以及公会、律师、公证、调解工作等资料。

二、资料来源

公检法司统计资料分别由河南省公安厅、河南省高级人民法院、河南省人民检察院和河南省司法厅提供。劳动争议仲裁由河南省人力资源和社会保障厅提供。安全生产由河南省安全生产监督管理局提供。妇女参政议政资料由中共河南省委组织部、河南省人大常委会选举任免代表联络工作委员会、中国人民政治协商会议河南省委员会办公厅提供。社会福利和居民最低生活保障人数由省民政厅提供；参加社会保险人数、社会保险基金收支资料由省人力资源和社会保障厅提供。婚姻服务情况由省民政厅和省高级人民法院提供。由省统计局社会与科技处编辑整理。

Brief Introduction

I. Main Contents

Data in this chapter include public security, procuratorial, legal and judicial affairs, production safety, female cadres and so on. Data on public security, procuratorial, legal and judicial affairs cover information such as criminal cases registered and offense cases handled by the public security agencies, traffic or fire accidents, cases handled by procuratorate's offices, cases accepted and settled by the people's courts, persons received lowest cost-of-living, urban welfare facilities, rural network of social security, work injury insurance, maternity insurance and social insurance funds and statistics on lawyers, notarization and mediation.

II. Sources of Data

Data on public security, procuratorial, legal and judicial affairs are calculated from Henan provincial bureau of Public Security, the Henan provincial Supreme People's Procuratorate, the Henan provincial Supreme People's Court and the Henan provincial bureau of Justice. Data on the labor disputes arbitration are calculated from Henan provincial bureau of Human Resources and Social Security. Data on production safety are calculated from Henan provincial Supervisory Bureau of Work Safety. Data on female cadres are calculated from Henan Provincial Organization Department. Data on people participated in basic insurance are provided by Department of social and scientific and technological of Henan provincial bureau of statistics basic on monitoring reports of women and children. Data on Attend social insurance persons and social insurance funds are from Henan provincial bureau of Human Resources and Social Security. Data on social welfare and persons received lowest cost-of-living are from the Henan provincial bureau of Civil Affairs. Data on Marriages are provided by the Henan provincial bureau of Civil Affairs and Higher people's court. Data on this chapter are provided by Department of social and scientific and technological of Henan provincial bureau of statistics.

25-1 公安机关立案的刑事案件情况

Criminal Case of Register in Public Security Organs

案件类别	Category of Cases	立案(起) Number of Cases Registered (case)		构成(%) Composition (%)	
		2016	2017	2016	2017
总　计	**Total**	**527252**	**450876**	**100.0**	**100.0**
杀人	Homicide	542	525	0.1	0.1
伤害	Injury	9849	8827	1.9	2.0
抢劫	Robbery	3120	1816	0.6	0.4
强奸	Rape	2377	2218	0.5	0.5
拐卖妇女、儿童	Abducting Women or Children	323	361	0.1	0.1
盗窃	Larceny	367719	301609	69.7	66.9
诈骗	Fraud	92928	81748	17.6	18.1
走私	Smuggling	1	2	0.0	0.0
伪造、变造货币,出售、购买、运输、持有、使用假币	Forging Currency, Selling, Buying, Transporting, Holding and Using Counterfeit Currency	37	65	0.0	0.0
其他	Others	50356	53705	9.6	11.9

25-2 公安机关受理和查处治安案件情况(2017年)

Cases of Offence Against Public Order Handled by Public Security Organs (2017)

案件类别	Category of Cases	受理(起) Number of cases Accepted to be Treated (case)	查处(起) Number of cases Investigated and Treated (case)	每万人口受理案件数(起) Number of Cases Accepted per 10 000 Population (case)
合　计	**Total**	**639111**	**604343**	**66.86**
扰乱单位秩序	Disturbing Business Orders	4049	3887	0.42
扰乱公共场所秩序	Disturbing the Orders in Public Places	2367	2312	0.25
寻衅滋事	Causing Quarrels and Making Troubles	7055	6515	0.74
阻碍执行职务	Obstructing Government Workers in Performing Their Duties	2526	2468	0.26
非法携带枪支、弹药、管制刀具	Violation of Firearms Control Regulations	1522	1461	0.16
违反危险物质管理规定	Violation of Explosives Control Regulations	17338	17108	1.81
殴打他人	Battering Other Persons	212642	202742	22.25
故意伤害	Willfully Injuring Others	33582	32606	3.51
盗窃	Stealing Property	69126	60129	7.23
敲诈勒索	Extortion and Blackmail	687	636	0.07
抢夺	Robbery and Snatch	301	256	0.03
伪造、变造、倒卖有价票证、凭证	Forge/alter/scalp Valuable Coupons or Certificates	73	64	0.01
违反旅馆业管理	Violating the Hotel Management Regulations	5430	5294	0.57
违反房屋出租管理	Violating the Rent Control Regulations	4632	4631	0.48
诈骗	Swindling, Seizing and Extorting Property	5676	4716	0.59
卖淫、嫖娼	Prostitution or Soliciting Prostitutes	1798	1784	0.19
赌博或赌博提供条件	Gambling	9015	8910	0.94
毒品违法活动	Illegal Drug Related Action	10234	10157	1.07
其他	Others	251058	238667	26.26

25-3 交通事故情况(2017年)

Basic Statistics on Traffic Accidents (2017)

项 目	Item	发生数(起) Number of Traffic Accidents (case)	死亡人数(人) Number of Deaths (person)	受伤人数(人) Number of Injuries (person)	直接财产损失(万元) Direct Property Losses (10 000 yuan)
总 计	**Total**	**5912**	**1780**	**5561**	**4352.38**
机动车	Vehicles	5183	1630	4929	4131.17
#汽车	Motor Vehicles	4451	1375	4073	3844.52
摩托车	Motorcycles	598	207	761	230.98
拖拉机	Tractors	21	8	17	3.60
非机动车	Non-motor-driven Vehicles	669	109	610	154.88
#自行车	Bicycles	509	65	544	110.19
行人乘车人	Pedestrians and Passengers	60	41	22	66.33
其他	Others				

25-4 各市火灾事故情况(2017年)

Basic Statistics on Fires (2017)

市	City	发生(起) Number of Accidents (case)	死亡(人) Number of Deaths (person)	受伤(人) Number of Injuries (person)	直接经济损失(万元) Direct economic loss (10 000yuan)	人口火灾发生率(1/10万人) The population incidence of fire (1/100000person)	平均每起事故损失(元) Average losses per accident (yuan)
合计	**Total**	**13010**	**45**	**25**	**10674.07**	**13.61**	**8204.5**
郑州市	Zhengzhou	3142	9	16	1805.77	31.80	5747.2
开封市	Kaifeng	549	2		498.31	12.07	9076.6
洛阳市	Luoyang	811	1	4	1354.08	11.89	16696.4
平顶山市	Pingdingshan	1103			429.17	22.06	3891.0
安阳市	Anyang	536	2		541.42	10.45	10101.0
鹤壁市	Hebi	146			179.13	9.01	12269.2
新乡市	Xinxiang	1093	2		727.09	18.94	6652.3
焦作市	Jiaozuo	679	2		399.62	19.07	5885.5
濮阳市	Puyang	875		1	347.17	24.04	3967.6
许昌市	Xuchang	279	1		489.97	6.33	17561.8
漯河市	Luohe	373	3	2	389.33	14.08	10437.8
三门峡市	Sanmenxia	291	2		421.73	12.82	14492.5
南阳市	Nanyang	751	4		613.89	7.47	8174.4
商丘市	Shangqiu	373	4	1	686.02	5.11	18392.0
信阳市	Xinyang	570	6	1	891.41	8.84	15638.7
周口市	Zhoukou	711	7		518.51	8.12	7292.7
驻马店市	Zhumadian	627			266.89	8.96	4256.6
济源市	Jiyuan	101			114.56	13.84	11342.2

25-5　检察机关直接立案侦查案件情况(2017年)

Case Under Direct Investigation by People's Procuratorate (2017)

案件分类	Case Item	受案 (件) Cases Accepted (case)	立案合计 Total Number of Cases Registered				结案合计 Total number of cases settled	
			件 (case)	人 (person)	#大案 (件) Large Cases (case)	#要案 (人) Key Cases (Person)	件 (case)	人 (person)
总　计	**Total**	**3176**	**3122**	**4466**	**1248**	**190**	**3785**	**5346**
贪污贿赂案件小计	Sub-total of Cases on Corruption and Bribery	2408	2302	3089	631	159	2820	3776
#贪污	Corruption	867	723	1219	301	36	850	1438
贿赂	Bribery	1188	1205	1382	330	111	1530	1770
挪用公款	Misappropriation of Public Funds	343	368	460		5	431	534
集体私分	Collective Illegal Possession of Public Funds	3	5	27		6	8	33
巨额财产来源不明	Unstated Source of Large Amount of Properties	7	1	1		1	1	1
其他	Others							
渎职案件小计	Sub-total of Cases on Abuse and Dereliction of Duty	768	820	1377	617	31	965	1570
滥用职权	Abuse of Power	334	332	553	289	23	348	590
玩忽职守	Dereliction of Duty	311	396	609	276	6	478	712
徇私舞弊	Fraudulent Practice	73	74	109	48		80	119
侵犯公民权利	Infringement of civil rights	12	9	31	3		12	35
其他	Others	38	9	75	1	2	47	114

25-6　人民检察院审查批准、逮捕、公诉情况(2017年)

Arrests and Prosecution Approved by People's Procuratorate (2017)

案件分类	Category of Cases	批捕、决定逮捕合计 Total of Arrests		决定起诉合计 Total of Public Prosecutions	
		(件) (case)	(人) (person)	(件) (case)	(人) (person)
合　计	**Total**	**37310**	**48655**	**78668**	**105125**
公安、安全、监狱机关提请小计	Sub-total of Requests by Departments of State and Public Security and Prisons	36432	47656	75393	100639
危害国家安全案	Offences Against National Security	3	3	1	1
危害公共安全案	Offences Against Public Security	4381	4705	26982	27677
破坏社会主义市场经济秩序案	Offences Against Socialist Market Economic Order	2628	3594	4398	7178
侵犯公民人身、民主权利案	Offences Against Citizens' Personal and Democratic Rights	7246	8255	10557	13019
侵犯财产案	Offences Against Properties	15252	20837	21574	31363
妨害社会管理秩序案	Offences Against Social Management of Order	6915	10253	11868	21372
危害国防利益案	Offences Against National Defense	7	9	13	29
军人违反职责案	Offences on Dereliction of Duty by Servicemen				
检察机关直接立案侦查案件小计	Sub-total of Cases Handled by Procuratorates	878	999	3275	4486
贪污贿赂案	Offences on Corruption and Bribery	753	846	2509	3308
渎职侵权案	Offences on Abuse and Dereliction of Duty	125	153	766	1178

25−7 人民检察院处理申诉案件情况(2017年)

Appeals Handled by People's Procuratorate (2017)

单位：件 (case)

案件分类	Category of Cases	受案 Cases Accepted	立案复查 Cases Registered for Reinvestigation	结案 Cases Settled	#改变原决定 Original Decision Changed
合　计	**Total**	**1411**	**410**	**354**	**6**
不服检察机关处理决定	Appeals against Decision of Procuratorate's Offices	567	147	134	6
不服不批捕	Appeals against Rejection of Arrest	70	22	23	
不服不起诉	Appeals against Rejection of Prosecuting	477	121	108	5
不服撤案	Appeals against Withdrawal of the Case	5	1	2	1
不服原免予起诉	Appeals against Original Exemption of Lawsuit				
其他	Others	15	3	1	
不服法院刑事判决裁定	Appeals against Judgment of Criminal Case	844	263	220	
刑罚执行中被害人申诉	Appeals of the Victim at the Punishment	182	71	54	
刑罚执行中被告人申诉	Appeals of the Defendant at the Punishment	152	31	25	
刑罚执行完毕后被害人申诉	Appeals of the Victim after the Punishment	152	87	75	
刑罚执行完毕后被告人申诉	Appeals of the Defendant after the Punishment	310	57	51	
其他	Others	48	17	15	

25−8 人民检察院出庭公诉情况(2017年)

Public Prosecutions Appearing in Court by People's Procuratorate (2017)

单位：件 (case)

案件类别	Category of Cases	适用简易程序 Summary Procedure Applied	出庭公诉 Public Prosecutions Appearing in Court	一审 First Trial	二审 Second Trial	上诉案 Appeal Cases	抗诉案 Procuratoral Appeal Cases	再审 Retrial
合　计	**Total**	**32956**	**77448**	**75958**	**1437**	**833**	**604**	**53**
贪污贿赂	Corruption and Bribery	408	2713	2531	166	117	49	16
渎职侵权	Dereliction of Duty and Infringement of Citizens' Right	85	853	785	67	50	17	1
刑事案件	Criminal Cases	32463	73882	72642	1204	666	538	36

25-9 人民检察院办理刑事抗诉案件情况(2017年)

Criminal Appeals Handled by People's Procuratorate (2017)

案件类别	Category of Cases	提出抗诉 (件) Presenting Procuratoral Appeal (case)	审判结果 合计 (件) Total Result of Judgement (case)	改判 Revising Judgment (件) (case)	改判 Revising Judgment (人) (person)	维持原判 (件) Affirming Original Judgment (case)	发回重审 (件) Remanding for Retrial (case)
合计	**Total**	**741**	**685**	**511**	**655**	**55**	**119**
二审小计	Sub-total of Second Trial	677	631	462	599	54	115
贪污贿赂案件	Corruption and Bribery Cases	51	52	32	40	5	14
渎职侵权案件	Dereliction of Duty and Infingement of Citizens' Right Cases	19	16	9	13	2	7
刑事案件	Criminal Cases	607	563	421	546	47	94
再审小计	Sub-total of Retrial	64	54	49	56	1	4
贪污贿赂案件	Corruption and Bribery Cases	17	16	16	17		
渎职侵权案件	Dereliction of Duty and Infingement of Citizens' Right Cases	1					
刑事案件	Criminal Cases	46	38	33	39	1	4

25-10 人民检察院办理民事、行政抗诉案件情况(2017年)

Civil and Administrative Appeals Handled by People's Procuratorate (2017)

单位：件 (case)

案件类别	Category of Cases	合计 Total	民事案件 Civil Cases	行政案件 Administrative Cases
受理	Cases Accepted	4903	4377	526
提请抗诉	Submitting Procuratoral Appeal	669	640	29
抗诉	Procuratoral Appeal	293	286	7
提出再审检察建议	Giving Retrial Procuratorate Suggestion	553	539	14
抗诉案件再审	Retrial of Procuratoral Appeal	144	143	1
改判	Revising Judgment	115	114	1
发回重审	Remanding for Retrial	4	4	
调解	Mediation	10	10	
维持原判	Affirming Original Judgment	6	6	
其他	Others	9	9	

25-11 人民检察院受理举报、控告和申诉案件情况(2017年)

Cases of Reporting, Accusation and Petition Handled by People's Procuratorate (2017)

单位：件 (cases)

案件类别	Category of Cases	受理 Cases Accepted	处理 Cases Handled	#分送检察机关 Handled by General Office of People's Procuratorate	#转其他机关 Transfering to Other Organs
合　计	**Total**	**14008**	**12753**	**11314**	**198**
首次举报	First Report of an Offence	4178	3969	3661	100
首次控告	First Accusation	1213	1194	1093	59
首次申诉	First Petition	8617	7590	6560	39

25-12 人民检察院纠正违法情况

Law-breaking Cases Rectified by People's Procuratorate

项　　目	Item	2016	2017
书面提出纠正	Written Rectification		
件次合计（件次）	Total of Written Rectification (Case-times)	2364	2757
立案监督小计	Sub-total of Supervision of Cases Filing	1858	2517
监督立案	Supervision of Cases Filing	1217	1418
监督撤案	Supervision of Cases Withdrawed	641	1099
侦查监督小计	Sub-total of Supervision of Investigation	390	166
审查批捕环节	Supervision of Investigation in the Process of Arrests Approved	305	107
审查起诉环节	Supervision of Investigation in the Process of Prosecution	85	59
刑事审判监督	Supervision of Criminal Trial	116	74
刑罚执行监督人次小计(人次)	Sub-total of Supervision of Punishment Execution (person-times)	13685	10859
监管活动	Administration of Prison and Custody	11960	5940
超期羁押	Excessive Custody	18	581
减刑、假释、暂予监外执行	Commutation of Sentence, Parole and Released,Temporary execution outside prison	1707	4338
已纠正	Rectified		
件次合计（件次）	Total of Rectified (Case-times)	2077	2214
立案监督小计	Sub-total of Supervision of Cases Filing	1717	2056
监督立案	Supervision of Cases Filing	1223	1168
监督撤案	Supervision of Cases Withdrawed	494	888
侦查监督小计	Sub-total of Supervision of Investigation	278	89
审查批捕环节	Supervision of Investigation in the Processof Arrests Approved	243	72
审查起诉环节	Supervision of Investigation in the Processof Prosecution	35	17
刑事审判监督	Supervision of Criminal Trial	82	69
刑罚执行监督人次小计(人次)	Sub-total of Supervision of Punishment Execution (person-times)	13652	10605
监管活动	Administration of Prison and Custody	11933	5843
超期羁押	Excessive Custody	18	545
减刑、假释、暂予监外执行	Commutation of Sentence, Parole and Released,Temporary execution outside prison	1701	4217

25-13 人民检察院检察官基本情况

Basic Statistics on Procurator

单位：人 (person)

指　标	Item	2017
检察长人数	Number of Chief Procurators	184
#女性	Female	24
副检察长人数	Number of Deputy Chief Procurators	709
#女性	Female	76
检察官人数	Number of Procurators	3991
#女性	Female	1186
司法辅助人员数	ancillary judicial personel	4736
#女性	Female	1521

25-14 人民法院审理刑事一审案件收结案情况

Basic Statistics on Criminal Case at First Trial by People's Court

单位：件 (case)

项　目	Item	2016		2017	
		收案 Cases Accepted	结案 Cases Settled	收案 Cases Accepted	结案 Cases Settled
合　计	**Total**	**73072**	**73782**	**135893**	**136455**
危害公共安全罪	Offences Against Public Security	19991	20166	26694	26847
破坏社会主义经济秩序罪	Offences Against Socialist Economic Order	3496	3349	4440	4584
侵犯公民人身权利、民主权利罪	Offences Against Citizens' Personal and Democratic Rights	10100	10217	10807	11083
侵犯财产罪	Offences Against Properties	18043	18046	21879	22115
妨害社会管理秩序罪	Offences Against Social Management of Order	18436	18187	68457	68221
危害国防利益罪	Offences Against National Defense	16	14	20	18
贪污贿赂罪	Offences on Corruption and Bribery	2271	3047	2744	2767
渎职罪	Offences on Dereliction of Duty	718	752	850	818
其他	Others	1	4	2	2

25-15 各市人民法院审理刑事案件罪犯情况(2017年)

Criminal Offenders Heard by Courts by City (2017)

市（县） City(County)	刑事罪犯总数（人） Number of Offenders (person)	#青少年犯罪 Young Offenders	不满18岁 Less Than 18 Years	18-25岁 Between 18 and 25 Years	青少年罪犯占刑事罪犯比重(%) Proportion of Young Offenders in the Total (%)
全省 Total	**94271**	**14480**	**3182**	**11298**	**19.8**
省辖市 City					
郑州市 Zhengzhou	12732	2102	331	1771	16.5
开封市 Kaifeng	3521	640	142	498	18.2
洛阳市 Luoyang	6227	1190	298	892	19.1
平顶山市 Pingdingshan	3848	503	119	384	13.1
安阳市 Anyang	5959	818	156	662	13.7
鹤壁市 Hebi	1518	261	57	204	17.2
新乡市 Xinxiang	4391	654	147	507	14.9
焦作市 Jiaozuo	6278	1066	180	886	17.0
濮阳市 Puyang	3056	428	145	283	14.0
许昌市 Xuchang	2945	460	66	394	15.6
漯河市 Luohe	1618	171	17	154	10.6
三门峡市 Sanmenxia	2907	423	111	312	14.6
南阳市 Nanyang	10705	1257	388	869	11.7
商丘市 Shangqiu	6833	1189	180	1009	17.4
信阳市 Xinyang	7564	1179	261	918	15.6
周口市 Zhoukou	8153	1262	341	921	15.5
驻马店市 Zhumadian	5234	774	216	558	14.8
济源市 Jiyuan	782	103	27	76	13.2
省直管县 County Directly Administrated by Province					
巩义市 Gongyi	885	112	19	93	12.7
兰考县 Lankao	465	103	26	77	22.2
汝州市 Ruzhou	954	97	19	78	10.2
滑县 Huaxian	1056	114	27	87	10.8
长垣县 Changyuan	406	68	11	57	16.7
邓州市 Dengzhou	1377	127	43	84	9.2
永城市 Yongcheng	989	142	23	119	14.4
固始县 Gushi	1072	153	64	89	14.3
鹿邑县 Luyi	726	137	28	109	18.9
新蔡县 Xincai	717	100	28	72	13.9

25-16 人民法院审理婚姻家庭、继承一审案件收结案情况(2017年)

First Trial Civil Cases of Marriage, Family Affairs and Inheritance Accepted and Settled by Courts (2017)

单位：件 (case)

项 目	Item	收案 Cases Accepted	结案 Cases Settled	调解 Mediation	判决 Judgment	驳回 Reject	撤诉 With-drawal	其他 Other
合 计	**Total**	**121864**	**125219**	**38263**	**50632**	**2802**	**27760**	**5762**
婚姻家庭	Marriage and Family Affairs	116885	120000	35100	49509	2610	27167	5614
离婚	Divorce	95361	97753	28209	41070	1876	21997	4601
赡养纠纷	Support Disputes	2470	2559	548	923	61	884	143
抚养纠纷	Foster Disputes	5435	5587	2017	1884	104	1221	361
扶养纠纷	Upbringing Disputes	271	289	57	132	12	73	15
其他	Others	13348	13812	4269	5500	557	2992	494
继承	Inheritance	4979	5219	3163	1123	192	593	148
法定继承	Legal Inheritance	369	405	140	149	26	77	13
遗嘱继承	Testament Inheritance	16	17	4	5	3	4	1
其他	Others	4594	4797	3019	969	163	512	134

25-17 人民法院审理合同纠纷一审案件收结案情况(2017年)

First Trial Cases of Contract Disputes Accepted and Settled by Courts (2017)

单位：件 (case)

项 目	Item	收案 Cases Accepted	结案 Cases Settled	调解 Mediation	判决 Judgment	驳回 Reject	撤诉 With-drawal	其他 Other
合 计	**Total**	**479172**	**499833**	**99969**	**219505**	**32875**	**96140**	**51344**
借款合同	Loan Contracts	233973	245374	52363	115442	17109	35814	24646
买卖合同	Trade Contracts	58768	61137	14879	26248	3439	12975	3596
电信合同	Telecom Contracts	2729	2732	66	31	161	1111	1363
租赁合同	Lease Contracts	15752	16536	2948	7539	1007	4029	1013
劳动争议	Work Disputes	25689	27012	6539	11683	2241	4735	1814
房地产合同	Real Estate Contracts	139	153	14	79	20	27	13
供用动力合同	Power Supply Contracts	3891	3910	438	103	240	1403	1726
建设工程合同	Construction Contracts	12033	12878	2320	6292	998	2495	773
农村承包合同	Rural Contracts	1807	1923	228	653	180	811	51
承揽合同	Contracts for Work	3503	3741	847	1569	255	829	241
其他	Others	120888	124437	19327	49866	7225	31911	16108

25−18 人民法院审理权属、侵权纠纷一审案件收结案情况(2017年)

First Trial Cases of Disputes of Right, Infringement of Right and Other Civil Affairs Accepted and Settled by Courts (2017)

单位：件 (case)

项 目	Item	收 案 Cases Accepted	结 案 Cases Settled	调 解 Mediation	判 决 Judgment	驳 回 Reject	撤 诉 With-drawal	其 他 Other
合 计	**Total**	**164992**	**177755**	**38678**	**92661**	**6167**	**33614**	**6635**
物权纠纷	Ownership and Related Rights	13558	14493	1489	6128	1548	4555	773
特别程序	Special Proceedings	4307	4066	42	2531	404	602	487
人格权纠纷	Personal Rights	13552	14877	2779	8019	632	2819	628
#生命权、健康权、身体权纠纷	Disputes of Rights to Life, Hedty, Body	12043	13316	2603	7400	493	2437	383
侵权责任纠纷	Disputes of Infringement of Right	95889	104955	26791	57778	2321	15469	2596
知识产权与竞争纠纷	Disputes of Intellectual Property Rights and Competition	6320	5934	340	832	41	4312	409
与公司、证券、保险、票据等有关的民事纠纷	Disputes of Bill, Securities and Stocks	19323	20114	4634	9973	728	3420	1359
其他	Other	12043	13316	2603	7400	493	2437	383

25−19 人民法院审理行政一审案件收结案情况(2017年)

First Trial Administrative Cases Accepted and Settled by Courts (2017)

单位：件 (case)

项 目	Item	收 案 Cases Accepted	结 案 Cases Settled	判 决 Affirmation of Original Judgement	调 解 Cancel	驳 回 Reject	撤 诉 With-drawal	单独赔偿 Separate Compen-sation	其 他 Other
合 计	**Total**	**19558**	**19939**	**8175**	**27**	**4445**	**4953**		**2339**
土地等资源	Land	2288	2348	961	2	755	362		268
公安	Public Security	2973	3095	1232		313	1115		435
城建	City Construction	2910	2936	1181	2	781	677		295
交通运输	Traffic and Transport	122	121	30		19	65		7
工商	Industry and Commerce	417	429	172	3	72	148		34
环保	Environment Protection	63	67	33		7	22		5
计划生育	Family Planning	42	39	24		14			1
税务	Tax	46	41	6		7	23		5
卫生	Health	59	61	23		14	18		6
乡政府	Townships Government	477	502	205	2	163	89		43
劳动和社会保障	Labour and Social Security	618	663	429		76	103		55
其他	Other	9543	9637	3879	18	2224	2331		1185

25-20 全省法官及建立少年法庭情况
Statistics on Judges and Juvenile Courts

指　　标	Item	2017
法官及陪审员情况(人)	Juudges and juror (person)	
法院员额法官人数	Specified Number of Judges in court	6790
#女法官	Female	1896
高级法院员额法官人数	Specified Number of Judges in Superior Court	186
#女法官	Female	52
人民陪审员人数	Number of juror	32215
#女陪审员	Female	9718
建立少年法庭数(个)	Number of Juvenile Courts (unit)	97

25-21 全省法院判处女性犯罪案件情况(2017年)
Women Criminal Cases Heard by Courts (2017)

指标名称	Item	判处犯罪人数(人) Number of offender (person)	女性 Female	女性所占比例(%) Proportion of Female (%)
总　计	**Total**	**94271**	**9342**	**9.9**
组织、利用会道门、邪教组织、利用迷信破坏法律实施罪	Organiaze and Use Superstitious Sects and Cult or Use Superstition to Break Law Enforcement	186	122	65.6
非法吸收公众存款罪	Illegally Absorbe Public Deposits	2580	1286	49.8
重婚罪	Bigamy	88	42	47.7
拐卖妇女、儿童罪	Abduct and Sell Female and Chind	120	44	36.7
组织、领导传销活动罪	Organize and Lead pyramid schemes	98	34	34.7
引诱、容留、介绍卖淫罪	Tempt、Remain and introduce Prostitution	703	241	34.3
生产、销售不符合安全标准的食品罪	Priduce and Sell food without reaching safety standards	424	131	30.9
生产、销售假药罪		202	60	29.7
生产、销售伪劣产品	Priduce and Sell Sham Products	927	245	26.4
窝藏、包庇罪	Shelter and Screen	179	44	24.6
非法行医罪	Illegal medical practice	87	21	24.1
走私、贩卖、运输、制造毒品罪	Smuggle, Peddle, Transport, Fabricate Drugs	2447	557	22.8
聚众扰乱社会秩序罪	Organizing a mob to disturb social order	242	54	22.3
诈骗罪	Fenagle	6318	1257	19.9
生产、销售有毒、有害食品罪	Produce and Sell Poisonous and harmful food	135	26	19.3
挪用公款罪	Embezzlement	418	77	18.4
非法经营罪	Illegal Business Operations	521	92	17.7
妨害公务罪	Disrupting Public Service	923	158	17.1
信用卡诈骗罪	Credit Card Fraud	450	75	16.7
虚开增值税专用发票、用于骗取出口退税、抵扣税款发票罪	Falsely making out special invoices for value-added tax to defraud a tax refund for exports or to offset tax invoice	156	20	12.8
伪造、变造、买卖国家机关公文、证件、印章罪	Forge,Alter and Deal Official Document , Certificate and Seal of State Organs	127	15	11.8
职务侵占罪	Position Encroachment	202	23	11.4
滥用职权罪	Abuse of power	402	40	10.0
故意毁坏财物罪	Intentional Destruction of Property	554	55	9.9
其他	Others	75782	4623	6.1

25-22 律师、公证和调解工作基本情况

Basic Statistics on Lawyers, Notarization and Mediation

项　目	Item	2014	2015	2016	2017
律师工作	Lawyers				
律师事务所（个）	Number of Law Offices (unit)	962	1124	1174	1222
律师人数（人）	Number of Lawyers (person)	13571	14775	16396	18681
#女性	Female	3235	3852	4597	4733
#专职律师	Full-time Lawyers	12349	14233	15459	16846
#女性	Female	2876	3508	4334	4701
兼职律师	Part-time Lawyers	542	558	601	658
#中共党员	Member of Communist Party of China	3724	3815	4779	4816
律师人员学历构成（人）	Education Composition of Lawer (person)				
#博士	Doctor's Degree	96	123	150	188
硕士、双学士	Master's Degree, Double Bachelor's Degree	1518	1442	2975	2173
法律专业本科	Bachelor Degree in Law	9955	11938	11607	11949
其他专业本科	Bachelor Degree In Other Specialities	890	1234	1664	2398
聘请担任常年法律顾问的单位（处）	Number of Units with Permanent Legal Advisors (unit)	18847	20577	20989	23043
民事诉讼代理（件）	Agent of Civil Cases (case)	100123	112421	133805	193667
刑事诉讼辩护及代理（件）	Agent and Defender of Criminal Cases (case)	26523	23389	24936	51417
行政诉讼代理（件）	Agent of Administrative Action (case)	5983	5777	7415	9232
非诉讼法律事务（件）	Agent of Non-Litigious Legal Affairs (case)	30746	33757	33753	66741
解答法律询问（人次）	Agent of Legal Advisory Services (person-time)	319475	320851	314737	293399
代写法律事务文书（件）	Agent of Legal Documents Written on Behalf of Clients (unit)	59587	68496	71232	84120
公证工作	Notarization				
公证处（个）	Number of Notary Offices (unit)	178	178	178	161
#涉外公证处	Foreign-related Notary offices	36	36	37	36
公证人员（人）	Notarial Personnel (person)	1257	1221	1265	1210
#公证员	Notaries	700	713	684	675
公证员助理	Assistant Notaries	557	508	581	535
办理公证文书（万件）	Number of Notarized Documents (10 000 cases)	53.3	49.5	48.7	47
人民调解工作	Number of People's Mediation				
人民调解委员会（万个）	Number of People's Mediation Committees (10 000 units)	5.56	5.57	5.58	5.52
人民调解员（万人）	Number of Mediators (10 000 persons)	20.57	20.68	20.78	21.51
调解民间纠纷（万件）	Number of Civil Disputes Mediated (10 000 cases)	90.76	101.8	100.71	101.75

25-23 法律援助工作情况

Statistics on legal aid

项　目	Item	2014	2015	2016	2017
法律援助机构（个）	Number of Institutions (unit)	209	211	213	234
工作人员（人）	Staffs(person)	1023	1023	1061	998
#法律专业	Major in Law	823	838	846	755
受理案件　（件）	Aid Case Received (case)	81540	88402	97390	105648
民事法律援助	Civil	62298	67342	72572	70681
刑事法律援助	Penal	18545	20350	24027	34187
行政法律援助	Administrative	697	710	791	780
咨询（人次）	Consultation Persons(person-time)	648100	688791	719332	785623

25-24 法律服务基本情况(2017年)
Basic Statistics on Legal Services (2017)

地区 Region	律师人数(人) Number of Lawer (person)	#女性 Female	专职律师人数(人) Number of full-time lawyer (person)	#女性 Female	公证员(人) Notary personnel (person)	#女性 Female	获得法律援助的受援人数(人) Number of Persons Received legal aid (person)
全省 Total	**18681**	**4733**	**16846**	**4701**	**675**	**316**	**110997**
省辖市 City							
郑州市 Zhengzhou	7703	2177	6776	2145	102	59	16300
开封市 Kaifeng	506	114	453	114	28	13	5510
洛阳市 Luoyang	1492	368	1441	368	56	24	7819
平顶山市 Pingdingshan	741	167	669	167	37	17	5620
安阳市 Anyang	1059	298	972	298	40	19	6445
鹤壁市 Hebi	971	312	859	312	15	6	2089
新乡市 Xinxiang	577	181	525	181	37	15	5662
焦作市 Jiaozuo	493	156	438	156	45	23	4182
濮阳市 Puyang	493	123	428	123	32	15	5311
许昌市 Xuchang	734	16	671	16	24	11	5142
漯河市 Luohe	118	25	118	25	21	14	2960
三门峡市 Sanmenxia	361	91	312	91	20	12	3184
南阳市 Nanyang	1147	231	1057	231	63	30	9414
商丘市 Shangqiu	374	91	357	91	42	16	7291
信阳市 Xinyang	584	126	537	126	43	16	6489
周口市 Zhoukou	705	157	658	157	36	13	9239
驻马店市 Zhumadian	489	54	454	54	30	11	7394
济源市 Jiyuan	134	46	121	46	4	2	946
省直管县 County Directly Administrated by Province							
巩义市 Gongyi	61	20	58	20	3	1	1297
兰考县 Lankao	83	33	72	33	2	1	960
汝州市 Ruzhou	89	18	70	18	5	2	1092
滑县 Huaxian	207	63	200	63	3	1	1204
长垣县 Changyuan	37	12	37	12	2		863
邓州市 Dengzhou	42	5	38	5	4	3	1461
永城市 Yongcheng	82	12	74	12	9	2	1050
固始县 Gushi	86	11	83	11	5	2	932
鹿邑县 Luyi	56	12	54	12	4		610
新蔡县 Xincai	35	11	32	11	2	1	620

25-25 劳动人事仲裁委员会受理及处理案件情况(2017年)

单位：件

项 目	Item	合计 Total
上期未结争议案件数	**Number of Cases Left Over from Last Period**	**635**
当期立案受理情况	**Cases Accepted**	
立案受理案件总数	Number of Cases	23831
#十人以上劳动(人事)争议	Number of Collective Labour Disputes	200
#劳动者申请	Number of Cases Appealed by Laborers	22921
立案受理案件涉及劳动者人数(人)	Number of Persons Involoved in Collective Disputes (person)	29146
#十人以上劳动(人事)争议	Number of Collective Labour Disputes	4033
按争议类型分	Grouped by Dispute type	
劳动报酬	Labor Remuneration	8292
社会保险	Social Insurances and	6191
#工伤保险	Work Injury Insurance	2342
确认劳动关系	Confirm labor (personnel) relations	2496
解除、终止劳动合同	Relieve or End the Labour Contract	4823
履行聘用合同	Fulfill the labor (recruit) contract	32
解除人事关系	Remove the labor (recruit) contract	20
其他	Others	1977
案件处理情况	**Cases settled**	
当期审结案件数	Number of Cases Settled	23851
涉案金额(万元)	Involving Amount (10 000 yuan)	65481.96
按处理方式分	By Manners of Settlement	
仲裁调解	By Mediation	12622
仲裁裁决	By Arbitration Lawsuit	10215
#一裁终局	Arbitration Award shall be final and binding	1073
其他	Others	1014
按处理结果分	By Result of Settlement	
用人单位胜诉	Won by Units	2303
劳动者胜诉	Lawsuit Won by Labourers	11955
双方部分胜诉	Lawsuit Partly Won by Both Parties	7731
其他	Others	1862
期末累计未结案数	**Number of Cases Unsettled**	**615**

Cases Accepted and Heard by Board of Labor Arbitration (2017)

(case)

劳动争议 Labor Dispute				劳动人事争议 Personnel Disputes	
国有企业 State-owned Enterprises	集体企业 Collective-owned Enterprises	港澳台及外资企业 Foreign Funded and Hong Kong, Macao and Taiwan Funded Enterprises	私营企业 Private Enterprises	机关 Administrative Authority	事业单位 Public Institution
90	**25**	**10**	**487**	**1**	**15**
3305	1653	379	17798	176	365
36	16		147		
3255	1608	371	17008	169	357
4447	2063	399	21451	188	420
860	201		2959		
1066	449	82	6499	99	49
790	547	126	4526	23	134
266	216	31	1779	14	16
322	141	45	1930	18	26
890	416	120	3254	33	98
					32
					20
237	100	6	1589	3	6
3311	1654	381	17818	177	362
8647.71	6402.37	840.38	47273.34	908.18	928.58
1692	778	197	9669	42	175
1553	811	174	7302	128	172
233	219	49	519	38	13
66	65	10	847	7	15
451	219	35	1534	27	31
1470	629	134	9346	80	221
1310	636	207	5366	61	94
80	170	5	1572	9	16
84	**24**	**8**	**467**		**18**

25-26 工会组织情况
Basic Statistics on Trade Unions

单位：万人 (10 000 persons)

年 份 year	工会基层组织数（万个）Number of Grassroot Trade Unions (10 000 units)	工会组织基层单位的职工与会员人数 Membership and Staff and Workers in Grassroot Trade Unions				工会专职工作人员人数 Number of Full-time Personnel of Trade Unions
		职工人数 Staff and Workers	#女职工 Female	会员人数 Membership	#女会员 Female	
2000	3.61	672.80		611.60		2.38
2001	4.86	757.84		700.1		
2002	5.68	811.02	298.59	749.51	270.99	3.28
2003	5.23	777.38	291.23	717.47	263.68	3.55
2004	5.38	785.64	297.21	734.64	266.71	3.20
2005	6.14	841.38	303.38	803.68	281.73	3.06
2006	6.94	905.50	325.51	866.43	306.15	3.36
2007	8.15	1070.20	380.30	1016.70	360.10	4.10
2008	9.13	1164.40	404.10	1125.00	392.10	4.50
2009	10.3	1291.31	443.76	1208.81	419.37	5.09
2010	11.43	1396.41	499.99	1324.06	480.69	6.45
2011	14.89	1517.46	548.67	1441.09	526.66	10.35
2012	19.42	1698.29	625.82	1616.72	602.21	13.02
2013	20.43	1734.41	642.58	1653.14	620.27	13.52
2014	21.12	1789.89	662.51	1707.29	642.37	13.67
2015	21.44	1852.19	685.95	1780.90	667.73	13.13
2016	21.61	1905.14	701.74	1832.35	682.88	13.70
2017	21.49	1900.16	700.19	1825.72	681.25	13.72

25−27　全省工会组织基本情况
Basic Statistics on Trade Unions

指标名称	Item	2015	2016	2017
工会基层组织数（万人）	Number of Grassroot Trade Unions (10 000 persons)	21.44	21.61	21.49
工会专职工作人员人数（万人）	Number of Full-time Personnel of Trade Unions (10 000 persons)	13.13	13.70	13.72
已建工会组织的基层单位职工人数（万人）	Staff and Workers in Grassroot Trade Unions (10 000 persons)	1852.19	1905.14	1900.16
#女职工	Female Staff and Workers	685.95	701.74	700.19
#农民工	Migrant workers	786.22	851.56	855.49
#女性	Female	274.72	292.44	295.93
已建工会组织的基层单位工会会员人数（万人）	Membership in Grassroot Trade Unions (10 000 persons)	1780.90	1832.35	1825.72
#女会员	Female Membership	667.73	682.88	681.25
职工代表数	Number of worker representative	126.74	130.20	140.09
#女性	Female	48.94	52.50	56.62
执行《女职工劳动保护特别规定》的企业比重(%)	Proportion of Enterprises which Carry Out Special Provisions of Female Worker Labor Protection	96.00	96.00	96.00
企业职工代表大会中女性代表比重（%）	Proportion of Female Representatives in Enterprise Staff and Workers'Congress	38.00	39.00	40.00
企业董事会中女职工董事占职工董事比重（%）	The Proportion of Women on Board of Directors	38.00	39.00	40.00
企业监事会中女职工监事占职工监事比重（%）	The Proportion of Women on Board of Supervisors	32.00	35.00	35.00

25-28 各市基层工会劳动法律监督工作情况(2017年)

Statistics on Labor Law Supervision Work of Primary Trade Union by City (2017)

单位：个、件 (units, case)

市 City	基层工会劳动法律监督组织 Labor Law Supervision Organizations of Grassroot Trade Union		基层以上工会劳动法律监督组织 Labor Law Supervision Organizations of Trade Union Above Grassroot	
	组织个数 Number of Organizations	提请劳动监察部门处理的违反劳动法律行为、事件件数 Action and Cases Submitted to the Labor Inspection department for the Violation of Labor Law	受理职工举报件数 Number of pices of Staff Report Accepted	提请劳动监察部门处理的违反劳动法律行为、事件件数 Action and Cases Submitted to the Labor Inspection Department for the Violation of Labor Law
全　　省 Total	**23880**	**749**	**908**	**160**
郑　州　市 Zhengzhou	3742		112	13
开　封　市 Kaifeng	64			
洛　阳　市 Luoyang	5138	1	31	9
平顶山市 Pingdingshan	813	287	20	1
安　阳　市 Anyang	512	2	86	6
鹤　壁　市 Hebi	84			
新　乡　市 Xinxiang	2521	296	43	15
焦　作　市 Jiaozuo	374		104	32
濮　阳　市 Puyang	845	2	2	14
许　昌　市 Xuchang	620	2	30	15
漯　河　市 Luohe	1391		179	
三门峡市 Sanmenxia	176	7	21	26
南　阳　市 Nanyang	3522	143	119	1
商　丘　市 Shangqiu	8	5	3	10
信　阳　市 Xinyang	2154	4	38	3
周　口　市 Zhoukou	314		7	15
驻马店市 Zhumadian	1488		113	
济　源　市 Jiyuan	114			

25-29 参加各类保险人数
Persons Covered of Insurans

单位：万人 (10 000 persons)

年份 Year	基本养老保险 Basic Pension Insurance	城镇职工基本养老保险 Basic Pension Insurance for Urban Employee	失业保险 Unemployment Insurance	医疗保险 Basic Medical Insurance	工伤保险 Work Injury Insurance	生育保险 Maternity Insurance
2000		662.68	671.00	287.00	198.00	172.00
2001		639.05	676.00	456.40	245.00	207.00
2002		645.53	670.00	537.28	218.79	204.54
2003		659.25	679.97	567.93	210.61	199.29
2004		688.70	681.60	590.19	324.72	200.66
2005		716.17	681.90	640.70	404.00	228.30
2006		762.60	682.80	704.00	432.90	238.40
2007		804.68	684.65	726.03	452.32	254.02
2008		948.57	689.00	840.87	501.20	313.35
2009		1019.09	694.82	1970.13	521.02	379.76
2010		1079.33	696.46	2043.75	551.74	412.87
2011	4474.29	1168.38	701.19	2122.26	655.54	460.69
2012	5990.31	1270.63	735.50	2222.20	720.56	520.29
2013	6192.74	1349.99	741.29	2297.20	773.09	569.60
2014	6275.34	1431.55	773.30	2340.03	805.71	590.17
2015	6362.64	1508.71	783.34	2344.90	856.68	609.46
2016	6643.76	1750.02	788.07	2360.75	876.97	646.80
2017	6907.80	1897.59	805.57	10410.70	900.88	692.73

注：1.基本养老保险参保人数为城镇职工基本养老保险参保人数与城乡居民基本养老保险参保人数之和。

2.2009年-2016年医疗保险参保人数为城镇职工基本医疗保险人数与城镇居民基本医疗保险参保人数之和。

3.2017年医疗保险参保人数为城镇职工基本医疗保险参保人数与城乡居民基本医疗保险参保人数之和。

a) Number of persons covered of basic pension insurance refers to the number of persons covered of basic pension insurance for urban employee and number of persons covered of basic pension insurance for urban and rural residents.

b) Number of persons covered of basic medical insurance refers to the number of persons covered of basic medical insurance for urban employee and number of persons covered of basic medical insurance for urban and rural residents in 2009-2016.

c) Number of persons covered of basic medical insurance refers to the number of persons covered of basic medical insurance for urban employee and number of persons covered of basic medical insurance for urban and rural residents in 2017.

25-30 社会保险基金
Social Insurance Funds

单位：亿元 (100 million yuan)

年份 Year	基金收入 Revenue	基金支出 Expenses	累计结余 Balance at the Year-end
2003	187.50	151.10	145.20
2004	216.10	166.90	195.80
2005	257.10	203.20	244.20
2006	298.50	239.20	303.30
2007	365.20	289.60	363.80
2008	540.61	445.51	496.21
2009	558.14	462.74	595.57
2010	609.40	484.90	664.70
2011	723.60	581.25	806.68
2012	872.46	702.51	977.21
2013	1304.45	1043.23	1505.51
2014	1440.14	1210.84	1734.19
2015	1515.98	1310.66	1828.51
2016	1738.63	1473.87	2093.26
2017	2636.55	2365.21	2586.76

注：1.2015年社保基金收入、支出、累计结余数据不含机关事业单位养老保险数据。

2.2017年社会保险基金数据包含已整合的原新型农村合作医疗保险数据。

a) Data on 2015 exclude Agencies and institutions Endowment insurance.

b) Data on 2017 include the data of the new rural cooperative medical insurance.

25-31 各市城镇职工参加基本养老保险人数

Number of People Participated in Basic Pension Insurance by City

单位：万人 (10 000 persons)

市(县) City(County)	2006	2007	2008	2009	2010	2011	2012	2013	2014	2015	2016	2017
省辖市 City												
郑州市 Zhengzhou	108.37	119.00	127.74	141.12	158.14	198.28	251.76	290.69	331.98	370.70	379.61	449.94
开封市 Kaifeng	30.50	52.67	55.43	60.22	62.48	59.25	62.14	64.54	67.91	70.84	62.45	82.93
洛阳市 Luoyang	45.07	76.86	80.26	85.98	90.60	95.65	100.34	105.98	110.91	114.98	110.85	136.78
平顶山市 Pingdingshan	23.30	35.60	36.80	40.01	42.28	44.72	47.63	49.77	50.91	53.03	49.27	70.79
安阳市 Anyang	50.00	52.48	55.10	58.78	61.58	65.22	67.63	69.79	71.78	74.42	71.61	93.16
鹤壁市 Hebi	9.91	13.24	13.88	14.57	15.37	16.40	17.33	18.09	19.20	20.29	21.13	27.85
新乡市 Xinxiang	52.00	53.69	57.75	61.26	65.74	71.49	76.11	80.43	84.31	88.31	93.24	118.34
焦作市 Jiaozuo	26.00	41.82	42.08	45.99	48.20	50.70	52.70	53.97	55.70	57.16	54.00	70.58
濮阳市 Puyang	18.50	21.01	21.38	24.35	25.86	27.41	28.73	29.95	31.26	32.07	25.24	39.84
许昌市 Xuchang	22.99	33.08	34.21	37.07	38.76	40.70	42.50	45.09	48.53	52.31	51.49	70.70
漯河市 Luohe	17.90	20.58	20.94	23.10	24.33	25.72	27.69	29.82	31.36	32.39	29.90	41.47
三门峡市 Sanmenxia	16.30	21.99	23.58	25.08	26.39	27.51	28.80	29.94	30.92	31.98	30.49	42.07
南阳市 Nanyang	31.20	68.27	65.21	72.62	75.38	80.02	83.88	86.72	89.36	91.58	70.98	112.77
商丘市 Shangqiu	20.55	34.66	37.45	41.13	43.57	47.52	50.58	53.10	55.25	57.73	50.35	81.70
信阳市 Xinyang	31.40	41.97	42.96	48.12	50.60	54.10	58.48	60.49	62.88	65.40	59.24	89.04
周口市 Zhoukou	21.35	37.29	40.61	44.15	47.03	51.95	55.48	57.41	60.13	62.20	57.40	92.02
驻马店市 Zhumadian	15.11	25.59	26.40	28.68	30.74	34.94	37.22	39.12	40.69	41.83	38.77	67.53
济源市 Jiyuan	7.73	9.71	10.25	10.98	11.64	12.49	14.15	15.27	16.63	17.43	17.50	21.54
省直管县 County Directly Administrated by Province												
巩义市 Gongyi						8.95	9.95	10.47	10.61	11.13	8.65	11.20
兰考县 Lankao						3.65	4.79	4.85	5.28	5.60	3.88	7.12
汝州市 Ruzhou						4.46	4.67	4.93	5.24	5.58	4.95	7.59
滑县 Huaxian						5.31	5.49	5.69	5.90	6.11	5.55	8.72
长垣县 Changyuan						3.30	3.56	3.91	4.24	4.51	4.81	7.60
邓州市 Dengzhou						7.53	7.80	8.05	8.29	8.53	5.19	9.59
永城市 Yongcheng						7.07	7.53	7.72	7.84	8.40	7.46	11.75
固始县 Gushi						8.93	11.87	12.44	12.88	13.53	10.80	15.40
鹿邑县 Luyi						4.29	4.49	4.55	4.67	4.88	4.21	7.46
新蔡县 Xincai						1.70	2.63	2.75	2.82	3.01	2.85	5.34

注：2016年城镇职工基本养老保险参保人数为企业职工基本养老保险参保人数，不包括机关事业单位养老保险参保人数。

a) Date on 2016 only include the number of people work in enterprises, exclude the number of people work in government agencies and institutions.

25-32 各市参加基本医疗保险人数
Number of People Participated in Basic Medical Insurance by City

单位：万人 (10 000 persons)

市(县) City(County)	2006	2007	2008	2009	2010	2011	2012	2013	2014	2015	2016	2017
省辖市 City												
郑州市 Zhengzhou	56.30	64.96	74.76	208.80	230.83	261.64	296.53	315.40	329.47	344.52	360.70	821.56
开封市 Kaifeng	28.35	31.68	36.13	86.21	89.95	92.83	99.23	101.66	104.52	105.01	97.41	503.93
洛阳市 Luoyang	67.73	74.64	82.99	183.30	189.44	195.91	202.24	197.75	210.39	214.41	215.98	668.81
平顶山市 Pingdingshan	52.52	55.55	60.23	120.08	122.88	126.62	128.22	127.54	127.85	127.98	128.35	515.53
安阳市 Anyang	45.00	52.51	55.87	116.13	119.94	121.48	122.19	121.91	124.13	124.62	124.91	575.77
鹤壁市 Hebi	17.17	18.66	20.39	46.92	38.70	38.80	39.24	39.21	39.60	41.39	41.44	147.73
新乡市 Xinxiang	50.40	53.23	55.59	129.51	135.09	141.57	142.18	142.12	143.17	144.15	144.70	582.46
焦作市 Jiaozuo	38.60	41.65	43.52	95.45	91.83	93.20	93.97	94.64	95.02	95.20	95.55	348.61
濮阳市 Puyang	24.40	39.48	46.68	79.74	79.78	80.30	80.50	69.50	64.50	60.00	60.00	375.00
许昌市 Xuchang	28.24	31.01	34.22	85.93	88.61	89.91	90.79	92.40	93.10	95.07	95.14	458.30
漯河市 Luohe	17.60	21.42	24.62	64.33	67.84	73.20	78.12	76.48	76.89	74.69	74.82	256.42
三门峡市 Sanmenxia	23.61	27.37	28.56	59.11	62.21	64.04	64.93	66.73	59.78	59.84	59.96	219.95
南阳市 Nanyang	66.50	63.00	65.60	143.09	154.10	158.33	160.50	161.92	163.14	164.02	164.35	1114.71
商丘市 Shangqiu	36.62	37.61	39.51	124.87	128.11	135.34	142.24	153.82	154.96	140.30	139.11	870.08
信阳市 Xinyang	44.58	47.80	51.30	124.28	128.61	132.62	134.02	134.62	134.73	133.34	137.50	832.30
周口市 Zhoukou	35.20	36.65	39.83	112.92	121.12	129.34	137.76	140.41	140.88	140.52	141.59	1113.85
驻马店市 Zhumadian	35.80	36.01	38.00	106.49	109.13	116.02	121.44	122.06	125.47	127.25	127.68	840.20
济源市 Jiyuan	6.39	6.80	8.04	18.58	19.11	19.80	20.88	23.73	24.43	24.46	25.63	70.15
省直管县 County Directly Administrated by Province												
巩义市 Gongyi						13.90	12.93	12.93	11.17	11.23	10.24	74.06
兰考县 Lankao						6.90	7.19	7.46	7.27	7.17	7.08	82.58
汝州市 Ruzhou						11.00	11.53	11.63	11.09	11.17	11.12	105.44
滑县 Huaxian						12.80	13.01	13.74	13.96	14.01	13.99	138.74
长垣县 Changyuan						8.70	8.76	8.85	9.47	10.19	10.57	87.78
邓州市 Dengzhou						16.40	16.19	16.62	16.84	16.54	15.36	168.20
永城市 Yongcheng						18.20	17.22	18.49	17.76	16.72	15.53	149.35
固始县 Gushi						14.30	14.31	14.50	14.51	10.61	12.21	159.63
鹿邑县 Luyi						10.30	10.62	10.67	10.50	8.60	8.62	120.80
新蔡县 Xincai						7.40	9.57	10.10	10.98	11.02	11.04	111.08

注：2017年医疗保险参保人数为职工基本医疗保险参保人数与城乡居民基本医疗保险参保人数之和。

a) The number of people participated in basic medical insurance the sum of the number of employees and urban and rural residents articipating in basic medical insurance.

25-33 各市参加失业保险人数

Number of People Participated in Unemployment Insurance by City

单位：万人 (10 000 persons)

市(县)	City(County)	2006	2007	2008	2009	2010	2011	2012	2013	2014	2015	2016	2017
省辖市	**City**												
郑州市	Zhengzhou	85.52	86.22	87.08	87,74	89.75	92.71	131.24	133.13	154.94	172.62	187.63	195.24
开封市	Kaifeng	36.20	36.20	36.20	35.78	34.10	33.96	34.23	34.27	34.61	35.08	23.82	25.02
洛阳市	Luoyang	59.04	59.71	59.10	59.78	59.99	60.23	60.83	61.07	63.46	63.64	63.59	63.78
平顶山市	Pingdingshan	45.53	45.55	46.60	46.60	46.98	46.98	47.44	45.93	46.41	45.56	45.79	46.48
安阳市	Anyang	39.00	39.66	39.90	40.00	40.06	40.28	40.51	40.54	41.89	41.72	41.89	42.76
鹤壁市	Hebi	15.56	15.22	15.22	15.20	15.45	15.47	15.75	14.69	14.66	14.20	14.21	14.65
新乡市	Xinxiang	36.30	45.38	45.10	44.95	44.90	44.84	45.15	44.92	45.34	44.39	44.26	46.49
焦作市	Jiaozuo	34.80	34.44	34.19	34.18	35.40	35.20	35.45	35.06	35.86	34.69	34.86	35.32
濮阳市	Puyang	19.40	29.51	29.87	31.26	30.84	31.21	31.04	29.40	30.09	29.71	30.12	31.68
许昌市	Xuchang	27.31	27.64	27.01	27.00	27.00	27.00	27.50	27.50	27.50	27.50	27.50	28.01
漯河市	Luohe	16.00	14.95	16.86	16.98	17.02	17.10	17.64	17.10	17.54	17.54	17.56	18.03
三门峡市	Sanmenxia	22.34	22.35	22.65	22.71	22.70	22.79	23.24	22.23	22.32	23.07	23.06	23.18
南阳市	Nanyang	61.70	61.49	61.26	62.61	62.66	63.19	65.01	62.15	63.15	61.45	62.07	63.53
商丘市	Shangqiu	34.20	34.86	35.00	35.48	34.91	35.03	35.25	34.20	34.76	34.33	34.42	36.95
信阳市	Xinyang	39.20	39.11	39.17	39.29	39.23	39.41	39.70	38.88	38.92	37.81	37.68	38.73
周口市	Zhoukou	38.50	38.60	38.63	38.10	38.00	38.12	39.54	38.41	38.92	38.01	38.01	39.86
驻马店市	Zhumadian	31.80	31.80	34.03	35.37	36.61	37.04	38.92	38.83	38.21	37.80	37.92	39.95
济源市	Jiyuan	7.10	7.05	6.86	6.85	6.86	6.83	7.06	9.57	11.47	11.22	11.01	11.45
省直管县	**County Directly Administrated by Province**												
巩义市	Gongyi						5.90	6.00	6.00	5.86	5.82	5.70	5.92
兰考县	Lankao						2.90	2.90	2.90	2.90	3.26	2.94	3.01
汝州市	Ruzhou						3.30	3.40	3.30	3.41	3.41	3.41	3.73
滑县	Huaxian						4.33	4.33	4.33	4.33	4.08	4.08	4.20
长垣县	Changyuan						2.82	2.88	2.80	3.03	2.71	3.01	4.00
邓州市	Dengzhou						5.60	5.61	5.61	5.61	5.21	5.21	5.21
永城市	Yongcheng						4.80	4.80	4.80	4.80	4.80	4.80	5.00
固始县	Gushi						5.27	5.30	5.22	5.30	5.09	5.06	5.11
鹿邑县	Luyi						3.39	3.60	3.60	3.60	3.60	3.42	3.50
新蔡县	Xincai						3.11	3.20	3.13	3.13	3.13	3.15	3.30

25−34 各市参加工伤保险人数

Number of People Participated in Work Injury Insurance by City

单位：万人 (10 000 persons)

市(县)	City (County)	2006	2007	2008	2009	2010	2011	2012	2013	2014	2015	2016	2017
省辖市	**City**												
郑州市	Zhengzhou	44.18	47.30	52.53	55.71	57.84	84.57	134.95	147.29	154.47	164.97	173.77	178.58
开封市	Kaifeng	21.60	22.66	25.10	25.93	27.09	32.24	33.00	33.61	34.33	34.96	24.87	28.60
洛阳市	Luoyang	38.12	41.52	45.72	47.90	49.50	55.13	60.02	61.56	64.10	66.51	68.13	69.16
平顶山市	Pingdingshan	18.66	19.74	21.71	23.09	23.72	29.00	32.13	33.20	35.05	36.83	38.45	39.20
安阳市	Anyang	26.00	28.11	31.39	32.59	34.11	40.30	42.77	43.88	45.79	48.04	49.46	50.25
鹤壁市	Hebi	9.51	6.42	6.67	7.03	7.44	9.16	11.01	11.56	12.03	12.51	12.75	13.39
新乡市	Xinxiang	36.60	36.57	43.21	44.80	48.55	50.93	51.30	52.92	55.20	57.41	58.65	59.69
焦作市	Jiaozuo	19.60	20.96	23.11	24.12	25.10	27.48	30.11	31.33	32.82	34.45	35.08	35.78
濮阳市	Puyang	4.50	11.91	16.89	17.87	19.04	21.87	22.20	22.70	23.50	24.50	25.01	22.75
许昌市	Xuchang	13.64	14.98	16.12	16.73	17.50	21.76	22.23	23.03	24.13	25.42	26.11	26.74
漯河市	Luohe	9.70	10.91	13.40	14.15	14.56	17.81	19.56	20.28	21.17	22.39	22.91	22.75
三门峡市	Sanmenxia	12.05	12.55	14.01	14.46	15.13	18.13	20.05	20.58	21.01	21.56	21.94	22.38
南阳市	Nanyang	29.50	28.77	33.19	34.27	35.65	47.07	49.22	50.46	52.41	54.64	56.33	57.92
商丘市	Shangqiu	12.06	11.36	15.23	16.06	16.60	25.71	30.40	31.01	31.64	32.13	32.43	29.23
信阳市	Xinyang	16.20	16.20	19.34	20.01	20.95	29.82	32.93	33.68	31.85	33.32	35.48	36.79
周口市	Zhoukou	14.40	14.44	16.00	17.00	18.00	28.93	36.78	40.00	41.82	43.10	47.76	48.54
驻马店市	Zhumadian	10.40	11.88	14.14	14.60	15.16	24.06	27.19	28.20	29.53	30.73	31.32	33.51
济源市	Jiyuan	4.86	5.21	5.44	5.69	5.91	7.28	7.77	8.34	9.36	11.21	11.61	11.80
省直管县	**County Directly Administrated by Province**												
巩义市	Gongyi						4.68	7.43	7.86	7.86	8.10	7.96	8.10
兰考县	Lankao						1.67	1.67	1.76	2.23	2.44	2.59	2.74
汝州市	Ruzhou						2.40	2.64	3.03	3.04	3.29	3.41	3.55
滑县	Huaxian						3.03	3.50	3.68	3.71	3.81	3.92	4.03
长垣县	Changyuan						3.03	3.03	3.03	3.12	3.30	3.54	3.76
邓州市	Dengzhou						4.12	4.12	4.35	4.40	4.50	4.60	4.90
永城市	Yongcheng						12.12	12.35	9.63	9.63	9.63	9.63	6.13
固始县	Gushi						3.72	4.38	4.40	1.84	2.29	2.40	2.56
鹿邑县	Luyi						1.90	2.70	3.01	3.01	3.01	3.01	3.10
新蔡县	Xincai						1.44	1.83	1.92	1.92	2.00	2.00	2.01

25-35 各市参加生育保险人数

Number of People Participated in Maternity Insurance by City

单位：万人 (10 000 persons)

市(县)	City(County)	2006	2007	2008	2009	2010	2011	2012	2013	2014	2015	2016	2017
省辖市	**City**												
郑州市	Zhengzhou	17.25	20.79	28.70	37.98	39.95	58.57	75.84	85.04	94.73	101.45	117.77	143.71
开封市	Kaifeng	19.34	20.02	21.00	22.01	22.50	23.00	23.61	24.60	24.90	20.14	21.73	25.76
洛阳市	Luoyang	35.02	35.52	40.00	43.68	44.70	48.94	52.52	54.11	54.96	56.41	57.26	59.92
平顶山市	Pingdingshan	16.75	15.46	20.50	22.31	26.92	28.42	31.47	32.83	33.66	34.31	34.68	42.57
安阳市	Anyang	20.00	22.07	23.60	24.73	25.04	25.53	26.37	27.60	29.03	29.99	30.54	31.10
鹤壁市	Hebi	7.20	7.51	8.10	9.02	9.51	10.01	10.62	10.81	10.91	11.12	11.22	14.38
新乡市	Xinxiang	19.00	22.74	23.70	24.89	26.04	26.84	28.73	29.90	30.37	31.47	32.33	32.77
焦作市	Jiaozuo	18.60	20.22	22.00	23.30	24.24	25.59	26.97	28.18	28.49	29.18	29.59	30.54
濮阳市	Puyang	4.80	10.51	14.40	17.66	21.72	22.17	22.80	14.30	14.40	14.80	15.00	15.10
许昌市	Xuchang	14.14	15.69	16.10	18.01	18.51	19.02	19.63	20.47	20.80	21.66	22.17	22.41
漯河市	Luohe	1.90	3.45	5.50	8.35	9.51	11.06	12.43	13.06	13.30	13.89	14.32	16.79
三门峡市	Sanmenxia	7.58	8.36	9.60	10.04	11.53	12.62	13.97	14.82	14.93	15.12	15.58	20.99
南阳市	Nanyang	17.20	19.22	23.00	25.30	28.80	31.42	34.20	36.33	37.31	40.06	42.94	44.53
商丘市	Shangqiu	3.80	4.43	4.80	6.59	6.60	13.52	17.08	19.25	19.60	19.62	20.60	22.82
信阳市	Xinyang	14.58	12.01	17.30	20.13	21.87	23.73	26.05	28.46	29.59	33.55	35.97	40.83
周口市	Zhoukou	0.87	1.90	11.00	16.93	20.98	24.91	30.27	33.07	34.86	35.96	37.89	38.89
驻马店市	Zhumadian	15.00	11.43	17.00	19.11	20.02	21.52	23.56	25.15	26.49	28.51	30.10	30.35
济源市	Jiyuan	3.01	2.70	3.00	4.07	4.53	4.84	5.36	7.21	8.84	9.50	10.12	11.02
省直管县	**County Directly Administrated by Province**												
巩义市	Gongyi						4.50	5.19	5.19	5.25	5.07	4.74	5.12
兰考县	Lankao						0.60	0.60	0.90	0.90	0.90	1.38	1.38
汝州市	Ruzhou						2.80	3.06	3.25	3.35	3.40	3.42	3.43
滑县	Huaxian						2.60	2.69	2.91	2.96	3.13	3.15	3.21
长垣县	Changyuan						1.00	1.08	1.31	1.55	1.75	1.91	1.96
邓州市	Dengzhou						2.40	4.41	4.57	4.65	4.70	4.72	4.72
永城市	Yongcheng						2.70	2.27	2.56	2.57	2.59	2.59	4.62
固始县	Gushi						3.70	3.85	4.02	4.00	3.67	3.72	3.04
鹿邑县	Luyi						1.50	1.60	1.20	2.16	2.16	2.30	2.32
新蔡县	Xincai						1.10	1.19	1.19	1.39	1.50	2.15	2.13

25－36 安全生产基本情况

Basic Statistics on safetyin production

指　标	Indicate	2016	2017
发生伤亡事故总数(起)	Casuatlty Accidents (case)	1405	1324
农林牧渔业	Agriculture, Forestry, Animal Husbandry and Fishery	5	13
采矿业	Mining	8	11
商贸制造业	Trade Manufacturing	66	71
建筑业	Construction	53	55
交通运输仓储业	Transport and Storage	1250	1151
其它行业	Others	23	23
造成死亡总人数(人)	Death (person)	932	891
农林牧渔业	Agriculture,Forestry,Animal Husbandry and Fishery	5	3
采矿业	Mining	19	39
商贸制造业	Trade Manufacturing	94	85
建筑业	Construction	79	79
交通运输仓储业	Transport and Storage	714	655
其它行业	Others	21	30
一次死亡3−9人较大事故(起)	Major Accidents with 3-9 People Dead (case)	27	26
农林牧渔业	Agriculture, Forestry, Animal Husbandry and Fishery		
采矿业	Mining	2	4
商贸制造业	Trade Manufacturing	6	6
建筑业	Construction	3	3
交通运输仓储业	Transport and Storage	16	11
其它行业	Others		2
一次死亡3−9人较大事故中死亡人数(人)	Number of People Dead in Major Accidents (person)	109	97
农林牧渔业	Agriculture, Forestry, Animal Husbandry and Fishery		
采矿业	Mining	11	18
商贸制造业	Trade Manufacturing	23	20
建筑业	Construction	10	12
交通运输仓储业	Transport and Storage	65	41
其它行业	Others		6
一次死亡10人以上重特大事故(起)	Extra Serious Accident with more than 10 People Dead (case)	2	2
农林牧渔业	Agriculture, Forestry, Animal Husbandry and Fishery		
采矿业	Mining		1
商贸制造业	Trade Manufacturing	1	
建筑业	Construction	1	
交通运输仓储业	Transport and Storage		1
其它行业	Others		
一次死亡10人以上重特大事故中死亡人数(人)	Number of People Dead in Extra Serious Accidents	23	24
农林牧渔业	Agriculture, Forestry, Animal Husbandry and Fishery		
采矿业	Mining		12
商贸制造业	Trade Manufacturing	10	
建筑业	Construction	13	
交通运输仓储业	Transport and Storage		12
其它行业	Others		
煤矿死亡人数(人)	Death Toll from Coal Mine Accidents (person)	10	19
骨干煤矿企业	Key Coal Mine Enterprises	10	5
地方煤矿	Local Coal Mine		14
煤矿百万吨死亡率	Death Rate in Million tons Coal Production	0.092	0.179
骨干煤矿企业	Key Coal Mine Enterprises	0.099	0.049
地方煤矿	Local Coal Mine		2.997

主要统计指标解释

受理劳动争议案件数 指劳动争议仲裁委员会根据国家有关规定，对劳动争议当事人的申请予以审查，符合受理条件而正式立案、准备处理的劳动争议案件数。

要案 指县、处级以上干部的犯罪案件。该指标主要反映职务犯罪案件中县、处级以上干部被人民检察院依法立案侦查的情况。

批准逮捕 指人民检察院对公安机关、国家安全机关、监狱管理机关提出逮捕的犯罪嫌疑人进行审查，根据事实，依法做出逮捕决定。该指标主要反映人民检察院对提请逮捕犯罪嫌疑人进行审查后依法做出批准逮捕决定的情况。

决定逮捕 指人民检察院对直接立案侦查的案件，认为需要逮捕犯罪嫌疑人时，依据法律做出的逮捕决定。该指标主要反映人民检察院对直接受理的案件行使决定逮捕权的情况。

提起公诉 指人民检察院对公安机关、国家安全机关、监狱管理机关和检察机关侦查部门等移送起诉的案件进行审查，根据事实，做出提起公诉的案件。该指标主要反映人民检察院对各种刑事案件向人民法院提起公诉的情况。

适用简易程序 指人民法院对依法可能判处三年以下有期徒刑、拘役、管制、单处罚金的公诉案件，事实清楚，证据充分，人民检察院建议或者同意适用简易程序的案件 ；告诉才处理的案件；被害人起诉的有证据证明的轻微刑事案件。

提出抗诉 指人民检察院对人民法院的判决、裁定认为确有错误，向人民法院提出对案件重新进行审理的诉讼活动。包括按照第二审程序提出的抗诉和按照审判监督程序（再审程序）提出的抗诉。

撤回抗诉 指上级人民检察院对下级人民检察院按照第二审程序提出的抗诉，经审查，认为抗诉不当时向同级人民法院撤回抗诉，同时通知提出抗诉的下级人民检察院。

立案监督 指人民检察院对侦查机关刑事立案活动的监督。包括对应当立案而不立案的监督和不应立案而立案的监督。

监督立案 包括侦查机关接到要求说明不立案理由后主动立案和执行通知立案两个内容。

监管活动 指人民检察院对监狱等监管改造场所的管理活动进行的监督。

青少年罪犯 指人民法院在报告期内判决发生法律效力的有罪判决中 14 周岁以上不满 25 周岁的罪犯。其中 14 周岁以上不满 18 周岁的罪犯为未成年罪犯。

行政案件 指公民、法人和其他组织不服行政机关作出的具体行政行为，向人民法院提起行政诉讼，人民法院依法审理的案件。

单独赔偿 指单独提起行政赔偿的案件。当事人对行政行为的合法性没有争议，就行政侵权造成的损害赔偿单独提起赔偿诉讼。

公证人员 指在公证处工作的人员总称，包括公证处主任、副主任、公证员、公证员助理(助理公证员)和其他从事辅助性工作的人员。

公证文书 指公证处根据当事人申请，依照事实和法律，按照法定程序制作的，具有法律效力的司法证明文书。

受理劳动争议案件数 指劳动争议仲裁委员会根据国家有关规定，对劳动争议当事人的申请予以审查，符合受理条件而正式立案、准备处理的劳动争议案件数。

城镇职工基本养老保险

1.（参保）职工人数 指报告期末按照国家法律、法规和有关政策规定参加基本养老保险并在社保经办机构已建立缴费记录档案的职工人数，包括中断缴费但未终止养老保险关系的职工人数，不包括只登记未建立缴费记录档案的人数。

2.（参保）离退休人员人数 指报告期末参加基本养老保险的离休、退休和退职人员的人数。

3.基金收入 指根据国家有关规定，由纳入基本养老保险范围的缴费单位和个人按国家规定的缴费基数和缴费比例缴纳的养老保险基金，以及通过其他方式取得的形成基金来源的收入。包括单位和职工个人缴纳的基本养老保险费、基本养老保险基金利息收入、上级补助收入、下级上解收入、转移收入、财政补贴和其他收入。

4.基金支出 指按照国家政策规定的开支范围和开支标准从养老保险基金中支付给参加基本养老保险的个人的养老金、丧葬抚恤补助，以及由于保险关系转移、上下级之间调剂资金等原因而发生的支出。包括离休金、退休金、退职金、各种补贴、医疗费、死亡丧葬补助费、抚恤救济费、社会保险经办机构管理费、补助下级支出、上解上级支出、转移支出、其他支出等。

5.基金累计结余 指截止报告期末基本养老保险基金收支相抵后的累计余额。

基本医疗保险

1.参保人数 指报告期末按国家有关规定参加相应基本医疗保险的人数。

2.基金收入 指由用人单位和个人按照国家规定的缴费基数、缴费比例或缴费标准缴纳的基本医疗保险基金，财政补助资金以及通过其他方式取得的形成基金来源的款项，包括：单位缴纳收入、个人缴纳收入、财政补助收入（含医疗救助补助个人收入）、财政补贴收入、利息收入和其他收入。

3.基金支出 指按照国家政策规定的开支范围和开支标准，从基本医疗保险基金中支付给参保人员的医疗保险待遇支出，以及其他支出。包括住院医疗费用支出、门急诊医疗费用支出、个人账户基金支出、其他支出。

4.基金累计结余 指截止报告期末基本医疗保险基金累计结余金额。

失业保险

1.参保人数 指报告期末按照国家法律、法规和有关政策规定参加了失业保险的城镇企业、事业单位的职工及地方政府规定参加失业保险的其他人员的人数。

2.基金收入 指报告期内筹集的失业保险基金的总额，包括失业保险费收入、利息收入、财政补贴收入、其他收入、转移收入、上级补助收入、下级上解收入。

3.基金支出 指报告期内为保障失业人员基本生活、促进其再就业等支出的基金总额，包括失业保险金支出、医疗补助金支出、丧葬补助金和抚恤金支出、职业培训和职业介绍补贴支出、农民合同制工人一次性生活补助支出、其他支出、转移支出、上级补助支出、下级上解支出。

4.基金累计结余 指截止报告期末失业保险基金收支相抵后的累计余额。

工伤保险

1.参加保险人数 指报告期末依据国家有关规定参加工伤保险的职工人数和有雇工的个体工商户的雇工数。

2.享受保险待遇人数 指年初至报告期末因工伤或职业病而享受工伤保险待遇的人数。为享受工伤医疗待遇中未评定等级的人数、享受伤残待遇人数以及享受因工死亡待遇人数之和。

3.基金收入 指根据国家有关规定，由参加工伤保险的单位按国家规定的缴费基数和缴费比例缴纳的工伤保险基金，以及通过其他形式取得的形成基金来源的款项。包括：单位缴纳的社会统筹基金收入、财政补贴收入、利息收入、其他收入。

4.基金支出 指按照国家政策规定的开支范围和开支标准从工伤保险基金中支付给参加工伤保险的人员及供养直系亲属工伤保险待遇支出及其他支出。包括工伤医疗费、伤残补助金、工亡补助金、护理费、丧葬补助费、工伤预防费用、职业康复费用和其他支出。

5.基金累计结余 指截止报告期末工伤保险基金累计结余金额。

生育保险

1.参保人数 指报告期末依据有关规定参加生育保险的人数。

2.基金收入 指根据国家有关规定，由参加生育保险的单位按照国家规定的缴费基数和缴费比例缴纳的生育保险基金，以及通过其他方式取得的形成基金来源的款项，包括：单位缴纳的基金收入、利息收入和其他收入。

3.基金支出 指按照国家政策规定的开支范围和开支标准，从生育保险基金中支付给参加生育保险的职工，因妊娠、分娩和计划生育手术而享受的待遇及其他支出。包括：生育津贴、医疗费用支出及其他支出。

4.基金累计结余 指截止报告期末生育保险基金累计结余金额。

Explanatory Notes on Main Statistical Indicators

Number of Labour Dispute Cases Accepted refers to the number of cases of labour dispute submitted that, after being reviewed by the labour dispute arbitration committees in line with the relevant state regulations, are accepted and registered for treatment.

Key Cases refer to crimes committed by county and director-level officials. This indicator reflects the situation of those county and director-level officials involved in criminal cases registered and handled by People's Procuratorate offices.

Approval for Arrest refers to the decision made by people's procuratorate office, in accordance with the law and relevant facts, to approve the arrest of the suspect(s) as proposed by the public security departments, state security departments or prisons authority. This indicator reflects approved arrests made by people's procuratorate offices that are proposed by related departments.

Decision on Arrest refers to decision made by the people's procuratorate office, in accordance with laws, to arrest the suspect(s) in the cases that are accepted and to be investigated by procurators office. This indicator mainly reflects the implementation of the decision on arrest by people's procuratorate office.

Cases by Public Prosecution refer to those ones that are instituted by People's Procuratorate offices after their examination of such cases transferred by public security organs, national security organs, jail management organs and prosecutorial organs on the bases of the facts found. This indicator reflects the situation of public prosecutions instituted to the people's courts by People's Procuratorate Offices.

Application of Summary Procedure refers to those cases of public prosecution where the suspects might be, according to law, sentenced to fixed-term imprisonment of not more than three years, criminal detention, public surveillance or punishment with fines exclusively by People's Court ;, those cases where the facts are clear and the evidence is sufficient, and for which the People's Procuratorate suggests or agrees to the application of summary procedure; those cases to be handled only upon complaints; and those minor criminal cases prosecuted by the victims with evidence.

Protests Presented refers to those protests presented by local People's Procuratorate at any level who considers that there exists some definite error in a judgment or order of first instance made by a People's Court at the same level to the People's Court at the next higher level, including the protests raised in accordance with the second instance and protests raised in accordance with procedure for trial supervision.

Withdrawal of Protests refers to the actions made by the People's Procuratorate at the next higher level when it considers the protests inappropriate by withdrawing the protests from the People's Court at the same level and notifying the People's Procuratorate at the next lower level.

Case Registration Supervision refers to the actions made by the People's Procuratorate to supervise the registration of criminal cases initiated by investigative authorities, including supervision of the cases which have wrongly not been registered and have wrongly been registered.

Supervision of Case Registration includes both the supervision of those registrations initiated by investigatory authorities and the supervision of those registrations according to notifications after hearing declined reasons for registration.

Supervisory Activities refers to the supervision of the People's Procuratorate over the management of prisons as well as other places of criminal reformation under supervision.

Juvenile Criminals refers to the offenders within the age range of 14 to 25 convicted guilty by the court during the reporting period while those between 14 and 18 are defined as minor offenders.

Administrative Cases refers to the cases filed by citizens, corporations and other organizations against the specific administrative conducts of administrative authorities and handled by the court.

Separate Compensation refers to cases that are separately filed for administrative compensation by the party who has no dispute on the legality of administrative conducts but brings proceedings separately to claim for damages caused by administrative tort.

Notary Personnel refers to people working for notary offices including: directors, deputy directors, notaries, assistant notaries and other people providing assistance.

Notary Documents refer to legally binding judicial notary documents developed at the request of the interested party based on facts and the law following certain legal proceedings.

Number of Labour Disputes Cases Accepted refers to the number of cases of labour disputes submitted that, after being reviewed by the labour dispute arbitration committees in line with the relevant national regulations, are accepted and registered for treatment.

Basic Pension Insurance

1. Number of staff and workers covered refer to staff and workers participating in the basic pension insurance programme according to national laws, regulations and related policies at the end of the reference period, who have already had payment records in social security management agencies, including those who have interrupt payment without terminating the insurance programme. Those who have registered in the programme but with no payment records are not included.

2. Number of retirees participating in the basic pension insurance programme refer to the number of retirees participating in basic pension insurance programmes by the end of the reference period.

3. Revenue of the basic pension insurance programme refers to payments made by employers and individuals participating in the pension insurance programme in accordance with the basis and proportion stipulated in State regulations, and income from other sources that become source of pension insurance fund, including the premium paid by employers and staff and workers, interest income, subsidies from higher level agencies, income as transfer from subordinate agencies, transferred income, government financial subsidies and other income.

4. Expenditure of basic pension insurance programme refer to payment made on pensions and funeral subsidies to those retired and resigned people covered in pension insurance programmes according to related national policies on scope and standard of expenditure. Also included are expenditure which arises due to shift of the insurance relationship or adjustment of funds among agencies. More specifically, included are pensions for resigned people, pensions for retired people, pension for people quitting jobs, various subsidies, medical fees, funeral subsidies, compensation payments, management fees for social security agencies, expenses on subsidies to lower subordinates, expenses as transfer to agencies at higher level, transferred expenditure and other expenditure.

5. Balance of basic pension insurance programme refers to the balance of basic pension insurance funds at the end of the reference period after deducting expenses from revenue.

Basic Medical Care Insurance

1. Number of people participating in the insurance programme refers to people participating in the basic medical care insurance programme according to related regulations at the end of the reference period.

2. Revenue of the insurance programme refers to payments made by employers and individuals participating in the medical care insurance programme in accordance with the basis and proportion stipulated in State regulations, and income from other sources that become source of medical insurance fund, including income paid by units, individual paid income, financial assistance's income (including individual income from medicaid), financial subsidies' income, interest income and other income.

3. Expenditure of the insurance programme refers to payment made to people covered in basic medical care insurance programme within the scope and standards of expenditure according to related national policies, and medical care payment and other expenses, including medical expenses of hospital inpatients, medical expenses for outpatients and emergency patients, payment from individual accounts and other expenditure.

4. Balance of the basic medical care insurance programme refers to the balance of medical care insurance funds at the end of the reference period.

Unemployment Insurance

1. Number of people covered refers to staff and workers in urban enterprises or institutions who have participated in the unemployment insurance programme according to relevant policies and regulations, and other people who have participated according to local government regulations at the end of the reference period.

2. Revenue of the unemployment insurance programme refers to the total unemployment insurance funds raised in the reference period, including unemployment insurance premium, interest income, financial subsidies, other income, transferred income, subsidies from higher level agencies and income as transfer from subordinate agencies.

3. Expenditure of the unemployment insurance programme refers to total expenses during the reference period to guarantee the basic livelihood of unemployed people, and to encourage their re-employment. Included are unemployment relief, medical fees, funeral subsidies, compensation payments, training expenses, management fees for unemployment insurance agencies, subsidies to lower level agencies, expenses as transfer to higher level agencies, transferred expenditure and other expenditure.

4. Balance of the unemployment insurance programme refers to the balance of revenue of the programme after deducting expenses at the end of the reference period.

Work Injury Insurance

1. Number of people covered refers to staff and workers who have participated in the work injury insurance programme and number of employees in private business according to relevant national regulations at the end of the reference period.

2. Number of beneficiaries refers to number of people benefited from work injury insurance, as a result of work injury or occupational disease. It is the sum of beneficiaries from the work injury medical treatment without rating, disabilities and deaths at work places.

3. Revenue of the work injury insurance programme refers to payments made by employers participating in the work injury insurance programme in accordance with the basis and proportion stipulated in State regulations, and income from other sources that become source of work injury insurance fund, including income of social comprehensive funds paid by employers, government financial subsidies, interest income and other income.

4. Expenditure of the work injury insurance programme refers to payments made from work injury insurance funds to those who participated in the work injury insurance programme and their direct dependents within the scope and standards of expenditure according to related national policies, and other expenditure, including medical fees for work injury, injury and disability subsidies, death subsidies, nursing fees, funeral subsidies, injury prevention fees, occupational rehabilitation fees and other expenditure.

5. Balance of the work injury insurance programme refers to the balance of the work injury funds at the end of the reference period.

Maternity Insurance

1. Number of people covered refers to people who have participated in the maternity insurance programme according to relevant regulation at the end of the reference period.

2. Revenue of maternity insurance refers to payments made by employers participating in the maternity insurance programme in accordance with the basis and proportion stipulated in State regulations, and income from other sources that become source of maternity insurance fund, including income of funds paid by employers, interest income and other income.

3. Expenditure of the maternity insurance programme refers to payments made from maternity insurance funds to staff and workers who participate in the maternity insurance programme within the scope and standards of expenditure in accordance with related national policies, expenses paid for pregnancy, child delivery or surgeries related to family planning, and other expenditure, including allowance for child bearing, medical fees and other expenditure.

4. Balance of the maternity programme refers to the balance of the maternity insurance funds at the end of the reference period.

各县（市、区）主要统计指标

Main Indicators of County (City, municipal districts)

26-1 各县(市、区)人口及从业人员(2017年)

Population and Employed Person by County and District (2017)

县市区	County and District	年末总户数(万户) Total Households (year-end) (10 000 household)	年末总人口(万人) Population (year-end) (10 000 persons)	常住人口(万人) Resident Population (10 000 persons)	#城镇 Urban	城镇化率(%) Urban Proportion (%)	从业人员(万人) Employment (10 000 persons)	第一产业 Primary Industry	第二、三产业 Secondary Industry and Tertiary Industry
郑州市	**Zhengzhou**								
中原区	Zhongyuan	23.82	104.80	104.80	95.33	90.96	28.60		28.50
二七区	Erqi	19.52	80.15	80.15	72.45	90.39	24.60	0.30	24.30
管城区	Guancheng	17.04	82.03	82.03	71.00	86.55	21.40	0.80	20.60
金水区	Jinshui	39.49	171.33	171.33	156.89	91.57	58.90	0.40	58.50
上街区	Shangjie	3.88	14.05	14.05	12.86	91.55	64.30	0.30	64.00
惠济区	Huiji	6.79	29.83	29.83	22.25	74.59	21.90	4.20	17.70
中牟县	Zhongmu	17.82	113.44	113.44	58.19	51.30	41.60	16.30	25.30
巩义市	Gongyi	21.17	84.66	83.27	46.71	56.10	46.62	11.79	34.83
荥阳市	Xingyang	17.50	62.67	62.67	34.74	55.43	47.40	8.20	39.20
新密市	Xinmi	20.80	80.97	80.97	46.76	57.75	50.40	8.70	41.70
新郑市	Xinzheng	18.91	94.81	94.81	55.10	58.12	49.60	9.00	40.50
登封市	Dengfeng	17.34	70.71	70.71	39.18	55.41	47.70	14.40	33.30
开封市	**Kaifeng**								
龙亭区	Longting	15.00	31.82	42.60	34.49	80.97	25.37	4.25	21.12
顺河区	Shunhe	10.20	22.93	24.60	21.43	87.12	11.68	1.63	10.05
鼓楼区	Gulou	6.25	15.61	15.31	14.61	95.41	9.94	0.79	9.15
禹王台区	Yuwangtai	5.11	13.65	13.83	10.87	78.60	6.15	1.63	4.52
祥符区	Xiangfu	22.87	77.18	66.55	24.65	37.04	55.98	21.56	34.42
杞县	Qixian	39.10	113.61	90.05	33.25	36.92	70.63	36.08	34.55
通许县	Tongxu	18.15	64.95	52.14	19.24	36.90	43.37	21.14	22.23
尉氏县	Weishi	27.37	97.39	85.61	31.59	36.90	57.43	33.24	24.19
兰考县	Lankao	28.93	85.91	64.23	25.39	39.53	62.31	24.90	37.41
洛阳市	**Luoyang**								
老城区	Laocheng	6.35	17.35	19.39	18.20	93.86	5.50	0.68	4.82
西工区	Xigong	10.71	33.41	36.21	34.19	94.42	21.65	0.68	20.97
瀍河区	Chanhe	6.28	17.94	19.05	17.91	94.00	5.85	1.30	4.55
涧西区	Jianxi	19.23	60.26	68.63	61.15	89.10	28.86	1.31	27.55
吉利区	Jili	2.13	6.89	6.95	4.88	70.20	5.16	1.03	4.13
洛龙区	Luolong	20.90	65.19	68.93	45.62	66.18	32.30	7.54	24.76
孟津县	Mengjin	16.04	46.71	42.98	20.60	47.94	35.32	12.89	22.43
新安县	Xinan	15.77	53.55	48.92	22.54	46.08	39.91	13.95	25.96
栾川县	Luanchuan	10.68	34.54	35.10	16.86	48.04	24.44	7.21	17.23
嵩县	Songxian	17.16	60.53	52.09	18.01	34.58	35.89	18.54	17.35
汝阳县	Ruyang	12.86	48.76	42.85	15.09	35.22	30.26	16.03	14.23
宜阳县	Yiyang	20.07	70.28	61.57	22.26	36.15	43.53	19.11	24.42
洛宁县	Luoning	14.08	49.49	43.44	14.61	33.62	33.46	20.29	13.17
伊川县	Yichuan	25.83	84.24	78.96	34.41	43.58	57.39	21.59	35.80
偃师市	Yanshi	18.25	61.01	57.18	33.49	58.57	43.68	12.11	31.57

26-1 续表 1 continued

县市区 County and District	年末总户数（万户）Total Households (year-end) (10 000 household)	年末总人口（万人）Population (year-end) (10 000 persons)	常住人口（万人）Resident population (10 000 persons)	#城镇 Urban	城镇化率（%）Urbanization Rate (%)	从业人员（万人）Employment (10 000 persons)	第一产业 Primary Industry	第二、三产业 Secondary Industry and Tertiary Industry
平顶山市 Pingdingshan								
新华区 Xinhua	11.71	39.49	40.90	38.52	94.18	21.56	1.12	20.44
卫东区 Weidong	10.44	29.71	32.14	31.34	97.52	10.75	1.02	9.74
石龙区 Shilong	2.02	6.34	5.14	4.48	87.13	3.13	0.96	2.16
湛河区 Zhanhe	9.08	25.52	30.25	24.03	79.45	13.70	3.27	10.44
宝丰县 Baofeng	16.57	53.45	49.97	21.00	42.02	36.54	19.51	17.02
叶县 Yexian	23.08	91.34	78.35	28.81	36.77	54.51	32.02	22.48
鲁山县 Lushan	24.63	95.42	78.68	28.85	36.67	56.30	28.08	28.21
郏县 Jiaxian	20.52	64.15	57.79	23.47	40.61	41.43	22.71	18.71
舞钢市 Wugang	10.81	34.81	32.15	18.30	56.93	22.08	10.82	11.26
汝州市 Ruzhou	31.00	109.05	94.53	42.77	45.25	72.39	32.73	39.66
安阳市 Anyang								
文峰区 Wenfeng	14.82	39.84	49.42	38.07	77.03	16.17	1.94	14.23
北关区 Beiguan	8.08	25.48	28.01	24.77	88.45	19.95	2.11	17.85
殷都区 Yindu	7.55	24.98	27.03	23.72	87.75	35.40	7.39	28.01
龙安区 Longan	7.01	20.68	23.01	13.49	58.61	18.74	7.90	10.84
安阳县 Anyang	32.16	101.86	86.96	40.13	46.15	35.92	19.50	16.42
汤阴县 Tangyin	14.78	50.89	43.74	20.57	47.03	33.62	12.94	20.68
滑县 Huaxian	45.67	138.40	107.30	33.37	31.10	80.98	32.78	48.20
内黄县 Neihuang	19.85	78.84	66.57	20.13	30.24	55.78	21.35	34.42
林州市 Linzhou	31.28	108.38	80.81	43.23	53.49	76.97	23.44	53.53
鹤壁市 Hebi								
鹤山区 Heshan	3.46	12.97	12.93	11.02	85.23	4.48	1.10	3.38
山城区 Shancheng	6.24	24.35	24.19	21.03	86.94	6.60	1.62	4.98
淇滨区 Qibin	11.15	26.48	29.39	22.72	77.28	27.10	3.15	23.95
浚县 Xunxian	19.46	71.58	67.82	25.03	36.91	47.19	15.06	32.13
淇县 Qixian	8.84	29.57	27.80	15.47	55.65	25.67	6.78	18.89
新乡市 Xinxiang								
红旗区 Hongqi	11.68	32.73	44.89	42.84	95.44	27.08	1.62	25.46
卫滨区 Weibin	7.46	22.21	22.09	22.09	100.00	8.37	1.14	7.22
凤泉区 Fengquan	3.95	14.44	15.64	9.15	58.50	7.46	2.95	4.51
牧野区 Muye	10.64	31.00	33.67	32.50	96.52	14.56	1.79	12.77
新乡县 Xinxiang	9.21	34.89	34.59	18.66	53.94	28.76	2.62	26.14
获嘉县 Huojia	12.18	44.35	41.32	18.39	44.51	29.63	13.56	16.07
原阳县 Yuanyang	19.12	75.09	65.20	21.95	33.66	43.44	22.93	20.51
延津县 Yanjin	14.04	50.67	45.97	16.67	36.26	31.56	15.28	16.28
封丘县 Fengqiu	21.98	82.96	71.93	25.60	35.59	43.14	19.32	23.82
长垣县 Changyuan	28.29	87.41	76.80	35.22	45.86	60.65	10.51	50.14
卫辉市 Weihui	15.65	52.63	49.17	21.58	43.88	26.92	13.23	13.69
辉县市 Huixian	26.81	86.02	75.63	35.12	46.43	50.86	19.85	31.01

26-1 续表 2　continued

县市区 County and District	年末总户数（万户）Total Households (year-end) (10 000 household)	年末总人口（万人）Population (year-end) (10 000 persons)	常住人口（万人）Resident population (10 000 persons)	#城镇 Urban	城镇化率(%) Urbanization Rate (%)	从业人员（万人）Employment (10 000 persons)	第一产业 Primary Industry	第二、三产业 Secondary Industry and Tertiary Industry
焦　作　市 Jiaozuo								
解　放　区 Jiefang	8.88	28.68	30.40	29.60	97.35	9.67	0.18	9.50
中　站　区 Zhongzhan	3.13	12.15	10.65	6.96	65.32	6.14	1.47	4.68
马　村　区 Macun	3.53	14.51	14.11	9.10	64.49	6.47	1.44	5.03
山　阳　区 Shanyang	11.57	45.20	48.15	34.64	71.94	12.06	0.80	11.25
修　武　县 Xiuwu	7.00	27.34	25.32	12.63	49.89	18.13	4.05	14.08
博　爱　县 Boai	10.35	40.53	37.70	20.08	53.26	26.03	9.22	16.81
武　陟　县 Wuzhi	18.95	72.31	66.39	28.10	42.33	50.41	21.11	29.30
温　　县 Wenxian	14.12	45.78	42.06	20.31	48.29	36.56	13.81	22.74
沁　阳　市 Qinyang	12.10	49.80	44.02	26.71	60.68	33.71	10.28	23.43
孟　州　市 Mengzhou	11.30	39.20	37.22	18.33	49.24	34.98	5.97	29.01
濮　阳　市 Puyang								
华　龙　区 Hualong	22.49	62.33	73.85	58.38	79.05	49.31	23.34	25.97
清　丰　县 Qingfeng	22.06	72.11	63.52	18.88	29.72	51.08	21.36	29.72
南　乐　县 Manle	14.59	54.28	47.48	15.42	32.47	32.43	13.03	19.40
范　　县 Fanxian	16.85	56.03	46.64	15.53	33.30	37.68	16.74	20.94
台　前　县 Taiqian	10.81	38.43	33.51	10.89	32.50	24.16	8.49	15.67
濮　阳　县 Puyang	31.69	113.68	98.93	40.06	40.49	71.60	24.02	47.58
许　昌　市 Xuchang								
魏　都　区 Weidu	16.09	41.50	51.64	49.61	96.07	16.33	0.05	16.28
建　安　区 Jianan	28.69	90.89	78.80	32.44	41.17	52.77	22.15	30.61
鄢　陵　县 Yanling	20.75	67.17	56.75	23.34	41.13	36.85	12.37	24.47
襄　城　县 Xiangcheng	30.23	87.68	68.81	27.83	40.44	50.12	39.03	11.09
禹　州　市 Yuzhou	41.85	129.87	115.53	54.46	47.14	78.64	34.33	44.31
长　葛　市 Changge	20.93	78.52	69.36	37.44	53.98	56.43	12.08	44.35
漯　河　市 Luohe								
源　汇　区 Yuanhui	9.59	34.24	34.23	22.82	66.68	26.81	8.95	17.84
郾　城　区 Yancheng	14.33	52.99	51.38	28.21	54.91	32.12	12.82	19.31
召　陵　区 Zhaoling	13.42	55.43	50.10	25.40	50.70	36.59	9.69	26.90
舞　阳　县 Wuyang	17.06	62.09	56.06	24.62	43.92	39.63	19.04	20.59
临　颍　县 Linying	20.53	77.80	73.26	33.88	46.25	54.51	28.51	26.00

26-1 续表 3 continued

县市区	County and District	年末总户数(万户) Total Households (year-end) (10 000 household)	年末总人口(万人) Population (year-end) (10 000 persons)	常住人口(万人) Resident population (10 000 persons)	#城镇 Urban	城镇化率(%) Urbanization Rate (%)	从业人员(万人) Employment (10 000 persons)	第一产业 Primary Industry	第二、三产业 Secondary Industry and Tertiary Industry
三门峡市	**Sanmenxia**								
湖滨区	Hubin	9.83	30.37	32.44	29.79	91.81	18.51	3.61	14.90
陕州区	Shanzhou	11.70	35.01	35.01	16.42	46.91	19.53	11.06	8.47
渑池县	Mianchi	12.54	35.89	35.26	17.07	48.42	22.57	8.31	14.26
卢氏县	Lushi	13.10	37.03	35.90	13.72	38.21	21.37	13.38	7.99
义马市	Yima	5.15	16.79	14.75	14.21	96.36	9.91	0.81	9.10
灵宝市	Lingbao	21.41	75.46	73.51	32.97	44.85	49.22	25.71	23.51
南阳市	**Nanyang**								
宛城区	Wancheng	29.71	89.75	93.26	57.99	62.18	66.66	22.62	44.05
卧龙区	Wolong	32.62	100.64	95.92	59.90	62.45	65.49	21.67	43.81
南召县	Nanzhao	22.19	65.83	53.78	21.03	39.10	39.54	24.58	14.96
方城县	Fangcheng	34.90	110.17	87.81	32.93	37.50	73.60	41.19	32.41
西峡县	Xixia	15.77	47.44	42.97	20.78	48.35	43.37	5.08	38.29
镇平县	Zhenping	28.72	104.30	85.27	34.11	40.00	61.19	24.50	36.69
内乡县	Neixiang	22.95	72.41	56.81	22.70	39.96	38.73	17.63	21.10
淅川县	Xichuan	21.11	72.31	65.42	27.25	41.65	41.59	20.37	21.22
社旗县	Sheqi	21.83	74.48	61.49	24.28	39.48	47.69	28.11	19.57
唐河县	Tanghe	42.45	145.95	120.45	49.05	40.72	72.22	39.18	33.04
新野县	Xinye	23.20	84.11	62.17	24.87	40.00	52.41	26.25	26.16
桐柏县	Tongbai	15.76	48.24	38.22	17.10	44.75	28.62	10.68	17.94
邓州市	Dengzhou	60.98	178.60	141.45	56.98	40.28	94.22	53.84	40.38
商丘市	**Shangqiu**								
梁园区	Liangyuan	25.57	92.59	95.00	50.17	52.81	54.67	20.13	34.54
睢阳区	Suiyang	28.11	85.62	86.67	40.26	46.45	55.16	17.15	38.01
民权县	Minquan	29.25	92.66	70.26	25.36	36.10	61.30	26.81	34.49
睢县	Suixian	25.70	88.60	66.38	24.43	36.81	68.13	26.13	42.00
宁陵县	Ningling	21.41	66.28	50.35	17.32	34.40	42.98	24.97	18.01
柘城县	Zhecheng	33.07	103.83	68.32	24.68	36.13	60.43	23.40	37.03
虞城县	Yucheng	41.91	112.68	83.02	30.99	37.33	75.32	29.98	45.34
夏邑县	Xiayi	43.12	121.82	86.55	33.75	38.99	74.33	27.31	47.02
永城市	Yongcheng	41.54	156.94	123.31	57.56	46.68	95.99	26.75	69.24

26-1 续表 4 continued

县市区	County and District	年末总户数(万户) Total Households (year-end) (10 000 household)	年末总人口(万人) Population (year-end) (10 000 persons)	常住人口(万人) Resident population (10 000 persons)	#城镇 Urban	城镇化率(%) Urbanization Rate (%)	从业人员(万人) Employment (10 000 persons)	第一产业 Primary Industry	第二、三产业 Secondary Industry and Tertiary Industry
信阳市	**Xinyang**								
浉河区	Shihe	21.81	66.64	66.76	45.21	67.72	40.00	15.27	24.73
平桥区	Pingqiao	28.10	86.75	74.72	41.95	56.14	53.57	21.68	31.89
罗山县	Luoshan	22.21	76.99	52.08	21.62	41.52	43.98	19.95	24.03
光山县	Guangshan	29.18	85.62	60.43	23.60	39.06	49.76	23.51	26.25
新县	Xinxian	13.25	37.07	28.36	13.47	47.51	23.86	8.56	15.30
商城县	Shangcheng	24.38	79.61	52.48	20.41	38.90	42.09	16.85	25.24
固始县	Gushi	58.50	177.10	109.00	44.88	41.17	102.41	32.40	70.01
潢川县	Huangchuan	27.81	87.85	66.16	33.17	50.13	49.30	31.54	17.76
淮滨县	Huaibin	24.09	77.96	57.14	22.52	39.41	48.08	22.82	25.26
息县	Xixian	32.50	104.94	78.23	30.36	38.81	66.24	35.23	31.01
周口市	**Zhoukou**								
川汇区	Chuanhui	19.56	54.41	71.31	44.64	62.60	23.61	5.62	17.99
扶沟县	Fugou	21.72	77.02	59.71	22.96	38.46	46.23	21.74	24.50
西华县	Xihua	27.65	97.77	75.00	28.73	38.31	57.80	25.33	32.47
商水县	Shangshui	32.35	125.36	89.21	31.81	35.66	76.97	37.47	39.49
沈丘县	Shenqiu	35.15	132.18	95.50	36.97	38.71	76.80	38.99	37.81
郸城县	Dancheng	43.35	135.87	94.19	36.11	38.34	84.29	40.82	43.47
淮阳县	Huaiyang	38.65	132.56	99.00	37.94	38.32	85.77	46.11	39.66
太康县	Taikang	44.14	151.88	105.36	38.80	36.83	87.98	49.87	38.11
鹿邑县	Luyi	36.90	123.00	87.22	36.38	41.71	75.75	18.48	57.27
项城市	Xiangcheng	37.93	125.90	99.72	46.94	47.07	73.64	28.13	45.51
驻马店市	**Zhumadian**								
驿城区	Yicheng	23.73	82.43	99.28	66.84	67.32	65.81	19.45	46.36
西平县	Xiping	25.99	90.37	68.03	25.62	37.67	65.42	12.70	52.72
上蔡县	Shangcai	40.85	153.40	97.20	36.41	37.46	85.29	41.13	44.16
平舆县	Pingyu	34.98	101.86	72.17	29.01	40.20	64.70	29.72	34.98
正阳县	Zhengyang	25.95	83.84	62.90	20.81	33.08	50.63	24.90	25.73
确山县	Queshan	16.97	53.42	40.14	16.69	41.57	37.91	17.83	20.08
泌阳县	Biyang	28.13	93.04	67.32	26.97	40.06	62.96	19.11	43.85
汝南县	Runan	23.12	86.44	65.80	24.71	37.55	55.63	31.75	23.88
遂平县	Suiping	16.51	56.94	42.66	17.88	41.92	39.44	17.78	21.66
新蔡县	Xincai	34.08	114.12	84.61	28.60	33.80	78.13	21.39	56.74

26-2 各县(市、区)生产总值和指数(2017年)

县市区	County and District	生产总值(亿元) Gross Domestic Products (100 million yuan)	第一产业 Primary Industry	第二产业 Secondary Industry	第三产业 Tertiary Industry
郑州市	**Zhengzhou**				
中原区	Zhongyuan	720.12	0.28	270.17	449.66
二七区	Erqi	585.95	0.05	101.35	484.54
管城区	Guancheng	851.67	1.68	397.60	452.39
金水区	Jinshui	1596.29	2.19	137.19	1456.91
上街区	Shangjie	116.28	0.38	60.00	55.91
惠济区	Huiji	150.23	4.64	54.70	90.89
中牟县	Zhongmu	870.22	40.35	504.37	325.51
巩义市	Gongyi	755.79	11.94	443.70	300.15
荥阳市	Xingyang	679.40	29.00	392.00	258.40
新密市	Xinmi	721.77	20.72	341.01	360.04
新郑市	Xinzheng	1099.44	22.47	615.62	461.36
登封市	Dengfeng	640.40	18.13	346.02	276.24
开封市	**Kaifeng**				
龙亭区	Longting	179.64	8.12	68.27	103.25
顺河区	Shunhe	98.82	3.38	40.03	55.40
鼓楼区	Gulou	80.25	1.71	14.88	63.66
禹王台区	Yuwangtai	81.44	3.60	29.69	48.15
祥符区	Xiangfu	248.59	50.86	88.13	109.60
杞县	Qixian	310.64	76.29	109.99	124.36
通许县	Tongxu	245.04	46.24	98.08	100.72
尉氏县	Weishi	360.51	49.78	190.99	119.74
兰考县	Lankao	282.62	39.14	119.89	123.59
洛阳市	**Luoyang**				
老城区	Laocheng	85.55	1.45	19.77	64.32
西工区	Xigong	346.79	0.28	120.61	225.90
瀍河区	Chanhe	103.16	0.57	34.55	68.04
涧西区	Jianxi	500.06	1.99	250.69	247.38
吉利区	Jili	110.54	1.46	71.11	37.98
洛龙区	Luolong	286.35	4.00	96.94	185.41
孟津县	Mengjin	294.89	22.27	162.27	110.35
新安县	Xinan	475.52	21.06	288.84	165.62
栾川县	Luanchuan	186.03	13.29	108.45	64.29
嵩县	Songxian	172.76	27.41	62.01	83.33
汝阳县	Ruyang	155.98	13.31	83.26	59.41
宜阳县	Yiyang	276.98	33.49	122.49	121.00
洛宁县	Luoning	189.53	25.97	77.29	86.28
伊川县	Yichuan	374.32	25.83	196.19	152.31
偃师市	Yanshi	508.60	19.72	272.30	216.57
平顶山市	**Pingdingshan**				
新华区	Xinhua	209.48	2.12	100.21	107.15
卫东区	Weidong	171.45	1.28	93.78	76.39
石龙区	Shilong	48.55	0.48	36.51	11.55
湛河区	Zhanhe	134.76	2.26	62.15	70.35
宝丰县	Baofeng	314.21	19.86	183.85	110.49
叶县	Yexian	208.32	40.60	97.83	69.88
鲁山县	Lushan	170.08	28.10	62.52	79.46
郏县	Jiaxian	177.51	23.86	99.47	54.18
舞钢市	Wugang	128.98	12.11	58.14	58.74
汝州市	Ruzhou	430.63	35.97	177.43	217.23

Gross Domestic Product and Its indices by County and District (2017)

人均生产总值 (元) (按常住人口计算) Per Capita GDP (yuan) (calculated atresidents)	生产总值指数 (%) (上年=100) Indices of Gross Domestic Products (%) (preced-ing year=100)	第一产业 Primary Industry	第二产业 Secondary Industry	第三产业 Tertiary Industry	人均生产总值指数 (%) Indices of Per Capita GDP (%)
69187	107.4	59.0	106.6	108.0	104.9
73520	108.8	89.1	103.4	110.0	107.4
106912	110.9	139.5	112.2	109.6	106.5
94043	109.6	123.5	116.1	108.9	110.5
83397	89.5	99.6	78.0	108.1	88.3
50941	107.0	81.0	108.0	108.6	104.7
76832	102.4	98.0	98.9	111.0	98.3
91027	108.5	104.0	107.5	110.5	108.0
108905	105.0	104.7	103.6	107.8	104.1
89294	107.6	104.6	105.3	110.6	107.2
117374	112.9	103.6	114.7	110.6	109.1
90931	107.0	104.7	105.6	109.3	106.0
42357	106.4	104.4	102.3	109.6	104.7
40342	105.7	104.3	106.2	105.4	104.7
52658	108.0	104.5	98.8	110.5	106.8
59209	107.5	104.2	104.9	109.5	106.1
37388	107.5	104.6	107.5	109.2	107.8
34400	107.9	104.6	108.6	109.8	108.6
46853	107.3	104.4	108.4	107.6	107.8
41990	108.0	104.5	108.2	109.5	108.6
44194	109.5	104.5	109.2	111.8	108.7
44237	108.8	93.9	105.1	110.4	108.9
95842	106.2	103.4	104.3	107.2	105.8
54154	104.7	102.6	97.7	108.6	104.8
72159	108.3	102.3	107.8	108.9	104.9
158459	108.9	103.0	108.2	110.6	108.7
40928	108.1	102.8	104.0	110.5	108.9
68771	108.4	104.4	106.8	111.8	107.5
97713	108.9	104.7	107.4	112.2	107.8
52964	108.5	104.4	108.5	109.5	108.5
33163	107.9	104.5	106.0	110.6	107.6
36484	108.2	104.6	107.0	111.0	107.5
45114	107.5	97.9	105.5	112.8	107.2
43736	108.8	104.0	108.8	110.7	108.0
47394	108.9	104.5	108.1	110.9	108.4
88954	108.2	104.5	107.0	110.1	107.8
51332	109.7	102.3	114.1	104.8	109.3
53369	115.2	119.0	123.7	108.1	114.2
90353	107.8	103.3	107.9	107.5	113.0
44719	107.6	102.2	102.0	113.7	107.1
63003	108.1	104.6	108.2	108.6	107.8
26625	103.0	104.8	96.7	113.9	102.8
21620	106.3	104.0	107.1	106.6	106.2
30753	109.5	104.0	109.6	111.9	109.1
40129	103.7	104.2	102.3	105.3	103.4
45780	109.2	104.3	107.9	111.4	108.0

26-2 续表 1

县 市 County and city	生产总值（亿元）Gross Domestic Products (100 million yuan)	第一产业 Primary Industry	第二产业 Secondary Industry	第三产业 Tertiary Industry
安 阳 市 Anyang				
文 峰 区 Wenfeng	177.03	1.48	53.16	122.38
北 关 区 Beiguan	130.02	1.74	29.88	98.41
殷 都 区 Yindu	156.00	1.21	79.63	75.17
龙 安 区 Longan	152.72	3.08	115.47	34.17
安 阳 县 Anyang	402.03	25.90	212.90	163.23
汤 阴 县 Tangyin	208.65	24.48	115.20	68.97
滑 县 Huaxian	247.30	58.08	95.47	93.75
内 黄 县 Neihuang	223.61	58.18	94.96	70.47
林 州 市 Linzhou	551.57	19.69	287.26	244.62
鹤 壁 市 Hebi				
鹤 山 区 Heshan	87.39	3.29	60.42	23.68
山 城 区 Shancheng	112.94	2.46	80.39	30.09
淇 滨 区 Qibin	187.22	5.98	97.07	84.17
浚 县 Xunxian	199.43	27.61	115.55	56.27
淇 县 Qixian	240.18	19.12	183.71	37.35
新 乡 市 Xinxiang				
红 旗 区 Hongqi	415.59	1.90	214.77	198.92
卫 滨 区 Weibin	125.75	0.88	26.83	98.05
凤 泉 区 Fengquan	92.35	2.71	32.78	56.85
牧 野 区 Muye	165.35	1.98	73.53	89.85
新 乡 县 Xinxiang	184.73	8.96	120.60	55.17
获 嘉 县 Huojia	109.92	14.11	66.27	29.55
原 阳 县 Yuanyang	151.53	27.70	72.61	51.22
延 津 县 Yanjin	140.10	22.60	74.10	43.40
封 丘 县 Fengqiu	145.87	41.50	64.03	40.34
长 垣 县 Changyuan	337.98	34.05	169.96	133.97
卫 辉 市 Weihui	120.04	20.63	29.40	70.01
辉 县 市 Huixian	367.07	40.15	206.41	120.51
焦 作 市 Jiaozuo				
解 放 区 Jiefang	126.90	0.21	12.33	114.36
中 站 区 Zhongzhan	69.61	0.44	45.38	23.79
马 村 区 Macun	54.98	1.08	31.79	22.12
山 阳 区 Shanyang	264.80	4.65	129.90	130.25
修 武 县 Xiuwu	135.86	7.77	73.86	54.23
博 爱 县 Boai	260.53	14.51	165.75	80.28
武 陟 县 Wuzhi	347.78	35.06	210.41	102.30
温 县 Wenxian	286.73	27.87	178.96	79.90
沁 阳 市 Qinyang	413.71	19.21	264.14	130.35
孟 州 市 Mengzhou	319.20	20.54	219.99	78.66

continued

人均生产总值(元)(按常住人口计算) Per Capita GDP (yuan) (calculated atresidents)	生产总值指数(%)(上年=100) Indices of Gross Domestic Products (%) (preced-ing year=100)	第一产业 Primary Industry	第二产业 Secondary Industry	第三产业 Tertiary Industry	人均生产总值指数(%) Indices of Per Capita GDP (%)
36155	109.4	92.3	107.0	110.8	107.4
46632	107.2	103.2	101.1	109.2	105.8
58081	102.9	103.6	100.0	106.3	102.2
66133	103.7	102.9	102.8	107.3	103.0
46351	107.0	103.8	106.9	107.8	106.5
47562	108.5	104.7	108.2	110.8	108.6
22814	109.2	104.5	109.7	112.8	110.9
33590	108.1	104.5	108.6	110.6	108.8
68501	107.6	103.8	105.8	110.5	106.8
67694	105.7	104.7	105.6	106.3	105.4
46885	105.8	104.6	104.3	110.7	105.0
63830	106.9	104.4	109.5	104.3	106.2
29462	109.8	104.6	110.7	111.2	109.4
86603	109.3	104.7	109.9	108.9	108.8
93518	108.1	103.6	109.9	106.1	105.6
57579	107.5	104.2	109.1	107.1	104.8
59235	107.9	104.4	110.2	105.8	107.2
49330	108.4	104.2	109.0	108.1	107.8
53600	104.2	103.9	102.2	110.7	103.6
26651	109.8	104.7	109.2	108.1	109.2
23817	111.5	104.7	113.4	113.3	112.0
30360	109.7	104.5	109.8	113.5	110.6
20231	108.7	104.6	111.8	108.5	109.3
44325	109.7	104.4	109.1	112.0	108.4
24363	110.7	104.3	110.5	113.5	111.2
48696	106.4	104.5	105.4	108.7	105.6
41813	104.9	99.1	84.9	107.7	104.5
65455	106.2	106.7	104.9	108.9	105.8
39042	109.8	104.7	111.5	107.7	109.4
55135	105.8	104.0	103.5	108.3	105.3
53733	106.7	104.7	104.8	106.9	106.2
69207	108.1	104.6	107.9	109.1	107.6
52501	108.2	104.6	107.1	108.8	107.9
68287	107.5	104.7	107.0	107.9	107.1
94239	107.9	104.6	107.9	109.2	107.8
85901	107.3	104.6	107.0	108.6	106.9

26-2 续表 2

县 市 County and city	生产总值（亿元）Gross Domestic Products (100 million yuan)	第一产业 Primary Industry	第二产业 Secondary Industry	第三产业 Tertiary Industry
濮　阳　市 Puyang				
华　龙　区 Hualong	438.74	17.90	199.51	221.33
清　丰　县 Qingfeng	238.21	38.82	128.72	70.67
南　乐　县 Manle	181.84	29.89	95.60	56.35
范　　县 Fanxian	203.24	16.25	128.75	58.24
台　前　县 Taiqian	111.13	9.26	65.17	36.70
濮　阳　县 Puyang	412.30	39.70	227.29	145.31
许　昌　市 Xuchang				
魏　都　区 Weidu	339.39	0.64	166.55	172.19
建　安　区 Jianan	410.83	23.37	253.72	133.75
鄢　陵　县 Yanling	302.87	43.50	152.37	107.00
襄　城　县 Xiangcheng	343.15	31.79	166.86	144.50
禹　州　市 Yuzhou	645.39	26.40	380.08	238.91
长　葛　市 Changge	591.96	23.36	436.16	132.44
漯　河　市 Luohe				
源　汇　区 Yuanhui	158.44	8.39	66.83	83.21
郾　城　区 Yancheng	211.01	20.42	116.93	73.65
召　陵　区 Zhaoling	333.33	20.73	248.10	64.51
舞　阳　县 Wuyang	183.84	26.38	98.96	58.50
临　颍　县 Linying	278.41	33.77	182.93	61.70
三门峡市 Sanmenxia				
湖　滨　区 Hubin	215.61	5.49	80.77	129.35
陕　州　区 Shanzhou	216.02	19.78	113.55	82.69
渑　池　县 Mianchi	269.04	18.32	176.77	73.95
卢　氏　县 Lushi	89.64	20.68	28.96	40.01
义　马　市 Yima	136.97	1.13	94.43	41.41
灵　宝　市 Lingbao	520.14	53.56	323.96	142.62
南　阳　市 Nanyang				
宛　城　区 Wancheng	330.26	28.61	127.13	174.53
卧　龙　区 Wolong	423.33	22.04	129.08	272.20
南　召　县 Nanzhao	139.86	18.50	67.94	53.43
方　城　县 Fangcheng	216.77	38.39	98.48	79.90
西　峡　县 Xixia	252.03	28.33	143.80	79.91
镇　平　县 Zhenping	259.11	30.92	127.92	100.27
内　乡　县 Neixiang	194.13	36.24	92.64	65.25
淅　川　县 Xichuan	214.24	36.23	104.06	73.96
社　旗　县 Sheqi	169.47	35.71	74.55	59.21
唐　河　县 Tanghe	309.41	72.58	127.65	109.18
新　野　县 Xinye	261.66	44.97	119.29	97.41
桐　柏　县 Tongbai	162.32	21.02	82.24	59.05
邓　州　市 Dengzhou	410.54	99.42	147.48	163.64

continued

人均生产总值 (元) (按常住人口计算) Per Capita GDP (yuan) (calculated atresidents)	生产总值指数 (%) (上年=100) Indices of Gross Domestic Products (%) (preced-ing year=100)				人均生产总值指数 (%) Indices of Per Capita GDP (%)
		第一产业 Primary Industry	第二产业 Secondary Industry	第三产业 Tertiary Industry	
60258	105.8	104.6	103.4	108.0	103.6
37279	108.6	104.2	108.7	111.8	108.3
38526	109.0	104.7	108.8	112.7	110.3
43577	110.2	105.4	108.6	116.4	110.5
33274	107.3	104.3	108.0	107.1	105.6
41726	108.6	104.7	108.4	110.7	109.7
65926	107.5	67.3	107.1	108.2	106.9
52295	109.4	103.7	108.4	113.1	108.6
53605	106.6	104.0	105.4	109.9	105.6
50026	107.1	104.4	105.2	110.2	106.2
56023	109.5	103.9	108.8	111.4	108.8
85624	109.6	104.3	109.9	109.9	108.6
46449	108.8	104.5	103.8	114.0	108.1
41172	107.8	104.5	105.0	113.7	107.3
66874	108.1	104.4	107.2	113.4	107.2
32876	108.2	104.4	106.1	114.4	107.8
38065	108.2	104.4	106.8	115.0	107.9
66621	112.3	105.1	116.2	110.3	111.8
61875	108.0	104.8	107.2	110.1	107.5
76493	108.0	105.2	107.7	110.0	107.5
25045	108.9	104.8	108.0	112.2	108.3
93070	108.6	105.0	108.2	110.1	108.1
70973	106.3	104.4	106.3	107.3	105.7
35620	104.0	104.5	99.9	107.5	102.5
44393	107.6	104.6	105.0	109.4	106.5
25900	102.1	104.7	97.4	107.5	102.4
24463	108.5	104.9	109.8	108.8	109.2
58005	108.8	104.7	109.8	108.6	109.7
30480	108.4	104.6	109.9	107.8	107.9
34512	108.3	104.9	109.4	109.1	107.0
32535	104.3	104.5	102.8	106.8	104.9
27533	107.5	104.8	108.1	108.7	107.7
25611	107.6	104.7	107.2	110.4	107.9
42388	104.2	104.8	100.6	109.6	103.2
42491	107.5	104.9	105.2	112.1	107.1
28818	109.0	104.5	109.1	112.2	109.4

26-2 续表 3

县 市	County and city	生产总值（亿元）Gross Domestic Products (100 million yuan)	第一产业 Primary Industry	第二产业 Secondary Industry	第三产业 Tertiary Industry
商丘市	**Shangqiu**				
梁园区	Liangyuan	243.79	29.38	116.19	98.22
睢阳区	Suiyang	233.96	37.01	93.30	103.66
民权县	Minquan	223.78	44.62	84.27	94.89
睢县	Suixian	168.44	41.36	65.83	61.25
宁陵县	Ningling	116.89	25.12	50.23	41.54
柘城县	Zhecheng	205.42	42.52	76.23	86.67
虞城县	Yucheng	262.23	45.32	106.90	110.01
夏邑县	Xiayi	230.39	46.95	90.00	93.44
永城市	Yongcheng	509.11	59.45	247.16	202.51
信阳市	**Xinyang**				
浉河区	Shihe	285.42	32.82	104.11	148.49
平桥区	Pingqiao	304.00	39.17	158.78	106.06
罗山县	Luoshan	186.63	45.20	67.04	74.39
光山县	Guangshan	182.46	49.78	63.33	69.35
新县	Xinxian	127.65	25.24	54.01	48.40
商城县	Shangcheng	180.53	40.75	73.68	66.10
固始县	Gushi	320.82	74.11	100.23	146.48
潢川县	Huangchuan	238.74	48.71	84.82	105.21
淮滨县	Huaibin	167.91	36.24	70.48	61.18
息县	Xixian	203.04	45.98	80.81	76.25
周口市	**Zhoukou**				
川汇区	Chuanhui	234.28	8.58	117.48	108.23
扶沟县	Fugou	181.66	39.07	87.26	55.32
西华县	Xihua	228.64	53.22	105.99	69.43
商水县	Shangshui	240.15	57.34	101.00	81.81
沈丘县	Shenqiu	255.36	44.35	113.82	97.18
郸城县	Dancheng	239.69	49.94	115.35	74.40
淮阳县	Huaiyang	215.76	45.93	99.13	70.69
太康县	Taikang	251.72	54.80	105.34	91.58
鹿邑县	Luyi	305.34	49.17	138.97	117.19
项城市	Xiangcheng	305.39	44.23	140.81	120.35
驻马店市	**Zhumadian**				
驿城区	Yicheng	366.72	26.82	172.28	167.61
西平县	Xiping	222.74	46.94	76.35	99.45
上蔡县	Shangcai	222.82	40.91	89.59	92.31
平舆县	Pingyu	213.27	37.77	92.35	83.16
正阳县	Zhengyang	174.14	49.48	50.03	74.63
确山县	Queshan	167.96	31.65	68.80	67.51
泌阳县	Biyang	221.55	48.50	90.51	82.54
汝南县	Runan	193.83	46.15	74.61	73.07
遂平县	Suiping	202.04	29.26	91.76	81.03
新蔡县	Xincai	189.83	45.52	65.21	79.10

continued

人均生产总值(元)(按常住人口计算) Per Capita GDP (yuan) (calculated atresidents)	生产总值指数(%)(上年=100) Indices of Gross Domestic Products (%) (preced-ing year=100)	第一产业 Primary Industry	第二产业 Secondary Industry	第三产业 Tertiary Industry	人均生产总值指数(%) Indices of Per Capita GDP (%)
25975	108.9	104.5	109.2	110.0	104.9
26996	109.2	104.5	108.6	111.9	108.8
31852	108.7	104.4	109.7	110.1	109.5
25418	107.3	104.6	108.3	108.5	107.7
23268	108.0	104.6	110.8	107.0	108.2
30089	109.0	104.5	108.6	111.9	108.9
31382	108.6	104.5	108.4	110.7	111.0
26581	108.7	104.7	108.5	111.4	109.0
41314	109.3	104.3	108.4	112.3	108.9
42824	107.3	104.2	105.4	109.5	107.2
40686	107.6	104.6	106.1	111.7	106.5
35835	107.4	104.5	106.5	110.6	106.6
30194	100.1	104.4	88.4	110.2	99.8
45010	108.7	109.3	106.0	111.7	108.3
34433	107.4	104.3	106.7	110.8	105.1
29446	108.3	104.5	106.6	112.0	107.7
36167	105.8	104.6	103.9	108.6	105.6
29395	108.1	104.0	107.1	112.3	107.5
25954	107.5	104.3	105.7	112.3	109.2
32778	107.6	104.3	107.6	108.0	107.7
30347	107.3	104.4	106.6	111.3	107.5
30402	107.8	104.2	106.9	112.9	108.0
26860	107.1	104.6	106.7	109.8	107.3
26672	107.8	104.4	106.8	111.0	108.0
25383	107.6	104.4	107.3	110.8	107.8
21735	107.6	104.5	107.4	111.6	107.8
23830	107.6	104.6	107.0	110.5	107.8
34640	109.0	104.1	109.3	111.2	110.1
30544	108.1	104.5	107.1	110.9	108.3
37217	108.0	107.3	107.3	108.9	105.7
32756	108.7	104.3	108.9	111.2	108.9
22841	108.2	104.6	108.8	109.7	108.9
29609	108.3	104.3	108.7	109.9	107.9
27715	108.1	105.0	109.0	110.2	107.9
41861	108.1	104.6	107.9	110.6	108.3
32777	107.9	104.3	107.6	110.9	108.6
29481	107.9	104.0	107.8	110.9	107.5
47473	108.8	106.4	109.7	108.6	107.6
22505	109.9	104.3	109.9	114.0	109.4

26-3 各县(市、区)固定资产投资、建筑业及规模以上工业主要指标(2017年)

Main Indicators on Investment in Fixed Assets、Construction and Enterprises above Designated Size Industry by County and District (2017)

县市区	County and District	工业增加值增速(%) Growth Rate of Value Added of Industry (%)	主营业务收入(亿元) Revenue from Principal Business (100 million yuan)	利润总额(亿元) Profits (100 million yuan)	全社会固定资产投资(亿元) Total Investment in Fixed Assets (100 million yuan)	#固定资产投资 Investment in Fixed Assets	#房地产开发 Real Estate	建筑业总产值(亿元) Gross Output Value of Construction (100 million yuan)
郑州市	**Zhengzhou**							
中原区	Zhongyuan	6.6	696.62	56.51	702.49	702.49	476.69	374.64
二七区	Erqi	4.6	243.91	10.96	446.08	446.08	325.37	262.95
管城区	Guancheng	12.0	1345.99	143.29	592.75	592.75	387.84	172.52
金水区	Jinshui	75.1	72.89	5.12	1011.43	1011.43	721.30	1375.68
上街区	Shangjie	2.5	293.13	4.57	123.86	123.86	25.55	28.93
惠济区	Huiji	-7.5	88.47	0.30	249.85	247.21	153.16	88.83
中牟县	Zhongmu	-0.4	2812.93	46.99	1393.00	1389.43	482.46	35.52
巩义市	Gongyi	9.1	2119.55	118.86	625.44	618.21	54.11	19.30
荥阳市	Xingyang	6.4	1858.53	164.24	609.89	599.60	242.98	101.61
新密市	Xinmi	7.5	1663.79	170.80	526.37	514.16	115.57	58.00
新郑市	Xinzheng	15.3	2032.56	166.03	881.46	863.87	346.29	28.94
登封市	Dengfeng	6.4	1510.56	183.62	472.88	464.35	27.52	15.77
开封市	**Kaifeng**							
龙亭区	Longting	2.4	218.47	2.99	290.58	290.36	158.22	17.88
顺河区	Shunhe	6.0	81.24	3.95	38.69	38.66	8.35	95.67
鼓楼区	Gulou	2.3	46.71	0.93	27.86	27.83	18.27	15.85
禹王台区	Yuwangtai	2.9	98.80	-2.63	50.15	50.12	8.73	31.39
祥符区	Xiangfu	8.8	483.92	42.07	258.65	254.89	8.30	7.00
杞县	Qixian	9.1	354.39	28.94	270.16	265.11	4.47	9.77
通许县	Tongxu	8.8	311.93	11.96	205.90	200.82	12.99	28.87
尉氏县	Weishi	9.2	868.61	103.94	345.72	341.40	31.95	17.57
兰考县	Lankao	9.8	444.89	40.94	205.29	198.99	22.67	88.69
洛阳市	**Luoyang**							
老城区	Laocheng	9.4	37.71	0.70	92.53	92.23	49.87	25.25
西工区	Xigong	9.4	354.22	5.84	217.83	217.61	66.26	87.48
瀍河区	Chanhe	8.2	181.48	-1.38	104.64	104.63	25.57	124.47
涧西区	Jianxi	9.5	977.80	25.24	387.72	387.20	99.16	46.75
吉利区	Jili	9.2	419.80	10.80	48.95	48.84	2.20	25.30
洛龙区	Luolong	9.3	755.07	65.93	509.62	507.00	76.60	58.64
孟津县	Mengjin	9.6	781.39	40.00	354.99	352.68	0.20	15.15
新安县	Xinan	9.6	1302.08	42.21	589.34	586.02	2.17	17.95
栾川县	Luanchuan	9.3	328.57	55.45	280.78	277.72	9.10	35.22
嵩县	Songxian	9.2	134.55	5.49	266.39	263.16	1.53	4.53
汝阳县	Ruyang	10.0	76.29	3.35	210.94	209.31	3.20	7.52
宜阳县	Yiyang	9.2	410.27	21.10	357.98	353.92	6.99	16.91
洛宁县	Luoning	9.6	308.28	23.19	265.21	261.99	17.92	19.46
伊川县	Yichuan	9.1	414.83	1.70	533.00	529.42	7.56	5.00
偃师市	Yanshi	9.0	1218.84	77.49	380.46	374.67	6.94	11.40
平顶山市	**Pingdingshan**							
新华区	Xinhua	15.2	158.80	17.50	168.51	168.45	54.71	19.57
卫东区	Weidong	35.3	297.81	1.28	108.93	108.62	27.91	44.44
石龙区	Shilong	1.9	75.19	3.20	12.63	12.62	1.29	1.86
湛河区	Zhanhe	1.7	204.46	0.94	55.18	54.37	25.19	46.28
宝丰县	Baofeng	10.4	424.41	36.59	284.24	281.14	10.00	2.53
叶县	Yexian	-6.2	312.54	22.51	263.22	259.40	6.47	8.63
鲁山县	Lushan	8.5	132.88	3.99	209.99	205.66	19.82	10.79
郏县	Jiaxian	9.1	401.20	37.80	249.22	247.18	4.46	6.44
舞钢市	Wugang	3.4	217.85	4.44	235.71	233.40	5.70	3.30
汝州市	Ruzhou	9.5	457.86	32.59	377.50	374.31	14.61	10.59

26-3 续表 1 continued

县市区	County and District	工业增加值增速(%) Growth Rate of Value Added of Industry (%)	主营业务收入(亿元) Revenue from Principal Business (100 million yuan)	利润总额(亿元) Profits (100 million yuan)	全社会固定资产投资(亿元) Total Investment in Fixed Assets (100 million yuan)	#固定资产投资 Investment in Fixed Assets	#房地产开发 Real Estate	建筑业总产值(亿元) Gross Output Value of Construction (100 million yuan)
安阳市	**Anyang**							
文峰区	Wenfeng	10.0	93.71	7.28	277.96	277.74	70.43	40.96
北关区	Beiguan	6.5	17.97	0.20	151.78	151.26	42.81	56.47
殷都区	Yindu	-1.0	370.66	18.19	63.93	63.30	1.72	87.76
龙安区	Longan	2.8	461.57	6.22	133.93	133.06	27.98	28.50
安阳县	Anyang	8.8	571.16	13.73	483.62	478.56	3.21	102.60
汤阴县	Tangyin	8.8	128.46	6.25	153.77	152.11	45.19	17.84
滑县	Huaxian	9.4	369.52	25.37	202.59	197.71	17.04	55.56
内黄县	Neihuang	9.5	368.35	35.21	148.18	144.95	19.97	14.44
林州市	Linzhou	6.3	676.05	19.43	689.45	682.59	49.94	481.61
鹤壁市	**Hebi**							
鹤山区	Heshan	3.3	257.19	3.33	84.87	84.48	0.25	2.01
山城区	Shancheng	4.9	274.32	3.22	153.49	153.30	2.99	5.27
淇滨区	Qibin	8.3	255.07	6.45	309.32	308.74	57.02	61.51
浚县	Xunxian	10.2	501.90	25.03	167.41	163.05	8.99	7.10
淇县	Qixian	10.0	756.22	75.27	193.89	192.14	15.16	1.30
新乡市	**Xinxiang**							
红旗区	Hongqi	10.9	1081.78	53.66	404.05	403.53	92.31	49.64
卫滨区	Weibin	12.9	108.70	-1.62	89.77	89.49	21.05	14.41
凤泉区	Fengquan	11.3	75.74	2.34	36.58	36.03	0.76	5.67
牧野区	Muye	9.0	104.45	1.33	167.51	166.86	89.09	90.54
新乡县	Xinxiang	2.0	401.53	17.62	135.98	133.86	10.48	34.33
获嘉县	Huojia	10.6	241.40	9.46	114.18	111.32	5.67	16.11
原阳县	Yuanyang	18.9	203.94	4.97	282.97	279.17	68.29	10.36
延津县	Yanjin	12.0	146.73	7.08	113.11	109.91	10.57	10.22
封丘县	Fengqiu	12.9	178.21	26.07	185.52	181.35	17.05	92.40
长垣县	Changyuan	9.4	600.33	51.56	335.67	330.85	33.93	219.42
卫辉市	Weihui	13.9	89.38	4.02	112.10	109.31	6.53	12.95
辉县市	Huixian	5.5	768.09	36.07	263.51	258.86	25.01	12.45
焦作市	**Jiaozuo**							
解放区	Jiefang	-22.0	11.03	-0.04	137.22	137.22	25.39	23.81
中站区	Zhongzhan	6.8	249.35	36.30	77.32	76.93	2.26	1.72
马村区	Macun	19.0	102.54	5.57	69.26	68.82	12.50	8.44
山阳区	Shanyang	8.5	833.48	20.71	321.37	320.13	39.75	8.48
修武县	Xiuwu	8.0	444.78	20.30	201.16	198.73	10.51	4.77
博爱县	Boai	9.2	715.72	50.43	241.40	238.43	2.48	1.55
武陟县	Wuzhi	9.4	1037.40	55.16	384.15	380.63	10.04	3.32
温县	Wenxian	9.3	839.14	64.03	272.75	269.34	5.80	3.62
沁阳市	Qinyang	9.5	947.79	57.54	379.40	375.92	7.21	7.21
孟州市	Mengzhou	9.3	1046.15	71.89	391.03	387.62	1.73	4.29

26–3 续表 2 continued

县市区	County and District	工业增加值增速 (%) Growth Rate of Value Added of Industry (%)	主营业务收入(亿元) Revenue from Principal Business (100 million yuan)	利润总额(亿元) Profits (100 million yuan)	全社会固定资产投资(亿元) Total Investment in Fixed Assets (100 million yuan)	#固定资产投资 Investment in Fixed Assets	#房地产开发 Real Estate	建筑业总产值(亿元) Gross Output Value of Construction (100 million yuan)
濮阳市	**Puyang**							
华龙区	Hualong	3.9	718.12	-73.37	438.27	437.30	86.58	76.68
清丰县	Qingfeng	9.1	624.52	42.14	315.99	312.03	17.79	3.28
南乐县	Manle	9.1	438.67	47.59	231.15	226.83	12.86	2.70
范县	Fanxian	9.2	510.39	46.02	201.83	198.37	9.79	2.22
台前县	Taiqian	8.8	247.36	5.02	99.93	98.66	11.31	6.19
濮阳县	Puyang	8.8	1185.07	141.11	435.38	430.40	12.27	17.83
许昌市	**Xuchang**							
魏都区	Weidu	7.7	622.38	18.83	320.90	320.90	71.42	82.45
建安区	Jianan	8.9	749.10	70.37	420.32	416.12	37.02	12.54
鄢陵县	Yanling	5.4	503.56	54.41	322.76	315.76	20.31	42.59
襄城县	Xiangcheng	5.3	479.32	35.79	325.42	321.68	13.50	3.43
禹州市	Yuzhou	9.7	1731.36	176.22	692.89	687.15	32.34	5.49
长葛市	Changge	10.7	2476.16	201.47	476.53	470.18	20.08	7.71
漯河市	**Luohe**							
源汇区	Yuanhui	7.6	253.14	18.71	180.81	179.21	41.22	20.07
郾城区	Yancheng	8.0	373.63	32.33	218.38	214.88	6.99	17.13
召陵区	Zhaoling	8.8	1375.67	86.53	323.49	320.76	25.52	9.07
舞阳县	Wuyang	8.1	437.17	45.69	227.87	223.46	6.10	2.71
临颍县	Linying	8.2	918.81	120.42	251.44	246.98	7.60	11.62
三门峡市	**Sanmenxia**							
湖滨区	Hubin	8.0	92.47	6.57	175.79	174.96	79.20	120.11
陕州区	Shanzhou	9.7	452.45	13.63	553.43	552.35	17.71	4.51
渑池县	Mianchi	9.4	565.10	58.21	396.39	394.78	1.70	9.09
卢氏县	Lushi	9.2	64.45	2.46	146.77	145.61	4.77	8.03
义马市	Yima	9.3	361.74	-8.30	280.30	280.13	6.65	6.98
灵宝市	Lingbao	9.1	1102.99	75.88	433.13	429.05	15.50	10.29
南阳市	**Nanyang**							
宛城区	Wancheng	2.2	134.38	-20.25	363.07	358.61	81.14	37.17
卧龙区	Wolong	5.1	228.04	6.62	294.47	292.20	48.84	74.44
南召县	Nanzhao	-5.6	221.23	9.25	213.89	211.96	4.76	16.32
方城县	Fangcheng	11.7	302.56	25.46	266.32	258.98	10.86	16.92
西峡县	Xixia	11.0	307.33	12.57	323.84	321.57	1.31	13.57
镇平县	Zhenping	11.5	308.76	19.85	312.93	304.92	9.05	7.29
内乡县	Neixiang	12.0	224.57	27.74	289.14	283.29	2.28	27.65
淅川县	Xichuan	1.0	206.66	13.00	300.63	296.11	5.19	37.79
社旗县	Sheqi	10.5	242.32	11.71	208.73	204.35	4.50	20.10
唐河县	Tanghe	9.9	352.33	11.77	314.73	304.97	6.31	29.92
新野县	Xinye	-3.1	362.40	23.30	307.27	302.16	4.33	11.32
桐柏县	Tongbai	5.6	127.31	-4.13	235.30	233.16	3.42	20.81
邓州市	Dengzhou	9.4	459.03	23.99	369.75	360.93	26.93	70.58

26-3 续表 3 continued

县市区	County and District	工业增加值增速(%) Growth Rate of Value Added of Industry (%)	主营业务收入(亿元) Revenue from Principal Business (100 million yuan)	利润总额(亿元) Profits (100 million yuan)	全社会固定资产投资(亿元) Total Investment in Fixed Assets (100 million yuan)	#固定资产投资 Investment in Fixed Assets	#房地产开发 Real Estate	建筑业总产值(亿元) Gross Output Value of Construction (100 million yuan)
商丘市	**Shangqiu**							
梁园区	Liangyuan	8.1	406.93	15.87	254.37	250.76	49.39	179.86
睢阳区	Suiyang	8.2	366.22	10.11	347.75	343.94	59.57	60.49
民权县	Minquan	8.1	407.75	19.79	242.00	237.07	27.90	54.12
睢县	Suixian	7.9	301.37	23.67	217.30	211.25	31.68	21.00
宁陵县	Ningling	8.0	262.05	13.92	119.42	115.90	8.56	13.50
柘城县	Zhecheng	8.2	303.53	25.25	196.92	189.76	37.25	22.20
虞城县	Yucheng	8.2	584.74	38.40	243.10	236.00	24.33	15.60
夏邑县	Xiayi	8.4	405.28	31.14	252.52	245.11	30.05	37.04
永城市	Yongcheng	9.1	826.88	31.30	405.96	403.35	49.19	64.19
信阳市	**Xinyang**							
浉河区	Shihe	5.8	181.03	10.02	321.89	318.44	93.71	95.01
平桥区	Pingqiao	6.4	702.06	27.24	294.98	288.09	55.88	29.50
罗山县	Luoshan	7.0	203.12	16.37	193.19	186.55	52.48	87.86
光山县	Guangshan	-16.9	139.27	9.10	189.99	183.27	49.34	41.71
新县	Xinxian	6.6	193.38	20.56	196.08	193.22	23.70	40.27
商城县	Shangcheng	7.2	207.57	12.54	221.13	215.24	13.23	43.19
固始县	Gushi	8.8	289.11	17.95	334.94	325.89	32.85	43.56
潢川县	Huangchuan	3.9	224.30	9.16	225.48	218.77	30.72	57.34
淮滨县	Huaibin	7.9	161.18	15.05	200.41	196.56	29.19	38.11
息县	Xixian	6.2	254.06	18.46	295.01	289.01	50.51	69.45
周口市	**Zhoukou**							
川汇区	Chuanhui	8.0	533.74	54.06	248.05	246.08	79.05	148.32
扶沟县	Fugou	7.8	363.22	58.87	228.62	225.24	11.45	16.90
西华县	Xihua	8.1	396.97	45.94	166.55	159.84	4.96	38.40
商水县	Shangshui	8.1	312.44	32.44	179.97	172.15	4.50	40.33
沈丘县	Shenqiu	8.2	544.81	60.33	254.69	246.11	23.65	14.49
郸城县	Dancheng	8.1	539.76	39.75	217.35	207.53	12.99	27.40
淮阳县	Huaiyang	8.4	393.12	48.54	193.47	185.75	27.41	21.65
太康县	Taikang	8.3	554.47	61.37	213.92	203.04	12.57	75.32
鹿邑县	Luyi	9.2	594.45	117.29	225.61	214.55	17.17	52.54
项城市	Xiangcheng	8.2	631.37	67.40	196.46	187.00	23.46	37.31
驻马店市	**Zhumadian**							
驿城区	Yicheng	8.5	581.92	28.88	407.91	406.01	98.33	185.01
西平县	Xiping	9.0	224.01	19.81	168.56	156.74	21.86	45.32
上蔡县	Shangcai	8.5	350.40	29.83	170.04	161.27	20.07	25.47
平舆县	Pingyu	9.2	424.42	40.58	186.46	180.48	18.85	59.31
正阳县	Zhengyang	9.0	179.83	10.75	150.87	146.08	18.39	32.38
确山县	Queshan	8.0	247.99	23.12	163.65	160.85	26.97	109.63
泌阳县	Biyang	9.0	392.29	36.41	183.35	176.40	23.32	38.29
汝南县	Runan	8.7	273.09	17.68	164.84	159.12	21.11	13.28
遂平县	Suiping	9.1	330.1	18.08	192.30	188.56	32.09	27.02
新蔡县	Xincai	9.6	187.02	8.86	168.65	161.71	22.33	40.80

26-4 各县(市、区)城镇从业人员和工资(2017年)

Number and Wages of Employed Person in Urban Area by County and District (2017)

县市区 County and District	城镇单位年末从业人员(人) Number of Employed Person in Urban Area (person)	城镇单位年平均从业人员(人) Average Number of Employed Person in Urban Area (person)	城镇单位从业人员平均工资(元) Average Wage of Employed Persons in Urban Area (yuan)	#在岗职工平均工资 Average Wage of Working Staff and Workers
郑州市 Zhengzhou				
中原区 Zhongyuan	127141	127847	73721	74575
二七区 Erqi	139969	137348	69608	70444
管城区 Guancheng	89516	88107	69359	70730
金水区 Jinshui	366108	349241	79738	82796
上街区 Shangjie	27412	26975	58644	59698
惠济区 Huiji	51842	50443	64035	64291
中牟县 Zhongmu	56473	54728	61976	63010
巩义市 Gongyi	82214	80328	49941	50412
荥阳市 Xingyang	90698	87175	56683	56823
新密市 Xinmi	95194	93046	45854	45993
新郑市 Xinzheng	107552	105452	58689	59207
登封市 Dengfeng	104262	102513	46807	47237
开封市 Kaifeng				
龙亭区 Longting	94389	90630	54371	55008
顺河区 Shunhe	34934	48122	52820	53445
鼓楼区 Gulou	40725	40332	56700	58095
禹王台区 Yuwangtai	21014	20334	52728	53300
祥符区 Xiangfu	103850	102697	44794	45015
杞县 Qixian	68125	67352	51173	51056
通许县 Tongxu	41598	40847	51068	51443
尉氏县 Weishi	45560	45224	52200	52294
兰考县 Lankao	57382	55697	55290	55293
洛阳市 Luoyang				
老城区 Laocheng	15872	16008	54272	55986
西工区 Xigong	71687	70537	69208	71188
瀍河区 Chanhe	14149	14124	70454	71401
涧西区 Jianxi	105082	101775	63469	62852
吉利区 Jili	18678	17521	54751	54092
洛龙区 Luolong	84480	83429	71525	72018
孟津县 Mengjin	39959	39440	45472	45725
新安县 Xinan	89451	89394	44551	48064
栾川县 Luanchuan	28035	27629	56494	59145
嵩县 Songxian	19563	19221	56659	57605
汝阳县 Ruyang	29852	28757	43193	43328
宜阳县 Yiyang	41391	40814	44323	45416
洛宁县 Luoning	20176	20222	48016	48870
伊川县 Yichuan	40284	40044	44343	45469
偃师市 Yanshi	32624	32807	48333	48753
平顶山市 Pingdingshan				
新华区 Xinhua	152198	149917	57007	57275
卫东区 Weidong	49125	48881	49374	50544
石龙区 Shilong	7864	7857	44804	45389
湛河区 Zhanhe	47689	47871	61052	63237
宝丰县 Baofeng	31102	29992	42525	44469
叶县 Yexian	39387	35384	41920	43052
鲁山县 Lushan	37279	35203	46525	46648
郏县 Jiaxian	38167	36744	43629	44188
舞钢市 Wugang	36002	35981	46430	47296
汝州市 Ruzhou	67123	66004	53830	54478

26-4 续表 1 continued

县市区 County and District	城镇单位年末从业人员(人) Number of Employed Person in Urban Area (person)	城镇单位年平均从业人员(人) Everage Number of Employed Person in Urban Area (person)	城镇单位从业人员平均工资(元) Average Wage of Employed Persons in Urban Area (yuan)	#在岗职工平均工资 Average Wage of Working Staff and Workers
安 阳 市 Anyang				
文 峰 区 Wenfeng	60035	61436	59685	61551
北 关 区 Beiguan	49143	46678	49437	49475
殷 都 区 Yindu	47062	46304	50900	53483
龙 安 区 Longan	13657	13515	47844	49233
安 阳 县 Anyang	23559	23021	48641	54024
汤 阴 县 Tangyin	43063	41696	43082	43455
滑 县 Huaxian	66553	65826	46040	46341
内 黄 县 Neihuang	28690	28307	41503	41677
林 州 市 Linzhou	156842	151422	49707	49596
鹤 壁 市 Hebi				
鹤 山 区 Heshan	13234	13091	45861	46062
山 城 区 Shancheng	24747	25167	49549	49666
淇 滨 区 Qibin	102981	103251	48432	49167
浚 县 Xunxian	35170	34577	42625	43328
淇 县 Qixian	48970	48681	41048	41415
新 乡 市 Xinxiang				
红 旗 区 Hongqi	105125	105573	56327	56881
卫 滨 区 Weibin	22012	22021	54371	54657
凤 泉 区 Fengquan	7377	7332	54511	54775
牧 野 区 Muye	53491	50568	58300	62009
新 乡 县 Xinxiang	47366	46254	42757	43399
获 嘉 县 Huojia	31775	31136	39579	39961
原 阳 县 Yuanyang	28246	27090	42239	42480
延 津 县 Yanjin	39435	39152	46161	46415
封 丘 县 Fengqiu	39061	38608	48137	48185
长 垣 县 Changyuan	144688	138686	44565	44818
卫 辉 市 Weihui	23835	23675	48034	49055
辉 县 市 Huixian	67470	65340	44655	46684
焦 作 市 Jiaozuo				
解 放 区 Jiefang	40910	40747	51496	51993
中 站 区 Zhongzhan	24269	20890	49159	49223
马 村 区 Macun	11665	11513	51133	53325
山 阳 区 Shanyang	45833	42532	55750	59231
修 武 县 Xiuwu	48128	47754	51068	51131
博 爱 县 Boai	28257	27836	45611	46599
武 陟 县 Wuzhi	71605	67698	45984	46199
温 县 Wenxian	55720	54875	46598	46935
沁 阳 市 Qinyang	32088	31157	53125	53318
孟 州 市 Mengzhou	94309	93052	50361	50524

26-4 续表 2 continued

县市区 County and District	城镇单位年末从业人员（人）Number of Employed Person in Urban Area (person)	城镇单位年平均从业人员（人）Everage Number of Employed Person in Urban Area (person)	城镇单位从业人员平均工资（元）Average Wage of Employed Persons in Urban Area (yuan)	#在岗职工平均工资 Average Wage of Working Staff and Workers
濮阳市 Puyang				
华龙区 Hualong	216717	215284	56800	57227
清丰县 Qingfeng	39103	37811	47818	48129
南乐县 Manle	30061	28424	41764	42707
范县 Fanxian	29593	29082	49899	50043
台前县 Taiqian	19847	19551	41179	40975
濮阳县 Puyang	76916	72640	42774	42961
许昌市 Xuchang				
魏都区 Weidu	83550	84608	61694	62653
建安区 Jianan	65994	65261	52620	52711
鄢陵县 Yanling	50502	50207	46294	46304
襄城县 Xiangcheng	45144	44122	47958	48277
禹州市 Yuzhou	48320	47727	53404	53523
长葛市 Changge	133992	129083	51056	51084
漯河市 Luohe				
源汇区 Yuanhui	77398	71377	54126	54615
郾城区 Yancheng	51205	50543	54784	55581
召陵区 Zhaoling	98358	96200	50935	50991
舞阳县 Wuyang	51423	51288	45906	45992
临颍县 Linying	82970	78778	46566	46714
三门峡市 Sanmenxia				
湖滨区 Hubin	32932	31544	60923	61731
陕州区 Shanzhou	16432	16254	59212	59780
渑池县 Mianchi	22657	22355	59513	60323
卢氏县 Lushi	14061	13208	57903	57977
义马市 Yima	55568	58628	50829	50912
灵宝市 Lingbao	51741	51835	45737	46362
南阳市 Nanyang				
宛城区 Wancheng	95478	92555	52581	52841
卧龙区 Wolong	123304	121536	60506	60882
南召县 Nanzhao	33518	32577	48822	49466
方城县 Fangcheng	45887	45113	53720	54487
西峡县 Xixia	49951	48827	47237	47339
镇平县 Zhenping	66235	63995	49873	50043
内乡县 Neixiang	50659	49368	48878	48858
淅川县 Xichuan	65433	60612	50751	50338
社旗县 Sheqi	37590	37129	38771	38942
唐河县 Tanghe	71559	69570	51743	51857
新野县 Xinye	49771	48977	41000	41297
桐柏县 Tongbai	38244	36670	37606	37343
邓州市 Dengzhou	76510	73397	48735	49310

26-4 续表 3 continued

县市区	County and District	城镇单位年末从业人员（人）Number of Employed Person in Urban Area (person)	城镇单位年平均从业人员（人）Everage Number of Employed Person in Urban Area (person)	城镇单位从业人员平均工资（元）Average Wage of Employed Persons in Urban Area (yuan)	#在岗职工平均工资 Average Wage of Working Staff and Workers
商丘市	**Shangqiu**				
梁园区	Liangyuan	138308	132204	48481	48570
睢阳区	Suiyang	107589	103310	60071	60297
民权县	Minquan	79946	78525	56231	56421
睢县	Suixian	96499	92364	50823	50600
宁陵县	Ningling	48292	46211	50070	50229
柘城县	Zhecheng	64877	62519	50667	51835
虞城县	Yucheng	90785	84467	51503	51624
夏邑县	Xiayi	98982	94354	49487	49408
永城市	Yongcheng	97783	95142	51586	51934
信阳市	**Xinyang**				
浉河区	Shihe	89636	88329	50507	51177
平桥区	Pingqiao	118494	115981	49603	49833
罗山县	Luoshan	34046	33253	48719	49461
光山县	Guangshan	47304	46506	44302	46966
新县	Xinxian	31945	31332	48765	48859
商城县	Shangcheng	32968	32740	49270	49731
固始县	Gushi	87675	85101	54151	53811
潢川县	Huangchuan	57610	56749	45668	45660
淮滨县	Huaibin	57890	58140	49193	49399
息县	Xixian	61915	55165	51376	51385
周口市	**Zhoukou**				
川汇区	Chuanhui	122509	123073	64578	65126
扶沟县	Fugou	39379	35229	43820	43997
西华县	Xihua	46479	45942	42481	42508
商水县	Shangshui	37983	36542	52461	52659
沈丘县	Shenqiu	84100	82319	43838	43901
郸城县	Dancheng	80843	79016	43299	43351
淮阳县	Huaiyang	49664	45548	50200	50366
太康县	Taikang	79175	79251	53815	54051
鹿邑县	Luyi	74261	72602	47983	48009
项城市	Xiangcheng	76264	74294	45127	45018
驻马店市	**Zhumadian**				
驿城区	Yicheng	211368	209226	49724	50349
西平县	Xiping	50979	49656	50004	50492
上蔡县	Shangcai	65018	62458	46986	47263
平舆县	Pingyu	61459	60179	48651	48781
正阳县	Zhengyang	38467	38014	51890	51855
确山县	Queshan	45785	44667	51823	52893
泌阳县	Biyang	86242	84651	51439	51511
汝南县	Runan	38076	37006	46863	47439
遂平县	Suiping	54220	53151	47950	48060
新蔡县	Xincai	40407	39955	47361	47336

26-5 各县(市、区)城乡居民收入和社会消费品零售总额(2017年)
Per Capita Net Income of Rural and Urban Residents, Total Retail Sales of Consumer Goods by County and District(2017)

县市区	County and District	居民人均可支配收入（元）Per Capita Disposable Income of Residents (yuan)	农村居民人均可支配收入（元）Disposable Income of Rural Household (yuan)	城镇居民人均可支配收入（元）Per Capita Net Income of Urban Residents (yuan)	社会消费品零售总额（亿元）Total Retail Sales of Consumer Goods (100 million yuan)
郑州市	**Zhengzhou**				
中原区	Zhongyuan	34982	21205	37368	275.71
二七区	Erqi	36093	22558	38623	471.00
管城区	Guancheng	34091	24014	36555	574.89
金水区	Jinshui	39917	23964	42525	866.71
上街区	Shangjie	38788	20789	41751	60.16
惠济区	Huiji	28612	23486	31130	124.37
中牟县	Zhongmu	22355	17969	28199	207.44
巩义市	Gongyi	25684	21164	30305	309.22
荥阳市	Xingyang	24732	18924	30856	288.90
新密市	Xinmi	24785	18865	30704	314.65
新郑市	Xinzheng	25418	19873	30886	316.73
登封市	Dengfeng	23219	17063	29711	247.74
开封市	**Kaifeng**				
龙亭区	Longting	24520	13949	29268	158.02
顺河区	Shunhe	25013	13352	27559	69.35
鼓楼区	Gulou	28156	14215	29713	142.81
禹王台区	Yuwangtai	23893	13604	27486	58.03
祥符区	Xiangfu	15457	11927	23158	87.40
杞县	Qixian	15572	12539	22115	110.62
通许县	Tongxu	16129	12991	22906	86.67
尉氏县	Weishi	16615	12774	24886	125.46
兰考县	Lankao	14992	10907	23068	106.45
洛阳市	**Luoyang**				
老城区	Laocheng	30953	14174	33412	91.92
西工区	Xigong	35938	15701	38783	349.39
瀍河区	Chanhe	32291	15919	34568	106.38
涧西区	Jianxi	32822	18645	34745	259.64
吉利区	Jili	30747	15246	39441	27.92
洛龙区	Luolong	25538	14086	33971	222.97
孟津县	Mengjin	18888	12599	27677	79.32
新安县	Xinan	21479	14615	31820	116.39
栾川县	Luanchuan	18414	10855	28917	73.30
嵩县	Songxian	15645	10854	27270	87.92
汝阳县	Ruyang	14601	10096	25236	72.14
宜阳县	Yiyang	15375	10308	26844	97.83
洛宁县	Luoning	14662	10026	26468	70.73
伊川县	Yichuan	19010	13212	28635	197.64
偃师市	Yanshi	24324	18086	30153	184.55
平顶山市	**Pingdingshan**				
新华区	Xinhua	29728	15925	31852	156.40
卫东区	Weidong	30563	17087	31887	176.66
石龙区	Shilong	17864	14983	18550	7.42
湛河区	Zhanhe	27908	16623	31965	62.75
宝丰县	Baofeng	18471	14474	25452	58.82
叶县	Yexian	15124	11236	23581	79.95
鲁山县	Lushan	12819	8670	21869	63.29
郏县	Jiaxian	15127	10969	22711	59.83
舞钢市	Wugang	20272	13324	27025	50.45
汝州市	Ruzhou	19618	15460	26130	149.95

26-5 续表 1 continued

县市区	County and District	居民人均可支配收入(元) Per Capita Disposable Income of Residents (yuan)	农村居民人均可支配收入(元) Disposable Income of Rural Household (yuan)	城镇居民人均可支配收入(元) Per Capita Net Income of Urban Residents (yuan)	社会消费品零售总额(亿元) Total Retail Sales of Consumer Goods (100 million yuan)
安阳市	**Anyang**				
文峰区	Wenfeng	29503	18419	33856	146.18
北关区	Beiguan	28268	18649	30282	118.37
殷都区	Yindu	31035	18570	33761	105.61
龙安区	Longan	22979	15697	28979	55.64
安阳县	Anyang	19994	15384	26723	63.66
汤阴县	Tangyin	18523	13599	25590	41.88
滑县	Huaxian	14301	10906	24136	104.28
内黄县	Neihuang	13763	11189	21528	72.68
林州市	Linzhou	23359	18312	29108	131.19
鹤壁市	**Hebi**				
鹤山区	Heshan	24831	14535	27399	21.76
山城区	Shancheng	26530	15468	29001	41.37
淇滨区	Qibin	26316	14148	31596	60.06
浚县	Xunxian	17964	15709	22979	57.08
淇县	Qixian	20884	15761	26178	50.24
新乡市	**Xinxiang**				
红旗区	Hongqi	29605	15887	31243	174.15
卫滨区	Weibin	31211	—	31211	177.69
凤泉区	Fengquan	21437	14279	27693	18.45
牧野区	Muye	30706	17088	32191	93.17
新乡县	Xinxiang	22347	17035	28102	43.15
获嘉县	Huojia	16770	13787	21358	46.01
原阳县	Yuanyang	14740	11762	22102	54.89
延津县	Yanjin	17268	14532	23295	48.81
封丘县	Fengqiu	14065	10336	22599	48.28
长垣县	Changyuan	20739	17779	25258	87.07
卫辉市	Weihui	17501	13933	23174	52.26
辉县市	Huixian	20401	14927	28391	122.32
焦作市	**Jiaozuo**				
解放区	Jiefang	30548	—	30548	102.00
中站区	Zhongzhan	21097	15094	25021	19.00
马村区	Macun	20891	15001	24870	19.02
山阳区	Shanyang	29062	15791	30471	120.43
修武县	Xiuwu	21121	15519	28293	52.06
博爱县	Boai	21706	15555	28431	69.15
武陟县	Wuzhi	20744	16306	28622	110.96
温县	Wenxian	21312	16296	28066	88.11
沁阳市	Qinyang	24134	17513	29654	112.51
孟州市	Mengzhou	22435	17065	29405	91.10

26-5 续表 2 continued

县市区 County and District	居民人均可支配收入（元）Per Capita Disposable Income of Residents (yuan)	农村居民人均可支配收入（元）Disposable Income of Rural Household (yuan)	城镇居民人均可支配收入（元）Per Capita Net Income of Urban Residents (yuan)	社会消费品零售总额（亿元）Total Retail Sales of Consumer Goods（100 million yuan)
濮阳市 Puyang				
华龙区 Hualong	29130	14437	31664	159.30
清丰县 Qingfeng	15775	13197	23491	85.40
南乐县 Manle	15478	12379	23570	65.37
范县 Fanxian	12658	9299	21113	73.20
台前县 Taiqian	12016	8842	20310	41.09
濮阳县 Puyang	17112	12148	26239	174.26
许昌市 Xuchang				
魏都区 Weidu	29416	—	31100	190.52
建安区 Jianan	19948	15700	27730	98.62
鄢陵县 Yanling	19871	15770	27410	84.15
襄城县 Xiangcheng	18538	14640	25900	85.21
禹州市 Yuzhou	21684	16140	29730	234.49
长葛市 Changge	21572	15870	27900	172.28
漯河市 Luohe				
源汇区 Yuanhui	26253	17288	32286	132.41
郾城区 Yancheng	23571	16721	30785	110.50
召陵区 Zhaoling	22112	16244	29377	98.54
舞阳县 Wuyang	14282	9500	21982	97.48
临颍县 Linying	18916	14832	24915	111.37
三门峡市 Sanmenxia				
湖滨区 Hubin	26646	14187	28591	118.83
陕州区 Shanzhou	17629	11833	26255	53.38
渑池县 Mianchi	20998	14722	29845	60.13
卢氏县 Lushi	13760	8818	24614	45.46
义马市 Yima	26365	16586	27067	42.73
灵宝市 Lingbao	19975	15053	27837	173.35
南阳市 Nanyang				
宛城区 Wancheng	24279	14680	31900	163.74
卧龙区 Wolong	24427	14555	32149	385.65
南召县 Nanzhao	15783	10693	25687	104.53
方城县 Fangcheng	16589	11971	26371	133.55
西峡县 Xixia	21219	15143	29363	93.27
镇平县 Zhenping	17728	13195	26269	177.03
内乡县 Neixiang	17633	12609	27123	106.05
淅川县 Xichuan	17258	11094	28046	116.97
社旗县 Sheqi	15624	10877	24741	79.73
唐河县 Tanghe	17768	12981	26486	175.71
新野县 Xinye	19689	15186	28165	139.50
桐柏县 Tongbai	16815	10685	26342	100.12
邓州市 Dengzhou	18365	13918	26774	176.10

26-5 续表 3 continued

县市区 County and District	居民人均可支配收入(元) Per Capita Disposable Income of Residents (yuan)	农村居民人均可支配收入(元) Disposable Income of Rural Household (yuan)	城镇居民人均可支配收入(元) Per Capita Net Income of Urban Residents (yuan)	社会消费品零售总额(亿元) Total Retail Sales of Consumer Goods (100 million yuan)
商丘市 Shangqiu				
梁园区 Liangyuan	19715	10865	28963	259.34
睢阳区 Suiyang	17850	10894	27992	170.92
民权县 Minquan	14502	10041	24611	73.23
睢县 Suixian	14749	10016	25143	72.22
宁陵县 Ningling	13495	9986	22060	49.25
柘城县 Zhecheng	14301	10191	23619	78.44
虞城县 Yucheng	15304	10401	25811	82.86
夏邑县 Xiayi	15790	10329	26718	89.38
永城市 Yongcheng	19700	13196	29248	184.77
信阳市 Xinyang				
浉河区 Shihe	22750	14309	27842	176.51
平桥区 Pingqiao	20270	12592	27725	145.72
罗山县 Luoshan	16501	11524	25353	77.91
光山县 Guangshan	16265	11761	25207	93.14
新县 Xinxian	17376	11756	25174	49.71
商城县 Shangcheng	15952	11308	25233	73.82
固始县 Gushi	16941	12448	25156	190.14
潢川县 Huangchuan	18386	12656	25509	106.40
淮滨县 Huaibin	15390	10673	24664	72.95
息县 Xixian	15502	10733	25079	101.17
周口市 Zhoukou				
川汇区 Chuanhui	20535	13898	25749	177.53
扶沟县 Fugou	14529	10423	22796	73.83
西华县 Xihua	14275	9811	23325	116.79
商水县 Shangshui	14013	9831	23533	88.51
沈丘县 Shenqiu	14607	10001	23789	110.82
郸城县 Dancheng	14903	10368	24079	102.07
淮阳县 Huaiyang	14185	9546	23580	128.07
太康县 Taikang	14451	10445	23109	137.18
鹿邑县 Luyi	16558	11989	24768	140.05
项城市 Xiangcheng	16851	11465	24503	152.31
驻马店市 Zhumadian				
驿城区 Yicheng	21678	11176	28697	196.97
西平县 Xiping	15613	11695	23917	114.94
上蔡县 Shangcai	15075	10583	24649	97.02
平舆县 Pingyu	15936	11029	25281	92.22
正阳县 Zhengyang	13853	10623	22213	74.74
确山县 Queshan	15706	10663	24746	63.77
泌阳县 Biyang	15837	10878	25336	85.76
汝南县 Runan	14676	10984	22528	83.26
遂平县 Suiping	16479	11494	25297	77.76
新蔡县 Xincai	14590	11159	23185	70.73

26-6 各县(市)农业生产条件(2017年)
Agricultural Conditions by County and City (2017)

县 市	County and city	农用机械总动力(万千瓦) Total Agricultural Machinery Power (10 000kw)	农村用电量(万千瓦时) Electricity Consumed in Rural Areas (10 000 kwh)	化肥施用折纯量(吨) Consumption of Chemical Fertilizers (ton)	农药使用量(吨) Consumption of Agricultural Pesticides (ton)	农用塑料薄膜使用量(吨) Consumption of Plastic Film (ton)
郑州市	**Zhengzhou**					
中牟县	Zhongmu	65.00	18675.39	36981	950	2772
巩义市	Gongyi	49.98	139879.69	27204	263	110
荥阳市	Xingyang	45.00	33219.61	29816	566	701
新密市	Xinmi	90.70	48103.51	26282	276	755
新郑市	Xinzheng	59.77	42312.14	32154	555	476
登封市	Dengfeng	69.08	45755.27	24352	269	194
开封市	**Kaifeng**					
杞县	Qixian	158.90	20067.53	73884	1357	3060
通许县	Tongxu	75.86	4741.81	31707	1814	2047
尉氏县	Weishi	118.36	29402.60	49667	894	2381
兰考县	Lankao	72.37	23558.75	72765	666	1311
洛阳市	**Luoyang**					
孟津县	Mengjin	43.46	22420.01	19543	452	367
新安县	Xinan	48.26	5596.03	21115	500	565
栾川县	Luanchuan	28.34	31115.31	6097	68	86
嵩县	Songxian	60.18	11564.39	23398	424	283
汝阳县	Ruyang	43.23	19677.71	16100	476	576
宜阳县	Yiyang	64.14	20708.87	45318	948	998
洛宁县	Luoning	48.39	8164.78	22418	503	913
伊川县	Yichuan	75.46	35385.00	24646	313	507
偃师市	Yanshi	90.27	29496.74	31900	442	158
平顶山市	**Pingdingshan**					
宝丰县	Baofeng	44.69	17319.87	51607	446	313
叶县	Yexian	66.83	20412.30	102585	774	953
鲁山县	Lushan	37.27	29237.54	44732	585	336
郏县	Jiaxian	38.51	12354.57	45675	717	819
舞钢市	Wugang	28.88	5415.14	18348	648	252
汝州市	Ruzhou	163.35	34289.48	96709	693	764
安阳市	**Anyang**					
安阳县	Anyang	52.92	14151.56	27216	642	26
汤阴县	Tangyin	53.54	23172.62	43926	561	528
滑县	Huaxian	282.92	49394.94	211861	1749	3875
内黄县	Neihuang	73.02	37058.01	74702	1519	13179
林州市	Linzhou	42.97	64478.07	36187	338	56
鹤壁市	**Hebi**					
浚县	Xunxian	143.11	5053.24	52112	747	1031
淇县	Qixian	31.74	5357.51	7250	309	49

26-6 续表 1 continued

县 市 County and city	农用机械总动力(万千瓦) Total Agricultural Machinery Power (10 000kw)	农村用电量(万千瓦时) Electricity Consumed in Rural Areas (10 000 kwh)	化肥施用折纯量(吨) Consumption of Chemical Fertilizers (ton)	农药使用量(吨) Consumption of Agricultural Pesticides (ton)	农用塑料薄膜使用量(吨) Consumption of Plastic Film (ton)
新乡市 Xinxiang					
新乡县 Xinxiang	51.33	178852.69	28321	560	44
获嘉县 Huojia	56.80	18692.12	34593	556	85
原阳县 Yuanyang	133.53	54381.29	50927	1106	755
延津县 Yanjin	97.80	18290.85	121320	1039	143
封丘县 Fengqiu	123.82	12540.85	79760	2388	218
长垣县 Changyuan	100.39	55457.30	74020	1104	732
卫辉市 Weihui	68.31	22496.97	49184	660	313
辉县市 Huixian	85.56	254842.55	83982	965	511
焦作市 Jiaozuo					
修武县 Xiuwu	21.00	8775.53	12950	326	75
博爱县 Boai	19.44	11715.87	29194	492	612
武陟县 Wuzhi	64.97	19114.58	48700	1435	396
温县 Wenxian	36.08	30025.59	23081	429	207
沁阳市 Qinyang	40.08	39021.75	30196	696	264
孟州市 Mengzhou	33.65	21457.89	28517	539	696
濮阳市 Puyang					
清丰县 Qingfeng	72.36	13502.87	76355	765	498
南乐县 Manle	63.69	29853.00	58500	545	3441
范县 Fanxian	48.57	16037.17	33988	516	208
台前县 Taiqian	27.12	7734.85	11354	197	247
濮阳县 Puyang	123.53	9539.42	79481	1267	564
许昌市 Xuchang					
鄢陵县 Yanling	80.57	7746.69	36059	846	873
襄城县 Xiangcheng	63.07	14040.79	41536	542	653
禹州市 Yuzhou	86.76	29816.73	81813	515	848
长葛市 Changge	52.61	29686.09	41727	710	495
漯河市 Luohe					
舞阳县 Wuyang	58.43	11841.91	36101	690	427
临颍县 Linying	89.69	20433.45	54190	773	1240
三门峡市 Sanmenxia					
渑池县 Mianchi	31.87	5651.21	20646	315	910
卢氏县 Lushi	17.88	2926.26	13835	236	795
义马市 Yima	1.33	2211.91	1044	25	78
灵宝市 Lingbao	38.76	15593.84	37944	1476	1018
南阳市 Nanyang					
南召县 Nanzhao	41.51	7039.85	17156	448	925
方城县 Fangcheng	139.95	12596.58	75914	1460	4156
西峡县 Xixia	14.84	26633.44	26285	339	2512

26-6 续表 2 continued

县 市	County and city	农用机械总动力（万千瓦）Total Agricultural Machinery Power (10 000kw)	农村用电量（万千瓦时）Electricity Consumed in Rural Areas (10 000 kwh)	化肥施用折纯量（吨）Consumption of Chemical Fertilizers (ton)	农药使用量（吨）Consumption of Agricultural Pesticides (ton)	农用塑料薄膜使用量（吨）Consumption of Plastic Film (ton)
镇平县	Zhenping	104.62	16226.13	43218	866	958
内乡县	Neixiang	77.87	21707.52	29428	524	903
淅川县	Xichuan	48.98	27492.54	43273	677	1153
社旗县	Sheqi	92.30	7179.97	65577	1385	1302
唐河县	Tanghe	242.62	31985.31	106958	3304	2185
新野县	Xinye	168.14	21894.44	92003	2643	7316
桐柏县	Tongbai	84.63	7338.66	37747	386	744
邓州市	Dengzhou	193.30	25745.77	179413	3108	3165
商丘市	**Shangqiu**					
民权县	Minquan	94.90	17639.56	50245	2018	2265
睢县	Suixian	93.33	9420.44	55854	813	949
宁陵县	Ningling	63.85	17450.68	49687	1149	938
柘城县	Zhecheng	84.28	14788.03	60215	831	291
虞城县	Yucheng	111.54	47755.04	166964	5397	2386
夏邑县	Xiayi	99.40	52063.69	117806	1518	1969
永城市	Yongcheng	132.04	35905.06	196787	2055	1578
信阳市	**Xinyang**					
罗山县	Luoshan	79.54	9999.91	36561	675	792
光山县	Guangshan	44.85	26420.34	37788	765	478
新县	Xinxian	25.35	6718.00	10490	396	170
商城县	Shangcheng	36.49	19645.00	24100	580	670
固始县	Gushi	128.00	29318.00	101320	2900	3215
潢川县	Huangchuan	52.81	27945.86	62368	530	2388
淮滨县	Huaibin	76.45	17882.23	89580	1165	2785
息县	Xixian	113.52	18255.30	63325	1727	1172
周口市	**Zhoukou**					
扶沟县	Fugou	105.54	16567.66	64896	1999	3446
西华县	Xihua	103.92	21232.66	122203	3031	2113
商水县	Shangshui	91.76	17725.41	69754	946	1315
沈丘县	Shenqiu	80.14	23337.72	110544	1409	2311
郸城县	Dancheng	113.39	17414.31	74597	2138	1986
淮阳县	Huaiyang	97.60	27993.08	106603	2668	3995
太康县	Taikang	163.24	16827.27	118521	2667	2833
鹿邑县	Luyi	93.90	15282.86	92931	1104	721
项城市	Xiangcheng	67.29	3.01	46949	1461	1189
驻马店市	**Zhumadian**					
西平县	Xiping	115.63	36748.29	70140	327	1306
上蔡县	Shangcai	138.44	25901.95	97546	1023	1008
平舆县	Pingyu	160.65	8869.78	58448	523	933
正阳县	Zhengyang	221.03	7057.45	124839	310	1001
确山县	Queshan	96.50	15988.44	68669	996	2393
泌阳县	Biyang	143.97	9441.54	62276	360	2206
汝南县	Runan	132.40	9796.64	88553	829	1176
遂平县	Suiping	105.42	7726.85	62479	550	470
新蔡县	Xincai	135.50	9142.00	69311	1182	1711

26-7 各县(市)主要农作物播种面积(2017年)
Sown Area of Major Farm Products by County and City (2017)

单位：千公顷 (1 000 hectares)

县 市 County and city	粮食 Food	#谷物 Grain	#小麦 Wheat	#玉米 Corn	#豆类 Beans	棉花 Cotton	油料 Oil-bearing Crops
郑 州 市 Zhengzhou							
中 牟 县 Zhongmu	29.43	27.03	12.31	14.72	1.15	0.51	7.83
巩 义 市 Gongyi	42.65	41.44	22.29	18.87	0.49	0.29	2.44
荥 阳 市 Xingyang	56.31	54.67	29.85	24.46	0.55	0.03	1.95
新 密 市 Xinmi	54.98	52.15	27.43	24.63	1.45	0.03	2.09
新 郑 市 Xinzheng	47.60	45.98	24.35	21.46	0.79	0.00	5.20
登 封 市 Dengfeng	49.87	44.95	24.55	20.31	3.02	0.18	2.42
开 封 市 Kaifeng							
杞 县 Qixian	118.85	109.31	64.25	45.06	4.67	2.60	21.29
通 许 县 Tongxu	65.60	62.45	39.21	23.24	1.59	0.61	8.31
尉 氏 县 Weishi	106.78	99.65	63.89	35.75	3.33	1.99	19.87
兰 考 县 Lankao	100.08	96.64	58.76	37.66	1.69	1.16	13.20
洛 阳 市 Luoyang							
孟 津 县 Mengjin	52.09	49.92	27.07	20.59		0.29	1.41
新 安 县 Xinan	47.70	42.63	22.70	19.02	2.52	0.06	1.44
栾 川 县 Luanchuan	10.99	9.83	3.64	6.19	0.87	0.01	0.35
嵩 县 Songxian	50.93	42.26	23.25	18.85	4.01	0.15	3.87
汝 阳 县 Ruyang	43.21	37.49	19.79	17.19	1.87	0.11	3.21
宜 阳 县 Yiyang	86.08	73.48	41.85	27.28	6.92	0.73	15.56
洛 宁 县 Luoning	62.13	48.62	30.33	15.37	9.93	0.06	2.27
伊 川 县 Yichuan	78.44	68.79	38.47	23.29	2.53	0.41	3.35
偃 师 市 Yanshi	42.14	41.25	22.30	18.52	0.48	0.05	0.75
平 顶 山 市 Pingdingshan							
宝 丰 县 Baofeng	51.96	51.80	26.02	25.78	0.07	0.11	4.48
叶 县 Yexian	122.75	117.92	59.22	58.70	3.99	0.18	9.90
鲁 山 县 Lushan	62.86	59.64	30.20	28.83	0.80	0.00	7.10
郏 县 Jiaxian	62.05	52.24	30.28	21.96	4.01	0.19	5.66
舞 钢 市 Wugang	33.74	31.79	15.83	15.95	1.50	0.00	1.54
汝 州 市 Ruzhou	95.90	91.17	47.29	43.77	1.05	0.33	5.34
安 阳 市 Anyang							
安 阳 县 Anyang	50.02	49.82	24.33	25.49	0.11	0.09	0.10
汤 阴 县 Tangyin	70.97	69.51	37.24	32.15	0.79	0.13	2.22
滑 县 Huaxian	204.41	203.49	118.61	84.57	0.21	0.61	23.26
内 黄 县 Neihuang	90.29	89.21	61.46	27.74	0.23	0.13	22.42
林 州 市 Linzhou	77.75	67.92	34.95	28.76	3.73	0.41	2.64
鹤 壁 市 Hebi							
浚 县 Xunxian	97.80	96.41	54.64	41.66	1.19	0.18	11.21
淇 县 Qixian	42.26	41.79	20.54	21.23		0.04	0.32

26-7 续表 1 continued

单位：千公顷 (1 000 hectares)

县 市	County and city	粮食 Food	#谷物 Grain	#小麦 Wheat	#玉米 Corn	#豆类 Beans	棉花 Cotton	油料 Oil-bearing Crops
新乡市	**Xinxiang**							
新乡县	Xinxiang	37.65	33.91	18.60	15.20	3.60	0.05	1.82
获嘉县	Huojia	53.93	50.67	25.67	19.53	3.20	0.06	0.05
原阳县	Yuanyang	136.96	133.49	68.53	54.07	2.60	0.29	8.24
延津县	Yanjin	80.20	78.47	54.47	24.00	0.20	0.00	27.97
封丘县	Fengqiu	111.93	108.47	63.47	44.93	1.20	0.46	13.90
长垣县	Changyuan	103.95	100.94	54.21	44.48	2.59	0.25	8.41
卫辉市	Weihui	65.60	65.33	32.00	33.20	0.07	0.02	2.18
辉县市	Huixian	95.84	94.57	48.53	45.60	0.13	0.00	6.63
焦作市	**Jiaozuo**							
修武县	Xiuwu	30.09	29.57	15.03	14.53	0.41	0.00	0.27
博爱县	Boai	27.25	26.62	13.38	13.19	0.40	0.00	0.48
武陟县	Wuzhi	67.93	66.09	36.56	24.86	1.31	0.08	8.30
温县	Wenxian	39.41	38.77	21.91	16.85	0.11	0.06	3.29
沁阳市	Qinyang	45.83	44.11	22.95	21.04	1.25	0.03	1.13
孟州市	Mengzhou	37.75	37.45	22.13	15.28	0.17	0.05	7.75
濮阳市	**Puyang**							
清丰县	Qingfeng	82.82	81.77	50.23	31.55	0.65	0.01	12.15
南乐县	Manle	67.47	66.37	35.43	30.93	0.40	0.03	3.30
范县	Fanxian	61.78	58.84	28.91	16.25	2.46	0.11	1.12
台前县	Taiqian	37.94	35.69	18.51	17.17	2.11	0.22	0.78
濮阳县	Puyang	152.13	140.93	82.43	44.40	8.30	0.99	5.56
许昌市	**Xuchang**							
鄢陵县	Yanling	77.59	75.59	43.42	32.17	1.70	0.05	1.23
襄城县	Xiangcheng	88.55	62.07	44.15	17.93	10.85	0.17	2.99
禹州市	Yuzhou	97.06	89.38	47.02	42.36	1.81	0.05	3.64
长葛市	Changge	79.21	77.07	39.85	37.21	1.76	0.00	2.12
漯河市	**Luohe**							
舞阳县	Wuyang	82.79	76.98	41.13	35.85	3.30	0.29	3.90
临颍县	Linying	74.30	61.09	40.91	20.19	7.51	1.66	0.84
三门峡市	**Sanmenxia**							
渑池县	Mianchi	43.60	33.19	21.96	10.18	7.87	0.07	6.25
卢氏县	Lushi	31.73	25.97	13.94	11.93	4.89	0.00	0.36
义马市	Yima	2.15	1.93	0.89	1.03	0.09	0.00	0.14
灵宝市	Lingbao	55.37	47.39	25.76	21.63	6.30	0.55	3.84
南阳市	**Nanyang**							
南召县	Nanzhao	28.55	24.03	8.36	8.58	1.55		12.70
方城县	Fangcheng	158.39	140.47	79.79	60.37	12.09	0.79	48.77
西峡县	Xixia	24.73	20.72	10.80	9.11	1.27		2.35

26-7 续表 2 continued

单位：千公顷 (1 000 hectares)

县 市 County and city	粮食 Food	#谷物 Grain	#小麦 Wheat	#玉米 Corn	#豆类 Beans	棉花 Cotton	油料 Oil-bearing Crops
镇 平 县 Zhenping	97.12	94.47	51.37	42.46	1.41	0.45	21.83
内 乡 县 Neixiang	71.47	65.81	33.01	32.01	0.34	0.40	18.31
淅 川 县 Xichuan	63.21	54.72	34.10	17.79	4.44	0.31	30.83
社 旗 县 Sheqi	123.29	108.02	61.89	46.13	9.44	1.02	20.90
唐 河 县 Tanghe	225.56	204.99	134.92	64.45	8.71	1.79	52.84
新 野 县 Xinye	83.67	78.71	56.34	22.38	2.91	0.32	30.51
桐 柏 县 Tongbai	46.05	43.04	16.33	10.07	1.62	0.07	19.51
邓 州 市 Dengzhou	212.58	194.53	135.83	54.49	14.85	1.07	65.78
商 丘 市 Shangqiu							
民 权 县 Minquan	107.30	103.34	68.33	34.63	2.19	0.37	22.94
睢 县 Suixian	103.67	97.63	58.40	39.23	3.05	0.49	9.73
宁 陵 县 Ningling	75.21	71.31	46.73	24.57	1.72	0.02	18.11
柘 城 县 Zhecheng	113.97	112.02	64.43	47.59	1.39	0.46	1.36
虞 城 县 Yucheng	142.82	139.31	72.93	66.25	2.15	1.99	9.20
夏 邑 县 Xiayi	157.15	146.11	80.27	65.84	6.83	0.21	4.03
永 城 市 Yongcheng	206.67	164.45	109.39	55.06	40.07	0.14	0.72
信 阳 市 Xinyang							
罗 山 县 Luoshan	95.61	93.47	27.21	0.06	1.04	0.07	15.47
光 山 县 Guangshan	70.93	69.24	16.39	0.00	1.10	0.09	17.27
新 县 Xinxian	14.49	13.82	1.19	0.01	0.10	0.02	5.67
商 城 县 Shangcheng	43.01	41.66	9.67	0.03	0.90	0.05	12.26
固 始 县 Gushi	150.47	149.80	37.00	2.73	0.13	0.07	23.02
潢 川 县 Huangchuan	98.04	97.68	36.31	0.05	0.15	0.03	11.64
淮 滨 县 Huaibin	99.51	96.16	53.55	3.11	1.24	0.15	15.11
息 县 Xixian	160.43	157.77	90.21	13.59	1.36	0.31	12.38
周 口 市 Zhoukou							
扶 沟 县 Fugou	103.03	93.09	64.88	27.71	9.60	0.44	7.19
西 华 县 Xihua	133.24	122.39	72.99	49.37	9.71	0.31	8.23
商 水 县 Shangshui	168.83	149.94	79.23	70.57	15.87	0.44	10.11
沈 丘 县 Shenqiu	149.61	138.10	72.65	65.45	7.34	0.02	8.68
郸 城 县 Dancheng	150.69	126.61	82.26	44.35	12.45	0.33	6.33
淮 阳 县 Huaiyang	165.22	153.00	84.25	68.75	7.86	0.17	23.63
太 康 县 Taikang	192.94	181.43	107.80	73.63	9.00	0.94	6.14
鹿 邑 县 Luyi	141.61	125.20	71.20	53.93	15.22	1.28	3.68
项 城 市 Xiangcheng	139.70	120.07	74.85	45.21	17.50	0.42	9.66
驻 马 店 市 Zhumadian							
西 平 县 Xiping	139.07	138.67	70.67	68.00	0.26		7.53
上 蔡 县 Shangcai	165.81	157.33	95.87	61.47	7.66	0.23	25.69
平 舆 县 Pingyu	130.00	120.27	78.73	41.53	7.03	0.01	21.70
正 阳 县 Zhengyang	156.35	152.80	117.33	17.87	2.04		102.37
确 山 县 Queshan	95.90	93.13	54.87	34.13	0.11	0.01	36.94
泌 阳 县 Biyang	121.87	116.27	72.13	40.60	0.79	0.14	47.65
汝 南 县 Runan	126.54	121.93	81.60	38.40	3.49		47.47
遂 平 县 Suiping	100.50	96.93	50.73	45.93	1.59	0.02	11.42
新 蔡 县 Xincai	148.87	143.87	83.59	57.85	2.13	0.33	22.77

26-8 各县(市)主要农作物产量(2017年)

Output of Major Farm Products by County and City (2017)

县 市	County and city	粮食产量 (万吨) Output of Grain (10 000tons)	#谷物 Cereal	#小麦 Wheat	#玉米 Corn	#豆类 Beans	棉花产量 (吨) Output of Cotton (ton)	油料产量 (吨) Output of Oil-bearing Crops (ton)	园林水果产量 (吨) Output of Fruits (ton)
郑州市	**Zhengzhou**								
中牟县	Zhongmu	17.59	16.23	7.23	9.00	0.29	560	39249	16468
巩义市	Gongyi	15.92	15.43	8.63	6.74	0.06	319	3704	25859
荥阳市	Xingyang	31.99	31.08	17.58	13.38	0.07	43	5687	52417
新密市	Xinmi	20.80	20.11	11.54	8.52	0.16	18	7121	20478
新郑市	Xinzheng	25.33	24.66	13.41	11.20	0.20	6	18423	86875
登封市	Dengfeng	20.36	17.84	9.54	8.29	0.52	170	3730	25344
开封市	**Kaifeng**								
杞县	Qixian	70.17	66.02	41.57	24.45	1.44	2965	112915	19242
通许县	Tongxu	39.63	38.08	25.63	12.45	0.53	716	40393	122331
尉氏县	Weishi	62.50	59.39	40.45	18.95	1.00	2050	92160	76877
兰考县	Lankao	56.56	54.73	35.26	19.29	0.52	1275	62601	140320
洛阳市	**Luoyang**								
孟津县	Mengjin	22.98	21.75	13.93	6.81	0.06	259	3677	68443
新安县	Xinan	20.54	18.35	10.73	7.47	0.35	176	3551	61480
栾川县	Luanchuan	4.40	4.09	1.53	2.57	0.16	7	645	6948
嵩县	Songxian	20.02	17.35	9.82	7.50	0.54	142	8164	78653
汝阳县	Ruyang	17.47	14.42	8.37	5.94	0.35	143	9805	10302
宜阳县	Yiyang	35.96	31.18	19.56	10.21	0.99	890	65146	133933
洛宁县	Luoning	25.69	22.79	14.24	7.19	1.23	37	4262	429047
伊川县	Yichuan	36.55	32.26	19.57	10.38	0.26	360	8420	10777
偃师市	Yanshi	24.53	24.12	12.90	11.12	0.09	52	1947	81550
平顶山市	**Pingdingshan**								
宝丰县	Baofeng	25.57	25.51	14.69	10.82	0.01	150	13104	13690
叶县	Yexian	67.82	64.51	33.98	30.53	1.57	180	34016	31359
鲁山县	Lushan	22.67	21.61	11.43	9.80	0.15		20538	43335
郏县	Jiaxian	34.09	30.42	17.56	12.86	1.02	200	19394	12132
舞钢市	Wugang	16.79	16.35	8.96	7.40	0.22	1	4574	10772
汝州市	Ruzhou	45.97	44.08	25.33	18.73	0.18	365	18661	42077
安阳市	**Anyang**								
安阳县	Anyang	32.74	32.61	17.31	15.30	0.05	140	414	5275
汤阴县	Tangyin	44.37	43.62	24.43	19.15	0.26	194	9171	50214
滑县	Huaxian	156.47	155.61	90.74	64.63	0.08	673	114647	164353
内黄县	Neihuang	52.78	52.16	37.43	14.73	0.05	211	112105	344377
林州市	Linzhou	34.55	29.95	13.71	14.82	0.85	591	4175	83895
鹤壁市	**Hebi**								
浚县	Xunxian	72.53	72.00	41.83	30.12	0.36	224	35707	24318
淇县	Qixian	29.80	29.34	15.19	14.14		43	888	4689

26-8 续表 1 continued

县 市 County and city	粮食产量 (万吨) Output of Grain (10 000tons)	#谷物 Cereal	#小麦 Wheat	#玉米 Corn	#豆类 Beans	棉花产量 (吨) Output of Cotton (ton)	油料产量 (吨) Output of Oil-bearing Crops (ton)	园林水果产量 (吨) Output of Fruits (ton)
新乡市 Xinxiang								
新乡县 Xinxiang	27.05	25.95	14.60	11.30	1.00	52	7619	4607
获嘉县 Huojia	36.60	35.50	18.40	12.90	1.00	71	244	12757
原阳县 Yuanyang	84.61	82.91	45.40	28.70	0.80	316	35639	66028
延津县 Yanjin	51.50	50.70	38.00	12.70	0.10	4	131919	25984
封丘县 Fengqiu	74.60	71.20	48.70	22.50	0.30	506	62486	16821
长垣县 Changyuan	70.69	69.58	41.31	26.57	0.76	271	32558	14785
卫辉市 Weihui	41.16	40.96	22.20	18.70	0.02	25	10726	63866
辉县市 Huixian	59.11	58.71	31.70	27.00	0.05	2	22718	32930
焦作市 Jiaozuo								
修武县 Xiuwu	21.17	20.95	10.89	10.06	0.12	5	1175	8770
博爱县 Boai	20.01	19.60	10.70	8.88	0.14	20	1216	14969
武陟县 Wuzhi	51.90	51.22	29.45	18.05	0.35	80	45994	26010
温县 Wenxian	30.61	30.25	17.96	12.29	0.02	37	17871	22924
沁阳市 Qinyang	34.10	33.26	18.06	15.14	0.41	35	4477	30833
孟州市 Mengzhou	28.00	27.85	17.06	10.77	0.05	81	42194	32593
濮阳市 Puyang								
清丰县 Qingfeng	59.03	58.29	36.79	21.50	0.18	9	55381	35177
南乐县 Manle	52.45	51.55	30.32	21.23	0.14	28	18469	169224
范县 Fanxian	38.78	36.45	18.63	8.96	0.71	120	4918	6480
台前县 Taiqian	23.32	22.53	14.02	8.51	0.78	240	2176	1564
濮阳县 Puyang	97.99	93.07	55.64	28.66	2.93	1084	24062	42927
许昌市 Xuchang								
鄢陵县 Yanling	54.98	54.07	33.11	20.96	0.71	53	5155	8225
襄城县 Xiangcheng	56.52	45.17	33.16	12.00	2.52	178	9400	21165
禹州市 Yuzhou	54.32	51.16	29.16	22.01	0.32	47	9026	18220
长葛市 Changge	54.99	54.13	30.14	23.99	0.58	2	7476	4358
漯河市 Luohe								
舞阳县 Wuyang	53.98	52.08	29.86	22.22	0.71	317	13370	14987
临颍县 Linying	51.19	46.29	31.53	14.76	1.73	1796	2364	1678
三门峡市 Sanmenxia								
渑池县 Mianchi	17.33	14.54	9.79	4.40	1.16	76	14173	200558
卢氏县 Lushi	11.96	10.12	5.96	4.14	1.31		781	77348
义马市 Yima	0.88	0.79	0.43	0.36	0.01	2	353	985
灵宝市 Lingbao	22.67	20.44	11.55	8.89	1.31	609	7959	1578914
南阳市 Nanyang								
南召县 Nanzhao	15.03	13.00	3.75	4.13	0.31		64929	14081
方城县 Fangcheng	70.86	66.04	39.00	26.92	2.15	750	265537	44401
西峡县 Xixia	10.16	8.56	3.77	4.01	0.27		7518	538669

26-8 续表 2 continued

县市 County and city	粮食产量 (万吨) Output of Grain (10 000tons)	#谷物 Cereal	#小麦 Wheat	#玉米 Corn	#豆类 Beans	棉花产量 (吨) Output of Cotton (ton)	油料产量 (吨) Output of Oil-bearing Crops (ton)	园林水果产量 (吨) Output of Fruits (ton)
镇平县 Zhenping	51.47	50.45	28.92	21.22	0.32	331	78779	8898
内乡县 Neixiang	38.42	34.90	19.22	15.09	0.06	593	85295	54618
淅川县 Xichuan	28.90	25.66	15.88	7.39	1.24	276	94817	63209
社旗县 Sheqi	63.87	57.07	30.40	26.67	2.38	1258	107799	5385
唐河县 Tanghe	129.88	119.62	91.39	24.82	1.20	1438	201153	87953
新野县 Xinye	52.43	50.39	38.84	11.55	0.93	461	157146	14401
桐柏县 Tongbai	24.49	23.71	7.24	4.19	0.18	72	71535	17716
邓州市 Dengzhou	118.90	113.10	81.73	28.60	3.68	1178	301884	30945
商丘市 Shangqiu								
民权县 Minquan	73.46	71.24	50.12	20.77	1.15	276	108297	295858
睢县 Suixian	68.86	66.63	42.92	23.71	0.84	509	50749	34951
宁陵县 Ningling	50.73	49.28	34.49	14.79	0.57	16	88968	289670
柘城县 Zhecheng	78.76	77.83	48.42	29.41	0.54	644	4590	15857
虞城县 Yucheng	96.46	94.63	54.54	40.05	0.66	2471	43460	435533
夏邑县 Xiayi	104.70	100.99	60.20	40.79	2.34	198	16118	314232
永城市 Yongcheng	133.88	122.05	82.04	40.01	9.80	153	2820	263303
信阳市 Xinyang								
罗山县 Luoshan	70.23	69.49	11.59	0.04	0.10	67	41655	7778
光山县 Guangshan	55.32	54.87	6.98		0.10	79	46316	26594
新县 Xinxian	11.67	11.33	0.39	0.01	0.01	22	27119	3639
商城县 Shangcheng	29.77	29.44	4.02	0.02	0.08	49	40737	11020
固始县 Gushi	108.00	107.60	17.00	1.50	0.03	77	69004	27056
潢川县 Huangchuan	67.94	67.80	15.79	0.03	0.02	30	33957	2671
淮滨县 Huaibin	57.04	55.70	27.60	1.92	0.12	186	59165	31382
息县 Xixian	94.97	94.08	48.55	8.88	0.13	371	38833	20568
周口市 Zhoukou								
扶沟县 Fugou	66.93	64.04	48.61	14.98	2.68	479	37172	25885
西华县 Xihua	83.08	80.46	54.93	25.53	1.89	338	39576	178377
商水县 Shangshui	112.18	105.16	59.48	45.68	5.06	480	41497	52178
沈丘县 Shenqiu	98.08	93.30	54.52	38.79	2.29	17	38048	108762
郸城县 Dancheng	100.05	91.49	64.93	26.55	2.42	362	26167	18809
淮阳县 Huaiyang	111.00	106.06	65.99	40.07	1.69	189	122977	18761
太康县 Taikang	125.00	121.50	81.15	40.35	2.38	1032	31417	42703
鹿邑县 Luyi	89.23	83.91	53.85	30.03	3.82	1409	11567	10634
项城市 Xiangcheng	90.32	85.28	56.16	29.13	3.38	460	27961	47600
驻马店市 Zhumadian								
西平县 Xiping	94.28	94.10	52.80	41.30	0.07		35304	16035
上蔡县 Shangcai	105.76	102.20	70.10	32.10	3.02	257	92416	9390
平舆县 Pingyu	83.22	80.20	57.00	23.20	1.68	11	61515	5528
正阳县 Zhengyang	91.55	90.20	71.90	7.60	0.43		435889	10615
确山县 Queshan	55.16	53.10	34.60	15.80	0.03	13	177208	7208
泌阳县 Biyang	67.33	64.40	42.60	20.00	0.16	157	201706	34236
汝南县 Runan	81.00	79.00	57.90	19.80	1.17		235912	8725
遂平县 Suiping	61.96	60.30	36.40	23.70	0.42	20	42616	21674
新蔡县 Xincai	89.38	87.98	55.79	30.87	0.31	368	70841	18460

26-9 各县(市)畜牧业生产情况(2017年)

Statistics on Animal Husbandry by County and City (2017)

县 市	County and city	猪出栏头数(万头) Slaughtered Fattened Hogs (10 000 heads)	牛出栏头数(万头) Slaughtered Fattened Cattles (10 000 heads)	羊出栏只数(万只) Slaughtered Fattened Sheep and Goats (10 000 heads)	猪肉产量(吨) Output of pork (10 000 ton)	禽蛋产量(吨) Poultry Eggs (10 000 ton)	猪年末头数(万头) Hogs (year-end) (10 000 heads)	牛年末头数(万头) Cattles (year-end) (10 000 heads)	羊年末只数(万只) Sheep and Goats (year-end) (10 000 heads)
郑 州 市	**Zhengzhou**								
中 牟 县	Zhongmu	26.43	1.88	27.29	2.19	1.27	12.91	2.83	8.29
巩 义 市	Gongyi	27.55	0.35	3.71	2.18	0.82	19.18	0.48	4.13
荥 阳 市	Xingyang	33.02	1.07	3.54	2.66	2.06	17.93	1.45	4.73
新 密 市	Xinmi	10.64	0.23	3.05	0.74	2.42	10.35	0.46	5.61
新 郑 市	Xinzheng	45.06	0.28	4.08	3.13	0.81	34.56	1.04	6.24
登 封 市	Dengfeng	17.06	0.58	7.32	1.36	2.06	17.08	0.93	9.02
开 封 市	**Kaifeng**								
杞 县	Qixian	103.64	5.29	57.91	7.72	6.65	79.83	7.61	39.18
通 许 县	Tongxu	70.45	0.35	17.15	5.19	2.61	50.19	0.88	6.40
尉 氏 县	Weishi	108.12	4.25	42.47	8.18	5.33	71.98	6.14	24.22
兰 考 县	Lankao	30.24	1.56	34.60	2.26	10.38	23.23	2.47	20.03
洛 阳 市	**Luoyang**								
孟 津 县	Mengjin	20.93	0.63	3.90	1.60	0.97	0.11	2.15	6.74
新 安 县	Xinan	16.64	0.62	10.08	1.28	1.18	2.05	1.32	8.74
栾 川 县	Luanchuan	5.35	0.32	2.43	0.41	0.76	2.61	0.44	2.03
嵩 县	Songxian	15.67	3.81	11.43	1.21	1.56	17.90	6.93	11.55
汝 阳 县	Ruyang	12.13	0.36	2.77	0.93	1.26	13.53	0.88	8.25
宜 阳 县	Yiyang	32.22	1.10	13.13	2.47	0.77	4.83	2.27	12.09
洛 宁 县	Luoning	13.47	6.72	11.10	1.03	2.43	12.91	10.21	10.45
伊 川 县	Yichuan	23.48	0.95	4.18	1.80	3.97	9.34	1.27	6.38
偃 师 市	Yanshi	25.82	0.81	1.31	1.98	1.15	21.34	1.22	2.99
平 顶 山 市	**Pingdingshan**								
宝 丰 县	Baofeng	32.52	0.63	7.45	2.40	1.43	28.26	1.64	8.69
叶 县	Yexian	123.13	2.62	48.80	9.28	3.71	85.04	3.77	37.44
鲁 山 县	Lushan	20.68	1.25	12.55	1.53	2.26	15.65	1.83	15.35
郏 县	Jiaxian	24.37	3.12	15.61	1.80	1.57	12.03	5.13	11.73
舞 钢 市	Wugang	25.53	0.37	6.76	1.89	0.99	19.79	0.58	7.55
汝 州 市	Ruzhou	92.24	3.55	17.79	6.94	4.67	73.55	5.84	32.25
安 阳 市	**Anyang**								
安 阳 县	Anyang	10.70	0.09	1.98	0.80	0.76	8.19	0.06	2.77
汤 阴 县	Tangyin	22.26	0.19	8.55	1.65	3.59	17.10	0.58	7.69
滑 县	Huaxian	39.46	0.98	27.75	2.95	10.73	31.78	1.73	16.03
内 黄 县	Neihuang	48.85	0.62	36.46	3.61	5.88	37.52	1.07	28.51
林 州 市	Linzhou	84.65	0.25	2.86	6.46	2.12	61.03	0.54	8.14
鹤 壁 市	**Hebi**								
浚 县	Xunxian	70.98	0.87	16.76	5.44	4.15	40.66	1.14	17.35
淇 县	Qixian	54.06	0.17	2.13	4.10	6.13	38.54	0.61	3.69

26-9 续表 1 continued

县 市 County and city	猪出栏头数（万头）Slaughtered Fattened Hogs (10 000 heads)	牛出栏头数（万头）Slaughtered Fattened Cattles (10 000 heads)	羊出栏只数（万只）Slaughtered Fattened Sheep and Goats (10 000 heads)	猪肉产量（吨）Output of pork (10 000 ton)	禽蛋产量（吨）Poultry Eggs (10 000 ton)	猪年末头数（万头）Hogs (year-end) (10 000 heads)	牛年末头数（万头）Cattles (year-end) (10 000 heads)	羊年末只数（万只）Sheep and Goats (year-end) (10 000 heads)
新 乡 市 Xinxiang								
新 乡 县 Xinxiang	18.21	0.52	2.03	1.36	1.11	13.77	0.51	2.37
获 嘉 县 Huojia	24.54	0.14	2.32	1.84	1.56	22.00	0.22	2.30
原 阳 县 Yuanyang	37.77	0.67	16.52	2.79	3.60	32.53	2.03	11.78
延 津 县 Yanjin	24.62	0.74	6.66	1.79	2.75	19.47	1.03	4.19
封 丘 县 Fengqiu	84.82	2.49	23.64	6.30	5.02	49.09	2.80	12.94
长 垣 县 Changyuan	25.23	0.77	9.69	1.93	2.72	15.75	1.02	6.04
卫 辉 市 Weihui	61.73	0.35	5.36	4.63	2.81	46.87	1.27	7.50
辉 县 市 Huixian	117.20	1.58	6.52	8.76	4.79	70.79	2.27	12.10
焦 作 市 Jiaozuo								
修 武 县 Xiuwu	14.85	0.97	2.28	1.09	1.34	11.73	1.39	2.03
博 爱 县 Boai	15.64	0.18	2.17	1.16	0.66	10.88	0.52	2.44
武 陟 县 Wuzhi	38.50	2.21	12.65	2.85	4.36	28.66	3.83	8.88
温 县 Wenxian	13.56	0.71	3.37	1.00	1.17	11.40	0.76	3.59
沁 阳 市 Qinyang	14.38	1.09	6.27	1.13	0.72	11.87	1.15	5.27
孟 州 市 Mengzhou	29.30	0.80	2.05	2.11	1.89	26.50	1.05	4.05
濮 阳 市 Puyang								
清 丰 县 Qingfeng	31.84	0.30	19.82	2.43	6.51	17.15	0.63	7.41
南 乐 县 Manle	34.17	3.57	5.30	2.58	8.71	29.95	4.86	3.80
范 县 Fanxian	13.72	0.73	25.53	1.05	3.85	8.95	1.99	12.75
台 前 县 Taiqian	5.68	0.34	8.58	0.43	1.66	4.45	0.72	5.25
濮 阳 县 Puyang	39.33	0.83	45.60	3.04	8.03	31.82	2.42	29.51
许 昌 市 Xuchang								
鄢 陵 县 Yanling	87.97	0.17	8.15	6.59	1.00	56.17	0.20	5.49
襄 城 县 Xiangcheng	68.47	4.48	19.88	5.14	3.17	51.01	7.90	18.97
禹 州 市 Yuzhou	83.05	1.30	34.85	6.18	2.72	52.74	2.14	28.16
长 葛 市 Changge	79.68	0.96	13.41	5.99	3.72	43.38	1.31	9.80
漯 河 市 Luohe								
舞 阳 县 Wuyang	74.52	0.32	14.29	5.57	3.52	46.55	0.69	7.18
临 颍 县 Linying	94.44	0.48	4.65	6.98	3.32	53.05	0.67	3.72
三 门 峡 市 Sanmenxia								
渑 池 县 Mianchi	24.99	2.57	12.59	1.93	0.84	17.67	4.93	9.66
卢 氏 县 Lushi	7.54	1.18	3.46	0.55	0.72	5.09	2.92	5.13
义 马 市 Yima	8.00	0.04	0.94	0.59	0.09	6.72	0.04	0.84
灵 宝 市 Lingbao	26.24	2.16	8.37	1.95	1.12	20.90	3.67	10.86
南 阳 市 Nanyang								
南 召 县 Nanzhao	9.45	0.58	13.18	0.73	1.20	7.24	1.35	9.41
方 城 县 Fangcheng	89.56	3.75	25.30	5.69	3.01	55.61	4.89	25.67
西 峡 县 Xixia	14.92	1.43	22.07	1.13	0.85	8.88	2.41	12.91

26-9 续表 2 continued

县 市	County and city	猪出栏头数(万头) Slaughtered Fattened Hogs (10 000 heads)	牛出栏头数(万头) Slaughtered Fattened Cattles (10 000 heads)	羊出栏只数(万只) Slaughtered Fattened Sheep and Goats (10 000 heads)	猪肉产量(吨) Output of pork (10 000 ton)	禽蛋产量(吨) Poultry Eggs (10 000 ton)	猪年末头数(万头) Hogs (year-end) (10 000 heads)	牛年末头数(万头) Cattles (year-end) (10 000 heads)	羊年末只数(万只) Sheep and Goats (year-end) (10 000 heads)
镇平县	Zhenping	18.30	0.94	15.53	1.42	2.43	15.23	2.50	14.54
内乡县	Neixiang	112.87	5.21	62.73	8.58	2.03	67.43	7.58	40.33
淅川县	Xichuan	11.00	1.52	18.70	0.85	0.91	7.80	2.12	9.84
社旗县	Sheqi	76.77	5.33	16.36	5.79	1.61	55.75	7.31	18.27
唐河县	Tanghe	109.43	10.68	38.49	8.23	4.65	82.15	17.78	36.89
新野县	Xinye	24.62	6.21	21.99	1.90	2.61	20.42	10.18	17.67
桐柏县	Tongbai	13.82	1.63	12.10	1.19	1.08	8.80	3.14	11.15
邓州市	Dengzhou	136.87	10.30	56.13	10.29	6.14	105.98	15.44	35.94
商丘市	**Shangqiu**								
民权县	Minquan	38.16	3.68	49.63	2.89	4.33	24.76	4.75	44.36
睢县	Suixian	53.59	1.03	24.02	4.03	4.92	32.81	1.33	13.15
宁陵县	Ningling	37.51	0.88	21.70	2.74	2.22	20.03	1.76	16.71
柘城县	Zhecheng	50.62	4.01	38.01	3.83	3.66	33.40	4.88	32.76
虞城县	Yucheng	32.60	6.40	34.58	2.57	7.10	20.46	10.90	27.63
夏邑县	Xiayi	86.06	2.18	35.39	6.54	5.44	55.21	5.68	35.89
永城市	Yongcheng	44.19	1.71	70.91	3.31	12.10	33.95	1.89	42.84
信阳市	**Xinyang**								
罗山县	Luoshan	55.26	0.29	3.55	4.12	2.37	38.62	0.87	3.95
光山县	Guangshan	11.82	0.29	2.06	1.08	1.91	12.21	0.94	3.40
新县	Xinxian	5.35	0.94	2.65	0.54	0.74	5.33	1.31	4.28
商城县	Shangcheng	12.00	0.37	12.68	1.13	1.35	12.60	0.55	4.24
固始县	Gushi	107.54	1.53	35.02	8.21	10.74	71.99	1.91	19.10
潢川县	Huangchuan	78.76	0.82	4.74	5.98	7.72	50.18	1.25	3.02
淮滨县	Huaibin	16.16	1.08	12.38	1.41	4.18	16.35	1.61	9.00
息县	Xixian	45.82	1.96	6.95	3.44	2.35	34.71	3.17	6.73
周口市	**Zhoukou**								
扶沟县	Fugou	47.95	0.67	7.88	3.57	1.56	41.49	0.98	10.78
西华县	Xihua	89.77	1.75	29.60	6.80	6.17	66.86	2.70	37.31
商水县	Shangshui	92.17	1.77	39.70	6.98	6.05	67.98	2.89	23.66
沈丘县	Shenqiu	85.01	2.79	60.85	6.51	5.99	55.01	4.04	47.61
郸城县	Dancheng	59.19	3.37	35.03	4.13	7.46	49.10	4.92	39.31
淮阳县	Huaiyang	89.35	1.07	57.00	6.80	5.65	58.20	1.56	26.65
太康县	Taikang	92.51	2.63	61.95	7.01	6.35	69.45	3.18	23.40
鹿邑县	Luyi	79.67	0.67	23.02	6.05	5.77	57.05	1.37	24.58
项城市	Xiangcheng	43.75	2.86	16.93	3.23	4.65	44.53	4.25	21.70
驻马店市	**Zhumadian**								
西平县	Xiping	132.16	0.89	17.31	10.08	4.75	92.92	1.17	11.82
上蔡县	Shangcai	89.23	2.24	12.94	6.72	2.87	67.04	2.96	12.51
平舆县	Pingyu	72.17	1.35	22.82	5.45	2.19	47.21	2.38	17.74
正阳县	Zhengyang	150.00	0.85	4.21	11.60	1.53	110.00	1.24	2.93
确山县	Queshan	72.40	4.58	25.74	5.52	2.30	55.97	8.55	21.14
泌阳县	Biyang	93.76	25.10	26.44	7.11	2.44	51.68	37.65	26.51
汝南县	Runan	91.00	3.14	32.85	6.85	2.74	66.44	3.77	21.32
遂平县	Suiping	98.56	1.47	11.22	7.44	3.91	70.94	1.68	7.87
新蔡县	Xincai	88.72	3.68	25.23	6.73	2.81	66.55	5.30	16.55

26-10 各县(市、区)财政、金融主要指标(2017年)

Main Indicators of Finance by County and Distict (2017)

单位：亿元 (100 million yuan)

县市区	County and District	一般公共预算收入 General Public Budget Revenue	一般公共预算支出 General Public Budget Expenditure	#教育 Education	#农林水事务 Farming Forestry Water Conservancy Operating	金融机构存款余额 Deposits of Financial Institutions	金融机构贷款余额 Loans of Financial Institutions
郑州市	**Zhengzhou**						
中原区	Zhongyuan	26.63	30.03	6.42	1.20		
二七区	Erqi	29.35	35.27	7.44	0.76		
管城区	Guancheng	26.56	25.04	4.59	0.45		
金水区	Jinshui	55.49	59.70	12.87	0.58		
上街区	Shangjie	12.37	20.65	2.79	0.29		
惠济区	Huiji	20.02	19.40	4.67	1.53		
中牟县	Zhongmu	48.02	79.77	13.07	7.12	615.71	347.54
巩义市	Gongyi	42.36	65.12	9.89	4.68	422.02	229.41
荥阳市	Xingyang	42.91	60.14	8.85	6.82	377.51	232.38
新密市	Xinmi	32.04	53.66	8.73	8.03	425.60	185.72
新郑市	Xinzheng	68.39	91.23	13.18	8.23	655.70	512.88
登封市	Dengfeng	25.03	52.56	10.85	8.92	329.59	158.81
开封市	**Kaifeng**						
龙亭区	Longting	5.52	13.18	1.41	1.16		
顺河区	Shunhe	1.35	4.95	0.91	0.21		
鼓楼区	Gulou	1.84	4.65	0.92	0.14		
禹王台区	Yuwangtai	2.04	4.73	0.86	0.44		
祥符区	Xiangfu	8.80	35.11	6.36	7.19		
杞县	Qixian	14.00	45.02	8.75	5.18	199.26	92.98
通许县	Tongxu	8.14	32.24	4.69	4.73	145.37	73.31
尉氏县	Weishi	17.61	53.80	9.65	9.12	211.55	117.63
兰考县	Lankao	17.49	58.23	11.64	9.60	220.20	149.80
洛阳市	**Luoyang**						
老城区	Laocheng	6.16	11.19	1.17	0.09		
西工区	Xigong	17.74	20.38	2.31	0.18		
瀍河区	Chanhe	5.71	9.63	1.34	0.17		
涧西区	Jianxi	25.29	27.28	2.84	0.13		
吉利区	Jili	7.82	7.80	1.18	0.31		
洛龙区	Luolong	18.06	26.95	4.89	0.92		
孟津县	Mengjin	15.42	30.53	6.38	4.72	152.01	76.22
新安县	Xinan	22.23	33.30	7.89	3.21	205.36	112.65
栾川县	Luanchuan	18.62	29.64	6.64	6.90	185.89	80.04
嵩县	Songxian	7.47	32.02	7.07	9.71	149.29	53.32
汝阳县	Ruyang	9.16	24.61	6.12	4.87	125.13	67.21
宜阳县	Yiyang	11.58	33.14	7.63	5.29	154.16	89.80
洛宁县	Luoning	9.58	30.11	5.45	7.45	116.61	48.94
伊川县	Yichuan	20.13	39.89	8.30	6.88	456.52	249.77
偃师市	Yanshi	20.58	31.04	8.71	1.76	297.69	138.24
平顶山市	**Pingdingshan**						
新华区	Xinhua	7.85	9.44	1.73	0.21		
卫东区	Weidong	5.56	7.99	1.75	0.22		
石龙区	Shilong	2.24	5.28	1.23	0.36		
湛河区	Zhanhe	6.65	10.24	2.11	0.48		
宝丰县	Baofeng	10.03	27.46	4.62	3.88	179.05	128.76
叶县	Yexian	7.01	35.00	5.81	8.84	186.60	70.65
鲁山县	Lushan	6.95	35.73	8.88	8.48	214.21	69.09
郏县	Jiaxian	8.03	24.50	4.66	3.96	150.17	81.89
舞钢市	Wugang	8.21	17.28	3.76	2.62	159.63	96.41
汝州市	Ruzhou	30.07	60.13	11.57	6.97	326.02	206.73

26-10 续表 1 continued

单位：亿元 (100 million yuan)

县市区	County and District	一般公共预算收入 General Public Budget Revenue	一般公共预算支出 General Public Budget Expenditure	#教育 Education	#农林水事务 Farming Forestry Water Conservancy Operating	金融机构存款余额 Deposits of Financial Institutions	金融机构贷款余额 Loans of Financial Institutions
安阳市	**Anyang**						
文峰区	Wenfeng	8.19	10.23	2.32	0.23		
北关区	Beiguan	7.07	9.36	1.91	0.37		
殷都区	Yindu	12.71	17.20	3.45	1.83		
龙安区	Longan	5.54	10.91	2.23	1.75		
安阳县	Anyang	4.03	22.86	4.24	3.76	359.84	151.43
汤阴县	Tangyin	12.01	27.42	6.60	4.72	135.84	75.79
滑县	Huaxian	10.70	58.35	14.38	7.98	312.95	120.07
内黄县	Neihuang	7.11	31.71	6.94	6.20	147.79	57.27
林州市	Linzhou	20.03	44.51	10.09	5.46	483.67	167.14
鹤壁市	**Hebi**						
鹤山区	Heshan	3.02	7.91	0.97	0.67		
山城区	Shancheng	7.12	14.63	2.84	0.64		
淇滨区	Qibin	10.92	21.14	0.82	0.46		
浚县	Xunxian	7.15	27.81	5.93	4.85	144.86	116.20
淇县	Qixian	9.43	22.27	3.46	2.99	105.67	146.29
新乡市	**Xinxiang**						
红旗区	Hongqi	7.09	9.65	1.72	0.49		
卫滨区	Weibin	2.77	6.11	0.86	0.43		
凤泉区	Fengquan	3.18	5.31	1.13	0.83		
牧野区	Muye	5.45	9.47	1.42	0.57		
新乡县	Xinxiang	8.19	14.82	3.37	1.65	161.78	97.51
获嘉县	Huojia	4.28	18.97	4.36	2.42	110.17	32.11
原阳县	Yuanyang	8.01	31.22	5.18	6.80	140.18	98.89
延津县	Yanjin	8.26	21.93	4.50	3.08	106.54	30.93
封丘县	Fengqiu	4.78	50.78	6.52	25.63	166.40	32.15
长垣县	Changyuan	21.01	48.95	10.30	6.58	382.78	194.30
卫辉市	Weihui	10.01	29.36	5.28	3.15	137.02	75.51
辉县市	Huixian	24.28	37.84	8.16	6.06	291.92	145.29
焦作市	**Jiaozuo**						
解放区	Jiefang	7.36	12.79	1.49	0.07		
中站区	Zhongzhan	5.02	7.22	1.40	0.45		
马村区	Macun	3.34	6.19	1.76	0.51		
山阳区	Shanyang	5.61	9.12	1.59	0.26		
修武县	Xiuwu	11.09	17.90	3.39	1.89	93.06	68.49
博爱县	Boai	8.06	16.66	3.24	2.33	131.10	77.70
武陟县	Wuzhi	12.66	29.02	5.79	3.46	174.26	102.89
温县	Wenxian	7.43	19.33	3.31	2.43	126.79	74.37
沁阳市	Qinyang	14.21	26.77	4.49	2.63	162.78	97.16
孟州市	Mengzhou	13.67	21.71	3.64	2.47	132.29	80.53

26-10 续表 2 continued

单位：亿元 (100 million yuan)

县市区	County and District	一般公共预算收入 General Public Budget Revenue	一般公共预算支出 General Public Budget Expenditure	#教育 Education	#农林水事务 Farming Forestry Water Conservancy Operating	金融机构存款余额 Deposits of Financial Institutions	金融机构贷款余额 Loans of Financial Institutions
濮阳市	**Puyang**						
华龙区	Hualong	11.71	16.88	2.20	0.60		
清丰县	Qingfeng	6.67	39.61	8.55	6.27	143.51	57.62
南乐县	Manle	5.38	27.26	5.20	4.41	120.34	43.10
范县	Fanxian	6.24	33.33	6.09	8.35	146.31	45.90
台前县	Taiqian	3.29	23.51	4.76	6.10	107.94	40.51
濮阳县	Puyang	10.68	53.24	10.34	10.69	240.64	132.30
许昌市	**Xuchang**						
魏都区	Weidu	10.57	15.45	2.53	0.46		
建安区	Jianan	16.17	37.25	7.43	4.91		
鄢陵县	Yanling	10.84	29.86	6.61	3.85	177.51	128.51
襄城县	Xiangcheng	17.18	36.93	9.83	5.30	283.48	174.57
禹州市	Yuzhou	18.72	55.21	10.24	5.89	380.27	216.74
长葛市	Changge	24.33	42.88	9.98	5.11	309.90	200.76
漯河市	**Luohe**						
源汇区	Yuanhui	6.78	13.83	1.43	0.89		
郾城区	Yancheng	6.96	20.26	3.59	2.86		
召陵区	Zhaoling	4.34	16.97	3.17	1.98		
舞阳县	Wuyang	10.79	30.62	4.61	7.04	145.93	32.36
临颍县	Linying	13.47	30.28	7.19	3.90	170.70	92.42
三门峡市	**Sanmenxia**						
湖滨区	Hubin	7.82	10.81	2.54	0.89		
陕州区	Shanzhou	15.96	25.25	7.48	4.19		
渑池县	Mianchi	23.81	31.67	8.03	4.63	147.78	75.19
卢氏县	Lushi	6.31	30.03	5.97	9.11	135.72	57.86
义马市	Yima	13.26	16.48	3.27	0.71	117.02	81.15
灵宝市	Lingbao	21.81	41.41	7.17	5.08	323.78	148.92
南阳市	**Nanyang**						
宛城区	Wancheng	8.77	27.23	4.45	4.43		
卧龙区	Wolong	10.89	32.63	6.01	3.87		
南召县	Nanzhao	5.91	29.37	7.04	5.22	136.77	69.64
方城县	Fangcheng	9.47	43.86	9.88	8.01	198.12	101.72
西峡县	Xixia	14.09	30.55	8.18	4.94	195.98	117.19
镇平县	Zhenping	8.63	39.21	8.57	6.99	252.84	102.66
内乡县	Neixiang	10.01	33.44	7.95	6.68	194.67	136.03
淅川县	Xichuan	8.53	44.24	8.16	8.29	227.23	115.81
社旗县	Sheqi	5.46	30.95	6.35	5.71	139.33	69.05
唐河县	Tanghe	8.57	54.58	9.53	8.61	299.44	101.13
新野县	Xinye	7.14	30.32	6.63	5.09	201.72	110.62
桐柏县	Tongbai	9.22	26.74	6.14	5.83	136.41	53.67
邓州市	Dengzhou	14.64	70.20	13.63	11.77	356.12	194.80

26-10 续表 3 continued

单位：亿元 (100 million yuan)

县市区	County and District	一般公共预算收入 General Public Budget Revenue	一般公共预算支出 General Public Budget Expenditure	#教育 Education	#农林水事务 Farming Forestry Water Conservancy Operating	金融机构存款余额 Deposits of Financial Institutions	金融机构贷款余额 Loans of Financial Institutions
商　丘　市	**Shangqiu**						
梁　园　区	Liangyuan	8.41	37.60	5.39	3.08		
睢　阳　区	Suiyang	8.01	39.85	6.64	3.75		
民　权　县	Minquan	8.97	39.60	7.47	7.72	190.12	108.55
睢　　县	Suixian	6.46	36.96	7.10	7.03	181.90	59.85
宁　陵　县	Ningling	4.67	29.60	6.36	5.55	130.50	85.11
柘　城　县	Zhecheng	7.15	40.74	9.49	7.39	191.17	61.93
虞　城　县	Yucheng	8.56	45.22	10.57	7.62	238.16	93.47
夏　邑　县	Xiayi	7.21	48.25	10.14	8.42	273.47	75.83
永　城　市	Yongcheng	37.43	77.64	11.69	9.34	476.10	277.64
信　阳　市	**Xinyang**						
浉　河　区	Shihe	10.00	24.22	4.62	2.22		
平　桥　区	Pingqiao	7.08	30.21	9.02	5.25		
罗　山　县	Luoshan	5.43	32.18	6.81	7.51	241.71	74.40
光　山　县	Guangshan	5.13	40.95	11.04	6.91	245.11	102.48
新　　县	Xinxian	5.00	23.43	5.92	5.27	126.91	59.28
商　城　县	Shangcheng	5.97	35.77	11.15	6.94	211.12	73.77
固　始　县	Gushi	11.78	74.65	17.41	13.91	461.96	175.40
潢　川　县	Huangchuan	6.08	37.03	9.33	8.18	243.73	240.22
淮　滨　县	Huaibin	5.52	40.94	9.86	6.80	189.15	70.09
息　　县	Xixian	5.21	41.47	7.57	11.72	265.48	80.39
周　口　市	**Zhoukou**						
川　汇　区	Chuanhui	4.80	16.13	3.28	1.01		
扶　沟　县	Fugou	6.90	33.76	7.04	7.44	184.06	60.02
西　华　县	Xihua	7.04	41.78	6.84	8.06	204.91	56.06
商　水　县	Shangshui	6.65	47.68	11.85	8.77	239.11	58.46
沈　丘　县	Shenqiu	12.79	52.06	12.32	8.47	272.53	139.80
郸　城　县	Dancheng	10.10	50.28	12.37	7.84	250.90	64.37
淮　阳　县	Huaiyang	8.09	52.59	9.43	10.14	253.74	53.52
太　康　县	Taikang	10.05	56.60	11.83	9.30	265.99	88.07
鹿　邑　县	Luyi	12.52	53.70	8.40	7.43	264.61	110.97
项　城　市	Xiangcheng	10.97	45.62	10.68	5.54	292.97	76.17
驻马店市	**Zhumadian**						
驿　城　区	Yicheng	13.43	33.61	6.47	3.44		
西　平　县	Xiping	8.30	36.64	7.03	5.33	236.86	103.88
上　蔡　县	Shangcai	6.66	53.95	11.46	11.19	317.47	103.76
平　舆　县	Pingyu	8.01	40.55	8.97	5.35	251.09	87.57
正　阳　县	Zhengyang	5.84	48.74	8.75	9.61	223.52	94.43
确　山　县	Queshan	8.36	28.50	5.35	7.08	196.36	69.09
泌　阳　县	Biyang	9.00	47.43	9.23	8.05	200.14	75.83
汝　南　县	Runan	7.08	37.51	8.13	8.84	206.32	74.29
遂　平　县	Suiping	8.53	30.26	6.40	5.47	180.06	108.98
新　蔡　县	Xincai	6.95	50.96	9.36	9.60	264.82	86.60

26-11 各县(市)教育主要指标(2017年)

Main Indicators of Education by County and City (2017)

县 市	County and City	在校学生数（人） Student Enrollment (person) 小学 Primary Schools	普通中学 Regular Secondary Schools	小学在校生巩固率（%） Percentage of Primary Schools Enrollment Consolidated (%)	初中在校生巩固率（%） Percentage of Junior Enrollment Consolidated (%)	高中阶段毛入学率（%） The high school stage gross enrollment rate (%)
郑州市	**Zhengzhou**					
中牟县	Zhongmu	108059	48276	100.9	94.0	52.9
巩义市	Gongyi	53246	38237	92.3	99.4	70.6
荥阳市	Xingyang	47230	32980	98.3	97.7	118.2
新密市	Xinmi	68421	47857	80.7	99.9	79.3
新郑市	Xinzheng	100029	57315	119.3	95.4	225.2
登封市	Dengfeng	84677	69544	121.9	142.6	153.9
开封市	**Kaifeng**					
杞县	Qixian	93099	62697	100.3	102.4	47.1
通许县	Tongxu	57056	38433	70.4	100.4	78.4
尉氏县	Weishi	95354	50032	88.2	97.1	57.8
兰考县	Lankao	77617	54692	102.0	99.1	67.3
洛阳市	**Luoyang**					
孟津县	Mengjin	30599	27317	97.8	96.4	106.4
新安县	Xinan	37906	32179	82.4	92.7	122.7
栾川县	Luanchuan	29755	19780	98.8	99.0	83.8
嵩县	Songxian	57549	35587	89.9	92.4	64.5
汝阳县	Ruyang	51949	32748	94.3	91.1	43.4
宜阳县	Yiyang	51528	39833	79.0	90.2	43.8
洛宁县	Luoning	39135	27527	84.7	90.3	44.0
伊川县	Yichuan	84967	52499	85.3	86.7	45.5
偃师市	Yanshi	38276	28758	76.9	92.9	57.2
平顶山市	**Pingdingshan**					
宝丰县	Baofeng	57782	30749	95.1	100.6	68.9
叶县	Yexian	76081	43224	84.5	101.1	63.8
鲁山县	Lushan	107682	55536	98.2	96.1	74.3
郏县	Jiaxian	61123	33338	84.0	99.1	39.8
舞钢市	Wugang	29733	16033	98.5	97.8	82.1
汝州市	Ruzhou	122156	64463	93.4	87.2	90.1
安阳市	**Anyang**					
安阳县	Anyang	49139	29476	47.0	49.4	33.4
汤阴县	Tangyin	52412	31850	93.1	100.5	65.6
滑县	Huaxian	154417	74310	83.2	98.8	56.2
内黄县	Neihuang	83729	43586	94.6	104.8	48.9
林州市	Linzhou	108095	62727	97.9	97.4	72.2
鹤壁市	**Hebi**					
浚县	Xunxian	64646	40341	81.5	100.4	33.2
淇县	Qixian	25833	17197	88.6	97.4	45.8

26-11 续表 1 continued

县 市 County and City	在校学生数（人） Student Enrollment (person) 小学 Primary Schools	普通中学 Regular Secondary Schools	小学在校生巩固率（%） Percentage of Primary Schools Enrollment Consolidated (%)	初中在校生巩固率（%） Percentage of Junior Enrollment Consolidated (%)	高中阶段毛入学率（%） The high school stage gross enrollment rate (%)
新乡市 Xinxiang					
新乡县 Xinxiang	32191	21084	98.4	93.4	46.3
获嘉县 Huojia	39245	25627	88.9	98.6	59.6
原阳县 Yuanyang	72674	44141	96.1	89.9	41.4
延津县 Yanjin	50634	35017	86.7	99.7	67.8
封丘县 Fengqiu	77169	44958	97.4	95.1	37.6
长垣县 Changyuan	95882	62985	104.8	92.8	92.4
卫辉市 Weihui	61445	27628	98.2	99.4	54.6
辉县市 Huixian	99870	47763	97.4	99.2	76.5
焦作市 Jiaozuo					
修武县 Xiuwu	19652	16544	78.8	96.6	74.2
博爱县 Boai	31052	19900	87.0	98.8	53.8
武陟县 Wuzhi	53269	37647	97.2	100.8	57.1
温县 Wenxian	29192	25652	87.0	100.5	69.7
沁阳市 Qinyang	33517	31448	93.8	99.5	93.1
孟州市 Mengzhou	20269	14320	94.5	98.3	64.6
濮阳市 Puyang					
清丰县 Qingfeng	62880	27969	66.8	88.9	38.0
南乐县 Manle	54265	33388	65.4	102.6	54.3
范县 Fanxian	48795	32593	81.3	91.6	46.9
台前县 Taiqian	39721	22436	51.7	97.0	61.3
濮阳县 Puyang	103364	44982	68.5	97.3	48.3
许昌市 Xuchang					
许昌县	62169	36839	93.9	97.8	36.1
鄢陵县 Yanling	58818	29056	84.9	101.2	39.6
襄城县 Xiangcheng	71872	48510	96.7	103.0	71.0
禹州市 Yuzhou	107775	62942	85.8	98.2	53.6
长葛市 Changge	68158	41116	94.9	94.6	60.4
漯河市 Luohe					
舞阳县 Wuyang	41872	22373	90.2	89.6	49.0
临颍县 Linying	51931	38324	99.8	99.5	54.1
三门峡市 Sanmenxia					
渑池县 Mianchi	31215	20632	95.1	97.4	59.5
卢氏县 Lushi	21070	21598	98.0	98.4	69.1
义马市 Yima	10003	5007	94.8	91.2	39.3
灵宝市 Lingbao	50304	34873	91.1	98.8	77.8
南阳市 Nanyang					
南召县 Nanzhao	69283	39836	86.1	83.5	56.9
方城县 Fangcheng	125198	61353	79.5	94.1	49.3
西峡县 Xixia	46663	37517	89.2	98.9	100.8

26-11 续表 2 continued

县市	County and City	在校学生数（人）Student Enrollment (person)		小学在校生巩固率（%）Percentage of Primary Schools Enrollment Consolidated (%)	初中在校生巩固率（%）Percentage of Junior Enrollment Consolidated (%)	高中阶段毛入学率（%）The high school stage gross enrollment rate (%)
		小学 Primary Schools	普通中学 Regular Secondary Schools			
镇平县	Zhenping	106708	53022	91.2	85.8	49.8
内乡县	Neixiang	75848	43804	98.3	97.5	71.2
淅川县	Xichuan	63016	52433	82.1	89.5	58.9
社旗县	Sheqi	71649	37069	94.5	84.0	45.5
唐河县	Tanghe	139157	55047	82.4	90.0	44.7
新野县	Xinye	83180	40426	78.8	91.4	51.5
桐柏县	Tongbai	51132	28510	93.8	95.7	60.8
邓州市	Dengzhou	179292	94731	91.7	97.1	54.4
商丘市	**Shangqiu**					
民权县	Minquan	74127	47459	79.1	92.3	62.0
睢县	Suixian	67982	46580	75.9	89.2	70.9
宁陵县	Ningling	59383	28852	77.8	98.7	44.4
柘城县	Zhecheng	72749	51268	78.9	95.4	66.8
虞城县	Yucheng	106538	70311	76.8	95.5	90.4
夏邑县	Xiayi	86348	50540	74.1	84.0	59.2
永城市	Yongcheng	157526	81687	97.3	92.3	61.8
信阳市	**Xinyang**					
罗山县	Luoshan	61704	40865	91.6	103.5	110.3
光山县	Guangshan	64950	65552	88.9	99.9	90.4
新县	Xinxian	26430	23964	87.6	99.8	95.7
商城县	Shangcheng	50482	50893	84.9	101.4	85.4
固始县	Gushi	126482	104277	84.0	98.1	91.1
潢川县	Huangchuan	59706	44038	85.9	100.4	91.8
淮滨县	Huaibin	59150	47515	76.6	98.4	87.8
息县	Xixian	89476	52768	97.1	96.7	47.6
周口市	**Zhoukou**					
扶沟县	Fugou	49971	46524	69.1	96.8	71.3
西华县	Xihua	65723	47365	70.8	90.7	59.1
商水县	Shangshui	97158	74329	68.7	90.4	56.3
沈丘县	Shenqiu	98420	72673	65.3	100.0	63.0
郸城县	Dancheng	119396	97897	64.1	104.2	82.7
淮阳县	Huaiyang	107628	83304	73.2	90.3	66.6
太康县	Taikang	124569	83781	66.0	87.6	52.8
鹿邑县	Luyi	95455	67183	53.8	101.7	49.2
项城市	Xiangcheng	99376	77362	79.6	105.1	83.7
驻马店市	**Zhumadian**					
西平县	Xiping	50247	38251	86.7	97.6	57.2
上蔡县	Shangcai	119356	88219	79.0	98.3	56.4
平舆县	Pingyu	87788	48516	84.7	100.4	68.5
正阳县	Zhengyang	85095	43485	85.3	100.5	78.2
确山县	Queshan	50330	36582	79.6	101.8	47.6
泌阳县	Biyang	86978	54471	76.9	101.1	73.5
汝南县	Runan	64914	40500	79.4	99.9	57.2
遂平县	Suiping	47974	26991	88.5	100.0	86.4
新蔡县	Xincai	102098	61962	63.5	91.7	116.2

26-12 各县(市)卫生主要指标(2017年)

Main Indicators of Sanitation by County and City (2017)

县 市	County and City	卫生机构床位数(张) Number of Beds in Health Institutions (unit)	卫生技术人员(人) Medical Technical Personnel (person)	执业医师(人) Medical practitioner (person)	助理医师(人) Assistant doctor of the operation (person)	注册护士(人) Registered Nurse (person)
郑州市	**Zhengzhou**					
中牟县	Zhongmu	3150	3275	943	311	1365
巩义市	Gongyi	3704	5074	1503	439	2249
荥阳市	Xingyang	2819	3663	1009	293	1559
新密市	Xinmi	5349	4472	1312	305	2060
新郑市	Xinzheng	4982	5193	1750	339	2235
登封市	Dengfeng	4209	4087	1230	365	1757
开封市	**Kaifeng**					
杞县	Qixian	3719	3986	984	760	1356
通许县	Tongxu	2365	2683	618	363	1134
尉氏县	Weishi	3469	3290	867	479	1394
兰考县	Lankao	5507	5070	1048	579	1884
洛阳市	**Luoyang**					
孟津县	Mengjin	1893	2059	603	280	703
新安县	Xinan	2357	2043	580	223	829
栾川县	Luanchuan	2059	1788	501	167	780
嵩县	Songxian	2554	2266	610	280	938
汝阳县	Ruyang	1843	1759	451	199	724
宜阳县	Yiyang	3657	2894	711	462	1142
洛宁县	Luoning	2409	1853	485	319	695
伊川县	Yichuan	3467	3413	801	514	1355
偃师市	Yanshi	2863	2815	955	290	1146
平顶山市	**Pingdingshan**					
宝丰县	Baofeng	2596	2727	741	500	967
叶县	Yexian	2757	2822	650	568	856
鲁山县	Lushan	3236	3013	723	444	1163
郏县	Jiaxian	2523	2911	759	386	1114
舞钢市	Wugang	1407	1619	458	99	745
汝州市	Ruzhou	6797	5229	1339	628	1831
安阳市	**Anyang**					
安阳县	Anyang	1059	1585	485	685	272
汤阴县	Tangyin	1755	1552	450	438	242
滑县	Huaxian	6290	5754	1486	1002	2340
内黄县	Neihuang	3022	2900	734	528	971
林州市	Linzhou	4279	3930	1317	689	1167
鹤壁市	**Hebi**					
浚县	Xunxian	2519	1821	568	459	442
淇县	Qixian	2031	1790	526	155	760

26-12 续表 1 continued

县 市 County and City	卫生机构床位数（张）Number of Beds in Health Institutions (unit)	卫生技术人员（人）Medical Technical Personnel (person)	执业医师（人）Medical practitioner (person)	助理医师（人）Assistant doctor of the operation (person)	注册护士（人）Registered Nurse (person)
新乡市 Xinxiang					
新乡县 Xinxiang	1216	1273	402	254	398
获嘉县 Huojia	2785	2000	536	207	703
原阳县 Yuanyang	3202	3238	824	495	1295
延津县 Yanjin	2510	1917	500	244	701
封丘县 Fengqiu	3381	2527	622	289	988
长垣县 Changyuan	3953	4949	1474	698	2007
卫辉市 Weihui	4700	4281	1308	262	1980
辉县市 Huixian	3143	3058	864	417	1081
焦作市 Jiaozuo					
修武县 Xiuwu	1213	1345	379	280	417
博爱县 Boai	2251	1435	528	317	288
武陟县 Wuzhi	3458	2996	829	438	1103
温县 Wenxian	2072	1931	594	207	669
沁阳市 Qinyang	1584	2236	722	282	717
孟州市 Mengzhou	1995	1749	538	200	681
濮阳市 Puyang					
清丰县 Qingfeng	2663	1953	507	297	637
南乐县 Manle	1990	1710	401	222	657
范县 Fanxian	1848	1881	424	242	631
台前县 Taiqian	1556	1650	397	203	648
濮阳县 Puyang	3714	3333	855	635	989
许昌市 Xuchang					
鄢陵县 Yanling	3194	2818	755	512	973
襄城县 Xiangcheng	2745	2822	691	338	1079
禹州市 Yuzhou	5752	5437	1543	755	2047
长葛市 Changge	2362	3448	993	470	1228
漯河市 Luohe					
舞阳县 Wuyang	2504	2343	562	241	885
临颍县 Linying	2484	2627	611	229	1134
三门峡市 Sanmenxia					
渑池县 Mianchi	2099	1723	406	195	660
卢氏县 Lushi	1786	1631	434	268	502
义马市 Yima	1604	1624	514	85	765
灵宝市 Lingbao	2627	2570	944	392	847
南阳市 Nanyang					
南召县 Nanzhao	2200	2842	564	419	1050
方城县 Fangcheng	3524	2809	728	421	1038
西峡县 Xixia	2530	2142	487	139	980

26-12 续表 2 continued

县 市	County and City	卫生机构床位数(张) Number of Beds in Health Institutions (unit)	卫生技术人员(人) Medical Technical Personnel (person)	执业医师(人) Medical practitioner (person)	助理医师(人) Assistant doctor of the operation (person)	注册护士(人) Registered Nurse (person)
镇平县	Zhenping	3086	2461	659	526	639
内乡县	Neixiang	2536	1848	458	282	546
淅川县	Xichuan	2479	2402	631	225	791
社旗县	Sheqi	2423	2456	519	485	878
唐河县	Tanghe	3159	3544	838	382	1401
新野县	Xinye	2921	2549	577	363	876
桐柏县	Tongbai	1665	1729	333	209	566
邓州市	Dengzhou	5937	5111	1249	525	2010
商丘市	**Shangqiu**					
民权县	Minquan	3375	2629	687	424	934
睢县	Suixian	3746	4214	873	413	1595
宁陵县	Ningling	2271	3363	662	520	830
柘城县	Zhecheng	4478	4408	1048	772	1678
虞城县	Yucheng	3283	4337	962	1122	1055
夏邑县	Xiayi	3368	4010	837	533	1462
永城市	Yongcheng	7529	6173	1451	687	2338
信阳市	**Xinyang**					
罗山县	Luoshan	2117	2057	589	189	830
光山县	Guangshan	2473	2072	631	171	684
新县	Xinxian	803	1095	301	105	399
商城县	Shangcheng	2041	1691	488	265	522
固始县	Gushi	4808	4569	1142	453	1663
潢川县	Huangchuan	2035	1900	483	293	546
淮滨县	Huaibin	2029	1886	455	342	665
息县	Xixian	2230	2399	516	316	842
周口市	**Zhoukou**					
扶沟县	Fugou	2795	2785	688	503	932
西华县	Xihua	2805	3199	687	403	1049
商水县	Shangshui	3076	2894	770	505	1020
沈丘县	Shenqiu	3847	3840	887	745	1001
郸城县	Dancheng	4030	4538	995	662	1670
淮阳县	Huaiyang	3618	4082	858	772	1384
太康县	Taikang	6774	5167	1291	841	1813
鹿邑县	Luyi	4818	4424	948	920	1509
项城市	Xiangcheng	3292	3003	752	425	1181
驻马店市	**Zhumadian**					
西平县	Xiping	3285	3139	805	421	1238
上蔡县	Shangcai	4427	3760	902	438	1440
平舆县	Pingyu	3603	3771	871	488	1709
正阳县	Zhengyang	2633	2676	709	382	919
确山县	Queshan	2377	2241	519	258	1018
泌阳县	Biyang	3081	2545	684	396	853
汝南县	Runan	2395	2512	568	341	991
遂平县	Suiping	2969	2584	664	300	994
新蔡县	Xincai	3015	4844	993	845	1972

全国及各省、市、区主要统计指标

Main Indicators of the whole Nation and 31 Provinces (Municipality, Autonomous, Regions)

27-1 全国及各省市区人口、工资及投资(2017年)

Population, Wage and Investment by Province and Region (2017)

地区	Region	常住人口(万人) Number of the resident population (10 000 persons)	在岗职工平均工资(元) Average Wage of Staff and Workers (yuan)	#国有经济 State-Owned Units	#城镇集体经济 Urban Collective Owned Units	固定资产投资(亿元) Investment in Fixed Assets (100 million yuan)	#房地产 Real Estate
全国	**National**	**139008**	**76121**	**84043**	**56762**	**631683.96**	**109798.53**
北京	Beijing	2171	134994	150622	58900	8307.33	3692.54
天津	Tianjin	1557	96965	127656	51025	11274.69	2233.39
河北	Hebei	7520	65266	66661	48827	33012.23	4823.91
山西	Shanxi	3702	61547	64958	49563	5722.16	1166.28
内蒙古	Inner Mongolia	2529	67688	71419	70471	13827.85	889.72
辽宁	Liaoning	4369	62545	63404	39202	6444.75	2289.67
吉林	Jilin	2717	62908	69939	53714	13130.90	910.14
黑龙江	Heilongjiang	3789	59995	60601	47707	11079.65	815.60
上海	Shanghai	2418	130765	128488	77592	7240.95	3856.53
江苏	Jiangsu	8029	79741	106303	74759	53000.21	9629.11
浙江	Zhejiang	5657	82642	126968	59781	31125.99	8226.78
安徽	Anhui	6255	67927	79808	58348	28816.37	5612.47
福建	Fujian	3911	69029	91651	65427	26110.34	4794.23
江西	Jiangxi	4622	63069	76018	52596	21770.43	2013.98
山东	Shandong	10006	69305	85723	59161	54236.03	6637.25
河南	**Henan**	**9559**	**55997**	**66685**	**52788**	**43890.36**	**7090.25**
湖北	Hubei	5902	67736	78423	49064	31872.57	4574.89
湖南	Hunan	6860	65994	75394	45651	31328.08	3426.13
广东	Guangdong	11169	80020	99809	55813	37403.91	12075.69
广西	Guangxi	4885	66456	74150	48709	19908.27	2683.48
海南	Hainan	926	69062	75572	56251	4125.40	2053.11
重庆	Chongqing	3075	73272	92964	56240	17440.57	3980.08
四川	Sichuan	8302	71631	83362	56064	31235.89	5149.89
贵州	Guizhou	3580	75109	84470	84410	15288.01	2201.00
云南	Yunnan	4801	73515	95688	72984	18474.89	2786.25
西藏	Tibet	337	115549	122876	49443	1975.60	40.36
陕西	Shaanxi	3835	67433	69281	54549	23468.21	3101.97
甘肃	Gansu	2626	65726	73328	43892	5696.35	944.52
青海	Qinghai	598	76535	85613	66104	3819.86	408.59
宁夏	Ningxia	682	72779	78904	66412	3640.12	652.84
新疆	Xinjiang	2445	68641	67179	73581	11795.64	1037.86
河南为全国%	**Henan as % of the Country**	**6.9**	**73.6**	**79.3**	**93.0**	**6.9**	**6.5**
河南居全国位次	**Rank of Henan in the Country**	**3**	**31**	**27**	**21**	**3**	**4**

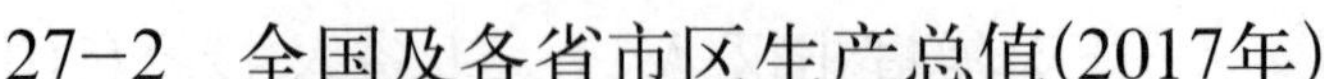

27–2 全国及各省市区生产总值(2017年)

Gross Domestic Product by Province and Region (2017)

地 区	Region	生产总值(亿元) Gross Domestic Products (100 million yuan)	第一产业 Primary Industry	第二产业 Secondary Industry	第三产业 Tertiary Industry	生产总值增速(上年=100) Growth Rate of GDP (preceding year=100)	第一产业 Primary Industry	第二产业 Secondary Industry	第三产业 Tertiary Industry
北京	Beijing	28014.94	120.42	5326.76	22567.76	6.7	-5.9	4.7	7.3
天津	Tianjin	18549.19	168.96	7593.59	10786.64	3.6	2.8	1.1	6.0
河北	Hebei	34016.32	3129.98	15846.21	15040.13	6.6	3.9	3.0	11.3
山西	Shanxi	15528.42	719.16	6778.89	8030.37	7.1	3.1	6.7	7.8
内蒙古	Inner Mongolia	16096.21	1649.77	6399.68	8046.76	4.0	3.3	1.5	6.2
辽宁	Liaoning	23409.24	1902.28	9199.80	12307.16	4.2	3.6	3.2	5.0
吉林	Jilin	14944.53	1095.36	6998.51	6850.66	5.3	3.3	3.8	7.6
黑龙江	Heilongjiang	15902.68	2965.25	4060.60	8876.83	6.4	5.4	2.8	8.8
上海	Shanghai	30632.99	110.78	9330.67	21191.54	6.9	-0.8	5.8	7.5
江苏	Jiangsu	85869.76	4045.16	38654.87	43169.73	7.2	0.4	6.5	8.5
浙江	Zhejiang	51768.26	1933.92	22232.08	27602.26	7.8	2.7	6.6	9.2
安徽	Anhui	27018.00	2582.27	12838.28	11597.45	8.5	4.1	8.2	9.9
福建	Fujian	32182.09	2215.13	15354.29	14612.67	8.1	3.7	6.8	10.2
江西	Jiangxi	20006.31	1835.26	9627.98	8543.07	8.8	4.4	8.2	10.5
山东	Shandong	72634.15	4832.71	32942.84	34858.60	7.4	3.6	6.3	9.1
河南	**Henan**	**44552.83**	**4139.29**	**21105.52**	**19308.02**	**7.8**	**4.3**	**7.2**	**9.4**
湖北	Hubei	35478.09	3528.96	15441.75	16507.38	7.8	3.7	7.1	9.5
湖南	Hunan	33902.96	2998.40	14145.49	16759.07	8.0	3.6	6.7	10.3
广东	Guangdong	89705.23	3611.44	38008.06	48085.73	7.5	3.6	6.5	8.7
广西	Guangxi	18523.26	2878.30	7450.85	8194.11	7.1	4.2	5.5	9.6
海南	Hainan	4462.54	962.84	996.35	2503.35	7.0	3.6	2.7	10.3
重庆	Chongqing	19424.73	1276.09	8584.61	9564.03	9.3	4.0	9.3	9.9
四川	Sichuan	36980.22	4262.35	14328.13	18389.74	8.1	3.8	7.5	9.8
贵州	Guizhou	13540.83	2032.27	5428.14	6080.42	10.2	6.3	10.1	11.5
云南	Yunnan	16376.34	2338.37	6204.97	7833.00	9.5	6.1	10.7	9.5
西藏	Tibet	1310.92	122.72	513.65	674.55	10.0	4.1	11.7	9.9
陕西	Shaanxi	21898.81	1741.45	10882.88	9274.48	8.0	4.6	7.8	8.9
甘肃	Gansu	7459.90	859.75	2561.79	4038.36	3.6	5.4	-1.0	6.5
青海	Qinghai	2624.83	238.41	1162.41	1224.01	7.3	4.9	7.2	7.9
宁夏	Ningxia	3443.56	250.62	1580.57	1612.37	7.8	4.4	7.0	9.2
新疆	Xinjiang	10881.96	1551.84	4330.89	4999.23	7.6	4.8	6.4	9.5
河南居全国位次	**Rank of Henan in the Country**	**5**	**3**	**5**	**7**	**11**	**10**	**9**	**15**

注：生产总值按当年价格计算。生产总值指数按可比价格计算。

a) GDP in this table are calculated at current prices. The indices in this table are calculated at comparable prices.

27-3　全国及各省市区物价指数(2017年)
Price Indices by Province and Region (2017)

(上年=100)　　(Preceding Year=100)

地　区　Region	居民消费价格总指数 General Consumer Price Index	固定资产投资价格指数 Price Indices of Investment In Fixed Assets	农业生产资料价格指数 General Price Index of Agricultural Means of Production	工业生产者出厂价格指数 Producer Price Indices for Industrial Products	工业生产者购进价格指数 Purchasing Price Indices for Industrial Producers
全　国 National	**101.6**	**105.8**	**100.6**	**106.3**	**108.1**
北　京 Beijing	101.9	104.7		100.7	104.4
天　津 Tianjin	102.1	104.3		108.4	111.1
河　北 Hebei	101.7	106.7	101.0	115.0	114.5
山　西 Shanxi	101.1	106.3	102.2	119.4	115.2
内蒙古 Inner Mongolia	101.7	103.4	100.0	110.6	106.3
辽　宁 Liaoning	101.4	104.0	100.3	108.1	108.0
吉　林 Jilin	101.6	104.7	97.9	103.1	103.4
黑龙江 Heilongjiang	101.3	103.4	100.6	109.3	110.2
上　海 Shanghai	101.7	106.7		103.5	108.9
江　苏 Jiangsu	101.7	107.6	102.1	104.8	109.7
浙　江 Zhejiang	102.1	105.8	101.8	104.8	109.6
安　徽 Anhui	101.2	107.4	101.3	108.0	109.2
福　建 Fujian	101.2	105.6	100.0	104.1	105.3
江　西 Jiangxi	102.0	106.1	101.0	107.9	107.2
山　东 Shandong	101.5	105.8	100.9	105.5	107.3
河　南 Henan	**101.4**	**107.4**	**99.7**	**106.8**	**107.3**
湖　北 Hubei	101.5	105.9	100.9	105.6	108.3
湖　南 Hunan	101.4	105.7	101.0	105.8	107.2
广　东 Guangdong	101.5	105.3	100.4	103.3	105.3
广　西 Guangxi	101.6	104.4	101.4	107.6	106.5
海　南 Hainan	102.8	104.1	99.9	108.8	112.4
重　庆 Chongqing	101.0	105.3		104.1	104.4
四　川 Sichuan	101.4	107.7	99.8	106.5	108.3
贵　州 Guizhou	100.9	106.1	98.8	107.2	109.7
云　南 Yunnan	100.9	104.9	100.4	105.2	106.2
西　藏 Tibet	101.6		101.6	110.0	
陕　西 Shaanxi	101.6	105.3	102.1	110.8	106.4
甘　肃 Gansu	101.4	105.9	103.7	114.5	115.5
青　海 Qinghai	101.5	106.1	102.4	116.7	108.0
宁　夏 Ningxia	101.6	105.9	103.1	112.1	112.9
新　疆 Xinjiang	102.2	103.5	100.8	113.7	112.8
河南居全国位次 Rank of Henan in the Country	**23**	**4**	**25**	**18**	**19**

27-4 全国及各省市区城乡居民收支(2017年)
Income and Expenditure of Urban and Rural Residents by Province and Region (2017)

单位：元 (yuan)

地区	Region	居民人均可支配收入 Per Capita Annual Disposable Income	城镇居民 Urban Households	农村居民 Rural Households	居民人均消费支出 Per Capita Consumption Expenditures	城镇居民 Urban Households	农村居民 Rural Households
全国	**National**	**25974**	**36396**	**13432**	**18322**	**24445**	**10955**
北京	Beijing	57230	62406	24240	37425	40346	18810
天津	Tianjin	37022	40278	21754	27841	30284	16386
河北	Hebei	21484	30548	12881	15437	20600	10536
山西	Shanxi	20420	29132	10788	13664	18404	8424
内蒙古	Inner Mongolia	26212	35670	12584	18946	23638	12184
辽宁	Liaoning	27835	34993	13747	20463	25379	10787
吉林	Jilin	21368	28319	12950	15632	20051	10279
黑龙江	Heilongjiang	21206	27446	12665	15577	19270	10524
上海	Shanghai	58988	62596	27825	39792	42304	18090
江苏	Jiangsu	35024	43622	19158	23469	27726	15612
浙江	Zhejiang	42046	51261	24956	27079	31924	18093
安徽	Anhui	21863	31640	12758	15752	20740	11106
福建	Fujian	30048	39001	16335	21249	25980	14003
江西	Jiangxi	22031	31198	13242	14459	19244	9870
山东	Shandong	26930	36789	15118	17281	23072	10342
河南	**Henan**	**20170**	**29558**	**12719**	**13730**	**19422**	**9212**
湖北	Hubei	23757	31889	13812	16938	21276	11633
湖南	Hunan	23103	33948	12936	17160	23163	11534
广东	Guangdong	33003	40975	15780	24820	30198	13200
广西	Guangxi	19905	30502	11325	13424	18349	9437
海南	Hainan	22553	30817	12902	15403	20372	9599
重庆	Chongqing	24153	32193	12638	17898	22759	10936
四川	Sichuan	20580	30727	12227	16180	21991	11397
贵州	Guizhou	16704	29080	8869	12970	20348	8299
云南	Yunnan	18348	30996	9862	12658	19560	8027
西藏	Tibet	15457	30671	10330	10320	21088	6691
陕西	Shaanxi	20635	30810	10265	14900	20388	9306
甘肃	Gansu	16011	27763	8076	13120	20659	8030
青海	Qinghai	19001	29169	9462	15503	21473	9903
宁夏	Ningxia	20562	29472	10738	15350	20219	9982
新疆	Xinjiang	19975	30775	11045	15087	22797	8713
河南为全国%	**Henan as % of the Country**	**77.7**	**81.2**	**94.7**	**74.9**	**79.5**	**84.1**
河南居全国位次	**Rank of Henan in the Country**	**24**	**24**	**17**	**25**	**27**	**25**

注：从2013年起，国家统计局开展了城乡一体化住户收支与生活状况调查，本表数据来源于此调查，与以前年份城乡住户调查的调查范围、调查方法、指标口径有所不同。

a) Since 2013, the national bureau of statistics carried out survey of The integration of urban and rural residents income and life condition, data in this table are from the survey, and the investigation, investigation method, index diameter are different.

27–5 全国及各省市区主要农产品产量(2017年)
Output of Major Farm Products by Province and Region (2017)

单位：万吨 (10 000 tons)

地区	Region	粮食 Grain	棉花 Cotton	油料 Oil-bearing Crops	水果(含果用瓜) Fruits(include fruit with melon)	肉类 Meat	奶类 Milk
全国	**National**	**66160.72**	**565.30**	**3475.24**	**25241.90**	**8654.43**	**3148.58**
北京	Beijing	41.12		0.53	74.40	26.39	37.42
天津	Tianjin	212.27	2.50	1.26	58.25	36.14	52.05
河北	Hebei	3829.25	24.00	129.40	1365.34	474.25	388.33
山西	Shanxi	1355.10	0.40	15.04	844.02	93.32	78.09
内蒙古	Inner Mongolia	3254.54		240.69	322.88	265.16	559.63
辽宁	Liaoning	2330.74		81.46	770.27	385.39	120.71
吉林	Jilin	4154.00		128.48	89.52	256.13	34.41
黑龙江	Heilongjiang	7410.34		14.26	236.91	260.29	468.41
上海	Shanghai	99.78		0.76	46.39	17.58	36.37
江苏	Jiangsu	3610.80	2.60	85.36	942.50	342.32	49.05
浙江	Zhejiang	580.14	0.60	26.90	751.29	114.70	14.34
安徽	Anhui	4019.71	8.60	154.66	606.35	415.18	29.84
福建	Fujian	487.15		19.55	644.67	264.91	13.54
江西	Jiangxi	2221.73	10.50	120.64	670.12	326.05	9.49
山东	Shandong	5374.31	20.70	318.30	2804.30	866.01	231.32
河南	**Henan**	**6524.25**	**4.40**	**586.95**	**2602.44**	**654.96**	**212.87**
湖北	Hubei	2846.13	18.40	307.69	948.44	435.35	12.76
湖南	Hunan	3073.60	11.00	226.08	956.39	543.25	6.05
广东	Guangdong	1208.56		101.28	1538.73	444.08	13.92
广西	Guangxi	1370.49	0.10	64.93	1900.40	420.18	8.14
海南	Hainan	138.11		9.03	405.48	78.67	0.50
重庆	Chongqing	1079.88		62.40	403.38	180.56	5.06
四川	Sichuan	3488.90	0.40	357.89	1007.88	653.82	63.79
贵州	Guizhou	1242.45	0.10	115.52	280.14	206.47	4.41
云南	Yunnan	1843.42		56.26	783.90	419.15	64.52
西藏	Tibet	106.53		5.94	0.16	32.07	42.03
陕西	Shaanxi	1194.20	1.20	59.75	1922.06	113.41	156.93
甘肃	Gansu	1105.90	3.20	77.35	630.85	99.14	41.04
青海	Qinghai	102.55		30.28	3.65	35.30	33.19
宁夏	Ningxia	370.05		6.94	210.60	33.46	160.07
新疆	Xinjiang	1484.73	456.60	69.66	1420.20	159.85	200.31
河南为全国%	**Henan as % of the Country**	**9.9**	**0.8**	**16.9**	**10.3**	**7.6**	**6.8**
河南居全国位次	**Rank of Henan in the Country**	**2**	**8**	**1**	**2**	**2**	**5**

27−6 全国及各省市区规模以上工业主要统计指标(2017年)

Main Indicators of Enterprises Above Designed Size by Province and Region (2017)

地区	Region	原油 (万吨) Crude Oil (10 000 tons)	发电量 (亿千瓦小时) Electricity (100 million kwh)	原煤 (万吨) Coal (10 000 tons)	成品钢材 (万吨) Steel (10 000 tons)	水泥 (万吨) Cement (10 000 tons)	农用化肥 (万吨) Chemical Fertilizers (10 000 tons)	增加值增速 (%) Indices of Value-Added of Industry (%)
全国	**National**	**19150.6**	**62758.2**	**344545.6**	**104958.8**	**233679.1**	**6184.3**	**6.6**
北京	Beijing		387.8	255.0	179.0	374.4		5.6
天津	Tianjin	3102.4	609.3		4374.0	418.6	13.6	2.3
河北	Hebei	539.1	2777.3	6010.8	24551.1	9125.5	223.8	3.4
山西	Shanxi		2762.8	85398.9	4335.4	3760.3	373.9	7.0
内蒙古	Inner Mongolia	12.2	4229.6	87857.1	2002.7	3073.9	438.3	3.1
辽宁	Liaoning	1044.2	1805.7	3611.0	6393.0	3795.2	46.0	4.4
吉林	Jilin	420.9	745.4	1635.3	1028.0	2715.2	68.8	5.5
黑龙江	Heilongjiang	3420.3	912.5	5440.4	410.6	2452.7	52.8	2.7
上海	Shanghai	6.8	830.3		2056.0	417.7	1.9	6.8
江苏	Jiangsu	156.1	4775.1	1278.5	12295.4	17357.3	163.9	7.5
浙江	Zhejiang		3259.2		3148.2	11285.0	19.7	8.3
安徽	Anhui		2419.7	11724.4	3143.9	13435.9	233.6	9.0
福建	Fujian		2062.6	1107.0	2725.7	8479.4	24.1	8.0
江西	Jiangxi		1046.6	782.1	2524.4	8984.6	23.3	9.1
山东	Shandong	2234.9	4978.7	12945.6	9209.8	15318.2	427.9	6.9
河南	**Henan**	**282.9**	**2703.5**	**11688.0**	**3909.5**	**14938.7**	**463.5**	**8.0**
湖北	Hubei	55.5	2549.0	311.6	3609.9	11118.6	851.0	7.4
湖南	Hunan		1349.2	1860.5	2210.2	11985.0	90.3	7.3
广东	Guangdong	1435.2	4515.9		4213.7	15858.3	77.3	7.2
广西	Guangxi	44.1	1321.6	415.4	3270.7	12540.6	89.2	7.1
海南	Hainan	30.0	283.9		1.1	2213.3	60.5	0.5
重庆	Chongqing		690.5	1172.1	917.3	6376.8	150.4	9.6
四川	Sichuan	8.7	3340.0	4659.9	2491.2	13823.8	425.7	8.5
贵州	Guizhou		1856.5	16551.4	495.7	11363.3	567.3	9.5
云南	Yunnan		2730.1	4392.9	1607.4	11528.2	299.2	10.6
西藏	Tibet		50.2		0.1	642.1		14.2
陕西	Shaanxi	3489.8	1781.4	56959.9	1377.6	7940.3	150.0	8.2
甘肃	Gansu	47.0	1241.2	3712.3	702.3	4021.4	25.1	-1.7
青海	Qinghai	228.0	561.0	715.5	127.1	1462.6	463.4	7.0
宁夏	Ningxia	0.7	1287.0	7353.4	221.8	2188.2	46.2	8.6
新疆	Xinjiang	2591.8	2894.6	16706.5	1299.6	4581.0	306.4	6.4
河南为全国%	**Henan as % of the Country**	**1.5**	**4.3**	**3.4**	**3.7**	**6.4**	**7.5**	
河南居全国位次	**Rank of Henan in the Country**	**10**	**11**	**8**	**8**	**4**	**3**	**11**

27-7 全国及各省市区贸易外经和财政主要指标(2017年)

Main Indicators of Internal and Foreign Trade、Government Finance by Province and Region (2017)

地 区	Region	社会消费品零售总额(亿元) Total Retail Sales of Consumer Goods (100 million yuan)	进出口贸易总 额(亿元) Total Value of Import and Export Trade (100 million yuan)	#出口 Total Value of Exports	公共财政预算收入(亿元) Public Budget Revenue (100 million yuan)	公共财政预算支出(亿元) Public Budget Expenditure (100 million yuan)
全 国	**National**	**366262.0**	**277923.00**	**153320.58**	**91447.50**	**173471.14**
北 京	Beijing	11575.4	21923.81	3962.50	5430.79	6819.49
天 津	Tianjin	5729.7	7646.76	2952.29	2310.11	3280.88
河 北	Hebei	15907.6	3375.77	2126.15	3233.30	6615.20
山 西	Shanxi	6918.1	1161.85	690.31	1866.79	3756.73
内 蒙 古	Inner Mongolia	7160.2	942.38	334.77	1703.39	4523.12
辽 宁	Liaoning	13807.2	6739.15	3043.48	2390.20	4842.92
吉 林	Jilin	7855.8	1254.63	299.92	1210.82	3725.72
黑 龙 江	Heilongjiang	9099.2	1272.28	348.16	1243.21	4640.70
上 海	Shanghai	11830.3	32237.82	13120.31	6642.26	7547.62
江 苏	Jiangsu	31737.4	40020.81	24607.16	8171.53	10621.40
浙 江	Zhejiang	24308.5	25604.18	19445.95	5803.38	7530.27
安 徽	Anhui	11192.6	3631.58	2065.17	2812.26	6202.29
福 建	Fujian	13013.0	11590.78	7114.09	2808.70	4719.29
江 西	Jiangxi	7448.1	3020.04	2222.56	2246.94	5123.70
山 东	Shandong	33649.0	17823.88	9965.40	6098.50	9257.66
河 南	**Henan**	**19666.8**	**5232.77**	**3171.79**	**3407.22**	**8215.52**
湖 北	Hubei	17394.1	3134.28	2064.12	3248.44	6831.74
湖 南	Hunan	14854.9	2434.60	1565.79	2756.75	7096.66
广 东	Guangdong	38200.1	68155.31	42186.81	11315.21	15043.09
广 西	Guangxi	7813.0	3866.34	1855.20	1615.03	4912.89
海 南	Hainan	1618.8	702.37	295.66	674.08	1444.49
重 庆	Chongqing	8067.7	4508.25	2883.71	2252.30	4336.71
四 川	Sichuan	17480.5	4605.89	2538.52	3579.78	8686.62
贵 州	Guizhou	4154.0	551.14	391.27	1613.64	4604.57
云 南	Yunnan	6423.1	1586.38	779.26	1886.16	5712.95
西 藏	Tibet	523.3	58.85	29.50	185.83	1681.91
陕 西	Shanxi	8236.4	2715.18	1660.05	2006.39	4833.08
甘 肃	Gansu	3426.6	341.74	123.75	815.64	3307.34
青 海	Qinghai	839.0	44.42	28.75	246.14	1530.26
宁 夏	Ningxia	930.4	341.32	247.74	417.46	1375.94
新 疆	Xinjiang	3044.6	1398.43	1200.43	1465.52	4641.23
河南为全国%	**Henan as % of the Country**	**5.4**	**1.9**	**2.1**	**3.7**	**4.7**
河南居全国位次	**Rank of Henan in the Country**	**5**	**10**	**8**	**8**	**5**

注：财政收支为地方本级收支，数据来源于《中国统计提要-2018》。河南数据已根据河南省财政厅财政总决算进行调整。

a) Government revenue and expenditures is corresponding level.Data are from China statistical abstract - 2018. The data of Henan have been adjusted according to the financial budget of finance department of Henan province.

27−8 全国及各省市区教育、卫生情况(2017年)

Main Indicator on Education and Public Health by Province and Region (2017)

地区	Region	在校学生数(万人) Student Enrollment (10 000 persons)			卫生机构数(个) Health Institutions (unit)	卫生机构床位数(张) Number of Beds in Health Institutions (unit)	执业(助理)医师数(人) Licensed (Assistant) Doctors (person)
		普通高等学校 Institutions of Higher Education	普通中学 Regular Secondary Schools	小学 Primary Schools			
全国	**National**	**2754**	**6817**	**10094**	**986649**	**7940252**	**3390034**
北京	Beijing	59	43	88	9976	120645	94417
天津	Tianjin	51	43	65	5539	68409	41127
河北	Hebei	127	389	637	80912	395036	191941
山西	Shanxi	76	180	228	42490	197525	94281
内蒙古	Inner Mongolia	45	105	133	24218	150325	70301
辽宁	Liaoning	98	159	195	35767	298609	115715
吉林	Jilin	64	103	123	20828	153657	70552
黑龙江	Heilongjiang	73	146	138	20283	241732	88477
上海	Shanghai	51	57	78	5144	134607	67907
江苏	Jiangsu	177	303	540	32037	469182	217146
浙江	Zhejiang	100	233	354	31979	313520	178704
安徽	Anhui	115	311	441	24491	305746	120839
福建	Fujian	75	185	307	27217	182375	83966
江西	Jiangxi	105	288	423	37791	234047	83648
山东	Shandong	202	495	708	79050	584812	264570
河南	**Henan**	**200**	**635**	**982**	**71089**	**558983**	**220337**
湖北	Hubei	140	231	355	36357	376185	147340
湖南	Hunan	127	344	512	58624	452335	173037
广东	Guangdong	193	545	942	49874	492064	257974
广西	Guangxi	87	301	464	34008	241140	101141
海南	Hainan	19	50	81	5180	41954	20764
重庆	Sichuan	75	159	210	19682	206376	68549
四川	Chongqing	150	390	552	80481	563475	194909
贵州	Guizhou	63	284	362	28034	232990	75533
云南	Yunnan	71	271	375	24684	274809	93925
西藏	Tibet	4	18	32	6826	16103	7603
陕西	Shaanxi	107	181	252	35861	241265	93209
甘肃	Gansu	47	143	186	28857	146613	56147
青海	Qinghai	7	33	47	6375	38321	15508
宁夏	Ningxia	12	43	58	4271	39820	18187
新疆	Xinjiang	35	147	229	18724	167577	62303
河南为全国%	**Henan as % of the Country**	**7.3**	**9.3**	**9.7**	**7.2**	**7.0**	**6.5**
河南居全国位次	**Rank of Henan in the Country**	**2**	**1**	**1**	**4**	**3**	**3**